नवीनतम NCERT पर आधारित

कक्षा 8

नवीनतम NCERT पर आधारित

कक्षा 8

लेखकगण

रितिका कपूर
प्रमोद मौर्य

अरिहन्त प्रकाशन

(स्कूल डिवीज़न सीरीज़)

सर्वाधिकार सुरक्षित

© प्रकाशक

इस पुस्तक के किसी भी अंश का पुनरुत्पादन या किसी प्रणाली के सहारे पुनर्प्राप्ति का प्रयास अथवा किसी भी तकनीकी तरीके—इलेक्ट्रॉनिक, मैकेनिकल, फोटोकॉपी, रिकॉर्डिंग या वेब माध्यम—से प्रकाशक की अनुमति के बिना वितरित नहीं किया जा सकता है। 'अरिहन्त' ने अपने प्रयास से इस पुस्तक के तथ्यों तथा विवरणों को उचित स्रोतों से प्राप्त किया है। पुस्तक में प्रकाशित किसी भी सूचना की सत्यता के प्रति तथा इससे होने वाली किसी भी क्षति के लिए प्रकाशक, सम्पादक, लेखक अथवा मुद्रक जिम्मेदार नहीं हैं।

सभी प्रतिवाद का न्यायिक क्षेत्र 'मेरठ' होगा।

रजि. कार्यालय

'रामछाया' 4577/15, अग्रवाल रोड, दरिया गंज, नई दिल्ली-110002
फोन: 011-47630600, 43518550; फैक्स: 011-23280316

मुख्य कार्यालय

कालिन्दी, टी०पी० नगर, मेरठ (यूपी)-250002 फोन: 0121-7156203, 7156204

शाखा कार्यालय

आगरा, अहमदाबाद, बरेली, बंगलुरु, चेन्नई, दिल्ली, गुवाहाटी, हैदराबाद, जयपुर, झाँसी, कोलकाता, लखनऊ, नागपुर तथा पुणे

PO No. : TXT-59-T064809-05-25

Published By Arihant Publications (India) Ltd.
'अरिहन्त' की पुस्तकों के बारे में अधिक जानकारी के लिए हमारी वेबसाइट **www.arihantbooks.com** पर लॉग इन करें या **info@arihantbooks.com** पर सम्पर्क करें।
Follow us on

मूल्य

₹ 340.00

प्रोडक्शन टीम

पब्लिशिंग मैनेजर
महेन्द्र सिंह रावत, केशव मोहन
प्रोजेक्ट हैड
करिश्मा यादव
प्रोजेक्ट कॉर्डिनेटर
मोहित महरोल
कवर डिज़ाइनर
बिलाल
इनर डिज़ाइनर
अंकित त्यागी
पेज लेआउट
रवि सागर, दिवाकर गौड़
प्रूफ रीडर
दीपक, कृतिका

विषय-सूची

खंड 'क' अपठित बोध

खंड 'ख' व्याकरण

खंड 'ग' पाठ्यपुस्तक व पूरक पाठ्यपुस्तक

वसंत

भारत की खोज

खंड 'घ' लेखन

मुख्य विशेषताएँ

हिंदी

Class 8

पाठ का सार

पाठ्यपुस्तक के प्रत्येक अध्याय में NCERT Theory का सरल शब्दों में Coverage किया गया है, जिससे छात्र संपूर्ण अध्याय के CRUX को कम-से-कम समय में समझ सकें व याद कर सकें।

अध्याय 2

बस की यात्रा

हरिशंकर परसाई

पाठ का सार

लेखक तथा उसके मित्रों द्वारा बस-यात्रा का निर्णय

एक बार लेखक तथा उसके चार मित्रों ने शाम चार बजे की बस से पन्ना जाने का निश्चय किया। वापसी में उन्होंने इसी कंपनी की बस से पन्ना से सतना जाने के बारे में सोचा, जहाँ से उन्हें जबलपुर के लिए ट्रेन मिल जाती, और समय पर घर पहुँचकर वे अपने काम पर चले जाते।

बस की पेट्रोल-टंकी में छेद होना और लेखक का डर जाना

कुछ दूर आगे चलने पर बस रुक गई और जाँच करने पर पता चला कि पेट्रोल की टंकी में छेद हो गया है। ड्राइवर ने बाल्टी में पेट्रोल निकालकर उसे अपने पास में रखा और नली डालकर इंजन में डालने लगा। लेखक ने सोचा कि संभवतः बस-कंपनी के हिस्सेदार इंजन को गोद में रखकर नली से पेट्रोल ऐसे पिलाएँगे जैसे बच्चा बोतल से दूध पीता है।

बस की रफ्तार घटने पर लेखक को डर लगने लगा था। वह सोच रहा था कि बस का ब्रेक भी फेल हो सकता है, स्टीयरिंग टूट सकता है; बस पेड़ों से टकरा सकती है या सड़क के किनारे की झील में भी गिर सकती है।

शब्दार्थ

शब्द	हिंदी अर्थ		
NCERT पृष्ठ संख्या 9		*NCERT पृष्ठ संख्या 11*	
डाकिन	डाका डालने वाली	असहयोग	साथ न देना
वयोवृद्ध	बहुत उम्र का	सविनय	विनय के साथ
NCERT पृष्ठ संख्या 10		अवज्ञा	आज्ञा न मानना
विश्वसनीय	विश्वास के योग्य	लुभावने	मन को आकर्षित करने वाले
विदा होना	छोड़कर जाना	गोता	डुबकी
कूच करना	आगे बढ़ना	इत्तफाक	संयोग
निमित्त	कारण	ग्लानि	अपने आप पर शर्म आना
		प्राणांत	मृत्यु

शब्दार्थ

पाठ्यपुस्तक के प्रत्येक अध्याय में दिए गए कठिन शब्दों को उनके सरल अर्थ के साथ 'शब्दार्थ' रूप में दिया गया है, जिससे छात्र कठिन शब्दों को सरलता से समझ सकें व उनके अर्थ के साथ उन्हें याद कर सकें।

औपचारिक पत्र का प्रारूप

प्रश्न गणित एवं विज्ञान की अतिरिक्त कक्षाएँ आयोजित कराने के संबंध में प्रधानाचार्य को प्रार्थना-पत्र लिखिए।

पत्र लिखने वाले (प्रेषक) का पता	परीक्षा भवन दिल्ली।
दिनांक	2 फरवरी, 20XX
पत्र प्राप्तकर्ता का नाम व पता	सेवा में प्रधानाचार्य महोदय निर्मल हैप्पी सी सै. स्कूल लाजपत नगर, दिल्ली।
विषय का संक्षिप्त उल्लेख	अतिरिक्त कक्षाएँ आयोजित कराने के संबंध में।
संबोधन	महोदय,
विषय-वस्तु	सविनय निवेदन यह है कि मैं आपके विद्यालय की आठवीं कक्षा का छात्र हूँ। हमारी वार्षिक परीक्षा संभवतः फरवरी के अंतिम सप्ताह में शुरू हो जाएगी, किंतु गणित और विज्ञान विषयों का पाठ्यक्रम अभी पूरा नहीं हो सका है। हमारी कक्षा को इन विषयों को पढ़ाने वाले अध्यापकों की ड्यूटी चुनाव कार्य में लगाई जा चुकी है और अब वे चुनाव कार्य पूर्ण होने पर ही वे विद्यालय आएँगे। ऐसी स्थिति में हम छात्रों का पाठ्यक्रम पूरा न होने के कारण प्रश्न-पत्र आधे-अधूरे ही हल हो सकेंगे। आपसे हमारी प्रार्थना है कि गणित और विज्ञान का पाठ्यक्रम पूरा करवाने के लिए अतिरिक्त कक्षाएँ आयोजित करवाने की व्यवस्था करें। हम छात्र आपके आभारी रहेंगे।
धन्यवाद ज्ञापन	सधन्यवाद।
समापन (प्रेषक का नाम)	आपका आज्ञाकारी शिष्य क. ख. ग. कक्षा-आठवीं 'अ'

लेखन खंड में प्रारूप (Formats)

लेखन के प्रत्येक अध्याय में अध्याय से संबंधित महत्त्वपूर्ण प्रारूपों (Formats) को समझाया गया है, जिससे छात्र पत्र लेखन, अनुच्छेद लेखन, निबंध लेखन, विज्ञापन लेखन आदि को सरलता से समझ सकें।

NCERT फोल्डर

निर्धारित NCERT पाठ्यपुस्तक में दिए गए प्रत्येक प्रश्न का उत्तर सरल व सटीक दिया गया है। यहाँ प्रत्येक प्रश्न का उत्तर केवल उतना ही दिया गया है जितना कि प्रश्न में आवश्यक है।

NCERT फोल्डर

पाठ्यपुस्तक वसंत भाग-3 के प्रश्नोत्तर

कारण बताएँ (पृष्ठ संख्या 13)

प्र.1 **"मैंने उस कंपनी के हिस्सेदार की तरफ पहली बार श्रद्धाभाव से देखा।"**
लेखक के मन में हिस्सेदार साहब के लिए श्रद्धा क्यों जग गई?

उत्तर लेखक के मन में बस कंपनी के हिस्सेदार साहब के लिए पहली बार श्रद्धा भावना इसलिए जाग गई, क्योंकि वह टायर की बदहाल स्थिति से परिचित होने के बावजूद भी बस से यात्रा करने और उसे चलाने का साहस जुटा रहे थे।

उन्हें पता था कि बस के टायर घिस चुके हैं फिर भी उन्हें लोगों की जान से कोई लेना-देना नहीं था, बल्कि वह अपनी पुरानी बस की तारीफ़ कर रहे थे। धन के मोह के कारण आत्म बलिदान की ऐसी भावना को देखकर लेखक हैरान हो गया और उनके प्रति मन में श्रद्धा भाव उमड़ने लगे।

प्र.3 **"ऐसा जैसे सारी बस ही इंजन है और हम इंजन के भीतर बैठे हैं।"**
लेखक को ऐसा क्यों लगा?

उत्तर जब बस का इंजन स्टार्ट हुआ, तो पूरी बस बुरी तरह हिलने लगी, जिससे यात्री भी हिलने लगे। इसी कारण लेखक को लगा कि पूरी बस ही इंजन है और यात्री बस के भीतर न बैठकर इंजन के ही ऊपर बैठे हैं अर्थात् इंजन के स्टार्ट होने पर इंजन के पुर्जों की तरह बस के यात्री हिल रहे थे।

प्र.4 **"गजब हो गया। ऐसी बस अपने आप चलती है।"**
लेखक को यह सुनकर हैरानी क्यों हुई?

उत्तर लेखक जिस बस से यात्रा करने वाला था। वह बहुत पुरानी और टूटी-फूटी बस थी। बस कंपनी के हिस्सेदार भी उसी बस में जा रहे थे। लेखक को सफर तय करना संभव नहीं लग रहा था। इसलिए उसने कंपनी के हिस्सेदार से पूछा कि यह बस चलती भी है? तब हिस्सेदार ने उत्तर दिया कि हाँ, यह बस चलती है। यह सुनकर लेखक बहुत हैरान हो गया।

अभ्यास प्रश्न

बहुविकल्पीय व वर्णनात्मक प्रश्नों सहित

बहुविकल्पीय प्रश्न

1. 'बस की यात्रा' पाठ की विधा क्या है?
(क) निबंध (ख) कहानी
(ग) एकांकी (घ) व्यंग्य
उत्तर (घ) व्यंग्य

2. लेखक ने बस का मानवीकरण एक वृद्धा के रूप में क्यों किया है? CBSE Diksha
(क) वह बहुत साफ-सुथरी थी
(ख) वह लेखक को बूढ़ी महिला की भाँति लगी
(ग) वह वृद्धों को ही बैठाती थी
(घ) वह वृद्धों ने उसे चलने से रोक दिया था
उत्तर (ख) वह लेखक को बूढ़ी महिला की भाँति लगी

3. बस की दशा किसके समान लग रही थी?
(क) पुरानी बस्ती (ख) पुराने मकान
(ग) वयोवृद्ध (वृद्ध व्यक्ति) (घ) इनमें से कोई नहीं
उत्तर (ग) वयोवृद्ध (वृद्ध व्यक्ति)

4. लेखक और उसके मित्र दुविधा में क्यों थे?
(क) बस की सुंदरता देखकर
(ख) सड़क की दयनीय दशा देखकर
(ग) बस की दयनीय दशा देखकर
(घ) ड्राइवर की बातें सुनकर
उत्तर (ग) बस की दयनीय दशा देखकर

5. बस के विषय में डॉक्टर ने कहा कि बस अनुभवी है, ……।
(क) कोई दुर्घटना नहीं होगी
(ख) हमें समय से पहुँचा देगी
(ग) हमें अपने बच्चों की तरह सहेजकर चलेगी
(घ) हमारा सफर सुहावना रहेगा
उत्तर (ग) हमें अपने बच्चों की तरह सहेजकर चलेगी

6. किसके साहस और बलिदान की भावना का दुरुपयोग हो रहा था?
(क) कंपनी के हिस्सेदार की (ख) बस ड्राइवर की
(ग) कंडक्टर की (घ) यात्रियों की
उत्तर (क) कंपनी के हिस्सेदार की

7. 'बस पूजा के योग्य है' ऐसा भाव लोगों के मन में क्यों आता था?
(क) क्योंकि वह बहुत सजी-धजी थी।
(ख) क्योंकि वह सफर के योग्य नहीं थी।
(ग) क्योंकि लोग उस पर अपार विश्वास करते थे।
(घ) क्योंकि बस सरपट भाग सकती थी।
उत्तर (ख) क्योंकि वह सफर के योग्य नहीं थी।

अभ्यास प्रश्न

सभी खंडों के प्रत्येक अध्याय में पाठ्यक्रम व पेपर पैटर्न को Follow करते हुए संपूर्ण अध्याय पर आधारित सभी प्रकार के प्रश्न व उनके उत्तर दिए गए हैं जिससे छात्र अधिक-से-अधिक प्रश्नों को याद करें और परीक्षा में उच्चतम अंक प्राप्त कर सकें।

स्व-मूल्यांकन

बहुविकल्पीय प्रश्न

1. "यह बस नई बसों से ज्यादा विश्वसनीय है, हमें बेटों की तरह गोद में लेकर चलेगी।" यह कथन किसका है?
(क) कंपनी के हिस्सेदार का (ख) डॉक्टर मित्र का
(ग) लेखक का (घ) ड्राइवर का

2. निम्न में से कौन-सा कथन सही है?
(क) बस की दशा ठीक थी।
(ख) बस के सारे हिस्सों के पुर्जों के भेदभाव समाप्त हो गए थे।
(ग) बस की ब्रेक फेल हो गई थी।
(घ) बस स्पीड से चल रही थी।

3. 'बस की यात्रा' पाठ में गाँधीजी के किस आंदोलन की बात की गई है?
(क) असहयोग आंदोलन (ख) सविनय अवज्ञा आंदोलन
(ग) 'क' तथा 'ख' दोनों (घ) इनमें से कोई नहीं

4. बस से यात्रा करते समय लेखक को हर पेड़ दुश्मन लग रहा था, क्योंकि
(क) सभी पेड़ सूखे हुए थे
(ख) पेड़ सड़क तक फैले हुए थे
(ग) लेखक को पेड़ अच्छे नहीं लगते थे
(घ) उसे डर था कि बस पेड़ से न टकरा जाए

5. प्रस्तुत कहानी 'बस की यात्रा' किस शैली में लिखी गई है?
(क) मनोवैज्ञानिक शैली (ख) व्यंग्यात्मक शैली
(ग) आत्मकथात्मक शैली (घ) विवेचनात्मक शैली

2. बस अंतिम बार रुककर पुनः कैसे चली?
(क) दूसरा घिसा टायर लगाकर
(ख) धीरे-धीरे
(ग) वक्त पर
(घ) चिंता जाती रही

3. बेताबी, चिंता और परेशानी का अंत किस प्रकार हुआ?
(क) चिंता जाती रही
(ख) हँसी-मजाक चालू हो गया
(ग) बड़े इत्मीनान से घर की तरह बैठ गए
(घ) टायर पंचर हो गया

4. घिसा टायर लगाकर बस फिर चली, तो लेखक की कौन-सी उम्मीद जाती रही?
5. गद्यांश के अनुसार, नाउम्मीद होने पर लेखक को क्या लगा?
6. गद्यांश के अनुसार, हँसी-मजाक कब चालू हुआ?

अतिलघु उत्तरीय प्रश्न

1. लोग शाम की बस से सफर क्यों नहीं करना चाहते थे?
2. लेखक बस को 'वयोवृद्ध' कहकर क्यों संबोधित कर रहा था?
3. पुलिया पार करते समय बस के साथ क्या हुआ?
4. लेखक को बस कंपनी का हिस्सेदार महान क्यों लग रहा था?
5. अंत में लेखक के मन में निश्चितता के भाव क्यों पैदा हो गए?

स्वमूल्यांकन

यहाँ प्रत्येक अध्याय में सभी प्रकार के प्रश्नों को हल रहित (Unsolved) दिया गया है जिससे छात्र अपने ज्ञान का स्वयं मूल्यांकन कर सकते हैं।

खंड 'क' : अपठित बोध

अपठित गद्यांश एवं काव्यांश

अपठित का अर्थ है—जो पहले न पढ़ा गया हो अर्थात् गद्य या पद्य का ऐसा अंश, जो निर्धारित पाठ्य-पुस्तक का न हो। अपठित गद्यांश एवं काव्यांश पर आधारित प्रश्न पूछने का उद्देश्य होता है—छात्रों की भाषा और विषय-वस्तु संबंधी ज्ञान की परख करना। छात्रों को अपठित अंश ध्यानपूर्वक पढ़ना और समझना चाहिए। उसके बाद पूछे गए प्रश्नों के उत्तर देने चाहिए।

अपठित गद्यांश व काव्यांश को हल करते समय ध्यान देने योग्य बातें

- सर्वप्रथम अपठित गद्यांश व काव्यांश को दो-तीन बार पढ़ना चाहिए।
- पढ़ने के बाद उसका मूलभाव समझना चाहिए।
- प्रश्नों को ध्यान से पढ़कर संभावित उत्तर पर निशान लगाना चाहिए।
- प्रश्नों के संक्षिप्त उत्तर देने चाहिए।
- प्रश्नों के उत्तर अपने शब्दों में देने चाहिए।
- प्रश्नों के उत्तर एक बार पुनः पढ़कर दोहरा लेने चाहिए, जिससे अशुद्धियों को सुधारा जा सके।
- विकल्प वाले प्रश्नों का उत्तर चयन करते समय गद्यांश या पद्यांश में आए प्रसंग को ध्यान में रखना चाहिए।
- जो विकल्प सबसे उपयुक्त हो, उसी का ही चयन करना चाहिए।

अपठित गद्यांश

निम्नलिखित गद्यांशों को पढ़कर उन पर आधारित प्रश्नों के उत्तर दीजिए

सैंपल गद्यांश 1 (अतिलघु उत्तरीय प्रश्नों पर आधारित)

मानव जीवन में रिश्ते-नातों का बहुत महत्त्व है। इनके अभाव में तो जीवन की कल्पना तक नहीं की जा सकती। अकेला मानव, जीवन जी ही नहीं सकता। सृष्टि निर्माण के समय, प्रलय के दौरान जब चारों ओर जल ही जल था, तब केवल मनु पृथ्वी पर अकेले थे। उन्होंने भी यही उपासना की थी कि उनके उद्धार व लक्ष्य प्राप्ति हेतु पृथ्वी पर किसी को भेजा जाए, तब परमात्मा ने उनकी प्रार्थना स्वीकार करके श्रद्धा को भेजा था।

प्राचीनकाल से ही संयुक्त परिवारों का चलन रहा है, जिससे इंसान में अपनापन, प्रेम, त्याग, भ्रातृत्व, सहयोग की भावना विद्यमान रहती थी। इंसान उन रिश्तों के कारण प्रसन्नतापूर्वक जीवन-यापन करता था। इन रिश्तों के द्वारा ही इंसान सामाजिक जीवन जी पाता है तथा यही मानव जीवन में महत्त्वपूर्ण भी है।

वर्तमान समय एकल परिवारों का है, जिसमें इंसान अपने दायित्ववश इतना ज्यादा व्यस्त रहने लगा है कि रिश्ते-नातों को भी भूलने लगा है। इस कारण उसमें अपनेपन की भावना समाप्त होने लगी है तथा स्वार्थ व धन-लालसा जीवन में महत्त्वपूर्ण हो गई है। इस कारण परस्पर ईर्ष्या की भावना बढ़ती जा रही है। अकेला मानव सुखमय जीवन जी ही नहीं सकता। अपने मानसिक सुख के लिए उसे समाज से मिलकर रहना ही होगा, जिसके लिए रिश्तों को निभाना अत्यंत आवश्यक है।

रिश्तों को मजबूत बनाने के लिए इंसान को कुछ समय रिश्तेदारों के लिए निकालना ही होगा, सुख-दुःख के समय उनके पास मौजूद रहना होगा, तभी रिश्तों में अपनापन बने रहना संभव है।

प्रश्न

1. मानव जीवन में रिश्ते-नातों की भूमिका बताइए।

उत्तर मानव जीवन में रिश्ते-नातों की अहम भूमिका है। इनके अभाव में जीवन की कल्पना नहीं की जा सकती, क्योंकि अकेला मानव, जीवन नहीं जी सकता।

2. संयुक्त परिवार में किस प्रकार की भावना होती है?

उत्तर संयुक्त परिवार में अपनापन, प्रेम, त्याग, भ्रातृत्व तथा सहयोग की भावना होती है।

3. एकल परिवार में रिश्ते-नाते भूलने के कारण क्या परिणाम हुआ?

उत्तर एकल परिवार में व्यस्त होने के कारण मनुष्य रिश्ते-नाते भूलने लगा है। उनमें अपनेपन की भावना समाप्त होने लगी है, जबकि धन के प्रति लालसा तथा ईर्ष्या की भावना बढ़ती जा रही है।

4. रिश्तों को किस प्रकार मजबूत बनाया जा सकता है?

उत्तर रिश्तों को मज़बूत बनाने के लिए रिश्तेदारों के लिए समय निकालना होगा एवं सुख-दु:ख में उनका साथ देना होगा।

5. दिए गए गद्यांश का उपयुक्त शीर्षक क्या होगा?

उत्तर दिए गए गद्यांश का उपयुक्त शीर्षक 'जीवन में रिश्तों का महत्त्व' होगा।

6. 'मनुष्य को अहंकार त्याग देना चाहिए।' वाक्य में व्याकरणिक दृष्टि से 'अहंकार' शब्द क्या है?

उत्तर दिए गए वाक्य में 'अहंकार' शब्द व्याकरणिक दृष्टि से भावचाचक संज्ञा है।

सैंपल गद्यांश 2 (बहुविकल्पीय प्रश्नों पर आधारित)

बालक के विकास को माता-पिता के बाद शिक्षक सबसे अधिक प्रभावित करता है। बालक घर का आँगन लाँघने के बाद विद्यालय पहुँचता है, जहाँ अभिभावक की भूमिका में उसका शिक्षक होता है। मांटेसरी कहती थीं कि "शिक्षक को बाल मनोविज्ञान का ज्ञान होना चाहिए, जिससे बालक को समझने में वह गलती न करें।" शिक्षक अभिभावकों की कमी को पूरा करते हैं, उन्हें स्नेह और प्रेम के माध्यम से ज्ञान देते हैं। शिक्षक का कार्य केवल पुस्तकीय ज्ञान देना नहीं है वरन् बालक का शारीरिक, मानसिक, संवेगात्मक, सामाजिक आदि क्षेत्रों में अधिकाधिक विकास करना है। शिक्षक प्रेरणा देने का, रुचियों के विकास का, अच्छे चरित्र और नैतिकता का, अच्छी आदतों का तथा समग्र व्यक्तित्व के विकास का कार्य करता है। वह बालक को नवीन एवं अद्भुत संसार से परिचित कराता है तथा उस संसार में रहने के लिए उसमें विभिन्न कौशलों का विकास करता है। शिक्षक शिष्यों को आशावादी दृष्टि से देखता है, उसमें सकारात्मक सोच उत्पन्न करता है तथा अनुशासन की भावना उत्पन्न करता है।

प्रश्न

1. बालक के विकास में किसका स्थान होता है?

(क) शिक्षक का (ख) माता-पिता का
(ग) मित्रों का (घ) शिक्षक व माता-पिता का

उत्तर (घ) शिक्षक व माता-पिता का

2. मांटेसरी शिक्षा का क्या मानना है?

(क) शिक्षक को बालक की प्रगति का ज्ञान होना चाहिए
(ख) शिक्षक का पुस्तकीय ज्ञान तक सीमित होना
(ग) शिक्षक बालक को समझने में गलती न करें
(घ) बालक के केवल शारीरिक विकास होने पर ध्यान देना

उत्तर (ग) शिक्षक बालक को समझने में गलती न करें

3. निम्नलिखित कथनों पर विचार कीजिए

1. विद्यालय में बालक का अभिभावक उसका शिक्षक होता है।
2. शिक्षक का कार्य केवल बालक को उसकी पाठ्यपुस्तकों का ज्ञान देना है।
3. बालक में सकारात्मकता जाग्रत करने का कार्य शिक्षक का होता है।

उपरोक्त कथनों में कौन-सा/से कथन सत्य है/हैं?

(क) केवल 1 (ख) केवल 2
(ग) केवल 3 (घ) 1 और 3

उत्तर (घ) 1 और 3

4. निम्नलिखित कथनों में कौन-सा कथन सत्य है?

(क) शिक्षक बालक को नवीन व अद्भुत संसार से परिचित कराता है।
(ख) शिक्षक बालक में नैतिकता व अच्छी आदतों का विकास करता है।
(ग) शिक्षक बालक के समग्र व्यक्तित्व का विकास करता है।
(घ) उपर्युक्त सभी

उत्तर (घ) उपर्युक्त सभी

5. 'अनुशासन' शब्द में 'अनु' है

(क) प्रत्यय (ख) उपसर्ग
(ग) समास (घ) यौगिक शब्द

उत्तर (ख) उपसर्ग

6. उपर्युक्त गद्यांश का उचित शीर्षक होगा

(क) विद्यालयी शिक्षा
(ख) अभिभावक और शिक्षक
(ग) बालक के विकास में शिक्षक की भूमिका
(घ) अनुशासन की भावना

उत्तर (ग) बालक के विकास में शिक्षक की भूमिका

अभ्यास प्रश्न

बहुविकल्पीय व वर्णनात्मक प्रश्नों सहित

गद्यांश पर आधारित अतिलघु उत्तरीय प्रश्न

गद्यांश 1

29 जुलाई, 2020 को कस्तूरी रंगन की अध्यक्षता में नई शिक्षा नीति बनाई गई। यह शिक्षा के क्षेत्र में सरकार द्वारा की गई उत्कृष्ट पहल है। वर्ष 2030 तक इस नीति को पूर्ण रूप से लागू करने की योजना है। उचित बुनियादी शिक्षा प्राप्त करना भारतीय संविधान के अनुसार प्रत्येक व्यक्ति का जन्मसिद्ध अधिकार है।

नई शिक्षा नीति पुस्तकों का बोझ बढ़ाने के बजाय व्यावहारिक शिक्षा के प्रति अधिक केंद्रित है। छात्रों को पाठ्यक्रम के विषयों के साथ-साथ सीखने की इच्छा रखने वाले पाठ्यक्रम का चयन करने की भी स्वतंत्रता होगी, इस तरह से कौशल विकास को भी बढ़ावा मिलेगा। यह 10+2 पद्धति को 5+3+3+4 संरचना में बदल देता है, जिसमें 12 साल की स्कूली शिक्षा और 3 साल की प्री-स्कूलिंग होती है।

नई शिक्षा नीति का मुख्य उद्देश्य बच्चों को कुशल बनाने के साथ-साथ, जिस भी क्षेत्र में वे रुचि रखते हैं, उसी क्षेत्र में उन्हें प्रशिक्षित करना है। इस तरह सीखने वाले बच्चे अपने उद्देश्य और अपनी क्षमताओं का पता लगाने में सक्षम होते हैं। नई शिक्षा नीति में शिक्षक की शिक्षा और प्रशिक्षण प्रक्रियाओं के सुधार पर भी जोर दिया गया है।

वर्तमान शिक्षा प्रणाली वर्ष 1986 की मौजूदा शिक्षा नीति में किए गए परिवर्तनों का परिणाम है। इसे शिक्षार्थियों और देश के विकास को बढ़ावा देने के लिए लागू किया है। नई शिक्षा नीति बच्चों के समग्र विकास पर केंद्रित है।

प्रश्न

1. उपर्युक्त गद्यांश का उपयुक्त शीर्षक क्या होगा?
2. नई शिक्षा नीति का केंद्र बिंदु क्या है?
3. नई शिक्षा नीति को क्यों लागू किया गया है?
4. नई शिक्षा नीति का मुख्य उद्देश्य क्या है?
5. नई शिक्षा नीति का अपना लक्ष्य प्राप्त करने की समय सीमा क्या है?
6. 'प्रशिक्षित' तथा 'स्वतंत्रता' शब्दों से उपसर्ग, मूल शब्द तथा प्रत्यय अलग कीजिए।

गद्यांश 2

चंद्रयान-3 इसरो (भारतीय अंतरिक्ष अनुसंधान संगठन) के सबसे मुख्य चंद्र मिशनों में से एक है। 14 जुलाई, 2023 में चंद्रयान-3 को सतीश धवन अंतरिक्ष केन्द्र, श्री हरिकोटा से लॉन्च किया गया। इसका उद्देश्य चंद्रमा के दक्षिणी ध्रुव पर सॉफ्ट लैंडिंग करना था। इस मिशन के 2 भाग हैं-'लैंडर' जिसे विक्रम कहा जाता है और 'प्रज्ञान रोवर'। इस मिशन का उद्देश्य चाँद पर ठंडे क्षेत्र में पानी का पता लगाना है। चंद्रयान-1 और चंद्रयान-2 की असफलता और चुनौतियों के अनुभव के बाद चंद्रयान-3 दोबारा पूरे दृढ़ संकल्प के साथ अपने मिशन को पूरा करने के लिए तैयार किया गया, जिसमें भारत को सफलता प्राप्त हुई। इस मिशन के दौरान भारत को अंतरिक्ष में अपने तकनीकी कौशल को प्रदर्शित करने का अवसर मिला। चाँद पर भेजे गए अत्याधुनिक उपकरण वहाँ मौजूद मिट्टी की जाँच करने व अन्य जानकारी को प्राप्त करने के उद्देश्य से तैयार किए गए हैं। चंद्रयान-3 ने एक महीने तक अंतरिक्ष में घूमने के बाद 23 अगस्त, 2023 को चंद्रमा की सतह पर दक्षिणी ध्रुव में कामयाबी के साथ सॉफ्ट लैंडिंग की। इस मिशन के बाद भारत को अमेरिका, रूस और चीन के बाद चाँद पर सॉफ्ट लैंडिंग करने वाले चार देशों में शामिल किया जाने लगा है। इस मिशन का केंद्र बिंदु चंद्रमा के भूविज्ञान, खनिज विज्ञान और बाह्यमंडल की गहराई को जानना है, जिससे इसकी उत्पत्ति और विकास के बारे में हमें अधिक जानकारी मिल सके। इस मिशन का सफल होना हर भारतीय के लिए गौरव की बात है। 'स्पेस रिसर्च' की दुनिया में भारत ने एक बेहतरीन उपलब्धि प्राप्त की है और दुनियाभर में भारत की इस विशाल उपलब्धि की सराहना की जा रही है।

प्रश्न

1. चंद्रयान-3 को कब और किसने लॉन्च किया?
2. चंद्रयान-3 का प्रमुख उद्देश्य क्या है?
3. चंद्रयान-3 चंद्रमा के किस क्षेत्र में उतरा था?
4. भारत के अतिरिक्त चाँद पर पहुँचने वाले और कौन-कौन से देश हैं?
5. चंद्रयान-3 मिशन का केंद्र बिंदु क्या है?
6. 'अत्याधुनिक' शब्द का संधि-विच्छेद करते हुए संधि का नाम लिखिए।

गद्यांश 3

भारतीय संस्कृति में परोपकार को शुभ कार्य और परम धर्म माना जाता है। भारतीय ऋषि-मुनि जंगलों में तपस्वियों-सा जीवन बिताते थे और समय-समय पर यज्ञ किया करते थे। इसके मूल में परोपकार की भावना निहित थी। नदी-तालाब अपना पानी स्वयं नहीं पीते हैं, वृक्ष अपना फल स्वयं नहीं खाते हैं। ऐसा करके वे परोपकार में जुटे रहते हैं। इसके अतिरिक्त फूल अपने लिए नहीं खिलते और न मधुमक्खियाँ अपने लिए शहद बनाती हैं। ऐसा करके वे मनुष्य को परोपकार की सीख देती हैं।

भारतीय समाज में ऐसी व्यवस्थाएँ मिलती हैं, जो परोपकार करने के लिए प्रेरित करती हैं। भूखे को भोजन देना, ग्रीष्म ऋतु में यात्रियों को पानी पिलाना, कुएँ—बावड़ी बनवाना, सराय बनवाना, पेड़ लगाना परोपकार के कार्य आदि हैं। अतः हमें भी परोपकार करके पुण्य कमाना चाहिए।

प्रश्न

1. ऋषि-मुनि किस प्रकार परोपकार किया करते थे?
2. नदी-तालाब एवं वृक्षों के कार्यों से हमें क्या शिक्षा मिलती है?
3. भारतीय संस्कृति में परोपकार की महत्ता किस प्रकार बताई गई है?
4. 'मूल' तथा 'समाज' शब्दों में उचित प्रत्यय लगाकर विशेषण बनाइए।
5. विपरीतार्थक लिखिए-जीवन, शुभ।
6. उपर्युक्त गद्यांश का उचित शीर्षक बताइए।

गद्यांश 4

समय धन है, ऐसा अंग्रेजी में कहा गया है, परंतु समय धन से भी अधिक कीमती है। मानव जीवन में धन का आना-जाना लगा रहता है, पर कुछ भी कर लेने पर भी बीता समय लौटकर नहीं आता है। दुनिया में सफलता का शिखर छूने वाले लोगों तथा महापुरुषों ने भी समय का सदुपयोग करने का उपदेश दिया है। समय पर काम न करने से उसकी सफलता संदिग्ध हो जाती है। एक विद्यार्थी समय पर पढ़ाई न करे या समय पर परीक्षा में न पहुँचे, तो अच्छे ग्रेड कैसे ला सकता है। शत्रु के हमले के समय उसका मुँहतोड़ जवाब न देने पर देश को गुलामी का सामना करना पड़ सकता है। समय की उपेक्षा करने वालों को समय नष्ट कर देता है। समय ऐसा अमूल्य वरदान है, जिसका सदुपयोग करके मनुष्य अपना जीवन सँवार सकता है।

प्रश्न

1. समय को धन से अधिक मूल्यवान क्यों कहा गया है?
2. महापुरुषों ने क्या उपदेश दिया है और क्यों?
3. देश की रक्षा के संबंध में समय का उपयोग कितना आवश्यक है और क्यों?
4. उपरोक्त गद्यांश का उपयुक्त शीर्षक बताइए।
5. संधि-विच्छेद कीजिए-विद्यार्थी, सदुपयोग।
6. प्रश्नवाचक में रूपांतरित कीजिए-समय की उपेक्षा करने वालों को समय नष्ट कर देता है।

गद्यांश 5

हमारे देश को स्वतंत्रता दिलाने वाले क्रांतिकारी वीरों का नाम स्वर्ण अक्षरों में अंकित है। ऐसे ही एक प्रसिद्ध क्रांतिकारी थे—सरदार भगतसिंह, जिनका जन्म वर्ष 1907 में पंजाब के लायलपुर गाँव में हुआ था। वे बचपन से ही अंग्रेजी शासन का विरोध करते थे तथा अंग्रेजों को देश से खदेड़ना चाहते थे।

चंद्रशेखर आजाद, रामप्रसाद बिस्मिल, अशफाक उल्ला खाँ, बटुकेश्वर दत्त जैसे क्रांतिकारियों के साथी थे भगतसिंह। पंजाब केसरी लाला लाजपत राय साइमन कमीशन का विरोध कर रहे थे। उसी समय पुलिस ने उन पर लाठियों से प्राणघातक हमला किया। भगतसिंह ने सांडर्स को इसके लिए जिम्मेदार माना और गोलियाँ बरसाकर उसकी हत्या कर दी। उसके साथ दूसरा पुलिस अफसर भी मारा गया। ब्रिटिश सरकार ने भगतसिंह का पक्ष सुने बिना अन्यायपूर्ण ढंग से 23 मार्च, 1931 को फाँसी दे दी।

प्रश्न

1. भगतसिंह का नाम आदर के साथ क्यों लिया जाता है?
2. भगतसिंह की क्या इच्छा थी?
3. लाला लाजपत राय पर किसने हमला किया और क्यों?
4. भगतसिंह ने लाठीचार्ज का बदला किस तरह लिया?
5. विशेषण बनाइए-समय, पक्ष।
6. विधानवाचक वाक्य बनाइए-देश को आजादी दिलाने वाले क्रांतिकारी वीरों का नाम स्वर्णाक्षरों में अंकित नहीं है।

गद्यांश पर आधारित बहुविकल्पीय प्रश्न

गद्यांश 6

भारत की राजधानी नई दिल्ली में 9 और 10 सितंबर, 2023 को G20 के 18वें शिखर सम्मेलन का आयोजन किया गया। भारत में आयोजित होने वाला यह पहला G20 शिखर सम्मेलन था। इस शिखर सम्मेलन का विषय 'वसुधैव कुटुंबकम्' था।

G20 की स्थापना वर्ष 1999 में एशियाई वित्तीय संकट के बाद वित्तीय मंत्रियों और केंद्रीय बैंक के नियंत्रकों के लिए वैश्विक, आर्थिक और वित्तीय मुद्दों पर चर्चा हेतु एक मंच के रूप में हुई थी। शुरुआत में G20 के समूह में केवल 9 सदस्य देश थे—भारत, अमेरिका, ब्राजील, अर्जेंटीना, बांग्लादेश, इटली, मॉरीशस, दक्षिण अफ्रीका और संयुक्त अरब अमीरात। 2023 के अनुसार, अब इसमें 21 सदस्य देश शामिल हैं। वस्तुत: G20 सम्मेलन में प्रतिनिधि के तौर पर 19 देशों के प्रतिनिधि और एक यूरोपीय संघ शामिल होता है। नेताओं के शिखर सम्मेलन में 19 देशों के नेता और यूरोपीय संघ के नेता शामिल होते हैं और मंत्री स्तर की बैठकों में 19 देशों के वित्त मंत्री और केंद्रीय बैंक गवर्नर, यूरोपीय संघ के वित्त मंत्री और केंद्रीय बैंक के गवर्नर शामिल होते हैं।

18वें G20 शिखर सम्मेलन में विकासशील देशों का प्रतिनिधित्व बढ़ाने के महत्त्वपूर्ण कदम के रूप में G20 देशों ने अफ्रीकी संघ को स्थायी सदस्य के रूप में शामिल करने का निर्णय लिया।

प्रश्न

1. G20 का कौन-से क्रम का शिखर सम्मेलन भारत में हुआ?
   (क) 16वाँ (ख) 17वाँ (ग) 18वाँ (घ) 19वाँ
2. 'वसुधैव कुटुंबकम्' का अर्थ है
   (क) पृथ्वी ही सब कुछ है (ख) समस्त पृथ्वी हमारा परिवार है
   (ग) पृथ्वी घड़े के समान है (घ) हम सब पृथ्वी पर रहते हैं
3. आरंभ में G20 में कितने सदस्य देश थे?
   (क) नौ (ख) दस (ग) इक्कीस (घ) बाईस
4. निम्नलिखित कथनों में कौन-सा कथन सत्य है?
   (क) G20 शिखर सम्मेलन में 19 देशों के प्रतिनिधि और एक यूरोपीय संघ शामिल होता है।
   (ख) भारत में आयोजित होने वाला यह दूसरा G20 शिखर सम्मेलन था।
   (ग) G20 में अब 22 सदस्य देश शामिल हैं।
   (घ) G20 शिखर सम्मेलन में कोई भी यूरोपीय संघ शामिल नहीं होता।

5. कथन (A) और कारण (R) को पढ़कर उपयुक्त विकल्प चुनिए

कथन (A) 18वें G20 शिखर सम्मेलन के बाद G20 समूह में अब 21 सदस्य देश शामिल हो गए हैं।

कारण (R) विकासशील देशों के प्रतिनिधित्व को बढ़ाने के रूप में G20 देशों ने अफ्रीकी संघ को स्थायी सदस्य के रूप में शामिल करने का निर्णय लिया।

कूट

(क) कथन (A) सही है और कारण (R), कथन (A) की सही व्याख्या करता है।

(ख) कथन (A) और कारण (R) दोनों गलत हैं।

(ग) कथन (A) गलत है, किंतु कारण (R) सही है।

(घ) कथन (A) सही है, किंतु कारण (R) गलत है।

6. 'यूरोपीय' शब्द व्याकरण की दृष्टि से क्या है?

(क) विशेषण (ख) क्रिया-विशेषण

(ग) संज्ञा (घ) क्रिया

गद्यांश 7

अक्टूबर, 2022 में प्रधानमंत्री नरेंद्र मोदी अब तक भारत का आखिरी गाँव कहे जाने वाले 'माणा' गाँव के दौरे पर निकले। उस समय उन्हें लगा कि माणा को देश का आखिरी नहीं, बल्कि पहला गाँव कहा जाना चाहिए, यहाँ तक कि भारत की सीमा पर स्थित प्रत्येक गाँव को यही कहना चाहिए। उत्तराखंड के मुख्यमंत्री पुष्कर सिंह धामी ने प्रधानमंत्री की बातों को गंभीरता से लिया और 'आखिरी गाँव' वाले बोर्ड को हटाकर उन्होंने 'भारत का प्रथम गाँव माणा' वाला बोर्ड लगवा दिया। इसका अर्थ यह हुआ कि अब से सभी इस गाँव को आखिरी नहीं, बल्कि भारत के पहले गाँव के रूप में संबोधित करेंगे।

वस्तुतः 'माणा' गाँव उत्तराखंड के प्रसिद्ध 'बद्रीनाथ' धाम से मात्र तीन किमी आगे पड़ता है। यह गाँव उत्तराखंड के चमोली जिले के अंतर्गत आता है। इस गाँव से 24 किमी दूर जाने पर चीन की सीमा आरंभ हो जाती है। समुद्र तल से 3219 मीटर की ऊँचाई पर स्थित यह गाँव हिमालय की पहाड़ियों से घिरा हुआ है, जहाँ बहुत से दर्शनीय स्थल हैं; जैसे नीलकंठ चोटी, तप्त कुंड, व्यास गुफा आदि। माणा गाँव के लोगों के अनुसार इस गाँव का इतिहास कई हजार साल पुराना है। कहा जाता है कि स्वर्ग की ओर जाते समय पांडव इसी स्थान से गुजरे थे। यहाँ भीम पुल भी है, जिसे भीम ने बनाया था। इस पुल के नीचे सरस्वती नदी बहती है, जो आश्चर्यजनक रूप से कुछ दूर आगे चलकर विलुप्त हो जाती है।

प्रश्न

1. प्रधानमंत्री नरेंद्र मोदी के अनुसार, भारत की सीमा पर स्थित प्रत्येक गाँव को क्या कहना चाहिए?

(क) भारत का आखिरी गाँव

(ख) भारत का प्रथम गाँव

(ग) भारत का दूसरा गाँव

(घ) उपरोक्त में से कोई नहीं

2. गद्यांश के अनुसार भारत का प्रथम गाँव कौन-सा है?

(क) थराली (ख) बद्रीनाथ

(ग) चमोली (घ) माणा

3. निम्नलिखित कथनों में कौन-सा कथन सत्य है?

(क) माणा गाँव केदारनाथ धाम से मात्र तीन किमी आगे पड़ता है।

(ख) माणा गाँव समुद्रतल से 3219 मीटर की ऊँचाई पर स्थित है।

(ग) स्वर्ग जाते समय कौरव और पांडव माणा गाँव से गुजरे थे।

(घ) माणा गाँव हिमाचल प्रदेश के धर्मशाला जिले के अंतर्गत आता है।

4. निम्नलिखित कथनों पर विचार कीजिए

1. माणा गाँव के बाद नेपाल की सीमा आरंभ हो जाती है।
2. माणा गाँव के भीम पुल के नीचे सरस्वती नदी बहती है।
3. भारत के प्रधानमंत्री ने माणा के आखिरी गाँव वाले बोर्ड को हटवा दिया।

उपरोक्त कथनों में कौन-सा/से कथन सत्य है/हैं?

(क) केवल 1 (ख) 2 और 3

(ग) केवल 2 (घ) 1 और 3

5. प्रस्तुत पद्यांश का उपयुक्त शीर्षक क्या हो सकता है?

(क) भारत का आखिरी गाँव-माणा (ख) भारत का प्रथम गाँव-माणा

(ग) बद्रीनाथ धाम (घ) उत्तराखंड की सैर

6. 'दर्शनीय' शब्द में कौन-सा प्रत्यय प्रयुक्त हुआ है?

(क) य (ख) नीय (ग) ईय (घ) इय

गद्यांश 8

गंगा का एक नाम भागीरथी भी है। गंगा को यह नाम क्यों मिला, इसकी भी एक कथा है। राजा सगर के कुल में कई पीढ़ियों के बाद भगीरथ का जन्म हुआ। उन्हें कपिल मुनि के आश्रम के आस-पास अपने पूर्वजों की बिखरी हुई अस्थियों और आश्रम के अपवित्र होने की बात पता चली, तो वे अस्थियों के विसर्जन और आश्रम को पवित्र करने का उपाय सोचने लगे। कोई उपाय नज़र न आता देख वे राजपाट छोड़कर हिमालय की शरण में चले गए। उन्होंने अपने अथक् तप से शिवजी को प्रसन्न किया और उनके निर्देशानुसार पहाड़ काटते रहे। यह कार्य उन्होंने 20-22 वर्ष की आयु में शुरू किया था। अब वे बूढ़े हो चले थे। एक दिन पर्वत में से नदी की एक क्षीण धारा फूट निकली। यह धारा देवगंगा है और यही स्थान गंगोत्री है। मार्ग में देवगंगा में अनेक छोटी नदियाँ आ मिलीं। अब देवगंगा हरिद्वार आई और भगीरथ के बताए रास्ते पर चलती हुई वहाँ पहुँची, जहाँ भगीरथ के पूर्वजों की अस्थियाँ बिखरी थीं। गंगा ने सबको अपनी गोद में समेटकर पवित्र कर दिया।

प्रश्न

1. भगीरथ को कौन-सी बात पता चली?

(क) गंगा का दूसरा नाम भागीरथी भी है

(ख) आश्रम के आस-पास पूर्वजों की हड्डियाँ बिखरी हुई हैं

(ग) कपिल मुनि का आश्रम अपवित्र है

(घ) 'ख' और 'ग' दोनों

2. भगीरथ हिमालय की शरण में क्यों चले गए?

(क) अपने पूर्वजों की अस्थियाँ समेटने के लिए

(ख) कपिल मुनि का आश्रम देखने के लिए

(ग) अस्थि विसर्जन और आश्रम को शुद्ध करने का उपाय खोजने के लिए

(घ) प्राकृतिक सौंदर्य देखने के लिए

3. उपर्युक्त गद्यांश का उपयुक्त शीर्षक क्या होगा?

(क) देवगंगा (ख) गंगोत्री

(ग) राजा भगीरथ (घ) गंगा और भगीरथ

4. गंगा को 'देवगंगा' नाम कब और कहाँ मिला?

(क) अपने उद्‌गम स्थल गंगोत्री में

(ख) छोटी नदियाँ मिल जाने पर

(ग) हरिद्वार आने पर

(घ) भगीरथ के पूर्वजों की अस्थियाँ पवित्र करने पर

5. निम्नलिखित कथनों में कौन-सा कथन सत्य है?

(क) गंगोत्री नामक स्थान देवगंगा धारा का उद्‌गम स्थान है।

(ख) भगीरथ को वशिष्ठ मुनि के आश्रम में अपने पूर्वजों की अस्थियाँ मिलीं।

(ग) भगीरथ ने भगवान विष्णु के मार्गदर्शन में गंगा को प्रकट किया।

(घ) देवगंगा हरिद्वार से गंगोत्री जा पहुँची।

6. 'निर्देशानुसार' का उचित संधि-विच्छेद होगा

(क) निर्देशा + नुसार

(ख) निर् + देशानुसार

(ग) निर्देशा + अनुसार

(घ) निर्देश + अनुसार

गद्यांश 9

जो लोग अपनी असफलताओं के लिए या जीवन में गतिरोध के लिए हालातों को जिम्मेदार ठहराते हैं, वे लोग या तो गलत हैं या हालात से डरते हैं। वे या तो जीवन को समझ नहीं पाए या उलझनों में फँसे हुए हैं। वे या तो आलसी हैं या अकर्मण्य हैं। एक कारण और भी हो सकता है कि उनकी नीयत और नीति में मेल न हो। यह अति आवश्यक है कि नीयत और नीति दोनों एक सूत्र में पिरोई हुई हों अर्थात् मेल खाती हों। ऐसा कदापि संभव नहीं है, क्योंकि नीयत मानसिक इच्छा है, जो खोटी भी हो सकती है और खरी भी। खोटी नीयत वाला व्यक्ति कदापि इस संसार में नहीं टिक सकता और यदि टिकेगा, तो बहुत कम समय के लिए, जब तक उसकी नीयत खुलकर सामने नहीं आती। नीति की जननी नीयत है और जब जननी में ही दोष है, तो संतान में कोई-न-कोई विकृति अवश्य आ जाएगी। हालातों को असफलता के लिए जिम्मेदार ठहराना ठीक नहीं लगता, क्योंकि हालात तो उनके साथ भी वही होते हैं या लगभग वही होते हैं, जो सफलता प्राप्त करते हैं। यदि कोई व्यक्ति अपनी असफलताओं की जिम्मेदारी खुद नहीं ले सकता, तो वह अपनी सफलता की जिम्मेदारी लेने के काबिल नहीं है। जीवन का असली आनंद तो तभी है, जब परिस्थितियाँ विषम हों।

प्रश्न

1. किस तरह के लोगों की नीयत और नीति में मेल नहीं रहता है?

(क) अकर्मण्य व आलसी लोग

(ख) हालात को जिम्मेदार ठहराने वाले लोग

(ग) जीवन को न समझने वाले लोग

(घ) उपर्युक्त सभी

2. खोटी नीयत वाला व्यक्ति इस संसार में क्यों नहीं टिक पाता?

(क) असफलता प्राप्त करने के कारण

(ख) परिस्थितियाँ विषम होने के कारण

(ग) गलत नीयत व नीति के कारण

(घ) अच्छी मानसिकता के कारण

3. निम्नलिखित कथनों में कौन-सा कथन सत्य है?

(क) नीयत केवल खरी ही होती है।

(ख) जीवन का असली सुख तब ही है, जब कोई कठिनाई न हो

(ग) खोटी नीयत वाले व्यक्ति ही कामयाब होते हैं।

(घ) अकर्मण्य लोग असफल होने पर अपने हालातों को कोसने लगते हैं।

4. निम्नलिखित कथनों पर विचार कीजिए

1. नीयत एक शारीरिक बाह्य इच्छा है।
2. आलसी लोगों की नीयत व नीति में मेल नहीं होता।
3. व्यक्ति को अपनी असफलताओं की जिम्मेदारी स्वयं लेनी चाहिए।

उपरोक्त कथनों में कौन-सा/से कथन सत्य है/हैं?

(क) केवल 1 (ख) 2 और 3 (ग) केवल 2 (घ) 1 और 3

5. उपर्युक्त गद्यांश का उपयुक्त शीर्षक हो सकता है

(क) असफलताओं का डर

(ख) असफलता की जिम्मेदारी

(ग) सफलता के लिए आवश्यक तत्त्व

(घ) अच्छी नीयत

6. 'मानसिक' में प्रत्यय है

(क) सिक (ख) इक (ग) सीक (घ) क

गद्यांश 10

बाल मज़दूरी हमारे देश के लिए अक्षम्य अपराध है। देश में आज न जाने कितने बच्चे बाल मज़दूरी कर रहे हैं, क्या उन्हें हमारी तरह जीने का अधिकार नहीं है? राजेश जोशी ने बड़े ही मार्मिक तरीके से 'बाल-श्रमिक' के ऊपर करुण रस की कविता लिखी है। उन्होंने लिखा है 'बच्चे काम पर जा रहे हैं सुबह-सुबह' अर्थात् पढ़ाई-लिखाई छोड़कर बच्चे मजदूरी करने जा रहे हैं। क्या उनके जीवन में खेल का मैदान नहीं है? क्या उनके लिए पुस्तकालय और पाठशाला नहीं हैं? इस तरह के भाव-बोध और पीड़ा-बोध से रचित राजेश जोशी की कविता आधुनिक सभ्य समाज के ऊपर एक प्रकार का व्यंग्य भी प्रस्तुत करती है।

वैश्विक स्तर पर शांति के लिए वर्ष 2014 के नोबल पुरस्कार प्राप्तकर्ता श्री कैलाश सत्यार्थी 'बचपन बचाओ आंदोलन' के सृजनकर्ता माने जाते हैं। उनका कहना है कि "बाल-श्रमिकों की पहचान के संबंध में सबसे बड़ी समस्या उम्र का निर्धारण करना है।" उनके जागरूकता अभियान के कारण अब बहुत सीमा तक लोग जानने लगे हैं कि 14 साल के बच्चे से काम कराना एक दंडनीय अपराध है। इसमें उम्र का निर्धारण कर पाना बेहद कठिन काम है।

इसमें बच्चों का शोषण करने वाले लोग उनकी उम्र-सीमा 14 वर्ष से ऊपर दिखाकर कानूनी प्रक्रिया से बंधनमुक्त हो जाया करते हैं। यदि कठोर नियम बनाकर उचित कार्यवाही की जाए, तो बाल मज़दूरी के ऊपर बहुत सीमा तक लगाम लगाई जा सकती है।

प्रश्न

1. निम्नलिखित में से प्रस्तुत गद्यांश का सर्वाधिक उपयुक्त शीर्षक क्या होगा?

(क) नोबल पुरस्कार प्राप्त कैलाश सत्यार्थी

(ख) बालश्रम : समस्या और समाधान

(ग) पढ़ाई-लिखाई से वंचित बचपन

(घ) बालश्रम : कानूनी प्रक्रिया

2. राजेश जोशी की कविता का मूल आशय क्या है?

(क) कवि धर्म का पालन करना

(ख) बचपन का चित्रण करना

(ग) बच्चों के प्रति तत्कालीन समाज की संवेदनहीनता को व्यक्त करना

(घ) उपरोक्त सभी

3. बाल श्रमिकों की पहचान के संबंध में सबसे बड़ी समस्या किसे माना गया है?

(क) विद्यालयों की सीमित संख्या को

(ख) पढ़ाई के प्रति बच्चों की उदासीनता को

(ग) समाज में पढ़ाई को कम महत्त्व देने को

(घ) उम्र का निर्धारण करने को

4. 'बचपन बचाओ आंदोलन' के बाद लोग क्या समझ गए?

(क) 14 वर्ष के बच्चे से काम कराना दंडनीय अपराध है

(ख) 14 वर्ष के बच्चे से काम करवाया जा सकता है

(ग) 14 वर्ष के बच्चे का भविष्य सँवारना चाहिए

(घ) 14 वर्ष का बच्चा सभी काम करने लगता है

5. गद्यांश के अनुसार बाल मजदूरी पर रोक कैसे लगाई जा सकती है?

(क) कठोर नियम बनाकर उचित कार्यवाही द्वारा

(ख) जागरूकता अभियान द्वारा

(ग) बच्चों को काम पर न भेजकर

(घ) बाल मजदूरी को महत्त्व न देकर

6. 'क्या उनके लिए पुस्तकालय और पाठशाला नहीं हैं?' वाक्य में अर्थ की दृष्टि से कौन-सा वाक्य भेद है?

(क) निषेधवाचक वाक्य (ख) संदेहवाचक वाक्य

(ग) प्रश्नवाचक वाक्य (घ) संकेतवाचक वाक्य

अपठित काव्यांश

निम्नलिखित काव्यांशों को पढ़कर उन पर आधारित प्रश्नों के उत्तर दीजिए

सैंपल काव्यांश 1 (अतिलघु उत्तरीय प्रश्नों पर आधारित)

इस समाधि में छिपी हुई है
एक राख की ढेरी।
जलकर जिसने स्वतंत्रता की
दिव्य आरती फेरी।।
यह समाधि, यह लघु समाधि, है
झाँसी की रानी की।
अंतिम लीलास्थली यही है
लक्ष्मी मर्दानी की।।
यहीं कहीं पर बिखर गई वह
भग्न विजय-माला-सी।
उसके फूल यहाँ संचित हैं
है यह स्मृति-शाला-सी।।
सहे वार पर वार अंत तक
लड़ी वीर बाला-सी
आहुति-सी गिर चढ़ी चिता पर
चमक उठी ज्वाला-सी।।

1. समाधि में किसकी राख की ढेरी छिपी हुई है?

उत्तर समाधि में प्रथम स्वतंत्रता संग्राम की वीरांगना रानी लक्ष्मीबाई की अस्थियों की राख की ढेरी छिपी हुई है, जिन्होंने अंग्रेजों से युद्ध करते हुए वीरगति प्राप्त की थी।

2. इस समाधि को अंतिम लीलास्थली क्यों कहा गया है?

उत्तर इस समाधि को अंतिम लीलास्थली इसलिए कहा गया है, क्योंकि रानी लक्ष्मीबाई ने अंतिम बार यहीं अपनी अद्‌भुत वीरता की लीला दिखाई थी।

3. 'भग्न विजय-माला-सी' होने का आशय क्या है?

उत्तर 'भग्न विजय-माला-सी' होने का आशय है—जिस प्रकार माला टूटने से उसके मोती बिखर जाते हैं, उसी प्रकार रानी की विजय रूपी माला यहाँ टूटकर बिखर गई थी, जहाँ आज उनकी समाधि है।

4. किसकी तुलना आहुति से की गई है और क्यों?

उत्तर रानी के शरीर को चिता पर रखे जाने की तुलना आहुति से की गई है, क्योंकि रानी का शरीर पाकर चिता की ज्वाला और भी तेज हो गई।

5. 'आहुति-सी गिर चढ़ी चिता पर' पंक्ति में कौन-सा अलंकार है?

उत्तर दी गई पंक्ति में रानी की तुलना आहुति से करने के कारण उपमा अलंकार है।

6. उपसर्ग एवं प्रत्यय अलग कर मूल शब्द बताइए—स्वतंत्रता, बाला।

उत्तर

शब्द	उपसर्ग	मूलशब्द	प्रत्यय
स्वतंत्रता	स्व	तंत्र	ता
बाला	—	बाल	आ

सैंपल काव्यांश 2 (बहुविकल्पीय प्रश्नों पर आधारित)

"हम देंगे-देंगे खून"
शब्द बस यही सुनाई देते थे।
रण में जाने को युवक खड़े
तैयार दिखाई देते थे।
बोले सुभाष, "इस तरह नहीं,
बातों से मतलब सरता है।
लो यह कागज है कौन यहाँ
आकर हस्ताक्षर करता है?
इसको भरने वाले जन को
सर्वस्व समर्पण करना है।
अपना तन-मन-धन-जन-जीवन
माता को अर्पण करना है।

पर यह साधारण पत्र नहीं,
आजादी का परवाना है।
इस पर तुमको अपने तन का
कुछ उज्ज्वल रक्त गिराना है।
वह आगे आए, जिसके तन में
भारतीय खून बहता हो।
वह आगे आए, जो अपने को
हिंदुस्तानी कहता हो।
वह आगे आए, जो इस पर
खूनी हस्ताक्षर देता हो
मैं कफ़न बढ़ाता हूँ आए
जो हँसकर इसको लेता हो।

1. "हम देंगे-देंगे खून" जनसभा से यह आवाज क्यों आ रही थी?
(क) गाँधीजी ने जनता से खून माँगा था
(ख) नेहरू जी ने जनता से खून माँगा था
(ग) सुभाषचंद्र बोस ने जनता से खून माँगा था
(घ) भारतमाता ने जनता से खून माँगा था
उत्तर (ग) सुभाषचंद्र बोस ने जनता से खून माँगा था

2. सभा में उपस्थित लोगों की ओर कागज क्यों बढ़ाया गया?
(क) पढ़ने के लिए
(ख) हस्ताक्षर करने के लिए
(ग) एक-दूसरे में बाँटने के लिए
(घ) अपने-अपने घर ले जाने के लिए
उत्तर (ख) हस्ताक्षर करने के लिए

3. 'माता को अर्पण करना हैं।' पंक्ति में 'माता' से तात्पर्य है
(क) जिसने जन्म दिया है
(ख) देवी दुर्गा जिसकी पूजा करते हैं
(ग) काली माता
(घ) हमारी जन्मभूमि भारतमाता
उत्तर (घ) हमारी जन्मभूमि भारतमाता

4. काव्यांश के माध्यम से कवि क्या चाहता है?
(क) नेताजी से परिचय करना
(ख) देशप्रेम एवं देशभक्ति की भावना जगाना
(ग) मातृभूमि के लिए अपना सब कुछ अर्पित करना
(घ) 'ख' और 'ग' दोनों
उत्तर (घ) 'ख' और 'ग' दोनों

5. निम्नलिखित कथनों में कौन-सा कथन सत्य है?
(क) सभी लोग हस्ताक्षर करने से घबरा गए थे।
(ख) सुभाषचंद्र बोस ने कहा कि कागज पर हस्ताक्षर करने वाले को पुरस्कार मिलेगा।
(ग) सुभाषचंद्र बोस को ऐसे व्यक्ति चाहिए थे, जो अपना सब-कुछ मातृभूमि पर अर्पण कर सकें।
(घ) उपरोक्त में से कोई नहीं
उत्तर (ग) सुभाषचंद्र बोस को ऐसे व्यक्ति चाहिए थे, जो अपना सब-कुछ मातृभूमि पर अर्पण कर सकें।

6. 'वह आगे आए' में रेखांकित अंश है
(क) संज्ञा (ख) सर्वनाम
(ग) क्रिया (घ) क्रिया–विशेषण
उत्तर (घ) क्रिया-विशेषण

अभ्यास प्रश्न

बहुविकल्पीय व वर्णनात्मक प्रश्नों सहित

काव्यांश पर आधारित अतिलघु उत्तरीय प्रश्न

काव्यांश 1

मैं मजदूर मुझे देवों की बस्ती से क्या,
अगणित बार धरा पर मैंने स्वर्ग बनाए।
अपने नहीं अभाव मिटा पाया जीवनभर
पर औरों के सभी अभाव मिटा सकता हूँ।
तूफानों-भूचालों की भयप्रद छाया में,
मैं ही एक अकेला हूँ, जो गा सकता हूँ।
मेरे 'मैं' की संज्ञा भी इतनी व्यापक है,
इसमें मुझसे अगणित प्राणी आ जाते हैं।
मुझको अपने पर अदम्य विश्वास रहा है।
मैं खंडहर को फिर से महल बना सकता हूँ।
जब-जब भी मैंने खंडहर आबाद किए हैं,
प्रलय-मेघ भूचाल देख मुझको शरमाए।
मैं मजदूर मुझे देवों की बस्ती से क्या
अगणित बार धरा पर मैंने स्वर्ग बनाए।

प्रश्न

1. मजदूर देवताओं की बस्ती की ओर आकर्षित क्यों नहीं है?
2. 'मेरे 'मैं' की संज्ञा भी इतनी व्यापक है' का आशय क्या है?
3. मजदूर को देखकर कौन-कौन शरमाए और क्यों?
4. मजदूर अपने अभाव क्यों नहीं मिटा पाते हैं?

5. 'मैं मजदूर मुझे देवों की बस्ती से क्या' पंक्ति में कौन-सा अलंकार है?

6. दो-दो पर्यायवाची शब्द लिखिए—धरा, मेघ।

काव्यांश 2

जितने भी हैं, इसमें कोटर
सब पंछी गिलहरियों के घर
संध्या को जब दिन जाता ढल,
सूरज चलता है, अस्ताचल
कर में समेट किरणें उज्ज्वल
हो जाता है, सुनसान लोक
चल पड़ते घर को चील कोक
अँधियाली संध्या को विलोक
भर जाता है, कोटर-कोटर
बस जाते हैं, पत्तों के घर
घर-घर में आती नींद उतर
निद्रा में ही होता प्रभात
कट जाती है इस तरह रात
फिर वही बात रे वही बात।

प्रश्न

1. पंछी और गिलहरियों के घर कहाँ हैं?
2. चील और कोक अपने घर कब चल पड़ते हैं?
3. पत्तों के घर किसे कहा गया है? वे कब भर उठते हैं?
4. 'निद्रा में प्रभात होने' का आशय स्पष्ट कीजिए।
5. तद्भव रूप लिखिए—उज्ज्वल, संध्या।
6. दो-दो पर्यायवाची शब्द लिखिए—घर, रात।

काव्यांश 3

इस वसुधा का यह वन्य प्रांत
है दूर अलग एकांत शांत
हैं खड़े जहाँ पर साल, बाँस
चौपाए चरते नरम घास
निर्झर सरिता के आस-पास
रजनी-भर रो-रोकर चकोर,
कर देता है रे रोज भोर
नाचा करते हैं जहाँ मोर
है जहाँ वल्लरी का बंधन,
बंधन का क्या वह तो आलिंगन
आलिंगन भी चिर आलिंगन
बुझती पथिकों की जहाँ प्यास,
निद्रा लग जाती अनायास
है वहीं सदा इनका निवास।

प्रश्न

1. वन्य प्रांत की विशेषता काव्यांश के आधार पर लिखिए।
2. वल्लरी के बंधन को आलिंगन क्यों कहा गया है?
3. 'निद्रा लग जाती अनायास' के माध्यम से कवि क्या कहना चाहता है?
4. चकोर पक्षी रात भर क्यों रोता रहता है?
5. 'रजनी-भर रो-रोकर चकोर' में कौन-सा अलंकार है?
6. भाववाचक संज्ञा बनाइए—दूर, अलग।

काव्यांश 4

आज कहाँ से फिर आ पहुँचा
फागुन में सावन!
सुबह उड़ी थी धूल
शाम को घिर आए बादल
बासंती रातों में बरसा
किन आँखों का जल
पतझर की नंगी डालों में पुलक उठा यौवन।
आज कहाँ से फिर आ पहुँचा फागुन में सावन!
सौंधी-सौंधी मिट्टी महकी
महक उठा उपवन
बिजली कौंधी आसमान में
धरती में सिहरन
होली में कजरी गाने को फिर ललचाया मन।
आज कहाँ से फिर आ पहुँचा फागुन में सावन!
हरियाली का स्वप्न
थिरकने लगा पुतलियों में
अलियों का उन्माद
कि शोखी आई कलियों में
तपन बिना क्या मूल्य तुम्हारा, जीवन-धन रस-धन।
आज कहाँ से फिर आ पहुँचा फागुन में सावन!

प्रश्न

1. फागुन में सावन आने का क्या तात्पर्य है?
2. सावन आने से नंगी डालों पर क्या परिवर्तन हो गया?
3. होली के समय फाग गाया जाता है, पर कवि का मन कजरी गाने के लिए ललचा रहा है, क्यों?
4. सावन और फागुन के मिलन से धरती पर कैसा दृश्य उपस्थित हो गया?
5. तद्भव शब्द लिखिए—स्वप्न, मूल्य।
6. 'बिजली' और 'धरती' के दो-दो पर्यायवाची लिखिए।

काव्यांश 5

फैली खेतों में दूर तलक
मखमल की कोमल हरियाली,
लिपटी जिससे रवि की किरणें
चाँदी की सी उजली जाली!
तिनकों के हरे-हरे तन पर
हिल हरित रुधिर है रहा झलक
श्यामल भूतल पर झुका हुआ
नभ का चिर नील फलक!

प्रश्न

1. नीला आकाश किस पर झुका है?

2. सूर्य की किरणें कैसी प्रतीत हो रही हैं?

3. कवि ने हरियाली की कौन-कौन सी विशेषताएँ बताई हैं?

4. 'चाँदी की सी उजली जाली' में कौन-सा अलंकार है?

5. 'मखमल' शब्द का क्या अर्थ है?

6. निर्मल शब्द के कोई दो पर्यायवाची शब्द लिखिए।

काव्यांश पर आधारित बहुविकल्पीय प्रश्न

काव्यांश 6

है जन्म लेते जगह में एक ही,
एक ही पौधा उन्हें है पालता।
रात में उन पर चमकता चाँद भी,
एक ही-सी चाँदनी है डालता।
मेघ उन पर है बरसता एक-सा
एक सी उन पर हवाएँ हैं बहीं
पर सदा ही यह दिखाता है हमें
ढंग उनके एक से होते नहीं
छेदकर काँटा किसी की उँगलियाँ
फाड़ देता है किसी का वर-वसन।
प्यार में डूबी तितलियों के पर कतर
भौंर का है बींध देता श्याम-तन।
फूल लेकर तितलियों को गोद में
भौंर को अपना अनूठा रस पिला।
निज सुगंध और निराले रंग से
है सदा देता कली का जी खिला।

प्रश्न

1. उपरोक्त काव्यांश का शीर्षक होगा

(क) सूरज और चाँद (ख) बादल और हवाएँ
(ग) फूल और काँटा (घ) फूल और कली

2. 'ढंग उनके एक से होते नहीं' में ढंग का अर्थ है

(क) तरीका (ख) स्वभाव और व्यवहार
(ग) रूप-रंग (घ) आकार एवं रंग

3. 'काँटा' इनमें से कौन-सा काम करता है?

(क) किसी के वस्त्र फाड़ देना (ख) तितलियों के पंख तोड़ देना
(ग) भँवरों के शरीर में चुभना (घ) ये सभी

4. फूल, कलियों का मन कैसे खुश कर देते हैं?

(क) रस पिलाकर (ख) गोद में उठाकर
(ग) सुगंध और रंग देकर (घ) ये सभी

5. निम्नलिखित कथनों पर विचार कीजिए

1. काँटे और फूल एक ही शाखा पर फलते-फूलते हैं।
2. एक ही पौधे के अंग होते हुए भी काँटे और फूल में बहुत अंतर होता है।
3. काँटा कली के खिलने में सहायक होता है।

उपरोक्त कथनों में कौन-सा/से कथन सत्य है/हैं?

(क) केवल 1 (ख) केवल 2
(ग) केवल 3 (घ) 1 और 2

6. 'श्याम' का विपरीतार्थक शब्द है

(क) साँवला (ख) श्वेत
(ग) स्वच्छ (घ) उज्ज्वल

काव्यांश 7

यहाँ कोकिला नहीं, काक हैं शोर मचाते।
काले-काले कीट, भ्रमर का भ्रम उपजाते।।
कलियाँ भी अधखिली मिली हैं कंटक-कुल से।
वे पौधे, वे पुष्प, शुष्क हैं अथवा झुलसे।।
परिमल-हीन पराग दाग-सा बना पड़ा है।
हाँ। प्यास बाग खून से सना पड़ा है।।
आओ प्रिय ऋतुराज! किंतु धीरे से आना।
है यह शोक—स्थान यहाँ मत शोर मचाना।।
वायु चले पर मंद चाल से उसे चलाना।
दुःख की आहें संग उड़ाकर मत ले जाना।।
कोकिल गावे, किंतु राग रोने का गावे।
भ्रमर करे गुंजार कंटकी कथा सुनावे।।

प्रश्न

1. काव्यांश में वर्णित उद्यान में कौन शोर मचाते हैं?

(क) कोयल (ख) कौए
(ग) मोर (घ) अन्य पक्षी

2. बगीचे के पौधे और फूल कैसे दिख रहे हैं?

(क) हरे-भरे एवं खुशबूदार (ख) हरे-भरे एवं अधखिले
(ग) पीले-पीले तथा मुरझाए हुए (घ) सूखे और झुलसे हुए

3. 'परिमल-हीन पराग दाग-सा बना पड़ा है।' पंक्ति से आशय है

(क) फूल खुशबूदार हैं
(ख) परागों में बहुत खुशबू है
(ग) फूलों के परागों में खुशबू नहीं है
(घ) उपरोक्त में से कोई नहीं

4. 'वायु चले पर मंद चाल से उसे चलाना'–कवयित्री ऐसा करने के लिए किसे कह रही है?
(क) पेड़-पौधों को (ख) वसंत को
(ग) फूल और कलियों को (घ) कोयल और भौरों को

5. 'कंटकी कथा सुनावे' में अलंकार है
(क) अनुप्रास अलंकार (ख) उपमा अलंकार
(ग) रूपक अलंकार (घ) श्लेष अलंकार

6. 'वायु' का पर्यायवाची किस विकल्प में नहीं है?
(क) मारुत (ख) समीर
(ग) पवन (घ) अनल

काव्यांश 8

देखकर बाधा विविध, बहु विघ्न घबराते नहीं।
रह भरोसे भाग्य के, दुःख भोग पछताते नहीं।।
काम कितना ही कठिन हो, किंतु उकताते नहीं।
भीड़ में चंचल बने जो, वीर दिखलाते नहीं।।
हो गए इक आन में उनके बुरे दिन भी भले।
सब जगह सब काल में वे ही मिले फूले-फले।।
व्योम को छूते हुए, दुर्गम पहाड़ों के शिखर।
वे घने जंगल जहाँ रहता है तम आठों पहर।।
गरजती जलराशि की उठती हुई ऊँची लहर।
आग की भयदायिनी फैली दिशाओं में लपट।
वह कँपा सकती कभी, जिसके कलेजे को नहीं।
भूलकर भी वह नहीं नाकाम रहता है कहीं।।

प्रश्न

1. कठिन-से-कठिन काम देखकर भी कर्मवीर ·······।
(क) घबराया नहीं करते
(ख) दुःखी होकर पछताते नहीं
(ग) जल्दबाजी और अधीरता नहीं दिखाते
(घ) भाग्य के भरोसे काम को नहीं छोड़ते

2. कर्मशील व्यक्ति कब उन्नति करता है?
(क) कभी-कभी (ख) भाग्य के साथ देने पर
(ग) जीवन में एक बार (घ) हर समय

3. आठों पहर अंधकार का पहरा कहाँ रहता है?
(क) पहाड़ों के शिखर पर
(ख) घने जंगलों के बीच
(ग) जलराशि की लहरों में
(घ) आसमान की ऊँचाइयों पर

4. उपरोक्त काव्यांश का उपयुक्त शीर्षक होगा
(क) कर्मवीर (ख) धर्मवीर
(ग) दानवीर (घ) महावीर

5. कथन (A) कर्मवीरों के बुरे दिन भी अच्छे दिन में बदल जाते हैं।
कारण (R) कर्मवीर सुख-दुख में समान रहकर कठिनाइयों का सामना बड़े ही धैर्य से करते हैं।

कूट
(क) कथन (A) सही है और कारण (R), कथन (A) की सही व्याख्या करता है।
(ख) कथन (A) और कारण (R) दोनों गलत हैं।
(ग) कथन (A) गलत है, किंतु कारण (R) सही है।
(घ) कथन (A) सही है, किंतु कारण (R) गलत है।

6. 'जलराशि की लहर' के लिए प्रयुक्त विशेषण किस विकल्प में है?
(क) गरजती
(ख) उठती
(ग) ऊँची
(घ) 'ख' और 'ग' दोनों

काव्यांश 9

आओ वीरोचित कर्म करो
मानव हो तो कुछ शर्म करो
या कब तक सहते जाओगे,
इस परवशता के जीवन से
विद्रोह करो, विद्रोह करो।
जिसने निज स्वार्थ सदा साधा
जिसने सीमाओं में बाँधा
आओ उससे, उसकी निर्मित,
जगती के अणु-अणु कण-कण से
विद्रोह करो, विद्रोह करो।
विप्लव गायन गाना होगा
सुख-स्वर्ग यहाँ लाना होगा
अपने ही पौरुष के बल पर
जर्जर जीवन के क्रंदन से
विद्रोह करो, विद्रोह करो।

प्रश्न

1. कवि मनुष्य से शर्म करने के लिए क्यों कहता है?
(क) वीरोचित कर्म करने के कारण
(ख) वीरोचित कर्म न करने के कारण
(ग) देश का सम्मान न करने के कारण
(घ) युद्ध में भाग न लेने के कारण

2. काव्यांश से भारतीयों के बारे में क्या पता चलता है?
(क) भारतीयों का वीर होना
(ख) भारतीयों का स्वतंत्र होना
(ग) भारतीयों का परतंत्र जीवन जीना
(घ) भारतीयों का दयालु होना

3. कवि संसार में किस व्यवस्था से विद्रोह करने के लिए प्रेरित कर रहा है?
(क) जो स्वार्थ में डूब रहा हो
(ख) जिसने लोगों को जाति-धर्म की सीमा में बाँधा
(ग) जिसने देशहित में कार्य नहीं किया
(घ) उपर्युक्त सभी

4. विद्रोह करने के लिए किस प्रकार का गायन करना होगा?
(क) मधुर गीतों का गायन
(ख) क्रांतिकारी गीतों का गायन
(ग) आधुनिक गीतों का गायन
(घ) शांति का संदेश देने वाले गीतों का गायन

5. 'जिसने निज स्वार्थ सदा साधा' पंक्ति में अलंकार है
(क) रूपक अलंकार
(ख) यमक अलंकार
(ग) पुनरुक्तिप्रकाश अलंकार
(घ) अनुप्रास अलंकार

6. 'जर्जर जीवन के क्रंदन से' में 'जर्जर' होगा
(क) संकेतवाचक विशेषण (ख) गुणवाचक विशेषण
(ग) परिमाणवाचक विशेषण (घ) इनमें से कोई नहीं

काव्यांश 10

बादल, गरजो!
घेर घेर घोर गगन, धाराधर ओ!
ललित ललित, काले घुँघराले,
बाल कल्पना के-से पाले,
विद्युत छवि उर में, कवि नवजीवन वाले!
वज्र छिपा, नूतन कविता
फिर भर दो—

प्रश्न

1. कवि ने इस काव्यांश में किसे सम्बोधित किया है?
(क) बच्चे को (ख) स्वयं को (ग) बादल को (घ) प्रकृति को

2. बादलों के हृदय में क्या है?
(क) गड़गड़ाहट (ख) क्रांति का स्वर
(ग) मधुर गीत (घ) कल्पना

3. बादलों के गर्जन से क्या होता है?
(क) मन निराश हो जाता है (ख) तीव्र गड़गड़ाहट होती है
(ग) बारिश आती है (घ) मानव-मन में उत्साह आता है

4. 'बाल कल्पना के-से पाले' में कौन-सा अलंकार है?
(क) यमक (ख) उपमा (ग) श्लेष (घ) अतिश्योक्ति

5. प्रस्तुत कविता के आधार पर बताइए कि निम्नलिखित कथनों में कौन-सा कथन सत्य है?
(क) बादलों की इच्छा अब गरजने की नहीं है।
(ख) बादल कवि के लिए सिर्फ कल्पना के समान है।
(ग) बादलों के हृदय में बिजली, किसी कवि के हृदय से निकली नई कविता के समान उपस्थित है।
(घ) हे बादल! तुम अब बरसना बंद कर दो।

6. प्रस्तुत गद्यांश का शीर्षक है
(क) बादल (ख) घुँघराले बादल
(ग) प्रकृति का सौंदर्य (घ) उत्साह

उत्तरमाला (अभ्यास प्रश्न)

अपठित गद्यांश

अतिलघु उत्तरीय प्रश्न

गद्यांश 1

1. प्रस्तुत गद्यांश का उपयुक्त शीर्षक 'नई शिक्षा नीति' होगा।
2. नई शिक्षा नीति का केंद्र बिंदु है— बच्चों पर पुस्तकों का बोझ कम करना और व्यावहारिक शिक्षा को बढ़ावा देना।
3. नई शिक्षा नीति को विद्यार्थियों के कौशल-विकास को बढ़ावा देने के लिए लागू किया गया है।
4. नई शिक्षा नीति का मुख्य उद्देश्य है— बच्चों को कुशल बनाने के साथ-साथ जिस क्षेत्र में वे रुचि रखते हैं, उसी क्षेत्र में उन्हें प्रशिक्षित करना।
5. नई शिक्षा नीति का अपना लक्ष्य प्राप्त करने की समय-सीमा वर्ष 2030 तक की है।
6.

शब्द	उपसर्ग	मूल शब्द	प्रत्यय
प्रशिक्षित	प्र	शिक्षा	इत
स्वतंत्रता	स्व	तंत्र	ता

गद्यांश 2

1. चंद्रयान-3 को 14 जुलाई, 2023 को इसरो (भारतीय अंतरिक्ष अनुसंधान संगठन) ने लॉन्च किया।
2. चंद्रयान-3 का मुख्य उद्देश्य चंद्रमा के दक्षिणी ध्रुव पर सॉफ्ट लैंडिंग करना तथा चाँद पर ठंडे क्षेत्र में पानी का पता लगाना है।
3. चंद्रयान-3 चंद्रमा के दक्षिणी ध्रुव पर उतरा था।
4. भारत के अतिरिक्त चाँद पर पहुँचने वाले देश हैं—अमेरिका, रूस और चीन।
5. चंद्रयान-3 मिशन का केंद्र बिंदु चंद्रमा के भूविज्ञान, खनिज विज्ञान और बाह्यमंडल की गहराई को जानना है।
6. अत्याधुनिक — अति + आधुनिक; इसमें यण् संधि है।

गद्यांश 3

1. ऋषि-मुनि लोगों की भलाई के लिए समय-समय पर यज्ञ करते हुए परोपकार किया करते थे।
2. नदी-तालाब एवं वृक्षों के कार्यों से हमें यह शिक्षा मिलती है कि हमें हमेशा दूसरों की भलाई के कार्यों में लगे रहना चाहिए।
3. भारतीय संस्कृति में परोपकार करने को शुभ कार्य और श्रेष्ठ धर्म बताकर परोपकार की महत्ता बताई गई है।
4. मूल = मूल + इक = मौलिक, समाज = समाज + इक = सामाजिक
5.

शब्द	विपरीतार्थक
जीवन	मृत्यु
शुभ	अशुभ

6. प्रस्तुत गद्यांश का उचित शीर्षक 'परोपकार' होगा।

गद्यांश 4

1. समय को धन से अधिक मूल्यवान इसलिए कहा गया है, क्योंकि धन का तो आना-जाना लगा रहता है, पर बीता हुआ समय वापस नहीं आता है।
2. महापुरुषों ने समय का सदुपयोग करने का उपदेश दिया है, क्योंकि समय का सदुपयोग करके ही वे स्वयं महान बने हैं।
3. देश की रक्षा के संबंध में समय का उपयोग बहुत आवश्यक है, क्योंकि समय पर कार्यवाही में यदि तनिक-भी चूक हो, वह भारी पड़ सकती है और देश को गुलामी झेलनी पड़ सकती है। अत: ऐसे में समय का सदुपयोग और भी आवश्यक हो जाता है।
4. प्रस्तुत गद्यांश का उपयुक्त शीर्षक 'समय का महत्त्व' या 'समय का सदुपयोग' होगा।
5. 'विद्यार्थी' का संधि-विच्छेद होगा—विद्या + अर्थी
   'सदुपयोग' का संधि-विच्छेद होगा—सत् + उपयोग
6. दिए गए वाक्य का प्रश्नवाचक वाक्य इस प्रकार होगा—क्या समय की उपेक्षा करने वालो को समय नष्ट कर देता है?

गद्यांश 5

1. भगतसिंह एक वीर क्रांतिकारी थे, जिन्होंने देश को आजादी दिलाने के लिए अपने प्राणों की परवाह नहीं की, इसलिए उनका नाम आदर से लिया जाता है।
2. भगतसिंह की इच्छा थी कि वे अंग्रेजों को देश से बाहर भगाकर अपने देश को आजाद कराएँ।
3. लाला लाजपत राय पर अंग्रेजों ने हमला किया, क्योंकि वे साइमन कमीशन का विरोध कर रहे थे।
4. भगतसिंह ने सांडर्स को लाठीचार्ज का दोषी माना और गोलियाँ बरसाकर उसकी हत्या कर दी। इस प्रकार उन्होंने लाठीचार्ज का बदला लिया।
5.

शब्द	विशेषण
समय	सामयिक
पक्ष	पाक्षिक

6. दिए गए वाक्य का विधानवाचक वाक्य इस प्रकार होगा—देश को आजादी दिलाने वाले क्रांतिकारी वीरों का नाम स्वर्णाक्षरों में अंकित है।

बहुविकल्पीय प्रश्न

गद्यांश 6

1. (ग) 18वाँ
2. (ख) समस्त पृथ्वी हमारा परिवार है
3. (क) नौ
4. (क) G20 शिखर सम्मेलन में 19 देशों के प्रतिनिधि और एक यूरोपीय संघ शामिल होता है।
5. (क) कथन (A) सही है और कारण (R), कथन (A) की सही व्याख्या करता है।
6. (क) विशेषण

गद्यांश 7

1. (ख) भारत का प्रथम गाँव
2. (घ) माणा
3. (ख) माणा गाँव समुद्रतल से 3219 मीटर की ऊँचाई पर स्थित है।
4. (ग) केवल 2
5. (ख) भारत का प्रथम गाँव-माणा
6. (ग) ईय

गद्यांश 8

1. (घ) 'ख' और 'ग' दोनों
2. (ग) अस्थि विसर्जन और आश्रम को शुद्ध करने का उपाय खोजने के लिए
3. (घ) गंगा और भगीरथ
4. (क) अपने उद्गम स्थल गंगोत्री में
5. (क) गंगोत्री नामक स्थान देवगंगा धारा का उद्गम स्थान है।
6. (घ) निर्देश + अनुसार

गद्यांश 9

1. (घ) उपर्युक्त सभी
2. (ग) गलत नीयत व नीति के कारण
3. (घ) अकर्मण्य लोग असफल होने पर अपने हालातों को कोसने लगते हैं।
4. (ख) 2 और 3
5. (क) असफलताओं का डर
6. (ख) इक

गद्यांश 10

1. (ख) बालश्रम: समस्या और समाधान
2. (ग) बच्चों के प्रति तत्कालीन समाज की संवेदनहीनता को व्यक्त करना
3. (घ) उम्र का निर्धारण करने को
4. (क) 14 वर्ष के बच्चे से काम कराना दंडनीय अपराध है
5. (क) कठोर नियम बनाकर उचित कार्यवाही द्वारा
6. (ग) प्रश्नवाचक वाक्य

अपठित काव्यांश

अतिलघु उत्तरीय प्रश्न

काव्यांश 1

1. मजदूर देवताओं की बस्ती की ओर इसलिए आकर्षित नहीं है, क्योंकि उसने अपनी मेहनत के बल पर पृथ्वी को अनेक बार स्वर्ग जैसा सुंदर बनाया है।
2. 'मेरे 'मैं' की संज्ञा भी इतनी व्यापक है' का आशय है—मजदूरों जैसा परिश्रम करने वाले बहुत-से प्राणी धरती पर रहते हैं।
3. मजदूर को देख बादल, तूफान और भूकंप जैसी आपदाएँ शरमा गईं, क्योंकि वे मजदूर के हौसलों को डिगा न सकीं।
4. मजदूर अपने अभाव इसलिए नहीं मिटा पाते हैं, क्योंकि उन्हें कम मजदूरी दी जाती है और उनका शोषण किया जाता है।
5. 'शरमाने' जैसी मानवीय क्रियाएँ होने के कारण दी गई पंक्ति में मानवीकरण अलंकार है।
6.

शब्द	पर्यायवाची
धरा	पृथ्वी, वसुधा
मेघ	जलधर, घन

काव्यांश 2

1. पंछी और गिलहरियों के घर पेड़ों में बने कोटरों में हैं।
2. संध्याकाल में दिन ढलने पर सूरज जब छिपने जाता है और संसार सुनसान हो जाता है, तब चील और कोक अपने घर को लौट आते हैं।

3. पत्तों के घर पक्षियों के घोसलों को कहा गया है। वे शाम को अँधेरा होने पर पक्षियों के लौट आने से भर उठते हैं।
4. निद्रा में प्रभात होने का आशय है—पक्षी रात में सो जाते हैं और सवेरा होने पर उनकी नींद खुलती है।
5.

शब्द	तद्भव
उज्ज्वल	उजला
संध्या	साँझ

6.

शब्द	पर्यायवाची
घर	गृह, निकेतन
रात	रजनी, रात्रि

काव्यांश 3

1. वन्य प्रांत जन-कोलाहल से दूर एक एकांत स्थान है, जहाँ शांति है। वहाँ साल और बाँस के पेड़ हैं तथा जानवर घास चरते हैं।
2. वल्लरी अर्थात् बेल पेड़ का सहारा लेकर उस पर चढ़ी हुई है। वल्लरी ने पेड़ के साथ यह बंधन स्वेच्छा से बाँधा है, इसलिए इसे आलिंगन कहा गया है।
3. 'निद्रा लग जाती अनायास' के माध्यम से कवि कहना चाहता है कि जंगल की प्राकृतिक सुषमा मनोहारी है, जिसे आँखों में बंद कर लेने को मन मचल उठता है।
4. चकोर पक्षी रात को अपने साथी से नहीं मिल पाता, इसलिए वह रात भर उसके विरह में रोता रहता है।
5. 'रजनी-भर रो-रोकर चकोर' में 'र' वर्ण की आवृत्ति के कारण अनुप्रास अलंकार है।
6.

शब्द	भाववाचक संज्ञा
दूर	दूरी
अलग	अलगाव

काव्यांश 4

1. फागुन में सावन आने का तात्पर्य है—फागुन महीने में अचानक तेज बरसात होना।
2. फागुन में बारिश होने अर्थात् सावन आने से पेड़ों की नंगी और ठूँठी डालियों पर हरे-भरे पत्ते आ गए। इससे पेड़ हरे-भरे हो गए।
3. कवि का मन फाग की जगह कजरी गाने को इसलिए हो रहा है, क्योंकि फागुन में बरसात होने लगी है। कजरी वर्षा ऋतु में ही गाई जाती है।
4. सावन और फागुन के मिलन से सौंधी मिट्टी महकने लगी। इसमें एक ओर वसंत की मादकता थी, तो दूसरी ओर आसमान में बिजली कौंध रही थी।
5.

शब्द	तद्भव
स्वप्न	सपना
मूल्य	मोल

6.

शब्द	पर्यायवाची
बिजली	चपला, दामिनी
धरती	धरा, वसुधा

काव्यांश 5

1. नीला आकाश हरी-भरी फसलों से युक्त धरती पर झुका नजर आता है।
2. सूर्य की किरणें चाँदी की सफेद जाली जैसी प्रतीत हो रही हैं।
3. कवि के अनुसार, हरियाली कोमल है, वह दूर-दूर तक फैली हुई है।
4. 'चाँदी की सी उजली जाली' में सूर्य की किरणों की तुलना चाँदी की सफेद जाली से की गई है, इसलिए यहाँ उपमा अलंकार है।
5. 'मखमल' शब्द का अर्थ 'मुलायम' है।
6. 'निर्मल' शब्द के दो पर्यायवाची शब्द हैं—स्वच्छ, विमल।

बहुविकल्पीय प्रश्न

काव्यांश 6

1. (ग) फूल और काँटा
2. (ख) स्वभाव और व्यवहार
3. (घ) ये सभी
4. (ग) सुगंध और रंग देकर
5. (घ) 1 और 2
6. (ख) श्वेत

काव्यांश 7

1. (ख) कौए
2. (घ) सूखे और झुलसे हुए
3. (ग) फूलों के परागों में खुशबू नहीं है
4. (ख) वसंत को
5. (क) अनुप्रास अलंकार
6. (घ) अनल

काव्यांश 8

1. (क) घबराया नहीं करते
2. (घ) हर समय
3. (ख) घने जंगलों के बीच
4. (क) कर्मवीर
5. (क) कथन (A) सही है और कारण (R), कथन (A) की सही व्याख्या करता है।
6. (घ) 'ख' और 'ग' दोनों

काव्यांश 9

1. (ख) वीरोचित कर्म न करने के कारण
2. (ग) भारतीयों का परतंत्र जीवन जीना
3. (घ) उपर्युक्त सभी
4. (ख) क्रांतिकारी गीतों का गायन
5. (घ) अनुप्रास अलंकार
6. (ख) गुणवाचक विशेषण

काव्यांश 10

1. (ग) बादल को
2. (ख) क्रांति का स्वर
3. (घ) मानव-मन में उत्साह आता है
4. (ख) उपमा
5. (ग) बादलों के हृदय में बिजली, किसी कवि के हृदय से निकली नई कविता के समान उपस्थित है।
6. (घ) उत्साह

खंड 'ख' : व्याकरण

अध्याय 1

भाषा, लिपि एवं व्याकरण

1.1 भाषा

भाषा वह साधन है, जिसके द्वारा मनुष्य अपने विचारों का आदान-प्रदान बोलकर व लिखकर करता है।

भाषा केवल बातचीत का ही नहीं अपितु ज्ञान-विज्ञान के प्रचार-प्रसार का भी साधन है। भाषा के दो प्रमुख रूप हैं

1. मौखिक भाषा

भाषा का वह रूप, जिसके द्वारा मन के भावों व विचारों का आदान-प्रदान **बोलकर** एवं **सुनकर** किया जाता है, **मौखिक भाषा** कहलाती है; जैसे—

(i) मैंने रेडियो पर चंद्रयान मिशन-3 की खबरें सुनीं।

(ii) आज विद्यालय में प्रधानाचार्य जी के भाषण को सभी विद्यार्थियों ने ध्यान से सुना।

2. लिखित भाषा

भाषा का वह रूप, जिसके द्वारा मन के भावों व विचारों का आदान-प्रदान **लिखकर** तथा **पढ़कर** किया जाता है, लिखित भाषा कहलाती है; जैसे—

(i) मैंने कहानी लिखी है।

(ii) दादा जी अखबार पढ़ रहे हैं।

मौखिक तथा लिखित भाषा में अंतर

- मौखिक भाषा को सरलता से सीखा जा सकता है, परंतु लिखित भाषा अभ्यास द्वारा ही सीखी जा सकती है।
- मौखिक भाषा में ध्वनियों को बोलकर मनुष्य अपने विचारों तथा भावों को प्रकट करता है, जबकि लिखित भाषा में उन ध्वनि चिह्नों को लिखकर अपने विचारों तथा भावों को अभिव्यक्त किया जाता है।

सांकेतिक भाषा

मौखिक व लिखित भाषा के अतिरिक्त एक अन्य भाषा भी होती है, जिसे सांकेतिक भाषा कहते हैं। भाषा के जिस रूप से मन के भावों तथा विचारों का आदान-प्रदान **संकेतों द्वारा** किया जाता है, उसे सांकेतिक भाषा कहते हैं। मन के सभी भावों को संकेतों में व्यक्त नहीं किया जा सकता है, इस कारण व्याकरण में सांकेतिक भाषा का अध्ययन नहीं किया जाता।

1.2 लिपि

भाषा को लिखने के लिए भिन्न-भिन्न ध्वनियों को प्रकट करने हेतु कुछ चिह्न निर्धारित किए गए हैं, ये चिह्न वर्ण कहलाते हैं तथा इन्हीं चिह्नों के समूह को लिपि कहा जाता है। अत: भाषा को जिन चिह्नों द्वारा लिखित रूप प्रदान किया जाता है, उसे **लिपि** कहते हैं।

भाषा और लिपि में अंतर

'भाषा' बोलकर या लिखकर अपनी बात कहने का साधन है, जबकि 'लिपि' हमारे भावों को लिखने का साधन है।

भाषाओं की तरह लिपियाँ भी अनेक प्रकार की होती हैं; जैसे—

भाषा	लिपि
हिंदी	देवनागरी
संस्कृत	देवनागरी
गुजराती	देवनागरी
अंग्रेजी	रोमन
उर्दू	फारसी
पंजाबी	गुरुमुखी

राजभाषा

राजभाषा का शाब्दिक अर्थ है—राज-काज की भाषा। अत: जो भाषा देश के राजकीय कार्यों के लिए प्रयुक्त होती है, उसे 'राजभाषा' कहते हैं। भारत के संविधान के **अनुच्छेद 343** के अनुसार **14 सितंबर, 1949** को **हिंदी को भारत की राजभाषा** की मान्यता प्राप्त हुई। इससे प्रशासन के सभी कार्यों में हिंदी भाषा का प्रयोग अनिवार्य है।

1.3 व्याकरण

व्याकरण दो शब्दों से मिलकर बना है—वि + आकरण। 'वि' का अर्थ विशेष रूप से और 'आकरण' का अर्थ 'शुद्ध करना है' अर्थात् जो भाषा को विशेष रूप से शुद्ध करे, उसे व्याकरण कहते हैं। इस प्रकार 'व्याकरण' वह शास्त्र है, जो हमें किसी भी भाषा को शुद्ध तथा व्यवस्थित रूप से लिखने और बोलने के नियमों का ज्ञान कराता है।

व्याकरण को जाने बिना किसी भी भाषा का समुचित ज्ञान नहीं हो सकता। भाषा को सीखने के लिए उसके वर्णों, शब्दों तथा वाक्यों का ज्ञान होना आवश्यक है।

व्याकरण के चार अंग होते हैं

1. वर्ण विचार
2. शब्द विचार
3. पद विचार
4. वाक्य विचार

अभ्यास प्रश्न

बहुविकल्पीय व वर्णनात्मक प्रश्नों सहित

1. निम्नलिखित प्रश्नों में दिए हुए विकल्पों में से सही विकल्प छाँटिए

(i) भाषा के कितने भेद होते हैं?

(क) एक (ख) दो (ग) तीन (घ) चार

(ii) बोलकर विचारों को अभिव्यक्त करने वाली और सुनकर समझी जाने वाली भाषा कहलाती है

(क) लिखित भाषा (ख) मौखिक भाषा
(ग) 'क' व 'ख' दोनों (घ) इनमें से कोई नहीं

(iii) हिंदी की लिपि कौन-सी है?

(क) फ़ारसी (ख) गुरुमुखी
(ग) रोमन (घ) देवनागरी

(iv) भाषा को लिखित रूप प्रदान करने वाले चिह्नों को क्या कहते हैं?

(क) भाषा (ख) लिपि (ग) व्याकरण (घ) शब्द

(v) निम्नलिखित में से व्याकरण के अंग हैं

(क) व्यंजन, शब्द, स्वर, वाक्य
(ख) व्यंजन, शब्द, पद, वाक्य
(ग) वर्ण, शब्द, पद, वाक्य
(घ) स्वर, शब्द, पद, वाक्य

(vi) 'कविता सुनाना' भाषा का कौन-सा रूप है?

(क) मौखिक (ख) लिखित (ग) सांकेतिक (घ) ये सभी

(vii) भाषा का शुद्ध ज्ञान किसके द्वारा होता है?

(क) भाषा द्वारा (ख) व्याकरण द्वारा
(ग) लिपि द्वारा (घ) बोली द्वारा

(viii) इनमें से किसे लिपि कहा जा सकता है?

(क) भाषा के बोलने के ढंग को
(ख) लिखित भाषा का दूसरा नाम
(ग) भावों को लिखने का साधन
(घ) उपरोक्त में से कोई नहीं

(ix) हिंदी को राजभाषा का स्थान कब प्राप्त हुआ?

(क) 24 सितंबर, 1949 (ख) 14 सितंबर, 1949
(ग) 14 सितंबर, 1950 (घ) 24 सितंबर, 1950

(x) व्याकरण के अंतर्गत इनमें से किसका अध्ययन किया जाता है?

(क) वर्णों का (ख) शब्दों का
(ग) वाक्यों का (घ) ये सभी

(xi) मूक व बधिर लोग भाषा के कौन-से रूप का प्रयोग करते हैं?

(क) सांकेतिक रूप
(ख) लिखित रूप
(ग) 'क' व 'ख' दोनों
(घ) मौखिक रूप

2. निम्नलिखित कथनों के आगे (✓) या (×) का चिह्न लगाइए

(क) भाषा के मुख्य रूप से प्रचलित तीन रूप होते हैं। ( )
(ख) व्याकरण भाषा है। ( )
(ग) मोबाइल पर टाइप करके संदेश भेजना भाषा का लिखित रूप है। ( )
(घ) हिंदी की लिपि रोमन है। ( )
(ङ) नेपाली देवनागरी में लिखी जाती है। ( )

3. रिक्त स्थान की पूर्ति दिए गए शब्दों से कीजिए

(देवनागरी, व्याकरण, रोमन, हिंदी, संविधान, बोली, राजभाषा, व्याकरण)

(क) हिंदी भाषा की लिपि .... है। अंग्रेजी भाषा .... लिपि में लिखी जाती है।
(ख) जो भाषा को शुद्ध करे, उसे .... कहते हैं।
(ग) .... भाषा पर नियंत्रण रखता है।
(घ) जब किसी देश का .... किसी भाषा को प्रशासन की भाषा घोषित कर देता है, तब उस भाषा को .... की संज्ञा दे दी जाती है।

4. **जोड़े मिलाइए**

(i) संस्कृत — (क) व्याकरण का अंग
(ii) पंजाबी — (ख) बंगाली
(iii) बांग्ला — (ग) गूँगे व्यक्तियों की भाषा
(iv) सांकेतिक भाषा — (घ) देवनागरी
(v) वाक्य — (ङ) गुरुमुखी

5. **संविधान के किस अनुच्छेद के अनुसार हिंदी को भारत की राजभाषा की मान्यता प्राप्त हुई?**

6. **हमारे देश में प्रशासन के सभी कार्यों में किस भाषा का प्रयोग अनिवार्य है?**

7. **व्याकरण किन दो शब्दों से मिलकर बना है?**

8. **निम्नलिखित प्रश्नों के संक्षिप्त उत्तर दीजिए**

(i) भाषा से क्या तात्पर्य है?
(ii) भाषा के कितने रूप होते हैं? उदाहरण सहित समझाइए।
(iii) राजभाषा से आप क्या समझते हैं?
(iv) भाषा और लिपि में क्या अंतर है? उदाहरण सहित स्पष्ट कीजिए।
(v) व्याकरण की परिभाषा देते हुए बताइए कि इसके कितने रूप हैं?

उत्तरमाला

1. (i) (ख) (ii) (ख) (iii) (घ) (iv) (ख) (v) (ग) (vi) (क) (vii) (ख) (viii) (ग) (ix) (ख) (x) (घ) (xi) (क)
2. (क) ✗ (ख) ✗ (ग) ✓ (घ) ✗ (ङ) ✓
3. (क) देवनागरी, रोमन (ख) व्याकरण (ग) व्याकरण (घ) संविधान, राजभाषा
4. (i) (घ) (ii) (ङ) (iii) (ख) (iv) (ग) (v) (क)
5. संविधान के अनुच्छेद 343 के अनुसार हिंदी को भारत की राजभाषा की मान्यता प्राप्त हुई।
6. प्रशासन के सभी कार्यों में हिंदी भाषा का प्रयोग अनिवार्य है।
7. व्याकरण दो शब्दों से मिलकर बना है– वि + आकरण। 'वि' का अर्थ है–विशेष रूप से और 'आकरण' का अर्थ है–शुद्ध करना।

वर्ण विचार

अध्याय 2

2.1 वर्ण की परिभाषा

भाषा की सबसे छोटी इकाई ध्वनि है। बोलते समय हम बहुत-सी ध्वनियों का उच्चारण करते हैं, इन ध्वनियों को ही **वर्ण** कहते हैं; जैसे—

भालू = भ् + आ + ल् + ऊ
विदेश = व् + इ + द् + ए + श् + अ

'वर्ण' वह छोटी-से-छोटी मूल ध्वनि है, जिसके खंड या टुकड़े नहीं किए जा सकते; जैसे—अ, इ, ऐ, क्, म्, च्, ट् आदि। वर्ण को **अक्षर** भी कहा जाता है।

वर्णमाला

वर्णों के व्यवस्थित समूह को **वर्णमाला** कहते हैं। हिंदी वर्णमाला में कुल **52 वर्ण** हैं, जिनमें **11 स्वर**, **2 अयोगवाह**, **33 व्यंजन**, **2 द्विगुण** (मान्य) **व्यंजन** और **4 संयुक्ताक्षर** हैं।

स्वर अ, आ, इ, ई, उ, ऊ, ऋ, ए, ऐ, ओ, औ

अयोगवाह अं (ं), अः (विसर्ग)

व्यंजन
क-वर्ग : क्, ख्, ग्, घ्, ङ्
च-वर्ग : च्, छ्, ज्, झ्, ञ्
ट-वर्ग : ट्, ठ्, ड्, ढ्, ण्
त-वर्ग : त्, थ्, द्, ध्, न्
प-वर्ग : प्, फ्, ब्, भ्, म्
द्विगुण : ड़्, ढ़्
अन्तःस्थ : य्, र्, ल्, व्
ऊष्म : श्, ष्, स्, ह्
संयुक्ताक्षर : क्ष, त्र, ज्ञ, श्र

वर्ण के भेद

हिंदी में वर्णों को दो भागों में बाँटा गया है

1. स्वर 2. व्यंजन

स्वर

जिन वर्णों के उच्चारण में किसी अन्य वर्ण की सहायता की आवश्यकता नहीं होती, वे **स्वर** कहलाते हैं। स्वरों के उच्चारण में हवा कंठ, जीभ, दाँत, ओष्ठ से न रुककर सीधा कंठ से बाहर आती है। इनकी संख्या 11 है।

स्वर	अ,	आ,	इ,	ई,	उ,	ऊ,	ऋ,	ए,	ऐ,	ओ,	औ
मात्रा	×	ा	ि	ी	ु	ू	ृ	े	ै	ो	ौ

विशेष ह्रस्व 'अ' की मात्रा अलग से दिखाई नहीं देती है, किंतु जब यह किसी व्यंजन वर्ण में लगती है, तब व्यंजन वर्ण के नीचे लगा हलंत का चिह्न हट जाता है; जैसे–क् + अ = क।

स्वर के तीन भेद होते हैं

1. **ह्रस्व स्वर** जिन वर्णों के उच्चारण में एक मात्रा का समय लगता है अर्थात् थोड़ा समय लगता है, उन्हें ह्रस्व स्वर कहते हैं, इन्हें मूल स्वर भी कहा जाता है। ह्रस्व स्वर **चार** होते हैं– अ, इ, उ और ऋ।
2. **दीर्घ स्वर** जिन वर्णों के उच्चारण में दो मात्राओं का अर्थात् ह्रस्व स्वर का दुगुना समय लगता है, उन्हें **दीर्घ स्वर** कहते हैं। दीर्घ स्वर **सात** होते हैं—आ, ई, ऊ, ए, ऐ, ओ और औ।
3. **प्लुत स्वर** जिन वर्णों के उच्चारण में दीर्घ स्वर से भी अधिक (तीन मात्राओं का समय) लगता है, उसे **प्लुत स्वर** कहते हैं। किसी को पुकारने या नाटक के संवादों में इसका प्रयोग किया जाता है। प्लुत स्वर प्रकट करने के लिए स्वर के आगे 'ऽ' अथवा तीन (३) का चिह्न लगा देते हैं; जैसे—ओऽम् अथवा ओ३म्।

व्यंजन

वे वर्ण, जिनका उच्चारण स्वर की सहायता से किया जाता है, उन्हें 'व्यंजन' कहते हैं। परंपरागत रूप से व्यंजनों की संख्या 33 मानी जाती है। द्विगुण व्यंजन 'ड़', 'ढ़' तथा संयुक्त व्यंजनों को जोड़ने से इनकी संख्या 39 हो जाती है।

व्यंजन के तीन भेद होते हैं

1. **स्पर्श व्यंजन** जिन व्यंजनों का उच्चारण करते हुए वायु जिह्वा द्वारा मुख के किसी-न-किसी भाग (कंठ, तालु, मूर्धा, दंत, ओष्ठ) को स्पर्श करके बाहर निकले, उन्हें **स्पर्श व्यंजन** कहते हैं। इसके अंतर्गत 'क्' से लेकर 'म्' तक **25 वर्ण** आते हैं। इन्हें पाँच वर्गों में बाँटा गया है। प्रत्येक वर्ण का नाम उसी वर्ग के पहले वर्ण से आरंभ होता है; जैसे–
   (i) क-वर्ग—क्, ख्, ग्, घ्, ङ्.
   (ii) च-वर्ग—च्, छ्, ज्, झ्, ञ्
   (iii) ट-वर्ग—ट्, ठ्, ड्, ढ्, ण्
   (iv) त-वर्ग—त्, थ्, द्, ध्, न्
   (v) प-वर्ग—प्, फ्, ब्, भ्, म्
2. **अंतःस्थ व्यंजन** जिन वर्णों का उच्चारण स्वरों और व्यंजनों के बीच होता है, उन्हें अंतःस्थ व्यंजन कहा जाता है। इनकी संख्या **चार** है—य्, र्, ल्, व्।
3. **ऊष्म व्यंजन** जिन व्यंजनों के उच्चारण में मुख से विशेष प्रकार की गर्म वायु निकलती है, उन्हें ऊष्म व्यंजन कहते हैं। इनकी संख्या भी **चार** है—श्, ष्, स्, ह्।

> **संयुक्त व्यंजन** (संयुक्ताक्षर)
>
> दो या दो से अधिक व्यंजनों के मेल से बने व्यंजन को संयुक्त व्यंजन कहते हैं। इनकी संख्या **चार** है; जैसे–
>
> क्ष = क् + ष् + अ   त्र = त् + र् + अ
>
> ज्ञ = ज् + ञ् + अ   श्र = श् + र् + अ

2.2 अयोगवाह

ये ध्वनियाँ न तो स्वर हैं, न व्यंजन, लेकिन स्वर और व्यंजन के साथ इनका प्रयोग किया जाता है। अयोगवाह तीन प्रकार के होते हैं

1. अनुस्वार (ं)

जिन वर्णों के उच्चारण में हवा केवल नाक से निकलती है, उन्हें अनुस्वार कहते हैं। प्रायः इसे स्वर या व्यंजन के ऊपर बिंदु (ं) के रूप में लगाया जाता है; जैसे—अंक, मयंक, चंदन आदि।

अनुस्वार जिस स्पर्श व्यंजन के पूर्व में आता है, उसका उच्चारण उसी व्यंजन के वर्ग में आने वाले पंचमाक्षर के रूप में होता है; जैसे—'अलंकार' शब्द में अनुस्वार 'क' से पहले आया है। अतः इसका उच्चारण होगा—अलङ्कार।

2. अनुनासिक (ँ)

इन वर्णों के उच्चारण में ध्वनि नाक व मुख दोनों से निकलती है। अतः अनुनासिक को प्रकट करने के लिए शिरोरेखा के ऊपर **चंद्रबिंदु** (ँ) का प्रयोग किया जाता है; जैसे—चाँद, गाँव, आँख आदि, परंतु जब शिरोरेखा पर मात्रा लगी होती है, तो चंद्रबिंदु की जगह शिरोरेखा पर लगी मात्रा के ठीक दाहिनी ओर केवल बिंदु (ं) लगा दिया जाता है; जैसे—हैं, मैं, कहीं आदि।

3. विसर्ग (:)

वर्णों के आगे जो दो बिंदु (:) लगाए जाते हैं, उन्हें विसर्ग कहते हैं। इसका **उच्चारण 'ह्' के समान** होता है; जैसे—प्रायः, मनः आदि। इसका प्रयोग प्रायः संस्कृत शब्दों के साथ होता है।

> **उक्षिप्त व्यंजन**
>
> वे व्यंजन, जिनके उच्चारण में जीभ पहले ऊपर उठकर मूर्धा का स्पर्श करे और फिर झटके से नीचे आए, उन्हें उक्षिप्त व्यंजन कहते हैं; जैसे–ड़, ढ़।

2.3 वर्णों का उच्चारण स्थान

वर्णों का उच्चारण करते समय जिह्वा मुख के किसी-न-किसी भाग का स्पर्श करती है, इन स्थानों को उच्चारण स्थान कहते हैं।

वर्ण	उच्चारण स्थान	वर्ण का नाम
अ, आ, क्, ख्, ग्, घ्, ङ्, अः	कंठ	कंठ्य
इ, ई, च्, छ्, ज्, झ्, ञ्, य्, श्	तालु	तालव्य
ऋ, ट्, ठ्, ड्, ढ्, ण्, ड़्, ढ़्, र्, ष्	मूर्धा	मूर्धन्य
त्, थ्, द्, ध्, ल्, स्	दंत	दंत्य
उ, ऊ, प्, फ्, ब्, भ्, म्	ओष्ठ	ओष्ठ्य
ङ्, ञ्, ण्, न्, म्, अं, अँ	नासिका	अनुनासिक
ए, ऐ	कंठ-तालु	कंठ तालव्य
ओ, औ	कंठ-ओष्ठ	कंठोष्ठ्य
व्	दंत-ओष्ठ	दंतोष्ठ्य

2.4 स्वरतंत्रियों में कंपन के आधार पर व्यंजनों के प्रकार

उच्चारण के समय स्वरतंत्रियों में कंपन के आधार पर हिंदी ध्वनियों (व्यंजनों) को दो वर्गों में विभाजित किया जाता है

1. अघोष ध्वनि

जिन ध्वनियों के उच्चारण में स्वरतंत्रियों में कंपन नहीं होता है, उन्हें अघोष ध्वनि कहते हैं। प्रत्येक वर्ग का **पहला** तथा **दूसरा** व्यंजन और **श्, ष्, स्** वर्ण अघोष ध्वनियाँ हैं।

2. सघोष ध्वनि

जिन ध्वनियों के उच्चारण में स्वरतंत्रियों में कंपन होता है, उन्हें सघोष ध्वनि कहते हैं। सभी स्वर, प्रत्येक वर्ग का **तीसरा**, **चौथा** तथा **पाँचवाँ** वर्ण, अंतःस्थ वर्ण और 'ह' वर्ण सघोष ध्वनियाँ हैं।

श्वास की मात्रा के आधार पर व्यंजनों के प्रकार

श्वास (प्राणवायु) की मात्रा के आधार पर व्यंजन वर्णों को **दो वर्गों** में विभाजित किया गया है

1. अल्पप्राण व्यंजन

जिन व्यंजनों के उच्चारण में मुख से कम मात्रा में वायु निकलती है, उन्हें अल्पप्राण व्यंजन कहते हैं। प्रत्येक वर्ग का **पहला**, **तीसरा**, **पाँचवाँ** वर्ण और **य्, र्, ल्, व्** अल्पप्राण व्यंजन कहलाते हैं।

2. महाप्राण व्यंजन

जिन व्यंजनों के उच्चारण में मुख से अधिक मात्रा में वायु निकलती है, उन्हें महाप्राण व्यंजन कहते हैं। प्रत्येक वर्ग का **दूसरा**, **चौथा** वर्ण और **श्, ष्, स्, ह्** महाप्राण व्यंजन हैं।

2.5 वर्ण-विच्छेद एवं वर्ण संयोग

शब्दों में प्रयुक्त वर्णों को अलग करके उनके मूल रूप में लिखना **वर्ण-विच्छेद** कहलाता है; जैसे—

सरोज	—	स् + अ + र् + ओ + ज् + अ
कृपा	—	क् + ऋ + प् + आ
कार्य	—	क् + आ + र् + य् + अ
आँख	—	आ + (ँ) + ख् + अ

वर्णों का परस्पर मेल **वर्ण संयोग** कहलाता है। यह दो प्रकार से होता है

1. **व्यंजन और स्वर** अलग-अलग लिखे व्यंजन और स्वर का संयोग करने पर व्यंजन के नीचे लगा हलंत (्) चिह्न हटा देते हैं; जैसे—
   क् + अ = क प् + ई = पी
2. **व्यंजन और व्यंजन** व्यंजन और व्यंजन का संयोग करते हुए निम्नलिखित नियमों का अनुसरण करते हैं
   - पाई वाले व्यंजनों (खड़ी रेखा वाले व्यंजन; जैसे— म, न, च आदि) को उनके आगे वाले व्यंजनों से मिलाते समय उनकी पाई हटा देते हैं; जैसे—'मच्छर' शब्द में 'च' की पाई हटाकर उसे 'छ' से मिला दिया गया है। ऐसे ही अन्य उदाहरण हैं—स्वतः, ध्यान, सत्य, छप्पन आदि।
   - बिना पाई वाले व्यंजनों को किसी अन्य व्यंजन से मिलाते समय इनमें हलंत लगा देते हैं; जैसे—
     विद्यालय → विद्‌यालय चिह्न→ चिह्‌न
   - 'र' वर्ण को निम्न प्रकार से जोड़ा जाता है
     प + र् + व + त = पर्वत ध + र् + म = धर्म
     प् + र + दा + न = प्रदान ग् + र + ह = ग्रह

अभ्यास प्रश्न

बहुविकल्पीय व वर्णनात्मक प्रश्नों सहित

1. निम्नलिखित प्रश्नों में दिए विकल्पों में से सही विकल्प छाँटिए

(i) श्, ष्, स्, ह् कौन-से व्यंजन कहलाते हैं?

(क) स्पर्श व्यंजन (ख) ऊष्म व्यंजन
(ग) संयुक्त व्यंजन (घ) द्विगुण व्यंजन

(ii) 'ज्' का उच्चारण स्थान होता है

(क) तालु (ख) कंठ (ग) ओष्ठ (घ) दंत

(iii) आगत ध्वनि वाला शब्द है

(क) शुभ (ख) उजला
(ग) सफेद (घ) श्वेत

(iv) चाँद, आँख, गाँव आदि शब्द हैं
(क) विसर्ग (ख) अनुनासिक
(ग) अनुस्वार (घ) अन्य वर्ण

(v) विसर्ग की ध्वनि किसके समान होती है?
(क) ह् (ख) अ
(ग) म् (घ) श्

(vi) निम्न में से उक्षिप्त व्यंजन का उदाहरण है
(क) क, ख (ख) त, थ
(ग) ड़, ढ़ (घ) प, फ

(vii) हिंदी वर्णमाला में संयुक्त व्यंजनों की संख्या कितनी है?
(क) तीन (ख) चार
(ग) दो (घ) पाँच

(viii) निम्न में से किस वर्ग में सभी स्वर दीर्घ हैं?
(क) ए, औ, ई, ओ (ख) उ, आ, ई, ऊ
(ग) ऐ, औ, अ, ई (घ) ऊ, ऐ, ओ, ऋ

(ix) स्वर और व्यंजन के बीच उच्चारित होने वाले व्यंजन कहलाते हैं
(क) स्पर्श व्यंजन (ख) ऊष्म व्यंजन
(ग) संयुक्त व्यंजन (घ) अंत:स्थ व्यंजन

(x) 'उत्कर्ष' शब्द का सही वर्ण-विच्छेद होगा
(क) उ + अ + त् + स + अ + र + ग् + अ
(ख) उ + त् + क् + अ + र् + ष् +अ
(ग) उ + त् + क + ि + ष
(घ) उ + त् + क् + अ + र् + अ + स् + अ

2. निम्नलिखित कथनों के आगे सही (✓) या गलत (✗) का चिह्न लगाइए

(क) स्वर के चार भेद होते हैं। ( )
(ख) व्यंजन के दो भेद होते हैं। ( )
(ग) ऊष्म व्यंजन का उच्चारण करते समय श्वास वायु में गर्मी उत्पन्न होती है। ( )
(घ) स्पर्श व्यंजन के उच्चारण में हवा स्पर्श के साथ बाहर आती है। ( )
(ङ) वर्णों का समूह वर्णमाला कहलाता है। ( )

3. रिक्त स्थानों की पूर्ति कीजिए
(अंत:स्थ, ह्रस्व, स्पर्श व्यंजन, अघोष. सघोष)
(क) अ, इ, उ और ऋ .... स्वर हैं।
(ख) .... में 'क्' से 'म्' तक के वर्ण आते हैं।
(ग) य् र्, ल्, व् .... व्यंजन कहलाते हैं।
(घ) ग्, घ्, ङ् .... ध्वनियाँ हैं।
(ङ) क, ख, च, छ .... ध्वनियाँ हैं।

4. जोड़े मिलाइए

(i) ष् का उच्चारण स्थान	(क) क्ष, त्र, ज्ञ, श्र
(ii) अं और अ:	(ख) गाँव, चाँद
(iii) त्, थ् का उच्चारण स्थान	(ग) मूर्धा
(iv) संयुक्त व्यंजन	(घ) अयोगवाह
(v) अनुनासिक	(ङ) दंत

5. शब्दों की रचना कीजिए
(क) विसर्ग लगाकर ....
(ख) अनुस्वार लगाकर ....
(ग) अनुनासिक लगाकर ....

6. निम्नलिखित शब्दों के वर्ण-विच्छेद कीजिए
(क) कमरा (ख) एकलव्य (ग) संस्था
(घ) ऊर्जा (ङ) नासिक्य

7. निम्नलिखित प्रश्नों के संक्षिप्त उत्तर दीजिए
(i) वर्ण किसे कहते हैं?
(ii) व्यंजन किसे कहते हैं? उच्चारण स्थान के आधार पर व्यंजन कितने प्रकार के होते हैं?
(iii) स्वर किसे कहते हैं? उसके भेदों के नाम उदाहरण सहित लिखिए।
(iv) उक्षिप्त व्यंजन किसे कहते हैं?
(v) स्वरतंत्रियों में कंपन के आधार पर व्यंजनों को कितने वर्गों में विभाजित किया गया है?
(vi) वर्ण-विच्छेद किसे कहते हैं?
(vii) निम्नलिखित शब्दों में उचित स्थान पर अनुस्वार या अनुनासिक का प्रयोग कर पुनः लिखिए
हस, हसी, गाव, चदन, कचन, आख, मै, सन्यासी, कठ, पाव।

उत्तरमाला

1. (i) (ख) (ii) (क) (iii) (ग) (iv) (ख) (v) (क) (vi) (ग) (vii) (ख) (viii) (क) (ix) (घ) (x) (ख)

2. (क) ✗ (ख) ✗ (ग) ✓ (घ) ✓ (ङ) ✓

3. (क) ह्रस्व (ख) स्पर्श व्यंजन (ग) अंत:स्थ (घ) सघोष (ङ) अघोष

4. (i) (ग) (ii) (घ) (iii) (ङ) (iv) (क) (v) (ख)

5. (क) अत:, प्राय: (ख) सुंदर, जालंधर (ग) आँगन, उँगली

6. (क) क् + अ + म् + अ + र् + आ
(ख) ए + क् + अ + ल् + अ + व् + य् + अ
(ग) स् + अ + ं + स् + थ् + आ
(घ) ऊ + र् + ज् + आ
(ङ) न् + आ + स् + इ + क् + य् + अ

अध्याय

3

शब्द विचार

3.1 शब्द की परिभाषा

एक से अधिक ध्वनियों के मेल से बने सार्थक ध्वनि-समूह; जिसका प्रयोग स्वतंत्र रूप से किया जाता है, को **शब्द** कहते हैं; जैसे—घर, नाक, कोयल, सुंदर आदि।

कोई भी वर्ण समूह तभी शब्द बन सकता है, जब उसका कोई-न-कोई अर्थ हो। बिना अर्थ वाला वर्ण समूह शब्द नहीं हो सकता; जैसे—'कड़ाप' शब्द नहीं है, परन्तु इस वर्ण समूह के वर्णों का क्रम यदि सही कर दिया जाए; जैसे— 'कपड़ा' तो यह वर्ण समूह एक शब्द होगा, क्योंकि इसका एक अर्थ है। शब्दों के व्यवस्थित मेल से ही वाक्य रचना होती है।

शब्द के भेद

शब्दों के भेद निम्न आधार पर किए जाते हैं

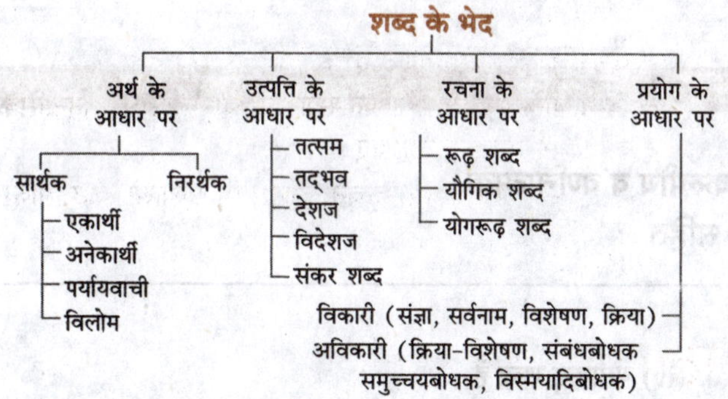

अर्थ के आधार पर

1. **सार्थक शब्द** वे शब्द, जिनका कोई अर्थ होता है, उन्हें सार्थक शब्द कहते हैं; जैसे— बालिका, फूल, पानी, महल आदि।
2. **निरर्थक शब्द** वे शब्द जिनका कोई अर्थ नहीं होता, उन्हें निरर्थक शब्द कहते हैं, परंतु कुछ सार्थक शब्दों को बल प्रदान करने के लिए सार्थक शब्दों के बाद निरर्थक शब्दों का प्रयोग किया जाता है; जैसे— खाना-वाना, रोटी-वोटी, चाय-वाय आदि। यहाँ 'वाना', 'वोटी', 'वाय' निरर्थक शब्द हैं।

उत्पत्ति के आधार पर

उत्पत्ति के आधार पर शब्दों के निम्नलिखित भेद होते हैं

1. **तत्सम शब्द** संस्कृत भाषा के वे शब्द, जिनका प्रयोग हिंदी भाषा में अपने वास्तविक रूप में किया जाता है, उन्हें तत्सम शब्द कहते हैं; जैसे—आम्र, मातृ, सूर्य, शृंगार आदि।
2. **तद्भव शब्द** संस्कृत भाषा के जिन शब्दों का रूप बदलकर हिंदी में प्रयोग किया जाता है, उन्हें तद्भव शब्द कहते हैं; जैसे—आम, माता, सूरज, सिंगार आदि।
3. **देशज शब्द** वे शब्द जो स्थानीय या क्षेत्रीय बोलियों के कारण हिंदी भाषा में प्रयोग किए जाते हैं, उन्हें देशज-शब्द कहते हैं; जैसे—लोटा, पगड़ी, लकड़ी, खिचड़ी, आलू आदि।
4. **विदेशज** (विदेशी) **शब्द** ऐसे शब्द जो विदेशी भाषाओं से हिंदी में आए हैं, उन्हें विदेशज शब्द कहते हैं; जैसे— बस, कार, जमीन, रिक्शा चीनी आदि।

   विभिन्न भाषाओं से आए हुए विदेशी शब्द निम्न प्रकार हैं

   अंग्रेजी से— कॉलेज, टेलीफोन, डायरी, स्टेशन आदि।
   अरबी से — इज़्ज़त, फकीर, औलाद, कानून आदि।
   फ़ारसी से — चश्मा, बाज़ार, कागज, आरज़ू आदि।
   पुर्तगाली से — आलपिन, गोदाम, पादरी आदि।
   तुर्की से — तंबाकू, तौलिया, अचार, तोप आदि।
   ग्रीक से — सुरंग, केंद्र, दाम आदि।
5. **संकर शब्द** दो भाषाओं से मिलकर बनने वाले शब्द संकर शब्द कहलाते हैं; जैसे—

   रेल (अंग्रेजी) + गाड़ी (हिंदी) = रेलगाड़ी
   जाँच (फ़ारसी) + घर (हिंदी) = जाँचघर

रचना के आधार पर

रचना के आधार पर शब्दों के तीन भेद होते है

1. **रूढ़ शब्द** जिन शब्दों के सार्थक खंड नहीं किए जा सकते तथा जो अन्य शब्दों के मेल से न बने हों, उन्हें रूढ़ शब्द कहते हैं। इसे मौलिक शब्द भी कहते हैं; जैसे—अरुण, तारा, कुर्सी, रोटी आदि।

2. **यौगिक शब्द** जो शब्द दो-या-दो से अधिक शब्दों के योग से बने होते हैं, उन्हें यौगिक शब्द कहते हैं; जैसे—अनाथालय (अनाथ + आलय), हिमालय (हिम + आलय), धनवान (धन + वान) आदि।
3. **योगरूढ़ शब्द** जो शब्द यौगिक हैं, लेकिन अपना सामान्य अर्थ छोड़कर किसी विशेष अर्थ में प्रसिद्ध हो गए हैं, उन्हें योगरूढ़ शब्द कहते हैं; जैसे—
   पंकज — पंक (कीचड़) में जन्मा अर्थात् कमल
   चंद्रशेखर — चाँद है शिखर पर जिसके अर्थात् शिव

प्रयोग के आधार पर

प्रयोग के आधार पर शब्दों के दो भेद होते हैं

1. **विकारी शब्द** वे शब्द जिनका रूप काल, कारक, लिंग, वचन, पुरुष आदि के प्रभाव के कारण बदल जाता है, विकारी शब्द कहलाते हैं। विकारी शब्दों को **चार** भागों में बाँटा जाता है
   (i) संज्ञा — लकड़ी, सचिन, बुढ़ापा आदि।
   (ii) सर्वनाम — यह, वह, तुम, तुम्हें आदि।
   (iii) विशेषण — काला, बड़ा, सुंदर, अच्छा आदि।
   (iv) क्रिया — जा रहा है, आता है, पढ़ना, लिखना, बोलना आदि।
2. **अविकारी शब्द** वे शब्द जिनके रूप में काल, कारक, लिंग, वचन, पुरुष आदि के प्रभाव के कारण कोई परिवर्तन नहीं होता है, अविकारी शब्द कहलाते हैं। इन शब्दों को **अव्यय** भी कहते हैं। अविकारी शब्दों को **चार** भागों में बाँटा जा सकता है
   (i) क्रिया-विशेषण — आज, कल, अब आदि।
   (ii) संबंधबोधक — में, से, पर आदि।
   (iii) समुच्चयबोधक — और, परंतु, या, इसलिए आदि।
   (iv) विस्मयादिबोधक — अहा!, अरे!, हाय!, वाह! आदि।

कुछ महत्त्वपूर्ण तत्सम और तद्भव शब्द

तत्सम	तद्भव	तत्सम	तद्भव
अग्नि	आग	अंगुष्ठ	अँगूठा
अंध	अंधा	अष्ट	आठ
अद्य	आज	आम्र	आम
आश्चर्य	अचरज	इक्षु	ईख
उष्ट्र	ऊँट	उच्च	ऊँचा
ओष्ठ	ओठ	काष्ठ	काठ
कर्पट	कपड़ा	कर्पूर	कपूर
कुंभकार	कुम्हार	कज्जल	काजल
कर्ण	कान	कूप	कुआँ
काक	कौआ	कृषक	किसान
गर्दभ	गधा	ग्राम	गाँव
अंबा	अम्मा	आलस्य	आलस
उपरि	ऊपर	एकत्र	इकट्ठा
कच्छप	कछुआ	कार्य	काज
कपोत	कबूतर	कृष्ण	किशन
कदली	केला	ग्रंथि	गाँठ
ग्राहक	गाहक	मुक्ता	मोती
चंचु	चोंच	छिद्र	छेद
दधि	दही	धैर्य	धीरज
नासिका	नाक	पत्र	पत्ता
रात्रि	रात	अग्र	आगे
अश्रु	आँसू	अक्षि	आँख

अभ्यास प्रश्न

बहुविकल्पीय व वर्णनात्मक प्रश्नों सहित

1. निम्नलिखित प्रश्नों में दिए गए विकल्पों में से सही विकल्प छाँटिए

(i) अविकारी शब्द होते हैं
(क) संज्ञा (ख) क्रिया
(ग) क्रिया-विशेषण (घ) सर्वनाम

(ii) 'तोप' शब्द किस भाषा से लिया गया है?
(क) अंग्रेजी (ख) तुर्की (ग) फ्रांसीसी (घ) अरबी

(iii) प्रयोग के आधार पर शब्द के भेद हैं
(क) विकारी व अविकारी (ख) रूढ़ व योगरूढ़
(ग) सार्थक व निरर्थक (घ) तत्सम व तद्भव

(iv) योगरूढ़ शब्द है
(क) पंकज (ख) खिड़की
(ग) विद्यालय (घ) स्नानगृह

(v) निम्नलिखित में से 'लॉटरी' शब्द है
(क) फ़ारसी (ख) अंग्रेजी
(ग) अरबी (घ) तुर्की

(vi) निम्नलिखित में से 'जलज' शब्द है
(क) रूढ़ शब्द (ख) योगरूढ़ शब्द
(ग) यौगिक शब्द (घ) मूल शब्द

(vii) निम्नलिखित में से कौन-सा यौगिक शब्द नहीं है?
(क) ईमानदार (ख) प्रधानमंत्री
(ग) घुड़सवार (घ) मूर्ख

(viii) 'चाँदनी' का तत्सम रूप क्या होगा?
(क) चाँद (ख) चंद्रमा (ग) चंद्रिका (घ) चंद्रा

(ix) वे शब्द जिनका कोई अर्थ होता है, कहलाते हैं
(क) निरर्थक (ख) सार्थक
(ग) विकारी (घ) अविकारी

(x) निम्नलिखित में से विकारी शब्द होते हैं
(क) जो लिंग, वचन, काल तथा कारक के आधार पर बदल जाते हैं।
(ख) जो संज्ञा, सर्वनाम के आधार पर बदल जाते हैं।
(ग) जो क्रिया के आधार पर बदल जाते हैं।
(घ) जो कर्म के आधार पर बदल जाते हैं।

2. निम्नलिखित कथनों में सही कथन के आगे (✓) और गलत कथन के आगे (✗) का चिह्न लगाइए

(क) संज्ञा अविकारी शब्द है। ( )
(ख) 'कदली' का तद्भव शब्द 'किसान' है। ( )
(ग) सार्थक शब्दों का कोई-न-कोई अर्थ होता है। ( )
(घ) तत्सम और तद्भव शब्द एक-दूसरे के पर्याय होते हैं। ( )
(ङ) अनेकार्थी शब्दों से एक ही अर्थ का बोध होता है। ( )

3. उचित शब्दों से रिक्त स्थानों की पूर्ति कीजिए

(शब्द, योगरूढ़, यौगिक, दो, रूढ़)

(क) वर्णों के सार्थक मेल को ········ कहते हैं।
(ख) ········ शब्द विशेष अर्थ के लिए प्रसिद्ध होते हैं।
(ग) दो-या-दो से अधिक शब्दों के मेल से ········· शब्द बनते हैं।
(घ) प्रयोग के आधार पर शब्द के ········भेद होते हैं।
(ङ) ·········शब्दों के सार्थक खंड नहीं किए जा सकते।

4. जोड़े मिलाइए

(i) कूप	(क) सिंगार
(ii) भगिनी	(ख) कुआँ
(iii) शाक	(ग) छेद
(iv) छिद्र	(घ) साग
(v) शृंगार	(ङ) बहन

5. निम्नलिखित शब्दों के तत्सम रूप लिखिए

(क) गाँठ ········ (ख) लाख ········
(ग) गधा ········ (घ) आठ ········
(ङ) कछुआ ········ (च) तृण ········

6. निम्नलिखित प्रश्नों के संक्षिप्त उत्तर दीजिए

(i) शब्द से क्या तात्पर्य है? इसका वर्गीकरण कितने आधार पर किया जा सकता है?
(ii) यौगिक और योगरूढ़ शब्दों में क्या अंतर है?
(iii) रूढ़ शब्द से आप क्या समझते हैं?
(iv) विकारी शब्द का क्या अर्थ है? इसके कितने भेद होते हैं?
(v) विदेशज या विदेशी शब्दों से आप क्या समझते हैं?
(vi) अविकारी शब्दों को कितने वर्गों में बाँटा जा सकता है? नाम लिखिए।

उत्तरमाला

1. (i) (ग) (ii) (ख) (iii) (ग) (iv) (क) (v) (ख) (vi) (ख) (vii) (घ) (viii (ग) (ix) (ख) (x) (क)

2. (क) ✗ (ख) ✗ (ग) ✓ (घ) ✓ (ङ) ✗

3. (क) शब्द (ख) योगरूढ़ (ग) यौगिक (घ) दो (ङ) रूढ़

4. (i) (ख) (ii) (ङ) (iii) (घ) (iv) (ग) (v) (क)

5. (क) ग्रंथि (ख) लक्ष (ग) गर्दभ (घ) अष्ट (ङ) कच्छप (च) तिनका

अध्याय 4

संधि

4.1 संधि का अर्थ एवं परिभाषा

'संधि' शब्द का शाब्दिक अर्थ होता है—जोड़ या मिलाना।

दो वर्णों (ध्वनियों) के मेल से उनमें जो विकार या परिवर्तन होता है, उसे संधि कहते हैं; जैसे—

(i) हिम + आलय = हिमालय (ii) महा + ईश = महेश

संधि-विच्छेद

विच्छेद का अर्थ है—अलग होना। संधि युक्त (जुड़े हुए) शब्दों को एक-दूसरे से अलग करके फिर से शब्दों को पहली वाली स्थिति में लाना संधि-विच्छेद कहलाता है; जैसे—

(i) नरेश = नर + ईश (ii) विद्यार्थी = विद्या + अर्थी

संधि के भेद

संधि के तीन भेद होते हैं

1. स्वर संधि 2. व्यंजन संधि 3. विसर्ग संधि

स्वर संधि

दो स्वरों के मेल से जो परिवर्तन होता है, उसे स्वर संधि कहते हैं; जैसे—विद्या + आलय = विद्यालय।

यहाँ 'विद्या' का अंतिम वर्ण 'आ' तथा 'आलय' का प्रथम वर्ण 'आ' दोनों मिलकर 'आ' हो गए हैं। ये दोनों ही स्वर हैं। अत: यह स्वर संधि है।

स्वर संधि के पाँच भेद होते हैं

(i) दीर्घ संधि (ii) गुण संधि
(iii) वृद्धि संधि (iv) यण् संधि
(v) अयादि संधि

(i) **दीर्घ संधि** जब समान ह्रस्व स्वर पास-पास आ जाएँ, तो वे मिलकर दीर्घ हो जाते हैं, इसे ही दीर्घ संधि कहते हैं।
इस संधि में ह्रस्व अ, इ, उ या दीर्घ 'आ', 'ई', 'ऊ' के आगे ह्रस्व या दीर्घ स्वर आ जाएँ, तो वे मिलकर क्रमश: 'आ', 'ई', 'ऊ' हो जाते हैं।

जैसे—

अ + अ = आ	पर + अधीन = पराधीन सूर्य + अस्त = सूर्यास्त
अ + आ = आ	भोजन + आलय = भोजनालय परम + आत्मा = परमात्मा
आ + आ = आ	महा + आत्मा = महात्मा महा + आशय = महाशय
इ + इ = ई	रवि + इंद्र = रवींद्र मुनि + इंद्र = मुनींद्र
इ + ई = ई	गिरि + ईश = गिरीश परि + ईक्षा = परीक्षा
ई + इ = ई	मही + इंद्र = महींद्र योगी + इंद्र = योगींद्र
ई + ई = ई	रजनी + ईश = रजनीश नारी + ईश्वर = नारीश्वर
उ + उ = ऊ	सु + उक्ति = सूक्ति लघु + उत्सव = लघूत्सव
उ + ऊ = ऊ	लघु + ऊर्जा = लघूर्जा धातु + ऊष्मा = धातूष्मा
ऊ + उ = ऊ	वधू + उत्सव = वधूत्सव भू + उत्सर्ग = भूत्सर्ग
ऊ + ऊ = ऊ	भू + ऊर्जा = भूर्जा वधू + ऊर्मि = वधूर्मि

(ii) **गुण संधि** यदि 'अ' 'आ' के बाद 'इ' या 'ई', 'उ' या 'ऊ' तथा 'ऋ' आए, तो दोनों के मिलने से क्रमश: 'ए', 'ओ' तथा 'अर्' हो जाता है; जैसे—

अ + इ = ए	सुर + इंद्र = सुरेंद्र
अ + ई = ए	गण + ईश = गणेश

आ + इ/ई = ए राजा + इंद्र = राजेंद्र

आ + ई = ए रमा + ईश = रमेश

अ + उ = ओ चंद्र + उदय = चंद्रोदय

अ + ऊ = ओ नव + ऊढ़ा = नवोढ़ा

आ + उ = ओ महा + उत्सव = महोत्सव

आ + ऊ = ओ गंगा + ऊर्मि = गंगोर्मि

अ + ऋ = अर् राज + ऋषि = राजर्षि

आ + ऋ = अर् वर्षा + ऋतु = वर्षर्तु

(iii) **वृद्धि संधि** यदि 'अ' या 'आ' के बाद 'ए' या 'ऐ' आए, तो 'ऐ' बन जाता है तथा 'ओ' या 'औ' आए, तो 'औ' हो जाता है; जैसे–

अ + ए = ऐ एक + एक = एकैक

अ + ऐ = ऐ मत + ऐक्य = मतैक्य

आ + ए = ऐ सदा + एव = सदैव

आ + ऐ = ऐ महा + ऐश्वर्य = महैश्वर्य

अ + ओ = औ दंत + ओष्ठ = दंतौष्ठ

अ + औ = औ परम + औदार्य = परमौदार्य

आ + ओ = औ महा + ओज = महौज

आ + औ = औ महा + औषधि = महौषधि

(iv) **यण् संधि** यदि 'इ', 'ई', 'उ', 'ऊ' तथा 'ऋ' के बाद कोई भी भिन्न स्वर आता है, तो उनके स्थान पर क्रमशः 'इ' और 'ई' का 'य', 'उ' और 'ऊ' का 'व' तथा 'ऋ' का 'र' हो जाता है; जैसे–

इ + अ = य यदि + अपि = यद्यपि

ई + अ = य देवी + अर्पण = देव्यर्पण

इ + आ = या अति + आवश्यक = अत्यावश्यक

ई + आ = या सखी + आगमन = सख्यागमन

इ + उ = यु अति + उत्तम = अत्युत्तम

उ + अ = व अनु + अय = अन्वय

उ + आ = वा सु + आगत = स्वागत

ऋ + आ = रा पितृ + आज्ञा = पित्राज्ञा

(v) **अयादि संधि** यदि 'ए', 'ऐ', 'ओ', 'औ' स्वरों के आगे कोई भिन्न स्वर आए, तो 'ए' का 'अय', 'ऐ' का 'आय', 'ओ' का 'अव' तथा 'औ' का 'आव' हो जाता है; जैसे–

ए + अ = अय ने + अन = नयन

ऐ + अ = आय नै + अक = नायक

औ + अ = अव पो + अन = पवन

औ + अ = आव पौ + अक = पावक

औ + इ = आवि नौ + इक = नाविक

औ + उ = आवु भौ + उक = भावुक

व्यंजन संधि

दो शब्दों के मेल से व्यंजन के बाद स्वर या व्यंजन आने से जो परिवर्तन होता है, उसे व्यंजन संधि कहते हैं; जैसे– सत् + जन = सज्जन।

व्यंजन संधि के नियम

1. यदि किसी वर्ग के प्रथम वर्ण (क्, च्, ट्, त्, प्) के आगे कोई स्वर या किसी वर्ग का तीसरा अथवा चौथा वर्ण अथवा य, र, ल, व आए, तो वर्ग के प्रथम वर्ण (क्, च्, ट्, त्, प्) के स्थान पर उसी वर्ग का तीसरा वर्ण हो जाता है अर्थात् 'क्' का 'ग्' 'च्' का 'ज्', 'ट्' का 'ड्', त् का 'द्' तथा 'प्' का 'ब्' हो जाता है; जैसे–

'क्' का 'ग्' होना दिक् + अंबर = दिगंबर

'च्' का 'ज्' होना अच् + अंत = अजंत

'ट्' का 'ड्' होना षट् + आनन = षडानन

'त्' का 'द्' होना सत् + आचार = सदाचार

'प्' का 'ब्' होना अप् + ज = अब्ज

2. यदि किसी वर्ग के प्रथम वर्ण ('क्', 'च्', 'ट्', 'त', 'प्') के आगे कोई अनुनासिक या वर्ग का पंचम वर्ण ('ङ् ञ्, ण्, न्, म्) आए, तो प्रथम वर्ण के स्थान पर उस वर्ग का पंचम वर्ण ('ङ् ञ्, ण्, न्, म्) हो जाता है; जैसे–

'क्' का 'ङ' होना वाक् + मय = वाङ्मय

'च्' का 'ञ्' होना रुच् + मय = रुञ्मय

'ट्' का 'ण्' होना षट् + मास = षण्मास

'त्' का 'न्' होना सत् + मति = सन्मति

'प्' का 'म्' होना अप् + मय = अम्मय

3. **'त्' संबंधी नियम** 'त्' या 'द्' के आगे 'ज्' या 'झ्' आने पर 'त्'-'द्' का 'ज्' हो जाता है; जैसे–

उत् + ज्वल = उज्ज्वल, सत् + जन = सज्जन

- 'त्' या 'द्' के आगे 'श्' आने पर 'त्-द्' का 'च्' और 'श्' का 'छ्' हो जाता है; जैसे–
  उत् + श्वास = उच्छ्वास, तत् + शरीर = तच्छरीर
- 'त्' के आगे 'ट्' या 'ड्' आने पर 'त्' का क्रमशः 'ट्', 'ड्' हो जाता है; जैसे–
  उत् + डयन = उड्डयन, बृहत् + टीका = वृहट्टीका
- 'त्' के आगे 'ल्' आने पर 'त्' का 'ल्' हो जाता है; जैसे–
  तत् + लीन = तल्लीन, उत् + लंघन = उल्लंघन
- 'त्' या 'द्' के आगे 'ह्' आने पर 'त्' का 'द्' और 'ह्' का 'ध्' हो जाता है; जैसे–
  उत् + हार = उद्धार (उद्धार)
- 'त्' के आगे 'च' या 'छ' आने पर 'त्' का 'च्' हो जाता है; जैसे– सत् + चरित्र = सच्चरित्र, उत् + चारण = उच्चारण

4. **'छ' संबंधी नियम** यदि किसी स्वर के बाद 'छ' आ जाए, तो 'छ' से पहले 'च्' का आगम (च्छ) हो जाता है; जैसे–
   अनु + छेद = अनुच्छेद परि + छेद = परिच्छेद

5. **'म्' संबंधी नियम** यदि 'म्' के बाद स्पर्श व्यंजन ('क' से 'म्' तक) आए, तो 'म्' के स्थान पर अनुस्वार (ं) अथवा उसी वर्ग का पंचम वर्ण हो जाता है; जैसे—

सम् + कल्प = संकल्प, अलम् + कार = अलंकार

- म् के बाद 'म' आने पर म् द्वित्व 'म्म' हो जाता है; जैसे—
  सम् + मान = सम्मान, सम् + मिश्रण = सम्मिश्रण
- 'म्' के बाद य, र, ल, व, ह, श, स आने पर म् का अनुस्वार (ं) हो जाता है; जैसे—
  सम् + यम = संयम सम् + लाप = संलाप

विसर्ग संधि

विसर्ग के पश्चात् स्वर या व्यंजन आने पर विसर्ग में जो परिवर्तन होता है, उसे विसर्ग संधि कहते हैं; जैसे—निः + काम = निष्काम।

विसर्ग संधि के नियम

1. **विसर्ग का 'ओ' में परिवर्तित होना** विसर्ग (:) के पूर्व यदि 'अ' हो और बाद में 'ऊ' या किसी वर्ग का तीसरा, चौथा, पाँचवाँ वर्ण या य्, र, ल्, व्, ह् हो, तो विसर्ग का 'ओ' हो जाता है; जैसे—
   मनः + बल = मनोबल, मनः + रथ = मनोरथ
2. **विसर्ग का 'र्' में परिवर्तित होना** विसर्ग (:) के पूर्व यदि 'अ', आ से भिन्न कोई स्वर हो और बाद में भी कोई स्वर हो या वर्ग का तीसरा, चौथा, पाँचवाँ वर्ण हो या य, र, ल, व में से कोई वर्ण हो, तो विसर्ग का 'र्' हो जाता है; जैसे—
   निः + बल = निर्बल, दुः + आशा = दुराशा
3. **विसर्ग का 'श्' में परिवर्तित होना** विसर्ग (:) के बाद 'च', 'छ' या 'श' आए, तो विसर्ग का 'श्' हो जाता है; जैसे—
   निः + चल = निश्चल, दुः + शासन = दुश्शासन
4. **विसर्ग का 'स्' में परिवर्तित होना** विसर्ग (:) के बाद यदि 'त' या 'स्' हो, तो विसर्ग का स् हो जाता है; जैसे—
   निः + तेज = निस्तेज, निः + संदेह = निस्संदेह
5. **विसर्ग का 'ष्' में परिवर्तित होना** विसर्ग (:) के पूर्व यदि 'इ' या 'उ' हो और बाद में क्, ख्, ट्, ठ्, प्, फ् में से कोई वर्ण हो, तो विसर्ग का ष् हो जाता है; जैसे—
   निः + काम = निष्काम, निः + ठुर = निष्ठुर
6. **विसर्ग** (:) के आगे 'र्' हो तो विसर्ग का लोप हो जाता है और उससे पूर्व का स्वर दीर्घ हो जाता है; जैसे—
   निः + रोग = नीरोग निः + रस = नीरस

अभ्यास प्रश्न

बहुविकल्पीय व वर्णनात्मक प्रश्नों सहित

1. निम्नलिखित प्रश्नों में दिए गए विकल्पों में से सही विकल्प छाँटिए

(i) दो स्वरों के मेल से जो परिवर्तन होता है, उसे कहते हैं
(क) स्वर संधि (ख) व्यंजन संधि
(ग) विसर्ग संधि (घ) इनमें से कोई नहीं

(ii) 'स्वागतम्' शब्द का संधि-विच्छेद होगा
(क) स्व + आगतम् (ख) सु + आगतम्
(ग) स्वागत + म् (घ) स्व + गातम्

(iii) संधि के कितने भेद हैं?
(क) दो (ख) चार
(ग) पाँच (घ) तीन

(iv) संधि में परस्पर किसका मेल होता है?
(क) पदों का (ख) शब्दों का
(ग) वर्णों का (घ) वाक्यों का

(v) स्वर संधि के कितने भेद होते हैं?
(क) चार (ख) पाँच (ग) छः (घ) दो

(vi) 'भूषण' का संधि-विच्छेद होगा
(क) भूष् + अन (ख) भू + षाण
(ग) भू + एषण (घ) भूष् + ण

(vii) 'शिव + आलय = शिवालय' किस भेद से संबंधित है?
(क) यण् संधि (ख) वृद्धि संधि
(ग) दीर्घ संधि (घ) अयादि संधि

(viii) गुण संधि का उदाहरण है
(क) विद्या + अर्थी = विद्यार्थी (ख) राजा + इंद्र = राजेंद्र
(ग) एक + एक = एकैक (घ) प्रति + एक = प्रत्येक

(ix) 'गायिका' का संधि-विच्छेद होगा
(क) गे + इका (ख) गा + इका
(ग) गो + इका (घ) गै + इका

(x) 'उद्योग' का संधि-विच्छेद होगा
(क) उप् + योग (ख) उत् + योग
(ग) उद् + योग (घ) उत् + ओग

2. निम्नलिखित कथनों के आगे (✓) या (×) का चिह्न लगाइए

(क) विसर्ग संधि में स्वरों व व्यंजनों का ही मेल होता है। ( )
(ख) 'संधि' का एक भेद है-व्यंजन संधि। ( )
(ग) 'पराधीन' दीर्घ संधि का उदाहरण है। ( )
(ख) 'सुरेंद्र' में यण् संधि है। ( )
(ङ) 'अति + अधिक' में यण् संधि है। ( )

3. निम्नलिखित शब्दों का संधि-विच्छेद कीजिए

(क) मतैक्य (ख) वधूत्सव (ग) हिमालय
(घ) तट्टीका (ङ) गुरूपदेश

4. निम्नलिखित शब्दों की संधि कीजिए

स्वर संधि

(i) पुरुष + उत्तम .... (ii) वीर + उचित ....
(iii) अति + आवश्यक .... (iv) जल + उर्मि ....
(v) धन + एषणा ....

व्यंजन संधि

(i) सत् + मार्ग .... (ii) शरत् + चंद्र............
(iii) उत् + हत .... (iv) चित् + मय ....
(v) सम् + बंध ....

विसर्ग संधि

(i) निः + जन .... (ii) निः + फल ....
(iii) निः + चिंत .... (iv) निः + तेज ....
(v) निः + कपट ....

5. निम्नलिखित संधि रूपों के सही संधि-विच्छेद पर (✓) का चिह्न लगाइए

(i) समुद्रोर्मि
(क) समुद्रो + उर्मि (ख) समुद्र + ऊर्मि
(ग) समुद्र + उर्मी (घ) समुद्रः + उर्मि

(ii) कवींद्र
(क) कवी + इंद्र (ख) कवि + इंद्र
(ग) कवि + अंद्र (घ) कवीन + इंद्र

(iii) वीरेंद्र
(क) वीर + ऋंद (ख) वीर + एंद्र
(ग) वीर + ईद्र (घ) वीर + इंद्र

(iv) संसार
(क) सं + सार (ख) सम् + सार
(ग) सन् + सार (घ) सं + ससार

(v) गायक
(क) गा + यक (ख) गे + अक
(ग) गै + अक (घ) गौ + अक

(vi) निर्जन
(क) निर् + जन (ख) निं + जन
(ग) निः + जन (घ) नि + रजन

(vii) तमोगुण
(क) तमः + गुण (ख) तमो + गुण
(ग) तम + गुण (घ) तम् + गुण

(viii) दिग्गज
(क) दिग् + गज (ख) दिक् + गज
(ग) दिग + गज (घ) दिक् + ग्ज

6. निम्नलिखित संधि-विच्छेद के सही संधि रूप पर (✓) का चिह्न लगाइए

(i) सूर्य + उदय
(क) सूर्यउदय (ख) सूर्योदय
(ग) सूर्योदोय (घ) सूयदय

(ii) विपद् + जाल
(क) विपज्जाल (ख) विपदजाल
(ग) विपजाल (घ) विपदजाल

(iii) सखी + आगमन
(क) सखीआगमन (ख) सख्यागमन
(ग) सखयागमन (घ) सखआगमन

(iv) वन + औषधि
(क) वनोषधि (ख) वनौषधि
(ग) वनाषोधि (घ) वनऔषध

(v) पितृ + अनुमति
(क) पित्रनुमति (ख) पित्रानुमति
(ग) पितृनुमति (घ) पितरानुमति

7. निम्नलिखित प्रश्नों के संक्षिप्त उत्तर दीजिए

(i) संधि तथा संधि-विच्छेद से आप क्या समझते हैं?
(ii) संधि के भेदों को परिभाषा सहित बताइए।
(iii) स्वर संधि के भेदों के नाम लिखिए।
(iv) यण् संधि के पाँच उदाहरण लिखिए।
(v) अयादि संधि के चार उदाहरण लिखिए।

उत्तरमाला

1. (i) (क) (ii) (ख) (iii) (घ) (iv) (ग) (v) (ख)
(vi) (क) (vii) (ग) (viii) (ख) (ix) (घ) (x) (ख)

2. (क) ✗ (ख) ✓ (ग) ✓ (घ) ✗ (ङ) ✓

3. (क) मत + ऐक्य (ख) वधू + उत्सव (ग) हिम + आलय
(घ) तत् + टीका (ङ) गुरु + उपदेश

4. स्वर संधि
(i) पुरुषोत्तम (ii) वीरोचित (iii) अत्यावश्यक (iv) जलोर्मि
(v) धनैषणा

व्यंजन संधि
(i) सन्मार्ग (ii) शरच्चंद्र (iii) उद्धत (iv) चिन्मय (v) संबंध

विसर्ग संधि
(i) निर्जन (ii) निश्फल (iii) निश्चिंत (iv) निस्तेज
(v) निष्कपट

5. (i) (ख) (ii) (ख) (iii) (घ) (iv) (ख) (v) (ग)
(vi) (ग) (vii) (क) (viii) (ख)

6. (i) (ख) (ii) (क) (iii) (ख) (iv) (ख) (v) (क)

अध्याय 5

समास

5.1 समास का अर्थ एवं परिभाषा

समास का शाब्दिक अर्थ होता है—संक्षेप।

दो-या-दो से अधिक पदों या शब्दों के मेल से नए शब्द बनाने की क्रिया को **समास** कहते हैं। इस विधि से बने शब्द 'समस्त पद' कहलाते हैं। समस्त पदों को अलग करने की विधि को 'समास विग्रह' कहते हैं।

समास के लिए कम-से-कम दो पद अवश्य होने चाहिए। पहले पद को 'पूर्वपद' तथा दूसरे पद को 'उत्तरपद' कहते हैं; जैसे—प्रतिदिन में 'प्रति' 'पूर्वपद' है तथा 'दिन' 'उत्तरपद' है।

समास के भेद

समास के छः भेद होते हैं

1. अव्ययीभाव समास

जिस समास में पहला पद प्रधान तथा अव्यय हो और समस्त पद भी अव्यय हो, उसे **अव्ययीभाव समास** कहते हैं; जैसे—

समस्त पद	विग्रह
यथाविधि	विधि के अनुसार
भरपेट	पेट भरकर
प्रतिक्षण	क्षण-क्षण या हर क्षण
आजीवन	जीवनभर
यथाशक्ति	शक्ति के अनुसार
प्रत्येक	एक-एक या हर एक
निडर	डर के बिना
हाथों-हाथ	एक हाथ से दूसरे हाथ में
प्रतिदिन	हर दिन

नोट 1. *अव्ययीभाव समास के अंतर्गत शब्द के आगे आ, बे, प्रति, बा, यथा, भर आदि उपसर्गों का प्रयोग होता है।*

2. *अव्ययीभाव समास में एकसमान शब्दों की आवृत्ति वाले शब्दों का भी प्रयोग होता है; जैसे—दिनों-दिन, घर-घर।*

2. तत्पुरुष समास

जिस समास में दूसरा पद प्रधान हो और समास करने पर दोनों पदों के बीच के कारक चिह्न का लोप हो जाए, उसे तत्पुरुष समास कहते हैं; जैसे—'देशभक्ति' शब्द का विग्रह है—'देश के लिए भक्ति'। इसमें 'के लिए' विभक्ति का लोप हो गया। इसके कुछ उदाहरण निम्नलिखित हैं

समस्त पद	विग्रह
स्वर्गगत	स्वर्ग को गया हुआ
सुखप्रद	सुख को प्रदान करने वाला
तुलसीकृत	तुलसी द्वारा कृत
भयाकुल	भय से आकुल
विद्यालय	विद्या के लिए आलय
भयमुक्त	भय से मुक्त
राजकुमार	राजा का कुमार
आत्मविश्वास	आत्म (स्वयं) पर विश्वास
वनवास	वन में वास

3. कर्मधारय समास

जिस समस्त पद में उत्तर पद प्रधान हो तथा पहला पद विशेषण व दूसरा पद विशेष्य होता है अथवा पूर्वपद और उत्तरपद में उपमान और उपमेय का संबंध होता है, उसे **कर्मधारय समास** कहते हैं; जैसे—

समस्त पद	विग्रह
नीलकमल	नीला है जो कमल
महापुरुष	महान् है जो पुरुष
प्राणप्रिय	प्राण के समान प्रिय
चरण कमल	चरण रूपी कमल
चंद्रमुख	चंद्रमा के समान मुख
वचनामृत	वचन रूपी अमृत

4. द्विगु समास

जिस समस्त पद का पहला पद संख्यावाचक विशेषण होता है, उसे **द्विगु समास** कहते हैं; जैसे—

समस्त पद	विग्रह
त्रिभुवन	तीनों भुवनों का समूह
पंचवटी	पाँच वटों का समूह
नवनिधि	नव निधियों का समूह
त्रिरत्न	तीनों रत्नों का समूह
शताब्दी	एक सौ वर्षों का समूह

5. द्वंद्व समास

जिस समस्त पद के दोनों पद प्रधान हों तथा विग्रह करते समय बीच में योजक शब्दों (और, तथा, व आदि) का प्रयोग होता है, उसे **द्वंद्व समास** कहते हैं; जैसे—

समस्त पद	विग्रह
नर-नारी	नर और नारी
लाभ-हानि	लाभ और हानि
अमीर-गरीब	अमीर और गरीब
भूख-प्यास	भूख और प्यास
पाप-पुण्य	पाप और पुण्य
अपना-पराया	अपना और पराया

6. बहुव्रीहि समास

जिस समस्त पद में कोई पद प्रधान नहीं होता है तथा दोनों पद मिलकर किसी तीसरे पद की ओर संकेत करते हैं, उसे **बहुव्रीहि समास** कहते हैं; जैसे—

समस्त पद	विग्रह
लंबोदर	लंबा है उदर जिसका अर्थात् गणेश
नीलकंठ	नीला है कंठ जिसका अर्थात् शिव
चक्रपाणि	चक्र है हाथ में जिसके अर्थात् विष्णु
दशानन	दश हैं आनन जिसके अर्थात् रावण
षड्।नन	षड् है आनन जिसके अर्थात् कार्तिकेय

अभ्यास प्रश्न

बहुविकल्पीय व वर्णनात्मक प्रश्नों सहित

1. निम्नलिखित प्रश्नों में दिए गए विकल्पों में से सही विकल्प छाँटिए

(i) निम्न में से 'भयमुक्त' का समास-विग्रह होगा

(क) भय और मुक्त (ख) भय से मुक्त
(ग) भय को मुक्त (घ) भय में मुक्त

(ii) समास के नियमों से बने शब्द समूह को कहते हैं

(क) समस्त पद (ख) पूर्वपद (ग) उत्तरपद (घ) समासपद

(iii) अपादान तत्पुरुष में किस विभक्ति का लोप होता है?

(क) ने (ख) के लिए (ग) से (अलग) (घ) के द्वारा

(iv) निम्नलिखित समासों में से त्रिलोक किसका उदाहरण है

(क) तत्पुरुष (ख) द्वंद्व (ग) द्विगु समास (घ) कर्मधारय

(v) 'पाप-पुण्य' ····· समास का उदाहरण है।

(क) द्वंद्व (ख) तत्पुरुष
(ग) कर्मधारय (घ) द्विगु

(vi) 'प्रतिक्षण' ····· समास का उदाहरण है।

(क) द्विगु (ख) अव्ययीभाव
(ग) कर्मधारय (घ) तत्पुरुष

(vii) कर्मधारय समास में प्रथम पद ····· होता है, जबकि दूसरा विशेष्य।

(क) संज्ञा (ख) सर्वनाम
(ग) विशेषण (घ) क्रिया-विशेषण

(viii) बहुव्रीहि समास में कौन-सा पद प्रधान होता है?

(क) पूर्वपद (ख) उत्तरपद
(ग) कोई अन्य पद (घ) 'क' और 'ख' दोनों

(ix) अव्ययीभाव समास में पहला पद ····· का काम करता है।

(क) संज्ञा (ख) सर्वनाम
(ग) क्रिया (घ) अव्यय

(x) 'पवन पुत्र' के लिए सही विकल्प का चयन कीजिए

(क) पवन है जो पुत्र - कर्मधारय
(ख) पवन और पुत्र - द्वंद्व समास
(ग) पवन का पुत्र - तत्पुरुष समास
(घ) पवन में पुत्र - द्विगु समास

2. कोष्ठक में दिए उचित समस्त पद का चयन करके रिक्त स्थान भरिए

(i) ····· सभा में विद्यमान हैं।(राजा/महाराज)
(ii) मोहन अब ···· साथियों के साथ नहीं घूमता। (पथभ्रष्ट/ दुष्ट)
(iii) उसने अपना फर्ज़ ····· निभाया। (अच्छे से/बखूबी)
(iv) हमें अपने ···· का आदर करना चाहिए।(अभिभावक/माता-पिता)
(v) ····· पर यातायात अस्त-व्यस्त है। (चौराहे/सड़क)

3. निम्नलिखित विग्रह के उचित समास लिखिए

(i) मन को हरने वाला
(ii) श्वेत है जो अंबर
(iii) अच्छा और बुरा
(iv) चंद्रमा के समान मुख है जिसका
(v) नौ रत्नों का समूह

4. निम्नलिखित वाक्यों के रेखांकित अंशों में निहित समास का नाम बताइए

(क) गणेश जी को लंबोदर भी कहा जाता है।
(ख) जीवन में लाभ-हानि सब ईश्वर के अधीन है।
(ग) मेरी आज्ञानुसार कार्य करो।
(घ) आपने नीलकमल का चित्र बनाया है।
(ङ) गाँधीजी ने सत्याग्रह आंदोलन प्रारंभ किया।

5. निम्नलिखित विग्रहों के समस्त पद बनाकर समास के नाम लिखिए

(क) चार मुख हैं जिसके (ख) पुरुषों में उत्तम
(ग) प्रधान है जो मंत्री (घ) कायदे के अनुसार
(ङ) तीनों लोकों का समूह

6. निम्नलिखित शब्दों का समास-विग्रह कीजिए

(क) गगनचुंबी
(ख) गंगाजल
(ग) त्रिगुण
(घ) सुख-दु:ख
(ङ) चौपाया

7. निम्नलिखित प्रश्नों के संक्षिप्त उत्तर दीजिए

(i) समास किसे कहते हैं?
(ii) समास कितने प्रकार के होते हैं?
(iii) तत्पुरुष समास किसे कहते हैं?
(iv) कर्मधारय समास से आप क्या समझते हैं? उदाहरण द्वारा समझाइए।
(v) अव्ययीभाव समास की परिभाषा देते हुए उसके चार उदाहरण भी लिखिए।
(vi) द्वंद्व समास में किनका लोप हो जाता है? समस्त पद बनाकर उदाहरण भी दीजिए।
(vii) द्विगु और बहुव्रीहि समास में अंतर स्पष्ट कीजिए।

उत्तरमाला

1. (i) (ख) (ii) (क) (iii) (ग) (iv) (ग) (v) (क)
(vi) (ख) (vii) (ग) (viii) (ग) (ix) (घ) (x) (ग)

2. (i) महाराज (ii) पथभ्रष्ट (iii) बखूबी
(iv) माता-पिता (v) चौराहे

3. (i) तत्पुरुष (ii) कर्मधारय
(iii) द्वंद्व (iv) बहुव्रीहि (v) द्विगु

4. (क) बहुव्रीहि समास (ख) द्वंद्व (ग) तत्पुरुष
(घ) कर्मधारय (ङ) तत्पुरुष

5. (क) चतुर्मुख (बहुव्रीहि समास)
(ख) पुरुषोत्तम (तत्पुरुष समास)
(ग) प्रधानमंत्री (कर्मधारय समास)
(घ) बाकायदा (अव्ययीभाव समास)
(ङ) त्रिलोक (द्विगु समास)

6. (क) गगन को चूमने वाला (ख) गंगा का जल
(ग) तीन गुणों का समूह (घ) सुख और दुःख
(ङ) चार पायों का समूह

उपसर्ग एवं प्रत्यय

अध्याय

6.1 उपसर्ग

वे शब्दांश, जो किसी शब्द के पहले जुड़कर नए शब्द बनाते हैं और मूल शब्द के अर्थ में परिवर्तन उत्पन्न कर देते हैं, उन्हें **उपसर्ग** कहते हैं; जैसे—

(i) प्र + गति = प्रगति (ii) अति + रिक्त = अतिरिक्त

उपरोक्त शब्दों में 'प्र', 'अति' उपसर्ग हैं तथा 'गति', 'रिक्त' मूल शब्द हैं।

उपसर्ग के भेद

हिंदी भाषा में तीन प्रकार के उपसर्गों का प्रयोग किया जाता है

1. संस्कृत के उपसर्ग (तत्सम उपसर्ग)
2. हिंदी के उपसर्ग (तद्भव उपसर्ग)
3. उर्दू-फ़ारसी के उपसर्ग

संस्कृत के उपसर्ग

उपसर्ग	अर्थ	निर्मित शब्द
प्र	बहुत	प्रचंड, प्रकाश, प्रताप
परा	परे, पीछे, उल्टा	पराभूत, पराक्रम, पराजित
अप	विकार, नीचे	अपंग, अपकर्ष, अपशब्द
सम्	साथ, पूर्ण	संपत्ति, संपूर्ण, संवाद
अनु	साथ, पीछे	अनुकंप, अनुक्रमण, अनुपात
अव	अनादर, नीचे	अवतरण, अवसाद, अवज्ञा
निर्	बिना	निर्जीव, निर्णय, निर्दलीय
वि	विशेष, अभाव	विज्ञान, विजय, विनाश

हिंदी के उपसर्ग

उपसर्ग	अर्थ	निर्मित शब्द
अ	अभाव, निषेध	अकाल, अंचार, अधर्म
अध	आधा	अधमरा, अधखुला, अधपका
अन	अभाव, निषेध	अनधिकार, अनन्य, अनभिज्ञ
उन	एक कम	उनतीस, उनतालीस, उनचास
औ/अव्	हीन/निश्चय	औरत, अवदान, अवधारणा
कु	बुरा, नीच	कुपंथ, कुमति, कुपात्र
सु	सुंदर, सहज	सुकर्म, सुपुत्र, सुदिन, सुमार्ग
नि	रहित, आदेश	निषेध, नियम, निवास, निधन
भर	भरा हुआ	भरसक, भरमार, भरपेट, भरपूर
पर	पराया, दूसरा	परदेश, परदादा, परलोक, परसर्ग

अरबी/फारसी के उपसर्ग

उपसर्ग	अर्थ	निर्मित शब्द
खुश	अच्छा	खुशदिल, खुशामद, खुशकिस्मत
हर	प्रत्येक	हरमाह, हरकोई, हरदम
ना	नहीं	नाउम्मीद, नाकाबिल, नालायक
बे	बिना	बेअदब, बेअसर, बेकरार, बेरहम
बद्	बुरा	बद्जबान, बद्दुआ, बद्मिजाज
सर	मुख्य	सरकार, सरताज, सरदार
गैर	अलग, भिन्न	गैर कानूनी, गैर हाजिरी
ला	बिना	लाचार, लाइलाज, लावारिश, लापरवाह

6.2 प्रत्यय

वे शब्दांश, जो किसी शब्द या क्रिया के मूल रूप (धातु) के पीछे लगकर कोई नया शब्द बना देते हैं, उन्हें **प्रत्यय** कहते हैं; जैसे—

(i) राजनीति + इक = राजनैतिक

(ii) दया + आलु = दयालु

उपरोक्त शब्दों में 'इक', 'आलु' प्रत्यय हैं तथा 'राजनीति', 'दया' मूल शब्द हैं।

प्रत्यय मुख्यतः दो प्रकार के होते हैं

1. कृत प्रत्यय

जो शब्दांश क्रिया के मूल रूप (धातुओं) के अंत में लगकर नए शब्द की रचना करते हैं, उन्हें कृत प्रत्यय कहते हैं। इनसे बनने वाले शब्द कृदंत कहलाते हैं; जैसे—'वाला' प्रत्यय लगाकर शब्द इस प्रकार बनते हैं— पढ़ + आई = पढ़ाई, उड़ + आन = उड़ान, बह + आव = बहाव आदि।

2. तद्धित प्रत्यय

जो प्रत्यय संज्ञा, सर्वनाम या विशेषण के अंत में जुड़कर नए शब्द का निर्माण करते हैं, उन्हें तद्धित प्रत्यय कहते हैं। ये तद्धितांत भी कहलाते हैं। इनके अनेक रूप हैं।

हिन्दी के कृत प्रत्यय

प्रत्यय	निर्मित शब्द
आ	पढ़ा, लिखा, सूखा, भरा
अन	चिंतन, मनन, मरण, ढक्कन
आक	चालाक, तैराक
आका	लड़ाका, धमाका
आकू	लड़ाकू, पढ़ाकू, उड़ाकू
आवट	बनावट, सजावट, थकावट, मिलावट
आलू	झगड़ालू
आवना	डरावना, लुभावना, सुहावना
आई	पिटाई, लड़ाई, चढ़ाई, कमाई
आऊ	कमाऊ, बिकाऊ, चलाऊ, टिकाऊ
अंत	चढ़ंत, रटंत, गढ़ंत
इयल	दढ़ियल, अड़ियल, सड़ियल, मरियल
ई	धमकी, घुड़की, हँसी, बोली
औती	मनौती, फिरौती
ऐया	खिवैया, पढ़ैया, गवैया, रखैया
अना	घबराना, सालाना, रोजाना, घराना

संस्कृत के कृत प्रत्यय

प्रत्यय	निर्मित शब्द
अनीय	गोपनीय, पठनीय, करणीय
क	गायक, लेखक, पालक, सेवक
व्य	गंतव्य, मंतव्य, कर्त्तव्य
उक	भावुक, इच्छुक

हिंदी के तद्धित प्रत्यय

प्रत्यय	निर्मित शब्द
आ	भूखा, मेला, ठंडा, भला
आई	चतुराई, भलाई, बुराई, मिठाई
आऊ	कमाऊ, उपजाऊ
आनी	पंडितानी, जेठानी, मेहतरानी, देवरानी
आना	घराना, सालाना, जुर्माना, रोजाना
आर	सुनार, लुहार
आरी	जुआरी, पुजारी, भिखारी
आस	मिठास, खटास, भड़ास
आहट	गरमाहट, चिकनाहट, कड़वाहट
इक	सामाजिक, धार्मिक, नैतिक, दैनिक
इन	कहारिन, लुहारिन, पुजारिन, सुनारिन
ईला	बर्फीला, रंगीला, चमकीला, रसीला
एरा	सँपेरा, चचेरा, ममेरा, मौसेरा

प्रत्यय	निर्मित शब्द
कार	चित्रकार, नाटककार, कथाकार, स्वर्णकार
गर	जादूगर, सौदागर, कारीगर
गुना	दुगुना, तिगुना, चौगुना, सौगुना
दार	जमींदार, दुकानदार, ईमानदार
पन	कालापन, लड़कपन, बचपन
वान	कोचवान, बलवान, धनवान, गाड़ीवान
वाला	मिठाईवाला, पानवाला, चायवाला, दूधवाला
पूर्वक	धैर्यपूर्वक, ध्यानपूर्वक, शांतिपूर्वक

संस्कृत के तद्धित प्रत्यय

प्रत्यय	निर्मित शब्द
अ	शैव, बौद्ध, शाक्त
आलु	कृपालु, दयालु, लजालु
इमा	कालिमा, महिमा, लालिमा, नीलिमा
इत	हर्षित, आनंदित, शोभित, अंकित
ईय	शासकीय, भारतीय, स्वर्गीय
ता	सुंदरता, मानवता, एकता, दीनता
तम	उच्चतम, श्रेष्ठतम, कठोरतम, महानतम
त्व	कवित्व, स्त्रीत्व, पुरुषत्व, गुरुत्व
नीय	आदरणीय, दर्शनीय, गोपनीय

उर्दू के प्रत्यय

प्रत्यय	निर्मित शब्द
ई	आमदनी
अंदाज	नज़रअंदाज, तीरंदाज
मंद	अक्लमंद, दौलतमंद, ज़रूरतमंद
दान	कलमदान, इत्रदान, नेत्रदान
आना	शुकराना, सालाना, मेहनताना
बाज	पतंगबाज, धोखेबाज, चालबाज

उपसर्ग तथा प्रत्यय का एक साथ प्रयोग

उपसर्ग	मूल शब्द	प्रत्यय	नवीन शब्द
अभि	मान	ई	अभिमानी
उप	निवेश	इक	औपनिवेशिक
सम्	मान	इत	सम्मानित
अनु	भव	ई	अनुभवी
सम्	न्यास	ई	संन्यासी
उप	लब्ध	ता	उपलब्धता
वि	भिन्न	ता	विभिन्नता

अभ्यास प्रश्न

बहुविकल्पीय व वर्णनात्मक प्रश्नों सहित

1. निम्नलिखित प्रश्नों में दिए गए विकल्पों में से सही विकल्प छाँटिए

(i) 'अनु' उपसर्ग से बना शब्द कौन-सा है?
(क) अनुशासन (ख) अद्भुत
(ग) अनुचित (घ) अनुपस्थित

(ii) 'दुस्' उपसर्ग से कौन-सा शब्द नहीं बना है?
(क) दुष्कर्म (ख) दुस्साहस
(ग) दुष्कर (घ) दुर्व्यवहार

(iii) 'पूजा' शब्द से प्रत्यय अलग कीजिए
(क) पूजा + आ (ख) पूज् + आ
(ग) पू + जा (घ) पूज + आ

(iv) 'अनुज' शब्द में उपसर्ग है
(क) अ (ख) अनु
(ग) आ (घ) आज्ञा

(v) 'उत्' उपसर्ग से कौन-सा शब्द नहीं बना है?
(क) उत्साह (ख) उपदेश
(ग) उत्कंठा (घ) उत्कर्ष

(vi) निम्न में से 'दिखाऊ' शब्द में प्रत्यय है
(क) उप (ख) जाऊ
(ग) आऊ (घ) जाउ

(vii) 'समक्ष' शब्द में निहित उपसर्ग कौन-सा है?
(क) सम
(ख) स
(ग) सम्
(घ) समा

(viii) 'निर्भय' शब्द में निहित उपसर्ग कौन-सा है?
(क) नि (ख) निर्
(ग) निरा (घ) भय

2. नीचे दिए गए कथनों के आगे सही (✓) और गलत (×) का चिह्न लगाइए

(क) उपसर्ग वाक्यांश होते हैं। ( )

(ख) प्रत्यय शब्दांश कहलाते हैं। ( )

(ग) प्रत्यय के दो भेद होते हैं। ( )

(घ) 'अध' हिंदी का उपसर्ग है। ( )

(ङ) 'बद' संस्कृत का उपसर्ग है। ( )

3. निम्नलिखित शब्दों में उपसर्ग को छाँटिए

(क) निहत्था (ख) अध:पतन

(ग) उत्कर्ष (घ) निस्संकोच

(ङ) अवगुण

4. नीचे दिए गए शब्दों के प्रत्यय को छाँटिए

(क) चढ़ावा (ख) लिखाई

(ग) चिंतन (घ) तीरंदाज

(ङ) कृपालु

5. निम्न उपसर्ग की सहायता से दो-दो शब्द बनाइए

(i) अति = ... (ii) सु = ...

(iii) बहु = ... (iv) उन = ...

(v) खुश = ...

6. निम्न प्रत्यय की सहायता से दो-दो शब्द बनाइए।

(i) अक = ... (ii) अंत = ...

(iii) अन = ... (iv) ना = ...

(v) आवट = ... (vi) कर = ...

7. दिए गए शब्दों के लिए उपयुक्त उपसर्गों के सही विकल्प को चिह्नित कीजिए

(i) प्रताप

(क) प्र (ख) परा

(ग) प्रति (घ) प

(ii) अनुकंप

(क) अन् (ख) अ (ग) अनु (घ) अन

(iii) अवसाद

(क) अ (ख) अव (ग) अन (घ) अवि

(iv) दुर्जन

(क) दुर् (ख) दु (ग) दुस् (घ) न

(v) अधपका

(क) पका (ख) अ (ग) अध (घ) अधि

(vi) बद्दुआ

(क) बुरा (ख) ब (ग) बद् (घ) आ

(vii) परकीय

(क) पर (ख) य (ग) प (घ) कीप

(viii) उनतीस

(क) अ (ख) उन (ग) अत (घ) स

(ix) सुकर्म

(क) म (ख) स (ग) उ (घ) सु

(x) अनित्य

(क) अन् (ख) अ (ग) य (घ) त

8. दिए गए शब्दों के लिए प्रयुक्त प्रत्यय के विकल्प को चिह्नित कीजिए

(i) धावक

(क) ध (ख) अक (ग) क (घ) धा

(ii) बचपन

(क) अन (ख) न (ग) पन (घ) आन

(iii) चितेरा

(क) ए (ख) रा (ग) एरा (घ) चित

(iv) गवैया

(क) ऐया (ख) एया (ग) या (घ) आ

(v) फिसलन

(क) अन (ख) अक (ग) फि (घ) न

(vi) चचेरा

(क) रा (ख) अ (ग) च (घ) एरा

(vii) मधुरतम

(क) तम (ख) म (ग) त (घ) मधु

(viii) सरलतम

(क) म (ख) तम (ग) अतम (घ) अम

(ix) दुखिन

(क) दु (ख) न (ग) इन (घ) दुखि

(x) रस्सी

(क) ई (ख) इ (ग) स (घ) ए

9. नीचे दिए गए प्रश्नों के संक्षिप्त उत्तर दीजिए

(i) उपसर्ग किसे कहते हैं?

(ii) हिंदी में प्रयुक्त किए जाने वाले उपसर्गों को कितने भागों में बाँटा जा सकता है?

(iii) प्रत्यय किसे कहते हैं? ये कितने प्रकार के होते हैं?

(iv) अरबी-फारसी के पाँच उपसर्ग लिखकर उनसे दो-दो शब्द बनाइए।

(v) 'अध', 'अन', 'कु', 'नि', 'भर' हिंदी के उपसर्ग हैं। इनसे दो-दो शब्द बनाइए।

उत्तरमाला

1. (i) (क) (ii) (घ) (iii) (घ) (iv) (ख) (v) (ख) (vi) (ग) (vii) (ग) (viii) (ख) (ix) (क) (x) (घ)
2. (क) ✗ (ख) ✓ (ग) ✓ (घ) ✓ (ङ) ✗
3. (क) नि + हत्या (ख) अधः + पतन (ग) उत् + कर्ष (घ) निस् + संकोच (ङ) अव + गुण
4. (क) चढ़ + आवा (ख) लिख + आई (ग) चित् + अन (घ) तीर + अंदाज (ङ) कृपा + आलु
5. (i) अतिरिक्त, अत्याचार (ii) सुपुत्र, सुगम (iii) बहुधंधी, बहुउद्देशीय (iv) उनतीस, उनचास (v) खुशामद, खुशदिल
6. (i) रक्षक, धावक (ii) रटंत, भिड़ंत (iii) उलझन, फिसलन (iv) ओढ़ना, गाना (v) सजावट, मिलावट (vi) पढ़कर, लिखकर
7. (i) (क) (ii) (ग) (iii) (ख) (iv) (क) (v) (ग) (vi) (ग) (vii) (क) (viii) (ख) (ix) (घ) (x) (ख)
8. (i) (ख) (ii) (ग) (iii) (ग) (iv) (क) (v) (क) (vi) (घ) (vii) (क) (viii) (ख) (ix) (ग) (x) (क)

अध्याय 7

संज्ञा

7.1 संज्ञा की परिभाषा

जो शब्द किसी 'व्यक्ति', 'वस्तु', 'स्थान', 'प्राणी' एवं 'भाव' आदि का बोध कराते हैं, उन्हें संज्ञा कहते हैं; जैसे—

(i) समीर गेंद खेलता है। (ii) जयपुर एक सुंदर शहर है।
(iii) बुढ़ापा दुःखों का घर है।

ऊपर लिखे रेखांकित शब्द किसी व्यक्ति, स्थान, भाव आदि के नाम हैं, इन्हें ही संज्ञा कहते हैं।

संज्ञा के भेद

संज्ञा के मुख्य रूप से तीन भेद होते हैं

1. व्यक्तिवाचक संज्ञा

जिस संज्ञा शब्द से किसी विशेष व्यक्ति, वस्तु अथवा स्थान का बोध होता है, उसे व्यक्तिवाचक संज्ञा कहते हैं; जैसे—सीता, दिल्ली, लालकिला, हिमालय, नवभारत टाइम्स आदि।

2. जातिवाचक संज्ञा

जिस संज्ञा शब्द से किसी वस्तु, व्यक्ति, स्थान आदि की सम्पूर्ण जाति का बोध हो, उसे जातिवाचक संज्ञा कहते हैं; जैसे—बालक, पर्वत, देश, पुस्तक, स्त्री, मनुष्य आदि।

3. भाववाचक संज्ञा

जिस संज्ञा शब्द से पदार्थों के गुण, दोष, दशा, अवस्था आदि का बोध हो, उसे भाववाचक संज्ञा कहते हैं; जैसे—ऊँचाई, लंबाई, गहराई, ईमानदारी, खटास, मिठास, मनुष्यता, मोटापा, बड़प्पन, बुढ़ापा, थकान, चंचलता, कोमलता, शत्रुता आदि।

संज्ञा के अन्य भेद

उपरोक्त भेदों के अतिरिक्त संज्ञा के दो अन्य भेद भी माने जाते हैं

1. **समूहवाचक संज्ञा** जिस संज्ञा शब्द से किसी समूह का बोध होता है, उसे समूहवाचक या समुदायवाचक संज्ञा कहते हैं; जैसे—सेना, झुंड, समूह, कक्षा, परिवार, दरबार आदि।
2. **द्रव्यवाचक संज्ञा** जिस संज्ञा शब्द से किसी धातु, पदार्थ अथवा द्रव्य का बोध होता है, उसे द्रव्यवाचक संज्ञा कहते हैं; जैसे—सोना, चाँदी, ताँबा, तेल, घी आदि।

भाववाचक संज्ञाओं की रचना

भाववाचक संज्ञाओं की रचना जातिवाचक संज्ञा, सर्वनाम, विशेषण, अव्यय और क्रिया शब्दों में प्रत्यय लगाकर की जाती है, जैसे—

संज्ञाओं से (जातिवाचक संज्ञा से)

संज्ञा	भाववाचक संज्ञा	संज्ञा	भाववाचक संज्ञा
बूढ़ा	बुढ़ापा	संस्कृति	संस्कार
देव	देवत्व	स्त्री	स्त्रीत्व
पंडित	पांडित्य	युवक	यौवन
मर्द	मर्दानगी	विद्वान्	विद्वता

सर्वनाम से

सर्वनाम	भाववाचक संज्ञा	सर्वनाम	भाववाचक संज्ञा
अहं	अहंकार	पराया	परायापन
अपना	अपनापन/अपनत्व	निज	निजता/निजत्व
मम	ममता/ममत्व	सर्व	सर्वस्व

विशेषण से

विशेषण	भाववाचक संज्ञा	विशेषण	भाववाचक संज्ञा
कंजूस	कंजूसी	उपयोग	उपयोगिता
महान्	महानता	चंचल	चंचलता
गरीब	गरीबी	धीर	धीरता
गंभीर	गंभीरता	बड़ा	बड़ाई

अव्ययों से

अव्यय	भाववाचक संज्ञा	अव्यय	भाववाचक संज्ञा
तेज़	तेज़ी	जल्दी	जल्दबाजी
देर	देरी	तीव्र	तीव्रता
समीप	समीपता/सामीप्य	निकट	निकटता

क्रियाओं से

क्रिया	भाववाचक संज्ञा	क्रिया	भाववाचक संज्ञा
पढ़ना	पढ़ाई	चलना	चलन
खोजना	खोज	गिनना	गिनती
चकराना	चक्कर	चुनना	चुनाव
डरना	डर	जीना	जीवन
भूलना	भूल	छलना	छल

संज्ञा के अन्य प्रयोग

कभी-कभी व्यक्तिवाचक संज्ञा का प्रयोग जातिवाचक संज्ञा के रूप में तथा कभी-कभी जातिवाचक संज्ञा का प्रयोग व्यक्तिवाचक संज्ञा के रूप में होता है; जैसे–

- **मीरजाफरों** के कारण हमारा देश बार-बार पराजित हुआ है।
  यहाँ 'मीरजाफर' संज्ञा शब्द बहुवचन 'मीरजाफरों' के रूप में जातिवाचक संज्ञा का बोध करा रहा है। यहाँ इसका प्रयोग 'गद्दारों' के लिए किया गया है।
- **पटेल जी** भारत के प्रथम गृहमंत्री थे।
  यहाँ 'पटेल' जातिसूचक शब्द है, जो व्यक्तिवाचक संज्ञा सरदार वल्लभभाई पटेल के लिए प्रयुक्त हुआ है।

अभ्यास प्रश्न

बहुविकल्पीय व वर्णनात्मक प्रश्नों सहित

1. निम्नलिखित प्रश्नों में दिए गए विकल्पों में से सही विकल्प छाँटिए

(i) संज्ञा किसे कहते हैं?
(क) किसी व्यक्ति, स्थान, वस्तु अथवा भाव का नाम
(ख) स्थान व व्यक्ति का नाम
(ग) प्राणीवाचक व अप्राणीवाचक शब्द
(घ) विशेषता वाले शब्द

(ii) समूह का बोध कराने वाले संज्ञा शब्द कहलाते हैं
(क) समुदायवाचक (ख) द्रव्यवाचक
(ग) भाववाचक (घ) इनमें से कोई नहीं

(iii) 'माता' की भाववाचक संज्ञा है
(क) मातापन (ख) मातृत्व
(ग) मातृपन (घ) इनमें से कोई नहीं

(iv) जिस संज्ञा शब्द से एक ही जाति के सभी व्यक्तियों, वस्तुओं या स्थानों का बोध हो, उसे कहते हैं
(क) जातिवाचक (ख) भाववाचक
(ग) समूहवाचक (घ) व्यक्तिवाचक

(v) समूहवाचक संज्ञा शब्दों का समूह है
(क) भलाई, बुराई, भीड़ एवं बनावट
(ख) सेना, कला, भीड़ एवं सभा
(ग) बचपन, कक्षा, सभा एवं रामायण
(घ) हरियाली, सभा, भीड़ एवं ताजमहल

(vi) निम्न में से भाववाचक संज्ञाओं की रचना नहीं होती
(क) सर्वनाम से (ख) विशेषण से
(ग) जातिवाचक संज्ञा से (घ) द्रव्यवाचक संज्ञा से

(vii) निम्न में से जातिवाचक संज्ञा शब्द हैं
(क) सड़क, शहर, प्रदेश, चीन
(ख) अध्यापक, डाकिया, लड़का
(ग) महासागर, गीता, दरिया
(घ) पाठशाला, डाकखाना, भारत

(viii) निम्न में से केवल महसूस की जाने वाली संज्ञा कौन-सी है?
(क) व्यक्तिवाचक संज्ञा (ख) द्रव्यवाचक संज्ञा
(ग) भाववाचक संज्ञा (घ) समूहवाचक संज्ञा

(ix) 'प्रसन्न' शब्द का भाववाचक संज्ञा शब्द है

(क) अप्रसन्न (ख) खुशी

(ग) प्रसन्नता (घ) अप्रसन्नता

(x) 'अहंकार' शब्द में कौन-सी संज्ञा है?

(क) समूहवाचक संज्ञा

(ख) व्यक्तिवाचक संज्ञा

(ग) जातिवाचक संज्ञा

(घ) भाववाचक संज्ञा

2. रिक्त स्थान की पूर्ति उचित संज्ञा शब्द से कीजिए

(ताजमहल, हरियाली, मिठास, धोबी, गीता)

(क) .... कपड़े धोता है।

(ख) .... एक पवित्र ग्रंथ है।

(ग) .... आगरा में स्थित है।

(घ) चारों ओर .... छाई है।

(ङ) सेब में .... है।

3. निम्नलिखित वाक्यों में संज्ञा शब्द छाँटिए और उनके सामने संज्ञा के भेद का नाम लिखिए

	संज्ञा	भेद
(क) अध्यापिका पढ़ाती है।	....	....
(ख) ईमानदारी एक अच्छा गुण है।	....	....
(ग) हिमालय विशाल पर्वत है।	....	....
(घ) सोना बहुमूल्य धातु है।	....	....
(ङ) मेरे परिवार में चार सदस्य हैं।	....	....

4. जोड़े मिलाइए

(i) लालकिला, रामायण	(क) समुदायवाचक
(ii) पुस्तक, शहर	(ख) द्रव्यवाचक
(iii) थकान, स्वास्थ्य	(ग) व्यक्तिवाचक
(iv) समूह, भीड़	(घ) जातिवाचक
(v) घी, पत्थर	(ङ) भाववाचक

5. एक ऐसा वाक्य लिखिए, जिसमें भाववाचक संज्ञा शब्द जातिवाचक संज्ञा शब्द से बना हो।

6. निम्नलिखित गद्यांश में संज्ञा शब्दों पर गोला लगाइए

बहुत से लोगों से मित्रता करना भी ठीक नहीं है, क्योंकि सच्ची और आदर्श मैत्री एक-दो से ही संभव है। यह भी ध्यान रखना चाहिए कि किसी से भी मित्रता करने से पहले खूब जाँच-परख लेना चाहिए और फिर धीरे-धीरे निरंतर अपनी मित्रता को प्रगाढ़ता प्रदान करते रहना चाहिए।

7. निम्नलिखित प्रश्नों के संक्षिप्त उत्तर दीजिए

(i) संज्ञा की परिभाषा देते हुए उसके भेदों के नाम लिखिए।

(ii) व्यक्तिवाचक संज्ञा से आप क्या समझते हैं? उदाहरण सहित लिखिए।

(iii) निम्नलिखित संज्ञा शब्दों को व्यक्तिवाचक एवं जातिवाचक संज्ञा के रूप में अलग-अलग लिखिए
दिल्ली, अखबार, खिलाड़ी, बाइबिल, हिमालय, झील, लड़के, अध्यापक, गाँधीजी, नवभारत टाइम्स, अभिनेत्री।

(iv) भाववाचक संज्ञा से क्या तात्पर्य है? उदाहरण देकर स्पष्ट कीजिए।

(v) भाववाचक संज्ञाओं की रचना कितने प्रकार के शब्दों से हो सकती है?

(vi) समूहवाचक एवं द्रव्यवाचक संज्ञा में अंतर स्पष्ट कीजिए।

उत्तरमाला

1. (i) (क) (ii) (क) (iii) (ख) (iv) (क) (v) (ख)
(vi) (घ) (vii) (ख) (viii) (ग) (ix) (ग) (x) (घ)

2. (क) धोबी (ख) गीता (ग) ताजमहल
(घ) हरियाली (ङ) मिठास

3. (क) अध्यापिका–जातिवाचक संज्ञा
(ख) ईमानदारी–भाववाचक संज्ञा
(ग) हिमालय–व्यक्तिवाचक संज्ञा, पर्वत–जातिवाचक संज्ञा
(घ) सोना– द्रव्यवाचक संज्ञा, धातु–जातिवाचक संज्ञा
(ङ) परिवार–समूहवाचक संज्ञा, सदस्य–जातिवाचक संज्ञा

4. (i) (ग) (ii) (घ) (iii) (ङ) (iv) (क) (v) (ख)

5. तुमसे मिलकर बचपन की यादें ताजा हो गईं।
यहाँ 'बच्चा' जातिवाचक शब्द में 'पन' प्रत्यय लगाकर 'बचपन' शब्द बना है, जो भाववाचक संज्ञा है।

6. लोगों, मित्रता, प्रगाढ़ता।

संज्ञा के विकार–लिंग, वचन एवं कारक

8.1 लिंग की परिभाषा

संज्ञा शब्द के जिस रूप से स्त्री अथवा पुरुष जाति का बोध हो, उसे **लिंग** कहते हैं; जैसे—माता-पिता, राजा-रानी आदि।

निम्नलिखित वाक्यों को ध्यान से पढ़िए

(i) **लड़का** पढ़ रहा है। (पुल्लिंग)

(ii) **लड़की** पढ़ा रही है। (स्त्रीलिंग)

लिंग के भेद

लिंग के दो भेद होते हैं

1. **पुल्लिंग** जो शब्द पुरुष जाति का बोध कराते हैं, पुल्लिंग कहलाते हैं; जैसे—नर, बेटा, बंदर, लड़का आदि।
2. **स्त्रीलिंग** जो शब्द स्त्री जाति का बोध कराते हैं, स्त्रीलिंग कहलाते हैं; जैसे—नारी, बेटी, बंदरिया, लड़की आदि।

पुल्लिंग से स्त्रीलिंग बनाने के नियम

'आ' प्रत्यय लगाकर

पुल्लिंग	स्त्रीलिंग	पुल्लिंग	स्त्रीलिंग
सुत	सुता	अध्यक्ष	अध्यक्षा
महोदय	महोदया	तनुज	तनुजा
भवदीय	भवदीया	अनुज	अनुजा
कृष्ण	कृष्णा	चंचल	चंचला

'ई' प्रत्यय लगाकर

पुल्लिंग	स्त्रीलिंग	पुल्लिंग	स्त्रीलिंग
पुत्र	पुत्री	लड़का	लड़की
गोप	गोपी	कबूतर	कबूतरी
हिरण	हिरणी	दास	दासी
डाल	डाली	ब्राह्मण	ब्राह्मणी

'इन' प्रत्यय लगाकर

पुल्लिंग	स्त्रीलिंग	पुल्लिंग	स्त्रीलिंग
पुजारी	पुजारिन	कुम्हार	कुम्हारिन
नाई	नाइन	मालिक	मालकिन
दर्जी	दर्जिन	पड़ोसी	पड़ोसिन
लुहार	लुहारिन	सुनार	सुनारिन

'इका' प्रत्यय लगाकर

पुल्लिंग	स्त्रीलिंग	पुल्लिंग	स्त्रीलिंग
अध्यापक	अध्यापिका	सेवक	सेविका
लेखक	लेखिका	दर्शक	दर्शिका
संयोजक	संयोजिका	संरक्षक	संरक्षिका
नायक	नायिका	पाठक	पाठिका

'इया' प्रत्यय लगाकर

पुल्लिंग	स्त्रीलिंग	पुल्लिंग	स्त्रीलिंग
बूढ़ा	बुढ़िया	बेटा	बिटिया
बछड़ा	बछिया	डिब्बा	डिबिया
चूहा	चुहिया	कुत्ता	कुतिया
चिड़ा	चिड़िया	लोटा	लुटिया

'आनी' प्रत्यय लगाकर

पुल्लिंग	स्त्रीलिंग	पुल्लिंग	स्त्रीलिंग
नौकर	नौकरानी	क्षत्रिय	क्षत्राणी
चौधरी	चौधरानी	इंद्र	इंद्राणी
पठान	पठानी	सेठ	सेठानी
जेठ	जेठानी	भव	भवानी

'आइन' प्रत्यय लगाकर

पुल्लिंग	स्त्रीलिंग	पुल्लिंग	स्त्रीलिंग
लाला	ललाइन	चौबे	चौबाइन
पंडित	पंडिताइन	दुबे	दुबाइन
पंडा	पंडाइन	बाबू	बबुआइन

'नी' प्रत्यय लगाकर

पुल्लिंग	स्त्रीलिंग	पुल्लिंग	स्त्रीलिंग
सिंह	सिंहनी	कुमुद	कुमुदिनी
मनोहारी	मनोहारिणी	भिक्षु	भिक्षुणी
यशस्वी	यशस्विनी	स्वामी	स्वामिनी

'मती' और 'वती' प्रत्यय लगाकर

पुल्लिंग	स्त्रीलिंग	पुल्लिंग	स्त्रीलिंग
आयुष्मान	आयुष्मती	बुद्धिमान	बुद्धिमती
रूपवान	रूपवती	श्रीमान	श्रीमती
सत्यवान	सत्यवती	गुणवान	गुणवती

कुछ स्त्रीलिंग अपने पुल्लिंग से बिल्कुल भिन्न होते हैं

पुल्लिंग	स्त्रीलिंग	पुल्लिंग	स्त्रीलिंग
पिता	माता	वर	वधू
पुरुष	स्त्री	राजा	रानी
बैल	गाय	कवि	कवयित्री

'मादा' लगाकर

पुल्लिंग	स्त्रीलिंग	पुल्लिंग	स्त्रीलिंग
खरगोश	मादा खरगोश	गीदड़	मादा गीदड़
भालू	मादा भालू	भेड़िया	मादा भेड़िया

पुल्लिंग शब्दों की पहचान

1. पर्वतों, दिनों, देशों के नाम पुल्लिग होते हैं; जैसे–हिमालय, सोमवार, भारत, हिमाचल प्रदेश आदि।
2. धातुओं, ग्रहों, द्रवों, पेड़ों के नाम पुल्लिग होते हैं; जैसे– सोना, लोहा (अपवाद-चाँदी, पीतल), सूर्य, चंद्र, मंगल (अपवाद पृथ्वी), पानी, तेल, केला, पीपल आदि।
3. सागरों, अनाजों के नाम भी पुल्लिग होते हैं; जैसे–हिंद महासागर, अरब सागर, गेहूँ, बाजरा आदि।
4. रत्नों, फूलों, शरीर के अंगों के नाम भी पुल्लिग होते हैं; जैसे– नीलम, पुखराज़, गुलाब, गुड़हल, हाथ, पैर, मुँह (अपवाद-नाक, आँत) आदि।
5. कुछ शब्द सदैव पुल्लिंग होते हैं; जैसे– मच्छर, खरगोश, कछुआ, उल्लू आदि।

स्त्रीलिंग शब्दों की पहचान

1. भाषा, बोलियों, लिपियों के नाम स्त्रीलिंग होते हैं; जैसे–हिंदी, संस्कृत, हरियाणवी, ब्रजभाषा, गुरुमुखी, देवनागरी आदि।
2. नदियों, तारीखों, तिथियों, नक्षत्रों के नाम स्त्रीलिंग होते हैं; जैसे– गंगा, यमुना, पहली, प्रतिपदा, पूर्णिमा, एकादशी, चतुर्थी, एकादशी, अश्विनी, स्वाति आदि।
3. कुछ शब्द सदैव स्त्रीलिंग होते हैं; जैसे– लोमड़ी, मकड़ी, कोयल, मक्खी आदि।

8.2 वचन की परिभाषा

शब्द के जिस रूप से उसके एक या अनेक होने का बोध हो, उसे **वचन** कहते हैं; जैसे—कलम-कलमें, बिल्ली-बिल्लियाँ।

वचन के भेद

वचन के दो भेद होते हैं

1. **एकवचन** शब्द के जिस रूप से उसके एक होने का बोध हो, उसे एकवचन कहते हैं; जैसे– चूहा, रस्सी, केला, मूर्ति, लड़की आदि।
2. **बहुवचन** शब्द के जिस रूप से उसके एक से अधिक होने का बोध हो, उसे बहुवचन कहते हैं; जैसे– चूहे, रस्सियाँ, केले, मूर्तियाँ, लड़कियाँ आदि।

वचन की पहचान

वचन की पहचान दो प्रकार से की जाती है

1. **संज्ञा या सर्वनाम शब्दों के द्वारा** जब किसी संज्ञा या सर्वनाम शब्द द्वारा उसके एक या अनेक होने का बोध हो; जैसे–

एकवचन	बहुवचन
(i) बच्चा खेल रहा है।	बच्चे खेल रहे हैं।
(ii) गाड़ी समय पर चली गई।	गाड़ियाँ समय पर चली गईं।

2. **क्रिया द्वारा** कुछ संज्ञा शब्दों का रूप एकवचन तथा बहुवचन में समान होता है। ऐसे शब्दों का वचन क्रिया द्वारा जाना जाता है; जैसे–

एकवचन	बहुवचन
(i) डाकू पकड़ा गया।	डाकू पकड़े गए।
(ii) विद्यार्थी पढ़ता है।	विद्यार्थी पढ़ते हैं।

एकवचन के स्थान पर बहुवचन का प्रयोग

सामान्यतः हिंदी में एक वस्तु, व्यक्ति, स्थान के लिए एकवचन तथा एक से अधिक के लिए बहुवचन का प्रयोग किया जाता है, परंतु कभी-कभी एकवचन के स्थान पर बहुवचन का प्रयोग किया जाता है; जैसे–

1. आदर तथा सम्मान के अर्थ में एकवचन के स्थान पर बहुवचन का प्रयोग किया जाता है; जैसे–
   (i) पिता जी सो रहे **हैं**।
   (ii) मंत्रीजी आए **हैं**।
2. कभी-कभी बहुवचन दर्शाने के लिए 'मैं' के स्थान पर 'हम' का प्रयोग किया जाता है; जैसे–
   नेताजी बोले—"अभी **हम** एक सभा को संबोधित करने जा रहे हैं।"

3. अपने बराबरी वालों (अथवा अपने से बड़ों) के प्रति सम्मान प्रकट करने के लिए भी एकवचन के स्थान पर बहुवचन का प्रयोग किया जाता है; जैसे— रचना ने अपनी सहेली से पूछा, "क्या तुम भी सिनेमा देखने चलोगी?"

वचन संबंधी कुछ ध्यान देने योग्य बातें

1. समूहवाचक संज्ञाओं के लिए **एकवचन** का प्रयोग किया जाता है; जैसे—
   (i) आंदोलनकारियों की **भीड़** वहाँ एकत्रित **थी**।
   (ii) हमारी **कक्षा** भी समूहगान प्रस्तुत कर रही **है**।
2. द्रवों, पदार्थों तथा धातुओं का बोध कराने वाली जातिवाचक संज्ञाओं के लिए **सदा एकवचन** का प्रयोग किया जाता है; जैसे—
   (i) खाड़ी देशों में बहुत **तेल** मिलता है।
   (ii) आजकल **सोना** बहुत महँगा हो गया है।
3. कुछ शब्द; जैसे— आसमान, वर्षा, सत्य, अहिंसा, परोपकार के लिए **सदा एकवचन** का प्रयोग किया जाता है; जैसे—
   (i) **आसमान** खुल गया है।
   (ii) रिमझिम-रिमझिम **वर्षा** हो रही है।
4. प्राण, होश, आँसू, हस्ताक्षर, लोग, दान, दर्जन शब्दों के लिए **सदा बहुवचन** का प्रयोग किया जाता है; जैसे—
   (i) नींद में ही रोगी के **प्राण** निकल गए।
   (ii) इस पत्र पर मैंने अपने **हस्ताक्षर** कर दिए।

वचन परिवर्तन संबंधी कुछ नियम

अकारांत स्त्रीलिंग शब्दों के अंत में 'अ' के स्थान पर 'एँ' लगाकर

एकवचन	**बहुवचन**	**एकवचन**	**बहुवचन**
गाय	गाएँ	टाँग	टाँगें
रात	रातें	बाँह	बाँहें
भैंस	भैंसें	पुस्तक	पुस्तकें

आकारांत स्त्रीलिंग शब्दों के अंत में 'आ' के बाद 'एँ' लगाकर

एकवचन	**बहुवचन**	**एकवचन**	**बहुवचन**
छात्रा	छात्राएँ	माला	मालाएँ
घटना	घटनाएँ	कविता	कविताएँ
कन्या	कन्याएँ	पाठशाला	पाठशालाएँ

आकारांत पुल्लिंग शब्दों के अंत में 'आ' के स्थान पर 'ए' लगाकर

एकवचन	**बहुवचन**	**एकवचन**	**बहुवचन**
बेटा	बेटे	तोता	तोते
पंखा	पंखे	भेड़िया	भेड़िए
लड़का	लड़के	लोटा	लोटे
केला	केले	संतरा	संतरे
किस्सा	किस्से	बकरा	बकरे

इकारांत स्त्रीलिंग शब्दों के अंत में 'याँ' लगाकर

एकवचन	**बहुवचन**	**एकवचन**	**बहुवचन**
लिपि	लिपियाँ	जाति	जातियाँ
राशि	राशियाँ	विधि	विधियाँ
पंक्ति	पंक्तियाँ	तिथि	तिथियाँ

ईकारांत स्त्रीलिंग शब्दों के अंत में अंतिम 'ई' को 'इ' करके तथा 'याँ' लगाकर

एकवचन	**बहुवचन**	**एकवचन**	**बहुवचन**
गाड़ी	गाड़ियाँ	थाली	थालियाँ
लड़की	लड़कियाँ	देवी	देवियाँ

कुछ आकारांत स्त्रीलिंग शब्दों के अंतिम वर्ण पर अनुनासिक (ँ) लगाने से

एकवचन	**बहुवचन**	**एकवचन**	**बहुवचन**
गुड़िया	गुड़ियाँ	खटिया	खटियाँ
कुटिया	कुटियाँ	झोंपड़ी	झोंपड़ियाँ
चिड़िया	चिड़ियाँ	पुड़िया	पुड़ियाँ

उकारांत/ऊकारांत स्त्रीलिंग शब्दों के अंत में 'एँ' लगाने पर अंतिम 'ऊ' को 'उ' करके

एकवचन	**बहुवचन**	**एकवचन**	**बहुवचन**
बहू	बहुएँ	धेनू	धेनुएँ
ऋतु	ऋतुएँ	वस्तु	वस्तुएँ

कुछ शब्दों का एकवचन और बहुवचन रूप नहीं बदलता

एकवचन	**बहुवचन**	**एकवचन**	**बहुवचन**
नाना	नाना	चाचा	चाचा
गुरु	गुरु	दादा	दादा
कवि	कवि	ताऊ	ताऊ

कुछ शब्दों के अंत में 'जन', 'गण', लोग, वृंद जोड़कर बहुवचन बनाना

एकवचन	**बहुवचन**	**एकवचन**	**बहुवचन**
पाठक	पाठकगण	पक्षी	पक्षीवृंद
प्रजा	प्रजाजन	मजदूर	मजदूर लोग

परसर्ग सहित संज्ञाओं में 'अ' तथा 'आ' के स्थान पर 'ओं' जोड़कर

एकवचन	**बहुवचन**	**एकवचन**	**बहुवचन**
नौकर	नौकरों ने	माला	मालाओं ने
लता	लताओं ने	गरीब	गरीबों ने

8.3 कारक का अर्थ एवं परिभाषा

कारक का शाब्दिक अर्थ है—क्रिया को करने वाला। प्रत्येक वाक्य में प्रयुक्त संज्ञा और सर्वनाम पदों का क्रिया के साथ संबंध होता है।

संज्ञा तथा सर्वनाम के जिस रूप से उसका संबंध क्रिया के साथ जाना जाता है, उसे **कारक** या **परसर्ग** कहते हैं।

उदाहरण (i) वीरेश ने कहानी सुनाई। (ii) यह फल मंदिरा को दे दो।

कारक के भेद

कारक के आठ भेद होते हैं

	कारक	परसर्ग/विभक्ति चिह्न
1.	कर्ता	ने
2.	कर्म	को
3.	करण	से/के द्वारा
4.	संप्रदान	को/के लिए
5.	अपादान	से (अलग होना)
6.	संबंध	का, के, की, रा, रे, री
7.	अधिकरण	में/पर
8.	संबोधन	हे, अरे

कर्ता कारक (ने)

वाक्य में क्रिया को करने वाला कर्ता कारक कहलाता है। वाक्य में कर्ता संज्ञा पद अथवा सर्वनाम पद होता है। कर्ता कारक की विभक्ति 'ने' है।

कभी-कभी कर्ता कारक के साथ परसर्ग का प्रयोग नहीं होता। ऐसे में 'कौन' और 'किससे' लगाकर प्रश्न करने पर मिलने वाला उत्तर 'कर्ता' होता है। 'ने' विभक्ति चिह्न का प्रयोग एककर्मक क्रियाओं के साथ भूतकाल में ही किया जाता है।

उदाहरण (i) राधिका ने गाना गाया। (ii) राधिका अब पढ़ेगी।

कर्म कारक (को)

वाक्य की क्रिया का प्रभाव जिस संज्ञा पर पड़ता है, उसे कर्म कारक कहते हैं। कर्म कारक की विभक्ति 'को' है। सामान्यतया कर्म के साथ परसर्ग नहीं लगता, विशेष परिस्थितियों में इसका प्रयोग होता है।

कर्म की पहचान के लिए क्रिया के साथ 'क्या' और 'किसको' प्रश्न करने पर जो उत्तर मिलता है, वह क्रिया का कर्म होता है।

उदाहरण (i) मनोज चंद्रयान-3 की खबरों को पढ़ रहा है।
(ii) मनीष ने मनोज को आदित्य एल-1 के बारे में बताया।

करण कारक (से/के द्वारा)

करण का अर्थ साधन है अर्थात् जिस साधन द्वारा क्रिया की जाती है, उसे करण कारक कहते हैं। करण कारक की विभक्ति 'से' तथा 'के द्वारा' हैं। परसर्ग न लगा होने के कारण क्रिया के साथ 'किससे', 'किसके साथ', 'किसके द्वारा' लगाकर प्रश्न करने पर जो उत्तर आता है, वह करण कारक होता है।

उदाहरण (i) मैं साइकिल से बाजार गया।
(ii) आजकल ई-मेल के द्वारा भी समाचार भेजे जाते हैं।

संप्रदान कारक (के लिए, को)

वाक्य का कर्ता जिसके लिए कुछ कार्य करता है या जिसे कुछ देता है, उसे संप्रदान कारक कहते हैं। संप्रदान कारक की विभक्ति 'के लिए' तथा 'को' हैं। संप्रदान कारक में हमेशा दान का भाव अर्थात् जिसको कुछ दिया जाए का भाव होता है।

उदाहरण (i) गरिमा ने महिमा के लिए उपहार खरीदा।
(ii) गरीबों को वस्त्र दे दो।

अपादान कारक (से) **अलग होना**

वाक्य में संज्ञा या सर्वनाम के जिस रूप से पृथक् (अलग) होने या तुलना करने का भाव प्रकट होता है, उसे अपादान कारक कहते हैं। अपादान कारक की विभक्ति 'से' होती है।

उदाहरण (i) नल से पानी टपक रहा है।
(ii) गंगा हिमालय से निकलती है।

विशेष इसके अतिरिक्त जिन शब्दों में घृणा, तुलना, भय, शर्माने आदि का भाव हो, वहाँ भी अपादान कारक होता है।

उदाहरण (i) मैं गंदगी से घृणा करता हूँ। (घृणा का भाव)
(ii) स्मृति अंकिता से बड़ी है। (तुलना का भाव)

संबंध कारक (का, के, की, रा, रे, री)

संज्ञा या सर्वनाम शब्द के जिस रूप से उसका वाक्य में आए अन्य संज्ञा या सर्वनाम शब्दों से संबंध ज्ञात हो, उसे संबंध कारक कहते हैं। इसकी विभक्ति 'का, के, की, रा, रे, री' आदि होती हैं।

उदाहरण (i) सिद्धार्थ का कॉलेज पास ही है।
(ii) श्रेया के पिता जी अध्यापक हैं।

अधिकरण कारक (में, पर)

संज्ञा या सर्वनाम के जिस रूप से क्रिया के होने के स्थान तथा समय की जानकारी मिले, उसे अधिकरण कारक कहते हैं। अधिकरण कारक की विभक्ति 'में' और 'पर' हैं।

उदाहरण (i) कमरे में अँधेरा है।
(ii) गैस-चूल्हे पर खाना पक रहा है।

संबोधन कारक (हे, अरे)

संज्ञा या सर्वनाम के जिस रूप से बुलाने या पुकारने का बोध हो, उसे संबोधन कारक कहते हैं। इसमें संज्ञा शब्दों के बाद संबोधक चिह्न (!) लगाया जाता है।

उदाहरण (i) अरे भाई! मेरी बात तो सुनो।
(ii) हे ईश्वर! मेरा मार्गदर्शन करो।

कर्म कारक और संप्रदान कारक में अंतर

कर्म कारक तथा संप्रदान कारक दोनों में 'को' परसर्ग का प्रयोग होता है, परंतु कर्म कारक में क्रिया का फल कर्म पर पड़ता है, जबकि संप्रदान कारक में देने का भाव होता है।

उदाहरण (i) वरुण को जानवर अच्छे लगते हैं। (कर्म कारक, क्रिया का प्रभाव)
(ii) वरुण को पानी दो। (संप्रदान कारक, देने का भाव)

करण कारक और अपादान कारक में अंतर

करण कारक तथा अपादान कारक दोनों में 'से' परसर्ग का प्रयोग किया जाता है। करण कारक में 'से' साधन के रूप में प्रयोग किया जाता है, जबकि अपादान कारक में 'से' अलग होने (कम, तुलना आदि) का भाव देता है।

उदाहरण

(i) मैंने पेंसिल से चित्र बनाया। (करण कारक-साधन के अर्थ में अर्थात् यहाँ पेंसिल का प्रयोग चित्र बनाने के साधन के रूप में हुआ है।)

(ii) पतझड़ में पेड़ से पत्ते गिरते हैं। (अपादान कारक-अलग होने के अर्थ में अर्थात् पेड़ से पत्ते अलग होकर गिर रहे हैं।)

अभ्यास प्रश्न

बहुविकल्पीय व वर्णनात्मक प्रश्नों सहित

1. निम्नलिखित प्रश्नों में दिए गए विकल्पों में से सही विकल्प छाँटिए

(i) हिंदी में लिंग कितने प्रकार के होते हैं?

(क) तीन (ख) चार
(ग) दो (घ) पाँच

(ii) जिन शब्दों के अंत में 'इका' लगा होता है, वे सदैव होते हैं

(क) पुल्लिग (ख) स्त्रीलिंग
(ग) नित्यपुल्लिंग (घ) नित्यस्त्रीलिंग

(iii) 'भिखारिन' का पुल्लिंग शब्द कौन-सा है?

(क) मादा (ख) भिखारी
(ग) लोमड़ी (घ) नर

(iv) 'अध्यक्षा' शब्द किस प्रत्यय के लगने से बना है?

(क) आ (ख) इन (ग) इया (घ) आइन

(v) कवि का स्त्रीलिंग रूप होगा………।

(क) कवित्री (ख) कवियित्री (ग) कवयित्री (घ) कवियत्री

(vi) वचन की पहचान किससे होती है?

(क) संज्ञा या क्रिया शब्दों से
(ख) संज्ञा, सर्वनाम या अन्य शब्दों से
(ग) संज्ञा, सर्वनाम या क्रिया-विशेषण शब्दों से
(घ) उपरोक्त में से कोई नहीं

(vii) 'दवाई' शब्द का बहुवचन होगा

(क) दवाओं (ख) दवाइयाँ
(ग) दवाई (घ) दवाईयाँ

(viii) बड़ों को सम्मान देने हेतु उपयोग किए जाते हैं

(क) नित्य शब्द (ख) बहुवचन शब्द
(ग) आदरार्थक बहुवचन (घ) एकवचन

(ix) निम्नलिखित में से कौन-सा शब्द सदा एकवचन में प्रयुक्त होता है?

(क) सोना (ख) आँसू
(ग) प्राण (घ) हस्ताक्षर

(x) 'को' कारक चिह्न का प्रयोग किया जाता है

(क) अधिकरण में (ख) करण व अधिकरण में
(ग) संप्रदान में (घ) कर्म व संप्रदान में

(xi) 'में', 'पर' कारक चिह्न किस विकल्प से संबंधित हैं?

(क) कर्म कारक (ख) अपादान कारक
(ग) अधिकरण कारक (घ) संप्रदान कारक

(xii) 'गंगा हिमालय से निकलती है।' यहाँ रेखांकित अंश में कारक है

(क) करण कारक
(ख) अपादान कारक
(ग) संप्रदान कारक
(घ) संबंध कारक

2. रेखांकित शब्दों में लिंग बदलकर पुनः वाक्य लिखिए

(क) कवि ने कविता सुनाई। (ख) नौकरानी काम कर रही है।
(ग) लड़का फुटबॉल खेल रहा है। (घ) धोबिन कपड़े धो रही है।
(ङ) बंदर नाच रहा है। (च) वह गुणवान है।

3. निम्नलिखित शब्दों के लिंग बदलिए

(i) याचक (ii) विधुर (iii) विद्वान (iv) भीलनी
(v) रूपवान (vi) यशस्विनी (vii) बाबू (viii) बिटिया
(ix) राजा (x) नर

4. कोष्ठक में दिए गए शब्दों के सही रूप को रिक्त स्थान में भरिए

(क) ये सारी ……… दुकान पर पहुँचा दो। (दवाई)
(ख) मैदान में अब कुछ ही ………हैं। (गाय)
(ग) वसंत ऋतु छः ……… में से है। (ऋतु)
(घ) यह ……… हिमालय से निकलती है। (नदियाँ)
(ङ) उसने इस पेपर पर……… कर दिए हैं। (हस्ताक्षर)

5. निम्नलिखित कथनों में सही के आगे (✓) और गलत के आगे (✗) का चिह्न लगाइए

(क) सड़क पर लोग की भीड़ जमा थी। ( )
(ख) आज का युवा वर्ग बहुत जागरूक है। ( )
(ग) मुझे दक्षिण भारतीय खाना बनाने की विधि आती हैं। ( )
(घ) सभागार में दर्शकों के लिए कुर्सियाँ लगी हैं। ( )
(ङ) सभी बराती पगड़ी पहनकर आए थे। ( )

6. निम्नलिखित वाक्यों को वचन के आधार पर शुद्ध करके लिखिए

(i) छत पर कपड़ा सूख रहा हैं।

(ii) उसने गले में कई तरह की माला पहनी हुई हैं।

(iii) लड़का पंक्तियों में खड़ा है।

(iv) उसके कुरता में बटन नहीं है।

(v) वह रातों को देर से सोता है।

7. रेखांकित शब्दों के वचन बदलकर लिखिए

(i) बच्चे खेल रहे हैं।

(ii) सड़क पर गाड़ी चल रही हैं।

(iii) मेजों पर समान रखा है।

(iv) पिताजी अपने बेटा के साथ मेला देखने गए।

(v) लड़कियाँ नृत्य कर रही है।

8. मिलान कीजिए

(i) मीना को पुस्तकें चाहिए।	(क) करण करक
(ii) समुद्र की लहरें उठती हैं।	(ख) कर्म कारक
(iii) आज पेड़ से पत्ते गिर रहे हैं।	(ग) कर्ता कारक
(iv) राजा ने मुद्रा दी।	(घ) अपादान कारक
(v) हे भगवान! कहाँ हैं आप?	(ङ) संबोधन कारक
(vi) मैंने पेंसिल से चित्र बनाया।	(च) संबंध कारक

9. रेखांकित शब्दों में कारक की पहचान कीजिए

(क) पेड़ पर चिड़िया बैठी है। ....

(ख) मैंने भिखारी को पैसे दिए। ....

(ग) बालक विद्यालय से आते हैं। ....

(घ) वह गेंद से खेल रही है। ....

(ङ) श्याम का भाई अति बुद्धिमान है। ....

10. उचित परसर्ग द्वारा वाक्य पूरा कीजिए

(से, के लिए, ने, से, पर, को)

(क) कुसुम .... कुएँ .... पानी निकाला।

(ख) पिता जी प्रतिदिन बस .... दफ्तर जाते हैं।

(ग) मेरी बहन उच्च शिक्षा .... ऑस्ट्रेलिया जा रही है।

(घ) साइना नेहवाल .... राजीव गाँधी खेल रत्न पुरस्कार मिला।

(ङ) उसके गाल .... एक तिल है।

11. निम्नलिखित वाक्यों में सही कारक चिह्न का प्रयोग करके वाक्य को शुद्ध कीजिए

(क) राधा और मोहन में नाम लिखिए।

(ख) सुप्रिया बस के लिए बिहार गई है।

(ग) मेरा बैग स्टेशन में छूट गया।

(घ) जयंत शाम ने चंद्रयान मिशन-3 की लैंडिंग देखने जाएगा।

12. निम्नलिखित प्रश्नों के संक्षिप्त उत्तर दीजिए

(i) लिंग की परिभाषा बताते हुए इसके प्रकारों के नाम लिखें।

(ii) पुल्लिंग से स्त्रीलिंग बनाने के लिए प्रयुक्त होने वाले पाँच प्रत्यय और उनसे बने शब्द बताइए।

(iii) वचन किसे कहते हैं? वचन के कितने भेद होते हैं?

(iv) सदा बहुवचन में रहने वाले पाँच शब्द लिखिए।

(v) कारक से आप क्या समझते हैं? कारक के भेद उनकी विभक्ति सहित लिखिए।

(vi) कर्म कारक तथा संप्रदान कारक में क्या अंतर है?

(vii) संबंध कारक की परिभाषा देते हुए उसके उदाहरण भी लिखिए।

उत्तरमाला

1. (i) (ग) (ii) (ख) (iii) (ख) (iv) (क) (v) (ग) (vi) (क) (vii) (ख) (viii) (ग) (ix) (क) (x) (घ) (xi) (ग) (xii) (ख)

2. (क) कवयित्री ने कविता सुनाई।
(ख) नौकर काम कर रहा है। (ग) लड़की फुटबॉल खेल रही है।
(घ) धोबी कपड़े धो रहा है। (ङ) बंदरिया नाच रही है।
(च) वह गुणवती है।

3. (i) याचिका (ii) विधवा (iii) विदुषी (iv) भील (v) रूपवती (vi) यशस्वी (vii) बबुआइन (viii) बेटा (ix) रानी (x) नारी/मादा

4. (क) दवाइयाँ (ख) गायें (ग) ऋतुओं (घ) नदी (ङ) हस्ताक्षर

5. (क) ✗ (ख) ✓ (ग) ✗ (घ) ✓ (ङ) ✗

6. (i) छत पर कपड़े सूख रहे हैं।
(ii) उसने गले में कई तरह की मालाएँ पहनी हुई हैं।
(iii) लड़का पंक्ति में खड़ा है।
(iv) उसके कुरते में बटन नहीं हैं।
(v) वह रात को देर से सोता है।

7. (i) बच्चा (ii) गाड़ियाँ (iii) मेज (iv) बेटे (v) लड़की

8. (i) (ख) (ii) (च) (iii) (घ) (iv) (ग) (v) (ङ) (vi) (क)

9. (क) अधिकरण कारक (ख) संप्रदान कारक (ग) अपादान कारक (घ) करण कारक (ङ) संबंध कारक

10. (क) ने, से (ख) से (ग) के लिए (घ) को (ङ) पर

11. (क) राधा और मोहन का नाम लिखिए।
(ख) सुप्रिया बिहार बस से गई है।
(ग) मेरा बैग स्टेशन पर छूट गया।
(घ) जयंत शाम को चंद्रयान मिशन-3 की लैंडिंग देखने जाएगा।

अध्याय 9

सर्वनाम

9.1 सर्वनाम की परिभाषा

संज्ञा के स्थान पर जिन शब्दों का प्रयोग होता है, उन्हें **सर्वनाम** कहते हैं; जैसे—मैं, हम, तुम, आप, यह, वह, ये, वे, कोई, कुछ आदि।

सर्वनाम के भेद

सर्वनाम के छ: भेद होते हैं

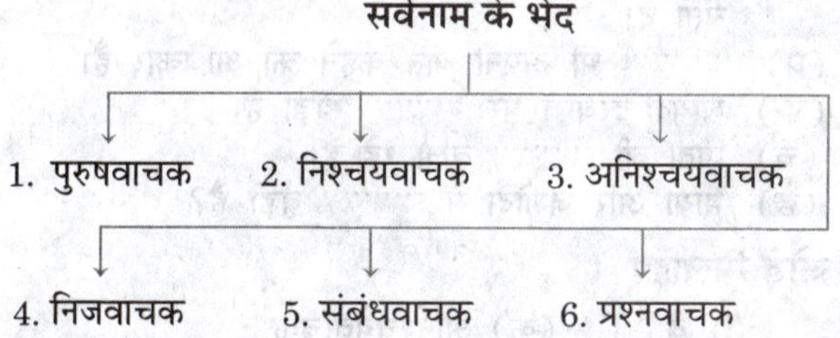

1. पुरुषवाचक सर्वनाम

जिन सर्वनाम शब्दों का प्रयोग वक्ता अपने लिए, श्रोता के लिए तथा किसी अन्य के लिए करता है, उन्हें पुरुषवाचक सर्वनाम कहते हैं; जैसे— मैं, तुम, वह, यह आदि।

पुरुषवाचक सर्वनाम तीन प्रकार के होते हैं

(i) **उत्तम पुरुषवाचक सर्वनाम** जिन सर्वनाम शब्दों का प्रयोग वक्ता अपने लिए करता है, उन्हें उत्तम पुरुषवाचक सर्वनाम कहते हैं; जैसे—मैं, हम, मेरा, हमारा, हमें आदि।

उदाहरण • मैं कल विद्यालय नहीं जाऊँगा। (एकवचन)
• हम G-20 पर भाषण सुन रहे थे। (बहुवचन)

(ii) **मध्यम पुरुषवाचक सर्वनाम** जिन सर्वनाम शब्दों का प्रयोग वक्ता श्रोता के लिए करता है, उन्हें मध्यम पुरुषवाचक सर्वनाम कहते हैं; जैसे—तुम, आप आदि।

उदाहरण • तुम वन-संरक्षण का मतलब जानते हो?
• आप कल कहाँ गए थे?

(iii) **अन्य पुरुषवाचक सर्वनाम** जिन सर्वनाम शब्दों का प्रयोग वक्ता किसी अन्य व्यक्ति के लिए करता है, उन्हें अन्य पुरुषवाचक सर्वनाम कहते हैं; जैसे—वह, वे, यह, ये आदि।

उदाहरण • वह कहाँ चला गया? • वे मेरे चाचा हैं।

2. निश्चयवाचक सर्वनाम

जो सर्वनाम शब्द किसी निश्चित वस्तु या व्यक्ति की ओर संकेत करते हैं, उन्हें निश्चयवाचक सर्वनाम कहते हैं; जैसे—यह, ये, वह, वे आदि।

उदाहरण (i) वह नया घर मेरा है। (ii) ये मेरी पुस्तकें हैं।

3. अनिश्चयवाचक सर्वनाम

जो सर्वनाम शब्द किसी निश्चित वस्तु, व्यक्ति तथा स्थान का बोध न कराए, उसे अनिश्चयवाचक सर्वनाम कहते हैं; जैसे— कोई, कुछ, कहीं, किसी आदि।

उदाहरण (i) कोई बाहर खड़ा है। (ii) मुझे कुछ खाना है।

4. निजवाचक सर्वनाम

जिन सर्वनाम शब्दों का प्रयोग कर्ता स्वयं के लिए करता है, उन्हें निजवाचक सर्वनाम कहते हैं; जैसे— स्वयं, खुद, अपने-आप आदि।

उदाहरण (i) हमें अपने काम स्वयं करने चाहिए।
(ii) इस सवाल का हल अपने-आप निकालो।

5. संबंधवाचक सर्वनाम

जिन सर्वनाम शब्दों द्वारा वाक्य में प्रयुक्त अन्य सर्वनाम शब्दों से संबंध दर्शाया जाता है, उन्हें संबंधवाचक सर्वनाम कहते हैं; जैसे— जैसा ...... वैसा, जो ····· वो, जो ····· सो संबंध आदि।

उदाहरण (i) जैसा करोगे, वैसा भरोगे।
(ii) जो मेहनत करेगा, वो सफल होगा

6. प्रश्नवाचक सर्वनाम

जिन सर्वनाम शब्दों का प्रयोग प्रश्न पूछने के लिए किया जाता है, उन्हें प्रश्नवाचक सर्बनाम कहते हैं; जैसे— क्या, कौन, कहाँ आदि

उदाहरण (i) आप क्या पढ़ रहे हैं? (ii) आप कहाँ जाएँगे?

महत्त्वपूर्ण तथ्य

- सर्वनाम का प्रयोग स्त्रीलिंग तथा पुल्लिंग में समान होता है।
- आदरसूचक **आप का प्रयोग बहुवचन** में होता है।
- शिष्टाचार की दृष्टि से 'तू' के स्थान पर 'तुम' का प्रयोग किया जाता है।
- मुझे, मुझको, तुम्हें, तुमको आदि शुद्ध रूप हैं, जबकि मेरे को, तेरे को, तुम्हारे को आदि अशुद्ध रूप हैं।
- 'मैं' के स्थान पर कभी-कभी 'हम' का भी प्रयोग किया जाता है।

अभ्यास प्रश्न

बहुविकल्पीय व वर्णनात्मक प्रश्नों सहित

1. निम्नलिखित प्रश्नों में दिए गए विकल्पों में से सही विकल्प छाँटिए

(i) सर्वनाम के कितने भेद होते हैं?

(क) पाँच (ख) चार
(ग) छ: (घ) आठ

(ii) निम्न में से आदरसूचक सर्वनाम है

(क) कौन (ख) जो
(ग) तुम (घ) आप

(iii) पुरुषवाचक सर्वनाम के भेद से संबंधित नहीं है

(क) उत्तम पुरुषवाचक (ख) उप पुरुषवाचक
(ग) मध्यम पुरुषवाचक (घ) अन्य पुरुषवाचक

(iv) निम्न में से 'यह, वह और वे' शब्द किससे संबंध रखते हैं?

(क) निजवाचक सर्वनाम (ख) अनिश्चयवाचक सर्वनाम
(ग) निश्चयवाचक सर्वनाम (घ) पुरुषवाचक सर्वनाम

(v) 'आरव क्या पढ़ रहा है?' सर्वनाम के किस भेद का उदाहरण है?

(क) निजवाचक सर्वनाम (ख) संबंधवाचक सर्वनाम
(ग) प्रश्नवाचक सर्वनाम (घ) पुरुषवाचक सर्वनाम

(vi) पुरुषवाचक सर्वनाम में 'उसे' शब्द का बहुवचन रूप कौन-सा है?

(क) वह (ख) हम
(ग) उन्हें (घ) उनसे

(vii) निश्चयवाचक सर्वनाम का उदाहरण कौन-सा है?

(क) तू (ख) मेरा
(ग) तुझे (घ) वह

(viii) 'तुम्हारा' का एकवचन रूप कौन-सा है?

(क) वह (ख) तेरा
(ग) यह (घ) इसे

(ix) उत्तम पुरुष व मध्यम पुरुष किस सर्वनाम के भेद हैं?

(क) प्रश्नवाचक सर्वनाम
(ख) निजवाचक सर्वनाम
(ग) पुरुषवाचक सर्वनाम
(घ) संबंधवाचक सर्वनाम

(x) निम्न वाक्यों के शुद्ध सर्वनाम रूप को चिह्नित कीजिए।

(क) यह रमेश का घर है। - निश्चयवाचक सर्वनाम
(ख) स्कूल के बाहर कौन खड़ा है?- संबंधवाचक सर्वनाम
(ग) मैं अपना काम कुछ कर लूँगा। -पुरुषवाचक सर्वनाम
(घ) आप स्वयं कल जाएँ। -प्रश्नवाचक सर्वनाम

2. निम्नलिखित वाक्यों के सामने (✓) या (×) का चिह्न लगाइए

(क) पुरुषवाचक सर्वनाम के दो भेद होते हैं। ( )
(ख) बाहर कोई खड़ा है। रेखांकित अंश अनिश्चयवाचक सर्वनाम है। ( )
(ग) वक्ता जिस सर्वनाम का प्रयोग सुनने वाले के लिए करता है, उसे उत्तम पुरुषवाचक सर्वनाम कहते हैं। ( )
(घ) तू, तुम, आप मध्यम पुरुषवाचक सर्वनाम हैं। ( )
(ङ) 'कोई', 'कुछ' अन्य पुरुषवाचक सर्वनाम हैं। ( )

3. रिक्त स्थान भरिए

(कौन, स्वयं, उन्हें, तुम्हें, कहाँ, मैं, स्वयं, कुछ, कोई, जिसने)

(क) रेखा ने ……… कहा, पर ……… सुन न सकी।
(ख) यह ट्रेन ……… तक जाती है?
(ग) ……… खिड़की का शीशा तोड़ा है, वह ……… बता दे।
(घ) ……… भी अपनी बात कहने का अधिकार है।
(ङ) शायद दरवाज़े पर ……… खड़ा है।
(च) पिता जी ……… बुला रहे हैं।
(छ) माया और जशोदा में ……… बड़ी है?

4. जोड़े मिलाइए

(i) वे	(क) अनिश्चयवाचक
(ii) मैंने	(ख) अन्य पुरुष
(iii) तू	(ग) उत्तम पुरुष
(iv) स्वयं	(घ) मध्यम पुरुष
(v) कुछ	(ङ) निजवाचक

5. निम्नलिखित शब्दों में सर्वनाम का कौन-सा रूप सही नहीं है? उसकी पहचान कीजिए

(क) मैं	मुझे	मुझको	मेरे को
(ख) वह	उनने	उन्हें	उसे
(ग) कोई	किसी	कोई से	किन्हीं
(घ) तू	तेरे को	तुझे	तूने
(ङ) यह	इसे	इनने	इन्हें

6. निम्नलिखित वाक्यों में से सर्वनाम छाँटिए और उनके भेद लिखिए

	सर्वनाम	भेद
(क) शायद बाहर कुछ रखा है।	………	………
(ख) मैं अपनी किताब लेने जा रहा हूँ।	………	………
(ग) तुम बहुत अच्छा खाना बनाते हो।	………	………
(घ) जिसको मोहन ने बुलाया था, वह आया है।	………	………
(ङ) अमन के घर सोमवार को कौन आया था?	………	………

7. निम्नलिखित सर्वनाम शब्दों का वाक्य में प्रयोग कीजिए

(क) वह (ख) आप

(ग) जो (घ) इन्होंने

(ङ) किसी (च) किसने

8. 'आप' शब्द का प्रयोग कर मध्यम पुरुषवाचक एवं निजवाचक सर्वनाम के दो-दो वाक्य बनाइए।

9. निम्नलिखित प्रश्नों के संक्षिप्त उत्तर दीजिए

(i) सर्वनाम से क्या अभिप्राय है?

(ii) सर्वनाम के भेद बताइए।

(iii) पुरुषवाचक सर्वनाम के भेदों के नाम लिखिए।

(iv) पुरुषवाचक सर्वनाम के मध्यम पुरुष 'तू' के बहुवचन रूप लिखिए।

(v) निजवाचक सर्वनाम की परिभाषा एवं उदाहरण लिखिए।

(vi) अनिश्चयवाचक सर्वनाम किसे कहते हैं? उदाहरण सहित लिखिए

उत्तरमाला

1. (i) (ग) (ii) (घ) (iii) (ख) (iv) (ग) (v) (ग) (vi) (ग) (vii) (घ) (viii) (ख) (ix) (ग) (x) (क)

2. (क) ✗ (ख) ✓ (ग) ✗ (घ) ✓ (ङ) ✗

3. (क) कुछ, मैं (ख) कहाँ (ग) जिसने, स्वयं (घ) उन्हें (ङ) कोई (च) तुम्हें (छ) कौन

4. (i) (ख) (ii) (ग) (iii) (घ) (iv) (ङ) (v) (क)

5. (क) मेरे को (ख) उनने (ग) कोई से (घ) तेरे को (ङ) इनने

6. (क) कुछ–अनिश्चयवाचक सर्वनाम

(ख) मैं–उत्तम सर्वनाम पुरुषवाचक सर्वनाम, अपनी–निजवाचक सर्वनाम

(ग) तुम–मध्यम पुरुषवाचक सर्वनाम

(घ) जिसको, ... वह– संबंधवाचक सर्वनाम

(ङ) कौन–प्रश्नवाचक सर्वनाम

7. (क) वह कल कहीं गया था।

(ख) आप मेरे साथ चलिए।

(ग) जो आर्टिफिशियल इंटेलिजेंस (ए आई) के बारे में जानता है, वह हाथ खड़ा करे।

(घ) इन्होंने कल नया मोबाइल फोन लिया है।

(ङ) किसी ने दरवाज़ा खटखटाया है।

(च) क्रिकेट विश्व कप 2023 किसने जीता है?

8. **मध्यम पुरुषवाचक सर्वनाम**

(i) आप गाँव से कब आए?

(ii) आप आगे आ जाएँ।

निजवाचक सर्वनाम

(i) यह काम अपने-आप कर लेना।

(ii) यह समस्या मैं आप ही हल कर लूँगा।

विशेषण

अध्याय 10

10.1 विशेषण की परिभाषा

जो शब्द संज्ञा या सर्वनाम की विशेषता या गुण बताते हैं, उन्हें **विशेषण** कहते हैं; जैसे—ठंडा, दस, कुछ, गंभीर, विद्वान्, भारतीय आदि।

विशेषण द्वारा जिस शब्द की विशेषता बताई जाती है, उसे **विशेष्य** कहते हैं; जैसे—चालीस चोर, ऊँची इमारत, लाल फूल, कच्चे फल आदि। उपर्युक्त उदाहरणों में 'चालीस', 'ऊँची', 'लाल' तथा 'कच्चे' शब्द विशेषण हैं, जो क्रमश: चोर, इमारत, फूल तथा फल संज्ञा शब्दों की विशेषता बता रहे हैं। अत: इन वाक्यों में चोर, इमारत, फूल और फल विशेष्य हैं।

विशेषण के भेद

विशेषण के चार भेद होते हैं

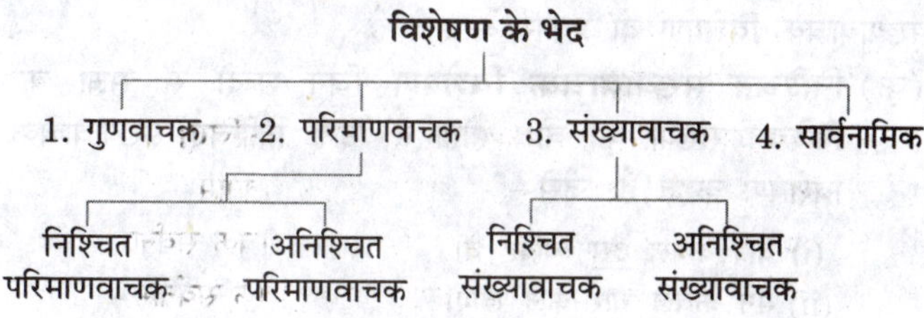

1. गुणवाचक विशेषण

जो शब्द संज्ञा या सर्वनाम के गुण, दोष, दशा, रंग, स्थान, आकार आदि का बोध कराते हैं, वे गुणवाचक विशेषण कहलाते हैं; जैसे— मीठा, कठोर, उपयोगी, अच्छा, बुरा, पतला, मोटा, नीला, छोटा, नुकीला आदि।

गुण, दोष, रंग, आकार आदि का बोध कराने वाले कुछ विशेषण निम्नलिखित हैं

- **गुण** परिश्रमी, सरल, योग्य, उदार, अच्छा, वीर, सुंदर स्वस्थ आदि।
- **दोष** अभिमानी, बेईमान, निर्दयी, कठोर, रोगी, कायर आदि।
- **रंग** लाल, नीला, पीला, हरा, गुलाबी, काला आदि।
- **आकार** चपटा, गोल, टेढ़ा, सीधा, चौकोर, लंबा, चौड़ा आदि।
- **स्थान** देशी, विदेशी, पहाड़ी, मैदानी, ऊँचा, नीचा, बाहरी आदि।
- **काल** आधुनिक, प्राचीन, नवीन, पुराना, नया आदि।
- **दिशा** उत्तरी, दक्षिणी, पश्चिमी आदि।
- **स्वाद** नमकीन, चटपटा, खट्टा, मीठा, कड़वा आदि।
- **गंध** सुगंधित, दुर्गंधपूर्ण, सुवासित आदि।
- **स्पर्श** कठोर, चिकना, मुलायम, कोमल, खुरदरा आदि।
- **दशा** पतला, सूखा, कमजोर, स्वस्थ, दुबला, बलवान, निर्बल आदि।
- **ध्वनि** मधुर, कर्कश, मंद, तीव्र आदि।

2. परिमाणवाचक विशेषण

जो शब्द संज्ञा या सर्वनाम की परिमाण (माप-तौल) संबंधी विशेषता का बोध कराते हैं, वे परिमाणवाचक विशेषण कहलाते हैं; जैसे—तीन मीटर कपड़ा, चार किलो आम, दो लीटर तेल, सारा दूध, थोड़ा पानी आदि।

परिमाणवाचक विशेषण दो प्रकार के होते हैं

(क) **निश्चित परिमाणवाचक विशेषण** जिन शब्दों से वस्तुओं या पदार्थों की निश्चित मात्रा का बोध होता है, उन्हें निश्चित परिमाणवाचक विशेषण कहते हैं; जैसे—

(i) बाजार से दो किलो आलू ले आना।
(ii) दर्जी ने मुझसे चार मीटर कपड़ा मँगवाया है।

(ख) **अनिश्चित परिमाणवाचक विशेषण** जिन शब्दों से वस्तुओं या पदार्थों की निश्चित मात्रा का बोध नहीं होता है, उन्हें अनिश्चित परिमाणवाचक विशेषण कहते हैं; जैसे—

(i) मुझे कुछ टमाटर दे दीजिए।
(ii) शायद वहाँ थोड़ा पानी गिर गया।

3. संख्यावाचक विशेषण

जो शब्द संज्ञा की संख्या संबंधी विशेषता का बोध कराते हैं, वे संख्यावाचक विशेषण कहलाते हैं; जैसे— एक, दस, पहला, चौथा, आधा, चौगुना आदि।

संख्यावाचक विशेषण दो प्रकार के होते हैं

(क) **निश्चित संख्यावाचक विशेषण** जिन शब्दों से संज्ञा की निश्चित संख्या का बोध होता है, उन्हें निश्चित संख्यावाचक विशेषण कहते हैं; जैसे—

(i) वहाँ केवल दस व्यक्ति थे।
(ii) मैंने केवल चार केले खाए।

(ख) **अनिश्चित संख्यावाचक विशेषण** जिन शब्दों से संज्ञा की अनिश्चित संख्या का बोध होता है, उन्हें अनिश्चित संख्यावाचक विशेषण कहते हैं; जैसे—

(i) मुझे जंगल में कुछ लोग ही दिखे।
(ii) कई लड़कियाँ हॉस्टल में रहने लगी हैं।

4. सार्वनामिक विशेषण

जो सर्वनाम शब्द संज्ञा शब्दों की विशेषता बताते हैं, उन्हें सार्वनामिक विशेषण कहते हैं। जब सर्वनाम शब्द संज्ञा के स्थान पर अकेले आते हैं, तब सर्वनाम होते हैं और जब ये संज्ञा शब्द के ठीक पहले आते हैं, तब ये सार्वनामिक विशेषण होते हैं। इन्हें **संकेतवाचक विशेषण** भी कहते हैं; जैसे—

(i) वह घड़ी किसकी है?
(ii) यह स्त्री क्या कर रही है?

सार्वनामिक विशेषण चार प्रकार के होते हैं

(i) **निश्चयवाचक** वह लड़की, यह पुस्तक, वे लोग
(ii) **प्रश्नवाचक** कौन छात्र? क्या बात? किसका लड़का?
(iii) **अनिश्चयवाचक** कोई आदमी, कुछ बात, कुछ उपाय
(iv) **संबंधवाचक** जो लड़का, जो छात्र

प्रविशेषण

जो शब्द विशेषण शब्दों की भी विशेषता बताते हैं, उन्हें प्रविशेषण कहते हैं। प्रविशेषण सामान्यतः विशेषण के गुणों में वृद्धि करते हैं। प्रमुख प्रविशेषण हैं—अति, बड़ा, बहुत, अत्यंत, घोर, बेहद, महा आदि।

(i) आरती बड़ी चतुर है।
(ii) बहुत छोटा घर मुझे नहीं चाहिए।
(iii) यह समस्या अत्यंत कठिन है।

इन वाक्यों में 'बड़ी', 'बहुत' और 'अत्यंत' प्रविशेषण हैं, क्योंकि ये क्रमशः चतुर, छोटा और कठिन विशेषणों की विशेषता बता रहे हैं।

विशेषणों की रचना

हिंदी में कुछ शब्द अपने मूल रूप में ही होते हैं; जैसे—चतुर, सुंदर, पतला, मोटा, प्रिय, महान, निपुण आदि, लेकिन कुछ विशेषणों की रचना अन्य शब्दों (संज्ञा, सर्वनाम, क्रिया व अव्यय) के साथ उपसर्ग या प्रत्यय लगाने से होती है; जैसे—

1. **संज्ञा से** वर्ष-वार्षिक, शहर-शहरी, धर्म-धार्मिक, हृदय-हार्दिक
2. **सर्वनाम से** मैं-मुझसा, हम-हमसा, आप-आपसी
3. **क्रिया से** पढ़ना-पढ़ाकू, लड़ना-लड़ाकू, बनना-बनावटी, दिखाना-दिखावटी
4. **अव्यय से** भीतर-भीतरी, आगे-अगला, पीछे-पिछला, सतह-सतही।

अन्य शब्दों से व्युत्पत्ति के कारण इन्हें व्युत्पन्न विशेषण कहा जाता है।

अभ्यास प्रश्न

बहुविकल्पीय व वर्णनात्मक प्रश्नों सहित

1. निम्नलिखित प्रश्नों में दिए गए विकल्पों में से सही विकल्प छाँटिए

(i) विशेषण कहते हैं ....।

(क) व्यक्ति, वस्तु आदि का नाम

(ख) नाम की जगह प्रयुक्त शब्द

(ग) जिस शब्द से संज्ञा तथा सर्वनाम की विशेषता बताई जाए

(घ) जिसकी विशेषता बताई जाए

(ii) जिस शब्द की विशेषता बताई जाती है, उसे .... कहते हैं।

(क) विशेषण (ख) प्रविशेषण

(ग) विशेष्य (घ) इनमें से कोई नहीं

(iii) 'हिमालय पर्वत बहुत ऊँचा है।' यहाँ रेखांकित अंश है

(क) विशेष्य (ख) प्रविशेषण

(ग) विशेषण (घ) उत्तमावस्था

(iv) 'भूखे व्यक्ति को खाना खिलाओ' में विशेष्य शब्द है

(क) भूखे (ख) व्यक्ति को (ग) खिलाओ (घ) खाना

(v) विशेषण शब्दों का निर्माण कितने प्रकार के शब्दों से होता है?

(क) तीन (ख) दो (ग) पाँच (घ) चार

(vi) 'कल मीनाक्षी ने काली बिल्ली को देखा।' वाक्य में रेखांकित शब्द है

(क) गुणवाचक विशेषण (ख) संख्यावाचक विशेषण

(ग) सार्वनामिक विशेषण (घ) परिमाणवाचक विशेषण

(vii) 'आज मैंने एक किलो अंगूर खरीदे।' वाक्य में रेखांकित शब्द है

(क) संख्यावाचक विशेषण (ख) गुणवाचक विशेषण

(ग) परिमाणवाचक विशेषण (घ) सार्वनामिक विशेषण

(viii) 'संस्कृति' शब्द का विशेषण रूप है

(क) सांस्कृतिक (ख) संस्क्रतिय

(ग) समस्कृति (घ) संस्कृतित

(ix) विशेषण में मूलावस्था में क्या बताया जाता है?

(क) विशेषण का सामान्य रूप

(ख) किसी भी वाक्य को विशेषण में परिवर्तित करना

(ग) अनेक में से किसी एक के गुणों की तुलना

(घ) दो वस्तुओं के गुण-दोषों की तुलना

(x) जो विशेषण शब्द किसी संज्ञा या सर्वनाम की माप-तौल का बोध कराते हैं, वे कहलाते हैं

(क) परिमाणवाचक विशेषण (ख) गुणवाचक विशेषण

(ग) संख्यावाचक विशेषण (घ) सार्वनामिक विशेषण

2. कोष्ठक में दिए गए शब्दों के विशेषण बनाकर निम्नलिखित वाक्यों के रिक्त स्थानों में भरिए

(क) मेरी माँ बहुत .... है। (दया)

(ख) सिंधु घाटी सभ्यता .... सभ्यता थी। (नगर)

(ग) रोहन, राहुल से बहुत .... है। (शक्ति)

(घ) मैं .... कक्षा में पढ़ती हूँ। (आठ)

3. निम्नलिखित वाक्यों में सही (✓) या गलत (✗) का चिह्न लगाइए

(क) क्रोध का विशेषण है — क्रोधी ( )

(ख) ग्राम का विशेषण है — ग्रामवासी ( )

(ग) परिवार का विशेषण है — पारिवारिक ( )

(घ) समाज का विशेषण है — सामाजिक ( )

(ङ) प्रकाश का विशेषण है — प्रकाशमान ( )

4. निम्नलिखित वाक्यों में रेखांकित किए गए विशेषणों के भेद लिखिए

(क) मार्ग पथरीला है।

(ख) वह पुस्तक धार्मिक है।

(ग) मेरी कक्षा में चालीस बच्चे हैं।

(घ) दुकानदार के पास थोड़े फल हैं।

(ङ) लंबा लड़का खेल रहा है।

5. निम्नलिखित शब्दों से विशेषण बनाइए

(क) राष्ट्र .... (ख) यह .... (ग) स्थान ....

(घ) पीड़ा .... (ङ) ऊपर .... (च) भूल ....

(छ) लय .... (ज) पाठ .... (झ) यज्ञ ....

(ञ) सुरभि .... (ट) भूगोल ....

6. निम्नलिखित शब्दों में सही विशेषण व विशेष्य का मिलान कीजिए

	विशेषण	विशेष्य
(i)	गहरा	(क) दूध
(ii)	आकर्षक	(ख) फूल
(iii)	थोड़ा-सा	(ग) कुआँ
(iv)	लाल	(घ) महिला
(v)	मेहनती	(ङ) अध्यापक

7. निम्नलिखित प्रश्नों के संक्षिप्त उत्तर दीजिए

(i) विशेषण किसे कहते हैं? इसके कितने भेद होते हैं?

(ii) प्रविशेषण और विशेष्य में क्या अंतर है?

(iii) संख्यावाचक विशेषण और परिमाणवाचक विशेषण में अंतर लिखिए।

(iv) 'कुछ' विशेषण शब्द का प्रयोग अनिश्चित परिमाणवाचक और संख्यावाचक विशेषण के रूप में कीजिए।

(v) सार्वनामिक विशेषण कितने प्रकार के होते हैं?

उत्तरमाला

1. (i) (ग) (ii) (ग) (iii) (ख) (iv) (ख) (v) (घ)
(vi) (क) (vii) (ग) (viii) (क) (ix) (क) (x) (क)
2. (क) दयालु (ख) नगरीय
(ग) शक्तिशाली (घ) आठवीं
3. (क) ✓ (ख) × (ग) ✓ (घ) ✓ (ङ) ✓
4. (क) गुणवाचक (ख) गुणवाचक (ग) निश्चित संख्यावाचक
(घ) अनिश्चित परिमाणवाचक (ङ) गुणवाचक
5. (क) राष्ट्रीय (ख) ऐसा (ग) स्थानीय
(घ) पीड़ित (ङ) ऊपरी (च) भुलक्कड़
(छ) लीन (ज) पाठ्य/पठित (झ) याज्ञिक
(ञ) सुरभित (ट) भौगोलिक
6. (i) (ग) (ii) (घ) (iii) (क) (iv) (ख) (v) (ङ)

अध्याय 11

क्रिया

11.1 क्रिया की परिभाषा

जिन शब्दों से किसी कार्य के करने या होने का बोध होता है, उन्हें **क्रिया** कहते हैं; जैसे—

(i) वह खेल रहा है। (ii) वर्षा हो रही है।

उपर्युक्त वाक्यों में रेखांकित शब्द क्रियाएँ हैं, क्योंकि ये किसी कार्य के करने या होने का बोध करा रही हैं। क्रिया वाक्य का महत्त्वपूर्ण अंग है। कोई भी वाक्य क्रिया के बिना अधूरा होता है।

धातु क्रिया के मूल रूप को धातु कहते हैं। 'धातु' से ही क्रिया का निर्माण होता है, इसलिए क्रिया के सभी रूपों में 'धातु' उपस्थित रहती है; जैसे—

(i) 'चलना' क्रिया में 'चल' धातु है।
(ii) 'पढ़ना' क्रिया में 'पढ़' धातु है।

क्रिया के भेद

क्रिया के भेद दो आधार पर किए जाते हैं

1. कर्म के आधार पर 2. प्रयोग/रचना के आधार पर

कर्म के आधार पर

कर्म के आधार पर क्रिया के दो भेद हैं

1. अकर्मक क्रिया

जिस क्रिया का फल कर्म पर न पड़कर कर्ता पर पड़ता है अर्थात् वाक्य में जिस क्रिया का कोई कर्म नहीं होता, वह क्रिया **अकर्मक क्रिया** कहलाती है; जैसे—

(i) बच्चे **हँस रहे हैं**। (ii) तान्या **सो रही है**।

2. सकर्मक क्रिया

जिस क्रिया का फल कर्म पर पड़ता है अर्थात् वाक्य में जिस क्रिया को कर्म की आवश्यकता होती है, उसे **सकर्मक क्रिया** कहते हैं; जैसे—

(i) रीना ने काम **कर लिया**।
(ii) ड्राइवर गाड़ी **चला रहा है**।

सकर्मक क्रिया दो प्रकार की होती है

(i) **एककर्मक क्रिया** जिस वाक्य में केवल एक कर्म होता है, उसे एककर्मक क्रिया कहते हैं; जैसे—
- पिता जी **अखबार** पढ़ रहे हैं।

इस वाक्य में अखबार एक कर्म है, इसलिए यह वाक्य एककर्मक है।

नोट जिस वाक्य में एक कर्म होता है, उसे एककर्मक न कहकर सकर्मक ही कहा जाता है।

(ii) **द्विकर्मक क्रिया** जिस क्रिया के दो कर्म होते हैं, उसे द्विकर्मक क्रिया कहते हैं; जैसे—
- माली **पौधों** को **पानी** दे रहा है।

वाक्य में 'पौधों' और 'पानी' दो-दो कर्म हैं। अत: यहाँ द्विकर्मक क्रिया है।

प्रयोग/संरचना के आधार पर

प्रयोग/संरचना के आधार पर क्रिया के छ: भेद हैं

1. **सामान्य क्रिया** जब क्रिया एक पद में हो, उसे सामान्य क्रिया कहते हैं; जैसे—
(i) माला बाजार गई। (ii) यह आम का पेड़ है।
इन वाक्यों में क्रिया का एक पद है। अत: यह सामान्य क्रिया है।

2. **संयुक्त क्रिया** जब दो-या-दो से अधिक क्रियाओं से बने क्रियापद एक क्रिया के रूप में प्रयोग किए जाते हैं, उसे संयुक्त क्रिया कहते हैं; जैसे—
(i) बढ़ई कुर्सी बना रहा है। (ii) रूपम नाच रही है।
इन वाक्यों में **बना रहा है** और **नाच रही है**, संयुक्त क्रियाएँ हैं। 'बना रहा है' क्रिया तीन क्रियाओं **बना**, **रहना** और **होना** से मिलकर बनी है, जबकि 'नाच रही है' क्रिया नाचना, रहना तथा होना से मिलकर बनी है। इनमें पहली (बना, नाच) मुख्य क्रिया है तथा अन्य (रहा है, रही है) इसकी सहायक क्रियाएँ हैं।

3. **नामधातु क्रिया** संज्ञा, सर्वनाम तथा विशेषण से बनी क्रियाएँ नामधातु क्रियाएँ कहलाती हैं; जैसे—

(i) किराएदार ने मकान मालिक का घर हथिया लिया।

(ii) मैंने अपनी कमीज रँगवाई।

यहाँ 'हथियाना' तथा 'रँगवाना' नामधातु क्रियाएँ हैं।

4. **प्रेरणार्थक क्रिया** जब कर्ता स्वयं कार्य न करके किसी अन्य को काम करने को प्रेरित करता है, ऐसे वाक्य में प्रयुक्त क्रिया प्रेरणार्थक क्रिया कहलाती है; जैसे—

(i) माँ धोबी से कपड़े **धुलवाती** है।

(ii) अध्यापक छात्रों से श्लोक **पढ़वाते** हैं।

प्रेरणार्थक क्रिया के दो भेद होते हैं

(i) प्रथम प्रेरणार्थक (ii) द्वितीय प्रेरणार्थक

5. **पूर्वकालिक क्रिया** जो क्रिया मुख्य क्रिया से पहले होती है, उसे पूर्वकालिक क्रिया कहते हैं। पूर्वकालिक क्रिया में प्राय: क्रिया के साथ 'कर' जुड़ा होता है; जैसे—

(i) बच्चा **रो-रोकर** सो गया। (ii) रानी **पढ़कर** खेलने गई।

इन वाक्यों में 'रो-रोकर' तथा 'पढ़कर' पूर्वकालिक क्रियाएँ हैं, क्योंकि ये मुख्य क्रिया से पहले घटित हुई हैं।

6. **तात्कालिक क्रिया** जब एक क्रिया के साथ ही दूसरी क्रिया घटित होती है, उसे तात्कालिक क्रिया कहते हैं; जैसे—

(i) मोहन **खाते** ही **खेलने** चला गया।

(ii) रोहन **पढ़ते** ही **सो** गया।

इस वाक्य में एक क्रिया (खाते ही) के साथ ही दूसरी क्रिया (खेलने चला गया) घटित हुई है। यहाँ 'खाते ही' तात्कालिक क्रिया है।

अभ्यास प्रश्न

बहुविकल्पीय व वर्णनात्मक प्रश्नों सहित

1. निम्नलिखित प्रश्नों में दिए गए विकल्पों में से सही विकल्प छाँटिए

(i) क्रिया का मूलरूप.........कहलाता है।

(क) धातु (ख) अधातु

(ग) नामधातु (घ) सामान्य क्रिया

(ii) 'पंकज पतंग उड़ाता है।' वाक्य में प्रयुक्त क्रिया का भेद है

(क) एसकर्मक (ख) द्विकर्मक

(ग) अकर्मक (घ) बहुकर्मक

(iii) 'किसान बैलों के लिए घास लाता है।' वाक्य में मुख्य कर्म है

(क) किसान (ख) बैल

(ग) लाता (घ) घास

(iv) यह क्रिया मुख्य क्रिया से पहले घटित होती है

(क) सामान्य रूप (ख) संयुक्त क्रिया

(ग) प्रेरणार्थक क्रिया (घ) पूर्वकालिक क्रिया

(v) कर्म की दृष्टि से क्रिया के कितने भेद होते हैं?

(क) दो (ख) तीन (ग) चार (घ) पाँच

(vi) जो क्रिया कर्ता स्वयं न करके किसी अन्य से करवाता है, उसे क्या कहते हैं?

(क) पूर्वकालिक (ख) नामधातु क्रिया

(ग) प्रेरणार्थक क्रिया (घ) सकर्मक क्रिया

(vii) 'रँगवाना' कैसी क्रिया है?

(क) सामान्य क्रिया

(ख) नामधातु क्रिया

(ग) प्रेरणार्थक क्रिया

(घ) सकर्मक क्रिया

(viii) जब एक से अधिक क्रियाओं का प्रयोग एक क्रिया के रूप में किया जाता है, उसे कौन-सी क्रिया कहते हैं?

(क) नामधातु क्रिया (ख) संयुक्त क्रिया

(ग) पूर्वकालिक क्रिया (घ) सकर्मक क्रिया

(ix) एककर्मक क्रिया को सदैव क्या कहा जाता है?

(क) एककर्मक क्रिया

(ख) सकर्मक क्रिया

(ग) सामान्य क्रिया

(घ) नामधातु क्रिया

(x) 'सरिता खाना बना रही है।' वाक्य में कौन-सी क्रिया है?

(क) संयुक्त क्रिया (ख) प्रेरणार्थक क्रिया

(ग) नामधातु क्रिया (घ) द्विकर्मक क्रिया

2. क्रिया के सही रूप द्वारा वाक्यों को पूरा कीजिए

(मानोगे, पछताओगे, उठकर, देखने जाएँगे, सताते, पढ़ेंगे, हो गए, करवाया)

(क) यदि तुम मेरी बात नहीं.......तो.......।

(ख) संभवत: कल हम लोग फिल्म ....।

(ग) पिता जी सवेरे.......समाचार-पत्र.......।

(घ) गरीबों की मदद करो, उन्हें .... नहीं।

(ङ) दादा जी ने गरीबों को भोजन.......।

(च) बाढ़ के कारण हज़ारों परिवार बेघर.......।

3. निम्नलिखित क्रियाओं के भेद लिखिए

(क) नहाकर (ख) भिजवाना

(ग) अपनाना (घ) नाचती है

(ङ) पढ़वाना

4. **निम्नलिखित वाक्यों में से क्रिया-शब्द छाँटकर उनके भेद भी लिखिए**
(क) शंकर किताब पढ़ रहा है। (ख) मोर नाचता है।
(ग) चिड़ियाँ चहचहाती हैं। (घ) बालक पढ़कर सो गया।
(ङ) वाल्मीकि ने रामायण लिखी।

5. **दिए गए वाक्यों की क्रियाएँ सकर्मक हैं या अकर्मक लिखिए**
(क) राजा बाजार चला गया।
(ख) मीरा गीत लिख रही है।
(ग) मोहन छत पर सो रहा है।
(घ) हरीश गिटार बजाता है।
(ङ) बाघ गाय पर टूट पड़ा।

6. **निम्नलिखित क्रियाओं को अपने वाक्यों में प्रयुक्त कीजिए**
(क) पढ़ (ख) गिन (ग) गा (घ) कर

7. **निम्नलिखित वाक्यों में प्रयुक्त क्रियाओं के शुद्ध रूप लिखिए**
(क) शिवम तेज़ भागती है।
(ख) साक्षी केला खाता है।
(ग) रीना ने काम कर लियो।
(घ) जयंत स्टेशन पर आ गई होगी।

8. **निम्नलिखित शब्दों के प्रेरणार्थक रूप लिखिए**
दौड़ना, बिठाना, पिलाना, करना, दिखाना

9. **निम्नलिखित शब्दों की नाम धातु क्रिया बनाइए**
हाथ, झूठ, चक्कर, आलस, शर्म

10. **निम्नलिखित प्रश्नों के संक्षिप्त उत्तर दीजिए**
(i) क्रिया की परिभाषा उदाहरण सहित लिखिए।
(ii) रचना के आधार पर क्रिया के कितने भेद होते हैं? उनके नाम लिखिए।
(iii) सकर्मक क्रिया किसे कहते हैं? उदाहरण सहित समझाओ।
(iv) पूर्वकालिक क्रिया से क्या तात्पर्य है? उदाहरण देकर स्पष्ट कीजिए।
(v) संयुक्त क्रिया सामान्य क्रिया से किस तरह भिन्न होती है? उदाहरण द्वारा समझाइए।
(vi) प्रेरणार्थक क्रिया का प्रयोग करते हुए तीन वाक्य लिखिए।

उत्तरमाला

1. (i) (क) (ii) (क) (iii) (घ) (iv) (घ)
(v) (क) (vi) (ग) (vii) (ख) (viii) (ख)
(ix) (ख) (x) (क)

2. (क) मानोगे, पछताओगे (ख) देखने जाएँगे
(ग) उठकर, पढ़ेंगे (घ) सताते
(ङ) करवाया (च) हो गए

3. (क) पूर्वकालिक क्रिया (ख) प्रेरणार्थक क्रिया
(ग) नामधातु क्रिया (घ) अकर्मक क्रिया
(ङ) प्रेरणार्थक क्रिया

4. (क) पढ़ रहा है–संयुक्त क्रिया
(ख) नाचता है–अकर्मक क्रिया
(ग) चहचहाती हैं–अकर्मक क्रिया
(घ) पढ़कर–पूर्वकालिक क्रिया, सो गया-अकर्मक क्रिया
(ङ) लिखी–सकर्मक क्रिया

5. (क) अकर्मक क्रिया (ख) सकर्मक क्रिया
(ग) अकर्मक क्रिया (घ) सकर्मक क्रिया
(ङ) सकर्मक क्रिया

6. (क) रानी पुस्तक पढ़ रही है।
(ख) कक्षा के बच्चे गिन लो।
(ग) तुम एक गाना गा रहे हो।
(घ) सुनीता काम कर रही है।

7. (क) शिवम तेज़ भागता है।
(ख) साक्षी केला खाती है।
(ग) रीना ने काम कर लिया।
(घ) जयंत स्टेशन पर आ गया होगा।

8. दौड़वाना, बिठवाना, पिलवाना, करवाना, दिखवाना।

9. हथियाना, झुठलाना, चकराना, अलसाना, शरमाना।

अध्याय 12

वाच्य

12.1 वाच्य का अर्थ एवं परिभाषा

'वाच्य' का शाब्दिक अर्थ होता है—बोलने का विषय। अत: क्रिया के जिस रूप से यह पता चले कि क्रिया का मुख्य विषय कर्ता है, कर्म है या भाव है, उसे **वाच्य** कहते हैं; जैसे—

(i) मोहन पढ़ रहा है।

(ii) पक्षी घोंसले में सोते हैं।

वाच्य के भेद

वाच्य के दो भेद होते हैं

1. **कर्तृवाच्य** कर्तृवाच्य में क्रिया के लिंग, वचन तथा पुरुष, कर्ता के अनुसार होते हैं, इसमें कर्ता की प्रधानता होती है; जैसे—

   (i) मनीष केला खाता है।

   (ii) गरिमा पत्र लिखती है।

   उपर्युक्त वाक्यों में 'मनीष' और 'गरिमा' शब्द कर्ता हैं। 'खाता है', 'लिखती है' क्रियाएँ कर्ता के अनुसार प्रयोग हुई हैं। अत: ये वाक्य कर्तृवाच्य हैं।

   कर्तृवाच्य की पहचान कर्ता के साथ 'ने' विभक्ति होती है, कभी-कभी कर्ता बिना विभक्ति के भी होता है, परंतु वाक्य में प्रधानता कर्ता की होती है।

2. **अकर्तृवाच्य** जब वाक्य में कर्ता की प्रधानता नहीं होती, तो उसे अकर्तृवाच्य कहते हैं। अकर्तृवाच्य के दो भेद होते हैं

   (क) **कर्मवाच्य** कर्मवाच्य में क्रिया के लिंग, वचन तथा पुरुष, कर्म के अनुसार होते हैं, इसमें कर्ता की प्रधानता न होकर कर्म की प्रधानता होती है; जैसे—

   (i) कृष्णा के द्वारा सितार बजाया जाता है।

   (ii) माँ के द्वारा भोजन बनाया गया।

   उपर्युक्त वाक्यों में 'बजाया जाता है', 'बनाया गया' क्रियाओं का संबंध 'सितार' और 'भोजन' से है, जो कर्म हैं। अत: ये वाक्य कर्मवाच्य हैं।

   कर्मवाच्य की पहचान कर्ता के साथ 'से' या 'के द्वारा' विभक्ति होती है तथा क्रिया सकर्मक होती है।

   (ख) **भाववाच्य** भाववाच्य में अकर्मक क्रिया के भाव की प्रधानता रहती है। इसमें क्रिया हमेशा ही पुल्लिंग, एकवचन तथा अन्य पुरुष की होती है; जैसे—

   (i) अक्षत से दौड़ा नहीं जाता।

   (ii) घायल पक्षी से खेला नहीं जाता।

   उपर्युक्त वाक्यों में क्रिया या भाव ही प्रधानता है। अत: ये वाक्य भाववाच्य हैं।

   भाववाच्य की पहचान कर्ता के साथ 'से' या 'के द्वारा' विभक्ति होती है, क्रिया हमेशा अकर्मक होती है तथा क्रिया का रूप हमेशा एकवचन, पुल्लिंग तथा अन्य पुरुष होता है।

वाच्य-परिवर्तन

कर्तृवाच्य से कर्मवाच्य बनाना

- कर्तृवाच्य में कर्ता के साथ यदि कोई विभक्ति लगी हो तो उसे हटाकर 'से' अथवा 'के द्वारा' विभक्ति लगा दी जाती है।
- क्रिया के लिंग, वचन आदि कर्म के अनुसार बदल दिए जाते हैं।
- परिवर्तन करते समय क्रिया के केवल रूप में परिवर्तन आता है, क्रिया के काल में परिवर्तन नहीं होता।
- कर्तृवाच्य की मुख्य क्रिया को सामान्य भूतकाल में परिवर्तित किया जाता है।
- यदि कर्म के साथ विभक्ति लगी हो, तो उसे भी हटा दिया जाता है।

कर्तृवाच्य से कर्मवाच्य में परिवर्तन

कर्तृवाच्य	कर्मवाच्य
नानी कहानी सुनाती है।	नानी के द्वारा कहानी सुनाई जाती है।
माँ खाना पका रही है।	माँ के द्वारा खाना पकाया जा रहा है।
शिक्षिका ने छात्रों को डाँटा।	शिक्षिका द्वारा छात्रों को डाँटा गया।
तुमने पत्र नहीं लिखा।	तुमसे पत्र नहीं लिखा गया।
भाई हमारी रक्षा करता है	भाई के द्वारा हमारी रक्षा की जाती है।

कर्तृवाच्य से भाववाच्य बनाना

- कर्ता के साथ 'से' या 'के द्वारा' विभक्ति जोड़ दी जाती है; जैसे—माँ-बाप से, स्त्री-पुरुष के द्वारा।
- क्रिया सदैव अन्य पुरुष, पुल्लिग एवं एकवचन में रहती है।
- 'जा' धातु के क्रिया-रूप कर्तृवाच्य के काल भेद के अनुसार जुड़ जाते हैं।

कर्तृवाच्य से भाववाच्य में परिवर्तन

कर्तृवाच्य	भाववाच्य
रीता नहीं पढ़ती है।	रीता से पढ़ा नहीं जाता है।
वह नहीं खाता है।	उससे खाया नहीं जाता है।
वह नहीं आया।	उससे आया नहीं जाता।
तुम दूध नहीं पी सकते।	तुमसे दूध पिया नहीं जाता।
शेर दौड़ता है।	शेर से दौड़ा जाता है।
मैं अब नहीं उठ पाता।	मुझसे अब नहीं उठा जाता।
राम नहीं हँसता।	राम से हँसा नहीं जाता।

कर्मवाच्य और भाववाच्य से कर्तृवाच्य बनाना

- लिंग, वचन, आदि कर्ता के अनुसार बदल दिए जाते हैं।
- वाक्य में 'के द्वारा' या 'से' को हटा दिया जाता है।

कर्मवाच्य व भाववाच्य से कर्तृवाच्य में परिवर्तन

कर्मवाच्य/भाववाच्य	कर्तृवाच्य
नमिता द्वारा चित्र बनाया जाता है।	नमिता चित्र बनाती है।
उसके द्वारा फुटबॉल खेला जा रहा है।	वह फुटबॉल खेल रहा है।
मेरे द्वारा दूध पिया गया।	मैंने दूध पिया।
किसान द्वारा बीज बोया गया।	किसान ने बीज बोया।
महेश द्वारा पत्र लिखा जाता है।	महेश पत्र लिखता है।
सरकार द्वारा शैक्षणिक कार्यों पर खर्च किया जाता है।	सरकार शैक्षणिक कार्यों पर खर्च करती है।
रेखा से क्रिकेट खेला जा रहा है।	रेखा क्रिकेट खेल रही है।

अभ्यास प्रश्न

बहुविकल्पीय व वर्णनात्मक प्रश्नों सहित

1. निम्नलिखित प्रश्नों में दिए गए विकल्पों में से सही विकल्प छाँटिए

(i) वाच्य का शाब्दिक अर्थ है
(क) बोलने वाला (ख) बोलने का विषय
(ग) बोलने का तरीका (घ) बोलने का समय

(ii) वाच्य के कितने भेद हैं?
(क) चार (ख) तीन (ग) दो (घ) पाँच

(iii) 'अध्यापक ने पाठ पढ़ाया' वाक्य में वाच्य है
(क) कर्मवाच्य (ख) भाववाच्य (ग) कर्तृवाच्य (घ) ये सभी

(iv) भाववाच्य में कौन-सी क्रिया प्रयुक्त होती है?
(क) अकर्मक (ख) सकर्मक
(ग) पूर्वकालिक (घ) संयुक्त

(v) 'हम इतना कष्ट नहीं सह सकते हैं' वाक्य में वाच्य है
(क) कर्मवाच्य (ख) भाववाच्य
(ग) कर्तृवाच्य (घ) ये सभी

(vi) 'सरकार शिक्षा पर बहुत खर्च करती है।' वाक्य में वाच्य है
(क) भाववाच्य (ख) कर्मवाच्य
(ग) कर्तृवाच्य (घ) ये सभी

(vii) 'क्या उनसे लिखा जाएगा?' वाक्य में वाच्य है
(क) कर्मवाच्य (ख) कर्तृवाच्य
(ग) भाववाच्य (घ) ये सभी

(viii) 'लड़कों के द्वारा खूब पढ़ा गया' वाक्य में वाच्य है
(क) कर्मवाच्य (ख) कर्तृवाच्य
(ग) भाववाच्य (घ) ये सभी

(ix) कर्मवाच्य में क्रिया का विधान.......के अनुसार होता है।
(क) कर्म (ख) कर्ता
(ग) भाव (घ) 'क' और 'ख' दोनों

(x) 'सोहन के द्वारा कहानी लिखी गई।' यहाँ प्रयुक्त क्रिया पर कर्म के .... का प्रभाव है।
(क) लिंग का (ख) वचन का (ग) पुरुष का (घ) ये सभी

(xi) 'चलो' खेलने चला जाए, यहाँ क्रिया का विधान है.........।
(क) कर्ता के अनुसार (ख) भाव के अनुसार
(ग) कर्म के अनुसार (घ) इनमें से कोई नहीं

2. निम्नलिखित कथनों के आगे (✓) और (×) का चिह्न लगाइए

(क) कर्तृवाच्य में क्रिया के लिंग, वचन तथा पुरुष कर्त्ता के अनुसार होते हैं। ( )
(ख) कर्मवाच्य में संज्ञा की प्रधानता रहती है। ( )
(ग) कर्मवाच्य में 'के द्वारा' विभक्ति लगाई जाती है। ( )
(घ) भाववाच्य में क्रिया या भाव की प्रधानता होती है। ( )
(ङ) कर्मवाच्य में क्रिया अकर्मक होती है। ( )

3. रिक्त स्थान भरिए

(भाव, ने, के द्वारा, कर्म)

(क) कर्तृवाच्य में ······ विभक्ति होती है।

(ख) भाववाच्य में ······ की प्रधानता रहती है।

(ग) कर्मवाच्य में ······ निश्चित रूप से रहता है।

(घ) कर्तृवाच्य से कर्मवाच्य बनाने के लिए कर्ता के साथ ······जोड़ दिया जाता है।

4. निम्नलिखित वाक्यों के उचित वाच्य-भेद बताइए

(क) मुझसे गाया नहीं जाता।

(ख) रीटा से पुस्तक पढ़ी जा रही है।

(ग) पक्षियों द्वारा आकाश में उड़ा जाएगा।

(घ) रात भर कैसे जागा जाए?

(ङ) बच्चों ने अच्छा प्रदर्शन किया।

5. निम्नलिखित वाक्यों का वाच्य परिवर्तन कीजिए।

(क) मज़दूर द्वारा पेड़ काटा जा रहा है। (कर्तृवाच्य)

(ख) मैंने फल खाया। (कर्मवाच्य)

(ग) खरगोश दौड़ते हैं। (भाववाच्य)

(घ) हमसे कष्ट सहा नहीं जाता। (कर्तृवाच्य)

(ङ) पुलिस ने चोर पकड़ा। (कर्मवाच्य)

6. निम्नलिखित वाक्यों का वाच्य बताइए

(i) रेखा अपना काम नहीं करती।

(ii) नानी कहानी सुनाती है।

(iii) मजदूरों द्वारा मकान बनाया जाता है।

(iv) हमसे रोया नहीं जाता।

(v) पक्षी रात में सोते हैं।

7. निम्नलिखित प्रश्नों के संक्षिप्त उत्तर दीजिए

(i) वाच्य किसे कहते हैं? इसके भेदों के नाम लिखिए।

(ii) कर्तृवाच्य की परिभाषा उदाहरण सहित दीजिए।

(iii) कर्मवाच्य से आप क्या समझते हैं? उदाहरण सहित लिखिए।

(iv) कर्मवाच्य से कर्तृवाच्य बनाते समय आप क्या-क्या बदलाव करेंगे?

(v) भाववाच्य में क्रिया की क्या विशेषता होती है?

उत्तरमाला

1. (i) (ख) (ii) (ग) (iii) (ग) (iv) (क) (v) (ग) (vi) (ग) (vii) (ग) (viii) (क) (ix) (क) (x) (घ) (xi) (ख)

2. (क) ✓ (ख) × (ग) ✓ (घ) ✓ (ङ) ×

3. (क) ने (ख) भाव (ग) कर्म (घ) के द्वारा

4. (क) भाववाच्य (ख) कर्मवाच्य (ग) भाववाच्य (घ) भाववाच्य (ङ) कर्तृवाच्य

5. (क) मजदूर पेड़ काट रहा है।
(ख) मेरे द्वारा फल खाया गया।
(ग) खरगोश से दौड़ा जाता है।
(घ) हम कष्ट नहीं सह सकते हैं।
(ङ) पुलिस के द्वारा चोर पकड़ा गया।

6. (i) कर्तृवाच्य (ii) कर्तृवाच्य (iii) कर्मवाच्य (iv) भाववाच्य (v) कर्तृवाच्य

अध्याय 13 काल

13.1 काल की परिभाषा

क्रिया का वह रूप है, जिससे उसके (क्रिया के) होने के समय का बोध होता है, उसे **काल** कहते हैं; जैसे–

(i) पायल गीत गाती है।

(ii) पायल गीत गाती थी।

(iii) पायल गीत गाएगी।

उपर्युक्त वाक्यों में 'गाती है' से वर्तमान समय का, 'गाती थी' से बीते समय का और 'गाएगी' से आने वाले समय का बोध हो रहा है।

काल के भेद

काल के मुख्य रूप से तीन भेद हैं

1. वर्तमान काल 2. भूतकाल 3. भविष्यत् काल

वर्तमान काल

क्रिया के जिस रूप से उसके वर्तमान समय में होने का बोध हो अर्थात् यह पता चले कि क्रिया अभी हो रही है, उसे वर्तमान काल कहते हैं। इस काल के वाक्यों के अंत में प्राय: 'है', 'हैं', 'हो', 'हूँ' आते हैं; जैसे–

(i) वह बाज़ार जा रहा है। (ii) पिता जी अखबार पढ़ रहे हैं।

वर्तमान काल के तीन भेद होते हैं

1. **सामान्य वर्तमान** क्रिया के जिस रूप से उसका वर्तमान काल में होने या न होने का बोध होता है, उसे सामान्य वर्तमान कहते हैं; जैसे– (i) गौरव जाता है। (ii) मकरंद पढ़ता है।
2. **अपूर्ण वर्तमान** क्रिया के जिस रूप से उसके वर्तमान काल में जारी रहने का बोध होता है, उसे अपूर्ण वर्तमान कहते हैं; जैसे–
   (i) मधुलिका पढ़ रही है। (ii) निहारिका जा रही है।
3. **संदिग्ध वर्तमान** क्रिया के जिस रूप से वर्तमान कार्य के होने में संदेह हो, उसे संदिग्ध वर्तमान कहते हैं; जैसे–
   (i) तुषार आता होगा। (ii) वे जाते होंगे।

भूतकाल

क्रिया के जिस रूप से उसके बीते हुए समय में होने या करने का बोध होता है, उसे भूतकाल कहते हैं; जैसे–

(i) गोपाल ने पुस्तक पढ़ी थी। (ii) वह कल घर चला गया था।

भूतकाल के छ: भेद होते हैं

1. **सामान्य भूत** क्रिया के जिस रूप से कार्य के पूरा होने का ज्ञान हो, उसे सामान्य भूत कहते हैं; जैसे–
   (i) वह घर गया। (ii) नेहा ने पत्र लिखा।
2. **आसन्न भूत** क्रिया के जिस रूप से कार्य का अभी-अभी समाप्त होने का बोध हो, उसे आसन्न भूत कहते हैं; जैसे–
   (i) गोपाल ने पुस्तक पढ़ ली। (ii) नेहा ने पत्र लिख लिया है।
3. **पूर्ण भूत** क्रिया के जिस रूप से उसके भूतकाल में समाप्त हो जाने का बोध होता है, उसे पूर्ण भूत कहते हैं; जैसे–
   (i) गोपाल पुस्तक पढ़ चुका था।
   (ii) नेहा पत्र लिख चुकी थी।
4. **अपूर्ण भूत** क्रिया के जिस रूप से उसका भूतकाल में समाप्त न होने का बोध हो, उसे अपूर्ण भूत कहते हैं; जैसे–
   (i) गोपाल पुस्तक पढ़ रहा था। (ii) नेहा पत्र लिख रही थी।
5. **संदिग्ध भूत** क्रिया के जिस रूप से भूतकाल में उसके पूर्ण होने में संदेह हो, उसे संदिग्ध भूत कहते हैं; जैसे–
   (i) श्याम ने पुस्तक पढ़ ली होगी।
   (ii) वह स्टेशन पर पहुँच गया होगा।
6. **हेतुहेतुमद् भूत** क्रिया का वह रूप, जिससे पता चलता है कि कार्य भूतकाल में होने वाला था, परंतु किसी कारण से नहीं हो सका, हेतुहेतुमद् भूत कहलाता है; जैसे–
   (i) समय मिलता तो मैं तुम्हारे घर अवश्य आता।
   (ii) यदि नेहा पढ़ती तो पास हो जाती।

भविष्यत् काल

क्रिया के जिस रूप से उसके आने वाले समय में होने का बोध होता है, उसे भविष्यत् काल कहते हैं; जैसे–

(i) राधा गीत गाएगी। (ii) शायद आज वर्षा हो।

भविष्यत् काल के दो भेद होते हैं

1. **सामान्य भविष्यत्** क्रिया के जिस रूप से आने वाले समय में उसके होने का बोध हो, उसे सामान्य भविष्यत् कहते हैं; जैसे–
   (i) मोहन रामायण पढ़ेगा। (ii) हम मैच देखने जाएँगे।
2. **संभाव्य भविष्यत्** क्रिया के जिस रूप से भविष्य में किसी कार्य के होने में संदेह या संभावना हो, उसे संभाव्य भविष्यत् कहते हैं; जैसे–
   (i) शायद इस बार चुनाव समय पर होंगे।
   (ii) शायद कल कोई नया मंत्री नियुक्त हो।

अभ्यास प्रश्न

बहुविकल्पीय व वर्णनात्मक प्रश्नों सहित

1. निम्नलिखित प्रश्नों में दिए गए विकल्पों में से सही विकल्प छाँटिए

(i) 'काल' शब्द से हमें ज्ञान होता है
(क) काम करने वाले का (ख) काम जो हो रहा है
(ग) काम होने के समय का (घ) ये सभी

(ii) 'जो समय बीत गया' उसका काल होता है
(क) भूतकाल (ख) वर्तमान काल
(ग) भविष्यत् काल (घ) इनमें से कोई नहीं

(iii) क्रिया के जिस रूप से उसके अभी-अभी पूर्ण होने का पता चले, वह कहलाता है
(क) आसन्न भूतकाल (ख) पूर्ण भूतकाल
(ग) संदिग्ध भूतकाल (घ) अपूर्ण भूतकाल

(iv) भूतकाल का भेद इनमें से किस विकल्प में नहीं है?
(क) हेतुहेतुमद् भूतकाल (ख) असामान्य भूतकाल
(ग) पूर्ण भूतकाल (घ) संदिग्ध भूतकाल

(v) हेतुहेतुमद् भूतकाल किस वाक्य में है?
(क) बादल घिरते तो वर्षा होती (ख) विपिन मुंबई जा चुका है
(ग) राम पढ़ रहा था (घ) मैंने अभी खाना खाया था

(vi) 'शताब्दी एक्सप्रेस अब स्टेशन पर पहुँच रही होगी।' वाक्य में काल है
(क) सामान्य वर्तमान काल (ख) अपूर्ण वर्तमान काल
(ग) संदिग्ध वर्तमान काल (घ) पूर्ण भूतकाल

(vii) 'पथिक गीत गाता जा रहा था।' वाक्य में काल भेद है
(क) पूर्ण भूतकाल (ख) सामान्य भूतकाल
(ग) संदिग्ध भूतकाल (घ) अपूर्ण भूतकाल

(viii) 'शायद कल मैं मुंबई जाऊँगा।' वाक्य में काल है

(क) भूतकाल (ख) सामान्य भविष्य

(ग) संभाव्य भविष्य (घ) पूर्ण भूतकाल

(ix) 'रचना नृत्य सीख रही है।' वाक्य में काल भेद है

(क) सामान्य वर्तमान काल (ख) अपूर्ण वर्तमान काल

(ग) संदिग्ध भूतकाल (घ) इनमें से कोई नहीं

(x) संभाव्य भविष्यत् काल संबंधी वाक्य है

(क) फसल पक चुकी होगी। (ख) राम अभी-अभी आया है।

(ग) भौंरे फूलों पर मँडराते हैं।

(घ) संभवत: इस साल कांग्रेस की सरकार आए।

2. रिक्त स्थानों की पूर्ति कीजिए

(वर्तमान काल, अपूर्ण वर्तमान काल, सामान्य वर्तमान काल, संदिग्ध भविष्यत् काल, वर्तमान काल)

(क) क्रिया के जिस रूप से अभी भी क्रिया होने का ज्ञान हो........ कहलाता है।

(ख) क्रिया के जिस रूप से कार्य का वर्तमान काल में साधारण रूप से होना पाया जाता है, उसे........कहते हैं।

(ग) रहा है, रही है, रहे हैं .... काल में आते हैं।

(घ) जाती होगी, जाते होंगे........ काल के अंतर्गत लिखे जाते हैं।

(ङ) लिखेगा, लिखेगी आदि शब्द........ काल की ओर संकेत करते हैं।

3. निम्नलिखित वाक्यों में जो क्रिया भूतकाल की है, उसके आगे (✓) तथा अन्य के सामने (×) का चिह्न लगाइए

(क) तुम आती तो मैं चलती। ( )

(ख) मैंने पत्र लिखा। ( )

(ग) गाय दूध देती है। ( )

(घ) उसने कहानी सुनी थी। ( )

(ङ) वह सेना में भर्ती हो गया। ( )

4. जोड़े मिलाइए

(i) चेतन काम कर चुका था। (क) सामान्य वर्तमान काल

(ii) रामू अपना फोन लेने बाजार गया है। (ख) आसन्न भूतकाल

(iii) राधा नाचती है। (ग) सामान्य भूतकाल

(iv) उसने इसरो के निर्देशक को पत्र लिखा था। (घ) पूर्ण भूतकाल

(v) 5 G नेटवर्क सबसे पहले कोलकाता में पेश किया होगा। (ङ) संदिग्ध भूतकाल

5. निम्नलिखित वाक्यों को निर्देश के अनुसार परिवर्तित कीजिए

(क) वह भगवान के दर्शन करने रणथंभौर जा रहा है। (भविष्यत् काल)

(ख) सभी लोग चन्द्रयान मिशन-3 की चर्चा कर रहे होंगे। (भूतकाल)

(ग) तुम पुस्तक पढ़ोगे। (वर्तमान काल)

(घ) प्रतिभा नृत्य करेगी। (वर्तमान काल)

(ङ) तुम घर जाते हो। (भविष्यत् काल)

6. निम्नलिखित वाक्यों को काल के अन्य रूपों में लिखिए

(क) भूतकाल–गोपाल पुस्तक पढ़ रहा था।

वर्तमान काल ....

भविष्यत् काल ....

(ख) वर्तमानकाल–शिक्षिका बच्चों को हिंदी पढ़ाती है।

भूतकाल ....

भविष्यत् काल ....

(ग) भविष्यत् काल–कोटा कॉनेक्स 2024 का उद्घाटन भूपेन्द्र पटेल करेंगे।

भूतकाल ....

वर्तमान काल ....

7. निम्नलिखित प्रश्नों के संक्षिप्त उत्तर दीजिए

(i) काल किसे कहते हैं? उसके कितने भेद होते हैं? नाम लिखिए।

(ii) भूतकाल के कितने भेद होते हैं? सभी के नाम लिखिए।

(iii) हेतुहेतुमद् भूतकाल से आप क्या समझते हैं? इस काल के दो उदाहरण लिखिए।

(iv) वर्तमान काल के भेदों के नाम लिखिए।

(v) अपूर्ण वर्तमान काल किसे कहते हैं? इसके दो उदाहरण लिखिए।

उत्तरमाला

1. (i) (ग) (ii) (क) (iii) (क) (iv) (ख) (v) (क) (vi) (ग) (vii) (घ) (viii) (ग) (ix) (ख) (x) (घ)

2. (क) वर्तमान काल (ख) सामान्य वर्तमान काल (ग) अपूर्ण वर्तमान काल (घ) संदिग्ध वर्तमान काल (ङ) भविष्यत् काल

3. (क) ✓ (ख) ✓ (ग) × (घ) ✓ (ङ) ✓

4. (i) (घ) (ii) (ख) (iii) (क) (iv) (घ) (v) (ङ)

5. (क) वह भगवान के दर्शन करने रणथंभौर जाएगा।

(ख) सभी लोग चन्द्रयान मिशन-3 की चर्चा कर रहे थे।

(ग) तुम पुस्तक पढ़ रहे हो। (घ) प्रतिभा नृत्य कर रही है।

(ङ) तुम घर जाओगे।

6. (क) भूतकाल–गोपाल पुस्तक पढ़ रहा था।

वर्तमानकाल–गोपाल पुस्तक पढ़ रहा है।

भविष्यत्काल–गोपाल पुस्तक पढ़ेगा।

(ख) वर्तमानकाल–शिक्षिका बच्चों को हिंदी पढ़ाती है।

भूतकाल–शिक्षिका बच्चों को हिंदी पढ़ाती थी।

भविष्यत् काल–शिक्षिका बच्चों को हिंदी पढ़ाएगी।

(ग) भविष्यकाल–कोटा कॉनेक्स 2024 का उद्घाटन भूपेंद्र पटेल करेंगे।

भूतकाल–कोटा कॉनेक्स 2023 का उद्घाटन भूपेंद्र पटेल ने किया।

वर्तमान काल–कोटा कॉनेक्स 2024 का उद्घाटन भूपेंद्र पटेल कर रहे हैं।

अध्याय 14

अव्यय (अविकारी शब्द)

14.1 अव्यय की परिभाषा

वे शब्द, जिनमें लिंग, वचन, विभक्ति, पुरुष, वाच्य आदि के कारण कोई परिवर्तन नहीं होता है, उन्हें **अव्यय** या **अविकारी शब्द** कहा जाता है; जैसे—यहाँ, वहाँ, आज, अरे, कौन, धीरे-धीरे, कम, नीचे, बाहर आदि।

अव्यय के भेद

अव्यय के निम्नलिखित भेद हैं

1. क्रिया-विशेषण
2. संबंधबोधक
3. समुच्चयबोधक
4. विस्मयादिबोधक
5. निपात

1. क्रिया-विशेषण

क्रिया की विशेषता बताने वाले अव्यय शब्द क्रिया-विशेषण कहलाते हैं; जैसे—

(i) बारिश **लगातार** हो रही है। (ii) गाँधीजी **कहाँ** पैदा हुए थे?

क्रिया-विशेषण के मुख्यत: चार भेद होते हैं

1. **स्थानवाचक क्रिया-विशेषण** जिन क्रिया-विशेषण शब्दों से क्रिया के होने के स्थान का बोध होता है, उन्हें स्थानवाचक क्रिया-विशेषण कहते हैं; जैसे—यहाँ, वहाँ, बाहर, भीतर, इधर, उधर, ऊपर, नीचे, दाहिने, बाएँ आदि।
2. **कालवाचक क्रिया-विशेषण** जिन क्रिया-विशेषण शब्दों से क्रिया के होने के समय का बोध होता है, उन्हें कालवाचक क्रिया-विशेषण कहते हैं; जैसे—आज, कल, प्रात:, सायं, दिनभर, लगातार, प्रतिदिन, हमेशा, आजकल, हर बार, नित्य आदि।
3. **रीतिवाचक क्रिया-विशेषण** जिन क्रिया-विशेषण शब्दों से क्रिया के होने की रीति, विधि या ढंग का बोध होता है, उन्हें रीतिवाचक क्रिया-विशेषण कहते हैं; जैसे—धीरे-धीरे, एकाएक, फटाफट, चुपचाप, शीघ्र, सहसा, ध्यानपूर्वक, अकस्मात्, जैसे-तैसे, कदाचित आदि।
4. **परिमाणवाचक क्रिया-विशेषण** जिन क्रिया-विशेषण शब्दों से क्रिया की मात्रा या उनके परिमाण का बोध होता है, उसे परिमाणवाचक क्रिया-विशेषण कहते हैं; जैसे—कम, अधिक, तनिक, थोड़ा, पर्याप्त, खूब, उतना, जितना, बहुत, ढेरों, अत्यंत, अति, कुछ, लगभग, काफी, केवल आदि।

2. संबंधबोधक

वे अव्यय जो संज्ञा या सर्वनाम के साथ जुड़कर उनका संबंध वाक्य के दूसरे शब्दों के साथ बताते हैं, उन्हें संबंधबोधक कहते हैं; जैसे—

(i) राम, लक्ष्मण तथा सीता **के साथ** वन गए।

(ii) मेरा घर अस्पताल **के निकट** है।

संबंधबोधक के भेद

- कालवाचक — के पूर्व, के पश्चात्, के बाद, आदि।
- स्थानवाचक — के ऊपर, के नीचे, के अंदर, के बाहर, के समीप, के आगे, के पीछे आदि।
- दिशावाचक — की ओर, की तरफ, के आस-पास आदि।
- साधनवाचक के द्वारा, के जरिए, के निमित्त, के खातिर आदि।
- सादृश्यवाचक — के जैसा, के समान, की तरह आदि।
- विरोधवाचक — के उल्टे, के विपरीत, के प्रतिकूल आदि।
- तुलनावाचक — की अपेक्षा आदि।
- उद्देश्यवाचक — के लिए, के हेतु, के फलस्वरूप आदि।
- व्यतिरेकवाचक — के अतिरिक्त, के बिना, के रहित आदि।
- साहचर्यवाचक — के साथ, के संग, के समेत आदि।

3. समुच्चयबोधक या योजक

जो अव्यय एक शब्द का दूसरे शब्द से, एक वाक्य का दूसरे वाक्य से अथवा एक वाक्यांश का दूसरे वाक्यांश से संबंध जोड़ते हैं, वे समुच्चयबोधक या योजक कहलाते हैं; जैसे—

(i) आशीष **और** अवनीश भाई-भाई हैं।

(ii) काले-काले बादल घिर आए, **परंतु** वर्षा न हुई।

समुच्चबोधक के दो भेद होते हैं

(i) **समानाधिकरण समुच्चयबोधक** और, अथवा, तथा, या, लेकिन, अत: आदि।

(ii) **व्यधिकरण समुच्चयबोधक** क्योंकि, कि, ताकि, तथापि, यद्यपि, जिससे आदि।

4. विस्मयादिबोधक

हर्ष, शोक, विस्मय, घृणा आदि मन के भावों को प्रकट करने वाले शब्द विस्मयादिबोधक कहलाते हैं। इन अव्ययों के बाद विस्मयादिबोधक चिह्न (!) लगता है; जैसे—

(i) **अरे!** तुम आज विद्यालय नहीं गए।
(ii) **वाह!** भारत ने विश्वकप में दक्षिण अफ्रीका को हरा दिया।

विस्मयादिबोधक के भेद निम्नलिखित हैं

1. **हर्षबोधक** अहा!, वाह!, शाबाश! आदि।
2. **शोकबोधक** ओह!, हाय!, आह!, उफ!, राम!, राम! आदि।
3. **भयबोधक** बाप रे बाप!, भागो! आदि।
4. **आश्चर्यबोधक** अरे!, ओह!, हें!, क्या! आदि।
5. **घृणाबोधक** छि! छि!, हट! थू! आदि।
6. **प्रशंसा** शाबाश!, सुंदर!, आदि।
7. **आशीर्वादबोधक** जीते रहो!, दीर्घायु हो! आदि।
8. **अभिवादन** नमस्ते!, नमस्कार!, सलाम! आदि।
9. **कृतज्ञबोधक** धन्यवाद!, शुक्रिया! आदि।
10. **चेतावनीबोधक** होशियार!, खबरदार!, सावधान! आदि।

5. निपात

जो अव्यय किसी शब्द या पद के ठीक बाद लगकर उसके अर्थ में विशेष प्रकार का बल या भाव उत्पन्न करने में सहायता करते हैं; उन्हें निपात या अवधारक कहते हैं; जैसे—

(i) तुम **ही** मेरे साथ चलोगे।
(ii) उसने अब **तक** पाठ-याद नहीं किया।

कुछ मुख्य निपात हैं—तक, मत, मात्र, तो, भी, ही, ठीक, लगभग, भर, सिर्फ, केवल आ।

अभ्यास प्रश्न

बहुविकल्पीय व वर्णनात्मक प्रश्नों सहित

1. निम्नलिखित प्रश्नों में दिए गए विकल्पों में से सही विकल्प छाँटिए

(i) क्रिया-विशेषण हैं
(क) विशेषण की विशेषता बताने वाले शब्द
(ख) संज्ञा के स्थान पर प्रयुक्त शब्द
(ग) क्रिया की विशेषता बताने वाले शब्द
(घ) सर्वनाम की स्थान पर प्रयुक्त शब्द

(ii) कालवाचक संबंधबोधक कौन-सा है?
(क) के पूर्व (ख) के निकट
(ग) के बाहर (घ) के बिना

(iii) परिमाणवाचक क्रिया-विशेषण शब्द कौन-सा है?
(क) धीरे-धीरे (ख) ऊपर
(ग) कम (घ) तेज़

(iv) समुच्चयबोधक अव्यय कौन-सा है?
(क) सरपट (ख) बाहर (ग) की अपेक्षा (घ) परंतु

(v) 'मोहन छत <u>पर</u> पतंग उड़ा रहा है'—वाक्य में रेखांकित अंश है।
(क) संबंधबोधक (ख) क्रिया-विशेषण
(ग) विस्मयादिबोधक (घ) समुच्चयबोधक

(vi) 'अहा! हम मैच देखने जाएँगे' वाक्य में निहित भाव है
(क) भय (ख) शोक
(ग) चेतावनी (घ) हर्ष

(vii) धारा के विपरीत तैरना आसान नहीं होता है। वाक्य में संबंधबोधक अव्यय है
(क) धारा (ख) के विपरीत
(ग) तैरना आसान (घ) होता है

(viii) 'प्रतिदिन' शब्द है
(क) कालवाचक क्रिया-विशेषण
(ख) रीतिवाचक क्रिया-विशेषण
(ग) परिमाणवाचक क्रिया-विशेषण
(घ) स्थानवाचक क्रिया-विशेषण

(ix) मैंने <u>एकाएक</u> दरवाज़ा खोला'। वाक्य में रेखांकित अंश है
(क) रीतिवाचक क्रिया-विशेषण
(ख) परिमाणवाचक क्रिया-विशेषण
(ग) कालवाचक क्रिया-विशेषण
(घ) स्थानवाचक क्रिया-विशेषण

(x) संबंधबोधक अव्यय का सही वाक्य है
(क) महिमा छत से ऊपर खेल रही है।
(ख) महिमा छत के ऊपर खेल रही है।
(ग) महिमा छत से नीचे खेल रही है।
(घ) महिमा छत के द्वारा खेल रही है।

2. निम्नलिखित वाक्यों के आगे (✓) और (×) का चिह्न लगाइए

(क) जिन शब्दों का रूप नहीं बदलता, वे विकारी शब्द होते हैं। ( )
(ख) जो शब्द क्रिया की विशेषता बताते हैं, क्रिया विशेषण होते हैं। ( )
(ग) 'धीरे-धीरे' कालवाचक क्रिया-विशेषण है। ( )
(घ) 'से दूर' संबंधबोधक अव्यय है। ( )
(ङ) जो अव्यय पदों/पदबंधों तथा उपवाक्यों को जोड़ते हैं, समुच्चयबोधक शब्द होते हैं। ( )
(च) उल्टे, विपरीत आदि विरोधवाचक संबंधबोधक हैं। ( )

3. उचित क्रिया-विशेषणों से रिक्त स्थान भरिए

(अवश्य, धीरे-धीरे, उतना ही, फटाफट, जैसे-तैसे, मत, अवश्य)

(क) उसने ········ दरवाज़ा खोल दिया।

(ख) आज ट्रेन ········ चल रही है।

(ग) मैं तुम्हारे विवाह में········आऊँगा।

(घ) फूल········तोड़ो।

(ङ) तुम ········ कहाँ रहे?

(च) ········ खाओ जितना पचा सकते हो।

(छ) ········करके हम दिल्ली पहुँच गए।

4. निम्नलिखित वाक्यों में प्रयुक्त क्रिया-विशेषण का नाम लिखिए

(क) पिता जी अचानक आ गए। ········

(ख) मैं कल तुम्हारे घर गया था। ········

(ग) उतना खाओ जितना ज़रूरी हो। ········

(घ) यहाँ से वहाँ तक जल ही जल है। ········

(ङ) बच्चे ऊपर खेल रहे हैं। ········

(च) वह अवश्य आएगा। ········

5. जोड़े मिलाइए

(i) शाबाश!	(क) संबंधबोधक
(ii) ताकि	(ख) समानाधिकरण समुच्चयबोधक
(iii) ही	(ग) निपात
(iv) और	(घ) व्यधिकरण समुच्चयबोधक
(v) से पहले	(ङ) विस्मयादिबोधक

6. निम्नलिखित प्रश्नों के संक्षिप्त उत्तर दीजिए

(i) क्रिया-विशेषण किसे कहते हैं?

(ii) क्रिया-विशेषण के कितने भेद हैं?

(iii) समुच्चयबोधक के भेदों के नाम बताइए।

(iv) विस्मयादिबोधक शब्दों से पाँच वाक्य बनाइए।

(v) अव्यय क्या होते हैं? उसके भेदों के नाम लिखिए।

(vi) निपात से आप क्या समझते हैं? उदाहरण सहित स्पष्ट कीजिए।

(vii) अव्यय शब्दों को अविकारी शब्द क्यों कहा जाता है?

उत्तरमाला

1. (i) (ग) (ii) (क) (iii) (ग) (iv) (घ) (v) (ख) (vi) (घ) (vii) (ख) (viii) (क) (ix) (क) (x) (ख)

2. (क) ✗ (ख) ✓ (ग) ✗ (घ) ✓ (ङ) ✓ (च) ✓

3. (क) फटाफट (ख) धीरे-धीरे (ग) अवश्य (घ) मत (ङ) दिनभर (च) उतना ही (छ) जैसे-तैसे

4. (क) रीतिवाचक क्रिया-विशेषण (ख) कालवाचक क्रिया-विशेषण (ग) परिमाणवाचक क्रिया-विशेषण (घ) स्थानवाचक क्रिया-विशेषण (ङ) स्थानवाचक क्रिया-विशेषण (च) रीतिवाचक क्रिया-विशेषण

5. (i) (ङ) (ii) (घ) (iii) (ग) (iv) (ख) (v) (क)

वाक्य विचार

अध्याय 15

15.1 वाक्य की परिभाषा

शब्दों के व्यवस्थित तथा सार्थक समूह को वाक्य कहते हैं; जैसे–

(i) पौधे पर एक फूल खिला है।

(ii) हमारा घर बहुत सुंदर है।

वाक्य के अंग

वाक्य के दो अंग होते हैं

1. **उद्देश्य** वाक्य में जिसके बारे में कुछ कहा जाता है, उसे सूचित करने वाले शब्द को उद्देश्य कहते हैं। यह वाक्य का कर्ता होता है। उद्देश्य एक शब्द का भी हो सकता है और एक से अधिक शब्दों का भी हो सकता है; जैसे–

   (i) **माली** गमलों में पानी डाल रहा है।

   (ii) **छोटी लड़की** गेंद से खेल रही है।

   उपरोक्त वाक्यों में 'माली' तथा 'छोटी लड़की' के विषय में बात की जा रही है, ये वाक्य के कर्ता हैं इसलिए ये ही उद्देश्य हैं।

2. **विधेय** वाक्य में उद्देश्य या कर्ता के विषय में जो बताया या कहा जाता है, उसे विधेय कहते हैं; जैसे–

   (i) माली गमलों में पानी डाल रहा ह

   (ii) छोटी लड़की गेंद से खेल रही है।

   उपरोक्त वाक्यों में 'गमलों में पानी डाल रहा है' तथा 'गेंद से खेल रही है' विधेय हैं, क्योंकि ये वाक्य के कर्ता 'माली' तथा 'छोटी लड़की' के बारे में बता रहे हैं।

वाक्य के भेद

व्याकरण की दृष्टि से वाक्य के भेद दो आधार पर किए जाते हैं

I. अर्थ के आधार पर

अर्थ के आधार पर वाक्य के **आठ भेद** होते हैं

1. **विधानवाचक** जिस वाक्य में किसी बात या कार्य के होने या करने का सामान्य रूप से बोध हो, उसे विधानवाचक वाक्य कहते हैं; जैसे–
   (i) अक्षत विद्यालय जा रहा है।
   (ii) आकाश में पक्षी उड़ रहे हैं।
2. **निषेधवाचक** जिस वाक्य में क्रिया के करने या होने का निषेध हो, उसे निषेधवाचक वाक्य कहते हैं; जैसे–
   (i) धूप में मत घूमो।
   (ii) हम पिकनिक पर नहीं जा रहे।
3. **आज्ञावाचक** जिस वाक्य से आज्ञा, अनुमति, विनय या अनुरोध का बोध हो, उसे आज्ञावाचक वाक्य कहते हैं; जैसे–
   (i) मुझे दो दिन का अवकाश दे दीजिए।
   (ii) आप अंदर बैठ जाइए।
4. **प्रश्नवाचक** जिस वाक्य में प्रश्न किया या पूछा जाए, उसे प्रश्नवाचक वाक्य कहते हैं। प्रश्नवाचक वाक्यों के अंत में प्रश्नवाचक चिह्न (?) लगाया जाता है; जैसे–
   (i) आपको किससे मिलना है?
   (ii) तुम कहाँ जा रहे हो?
5. **इच्छावाचक** जिस वाक्य से इच्छा, आशीर्वाद, कामना, शुभकामना आदि का भाव प्रकट होता है, उसे इच्छावाचक वाक्य कहते हैं; जैसे–
   (i) आपकी यात्रा मंगलमय हो।
   (ii) ईश्वर तुम्हें लंबी आयु दे।
6. **संदेहवाचक** जिस वाक्य में संदेह या संभावना का बोध हो, उसे संदेहवाचक वाक्य कहते हैं; जैसे–
   (i) लगता है आज बारिश होगी।
   (ii) शायद आज हम पिकनिक पर जाएँ।
7. **संकेतवाचक** जिस वाक्य में एक क्रिया का होना दूसरी क्रिया के होने पर निर्भर करता हो, उसे संकेतवाचक वाक्य कहते हैं; जैसे–
   (i) यदि उसने मुझे बुलाया, तो मैं ज़रूर जाऊँगी।
   (ii) यदि बाँध न टूटता, तो बाढ़ नहीं आती।
8. **विस्मयादिवाचक** जिस वाक्य से हर्ष, शोक, आश्चर्य, घृणा आदि भावों का बोध होता है, उसे विस्मयादिवाचक वाक्य कहते हैं; जैसे–
   (i) हाय! मैं तो लुट गया।
   (ii) उफ! कितनी गर्मी है।

II. रचना के आधार पर

रचना के आधार पर वाक्य के **तीन भेद** हैं

1. **सरल वाक्य** जिस वाक्य में एक मुख्य क्रिया, एक विधेय और एक ही उद्देश्य होता है, उसे सरल वाक्य कहते हैं; जैसे–
   (i) माँ फल लेने बाजार गई है।
   (ii) कल हमारी छुट्टी थी।
2. **संयुक्त वाक्य** जिस वाक्य में दो-या-दो से अधिक स्वतंत्र उपवाक्य योजक या समुच्चयबोधक अव्यय द्वारा जुड़े हों, उसे संयुक्त वाक्य कहते हैं; जैसे–
   (i) हमने फिल्म का टिकट खरीदा और सिनेमा हॉल चले गए।
   (ii) मैं नानी के घर थी इसलिए स्कूल नहीं आ पाई।
3. **मिश्रित वाक्य** जिस वाक्य में एक से अधिक सरल वाक्य इस प्रकार जुड़े हों कि उनमें एक प्रधान उपवाक्य तथा अन्य आश्रित उपवाक्य हों, उसे मिश्रित वाक्य कहते हैं; जैसे–
   (i) जैसे ही हवन समाप्त हुआ, वैसे ही प्रसाद बाँटा गया।
   (ii) माँ ने कहा कि शाम तक घर ज़रूर आ जाना।

9.2 उपवाक्य

कई बार एक वाक्य में अनेक उपवाक्य होते हैं, जिसमें एक प्रधान तथा शेष गौण या आश्रित होते हैं। प्रधान (मुख्य) उपवाक्य वह है, जिसकी क्रिया मुख्य होती है। आश्रित उपवाक्यों का आरंभ प्राय: 'कि', 'जो', 'जिसे', 'यदि', 'क्योंकि' आदि शब्दों से होता है; जैसे—

- मधु स्वस्थ हो गई, क्योंकि उसने दवाई समय पर ली।
- गाँधीजी ने कहा कि हमें सदा सत्य बोलना चाहिए।

आश्रित उपवाक्यों के भेद

मिश्र वाक्य में प्रयुक्त होने वाले आश्रित उपवाक्य तीन प्रकार के होते हैं

1. **संज्ञा उपवाक्य** जो आश्रित उपवाक्य वाक्य में संज्ञा का कार्य करता है, उसे संज्ञा उपवाक्य कहते हैं। संज्ञा उपवाक्य की पहचान यह है कि इस उपवाक्य के पूर्व में 'कि' होता है; जैसे—
   - माता जी ने कहा कि आज खीर बनाएँगी।
   - युधिष्ठिर ने कहा कि हम युद्ध नहीं चाहते।
2. **विशेषण उपवाक्य** किसी संज्ञा या सर्वनाम शब्द की विशेषता बताने वाला वाक्यांश विशेषण उपवाक्य कहलाता है। मुख्य उपवाक्य में कौन, किसे, किन्हें आदि प्रश्न का जो उत्तर होता है, वह विशेषण उपवाक्य होता है। विशेषण उपवाक्य वाक्य के आरंभ या मध्य में कहीं भी आ सकता है; जैसे—
   - उस लड़की को अंदर बुलाओ, जो बरामदे में बैठी है।
   - जिसने कल शोर मचाया था यह वही लड़की है।
3. **क्रियाविशेषण उपवाक्य** मुख्य उपवाक्य की क्रिया के संबंध में सूचना देने वाला अर्थात् क्रियाविशेषण की तरह व्यवहार में आने वाला उपवाक्य क्रियाविशेषण उपवाक्य कहलाता है; जैसे—
   - जब मैं भारत में रहता था, तब रोज़ सुबह उठता था। (समय)
   - जहाँ वह रहती थी, वहाँ अब पार्क बना दिया गया है। (स्थान)

अभ्यास प्रश्न

बहुविकल्पीय व वर्णनात्मक प्रश्नों सहित

1. निम्नलिखित प्रश्नों में दिए विकल्पों में से सही विकल्प छाँटिए

(i) वाक्य में कितने अंग होते हैं?
(क) एक (ख) दो
(ग) तीन (घ) चार

(ii) अर्थ की दृष्टि से वाक्य कितने प्रकार के होते हैं?
(क) एक (ख) तीन (ग) चार (घ) आठ

(iii) रचना की दृष्टि से वाक्य के कितने भेद होते हैं?
(क) आठ (ख) तीन (ग) पाँच (घ) सात

(iv) 'कि' शब्द किस प्रकार के वाक्य में प्रयुक्त होता है?
(क) सरल वाक्य (ख) मिश्रित वाक्य
(ग) संयुक्त वाक्य (घ) प्रश्नवाचक वाक्य

(v) ऐसा कौन-सा वाक्य है, जिसमें किसी बात या कार्य के न होने या न करने का भाव प्रकट होता है?
(क) प्रश्नवाचक (ख) निषेधवाचक
(ग) आज्ञावाचक (घ) इच्छाषोधक

(vi) 'यदि फसलें अच्छी होतीं तो महँगाई कम होती।' वाक्य का भेद है
(क) आज्ञावाचक (ख) संदेहवाचक
(ग) संकेतवाचक (घ) विधानवाचक

(vii) इच्छावाचक वाक्य का उदाहरण है
(क) बच्चा देर तक रोता रहा।
(ख) वह बाजार नहीं गया।
(ग) शायद वर्षा होगी।
(घ) काश! गर्मी कम हो जाती।

(viii) 'अहा! हम मैच जीत गए।' वाक्य का भेद है
(क) प्रश्नवाचक (ख) विस्मयादिबोधक
(ग) संकेतवाचक (घ) आज्ञावाचक

(ix) 'तारे छिप चुके हैं।' रचना के आधार पर वाक्य भेद है
(क) सरल वाक्य (ख) संयुक्त वाक्य
(ग) मिश्रवाक्य (घ) इनमें से कोई नहीं

(x) मिश्रित वाक्य का उदाहरण है
(क) राम ने चित्र बनाया।
(ख) भावना बाज़ार नहीं गई।
(ग) भौमिक आया पर यहाँ रुका नहीं।
(घ) माँ ने कहा कि विद्यालय से सीधे घर आना।

2. निम्नलिखित कथनों के आगे (✓) और (×) का चिह्न लगाइए

(क) वाक्य भाषा की महत्त्वपूर्ण इकाई है। ( )
(ख) उद्देश्य वाक्य के अंत में आता है। ( )
(ग) विधेय वाक्य का कर्ता होता है। ( )
(घ) प्रश्नवाचक वाक्यों में प्रश्न पूछा जाता है और प्रश्नसूचक चिह्न लगता है। ( )
(ङ) जिस वाक्य में इच्छा, आशीर्वाद, कामना आदि भाव प्रकट होते हैं, उसे इच्छावाचक वाक्य कहते हैं। ( )
(च) संयुक्त वाक्य दो वाक्यों को जोड़ता है। ( )

3. जोड़े मिलाओ

(i)	मुझे गुलाब दीजिए जो ताजा है।	(क) विशेषण उपवाक्य
(ii)	यह वही लड़का है जिसने वृद्धा को सड़क पार कराई थी।	(ख) संज्ञा उपवाक्य
(iii)	प्रश्नों को ध्यान से पढ़कर उत्तर लिखिए।	(ग) संयुक्त वाक्य
(iv)	उसने आज खाना नहीं खाया, क्योंकि उसके पेट में दर्द है।	(घ) सरल वाक्य
(v)	अध्यापिका ने कहा कि इस वर्ष सर्दी की छुट्टियाँ 24 दिसंबर से होंगी।	(ङ) मिश्रित वाक्य

4. निम्नलिखित वाक्यों के अर्थ की दृष्टि से भेद लिखिए

(क) बच्चो! बाहर मत खेलो।
(ख) भगवान आपकी हर मनोकामना पूरी करे।
(ग) अरे! तुम्हारा हाथ कैसे जल गया।
(घ) पिता जी घर पहुँच गए होंगे।
(ङ) शायद यह वही लड़की है जिसने मुझ पर रंग फेंका था।

5. निम्नलिखित वाक्यों में उद्देश्य और विधेय की पहचान कीजिए

(क) रोमा बाजार जा रही है।
(ख) सूर्य पूर्व से उदय होता है।
(ग) माँ ने मेरा जन्मदिन मनाया।
(घ) चित्रकार सुंदर चित्र बनाता है।
(ङ) रानी लक्ष्मीबाई ने अंग्रेजों से खूब लोहा लिया।

6. निर्देशानुसार अर्थ के आधार पर वाक्य परिवर्तन कीजिए

(क) भारत एक लोकतंत्र देश होगा। (विधानवाचक)
(ख) आपने खाना खा लिया। (प्रश्नवाचक)
(ग) आज सुमन आएगी। (संदेहवाचक)
(घ) तुम कैसे गिर गए। (विस्मयसूचक)
(ङ) परिश्रम करने पर तुम्हें सफलता मिलेगी। (संकेतवाचक)

7. निर्देशानुसार रचना के आधार पर वाक्य परिवर्तित कीजिए

(क) जैसे ही वह स्टेशन पहुँचा, त्यों वैसे ही गाड़ी चल दी। (सरल वाक्य में)
(ख) चूहे ने मोटा कालीन काट डाला। (मिश्र वाक्य में)
(ग) अपराध सिद्ध होने पर उसे सज़ा हुई। (संयुक्त वाक्य में)

(घ) इस संसार में दिखाई देने वाली सभी चीजें नाशवान हैं। (मिश्र वाक्य में)

(ङ) पिता जी की इच्छा के कारण मुझे छात्रावास में जाना पड़ा। (संयुक्त वाक्य में)

(च) वह लड़का गाँव जाकर बीमार हो गया। (मिश्र वाक्य में)

(छ) वह रोज़ व्यायाम करता है, इसलिए स्वस्थ रहता है। (सरल वाक्य में)

8. निम्नलिखित प्रश्नों के संक्षिप्त उत्तर दीजिए

(i) वाक्य किसे कहते हैं?

(ii) वाक्य के प्रकारों को किन दो आधारों पर बाँटा गया है?

(iii) अर्थ की दृष्टि से वाक्य के प्रकार बताइए।

(iv) रचना की दृष्टि से वाक्य के प्रकार कौन-से हैं?

(v) विस्मयादिवाचक वाक्य किन-किन भावों को प्रकट करते हैं? दो विस्मयादिवाचक वाक्य भी लिखिए।

उत्तरमाला

1. (i) (ख) (ii) (घ) (iii) (ख) (iv) (ख) (v) (ख) (vi) (ग) (vii) घ) (viii) (ख) (ix) (क) (x) (घ)

2. (क) ✓ (ख) × (ग) × (घ) ✓ (ङ) ✓ (च) ✓

3. (i) ङ (ii) (क) (iii) (घ) (iv) (ग) (v) (ख)

4. (क) निषेधवाचक (ख) इच्छावाचक (ग) विस्मयादिसूचक (घ) संदेहवाचक (ङ) संदेहवाचक

5.

उद्देश्य	विधेय
(क) रोमा	बाज़ार जा रही है।
(ख) सूर्य	पूर्व से उदय होता है।
(ग) माँ ने	मेरा जन्मदिन मनाया।
(घ) चित्रकार	सुंदर चित्र बनाता है।
(ङ) रानी लक्ष्मीबाई ने	अंग्रेजों से खूब लोहा लिया।

6. (क) भारत एक लोकतंत्र देश है।
(ख) क्या आपने खाना खा लिया?
(ग) शायद आज सुमन आएगी।
(घ) अरे! तुम कैसे गिर गए।
(ङ) अगर तुम परिश्रम करोगे तो सफलता मिलेगी।

7. (क) उसके स्टेशन पहुँचते ही गाड़ी चल दी।
(ख) एक मोटा कालीन था, जिसे चूहे ने काट डाला।
(ग) उसका अपराध सिद्ध हुआ और उसे सज़ा मिल गई।
(घ) जो चीज़ें इस संसार में दिखाई देती हैं, वे सभी नाशवान् हैं।
(ङ) पिता जी की इच्छा थी, इसलिए मुझे छात्रावास जाना पड़ा।
(च) जैसे ही वह लड़का गाँव गया, वैसे ही वह बीमार हो गया।
(छ) रोज़ व्यायाम करने से वह स्वस्थ रहता है।

अध्याय 16

वर्तनी संबंधी अशुद्धियाँ और उनका शुद्ध रूप

16.1 वर्तनी का अर्थ

भाषा को लिखित रूप में प्रकट करने के लिए लिपि चिह्नों का प्रयोग किया जाता है। इसके लिए वर्तनी का ज्ञान आवश्यक है। शब्दों में प्रयुक्त वर्णों की क्रमिकता को **वर्तनी** कहते हैं।

वर्तनी का कार्य यह निश्चित करना है कि भाषा की ध्वनियों, वर्णों, संयोजनों, उच्चारित शब्दों का लिखित रूप कैसा हो।

वर्तनी-संबंधी अशुद्धियाँ

शुद्ध उच्चारण न करने के कारण वर्तनी की अशुद्धियाँ हो जाती हैं। कुछ अशुद्धियाँ इस प्रकार हैं

'अ' तथा 'आ' संबंधी अशुद्धियाँ

अशुद्ध	शुद्ध	अशुद्ध	शुद्ध
आपना	अपना	सप्ताहिक	साप्ताहिक
अहार	आहार	हस्ताक्षेप	हस्तक्षेप
बरात	बारात	अगामी	आगामी
संसारिक	सांसारिक	अध्यात्मिक	आध्यात्मिक
व्यवसायिक	व्यावसायिक	आधीन	अधीन

'इ' तथा 'ई' संबंधी अशुद्धियाँ

अशुद्ध	शुद्ध	अशुद्ध	शुद्ध
युधिष्ठर	युधिष्ठिर	बिमारी	बीमारी
मैथलीशरण	मैथिलीशरण	अहिल्या	अहल्या
प्रदर्शिनी	प्रदर्शनी	अभीमान	अभिमान
प्रतिनिधी	प्रतिनिधि	परिक्षा	परीक्षा
अतिथी	अतिथि	श्रीमति	श्रीमती
दवाईयाँ	दवाइयाँ	गृहणी	गृहिणी
रितिकाल	रीतिकाल	तिरिस्कार	तिरस्कार

'उ' तथा 'ऊ' संबंधी

अशुद्ध	शुद्ध	अशुद्ध	शुद्ध
सुरज	सूरज	दूबारा	दुबारा
तुफान	तूफान	दुसरा	दूसरा

अशुद्ध	शुद्ध	अशुद्ध	शुद्ध
धूआँ	धुआँ	सुचि	सूची
सूई	सुई	गुरू	गुरु
उपर	ऊपर	रुठना	रूठना

'ए' तथा 'ऐ' संबंधी अशुद्धियाँ

अशुद्ध	शुद्ध	अशुद्ध	शुद्ध
सेनिक	सैनिक	भाषाऐ	भाषाएँ
भेया	भैया	वैश्या	वेश्या
बनाऐ	बनाए	चाहिये	चाहिए

'ई' तथा 'यी' संबंधी अशुद्धियाँ

अशुद्ध	शुद्ध	अशुद्ध	शुद्ध
बड़ायी	बड़ाई	स्थाई	स्थायी
लड़ायी	लड़ाई	मिठायी	मिठाई
विजई	विजयी	लिखायी	लिखाई

'ओ' तथा 'औ' संबंधी अशुद्धियाँ

अशुद्ध	शुद्ध	अशुद्ध	शुद्ध
ओद्यौगिक	औद्योगिक	त्यौहार	त्योहार
व्यौपार	व्यापार	अलोकिक	अलौकिक
गोतम	गौतम	बिछोना	बिछौना

'ऋ' संबंधी अशुद्धियाँ

अशुद्ध	शुद्ध	अशुद्ध	शुद्ध
प्रक्रति	प्रकृति	श्रंगार	शृंगार
कृया	क्रिया	बृज	ब्रज
दृव्य	द्रव्य	मात्रभूमि	मातृभूमि
रिण	ऋण	बृटिश	ब्रिटिश

अनुनासिक (ँ) संबंधी अशुद्धियाँ

अशुद्ध	शुद्ध	अशुद्ध	शुद्ध
रंगाइ	रंगाई	लंगोटी	लँगोटी
संवारना	सँवारना	गंवार	गँवार
हंसमुख	हँसमुख	हंसिया	हँसिया

विसर्ग (:) संबंधी अशुद्धियाँ

अशुद्ध	शुद्ध	अशुद्ध	शुद्ध
अंताकरण	अत:करण	मूलतम	मूलत:
प्राता	प्रात:	अतएव	अत:एव
अधापतन	अध:पतन	निसंतान	नि:संतान

स्वर संयोग संबंधी अशुद्धियाँ

अशुद्ध	शुद्ध	अशुद्ध	शुद्ध
लड़ाईयाँ	लड़ाइयाँ	सहास	साहस
रानिओं	रानियों	हिंदुवों	हिंदुओं
हुये	हुए	आयिए	आइए

'न' और 'ग' संबंधी अशुद्धियाँ

अशुद्ध	शुद्ध	अशुद्ध	शुद्ध
प्रमान	प्रमाण	मरन	मरण
रनभूमि	रणभूमि	रामायन	रामायण
प्रनाम	प्रणाम	वीना	वीणा
टिप्पनी	टिप्पणी	दर्पन	दर्पण

ड-ढ तथा ड़-ढ़ संबंधी अशुद्धियाँ

अशुद्ध	शुद्ध	अशुद्ध	शुद्ध
झाडू	झाड़ू	लुड़कना	लुढ़कना
क्रीडा	क्रीड़ा	मेंढ़क	मेंढक
पडता	पड़ता	ढ़ेर	ढेर
सोड़ा	सोडा	बूढा	बूढ़ा

र, ड़, ल संबंधी अशुद्धियाँ

अशुद्ध	शुद्ध	अशुद्ध	शुद्ध
घबड़ाना	घबराना	विरलाप	विलाप
छोकड़ी	छोकरी	लकरी	लकड़ी
टोकड़ी	टोकरी	सरक	सड़क

व, स संबंधी अशुद्धियाँ

अशुद्ध	शुद्ध	अशुद्ध	शुद्ध
बधू	वधू	बर्ष	वर्ष
बैदही	वैदही	बसंत	वसंत
बन	वन	बनस्पति	वनस्पति
ब्रत	व्रत	बिष	विष

श, ष, स संबंधी अशुद्धियाँ

अशुद्ध	शुद्ध	अशुद्ध	शुद्ध
शाशन	शासन	प्रशाद	प्रसाद
आदर्ष	आदर्श	कश्ट	कष्ट
दुस्कर	दुष्कर	रास्ट्र	राष्ट्र
विसेषता	विशेषता	नास	नाश
तपश्या	तपस्या	अमावश्या	अमावस्या
शैनिक	सैनिक	प्रशन्न	प्रसन्न
विषेश	विशेष	भाशा	भाषा

'क्ष' तथा 'छ' संबंधी अशुद्धियाँ

अशुद्ध	शुद्ध	अशुद्ध	शुद्ध
लछमी	लक्ष्मी	छेत्र	क्षेत्र
छमा	क्षमा	सिच्छा	शिक्षा
लच्छन	लक्षण	नछत्र	नक्षत्र
छुद्र	क्षुद्र	लछमण	लक्ष्मण

'र' (रेफ) संबंधी अशुद्धियाँ

अशुद्ध	शुद्ध	अशुद्ध	शुद्ध
आर्शीवाद	आशीर्वाद	स्मर्ण	स्मरण
स्र्वगीय	स्वर्गीय	नर्क	नरक
कार्यकर्म	कार्यक्रम	प्रमात्मा	परमात्मा
संस्कर्ण	संस्करण	पतर	पत्र

'ष्ट', 'ष्ठ' संबंधी अशुद्धियाँ

अशुद्ध	शुद्ध	अशुद्ध	शुद्ध
निष्टा	निष्ठा	सृष्ठि	सृष्टि
घनिष्ट	घनिष्ठ	संतुष्ठ	संतुष्ट
कनिष्ट	कनिष्ठ	नष्ठ	नष्ट
प्रतिष्टा	प्रतिष्ठा	उत्कृष्ठ	उत्कृष्ट

य के साथ संयोग होने वाली अशुद्धियाँ

अशुद्ध	शुद्ध	अशुद्ध	शुद्ध
कृप्या	कृपया	वितीत	व्यतीत
उपलक्ष	उपलक्ष्य	पियास	प्यास
व्यक्तिक	वैयक्तिक	राजाभिषेक	राज्याभिषेक
जादा	ज्यादा	क्यिारी	क्यारी

अक्षरलोप से होने वाली अशुद्धियाँ

अशुद्ध	शुद्ध	अशुद्ध	शुद्ध
स्वालंबन	स्वावलंबन	द्वंद	द्वंद्व
स्वास्थ	स्वास्थ्य	सप्ता	सप्ताह
अध्यन	अध्ययन	पर्वती	पर्वतीय

'ज्ञ' और 'ग्य' संबंधी अशुद्धियाँ

अशुद्ध	शुद्ध	अशुद्ध	शुद्ध
आग्या	आज्ञा	योज्ञ	योग्य
ग्यान	ज्ञान	कृतग्य	कृतज्ञ
ग्यापन	ज्ञापन	प्रतिग्या	प्रतिज्ञा
विग्यान	विज्ञान	यग्य	यज्ञ

पंचमाक्षर संबंधी अशुद्धियाँ

अशुद्ध	शुद्ध	अशुद्ध	शुद्ध
पन्खा	पंखा	कुण्डली	कुंडली
मन्डल	मंडल	पन्कज	पंकज
अन्ग	अंग	शन्ख	शंख
कन्ठ	कंठ	दन्डित	दंडित

अभ्यास प्रश्न

बहुविकल्पीय व वर्णनात्मक प्रश्नों सहित

1. निम्नलिखित प्रश्नों में दिए विकल्पों में से सही विकल्प छाँटिए

(i) पंचमाक्षर कौन-से हैं?
(क) ङ्, ञ, ण्, न्, म् (ख) क, ख, ग
(ग) य, र, ल, व (घ) श, ष, स, ह

(ii) एक्य का मानक रूप क्या है?
(क) ऐक्य (ख) एकय
(ग) ऐक (घ) एक

(iii) गोतम का शुद्ध रूप क्या है?
(क) गौतम (ख) गोंतम
(ग) गाँतम (घ) गांतम

(iv) युधिष्ठर का शुद्ध रूप कौन-सा है?
(क) युधिषठर (ख) युधिष्ठिर
(ग) युद्धिष्ठर (घ) युद्धष्ठर

(v) 'ओलोकिक' शब्द का शुद्ध रूप है..........।
(क) आलोकिक (ख) आलौकिक
(ग) अलोकिक (घ) अलौकिक

(vi) प्रक्रति का शुद्ध रूप क्या है?
(क) प्रकती (ख) प्रकृती (ग) प्रकृति (घ) प्रर्कति

(vii) 'सन्यासी' शब्द का शुद्ध रूप है
(क) संयासी (ख) संन्यासी (ग) सनयासी (घ) शंन्यासी

(viii) 'आर्शीवाद' का शुद्ध रूप है
(क) आर्शीवाद (ख) आसीरवाद (ग) आसीर्वाद (घ) आशीर्वाद

(ix) 'अहिल्या' का शुद्ध रूप है
(क) अहील्या (ख) अहिलया (ग) अहल्या (घ) आहिलया

(x) 'दंवाईयाँ' शब्द का शुद्ध रूप है..........।
(क) दवाइयाँ (ख) दवाईया (ग) दावईयाँ (घ) दावाइयाँ

2. रिक्त स्थान भरिए

(क) आज गाड़ियों का .... (धूआँ) हवा को प्रदूषित कर रहा है।
(ख) कल बाजार में .... (श्रंगार) का सामान बहुत ज्यादा बिक रहा था।
(ग) व्यापारियों ने एक ...... (व्यौपार) मंडल बनाया हुआ था।

(घ) सभी बच्चे .... (गुरू) का आदर करें।
(ङ) ईश्वर की महिमा .... (अलोकिक) है।
(च) हमारे देश में कई .... (भाषाए) बोली जाती हैं।

3. निम्नलिखित शब्दों के शुद्ध रूप से मिलान कीजिए

(i) कीडा	(क) वधू
(ii) नारायन	(ख) तरुण
(iii) तरुन	(ग) रणभूमि
(iv) रनभूमि	(घ) क्रीड़ा
(v) विरलाप	(ङ) नारायण
(vi) बधू	(च) विलाप

4. निम्नलिखित शब्दों में से शुद्ध शब्दों का चयन करके (✓) का चिह्न लगाइए

1. (क) त्यौहार (ख) त्योहार (ग) तियोहार (घ) तयोहार
2. (क) दवाईया (ख) दवाईयाँ (ग) दवाइयाँ (घ) दवाइआँ
3. (क) परापत (ख) पराप्त (ग) प्राप्त (घ) प्रराप्त
4. (क) रितु (ख) त्रिृतु (ग) ऋतु (घ) रीतु
5. (क) मरित्यु (ख) मृत्यु (ग) मृत्यू (घ) मरत्यु
6. (क) प्रातकाल (ख) प्रात:काल (ग) प्रा:तकाल (घ) परात:काल
7. (क) पारिवारिक (ख) परिवारिक (ग) पारिवरिक (घ) परीवारिक
8. (क) कृतज्ञ (ख) कृताय (ग) कृत्ज्ञ (घ) कृतग
9. (क) नछत्र (ख) नक्षत्र (ग) नकशत्र (घ) नक्शत्र
10. (क) मात्रभूमि (ख) मातृभूमि (ग) मातरभूमि (घ) मातरिभूमि
11. (क) शक्ती (ख) शकति (ग) शक्ति (घ) शक्ति
12. (क) स्मरन (ख) सिमरन (ग) स्मरण (घ) समरण
13. (क) स्वास्थ (ख) स्वास्थ्य (ग) सवास्थ्य (घ) स्वासथ्य
14. (क) कवयित्री (ख) कवियित्री (ग) कवीयित्री (घ) कवीयित्रि
15. (क) उज्जवल (ख) उज्वल (ग) उज्ज्वल (घ) उजजवल

उत्तरमाला

1. (i) (क) (ii) (क) (iii) (क) (iv) (ख) (v) (घ) (vi) (ग) (vii) (ख) (viii) (घ) (ix) (ग) (x) (क)

2. (क) धुआँ (ख) शृंगार (ग) व्यापार (घ) गुरु (ङ) अलौकिक (च) भाषाएँ

3. (i) (घ) (ii) (ङ) (iii) (ख) (iv) (ग) (v) (च) (vi) (क)

4. 1. (ख) 2. (ग) 3. (ग) 4. (ग) 5. (ख) 6. (ख) 7. (क) 8. (क) 9. (ख) 10. (ख) 11. (ग) 12. (ग) 13. (ख) 14. (क) 15. (ग)

अध्याय 17 वाक्य संबंधी अशुद्धियाँ और उनका शुद्ध रूप

17.1 वाक्य संबंधी अशुद्धियाँ

हिन्दी में वाक्य संबंधी पाँच प्रकार की अशुद्धियाँ होती हैं, जो निम्नलिखित हैं

1. वर्तनीगत अशुद्धियाँ
2. शब्द निर्माण की अशुद्धियाँ
3. शब्द चयन की अशुद्धियाँ
4. अनावश्यक शब्द प्रयोग की अशुद्धियाँ
5. व्याकरण की अशुद्धियाँ

वर्तनीगत अशुद्धियाँ

वर्तनीगत अशुद्धियाँ दो प्रकार की होती हैं

1. **स्वर संबंधी अशुद्धियाँ** वे अशुद्धियाँ जो बोलते व लिखते समय अ, आ, इ, ई, उ, ऊ, ए, ऐ, ओ, औ आदि हिंदी वर्णमाला के स्वरों से संबंधित होती हैं, स्वर संबंधी अशुद्धियाँ कहलाती हैं। स्वर संबंधी अशुद्धियों के कुछ उदाहरण निम्नलिखित हैं

अशुद्ध	शुद्ध
• आप अनाधिकार चेष्टा न करें।	आप अनधिकार चेष्टा न करें।
• महंत जी को आध्यात्म का अच्छा ज्ञान है।	महंत जी को अध्यात्म का अच्छा ज्ञान है।
• महादेवि आधुनीक युग की मीरा हैं।	महादेवी आधुनिक युग की मीरा हैं।
• मेरा परिक्षा-परणाम कल घोषित होगा।	मेरा परीक्षा-परिणाम कल घोषित होगा।

2. **व्यंजन संबंधी अशुद्धियाँ** वे अशुद्धियाँ जो बोलते व लिखते समय क, ख, ग ... प, फ... य, र, ल... आदि हिंदी वर्णमाला के व्यंजनों से संबंधित होती हैं, व्यंजन संबंधी अशुद्धियाँ कहलाती हैं। व्यंजन संबंधी अशुद्धियों के कुछ उदाहरण निम्नलिखित हैं

अशुद्ध	शुद्ध
• प्रात: प्राड्ड्याम करो।	प्रात: प्राणायाम करो।
• मैं तुमारी इक्षा पूरी करूँगा।	मैं तुम्हारी इच्छा पूरी करूँगा।
• शरोबर में कमल के पुस्प खिले हैं।	सरोवर में कमल के पुष्प खिले हैं।
• हिन्दी भाषा का श्रोत संस्क्रत है।	हिन्दी भाषा का स्रोत संस्कृत है।
• हमारा संघटन मज़बूत है।	हमारा संगठन मज़बूत है।

शब्द निर्माण की अशुद्धियाँ

हिंदी भाषा में शब्दों का निर्माण कई प्रकार से होता है। लिखते व बोलते समय जब हम शब्द निर्माण संबंधी नियमों का अनुपालन नहीं करते, तो वहाँ शब्द निर्माण संबंधी अशुद्धियाँ उत्पन्न हो जाती हैं। शब्द निर्माण की अशुद्धियों के कुछ उदाहरण निम्नलिखित हैं

अशुद्ध	शुद्ध
• भारत सबसे बड़ा लोकतंत्रिक देश है।	भारत सबसे बड़ा लोकतान्त्रिक देश है।
• समस्या का तत्कालिक समाधान करें।	समस्या का तात्कालिक समाधान करें।
• गिरीश जी लब्धप्रतिष्ठित नेता हैं।	गिरीश जी लब्धप्रतिष्ठ नेता हैं।
• इस इमारत की इतिहासिकता संदिग्ध है।	इस इमारत की ऐतिहासिकता संदिग्ध है।

शब्द चयन की अशुद्धियाँ

इन अशुद्धियों का संबंध शब्दों के चुनाव से है। हम बोलते व लिखते समय वाक्यों में शब्द का गलत चुनाव कर लेते हैं और तब शब्द चयन की अशुद्धियाँ होती हैं। शब्द चयन की अशुद्धियों के कुछ उदाहरण निम्नलिखित हैं

अशुद्ध	शुद्ध
• मन की चंचलता घटने पर एकाग्रचित्तता बढ़ती है।	मन की चंचलता घटने पर एकाग्रता बढ़ती है।
• इस पुस्तक की यही अच्छाई है।	इस पुस्तक की यही विशेषता है।
• आपके कथन से मुझे शक्ति मिली है।	आपके कथन से मुझे बल मिला है।
• रंगशाला में नाटक का खेल हुआ।	रंगशाला में नाटक खेला गया।
• गले में पराधीनता की बेड़ियाँ पड़ गईं।	पैरों में पराधीनता की बेड़ियाँ पड़ गईं।

अनावश्यक शब्द प्रयोग की अशुद्धियाँ

इन अशुद्धियों का संबंध शब्दों के अनावश्यक एवं अनपेक्षित प्रयोग से है। इस प्रकार जब अनावश्यक शब्द का प्रयोग किया जाता है, तो वाक्य के अर्थ में नीरसता उत्पन्न हो जाती है। अनावश्यक शब्द प्रयोग की अशुद्धियों के कुछ उदाहरण निम्नलिखित हैं

अशुद्ध	शुद्ध
• कुछ लोग परस्पर आपस में बातें कर रहे थे।	कुछ लोग परस्पर बातें कर रहे थे।
• मैंने उनकी बात पर आपत्ति प्रकट की।	मैंने उनकी बात पर आपत्ति की।
• वह समस्त प्राणिमात्र का हितैषी है।	वह प्राणिमात्र का हितैषी है।
• आप लोगों का परस्पर में सहयोग होना चाहिए।	आप लोगों का परस्पर सहयोग होना चाहिए।
• सभी छात्रों में गोपाल बहुत श्रेष्ठ है।	सभी छात्रों में गोपाल श्रेष्ठ है।

व्याकरण की अशुद्धियाँ

संज्ञा, लिंग, वचन, कारक, सर्वनाम, विशेषण, क्रिया, अव्यय, पदक्रम आदि से संबंधित अशुद्धियों को व्याकरण की अशुद्धियाँ कहते हैं। व्याकरण की अशुद्धियों के कुछ उदाहरण निम्नलिखित हैं

संज्ञा संबंधी

अशुद्ध	शुद्ध
• ये लड़किए परीक्षा में प्रथम आई है।	यह लड़की परीक्षा में प्रथम आई है।
• आज घोड़ा दौड़ भी होगी।	आज घुड़दौड़ भी होगी।
• चिड़ियामार पक्षी बेचता है।	चिड़ीमार पक्षी बेचता है।
• लौहार लोहे का सामान बनाता है।	लुहार लोहे का सामान बनाता है।
• क्या कुछ अशगुन हो गया?	क्या कुछ अपशकुन हो गया?

लिंग संबंधी

अशुद्ध	शुद्ध
• कल विद्यालय बंद रहेगी।	कल विद्यालय बंद रहेगा।
• कृष्ण और राधा मधुवन में गई।	कृष्ण और राधा मधुवन में गए।
• आपकी लिखावट बहुत अच्छा है।	आपकी लिखावट बहुत अच्छी है।
• दही बहुत खट्टी है।	दही बहुत खट्टा है।
• सुधा बड़ी बुद्धिमान है।	सुधा बड़ी बुद्धिमती है।

वचन संबंधी

अशुद्ध	शुद्ध
• प्यास से मेरे होंठ सूख रहा है।	प्यास से मेरे होंठ सूख रहे हैं।
• पिता जी आ रहा है।	पिता जी आ रहे हैं।

अशुद्ध	शुद्ध
• चार आदमी ने नगर की यात्रा की।	चार आदमियों ने नगर की यात्रा की।
• हमारी कमीज में पाँच बटनें हैं।	हमारी कमीज में पाँच बटन हैं।
• पाँच किलो आलुओं के दाम पचास रुपये हैं।	पाँच किलो आलू के दाम पचास रुपये हैं।

कारक संबंधी

अशुद्ध	शुद्ध
• अतुल घर पर नहीं है।	अतुल घर में नहीं है।
• कवि सम्मेलन का दायित्व आपके ऊपर है।	कवि सम्मेलन का दायित्व आप पर है।
• जनता के अन्दर असंतोष है।	जनता में असंतोष है।
• आपने यह काम करना है।	आपको यह काम करना है।
• मैंने अपनी आँखों की वह घटना देखी।	मैंने अपनी आँखों से वह घटना देखी।

क्रिया संबंधी

अशुद्ध	शुद्ध
• क्या यह सम्भव हो सकता है?	क्या यह संभव है?
• मैं इसका कारण दे सकता हूँ।	मैं इसका कारण बता सकता हूँ।
• वहाँ अकस्मात् अट्टहास हो उठा।	वहाँ अकस्मात् अट्टहास हुआ।
• तुम चार बजे तक मेरी प्रतीक्षा देखना।	तुम चार बजे तक मेरी प्रतीक्षा करना।
• इस कथन का स्पष्टीकरण करने की आवश्यकता है।	इस कथन के स्पष्टीकरण की आवश्यकता है।

क्रिया-विशेषण संबंधी

अशुद्ध	शुद्ध
• यह पुस्तक विद्वत्तापूर्ण लिखी गई है।	यह पुस्तक विद्वत्तापूर्वक लिखी गई है।
• यह कार्य आपके स्वभाव के अनुरूप है।	यह कार्य आपके स्वभाव के अनुकूल है।
• आपकी आज्ञा के अनुकूल कार्य होगा।	आपकी आज्ञा के अनुसार कार्य होगा।
• आप इस कार्य को सरलतापूर्ण कर सकता हैं।	आप इस कार्य को सरलता से कर सकते हैं।
• आपसे मिलकर महानतम प्रसन्नता हुई।	आपसे मिलकर अत्यंत प्रसन्नता हुई।

अव्यय संबंधी

अशुद्ध	शुद्ध
• यह पाप है या कि पुण्य।	यह पाप है या पुण्य अथवा यह पाप है कि पुण्य।
• सीता तथा गीता और राधा एक साथ पढ़ती हैं।	सीता, गीता और राधा एक साथ पढ़ती हैं।
• शिक्षक ने छात्रों से कहा कि भारत उनका देश है।	शिक्षक ने छात्रों से कहा कि भारत हमारा देश है।
• यदि वह आता तब मैं जाता। जब मैं पढ़ता हूँ जभी तुम आ जाते हो।	यदि वह आता तो मैं जाता। जब मैं पढ़ता हूँ तभी तुम आ जाते हो।

पदक्रम-संबंधी

अशुद्ध	शुद्ध
• कई बैंक के कर्मचारियों ने प्रदर्शन किया	बैंक के कई कर्मचारियों ने प्रदर्शन किया।
• कुंभ के मेले में चार दिल्ली के व्यक्ति भी थे।	कुंभ के मेले में दिल्ली के चार व्यक्ति भी थे।
• मंत्री जी ने मुख्य अतिथि को एक फूलों की माला पहनाई।	मंत्री जी ने मुख्य अतिथि को फूलों की एक माला पहनाई।

सर्वनाम संबंधी

अशुद्ध	शुद्ध
• वह बड़े विद्वान् व्यक्ति हैं।	वे बड़े विद्वान् व्यक्ति हैं।
• पिता जी तुम कहाँ जा रहे हो?	पिता जी आप कहाँ जा रहे हैं?
• आप आपके विद्यालय जाएँ।	आप अपने विद्यालय जाएँ।
• उसके पास जो कलम है यह हमारा है।	उसके पास जो कलम है वह हमारा है।
• दूध में कौन पड़ गया?	दूध में क्या पड़ गया?

विशेषण संबंधी

अशुद्ध	शुद्ध
• आकाश बहुत ऊँचा है।	आकाश बहुत विशाल है।
• यह हमारा वाला घर है।	यह हमारा घर है।
• मेरे घर सुपुत्री का जन्म हुआ है।	मेरे घर पुत्री का जन्म हुआ है।
• निराला की दशा गम्भीर थी।	निराला की दशा चिंताजनक थी।
• रमा ने उस दृश्य का सुंदर चित्रण उपस्थित किया।	रमा ने उस दृश्य का सुंदर चित्रण किया।

अभ्यास प्रश्न

बहुविकल्पीय व वर्णनात्मक प्रश्नों सहित

1. निम्नलिखित वाक्यों में से शुद्ध वाक्य का चयन कीजिए

(i) (क) इसरो ने श्रीहरिकोटा से भारत का पहला सौर मिशन सफलतापूर्वक प्रारंभ किया है।
(ख) इसरो ने श्री हरिकोटा से भारत का पहला सौर मिशन विफलावर्पूक द्वारा प्रारंभ किया है।
(ग) इसरों ने श्रीहरिकोटा से भारत का पहला सौर मिशन सफलतापूवर्क स्टार्ट किया है।
(घ) इसरो भारत का पहला मिशन सौर श्रीहरिकोटा से प्रारंभ किया हैं।

(ii) (क) चंद्रयान-3 की लैंडर चाँद पर उतरा।
(ख) चंद्रयान-3 को लैंडर चाँद पर उतारा।
(ग) चंद्रयान-3 का लैंडर चाँद पर उतरा।
(घ) चंद्रयान-3 का लैंडर चाँद पर उतारा।

(iii) (क) उसकी आयु तीस वर्ष है इस समय।
(ख) इस समय उसकी अवस्था तीस वर्ष है।
(ग) तीस वर्ष की अवस्था है इस समय उसकी।
(घ) इस समय तीस वर्ष की अवस्था है उसकी।

(iv) (क) मध्यकालीन युग में कलाओं की बहुत उन्नति हुई।
(ख) साहब ने किसी को अंदर न जाने दिया जाए।
(ग) इस मोहन की आयु 20 वर्ष है।
(घ) वे चाहे भले ही न आएँ, पर तुम्हें आना होगा।

(v) (क) इस ग्रंथ की रचना तुलसीदास ने की।
(ख) समाज की वर्तमान दशा चिंताजनक है।
(ग) मैंने तरह-तरह के रेशम के कपड़े पसंद किया।
(घ) तुम्हारी दृष्टि तुम्हारी पुस्तक पर होनी चाहिए।

(vi) (क) माता-पिता की सेवा करनी चाहिए।
(ख) तुफान आने का संदेह है।
(ग) अनेक निरपराध दंड के भागी हुए।
(घ) इसके मात्र केवल दो कारण हो सकते हैं।

(vii) (क) 'रामचरितमानस' एक धार्मिक ग्रंथ है।
(ख) 'राम चरितमानस' एक धार्मिक ग्रंथ है।
(ग) 'राम चरित मानस' एक धार्मिक ग्रंथ है।
(घ) 'रामचरित मानस' एक धार्मिक ग्रंथ है।

(viii) (क) कृप्या आज का अवकाश देने की कृपा करें।
(ख) आज का अवकाश कृप्या देने की कृपा करें।
(ग) आज का अवकाश देने की कृपा करें।
(घ) आज का कृप्या अवकाश देने की कृपा करें।

(ix) (क) भारत में अनेक जाति हैं।
(ख) भारत में अनेकों जाति है।
(ग) भारत में अनेक जातियाँ हैं।
(घ) भारत में अनेकों जातियाँ हैं।

(x) (क) वह सब लोग भले हैं।
(ख) भीड़ में चार जयपुर के व्यक्ति थे।
(ग) मनुष्य ईश्वर की उत्कृष्टतम कृति है।
(घ) वह सारे गुप्त रहस्य प्रकट कर देगा।

2. निम्नलिखित वाक्यों में सही शब्द भरिए

(क) मेरा पुत्र ______ आँखों का तारा है। (मेरी/मेरा)
(ख) मंत्री जी ने मुख्य अतिथि को फूलों की ______ पहनाई। (एक माला/माला)
(ग) राम, लक्ष्मण और सीता अयोध्या में ______ थे। (निवासी/रहते)
(घ) श्याम ने गंगा में डुबकी ______ । (लगाई/लगाया)
(ङ) वह ______ का हितैषी है। (प्राणिमात्र/प्राणि)
(च) उत्साह वास्तव में कर्म और फल की ______ अनुभूति है। (मिलीजुली/मिली-जुली)
(छ) कुसंग का ज्वर सबसे भयानक ______ है। (होता/होती)
(ज) नवीन संसद भवन पूर्णतया डिजिटल ______। (होगा/होगी)
(झ) नवंबर माह में दिवाली का ______ आने वाला है। (त्यौहार/त्योहार)
(ञ) बाहर ______ खड़ा है? (कौन/क्या)

3. निम्नलिखित वाक्यों का शुद्ध रूप लिखिए

(i) मैंने तेरे को पहचाना नहीं।
(ii) मेरे पास अनेकों कपड़े है।
(iii) वर्ल्ड कप जल्द ही प्रारम्भ होगी।
(iv) आज विद्यालय की अवकाश है।
(v) मैने आज चंद्रयान-3 की खबरें रेडियों पर देखी।
(vi) अच्छी देश के नागरिक उन्नति करते हैं।
(vii) उनकी बातें सुनते-सुनते मेरा कान पक गया।
(viii) यहाँ अशोभनीय वातावरण उपस्थित है।
(ix) खबर सुनकर मैं विस्मय हो गया।
(x) मैं राम की प्रतीक्षा देख रहा था।

उत्तरमाला

1. (i) (क) (ii) (ग) (iii) (ख) (iv) (घ)
(v) (क) (vi) (क) (vii) (क) (viii) (ग)
(ix) (ग) (x) (ग)

2. (क) मेरी (ख) एक माला (ग) रहते (घ) लगाई
(ङ) प्राणिमात्र (च) मिली-जुली (छ) होता (ज) होगा
(झ) त्योहार (ञ) कौन

3. (i) मैंने तुम्हें पहचाना नहीं।
(ii) मेरे पास अनेक कपड़े हैं।
(iii) वर्ल्डकप जल्द ही प्रारंभ होगा।
(iv) आज विद्यालय में अवकाश है।
(v) मैंने आज चंद्रयान-3 की खबरें रेडियो पर सुनी।
(vi) देश के अच्छे नागरिक उन्नति करते हैं।
(vii) उनकी बातें सुनते-सुनते मेरे कान पक गए।
(viii) यहाँ अशोभनीय वातावरण है।
(ix) खबर सुनकर मैं विस्मित हो गया।
(x) मैं राम की प्रतीक्षा कर रहा था।

अध्याय 18 पद परिचय एवं पदबंध

18.1 पद

वर्णों के सार्थक और स्वतंत्र समूह शब्द कहलाते हैं; जैसे—सरला, किंतु यही शब्द जब व्याकरणिक नियमों में बँधकर वाक्य में प्रयुक्त होते हैं, तब वे **पद** कहलाते हैं।

पद-परिचय

पदों का परिचय देना अर्थात् उनका लिंग, वचन, कारक-भेद तथा अन्य पदों से संबंध बताना ही **पद परिचय** कहलाता है। पद परिचय के अंतर्गत किसी पद का पूर्ण व्याकरणिक परिचय दिया जाता है; जैसे—
वह विश्वास के योग्य नहीं है। इस वाक्य के पदों का परिचय इस प्रकार होगा।

- **वह** पुरुषवाचक सर्वनाम, अन्य पुरुष, एकवचन, पुल्लिंग, कर्ता कारक।
- **विश्वास** भाववाचक संज्ञा, पुल्लिंग, एकवचन
- **के** कारक, संबंध कारक
- **योग्य** गुणवाचक विशेषण, एकवचन, पुल्लिंग, विशेष्य-वह।
- **नहीं** निषेधसूचक क्रिया-विशेषण
- **है** क्रिया, अकर्मक, पुल्लिंग, एकवचन कर्त्ता-वह।

पद परिचय के आवश्यक अंग

1. **संज्ञा** भेद, लिंग, वचन, कारक, क्रिया, अन्य शब्दों से संबंध।
2. **सर्वनाम** भेद, पुरुष, लिंग, वचन, कारक, क्रिया या अन्य शब्दों से संबंध।
3. **विशेषण** भेद, विशेषण, लिंग, वचन, व्यवस्था।
4. **क्रिया** भेद (सकर्मक या अकर्मक), वाच्य, वाक्य, लिंग, वचन, कर्ता या कर्म से संबंध।
5. **क्रिया-विशेषण** भेद, क्रिया-विशेष्य संबंध।
6. **संबंधबोधक** भेद, संबंधित शब्द।
7. **समुच्चयबोधक** भेद, योजित शब्द, वाक्यांश या वाक्य।
8. **विस्मयादिबोधक** कौन-सा भेद।

पद परिचय के कुछ उदाहरण निम्नलिखित हैं

(i) **काला घोड़ा तेज़ भागता है।**
काला गुणवाचक विशेषण, एकवचन, पुल्लिंग, विशेष्य-घोड़ा।
घोड़ा जातिवाचक संज्ञा, पुल्लिंग, एकवचन, विशेष्य, कर्ता कारक
तेज़ रीतिवाचक क्रिया-विशेषण, 'भागना' क्रिया की विशेषता बता रहा है।
भागता है क्रिया, पुल्लिंग, एकवचन, वर्तमान काल, निश्चयार्थ कर्तृवाच्य।

(ii) **मैं उससे लखनऊ में मिला था।**
मैं पुरुषवाचक सर्वनाम, उत्तम पुरुष, पुल्लिंग, एकवचन, कर्ताकारक, 'मिला था' क्रिया का कर्ता
उससे पुरुषवाचक सर्वनाम, अन्य पुरुष, उभयलिंग, एकवचन।
लखनऊ में व्यक्तिवाचक संज्ञा, पुल्लिंग, एकवचन, अधिकरण कारक
मिला था अकर्मक क्रिया, पूर्ण भूतकाल, पुल्लिंग, एकवचन

(iii) **हम धीरे-धीरे चलते हैं।**
हम पुरुषवाचक सर्वनाम, उत्तम पुरुष, पुल्लिंग, बहुवचन, कर्ता कारक
धीरे-धीरे रीतिवाचक विशेषण, चलते हैं क्रिया की विशेषता बता रहे हैं।
चलते हैं अकर्मक क्रिया, कर्तृवाच्य, पुल्लिंग, बहुवचन, सामान्य वर्तमानकाल

(iv) **वह शर्बत पी रहा था।**

वह पुरुषवाचक सर्वनाम, अन्य पुरुष, एकवचन, पुल्लिंग, कर्ता कारक।

शर्बत संज्ञा द्रव्यवाचक संज्ञा, एकवचन, पुल्लिंग, कर्मकारक।

पी रहा था सकर्मक क्रिया, पुल्लिंग, एकवचन, अपूर्ण भूतकाल।

18.2 पदबंध

पदबंध का शाब्दिक अर्थ है—पदों में बँधा हुआ। जब एक से अधिक पद मिलकर एक इकाई के रूप में व्याकरणिक कार्य करते हैं, तो वे पदबंध कहलाते हैं। पदबंध में एक मुख्य पद तथा अन्य आश्रित पद होते हैं; जैसे—गर्मी में हल्के रंग के कपड़े पहनो।

- आश्रित पद – गर्मी में हल्के रंग के
- शीर्ष पद – कपड़े

पदबंध के भेद

पदबंध के पाँच भेद हैं

1. **संज्ञा पदबंध** किसी भी वाक्य में संज्ञा के रूप में प्रयुक्त होने वाले पदबंध संज्ञा पदबंध कहलाते हैं; जैसे—
   (i) राम ने लंका के राजा रावण को मार गिराया।
   (ii) परिश्रम करने वाले विद्यार्थी सदैव सफल होते हैं।
   (iii) दिल्ली में स्थित कुतुबमीनार प्रसिद्ध ऐतिहासिक इमारत हैं।
   (iv) गीत गाने वाला गायक कहाँ मिलेगा?
2. **सर्वनाम पदबंध** किसी भी वाक्य में जब एक से अधिक पद मिलकर सर्वनाम का काम करते हैं, तब वे सर्वनाम पदबंध कहलाते हैं; जैसे—
   (i) दिन में आठ घंटे काम करने वाला मैं आज एक घंटा भी कार्य नहीं कर पाया।
   (ii) शेर की तरह दहाड़ने वाले तुम आज शांत क्यों बैठे हो?
   (iii) दिल्ली से आए डॉक्टरों में कुछ अच्छे डॉक्टर हैं।
   (iv) घर से पाँच किमी दूर हमारा विद्यालय है।
3. **विशेषण पदबंध** जिस पदबंध का अंतिम शब्द विशेषण हो तथा अन्य पद उसी विशेषण पर आश्रित हों, विशेषण पदबंध कहलाता है। इस विशेषण का स्वतंत्र प्रयोग बहुत कम मिलता है; जैसे—
   (i) सर्दियों में गहरी काली स्वेटर पहनो।
   (ii) सस्ता खरीदा हुआ सामान टिकाऊ नहीं होता।
   (iii) सबसे अधिक बोलने वाला आज अचानक चुप है।
   (iv) लाल रंग तथा दिल के आकार वाले गुब्बारे अच्छे लग रहे हैं।
4. **क्रिया पदबंध** किसी भी वाक्य में क्रिया पद का कार्य करने वाले पदबंध क्रिया पदबंध कहलाते हैं; जैसे—
   (i) बालक मैदान में फुटबॉल खेल रहा है।
   (ii) पानी लगातार बह रहा है।
   (iii) पिताजी समाचार-पत्र पढ़ रहे हैं।
   (iv) माली गमलों में पानी डाल रहा है।
5. **क्रिया-विशेषण पदबंध** किसी भी वाक्य में क्रिया-विशेषण का कार्य करने वाले पदबंध क्रिया-विशेषण पदबंध कहलाते हैं; जैसे—
   (i) कुत्ते को देखकर रवि तेज-तेज दौड़ने लगा।
   (ii) कल की अपेक्षा आज गर्मी अधिक है।
   (iii) मैं अपने मित्रों के साथ घूमने गया था।
   (iv) तोता पिंजरे के अंदर बैठा है।

अभ्यास प्रश्न

बहुविकल्पीय व वर्णनात्मक प्रश्नों सहित

1. निम्नलिखित प्रश्नों में दिए विकल्पों में से सही विकल्प छाँटिए

(i) सफेद हाथी आज नहीं आया। वाक्य में सही पदबंध कौन-सा होगा?

(क) आज (ख) सफेद हाथी (ग) नहीं (घ) आया

(ii) हमें अपनी इंसानियत नहीं खोनी चाहिए वाक्य में रेखांकित अंश का पद परिचय है।

(क) जातिवाचक संज्ञा, एकवचन स्त्रीलिंग
(ख) व्यक्तिवाचक संज्ञा, एकवचन स्त्रीलिंग
(ग) भाववाचक संज्ञा, बहुवचन, पुल्लिंग
(घ) भाववाचक संज्ञा, एकवचन, स्त्रीलिंग

(iii) ईमानदारी सर्वोत्तम नीति है। वाक्य में रेखांकित अंश का पद परिचय है।

(क) सर्वनाम, उत्तमपुरुष, एकवचन
(ख) गुणवाचक विशेषण, एकवचन, मूलावस्था
(ग) गुणवाचक विशेषण, एकवचन, मध्यमावस्था
(घ) गुणवाचक विशेषण, एकवचन, उत्तमावस्था

(iv) शिकारी के तीर से चिड़िया घायल हो गई। रेखांकित अंश में पदबंध है

(क) क्रिया पदबंध (ख) विशेषण पदबंध
(ग) क्रिया-विशेषण पदबंध (घ) संज्ञा पदबंध

(v) अरुण का दिल्ली में बहुत बड़ा और सुंदर बंगला है। रेखांकित अंश में पदबंध है

(क) संज्ञा पदबंध (ख) सर्वनाम पदबंध
(ग) क्रिया पदबंध (घ) विशेषण पदबंध

(vi) महाभारत का पाठ करने वाले आप सचमुच विद्वान् हैं। रेखांकित अंश में पदबंध है

(क) संज्ञा पदबंध (ख) सर्वनाम पदबंध
(ग) क्रिया पदबंध (घ) क्रिया-विशेषण पदबंध

(vii) बच्चा रो रहा है। रेखांकित अंश में पदबंध है

(क) संज्ञा पदबंध (ख) सर्वनाम पदबंध

(ग) क्रिया पदबंध (घ) विशेषण पदबंध

(viii) ऊँचे कद वाले बल्लेबाज ने शतक बनाया। वाक्य में रेखांकित पदबंध का भेद है

(क) संज्ञा पदबंध (ख) सर्वनाम पदबंध

(ग) विशेषण पदबंध (घ) क्रिया पदबंध

(ix) मथुरा में स्थित बाँके बिहारी का मंदिर प्रसिद्ध है। वाक्य में रेखांकित पदबंध का भेद है

(क) संज्ञा पदबंध (ख) सर्वनाम पदबंध

(ग) क्रिया पदबंध (घ) विशेषण पदबंध

(x) भारत के प्रधानमंत्री नरेंद्र मोदी अच्छे वक्ता हैं। वाक्य में पदबंध है

(क) भारत के (ख) भारत के प्रधानमंत्री

(ग) वक्ता है (घ) नरेंद्र मोदी

2. रिक्त स्थान भरिए

(क) हरीश आठवीं कक्षा में पढ़ता है।—वाक्य में····· क्रिया पदबंध है।

(ख) सुंदर और रंगीन फूल लगे हुए हैं।—वाक्य में····· विशेषण पदबंध है।

(ग) घोड़ा तेज़-तेज़ और लगातार दौड़ रहा है—वाक्य में ········ क्रिया-विशेषण पदबंध है।

(घ) कभी शीघ्रता से कार्य करने वाला मैं अब थक जाता हूँ वाक्य में·····सर्वनाम पदबंध है।

(ङ) उत्तर प्रदेश की राजधानी लखनऊ बहुत अच्छा स्थान है। वाक्य में····· संज्ञा पदबंध है।

3. निम्नलिखित कथनों के आगे सही (✓) और गलत (×) का चिह्न लगाइए

(क) पद-परिचय से व्याकरणिक परिचय प्राप्त होता है। ( )

(ख) पद-परिचय का अर्थ है-शब्द का परिचय देना। ( )

(ग) वाक्य में प्रयुक्त होने वाले शब्द पद कहलाते हैं। ( )

(घ) पद-परिचय में संज्ञा नहीं आती। ( )

(ङ) पदबंध के चार भेद होते हैं। ( )

(च) विशेषण पदबंध क्रिया से संबंधित है। ( )

4. निम्नलिखित वाक्यों में रेखांकित शब्दों के पद-परिचय दीजिए

(क) यदि तुम आते तो मैं घूमने जाता।

(ख) यह किताब किसकी है?

(ग) हम शिमला घूमने गए।

(घ) ईमानदारी अच्छा गुण है।

(ङ) वह मेरी बात पर बहुत हँसा।

(च) बागों में सुंदर फूल खिले हैं।

5. निम्नलिखित वाक्यों का पद-परिचय दीजिए

(क) कमला पत्र लिखती है। (ख) वह विद्यालय गया।

(ग) मैं धीरे-धीरे दौड़ती हूँ। (घ) यह छात्र बहुत चतुर है।

(ङ) हम अपने देश पर मर मिटेंगे।

6. निम्नलिखित प्रश्नों के संक्षिप्त उत्तर दीजिए

(i) पद किसे कहते हैं?

(ii) पद-परिचय से क्या तात्पर्य है?

(iii) संज्ञा, सर्वनाम और क्रिया में पद-परिचय के लिए कौन-सी व्याकरणिक इकाइयों का परिचय देना आवश्यक है?

(iv) पदबंध से आप क्या समझते हैं?

(v) पदबंध के भेदों को नाम सहित लिखिए।

उत्तरमाला

1. (i) (ख) (ii) (घ) (iii) (घ) (iv) (क)
(v) (घ) (vi) (ख) (vii) (ग) (viii) (क)
(ix) (क) (x) (ख)

2. (क) पढ़ता है (ख) सुंदर और रंगीन

(ग) तेज़-तेज़ और लगातार

(घ) कभी शीघ्रता से कार्य करने वाला मैं

(ङ) उत्तर प्रदेश की राजधानी लखनऊ

3. (क) ✓ (ख) × (ग) ✓ (घ) × (*) × (च) ×

4. (क) तुम—मध्यम पुरुषवाचक सर्वनाम, एकवचन, तो—व्यधिकरण समुच्चयबोधक

(ख) यह—सार्वनामिक विशेषण, स्त्रीलिंग, एकवचन, विशेष्य-किताब।

(ग) हम—पुरुषवाचक सर्वनाम, पुल्लिंग, उत्तम पुरुष, कर्ता कारक, बहुवचन

(घ) ईमानदारी—भाववाचक संज्ञा, एकवचन, स्त्रीलिंग

(ङ) बहुत-परिमाणवाचक क्रिया विशेषण, हँसना क्रिया की मात्रा बताने वाला।

(च) बागों में-जातिवाचक संज्ञा, बहुवचन, पुल्लिंग, अधिकरण कारक

5. (क) **कमला** व्यक्तिवाचक संज्ञा, स्त्रीलिंग, एकवचन, कर्ता कारक

पत्र जातिवाचक संज्ञा, पुल्लिंग, एकवचन, कर्म कारक

लिखती है सकर्मक क्रिया, स्त्रीलिंग, एकवचन, कर्तृवाच्य

(ख) **वह** सर्वनाम, अन्य पुरुषवाचक सर्वनाम, पुल्लिंग, कर्ता कारक

विद्यालय जातिवाचक संज्ञा, पुल्लिंग, एकवचन

गया अकर्मक क्रिया, पुल्लिंग, एकवचन, कर्तृवाच्य

(ग) **मैं** पुरुषवाचक सर्वनाम, उत्तम पुरुष, एकवचन स्त्रीलिंग

धीरे-धीरे क्रिया-विशेषण, 'दौड़ती हूँ' क्रिया की विशेषता

दौड़ती हूँ अकर्मक क्रिया, एकवचन, स्त्रीलिंग

(घ) **यह** सार्वनामिक विशेषण, एकवचन, पुल्लिंग

छात्र जातिवाचक संज्ञा, पुल्लिंग, एकवचन

बहुत प्रविशेषण, 'चतुर', विशेषण की विशेषता बताने वाला

चतुर गुणवाचक विशेषण, एकवचन, पुल्लिंग

है क्रिया 'होना', सहायक क्रिया

(ङ) **हम** उत्तम पुरुषवाचक सर्वनाम, पुल्लिंग, बहुवचन कर्ताकारक

अपने निजवाचक सर्वनाम, पुल्लिंग

देश जातिवाचक संज्ञा, पुल्लिंग, एकवचन

पर अधिकरण कारक

मर मिटेंगे अकर्मक क्रिया, बहुवचन, उभयलिंग, कर्तृवाच्य

शब्द-भंडार

(विलोम शब्द, पर्यायवाची शब्द, एकार्थी शब्द, वाक्यांशों के लिए एक शब्द आदि)

अध्याय

19.1 शब्द-भंडार की परिभाषा

किसी भाषा में प्रयोग किए जाने वाले शब्दों के समूह को **शब्द-भंडार** कहते हैं। ज्ञानवर्धन के लिए विद्यार्थियों को भाषा के शब्द-भंडार से परिचित होना आवश्यक है। शब्द-भंडार में निम्नलिखित को सम्मिलित किया जाता है।

1. विपरीतार्थक शब्द
2. पर्यायवाची शब्द
3. एकार्थी शब्द
4. अनेकार्थी शब्द
5. वाक्यांश के लिए एक शब्द
6. समश्रुत भिन्नार्थक शब्द

19.2 विपरीतार्थक शब्द (विलोम शब्द)

जो शब्द किसी शब्द का उल्टा या विपरीत अर्थ देता है, उसे **विपरीतार्थक** या **विलोम शब्द** कहते हैं; जैसे—अस्त-उदय।

कुछ महत्त्वपूर्ण विलोम शब्द

	शब्द	विलोम		शब्द	विलोम		शब्द	विलोम		शब्द	विलोम
1.	अमृत	विष	20.	आविर्भाव	तिरोभाव	39.	आरोह	अवरोह	58.	उपस्थित	अनुपस्थित
2.	अंत	आदि	21.	अस्त	उदय	40.	आलसी	परिश्रमी	59.	उचित	अनुचित
3.	अंधकार	प्रकाश	22.	आदर्श	यथार्थ	41.	आस्तिक	नास्तिक	60.	ऋजु	वक्र
4.	अगम	सुगम	23.	अधम	उत्तम	42.	अतिवृष्टि	अनावृष्टि	61.	तटस्थ	पक्षधर
5.	अग्रज	अनुज	24.	अनाथ	सनाथ	43.	आदर	अनादर	62.	ऐतिहासिक	अनैतिहासिक
6.	अच्छा	बुरा	25.	अनुकूल	प्रतिकूल	44.	इच्छा	अनिच्छा	63.	ऐहिक	पारलौकिक
7.	अति	न्यून	26.	अत्यधिक	अल्प	45.	इच्छुक	अनिच्छुक	64.	कृत्रिम	प्राकृतिक
8.	अनुयायी	विरोधी	27.	अनुग्रह	विग्रह	46.	इहलोक	परलोक	65.	क्रोध	शांत
9.	अथ	इति	28.	आय	व्यय	47.	शिष्ट	अशिष्ट	66.	कपूत	सपूत
10.	अपेक्षा	उपेक्षा	29.	आसक्ति	विरक्ति	48.	उच्च	निम्न	67.	कर्कश	मधुर
11.	अनुराग	विराग	30.	आलस्य	उद्यम	49.	कीर्ति	अपकीर्ति	68.	कामयाब	नाकामयाब
12.	आकर्षण	विकर्षण	31.	उत्कृष्ट	निकृष्ट	50.	कृत्रिम	प्राकृतिक	69.	चेतन	जड़
13.	आह्वान	विसर्जन	32.	कृष्ण	शुक्ल	51.	क्रय	विक्रय	70.	प्रत्यक्ष	परोक्ष
14.	आर्द्र	शुष्क	33.	उच्च	निम्न	52.	खंडन	मंडन	71.	स्वाधीन	पराधीन
15.	आकाश	पाताल	34.	उथला	गहरा	53.	गमन	आगमन	72.	स्वकीया	परकीया
16.	आतुर	अनातुर	35.	आध्यात्मिक	भौतिक	54.	गर्म	ठंडा	73.	स्मृति	विस्मृति
17.	आनंद	शोक	36.	उपजाऊ	अनुपजाऊ	55.	घृणा	प्रेम	74.	प्रधान	गौण
18.	आपत्ति	अनापत्ति	37.	उपयोगी	अनुपयोगी	56.	भिन्न	अभिन्न	75.	प्रवृत्ति	निवृत्ति
19.	आमदनी	खर्च	38.	उपयुक्त	अनुपयुक्त	57.	यश	अपयश	76.	जंगम	स्थावर

19.3 पर्यायवाची शब्द (समानार्थी शब्द)

जिन शब्दों का अर्थ समान होता है, उन्हें **पर्यायवाची** या **समानार्थी शब्द** कहते हैं; जैसे–'मित्र' शब्द के अनेक पर्यायवाची या समानार्थी हैं—सखा, दोस्त, साथी। इन शब्दों का प्रयोग निम्नलिखित है

1. कृष्ण राधा के प्रिय सखा थे। 2. मुकुल और जीवन अच्छे दोस्त हैं। 3. महिमा, रेखा की दुख की साथी है।

कुछ महत्त्वपूर्ण पर्यायवाची शब्द

	शब्द	पर्यायवाची
1.	अमृत	सुधा, पीयूष, सोम, अमिय
2.	अतिथि	आगंतुक, अभ्यागत, पाहुना, मेहमान
3.	अग्नि	आग, ज्वाला, अनल, पावक
4.	असुर	राक्षस, दैत्य, दानव, दनुज
5.	अहंकार	घमंड, गर्व, दर्प, अभिमान
6.	अरण्य	कानन, जंगल, वन, विपिन
7.	आकाश	व्योम, गगन, नभ, अंबर, शून्य
8.	आँख	नेत्र, चक्षु, लोचन, नयन
9.	आम	आम, रसाल, फलराज, अमृतफल
10.	आभूषण	भूषण, अलंकार, गहना, जेवर
11.	आनंद	मोद, प्रमोद, प्रसन्नता, उल्लास, हर्ष
12.	अश्व	घोड़ा, घोटक, बाजी, तुरंग, हय
13.	इंद्र	महेंद्र, देवराज, सुरेंद्र, सुरपति
14.	ईश्वर	परमेश्वर, जगदीश, प्रभु, ईश, जगन्नाथ
15.	उन्नति	उत्थान, अभ्युदय, उत्कर्ष, प्रगति
16.	कमल	वारिज, नीरज, सरसिज, सरोज, पंकज, अरविंद
17.	वस्त्र	कपड़ा, पट, वसन, चीर, अंबर
18.	कान	कर्ण, श्रवण, श्रोत, श्रवणेंद्रिय
19.	किनारा	तट, तीर, पुलिन, कगार
20.	कृष्ण	घनश्याम, मोहन, केशव, गोपाल, मुरारी
21.	कोयल	पिक, कोकिल, श्यामा, वसंतदूत
22.	गंगा	भागीरथी, सुरसरि, जाह्नवी, मंदाकिनी
23.	गणेश	गजानन, लंबोदर, एकदंत, गणपति, विनायक
24.	गाय	गौ, धेनु, सुरभि, कामधेनु
25.	घर	गृह, आलय, निकेतन, भवन, सदन
26.	चाँद	चंद्रमा, मयंक, हिमांशु, निशाकर, सोम, शशि
27.	चाँदनी	चंद्रिका, ज्योत्स्ना, कौमुदी, चंद्रमरीचि
28.	जल	नीर, पानी, वारि, तोय, उदक, अंबु
29.	तलवार	खड्ग, कृपाण, करवाल, असि
30.	तालाब	सरोवर, सर, तड़ाग, जलाशय, ताल
31.	दास	सेवक, भृत्य, नौकर, परिचायक
32.	दिवस	दिन, वार, वासर दिवा
33.	दीपावली	दीवाली, दीपमाला, दीपमालिका, दीपोत्सव
34.	दुःख	कष्ट, पीड़ा, वेदना, व्यथा, क्लेश
35.	देवता	सुर, अमर, देव, अमृत्येश, अजर
36.	दुर्गा	अंबा, देवी, भवानी, कालिका, सिंहवाहिनी
37.	नदी	सरिता, तटिनी, नद, तरंगिणी
38.	निर्मल	स्वच्छ, विमल, साफ़, पवित्र
39.	नमस्कार	नमन, प्रणाम, अभिवादन, नमस्ते
40.	नरक	यमलोक, दुर्गति, यमपुर, संघात
41.	नौका	नाव, तरिणी, तरी
42.	पति	स्वामी, कर्ता, नाथ, साजन, कांत
43.	पत्नी	गृहिणी, प्रिया, जीवनसंगिनी, अर्धांगिनी
44.	पत्थर	पाषाण, पाहन, प्रस्तर, अश्म
45.	पर्वत	चट्टान, अचल, गिरि, शैल, भूधर, नग
56.	पवन	वायु, समीर, अनिल, मारुत, हवा
47.	पवित्र	पावन, शुचि, निर्मल, पुण्य
48.	पक्षी	खग, विहग, नभचर, विहंग, पखेरू
49.	पुत्री	तनया, कन्या, सुता, तनुजा, लड़की, बेटी
50.	पुष्प	फूल, सुमन, प्रसून, कुसुम
51.	पृथ्वी	भू, भूमि, धरा, वसुंधरा, अचला
52.	बेटा	सुत, तनय, तनुज, लड़का, पुत्र
53.	विद्युत	बिजली, तड़ित, चपला, चंचला, दामिनी
54.	भौंरा	मधुप, अलि, मधुकर, शटपद, भृंग
55.	मनुष्य	मनुज, आदमी, इंसान, नर, मानव
56.	मेघ	वारिद, जलद, धराधर, बादल, नीरद
57.	मयूर	मोर, शिखी, केरी, सारंग, मेहप्रिय, केक
58.	मित्र	सखा, दोस्त, साथी, सहचर, सहृदय
59.	माता	मातृ, जननी, अंबा, माँ
60.	मुख	मुँह, मुखड़ा, वदन, आनन
61.	मुसीबत	आपत्ति, विपत्ति, आफत, विपदा
62.	मुनि	व्रती, तपस्वी, साधु, तापस, योगी
63.	युवती	रमणी, प्रमदा, तरुणी
64.	यश	ख्याति, कीर्ति, प्रसिद्धि, नाम
65.	रोशनी	उजाला, प्रकाश, जगमगाहट

19.4 एकार्थी शब्द

जिन शब्दों का केवल एक ही अर्थ होता है, वे **एकार्थी** शब्द कहलाते हैं; जैसे— छात्रा, महाशय, निंदा, स्वतंत्रता आदि। सभी संज्ञाएँ (व्यक्तिवाचक, जातिवाचक, भाववाचक) एकार्थी होती हैं; जैसे—महाराष्ट्र, राजा, गंगा, यमुना, पुस्तक, शास्त्र, बचपन, आदित्य, सूरज, बेईमानी, ईमानदारी आदि।

कुछ महत्त्वपूर्ण एकार्थी शब्द

1. यमुना	2. चैत्र	3. अमेरिका
4. राम	5. गणित	6. ब्रह्मपुत्र
7. राधा	8. हाइड्रोजन	9. फोन
10. हिमालय	11. धमनी	12. बिजली
13. सोमवार	14. हैजा	15. दरवाज़ा
16. संगीत	17. अपराध	18. बोतल
19. इतिहास	20. पाप	21. मिट्टी
22. लोहा	23. सोना	24. मथुरा

19.5 अनेकार्थी शब्द

जिन शब्दों के एक से अधिक अर्थ होते हैं, उन्हें **अनेकार्थी** शब्द कहते हैं; जैसे—'चीर' एक शब्द है, जिसका अर्थ है— 'वस्त्र', परंतु इसके अतिरिक्त भी इसके कई अर्थ होते हैं; जैसे—रेखा, पट्टी, चीरना आदि।

कुछ महत्त्वपूर्ण अनेकार्थी शब्द

	शब्द	अनेकार्थी
1.	अंक	गिनती की संख्या, गोद, नाटक का अंक
2.	अंकुश	नियंत्रण, दबाव
3.	अंग	शरीर, अंश, शाखा
4.	अंबर	आकाश, कपड़ा, कपास
5.	अक्षर	नष्ट न होने वाला, ईश्वर, वर्ण
6.	अधर	निचला ओठ, अंतरिक्ष, पाताल
7.	अपेक्षा	आवश्यकता, तुलना, आशा
8.	अरुण	सूर्य का सारथी, सिंदूर, लाल
9.	अर्थ	धन, व्याख्या, उद्देश्य
10.	अवकाश	बीच का समय, अवसर, छुट्टी
11.	अवधि	सीमा, निर्धारित, समय
12.	आदि	प्रारंभ, वगैरह
13.	आम	एक फल, सामान्य
14.	अंत	सिरा, मृत्यु, समाप्ति
15.	अब्द	बादल, वर्षा, मेघ, आकाश, साल
16.	अकाल	दुर्भिक्ष, अभाव, असमय
17.	अमल	मलरहित, कार्यान्वयन, नशा-पानी
18.	अमृत	सुधा, जल, दूध
19.	आँचल	साड़ी का पल्लू, कपड़े का छोर, प्रदेश
20.	आज्ञा	आदेश, अनुमति
21.	आपत्ति	विपत्ति, ऐतराज, प्रश्न
22.	उच्च	उठा हुआ, श्रेष्ठ, ज़ोर से
23.	उत्तर	दिशा, जवाब
24.	उपचार	उपाय, सेवा, इलाज
25.	उत्पात	शरारत, हो-हल्ला, दंगा
26.	कक्ष	कमरा, कक्षा (सूर्य की)
27.	कनक	सोना, धतूरा, गेहूँ
28.	कर	हाथ, किरण, सूँड़, टैक्स
29.	कला	एक विषय, गुण, युक्ति
30.	कुशल	चतुर, सुखी, सुरक्षित
31.	खग	पक्षी, आकाश
32.	गति	चाल, दिशा, मोक्ष
33.	गंदा	मैला, अश्लील, बुरा
34.	गहन	गहरा, घना, दुर्गम, जटिल
35.	गुण	विशेषता, लक्षण, रस्सी
36.	गुलाबी	गुलाब के रंग, हल्का जाड़ा
37.	गुरु	श्रेष्ठ, अध्यापक
38.	घन	बादल, घटा, भारी
39.	चपला	लक्ष्मी, बिजली
40.	द्विज	पक्षी, ब्राह्मण
41.	दर्शन	देखना, नेत्र, आकृति
42.	नाग	सर्प, हाथी
43.	निशान	चिह्न, ध्वजा, डंका
44.	नकली	नकल से बना, बनावटी, काल्पनिक
45.	नक्शा	मानचित्र, रूपरेखा
46.	नग	पर्वत, पेड़, नगीना
47.	पट	कपड़ा, पर्दा, किवाड़
48.	पता	ठिकाना, सूचना, मालूम, भेद
49.	पेय	दूध, अन्न, जल
50.	परचा	कागज, अखबार, प्रश्न-पत्र
51.	पक्ष	पंख, तरफ, सहायक, दो सप्ताह
52.	प्रसाद	कृपा, अनुग्रह, हर्ष
53.	पानी	जल, मान, चमक
54.	भूत	बीता हुआ, प्राण, प्रेत
55.	मद	नशा, मस्ती, हाथी के मस्तक का स्राव, गर्व
56.	मत	राय, संप्रदाय, निषेध
57.	मधु	शहद, मीठा, मदिरा, वसंत
58.	मोहर	अशर्फी, छाप, ठप्पा
59.	मंत्र	सलाह, वेद का श्लोक, राय
60.	युक्त	जुड़ा हुआ, मिश्रित, नियुक्ति
61.	रस	स्वाद, आनंद, फलों का निचोड़
62.	रंग	वर्ण, शोभा, नाच-गान
63.	लक्ष्य	निशाना, उद्देश्य
64.	लहर	तरंग, उमंग, झोंका
65.	विषय	आधार वस्तु, विलास, स्थान

19.6 वाक्यांश के लिए एक शब्द

भाषा को सुंदर और आकर्षक बनाने के लिए किसी वाक्यांश या अनेक शब्दों के स्थान पर **एक शब्द का प्रयोग** किया जाता है, जिसका अर्थ वाक्यांश के समान ही होता है। इससे भाषा संक्षिप्त, सरस व रोचक हो जाती है; जैसे—अंडे से जन्म लेने वाला— अंडज।

कुछ महत्त्वपूर्ण वाक्यांश के लिए एक शब्द

	वाक्यांश	शब्द
1.	जिसका अंत न हो	अनंत
2.	जिसके माता-पिता मर चुके हों	अनाथ
3.	जिसको कोई जीत न सके	अजेय
4.	जिसका इलाज न हो सके	असाध्य
5.	जो कुछ न जानता हो	अज्ञानी
6.	जिसके समान कोई दूसरा न हो	अद्वितीय
7.	जो पहले कभी न हुआ हो	अभूतपूर्व
8.	जो दूर की सोचे	दूरदर्शी
9.	जो थोड़ा जानता हो	अल्पज्ञ
10.	जो कुछ न जानता हो	अज्ञानी
11.	जो पढ़ा न हो	अनपढ़
12.	जो कभी जन्म न ले	अजन्मा
13.	जो कभी बूढ़ा न हो	अजर
14.	जो लोक में देखने को न मिले	अलौकिक
15.	जो बात अवश्य होकर रहे	अनिवार्य
16.	जिसकी उपमा न हो	अनुपम
17.	जिसके कोई पार न हो	अपार
18.	धरती और आकाश के बीच का स्थान	अंतरिक्ष
19.	जो कहा न जा सके	अकथनीय
20.	जो कहा न गया हो	अकथित
21.	जिसमें कुछ करने की क्षमता न हो	अक्षम
22.	जिसका खंडन न किया जा सके	अखंडनीय
23.	जिसमें चेतना न हो	अचेतन
24.	जो ज्ञात न हो	अज्ञात
25.	जिसके आने की तिथि न हो	अतिथि
26.	वर्षा की अधिकता	अतिवृष्टि
27.	जिसकी तुलना न की जा सके	अतुलनीय
28.	जो दूर की बात न सोच सके	अदूरदर्शी
29.	जो दिखाई न देता हो	अदृश्य
30.	जो बात न सुनी गई हो	अनसुनी
31.	जो पढ़ा न जा सके	अपठनीय
32.	दोपहर के बाद का समय	अपराह्न
33.	जो मापा न जा सके	अपरिमेय
34.	आत्मा और ईश्वर में संबंध रखने वाला	आध्यात्मिक
35.	जो आलोचना के योग्य हो	आलोच्य
36.	इतिहास का जानकार	इतिहासज्ञ
37.	जो भूमि उपजाऊ हो	उर्वरा
38.	सूर्योदय से पहले का समय	उषाकाल
39.	जो अपनी इच्छा पर निर्भर हो	आत्मनिर्भर
40.	जो कहा गया है	कथित
41.	स्त्री जो कविता रचती है	कवयित्री
42.	किए हुए उपकार को मानने वाला	कृतज्ञ
43.	किए हुए उपकार को न मानने वाला	कृतघ्न
44.	क्षमा किए जाने योग्य	क्षम्य
45.	जिसके हाथ में चक्र है	चक्रपाणि
46.	जिसके सिर पर चंद्रमा है	चंद्रशेखर
47.	जो जन्म से अंधा हो	जन्मांध
48.	जिसने इंद्रियों पर विजय पा ली हो	जितेंद्रिय
49.	तीन महीने में होने वाला	त्रैमासिक
50.	जिस पर विजय पाना कठिन हो	दुर्जेय
51.	द्रुत गति से जाने वाला	द्रुतगामी
52.	बिना पलक झपकाए	निर्निमेष
53.	जो ईश्वर में विश्वास न रखता हो	नास्तिक
54.	जो ईश्वर में विश्वास रखता हो	आस्तिक
55.	जिसके मन में दया का अभाव हो	निर्दय
56.	जो भिक्षा माँगता हो	याचक
57.	युद्ध करने की प्रबल इच्छा रखने वाला	युयुत्सु
58.	इस लोक से संबंध रखने वाला	लौकिक
59.	लंबे या बड़े उदर वाला	लंबोदर
60.	जो व्यर्थ की बहुत बातें करता है	वाचाल

19.7 समश्रुत भिन्नार्थक शब्द

बहुत-से शब्द ऐसे होते हैं, जिनका उच्चारण समान-सा होता है, परंतु उनके अर्थ अलग-अलग होते हैं, ऐसे शब्दों के युग्म को **समश्रुत** या **समोच्चारित भिन्नार्थक शब्द-युग्म** कहते हैं।

समोच्चारित भिन्नार्थक शब्दों को **युग्म-शब्द**, **समध्वन्यात्मक शब्द** तथा **समानाभास शब्द** भी कहते हैं; जैसे—'अनल' और 'अनिल' शब्द का उच्चारण समान-सा प्रतीत होता है, परंतु 'अनल' का अर्थ है— 'आग' जबकि 'अनिल' का अर्थ है—'वायु'।

कुछ महत्त्वपूर्ण समश्रुत भिन्नार्थक शब्द

	शब्द-युग्म	अर्थ
1.	अकर	न करने योग्य
	आकर	खान/खदान
2.	अचल	स्थिर
	अंचल	साड़ी का छोर/किनारा

शब्द-युग्म		अर्थ
3.	अचित्	जड़/चेतन रहित
	अंचित	गुथा हुआ/पूजित
4.	अजय	जो जीता न जा सके
	अजया	भाँग
5.	अतप	शीतल
	आतप	धूप
6.	अंगना	स्त्री
	अँगना	छोटा आँगन
7.	अंत	समाप्ति
	अंत्य	नीच
8.	अंतर	भिन्नता
	अनन्तर	बाद में
9.	अपर	दूसरा
	अपार	असीम
10.	अतल	जिसका तल न हो
	अतुल	जिसकी तुलना न हो
11.	अर्थ	मतलब
	अर्ध	आधा
12.	आवृत	घिरा हुआ
	आवृत्ति	दोहराना
13.	आकार	आकृति
	आकर	खान
14.	इति	अंत
	ईति	आपदा
15.	इंदिरा	लक्ष्मी
	इंद्रा	इंद्राणी
16.	ईश	स्वामी/मालिक
	ईष	शिव का एक अनुचर
17.	उपमान	तुलना
	अपमान	तिरस्कार
18.	उपल	पत्थर
	उपला	कंडा
19.	उबारना	बचाना
	उभारना	उकसाना/ऊँचा करना
20.	अशक्त	असमर्थ
	असक्त	उदासीन

शब्द-युग्म		अर्थ
21.	अपत	बिना पत्ते का
	अपट	वस्त्रहीन
22.	अश्व	घोड़ा
	अश्म	पत्थर
23.	अभय	निर्भय
	उभय	दोनों
24.	अपकार	बुराई
	उपकार	भलाई
25.	अभिहित	पीटा गया
	अभिहत	पुकारा गया
26.	अभियान	चढ़ाई
	अभिमान	घमंड
27.	अविरोध	मेल
	अवरोध	रुकावट
28.	अरबी	अरब की भाषा
	अरवी	कंद या घुइयाँ
29.	अनिष्ट	बुराई/हानि
	अनिष्ठ	निष्ठाहीन
30.	अमित	बहुत/अधिक
	अमीत	दुश्मन
31.	आँटी	सूत का लच्छा
	आँठी	गुठली
32.	आयत	लंबा/चौड़ा
	आयात	बाहर से आया हुआ
33.	इत्र	सुगंध
	इतर	दूसरा/चरस
34.	इस्तरी	कपड़े प्रेस करने का उपकरण
	स्त्री	महिला
35.	ईसा	ईसा मसीह
	ईशा	ऐश्वर्य/सुख/अधिकार
36.	उद्धार	कष्ट से मुक्ति
	उधार	कर्ज
37.	उद्धत	अक्खड़/उद्दंड
	उद्यत	तैयार
38.	उपस्थिति	उपलब्धता
	उपस्थित	हाजिर

अभ्यास प्रश्न

बहुविकल्पीय व वर्णनात्मक प्रश्नों सहित

1. निम्नलिखित शब्दों के सही उत्तर को चिह्नित कीजिए

(i) 'अतुल' का सही विलोम है

(क) विषाद (ख) इति (ग) तुल्य (घ) आदान

(ii) 'निर्माण' का विलोम है

(क) दुर्गम (ख) नाश (ग) रंक (घ) दानव

(iii) निम्न में से किस विकल्प में सही पर्यायवाची शब्द नहीं है?

(क) नदी, सरि, तटिनी, सलिला

(ख) अनिल, हवा, मारुत

(ग) कर, अंशु, किरण

(घ) सेना, कंचन, हेम

(iv) 'तनय' किसका पर्याय है

(क) बुद्धि (ख) बेटा (ग) कमला (घ) मित्र

(v) निम्न में कौन-सा शब्द एकार्थी नहीं है?

(क) कनक (ख) रानी (ग) पुल (घ) मीनार

(vi) निम्नलिखित में किरण किसका अर्थ है?

(क) कर (ख) खग (ग) धन (घ) दाम

(vii) 'जो कुछ न जानता हो' वाक्यांश के लिए एक शब्द है

(क) अपार (ख) अक्षम (ग) अल्पज्ञ (घ) अज्ञानी

(viii) निम्न में से गलत वाक्यांश के अर्थ को छाँटिए

(क) जिसकी कोई उपमा हो – अनुपम

(ख) क्षमा किए जाने योग्य – क्षम्य

(ग) मांस से युक्त – सामिष

(घ) जो भिक्षा माँगता हो – भिखारी

(ix) समोच्चारित भिन्नार्थक शब्द है

(क) उपमान-अपमान (ख) कड़ी-कड़ाई

(ग) अमिनार-अतिसार (घ) अतल-सतल

(x) अंश-अंशु भिन्नार्थक शब्दों के अर्थ हैं

(क) सूर्य और भाग (ख) भाग और सूर्य

(ग) भाग और किरण (घ) वक्रण और भाग

2. निम्नलिखित शब्दों के विलोम शब्द लिखिए

(i) निष्पक्ष (ii) सर्वज्ञ

(iii) भक्ष्य (iv) सुगम

(v) राजा (vi) पक्ष

(vii) निर्दय (viii) सामिष

(ix) उत्तम (x) उत्थान

(xi) इहलोक (xii) अल्पज्ञ

(xiii) शिष्ट (xiv) शोक

(xv) दिवाकर (xvi) सरस

(xvii) खंडन (xviii) घृणा

(xix) सरल (xx) चेतन

3. निम्नलिखित वाक्यों को सही पर्यायवाची शब्दों से पूरा कीजिए

(i) जो इस विश्व को अपनाता है, उसी का ही सारा ...... गुणगान करता है।

(ii) इस नदी का तट इतना बड़ा है कि दूसरा ...... नजर नहीं आता।

(iii) सागर पर पुल बना देने की खबर सुनकर रावण ने आश्चर्य से कहा कि इतने विशाल ...... पर पुल कैसे बन गया।

(iv) अनिल को ...... कहते हैं।

(v) बादलों को गरजते देख मनस्वी बोली, "आज तो आसमान में काली ...... छाई है।"

4. निम्नलिखित शब्दों के दो-दो पर्यायवाची शब्द लिखिए

(i) पत्ता .... (ii) तीर ....

(iii) इच्छा .... (iv) मेघ ....

(v) संसार .... (vi) सोना ....

(vii) धन .... (viii) हाथ ....

5. निम्नलिखित शब्दों के दो-दो अर्थ लिखिए

सारंग, हार, हंस, वर्ण, कनक, जड़, पंक, तीर

6. निम्नलिखित वाक्यांशों हेतु एक शब्द लिखिए

(i) जहाँ पहुँचना सरल न हो ....

(ii) मांस न खाने वाला ....

(iii) जो कम बोलता हो ....

(iv) जो कभी नष्ट न हो ....

(v) जिसका आदि न हो ....

(vi) जो सबकुछ जानता हो ....

(vii) जिसमें विष हो ....

(viii) जो मीठा बोलता हो ....

(ix) जो गिना न जा सके ....

(x) शक्ति के अनुसार ....

7. निम्नलिखित शब्दों से वाक्य बनाकर अर्थ स्पष्ट कीजिए

(i) नग, नाग

(ii) परिणाम, प्रणाम

(iii) समान, सामान

(iv) धरा, धारा

(v) निधन, निर्धन

उत्तरमाला

1. (i) (ग) (ii) (ख) (iii) (घ)
(iv) (ख) (v) (क) (vi) (क)
(vii) (घ) (viii) (क) (ix) (क)
(x) (ख)

2. (i) पक्षपात (ii) अल्पज्ञ (iii) अभक्ष्य
(iv) दुर्गम (v) रंक (vi) विपक्ष
(vii) सदय (viii) निरामिष (ix) अधम
(x) पतन (xi) परलोक (xii) बहुज्ञ
(xiii) अशिष्ट (xiv) हर्ष (xv) निशाकर
(xvi) नीरस (xvii) मंडन (xviii) प्रेम
(xix) कुटिल (xx) अचेतन

3. (i) संसार (ii) किनारा (iii) समुद्र
(iv) वायु (v) घटा

4. (i) पर्ण, पत्र (ii) बाण, नाराच
(iii) कामना, चाह (iv) वारिद, जलद
(v) जग, जगत (vi) कंचन, स्वर्ण
(vii) अर्थ, वित्त (viii) हस्त, कर

5. सारंग - कोयल, बादल
हार - माला, पराजय
हंस - सूर्य, घोड़ा
वर्ण - जाति, रंग
कनक - सोना, गेहूँ
जड़ - अचेतन, मूर्ख
पंक - पाप, कीचड़
तीर - किनारा, बाण

6. (i) दुर्गम (ii) निरामिष (iii) मितभाषी
(iv) अनश्वर (v) अनादि (vi) सर्वज्ञ
(vii) विषाक्त (viii) मृदुभाषी (ix) नगण्य/अनगिनत
(x) यथाशक्ति

7. (i) कपड़े का झंडा पाँच रुपये प्रति नग आता है।
उसे नाग ने डस लिया।
(ii) सुरेश की परीक्षा का परिणाम इस बार उम्मीद से परे है।
हमें प्रतिदिन अपने माता-पिता को प्रणाम करना चाहिए।
(iii) धरा और मोहिनी दोनों बहनें दिखने में एक समान है।
मुझे बाजार से खेलने का कुछ सामान लाना है।
(iv) धरा का प्राकृतिक सौंदर्य अनोखा है।
मेरे जीवन की धारा ही बदल गई है।
(v) कल शाम गोकुल जी का निधन हो गया।
राम निर्धन परंतु परिश्रमी बालक है।

विराम-चिह्न

20.1 विराम-चिह्न का अर्थ एवं परिभाषा

विराम का शाब्दिक अर्थ होता है—**विश्राम** अथवा **रुकना**। वार्तालाप करते समय, अपने भावों के अनुसार हम अपनी वाणी में उतार-चढ़ाव लाते हैं। हम अपनी बात को स्पष्ट करने के लिए कुछ देर रुकते हैं, फिर अगला वाक्य बोलते हैं। लिखते समय इसे दर्शाने के लिए कुछ चिह्नों का प्रयोग किया जाता है, जिन्हें विराम-चिह्न कहते हैं। अत: वे विशेष संकेत चिह्न जो हमें बताते हैं कि किसी गद्यांश या पद्यांश को पढ़ते समय हमें कहाँ और कितनी देर रुकना है, उन्हें **विराम-चिह्न** कहते हैं।

कुछ प्रमुख विराम-चिह्न निम्नलिखित हैं

पूर्ण विराम	(।)
अल्प विराम	(,)
अर्द्ध विराम	(;)
प्रश्नवाचक	(?)
विस्मयादिबोधक	(!)
उद्धरण	(‘ ’) (“ ”)
विवरण	(:-)
निर्देशक चिह्न	—
योजक	(-)
कोष्ठक	( )
त्रुटिपूर्ण चिह्न (हंसपद)	(^)
लाघव चिह्न	(०)
लोप चिह्न	(...)
उपविराम या सांकेतिक चिह्न	(:)

पूर्णविराम (।)

विस्मयवाचक तथा प्रश्नवाचक वाक्यों को छोड़कर प्रत्येक वाक्य की समाप्ति के बाद पूर्णविराम का प्रयोग किया जाता है; जैसे—

(i) मैंने स्कूल का कार्य कर लिया है।

(ii) मेरे घर पर मेहमान आए हैं।

अल्पविराम (,)

अल्पविराम (,) चिह्न का प्रयोग वाक्य के बीच में थोड़ा-सा रुकने के लिए किया जाता है। इसका प्रयोग निम्नलिखित स्थितियों में किया जाता है

- योजकहीन दो से अधिक सजातीय शब्दों के बीच में; जैसे—
  — निखिल, अखिल, अनिल और रमेश खेल रहे हैं।
- वाक्य में जहाँ सबसे कम रुकना हो; जैसे—
  — मैंने उस व्यक्ति को देखा, जो पीड़ा से कराह रहा था।
- निषेधसूचक 'नहीं' और स्वीकारसूचक 'हाँ' के बाद; जैसे—
  — नहीं, तुम खेलने मत जाओ।
  — हाँ, मैंने मिशन मंगल फिल्म देखी है।

अर्द्धविराम (;)

जहाँ एक वाक्य के समाप्त हो जाने के बावजूद उसका कुछ संबंध आगे के किसी वाक्य से दर्शाया जाता है, वहाँ अर्द्धविराम का प्रयोग किया जाता है; जैसे—जो ठीक था, कर दिया गया; अब आप चाहे जो करें।

प्रश्नवाचक चिह्न (?)

प्रश्नवाचक वाक्यों के अंत में प्रश्नवाचक चिह्न (?) का प्रयोग किया जाता है; जैसे—

(i) तुम कहाँ जा रहे हो?

(ii) वहाँ कौन खड़ा है?

विस्मयादिबोधक चिह्न (!)

हर्ष, शोक, घृणा, आश्चर्य, विस्मय आदि भाव प्रकट करने वाले शब्दों और वाक्यों के साथ विस्मयादिबोधक चिह्न (!) का प्रयोग किया जाता है; जैसे—

(i) अहा! भारत ने एशिया कप जीत ही लिया।

(ii) शाबाश! तुमने बहुत अच्छा काम किया है।

उद्धरण चिह्न (" ") (' ')

ये चिह्न दो प्रकार के होते हैं—दोहरा उद्धरण चिह्न (" ") तथा इकहरा उद्धरण चिह्न (' ')। किसी के कथन को उसी के शब्दों में ज्यों का त्यों प्रकट करने के लिए दोहरा उद्धरण चिह्न (" ") का प्रयोग किया जाता है; जैसे—

बाल गंगाधर तिलक ने कहा—"स्वतंत्रता हमारा जन्मसिद्ध अधिकार है।"

किसी विशिष्ट व्यक्ति, स्थान या पुस्तक के बारे में बताने के लिए इकहरे उद्धरण चिह्न का प्रयोग करते हैं; जैसे—'नरसी जी का मायरा' मीराबाई की पुस्तक है।

विवरण चिह्न (:-)

यदि वाक्यांशों के विषय में कुछ उदाहरण, निर्देश या सूचना आदि के बारे में बताना हो, तो वहाँ विवरण चिह्न का प्रयोग किया जाता है; जैसे—

- अर्थ के आधार पर शब्द के दो भेद हैं:—

  (i) सार्थक (ii) निरर्थक

निर्देशक चिह्न (—)

यह चिह्न योजक चिह्न से बड़ा होता है। इसका प्रयोग निम्नलिखित स्थितियों में किया जाता है

(i) निम्नलिखित या निम्नांकित शब्द के बाद; जैसे—
- गेहूँ निम्नलिखित स्थानों में पैदा होता है—पंजाब, उत्तर प्रदेश, मध्य प्रदेश आदि।

(ii) कहना, लिखना, बोलना आदि क्रियाओं के बाद; जैसे—
- कृष्णा ने कहा—"मैं खेलने जाऊँगा।"

योजक या विभाजक चिह्न (-)

यह आकृति में निर्देशक चिह्न का आधा होता है। दो शब्दों को जोड़ने के लिए योजक चिह्न (-) का प्रयोग किया जाता है। इस चिह्न का प्रयोग मुख्यतः शब्द युग्मों के मध्य किया जाता है; जैसे—

- कभी-कभी, रात-दिन, अमीर-गरीब आदि।

कोष्ठक ()

वाक्य के बीच आए किसी शब्द का अर्थ बताने के लिए कोष्ठक का प्रयोग किया जाता है; जैसे—

- पंडित जी (पंडित नेहरू) को बच्चे प्यार से चाचा कहते थे।

त्रुटिपूर्ण चिह्न (हंसपद) (^)

लिखते समय यदि गलती से कोई शब्द छूट जाता है, तब त्रुटिपूर्ण चिह्न (^) का प्रयोग करके शब्द को ऊपर लिख दिया जाता है; जैसे—

- सभी कर्मचारी ^(सुबह) नौ बजे आएँ।

लाघव चिह्न (०)

किसी शब्द को संक्षेप में लिखने के लिए प्रथम अक्षर लिखने के बाद लाघव चिह्न (०) लगाया जाता है; जैसे—

(i) पंडित—पं० (ii) डॉक्टर—डॉ०

लोप चिह्न (...)

मुख्य विषय में महत्त्वहीन अंश का लोप करने के लिए इस चिह्न का प्रयोग किया जाता है; जैसे—

- बटुकनाथ ने कहा कि श्रीकांत मणि अब मुझसे दूर नहीं.........।

उपविराम या सांकेतिक चिह्न (:)

इस चिह्न का प्रयोग निर्देशक चिह्न की तरह ध्यान आकर्षित करने के लिए किया जाता है; जैसे—

- हिमालय से निकलने वाली नदियाँ हैं: गंगा, यमुना, सतलुज आदि।

अभ्यास प्रश्न

बहुविकल्पीय व वर्णनात्मक प्रश्नों सहित

1. निम्नलिखित प्रश्नों में दिए विकल्पों में से सही विकल्प छाँटिए

(i) योजक चिह्न किन शब्दों के मध्य लगाया जाता है?
(क) दो वाक्यों के मध्य
(ख) शब्द-युग्मों में
(ग) सभी वाक्यों के अंत में
(घ) विस्मयवाचक शब्दों के अंत में

(ii) हमें माता-पिता का आदर करना चाहिए। वाक्य में कौन-सा विराम-चिह्न लगा है?
(क) प्रश्नवाचक चिह्न (ख) विस्मयादिबोधक
(ग) योजक चिह्न (घ) अर्धविराम

(iii) आदित्य एल-1 क्या है? वाक्य में कौन-सा चिह्न लगा है?
(क) प्रश्नवाचक चिह्न (ख) अर्धविराम
(ग) योजक चिह्न (घ) विस्मयादिबोधक

(iv) अल्प विराम (,) चिह्न लगाया जाता है
(क) एक ही प्रकार के शब्दों को अलग करने के लिए
(ख) वाक्यों के अंत में
(ग) प्रश्न पूछने पर
(घ) अधिक देर रुकने पर

(v) लाघव चिह्न (०) का प्रयोग किया जाता है
(क) शब्दों के बीच
(ख) शब्दों को बड़ा करने पर
(ग) शब्दों को संक्षिप्त करके लिखने के लिए
(घ) शब्दों के भूलने या छूटने पर

(vi) कोष्ठक चिह्न कौन-सा है?
(क) । (ख) ^
(ग) () (घ) O

(vii) पूर्णविराम चिह्न का प्रयोग किस वाक्य में नहीं किया जाता है?
(क) निषेधवाचक (ख) संकेतवाचक
(ग) इच्छावाचक (घ) प्रश्नवाचक

(viii) हर्ष, शोक, घृणा, आश्चर्य जैसे भावों को व्यक्त करने के लिए········ चिह्न का प्रयोग किया जाता है।
(क) उद्धरण (ख) विस्मयादिबोधक
(ग) निर्देशक (घ) लाघव

(ix) किसी व्यक्ति के कथन को दर्शाने के लिए किस विराम-चिह्न का प्रयोग किया जाता है?
(क) पूर्ण विराम (ख) निर्देशक
(ग) उद्धरण (घ) लाघव

(x) राम········हनुमान, तुम लंका जाओगे। वाक्य में कौन-सा विराम चिह्न प्रयुक्त नहीं है?
(क) पूर्ण विराम (ख) अल्प विराम
(ग) निर्देशक (घ) विस्मयादिबोधक चिह्न

2. निम्नलिखित सही कथन के आगे (✓) और गलत के आगे (×) का चिह्न लगाइए

(क) विराम-चिह्न हमें बताते हैं कि गद्यांश को पढ़ते समय कहाँ और कितनी देर रुकना है। ( )
(ख) विस्मयादिबोधक चिह्न प्रश्न पूछने के लिए लगाया जाता है। ( )
(ग) कोष्ठक का प्रयोग अर्थ स्पष्ट करने के लिए किया जाता है। ( )
(घ) लाघव चिह्न हमें बताता है कि थोड़ी देर रुकना है। ( )
(ङ) किसी के कथन को ज्यों-का-त्यों लिखने के लिए उद्धरण चिह्न लगाते हैं। ( )

3. निम्नलिखित विराम चिह्नों के साथ उनके नाम का मिलान कीजिए

(i) !	(क) पूर्ण विराम
(ii) —	(ख) विस्मयादिबोधक चिह्न
(iii) -	(ग) योजक चिह्न
(iv) ?	(घ) निर्देशक चिह्न
(v) ।	(ङ) प्रश्नवाचक चिह्न

4. निम्नलिखित वाक्यों में उचित विराम चिह्न लगाइए

(क) अहा कितना सुंदर फूल है।
(ख) राम सीता और लक्ष्मण वनवास गए।
(ग) तुम्हारा नाम क्या है
(घ) कृष्णा ने कहा मैं कल आऊँगा
(ङ) राम ने कहा मैं पढ़ने जाऊँगा

5. निम्नलिखित विराम चिह्नों का प्रयोग करते हुए एक-एक वाक्य बनाइए

(क) (?) ········· (ख) (!) ·········
(ग) (“ ”) ········· (घ) (-) ·········
(ङ) (,) ·········

6. निम्नलिखित प्रश्नों के संक्षिप्त उत्तर दीजिए

(i) विराम-चिह्न से आप क्या समझते हैं?
(ii) लिखते समय कुछ छूट जाने पर किस विराम चिह्न का प्रयोग किया जाता है?
(iii) लाघव चिह्न का प्रयोग कब किया जाता है? उदाहरण सहित बताइए।

उत्तरमाला

1. (i) (ख) (ii) (ग) (iii) (क) (iv) (क) (v) (ग) (vi) (ग) (vii) (घ) (viii) (ख) (ix) (ग) (x) (ग)

2. (क) ✓ (ख) ✗ (ग) ✓ (घ) ✗ (ङ) ✓

3. (i) (ख) (ii) (घ) (iii) (ग) (iv) (ङ) (v) (क)

4. (क) अहा! कितना सुंदर फूल है।
(ख) राम, सीता और लक्ष्मण वनवास गए।
(ग) तुम्हारा नाम क्या है?
(घ) कृष्णा ने कहा–''मैं कल आऊँगा।''
(ङ) राम ने कहा– ''मैं पढ़ने जाऊँगा।''

5. (क) (?) छत्रपति शिवाजी कौन थे?
(ख) (!) हे भगवान! दया करो।
(ग) ('' '') प्रेमचंद जी कहते हैं-''अस्थिरता नशे की खासियत है।''
(घ) (-) हमें माँ-बाप की सेवा करनी चाहिए।
(ङ) (,) कल मेरे साथ मयंक, दिनेश और सुरेश भी गए थे।

मुहावरे एवं लोकोक्तियाँ

21.1 मुहावरे

मुहावरे का शाब्दिक अर्थ होता है—अभ्यास या बातचीत। वस्तुत: मुहावरा उस वाक्यांश को कहते हैं, जिसका कोई विशेष अर्थ होता है और जो वाक्य में क्रिया के स्थान पर प्रयोग में आता है; जैसे—अंगार उगलना। यहाँ 'अंगार उगलना' का अर्थ आग निकालने से नहीं है, बल्कि क्रोध में अपशब्द कहने से है।

मुहावरों के प्रयोग हेतु आवश्यक तथ्य

- मुहावरा पूरा वाक्य न होकर वाक्यांश होता है।
- मुहावरों का प्रयोग स्वतंत्र रूप से नहीं होता, बल्कि इनका प्रयोग वाक्य के बीच में किया जाता है।
- मुहावरों का अर्थ साधारण न होकर प्रतीक रूप में होता है।

कुछ महत्त्वपूर्ण मुहावरे

1. **अंक भरना** गले लगाना/आलिंगन करना
   - शिशु के हँसने पर माँ ने उसे अंक में भर लिया।
2. **अंग-अंग ढीला होना** बहुत थक जाना
   - दिनभर काम करने के कारण मेरा अंग-अंग ढीला हो रहा है।
3. **अक्ल पर पत्थर पड़ना** मूर्खतापूर्ण काम करना
   - कल परीक्षा है और तुम सिनेमा देखने जा रहे हो, क्या तुम्हारी अक्ल पर पत्थर पड़ गया है?
4. **अगर-मगर करना** बहाना बनाना
   - जब भी मैं तुमसे काम करने को कहता हूँ, तुम अगर-मगर करने लगते हो।
5. **अपना उल्लू सीधा करना** अपना काम बनाना
   - आजकल तो सभी अपना उल्लू सीधा करने में लगे रहते हैं।
6. **अपने पाँव पर कुल्हाड़ी मारना** अपना अहित करना
   - नौकरी छोड़कर तुमने अपने पाँव पर कुल्हाड़ी मार ली।
7. **अपने पैरों पर खड़ा होना** स्वावलंबी होना
   - मेरे बेटे को नौकरी मिल गई, अब वह अपने पैरों पर खड़ा हो गया है।
8. **आँख का तारा** बहुत प्यारा
   - प्रत्येक बच्चा अपनी माँ की आँखों का तारा होता है।
9. **आँख चुराना** नजर से बचना
   - दिनेश ने उधार दिए गए रुपये वापस नहीं किए। अब वह आँखें चुराता फिर रहा है।
10. **आसमान टूटना** बड़ी विपत्ति आना
    - बचपन में अचानक पिता की मृत्यु हो जाने पर उसके ऊपर आसमान टूट पड़ा।
11. **आस्तीन का साँप** विश्वासघाती मित्र
    - मेरे जानने वाले ने ही मेरा सामान चुरा लिया, वह तो आस्तीन का साँप निकला।
12. **ईद का चाँद होना** बहुत दिनों बाद दिखाई देना
    - तुम न जाने कहाँ रहते हो, तुम तो ईद का चाँद हो गए हो।
13. **उल्टी गंगा बहाना** उल्टा काम करना
    - पहले भोजन करके फिर स्नान करने जा रहे हो, यह तो उल्टी गंगा बहाना है।
14. **ओखली में सिर देना** जोखिम मोल लेना
    - तुम्हें इस झगड़े में नहीं पड़ना चाहिए था, परंतु अब ओखली में सिर दे ही दिया है तो भुगतो।

15. **काठ का उल्लू** निपट मूर्ख
- अरे! सोहन इस बार भी अनुत्तीर्ण हो गया है, वह तो काठ का उल्लू ही है।

16. **कान का कच्चा होना** बिना विचार किए किसी अन्य की बात मान लेना
- जो कान के कच्चे होते हैं, हमेशा उलझन और परेशानियों में रहते हैं।

17. **कलेजा ठंडा होना** शांति मिलना
- बेटे के पास होने पर माँ का कलेजा ठंडा हो गया।

18. **कलेजा धक से रह जाना** डर जाना
- रास्ते में साँप को देखकर मेरा तो कलेजा धक से रह गया।

19. **कान भरना** चुगली करना
- मंथरा राम के विरुद्ध कैकेयी के कान भरती रहती थी।

20. **किताबी कीड़ा होना** केवल पढ़ने में लगे रहना
- वह तो केवल किताबी कीड़ा है, उसे बाहरी दुनिया का कोई भी ज्ञान नहीं है।

21. **खून का घूँट पीना** गुस्सा पचा जाना
- गुंडों के व्यवहार को देखकर वह खून का घूँट पीकर रह गया।

22. **गंगा नहाना** कठिन कार्य पूरा होना
- बेटी की शादी करके पिता ने गंगा नहा लिया।

23. **गले का हार होना** बहुत प्यारा
- मेरी बेटी मेरे गले का हार है।

24. **गागर में सागर भरना** थोड़े में बहुत कुछ कहना
- बिहारी ने अपने दोहे में गागर में सागर भर दिया।

25. **घड़ों पानी पड़ना** बहुत लज्जित होना
- नकल करते हुए पकड़े जाने पर तान्या पर घड़ों पानी पड़ गया।

26. **घी के दीये जलाना** बहुत खुशी मनाना
- बेटे के आई ए एस बनने पर परिवार वालों ने घी के दीये जलाए।

27. **घोड़े बेचकर सोना** निश्चिंत होकर सोना
- अनाज घर आ जाने के बाद ही किसान घोड़े बेचकर सो पाता है।

28. **चार दिन की चाँदनी होना** थोड़े दिन का सुख होना
- लाटरी निकलने से प्राप्त धन को सोच-समझकर खर्च करो, क्योंकि यह चार दिन की चाँदनी है।

29. **चादर देखकर पाँव फैलाना** अपनी आय के अनुसार खर्च करना
- जो चादर देखकर पाँव फैलाते हैं, वे सदैव सुखी रहते हैं।

30. **छाती पर साँप लोटना** ईर्ष्या करना
- दूसरों की सफलता देखकर कुछ लोगों की छाती पर साँप लोटने लगता है।

31. **जान के लाले पड़ना** बड़ी कठिनाई से जान बचाना
- भारतीय जवानों की गोलीबारी से घुसपैठियों को जान के लाले पड़ गए।

32. **टका-सा जवाब देना** साफ़ इनकार कर देना
- जरूरत के समय टका-सा जवाब देने वाले अच्छे मित्र नहीं होते हैं।

33. **टेढ़ी खीर होना** कठिन काम होना
- इस महँगाई में एक गरीब के लिए बेटी की शादी करना टेढ़ी खीर हो गया है।

34. **डींग मारना** बढ़-चढ़कर बातें करना
- आज के नेता चुनाव के समय खूब डींगें मारते हैं, पर चुनाव जीतते ही सब भूल जाते हैं।

35. **तलवे चाटना** चापलूसी करना
- ईमानदारी एवं लगन से काम करने पर सफलता मिलती है, अधिकारी के तलवे चाटने से नहीं।

36. **दाँत खट्टे करना** बुरी तरह हरा देना
- वर्ष 2023 के विश्वकप क्रिकेट मैच में भारतीय क्रिकेट टीम ने पाकिस्तानी क्रिकेट टीम के दाँत खट्टे कर दिए।

37. **दाँत पीसना** क्रोध करना
- जब पुलिस वाले ने रिक्शेवाले को बुरा-भला कहा, तो वह दाँत पीसता रह गया।

38. **दुम दबाकर भागना** डरकर भागना
- शेर के आने की आहट पाते ही जानवर दुम दबाकर भागने लगे।

39. **नमक-मिर्च लगाना** छोटी-सी बात को बढ़ा-चढ़ाकर कहना
- नमक-मिर्च लगाकर एक-दूसरे की शिकायत करना महिलाओं की आदत होती है।

40. **पत्थर की लकीर होना** अटल बात होना
- हरिश्चंद्र ऐसे सत्यवादी थे कि उनकी बातें पत्थर की लकीर होती थीं।

41. **पाँव जमीन पर न टिकना** बहुत अधिक घमंड करना
- जब से नीलिमा को विज्ञापन में काम करने के लिए चुना गया है, तब से उसके पाँव जमीन पर नहीं टिक रहे हैं।

42.. **पानी-पानी होना** बहुत शर्मिंदा होना
- झूठ पकड़े जाने पर मानसी को पानी-पानी होना पड़ा।

43. **पेट में चूहे कूदना** जोर की भूख लगना
- सुबह से फसल की कटाई में जुटे मजदूर के पेट में चूहे कूदने लगे।

44. **बायें हाथ का काम होना** अत्यंत सरल होना
- यह सवाल हल करना मेरे बायें हाथ का काम है।

45. **बाग-बाग होना** बहुत प्रसन्न होना
- अपने द्वारा लगाए पौधों में फल देखकर किसान का मन बाग-बाग हो गया।

46. **बहती गंगा में हाथ धोना** मौके का लाभ उठाना
- बहती गंगा में हाथ धोने से नहीं चूकना चाहिए।

47. **भीगी बिल्ली बनना** भयभीत होना
- बाज को देखते ही कौआ भीगी बिल्ली बनकर उड़ चला।

48. **मक्खियाँ मारना** खाली बैठे रहना
   • फैक्ट्री में सील लगने से मजदूर आजकल मक्खियाँ मारने को विवश हैं।

49. **मुट्ठी गर्म करना** रिश्वत देना
   • इस टिकट आरक्षण काउंटर पर दलालों के कारण मुट्ठी गर्म किए बिना टिकट पाना कठिन है।

50. **मुँह में पानी आना** ललचा जाना
   • दुकान पर सजी मिठाइयाँ देखकर सोनिका के मुँह में पानी आ गया।

पाठ्यपुस्तक पर आधारित मुहावरे

लाख की चूड़ियाँ

1. **मन मोह लेना** आकर्षित करना
   • भारत का अलौकिक सौंदर्य सबका मन मोह लेता है।

2. **मनाने में लोहा लगना** बहुत मुश्किल से मानना
   • हर्षित यदि नाराज़ हो जाए, तो उसे मनाने में लोहा लगता है।

3. **कसर निकालना** कमी पूरी करना
   • इस मैच के हार की कसर हम अगले मैच में निकालेंगे।

4. **इधर-इधर दृष्टि दौड़ाना** सब ओर देखना
   • विद्यालय में अपनी पुत्री को न पाकर माँ इधर-उधर दृष्टि दौड़ाने लगी।

बस की यात्रा

5. **आगा-पीछा करना** इधर-उधर होना
   • मुकबाले के समय अपने से ताकतवर पहलवान को देखकर रोहन पहलवान का आगा-पीछा करने लगा।

6. **कूच करना** आगे बढ़ना
   • कल सुबह होते ही हमारी सेना मैसूर के लिए कूच करेगी।

7. **जान हथेली पर लेकर चलना** मृत्यु से न डरना
   • भारत के वीर जान हथेली पर लेकर आगे बढ़ते हैं।

8. **बाँहें पसारना** दिल से स्वागत करना
   • रघु ने अपने मित्र का स्वागत बाँहें पसारकर किया।

क्या निराश हुआ जाए

9. **रस लेना** आनंद लेना
   • माता जी ने रस ले-लेकर रामायण पढ़ी।

10. **चेहरे की हवाइयाँ उड़ना** घबरा जाना
   • जब रहीम चोरी करते हुए पकड़ा गया, तो उसके चेहरे की हवाइयाँ उड़ गईं।

11. **कातर ढंग से देखना** डर के भाव से नजर बचाकर देखना
   • चोर पिटते हुए लोगों को कातर ढंग से देख रहा था।

12. **मन को ढाढ़स देना** हिम्मत बंधाना
   • राजू के अनुत्तीर्ण होने पर उसकी माँ ने उसके मन को ढाढ़स दिया।

जहाँ पहिया है

13. **जंजीरों को तोड़ना** पुराने रीति-रिवाज़ तोड़ना
   • मीरा ने कुल की जंजीरों को तोड़कर कृष्ण को अपना पति मान लिया।

14. **फब्तियाँ कसना** व्यंग्य करना
   • जब महिलाओं ने साइकिल चलाना सीखा तो पुरुष उन पर फब्तियाँ कसने लगे।

15. **चाव लगना** शौक लगना
   • आजकल भाभी को खाना बनाने का चाव लग गया है।

अकबरी लोटा

16. **तिलमिला उठना** क्रोधित होना
   • अपने पुत्र का गलत व्यवहार देखकर श्यामसिंह जी तिलमिला उठे।

17. **आँखों से ओझल होना** गायब होना
   • चोर इतना तेज भागा कि जल्दी ही पुलिस की आँखों से ओझल हो गया।

18. **काटो तो खून न होना** डरकर घबरा जाना
   • जब मनोज को उसके पिता जी ने जुआ खेलते हुए पकड़ लिया, तो मनोज की हालत काटो तो खून न होने वाली हो गई।

19. **दो और दो जोड़ना** स्थिति परख लेना
   • रहीम ने दो और दो जोड़कर सारा मामला समझ लिया।

20. **आशाओं की लाश उठाना** उम्मीदें समाप्त होना
   • पिता जी के जल्दी ही घर आने से रघु की आशाओं की लाश उठ गई। चुनाव हारने से कुछ नेताओं के मंत्री बनने की आशाओं की लाश उठ गई।

पानी की कहानी

21. **हवाइयाँ उड़ना** घबरा जाना
   • चोरी पकड़े जाने पर मुनेश के चेहरे की हवाइयाँ उड़ गईं।

22. **दबकर पानी होना** अस्तित्व नष्ट होना
   • भूस्खलन में अनेक लोग चट्टानों के नीचे दबकर पानी हो गए।

23. **कान खड़े होना** सतर्क होना
   • डाकुओं की खबर पाते ही यात्रियों के कान खड़े हो गए।

24. **आँखों से ओझल होना** गायब होना
   • मैं देखता ही रह गया और पानी की बूँद जल्दी ही मेरी आँखों से ओझल हो गई।

बाज और साँप

25. **हिम्मत बँधना** साहस करना
   • काफी कोशिशों के बाद मेरी नदी पार करने की हिम्मत बँधी।

26. **आखिरी घड़ी आना** मृत्यु पास होना
   • आखिरी घड़ी आने पर सेठ मुल्कराज ने अपने सभी पुत्रों को अपने पास बुलाया।

27. **जी भरकर भोगना** पूरा आनंद लेना
   • राधेलाल ने अपना जीवन जी भरकर भोगा था।

28. **आँखें चमक उठना** अत्यधिक प्रसन्न होना
   • मेरिट लिस्ट में अपना नाम देखकर राजेश की आँखें चमक उठीं।

21.2 लोकोक्तियाँ

लोकोक्ति का अर्थ है—लोक या जन-साधारण की उक्ति। लोकोक्ति किसी घटना या प्रसंग से संबंधित होती है। लोकोक्ति को कहावत भी कहते हैं।

कुछ महत्त्वपूर्ण लोकोक्तियाँ

1. **अधजल गगरी छलकत जाए** कम योग्यता वाला व्यक्ति अधिक बोलता है
   - मोहन हाईस्कूल पास क्या हो गया, वह सबके सामने अपना रौब झाड़ता रहता है। सच ही कहा गया है, अधजल गगरी छलकत जाए।
2. **अकेला चना भाड़ नहीं फोड़ सकता** अकेला आदमी कठिन कार्य नहीं कर सकता
   - आजकल समाज में घूसखोरी का बोलबाला है, कोई सुधारने का प्रयास करे तो कैसे? सच ही कहा गया है, अकेला चना भाड़ नहीं फोड़ सकता।
3. **अंत बुरे का बुरा** बुरे काम का फल बुरा होता है
   - लुटेरों ने बैंक में डकैती डाली तो पकड़े गए और जेल की हवा खानी पड़ी, किसी ने सच ही कहा है कि अंत बुरे का बुरा।
4. **अंधी पीसे कुत्ता खाय** काम कोई करे, फल कोई खाए
   - मजदूर दिन-रात मेहनत करके महल खड़ा करते हैं और उसमें रहता कोई और है। सच ही कहा गया है—अंधी पीसे कुत्ता खाय।
5. **अंधे के हाथ बटेर** अचानक कुछ मिल जाना
   - भिखारी को रास्ते में गिरा हुआ पर्स मिल गया। यह देखकर एक आदमी ने कहा—अंधे के हाथ बटेर लग गया।
6. **अब पछताए होत क्या जब चिड़िया चुग गई खेत** अवसर चूकने के बाद पछताने से कोई लाभ नहीं होता
   - परीक्षा के समय तो पढ़ाई नहीं की और अनुत्तीर्ण हो गए। अब पछताए होत क्या जब चिड़िया चुग गई खेत।
7. **अंधे के आगे रोवे आपना दीदा खोवे** मूर्ख पर बात का असर नहीं होता
   - गाँव में शिक्षा का प्रसार करते हुए मैं थक गई पर गाँव वालों पर कोई असर नहीं हुआ। सच ही कहा गया है—अंधे के आगे रोवे आपना दीदा खोवे।
8. **अंधा क्या चाहे दो आँखें** आवश्यक वस्तु की चाह सबको होती है
   - मोहन की शहर में नौकरी लग गई, तो माँ बहुत खुश हुई, अंधा क्या चाहे दो आँखें।
9. **अपनी करनी पार उतरनी** अपना किया काम ही फलदायक होता है
   - बेटा! बोर्ड की परीक्षा देने के लिए तुम्हें ही परिश्रम करना पड़ेगा, सच कहा गया है—अपनी करनी पार उतरनी।
10. **अपनी-अपनी ढपली अपना-अपना राग** एक-दूसरे से संबंध न रखना
    - इस परिवार में तो सबकी अपनी-अपनी ढपली अपना-अपना राग है, तो शादी का कार्य कैसे संपन्न हो सकता है?
11. **अंधों में काना राजा** मूर्खों में अल्पज्ञ का ही मान होता है
    - रमेश ने गाँव में रहकर बी.ए. क्या पास कर लिया, वह तो अंधों में काना राजा हो गया।
12. **आ बैल मुझे मार** जानबूझकर मुसीबत मोल लेना
    - इस उत्सव की सारी जिम्मेदारी अपने ऊपर लेकर मैं तो फँस गया। यह तो वही बात हुई-आ बैल मुझे मार।
13. **आम के आम गुठलियों के दाम** दोहरा लाभ
    - व्यायाम करने में शारीरिक स्वास्थ्य के साथ-साथ मानसिक स्वास्थ्य भी ठीक रहता है। इसे कहते हैं—आम के आम गुठलियों के दाम।
14. **आँख के अंधे नाम नयनसुख** गुणों के विपरीत नाम होना
    - उसका नाम तो शालिनी है, लेकिन वह अत्यंत झगड़ालू है। यह देखकर किसी ने कहा—'आँख के अंधे नाम नयनसुख।'
15. **आधा तीतर आधा बटेर** एक व्यक्ति में दो विरोधी बातें होना
    - मूर्ति पूजा का विरोध भी करते हो और जल चढ़ाने जा रहे हो इसे कहते हैं-आधा तीतर आधा बटेर।
16. **गेहूँ के साथ घुन भी पिसता है** बुरे व्यक्ति के साथ दूसरों को भी हानि पहुँचती है
    - घर में एक व्यक्ति ने अपराध किया और पुलिस सबको पकड़कर ले गई। यह देखकर एक आदमी ने कहा—"गेहूँ के साथ घुन भी पिसता है।"
17. **ईश्वर की माया कहीं धूप कहीं छाया** सब जगह एक-सी अवस्था नहीं होती
    - इधर हमारे घर विवाहोत्सव था और पड़ोस में किसी की मृत्यु हो गई। यहाँ ईश्वर की माया कहीं धूप कहीं छाया वाली कहावत चरितार्थ हो गई।
18. **इधर कुआँ उधर खाई** हर हालत में मुसीबत
    - अपराधी सोचता है यदि मैं दफ्तर जाता हूँ, तो पुलिस पकड़ लेगी और यदि नहीं जाता हूँ, तो नौकरी चली जाएगी। उसके सामने-'इधर कुआँ उधर खाई वाली स्थिति है।'
19. **उल्टा चोर कोतवाल को डाँटे** अपना दोष दूसरों पर मढ़ना
    - एक तो तुमने मेरा खिलौना तोड़ दिया ऊपर से मुझसे नाराज हो रहे हो, यह तो वही बात हुई कि उल्टा चोर कोतवाल को डाँटे।
20. **ऊँची दुकान फीका पकवान** नाम बड़ा होने पर भी बहुत कम गुण
    - एक समय था जब लाला पूरनचंद की मिठाई की दुकान पूरे शहर में प्रसिद्ध थी, परंतु आजकल उसकी गुणवत्ता बहुत गिर गई है। अब यहाँ ऊँची दुकान फीका पकवान की कहावत चरितार्थ होती है।
21. **एक तो करेला दूजा नीम चढ़ा** एक दोष के साथ, दूसरा, दोष भी लग जाना।
    - सुरेश झूठ तो बोलता ही था, चोरी भी करने लगा, यह तो वही बात हुई एक तो करेला दूजा नीम चढ़ा।
22. **एक अनार सौ बीमार** वस्तु एक लेने वाले कई
    - जनसंख्या वृद्धि के कारण नौकरी मिल पाना इतना कठिन हो गया है कि एक अनार सौ बीमार वाली कहावत चरितार्थ होने लगी है।

23. **एक हाथ से ताली नहीं बजती** सारा दोष एक का ही नहीं होता
- यह कैसे हो सकता है कि सारा दोष अतुल का ही है, निखिल का नहीं, क्योंकि एक हाथ से कभी ताली नहीं बजती।

24. **एक और एक ग्यारह** एकता में बल
- बेटा! मिल-जुलकर रहोगे तो तुम्हारा कोई कुछ नहीं बिगाड़ पाएगा, क्योंकि एक और एक ग्यारह होते हैं।

25. **ओखली में सिर दिया तो मूसलों से क्या डर** कठिन संकल्प लेने में कष्ट सहना पड़ता है
- अब जब बेटी की शादी करनी ही है, तो पैसा चाहे कितना भी खर्च हो जाए, क्योंकि ओखली में सिर दिया तो मूसलों से क्या डर।

26. **कंगाली में आटा गीला होना** मुसीबत में मुसीबत आना
- एक तो मोहन के घर पर चोरी हुई, ऊपर से नौकरी भी चली गई। इसे कहते हैं—कंगाली में आटा गीला होना।

27. **काला अक्षर भैंस बराबर** अनपढ़ होना
- मेरे दादा जी के लिए तो काला अक्षर भैंस बराबर है।

28. **का बरखा जब कृषि सुखाने** समय बीत जाने पर सहायता व्यर्थ है
- मुझे कल पैसों की जरूरत थी, तुम आज दे रहे हो। अब यह मेरे लिए का बरखा जब कृषि सुखाने जैसा ही है।

29. **खोदा पहाड़ निकली चुहिया** परिश्रम अधिक और लाभ कम
- लाखों रुपये व्यापार में लगाया, लेकिन मुनाफा बहुत कम हुआ। यह तो खोदा पहाड़ निकली चुहिया वाली बात हुई।

30. **खिसियानी बिल्ली खंभा नोचे** शर्मिंदा होकर दूसरे पर क्रोध उतारना
- जब टीचर ने पिटाई की तब तो कुछ बोल नहीं सके, अब मेरे ऊपर गुस्सा निकाल रहे हो। तुम्हारी स्थिति तो—खिसियानी बिल्ली खंभा नोचे वाली है।

31. **घर का भेदी लंका ढावे** आपस की फूट में सर्वनाश होता है
- चोरों के गिरोह में एक सदस्य ने पुलिस को खबर दी, जिससे चोरी का माल पकड़ा गया। सच ही कहा है-घर का भेदी लंका ढावे।

32. **घर की मुर्गी दाल बराबर** घर की चीज का आदर नहीं होता
- घर में इतना अच्छा नाश्ता बना है, लेकिन बाहर पैसा खर्च करके खाना खाने गए हो। तुमने तो घर की मुर्गी दाल बराबर वाली कहावत चरितार्थ कर दिया।

33. **चमड़ी जाए पर दमड़ी न जाए** महा कंजूस होना
- एक ग्रामीण चार कोस पैदल चलने से थककर चूर हो गया, लेकिन बस पर नहीं बैठा। यह देखकर किसी ने कहा—"चमड़ी जाए पर दमड़ी न जाए।"

34. **चार दिन की चाँदनी फिर अँधेरी रात** थोड़े समय का सुख फिर वही कष्ट
- जब घर में पैसा आया तो खूब उड़ाया और अब खाने को भी नहीं है। यह तो वही बात हुई कि चार दिन की चाँदनी फिर अँधेरी रात।

35. **छछूंदर के सिर पर चमेली का तेल** अयोग्य व्यक्ति को अच्छी चीज मिल जाना
- नरेश को पढ़ना-लिखना तो आता नहीं था, पर आज शिक्षा मंत्री बना बनकर बैठा है। इसे कहते हैं—छछूंदर के सिर पर चमेली का तेल।

अभ्यास प्रश्न

बहुविकल्पीय व वर्णनात्मक प्रश्नों सहित

1. निम्नलिखित वाक्यों के लिए सही मुहावरे का चयन कीजिए

(i) कक्षा में राहुल के अंक कम आने पर सभी छात्र उसकी .... लगे।
(क) खिल्ली उड़ाना (ख) गुड़ गोबर करना
(ग) काठ का उल्लू (घ) कलम तोड़ना

(ii) रमेश ने आज विधायक जी की .... कर दी।
(क) खटाई में पड़ना (ख) खाट खड़ी करना
(ग) कागजी घोड़े दौड़ाना (घ) कटी पतंग होना

(iii) कायर सैनिक हमेशा .... भाग जाते हैं।
(क) बाल बाँका न होना (ख) पीठ ठोंकना
(ग) पीठ दिखाना (घ) जीभ चलाना

(iv) पुलिस को देखते ही चोर ....।
(क) सफेद झूठ (ख) हिरन हो जाना
(ग) लुटिया डुबोना (घ) बिजली गिरना

(v) उसकी बहन की शादी में हम सभी मित्र खाने पर ....।
(क) जले पर नमक छिड़कना। (ख) टका-सा जवाब देना
(ग) टीका-टिप्पणी करना (घ) टूट पड़ना।

2. निम्नलिखित वाक्यों में सही लोकोक्तियों का चयन कीजिए

(i) (क) अपना सिक्का खोटा तो परखने वाले का क्या दोष
(ख) मुँह में राम बगल में धुरी
(ग) साँप मरे लाठी भी टूट जाए
(घ) सावन हरे न भादों सूखे

(ii) (क) अपनी गली में शेर
(ख) अपनी गली में कुत्ता भी शेर होता है
(ग) दुधारु बकरी की लात भली
(घ) लोमड़ी क्या जाने अदरक का स्वाद

(iii) (क) अधजल छलकत जाय
(ख) हाथी के मुँह में जीरा
(ग) अँगूर खट्टे होना
(घ) हाथ कंगन को फारसी क्या

(iv) (क) अंधे के आगे रोए, अपने नैना खोए
(ख) फूला न समाना
(ग) शंका का निवारण करना
(घ) बेड़ियाँ कट जाना

(v) (क) पत्थर की लकीर (ख) अंत बुरे का बुरा
(ग) साँचे में आना (घ) तील का ताड़ करना

3. निम्नलिखित मुहावरों तथा लोकोक्तियों को वाक्यों में प्रयोग कीजिए

मुहावरे

(i) डींगे मारना (ii) ठगा-सा रह जाना
(iii) चाँदी काटना (iv) चिकना घड़ा होना

लोकोक्तियाँ

(i) अँधेरी नगरी चौपट राजा
(ii) अँधों में काना राजा
(iii) अशर्फियाँ लूटे और कोयलों पर मुहर
(iv) अब पछताए होत क्या जब चिड़िया चुग गई खेत

4. निम्नलिखित वाक्यों को सही मुहावरों व लोकोक्तियों से पूरा कीजिए

(i) परीक्षा में अच्छे अंक न आने पर श्याम के पिता जी ....।
(ii) आज के युग में सरकारी नौकरी पाना .... के बराबर है।
(iii) आजकल सभी लोग अपना काम पूरा करवाने के लिए अधिकारियों की .... करते हैं।
(iv) .... के कारण सुमन यह काम करना मेरे लिए अभी कठिन है।
(v) जाल में आए हिरण के बच निकलने से शिकारी .... रह गया।

5. निम्नलिखित प्रश्नों के उत्तर दीजिए

(i) मुहावरा किसे कहते हैं?
(ii) मुहावरा व लोकोक्ति में अंतर बताइए।

उत्तरमाला

1. (i) (क) (ii) (ख) (iii) (ग) (iv) (ख) (v) (घ)

2. (i) (क) (ii) (ख) (iii) (ग) (iv) (क) (v) (क)

3. मुहावरे

(i) रोहन अपने मित्रों के सामने रोज कक्षा में प्रथम आने की डींगें मारता रहता है।
(ii) राजीव का परीक्षा परिणाम देखकर उसके पिता जी ठगे-से रह गए।
(iii) जब से सुधीर की सरकारी नौकरी लगी है, तब से वह चाँदी काट रहा है।
(iv) राहुल कभी भी किसी बात को सुनता नहीं है। वह चिकना घड़ा हो चुका है।

लोकोक्तियाँ

(i) जिस राज्य का राजा विवेकहीन, विचारहीन तथा अन्यायी होता है, वहाँ अँधेरी नगरी चौपट राजा वाली कहावत चरितार्थ होती है।
(ii) राहुल दसवीं पास करते ही गाँव के अनपढ़ लोगों के बीच अंधों में काना राजा बन गया है।
(iii) राजू एक तरफ तो रोज पार्टी पर पैसे उड़ाता है, परंतु दूसरी तरफ अपनी फैक्ट्री में काम करने वाले कर्मचारियों के वेतन में बहुत कम वृद्धि करता है। यह तो वही बात हुई– अशर्फियाँ लूटे और कोयलों पर मुहर।
(iv) परीक्षा में अनुत्तीर्ण होने पर राजू रोते हुए कहने लगा कि काश! मैं पढ़ लेता, तो उत्तीर्ण हो जाता। यह देखकर उसके मित्र ने कहा कि अब पछताए होत क्या, जब चिड़िया चुग गई खेत।

4. (i) लाल-पीले हो गए
(ii) लोहे के चने चबाने
(iii) मुट्ठी गरम
(iv) हाथ तंग होने
(v) हाथ मलता

अध्याय 22

अलंकार

22.1 अलंकार का अर्थ एवं परिभाषा

अलंकार का शाब्दिक अर्थ है—**गहना** या **आभूषण**। अलंकार दो शब्दों के योग से बना है— 'अलम् + कार'। 'अलम्' का अर्थ है—सजाना और 'कार' का अर्थ है—करने वाला। इस प्रकार काव्य की शोभा बढ़ाने वाले गुण को **अलंकार** कहा जाता है। साहित्य में अलंकारों का विशेष महत्त्व है।

अलंकार के भेद

अलंकार के दो भेद माने जाते हैं

1. शब्दालंकार
2. अर्थालंकार

1. शब्दालंकार

जब किसी काव्यांश में विशेष शब्द प्रयोग के कारण सौंदर्य उत्पन्न हो, तो वहाँ **शब्दालंकार** होता है। यदि हम उस विशेष शब्द के स्थान पर उसका पर्यायवाची शब्द रख दें, तो उसका सौंदर्य समाप्त हो जाता है; जैसे—

- **कनक-कनक** ते सौ गुनी मादकता अधिकाय'।

प्रस्तुत पंक्ति में 'कनक' शब्द की आवृत्ति दो बार हुई है। प्रथम 'कनक' धतूरे के लिए आया तथा दूसरा 'कनक' 'सोने' के लिए, किंतु यदि हम यहाँ 'कनक' के स्थान पर 'धतूरा' या 'सोना' शब्द रख दें तो पंक्ति का सौंदर्य समाप्त हो जाएगा।

प्रमुख शब्दालंकार निम्नलिखित हैं

अनुप्रास अलंकार

अनुप्रास का अर्थ है—बार-बार आना। यदि किसी काव्यांश में एक ही वर्ण की बार-बार आवृत्ति होती है, वहाँ अनुप्रास अलंकार होता है; जैसे—

- **म**धुर-**म**धुर **म**ुसकान **म**नोहर, **म**नुज वंश का उजियाला।
  ('म' वर्ण की आवृत्ति)
- मो**को** तो राम **को** नाम **क**ल्पतरु, **क**लि **क**ल्याण **क**रो।
  ('क' वर्ण की आवृत्ति)

यमक अलंकार

यमक का अर्थ है—'जोड़ा'। यदि किसी काव्यांश में एक शब्द की एक से अधिक बार आवृत्ति हो और उसका अर्थ हर बार अलग-अलग हो, तो वहाँ यमक अलंकार होता है; जैसे—

- तू मोहन के **उर बसी** वै **उरबसी** समान।
  (उर बसी = हृदय में बसी हुई; उरबसी = उर्वशी, स्वर्ग की एक अप्सरा)
- कहे कवि बेनी-बेनी ब्याल की चुराय लीनी।
  (बेनी = कवि का नाम, बेनी—बालों की चोटी)

श्लेष अलंकार

'श्लेष' का अर्थ है—चिपका हुआ। किसी काव्य-पंक्ति या वाक्य में प्रयुक्त किसी शब्द के एक से अधिक अर्थ निकलें, तो वहाँ 'श्लेष' अलंकार होता है। यह शब्द काव्य पंक्ति में एक से अधिक बार भी आ सकता है; जैसे—

- मधुबन की छाती को देखो,
  सूखी कितनी इसकी कलियाँ।
  (कलियाँ = फूल की खिलने से पहले की अवस्था, यौवन की अवस्था)
- रहिमन पानी राखिए, बिनु पानी सब सून।
  पानी गए न उबरै, मोती, मानुस चून।।
  (पानी = चमक, इज्जत; जल, चून = चूना, आटा।)

2. अर्थालंकार

जहाँ काव्य का सौंदर्य शब्द विशेष पर आश्रित न रहकर शब्द के अर्थ (भाव) पर निर्भर हो, वहाँ अर्थालंकार होता है; जैसे—

- 'पीपल-पात सरिस मन डोला'।

इस काव्य-पंक्ति में यदि कोई समानार्थी शब्द रख दिया जाए, तो भी इसके सौंदर्य में अंतर नहीं आएगा, क्योंकि इस पंक्ति से जो भाव प्रकट हो रहा है, वही इसे विशिष्टता प्रदान करता है। अत: काव्यांश का सौंदर्य अर्थ (भाव) पर निर्भर करने के कारण यहाँ अर्थालंकार है।

प्रमुख अर्थालंकार निम्नलिखित हैं

उपमा अलंकार

उपमा का शाब्दिक अर्थ होता है—तुलना या समानता। जहाँ पर दो वस्तुओं की तुलना उनके रूप, रंग व गुण आदि के अनुसार की जाए, उसे उपमा अलंकार कहते हैं; जैसे—

- वह जिंदगी क्या जिंदगी, जो सिर्फ पानी-सी बही।
- मखमल के झूले पड़े हाथी-सा टीला।

इन उदाहरणों में क्रमशः जिंदगी की तुलना पानी से तथा टीले की तुलना हाथी से की गई है।

रूपक अलंकार

जहाँ उपमेय (जिसकी तुलना की जाए) और उपमान (जिससे तुलना की जाए) में भेद समाप्त हो जाता है अर्थात् उपमेय और उपमान में कोई अंतर नहीं रहता, वहाँ रूपक अलंकार होता है; जैसे—

- दु:ख है जीवन-तरु के फूल। • मैया मैं तो चंद्र-खिलौना लैहौं।

इन उदाहरणों में क्रमशः जीवन (उपमेय) पर तरु (उपमान) का तथा चंद्र (उपमेय) पर खिलौने (उपमान) का आरोप किया गया है।

उत्प्रेक्षा अलंकार

जब उपमेय और उपमान में गुण-धर्म की समानता के कारण उपमेय में उपमान की संभावना कर ली जाती है, तब वहाँ उत्प्रेक्षा अलंकार होता है; जैसे—

- कहती हुई यूँ उत्तरा के नेत्र, जल से भर गए।
  हिमकणों से पूर्व मानो हो गए पंकज नए।।
- सोहत ओढ़े पीत पट श्याम सलोने गात।
  मनहुँ नीलमणि शैल पर आतप परयो प्रभात।।

इन उदाहरणों में क्रमशः उत्तरा के अश्रुपूर्ण नेत्रों में नवविकसित हिमकणों से पूर्ण कमल की तथा पीला वस्त्र ओढ़कर सोते श्रीकृष्ण के शरीर में सुबह की धूप से चमकते पर्वत की संभावना प्रकट की गई है।

अतिशयोक्ति अलंकार

जब किसी व्यक्ति, वस्तु आदि के रूप, गुण का वर्णन बढ़ा-चढ़ाकर किया जाए, तो वहाँ अतिशयोक्ति अलंकार होता है; जैसे—

- पानी परात को हाथ छुयो नहिं नैनन के जल सो पग धोए।
- एक दिन राम पतंग उड़ाई। देवलोक में पहुँची जाई।।

इन उदाहरणों में क्रमशः श्रीकृष्ण द्वारा अपने आँसुओं से सुदामा के पैर धोने तथा राम द्वारा उड़ाई गई पतंग के स्वर्ग में पहुँचने का बहुत बढ़ा-चढ़ाकर वर्णन किया गया है।

मानवीकरण अलंकार

जब काव्य में जड़ पदार्थों पर मानवीय चेतना का आरोप किया जाता है अर्थात् पेड़-पौधे, नदी, पहाड़, झरने, नदियाँ, वायु, धूल, पशु-पक्षियों को मानव के समान कार्य करते दर्शाया जाता है, तब मानवीकरण अलंकार होता है; जैसे—

- हरषाया ताल लाया पानी परात भर के।
- छोड़कर मैदान भागी तारकों की फौज सारी।

इन उदाहरणों में क्रमशः 'तालाब' पर खुश होने की तथा 'तारों' पर भागने की मानवीय क्रियाओं का आरोप किया गया है।

पुनरुक्तिप्रकाश अलंकार

जिस काव्य में एक ही शब्द दो या उससे अधिक बार आए तथा उनके अर्थ एक समान हों, तो वहाँ पुनरुक्तिप्रकाश अलंकार होता है; जैसे—

- थी ठौर-ठौर विहार करती सुन्दर सुरनारियाँ।
- जुगन-जुगन समझावत हारा, कहा न मानत कोई रे।

इन उदाहरणों में क्रमशः 'ठौर' तथा 'जुगन' शब्द की पुनरावृत्ति हुई है। इनके अर्थ में कोई अंतर भी नहीं है।

अभ्यास प्रश्न

बहुविकल्पीय व वर्णनात्मक प्रश्नों सहित

1. निम्नलिखित प्रश्नों में दिए विकल्पों में से सही विकल्प छाँटिए

(i) निम्न में से अलंकार का अर्थ है

(क) शोभा (ख) आभूषण
(ग) सौंदर्य (घ) कविता

(ii) अलंकार के कितने भेद होते हैं?

(क) एक (ख) दो
(ग) तीन (घ) पाँच

(iii) जहाँ किसी वर्ण की आवृत्ति बार-बार होती है, वहाँ अलंकार होता है

(क) अनुप्रास (ख) यमक
(ग) उत्प्रेक्षा (घ) रूपक

(iv) सुबरन को खोजत फिरत कवि, व्यभिचारी, चोर। पंक्ति में कौन-सा अलंकार है?

(क) उपमा अलंकार (ख) यमक अलंकार
(ग) श्लेष अलंकार (घ) अनुप्रास अलंकार

(v) सीता का मुख चंद्रमा के समान सुंदर है। वाक्य में चंद्रमा क्या है?

(क) उपमेय (ख) उपमान
(ग) वाचक शब्द (घ) मूल शब्द

(vi) निम्नलिखित में से कौन-सा शब्दालंकार है?

(क) उपमा (ख) श्लेष
(ग) रूपक (घ) अन्योक्ति

(vii) अनुप्रास अलंकार का उदाहरण है
(क) आए महंत वसंत
(ख) तरनि तनूजा तट तमाल तरुवर बहु छाए
(ग) तीन बेर खाती थी वह तीन बेर खाती है
(घ) हाय! फूल-सी कोमल बच्ची हुई राख की ढेरी थी

(viii) 'धाए काम-धाम सब त्यागी।
मनहुँ रंक निधि लूटन लागी।।' में अलंकार है
(क) उत्प्रेक्षा
(ख) मानवीकरण
(ग) अन्योक्ति
(घ) रूपक

(ix) मानवीकरण अलंकार का उदाहरण है
(क) मैया मैं तो चंद्र खिलौना लै हों।
(ख) रघुपति राघव राजा राम।
(ग) पानी गए न ऊबरे मोती मानुष चून।
(घ) हैं किनारे कई पत्थर पी रहे चुपचाप पानी।

(x) 'निर्मल तेरा नीर अमृत सम उत्तम है' में अलंकार है
(क) रूपक (ख) उत्प्रेक्षा
(ग) यमक (घ) उपमा

2. जोड़े मिलाइए

(i) उपमा	(क) शब्दों की आवृत्ति
(ii) श्लेष	(ख) चिपका हुआ
(iii) यमक	(ग) तुलना करना
(iv) अनुप्रास	(घ) वर्णों की आवृत्ति

3. निम्नलिखित कथनों के आगे सही (✓) और गलत (×) का चिह्न लगाइए
(क) अलंकार काव्य की शोभा घटाते हैं। ( )
(ख) अलंकार भाषा को प्रभावशाली बनाते हैं। ( )
(ग) उपमा अलंकार का अर्थ वर्णों की आवृत्ति है। ( )
(घ) रूपक अलंकार में उपमेय-उपमान का आरोप किया जाता है। ( )
(ङ) तीन बेर खाती थी वह तीन बेर खाती है-पंक्ति में यमक अलंकार है। ( )

4. निम्नलिखित पंक्तियों में प्रयुक्त अलंकार बताइए।
(क) नभ मंडल छाया मरुस्थल-सा।
(ख) चारु चंद्र की चंचल किरणें खेल रही थीं जल-थल में।
(ग) कहैं कवि बेनी-बेनी ब्याल की चुराई लीनी।
(घ) पीपर पात सरिस मन डोला।
(ङ) पायो जी मैंने राम रतन धन पायो।

5. निम्नलिखित अलंकारों का एक-एक उदाहरण दीजिए
- रूपक
- उपमा
- श्लेष
- अतिशयोक्ति
- अनुप्रास
- यमक
- उत्प्रेक्षा
- मानवीकरण

6. निम्नलिखित प्रश्नों के संक्षिप्त उत्तर दीजिए
(i) शब्दालंकार के किन्हीं दो भेदों को स्पष्ट कीजिए।
(ii) उत्प्रेक्षा अलंकार को उदाहरण सहित स्पष्ट कीजिए।
(iii) रूपक अलंकार के दो उदाहरण लिखिए।
(iv) उपमा अलंकार की परिभाषा उदाहरण सहित लिखिए।
(v) मानवीकरण अलंकार की परिभाषा दीजिए।

उत्तरमाला

1. (i) (ख) (ii) (ख) (iii) (क) (iv) (ग) (v) (ख)
(vi) (ख) (vii) (ख) (viii) (क) (ix) (घ) (x) (घ)

2. (i) (ग) (ii) (ख) (iii) (क) (iv) (घ)

3. (क) × (ख) ✓ (ग) × (घ) ✓ (ङ) ✓

4. (क) उपमा अलंकार (ख) अनुप्रास अलंकार
(ग) यमक अलंकार (घ) उपमा अलंकार
(ङ) रूपक अलंकार

5. **रूपक अलंकार** मैया मैं तो चंद्र खिलौना लैहों।
उपमा अलंकार तब तो बहता समय शिला-सा जम जाएगा।
श्लेष अलंकार मंगन को देखि पट देत बार-बार है।
अतिशयोक्ति अलंकार हनुमान की पूँछ में लगन न पाई आग। लंका सगरी जल गई गए निशाचर भाग।।
अनुप्रास अलंकार विमल वाणी ने वीणा ली।
यमक अलंकार काली घटा का घमंड घटा।
उत्प्रेक्षा अलंकार सिर फट गया उसका वही मानो अरुण रंग का घड़ा।
तारा घर उषा नागरी
मानवीकरण अलंकार अंबर पनघट में डुबो रही ताराघट उषा नागरी।

खंड 'ग'

पाठ्यपुस्तक (वसंत) व पूरक पाठ्यपुस्तक

लाख की चूड़ियाँ

कामतानाथ

पाठ का सार

लेखक का अपने ननिहाल जाना और बदलू से मिलना

लेखक जब छोटा था तो वह गर्मियों की छुट्टियों में अपने मामा के गाँव जाता था। उसका वहाँ जाने का सबसे बड़ा आकर्षण बदलू मनिहार था, जो उसे लाख की रंग-बिरंगी गोलियाँ देता था। गाँव के अन्य बच्चों की तरह लेखक भी बदलू को 'बदलू काका' कहता था।

बदलू का मकान गाँव के कुछ ऊँचे स्थान पर बना था। उसके मकान के आँगन में एक नीम का पेड़ था, जिसकी छाया के नीचे बैठकर बदलू अपना पैतृक कार्य मनिहारी (चूड़ियाँ बनाने का कार्य) करता था।

बदलू के पास हमेशा एक भट्ठी दहकती रहती थी, जिस पर वह लाख पिघलाकर उससे रंग-बिरंगी व सुंदर चूड़ियाँ बनाता था। वह लाख की चूड़ियों को विभिन्न आकार की बेलननुमा मुँगेरियों (बेलननुमा लकड़ियाँ) से अलग-अलग आकार देता था। चूड़ियों को एक साथ बेलननुमा मुंगेरियों पर चढ़ाकर गोल और चिकनी बनाने के बाद उन्हें रंगता था।

लेखक का बदलू के पास बैठना और वस्तु-विनिमय

लेखक बदलू के पास काफी समय तक बैठकर उसे चूड़ियाँ बनाते हुए देखता रहता था। बदलू लेखक को 'लला' कहा करता था। वह लेखक के आने पर उसके बैठने के लिए तुरंत मचिया (सुतली से बुनी छोटी खाट) मँगा देता था।

बदलू अपनी बनाई चूड़ियों के कभी पैसे नहीं लेता था, बल्कि वह वस्तु-विनिमय (वस्तुओं का आदान-प्रदान करना) करता था अर्थात् वह चूड़ियों के बदले अनाज, कपड़े, पगड़ी आदि लिया करता था।

विवाह के अवसर पर बदलू की चूड़ियों का महत्त्व बढ़ जाता था, क्योंकि उस समय उसे सुहाग के जोड़ों (विवाह के लिए बनाई गई विशेष चूड़ियाँ) की मुँहमाँगी कीमत मिल जाती थी। इस अवसर पर उसे और उसकी पत्नी को बहुत सारे कपड़े, अनाज, पगड़ी तथा रुपये भी मिल जाते थे।

बदलू के स्वभाव की विशेषता

बदलू सीधे व सरल स्वभाव का अत्यधिक स्वाभिमानी व्यक्ति था। वह किसी से लड़ाई-झगड़ा नहीं करता था। जब कोई उससे शादी के लिए चूड़ियों का जोड़ा लेता, तो वह उनसे अपनी मर्जी से पैसे एवं अन्य चीज़ें व पैसे लेता था।

एक बार जमींदार ने अपनी लड़की के विवाह पर केवल दस आने देकर 'सुहाग की चूड़ियों' का जोड़ा खरीदना चाहा, पर बदलू ने देने से साफ़ मना कर दिया।

बदलू की ईर्ष्या और शहरी जीवन के प्रति उसके विचार

बदलू को काँच की चूड़ियों से बहुत ईर्ष्या थी इसलिए काँच की चूड़ियाँ पहने स्त्रियों से भी उसे ईर्ष्या होती थी। साथ ही उसे शहरी जीवन भी पसंद नहीं था।

वर्षों बाद जब लेखक उससे मिलने गया, तो उसने प्रेमपूर्वक उसकी खातिरदारी (आतिथ्य सत्कार) की। लेखक ने जब बदलू से कहा कि शहरी औरतें तो काँच की चूड़ियाँ ही पहनती हैं, तब बदलू उन पर व्यंग्य करता है कि शहर की स्त्रियाँ पुरुषों का हाथ पकड़कर घूमती हैं, उनकी कलाइयाँ नाजुक होती हैं। यदि वे लाख की चूड़ियाँ पहनेंगी, तो उनके हाथ में मोच न आ जाएगी। लेखक के अधिक आम खाने से मना करने पर वह व्यंग्यपूर्वक कहता है कि शहर के लोग अधिक आम नहीं खा सकते।

लेखक का काफी वर्षों के बाद अपने मामा के गाँव जाना

लेखक के पिता की बदली दूर के एक शहर में हो गई, जिस कारण लगभग 8-10 वर्षों के बाद लेखक अपने मामा के गाँव गया। उसे बदलू से लाख की रंग-बिरंगी गोलियाँ लेने की इच्छा नहीं रही थी, इसलिए उसे बदलू का ध्यान भी नहीं आया।

एक दिन लेखक के मामा की लड़की की कलाई में काँच की चूड़ियाँ टूटकर चुभ गईं। इस घटना के कारण लेखक को बदलू की याद आई और वह शाम को बदलू से मिलने उसके घर गया। बदलू आज भी अपने पहले के स्थान अर्थात् नीम के पेड़ के नीचे चारपाई बिछाकर लेटा था। बदलू बीमार था, जिस कारण वह लेखक को तुरंत पहचान नहीं सका, परंतु लेखक द्वारा अपना परिचय देने पर बदलू उसे पहचान गया।

बदलू का मशीनी युग पर व्यंग्य

बदलू को लाख की चूड़ियाँ न बनाते देख लेखक ने उससे इसकी वजह पूछी। तब बदलू ने लेखक को बताया कि यह काम तो वह सालों पहले बंद कर चुका है। अब सभी औरतें काँच की चूड़ियाँ पहनने लगी हैं। लाख का कारोबार बंद हो जाने से बदलू काका बहुत दुःखी थे।

बदलू काका ने मशीनी युग पर व्यंग्य करते हुए बताया कि आजकल मशीनी युग में सब काम मशीन से होते हैं। मशीन से बनी काँच की चूड़ियाँ लाख से बनी चूड़ियों से अधिक सुंदर और चमकीली होती हैं। मशीनी युग के कारण बहुत से हाथ के दस्तकारों का काम खत्म हो चुका है।

लेखक की चिंता तथा बदलू का स्वाभिमान

बदलू की हालत देखकर लेखक चिंतित हो गया। वह सोच रहा था कि इस मशीनी युग ने कितने दस्तकारों का काम छीन लिया है। पारंपरिक काम करने वाले कारीगरों का आजकल जीवन-यापन मुश्किल हो गया है। लेखक बदलू की बेटी रज्जो के हाथों में लाख की चूड़ियों को देखता है तथा बदलू से इनके बारे में पूछता है।

बदलू लेखक को बताता है कि यह आखिरी जोड़ा उसने जमींदार की बेटी के विवाह पर बनाया था, लेकिन केवल दस आने देने पर उसने वह जोड़ा जमींदार को नहीं दिया और उसे शहर से ले आने के लिए कह दिया। यह सुनकर लेखक को बदलू के स्वाभिमान पर बड़ा गर्व हुआ कि कठिन हालातों ने भले ही बदलू को हरा दिया पर बदलू ने स्वयं की हार नहीं स्वीकार की।

उसका स्वाभिमानी व्यक्तित्व काँच की चूड़ियों की तरह नहीं है, जो आसानी से टूट जाए। इसलिए बदलू ने कम दाम में चूड़ियों के जोड़े को बेचकर अपने नियमों को नहीं तोड़ा। लेखक इस कहानी के माध्यम से यह संदेश देना चाहता है कि मनुष्य को विपत्ति के समय हार न मानकर धैर्य से काम लेना चाहिए, क्योंकि जीवन में दुःख-सुख तो आते-जाते रहते हैं।

शब्दार्थ

शब्द	हिंदी अर्थ
NCERT पृष्ठ संख्या 1	
लाख	लाल रंग का पदार्थ, एक प्रकार की गोंद
मन मोह लेना	आकर्षित कर लेना
सहन	आँगन
दहकना	जोर से जलना
NCERT पृष्ठ संख्या 2	
सलाख	सलाई, धातु की छड़
बेलननुमा	बेलन के आकार का
मुँगेरियाँ	गोल, लंबी एवं शंकु के आकार की चिकनी लकड़ी
मचिया	बैठने के लिए सुतली से बुनी छोटी खाट
मनिहार	चूड़ी बनाने वाला
पैतृक	पूर्वजों का
खपत	बिक्री
वस्तु-विनिमय	वस्तु के बदले वस्तु का आदान-प्रदान
कसर	घाटा पूरा करना, कमी
पगड़ी	सिर पर लपेटकर बाँधा जाने वाला लंबा कपड़ा, पाग
लोहा लगना	बहुत कठिनाई होना
NCERT पृष्ठ संख्या 3	
नाज़ुक	कोमल

शब्द	हिंदी अर्थ
मोच	मांस-पेशियों का या नस का अपनी जगह से हट जाना
NCERT पृष्ठ संख्या 4	
बहुधा	कई बार, प्रायः
विरले	कोई-कोई
मरहम पट्टी	जख्म का इलाज
सहसा	अकस्मात, अचानक
ध्यान आया	याद आई
निहारना	आश्चर्यपूर्वक ध्यान से देखना
स्मृति पटल	याद्दाश्त, स्मरण
अतीत	बीता हुआ समय
चित्र उतारना	तस्वीर-खींचना/याद कर लेना
NCERT पृष्ठ संख्या 5	
भाँप ली	पहचान लिया, समझ लिया
व्यथा	दुःख, परेशानी
लहककर	बहुत खुश होकर
मुखातिब	सामने की ओर होकर
NCERT पृष्ठ संख्या 6	
डलिया	टोकरी
सिंदूरी	सिंदूर की तरह लाल रंग का
अंजुली	हथेली
ठिठक गई	ठहर गई
फबना	खिलना, अच्छा लगना
दस आने	60 पैसे

NCERT फोल्डर

पाठ्यपुस्तक वसंत भाग-3 के प्रश्नोत्तर

कहानी से (पृष्ठ संख्या 6,7)

प्र.1 बचपन में लेखक अपने मामा के गाँव चाव से क्यों जाता था और बदलू को 'बदलू मामा' न कहकर 'बदलू काका' क्यों कहता था?

उत्तर लेखक बचपन में अपने मामा के गाँव बड़े चाव से जाता था, क्योंकि जब वह वहाँ से लौटता तो गाँव का बदलू मनिहार उसे ढेर सारी रंग-बिरंगी लाख की गोलियाँ दिया करता था। वे रंग-बिरंगी गोलियाँ किसी भी बच्चे का मन मोह सकती थीं।

गाँव के रिश्ते के मुताबिक लेखक को उसे 'बदलू मामा' कहना चाहिए था, परंतु वह बदलू को बदलू मामा न कहकर 'बदलू काका' कहता था, क्योंकि गाँव के सभी बच्चे बदलू को 'बदलू काका' ही कहते थे।

प्र.2 वस्तु-विनिमय क्या है? विनिमय की प्रचलित पद्धति क्या है?

उत्तर वस्तुओं के बदले में वस्तुओं के आदान-प्रदान की पद्धति को ही वस्तु-विनिमय कहा जाता है; जैसे—बदलू काका की चूड़ियाँ लेकर लोग उसे अनाज आदि आवश्यकता का सामान दिया करते थे।

वस्तु-विनिमय क्रय-विक्रय का सबसे पुराना तरीका है। वर्तमान में विनिमय की प्रचलित पद्धति मुद्रा से क्रय-विक्रय किया जाता है।

प्र.3 "मशीनी युग ने कितने ही हाथ काट दिए हैं।"—इस पंक्ति में लेखक ने किस व्यथा की ओर संकेत किया है?

अथवा **'मशीनी युग ने हाथ काट दिए' क्या लेखक का यह सोचना सही है?** CBSE Diksha

उत्तर "मशीनी युग ने कितने ही हाथ काट दिए हैं"—प्रस्तुत पंक्ति में लेखक ने मशीनों के आ जाने से उत्पन्न हुई बेरोजगारी की व्यथा की ओर संकेत किया है। वर्षों बाद जब लेखक ने बदलू काका को बेरोजगार और लाचार देखा तो उसे महसूस हुआ कि मशीनीकरण के परिणामस्वरूप परंपरागत काम करने वाले कलाकारों तथा कारीगरों का कार्य पूरी तरह से बंद हो गया है।

प्र.4 बदलू के मन में ऐसी कौन-सी व्यथा थी, जो लेखक से छिपी न रह सकी?

उत्तर बदलू काका के मन में अनेक व्यथाएँ छिपी थीं। बदलू काका एक कुशल मनिहार था। पहले उसके द्वारा बनाई गई लाख की चूड़ियों की बहुत माँग थी। उसका जीवन ठीक चल रहा था, मगर मशीन से बनी काँच की चूड़ियों के प्रचार ने उसका व्यवसाय लगभग बंद कर दिया। उसकी बनाई लाख की चूड़ियों को अब कोई भी नहीं पूछता था।

बदलू बेरोजगार हो गया था और कोई अन्य काम न जानने के कारण अपनी जीविका चलाने में पहले की भाँति समर्थ न था। बदलू के मन में अपनी आजीविका के प्रति यही व्यथा लेखक से छिपी न रह सकी।

प्र.5 मशीनी युग से बदलू के जीवन में क्या बदलाव आया?

उत्तर मशीनी युग के आ जाने से बदलू के जीवन में काफी बदलावा आया। मशीन से बनी काँच की चूड़ियों के प्रचार से वह अधिक बिकने लगीं और बदलू की हाथ से बनी चूड़ियों की माँग समाप्त होने लगी। ऐसा होने पर बदलू का पैतृक पेशा जाता रहा, जिसके कारण उसने अपना काम बंद कर दिया। वह अपनी आजीविका अर्जित करने में भी असमर्थ हो गया और दु:खी रहने लगा।

कहानी से आगे (पृष्ठ संख्या 7)

प्र.6 आपने मेले-बाज़ार आदि में हाथ से बनी चीजों को बिकते देखा होगा। आपके मन में किसी चीज को बनाने की कला सीखने की इच्छा हुई हो और आपने कोई कारीगरी सीखने का प्रयास किया हो तो उसके विषय में लिखिए।

उत्तर ग्रीष्मावकाश में मैं गुवाहाटी गया था, वहाँ मुझे एक ग्रामीण मेले में जाने का मौका मिला। वहाँ मैंने बेंत तथा बाँस से बनी कलात्मक चीजें बिकती देखीं।

इससे पहले तो कभी मैंने कल्पना भी न की थी कि बाँस तथा बेंत से इतनी सारी वस्तुएँ बनती होंगी। मुझे लगा कि मैं ऐसी कलाकृतियाँ बना सकता हूँ, इसलिए घर वापस आकर मैंने बाँस की टोकरियाँ बनाने की कोशिश की। मेरी कोशिश लगभग सफल हो गई थी, क्योंकि मेरे माता-पिता मेरे द्वारा बनाई गई टोकरियों को देखकर बहुत खुश हुए।

प्र.7 लाख की वस्तुओं का निर्माण भारत के किन-किन राज्यों में होता है? लाख से चूड़ियों के अतिरिक्त क्या-क्या चीजें बनती हैं? ज्ञात कीजिए।

उत्तर लाख एक प्रकार की गोंद है, जो पतझड़ वन क्षेत्रों के पेड़ों से प्राप्त होता है। भारत में झारखंड, ओडिशा, बंगाल, बिहार, मध्य प्रदेश, आंध्र प्रदेश तथा राजस्थान आदि राज्यों में लाख की वस्तुओं का निर्माण होता है। लाख से चूड़ियों के अतिरिक्त सजावटी सामान, खिलौने, आभूषण, मूर्तियों आदि का निर्माण किया जाता है। इन वस्तुओं के निर्माण के अतिरिक्त लाख का प्रयोग डाक तथा अन्य कार्यालयों में सामान पैकिंग करने एवं मुहर लगाने के काम में होता है।

अनुमान और कल्पना (पृष्ठ संख्या 7)

प्र.1 घर में मेहमान के आने पर आप उसका अतिथि सत्कार कैसे करेंगे?

उत्तर घर में मेहमान के आने पर सर्वप्रथम मैं उनका प्रसन्नता से स्वागत करूँगा तथा स्वागत कक्ष में प्रेमपूर्वक बिठाकर मौसम के अनुसार जलपान, चायपान आदि कराऊँगा। विनम्रतापूर्वक उनके आने का कारण पूछूँगा। यदि उनके लिए कुछ कर सकूँ, तो अवश्य करूँगा। उसके बाद मैं अतिथि को सम्मानपूर्वक विदा करूँगा।

प्र.2 आपको छुट्टियों में किसके घर जाना अच्छा लगता है? वहाँ की दिनचर्या अलग कैसे होती है? लिखिए।

उत्तर मुझे छुट्टियों में अपनी मौसी के घर जाना बहुत अच्छा लगता है। मेरी मौसी एक छोटे शहर में रहती है और वहाँ जाकर मैं अपनी सामान्य दिनचर्या भी भूल जाता हूँ।

अपने घर में मैं प्रातः पाँच बजे उठ जाता हूँ तथा आठ बजे स्कूल चला जाता हूँ लेकिन, मौसी के यहाँ जाकर मुझ पर किसी प्रकार की पाबंदी नहीं रहती। सुबह भाइयों के साथ देर तक सोता रहता हूँ फिर उठकर नाश्ता करके खेलने चला जाता हूँ। दोपहर में टी. वी. देखना और फिर शाम को देर तक खेलना यही मेरी दिनचर्या रहती है। मौसी कभी भी गुस्सा नहीं करती है, जिस कारण मैं आज़ादी से मौज़-मस्ती करता रहता हूँ।

प्र.3 मशीनी युग में अनेक परिवर्तन आए दिन होते रहते हैं। आप अपने आस-पास से इस प्रकार के किसी परिवर्तन का उदाहरण चुनिए और उसके बारे में लिखिए।

उत्तर मशीनी युग में अनेक परिवर्तन आए दिन होते रहते हैं। ऐसे ही एक परिवर्तन के उदाहरण के रूप में हम कृषि को चुन सकते हैं। कृषि क्षेत्र में मशीनों के आने से बहुत परिवर्तन हुआ है।

पहले खेतों की जुताई बैल की मदद से की जाती थी, लेकिन अब बैल की जगह ट्रैक्टर ने ले ली है। खेतों में सब काम जैसे बीज बोना, सिंचाई करना, खाद डालना, फसलों की कटाई करना आदि मजदूरों के द्वारा किए जाते थे, लेकिन अब ये सभी काम मशीनों द्वारा किए जाते हैं, जिसके कारण अनेक मजदूर बेरोजगार हो गए हैं।

प्र.4 बाज़ार में बिकने वाले सामानों के डिज़ाइनों में हमेशा परिवर्तन होता रहता है। आप इन परिवर्तनों को किस प्रकार देखते हैं? आपस में चर्चा कीजिए।

उत्तर बाज़ार में बिकने वाले सामानों के डिज़ाइनों में हमेशा परिवर्तन होता रहता है, क्योंकि समय के साथ-साथ मनुष्य की इच्छाएँ, ज़रूरत और पसंद बदलती रहती हैं।

हम इस परिवर्तन को सकारात्मक नजरिए से देखते हैं, क्योंकि किसी भी वस्तु का डिज़ाइन उसके प्रति आकर्षण का पहला कारण होता है। ग्राहक की ज़रूरत, पसंद और इच्छाओं को देखते हुए दुकानदारों को भी अपने सामान में परिवर्तन करते रहना पड़ता है, साथ ही परिवर्तन के कारण उन वस्तुओं को उपयोग करने में भी आसानी होती है।

प्र.5 हमारे खान-पान, रहन-सहन और कपड़ों में भी बदलाव आ रहा है। इस बदलाव के पक्ष-विपक्ष में बातचीत कीजिए और बातचीत के आधार पर लेख तैयार कीजिए।

उत्तर बदलाव मनुष्य की प्रकृति है। हमारे खान-पान, रहन-सहन और कपड़ों में भी बदलाव आ रहा है। तीस-चालीस वर्ष पहले उत्तर भारत में दक्षिण भारतीय खान-पान का प्रचलन नहीं था। आज हर शहर में यहाँ तक कि उत्तर भारत के गाँव-गाँव में यह प्रचलित हो चुका है। पहले चाय पीने वालों की संख्या हमारे देश में काफी कम थी, परंतु आज घर-घर में कई बार लोग चाय पीते हैं। खान-पान में फास्ट फूड अधिक प्रयोग हो रहा है, जो लोगों के स्वास्थ्य के लिए हानिकारक है। कपड़ों के आकार-प्रकार तथा फैशन में काफी बदलाव आया है। पाश्चात्य वेशभूषा हर परिवार तक पहुँच चुकी है। फिर भी कई लोग भारतीय पारंपरिक खान-पान तथा वेशभूषा को श्रेष्ठ बताते हैं और उनका मानना है कि सब कुछ शालीनता से होना चाहिए। इन सभी विचारों से कह सकते हैं कि बदलाव जीवन का एक आवश्यक पहलू है।

भाषा की बात (पृष्ठ संख्या 7, 8)

प्र.1 'बदलू को किसी बात से चिढ़ थी तो काँच की चूड़ियों से' और बदलू स्वयं कहता है–"जो सुंदरता काँच की चूड़ियों में होती है लाख में कहाँ संभव है?" ये पंक्तियाँ बदलू की दो प्रकार की मनोदशाओं को सामने लाती हैं। दूसरी पंक्ति में उसके मन की पीड़ा है। उसमें व्यंग्य भी है। हारे हुए मन से, या दुःखी मन से अथवा व्यंग्य में बोले गए वाक्यों के अर्थ सामान्य नहीं होते। कुछ व्यंग्य वाक्यों को ध्यानपूर्वक समझकर एकत्र कीजिए और उनके भीतरी अर्थ की व्याख्या करके लिखिए।

उत्तर **पाठ से एकत्रित कुछ व्यंग्य वाक्य**

(i) **"जो सुंदरता काँच की चूड़ियों में होती है, लाख में कहाँ संभव है।"**

भीतरी अर्थ बदलू द्वारा लेखक को कहे गए इस वाक्य में बदलू के मन की व्यथा दिखती है। वह आश्चर्य व्यक्त करता है कि भला लाख की चूड़ियों में कौन-सी कमी होती है, जो लोगों को वे पसंद नहीं आतीं, जिसके कारण लोग फिर भी न काँच की चूड़ियों के पीछे भागे जा रहे हैं।

(ii) **"शहर की बात और है, लला! वहाँ तो सब कुछ होता है। वहाँ तो औरतें अपने मरद का हाथ पकड़कर सड़कों पर घूमती भी हैं और फिर उनकी कलाइयाँ नाजुक होती हैं न! लाख की चूड़ियाँ पहनें तो मोच न आ जाए।"**

भीतरी अर्थ लेखक से बातचीत करते हुए बदलू इस कथन के द्वारा शहरी संस्कृति पर व्यंग्य करता है। उसका मानना है कि गाँवों की संस्कृति से शहरों की संस्कृति भिन्न होती है। शहरों में पाश्चात्य संस्कृति की अंधाधुंध नकल की जा रही है। बदलू के अनुसार, लाख की चूड़ियों में शुद्धता और सच्चाई होती है। ये चूड़ियाँ भारतीयता की पहचान हैं, जबकि शहर के लोगों का जीवन दिखावा युक्त होता है।

(iii) **"मशीनी युग है न यह, लला! आजकल सब काम मशीन से होता है।"**

भीतरी अर्थ प्रस्तुत कथन द्वारा बदलू ने लेखक को संबोधित किया है। बदलू मशीनीकरण का शिकार है और उसके मन में मशीनों के प्रति एक आक्रोश है। वस्तुतः बदलू का संकेत मशीनों के बढ़ते प्रयोग से पैदा होने वाली बेरोजगारी की ओर है।

(iv) **"नाजुक तो फिर होता ही है लला।"**

भीतरी अर्थ बदलू कहना चाहता है कि लोग कारीगरी तथा मजबूती की जगह नाजुक और सुंदर चीजों की ओर अधिक आकर्षित होते हैं, जो यह उनकी भूल है। उन्हें बनावटी कोमलता पसंद है। काँच की चूड़ियाँ टूट जाती हैं और चुभकर चोट पहुँचाती हैं।

प्र.2 'बदलू' कहानी की दृष्टि से पात्र है और भाषा की बात (व्याकरण) की दृष्टि से संज्ञा है। किसी भी व्यक्ति, स्थान, वस्तु, विचार अथवा भाव को संज्ञा कहते हैं। संज्ञा को तीन भेदों में बाँटा गया है– (क) व्यक्तिवाचक संज्ञा; जैसे–लला, रज्जो, आम, काँच इत्यादि (ख) जातिवाचक संज्ञा; जैसे–चरित्र, स्वभाव, वजन, आकार आदि द्वारा जानी जाने वाली संज्ञा। (ग) भाववाचक संज्ञा; जैसे–सुंदरता, नाजुक, प्रसन्नता इत्यादि, जिसमें कोई व्यक्ति नहीं है और न आकार या वजन, परंतु उसका अनुभव होता है। पाठ से तीनों प्रकार की संज्ञाएँ चुनकर लिखिए।

उत्तर (i) **व्यक्तिवाचक संज्ञा** बदलू, जनार्दन, नीम, आम, लाख, रज्जो।

(ii) **जातिवाचक संज्ञा** मरद, सड़क, गाय, बच्चे, गाँव, मकान, शहर, वृक्ष, अनाज, नव-वधू, चित्र, लड़की, जमींदार, घरवाली, स्कूल।

(iii) **भाववाचक संज्ञा** पढ़ाई, सुंदरता, जिद, महत्त्व, व्यथा, शांति आदि।

प्र.3 गाँव की बोली में कई शब्दों के उच्चारण बदल जाते हैं। कहानी में बदलू वक्त (समय) को बखत, उम्र (वय/आयु) को उमर कहता है। इस तरह के अन्य शब्दों को खोजिए, जिनके रूप में परिवर्तन हुआ हो, अर्थ में नहीं।

उत्तर

गाँव की बोली में रूप	शब्दों का शुद्ध रूप
मरद	मर्द
भइया	भैया
लला	लाला
ब्याह	विवाह

अभ्यास प्रश्न

बहुविकल्पीय व वर्णनात्मक प्रश्नों सहित

बहुविकल्पीय प्रश्न

1. 'लाख की चूड़ियाँ' पाठ निम्नलिखित में से किसके द्वारा लिखा गया है?

(क) सूर्यकांत त्रिपाठी 'निराला'
(ख) कबीरदास
(ग) अमरनाथ
(घ) कामतानाथ

उत्तर (घ) कामतानाथ

2. 'बेलननुमा मुँगेरियाँ' शब्द का क्या अर्थ है?

(क) गोल, लंबी तथा शंक्वाकार लकड़ी
(ख) पतली लकड़ी
(ग) सुंदर लकड़ी
(घ) छोटी लकड़ी

उत्तर (क) गोल, लंबी तथा शंक्वाकार लकड़ी

3. 'लाख' का प्रयोग नहीं किया जाता है **CBSE Diksha**

(क) मोहर बनाने में (ख) गहने बनाने में
(ग) बर्तन बनाने में (घ) खिलौने बनाने में

उत्तर (ग) बर्तन बनाने में

4. बेलन पर चढ़ी चूड़ियाँ बदलू को कैसी लगती थी?

(क) नई जैसी
(ख) नारी की कलाइयों जैसी
(ग) बहुत सुंदर
(घ) नववधू की कलाई पर सजी जैसी

उत्तर (घ) नववधू की कलाई पर सजी जैसी

5. चूड़ियाँ बनाना किसका पैतृक पेशा था?

(क) बदलू का (ख) लेखक का
(ग) गाँव वालों का (घ) इनमें से कोई नहीं

उत्तर (क) बदलू का

6. विवाह के अवसर पर किसका महत्त्व बढ़ जाता था?

(क) बदलू द्वारा बनाए सुहाग के जोड़े का
(ख) काँच की चूड़ियों का
(ग) बदलू के काम का
(घ) अनाज और चावल का

उत्तर (क) बदलू द्वारा बनाए सुहाग के जोड़े का

7. पाठ में 'सुहाग का जोड़ा' किसे कहा गया है?

(क) स्त्री के सिंदूर को (ख) दुल्हन के कपड़े को
(ग) लाख की चूड़ियों को (घ) दूल्हे के कपड़े को

उत्तर (ग) लाख की चूड़ियों को

8. पिता की बदली होने का लेखक पर क्या प्रभाव पड़ा?

(क) वह उदास हो गया
(ख) वह मामा के घर न जा सका
(ग) नए मित्र मिले
(घ) पुराने मित्रों से दूर हो गया

उत्तर (ख) वह मामा के घर न जा सका

9. 'लाख की चूड़ियाँ' पाठ में निम्न में से किस पर कटाक्ष किया गया है?

(क) आधुनिक युग पर (ख) मशीनी युग पर
(ग) बदलू पर (घ) मनिहार जाति पर

उत्तर (ख) मशीनी युग पर

10. 'शहर की बात और है लला' इस वाक्य में निहित व्यंग्य है **CBSE Diksha**

(क) गाँव के वातावरण पर

(ख) काँच के उद्योग-धन्धे पर

(ग) शहरी संस्कृति और उन्मुक्त वातावरण पर

(घ) किसी पर कोई व्यंग्य नहीं है

उत्तर (ग) शहरी संस्कृति और उन्मुक्त वातावरण पर

11. बदलू ने किसके विवाह के लिए चूड़ियों का आखिरी जोड़ा बनाया था?

(क) लेखक की बेटी के लिए

(ख) जमींदार की बेटी के लिए

(ग) चौधरी की बेटी के लिए

(घ) अपनी बेटी के लिए

उत्तर (ख) जमींदार की बेटी के लिए

12. निम्नलिखित में से तद्भव शब्द है **CBSE Diksha**

(क) लाख (ख) पाषाण

(ग) भिक्षा (घ) निद्रा

उत्तर (क) लाख

13. 'मेरी बनाई हुई चूड़ियाँ कोई पूछे तब तो। गाँव-गाँव काँच का प्रचार हो रहा है।' प्रस्तुत कथन किस ओर संकेत करता है?

(क) काँच के प्रचार की ओर (ख) मशीनी युग की ओर

(ग) बदलू की ओर (घ) चूड़ियों की ओर

उत्तर (ख) मशीनी युग की ओर

14. इस कहानी से हमें क्या प्रेरणा मिलती है?

(क) चूड़ियों का कारोबार करने की

(ख) विपत्ति में सहारा पाने की

(ग) मिलजुल कार्य करने की

(घ) विपत्ति के समय हार न मानने की

उत्तर (घ) विपत्ति के समय हार न मानने की

गद्यांश पर आधारित प्रश्न

निम्नलिखित गद्यांशों को ध्यानपूर्वक पढ़कर उन पर आधारित प्रश्नों के उत्तर दीजिए।

गद्यांश 1

बदलू का मकान कुछ ऊँचे पर बना था। मकान के सामने बड़ा-सा सहन था, जिसमें एक पुराना नीम का वृक्ष लगा था। उसी के नीचे बैठकर बदलू अपना काम किया करता था। बगल में भट्ठी दहकती रहती, जिसमें वह लाख पिघलाया करता।

सामने एक लकड़ी की चौखट पड़ी रहती जिस पर लाख के मुलायम होने पर वह उसे सलाख के समान पतला करके चूड़ी का आकार देता। पास में चार-छ: विभिन्न आकार की बेलननुमा मुँगेरियाँ रखी रहतीं, जो आगे से कुछ पतली और पीछे से मोटी होतीं। लाख की चूड़ी का आकार देकर वह उन्हें मुँगेरियों पर चढ़ाकर गोल और चिकना बनाता और तब एक-एक कर पूरे हाथ की चूड़ियाँ बनाने के पश्चात् वह उन पर रंग करता।

1. बदलू के मकान के सामने क्या था?

(क) बड़ा-सा आँगन (ख) भट्ठी

(ग) लकड़ी की चौखट (घ) वृक्ष

उत्तर (क) बड़ा-सा आँगन

2. 'चौखट' में कौन-सा समास है?

(क) तत्पुरुष समास (ख) द्वंद्व समास

(ग) अव्ययीभाव समास (घ) द्विगु समास

उत्तर (घ) द्विगु समास

3. मुँगेरियों पर किन्हें चढ़ाया जाता था?

(क) लाख की चूड़ियों को (ख) लाख को

(ग) सलाखों को (घ) बेलन को

उत्तर (क) लाख की चूड़ियों को

4. बेलननुमा मुँगेरियों का कार्य क्या था?

उत्तर बेलननुमा मुँगेरियों द्वारा लाख की चूड़ियों को किसी भी आकार में बदला जा सकता था।

5. लाख के मुलायम होने पर बदलू क्या करता था?

उत्तर लाख के मुलायम होने पर बदलू उसे चौखट पर सलाख के समान पतला करके चूड़ी का आकार देता था।

6. बदलू चूड़ियों पर रंग कब करता था?

उत्तर बदलू एक-एक करके पूरे हाथ की चूड़ियाँ बनाने के बाद उन पर रंग करता था।

गद्यांश 2

बदलू मनिहार था। चूड़ियाँ बनाना उसका पैतृक पेशा था और वास्तव में वह बहुत ही सुंदर चूड़ियाँ बनाता था। उसकी बनाई हुई चूड़ियों की खपत भी बहुत थी। उस गाँव में तो सभी स्त्रियाँ उसकी बनाई हुई चूड़ियाँ ही पहनती थीं तथा आस-पास के गाँवों के लोग भी उससे चूड़ियाँ ले जाते थे, परंतु वह कभी भी चूड़ियों को पैसों से न बेचता था।

उसका अभी तक वस्तु-विनिमय का तरीका था और लोग अनाज के बदले उससे चूड़ियाँ ले जाते थे। बदलू स्वभाव से बहुत सीधा था। मैंने कभी भी उसे किसी से झगड़ते नहीं देखा। हाँ, शादी-विवाह के अवसरों पर वह अवश्य जिद पकड़ जाता था। जीवन भर चाहे कोई उससे मुफ्त चूड़ियाँ ले जाए, परंतु विवाह के अवसर पर वह सारी कसर निकाल लेता था। आखिर सुहाग के जोड़े का महत्त्व ही और होता है।

मुझे याद है, मेरे मामा के यहाँ किसी लड़की के विवाह पर जरा-सी किसी बात पर बिगड़ गया था और फिर उसको मनाने में लोहे लग गए थे। विवाह में इसी जोड़े का मूल्य इतना बढ़ जाता था कि उसके लिए उसकी घरवाली को कई सारे वस्त्र मिलते, ढेरों अनाज मिलता, उसको अपने लिए पगड़ी मिलती और रुपये जो मिलते सो अलग।

1. 'आखिर सुहाग के जोड़े का महत्त्व ही ओर होता है' प्रस्तुत कथन किसने कहा?

(क) बदलू ने (ख) गाँव वालों ने

(ग) लेखक ने (घ) ग्राहक ने

उत्तर (ग) लेखक ने

2. वस्तु-विनिमय किस प्रकार होता है?

(क) वस्तु के बदले मुद्रा लेना

(ख) वस्तु के बदले वस्तु लेना

(ग) मुद्रा के बदले मुद्रा लेना

(घ) वस्तु के बदले केवल अनाज लेना

उत्तर (ख) वस्तु के बदले वस्तु लेना

3. बदलू की बनाई चूड़ियों की खपत अधिक होने का क्या कारण था?

(क) चूड़ियों का सस्ता होना

(ख) चूड़ियों का सुंदर, सजीली व मशहूर होना

(ग) बदलू का प्रेमपूर्वक बोलना

(घ) बदलू का लेन-देन व्यापार का होना

उत्तर (ख) चूड़ियों का सुंदर, सजीली व मशहूर होना

4. बदलू चूड़ियों के बदले क्या-क्या लेता था?

उत्तर बदलू चूड़ियों के बदले अनाज व अन्य सामान लेता था।

5. बदलू किस अवसर पर जिद पकड़ जाता था?

उत्तर बदलू शादी-विवाह के अवसर पर जिद पकड़ जाता था।

6. 'विवाह के जोड़े' का मूल्य क्या था?

उत्तर विवाह के जोड़े का मूल्य था-बदलू की पत्नी के वस्त्र, ढेरों अनाज, उसकी पगड़ी व रुपये आदि।

गद्यांश 3

मैं बहुधा हर गर्मी की छुट्टी में अपने मामा के यहाँ चला जाता और एक-आध महीने वहाँ रहकर स्कूल खुलने के समय तक वापस आ जाता, परंतु दो-तीन बार ही मैं अपने मामा के यहाँ गया होऊँगा तभी मेरे पिता की एक दूर के शहर में बदली हो गई और एक लंबी अवधि तक मैं अपने मामा के गाँव न जा सका। तब लगभग आठ-दस वर्षों के बाद जब मैं वहाँ गया तो इतना बड़ा हो चुका था कि लाख की गोलियों में मेरी रुचि नहीं रह गई थी। अत: गाँव में होते हुए भी कई दिनों तक मुझे बदलू का ध्यान न आया। इस बीच मैंने देखा कि गाँव में लगभग सभी स्त्रियाँ काँच की चूड़ियाँ पहने हैं। विरले ही हाथों में मैंने लाख की चूड़ियाँ देखीं। तब एक दिन सहसा मुझे बदलू का ध्यान हो आया।

बात यह हुई कि बरसात में मेरे मामा की छोटी लड़की आँगन में फिसलकर गिर पड़ी और उसके हाथ की काँच की चूड़ी टूटकर उसकी कलाई में घुस गई और उससे खून बहने लगा। मेरे मामा उस समय घर पर न थे। मुझे ही उसकी मरहम-पट्टी करनी पड़ी। तभी सहसा मुझे बदलू का ध्यान हो आया और मैंने सोचा कि उससे मिल आऊँ। अत: शाम को मैं घूमते-घूमते उसके घर चला गया। बदलू वहीं चबूतरे पर नीम के नीचे एक खाट पर लेटा था।

1. लेखक के पिता की बदली कहाँ हो गई थी?

(क) मामा के गाँव में

(ख) आँगन में

(ग) दूर के शहर में

(घ) महानगर में

उत्तर (ग) दूर के शहर में

2. 'लाख की चूड़ियों में मुझे रुचि नहीं रह गई थी।' प्रस्तुत वाक्यांश किसने कहा?

(क) स्त्रियों ने (ख) बदलू ने

(ग) लेखक ने (घ) लेखक के मामा की लड़की ने

उत्तर (ग) लेखक ने

3. व्याकरण की दृष्टि से 'सहसा' शब्द क्या है?

(क) क्रिया-विशेषण (ख) विशेषण

(ग) विशेष्य (घ) प्रविशेषण

उत्तर (क) क्रिया-विशेषण

4. लेखक द्वारा लंबे समय तक अपने मामा के गाँव न जाने का क्या कारण था?

उत्तर लेखक द्वारा लंबे समय तक अपने मामा के गाँव न जाने का कारण यह था कि उसके पिता की बदली दूर के शहर में हो गई थी।

5. लेखक के मामा की लड़की के साथ क्या दुर्घटना घट गई?

उत्तर लेखक के मामा की लड़की गिर पड़ी और उसके हाथ की चूड़ी टूटकर उसकी कलाई में चुभ गई।

6. लंबे समय के बाद लेखक को बदलू की याद कैसे आई?

उत्तर मामा की लड़की की कलाई पर मरहम-पट्टी करते हुए लेखक को बदलू की याद आई।

गद्यांश 4

आजकल काम नहीं करते काका? मैंने पूछा। नहीं लला, काम तो कई साल से बंद है। मेरी बनाई हुई चूड़ियाँ कोई पूछे तब तो। गाँव-गाँव में काँच का प्रचार हो गया है। वह कुछ देर चुप रहा, फिर बोला, मशीनी युग है न यह, लला! आजकल सब काम मशीन से होता है। खेत भी मशीन से जोते जाते हैं और फिर जो सुंदरता काँच की चूड़ियों में होती है, लाख में कहाँ संभव है?

लेकिन काँच बड़ा खतरनाक होता है। बड़ी जल्दी टूट जाता है। मैंने कहा। नाजुक तो फिर होता ही है लला! कहते-कहते उसे खाँसी आ गई और वह देर तक खाँसता रहा। मुझे लगा उसे दमा है। अवस्था के साथ-साथ उसका शरीर ढल चुका था। उसके हाथों पर और माथे पर नसें उभर आई थीं। जाने कैसे उसने मेरी शंका भाँप ली और बोला, "दमा नहीं है मुझे। फसली खाँसी है। यही महीने-दो-महीने से आ रही है। दस-पंद्रह दिन में ठीक हो जाएगी।"

मैं चुप रहा। मुझे लगा उसके अंदर कोई बहुत बड़ी व्यथा छिपी है। मैं देर तक सोचता रहा कि इस मशीनी युग ने कितने हाथ काट दिए हैं। कुछ देर फिर शांति रही, जो मुझे अच्छी नहीं लगी।

1. गद्यांश के अनुसार, कई साल से कौन-सा काम बंद था?

(क) मशीनों का

(ख) लाख की चूड़ियाँ बनाने का

(ग) काँच की चूड़ियों का

(घ) खेत जोतने का

उत्तर (ख) लाख की चूड़ियाँ बनाने का

2. लाख की चूड़ियों की जगह गाँव-गाँव में क्या प्रचलित हो गया था?

(क) मशीनें

(ख) काँच की चूड़ियाँ

(ग) प्लास्टिक की चूड़ियाँ

(घ) दमा

उत्तर (ख) काँच की चूड़ियाँ

3. 'लेकिन काँच बड़ा खतरनाक होता है। बड़ी जल्दी टूट जाता है। मैंने कहा' यहाँ 'मैंने' किसके विषय में कहा गया है?

(क) लेखक

(ख) बदलू काका

(ग) रज्जो

(घ) ज़मींदार

उत्तर (क) लेखक

4. लेखक को बदलू की किस व्यथा का पता चला?

उत्तर बदलू का काम बंद हो जाने के कारण आजीविका अर्जित में असमर्थता की व्यथा का पता चला।

5. बदलू की लाख की चूड़ियों को अब कोई क्यों नहीं पूछता था?

उत्तर गाँवों में भी अब काँच की चमक-दमक वाली चूड़ियों का प्रचार हो गया था, इसलिए बदलू की बनाई लाख की चूड़ियों को अब कोई नहीं पूछता था।

6. बदलू का स्वास्थ्य कैसा था?

उत्तर बदलू कमज़ोर हो गया था और लगातार खाँसता रहता था।

अतिलघु उत्तरीय प्रश्न

1. बदलू कौन था?

उत्तर बदलू लेखक के मामा के गाँव में रहने वाला एक मनिहार था, जो लाख की चूड़ियाँ बनाता था।

2. बदलू लाख को किस प्रकार पिघलाया करता था?

उत्तर नीम के पेड़ के नीचे एक भट्ठी दहकती रहती थी, जिसमें बदलू लाख पिघलाया करता था।

3. शहर के जीवन के बारे में पूछने पर लेखक ने बदलू को क्या बताया?

उत्तर शहर के जीवन के बारे में पूछने पर लेखक ने बदलू को बताया कि शहर में सभी काँच की चूड़ियाँ पहनते हैं।

4. लेखक का बदलू को पसंद करने का मुख्य कारण क्या था?

उत्तर लेखक द्वारा बदलू को पसंद किए जाने का मुख्य कारण था कि वह लगभग रोज़ ही उसके लिए लाख की एक-दो गोलियाँ बना देता था।

5. लेखक अपने मामा के गाँव कब से कब तक रहता था?

उत्तर लेखक अकसर गर्मी की छुट्टी में अपने मामा के गाँव चला जाता था और स्कूल खुलने के समय तक वापस आता था।

6. लेखक को किसकी मरहम-पट्टी करनी पड़ी?

उत्तर जब लेखक के मामा की लड़की फिसलकर गिर पड़ी, तो लेखक को उसकी मरहम-पट्टी करनी पड़ी।

लघु उत्तरीय प्रश्न

1. लाख की चूड़ियाँ किस प्रकार बनती हैं?

उत्तर लाख की चूड़ियाँ बनाने के लिए सबसे पहले लाख को भट्ठी पर पिघलाया जाता है। उसके बाद लकड़ी की चौखट पर लाख की सलाखें बना ली जाती हैं और बेलननुमा मुँगेरियों पर गोल और चिकना करके अंत में रंग चढ़ाया जाता है।

2. बदलू की बनाई गई चूड़ियों की अत्यधिक खपत क्यों थी?

उत्तर बदलू की बनाई गई चूड़ियों की बहुत खपत इसलिए थी, क्योंकि वह बहुत ही सुंदर चूड़ियाँ बनाता था। उस गाँव में सभी स्त्रियाँ उसकी बनाई हुई चूड़ियाँ पहनती थीं। आस-पास के गाँवों के लोग भी उससे चूड़ियाँ ले जाते थे।

3. बदलू का स्वभाव कैसा था?

उत्तर बदलू न किसी से अधिक बात करता और न ही किसी से लड़ता-झगड़ता था। उसे ज़रा-सा भी गुस्सा नहीं आता था तथा वह सारा दिन अपने काम में लगा रहता था। अतः बदलू स्वभाव से बहुत सीधा, नम्र और भोला-भाला था।

4. शादी-विवाह के अवसर पर बदलू कैसी ज़िद पकड़ लेता था? उसे किस प्रकार खुश किया जाता था?

उत्तर जीवन भर चाहे कोई बदलू से मुफ़्त चूड़ियाँ ले जाए, परंतु शादी-विवाह के अवसर पर वह इनाम पाने की ज़िद पकड़ लेता था। सुहाग के जोड़े के लिए लोग उसकी पत्नी को कपड़े तथा उसको पगड़ी व रुपये देकर खुश करते थे।

5. किसी भी स्त्री के हाथों में काँच की चूड़ियों को देखकर बदलू की क्या प्रतिक्रिया होती थी?

उत्तर बदलू को काँच की चूड़ियाँ बिल्कुल पसंद नहीं थीं। यदि उसको किसी भी स्त्री के हाथों में काँच की चूड़ियाँ दिख जाती तो वह अंदर-ही-अंदर गुस्सा करता और कभी कभी तो दो-चार बातें भी सुना देता।

6. आठ-दस वर्ष के बाद मामा के गाँव जाकर लेखक ने कौन-सा परिवर्तन देखा?

उत्तर आठ-दस वर्षों के पश्चात् गाँव जाकर लेखक ने यह परिवर्तन देखा कि उसके मामा के गाँव की अधिकतर स्त्रियों ने काँच की चूड़ियाँ पहन रखी थीं। लाख की चूड़ियों का तो जैसे चलन ही समाप्त हो गया था।

7. लेखक की रुचि गोलियों में कब और क्यों नहीं रह गई थी?

उत्तर लेखक लंबी अवधि तक अपने मामा के गाँव न जा सका था। आठ-दस वर्ष के बाद जब वह वहाँ गया तो इतना बड़ा हो चुका था कि लाख की गोलियों में अब उसकी रुचि नहीं रह गई थी।

8. किस घटना ने लेखक को अचानक बदलू की याद दिला दी?

उत्तर एक दिन बरसात में लेखक के मामा की छोटी लड़की आँगन में फिसलकर गिर गई। उसके हाथ की काँच की चूड़ी टूटकर उसकी कलाई में चुभ गई और उससे खून बहने लगा। उस समय लेखक के मामा घर पर नहीं थे, तो लेखक ने ही उसकी मरहम-पट्टी की। इस घटना ने उसे अचानक बदलू की याद दिला दी।

9. लेखक की नज़र रज्जो के हाथों पर क्यों ठिठक गई?

CBSE Diksha

उत्तर वास्तव में लेखक पहले ही जान चुका था कि बदलू ने लाख की चूड़ियाँ बनाना काफी दिनों से बंद कर दिया था, इसलिए लेखक की नज़र बदलू की बेटी रज्जो के हाथ में लाख की चूड़ियाँ देखकर ठिठक (ठहर) गई।

10. बदलू से अंतिम बार मिलकर लेखक क्यों प्रसन्न था?

उत्तर बदलू से अंतिम बार मिलकर लेखक इसलिए प्रसन्न था, क्योंकि बदलू ने अपने स्वाभिमान को नीचा नहीं होने दिया। उसने कम पैसों में ज़मींदार को लाख की चूड़ियाँ नहीं दी, बल्कि उन्हें अपनी बेटी रज्जो को पहनने के लिए दे दिया।

दीर्घ उत्तरीय प्रश्न

1. बदलू लाख की चूड़ियाँ कैसे बनाता था?

उत्तर बदलू अपने मकान के सामने नीम के पेड़ के नीचे बैठकर चूड़ियाँ बनाने का काम करता था। चूड़ियाँ बनाने के लिए सबसे पहले वह लाख को एक गर्म भट्ठी में पिघलाता था। उसके बाद फिर सामने रखे लकड़ी के चौकोर टुकड़े पर लाख को मुलायम होने पर वह उसे सलाख के समान पतला करके चूड़ी का आकार देता था। वह उन्हें बेलननुमा मुँगेरियों पर चढ़ाकर गोल और चिकना बनाता था। एक-एक कर पूरे हाथ की चूड़ियाँ बनाने के बाद उन पर रंग करता था।

2. बदलू का काम कई वर्षों से क्यों बंद था?

उत्तर बदलू का काम कई वर्षों से इसलिए बंद था, क्योंकि अब कोई उसकी बनाई लाख की चूड़ियाँ पसंद नहीं करता था। गाँव-गाँव में लाख की चूड़ियों का स्थान काँच की चूड़ियों ने ले लिया था। बदलू काँच की चूड़ियाँ नहीं बना सकता था, क्योंकि ये चूड़ियाँ मशीन द्वारा ही बनती थीं और मशीन से बनी काँच की चूड़ियाँ हाथ से बनी लाख की चूड़ियों से अधिक सुंदर व चमकीली होती थीं।

3. मशीनीकरण ने परंपरागत कारीगरों को किस प्रकार प्रभावित किया है?

उत्तर मशीनीकरण ने परंपरागत कारीगरों को बुरी तरह से प्रभावित किया है। मशीनों के आ जाने से परंपरागत कारीगरों का जीवन कठिन हो गया है व उनके घरेलू काम-धंधे बंद हो गए हैं। कुशल कारीगरी वाली सुंदर चीज़ें भी हाथ की जगह मशीनों से बनने लगी हैं। व्यवसाय बंद हो जाने के कारण खानदानी दस्तकार, कलाकार और कुशल कारीगर बेरोजगार हो गए हैं, क्योंकि मशीनों को खरीदना व उसके अन्य खर्चों का भुगतान करना हर व्यक्ति के लिए संभव नहीं है इसलिए ज्यादातर कारीगरों ने अपना व्यवसाय बंद करके मजदूरी करना शुरू कर दिया है। मशीनीकरण के कारण ग्रामीण क्षेत्रों में भी अब सभी काम मशीनों से ही होने लगे हैं।

4. कारीगरों और कलाकारों को पैसे से ज्यादा स्वाभिमान प्यारा होता है। 'लाख की चूड़ियाँ' कहानी के आधार पर अपने विचार व्यक्त कीजिए।

उत्तर कारीगर तथा कलाकार 'भाव के भूखे' होते हैं और उन्हें इज़्ज़त सबसे प्यारी होती है। 'लाख की चूड़ियाँ' कहानी में बदलू ज़िंदगी भर मुफ़्त में चूड़ियाँ पहनाने को तैयार था, परंतु शादी-विवाह के अवसर पर उसकी इज़्ज़त की जाए, वह ऐसी अपेक्षा रखता था।

वह मुँहमाँगी कीमत के साथ-साथ सुहाग के जोड़े के लिए पगड़ी की भेंट प्राप्त करता है। यहाँ पगड़ी से अर्थ 'इज़्ज़त देना' है।

यही नहीं, कहानी के अंत में वह लेखक को बताता भी है कि किस प्रकार उसने जमींदार की बेटी की शादी पर दस आने में जोड़ा देना अस्वीकार कर दिया था। लेखक को बदलू के स्वाभिमान पर गर्व होता है।

5. परंपरागत कलाओं को सुरक्षित रखने के लिए हमें क्या करना चाहिए? कारीगरों की दशा सुधारने संबंधी विचार प्रकट कीजिए।

उत्तर परंपरागत कलाएँ; जैसे—दस्तकारी, काष्ठकला, लाख की कलात्मक वस्तुओं का निर्माण, नक्काशी, मिट्टी की मूर्तियाँ तथा बर्तन बनाना और हस्तकलाएँ आज संकट में हैं। इनके कारीगर पारंपरिक तौर पर ये पेशा करते आ रहे हैं, परंतु मशीनीकरण के कारण इनकी बनाई वस्तुओं की माँग घटती जा रही है।

इस प्रकार, इन कारीगरों की जीविका छिन रही है। हमें इन परंपरागत कलाओं को सुरक्षित रखने के लिए तथा कारीगरों की दशा सुधारने के लिए उनके बनाए सामान खरीदने की आदत बना लेनी चाहिए। कस्बों, शहरों, नगरों तथा महानगरों में परंपरागत कलाकारों की कृतियों की प्रदर्शनी लगाई जानी चाहिए। हमारी सरकार के लघु उद्योग मंत्रालय तथा श्रम कल्याण विभागों को भी इस बारे में सोचकर आगे आना चाहिए।

स्व-मूल्यांकन

बहुविकल्पीय प्रश्न

1. लेखक को लाख की गोलियाँ कौन बनाकर देता था?

(क) रज्जो (ख) मामा (ग) बदलू (घ) ज़मींदार

2. लंबे समय बाद लेखक अपने मामा के गाँव गया और बदलू से मिलने चला गया। बदलू ने उससे कितने दिन पहले गाय बेचने की बात बताई?

(क) चार साल पहले (ख) एक साल पहले
(ग) दो साल पहले (घ) तीन साल पहले

3. बदलू लेखक के खाने के लिए क्या बचाकर रखता था?

(क) दही (ख) मलाई
(ग) पनीर (घ) लस्सी

4. बदलू व्यापार का कौन-सा तरीका अपनाता था?

(क) वस्तु के बदले वस्तु (ख) वस्तु के बदले मुद्रा
(ग) मुद्रा के बदले मुद्रा (घ) इनमें से कोई नहीं

5. बदलू की लड़की का क्या नाम था?

(क) राजो (ख) रज्जो
(ग) राजकुमारी (घ) रजिता

गद्यांश पर आधारित प्रश्न

निम्नलिखित गद्यांश को ध्यानपूर्वक पढ़कर उस पर आधारित प्रश्नों के उत्तर दीजिए

यदि संसार में बदलू को किसी बात से चिढ़ थी तो वह थी काँच की चूड़ियों से। यदि किसी भी स्त्री के हाथों में उसे काँच की चूड़ियाँ दिख जातीं तो वह अंदर-ही-अंदर कुढ़ उठता और कभी-कभी तो दो-चार बातें भी सुना देता। मुझसे तो वह घंटों बातें किया करता। कभी मेरी पढ़ाई के बारे में पूछता, कभी मेरे घर के बारे में और कभी यों ही शहर के जीवन के बारे में। मैं उससे कहता कि शहर में सब काँच की चूड़ियाँ पहनते हैं तो वह उत्तर देता, "शहर की बात और है, लला! वहाँ तो सभी कुछ होता है। वहाँ तो औरतें अपने मरद का हाथ पकड़कर सड़कों पर घूमती भी हैं और फिर उनकी कलाइयाँ नाजुक होती हैं न! लाख की चूड़ियाँ पहनें तो मोच न आ जाए।"

1. बदलू के अनुसार, शहरी औरतों की कलाइयाँ कैसी होती हैं?

(क) मजबूत (ख) नाज़ुक
(ग) आज़ाद (घ) गोरी-गोरी

2. बदलू को किस चीज से चिढ़ थी?

(क) शहर की औरतों से
(ख) सड़क पर घूमने से
(ग) काँच की चूड़ियों से
(घ) शहर के जीवन से

3. लेखक के लिए कौन-सा संबोधन गद्यांश में आया है?

(क) लला
(ख) नाजुक
(ग) मुझसे
(घ) मरद

4. बदलू अंदर-ही-अंदर क्यों कुढ़ उठता था?

5. लेखक से बदलू क्या पूछता था?

6. शहर की औरतों पर बदलू ने क्या व्यंग्य किया?

अतिलघु उत्तरीय प्रश्न

1. बदलू कहाँ बैठकर काम किया करता था?

2. लेखक को बदलू किस प्रकार संबोधित करता था?

3. पूरा जोड़ा बना लेने पर बदलू क्या करता था?

4. शहरी औरतों के बारे में बदलू के क्या विचार थे?

5. बदलू को कौन-सी बीमारी हो गई थी?

लघु उत्तरीय प्रश्न

1. बदलू काका लेखक की किस प्रकार खातिरदारी करता था?

2. बदलू ने हारकर भी हार क्यों नहीं मानी?

3. बदलू ने लेखक की कौन-सी शंका भाँप ली?

दीर्घ उत्तरीय प्रश्न

1. बदलू ने लेखक की दृष्टि देख कर क्या कहा?

2. बदलू के काम करने के सहायक औजार क्या थे? वह उनसे किस प्रकार कार्य करता था?

3. बदलू अपने परिश्रम की सारी कसर कब और कैसे निकाल लेता था? स्पष्ट कीजिए।

अध्याय 2

बस की यात्रा

हरिशंकर परसाई

पाठ का सार

लेखक तथा उसके मित्रों द्वारा बस-यात्रा का निर्णय

एक बार लेखक तथा उसके चार मित्रों ने शाम चार बजे की बस से पन्ना जाने का निश्चय किया। वापसी में उन्होंने इसी कंपनी की बस से पन्ना से सतना जाने के बारे में सोचा, जहाँ से उन्हें जबलपुर के लिए ट्रेन मिल जाती, और समय पर घर पहुँचकर वे अपने काम पर चले जाते।

कुछ लोगों ने उन्हें शाम वाली बस से सफर न करने की सलाह दी, लेकिन उन्होंने उनकी बात नहीं सुनी और उसी बस से ही यात्रा करने का निर्णय लिया।

बस की जर्जर एवं दयनीय अवस्था देखकर चिंता

बस की हालत बहुत जर्जर थी, क्योंकि वह बहुत पुरानी हो गई थी। अत्यधिक जर्जर होने के कारण वह बस केवल पूजनीय थी। बस कंपनी के हिस्सेदार भी उसी बस से यात्रा कर रहे थे। लेखक ने उनसे पूछा कि क्या यह बस चलती भी है। बस कंपनी के हिस्सेदार द्वारा 'हाँ' कहने पर लेखक को बड़ा आश्चर्य हुआ कि ये बस चलती भी है।

लेखक के डॉ. मित्र ने उन्हें समझाया कि चिंता न करो यह बस नई बसों से ज्यादा विश्वसनीय है। लेखक और उसके मित्रों को छोड़ने आए लोग उन्हें ऐसे देख रहे थे, जैसे अंतिम विदाई दे रहे हों।

बस चलने के बाद उत्पन्न हुई समस्याएँ

जब बस का इंजन स्टार्ट हुआ तो लेखक को लगा कि सारी बस ही इंजन है। लोगों को ऐसा लग रहा था, जैसे उनकी सीट के नीचे ही इंजन है। उसके बाद जब बस चली तो लेखक को गाँधीजी का असहयोग व सविनय अवज्ञा आंदोलन याद आ गया, जिनमें भारतवासी अंग्रेजों का सहयोग नहीं कर रहे थे, उसी तरह बस के अन्य भाग भी उसका सहयोग नहीं कर रहे थे।

आठ-दस मील चलने पर यह समझ में नहीं आ रहा था कि सीट पर लोग बैठे हैं या सीट लोगों पर बैठी है।

बस की पेट्रोल-टंकी में छेद होना और लेखक का डर जाना

कुछ दूर आगे चलने पर बस रुक गई और जाँच करने पर पता चला कि पेट्रोल की टंकी में छेद हो गया है। ड्राइवर ने बाल्टी में पेट्रोल निकालकर उसे अपने पास में रखा और नली डालकर इंजन में डालने लगा। लेखक ने सोचा कि संभवत: बस-कंपनी के हिस्सेदार इंजन को गोद में रखकर नली से पेट्रोल ऐसे पिलाएँगे जैसे बच्चा बोतल से दूध पीता है।

बस की रफ्तार घटने पर लेखक को डर लगने लगा था। वह सोच रहा था कि बस का ब्रेक भी फेल हो सकता है, स्टीयरिंग टूट सकता है; बस पेड़ों से टकरा सकती है या सड़क के किनारे की झील में भी गिर सकती है।

बस की लाइट बुझना और टायर का फट जाना

थोड़ी दूर चलने के बाद अचानक बस फिर से रुक गई और ड्राइवर के प्रयासों के बाद भी नहीं चली। बस कंपनी के हिस्सेदार बस को फर्स्ट क्लास की बताते हुए इसके रुक जाने को महज संयोग बता रहे थे। चाँद की कम रोशनी में बस ऐसी लग रही थी जैसे कोई वृद्धा थककर बैठ गई हो। लेखक को डर लग रहा था कि इतने लोगों के बैठने से यह बस बिल्कुल ही न चले।

कंपनी के हिस्सेदार ने बस इंजन को खोलकर कुछ ठीक किया। बस तो चल पड़ी पर उसकी रफ़्तार अब और भी कम हो गई। अचानक बस की धीरे-धीरे लाइटें बुझ गईं तथा अब वह लगभग रेंगकर चल रही थी। पीछे से यदि कोई दूसरी गाड़ी आती तो वह बस किनारे खड़ी होकर उसे आगे जाने देती थीं। तभी एक पुलिया के ऊपर पहुँचते ही बस का एक टायर फट गया। यदि बस स्पीड में होती तो नाले में भी गिर सकती थी। लेखक को बस-कंपनी के हिस्सेदार पर आश्चर्य हुआ। वह सब कुछ जानते हुए भी इसी बस में सफ़र कर रहा था। लेखक उसे महान आदमियों की श्रेणी में गिन रहे थे।

लेखक का चिंता मुक्त होना

बस में पुराना घिसा हुआ टायर लगाने के बाद बस फिर से चल पड़ी, लेकिन लेखक ने अब पन्ना पहुँचने की उम्मीद ही छोड़ दी थी। वे तनाव मुक्त होकर आराम से बैठ गए और हँसी-मजाक शुरू कर दिया, क्योंकि लेखक को अब लगने लगा था कि बस की हालत ऐसी नहीं है कि वह उसे पन्ना तक समय पर पहुँचा देगी।

शब्दार्थ

शब्द	हिंदी अर्थ
NCERT पृष्ठ संख्या 9	
डाकिन	डाका डालने वाली
वयोवृद्ध	बहुत उम्र का
NCERT पृष्ठ संख्या 10	
विश्वसनीय	विश्वास के योग्य
विदा होना	छोड़कर जाना
कूच करना	आगे बढ़ना
निमित्त	कारण
NCERT पृष्ठ संख्या 11	
असहयोग	साथ न देना
सविनय	विनय के साथ
अवज्ञा	आज्ञा न मानना
लुभावने	मन को आकर्षित करने वाले
गोता	डुबकी
इत्तफाक	संयोग

शब्द	हिंदी अर्थ
ग्लानि	अपने आप पर शर्म आना
प्राणांत	मृत्यु
बियाबान	सुनसान जंगल
अंत्येष्टि	दाह-संस्कार, मरे व्यक्ति के साथ किए जाने वाले कर्म
NCERT पृष्ठ संख्या 12	
पुलिया	छोटा पुल
उत्सर्ग	त्याग
दुर्लभ	कठिनाई से प्राप्त
बाहें पसारे	स्वागत करना
प्रयाण	जाना
बेताबी	बेचैनी
इत्मीनान	निश्चिंत, धैर्यपूर्वक

NCERT फोल्डर

पाठ्यपुस्तक वसंत भाग-3 के प्रश्नोत्तर

कारण बताएँ (पृष्ठ संख्या 13)

प्र.1 "मैंने उस कंपनी के हिस्सेदार की तरफ पहली बार श्रद्धाभाव से देखा।"
लेखक के मन में हिस्सेदार साहब के लिए श्रद्धा क्यों जग गई?

उत्तर लेखक के मन में बस कंपनी के हिस्सेदार साहब के लिए पहली बार श्रद्धा भावना इसलिए जाग गई, क्योंकि वह टायर की बदहाल स्थिति से परिचित होने के बावजूद भी बस से यात्रा करने और उसे चलाने का साहस जुटा रहे थे।

उन्हें पता था कि बस के टायर घिस चुके हैं फिर भी उन्हें लोगों की जान से कोई लेना-देना नहीं था, बल्कि वह अपनी पुरानी बस की तारीफ़ कर रहे थे। धन के मोह के कारण आत्म बलिदान की ऐसी भावना को देखकर लेखक हैरान हो गया और उनके प्रति मन में श्रद्धा भाव उमड़ने लगे।

प्र.2 "लोगों ने सलाह दी कि समझदार आदमी इस शाम वाली बस से सफर नहीं करते।" लोगों ने यह सलाह क्यों दी?

उत्तर लोगों ने लेखक को शाम वाली बस में सफर न करने की सलाह इसलिए दी, क्योंकि वे बस की जर्जर हालत को जानते थे। उन्हें पता था कि शाम को पन्ना जाने वाली बस बहुत पुरानी और खराब है। उस बस को देखते ही आभास हो गया था कि वह रास्ते में कभी भी धोखा दे सकती है।

प्र.3 "ऐसा जैसे सारी बस ही इंजन है और हम इंजन के भीतर बैठे हैं।" लेखक को ऐसा क्यों लगा?

उत्तर जब बस का इंजन स्टार्ट हुआ, तो पूरी बस बुरी तरह हिलने लगी, जिससे यात्री भी हिलने लगे। इसी कारण लेखक को लगा कि पूरी बस ही इंजन है और यात्री बस के भीतर न बैठकर इंजन के ही ऊपर बैठे हैं अर्थात् इंजन के स्टार्ट होने पर इंजन के पुर्जों की तरह बस के यात्री हिल रहे थे।

प्र.4 "गजब हो गया। ऐसी बस अपने आप चलती है।"
लेखक को यह सुनकर हैरानी क्यों हुई?

उत्तर लेखक जिस बस से यात्रा करने वाला था। वह बहुत पुरानी और टूटी-फूटी बस थी। बस कंपनी के हिस्सेदार भी उसी बस में जा रहे थे। लेखक को सफर तय करना संभव नहीं लग रहा था। इसलिए उसने कंपनी के हिस्सेदार से पूछा कि यह बस चलती भी है? तब हिस्सेदार ने उत्तर दिया कि हाँ, यह बस चलती है। यह सुनकर लेखक बहुत हैरान हो गया।

प्र.5 "मैं हर पेड़ को अपना दुश्मन समझ रहा था।"
लेखक पेड़ों को दुश्मन क्यों समझ रहा था?

उत्तर बस की जर्जर अवस्था से लेखक को ऐसा लगा जैसे उसे जबरदस्ती चलाया जा रहा है। बस की हालत इतनी खराब थी कि उसके ब्रेक फेल हो सकते थे या स्टीयरिंग टूट सकता था, जिसके कारण वह सड़क के किनारे खड़े किसी भी पेड़ से टकराकर दुर्घटनाग्रस्त हो सकती थी। बस के दुर्घटनाग्रस्त होने के डर के कारण ही लेखक हरे-भरे पेड़ों को भी अपना दुश्मन समझ रहा था।

पाठ से आगे (पृष्ठ संख्या 13)

प्र.1 'सविनय अवज्ञा आंदोलन' किसके नेतृत्व में, किस उद्देश्य से तथा कब हुआ था? इतिहास की उपलब्ध पुस्तकों के आधार पर लिखिए।

उत्तर सविनय अवज्ञा आंदोलन का आरंभ महात्मा गाँधी के नेतृत्व में वर्ष 1930 में भारतीय राष्ट्रीय कांग्रेस ने किया था। यह शांतिपूर्ण आंदोलन था, जिसका मुख्य उद्देश्य अंग्रेजी सरकार के दमनकारी कानूनों को न मानना था। सरकार ने नमक बनाने और उसका व्यापार करने जैसे मौलिक अधिकारों पर रोक लगा दी थी। साथ ही नमक पर भी टैक्स लगाया गया था।

गाँधीजी तथा सरदार वल्लभभाई पटेल आदि नेताओं के नेतृत्व में साबरमती आश्रम से दांडी-यात्रा की शुरुआत की गई। 241 मील (दांडी के तटीय शहर) की यात्रा करके गाँधीजी ने नमक कानून तोड़ दिया। सविनय अवज्ञा आंदोलन ने अंग्रेजी सरकार को हिलाकर रख दिया था। इस कारण अंग्रेजी सरकार भारतीयों को अधिक रियायतें देने के लिए बाध्य हो गई।

प्र.2 सविनय अवज्ञा का उपयोग व्यंग्यकार ने किस रूप में किया है? लिखिए।

उत्तर सविनय अवज्ञा का उपयोग व्यंग्यकार ने बस की जर्जर अवस्था को दर्शाने के रूप में किया है। जब लेखक बस में बैठा, तो उसे बस का एक भी हिस्सा सही नहीं लगा, परंतु थोड़ी दूर चलने पर ऐसा लगा, जैसे बस के सारे हिस्से मिलकर एक हो गए हों। यह सब देखकर लेखक को गाँधी जी द्वारा किए गए सविनय अवज्ञा आंदोलन की याद आ गई। इस आंदोलन के दौरान गाँधीजी ने जनता से अपील की थी कि वे अंग्रेजों की प्रत्येक आज्ञा को मानने से विनयपूर्वक इंकार कर दें। अंग्रेजों द्वारा बनाए गए नमक के कानून को तोड़ने के लिए गाँधीजी ने साबरमती से दाँडी गाँव के समुद्र तट तक की यात्रा करने का निर्णय लिया। इस यात्रा में उस समय संप्रदाय व जातिगत भेदभाव मानने वाले लोगों को एक-साथ लेकर चलना कठिन था, लेकिन सभी लोगों ने भेदभाव भुलाकर गाँधीजी के साथ एक लंबी पैदल यात्रा की और नमक बनाकर नमक कानून को तोड़ दिया।

प्र.3 आप अपनी किसी यात्रा के खट्टे-मीठे अनुभवों को याद करते हुए एक लेख लिखिए।

उत्तर छात्र अपने द्वारा की गई यात्रा के ऐसे अनुभवों को याद करके स्वयं लेख लिखें।

मन बहलाना (पृष्ठ संख्या 13)

प्र.1 अनुमान कीजिए कि यदि बस जीवित प्राणी होती, बोल सकती, तो वह अपनी बुरी हालत और भारी बोझ के कष्ट को किन शब्दों में व्यक्त करती? लिखिए।

उत्तर 'बस की यात्रा' पाठ की बस यदि जीवित प्राणी होती, तो अपनी बात कुछ इस प्रकार कहती—मैं बस हूँ। मेरी सवारी करने वालो मेरी हालत तो देखो। कितनी पुरानी हूँ मैं?

मुझे अब यात्रा में खुद कष्ट होता है, तो तुम्हें मंजिल तक कैसे पहुँचा सकती हूँ? समझदार आदमी मेरी सवारी नहीं करते। मेरी कंपनी ने मेरी हालत बहुत ज्यादा खराब कर रखी है। मेरा इंजन जब स्टार्ट होता है, तो मेरा पूरा अस्थि-पंजर हिल जाता है। हाँ, खिड़कियों से थोड़ी दूर ही रहना। क्या पता कब कौन-सा शीशा टूटकर गिर जाए?

मेरे अंगों ने अब मेरे साथ काम करना अस्वीकार कर दिया है। वे आपस में टकराते रहते हैं। जब चलूँगी, तो ऐसा लगेगा कि तुम सीट पर नहीं, बल्कि सीट तुम पर बैठी है। मेरी पेट्रोल की टंकी में छेद है। हिस्सेदार को सब पता है, लेकिन वह कंजूस है।

उसे औरों की क्या, अपनी जान की भी परवाह नहीं है। मुझ वृद्धा से सेवा करवाते तुम्हें ग्लानि नहीं होती?

मेरी आँखों की ज्योति क्षीण (कम) हो चुकी है। ऐसे में मैं रात्रि की यात्रा कैसे कर पाऊँगी? किसी से टक्कर हो जाए, तो मुझे दोष मत देना। देखो मेरे टायर घिस चुके हैं। एक टायर पंचर हो जाए, तो दूसरा घिसा टायर लगाकर आप मुझे कब तक चलाओगे?

भाषा की बात (पृष्ठ संख्या 14)

प्र.1 बस, वश, बस तीन शब्द हैं–इनमें बस सवारी के अर्थ में, वश अधीनता के अर्थ में और बस पर्याप्त (काफ़ी) के अर्थ में प्रयुक्त होता है; जैसे–बस से चलना होगा। मेरे वश में नहीं है। अब बस करो।

उपरोक्त वाक्यों के समान वश और बस शब्द से दो-दो वाक्य बनाइए।

उत्तर **वश** भाग्य कर्म के वश में है।
अब और पैदल चलना मेरे वश में नहीं है।

बस बस, अब मैं और नहीं खा सकता।
आगे की यात्रा हम बस से करेंगे।

प्र.2 "हम पाँच मित्रों ने यह तय किया कि शाम चार बजे की बस से चलें। पन्ना से इसी कंपनी की बस सतना के लिए घंटे भर बाद मिलती है।"

उपरोक्त वाक्यों में ने, की, से आदि वाक्य के दो शब्दों के बीच संबंध स्थापित कर रहे हैं, ऐसे शब्दों को कारक कहते हैं। इसी तरह दो वाक्यों को एक साथ जोड़ने के लिए 'कि' का प्रयोग होता है। कहानी में से दोनों प्रकार के चार वाक्यों को चुनिए।

(i) **कारक वाले वाक्य–**
- **(क) डॉक्टर मित्र ने कहा, "डरो मत चलो।"**
- **(ख) धीरे-धीरे वृद्धा की आँखों की ज्योति जाने लगी।**
- **(ग) नई-नवेली बसों से यह ज्यादा विश्वसनीय है।**
- **(घ) बस-कंपनी के एक हिस्सेदार भी उसी बस से जा रहे थे।**

(ii) **योजक 'कि' वाले वाक्य–**
- **(क) हम पाँच मित्रों ने यह तय किया कि शाम चार बजे की बस से चलें।**
- **(ख) लोगों ने सलाह दी कि समझदार आदमी इस शाम वाली बस से सफर नहीं करते।**
- **(ग) इसलिए इससे सफर नहीं करना चाहते थे कि वृद्धावस्था में इसे कष्ट होगा।**
- **(घ) हमें लग रहा था कि हमारी सीट के नीचे इंजन है।**

प्र.3 "हम फ़ौरन खिड़की से दूर सरक गए। चाँदनी में रास्ता टटोलकर वह रेंग रही थी।"

दिए गए वाक्यों में 'सरकना' और 'रेंगना' जैसी क्रियाएँ दो प्रकार की गतियाँ दर्शाती हैं। ऐसी कुछ और क्रियाएँ एकत्र कीजिए, जो गति के लिए प्रयुक्त होती हैं; जैसे–घूमना इत्यादि। उन्हें वाक्यों में प्रयोग कीजिए।

उत्तर क्रियाएँ, जो गति के लिए प्रयुक्त होती हैं, उनका वाक्य प्रयोग—

दौड़ना घोड़े तेज़ी से दौड़ रहे थे।

चलना सावधानी से चलो।

टहलना सुबह टहलना अच्छा व्यायाम है।

घूमना (चक्कर काटना) पृथ्वी सूर्य के चारों ओर घूमती है।

घसीटना लोग चोर को घसीटते हुए ले जा रहे थे।

प्र.4 "काँच बहुत कम बचे थे। जो बचे थे, उनसे हमें बचना था।"

इस वाक्य में 'बच' शब्द को दो तरह से प्रयोग किया गया है। एक 'शेष' के अर्थ में और दूसरा 'सुरक्षा' के अर्थ में।

नीचे दिए गए शब्दों को वाक्यों में प्रयोग करके देखिए। ध्यान रहे, एक ही शब्द वाक्य में दो बार आना चाहिए और शब्दों के अर्थ में कुछ बदलाव होना चाहिए।

(क) जल

(ख) हार

उत्तर (क) **जल**—**जल** रही लकड़ियों पर राम ने नदी का **जल** डाल दिया।

(ख) **हार**—वह अपनी पत्नी का **हार** जुए में **हार** गया।

प्र.5 **बोलचाल में प्रचलित अंग्रेजी शब्द 'फर्स्ट क्लास' में दो शब्द हैं–फर्स्ट और क्लास। यहाँ क्लास का विशेषण है फर्स्ट, चूँकि फर्स्ट संख्या है, फर्स्ट क्लास संख्यावाचक विशेषण का उदाहरण है। 'महान आदमी' में किसी आदमी की विशेषता है–महान। यह गुणवाचक विशेषण है। संख्यावाचक विशेषण और गुणवाचक विशेषण के दो-दो उदाहरण खोजकर लिखिए।**

उत्तर **संख्यावाचक विशेषण**

पाँच मित्र, चार बजे, एक हिस्सेदार, एक पुलिया, एक टायर, दूसरा टायर।

गुणवाचक विशेषण

समझदार आदमी, वयोवृद्ध व्यक्ति, अनुभवी व्यक्ति, नई-नवेली दुल्हन, विश्वसनीय गाड़ी, जवान लोग, लुभावने दृश्य, हरे-भरे पेड़, महान व्यक्ति।

अभ्यास प्रश्न

बहुविकल्पीय व वर्णनात्मक प्रश्नों सहित

बहुविकल्पीय प्रश्न

1. 'बस की यात्रा' पाठ की विधा क्या है?

(क) निबंध (ख) कहानी

(ग) एकांकी (घ) व्यंग्य

उत्तर (घ) व्यंग्य

2. लेखक ने बस का मानवीकरण एक वृद्धा के रूप में क्यों किया है? CBSE Diksha

(क) वह बहुत साफ-सुथरी थी

(ख) वह लेखक को बूढ़ी महिला की भाँति लगी

(ग) वह वृद्धों को ही बैठाती थी

(घ) वह वृद्धों ने उसे चलने से रोक दिया था

उत्तर (ख) वह लेखक को बूढ़ी महिला की भाँति लगी

3. बस की दशा किसके समान लग रही थी?

(क) पुरानी बस्ती (ख) पुराने मकान

(ग) वयोवृद्ध (वृद्ध व्यक्ति) (घ) इनमें से कोई नहीं

उत्तर (ग) वयोवृद्ध (वृद्ध व्यक्ति)

4. लेखक और उसके मित्र दुविधा में क्यों थे?

(क) बस की सुंदरता देखकर

(ख) सड़क की दयनीय दशा देखकर

(ग) बस की दयनीय दशा देखकर

(घ) ड्राइवर की बातें सुनकर

उत्तर (ग) बस की दयनीय दशा देखकर

5. बस के विषय में डॉक्टर ने कहा कि बस अनुभवी है, ...।

(क) कोई दुर्घटना नहीं होगी

(ख) हमें समय से पहुँचा देगी

(ग) हमें अपने बच्चों की तरह सहेजकर चलेगी

(घ) हमारा सफर सुहावना रहेगा

उत्तर (ग) हमें अपने बच्चों की तरह सहेजकर चलेगी

6. किसके साहस और बलिदान की भावना का दुरुपयोग हो रहा था?

(क) कंपनी के हिस्सेदार की (ख) बस ड्राइवर की

(ग) कंडक्टर की (घ) यात्रियों की

उत्तर (क) कंपनी के हिस्सेदार की

7. 'बस पूजा के योग्य है' ऐसा भाव लोगों के मन में क्यों आता था?

(क) क्योकि वह बहुत सजी-धजी थी।

(ख) क्योंकि वह सफर के योग्य नहीं थी।

(ग) क्योंकि लोग उस पर अपार विश्वास करते थे।

(घ) क्योंकि बस सरपट भाग सकती थी।

उत्तर (ख) क्योंकि वह सफर के योग्य नहीं थी।

8. पाठ के अनुसार पृथ्वी पर किसकी मंजिल नहीं थी? CBSE Diksha

(क) बस की (ख) लेखक की
(ग) यात्रियों की (घ) रास्ते की

उत्तर (ख) लेखक की

9. लेखक के मन में हिस्सेदार के लिए कैसे भाव उत्पन्न हुए?

(क) क्रोध के (ख) दया के
(ग) सहानुभूति के (घ) श्रद्धा के

उत्तर (घ) श्रद्धा के

10. 'फर्स्ट क्लास' शब्द निम्नलिखित में से किस प्रकार का शब्द है?

(क) आगत (ख) तत्सम (ग) देशज (घ) तद्भव

उत्तर (क) आगत

11. 'मुझे पके फल चाहिए' विशेषण का प्रकार पहचानिए CBSE Diksha

(क) गुणवाचक (ख) सार्वनामिक
(ग) संख्यावाचक (घ) परिमाणवाचक

उत्तर (क) गुणवाचक

12. 'बस की यात्रा' पाठ का संदेश है

(क) बस में सफर करना अच्छा होता है
(ख) खराब बस में सफर नहीं करना चाहिए
(ग) समय के अनुसार प्रत्येक वस्तु का नवीनीकरण आवश्यक है।
(घ) उपरोक्त में से कोई नहीं

उत्तर (ग) समय के अनुसार प्रत्येक वस्तु का नवीनीकरण आवश्यक है।

गद्यांश पर आधारित प्रश्न

निम्नलिखित गद्यांशों को ध्यानपूर्वक पढ़कर उन पर आधारित प्रश्नों के उत्तर दें

गद्यांश 1

हम पाँच मित्रों ने तय किया कि शाम चार बजे की बस से चलें। पन्ना से इसी कंपनी की बस सतना के लिए घंटे भर बाद मिलती है, जो जबलपुर की ट्रेन मिला देती है। सुबह घर पहुँच जाएँगे। हममें से दो को सुबह काम पर हाज़िर होना था, इसलिए वापसी का यही रास्ता अपनाना ज़रूरी था।

लोगों ने सलाह दी कि समझदार आदमी इस शाम वाली बस से सफर नहीं करते! क्या रास्ते में डाकू मिलते हैं? नहीं, बस डाकिन है।

बस को देखा तो श्रद्धा उमड़ पड़ी खूब वयोवृद्ध थी। सदियों के अनुभव के निशान लिए हुए थी। लोग इसलिए इससे सफर नहीं करना चाहते कि वृद्धावस्था में इसे कष्ट होगा। यह बस पूजा के योग्य थी। उस पर सवार कैसे हुआ जा सकता है।

1. लेखक की यात्रा में उसके कितने मित्र थे?

(क) पाँच (ख) तीन
(ग) चार (घ) छः

उत्तर (ग) चार

2. बस पूजनीय क्यों थी?

(क) बस नई थी
(ख) बस की अवस्था अच्छी थी
(ग) बस जर्जर और पुरानी थी
(घ) बस में पुजारी बैठे थे

उत्तर (ग) बस जर्जर और पुरानी थी

3. पाँच मित्रों को कहाँ की ट्रेन पकड़नी थी?

(क) पन्ना की (ख) सतना की
(ग) दिल्ली की (घ) जबलपुर की

उत्तर (घ) जबलपुर की

4. 'इस शाम' वाली बस से यात्रा न करने से लोगों का क्या तात्पर्य था?

उत्तर इस शाम वाली बस से यात्रा नहीं करने से लोगों का तात्पर्य यह था कि वह बस बहुत ही पुरानी और जर्जर अवस्था में थी।

5. 'सदियों के अनुभव के निशान' से क्या आशय है?

उत्तर 'सदियों के अनुभव के निशान' से आशय यह है कि बस बहुत ही पुरानी थी तथा उसके सभी पुर्जे घिसे हुए और ढीले थे।

6. 'डाकिन' शब्द में कौन-सा प्रत्यय है?

उत्तर 'डाकिन = डाक + इन; यहाँ 'डाकिन' शब्द में 'इन' प्रत्यय है।

गद्यांश 2

हम आगा-पीछा करने लगे। डॉक्टर मित्र ने कहा—"डरो मत, चलो! बस अनुभवी है। नई-नवेली बसों से ज्यादा विश्वसनीय है। हमें बेटों की तरह प्यार से गोद में लेकर चलेगी।" हम बैठ गए, जो छोड़ने आए थे, वे इस तरह देख रहे थे, जैसे अंतिम विदाई दे रहे हैं।

उनकी आँखें कह रही थीं—"आना-जाना तो लगा ही रहता है। आया है, सो जाएगा—राजा, रंक, फकीर। आदमी को कूच करने के लिए एक निमित्त चाहिए।" इंजन सचमुच स्टार्ट हो गया। ऐसा, जैसे सारी बस ही इंजन है और हम इंजन के भीतर बैठे हैं। काँच बहुत कम बचे थे। जो बचे थे, उनसे हमें बचना था। हम फ़ौरन खिड़की से दूर सरक गए। इंजन चल रहा था। हमें लग रहा था कि हमारी सीट के नीचे इंजन है।

1. डॉक्टर मित्र ने बस को ज्यादा विश्वसनीय क्यों कहा?

(क) बस ज्यादा तेज नहीं चलती थी
(ख) बस प्यार करने वाली थी
(ग) नई-नवेली थी
(घ) बस पुरानी होने के कारण अनुभवी थी

उत्तर (घ) बस पुरानी होने के कारण अनुभवी थी

2. लेखक बचे हुए काँच से क्यों बचना चाहता था?

(क) काँच नया था (ख) काँच टूटा-फूटा हुआ था
(ग) काँच कमजोर था (घ) काँच धारदार था

उत्तर (ख) काँच टूटा-फूटा हुआ था

3. 'आगा-पीछा' शब्द में कौन-सा समास है?

(क) द्विगु समास (ख) कर्म धारय समास
(ग) द्वंद्व समास (घ) अव्ययीभाव समास

उत्तर (ग) द्वंद्व समास

4. लेखक को छोड़ने आए लोग उन्हें कैसे देख रहे थे?

उत्तर लेखक को छोड़ने आए लोग उन्हें ऐसे देख रहे थे, मानो अंतिम विदाई देने आए हों अर्थात् आज के बाद वे लेखक से मिल नहीं पाएँगे।

5. लेखक को सारी बस ही इंजन क्यों लग रही थी?

उत्तर लेखक को सारी बस ही इंजन इसलिए लग रही थी, क्योंकि बस के इंजन के स्टार्ट होते ही सारी बस हिल रही थी।

6. लेखक खिड़की से दूर क्यों हट गया?

उत्तर लेखक खिड़की से दूर इसलिए हट गया, क्योंकि खिड़की पर कुछ तो काँच कम बचे थे और जो बचे थे, वे गिरकर कभी भी चोट पहुँचा सकते थे।

गद्यांश 3

बस सचमुच चल पड़ी और हमें लगा कि यह गाँधीजी के असहयोग और सविनय अवज्ञा आंदोलनों के वक्त अवश्य जवान रही होगी। उसे ट्रेनिंग मिल चुकी थी। हर हिस्सा दूसरे से असहयोग कर रहा था। पूरी बस सविनय अवज्ञा आंदोलन के दौर से गुजर रही थी।

सीट का बॉडी से असहयोग चल रहा था। कभी लगता सीट बॉडी को छोड़कर आगे निकल गई है। कभी लगता कि सीट को छोड़कर बॉडी आगे भागी जा रही है। आठ-दस मील चलने पर सारे भेदभाव मिट गए। यह समझ में नहीं आता था कि सीट पर हम बैठे हैं या सीट हम पर बैठी है।

1. गाँधीजी ने कौन-से आंदोलन चलाए थे?

(क) असहयोग आंदोलन (ख) सविनय अवज्ञा आंदोलन
(ग) 'क' और 'ख' दोनों (घ) इनमें से कोई नहीं

उत्तर (ग) 'क' और 'ख' दोनों

2. सीट और बॉडी के सारे भेदभाव कब मिट गए?

(क) जब बस आठ-दस मील चली
(ख) सीट पर बैठने पर
(ग) असहयोग के कारण
(घ) जब सीट को छोड़कर बॉडी आगे भागी जा रही थी

उत्तर (क) जब बस आठ-दस मील चली

3. 'अवज्ञा' का विलोम शब्द क्या होगा?

(क) आज्ञा (ख) अनुज्ञा
(ग) अविज्ञा (घ) सवज्ञा

उत्तर (क) आज्ञा

4. 'बस सचमुच चल पड़ी' से लेखक का क्या मंतव्य था?

उत्तर 'बस सचमुच चल पड़ी' से लेखक का मंतव्य यह था कि बस चलने के योग्य नहीं थी, लेकिन फिर भी चल पड़ी। इस पर लेखक को बड़ा आश्चर्य हुआ।

5. आठ-दस मील चलने पर लेखक को क्या समझ में नहीं आया?

उत्तर आठ-दस मील चलने पर लेखक को समझ में नहीं आया कि यात्री सीट पर बैठे थे या सीट ही यात्रियों पर बैठी थी।

6. बस में किस प्रकार का असहयोग आंदोलन चल रहा था?

उत्तर बस का हर हिस्सा एक-दूसरे से असहयोग कर रहा था। कभी सीट आगे होती थी, तो कभी उसकी बॉडी आगे निकल जाती थी। कभी उसका इंजन खराब हो रहा था तो कभी टायर।

गद्यांश 4

एक पुलिया के ऊपर पहुँचे ही थे कि एक टायर फिस्स करके बैठ गया। वह बहुत जोर से हिलकर थम गई। अगर स्पीड में होती तो उछलकर नाले में गिर जाती। मैंने उस कंपनी के हिस्सेदार की तरफ पहली बार श्रद्धाभाव से देखा।

वह टायरों की हालत जानते हैं, फिर भी जान हथेली पर लेकर इसी बस से सफर कर रहे हैं। उत्सर्ग की ऐसी भावना दुर्लभ है। सोचा, इस आदमी के साहस और बलिदान भावना का सही उपयोग नहीं हो रहा है।

इसे तो किसी क्रांतिकारी आंदोलन का नेता होना चाहिए। अगर बस नाले में गिर पड़ती और हम सब मर जाते तो देवता बाँहें पसारे उसका इंतजार करते। कहते—"वह महान् आदमी आ रहा है, जिसने एक टायर के लिए प्राण दे दिए। मर गया, पर टायर नहीं बदला।"

1. जान-बूझकर अपने प्राण संकट में डालकर बस में कौन सफर कर रहा था?

(क) कंपनी का हिस्सेदार (ख) बस का स्टाफ
(ग) लेखक तथा उसके मित्र (घ) सभी बस यात्री

उत्तर (क) कंपनी का हिस्सेदार

2. बस यदि स्पीड में होती, तो क्या होता?

(क) सब बच जाते
(ख) सब नाले में गिरकर मर जाते
(ग) सड़क से नीचे चले जाते
(घ) इनमें से कोई नहीं

उत्तर (ख) सब नाले में गिरकर मर जाते

3. 'दुर्लभ' में कौन-सा उपसर्ग है?

(क) दुल् (ख) दुः
(ग) दुर् (घ) दूर्

उत्तर (ग) दुर्

4. कंपनी के हिस्सेदार को किसी क्रांतिकारी आंदोलन का नेता होना चाहिए था। लेखक ने ऐसा क्यों कहा?

उत्तर बस पुरानी और जर्जर होने के कारण जानलेवा थी, यह जानते हुए भी बस कंपनी का हिस्सेदार उसमें सफर कर रहा था। उसके इस तरह यात्रा करने के साहस और बलिदान की भावना को देखते हुए लेखक ने कहा कि कंपनी के हिस्सेदार को किसी क्रांतिकारी आंदोलन का नेता होना चाहिए था।

5. बस जोर से हिलकर क्यों रुक गई?

उत्तर बस जोर से हिलकर इसलिए रुकी, क्योंकि उसका एक टायर पंक्चर हो गया था, जिससे टायर की हवा निकल गई थी।

6. 'जान हथेली पर लेकर चलना' मुहावरे का क्या अर्थ है?

उत्तर 'जान हथेली पर लेकर चलना' एक मुहावरा है, जिसका अर्थ होता है प्राणों की परवाह न करना।

अतिलघु उत्तरीय प्रश्न

1. पन्ना से उसी कंपनी की बस कहाँ जाती थी?

उत्तर पन्ना से उसी कंपनी की बस सतना के लिए जाती थी।

2. लोगों ने लेखक को क्या सलाह दी?

उत्तर लोगों ने लेखक को सलाह दी कि समझदार आदमी इस शाम वाली बस से सफर नहीं करते।

3. लोगों ने बस को क्या संज्ञा दी?

उत्तर लोगों ने बस को डाकिन की संज्ञा दी।

4. किसे देखकर श्रद्धा उमड़ पड़ी?

उत्तर वयोवृद्ध बस को देखकर श्रद्धा उमड़ पड़ी।

5. लेखक के अनुसार, बस पर सवार नहीं हुआ जा सकता था, क्यों?

उत्तर लेखक के अनुसार बस पूजा के योग्य थी, इसलिए उस पर सवार नहीं हुआ जा सकता था।

6. "यह बस चलती भी है" किसने, किससे पूछा?

उत्तर "यह बस चलती भी है" लेखक ने बस कंपनी के हिस्सेदार से पूछा।

7. जो काँच बचे थे, उनसे बचने के लिए लेखक ने क्या किया?

उत्तर जो काँच बचे थे, उनसे बचने के लिए लेखक खिड़की से दूर हट गया।

लघु उत्तरीय प्रश्न

1. बस के विषय में डॉक्टर के क्या विचार थे?

उत्तर बस के विषय में डॉक्टर के यह विचार थे कि बस भले ही काफी पुरानी है, लेकिन अनुभवी है और नई बसों से ज्यादा विश्वसनीय है। वह हमें प्यार से गोद में बिठाकर ले चलेगी।

2. पेट्रोल की टंकी में छेद हो जाने पर ड्राइवर ने क्या किया?

उत्तर पेट्रोल की टंकी में छेद हो जाने पर ड्राइवर ने बाल्टी में पेट्रोल लेकर उसे बगल में रखा। उसने नली से इंजन में पेट्रोल भेजकर बस चलाई।

3. बस पर सवारी करके यात्रियों को ग्लानि कब होने लगी?

उत्तर हल्की धीमी होती चाँदनी में वृक्षों की छाया के नीचे चलते हुए बस किसी वृद्धा की तरह थककर रुक गई, तो यात्रियों को ग्लानि होने लगी कि वे इस बेचारी पर लदकर क्यों आ रहे थे।

4. लेखक प्रकृति के लुभावने दृश्यों को देखने का आनंद क्यों नहीं ले सका।

उत्तर लेखक को उस पुरानी बस पर भरोसा नहीं था। उसे लग रहा था कि बस किसी भी पेड़ से टकराकर दुर्घटनाग्रस्त हो सकती है। इस कारण लेखक भयभीत था। भय के कारण वह प्रकृति के लुभावने दृश्यों का आनंद नहीं ले सका।

5. ड्राइवर के नली द्वारा इंजन में पेट्रोल भेजने के विषय में लेखक को कैसा लगा?

उत्तर ड्राइवर के नली द्वारा इंजन में पेट्रोल भेजने के विषय में लेखक को लगा कि थोड़ी देर बाद कंपनी के हिस्सेदार इंजन को निकालकर गोद में रख लेंगे और उसे नली से पेट्रोल पिलाएँगे; जैसे—माँ बच्चे को शीशी से दूध पिलाती है। वस्तुतः लेखक को ड्राइवर तथा बस कंपनी के हिस्सेदार पर गुस्सा आ रहा था।

दीर्घ उत्तरीय प्रश्न

1. 'बस की यात्रा' पाठ के आधार पर बताइए कि बस की अवस्था कैसी थी?

उत्तर 'बस की यात्रा' पाठ में वर्णित बस की अवस्था जर्जर थी। वह बहुत पुरानी थी और उसके पुर्जे ढीले हो गए थे। सीट, बॉडी, शीशे, पेट्रोल की टंकी, स्टीयरिंग और ब्रेक तक सही प्रकार से कार्य नहीं कर रहे थे। बस के टायर भी घिस गए थे। बस की लाइट्स भी खराब थीं। वह चलने के योग्य भी नहीं थी। उसका इंजन स्टार्ट होने पर सवारियों को ऐसा लगता था कि वे बस में नहीं, बल्कि इंजन पर ही बैठे हों। उस पर सवारी करने वालों को ग्लानि का अनुभव होता था कि वे आखिर इस पुरानी गाड़ी में बैठे ही क्यों थे।

2. लेखक ने बस कंपनी के हिस्सेदार को 'महान आदमी' कहा है। इसके पीछे छिपे व्यंग्य को स्पष्ट कीजिए।

उत्तर लेखक ने बस कंपनी के हिस्सेदार को 'महान आदमी' इसलिए कहा, क्योंकि बस कंपनी के हिस्सेदार को बस की खराब हालत का पता था। अतः उस जानलेवा बस में जान-बूझकर सफर करते देखकर लेखक के मन में उसके प्रति श्रद्धा भाव का अनुभव हुआ।

लेखक को लगा कि ऐसे बलिदानी और साहसी व्यक्ति को तो किसी क्रांतिकारी आंदोलन का नेता होना चाहिए।

यदि बस दुर्घटनाग्रस्त होकर नाले में गिर जाती और हिस्सेदार साहब मर जाते तो देवता स्वर्ग में उनका स्वागत करते और कहते कि वह महान आदमी आ रहा है, जिसने एक टायर के लिए अपने प्राण दे दिए। मर गया, लेकिन टायर नहीं बदला।

3. लेखक ने ऐसा क्यों कहा कि बस गाँधीजी के असहयोग और सविनय अवज्ञा आन्दोलन के वक्त अवश्य जवान रही होगी? **CBSE Diksha**

उत्तर बस की अवस्था बहुत जर्जर थी और उसका हर एक हिस्सा एक-दूसरे से असहयोग कर रहा था। इस कारण लेखक को गाँधी जी के असहयोग और सविनिय अवज्ञा आंदोलन की याद आ गई, क्योंकि शुरुआत में बस का कोई भी हिस्सा किसी दूसरे हिस्से से मिलकर काम नहीं कर रहा था, परंतु आठ-दस मील चलते ही बस के सारे पुर्जों के भेदभाव मिट गए और सहज रूप से चलने लगी।

यह सब देखकर लेखक ने सोचा कि यह बस गाँधीजी के असहयोग और सविनय अवज्ञा आंदोलन के वक्त अवश्य जवान रही होगी, क्योंकि बस को उस समय ही असहयोग करने की ट्रेनिंग मिल चुकी होगी। उस समय गाँधीजी ने विनम्रतापूर्वक अंग्रेजों की आज्ञा न मानने और उनका सहयोग न करने के लिए आंदोलन किया था और अब बस के हिस्सों का भी एक-दूसरे से विनम्रतापूर्वक असहयोग चल रहा था।

स्व-मूल्यांकन

बहुविकल्पीय प्रश्न

1. "यह बस नई बसों से ज्यादा विश्वसनीय है, हमें बेटों की तरह गोद में लेकर चलेगी।" यह कथन किसका है?
   (क) कंपनी के हिस्सेदार का (ख) डॉक्टर मित्र का
   (ग) लेखक का (घ) ड्राइवर का
2. निम्न में से कौन-सा कथन सही है?
   (क) बस की दशा ठीक थी।
   (ख) बस के सारे हिस्सों के पुर्जों के भेदभाव समाप्त हो गए थे।
   (ग) बस की ब्रेक फेल हो गई थी।
   (घ) बस स्पीड से चल रही थी।
3. 'बस की यात्रा' पाठ में गाँधीजी के किस आंदोलन की बात की गई है?
   (क) असहयोग आंदोलन (ख) सविनय अवज्ञा आंदोलन
   (ग) 'क' तथा 'ख' दोनों (घ) इनमें से कोई नहीं
4. बस से यात्रा करते समय लेखक को हर पेड़ दुश्मन लग रहा था, क्योंकि
   (क) सभी पेड़ सूखे हुए थे
   (ख) पेड़ सड़क तक फैले हुए थे
   (ग) लेखक को पेड़ अच्छे नहीं लगते थे
   (घ) उसे डर था कि बस पेड़ से न टकरा जाए
5. प्रस्तुत कहानी 'बस की यात्रा' किस शैली में लिखी गई है?
   (क) मनोवैज्ञानिक शैली (ख) व्यंग्यात्मक शैली
   (ग) आत्मकथात्मक शैली (घ) विवेचनात्मक शैली

गद्यांश पर आधारित प्रश्न

निम्नलिखित गद्यांश को ध्यानपूर्वक पढ़कर उस पर आधारित प्रश्नों के उत्तर दें

दूसरा घिसा टायर लगाकर बस फिर चली। अब हमने वक्त पर पन्ना पहुँचने की उम्मीद छोड़ दी थी। पन्ना क्या, कहीं भी, कभी भी पहुँचने की उम्मीद छोड़ दी थी। लगता था, ज़िंदगी इसी बस में गुजारनी है और इससे सीधे उस लोक को प्रयाणकर जाना है।

इस पृथ्वी पर उसकी कोई मंजिल नहीं है। हमारी बेताबी, तनाव खत्म हो गए। हम बड़े इत्मीनान से घर की तरह बैठ गए। चिंता जाती रही। हँसी-मजाक चालू हो गया।

1. बेताबी और तनाव समाप्त होने पर लोग किस प्रकार बैठ गए?
   (क) चिंताग्रस्त होकर (ख) उम्मीद के साथ
   (ग) इत्मीनान से घर की तरह (घ) वक्त पर पहुँचने की उम्मीद से
2. बस अंतिम बार रुककर पुनः कैसे चली?
   (क) दूसरा घिसा टायर लगाकर
   (ख) धीरे-धीरे
   (ग) वक्त पर
   (घ) चिंता जाती रही
3. बेताबी, चिंता और परेशानी का अंत किस प्रकार हुआ?
   (क) चिंता जाती रही
   (ख) हँसी-मजाक चालू हो गया
   (ग) बड़े इत्मीनान से घर की तरह बैठ गए
   (घ) टायर पंचर हो गया
4. घिसा टायर लगाकर बस फिर चली, तो लेखक की कौन-सी उम्मीद जाती रही?
5. गद्यांश के अनुसार, नाउम्मीद होने पर लेखक को क्या लगा?
6. गद्यांश के अनुसार, हँसी-मजाक कब चालू हुआ?

अतिलघु उत्तरीय प्रश्न

1. लोग शाम की बस से सफर क्यों नहीं करना चाहते थे?
2. लेखक बस को 'वयोवृद्ध' कहकर क्यों संबोधित कर रहा था?
3. पुलिया पार करते समय बस के साथ क्या हुआ?
4. लेखक को बस कंपनी का हिस्सेदार महान क्यों लग रहा था?
5. अंत में लेखक के मन में निश्चितता के भाव क्यों पैदा हो गए?

लघु उत्तरीय प्रश्न

1. सड़क के किनारे की झील को देखकर लेखक को क्यों डर लगा?
2. बस नाले में उछलकर क्यों नहीं गिरी?
3. लेखक तथा मित्रों की किस मज़बूरी ने उन्हें इस 'डाकिन' बस से यात्रा करने पर विवश किया?

दीर्घ उत्तरीय प्रश्न

1. 'बस चलती भी है'–लेखक ने हैरानी से ऐसा क्यों कहा?
2. महात्मा गाँधी के आंदोलन से बस की तुलना कितनी उचित है? स्पष्ट कीजिए।
3. 'बस की यात्रा' आज की परिस्थितियों में कितनी सार्थक रचना है? अपने विचार व्यक्त कीजिए।

दीवानों की हस्ती

भगवतीचरण वर्मा

कविता का सार

इस कविता में कवि भगवतीचरण वर्मा ने मस्तमौला प्रवृत्ति वाले व्यक्तियों के विषय में बताया है। जो लोग दीवाने अथवा मस्तमौला होते हैं, वे कभी भी किसी का बंधन स्वीकार नहीं करते।

वे जहाँ रहते हैं, मस्ती का वातावरण साथ लेकर चलते हैं। उनके जीवन में मस्ती-ही-मस्ती होती है। वे अपने दुखों और परेशानियों को धूल की तरह उड़ाते हुए आगे बढ़ते जाते हैं। वे जहाँ भी जाते हैं, दूसरों में उल्लास का संचार कर देते हैं।
दीवाने और मस्त लोग बोलना, सुनना, हँसना, रोना, सुख-दुःख आदि समान भाव से ग्रहण करते हैं। ऐसे लोग बंधन रहित तथा पूर्णतः स्वतंत्र होते हैं।

काव्यांशों की विस्तृत व्याख्या

काव्यांश 1

हम दीवानों की क्या हस्ती,
हैं आज यहाँ, कल वहाँ चले,
मस्ती का आलम साथ चला,
हम धूल उड़ाते जहाँ चले।
आए बनकर उल्लास अभी,
आँसू बनकर बह चले अभी,
सब कहते ही रह गए, अरे,
तुम कैसे आए, कहाँ चले?

शब्दार्थ **हस्ती**-अस्तित्व, **आलम**-दुनिया, माहौल, **धूल**-मिट्टी के कण, **उल्लास**-प्रसन्नता।

संदर्भ प्रस्तुत काव्यांश हिन्दी की पाठ्य-पुस्तक वसंत भाग-3 की कविता 'दीवानों की हस्ती' से लिया गया है। इसके कवि भगवतीचरण वर्मा हैं।

प्रसंग इस काव्यांश में कवि भगवतीचरण वर्मा ने ऐसे लोगों का वर्णन किया है, जो अपने संपूर्ण जीवन को मस्ती में ही बिताते हैं। मस्तमौला लोगों का दृष्टिकोण सामान्य जीवन से अलग होता है।

व्याख्या कवि ने स्वयं के मस्तमौलापन के विषय में बताते हुए कहा है कि मस्ती ही उसके जीवन का अस्तित्व है। वह एक स्थान पर नहीं टिकता। वह आज यहाँ है, तो कल कहीं अन्यत्र चला जाता है। उसके साथ मस्ती में जीने वाले अन्य लोग भी होते हैं। इस तरह खुशियों की दुनिया उसके साथ चलती है।

कवि की तरह मस्त लोग संसार को कठिनाइयों की जगह न मानकर अपने हर दुःख को धूल में उड़ाकर जीते हैं। वे जहाँ भी जाते हैं, खुशियाँ बाँटते हैं। वास्तव में, खुशियाँ बाँटना सज्जनों का गुण होता है और ऐसे व्यक्तियों से बिछुड़कर लोग दुखी होते हैं। वे कवि जैसे मस्तमौला लोगों से पूछते हैं कि तुम यहाँ कैसे आए और अब कहाँ चल पड़े? वे चाहते हैं कि कवि उनके साथ रुका रहे।

विशेष

1. काव्यांश में जनसामान्य की सरल भाषा का प्रयोग किया गया है।
2. 'धूल उड़ाना' मुहावरे का सुंदर प्रयोग है।
3. 'आँसू' और 'उल्लास' में विरोधाभास अलंकार का प्रयोग है।
4. अंतिम पंक्तियों में प्रश्न शैली अपनाई गई है।

काव्यांश 2

किस ओर चले! यह मत पूछो,
चलना है, बस इसलिए चले,
जग से उसका कुछ लिए चले,
जग को अपना कुछ दिए चले।
दो बात कही दो बात सुनी,
कुछ हँसे और फिर कुछ रोए।
छककर सुख-दुख के घूँटों को
हम एक भाव से पिए चले।

शब्दार्थ **छककर**-जी भरकर, **सुख-दुख के घूँट पीना**-सुख तथा दुख को अनुभव करना।

संदर्भ पूर्ववत्।

प्रसंग उक्त काव्यांश में 'गति ही जीवन है'—इस सत्य पर प्रकाश डाला गया है। दुख-सुख को समान भाव से ग्रहण करना और स्वाभाविक जीवन जीना ही दीवाने लोगों की खुशी और मस्ती का मूलमंत्र है।

व्याख्या प्रस्तुत काव्यांश में कवि भगवतीचरण वर्मा ने बड़ी सरलता और सादगी से जीवन के रहस्यों पर प्रकाश डाला है। जब संसार कवि से यह जानना चाहता है कि अब वे किस ओर जा रहे हैं, तो वे कहते हैं कि यह मत पूछो कि मैं कहाँ जा रहा हूँ, क्योंकि मेरी कोई निश्चित मंजिल नहीं है, मेरा स्वभाव ही यही है कि मैं निरंतर चलता रहता हूँ। कवि कहते हैं कि उन्होंने संसार से कुछ ज्ञान प्राप्त किया है, जिसे अब वे अन्य लोगों के साथ बाँटना चाहते हैं, इसलिए वे चलते जा रहे हैं, परंतु वे जहाँ भी रुकते हैं, वहीं लोगों से प्रेम भरी बातें करते हैं तथा उनकी बातें सुनते हैं। साथ ही उनसे अपना तथा उनका सुख-दुःख बाँटते हैं।

कवि सुख में लोगों के साथ मिलकर हँसते हैं तथा दुःख में उनके साथ रोते भी हैं। कवि सुख-दुःख रूपी अमृत का घूँट पीकर वहाँ से फिर नए सफ़र पर चल देते हैं। कवि ने सुख-दुःख में समान रूप से रहने वालों को ही दीवाना और मस्तमौला कहा है।

विशेष

1. काव्यांश की भाषा सरल और प्रवाहपूर्ण है।
2. आदर्श के स्थान पर व्यवहार को अधिक महत्त्व दिया गया है।

काव्यांश 3

हम भिखमंगों की दुनिया में,
स्वच्छंद लुटाकर प्यार चले,
हम एक निसानी-सी उर पर,
ले असफलता का भार चले।
अब अपना और पराया क्या?
आबाद रहें रुकने वाले!
हम स्वयं बँधे थे और स्वयं
हम अपने बंधन तोड़ चले।

शब्दार्थ **स्वच्छंद**-स्वतंत्र, बंधन रहित, **उर**-हृदय, **पराया**-दूसरे का, **आबाद**-खुशहाल, **बंधन**-किसी चीज से बँधा रहना।

संदर्भ पूर्ववत्।

प्रसंग प्रस्तुत काव्यांश में कवि ने समाज की सोच का वास्तविक चित्रण किया है।

व्याख्या यहाँ कवि ने दुनिया को 'भिखमंगों की दुनिया' कहा है, क्योंकि इस दुनिया की प्रकृति यह है कि लोग दूसरों से कुछ-न-कुछ प्राप्त तो करना चाहते हैं, लेकिन कुछ देना नहीं चाहते, परंतु मस्तमौला लोग केवल देना जानते हैं, लेना नहीं। वे लोगों पर स्वतंत्र होकर अपना प्यार लुटाते हैं, परंतु अपना प्रेम लुटाने वाले मस्त लोगों को दुनिया वाले असफल समझते हैं व उनकी सरलता को मूर्खता समझ बैठते हैं। मस्तमौला लोगों की सरलता को असफलता कहे जाने पर कवि दुःख प्रकट करता है। वह अपने-पराए की भावना से ऊपर उठ चुका है। उसके लिए न कोई अपना है और न कोई पराया अर्थात् सब बराबर हैं। फिर भी वह दुनिया के आबाद रहने की कामना करता है।

मस्तमौला लोग किसी दूसरे के बंधन में नहीं होते, वे जब चाहे बंधनों को तोड़कर चले जाते हैं, क्योंकि वे बंधन उनके खुद के बनाए हुए ही होते हैं। कवि कहता है कि मस्त जीवन जीने वाले दीवाने सफलता-असफलता और अपना-पराया आदि में भेद नहीं करते।

विशेष

1. काव्यांश में विरोधाभास अलंकार का प्रयोग किया गया है।
2. खड़ीबोली के साथ जनसामान्य की बोलचाल के शब्दों का भी प्रयोग है।

NCERT फोल्डर

पाठ्यपुस्तक वसंत भाग-3 के प्रश्नोत्तर

कविता से (पृष्ठ संख्या 17)

प्र.1 कवि ने अपने आने को 'उल्लास' और जाने को 'आँसू बनकर बह जाना' क्यों कहा है?

उत्तर मस्तमौला कवि जब अपने भाई-बंधुओं से मिलने आता है, तो सभी के चेहरों पर खुशियाँ छा जाती हैं, परंतु जब वहाँ से जाने की बात करता है, तो उसके भाई-बंधुओं की आँखों में आँसू आ जाते हैं। इसलिए कवि ने अपने आने को 'उल्लास' और जाने को 'आँसू बनकर बह जाना' कहा है।

प्र.2 भिखमंगों की दुनिया में बेरोक प्यार लुटानेवाला कवि ऐसा क्यों कहता है कि वह अपने हृदय पर असफलता का एक निशान भार की तरह लेकर जा रहा है? क्या वह निराश है या प्रसन्न है?

उत्तर यहाँ भिखमंगों की दुनिया से कवि का आशय है कि यह दुनिया केवल लेना जानती है देना नहीं। कवि ने भी अपना सब कुछ त्यागकर व अपने-पराए का भेद मिटाकर इस दुनिया को प्यार व खुशियाँ दीं, परंतु इसके बदले में उसे वह प्यार नहीं मिला, जिसकी उसे आशा थी।

कवि ने इसे ही अपनी असफलता कहा है। इसलिए कवि कहता है कि वह अपने हृदय पर असफलता का एक निशान भार की तरह लेकर जा रहा है। यहाँ कवि निराश है, क्योंकि वह समझता है कि लोगों के जीवन में प्यार और खुशियाँ भरने में वह असफल रहा है।

प्र.3 **कविता में ऐसी कौन-सी बात है, जो आपको सबसे अच्छी लगी?**

उत्तर कविता में जीवन के प्रति आशावादी दृष्टिकोण रखने की जो भावना प्रकट हुई है, वह हमें सबसे अच्छी लगी। कवि ने बिल्कुल सच कहा है कि मानव जीवन में मस्ती होने से जीवन आनंदमयी हो जाता है अन्यथा जीवन में दुःख ही दुःख हैं। जीवन का आनंद वस्तुओं का संग्रह करने में या धन-दौलत और पद-प्रतिष्ठा कमाने में नहीं है, बल्कि जीवन का असली आनंद प्यार बाँटने और मस्त रहने में मिलता है। हानि-लाभ, सुख-दुख और अपने-पराए के बंधनों को तोड़कर ही मानव जीवन का सही आनंद लिया जा सकता है।

कविता से आगे (पृष्ठ संख्या 17)

प्र.1 **जीवन में मस्ती होनी चाहिए, लेकिन कब मस्ती हानिकारक हो सकती है? सहपाठियों के बीच चर्चा कीजिए।**

उत्तर इस बात में कोई संदेह नहीं है कि जीवन में मस्ती होनी चाहिए, क्योंकि मस्ती के बिना जीवन नीरस हो जाता है। मस्ती हमारी स्वतंत्रता की प्रतीक है, परंतु स्वतंत्रताओं की भी एक मर्यादा होती है।

मस्ती करते समय हमें इस बात का भी ध्यान रखना चाहिए कि इसके कारण किसी दूसरे व्यक्ति की भावनाएँ आहत न हों। मस्ती के नाम पर हमें ऐसा कोई भी कार्य नहीं करना चाहिए, जिसके कारण किसी को कोई चोट या दुःख पहुँचे। ऐसा होने पर मस्ती हानिकारक हो सकती है।

अनुमान और कल्पना (पृष्ठ संख्या 18)

प्र.1 **एक पंक्ति में कवि ने यह कहकर अपने अस्तित्व को नकारा है कि "हम दीवानों की क्या हस्ती है, आज यहाँ, कल वहाँ चले।" दूसरी पंक्ति में उसने यह कहकर अपने अस्तित्व को महत्त्व दिया है कि "मस्ती का आलम साथ चला, हम धूल उड़ाते जहाँ चले।" यह फाकामस्ती का उदाहरण है। अभाव में भी खुश रहना फाकामस्ती कही जाती है। कविता में इस प्रकार की अन्य पंक्तियाँ भी हैं, उन्हें ध्यानपूर्वक पढ़िए और अनुमान लगाइए कि कविता में परस्पर विरोधी बातें क्यों कही गई हैं?**

उत्तर कविता में आई काव्य पंक्तियाँ, जिनमें विरोधी बातें कही गई हैं

1. **आँसू तथा उल्लास**
   "आए बनकर उल्लास अभी,
   आँसू बनकर बह चले अभी।"
2. **लेना भी और देना भी**
   "जग से उसका कुछ लिए चले,
   जग को अपना कुछ दिए चले।"
3. **हँसना परंतु रोना भी**
   "दो बात कही, दो बात सुनी,
   कुछ हँसे और फिर कुछ रोए।"
4. **लुटाने की सफलता के साथ ही असफलता का भाव**
   "हम भिखमंगों की दुनिया में,
   स्वच्छंद लुटाकर प्यार चले,
   हम एक निसानी-सी उर पर,
   ले असफलता का भार चले।"
5. **बंधन भी और आजादी भी**
   "हम स्वयं बँधे थे और स्वयं
   हम अपने बंधन तोड़ चले।"

   कवि ने मस्तमौलापन को परिभाषित करने के लिए उपर्युक्त बातें कही हैं। कवि आँसू और उल्लास, लेन-देन, हँसना-रोना, सफलता-असफलता तथा बंधन-मुक्ति की परवाह नहीं करता। उसके अनुसार यदि इन बातों की परवाह की जाएगी, तो जीवन में मस्ती नहीं आ सकती।

भाषा की बात (पृष्ठ संख्या 18)

प्र.1 **संतुष्टि के लिए कवि ने 'छककर', 'जी भरकर' और 'खुलकर' जैसे शब्दों का प्रयोग किया है। इसी भाव को व्यक्त करने वाले कुछ और शब्द सोचकर लिखिए; जैसे-हँसकर, गाकर।**

उत्तर धूल उड़ाकर, उल्लास बनकर, प्यार लुटाकर, बंधन तोड़कर, मस्त होकर, आनंद लेकर, मस्त जीकर आदि।

अभ्यास प्रश्न

बहुविकल्पीय व वर्णनात्मक प्रश्नों सहित

बहुविकल्पीय प्रश्न

1. कवि ने जीवन का अविभाज्य अंग किसे माना है? **CBSE Diksha**

(क) धन-दौलत को (ख) सुख-दुख को

(ग) आने-जाने को (घ) जमीन-जायदाद को

उत्तर (ख) सुख-दु:ख को

2. कवि के अनुसार, जीवन में किस प्रकार आगे बढ़ा जा सकता है?

(क) सब बंधनों को तोड़कर

(ख) घर-द्वार को छोड़कर

(ग) देश को छोड़कर

(घ) अपने द्वारा बनाए गए नियमों को तोड़कर

उत्तर (क) सब बंधनों को तोड़कर

3. 'है आज यहाँ कल वहाँ चले।' 'आज' का विलोम इसी पंक्ति में पहचानिए। **CBSE Diksha**

(क) आज (ख) चले (ग) कल (घ) वहाँ

उत्तर (ग) कल

4. 'हम दीवानों की क्या हस्ती' इस वाक्य में व्याकरण की दृष्टि से 'हम' क्या है? **CBSE Diksha**

(क) संज्ञा (ख) सर्वनाम (ग) विशेषण (घ) क्रिया

उत्तर (खा) सर्वनाम

5. 'दीवानों की हस्ती' पाठ का आधार क्या है?

(क) मस्त जीवन (ख) बंधनों का त्याग करना

(ग) आशावादी भाव रखना (घ) ये सभी

उत्तर (घ) ये सभी

6. अनुमान लगाइए 'दीवानों की हस्ती' कविता किस समय की है? **CBSE Diksha**

(क) आजादी के बाद की (ख) कवि के अच्छे समय की

(ग) अकाल के समय की (घ) आजादी से पहले की

उत्तर (घ) आजादी से पहले की

7. कवि ने संसार को क्या कहा है?

(क) राजाओं का संसार (ख) दीवानों का संसार

(ग) भिखमंगों का संसार (घ) चालबाजों का संसार

उत्तर (ग) भिखमंगों का संसार

8. कवि को किस बात का दु:ख है?

(क) उनकी सरलता को असफलता कहना

(ख) उनको निराशावादी कहना

(ग) उनकी बात की अपेक्षा करना

(घ) उनके दु:ख-दर्द को न बाँटना

उत्तर (क) उनकी सरलता को असफलता कहना

9. मस्ती का जीवन जीने वालों को इस संसार से क्या मिला?

(क) धन-दौलत (ख) सुख ही सुख

(ग) दु:ख-दर्द (घ) इनमें से कोई नहीं

उत्तर (ग) दु:ख-दर्द

10. 'आबाद' शब्द का क्या अर्थ है?

(क) भाग्य (ख) प्यार (ग) मुराद (घ) खुशहाल

उत्तर (घ) खुशहाल

11. कवि के अनुसार, प्यार बाँटने वाले लोग कैसे होते हैं?

(क) मस्तमौला (ख) असाधारण

(ग) असफल (घ) ये सभी

उत्तर (क) मस्तमौला

काव्यांश पर आधारित प्रश्न

निम्नलिखित काव्यांशों को ध्यानपूर्वक पढ़कर उन पर आधारित प्रश्नों के उत्तर दीजिए।

काव्यांश 1

हम दीवानों की क्या हस्ती,
है आज यहाँ, कल वहाँ चले,
मस्ती का आलम साथ चला,
हम धूल उड़ाते जहाँ चले।
आए बनकर उल्लास अभी,
आँसू बनकर बह चले अभी,
सब कहते ही रह गए, अरे,
तुम कैसे आए, कहाँ चले

1. दीवाने किस प्रकार के व्यक्तियों को कहा गया है?

(क) जो व्यक्ति अपने मन के अनुसार काम करने वाला हो

(ख) जो व्यक्ति दूसरों के कहने पर काम करता हो

(ग) जो व्यक्ति कुछ भी काम न करता हो

(घ) उपरोक्त में से कोई नहीं

उत्तर (क) जो व्यक्ति अपने मन के अनुसार काम करने वाला हो

2. 'आलम' शब्द का अर्थ है

(क) प्रसन्नता (ख) अस्तित्व (ग) संसार (घ) खुशी

उत्तर (ग) संसार

3. मस्तमौला लोगों को दुनिया वाले क्या समझते हैं?

(क) दीवाने (ख) भिखमंगे

(ग) 'क' और 'ख' दोनों (घ) नौकर

उत्तर (ग) 'क' और 'ख' दोनों

4. 'दीवानों की क्या हस्ती' पंक्ति का आशय स्पष्ट कीजिए।

उत्तर 'दीवानों की क्या हस्ती' पंक्ति का आशय यह है कि मस्त लोगों को संसार के लोग दीवाने और भिखमंगे समझने की भूल कर बैठते हैं, लेकिन ये मस्तमौला लोग संसार को कठिनाइयों की जगह न मानकर हर दु:ख को धूल में उड़ाकर जीते हैं।

5. धूल उड़ाकर चलने से क्या तात्पर्य है?

उत्तर धूल उड़ाकर चलने से तात्पर्य है कि दीवाने अथवा मस्तमौला लोग अपने दुखों व परेशानियों को कोई महत्त्व नहीं देते, बल्कि उन्हें धूल की तरह उड़ाते हुए आगे बढ़ते जाते हैं।

6. 'उल्लास' का संधि विच्छेद कीजिए।

उत्तर 'उल्लास' का संधि विच्छेद होगा—उत् + लास। इसमें व्यंजन संधि है।

काव्यांश 2

किस ओर चले! यह मत पूछो,
चलना है, बस इसलिए चले,
जग से उसका कुछ लिए चले,
जग को अपना कुछ दिए चले।
दो बात कही दो बात सुनी,
कुछ हँसे और फिर कुछ रोए।
छककर सुख-दुख के घूँटों को
हम एक भाव से पिए चले।

1. मनमौजी व्यक्ति संसार को क्या देता है?

(क) धन (ख) सम्मान (ग) दुख (घ) खुशी

उत्तर (घ) खुशी

2. मनमौजी व्यक्ति कब रोता है?

(क) जब दूसरों को दुखी देखता है
(ख) जब स्वयं दुखी होता है
(ग) जब कोई उसे गाली देता है
(घ) जब उसे अपनों से बिछुड़ना पड़ता है

उत्तर (क) जब दूसरों को दुखी देखता है

3. 'कुछ हँसे और फिर कुछ रोए' पंक्ति में कौन-सा अलंकार है?

(क) उपमा अलंकार
(ख) रूपक अलंकार
(ग) विरोधाभास अलंकार
(घ) विभावना अलंकार

उत्तर (ग) विरोधाभास अलंकार

4. मनमौजी व्यक्ति संसार से क्या लेता है और बदले में क्या देता है?

उत्तर मनमौजी व्यक्ति संसार से लोगों के दु:ख लेता है तथा उन्हें खुशियाँ देता है।

5. मनमौजी व्यक्ति हँसने और रोने की स्थिति में कैसे पहुँचता है?

उत्तर मनमौजी व्यक्ति दूसरों के दुख देखकर रो पड़ता है और दूसरे लोगों की खुशी देखकर हँस पड़ता है। वह दूसरों के सुख में स्वयं का सुख महसूस करता है।

6. 'छककर सुख-दुख को पीने' का क्या अर्थ है?

उत्तर 'छककर सुख-दुख को पीने' का अर्थ है—सुख-दुख दोनों ही परिस्थितियों में आनन्द महसूस करना। सुख-दुख दोनों ही जीवन की सच्चाई हैं, इसे अच्छी तरह समझना ही आनंद है।

काव्यांश 3

हम भिखमंगों की दुनिया में,
स्वच्छंद लुटाकर प्यार चले,
हम एक निसानी-सी उर पर,
ले असफलता का भार चले।
अब अपना और पराया क्या?
आबाद रहें रुकने वाले!
हम स्वयं बँधे थे और स्वयं
हम अपने बंधन तोड़ चले।

1. काव्यांश में 'हम' किनके लिए आया है?

(क) भारतवासियों के लिए
(ख) मनुष्य जाति के लिए
(ग) कवि की तरह मस्तमौला लोगों के लिए
(घ) असफल लोगों के लिए

उत्तर (ग) कवि की तरह मस्तमौला लोगों के लिए

2. 'उर' शब्द का क्या अर्थ है?

(क) हृदय (ख) मन (ग) मस्तिष्क (घ) निशान

उत्तर (क) हृदय

3. काव्यांश में किनके प्रति 'आबाद रहें' की कामना की गई है?

(क) दुनिया के मस्तमौला लोगों के प्रति
(ख) कवि के बाद दुनिया में जीने वालों के प्रति
(ग) कवि से प्रेम करने वालों के प्रति
(घ) कवि को पराया कहने वालों के प्रति

उत्तर (ख) कवि के बाद दुनिया में जीने वालों के प्रति

4. 'असफलता' शब्द में मूल शब्द क्या है?

उत्तर असफलता = अ + सफल + ता; अत: 'असफलता' शब्द में 'अ' उपसर्ग, 'सफल' मूल शब्द तथा 'ता' प्रत्यय है।

5. कवि को किस बात का अफसोस है?

उत्तर कवि को इस बात का अफसोस है कि सब कुछ लुटाकर भी वह लोगों को जीवन का सत्य नहीं सिखा सका।

6. यहाँ किस बंधन को तोड़ने की बात की जा रही है?

उत्तर यहाँ जीवन के प्रति आसक्ति के बंधन को तोड़ने की बात की जा रही है।

अतिलघु उत्तरीय प्रश्न

1. दीवानों के साथ-साथ क्या चलता रहता है?

उत्तर दीवानों के साथ-साथ मौज-मस्ती का आलम चलता रहता है।

2. मस्ती का जीवन जीने वाले लोग एक भाव से क्या करते हैं?

उत्तर मस्ती का जीवन जीने वाले लोग एक भाव से सुख-दु:ख ग्रहण करते हैं।

3. आने वाली पीढ़ी के लिए मस्तमौला लोग क्या कामना करते हैं?

उत्तर आने वाली पीढ़ी के लिए मस्तमौला लोग उनके स्वतंत्र रहने की कामना करते हैं।

4. मस्तमौला लोगों का स्वभाव कैसा होता है?

उत्तर मस्तमौला लोगों का स्वभाव सरल तथा लोभ और लालच से दूर रहना होता है।

5. मस्त जीवन जीने वाले लोगों के हृदय पर क्या बोझ रह जाता है?

उत्तर मस्त जीवन जीने वाले लोगों के हृदय पर यह बोझ रह जाता है कि लोग उन्हें असफल मानने लग जाते हैं।

6. मस्तमौला लोगों का एकमात्र लक्ष्य क्या होता है?

उत्तर मस्तमौला लोगों का एकमात्र लक्ष्य मस्त होकर जीवन जीना होता है।

7. दीवानों के आने और जाने का दूसरे लोगों पर क्या असर होता है? CBSE Diksha

उत्तर दीवानों के आने-जाने का यह असर होता है कि जब वे आते हैं, तो उल्लास का वातावरण उपस्थित हो जाता है और जब वे जाते हैं, तो लोग उनको याद करके आँसू बहाते हैं।

लघु उत्तरीय प्रश्न

1. कवि ने किस 'असफलता के भार' की ओर संकेत किया है?

उत्तर कवि मस्तमौला है, परंतु लोग उसके मस्तमौलापन को नहीं समझते। दुनिया कवि जैसे लोगों को जीवन में असफल समझती है। कवि ने इसी असफलता के भार की ओर संकेत किया है।

2. बेफिक्र लोग भिखमंगों की दुनिया को क्या देना चाहते हैं और क्यों?

उत्तर बेफिक्र लोग भिखमंगों की दुनिया को अपना प्यार लुटाना चाहते हैं तथा उनका दुःख लेकर अपना सुख देना चाहते हैं, क्योंकि उनकी कामना दुनिया को खुशहाल देखना होती है।

3. कविता 'दीवानों की हस्ती' में दीवाने कौन हैं?

उत्तर भगवतीचरण वर्मा की कविता 'दीवानों की हस्ती' में मस्तमौला और बेफिक्र लोगों को दीवाने कहा गया है। ये वो लोग होते हैं, जो दुनिया में रहकर भी दुनियादारी से अलग होकर जीते हैं। जीवन में ऐसे लोगों को दुनिया असफल समझती है, परंतु ऐसे लोग ही जीवन जीकर बंधनों से मुक्त हो जाते हैं।

4. एक भाव में रहकर सुख-दुःख के घूँट पीने से कवि क्या कहना चाहता है?

उत्तर एक भाव में रहकर सुख-दुःख के घूँट पीने से कवि कहना चाहता है कि मस्तमौला लोगों के जीवन का रहस्य सुख की कामना और दुख की चिंता न करना है। सुख-दुःख से ऊपर उठकर ही कोई बेफिक्र हो सकता है।

कवि कहना चाहता है कि जीवन की मस्ती का आनंद तो तभी मिल सकता है, जब सुख-दुःख के बंधनों को त्याग दिया जाए।

5. कविता 'दीवानों की हस्ती' का मूल स्वर क्या है?

उत्तर बेफिक्री और मस्तमौलापन 'दीवानों की हस्ती' कविता का मूल स्वर है। वस्तुतः इस कविता में जीवन के प्रति मस्ती, निरंकुशता, सुख-दुःख के प्रति समानता का भाव, प्यार तथा 'वसुधैव कुटुंबकम्' के भाव समाहित हैं।

6. दीवाने लोगों के एक स्थान पर नहीं रहने के पीछे क्या कारण है?

उत्तर दीवाने लोगों के एक स्थान पर नहीं रहने के पीछे का कारण यह है कि उनका जीवन स्वतंत्र होता है तथा वे अपने-पराए, घर-परिवार आदि के बंधनों से नहीं बँधे होते हैं।

7. 'दीवानों की हस्ती' कविता में जीवन के प्रति कौन-सा दृष्टिकोण प्रकट हुआ है?

उत्तर 'दीवानों की हस्ती' कविता में जीवन को मौज-मस्ती से जीने का दृष्टिकोण प्रकट हुआ है। जीवन में सुख-दुःख, हँसना-रोना, लेना-देना, सफलता-असफलता जैसी बातें स्वाभाविक होती हैं।

प्रत्येक व्यक्ति के जीवन में ये परिस्थितियाँ उत्पन्न होती हैं, इसलिए जीवन का वास्तविक आनंद लेने वाले इन बातों की परवाह नहीं करते।

दीर्घ उत्तरीय प्रश्न

1. जीवन के प्रति कवि का नज़रिया कितना उचित है? आप अपने दृष्टिकोण से इस विषय में अपने विचार प्रकट कीजिए।

उत्तर जीवन के प्रति कवि का दृष्टिकोण बहुत स्पष्ट है। वह पलायनवादी तथा स्वार्थी नहीं है, बल्कि वह त्यागी और सबका भला चाहने वाला है। कवि पूरे संसार को अपने-पराए के दृष्टिकोण से नहीं देखता। संसार में जन्म लेकर केवल लाभ प्राप्ति, उपलब्धि आदि ही मानव जीवन का उद्देश्य नहीं है, बल्कि जीवन जीने का असली आनंद दूसरों के लिए जीने में तथा सभी बंधनों का त्याग करने में है। अतः कवि का नजरिया पूरी तरह उचित है।

2. कवि ने इस कविता में दीवानों की क्या विशेषताएँ बताईं?

उत्तर कवि ने इस कविता में दीवानों की ये विशेषताएँ बताई हैं कि दीवाने मनमौजी स्वभाव के होते हैं तथा वे एक ही स्थान पर नहीं ठहरते। वे लोगों के सुख-दुःख के साथी होते हैं, विशेषकर गरीबों के लिए वे अपना प्यार लुटाते हैं।

दीवाने मान-अपमान, भलाई-बुराई, अपने-पराए की भावना से ऊपर उठे होते हैं तथा वे किसी दूसरे के बनाए बंधन में बँधकर रहना नहीं जानते। साथ ही वे किसी को छोटा-बड़ा न मानकर सभी को समान दृष्टि से देखते हैं।

3. 'दीवानों की हस्ती' कविता से हमें क्या संदेश मिलता है?

उत्तर 'दीवानों की हस्ती' कविता से हमें यह संदेश मिलता है कि हमें केवल अपने विषय में नहीं सोचना चाहिए बल्कि दूसरे व्यक्तियों के हित के बारे में भी सोचना चाहिए।

हमें लोगों के सुख-दुख को समान भाव से ग्रहण करना चाहिए तथा स्वाभाविक जीवन जीना चाहिए जो दीवाने व मस्तमौला लोगों की खुशी और मस्ती का कारण होती है। प्रस्तुत कविता हमें यह भी संदेश देती है कि अपना प्रेम लुटाने वाले मस्तमौला लोग केवल देना जानते हैं, लेना नहीं।

इस कारण दुनिया उन्हें असफल समझती है, किन्तु मस्त जीवन जीने वाले इनमें भेद नहीं करते और दुनिया के आबाद रहने की कामना करते हैं ठीक इसी प्रकार हमें भी सफलता-असफलता, अपना-पराया इन भेदों से ऊपर उठना चाहिए।

स्व-मूल्यांकन

बहुविकल्पीय प्रश्न

1. 'दीवाने' शब्द का क्या अर्थ है?
   (क) प्रेम करने वाला
   (ख) मस्ती में रहने वाला
   (ग) 'क' और 'ख' दोनों
   (घ) इनमें से कोई नहीं
2. दीवानों का संसार से कैसा सम्बन्ध है?
   (क) दोस्ती का (ख) भावुकता का
   (ग) समानता का (घ) ये सभी
3. 'स्वच्छंद' का अर्थ क्या है?
   (क) स्वतंत्र (ख) अपना सुख
   (ग) पराया सुख (घ) परतंत्र
4. आगे बढ़ते रहने का काम किनका है?
   (क) साधारण लोगों का
   (ख) समाज से मोह करने वालों का
   (ग) मस्तमौला लोगों का
   (घ) बंधन में रहने वालों का
5. 'दीवानों की हस्ती' कविता में कवि किससे निराश है?
   (क) लोगों की छोटी सोच से
   (ख) लोगों द्वारा उसकी उपेक्षा करने से
   (ग) लोगों द्वारा उसे मस्त मौला कहने से
   (घ) जीवन के प्रति अपने मोह से

काव्यांश पर आधारित प्रश्न

निम्नलिखित काव्यांश को ध्यानपूर्वक पढ़कर उस पर आधारित प्रश्नों के उत्तर दें

किस ओर चले! यह मत पूछो,
चलना है, बस इसलिए चले,
जग से उसका कुछ लिए चले,
जग को अपना कुछ दिए चले।
दो बात कही, दो बात सुनी,
कुछ हँसे और फिर कुछ रोए।
छककर सुख-दुख के घूँटों को
हम एक भाव से पिए चले।

1. 'मस्त' और 'दीवानों' के जीवन का उद्देश्य क्या होता है?
2. मस्तमौला प्रकृति के लोग किस बात की परवाह नहीं करते?
3. 'जग को अपना कुछ दिए चले' का क्या अर्थ है?
4. कवि ने समान भाव से क्या किया है?
   (क) सुख-दुःख सहे हैं (ख) लेन-देन किया है
   (ग) हँसा-रोया है (घ) चलता रहा है
5. कवि ने कैसा जीवन जिया है?
   (क) साधारण (ख) असाधारण
   (ग) मनमौजी (घ) इनमें से कोई नहीं
6. मस्तमौला लोग किसको सब कुछ देकर जीते हैं?
   (क) हँसने तथा रोने वालों को
   (ख) अपने सगे-संबंधियों को
   (ग) दुनिया को
   (घ) साधु-संतों को

अतिलघु उत्तरीय प्रश्न

1. 'दीवानों की हस्ती' कविता में कवि क्या पूछने से मना करता है?
2. मस्तमौला लोग छककर किसका स्वाद लेते हैं?
3. कवि के अनुसार दुनिया किसकी है?
4. मस्त मनमौजी लोगों का आगमन किस प्रकार का होता है?
5. मस्तमौला लोगों के साथ मस्ती का आलम होता है, क्यों?

लघु उत्तरीय प्रश्न

1. 'दीवाने' शब्द किनके लिए प्रयुक्त हुआ है?
2. कवि ने दुनिया को भिखमंगा क्यों कहा है?
3. कवि के हृदय पर किस प्रकार का बोझ है?

दीर्घ उत्तरीय प्रश्न

1. कविता 'दीवानों की हस्ती' में कवि किस प्रकार के जीवन को श्रेष्ठ मानता है? स्पष्ट कीजिए।
2. 'अब अपना और पराया क्या?' से क्या तात्पर्य है?
3. दीवानों के जीवन का क्या उद्देश्य हो सकता है? इस संबंध में अपना दृष्टिकोण स्पष्ट कीजिए।

भगवान के डाकिए

रामधारी सिंह 'दिनकर'

कविता का सार

'भगवान के डाकिए' कविता में 'दिनकर' जी बताते हैं कि पक्षी और बादल भगवान के डाकिए हैं। जिस तरह डाकिए घर-घर जाकर संदेश भरे पत्र देते हैं, उसी तरह पक्षी और बादल भी भगवान के डाकिए हैं, जो मनुष्य जाति को प्रेम व शांति का संदेश देते हैं। ये एक देश के संदेशों को दूसरे देश तक पहुँचाते हैं। पक्षी और बादलों को एक देश से दूसरे देशों तक जाने में कोई नहीं रोक सकता। उनके लाए पत्र (संदेश) हम नहीं समझ पाते, लेकिन पेड़-पौधे, पानी और पहाड़ उन्हें पढ़ लेते हैं अर्थात् समझ जाते हैं। इसी प्रकार बादलों के द्वारा एक देश की भाप दूसरे देश में वर्षा बनकर बरस जाती है। वस्तुतः कवि मनुष्य को प्रस्तुत कविता के माध्यम से 'वसुधैव कुटुंबकम्' का संदेश देना चाहता है।

काव्यांशों की विस्तृत व्याख्या

काव्यांश 1

पक्षी और बादल
ये भगवान के डाकिए हैं,
जो एक महादेश से
दूसरे महादेश को जाते हैं।
हम तो समझ नहीं पाते हैं
मगर उनकी लाई चिट्ठियाँ
पेड़-पौधे, पानी और पहाड़
बाँचते हैं।

शब्दार्थ **महादेश**-विशाल देश, **बाँचते हैं**-पढ़ते हैं।

संदर्भ प्रस्तुत काव्यांश पाठ्य-पुस्तक 'वसंत' भाग-3 में संकलित कविता 'भगवान के डाकिए' से लिया गया है। इसके कवि रामधारी सिंह 'दिनकर' हैं।

प्रसंग प्रस्तुत काव्यांश में कवि रामधारी सिंह 'दिनकर' ने पक्षी और बादल को भगवान के डाकिए के समान माना है जो विश्व बंधुत्व का संदेश एक देश से दूसरे तक ले जाते हैं।

व्याख्या कवि कहते हैं कि आकाश में उड़ते पक्षी और बादल भगवान का संदेश लेकर आए हुए डाकिए हैं, जो एक विशाल देश से दूसरे विशाल देश को उड़ते रहते हैं। इन डाकियों का संदेश हम नहीं समझ पाते, किंतु पेड़-पौधे, पहाड़ और जल इनके संदेशों को अच्छी तरह से समझ जाते हैं, क्योंकि यह संदेश उनके लिए ही होता है। कवि कहना चाहता है कि पक्षी व बादलों का संदेश प्रकृति तो समझ लेती है, लेकिन मनुष्य नहीं समझ पाता। वास्तव में, यह पूरी दुनिया एक परिवार की तरह है। जिस प्रकार भगवान ने प्रकृति के निर्माण में कोई भेदभाव नहीं किया है, उसी प्रकार मनुष्य को भी जाति-पाँति, धार्मिक-भेदभाव, अपना-पराया तथा देश की सीमाओं के बंधन से ऊपर उठकर पक्षियों तथा बादलों की तरह प्रेम तथा आपसी भाईचारे के साथ रहना चाहिए।

विशेष

1. काव्यांश में आम बोलचाल की भाषा का प्रयोग है।
2. पेड़-पौधे, पानी और पहाड़ में अनुप्रास अलंकार है।
3. पक्षी और बादलों को भगवान के डाकिए के रूप में प्रस्तुत किया गया है।

काव्यांश 2

हम तो केवल यह आँकते हैं
कि एक देश की धरती
दूसरे देश को सुगंध भेजती है।
और वह सौरभ हवा में तैरते हुए
पक्षियों की पाँखों पर तिरता है।
और एक देश का भाप
दूसरे देश में पानी
बनकर गिरता है।

शब्दार्थ **आँकते हैं**-अनुमान लगाते हैं, देखते हैं, **सौरभ**-खुशबू, सुगंध, **पाँखों**-पंखों पर, **तिरता है**-तैरते हुए जाता है, **भाप**-वाष्प, पानी का गर्म होकर हवा में मिलना।

संदर्भ पूर्ववत्।

प्रसंग इस काव्यांश में कवि दिनकर जी पूरे विश्व को एक मानते हैं। उनके अनुसार, पक्षी तथा बादलों द्वारा जो संदेश एक देश से दूसरे देश को ले जाया जाता है, वह प्रेम और भाईचारे का प्रतीक है।

व्याख्या कवि रामधारी सिंह 'दिनकर' कहते हैं कि हम तो किसी देश को उसकी सीमाओं से जानते हैं, किंतु प्रकृति किसी सीमा को नहीं जानती। प्रकृति किसी में भेदभाव न करके सभी को समान मानती है इसलिए एक देश की धरती की सुगंध हवा में तैरते हुए पक्षियों के पंखों पर बैठकर एक देश से दूसरे देश चली जाती है और एक देश से उठी भाप दूसरे देश में वर्षा बनकर बरसती है।

कहने का आशय यह है कि प्रकृति किसी भी सीमा में नहीं बँधती तथा न ही किसी भेदभाव को मानती।

कवि ने यहाँ, 'वसुधैव-कुटुंबकम्' की भावना का संदेश दिया है। वह चाहता है कि मनुष्य को परस्पर प्रेम, शांति और एकता के साथ मिल-जुलकर रहना चाहिए।

विशेष

1. काव्यांश की भाषा आम बोलचाल की भाषा है।
2. 'दूसरे देश ....' तथा 'पक्षियों की पाँखों'.......में अनुप्रास अलंकार है।
3. काव्यांश में बताया गया है कि प्रकृति भेदभाव नहीं करती तथा देशों की सीमाएँ मनुष्यों ने बनाई हैं।

NCERT फोल्डर

पाठ्यपुस्तक वसंत भाग-3 के प्रश्नोत्तर

कविता से (पृष्ठ संख्या 20)

प्र.1 कवि ने पक्षी और बादल को भगवान के डाकिए क्यों बताया है? स्पष्ट कीजिए।

उत्तर कवि ने पक्षी और बादल को भगवान के डाकिए इसलिए बताया है, क्योंकि जिस तरह डाकिए लोगों के संदेशों को लेकर यहाँ-वहाँ जाते हैं, ठीक उसी तरह, ये दोनों भी भगवान के संदेशों को हम तक पहुँचाते हैं। पक्षी अपने पंखों पर सुगंधित हवा को लेकर एक देश से दूसरे देश जाते हैं और बादल एक देश के पानी को भाप में बदलकर दूसरे देश में पानी के रूप में बरसाते हैं। इस प्रकार, ये हमें सीमाओं के बंधन का त्याग करने तथा आपसी भाईचारे को अपनाने का संदेश देते हैं।

प्र.2 पक्षी और बादल द्वारा लाई गई चिट्ठियों को कौन-कौन पढ़ पाते हैं? सोचकर लिखिए।

उत्तर पक्षी और बादल द्वारा लाई गई चिट्ठियों को पेड़-पौधे, पानी और पहाड़ ही पढ़ पाते हैं, क्योंकि वही उनकी भाषा को समझ पाते हैं। कवि के अनुसार, भगवान का संदेश पूरी प्रकृति में पहुँचता है, परंतु दुर्भाग्यवश मनुष्य को छोड़कर यह संदेश प्रकृति में सबको समझ में आ जाता है।

प्र.3 किन पंक्तियों का भाव है-

(क) पक्षी और बादल प्रेम, सद्भाव और एकता का संदेश एक देश से दूसरे देश को भेजते हैं।

उत्तर
पक्षी और बादल
ये भगवान के डाकिए हैं,
जो एक महादेश से
दूसरे महादेश को जाते हैं
हम तो समझ नहीं पाते हैं
लेकिन उनकी लाई चिट्ठियाँ
पेड़-पौधे, पानी और पहाड़ बाँचते हैं।

(ख) प्रकृति देश-देश में भेदभाव नहीं करती। एक देश से उठा बादल दूसरे देश में बरस जाता है।

उत्तर
एक देश की धरती
दूसरे देश को सुगंध भेजती है।
और वह सौरभ हवा में तैरते हुए
पक्षियों की पाँखों पर तिरता है।
और एक देश का भाप
दूसरे देश में पानी
बनकर गिरता है।

प्र.4 पक्षी और बादल की चिट्ठियों में पेड़-पौधे, पानी और पहाड़ क्या पढ़ पाते हैं?

उत्तर पक्षी और बादल की चिट्ठियों में पेड़-पौधे, पानी और पहाड़, भगवान द्वारा भेजा गया प्रेम, समानता और एकता का संदेश पढ़ पाते हैं। इस संदेश को स्वीकारते हुए, नदी सबको अपना जल देती है, पहाड़ सबको आश्रय देता है और पेड़-पौधे भी सभी को एकसमान रूप से अपने फल-फूल और सुगंध देते हैं।

प्र.5 "एक देश की धरती दूसरे देश को सुगंध भेजती है"-कथन का भाव स्पष्ट कीजिए।

उत्तर "एक देश की धरती दूसरे देश को सुगंध भेजती है" इस कथन का भाव यह है कि एक देश की धरती दूसरे देश को फूलों की खुशबू के रूप में प्रेम, सद्भावना और एकता का संदेश भेजती है।

पाठ से आगे (पृष्ठ संख्या 20)

प्र.1 पक्षी और बादल की चिट्ठियों के आदान-प्रदान को आप किस दृष्टि से देख सकते हैं?

उत्तर पक्षी और बादल की चिट्ठियों के आदान-प्रदान को हम प्रेम, सद्भावना, एकता आदि के संदेश के रूप में देख सकते हैं। प्रेम, समानता, विश्व-बंधुत्व, एकता आदि मानव जाति की भलाई जैसी

भावनाएँ भगवान के डाकियों द्वारा एक देश से दूसरे देश को भेजी जाती हैं। कवि द्वारा इसे ही सुगंध और एक देश की भाप कहा गया है। ईश्वर का संदेश मनुष्य की बनाई सीमाओं में बँध कर नहीं रह सकता। संसार में भलाई के प्रसार के लिए इसे फैलने देना चाहिए। मानव जाति के लिए ईश्वर का यही संदेश है।

प्र.2 आज विश्व में कहीं भी संवाद भेजने और पाने का एक बड़ा साधन इंटरनेट है। पक्षी और बादल की चिट्ठियों की तुलना इंटरनेट से करते हुए दस पंक्तियाँ लिखिए।

उत्तर आज का युग संचार का युग है, जहाँ संचार के तीव्र साधनों में इंटरनेट ने सबसे प्रमुख स्थान ले लिया है। आज हम कुछ ही सेकंडों में इंटरनेट के माध्यम से अपना संदेश विश्व के किसी भी कोने में बैठे मनुष्य को भेज सकते हैं, किंतु यदि इंटरनेट की तुलना पक्षी और बादल की चिट्ठियों से की जाए तो इतनी पवित्रता और निश्छलता के आगे इंटरनेट छोटा ही सिद्ध होता है।

इंटरनेट का जाल सद्भावनाओं के लिए शायद बहुत कम ही प्रयुक्त हो रहा है। इसका ज्यादातर प्रयोग विनाश, घृणा, हिंसा, द्वेष जैसी भावनाएँ फैलाने के लिए किया जा रहा है। इसका कारण यह भी हो सकता है कि पक्षियों एवं बादलों के विपरीत इंटरनेट का जन्मदाता मानव है, जिसे अभी भी बहुत कुछ सीखना बाकी है।

प्र.3 'हमारे जीवन में डाकिए की भूमिका' क्या है? इस विषय पर दस वाक्य लिखिए।

उत्तर 'डाकिया' अर्थात् डाक लाने वाले की हमारे जीवन में बहुत महत्त्वपूर्ण भूमिका है। डाकिए चिट्ठी ही नहीं, बल्कि जब राखी, पार्सल, तार या नौकरी के शुभ समाचार लेकर आते हैं। हम सब उसे देखते ही कितने प्रसन्न हो जाते हैं।

डाकिए कश्मीर से कन्याकुमारी तक और कच्छ से म्यांमार की सीमा तक संदेश पहुँचाते हैं। वे आधुनिक समाज की आवश्यकता हैं। दुर्गम स्थानों पर भी सभी बाधाओं को पार कर डाकिए का पहुँचना बहुत ही सुखद सत्य है। इस प्रकार आधुनिक जीवन में भी डाकिए की बहुत महत्त्वपूर्ण भूमिका है।

अनुमान और कल्पना (पृष्ठ संख्या 20, 21)

प्र.1 डाकिया, इंटरनेट के वर्ल्ड वाइड वेब (डब्ल्यू.डब्ल्यू.डब्ल्यू. WWW) तथा पक्षी और बादल–इन तीनों संवादवाहकों के विषय में अपनी कल्पना से एक लेख तैयार कीजिए। लेख लिखने के लिए आप 'चिट्ठियों की अनूठी दुनिया' पाठ का सहयोग ले सकते हैं।

उत्तर **डाकिया** डाकिया खाकी वर्दी पहने, कंधे पर झोला लटकाए एक महत्त्वपूर्ण व्यक्ति होता है। डाकिया हमें दूसरे स्थानों पर रहने वाले हमारे रिश्तेदारों व मित्रों से जोड़ने का भी काम करता है, क्योंकि वह उनके द्वारा भेजे गए संदेशों को हम तक पहुँचाता है।

डाकिए केवल पत्र ही नही बाँटते, बल्कि अशिक्षित लोगों को उसे पढ़कर भी सुनाते हैं तथा उनका पत्र लिखने में मदद करते हैं। डाकिए का कार्य बड़ा कठिन होता है, क्योंकि वह सुबह से शाम तक चलता ही रहता है। डाकिया कम वेतन पाकर भी अपना काम परिश्रम और लगन के साथ समाप्त करता है। गर्मी, सर्दी और बरसात का सामना करते हुए वह समाज की सेवा करता है।

इंटरनेट के वर्ल्ड वाइड वेब वर्ल्ड वाइड वेब (World Wide Web) एक सिस्टम है, जो संगठन तथा संबंध स्थापित करने के लिए प्रयोग में लाया जाता है। इसके माध्यम से इंटरनेट फाइल्स, स्रोत तथा सुविधाओं का उपयोग किया जा सकता है। वेब एक इंटरनेट के माध्यम से जुड़े सार्वजनिक वेबपेज़ों की एक प्रणाली है।

हम अपने संवाद को बड़ी ही सुगमता व सुविधापूर्वक इंटरनेट के माध्यम से भेज व प्राप्त कर सकते हैं। इंटरनेट संदेश भेजने का आज का आधुनिक माध्यम है। इसके द्वारा हम कुछ पलों में ही इंटरनेट के माध्यम से अपना संदेश एक स्थान पर ही नहीं अपितु दूसरे देशों में भी भेज सकते हैं और इसमें अधिक समय भी नहीं लगता।

पक्षी और बादल पक्षी और बादल भी प्रकृति के लिए डाकिए का महत्त्वपूर्ण कार्य करते हैं, क्योंकि ये प्रकृति का संदेश एक देश से दूसरे देश तक पहुँचाते हैं। पक्षी प्रवास (Migration) करते समय एक देश से दूसरे देश का संदेश पहुँचाते हैं, जो हम नहीं समझ पाते, परंतु प्रकृति उसे अच्छी तरह से समझ जाती है। उसी तरह बादल भी एक देश से उठाई गई भाप को दूसरे देश में ले जाकर वर्षा के रूप में बरसा देते हैं।

अभ्यास प्रश्न

बहुविकल्पीय व वर्णनात्मक प्रश्नों सहित

बहुविकल्पीय प्रश्न

1. 'भगवान के डाकिए' कविता के कवि हैं

(क) रामधारी सिंह 'दिनकर' (ख) सूर्यकांत त्रिपाठी 'निराला'
(ग) भगवतीचरण वर्मा (घ) कबीरदास

उत्तर (क) रामधारी सिंह 'दिनकर'

2. पक्षी और बादल भगवान के डाकिए क्यों हैं?

(क) क्योंकि ये भगवान का संदेश हम तक पहुँचाते हैं।
(ख) क्योंकि बादल वर्षा करते है और पक्षी आनंदित होते हैं।
(ग) क्योंकि इनका प्रकृति से अटूट रिश्ता है।
(घ) क्योंकि ये डाक इधर-उधर ले जाते हैं।

उत्तर (क) क्योंकि ये भगवान का संदेश हम तक पहुँचाते हैं।

3. भगवान के संदेश को कौन-कौन पढ़ सकता है?

(क) संसार में रहने वाले सभी लोग
(ख) सभी चतुर व्यक्ति
(ग) सभी जीव-जंतु
(घ) पेड़-पौधे, सरोवर-सरिताएँ, समुद्र व पर्वत अर्थात् प्रकृति

उत्तर (घ) पेड़-पौधे, सरोवर-सरिताएँ, समुद्र व पर्वत अर्थात् प्रकृति

4. भगवान के संदेश को पेड़-पौधे, पानी और पहाड़ ही क्यों समझ पाते हैं?

(क) क्योंकि वे भेदभाव की भावना से परे हैं।
(ख) क्योंकि वे उनकी भाषा समझते हैं।
(ग) क्योंकि वे ईश्वर की बात मानते हैं।
(घ) उपर्युक्त में से कोई नहीं

उत्तर (क) क्योंकि वे भेदभाव की भावना से परे हैं।

5. भगवान के डाकिए इस संसार को क्या संदेश देते हैं?

(क) आपसी नफरत का (ख) विश्वबंधुत्व का
(ग) भेदभाव करने का (घ) प्रेम-भाव से आगे बढ़ने का

उत्तर (ख) विश्वबंधुत्व का

6. एक देश का पानी दूसरे देश पर क्या बनकर गिरता है? CBSE Diksha

(क) पानी (ख) भाप (ग) आशीर्वाद (घ) धूप

उत्तर (ख) भाप

7. प्रकृति की प्रमुख विशेषता क्या है?

(क) संदेश पढ़ना
(ख) भेदभाव करना
(ग) संदेश पहुँचाना
(घ) किसी से भी भेदभाव न करना

उत्तर (घ) किसी से भी भेदभाव न करना

8. एक देश की सुगंध किसके माध्यम से दूसरे देश तक पहुँचती है?

(क) बादलों के (ख) पक्षियों के
(ग) पहाड़ों के (घ) मनुष्यों के

उत्तर (घ) पक्षियों के

9. 'पांखों' शब्द का अर्थ है? CBSE Dikhsa

(क) पंखों (ख) चोचों (ग) पैरों (घ) पंजों

उत्तर (क) पंखों

10. सीमाओं का बंधन कौन नहीं मानता?

(क) बादल (ख) पक्षी (ग) हवा (घ) ये सभी

उत्तर (घ) ये सभी

11. 'महादेश' से क्या तात्पर्य है?

(क) एक विशाल देश (ख) एक विशाल द्वीप
(ग) एक विशाल धरती (घ) एक छोटा देश

उत्तर (क) एक विशाल देश

12. कौन एक दूसरे के प्रति भेदभाव की भावना रखते हैं? CBSE Dikhsa

(क) प्रकृति (ख) ईश्वर
(ग) मनुष्य (घ) पशु-पक्षी

उत्तर (ग) मनुष्य

13. 'भगवान के डाकिए' कविता का भाव है

(क) मनुष्य को सभी का ध्यान रखना चाहिए।
(ख) मनुष्य को भेदभाव से उठकर वसुधैव कुटुंबकम् की भावना को अपनाना चाहिए।
(ग) पक्षी और बादल भगवान के डाकिए हैं।
(घ) मनुष्य को पक्षियों से कुछ सीखना चाहिए।

उत्तर (ख) मनुष्य को भेदभाव से उठकर वसुधैव कुटुंबकम् की भावना को अपनाना चाहिए।

14. बादल और पक्षी क्या नहीं मानते?

(क) प्रेम भावना को
(ख) सद्भावना को
(ग) दो देशों की भौतिक सीमाओं के भेद को
(घ) आपसी मनमुटाव को

उत्तर (ग) दो देशों की भौतिक सीमाओं के भेद को

15. एक महादेश से दूसरे महादेश कौन जाते हैं?

(क) समुद्र (ख) पर्वत
(ग) फल-फूल (घ) पक्षी और बादल

उत्तर (घ) पक्षी और बादल

काव्यांश पर आधारित प्रश्न

निम्नलिखित काव्यांशों को ध्यानपूर्वक पढ़कर उन पर आधारित प्रश्नों के उत्तर दें

काव्यांश 1

पक्षी और बादल,
ये भगवान के डाकिए हैं,
जो एक महादेश से
दूसरे महादेश को जाते हैं।
हम तो समझ नहीं पाते हैं
मगर उनकी लाई चिट्ठियाँ
पेड़-पौधे, पानी और पहाड़ बाँचते हैं।

1. भगवान के डाकिए हैं

(क) पेड़-पौधे (ख) पक्षी और बादल
(ग) महादेश (घ) पानी और पहाड़

उत्तर (ख) पक्षी और बादल

2. बादल और पक्षी क्या संदेश लेकर आते हैं?

(क) मिल-जुलकर रहने का
(ख) वर्षा होने वाली है
(ग) प्रकृति में होने वाले परिवर्तनों का
(घ) फसल पकने वाली है

उत्तर (ग) प्रकृति में होने वाले परिवर्तनों का

3. भगवान की भेजी चिट्ठियों को कौन नहीं समझ पाता?

(क) मनुष्य जाति (ख) कवि
(ग) पक्षी जाति (घ) पेड़-पौधे

उत्तर (क) मनुष्य जाति

4. भगवान के डाकिए क्या करते हैं?

उत्तर भगवान के डाकिए एक विशाल देश से दूसरे विशाल देश संदेश लेकर जाते हैं।

5. पक्षी और बादल दोनों में क्या समानता है?

उत्तर पक्षी और बादल दोनों आकाश में उड़ते हैं और एक देश से दूसरे देश तक जाते हैं।

6. पेड़-पौधे, पानी और पहाड़ क्या करते हैं?

उत्तर पेड़-पौधे, पानी और पहाड़ भगवान के डाकियों द्वारा लाई गई चिट्ठियों को पढ़ लेते हैं।

काव्यांश 1

हम तो केवल यह आँकते हैं
कि एक देश की धरती
दूसरे देश को सुगंध भेजती है।
और वह सौरभ हवा में तैरते हुए
पक्षियों की पाँखों पर तिरता है।
और एक देश का भाप
दूसरे देश में पानी
बनकर गिरता है।

1. एक देश की धरती दूसरे को क्या भेजती है?

(क) सुगंध (ख) हवा
(ग) पक्षी (घ) पंख

उत्तर (क) सुगंध

2. सुगंध एक-देश से दूसरे देश में कैसे फैलती है?

(क) बादलों के द्वारा
(ख) हवा में तैरते हुए
(ग) पक्षियों के पंखों पर तैरते हुए
(घ) भाप बनकर

उत्तर (ग) पक्षियों के पंखों पर तैरते हुए

3. 'सुगंध' में उपसर्ग है

(क) सुगं (ख) सु (ग) सू (घ) गंध

उत्तर (ख) सु

4. देशों की धरती में किसका आदान-प्रदान होता है?

उत्तर देशों की धरती में सुगंध (सद्भावना) का आदान-प्रदान होता है।

5. 'पक्षियों की पाँखों' से यहाँ क्या आशय है?

उत्तर 'पक्षियों की पाँखों' से यहाँ आशय पक्षियों के पंखों से है।

6. एक देश का पानी दूसरे देश में कैसे गिरता है?

उत्तर एक देश का पानी भाप बनकर बादलों के द्वारा वर्षा करके दूसरे देश में जा गिरता है।

अतिलघु उत्तरीय प्रश्न

1. पक्षी और बादल डाकिए क्यों कहलाते हैं?

उत्तर पक्षी और बादल ईश्वर का संदेश लाते हैं, इसलिए ये डाकिए कहलाते हैं।

2. पक्षी और बादल कहाँ-कहाँ जाते हैं?

उत्तर पक्षी और बादल एक विशाल देश से दूसरे विशाल देश को जाते हैं।

3. भगवान के डाकियों के विषय में हम क्या अनुमान लगाते हैं?

उत्तर भगवान के डाकियों के विषय में हम केवल यह अनुमान लगाते हैं कि धरती पर एक स्थान की सुगंध दूसरे स्थान पर हवा में तैरकर तथा पक्षियों के पंखों पर सवार होकर दूसरे देश तक जाती है।

4. भगवान के संदेश के विषय में मनुष्य क्यों नहीं समझ पाते हैं?

उत्तर मनुष्य अपने मन की संकीर्णता अर्थात् छोटी सोच और भेदभाव के कारण भगवान के संदेश को समझ नहीं पाते।

5. 'भगवान के डाकिए' कविता में प्रकृति की क्या विशेषता बताई गई है?

उत्तर प्रस्तुत कविता में दर्शाया गया है कि प्रकृति कभी भी अपने और पराए में भेदभाव नहीं करती। वह चीजों का समान वितरण करती है।

6. पक्षी और बादल हमें क्या संदेश देते हैं?

उत्तर पक्षी और बादल हमें यह संदेश देते हैं कि धरती को मनुष्य ने ही सीमाओं के बंधन में बाँधा है, प्रकृति ने नहीं। प्रकृति तो मनुष्य को प्रेम और शांति से रहने की सीख देती है। प्रकृति किसी भी तरह के भेदभाव को स्वीकार नहीं करती।

लघु उत्तरीय प्रश्न

1. कवि ने 'भगवान के डाकिए' किन्हें कहा है और क्यों?

उत्तर कवि ने पक्षी और बादल को भगवान के डाकिए कहा है। ये भगवान की बनाई दुनिया में बिना किसी रोक-टोक के आते-जाते हैं और भगवान का संदेश लाते हैं, इसलिए कवि ने इन्हें भगवान के डाकिए कहा है।

2. 'भगवान के डाकिए' की चिट्ठियाँ कौन पढ़ पाते हैं और क्यों?

उत्तर 'भगवान के डाकिए' की चिट्ठियाँ पेड़-पौधे, पानी और पहाड़ पढ़ पाते हैं, क्योंकि वे प्रकृति के ही अंग हैं तथा वे मनुष्य की तरह भेदभाव और स्वार्थ में विश्वास नहीं करते।

3. क्या पक्षी और बादल के संदेश मनुष्य पढ़ पाते हैं?

उत्तर पक्षी और बादल के संदेश मनुष्य नहीं पढ़ पाते। वे केवल यह अनुमान लगा पाते हैं कि पक्षियों द्वारा एक देश की धरती दूसरे देश को सुगंध भेजती है तथा एक देश की भाप दूसरे देश में जाकर पानी के रूप में बरस जाती है।

4. 'भगवान के डाकिए' के आधार पर पेड़, पौधे, पानी, पहाड़ तथा मनुष्य में परंपरा से हटकर क्या विरोधाभास दिखाया गया है?

उत्तर इस कविता में पेड़-पौधे, पहाड़ तथा मनुष्य के बीच परंपरा से हटकर यह विरोधाभास दिखाया गया है कि शिक्षित मनुष्य भगवान की चिट्ठियों को नहीं पढ़ पाता है, जबकि अनपढ़ मनुष्य, पेड़-पौधे, पानी और पहाड़ आदि भगवान की चिट्ठियों को पढ़ लेते हैं।

5. एक देश की धरती दूसरे देश को किस प्रकार सुगंध भेजती है?

उत्तर एक देश की धरती दूसरे देश को प्रेम और सद्भावना रूपी सुगंध पक्षियों और बादलों के माध्यम से भेजती है। यह सुगंध पक्षियों के पंखों पर तैरती हुई जाती है।

6. एक देश का पानी दूसरे देश के लोगों तक कैसे जाता है?

उत्तर एक देश का पानी दूसरे देश के लोगों तक भाप बनकर बादल के रूप में उड़कर दूसरे देश में जाता है और वर्षा होने पर नदियों के द्वारा लोगों को मिल जाता है।

दीर्घ उत्तरीय प्रश्न

1. कविता 'भगवान के डाकिए' के आधार पर ईश्वर के संदेश को बताइए तथा स्पष्ट कीजिए।

उत्तर कविता 'भगवान के डाकिए' में कवि ने प्रकृति के तत्त्वों के माध्यम से ईश्वर का संदेश मनुष्य को बताया है। पेड़-पौधे, पानी और पहाड़ जैसे सभी प्राकृतिक तत्त्व आपसी एकता और सह-अस्तित्व में बँधे हैं तथा इनमें कोई बँटवारा या भेदभाव नहीं है। पक्षी बिना रोक-टोक के देश-विदेश में आते-जाते हैं और इसी प्रकार बादल प्रत्येक देश में आते-जाते हैं।

मनुष्य को छोड़कर ईश्वर का संदेश सभी समझ लेते हैं, कविता के अनुसार, मनुष्य ही है, जो सीमाओं में बँधकर रहता है और दूसरों को भी रखना चाहता है। ईश्वर का संदेश मानवता तथा विश्वबंधुत्व की भावना से ओत-प्रोत है। मनुष्य जाति को देश-विदेश की सीमाओं से परे जाकर सोचना होगा, इसलिए कवि ने कहा है कि मनुष्य से भले तो शायद प्रकृति के दूसरे तत्त्व-पेड़-पौधे, पहाड़ आदि हैं।

2. भगवान के डाकिए, परंपरागत डाकियों से किस प्रकार भिन्न हैं?

उत्तर प्रकृति के अनपढ़ 'पक्षी और बादल' भगवान के डाकिए हैं, जबकि पढ़े-लिखे मनुष्य परंपरागत डाकिए हैं। भगवान के डाकिए किसी व्यक्ति विशेष के लिए संदेश नहीं लाते, जबकि परंपरागत डाकिए व्यक्ति विशेष के लिए संदेश लाते हैं। पक्षी और बादल की लाई चिट्ठियों को प्रकृति के तत्त्व; जैसे—पेड़-पौधे, पानी और पहाड़ आदि पढ़ते हैं, जबकि मनुष्य उन्हें पढ़ नहीं पाता। वहीं परंपरागत डाकियों की लाई चिट्ठियों को पेड़-पौधे नही पढ़ पाते, बल्कि मनुष्य पढ़ते हैं।

3. हम तो केवल यह आँकते हैं कि एक देश की धरती दूसरे देश को सुगंध भेजती है और वह सौरभ हवा में तैरते हुए पक्षियों के पाँखों पर तिरता है। और एक देश की भाप दूसरे देश में पानी बनकर गिरती है।
उपर्युक्त पंक्तियों का अर्थ लिखिए।

उत्तर कवि के अनुसार, हम मनुष्य किसी भी देश को उसकी सीमा से जानते हैं, किंतु प्रकृति किसी सीमा को नहीं जानती, बल्कि वह अपना वरदान सबको देती है। सुगंध किसी बंधन को न मानते हुए एक देश से दूसरे देश उड़ती जाती है। वह पक्षियों के पंखों पर बैठकर इधर-उधर उड़ती रहती है और इसी तरह एक देश से उठी भाप दूसरे देश में वर्षा बनकर बरसती रहती है।

4. कविता में प्रकृति के विभिन्न अंगों द्वारा क्या-क्या मानवीय क्रियाकलाप करते हुए दिखाया गया है?

अथवा **प्रकृति अपने डाकियों के माध्यम से कौन-सा संदेश सभी तक पहुँचाना चाहती है?** CBSE Dikhsa

उत्तर कविता में पक्षी और बादल को भगवान के डाकिए बताया गया है और उनकी लाई चिट्ठियों को पेड़-पौधे, पानी और पहाड़ पढ़ते हैं जैसे एक देश का पानी दरिया बनकर बहता है तथा दूसरे देश तक भी पहुँचता है, इसी तरह प्रकृति के अंग पहाड़, हमें दूर से ही नजर आते हैं। ऐसा लगता है जैसे वे एक देश से दूसरे देश में झाँक रहे हैं। इसी तरह पेड़-पौधे जब फूलों से भर जाते हैं, तो उनमें एक नई महक पैदा हो जाती है। वह महक बिना किसी बंधन के आजादी से बहती है और एक देश की धरती उस सुगंध को पक्षियों के पंखों तथा हवा के झोंकों के द्वारा दूसरे देश की धरती में भेजने का काम करती है।

5. 'भगवान के डाकिए' कविता से आपको क्या संदेश मिलता है?

उत्तर 'भगवान के डाकिए' कविता से यह संदेश मिलता है कि हमें स्वार्थ तथा अपने-पराए की भावना को छोड़कर सबके साथ समानता तथा प्रेम का व्यवहार करना चाहिए।

जिस प्रकार प्रकृति अपने-पराए का भेदभाव किए बिना सबको अपना खजाना लुटाती है, उसी प्रकार हमें भी जाति, धर्म, भेदभाव आदि की भावना से ऊपर उठकर कार्य करना चाहिए, जिससे हमारे कार्यों की महक चारों ओर फैल जाए।

स्व-मूल्यांकन

बहुविकल्पीय प्रश्न

1. मनुष्य प्रकृति के संबंध में केवल क्या कर सकता है?
(क) प्रशंसा (ख) अनुभव
(ग) आकलन (घ) जोड़-घटाव

2. बादल किस प्रकार दो देशों के बीच की तुच्छ सीमा को झुठला देता है?
(क) पानी को इकट्ठा करके
(ख) मूसलाधार बारिश की झड़ी लगाकर
(ग) पूरी दुनिया के लोगों की प्यास बुझाकर
(घ) एक देश की जल-वाष्प को दूसरे देश में बरसाकर

3. मनुष्य भगवान के संदेश को क्यों नहीं समझ पाता?
(क) उसे भगवान पर भरोसा नहीं है।
(ख) उसे भगवान की भाषा नहीं आती है।
(ग) वह समझना नहीं चाहता है।
(घ) अपने स्वार्थ तथा संकीर्ण मानसिकता के कारण

4. 'भगवान के डाकिए अपने द्वारा लाई चिट्ठियों से क्या संदेश देना चाहते हैं?
(क) प्रेम व भाईचारे का (ख) समानता का
(ग) एकता का (घ) ये सभी

5. निम्नलिखित में कौन सीमा के बंधन में बँधे हैं?
(क) पेड़-पौधे (ख) नदियाँ
(ग) पक्षी (घ) मनुष्य

काव्यांश पर आधारित प्रश्न

निम्नलिखित काव्यांश को ध्यानपूर्वक पढ़कर उस पर आधारित प्रश्नों के उत्तर दें

कि एक देश की धरती
दूसरे देश को सुगंध भेजती है।
और वह सौरभ हवा में तैरते हुए
पक्षियों की पाँखों पर तिरता है।
और एक देश का भाप
दूसरे देश में पानी बनकर गिरता है।

1. एक देश की धरती का सौरभ कहाँ तिरता है?
(क) हवा में (ख) नदी में
(ग) पक्षियों की पाँखों पर (घ) जलाशयों में

2. एक देश की भाप दूसरे देश में किसके द्वारा जाती है?
(क) नदियों के (ख) वायु के
(ग) गर्मी के (घ) बादल के

3. भगवान की चिट्ठियों को कौन ले जाते हैं?
(क) बादल और पक्षी (ख) पानी और पहाड़
(ग) पेड़-पौधे (घ) भाप

4. भगवान के डाकिए द्वारा लाए गए संदेशों का मनुष्य क्या करता है?

5. एक देश की भाप का दूसरे देश में जाना क्या संदेश देता है?

6. 'भाप' का तत्सम रूप क्या होगा?

अतिलघु उत्तरीय प्रश्न

1. महादेश का क्या अर्थ होता है?

2. भगवान के डाकिए एक महादेश से दूसरे महादेश तक कैसे जाते हैं?

3. एक देश की भाप दूसरे देश में कैसे पहुँच जाती है?

4. पेड़-पौधे, पानी और पहाड़ चिट्ठियों को कैसे बाँचते हैं?

5. 'हम तो केवल यह आँकते हैं' पंक्ति से कवि का क्या आशय है?

लघु उत्तरीय प्रश्न

1. मनुष्य के अतिरिक्त सभी भगवान की चिट्ठियाँ क्यों पढ़ लेते हैं?

2. भगवान के डाकिए द्वारा लाए गए पत्रों को मनुष्य क्यों नहीं पढ़ पाते?

3. एक देश की भाप का दूसरे देश में जाकर पानी बन जाना क्या बताता है?

दीर्घ उत्तरीय प्रश्न

1. 'भगवान के डाकिए' कविता का प्रतिपाद्य स्पष्ट कीजिए।

2. विश्व बंधुत्व की भावना उजागर करने हेतु हम सबका क्या कर्त्तव्य बनता है? 'भगवान के डाकिए' कविता के आधार पर स्पष्ट कीजिए।

3. भगवान के डाकिए कविता का मूल भाव स्पष्ट कीजिए।

क्या निराश हुआ जाए
हजारी प्रसाद द्विवेदी

अध्याय 5

पाठ का सार

वर्तमान परिस्थितियों पर लेखक की चिंता

आजकल के समाचार-पत्रों में छप रही चोरी, भ्रष्टाचार, हिंसा, बेईमानी आदि की खबरों को पढ़ने से समाज में निराशा का जो वातावरण बना है, उस पर लेखक ने चिंता व्यक्त की है।

जब लेखक समाचार पत्रों में चोरी, ठगी और भ्रष्टाचार की खबर देखता है, तो उसका मन दुखी हो जाता है। लेखक को लगता है कि देश में कोई ईमानदार आदमी रहा ही नहीं। इस तरह प्रत्येक व्यक्ति गुणी कम परंतु दोषी अधिक दिखाई देता है। आजकल दोषों को इतना बढ़ा-चढ़ाकर दिखाया जाता है कि लोगों के सारे गुण छिप जाते हैं। इस तरह गुणों को छिपाना ही चिंता का विषय है।

मानवीय मूल्यों के प्रति आस्था कम होना

भारतवर्ष में आर्य और द्रविड़, हिंदू और मुसलमान, यूरोपीय और अन्य संस्कृतियों का मेल है। यहाँ विभिन्न जातियाँ हैं, जो मिलकर मानव रूपी महासागर बनाती हैं। लेखक सोचता है कि गाँधीजी व बाल गंगाधर तिलक के सपनों का भारत तथा रवींद्रनाथ टैगोर और मदनमोहन मालवीय की महान संस्कृति वाला भारत आज क्यों पिछड़ता जा रहा है। आजकल समाज में ऐसा वातावरण बना हुआ है कि परिश्रमी और भोले-भाले व्यक्ति परेशान हैं तथा झूठ व फरेब का व्यापार करने वाले व्यक्ति खुश हैं व फल फूल रहे हैं। आजकल के माहौल में ईमानदारी, सच्चाई, मेहनत आदि का कोई मोल नहीं रह गया है। जीवन के मानवीय मूल्यों के प्रति लोगों की आस्था विचलित होने लगी है।

मनुष्य द्वारा आंतरिक भावों की महत्ता तथा भारतवर्ष में कानून

भारत में भौतिक वस्तुओं के संग्रह को महत्त्व नहीं दिया जाता, बल्कि मनुष्य के आंतरिक भावों को ही विशेष माना जाता है। प्रत्येक व्यक्ति के अंदर काम, क्रोध, लोभ, मोह आदि भावनाएँ स्वाभाविक होती हैं, परंतु मनुष्य को इनका दास न बनकर नियंत्रण करने का प्रयास करना चाहिए।

भारत में गरीबों के लिए अनेक कानून बनाए जाते हैं, जिनका लक्ष्य कृषि, उद्योग, वाणिज्य, शिक्षा और स्वास्थ्य को बेहतर बनाना है, परंतु इन सब कार्यों को करने के लिए जिन लोगों को नियुक्त किया जाता है, वे स्वयं ही लाभ उठाने में लग जाते हैं।

भारतवर्ष में कानून को धर्म के रूप में देखा जाता है, परंतु वर्तमान में इसमें भी बदलाव आ गया है। लोग धर्म और कानून में अंतर मानते हुए कानून को धोखा देते हैं और उसका अनुचित लाभ उठाते हैं।

धर्म का महत्त्व और अच्छाई को उजागर करना

धर्म कानून से बड़ी चीज है तथा धर्म के कारण ही ईमानदारी, सच्चाई और आध्यात्मिकता का महत्त्व है। आज भी कुछ लोग धर्म के कारण ही स्त्रियों का सम्मान करते हैं तथा झूठ और चोरी को पाप समझते हैं। धर्म के कारण ही लोग गलत कार्य को गलत कहते हैं तथा समाचार-पत्रों के माध्यम से भ्रष्टाचार का विरोध करते हैं।

लेखक का मानना है कि गलत पक्ष व बुराई को उजागर करते समय उसका आनंद लेना उचित नहीं है तथा सही पक्ष व अच्छाई को जानकर भी उसे उजागर न करना यह गलत है। यदि हम अच्छाई को उजागर करेंगे तो दूसरों के मन में भी अच्छी भावना जागृत होगी।

लेखक के जीवन में घटित मानवीय घटनाएँ

लेखक के जीवन में ऐसी अनेक घटनाएँ घटित हुई हैं, जिनसे पता चलता है कि लोगों के दिल में मानवता आज भी जीवित है।

पहली घटना एक बार टिकट लेते समय लेखक ने टिकट बाबू को दस रुपये की जगह सौ का नोट दे दिया और रेलगाड़ी में आकर बैठ गए। कुछ समय बाद टिकट बाबू स्वयं गाड़ी में आए और लेखक को पहचानकर नब्बे रुपये वापस कर दिए। उस समय टिकट बाबू के चेहरे पर संतुष्टि के भाव थे।

दूसरी घटना एक बार लेखक सपरिवार बस में यात्रा कर रहे थे। बस में कुछ खराबी थी, रुक-रुककर चलती थी, जिसके कारण वह अचानक सुनसान जगह पर खड़ी हो गई।

बस का कंडक्टर नीचे उतरा और एक साइकिल उठाकर बिना कुछ बताए कहीं चला गया। लोगों को उसकी इस हरकत पर संदेह हुआ और भयभीत होकर इधर-उधर की बातें करने लगे।

लेखक के बच्चे प्यास के कारण पानी-पानी चिल्ला रहे थे। कुछ युवाओं ने बस के ड्राइवर को पीटने का मन बनाकर उसे बंधक बना लिया, परंतु लेखक ने उसे किसी तरह से छुड़वा दिया।

कुछ ही देर में कंडक्टर अपने साथ दूसरी बस लेकर आ गया और साथ में लेखक के बच्चों के लिए पानी और दूध भी लेकर आया।

लेखक का विश्वास

लेखक कई बार ठगी का शिकार हुआ है, परंतु उसके साथ धोखा कम ही हुआ है। लेखक का मानना है कि मनुष्य को उन बातों का हिसाब नहीं रखना चाहिए, जिनमें उसे धोखा मिला है अन्यथा जीवन कष्टदायी हो जाएगा। कई बार लोगों ने लेखक की अकारण सहायता भी की है। लेखक, कवि रवींद्रनाथ ठाकुर के बारे में बताते हुए कहता है कि उन्होंने ईश्वर से प्रार्थना करते हुए एक स्थान पर लिखा है कि यदि मुझे केवल धोखा भी खाना पड़े तो भी हे प्रभु! मुझे इतनी शक्ति देना कि मैं तुम्हारे ऊपर शक न करूँ।

अंत में लेखक कहता है कि मनुष्य की बनाई नीतियाँ यदि गलत हो जाए तो उन्हें बदलने के बारे में सोचना चाहिए। आशा की ज्योति को बुझाना नहीं चाहिए, क्योंकि उन्नति व विकास के रास्ते हर समय खुले रहते हैं। अतः मानव मन को निराश नहीं होना चाहिए।

शब्दार्थ

शब्द	हिंदी अर्थ
NCERT पृष्ठ संख्या 25	
मन बैठना	निराश होना
तस्करी	चोरी और हेरा-फेरी का व्यापार
प्रत्यारोप	बदले में इल्जाम लगाना
संस्कृति-सभ्य	संस्कृति तथा सभ्यता वाला
गह्वर	गुफा, खाई
मनीषी	बुद्धिमान, विद्वान्
निरीह	कमजोर, लाचार
फरेब	धोखा
श्रमजीवी	मेहनत करके जीने वाले
भीरु	डरपोक
NCERT पृष्ठ संख्या 26	
भौतिक	नश्वर, बनावटी
संग्रह	इकट्ठा करना

शब्द	हिंदी अर्थ
चरम	सबसे ऊपर, प्रधान
परम	सर्वश्रेष्ठ
काम	विषय-वासनाएँ
उपेक्षा	परवाह नहीं करना
कोटि	करोड़
दरिद्र	गरीब
उन्नत	तरक्की, जो तरक्की कर चुका हो
सुचारु	सही रूप से
धर्मभीरु	धार्मिक नियमों से डरने वाले
त्रुटियाँ	कमजोरियाँ, गलतियाँ
संकोच	शर्म, हिचकिचाहट
प्रमाण	साक्ष्य
आध्यात्मिकता	धर्म संबंधी चिंतन
आक्रोश	गुस्सा
NCERT पृष्ठ संख्या 27	
दोषोद्घाटन	कमियों को उजागर करना
रस	आनंद, मज़ा
लोक	लोग
विनम्रता	विनयपूर्वक
विचित्र	अजीब-सा
लुप्त	गायब
अवांछित	जो नहीं चाहते हैं
वंचना	अभाव
गंतव्य	मंजिल, जहाँ जाना है
NCERT पृष्ठ संख्या 28	
निर्जन	जहाँ कोई न हो, सुनसान
हवाइयाँ उड़ना	डर के मारे घबरा जाना
कातर	डरा हुआ
NCERT पृष्ठ संख्या 29	
व्याकुल	व्यग्र, परेशान
गिड़गिड़ाना	मिन्नत करना, प्रार्थना करना
दया-माया	किसी के प्रति संवेदना का भाव
NCERT पृष्ठ संख्या 30	
विश्वासघात	विश्वास तोड़कर धोखा देना
अकारण	बिना कारण के
ढाँढ़स	हौसला, हिम्मत

NCERT फोल्डर

पाठ्यपुस्तक वसंत भाग-3 के प्रश्नोत्तर

आपके विचार से (पृष्ठ संख्या 30,31)

प्र.1 लेखक ने स्वीकार किया है कि लोगों ने उन्हें धोखा दिया है फिर भी वह निराश नहीं है। आपके विचार से इस बात का क्या कारण हो सकता है?

उत्तर लेखक ने स्वीकार किया है कि लोगों ने उन्हें धोखा दिया है फिर भी वह निराश नहीं है। मेरे विचार से इस बात का कारण यह हो सकता है कि वह आशावादी है। लेखक धोखा खाने के बाद भी निराश नहीं है। निराश व्यक्ति असंतुलित हो जाता है और उसे पूरी दुनिया ही धोखेबाज़ नजर आती है। इसके विपरीत लेखक को वे सभी घटनाएँ याद आती हैं, जब लोगों ने बिना किसी कारण के उसकी मदद की थी।

जीवन के महान मूल्यों के प्रति उसका विश्वास मजबूत है। दुनिया में प्रेम, दया, सहानुभूति, विश्वास जैसी उच्च भावनाओं के प्रति उसकी आशा बनी हुई है।

प्र.2 समाचार-पत्रों, पत्रिकाओं और टेलीविजन पर आपने ऐसी अनेक घटनाएँ देखी-सुनी होंगी, जिनमें लोगों ने बिना किसी लालच के दूसरों की सहायता की हो या ईमानदारी से काम किया हो। ऐसे समाचार तथा लेख एकत्रित करें और कम-से-कम दो घटनाओं पर अपनी टिप्पणी लिखें।

उत्तर समाचार पत्रों, पत्रिकाओं और टेलीविजन पर हमने ऐसी अनेक घटनाएँ देखी-सुनी हैं, जिनमें लोगों ने बिना किसी लालच के दूसरों की सहायता की है या ईमानदारी से काम किया है। ऐसी ही दो घटनाओं पर लिखे समाचार या लेख और उन पर टिप्पणी निम्न प्रकार हैं

(क) पिछले दिनों समाचार-पत्र में यह खबर छपी कि दिल्ली पुलिस के एक सिपाही को लाखों रुपयों से भरा बैग मिला। घटना कनॉट प्लेस के व्यस्त इलाके की है। अपनी ड्यूटी से घर पर जा रहा सिपाही जब कनॉट प्लेस से गुजर रहा था, तो उसकी नजर एक बैग पर पड़ी। इस प्रकार पड़ी कोई लावारिस वस्तु बम भी हो सकती है, इसलिए उसने पुलिस कंट्रोल रूम में फोन किया। स्थानीय पुलिस ने बम दस्ते को बुलाकर बैग खुलवाया तो पाया कि उसमें लाखों रुपये थे। सूचना देने वाले सतर्क और ईमानदार पुलिसवाले को सरकार द्वारा सम्मानित किए जाने की भी घोषणा की गई।

टिप्पणी इस समाचार को पढ़ने से पता चलता है कि आज भी लोभ न करने वाले तथा ईमानदार लोगों की कमी नहीं है। इससे ईमानदारी से जीने की प्रेरणा मिलती है।

(ख) दूसरी घटना मध्य प्रदेश की राजधानी के समाचार-पत्र में छपी कि भोपाल के ट्रैफिक पुलिस के एक कर्मचारी को स्थानीय जनता ने सम्मानित किया। ट्रैफिक पुलिस कर्मचारी का बेटा एक दिन मोटरसाइकिल पर जा रहा था। ड्यूटी पर तैनात सिपाही ने बिना हेलमेट पहने बाइक सवार को रुकने का इशारा किया। बाइक के रुकने पर पता चला कि वह उसी का पुत्र है, लेकिन सिपाही ने उसका चालान काटकर निर्धारित दंड ही नहीं दिया, बल्कि ईमानदारी की मिसाल भी कायम की।

टिप्पणी इस घटना से पता चलता है कि कानून सबसे ऊपर है। कानून तोड़ने वाला अपना हो या पराया, उसे दंडित करना ही ईमानदारी है।

प्र.3 लेखक ने अपने जीवन की दो घटनाओं में रेलवे के टिकट बाबू और बस कंडक्टर की अच्छाई और ईमानदारी की बात बताई है। आप भी अपने या अपने किसी परिचित के साथ हुई किसी घटना के बारे में बताइए, जिसमें किसी ने बिना किसी स्वार्थ के भलाई, ईमानदारी और अच्छाई के कार्य किए हों।

उत्तर हमारे पड़ोसी प्रेम कुमार जी के साथ पिछले वर्ष एक गंभीर सड़क दुर्घटना हुई। प्रेम कुमार जी किसी काम से अपनी कार द्वारा मथुरा जा रहे थे। रास्ते में अचानक एक पशु के सड़क पर आ जाने से उनकी गाड़ी दुर्घटनाग्रस्त हुई और सड़क के किनारे खाई में जा गिरी, तभी एक साइकिल सवार की नजर उन पर पड़ी। उसने देखा कि वे बेहोश पड़े हुए थे। साइकिल सवार ने कार का शीशा तोड़कर उन्हें बाहर निकाला और पुलिस को फोन करके सूचना दी।

अस्पताल में दो हफ्ते के उपचार के बाद प्रेम कुमार जी सकुशल घर आए। साइकिल सवार की बिना किसी स्वार्थ के की गई कोशिश से उनकी जान बच गई। इससे पता चलता है कि दुनिया में आज भी अच्छे लोग मौजूद हैं।

पर्दाफाश (पृष्ठ संख्या 31)

प्र.1 दोषों का पर्दाफाश करना कब बुरा रूप ले सकता है?

उत्तर दोषों का पर्दाफाश करना तब बुरा रूप ले सकता है, जब हम किसी के आचरण के गलत पक्ष को उजागर करके उसमें आनंद लेते हैं और दोषों को उजागर करना ही अपना कर्त्तव्य मान लेते हैं।

प्र.2 आजकल के बहुत-से समाचार-पत्र या समाचार चैनल 'दोषों का पर्दाफाश' कर रहे हैं। इस प्रकार के समाचारों और कार्यक्रमों की सार्थकता पर तर्क सहित विचार लिखिए।

उत्तर आजकल बहुत-से समाचार-पत्र या समाचार चैनल 'दोषों का पर्दाफाश' कर रहे हैं। इस प्रकार के समाचार तथा कार्यक्रम वास्तव में सार्थक हैं, क्योंकि इनको पढ़कर या देखकर लोग जागरूक होते हैं। वे अपराधियों या दोषियों का सामना कर पाते हैं और अपने आसपास कुछ गलत नहीं होने देते। इसका दोषपूर्ण पहलू यह है कि लगातार प्रसारण से ऐसा लगने लगता है जैसे पूरा समाज ही भ्रष्ट हो गया है और इससे असुरक्षा का भाव बढ़ जाता है।

समाचार-पत्र और समाचार चैनल अच्छी बातों को जोर-शोर से प्रस्तुत नहीं करते हैं। इन कार्यक्रमों की सार्थकता तभी है, जब इन पर्दाफाश करने वाले कार्यक्रमों के पीछे सच्चाई, ईमानदारी तथा जनकल्याण की भावना छिपी हो। यदि इनके पीछे अपना स्वार्थ, धन कमाना या चैनलों की प्रसिद्धि बढ़ाने का उद्देश्य छिपा हो तो इन कार्यक्रमों की कोई सार्थकता नहीं है।

कारण बताइए (पृष्ठ संख्या 31)

निम्नलिखित के संभावित परिणाम क्या-क्या हो सकते हैं? आपस में चर्चा कीजिए; जैसे-"ईमानदारी को मूर्खता का पर्याय समझा जाने लगा है।" परिणाम-भ्रष्टाचार बढ़ेगा।

1. **"सच्चाई केवल भीरु और बेबस लोगों के हिस्से आती है।"**
   परिणाम - लोग सच्चाई से दूर भागेंगे।
2. **"झूठ और फरेब का रोजगार करने वाले फल-फूल रहे हैं।"**
   परिणाम - झूठ और फरेब का रोजगार बढ़ेगा।
3. **"प्रत्येक आदमी दोषी अधिक दिख रहा है, गुणी कम।"**
   परिणाम - लोग गुणी होना नहीं चाहेंगे।

दो लेखक और बस यात्रा (पृष्ठ संख्या 31)

प्र.1 आपने इस लेख में एक बस की यात्रा के बारे में पढ़ा। इससे पहले भी आप एक बस यात्रा के बारे में पढ़ चुके हैं। यदि दोनों बस-यात्राओं के लेखक आपस में मिलते तो एक-दूसरे को कौन-कौन सी बातें बताते? अपनी कल्पना से उनकी बातचीत लिखिए।

उत्तर

पहला लेखक नमस्कार लेखक जी! क्या हाल हैं? आजकल तो मनुष्यता ही नहीं रही।

दूसरा लेखक क्यों जी? मुझे तो ऐसा नहीं लगता।

पहला लेखक कल जबलपुर जाने वाली बस में मेरे साथ यदि आप भी बैठे होते, तो समझ पाते।

दूसरा लेखक ऐसी क्या बात हो गई? मुझे तो बस की यात्रा हमेशा अच्छी लगती है।

पहला लेखक जिस बस की मैं बात कर रहा हूँ, वह बस नहीं साक्षात 'डाकिन' है।

दूसरा लेखक क्यों फँस गए थे क्या? अरे साहब! मैं भी एक बार बस की यात्रा के दौरान परेशान हुआ था, परंतु.....।

पहला लेखक परंतु क्या? बताइए न?

दूसरा लेखक डर के मारे मेरा बुरा हाल था, क्योंकि कंडक्टर खराब बस को सुनसान में छोड़कर भाग गया था। लेकिन ड्राइवर पिटते-पिटते बचा था। मैंने उसे बड़ी मुश्किल से बचाया था।

पहला लेखक अरे! पिटने देते उसे। ये बस वाले जर्जर और पुरानी बसों को सड़क पर यात्रियों के मरने के लिए छोड़ देते हैं। कभी गाड़ी नहीं चलती, कभी हॉर्न नहीं बजता और कभी बत्ती नहीं जलती।

दूसरा लेखक लेकिन मेरी बस का कंडक्टर भागा नहीं था, न डाकुओं को बुलाने गया था। वह तो दूसरी खाली बस लेकर वापस आया तथा हमें बस अड्डे तक पहुँचाया। देखिए, कुछ भी हो मानवता अभी भी मरी नहीं है।

पहला लेखक लेकिन कुछ तो मरे के समान ही हैं।

दूसरा लेखक आशा रखें। सब ठीक होगा। सरकार कानून लाएगी कि अब कोई पुरानी बस सड़कों पर चल नहीं सकेगी।

पहला लेखक काश! वह दिन जल्दी आए।

दूसरा लेखक ठीक है फिर मिलते हैं।

पहला लेखक ठीक है जी, नमस्कार।

दूसरा लेखक नमस्ते जी।

सार्थक शीर्षक (पृष्ठ संख्या 31,32)

प्र.1 लेखक ने लेख का शीर्षक 'क्या निराश हुआ जाए' क्यों रखा होगा? क्या आप इससे भी बेहतर शीर्षक सुझा सकते हैं?

उत्तर लेखक ने भारत की वर्तमान सामाजिक, राजनीतिक और आर्थिक परिस्थिति को देखते हुए इस लेख का शीर्षक 'क्या निराश हुआ जाए' रखा होगा।

इस लेख के अन्य शीर्षक हो सकते हैं

(i) हमारी आशा का भारत (ii) अभी निराश न हों
(iii) आशा रखें धीरज रखें (iv) नर हो न निराश करो मन को

प्र.2 यदि 'क्या निराश हुआ जाए' के बाद कोई विराम चिह्न लगाने के लिए कहा जाए, तो आप दिए गए चिह्नों में से कौन-सा चिह्न लगाएँगे? अपने चुनाव का कारण भी बताइए। – , । . !? . ; – , ... ।

- **"आदर्शों की बातें करना तो बहुत आसान है, पर उन पर चलना बहुत कठिन है।" क्या आप इस बात से सहमत हैं? तर्क सहित उत्तर दीजिए।**

उत्तर 'क्या निराश हुआ जाए' शीर्षक के अर्थ एवं भाव के अनुसार प्रश्नवाचक चिह्न (?) अधिक उपयुक्त होगा। लेखक द्वारा इस पाठ में 'निराश न हुआ जाए' को प्रश्न शैली में 'क्या निराश हुआ जाए?' कहा गया है।

- मैं इस बात से पूरी तरह सहमत हूँ कि आदर्शों की बातें करना तो बहुत आसान है, पर उन पर चलना बहुत कठिन है। ये दोनों अलग-अलग बातें हैं। कुछ लोग आदर्शों पर भाषण देने में कुशल तो होते हैं, परंतु उनका आचरण इसके विपरीत होता है। वास्तव में मनुष्य का असली रूप उसका आचरण ही होता है। आदर्शों पर चलने का अर्थ अंगारों पर चलना है, इसलिए यह बहुत कठिन होता है। भ्रष्ट लोगों का चारों ओर बोलबाला है पर एक आदर्शवादी व्यक्ति भ्रष्टाचार पर थोड़ी बहुत रोक लगा सकता है, लेकिन जो गिरे हुए अर्थात् भ्रष्ट हैं, वे किसी को शुद्ध आचरण कैसे करने देंगे? जो आदर्शों पर चलता है, अधिकतर लोग उसका विरोध करते हैं और उसको नीचा दिखाने का प्रयास करते हैं।

अतः स्पष्ट है कि आदर्शों की बातें करना तो बहुत आसान है, पर उन पर चलना बहुत कठिन है।

सपनों का भारत (पृष्ठ संख्या 32)

"हमारे महान मनीषियों के सपनों का भारत है और रहेगा।"

प्र.1 आपके विचार से हमारे महान विद्वानों ने किस तरह के भारत के सपने देखे थे? लिखिए।

उत्तर हमारे महान विद्वान पूर्वजों ने भारत के विषय में अनेक सपने देखे थे। पाठ 'क्या निराश हुआ जाए' में इन सभी बातों का उल्लेख किया गया है। हमारा देश आर्य और द्रविड़, हिंदू और मुसलमान, यूरोपीय और भारतीय आदर्शों की मिलन-भूमि है, जो एक महान मानव रूपी महासमुद्र की भाँति है।

यह देश पुराने ऋषि-महर्षियों से लेकर महात्मा गाँधी और तिलक, रवींद्रनाथ ठाकुर और मदनमोहन मालवीय जैसे महान विचारकों का महान संस्कृति युक्त सभ्य देश भारत ही है। मनुष्य से प्रेम करना, महिलाओं का सम्मान करना, सेवा, ईमानदारी, सच्चाई और आध्यात्मिकता को जीवन का मूल बनाना, हमारे महान मनीषियों ने इन सब गुणों से संपन्न भारत का सपना देखा था।

उन्होंने ऐसे भारत के सपने देखे थे, जो झूठ और चोरी को गलत समझता है तथा दूसरों को पीड़ा पहुँचाने को पाप समझता है। जिस महान भारतवर्ष की कल्पना हमारे मनीषियों ने की थी, उसे प्राप्त करना असंभव नहीं है।

प्र.2 आपके सपनों का भारत कैसा होना चाहिए? लिखिए।

उत्तर मेरे सपनों का भारत पूरी दुनिया में सबसे श्रेष्ठ होना चाहिए। मैं चाहता हूँ कि मेरे सपनों के भारत में सभी भारतीय स्वस्थ, शिक्षित, संपन्न तथा ईमानदार हों। वे जाति, धर्म, प्रांत, संप्रदाय आदि की भावना से ऊपर उठकर एक-दूसरे के साथ प्रेम और सद्भाव से रहें।

यहाँ भ्रष्टाचार, बेरोजगारी, गरीबी तथा अशिक्षा बिल्कुल भी न हो। देश को आतंकवाद, सांप्रदायिकता, नक्सलवाद से मुक्ति मिले तथा देश में विज्ञान, कृषि, उद्योग धंधों का विकास हो।

देश आत्मनिर्भर तथा समृद्ध हो तथा यहाँ ज्ञान-विज्ञान की इतनी उन्नति हो कि भारत पुनः विश्वगुरु बन जाए। मुझे आशा है कि एक दिन मेरे सपनों का भारत अवश्य बनेगा।

भाषा की बात (पृष्ठ संख्या 32)

प्र.1 दो शब्दों के मिलने से समास बनता है। समास का एक प्रकार है–द्वंद्व समास। इसमें दोनों पद प्रधान होते हैं, जब दोनों भाग प्रधान होंगे तो एक-दूसरे में द्वंद्व (स्पर्द्धा, होड़) की संभावना होती है। कोई किसी से पीछे रहना नहीं चाहता; जैसे–चरम और परम = चरम-परम। भीरु और बेबस = भीरु-बेबस। दिन और रात = दिन-रात।

'और' के साथ आए शब्दों के जोड़े को 'और' हटाकर (-) योजक चिह्न भी लगाया जाता है। कभी-कभी एक साथ भी लिखा जाता है। द्वंद्व समास के बारह उदाहरण ढूँढ़कर लिखिए।

उत्तर

1. सुख और दुःख = सुख-दुःख
2. दूध और दही = दूध-दही
3. सीता और राम = सीता-राम
4. भूख और प्यास = भूख-प्यास
5. काम और क्रोध = काम-क्रोध
6. जन्म और मरण = जन्म-मरण
7. पति और पत्नी = पति-पत्नी
8. ऊँच और नीच = ऊँच-नीच
9. भाई और बहन = भाई-बहन
10. पाप और पुण्य = पाप-पुण्य
11. दाल और रोटी = दाल-रोटी
12. माँ और बाप = माँ-बाप

प्र.2 पाठ से तीनों प्रकार की संज्ञाओं के उदाहरण खोजकर लिखिए।

उत्तर **व्यक्तिवाचक संज्ञा** रवींद्रनाथ ठाकुर, तिलक, महात्मा गाँधी, भारतवर्ष, मदनमोहन मालवीय

जातिवाचक संज्ञा समाचार-पत्र, समुद्र, कानून, मनुष्य, ड्राइवर, श्रमजीवी, आर्य, कंडक्टर, नौजवान, यात्री, बस, आदमी, मनीषी

भाववाचक संज्ञा ठगी, डकैती, तस्करी, चोरी, ईमानदारी, लोभ, मोह, काम, भूख, स्वास्थ्य, विनम्रता, गुण, दोष, मूर्खता, भौतिक, वंचना

अभ्यास प्रश्न

बहुविकल्पीय व वर्णनात्मक प्रश्नों सहित

बहुविकल्पीय प्रश्न

1. 'क्या निराश हुआ जाए' पाठ के लेखक हैं

(क) हरिशंकर परसाई (ख) भगवतीचरण वर्मा

(ग) रामधारी सिंह दिनकर (घ) हजारी प्रसाद द्विवेदी

उत्तर (घ) हजारी प्रसाद द्विवेदी

2. आजकल के समाचार-पत्रों में छपी खबरों को देखकर लेखक की क्या स्थिति होती है?

(क) उसका मन बैठ जाता है।

(ख) उसे अपने लेख के लिए सामग्री मिल जाती है।

(ग) उसका मन खुश हो जाता है।

(घ) वह संपादक को पत्र लिखने का मन बना लेता है।

उत्तर (क) उसका मन बैठ जाता है।

3. रवींद्रनाथ ठाकुर ने अपने प्रार्थना गीत में ईश्वर से क्या प्रार्थना की है?

कथन 1 मैं संसार में कभी दुःख व धोखा न पाऊँ।

कथन 2 संसार में धोखा व नुकसान उठाने पर भी ईश्वर मुझे आपके ऊपर संदेह न करने की शक्ति देना।

(क) कथन 1 सत्य व 2 असत्य

(ख) कथन 2 सत्य व 1 असत्य

(ग) कथन 1 व 2 सत्य

(घ) कथन 1 व 2 असत्य

उत्तर (ख) कथन 2 सत्य व 1 असत्य

4. लोगों में सेवा, ईमानदारी, सच्चाई जैसे मानवीय गुण क्यों बचे हुए हैं?

(क) धर्म को कानून से बड़ा समझने के कारण

(ख) धर्म और कानून को बराबर समझने के कारण

(ग) धर्म और कानून में कोई संबंध न होने के कारण

(घ) कानून को धर्म से बड़ा समझने के कारण

उत्तर (क) धर्म को कानून से बड़ा समझने के कारण

5. कानून की कमियों का लाभ कौन-सा वर्ग उठा रहा है?

(क) समाज का निम्न वर्ग (ख) समाज का मध्यम वर्ग

(ग) समाज का उच्च वर्ग (घ) उपरोक्त सभी

उत्तर (ग) समाज का उच्च वर्ग

6. भारत वर्ष की महान सभ्य संस्कृति कहाँ डूब गई?

(क) सागर में (ख) नहर में

(ग) युद्ध में (घ) पाश्चात्य देशों में

उत्तर (घ) पाश्चात्य देशों में

7. लेखक को कौन सी बात ज्यादा बुरी लगती है?

(क) दूसरों की अच्छाइयाँ न प्रकट करना

(ख) बुराई में आनंद लेना

(ग) आनंद लेने के लिए दोष गिनाना

(घ) दोषों को प्रकट करना

उत्तर (क) दूसरों की अच्छाइयाँ न प्रकट करना

8. कानून की त्रुटियों का लाभ उठाने के लिए कौन-से लोग संकोच नहीं करते?

(क) धर्मगुप्त (ख) धर्मभीरु (ग) धर्मवीर (घ) धर्मसिद्ध

उत्तर (ख) धर्मभीरु

9. लेखक के अनुसार, आज चिंता का विषय क्या है?

(क) समाज में व्याप्त भ्रष्टाचार, ठगी, डकैती, तस्करी आदि

(ख) लोगों द्वारा दूसरे की अच्छाइयों के प्रचार

(ग) लोगों द्वारा दूसरे के दोषों को छिपाना

(घ) दूसरे के गुणों को छिपाना

उत्तर (घ) दूसरे के गुणों को छिपाना

10. आज के समय में जीवन के महान मूल्यों की क्या स्थिति है?

(क) उन पर लोगों का विश्वास कमज़ोर हुआ है।

(ख) उन पर लोगों का विश्वास बढ़ा है।

(ग) मजबूत हुए हैं।

(घ) उपर्युक्त में से कोई नहीं

उत्तर (क) उन पर लोगों का विश्वास कमज़ोर हुआ है।

11. 'मनुष्य' शब्द की भाववाचक संज्ञा बनाइए। **CBSE Diksha**

(क) मनुष्यता (ख) मानवता (ग) मानुष (घ) मानवीयता

उत्तर (क) मनुष्यता

12. लेखक ने किस घटना को ठगी और वंचना की अनेक घटनाओं से अधिक शक्तिशाली कहा?

(क) बस वाली घटना को

(ख) टिकट बाबू वाली घटना को

(ग) विश्वासघात वाली घटना को

(घ) पर्दाफाश करने वाली घटना को

उत्तर (ख) टिकट बाबू वाली घटना को

13. भारतवर्ष में सदा किसे संयम के बंधन में बाँधकर रखने का प्रयास किया गया है?

(क) त्याग को (ख) अहंकार को

(ग) डर को (घ) क्रोध और विलासिता को

उत्तर (घ) क्रोध और विलासिता को

14. किस कवि ने अपने गीत में धोखे या नुकसान के अवसर पर भगवान को याद करने की प्रार्थना की थी?

(क) जयशंकर प्रसाद (ख) रामधारी सिंह दिनकर

(ग) रवींद्रनाथ ठाकुर (घ) भगवतीचरण वर्मा

उत्तर (ग) रवींद्रनाथ ठाकुर

15. 'क्या निराश हुआ जाए' पाठ के अनुसार, अभी भी क्या आशा बनी हुई है?

(क) हम महान भारतवर्ष को फिर से प्राप्त कर लेंगे और इसका पुराना गौरव लौट आएगा।

(ख) हम अपने जीवन में भी अनेक घटनाओं का सामना करेंगे।

(ग) देश में भ्रष्टाचार, बेईमानी और बुराई का वातावरण होगा।

(घ) लोगों के मन में एक-दूसरे के प्रति संदेह और संकोच होगा।

उत्तर (क) हम महान भारतवर्ष को फिर से प्राप्त कर लेंगे और इसका पुराना गौरव लौट आएगा।

गद्यांश पर आधारित प्रश्न

निम्नलिखित गद्यांशों को ध्यानपूर्वक पढ़कर उन पर आधारित प्रश्नों के उत्तर दें।

गद्यांश 1

भारतवर्ष ने कभी भी भौतिक वस्तुओं के संग्रह को बहुत अधिक महत्त्व नहीं दिया है, उसकी दृष्टि से मनुष्य के भीतर जो महान् आंतरिक गुण स्थिर भाव से बैठा हुआ है, वही चरम और परम है। लोभ-मोह, काम-क्रोध आदि विचार मनुष्य में स्वाभाविक रूप से विद्यमान रहते हैं, पर उन्हें प्रधान शक्ति मान लेना और अपने मन तथा बुद्धि को उन्हीं के इशारे पर छोड़ देना बहुत बुरा आचरण है। भारतवर्ष ने कभी भी उन्हें उचित नहीं माना, उन्हें सदा संयम के बंधन से बाँधकर रखने का प्रयत्न किया है, परंतु भूख की उपेक्षा नहीं की जा सकती, बीमार के लिए दवा की अपेक्षा नहीं की जा सकती, गुमराह को ठीक रास्ते पर ले जाने के उपायों की उपेक्षा नहीं की जा सकती।

1. मनुष्य में स्वाभाविक रूप से क्या मौजूद नहीं होता?

(क) लोभ (ख) संयम (ग) क्रोध (घ) वासना

उत्तर (ख) संयम

2. निम्न में कौन-सा कथन सत्य नहीं है?

(क) भूख की उपेक्षा नहीं की जा सकती है।

(ख) गुमराह को सुधारने के उपायों की उपेक्षा नहीं की जा सकती।

(ग) बीमार की दवा की उपेक्षा की जा सकती है।

(घ) मनुष्य के आंतरिक गुण ही श्रेष्ठ हैं।

उत्तर (ग) बीमार की दवा की उपेक्षा की जा सकती है

3. गुमराह को ठीक रास्ते पर लाने के लिए क्या किया जा सकता है?

(क) उसको दंड दिया जा सकता है।

(ख) उसको समझाया जा सकता है।

(ग) क और ख दोनों कथन सत्य हैं।

(घ) उसको समाज से बाहर किया जा सकता है।

उत्तर (ग) क और ख दोनों कथन सत्य हैं।

4. चरम और परम किसे कहा गया है?

उत्तर मनुष्य के भीतर जो महान आंतरिक गुण स्थिर भाव से बैठा हुआ है, वही चरम और परम है।

5. बुरा आचरण क्या है?

उत्तर मन तथा बुद्धि को लोभ-मोह और काम-क्रोध के इशारे पर छोड़ देना ही बुरा आचरण है।

6. 'स्वाभाविक' में कौन-सा प्रत्यय है?

उत्तर स्वाभाविक = स्वभाव + इक; अत: 'स्वाभाविक' में 'इक' प्रत्यय है।

गद्यांश 2

हुआ यह है कि इस देश के कोटि-कोटि दरिद्रजनों की हीन अवस्था को दूर करने के लिए ऐसे अनेक कायदे-कानून बनाए गए हैं, जो कृषि, उद्योग, वाणिज्य, शिक्षा और स्वास्थ्य की स्थिति को अधिक उन्नत और सुचारु बनाने के लक्ष्य से प्रेरित हैं, परंतु जिन लोगों को इन कार्यों में लगना है, उनका मन सब समय पवित्र नहीं होता। प्राय: वे ही लक्ष्य को भूल जाते हैं और अपनी ही सुख-सुविधा की ओर ज्यादा ध्यान देने लगते हैं।

भारतवर्ष सदा कानून को धर्म के रूप में देखता आ रहा है। आज एकाएक कानून और धर्म में अंतर कर दिया गया है। धर्म को धोखा नहीं दिया जा सकता, कानून को दिया जा सकता है। यही कारण है कि लोग धर्मभीरु हैं, वे कानून की त्रुटियों से लाभ उठाने में संकोच नहीं करते।

1. आज देश में करोड़ों लोग किस हालत में जी रहे हैं?

(क) खुशहाली में

(ख) समृद्धि में

(ग) ज़रूरतें पूरी करने के लिए

(घ) दरिद्रता में

उत्तर (घ) दरिद्रता में

2. दरिद्रजनों की हीन अवस्था को सुधारने के लिए क्या किया गया है?

(क) सरकार ने धन की व्यवस्था की है।

(ख) रैन-बसेरे बने हैं।

(ग) उन्हें कर्ज दिया जाता है।

(घ) कायदे-कानून बने हैं।

उत्तर (घ) कायदे-कानून बने हैं।

3. कानून की गलतियों का लाभ कौन उठाते हैं?

(क) जो धर्म को मान नहीं देते। (ख) जो धर्म से डरते हैं।

(ग) जो अपराधी होते हैं। (घ) जो धार्मिक नहीं होते।

उत्तर (ख) जो धर्म से डरते हैं।

4. कौन अपनी ही सुख-सुविधा में लिप्त हैं?

उत्तर जो लोग कानून के उत्तरदायी हैं, वे लक्ष्य को भूल गए हैं तथा अपनी ही सुख-सुविधा में लिप्त हैं।

5. किन लोगों का मन पवित्र नहीं होता?

उत्तर जिन लोगों को गरीबों की स्थिति सुधारने, उसे सुचारु व उन्नत बनाने के कार्य में लगना है, उनका मन सब समय पवित्र नहीं होता। वे लक्ष्य को भूल जाते हैं।

6. भारत में कायदे-कानून किस लिए बनाए गए हैं?

उत्तर भारत में करोड़ों गरीबों की स्थिति सुधारने के लिए कायदे-कानून बनाए गए हैं, जो कृषि, उद्योग, वाणिज्य आदि को उन्नत बनाने के लक्ष्य से प्रेरित हैं।

गद्यांश 3

भारतवर्ष सदा कानून को धर्म के रूप में देखता आ रहा है। आज एकाएक कानून और धर्म में अंतर कर दिया गया है। धर्म को धोखा नहीं दिया जा सकता, कानून को दिया जा सकता है। यही कारण है कि जो लोग धर्मभीरु हैं, वे कानून की त्रुटियों से लाभ उठाने में संकोच नहीं करते।

इस बात के पर्याप्त प्रमाण खोजे जा सकते हैं कि समाज के ऊपरी वर्ग में चाहे जो भी होता रहा हो, भारतवर्ष अंदर-ही-अंदर अब भी यह अनुभव कर रहा है कि धर्म कानून से बड़ी चीज है। अब भी सेवा, ईमानदारी, सच्चाई और आध्यात्मिकता के मूल्य बने हुए हैं। वे दब अवश्य गए हैं, लेकिन नष्ट नहीं हुए हैं।

1. भारतवर्ष के आम आदमी का क्या मानना है?

(क) कानून धर्म से बड़ी चीज है
(ख) धर्म कानून से बड़ी चीज है
(ग) सब चीजों में कानून ही बड़ी चीज है
(घ) पैसा बड़ी चीज है

उत्तर (ख) धर्म कानून से बड़ी चीज है

2. 'आध्यात्मिकता' में प्रत्यय है

(क) इक (ख) ता (ग) इक एवं ता (घ) इकता

उत्तर (ग) इक एवं ता

3. गद्यांश के अनुसार, कौन-से मूल्य दब गए हैं?

(क) आध्यात्मिकता के (ख) सेवा और ईमानदारी के
(ग) सच्चाई के (घ) ये सभी

उत्तर (घ) ये सभी

4. गद्यांश के अनुसार कौन-से मूल्य अब भी बने हुए हैं?

उत्तर गद्यांश के अनुसार सेवा, ईमानदारी, सच्चाई और आध्यात्मिकता के मूल्य अब भी बने हुए हैं।

5. किसको धोखा दिया जा सकता है और किसको नहीं?

उत्तर प्रस्तुत गद्यांश के अनुसार कानून को धोखा दिया जा सकता है, परंतु धर्म को नहीं।

6. किस बात के काफी प्रमाण मिल सकते हैं?

उत्तर इस बात के काफी प्रमाण मिल सकते हैं कि समाज के ऊपरी वर्ग में चाहे जो भी होता रहा हो, भारतवर्ष अंदर-ही-अंदर अब भी यह अनुभव कर रहा है कि धर्म का स्थान कानून से भी ऊपर है।

गद्यांश 4

मैं भी बहुत भयभीत था पर ड्राइवर को किसी तरह मार-पीट से बचाया। डेढ़-दो घंटे बीत गए। मेरे बच्चे भोजन और पानी के लिए व्याकुल थे। मेरी और पत्नी की हालत बुरी थी। लोगों ने ड्राइवर को मारा तो नहीं पर उसे बस से उतारकर एक जगह घेरकर रखा। कोई भी दुर्घटना होती है, तो पहले ड्राइवर को समाप्त कर देना उन्हें उचित जान पडा। मेरे गिड़गिड़ाने का कोई विशेष असर नहीं पड़ा। इसी समय क्या देखता हूँ कि एक खाली बस चली आ रही है और उस पर हमारा बस कंडक्टर भी बैठा हुआ है। उसने आते ही कहा, "अड्डे से नई बस लाया हूँ। इस बस पर बैठिए। वह बस चलाने लायक नहीं है। फिर मेरे पास एक लोटे में पानी और थोड़ा दूध लेकर आया और बोला, पंडित जी! बच्चों का रोना मुझसे देखा नहीं गया। वहीं दूध मिल गया, थोड़ा लेता आया।"

1. कंडक्टर के जाने के बाद लोगों ने क्या सोचा?

(क) यात्रियों को भगाया जाए
(ख) डाकुओं से बचा जाए
(ग) बच्चों को घर वापस ले जाया जाए
(घ) ड्राइवर को मारा-पीटा जाए

उत्तर (घ) ड्राइवर को मारा-पीटा जाए

2. बस का कंडक्टर कहाँ चला गया था?

(क) नई बस को लाने
(ख) खाना खाने
(ग) घूमने
(घ) मदद के लिए लोगों को बुलाने

उत्तर (क) नई बस को लाने

3. यात्रियों ने ड्राइवर के साथ क्या किया?

(क) उसे भगा दिया
(ख) बस चलाने नहीं दिया
(ग) सभी ने उसे बाँध कर रखा
(घ) उसे एक जगह घेरकर रखा

उत्तर (घ) उसे एक जगह घेरकर रखा

4. लेखक भयभीत क्यों था?

उत्तर लेखक भयभीत इसलिए था कि डेढ़ दो घंटे से बस सुनसान जगह पर रुकी हुई थी। उसके बच्चे तथा पत्नी भूख-प्यास से परेशान थे तथा कहीं से भी कोई सहायता नहीं मिल रही थी।

5. पंडित जी! बच्चों का रोना मुझसे देखा नहीं गया। कंडक्टर के इस कथन से उसके बारे में क्या पता चलता है?

उत्तर इस कथन से पता चलता है कि कंडक्टर एक दयालु और मानवता की भावना रखने वाला व्यक्ति था।

6. कंडक्टर लेखक के बच्चों के लिए क्या लेकर आया?

उत्तर कंडक्टर लेखक के बच्चों के लिए एक लोटे में पानी और थोड़ा दूध लेकर आया।

गद्यांश 5

ठगा भी गया हूँ, धोखा भी खाया है, परंतु बहुत कम स्थलों पर विश्वासघात नाम की चीज मिलती है। केवल उन्हीं बातों का हिसाब रखों, जिनमें धोखा खाया है, तो जीवन कष्टकर हो जाएगा, परंतु ऐसी घटनाएँ भी बहुत कम नहीं हैं, जब लोगों ने अकारण सहायता की है, निराश मन को ढाँढस दिया है और हिम्मत बँधाई है। कविवर रवींद्रनाथ ठाकुर ने अपने प्रार्थना गीत में भगवान से प्रार्थना की थी कि संसार में केवल नुकसान ही उठाना पड़े, धोखा ही खाना पड़े तो ऐसे अवसरों पर भी हे प्रभो! मुझे ऐसी शक्ति दो कि मैं तुम्हारे ऊपर संदेह न करूँ।

मनुष्य की बनाई विधियाँ गलत नतीजे तक पहुँच रही हैं, तो इन्हें बदलना होगा। वस्तुतः आए दिन इन्हें बदला ही जा रहा है, लेकिन अब भी आशा की ज्योति बुझी नहीं है। महान भारतवर्ष को पाने की संभावना बनी हुई है, बनी रहेगी।

1. जीवन कष्टकारक कब होता है?

(क) जब सोच सकारात्मक होती है।

(ख) जब सोच नकारात्मक होती है।

(ग) जब व्यक्ति दिनभर सोचता है।

(घ) जब व्यक्ति कर्म के फल के बारे में सोचता है।

उत्तर (ख) जब सोच नकारात्मक होती है।

2. लेखक किस बात पर बल देता है?

(क) नीरोग रहने की बात पर

(ख) दूसरों की सेवा करने की बात पर

(ग) मन को पवित्र बनाने की बात पर

(घ) मन की निराशा को दूर करने की बात पर

उत्तर (घ) मन की निराशा को दूर करने की बात पर

3. 'अकारण' में कौन-सा समास है?

(क) तत्पुरुष समास (ख) द्विगु समास

(ग) अव्ययीभाव समास (घ) कर्मधारय समास

उत्तर (ग) अव्ययीभाव समास

4 किन बातों को याद रखने से जीवन कष्टमय बनता है?

उत्तर जीवन में केवल धोखा खाने, निराश होने या हानि होने की बातों को याद रखने से जीवन कष्टमय बन जाता है।

5. निराश मन को ढाँढ़स बँधाने से क्या अनुभव होता है?

उत्तर निराश मन को ढाँढ़स बँधाने से मन में आशा एवं उत्साह का अनुभव होता है तथा जीवन जीना सहज लगता है।

6. उपर्युक्त गद्यांश का उचित शीर्षक लिखिए।

उत्तर उपर्युक्त गद्यांश का उचित शीर्षक होगा- निराशा एवं संदेह से मुक्ति।

अतिलघु उत्तरीय प्रश्न

1. समाचार पत्रों में प्रायः किस प्रकार के समाचार भरे रहते हैं?

उत्तर समाचार पत्रों में प्रायः ठगी, डकैती, चोरी, तस्करी और भ्रष्टाचार के समाचार भरे रहते हैं।

2. इन दिनों के माहौल में कौन पिस रहे हैं?

उत्तर इन दिनों के वातावरण में ईमानदार और श्रमजीवी लोग पिस रहे हैं।

3. आजकल मूर्खता का पर्याय किसे समझा जाने लगा है?

उत्तर आजकल ईमानदारी को मूर्खता का पर्याय समझा जाने लगा है।

4. समाचार-पत्रों में भ्रष्टाचार के प्रति जो इतना आक्रोश है, वह क्या साबित करता है?

उत्तर समाचार-पत्रों में भ्रष्टाचार के प्रति जो इतना आक्रोश है, वह यह साबित करता है कि हम गलत तरीके से धन या मान अर्जित करने वालों की प्रतिष्ठा तथा सम्मान नहीं करते।

5. लेखक ने रेलवे स्टेशन पर क्या गलती की थी?

उत्तर लेखक ने रेलवे स्टेशन पर यह गलती की थी कि उसने टिकट लेते हुए गलती से टिकट बाबू को दस के बजाय सौ का नोट दे दिया था।

6. लेखक के बच्चों के लिए दूध और पानी कौन लेकर आया था?

उत्तर लेखक के बच्चों के लिए दूध और पानी बस का कंडक्टर लेकर आया था।

7. 'क्या निराश हुआ जाए' पाठ में लेखक के कैसे विचार प्रकट हुए हैं?

उत्तर 'क्या निराश हुआ जाए' पाठ में लेखक के आशावादी विचार प्रकट हुए हैं।

लघु उत्तरीय प्रश्न

1. लेखक का मन समाचार-पत्रों को पढ़कर क्यों बेचैन हो जाता है?

उत्तर लेखक जब समाचार-पत्र पढ़ता है, तो उनमें प्रकाशित ठगी, डकैती, चोरी, तस्करी और भ्रष्टाचार जैसी आपराधिक खबरों को पढ़कर उसका मन बेचैन हो जाता है।

2. एक बार एक बहुत बड़े आदमी ने लेखक से क्या कहा था?

उत्तर एक बार एक बहुत बड़े आदमी ने लेखक से कहा था कि इस समय सुखी वही है, जो कुछ नहीं करता। जो व्यक्ति कुछ करने की सोचेगा, लोग उसमें दोष खोजने लगेंगे तथा उसके सारे गुण भुला दिए जाएँगे और दोषों को बढ़ा-चढ़ाकर दिखाया जाने लगेगा।

3. 'मानव महा-समुद्र' से लेखक का क्या आशय है?

अथवा **'क्या निराश हुआ जाए' पाठ के आधार पर बताइए कि लेखक ने भारत को 'मानव महा-समुद्र' क्यों कहा है?** **CBSE Diksha**

उत्तर 'मानव महा-समुद्र' से लेखक का आशय भारतवर्ष में रहने वाले विभिन्न जातियों एवं धर्मों के मनुष्यों से है, जो अलग-अलग स्थानों से आए हैं तथा अपने साथ तरह-तरह के जीवन मूल्य एवं आदर्श लाए हैं।

4. आजकल जीवन के महान मूल्यों के प्रति लोगों की आस्था विचलित क्यों होने लगती है?

उत्तर आजकल ईमानदार और सच्चे व्यक्ति को लोग मूर्ख समझते हैं तथा ईमानदारी को मूर्खता का पर्याय समझा जाने लगा है। लोग सोचते हैं कि केवल कायर और बेबस लोग ही सच्चाई की राह पर चलते हैं। इसलिए ऐसी स्थिति में जीवन के महान मूल्यों के प्रति लोगों की आस्था विचलित होने लगी है।

5. भारतवर्ष ने भौतिक वस्तुओं के संग्रह को बहुत अधिक महत्त्व क्यों नहीं दिया है?

उत्तर भारतवर्ष ने भौतिक वस्तुओं के संग्रह को बहुत अधिक महत्त्व इसलिए नहीं दिया है, क्योंकि उसकी दृष्टि से मनुष्य के अंदर जो महान आंतरिक गुण स्थिर भाव से बैठा हुआ है, वही चरम और परम है।

6. लेखक के अनुसार, बहुत बुरा आचरण क्या है?

उत्तर लोभ-मोह, काम-क्रोध आदि विचार मनुष्य में स्वाभाविक रूप से विद्यमान रहते हैं, पर उन्हें प्रधान शक्ति मान लेना और अपने मन तथा बुद्धि को उन्हीं के इशारे पर छोड़ देना ही लेखक के अनुसार बहुत बुरा आचरण है।

7. धर्मभीरु लोग भी कानून की कमज़ोरियों का लाभ उठाने में देर नहीं करते, क्यों? CBSE Diksha

उत्तर भारतवर्ष सदा कानून को धर्म के रूप में देखता आ रहा है, परंतु आज कानून और धर्म में अंतर कर दिया गया है। धर्म को धोखा नहीं दिया जा सकता, परंतु कानून को धोखा दिया जा सकता है। इस कारण धर्मभीरु लोग भी कानून की कमजोरियों का लाभ उठाने में देर नहीं करते।

8. अच्छाई में आनंद लेकर उसे उजागर न करना और भी बुरी बात क्यों है?

उत्तर अच्छाई में आनंद लेकर उसे उजागर न करना और भी बुरी बात इसलिए है, क्योंकि सैकड़ों घटनाएँ ऐसी घटती हैं, जिन्हें उजागर करने से संसार में अच्छाई के प्रति अच्छी भावना जगती है।

9. 'मनुष्यता समाप्त हो गई है–' लेखक ऐसा नहीं कहना चाहता, क्यों?

उत्तर लेखक के जीवन में न जाने कितनी ही ऐसी घटनाएँ घटी हैं, जिनमें लोगों ने बिना किसी कारण के उसकी मदद की है, इसलिए वह कहना नहीं चाहता कि मनुष्यता एकदम समाप्त हो गई है।

10. कविवर रवींद्रनाथ ठाकुर ने अपने प्रार्थना गीत में भगवान से क्या प्रार्थना की है?

उत्तर कविवर रवींद्रनाथ ठाकुर ने अपने प्रार्थना गीत में भगवान से यह प्रार्थना की है कि यदि संसार में केवल नुकसान ही उठाना पड़े या धोखा ही खाना पड़े तो ऐसे अवसर पर भी हे प्रभु! मुझे ऐसी शक्ति दो कि मैं तुम्हारे ऊपर संदेह न करूँ।

11. 'क्या निराश हुआ जाए' पाठ से आपको क्या शिक्षा मिलती है?

उत्तर प्रस्तुत पाठ से हमें यह शिक्षा मिलती है कि मनुष्य में मानवीय मूल्य भले ही न रहे हों, परंतु हमें सर्वथा आशावादी दृष्टि बनाए रखनी चाहिए। हमें कभी भी निराश नहीं होना चाहिए। यदि समाज में कुछ गलत हो रहा है तो दूसरी ओर कहीं अच्छाई भी हो रही होगी। हमें अच्छी व बुरी दोनों परिस्थितियों की समझ होनी चाहिए।

दीर्घ उत्तरीय प्रश्न

1. 'भारत में धर्म कानून से बड़ी चीज है' पाठ के आधार पर स्पष्ट कीजिए।

उत्तर भारत में अब भी धर्म का स्थान कानून से ऊपर है। आज भी सेवा, ईमानदारी, सच्चाई आदि जीवन मूल्यों को लोग मानते हैं। जीवन मूल्य भले ही दब जाएँ, परंतु नष्ट नहीं हुए हैं। हमारे देश में मनुष्य से प्रेम करना एवं महिलाओं का सम्मान करना अच्छी बात कहलाता है तथा झूठ और चोरी को गलत माना जाता है। दूसरों को कष्ट पहुँचाना भारत में पाप करना कहा जाता है। यहाँ लोग कानून को मानें या न मानें, परंतु धर्म को मानते हैं तथा धर्म को कानून से ऊपर मानते हैं।

2. दोषों के पर्दाफाश में किस बात का ध्यान रखना चाहिए? CBSE Diksha

उत्तर दोषों का पर्दाफाश करने में कोई बुराई नहीं है, बल्कि यह तो समाज की आवश्यकता है, परंतु जब किसी के आचरण का केवल गलत पक्ष सामने लाया जाता है, तो यह अनुचित है। आचरण के गलत पक्ष का उद्घाटन करके उसमें आनंद का अनुभव करना गलत है इसके साथ अच्छाई में आनंद लेकर उसे उजागर न करना और भी अनुचित कार्य है। अत: दोषों के पर्दाफाश में इस बात का ध्यान रखना चाहिए कि हमारी मानसिकता असंतुलित न हो। उसका उद्देश्य अच्छा होगा तो दोषों का पर्दाफाश भी निष्पक्ष और संतुलित होगा।

3. 'ठगी और वंचना' की अनेक घटनाओं से एक घटना ही शक्तिशाली है। 'क्या निराश हुआ जाए' पाठ के लेखक ने यह किस घटना के बारे में कहा है?

उत्तर 'क्या निराश हुआ जाए' पाठ के लेखक आचार्य हजारी प्रसाद द्विवेदी एक बार रेलवे स्टेशन पर टिकट बाबू को टिकट लेते हुए दस रुपये की जगह सौ रुपये का नोट दे आए तथा जल्दी-जल्दी गाड़ी में बैठ गए। टिकट बाबू को जब यह पता चला तो वह रेलगाड़ी में लेखक को ढूँढ़ता हुआ आ गया। प्रत्येक आदमी का चेहरा देखते हुए उसने लेखक को पहचाना तथा उसके हाथ पर नब्बे रुपये रखकर बोला—"बड़ी गलती हुई। आपने भी न देखा और मैंने भी ध्यान नहीं दिया।" उस ईमानदारी की घटना के विषय में लेखक कहता है कि वह एक घटना ही ठगी तथा वंचना की अनेक घटनाओं से अधिक शक्तिशाली है।

4. बस के खराब होने पर जब कंडक्टर साइकिल से चला गया, तो लोगों ने ड्राइवर के साथ क्या व्यवहार किया और तब लेखक ने क्या किया?

उत्तर बस के खराब होने पर जब कंडक्टर साइकिल से चला गया, तो लोगों को संदेह होने लगा कि उन्हें धोखा दिया जा रहा है। लोगों ने सोचा कि कंडक्टर डाकुओं के पास चला गया होगा और वे आते ही होंगे। तब कुछ नौजवानों ने ड्राइवर को पकड़कर मारने-पीटने की सोची।

जब लोगों ने उसे पकड़ लिया, तो वह लेखक की ओर भयभीत होकर देखकर खुद को बचाने की प्रार्थना करने लगा। वास्तव में, लोगों ने किसी भी प्रकार की दुर्घटना होने से पहले ड्राइवर को समाप्त कर देने का फैसला कर लिया था। लेखक के गिड़गिड़ाने का भी उन पर कोई खास असर नहीं पड़ रहा था।

लेखक ने यात्रियों को समझाया कि उसे मारना ठीक नहीं है और किसी प्रकार ड्राइवर को मार-पीट से बचाया।

5. "मेरे मन! निराश होने की ज़रूरत नहीं है।" लेखक पाठ में अपने अंतिम कथन से क्या संदेश देना चाहता है? स्पष्ट कीजिए।

उत्तर "मेरे मन! निराश होने की ज़रूरत नहीं है।" लेखक अपने इस अंतिम कथन से आशावाद का संदेश देना चाहता है। मानव जीवन में भिन्न-भिन्न अवसरों पर निराशा का आना-जाना होता रहता है। यदि भारतीय समाज पर नज़र डालें तो समाज में आई गिरावटों से निराशा का भाव पैदा होता है, परंतु विचार करने पर लेखक की बात सही लगती है कि निराश होने की ज़रूरत नहीं है। हमारे पुराने आदर्श गलत नहीं हैं। आज भी ईमानदारी, सत्य, सरलता आदि गुणों की कद्र की जाती है। धर्म के प्रति लोगों में आस्था है, इस कारण व्यक्ति कानून को धोखा दे सकता है, परन्तु धर्म को धोखा नहीं दे सकता। मनुष्यता एकदम समाप्त नहीं हुई है तथा सच्चाई और ईमानदारी अभी तक जिंदा है। लोग अभी भी भ्रष्टाचार और गलत आचरण का विरोध करते हैं। अत: अभी भी सेवा, ईमानदारी, धर्म, सत्य आदि मूल्य बने हुए हैं, वे नष्ट नहीं हुए हैं।

स्व-मूल्यांकन

बहुविकल्पीय प्रश्न

1. आजकल के समाचार-पत्रों में छपी खबरों को देखकर लेखक की क्या स्थिति होती है?
(क) उसका मन बैठ जाता है।
(ख) उसे अपने लेख के लिए सामग्री मिल जाती है।
(ग) उसका मन खुश हो जाता है।
(घ) वह संपादक को पत्र लिखने का मन बना लेता है।

2. दोषों का पर्दाफाश करना है
(क) बुरी बात (ख) अच्छी बात
(ग) निरर्थक बात (घ) इनमें से कोई नहीं

3. लेखक को एक बहुत बड़े आदमी ने किसे सुखी व्यक्ति बताया था?
(क) जो ईमानदार है (ख) जो परिश्रमी है
(ग) जो गरीब है (घ) जो कुछ नही करता

4. 'आरोप-प्रत्यारोप' शब्द का क्या अर्थ है?
(क) गलत न ठहराना (ख) एक-दूसरे को गलत ठहराना
(ग) एक-दूसरे को गाली देना (घ) अच्छा व्यवहार करना

5. वर्तमान समय में सच्चाई किनके हिस्से में पड़ी हुई है?
(क) कुछ न करने वालों के (ख) सत्य बोलने वालों के
(ग) ईमानदार लोगों के (घ) धर्मभीरु और बेबस लोगों के

गद्यांश पर आधारित प्रश्न

निम्नलिखित गद्यांश को ध्यानपूर्वक पढ़कर उस पर आधारित प्रश्नों के उत्तर दें।

दोषों का पर्दाफाश करना बुरी बात नहीं है। बुराई यह मालूम होती है कि किसी के आचरण के गलत पक्ष को उद्घाटित करके उसमें रस लिया जाता है और दोषोद्घाटन को एकमात्र कर्त्तव्य मान लिया जाता है। बुराई में रस लेना बुरी बात है, अच्छाई में उतना ही रस लेकर उजागर न करना और भी बुरी बात है। सैकड़ों घटनाएँ ऐसी घटती हैं, जिन्हें उजागर करने से लोक-चित्त में अच्छाई के प्रति अच्छी भावना जागती है।

1. क्या दोषों का पर्दाफाश करना बुरी बात है?
(क) हाँ
(ख) नहीं
(ग) कह नहीं सकते
(घ) हमें किसी के दोषों पर ध्यान नहीं देना चाहिए

2. निम्नलिखित में क्या नहीं करना बुरी बात है?
(क) दोषों को उजागर करना
(ख) दूसरों को उनके दोष बताना
(ग) दोषों पर ध्यान न देना
(घ) दूसरों की अच्छाइयों को उजागर न करना

3. अच्छाई को उजागर करना क्यों अच्छा है?
(क) ऐसा करने से दोष कम होंगे
(ख) लोगों में अच्छाई के प्रति अच्छी भावना जागेगी
(ग) लोगों के दोष उजागर होंगे
(घ) अच्छी वायु के प्रवेश से बुरी वायु स्वत: बाहर हो जाती है

4. गद्यांश के अनुसार, किसी के आचरण के गलत पक्ष को उजागर करके उसमें क्या लिया जाता है?

5. लोग किसे अपना एकमात्र कर्त्तव्य मान लेते हैं?

6. 'दोषोद्घाटन' का संधि-विच्छेद कीजिए।

अतिलघु उत्तरीय प्रश्न

1. देश में किस उद्देश्य से कायदे-कानून बनाए गए हैं?
2. भारत में कानून को किस रूप में देखा जाता है?
3. अब भी कौन-कौन से आध्यात्मिकता के मूल्य बने हुए हैं?
4. 'बुरा आचरण' क्या है? पाठ के आधार पर बताइए।
5. पाठ के आधार पर बताइए कि दोषों का निराकरण कैसे किया जा सकता है?

लघु उत्तरीय प्रश्न

1. टिकट बाबू ने लेखक को बाकी पैसे किस प्रकार लौटाए?
2. सुनसान जगह पर रुकी बस के यात्री क्या बातें कर रहे थे?
3. नौजवानों ने ड्राइवर के साथ क्या किया?

दीर्घ उत्तरीय प्रश्न

1. भारतवर्ष अब भी क्या अनुभव कर रहा है?
2. भारत ने किस चीज को अधिक महत्त्व दिया है और किसे नहीं?
3. महान भारतवर्ष को पाने की संभावना बनी हुई है, बनी रहेगी, कैसे? स्पष्ट कीजिए।

यह सबसे कठिन समय नहीं

जया जादवानी

अध्याय 6

कविता का सार

प्रस्तुत कविता में कवयित्री जया जादवानी ने अपने आशावादी विचार प्रकट किए हैं। कवयित्री का मानना है कि हमें किसी भी विषय व परिस्थिति को कठिन मानकर उससे घबराना नहीं चाहिए, बल्कि उसका धैर्य व साहस से सामना करना चाहिए। आशा के अनेक चिह्न हमारा उत्साह बढ़ा रहे हैं जैसे अभी भी चिड़िया अपनी चोंच में तिनका लेकर उड़ने के लिए तैयार है अर्थात् वह अभी भी अपने कार्यों को करने में प्रयासरत है। किसी बेसहारा व्यक्ति को सहारा देने वाले अभी भी हैं। रेलवे स्टेशनों पर अभी भी भीड़ है अर्थात् लोग बिना डर के इधर-उधर अपने काम के लिए आ-जा रहे हैं।

कवयित्री कहती है कि जो बस लोगों को लेकर गई थी, वहाँ कार्य करते हुए कुछ लोग मारे गए, किंतु जो बचे हैं, उनका समाचार लेकर बस आने वाली है। ये लोग अंतरिक्ष के पार की नई-नई जानकारियाँ लेकर आएँगे। अत: कवयित्री ने कहा है कि आशा की संभावनाएँ अभी भी बनी हुई हैं, वे खत्म नहीं हुई हैं।

काव्यांशों की विस्तृत व्याख्या

काव्यांश 1

नहीं, यह सबसे कठिन समय नहीं!
अभी भी दबा है चिड़िया की
चोंच में तिनका
और वह उड़ने की तैयारी में है!
अभी भी झरती हुई पत्ती
थामने को बैठा है हाथ एक
अभी भी भीड़ है स्टेशन पर
अभी भी एक रेलगाड़ी जाती है
गंतव्य तक
जहाँ कोई कर रहा होगा प्रतीक्षा

शब्दार्थ **तिनका**-सूखी घास आदि का टुकड़ा, **झरती हुई**-टूटकर गिरती हुई, **थामने**-सहारा देने, **गंतव्य**-पहुँचने का स्थान, मंजिल, **प्रतीक्षा**-इंतज़ार।

संदर्भ प्रस्तुत काव्यांश हमारी पाठ्य-पुस्तक 'वसंत' भाग-3 में संकलित कविता 'यह सबसे कठिन समय नहीं' से ली गई है।

प्रसंग इस काव्यांश में कवयित्री ने जीवन के प्रति हमेशा आशावादी बने रहने का आग्रह किया है।

व्याख्या प्रस्तुत काव्यांश के माध्यम से कवयित्री यह संदेश देना चाहती है कि मनुष्य को वर्तमान की कठिन परिस्थितियों से डरना व घबराना नहीं चाहिए, बल्कि सदैव अपने मार्ग पर आगे बढ़ते रहना चाहिए।

हमें अपना लक्ष्य निर्धारित करके कार्य करने का प्रयास करना चाहिए क्योंकि अभी एक चिड़िया अपना घोंसला बनाने के लिए अपनी चोंच में तिनके को दबाए हुए बैठी है और वह उड़ान भरने के लिए तैयार है। वह निराश नहीं होती। वृक्ष की पत्ती, जो झड़ने वाली है, उसे थामने के लिए कोई हाथ तैयार है, वह उसे नीचे कभी नहीं गिरने देगा। इसी प्रकार तुम भी अपने मार्ग में आगे बढ़ो।

स्टेशन पर अभी भी पहले की तरह भीड़ है, क्योंकि रेलगाड़ी अपनी मंजिल की ओर बढ़ रही है और स्टेशन पर खड़े लोग गाड़ी का इंतजार कर रहे होंगे अर्थात् परेशानी व कठिन परिस्थिति में यदि व्यक्ति अपने लक्ष्य से भटक जाता है और उसके कदम डगमगाने लगते हैं तो अनुभवी व्यक्ति उसे सहारा देकर सही मार्ग पर लाने का प्रयास करता है।

विशेष

1. कविता में आशावादी बने रहने का आग्रह किया है।
2. कवयित्री ने उदाहरण द्वारा प्रस्तुतीकरण शैली का सुंदर प्रयोग किया है।
3. ''अभी भी झरती हुई पत्ती, को थामने बैठा है हाथ एक'' पंक्ति में मानवीकरण अलंकार है।
4. सामान्य बोलचाल की भाषा का प्रभावपूर्ण प्रयोग किया गया है।
5. 'अभी भी' शब्दावली का बार-बार प्रयोग करके कवयित्री ने अभिव्यक्ति को गंभीर बनाया है।

काव्यांश 2

अभी भी कहता है कोई किसी को
जल्दी आ जाओ कि अब
सूरज डूबने का वक्त हो गया
अभी कहा जाता है
उस कथा का आखिरी हिस्सा
जो बूढ़ी नानी सुना रही सदियों से
दुनिया के तमाम बच्चों को
अभी आती है एक बस
अंतरिक्ष के पार की दुनिया से
लाएगी बचे हुए लोगों की खबर
नहीं, यह सबसे कठिन समय नहीं।

शब्दार्थ **आखिरी**-अंतिम सबसे बाद वाला, **हिस्सा**-भाग, टुकड़ा, **तमाम**-सारे, **सदियों से**-सैकड़ों वर्षों से।

संदर्भ पूर्ववत्।

प्रसंग प्रस्तुत काव्यांश में कवयित्री ने 'यह कठिन समय नहीं है', यह बताने के लिए कवयित्री अंतरिक्ष से आने वाली बस का उदाहरण देती है।

व्याख्या प्रस्तुत काव्यांश में कवयित्री कहती है कि अभी भी समय सबसे कठिन नहीं है। अभी भी कोई किसी को कहता है कि जल्दी आ जाओ, सूरज छिपने वाला है अर्थात् अपनों की चिंता करने वाले अभी भी इंतज़ार में है, इसलिए तुम्हें अपने मार्ग की ओर बढ़ जाना चाहिए। उनकी कहानी का महत्त्वपूर्ण व शिक्षाप्रद हिस्सा अभी भी रहता है अर्थात् कहानी का वह अंतिम भाग, जो दादी-नानी सुनाया करती हैं, उसे तुम सुन सकते हो।

आज भी जीवन पहले की तरह ही चल रहा है, क्योंकि वर्तमान समय सबसे कठिन नहीं है, इसलिए निराश होने की ज़रूरत नहीं है। अंतरिक्ष में नई दुनिया की खोज करने के लिए जो बस गई है, उससे यह खुशखबरी मिलने ही वाली है कि हम सिर्फ धरती पर ही नहीं, बल्कि अंतरिक्ष के पार की में भी बचे हुए हैं। इस प्रकार जब सभी ओर आशा के चिह्न दिखाई पड़ रहे हैं, तो यह नहीं कहा जा सकता कि यह सबसे कठिन समय है। अतः हमें अभी भी आशावादी बने रहकर जीवन में आगे बढ़ते रहना चाहिए।

विशेष

1. काव्यांश में कवयित्री का अत्यंत आशावादी होना झलकता है।
2. काव्यांश की भाषा आम बोलचाल की है।
3. कवयित्री ने दृष्टांत शैली का सुंदर प्रयोग किया है।
4. कविता में 'अभी भी' शब्दावली का बार-बार प्रयोग करके कवयित्री ने इस बात पर जोर दिया है कि वर्तमान समय सबसे कठिन समय नहीं है।

NCERT फोल्डर

पाठ्यपुस्तक वसंत भाग-3 के प्रश्नोत्तर

कविता से (पृष्ठ संख्या 34, 35)

प्र.1 "यह कठिन समय नहीं है?" यह बताने के लिए कविता में कौन-कौन से तर्क प्रस्तुत किए गए हैं? स्पष्ट कीजिए।

उत्तर यह कठिन समय नहीं है, यह बताने के लिए कवयित्री ने कविता में निम्नलिखित तर्क प्रस्तुत किए हैं

(i) चिड़िया की चोंच में तिनका दबा है, जिसे लेकर वह उड़ने को तैयार है।
(ii) पेड़ से गिरती हुई पत्ती को कोई हाथ थामने के लिए तैयार है।
(iii) स्टेशन पर भीड़ है और एक रेलगाड़ी गंतव्य तक जाती है।
(iv) गंतव्य स्थान पर लोग आने वालों का इंतजार कर रहे हैं।
(v) सूर्यास्त से पहले घर जल्दी वापस आने के लिए कहा जा रहा है।
(vi) सदियों पुरानी कहानी का अंतिम भाग अभी भी कहा-सुना जाना है, जो दादी-नानी बच्चों को सुनाने वाली हैं।
(vii) अंतरिक्ष के पार की दुनिया से भी लोग बचे हैं, ऐसी खबर आने वाली है।

प्र.2 चिड़िया चोंच में तिनका दबाकर उड़ने की तैयारी में क्यों है? वह तिनकों का क्या करती होगी? लिखिए।

उत्तर चिड़िया चोंच में तिनका दबाकर उड़ने की तैयारी में इसलिए है, क्योंकि उसे उस तिनके की सहायता से अपना घोंसला बनाना है। घोंसला एक-एक तिनका इकट्ठा करके ही बनता है। अतः वह ऐसे तिनकों को इकट्ठा करके अपने और अपने बच्चों के लिए घोंसला बनाती होगी।

प्र.3 कविता में कई बार 'अभी भी' का प्रयोग करके बातें रखी गई हैं। अभी भी का प्रयोग करते हुए तीन वाक्य बनाइए और देखिए उनमें लगातार, निरंतर, बिना रुके चलने वाले किसी कार्य का भाव निकल रहा है या नहीं?

उत्तर (i) अभी भी वह पढ़ रहा है। —*लगातार*
(ii) अभी भी वर्षा हो रही है। —*निरंतरता*
(iii) अभी भी तुम हारे नहीं हो। —*बिना रुके चलने वाला कार्य*

प्र.4 'नहीं' और 'अभी भी' को एक साथ प्रयोग करके तीन वाक्य लिखिए और देखिए 'नहीं,' 'अभी भी' के पीछे कौन-कौन से भाव छिपे हो सकते हैं?

उत्तर (i) नहीं, अभी भी मैं थका नहीं हूँ।
—निरंतर कार्य करने के बावजूद न थकने का भाव।

(ii) नहीं, अभी भी मैं कुछ नहीं कहूँगा।
—उचित समय की प्रतीक्षा का भाव

(iii) नहीं, अभी भी अच्छी फसल हो सकती है।
—आशा का भाव

कविता से आगे (पृष्ठ संख्या 35)

प्र.1 घर के बड़े-बूढ़ों द्वारा बच्चों को सुनाई जाने वाली किसी ऐसी कथा की जानकारी प्राप्त कीजिए, जिसके आखिरी हिस्से में कठिन परिस्थितियों से जीतने का संदेश हो।

उत्तर छात्र स्वयं करें।

प्र.2 आप जब भी घर से स्कूल जाते हैं, कोई आपकी प्रतीक्षा कर रहा होता है। सूरज डूबने का समय भी आपको खेल के मैदान से घर लौट चलने की सूचना देता है कि घर में कोई आपकी प्रतीक्षा कर रहा है—प्रतीक्षा करने वाले व्यक्ति के विषय में आप क्या सोचते हैं? अपने विचार लिखिए।

उत्तर प्रतीक्षा करने वाले सदैव हमारे प्रियजन ही होते हैं। अकसर देर से आने पर परिवार के सदस्य चिंतित हो जाते हैं। उन्हें चिंता के कारण प्रतीक्षा का समय लंबा लगने लगता है।

प्रतीक्षा करने वाले कभी-कभी इतने परेशान हो जाते हैं कि वे क्रोधित हो जाते हैं। मुझे स्कूल से घर पहुँचने में ज़रा-सी देर हो जाए तो मेरी माँ दरवाज़े पर आकर खड़ी हो जाती है। खेल के मैदान में भी सूरज डूबने से पहले मैं अपने घर चल देता हूँ, क्योंकि मुझे पता होता है कि मेरी माँ मेरी प्रतीक्षा कर रही होगी और उन्हें मेरी चिंता हो रही होगी। वह मुझे प्यार भी बहुत करती है, इसीलिए उन्हें समय पर मेरे घर पहुँचने का इंतजार रहता है। इस प्रकार की प्रतीक्षा करने वाला व्यक्ति सदैव हमारा भला सोचने वाला और कल्याणकारी होता है।

अनुमान और कल्पना (पृष्ठ संख्या 35)

प्र.1 अंतरिक्ष के पार की दुनिया से क्या सचमुच कोई बस आती है, जिससे खतरों के बाद भी बचे हुए लोगों की खबर मिलती है? आपकी राय में यह झूठ है या सच? यदि झूठ है तो कविता में ऐसा क्यों लिखा गया? अनुमान लगाइए यदि सच लगता है तो किसी अंतरिक्ष संबंधी विज्ञान कथा के आधार पर कल्पना कीजिए कि वह बस कैसी होगी, वे बचे हुए लोग खतरों से क्यों घिर गए होंगे? इस संदर्भ को लेकर कोई कथा बना सकें तो बनाइए।

उत्तर अंतरिक्ष के पार की दुनिया से सचमुच में कोई बस नहीं आती है। अत: किसी की खबर मिलने की बात केवल काल्पनिक है। कविता को रोचक बनाने और मनुष्य में आशा की भावना उत्पन्न करने के लिए कवयित्री ने इस कल्पना का समावेश किया है । अंतरिक्ष पार की बस यदि होगी तो वह अंतरिक्ष यान की तरह की होगी।

अंतरिक्ष संबंधी विज्ञान कथाओं में या इनके आधार पर बने टीवी कार्यक्रमों में ऐसे काल्पनिक और रोचक दृश्य भले ही मिल जाएँ, लेकिन बस का अंतरिक्ष में जाना संभव नहीं है। हाँ, यदि विशेष प्रकार की अंतरिक्ष बस बनाई जाए तो वह ऐसी यात्रा कर सकती है।

हमारे अंतरिक्ष वैज्ञानिकों को लगता है कि ब्रह्मांड में केवल पृथ्वी पर ही जीवन नहीं है, बल्कि और भी कहीं ज़रूर होगा। इसके लिए अनेक वर्षों से दुनिया के विकसित देश अंतरिक्ष में अपने यान भेजते रहे हैं। अन्य ग्रहों के निवासियों के बारे में अनेक प्रकार की काल्पनिक कथाएँ और फ़िल्में भी बनी हैं। वैज्ञानिक ज्ञान के अनुसार ग्रह या तारों का भी जीवन-क्रम होता है और वे बनते-बिगड़ते हैं। ऐसा भी हो सकता है कि किसी ग्रह पर जीवन हो, लेकिन संकट में पड़ जाने के कारण नष्ट हो गया हो। इसका कारण हमारी पृथ्वी की तरह प्रदूषण भी हो सकता है। इन सभी बिंदुओं को ध्यान में रखकर अपनी-अपनी कल्पना के आधार पर छात्र कोई भी कथा स्वयं बनाएँ।

अभ्यास प्रश्न

बहुविकल्पीय व वर्णनात्मक प्रश्नों सहित

बहुविकल्पीय प्रश्न

1. 'यह सबसे कठिन समय नहीं' कविता की रचना निम्नलिखित में से किसके द्वारा की गई है?

(क) सूर्यकांत त्रिपाठी 'निराला' (ख) कबीरदास
(ग) रामधारी सिंह 'दिनकर' (घ) जया जादवानी

उत्तर (घ) जया जादवानी

2. 'यह सबसे कठिन समय नहीं' कविता में कवयित्री का कौन-सा दृष्टिकोण प्रकट हुआ है?

(क) निराशावादी (ख) आशावादी (ग) रूढ़िवादी (घ) परंपरावादी

उत्तर (ख) आशावादी

3. कविता में विभिन्न उदाहरणों के माध्यम से कवयित्री क्या कहना चाहती है? **CBSE Diksha**

(क) जीवन की आशा अभी भी शेष है।
(ख) इससे बुरा समय हो ही नहीं सकता।
(ग) जीवन में सब कुछ समाप्त हो चुका है।
(घ) उपर्युक्त में से कोई नहीं

उत्तर (क) जीवन की आशा अभी भी शेष है।

4. चिड़िया चोंच में तिनका लेकर उड़ने के लिए तैयार क्यों है?

(क) आग जलाने के लिए

(ख) अपने मनोरंजन के लिए

(ग) बच्चों के खाने के लिए

(घ) घोंसला बनाने के लिए

उत्तर (घ) घोंसला बनाने के लिए

5. 'गंतव्य' शब्द का क्या अर्थ है?

(क) जिस स्थान पर पहुँचना होता है

(ख) जिस स्थान पर पहुँचना नहीं होता है।

(ग) स्थान को छोड़ कर जाना

(घ) उपर्युक्त में से कोई नहीं

उत्तर (क) जिस स्थान पर पहुँचना होता है।

6. कविता के अनुसार, रेलवे स्टेशन पर क्या है?

(क) रेलगाड़ियों का ताँता

(ख) यात्रियों की भीड़

(ग) ढेर सारा सामान

(घ) उपर्युक्त में से कोई नहीं

उत्तर (ख) यात्रियों की भीड़

7. कोई अपने प्रियजन के लिए चिंतित हो रहा है और वह कहता है कि आ जाओ, क्योंकि

(क) सूरज निकलने का समय हो गया है।

(ख) ऑफिस जाने का समय हो गया है।

(ग) खाना खाने का समय हो गया है।

(घ) सूरज डूबने का समय हो गया है।

उत्तर (घ) सूरज डूबने का समय हो गया है।

8. कविता में किसकी प्रतीक्षा नहीं की जा रही है?

(क) कथा के आखिरी हिस्से की

(ख) समाचार लेकर आने वाले की

(ग) यात्रा करके घर वापस आने वालों की

(घ) किसी के जल्दी आने की

उत्तर (ख) समाचार लेकर आने वाले की

9. 'कठिन समय' निम्नलिखित में से किसका प्रतीक है?

(क) विश्राम का (ख) कर्म का

(ग) युद्ध का (घ) दुःख का

उत्तर (घ) दुःख का

10. अंतरिक्ष के पार लोग क्यों गए थे?

(क) घूमने गए थे

(ख) नई जानकारियाँ प्राप्त करने गए थे

(ग) कुछ नए निर्माण कार्य करने गए थे

(घ) इनमें से कोई नहीं

उत्तर (ख) नई जानकारियाँ प्राप्त करने गए थे

काव्यांश पर आधारित प्रश्न

निम्नलिखित काव्यांशों को ध्यानपूर्वक पढ़कर उन पर आधारित प्रश्नों के उत्तर दें

काव्यांश 1

नहीं, यह सबसे कठिन समय नहीं!
अभी भी दबा है चिड़िया की
चोंच में तिनका
और वह उड़ने की तैयारी में है!
अभी भी झरती हुई पत्ती
थामने को बैठा है हाथ एक

1. 'नहीं, यह सबसे कठिन समय नहीं!'-पंक्ति में 'नहीं' शब्द पर ज़ोर देकर कवयित्री क्या कहना चाहती हैं?

(क) अभी काम को किया जा सकता है

(ख) कठिन समय में सोच-विचार करना

(ग) यह समय कठिन नहीं है, अपने लक्ष्य-प्राप्ति में संकोच नहीं करना चाहिए।

(घ) सफलता के लिए आगे बढ़ना

उत्तर (ग) यह समय कठिन नहीं है, अपने लक्ष्य-प्राप्ति में संकोच नहीं करना चाहिए।

2. 'झरती हुई पत्ती' के माध्यम से कवयित्री क्या कहना चाहती है? दिए गए कथनों को पढ़कर सही विकल्प चुनें।

1. लक्ष्य भटक जाने पर अनुभवी हाथ सहारा देगा।

2. लक्ष्य प्राप्ति में असफल होने पर कोई सहारा न दे तो भी बढ़ते रहो।

कूट

(क) केवल 1 (ख) केवल 2

(ग) 1 और 2 दोनों (घ) इनमें से कोई नहीं

उत्तर (क) केवल 1

3. निम्नलिखित कथनों में से कौन-सा कथन सत्य नहीं है?

(क) यह कठिन समय नहीं है।

(ख) चिड़िया उड़ना चाहती है।

(ग) चिड़िया की चोंच में अब भी तिनका है।

(घ) गिरते हुए पत्ते को सँभालने वाला कोई नहीं है।

उत्तर (घ) गिरते हुए पत्ते को सँभालने वाला कोई नहीं है।

4. पद्यांश के अनुसार, वर्तमान समय कैसा है?

उत्तर पद्यांश के अनुसार, वर्तमान समय सबसे कठिन नहीं है।

5. चिड़िया किसकी तैयारी में लगी है?

उत्तर चिड़िया चोंच में तिनका लेकर उड़ने की तैयारी में है, क्योंकि वह घोंसला बनाना चाहती है।

6. एक हाथ क्या करना चाहता है?

उत्तर एक हाथ गिरती हुई पत्ती को सहारा देना चाहता है।

काव्यांश 2

अभी भी भीड़ है स्टेशन पर
अभी भी एक रेलगाड़ी जाती है
गंतव्य तक
जहाँ कोई कर रहा होगा प्रतीक्षा
अभी भी कहता है कोई किसी को
जल्दी आ जाओ कि अब
सूरज डूबने का वक्त हो गया

1. गंतव्य पर क्या हो रहा होगा?

(क) भीड़ होगी
(ख) लोग आ-जा रहे होंगे
(ग) कोई इंतजार नहीं कर रहा होगा
(घ) कोई इंतज़ार कर रहा होगा

उत्तर (घ) कोई इंतज़ार कर रहा होगा

2. प्रस्तुत पद्यांश का संदेश है

(क) रेलगाड़ी के आने का समय निश्चित है
(ख) समयानुसार लक्ष्य की ओर बढ़ जाना
(ग) रात को समय पर घर पहुँचना चाहिए
(घ) सूरज डूबने वाला है

उत्तर (ख) समयानुसार लक्ष्य की ओर बढ़ जाना

3. व्याकरणिक दृष्टि से 'स्टेशन' शब्द है

(क) तद्‌भव शब्द (ख) तत्सम शब्द
(ग) विदेशज शब्द (घ) देशज शब्द

उत्तर (ग) विदेशज शब्द

4. गंतव्य पर कौन किसकी प्रतीक्षा कर रहा होगा?

उत्तर गंतव्य पर कोई व्यक्ति रेलगाड़ी से आने वाले किसी अपने की प्रतीक्षा कर रहा होगा।

5. घर आने के लिए अभी भी कोई किसी को क्या कहता है?

उत्तर घर आने के लिए अभी भी कोई किसी को कहता है कि सूरज डूबने का समय हो गया है।

6. 'अभी भी' शब्द को बार-बार क्यों प्रयोग किया जा रहा है?

उत्तर समय को प्रमुखता देने के लिए अभी भी शब्द को बार-बार प्रयोग किया जा रहा है अर्थात् अभी सबसे कठिन समय नहीं आया है।

अतिलघु उत्तरीय प्रश्न

1. नानी की कहानी की क्या विशेषताएँ हैं?

उत्तर नानी की कहानी की निम्नलिखित विशेषताएँ हैं

- नानी की कहानी में अपनत्व भाव है।
- नानी की कहानियाँ सभी बच्चों के लिए हैं।
- नानी की कहानियाँ शिक्षाप्रद हैं।

2. स्टेशन पर भीड़ क्यों है? CBSE Diksha

उत्तर स्टेशन पर भीड़ रेलगाड़ियों में आने-जाने वाले यात्रियों के कारण है।

3. गंतव्य पर कौन किसका इंतजार कर रहा है?

उत्तर गंतव्य पर कोई व्यक्ति आने वाले किसी अपने का इंतज़ार कर रहा है।

4. किसी को कोई जल्दी आने को क्यों कहता है?

उत्तर सूरज डूबने का वक्त हो जाने के कारण कोई अपनों को जल्दी आने को कहता है।

5. बूढ़ी नानी क्या करती है?

उत्तर बूढ़ी नानी बच्चों को कहानियाँ सुनाती है।

6. बचे हुए लोगों की खबर कहाँ से आएगी?

उत्तर बचे हुए लोगों की खबर अंतरिक्ष के पार की दुनिया से आएगी।

7. बचे हुए लोगों की खबर कौन लाएगी?

उत्तर बचे हुए लोगों की खबर अंतरिक्ष से आने वाली बस लाएगी।

लघु उत्तरीय प्रश्न

1. 'यह सबसे कठिन समय नहीं' के माध्यम से कवयित्री क्या संदेश देना चाहती हैं?

उत्तर कवयित्री शीर्षक 'यह सबसे कठिन समय नहीं' के द्वारा जीवन के प्रति आशावादी दृष्टिकोण अपनाने का संदेश देना चाहती है। कविता में बहुत-से उदाहरण देकर उन्होंने इस तथ्य की पुष्टि भी की है।

2. 'चिड़िया की चोंच में तिनका' के माध्यम से क्या कहने का प्रयास किया गया है?

उत्तर 'चिड़िया की चोंच में तिनका' के माध्यम से यह कहने का प्रयास किया गया है कि चिड़िया अपना घोंसला बना रही है। निर्माण करना आशा का ही एक रूप है, क्योंकि प्रकृति में चारों तरफ आशा-ही-आशा है। अत: निराश होने की ज़रूरत नहीं है, क्योंकि यह सबसे कठिन समय नहीं है।

3. कविता में जिस कल्पना और संभावना की चर्चा की गई है, उसके पक्ष में दो उदाहरण लिखिए।

उत्तर कविता में जीवन को कठिन नहीं कहते हुए इसे सिद्ध करने के लिए अंतरिक्ष के पार की दुनिया की कल्पना और संभावना व्यक्त की गई है। इसके पक्ष में दो उदाहरण निम्न प्रकार हैं :

(i) अंतरिक्ष में जीवन होने की बात कहना
(ii) पृथ्वी से अंतरिक्ष तक बस से आने-जाने की बात कहना।

4. बूढ़ी नानी के किस्से की चर्चा क्यों की गई है?

उत्तर जीवन के प्रति आशावाद को प्रकट करने के लिए नानी के किस्से की चर्चा की गई है। मनुष्य पीढ़ी-दर-पीढ़ी आशा के कारण ही जीता आ रहा है।

5. सूरज डूबने के समय कौन, किसे और क्यों बुला रहा है?

उत्तर सूरज डूबने के समय परिवार वाले अपने लोगों को घर वापस आने के लिए बुला रहे हैं, क्योंकि वे उनका इंतज़ार कर रहे हैं और उनके लिए चिंतित हैं। इस समय सभी लोग अपने-अपने घरों को लौटने लगते हैं।

दीर्घ उत्तरीय प्रश्न

1. 'यह सबसे कठिन समय नहीं' कविता का मूल उद्देश्य क्या है?

उत्तर 'यह सबसे कठिन समय नहीं' कविता का मूल उद्देश्य है— किसी भी व्यक्ति को जीवन में हमेशा आशावान बने रहने की प्रेरणा देना। किसी भी समय को कठिन न समझें, क्योंकि जीवन का कोई भी क्षण कठिन नहीं होता है। व्यक्ति यदि प्रयत्न करे तो उसे प्रत्येक मुश्किल से निकलने का रास्ता मिल ही जाता है। कोई-न-कोई भला व्यक्ति सदैव किसी-न-किसी मुश्किल में फँसे व्यक्ति की सहायता के लिए तैयार रहता है। कठिन समय मानकर व्यक्ति को कभी भी निराश नहीं होना चाहिए। उसे विश्वास रखना चाहिए कि अँधेरे के बाद उजाला अवश्य होता है। अत: किसी भी समय को सबसे कठिन नहीं समझना चाहिए और सकारात्मक दृष्टिकोण के साथ जीवन में हमेशा आगे बढ़ते रहना चाहिए।

2. 'यह सबसे कठिन समय नहीं' कविता में सत्यता और कल्पना के भाग को अलग कीजिए। **CBSE Diksha**

उत्तर 'यह सबसे कठिन समय नहीं' कविता में कवयित्री ने मनुष्य को निराशा से बचने के लिए वास्तविक व काल्पनिक उदाहरण दिए हैं। चिड़िया द्वारा घोंसला बनाने की तैयारी, गिरती पत्ती को थामते हाथ, स्टेशन पर भीड़, गंतव्य तक जाती रेलगाड़ी तथा अपनों का इंतजार करते लोग आदि सत्यता (वास्तविकता) पर आधारित उदाहरण हैं। जबकि अंतरिक्ष में बचे लोगों की खबर लेकर आती बस के माध्यम से कवयित्री ने काल्पनिकता का उदाहरण दिया है।

3. 'यह सबसे कठिन समय नहीं' कविता में कौन-सा दृष्टिकोण प्रकट हुआ है?

उत्तर 'यह सबसे कठिन समय नहीं' कविता में कवयित्री जया जादवानी जी का जिंदगी के प्रति आशावादी दृष्टिकोण प्रकट हुआ है। वे बहुत आशावादी हैं और उम्मीद का दामन कभी नहीं छोड़ती हैं। वे मानती हैं कि जब तक मानव अपना हौसला तथा धैर्य नहीं छोड़ता, तब तक कठिन समय नहीं आ सकता। उन्होंने कविता में कई उदाहरणों के माध्यम से यह समझाने का प्रयास किया है कि हमें जीवन में कभी भी निराश नही होना चाहिए और आशा के साथ आगे बढ़ना चाहिए।

4. यह सबसे कठिन समय है या नहीं, इसके पक्ष-विपक्ष में अपने विचार लिखिए।

उत्तर कवयित्री का यह कहना उचित है कि वर्तमान समय सबसे कठिन नहीं है। कठिन समय होना तथा सबसे कठिन समय होना दोनों अलग-अलग बातें हैं। समय आसान तो नहीं है, लेकिन इतना भी कठिन नहीं है कि निराश हुआ जाए। यदि समय सबसे कठिन होता, तो सबके जीवन में कठिनाई होती। प्रकृति में सर्वत्र इस बात का प्रमाण है कि यह समय सबसे कठिन नहीं है।

चिड़िया अपना घोंसला बनाने के लिए आशान्वित है तथा किसी बेसहारा व्यक्ति को सहारा देने वाले लोग अभी भी हैं। लोग यात्राओं में व्यस्त हैं तथा रेलगाड़ी अपने निश्चित स्थान पर पहुँच रही हैं। अपनों की चिंता करने वाले लोग अभी भी मौजूद हैं। कुल मिलाकर यह कहना उचित होगा कि समय कठिन है, परंतु सबसे कठिन समय अभी नहीं आया है।

स्व–मूल्यांकन

बहुविकल्पीय प्रश्न

1. चिड़िया अपना घोंसला बनाने के लिए क्या जमा कर रही है?
(क) दाना (ख) लकड़ी (ग) तिनका (घ) फूल

2. बूढ़ी नानी द्वारा सुनाई जाने वाली कहानी का कौन-सा भाग सुनाया जाना बाकी है?
(क) बीच का भाग (ख) पहला भाग
(ग) अंतिम भाग (घ) इनमें से कोई नहीं

3. प्रस्तुत कविता के अनुसार अंतरिक्ष के पार की दुनिया से क्या आती है?
(क) परियाँ (ख) तारे
(ग) बस (घ) इनमें से कोई नहीं

4. कविता में नानी जो कहानी सुनाती है, उसके आखिरी हिस्से में बस कहाँ से आती है?
(क) सागर के पार की दुनिया से
(ख) पर्वत के पार की दुनिया से
(ग) नदी के पार की दुनिया से
(घ) अंतरिक्ष के पार की दुनिया से

5. कविता के अनुसार, स्टेशन पर अभी भी क्या है?
(क) दूसरी रेलगाड़ियाँ (ख) ढेर सारा सामान
(ग) भीड़ (घ) इनमें से कोई नहीं

काव्यांश पर आधारित प्रश्न

निम्नलिखित काव्यांश को ध्यानपूर्वक पढ़कर उस पर आधारित प्रश्नों के उत्तर दें

अभी कहा जाता है
उस कथा का आखिरी हिस्सा
जो बूढ़ी नानी सुना रही सदियों से
दुनिया के तमाम बच्चों को
अभी आती है एक बस
अंतरिक्ष के पार की दुनिया से
लाएगी बचे हुए लोगों की खबर!
नहीं, यह सबसे कठिन समय नहीं।

1. सदियों से कहानी कौन सुनाती आ रही है?
(क) बूढ़ी नानी (ख) बूढ़ी अम्मा
(ग) बूढ़ी काकी (घ) बूढ़ी बुआ

2. नानी की कहानी के विषय में क्या सही है?
(क) कथा का आखिरी हिस्सा सुनाती है
(ख) दुनिया के तमाम बच्चे सुनते हैं
(ग) यह कहानी सदियों से चली आ रही है
(घ) उपर्युक्त सभी

3. बूढ़ी नानी द्वारा सुनाई जाने वाली कहानी होती है
(क) वास्तविकता पर आधारित
(ख) सीख देने वाली
(ग) मन में निराशा पैदा करने वाली
(घ) उपर्युक्त में से कोई नहीं

4. सदियों से कौन-सा काम पूरा नहीं हुआ है?

5. बचे हुए लोगों की खबर कहाँ से आने वाली है?

6. काव्यांश में वर्णित बस की क्या विशेषता है?

अतिलघु उत्तरीय प्रश्न

1. चिड़िया की चोंच में तिनका क्यों है?

2. 'झरती हुई पत्ती थामने को बैठा है हाथ एक' से क्या तात्पर्य है?

3. अंतरिक्ष के पार की दुनिया की खबर कौन लाएगा?

4. 'सूरज डूबने का वाक्य हो गया' पंक्ति से क्या अभिप्राय है?

5. कविता के अनुसार, बताइए कि अंतरिक्ष की दुनिया कैसी है?

लघु उत्तरीय प्रश्न

1. चिड़िया की उड़ान और तैयारी किस बात का द्योतक है?

2. शाम को लोग अपनों का इंतजार क्यों करते हैं?

3. अंतरिक्ष के पार क्या-क्या हो सकता है? अनुमान कीजिए।

दीर्घ उत्तरीय प्रश्न

1. 'यह सबसे कठिन समय नहीं' कविता हमारे मन में किस प्रकार के भाव पैदा करती है?

2. कवयित्री के अनुसार, वर्तमान समय को सबसे कठिन समय क्यों नहीं कहा जा सकता?

3. अपनों को सदैव हमारे आने का इंतज़ार क्यों रहता है? स्पष्ट कीजिए।

अध्याय 7

कबीर की साखियाँ

कबीर

कविता का सार

प्रस्तुत पाठ में कबीरदास जी द्वारा रचित पाँच साखियों का संग्रह किया गया है। कबीर जी की साखियाँ नीतिपरक होती हैं, जो दैनिक जीवन में बहुत महत्त्व रखती हैं।

पहली साखी में कबीर जी ने बताया है कि ज्ञानी पुरुषों से कभी भी उनकी जाति नहीं पूछनी चाहिए, बल्कि उनसे ज्ञान ले लेना चाहिए। दूसरी साखी में कबीर जी ने बताया है कि किसी के द्वारा कहे गए अपशब्दों का उत्तर हमें मौन रहकर देना चाहिए।

तीसरी साखी में कबीर जी ने मन को एकाग्र रखने की सीख दी है।

चौथी साखी में कबीर जी ने कमजोर मनुष्यों पर अत्याचार न करने का संदेश दिया है।

पाँचवीं और अंतिम साखी में कबीर जी ने शांत रहने और सबसे प्रेम करने का उपदेश दिया है।

काव्यांशों की विस्तृत व्याख्या

काव्यांश 1

जाति न पूछो साध की, पूछ लीजिए ज्ञान।
मोल करो तरवार का, पड़ा रहन दो म्यान।।1।।

शब्दार्थ **साध**-साधु अथवा सज्जन, **तरवार**-कटार, **म्यान**-तलवार रखने का कोष

संदर्भ प्रस्तुत साखी हमारी पाठ्य-पुस्तक 'वसंत' भाग-3 में संकलित 'कबीर की साखियाँ' पाठ से ली गई है। इस साखी के कवि 'कबीरदास जी' हैं।

प्रसंग प्रस्तुत साखी में कबीर ने मनुष्य को जाति से ऊपर उठकर मनुष्य के गुणों पर ध्यान देने के लिए कहा है।

व्याख्या प्रस्तुत साखी में कबीर जी कहते हैं कि साधु अर्थात् ज्ञानीजनों से कभी भी उनकी जाति नहीं पूछनी चाहिए, बल्कि विनम्रता के साथ उनसे ज्ञान प्राप्त करने का प्रयत्न करना चाहिए। अपने कथन की पुष्टि के लिए कबीर ने तलवार तथा म्यान का सुंदर एवं सटीक उदाहरण देते हुए कहा है कि जिस प्रकार तलवार खरीदते समय हमें तलवार और उसकी धार देखनी चाहिए, उसकी म्यान नहीं, उसी प्रकार साधु को देखकर उसकी जाति नहीं, बल्कि उसका ज्ञान पूछना चाहिए।

विशेष

1. काव्यांश की भाषा सधुक्कड़ी है तथा दोहा छंद में रचित है।
2. कबीर ने जाति-भेद का विरोध किया है तथा ज्ञान को सर्वोच्च बताया है।

काव्यांश 2

आवत गारी एक है, उलटत होइ अनेक।
कह कबीर नहिं उलटिए, वही एक की एक।।2।।

शब्दार्थ **आवत**-आती हुई, **गारी**-गाली, **उलटत**-पलटकर जवाब देने पर, **होइ**-हो जाती है **नहिं**-नहीं।

संदर्भ पूर्ववत्।

प्रसंग कबीरदास जी ने इस साखी के माध्यम से बताया है कि अपशब्दों का विरोध हमें शांत और मौन रहकर करना चाहिए।

व्याख्या कबीरदास जी कहते हैं कि यदि हमें कोई गाली देता है, तो उसके जवाब में हमें भी गाली नहीं देनी चाहिए। यदि किसी के गाली देने पर हम मौन रहते हैं, कोई जवाब नहीं देते तो ऐसा करने से गालियों की संख्या नहीं बढ़ती।

वह एक से अनेक नहीं होतीं और गाली देने वाला भी निरुत्तर हो जाता है। कबीरदास जी कहना चाहते हैं कि हमें किसी को भी अपशब्द नहीं कहने चाहिए।

विशेष

1. काव्यांश में अपशब्द न बोलने तथा सज्जनता न त्यागने की सलाह दी गई है।
2. काव्यांश की भाषा सधुक्कड़ी है।
3. 'कह कबीर नहिं उलटिए' में अनुप्रास अलंकार है।

काव्यांश 3

माला तो कर में फिरै, जीभि फिरै मुख माँहि।
मनुवाँ तो दहुँ दिसि फिरै, यह तौ सुमिरन नाहिं।।3।।

शब्दार्थ **कर**-हाथ, **जीभि**-जीभ, **फिरै**-घूमती है, **माँहि**-के बीच में, **मनुवाँ**-मन, मस्तिष्क, **दहुँ**-दसों, **दिसि**-दिशाओं में, **सुमिरन**-स्मरण, याद करना।

संदर्भ पूर्ववत्।

प्रसंग कबीरदास जी द्वारा इस साखी में भक्ति का दिखावा करने वालों की आलोचना की गई है।

व्याख्या प्रस्तुत साखी के माध्यम से कबीरदास जी कहते हैं कि भक्ति का आचरण करना एक बात है और उसका ढोंग करना दूसरी बात है।

कबीरदास जी कहते हैं कि हाथ में माला फेरने का कार्य प्रायः सभी धर्मों के लोग करते हैं, लेकिन हाथ में माला फिराना भक्ति नहीं है, यदि मन स्वयं दसों दिशाओं में भटक रहा है और जीभ मुँह में घूम रही है, परंतु ईश्वर में मन नहीं लगा है, तो सब व्यर्थ है। अतः धर्म का शुद्ध आचरण बाह्य आडंबरों से नहीं, बल्कि मन से ही संभव है। इसलिए हमें अपने मन को वश में करना चाहिए।

विशेष

1. काव्यांश की भाषा सधुक्कड़ी है।
2. तत्सम शब्दों का भी प्रयोग हुआ है; जैसे–कर, मुख, माला आदि।
3. काव्यांश का छंद 'दोहा' है।
4. 'मुख माँहि' तथा 'दहुँ दिसि' में अनुप्रास अलंकार है।

काव्यांश 4

कबीर घास न नींदिए जो पाऊँ तलि होइ।
उड़ि पड़ै जब आँखि मैं, खरी दुहेली होइ।।4।।

शब्दार्थ **न नीं दिए**- निंदा मत कीजिए, **पाऊँ**- पैर, पाँव, **तलि**-तले के नीचे, **उड़ि**-उड़कर, **आँखि**-आँख, नेत्र, **खरी**-बहुत, अधिक, **दुहेली**-पीड़ा, कष्ट।

संदर्भ पूर्ववत्।

प्रसंग प्रस्तुत साखी में कबीरदास जी ने छोटे, गरीब और कमजोर लोगों की निंदा और उन पर अत्याचार न करने का संदेश दिया है।

व्याख्या कबीर जी कहते हैं कि कभी भी पाँव के नीचे की घास को कमजोर या निर्बल समझकर उसकी उपेक्षा नहीं करनी चाहिए, क्योंकि यदि घास का एक तिनका भी आँख में गिर जाए, तो बहुत पीड़ा होती है। कहने का तात्पर्य यह है कि कभी भी समाज में कमज़ोर, निर्धन वर्ग के लोगों की निंदा, उपेक्षा या उनका अपमान नहीं करना चाहिए, क्योंकि अवसर पड़ने पर समाज के बड़े वर्ग के लोगों के लिए वे भी कष्टकारी बन सकते हैं।

विशेष

1. काव्यांश की भाषा सधुक्कड़ी है।
2. 'न नींदिए' में अनुप्रास अलंकार है।

काव्यांश 5

जग में बैरी कोइ नहीं, जो मन सीतल होय।
या आपा को डारि दे, दया करै सब कोय।।5।।

शब्दार्थ **बैरी**-शत्रु, दुश्मन, **सीतल**-शांत, **या**-जो **आपा**-अहंकार, घमंड, **डारि दे**-त्याग दे, छोड़ दे, **दया**-करुणा।

संदर्भ पूर्ववत्।

प्रसंग प्रस्तुत साखी में कबीरदास जी ने अहंकार को मनुष्य का सबसे बड़ा शत्रु बताते हुए उसे त्यागने का संदेश दिया है।

व्याख्या कबीर जी कहते हैं कि दुनिया में कोई किसी का शत्रु नहीं है। यह हमारा अहंकार ही है, जिसके कारण हमारे शत्रु उत्पन्न होते हैं। अहंकार की उत्पत्ति अशांत मन से होती है।

यदि मन शांत हो, काबू में हो और पवित्र हो तो अहंकार का जन्म ही नहीं होगा। शांत, सौम्य और पवित्र मन से शांति और प्रेम उत्पन्न होता है। जो व्यक्ति अहंकार से मुक्त होता है, उससे सभी लोग प्रेम करते हैं। कहने का अर्थ है कि अहंकार ही दया, प्रेम और सद्भाव के मार्ग में बाधा है। यदि हम अहंकार को त्याग देते हैं, तो प्रत्येक व्यक्ति हमें दया, प्रेम और सद्भावना से ही देखेगा।

विशेष

1. प्रस्तुत साखी दोहा छंद में रचित है।
2. इस साखी में अहंकार को त्यागने की शिक्षा दी गई है।
3. काव्यांश की भाषा सधुक्कड़ी है।

NCERT फोल्डर

पाठ्यपुस्तक वसंत भाग-3 के प्रश्नोत्तर

पाठ से (पृष्ठ संख्या 40)

प्र.1 'तलवार का महत्त्व होता है, म्यान का नहीं' उक्त उदाहरण से कबीर क्या कहना चाहते हैं? स्पष्ट कीजिए।

उत्तर 'तलवार का महत्त्व होता है, म्यान का नहीं' उक्त उदाहरण से कबीर यह कहना चाहते हैं कि जिस प्रकार तलवार खरीदने वाला म्यान का मोल-तोल नहीं करता, बल्कि तलवार को परखता है, उसी प्रकार बुद्धिमान लोग ज्ञानी मनुष्य के ज्ञान का सम्मान करते हैं, न कि जाति या वंश का। ज्ञानी या संत जब ज्ञान प्राप्त कर लेते हैं तो वे किसी जाति-धर्म के बंधन में नहीं बँधते, इसलिए साधुओं से उनकी जाति नहीं पूछनी चाहिए।

प्र.2 पाठ की तीसरी साखी-जिसकी एक पंक्ति है 'मनुवाँ तो दहूँ दिसि फिरै, यह तो सुमिरन नाहिं' के द्वारा कबीर क्या कहना चाहते हैं?

उत्तर पाठ 'कबीर की साखियाँ' की तीसरी साखी की पंक्ति 'मनुवाँ तो दहूँ दिसि फिरै, यह तो सुमिरन नाहिं' के द्वारा कबीर यह कहना चाहते हैं कि भक्ति के समय एकाग्रचित होना आवश्यक है। यदि भक्ति के समय हमारा मन दसों दिशाओं में भटक रहा है, तो वह सच्ची भक्ति नहीं है। मन को शांत और संयमित करना बहुत आवश्यक है। इस प्रकार, इस पंक्ति के माध्यम से कबीर ने भक्ति के नाम पर किए जाने वाले दिखावे का विरोध किया है।

प्र.3 कबीर घास की निंदा करने से क्यों मना करते हैं? पढ़े हुए दोहे के आधार पर स्पष्ट कीजिए।

उत्तर कबीर ने घास के माध्यम से कमज़ोर और लाचार व्यक्ति की ओर संकेत किया है। घास को पैरों से रौंदने वाले इस बात को भूल जाते हैं कि घास का छोटा-सा टुकड़ा जब उड़कर आँख में पड़ जाता है, तो वह बहुत दुःख देता है।

इसी प्रकार जो लोग, समाज में रहने वाले कमज़ोर, गरीब, लाचार और बेबस लोगों को सताते हैं, उनका भी ऐसा ही हाल होता है। इसी कारण कबीरदास जी ने घास अर्थात् छोटे व्यक्तियों की निंदा करने से मना किया है।

प्र.4 मनुष्य के व्यवहार में ही दूसरों को विरोधी बना लेने वाले दोष होते हैं। यह भावार्थ किस दोहे से व्यक्त होता है?

उत्तर मनुष्य के व्यवहार में ही दूसरों को विरोधी बना लेने वाले दोष होते हैं। यह भावार्थ निम्नलिखित दोहे में व्यक्त होता है—

"जग में बैरी कोई नहीं, जो मन सीतल होय।
या आपा को डारि दे, दया करे सब कोय।।"

कबीरदास ने अपनी इस साखी में बताया है कि संसार में कोई किसी का बैरी नहीं होता। हम अपने व्यवहार से ही मित्र या शत्रु बना लेते हैं। हमारा व्यवहार ही हमारे शत्रु बनाने के लिए उत्तरदायी होता है।

कविता से आगे (पृष्ठ संख्या 40)

प्र.1 "या आपा को डारि दे, दया करे सब कोय।"
"ऐसी बानी बोलिए मन का आपा खोय।"
इन दोनों पंक्तियों में 'आपा' को छोड़ देने या खो देने की बात की गई है। 'आपा' किस अर्थ में प्रयुक्त हुआ है? क्या 'आपा' स्वार्थ के निकट का अर्थ देता है या घमंड का?

उत्तर उपर्युक्त दोनों पंक्तियों में 'आपा' शब्द का प्रयोग किया गया है। पहली पंक्ति "या आपा को डारि दे, दया करे सब कोय"—में आपा का अर्थ है—अहंकार या घमंड, जिसे छोड़ने की बात की गई है।

दूसरी पंक्ति—"ऐसी बानी बोलिए मन का आपा खोय" में भी आपा का अर्थ घमंड ही है, जिसके विषय में कवि ने कहा है कि हमें मन का अहंकार त्याग कर मीठी वाणी का प्रयोग करना चाहिए। 'आपा' या 'घमंड' को त्याग देना ही श्रेयस्कर होता है। अतः 'आपा' स्वार्थ के निकट का अर्थ नहीं देता, बल्कि यह घमंड या अहंकार के निकट का अर्थ देता है।

प्र.2 आपके विचार में आपा और आत्मविश्वास में तथा आपा और उत्साह में क्या कोई अंतर हो सकता है? स्पष्ट करें।

उत्तर आपा और आत्मविश्वास दो अलग-अलग अर्थ वाले शब्द हैं। आपा का अर्थ है—अहंकार। अहंकार नकारात्मक ऊर्जा है इससे विचार दूषित हो जाते हैं, जबकि आत्मविश्वास का अर्थ है—स्वयं पर भरोसा। आत्मविश्वास एक गुण है, जो सफलता दिलाता है। आपा और उत्साह का अर्थ भी भिन्न-भिन्न होता है। आपा में स्वयं को दूसरों से श्रेष्ठ समझने का नकारात्मक भाव होता है। अहंकारी व्यक्ति योग्य को भी अयोग्य तथा स्वयं को सर्वश्रेष्ठ समझता है। यह मन की गलत भावना है, जबकि उत्साह का अर्थ जोश या उमंग है, जो किसी काम को करने की इच्छा होती है।

प्र.3 सभी मनुष्य एक ही प्रकार से देखते-सुनते हैं, पर एक समान विचार नहीं रखते। सभी अपनी-अपनी मनोवृत्तियों के अनुसार कार्य करते हैं। पाठ में आई कबीर की किस साखी से उपर्युक्त पंक्तियों के भाव मिलते हैं, एक समान होने के लिए आवश्यक क्या है? लिखिए।

उत्तर सभी मनुष्य एक ही प्रकार से देखते-सुनते हैं, पर एक समान विचार नहीं रखते। सभी अपनी-अपनी मनोवृत्तियों के अनुसार कार्य करते हैं। निम्नलिखित साखी में उपर्युक्त पंक्तियों के भाव मिलते हैं

कबीर घास न नीदिए, जो पाऊँ तलि होइ।
उड़ि पड़ै जब आँखि मैं, खरी दुहेली होइ।।

कबीर कहते हैं कि एक समान विचार नहीं होने के कारण मनोवृत्तियाँ अलग-अलग होती हैं। हम भेदभाव करते हैं और छोटे तथा कमज़ोर लोगों की उपेक्षा करते हैं। एक समान होने के लिए अहंकार का त्याग ज़रूरी है। हमें किसी की भी निंदा नहीं करनी चाहिए।

प्र.4 कबीर के दोहों को 'साखी' क्यों कहा जाता है? ज्ञात कीजिए।

उत्तर कबीर का साहित्य बहुत बड़ा और व्यापक है। उनकी रचनाओं को तीन भागों में बाँटा जाता है—साखी, सबद तथा रमैनी। साखी शब्द संस्कृत के शब्द 'साक्षी' का तद्भव रूप है। इसका अर्थ है—प्रमाण। साखी में जीवन-मूल्यों तथा सत्य का चित्रण किया गया है।

सप्रमाण या उदाहरण के साथ सच को कहने की अद्वितीय कला कबीर में ही थी। प्रामाणिक होने के कारण ही कबीर के दोहों को साखी कहा जाता है।

भाषा की बात (पृष्ठ संख्या 41)

प्र.1 बोलचाल की क्षेत्रीय विशेषताओं के कारण शब्दों के उच्चारण में परिवर्तन होता है; जैसे वाणी शब्द 'बानी' बन जाता है। मन से 'मनवा' या 'मनुवा' आदि हो जाता है। उच्चारण के परिवर्तन से वर्तनी भी बदल जाती है। नीचे कुछ शब्द दिए जा रहे हैं उनका वह रूप लिखिए, जिससे आपका परिचय हो।

ग्यान, जीभि, पाऊँ, तलि, आँखि, बैरी

उत्तर

परिवर्तित शब्द	प्रचलित रूप
ग्यान	ज्ञान
जीभि	जीभ
पाऊँ	पाँव
तलि	तले, नीचे
आँखि	आँख
बैरी	वैरी (शत्रु)

अभ्यास प्रश्न

बहुविकल्पीय व वर्णनात्मक प्रश्नों सहित

बहुविकल्पीय प्रश्न

1. कबीर के दोहों का संकलन किस रूप में जाना जाता है?

(क) सबद (ख) छायावादी (ग) साखी (घ) बीजक

उत्तर (ग) साखी

2. निम्नलिखित में से कौन-सा कथन सही है?

(क) साधु से उसकी जाति पूछनी चाहिए
(ख) साधु से उसका ज्ञान पूछना चाहिए
(ग) तलवार का मोल नहीं करना चाहिए
(घ) म्यान का मोल करना चाहिए

उत्तर (ख) साधु से उसका ज्ञान पूछना चाहिए

3. छोटा व्यक्ति यदि पलटकर कुछ कह दे तो क्या होगा?

(क) बड़ा व्यक्ति चुप हो जाएगा
(ख) बड़े व्यक्ति का सम्मान बढ़ेगा
(ग) बड़े व्यक्ति को अधिक पीड़ा होगी
(घ) बड़ा व्यक्ति सज़ा देगा

उत्तर (ग) बड़े व्यक्ति को अधिक पीड़ा होगी

4. भगवान की भक्ति के लिए क्या ज़रूरी है?

(क) मन की एकाग्रता (ख) भगवान की मूर्ति
(ग) मंत्रों का उच्चारण (घ) मनकों की आज्ञा

उत्तर (क) मन की एकाग्रता

5. ढोंगी व्यक्ति का मन पूजा में क्यों नहीं लगता है?

(क) वह दिखावा करता है
(ख) उसका मन दसों दिशाओं में घूमता है
(ग) उसका मन एकाग्र नहीं होता
(घ) उपर्युक्त सभी

उत्तर (घ) उपर्युक्त सभी

6. 'सुमिरन' शब्द का तत्सम रूप निम्नलिखित में से कौन-सा है? **CBSE Diksha**

(क) सुमिरण (ख) सिमरन
(ग) स्मरण (घ) संस्मरण

उत्तर (ग) स्मरण

7. घास किसका प्रतीक है?

(क) हरियाली का
(ख) साधारण और कमज़ोर व्यक्ति का
(ग) दुखदायक चीजों का
(घ) संपन्न और शक्तिशाली व्यक्ति का

उत्तर (ख) साधारण और कमज़ोर व्यक्ति का

8. सुमेलित कीजिए

	सूची I	सूची II
A.	साधु	1. म्यान
B.	तलवार	2. कष्टदायी
C.	घास का तिनका	3. ज्ञान
D.	आपा	4. अहंकार

कूट

	A	B	C	D
(क)	1	3	2	4
(ख)	3	1	2	4
(ग)	4	3	2	1
(घ)	3	4	1	2

उत्तर (ख) 3 1 2 4

9. अहंकार क्यों त्यागना चाहिए? CBSE Diksha

(क) ताकि मन निर्मल हो जाए

(ख) ताकि मन का अज्ञान समाप्त हो जाए

(ग) जो अहंकार त्याग देता है, उस पर सब कृपाभाव बनाए रखते हैं।

(घ) उपर्युक्त में से कोई नहीं

उत्तर (ग) जो अहंकार त्याग देता है, उस पर सब कृपाभाव बनाए रखते हैं।

काव्यांश पर आधारित प्रश्न

निम्नलिखित काव्यांशों को ध्यानपूर्वक पढ़कर उन पर आधारित प्रश्नों के उत्तर दीजिए

काव्यांश 1

"जाति न पूछौं साध की, पूछ लीजिए ज्ञान।
मोल करो तरवार का, पड़ा रहन दो म्यान।।"

1. हमें कभी भी किससे उसकी जाति नहीं पूछनी चाहिए?

(क) तलवार से (ख) ज्ञानी पुरुषों से

(ग) म्यान से (घ) ज्ञान से

उत्तर (ख) ज्ञानी पुरुषों से

2. प्रस्तुत दोहे में निहित संदेश क्या है?

(क) जातिप्रथा समाप्त करना

(ख) ज्ञान से मनुष्य का प्रभावित होना

(ग) ज्ञानवर्धक बातें सीखना

(घ) साधु की जाति न पूछकर उनके ज्ञान को प्राप्त करना

उत्तर (घ) साधु की जाति न पूछकर उनके ज्ञान को प्राप्त करना

3. प्रस्तुत साखी में कबीर ने किसका विरोध किया है?

(क) साधु का (ख) जाति-पाँति का

(ग) भगवें वस्त्रों का (घ) म्यान का

उत्तर (ख) जाति-पाँति का

4. साधु से जाति के विषय में क्यों नहीं पूछना चाहिए?

उत्तर साधु से जाति के विषय में नहीं पूछना चाहिए, क्योंकि यदि उन्हें जाति के बँधन में बाँधकर देखा जाएगा तो हम उनसे ज्ञान नहीं ले पाएँगे।

5. म्यान और तलवार में से किसका मोल-भाव करना चाहिए?

उत्तर म्यान और तलवार में से तलवार का मोल-भाव करना चाहिए, क्योंकि असली कीमत तो तलवार की होती है।

6. प्रस्तुत दोहे में कौन किसका प्रतीक है?

उत्तर दोहे में ज्ञान का प्रतीक तलवार तथा जाति का प्रतीक म्यान है।

काव्यांश 2

"माला तो कर में फिरै, जीभि फिरै मुख माँहि।
मनुवाँ तो दहुँ दिसि फिरै, यह तो सुमिरन नाहिं।।"

1. दिखावा करने वालों का मन कैसा होता है?

(क) स्थिर होता है (ख) कर में फिरता है

(ग) सुमिरन करता है (घ) दसों दिशाओं में भटकता है

उत्तर (घ) दसों दिशाओं में भटकता है

2. 'दहुँ दिसि फिरै' में कौन-सा अलंकार है?

(क) अनुप्रास अलंकार (ख) यमक अलंकार

(ग) रूपक अलंकार (घ) श्लेष अलंकार

उत्तर (क) अनुप्रास अलंकार

3. 'जीभि फिरै मुख माँहि' का अर्थ निम्नलिखित में से कौन-सा है?

(क) कुछ खाने-चबाने का प्रयास करना

(ख) जीभ का अंदर-बाहर आना जाना

(ग) जीभ को बार-बार दाँतों से लगाना

(घ) मुँह से राम-राम का उच्चारण करना

उत्तर (घ) मुँह से राम-राम का उच्चारण करना

4. माला फिराना कब बेकार है?

उत्तर माला फिराना तब बेकार है, यदि मन प्रभु की भक्ति में नहीं लगा है और इधर-उधर भटक रहा है।

5. सुमिरन के अंतर्गत क्या नहीं आता है?

उत्तर सुमिरन के अंतर्गत दिखावा नहीं आता है।

6. कबीर ने किस-किस कार्य को व्यर्थ बताया है?

उत्तर कबीर ने माला फेरने तथा मुख में जीभ फेरने की क्रिया को बेकार बताया है, यदि वह सच्चे मन से नहीं की जाती।

काव्यांश 3

कबीर घास न नींदिए, जो पाऊँ तलि होइ।
उड़ि पड़ै जब आँखि मैं, खरी दुहेली होइ।।

1. कवि किस काम को बुरा मानते हैं?

(क) किसी की निंदा करना (ख) किसी को बुरा बोलना

(ग) किसी को गालियाँ देना (घ) इनमें से कोई नहीं

उत्तर (क) किसी की निंदा करना

2. 'दुहेली' शब्द से क्या अभिप्राय है?

(क) दु:ख देने वाली (ख) सुख देने वाली

(ग) सबका दु:ख हर लेने वाली (घ) ये सभी

उत्तर (क) दु:ख देने वाली

3. कबीर किसकी निंदा न करने की सीख देते हैं?

(क) कमज़ोर लोगों की (ख) मित्रों की

(ग) बेसहारों की (घ) बेजुबानों की

उत्तर (क) कमज़ोर लोगों की

4. 'पाऊँ तलि होइ' से क्या तात्पर्य है?

उत्तर 'पाऊँ तलि होइ' से तात्पर्य है—पैर के नीचे दबी हुई।

5. घास का तिनका किस प्रकार कष्ट दे सकता है?

उत्तर घास का तिनका हवा के साथ आँख में गिरकर चुभन और कष्ट दे सकता है।

6. प्रस्तुत साखी में कबीर ने क्या सीख दी है?

उत्तर प्रस्तुत साखी में कबीर ने सीख दी है कि हमें कभी भी किसी भी मनुष्य को छोटा या कमज़ोर नहीं समझना चाहिए, क्योंकि शक्ति और अवसर पाकर घास के तिनके की तरह वह भी हमें शारीरिक एवं मानसिक कष्ट पहुँचा सकता है।

काव्यांश 4

"जग में बैरी कोइ नहीं, जो मन सीतल होय।
या आपा को डारि दे, दया करै सब कोय।।"

1. मन को किस प्रकार का होना चाहिए?

(क) चंचल (ख) शीतल
(ग) घमंड से युक्त (घ) बैरी

उत्तर (ख) शीतल

2. 'आपा' का क्या अर्थ है?

(क) स्वयं (ख) उत्साह
(ग) आप (घ) अहंकार

उत्तर (घ) अहंकार

3. आपा डारि देने पर व्यक्ति के साथ कैसा व्यवहार होता है?

(क) सब उसे कमजोर समझने लगते हैं।
(ख) सब उस पर दया करने लगते हैं।
(ग) सब उसे सताने लगते हैं
(घ) उपर्युक्त में से कोई नहीं

उत्तर (ख) सब उस पर दया करने लगते हैं।

4. पद्यांश के अनुसार, दुनिया में कौन किसका शत्रु होता है?

उत्तर पद्यांश के अनुसार दुनिया में कोई भी किसी का शत्रु नहीं होता।

5. सभी मनुष्य किस पर दया करते हैं?

उत्तर जो घमंड को छोड़ देता है, उस पर सभी दया करते हैं।

6. अहंकार को कैसे त्यागा जा सकता है?

उत्तर मन में शीतलता स्थापित करके अहंकार को त्यागा जा सकता है।

अतिलघु उत्तरीय प्रश्न

1. साधु से क्या पूछना चाहिए और क्या नहीं?

उत्तर साधु से ज्ञान की बात पूछनी चाहिए, उसकी जाति नहीं।

2. तलवार और म्यान में से किसका मोल करना चाहिए?

उत्तर तलवार और म्यान में से तलवार का ही मोल करना चाहिए।

3. गालियाँ अनेक कब हो जाती हैं?

उत्तर जब सुनने वाला भी पलटकर गाली का प्रयोग करता है, तो गालियाँ बढ़ती जाती हैं और अनेक हो जाती हैं।

4. 'खरी दुहेली होइ' से क्या आशय है?

उत्तर 'खरी दुहेली होइ' से आशय है—बहुत दुखदायी होना।

5. सबकी दया प्राप्त करने के लिए हमें क्या करना चाहिए?

उत्तर सबकी दया प्राप्त करने के लिए हमें अहंकार का त्याग करना चाहिए।

लघु उत्तरीय प्रश्न

1. साधु सामान्य लोगों से किस प्रकार भिन्न होते हैं?

उत्तर साधु सामान्य लोगों से ज्ञान के आधार पर भिन्न होते हैं।
साधु के पास जो ज्ञान होता है, वह सामान्य व्यक्ति से भिन्न होता है। सामान्य जन के विपरीत साधु जाति और अपने-पराए के बँधनों में नहीं बँधे होते हैं।

2. गाली के जवाब में क्या करना उचित होगा?

उत्तर गाली या अपशब्द के जवाब में हमें उसे सुनकर भी अनसुना कर देना चाहिए। अपशब्द हमारे मन में छिपे अहंकार को जगाकर बुद्धि को भ्रमित कर देते हैं। भ्रमित बुद्धि के वश में होकर यदि गाली का जवाब गाली से दिया जाए तो वह सही नहीं होता है। ऐसे समय में धैर्यपूर्वक शांत रहना ही उत्तम होता है।

3. किस प्रकार का सुमिरन भक्ति नहीं है?

उत्तर हाथ में माला और मुख में जीभ का फिराना सुमिरन अर्थात् सच्ची भक्ति नहीं है। यदि मन स्थिर नहीं है तो माला फिराने और मुँह में जीभ फिराने से प्रभु की कृपा नहीं मिलती। मन की पवित्रता और ईश्वर का सच्चा ध्यान करना ही भक्ति है।

4. किसी की भी निंदा अहितकर है, कैसे?

उत्तर कबीरदास जी ने घास जैसी छोटी वस्तु की भी निंदा करने से मना किया है, जिस घास को हम पैरों से रौंदकर चलते हैं, वही जब उड़कर आँख में पड़ जाती है, तब बहुत कष्टकर होती है। इसी प्रकार छोटे-से-छोटा व्यक्ति भी निंदा करने से हमारा अहित कर सकता है। इस तरह किसी की भी निंदा अहितकर है।

5. अहंकार का त्याग क्यों आवश्यक है? CBSE Diksha

उत्तर अहंकार का त्याग इसलिए आवश्यक है, क्योंकि इसका त्याग करने से मन और बुद्धि स्थिर हो जाती है। अहंकारयुक्त मन से किए गए व्यवहार के कारण ही हम लोगों को अपना शत्रु बना लेते हैं।
सबका प्रेम और दया प्राप्त करने के लिए अहंकार का त्याग आवश्यक है।

दीर्घ उत्तरीय प्रश्न

1. 'कबीर की साखियाँ' पाठ के आधार पर सिद्ध कीजिए कि कबीरदास की शिक्षाएँ वर्तमान में भी प्रासंगिक हैं?

उत्तर कबीर की रचनाएँ लगभग छः सौ साल पुरानी हैं। इनमें जिस सत्य का उद्घाटन किया गया है, वह आज भी उतना ही प्रासंगिक है, जितना कबीरदास जी के समय में था।
इसका कारण यह भी है कि कबीर की रचनाएँ केवल कल्पना नहीं, बल्कि अनुभव तथा ज्ञान का भंडार हैं। आज भी भारतीय समाज उन बुराइयों से जूझ रहा है, जो कबीर के समय में थीं; जैसे—छुआछूत, ऊँच-नीच, अमीरी-गरीबी, धार्मिक मतभेद आदि।

ऐसी परिस्थिति में कबीर का चिंतन और उनका मार्गदर्शन हमारे जीवन के लिए अत्यंत महत्त्वपूर्ण है।

'कबीर की साखियाँ' में सच्चा आचरण, वाणी की शुद्धता, बाह्याडंबरों का विरोध, समरसता तथा अहंकार का त्याग जैसी बातों की शिक्षा दी गई है। ये आज भी इतनी प्रासंगिक हैं कि इनकी अनदेखी करके मनुष्य सफल जीवन नहीं जी सकता।

2. कबीर की साखियाँ हमें क्या संदेश देती हैं?

उत्तर कबीर की साखियाँ हमें यह संदेश देती हैं कि हमें साधु अर्थात् ज्ञानी पुरुष से उसकी जाति न पूछकर उनसे ज्ञान प्राप्त करना चाहिए।

किसी से भी हमें कटु वचन नहीं बोलना चाहिए। यदि हमें कोई गाली देता है, तो उसे पलटकर जवाब नहीं देना चाहिए।

ईश्वर की भक्ति हमें स्थिर मन के साथ करनी चाहिए और धर्म का दिखावा करने से बचना चाहिए। हमें अपना स्वभाव शांत रखकर अहंकार का त्याग करना चाहिए, जिसमें सभी हम पर दया दृष्टि बनाए रखें।

3. कबीर के अनुसार, समाज में किसी को भी कमज़ोर क्यों नहीं समझना चाहिए?

उत्तर कबीर के अनुसार, समाज में किसी को भी अपने से कमज़ोर या छोटा नहीं समझना चाहिए। समाज में रहने वाले सभी लोगों के साथ हमें एक समान व्यवहार करना चाहिए। यहाँ तक कि घास के तिनके को भी कम नहीं समझना चाहिए, क्योंकि यही तिनका यदि उड़कर हमारी आँख में पड़ जाए, तो बड़ा ही दु:ख दे सकता है।

इसी प्रकार जिसे हम अपने से कमज़ोर समझते हैं, वह कई बार शक्ति या अवसर पाकर हमें बहुत दु:ख दे सकता है।

4. यदि व्यक्ति का मन शांत और निर्मल हो, तो क्या होगा?

उत्तर यदि व्यक्ति का मन शांत और निर्मल हो, तो उसका संसार में कोई शत्रु नहीं होगा। जो व्यक्ति अपने मन से अहंकार को त्याग देता है, तो उसके मन से छल-द्वेष की भावनाएँ स्वयं ही नष्ट हो जाती हैं।

उसका मन पवित्र हो जाता है, जिससे सभी लोग उस पर कृपा बनाए रखते हैं। ऐसे मनुष्य का कोई शत्रु नहीं होता और सभी लोग उससे मित्रता बनाए रखते हैं। अत: मनुष्य को अपना मन शांत और निर्मल रखना चाहिए।

स्व-मूल्यांकन

बहुविकल्पीय प्रश्न

1. कबीर के अनुसार, तलवार खरीदते समय मोलभाव करना चाहिए
(क) तलवार की धार देखकर (ख) तलवार की मजबूती देखकर
(ग) तलवार की म्यान देखकर (घ) तलवार की लम्बाई देखकर

2. कबीर के अनुसार, मनुष्य को अपनी वाणी और व्यवहार में क्या बनाए रखनी चाहिए?
(क) कठोरता (ख) शीतलता (ग) सरलता (घ) दयाभाव

3. मनुष्य को किसका त्याग कर देना चाहिए?
(क) प्रेम का (ख) छल-कपट का
(ग) वैर-भाव का (घ) अहंकार का

4. अवसर और शक्ति पाकर एक छोटा व्यक्ति भी क्या कर सकता है?
(क) उसे परेशान करने वाले को दुखी कर सकता है
(ख) सभी को दुखी कर सकता है
(ग) अत्यधिक सुख दे सकता है
(घ) उपर्युक्त में से कोई नहीं

5. अहंकार त्यागने से क्या होता है?
(क) मन निर्मल हो जाता है (ख) कोई शत्रु नहीं होता
(ग) 'क' और 'ख' दोनों (घ) इनमें से कोई नहीं

काव्यांश पर आधारित प्रश्न

निम्नलिखित काव्यांशों को ध्यानपूर्वक पढ़कर उस पर आधारित प्रश्नों के उत्तर दें

"आवत गारी एक है, उलटत होइ अनेक।
कह कबीर नहिं उलटिए, वही एक की एक।।"

1. अपशब्द एक से अनेक कब बन जाता है?
(क) धीरे से कहने पर (ख) अपशब्द से भी दुगने अपशब्द कहने पर
(ग) जवाब न देने पर (घ) इनमें से कोई नहीं

2. 'वही एक की एक' में कौन-सा अलंकार है?
(क) अनुप्रास (ख) श्लेष (ग) यमक (घ) उपमा

3. प्रस्तुत साखी हमें क्या संदेश देती है?
(क) किसी को अपशब्द न कहने का
(ख) किसी को एक के बदले दो गाली देने का
(ग) गाली को कभी भी अनसुना न करने का
(घ) गाली देने वाले के साथ हिंसा करने का

4. कबीर ने इस साखी में क्या शिक्षा दी है?

5. गाली एक से अनेक बन जाती है, कैसे?

6. यदि कोई गाली देता है तो आप क्या करेंगे?

अतिलघु उत्तरीय प्रश्न

1. म्यान के स्थान पर तलवार का मोल-भाव क्यों करना चाहिए?
2. ईश्वर के सुमिरन में बाधा क्या है?
3. घास आँख में पड़ती है तो क्या होता है?
4. आपा और आत्मविश्वास में क्या अंतर है?

लघु उत्तरीय प्रश्न

1. यदि मन शीतल हो, तो व्यक्ति को इसके क्या लाभ मिलते हैं?
2. हमें अपने से छोटों की उपेक्षा क्यों नहीं करनी चाहिए?
3. अपशब्द बोलने वाले का मुकाबला कैसे करना चाहिए?

दीर्घ उत्तरीय प्रश्न

1. कबीर ने जाति-पाँति और छुआछूत का विरोध क्यों किया? स्पष्ट कीजिए।
2. कबीरदास जी के अनुसार, पलटकर गाली देने का क्या दुष्परिणाम होता है? विस्तारपूर्वक बताइए।

सुदामा चरित नरोत्तमदास

कविता का सार नरोत्तमदास जी द्वारा रचित 'सुदामा चरित' कविता में श्रीकृष्ण व सुदामा की मित्रता का वर्णन किया गया है। अत्यंत गरीबी में जीवन गुजार रहे सुदामा अपनी पत्नी के कहने पर अपने बाल-सखा द्वारकाधीश श्रीकृष्ण की नगरी पहुँचते हैं। द्वारपाल उन्हें द्वार पर रोककर, श्रीकृष्ण के सम्मुख उनकी दीन-हीन दशा का वर्णन करता है। द्वारपाल के मुख से 'सुदामा' नाम सुनकर श्रीकृष्ण सभी कार्य छोड़कर उसी क्षण सुदामा से मिलते हैं और उन्हें महल के अंदर ले जाते हैं। सुदामा के पैर में चुभे काँटों को हटाते समय श्रीकृष्ण भावुक होकर अपने आँसुओं से ही सुदामा के पैर धोते हैं।

श्रीकृष्ण ने द्वारका में अपने बाल-सखा सुदामा का बहुत आदर-सत्कार तो किया, किंतु उन्हें वहाँ से खाली हाथ विदा कर दिया। यह देख सुदामा मन-ही-मन श्रीकृष्ण पर नाराज हो जाते हैं, किंतु अपने गाँव पहुँचने पर सुदामा को भ्रम हो गया कि वे कहीं फिर से द्वारका तो नहीं पहुँच गए।

वास्तव में, उनकी झोंपड़ी महल में बदल चुकी थी, चारों ओर वैभव ही वैभव था। इस प्रकार, श्रीकृष्ण ने बुरे समय में अपने मित्र की सहायता कर समाज के सामने एक उच्च आदर्श की स्थापना की थी।

काव्यांशों की विस्तृत व्याख्या

काव्यांश 1

सीस पगा न झँगा तन में, प्रभु! जाने को आहि बसे केहि ग्रामा।
धोती फटी-सी लटी दुपटी, अरु पाँय उपानह को नहिं सामा।।
द्वार खड़ो द्विज दुर्बल एक, रह्यो चकिसों बसुधा अभिरामा।
पूछत दीनदयाल को धाम, बतावत आपनो नाम सुदामा।।

शब्दार्थ **सीस**-सिर, **पगा**-पगड़ी, **झँगा**-कुर्ता, **आहि**-है, **केहि**-कौन-से, किस, **ग्रामा**-गाँव, **लटी**-लटकना, **दुपटी**-अँगोछा, **अरु**-और, **पाँय**-पैर, **उपानह**-जूते, **सामा**-चिह्न, **द्वार**-दरवाज़ा, **द्विज**-ब्राह्मण, **दुर्बल**-कमज़ोर, **चकिसों**-हैरान, **बसुधा**-धरती, **अभिरामा**-सुंदर, **दीनदयाल**-गरीबों पर कृपा करने वाला, **धाम**- भवन, **बतावत**-बताता है, **आपनो**-अपना।

संदर्भ प्रस्तुत काव्यांश हमारी पाठ्यपुस्तक 'वसंत' भाग-3 की कविता 'सुदामा चरित' से लिया गया है। इसके रचयिता भक्त कवि नरोत्तमदास जी हैं।

प्रसंग प्रस्तुत काव्यांश में उस घटना का वर्णन किया गया है, जब सुदामा श्रीकृष्ण के राजमहल के द्वार पर पहुँचते हैं और द्वारपाल उनकी दीनहीन दशा को देखकर उन्हें द्वार पर रोक देता है।

व्याख्या द्वारपाल सुदामा की दयनीय स्थिति का वर्णन करते हुए श्रीकृष्ण से कहता है कि हे प्रभु! द्वार पर एक अति निर्धन ब्राह्मण खड़ा है। न तो उसके सिर पर पगड़ी है, न तन पर कुर्ता है, पता नहीं वह किस गाँव का रहने वाला है। उसने फटी हुई धोती पहन रखी है और अँगोछा (अंग वस्त्र) लटक रहा है। उसके पैरों में जूते भी नहीं हैं। द्वार पर खड़ा वह कमज़ोर ब्राह्मण द्वारका नगरी की सुंदरता देख चकित हो रहा है। वह गरीबों पर कृपा करने वाले (श्रीकृष्ण) के भवन का पता पूछ रहा है और अपना नाम सुदामा बता रहा है।

विशेष

1. सुदामा की गरीबी का अत्यंत सजीव चित्रण है।
2. 'द्विज दुर्बल' में अनुप्रास अलंकार है।
3. काव्यांश ब्रजभाषा में है।
4. सवैया छंद प्रयोग में लाया गया है।

काव्यांश 2

ऐसे बेहाल बिवाइन सों,
पग कंटक जाल लगे पुनि जोए।
हाय! महादुख पायो सखा,
तुम आए इतै न कितै दिन खोए।।
देखि सुदामा की दीन दसा,
करुना करिकै करुनानिधि रोए।
पानी परात को हाथ छुयो नहिं,
नैनन के जल सों पग धोए।।

शब्दार्थ **बिवाइन**-फटी एड़ियाँ, **कंटक**-काँटे, **पुनि**-बार-बार, **जोए**-देखने, **इतै**-यहाँ, **कितै**-किधर, कहाँ, **दीन दसा**-बुरी हालत, **करुनानिधि**-दया के सागर, **परात**-एक बर्तन, **नैनन**-आँख।

संदर्भ पूर्ववत्।

प्रसंग प्रस्तुत काव्यांश में उस घटना का वर्णन किया गया है, जब द्वारपाल के मुख से अपने मित्र सुदामा का नाम सुनते ही श्रीकृष्ण व्याकुलता के साथ महल के द्वार पर जाकर सुदामा को अपने महल में लेकर आते हैं।

व्याख्या सुदामा की दीन-दशा को देखकर श्रीकृष्ण की आँखें भर आती हैं, क्योंकि उनकी एड़ियाँ फटी हुई थीं और पैरों में काँटें चुभे हुए थे। श्रीकृष्ण उन्हें बार-बार देखते हैं और कहते हैं कि हे सखा! तुमने बहुत ज्यादा दुःख पाए हैं, तुमने इतने दिन व्यर्थ क्यों किए, तुम पहले ही मेरे पास क्यों नहीं आए। सुदामा की दीन-दशा को देखकर सब पर करुणा करने वाले श्रीकृष्ण स्वयं रोने लगे। सुदामा के पैर को धोने के लिए परात में लाए हुए पानी को उन्होंने छुआ भी नहीं और अपने आँसुओं से ही सुदामा के पैर धो दिए।

विशेष

1. काव्यांश में सुदामा की दीन-दशा एवं उनके साथ श्रीकृष्ण के आत्मीय लगाव का चित्रण किया गया है।
2. 'बेहाल बिवाइन', 'दीन दसा' एवं 'करुना करिकै करुनानिधि' में अनुप्रास अलंकार है।
3. ब्रजभाषा और सवैया छंद का प्रयोग है।
4. 'पानी परात को ……… सों पग धोए' में बात को बढ़ा-चढ़ाकर कहे जाने के कारण अतिशयोक्ति अलंकार है।

काव्यांश 3

कछु भाभी हमको दियो,
सो तुम काहे न देत।
चाँपि पोटरी काँख में,
रहे कहो केहि हेतु।।
आगे चना गुरुमातु दए ते,
लए तुम चाबि हमें नहिं दीने।
स्याम कह्यो मुसकाय सुदामा सों,
"चोरी की बान में हौ जू प्रवीने।।
पोटरि काँख में चाँपि रहे तुम,
खोलत नाहिं सुधा रस भीने।
पाछिलि बानि अजौ न तजो तुम,
तैसई भाभी के तंदुल कीन्हे।।"

शब्दार्थ **कछु**-कुछ, **काहे**-क्यों, **चाँपि**-दबाकर, **पोटरी**-छोटी गठरी, पोटली, **काँख**-बगल, **हेतु**-कारण, **गुरुमातु**-गुरु अर्थात् ऋषि संदीपनि की पत्नी **चाबि**-खाया, **बान**-आदत, **प्रवीण**-दक्ष, शातिर, **सुधारस**-अमृत, **पाछिलि**-पिछली, **अजौ**-आज भी, **तजो**-त्यागना, **तैसई**-उसी तरह, **तंदुल**-चावल।

संदर्भ पूर्ववत्।

प्रसंग प्रस्तुत पंक्तियों में बताया गया है कि सुदामा अपनी पत्नी द्वारा श्रीकृष्ण के लिए भेंटस्वरूप दी गई चावल की पोटली को तुच्छ समझकर छुपाने लगते हैं। इस पर श्रीकृष्ण हँसते हुए मीठी वाणी में सुदामा से चावल की पोटली माँगते हैं।

व्याख्या श्रीकृष्ण जब देखते हैं कि सुदामा एक पोटली को बार-बार अपनी बगल में छिपा रहे हैं, तो वे सुदामा से पूछते हैं कि भाभी ने मेरे लिए जो उपहार भेजा है, उसे तुम मुझे क्यों नहीं देते हो, वह मुझसे क्यों छिपा रहे हो। वे आगे कहते हैं कि गुरुकुल में एक बार गुरुमाता ने हमें चने दिए थे, तब तुमने मेरे हिस्से के भी चने खा लिए थे।

कृष्ण ने मुसकुराकर सुदामा से कहा कि तुम्हें तो चोरी करने की आदत है और उसमें तुम कुशल हो। जो पोटली तुम अपनी बगल में छिपा रहे हो, उसे मुझे दो। वे कहते हैं कि तुम पोटली नहीं खोल रहे, जबकि वह तो अमृत रस से परिपूर्ण है। पिछली बार की तरह इस बार भी तुम मुझे भाभी का दिया हुआ उपहार नहीं देना चाहते हो।

विशेष

1. काव्यांश में सुदामा द्वारा मित्र से नजर चुराकर चने खाने के बाल-सुलभ स्वभाव को दर्शाया गया है, साथ ही सुदामा और श्रीकृष्ण के गुरुभाई होने की बात भी कही गई है।
2. काव्यांश ब्रजभाषा और सवैया छंद में लिखा गया है।
3. 'कहो केहि' और 'तजो तुम' में अनुप्रास तथा 'खोलत नाहिं सुधा रस भीने' में रूपक अलंकार है।

काव्यांश 4

वह पुलकनि, वह उठि मिलनि,
वह आदर की बात।
वह पठवनि गोपाल की,
कछु न जानी जात।।
घर-घर कर ओड़त फिरे,
तनक दही के काज।
कहा भयो जो अब भयो,
हरि को राज-समाज।
हौं आवत नाहीं हुतौ,
वाही पठयो ठेलि।।
अब कहिहौं समुझाय कै,
बहु धन धरौ सकेलि।।

शब्दार्थ **पुलकनि**-प्रसन्नता, खुशी, **मिलनि**-मिलना , **पठवनि**-विदाई, भेजना, **जात**-जाति, **फिरे**-हाथ फैलाए फिरना, **तनक**-थोड़ा, **काज**-लिए, **हरि**-ईश्वर, **राज**-समाज-धन-दौलत, राज्य , वैभव, **आवत**-आना, **नाही**-नहीं, **हुतौ**-होता, **वाही**-उसने अर्थात् सुदामा की पत्नी ने, **पठयो**-भेजा, **ठेलि**-जबरदस्ती, धक्का देकर, **धरौ**-रखो, **सकेलि**-सँभालकर।

संदर्भ पूर्ववत्।

प्रसंग प्रस्तुत काव्यांश में बताया गया है कि श्रीकृष्ण ने द्वारका में अपने बाल-सखा सुदामा का खूब आदर-सत्कार तो किया, किंतु उन्हें वहाँ से खाली हाथ विदा कर दिया। सुदामा को श्रीकृष्ण से ऐसी आशा कदापि न थी।

व्याख्या सुदामा यह सोचते हुए अपने गाँव जा रहे हैं कि कृष्ण द्वारका में स्वयं उठकर मुझसे मिले, आदरपूर्वक मुझे अपने पास बिठाना व प्रेमपूर्वक मुझे मेरे गाँव वापिस भेजा। उन्होंने मेरे आदर-सत्कार में कोई कमी नहीं की, लेकिन द्वारकाधीश के वैभव, धन-संपदा, राज्य आखिर किस काम के, जब उन्होंने अपने निर्धन मित्र को यूँ ही खाली हाथ विदा कर दिया।

सुदामा मन में विचार करते हैं कि वे समाज के राजा बन गए हैं तो क्या हुआ। यदि मैं यहाँ नहीं आया होता तो ठीक था, क्योंकि उन्होंने तो मुझे खाली हाथ ही वापिस लौटा दिया है। सुदामा सोचते हैं कि बचपन में श्रीकृष्ण थोड़े से दही के लिए घर-घर में चोरी करते थे और अब इतने सारे धन के स्वामी होने पर मुझे समझा रहे थे कि ये किसी को कुछ दे नहीं सकते।

विशेष

1. काव्यांश में सुदामा की खीझ का बड़ा ही सजीव और स्वाभाविक वर्णन किया गया है, किंतु यहाँ भोले-भाले सुदामा से श्रीकृष्ण को समझने में भूल हो गई है।
2. काव्यांश ब्रजभाषा में है और यहाँ दोहा-छंद का बड़ा ही कुशलतापूर्वक प्रयोग किया गया है।
3. 'घर-घर' में पुनरुक्ति प्रकाश एवं 'धन धरौ' में अनुप्रास अलंकार है।
4. 'कर ओड़त फिरना' मुहावरे का सुंदर प्रयोग हुआ है।

काव्यांश 5

वैसोई राज-समाज बने,
गज, बाजि घने मन संभ्रम छायो।
कैधों पर्‌यो कहुँ मारग भूलि,
कि फेरि कै मैं अब द्वारका आयो।।
भौन बिलोकिबे को मन लोचत,
सोचत ही सब गाँव मझायो।।
पूँछत पाँडे फिरे सब सों पर,
झोपरी को कहुँ खोज न पायो।।

शब्दार्थ **वैसोई**-उसी तरह, **राज-समाज**-वैभव, धन-संपदा, राज्य आदि, **गज**-हाथी, **बाजि**-घोड़ा, **घने**-बहुत, **संभ्रम**-संदेह, **कैधों**-या तो, **कहूँ**-कहीं, **मारग**-रास्ता, **फेरिकै**-फिर से, **भौन**-भवन, **विलोकिबे**-देखना, **लोचत**-लालायित, **गाँव मझायो**-गाँवभर में ढूँढ़ता रहा, **पाँडे**-ब्राह्मण।

संदर्भ पूर्ववत्।

प्रसंग प्रस्तुत पंक्तियों में उस समय का वर्णन है, जब द्वारका से अपने गाँव लौटने पर सुदामा चकित रह गए, क्योंकि गाँव में सब कुछ द्वारका जैसा ही नजर आ रहा था। वे श्रीकृष्ण की महिमा से अब तक अनजान थे।

व्याख्या अपने गाँव लौटने पर द्वारका जैसा वैभव, धन-संपदा, महल, हाथी-घोड़े देखकर सुदामा भ्रम में पड़ गए। वे सोचने लगे कि कहीं मैं मार्ग भूलकर फिर से द्वारका ही तो नहीं लौट आया। वहाँ के सुंदर-सुंदर भवनों को देखकर उनका मन लालायित हो उठता है। यह सोचते हुए वे पूरा गाँव छान मारते हैं अर्थात् सारे गाँव में अपनी झोंपड़ी ढूँढ़ते हैं। ब्राह्मण सुदामा सबसे अपनी झोंपड़ी के बारे में भी पूछ रहे थे, लेकिन उन्हें उनकी झोंपड़ी कहीं न दिखी। कहने का तात्पर्य यह है कि उनकी झोंपड़ी महल में परिवर्तित हो गई थी।

विशेष

1. काव्यांश में श्रीकृष्ण की कृपा को न समझ पाने वाले सुदामा के रूप में मानव स्वभाव का बड़ा ही वास्तविक चित्रण किया गया है।
2. काव्यांश में ब्रजभाषा और सवैया छंद का प्रयोग है।
3. 'पूँछत पाँडे' में अनुप्रास अलंकार का प्रयोग हुआ है।

काव्यांश 6

कै वह टूटी-सी छानी हती,
कहँ कंचन के अब धाम सुहावत।
कै पग में पनही न हती,
कहँ लै गजराजहु ठाढ़े महावत।।
भूमि कठोर पै रात कटै,
कहँ कोमल सेज पै नींद न आवत।।
कै जुरतो नहिं कोदो-सवाँ,
प्रभु के परताप तें दाख न भावत।।

शब्दार्थ **कै**-कहाँ, **छानी**-झोंपड़ी, **कह**-कहाँ, **कंचन**-सोना, **धाम**-भवन, सुहावत-सुंदर/भला लगना, **पग**-पैर, **पनही**-जूती, **गजराजहु**-हाथी, **ठाढ़े**-खड़े, **महावत**-हाथी रक्षक, **जुरतो**-मिलना, प्राप्त होना, **कोदो-सवाँ**-मोटा अनाज, **परताप**-प्रताप, कृपा, **दाख**-सूखे मेवे।

संदर्भ पूर्ववत्।

प्रसंग इस काव्यांश में उस समय का वर्णन है, जब सुदामा द्वारका से लौटकर अपने गाँव आते हैं। अब श्रीकृष्ण की कृपा से उनके पास सुख-सुविधा से परिपूर्ण वैभव के साथ जीवन जीने के समस्त साधन उपलब्ध हैं।

व्याख्या सुदामा अब तक गरीबी में जीवन गुज़ार रहे थे, किंतु द्वारका से लौटने के पश्चात् उनकी स्थिति बदल चुकी है। श्रीकृष्ण ने उन्हें भी स्वयं जैसा संपन्न बना दिया। टूटी झोंपड़ी की जगह आज सुदामा के पास सुंदर स्वर्ण-महल है। कल तक जूतियों के बिना नंगे पाँव रहने वाले सुदामा के द्वार पर आज हाथी लिए महावत खड़ा है। कल तक जो कठोर धरती पर यूँ ही सोने को विवश थे, आज उन्हें कोमल बिस्तर पर नींद नहीं आ रही है। अब तक किसी प्रकार कोदो और सावाँ जैसे सस्ते मोटे अन्न के सहारे जीवन काटने वाले सुदामा के पास आज श्रीकृष्ण की कृपा से सूखे मेवों की कमी न थी और उन्हें वे भी अच्छे नहीं लग रहे थे।

विशेष

1. काव्यांश में श्रीकृष्ण एवं सुदामा के माध्यम से ईश्वर का अपने भक्तों के प्रति अति दयालु होने का वर्णन किया गया है।
2. प्रस्तुत पंक्तियाँ निष्काम भक्ति से ईश्वर कृपा की प्राप्ति के महत्त्व का वर्णन करती हैं।

NCERT फोल्डर

पाठ्यपुस्तक वसंत भाग–3 के प्रश्नोत्तर

कविता से (पृष्ठ संख्या 43, 44)

प्र.1 सुदामा की दीन दशा देखकर श्रीकृष्ण की क्या मनोदशा हुई? अपने शब्दों में लिखिए।

उत्तर सुदामा की दीन दशा को देखकर उनके सखा श्रीकृष्ण करुणा से भर गए। वे सोचने लगे कि मेरे होते हुए मेरे मित्र को आज तक इतने दु:खों को सहना पड़ा। सुदामा की फटी एड़ियाँ और उनके पैरों में चुभे काँटों को देख उनकी आँखों से आँसू गिरने लगे और उनके अश्रु-जल से सुदामा के पैर धुल गए।

प्र.2 "पानी परात को हाथ छुयो नहिं, नैनन के जल सों पग धोए।" पंक्ति में वर्णित भाव का वर्णन अपने शब्दों में कीजिए।

उत्तर इस पंक्ति में अपने बाल सखा की दीन-हीन दशा को देखकर श्रीकृष्ण पर होने वाली प्रतिक्रिया का बड़ा ही सुंदर वर्णन किया गया है। दूर गाँव से आए हुए थके-हारे सुदामा के पाँव धोने के लिए श्रीकृष्ण जल से भरी परात मँगवाते हैं, पर प्रेम और करुणावश होकर परात के जल को स्पर्श किए बिना अपने अश्रु-जल से ही उनके पैरों को धो देते हैं।

प्र.3 "चोरी की बान में हौ जू प्रवीने।"

(क) उपर्युक्त पंक्ति कौन, किससे कह रहा है?

(ख) इस कथन की पृष्ठभूमि स्पष्ट कीजिए।

(ग) इस उपालंभ (शिकायत) के पीछे कौन-सी पौराणिक कथा है?

उत्तर (क) उपर्युक्त पंक्ति श्रीकृष्ण अपने मित्र सुदामा से कह रहे हैं।

(ख) सुदामा के द्वारका जाने के समय उनकी पत्नी ने श्रीकृष्ण को भेंट देने के लिए उन्हें चावल की एक पोटली दी थी, किंतु द्वारकाधीश को वह तुच्छ भेंट देने में सुदामा को संकोच हो रहा था और वे उस पोटली को छुपा रहे थे। यह देख श्रीकृष्ण उन्हें बचपन की एक घटना याद दिलाते हुए सुदामा को चोरी करने में कुशल बताते हैं।

(ग) इस उपालंभ (शिकायत) के पीछे द्वापर युग में घटी सुदामा व श्रीकृष्ण के मध्य की कथा है। यह घटना उस समय की है, जब कृष्ण और सुदामा बाल सखा थे और ऋषि संदीपन के आश्रम में रहकर शिक्षा ग्रहण करते थे। एक दिन गुरुमाता ने दोनों को खाना पकाने की लकड़ियाँ लाने के लिए जंगल भेजा। भूख लगने पर खाने के लिए उन्होंने थोड़े चने दे दिए। जंगल में जाकर श्रीकृष्ण पेड़ पर चढ़कर लकड़ियाँ तोड़ने लगे और नीचे खड़े सुदामा उन लकड़ियों को इकट्ठा करने लगे। इसी बीच बारिश होने लगी। इस दौरान श्रीकृष्ण पेड़ पर ही बैठे रहे और सुदामा चने निकालकर अकेले खाने लगे। चने खाने की आवाज सुनकर श्रीकृष्ण ने उनसे पूछा कि तुम क्या खा रहे हो? किंतु सुदामा ने झूठ बोल दिया कि ठंड के कारण मेरे दाँत बज (किट-किटा) रहे हैं जबकि मैं कुछ खा नहीं रहा। अब भी सुदामा ने चावलों की पोटली को बगल में छिपा रखा था। इसलिए श्रीकृष्ण सुदामा से उक्त शिकायत करते हैं।

प्र.4 द्वारका से खाली हाथ लौटते समय सुदामा मार्ग में क्या-क्या सोचते जा रहे थे? वह कृष्ण के व्यवहार से क्यों खीझ रहे थे? सुदामा के मन की दुविधा को अपने शब्दों में प्रकट कीजिए।

उत्तर द्वारका से खाली हाथ लौटते समय सुदामा का मन बहुत दु:खी हुआ। वे दुविधा में थे और मार्ग में सोचते जा रहे थे कि मेरे द्वारका पहुँचने पर कृष्ण का उठकर दौड़े-दौड़े मुझसे मिलने आना, मुझे देख प्रसन्न होना, मेरा आतिथ्य करना और मुझे आदर देना, क्या यह सब कुछ बस दिखावा था? खाली हाथ मुझे विदा करते समय कृष्ण को इतना भी याद न रहा कि मैं एक ब्राह्मण हूँ।

श्रीकृष्ण की कृपा को न समझ पाने के कारण सुदामा यह भी सोचने लगते हैं कि कृष्ण भले ही आज द्वारकाधीश हैं, परंतु वह मुझे क्या देगा, जो बचपन में थोड़ा-सा दही खाने के लिए स्वयं घर-घर फिरता था। उन्हें अपनी पत्नी पर भी गुस्सा आ रहा था कि मेरे न चाहने पर भी उसने मुझे कृष्ण के पास जबरदस्ती भेज दिया।

रास्ते में यही सब सोचते हुए सुदामा श्रीकृष्ण पर खीझ रहे थे, क्योंकि उन्हें अपने मित्र और द्वारकाधीश से ऐसी आशा कदापि न थी कि वे उन्हें इस तरह खाली हाथ लौटा देंगे।

प्र.5 अपने गाँव लौटकर जब सुदामा अपनी झोंपड़ी नहीं खोज पाए, तब उनके मन में क्या-क्या विचार आए? कविता के आधार पर स्पष्ट कीजिए।

उत्तर अपने गाँव लौटकर जब सुदामा अपनी झोंपड़ी नहीं खोज पाए, तब उनके मन में विचार उठने लगे कि कहीं वे गलती से पुन: द्वारका नगरी में तो नहीं आ गए हैं, क्योंकि श्रीकृष्ण की कृपा से उनकी झोंपड़ी महल की तरह और संपूर्ण गाँव द्वारका के जैसा दिखने लगा था।

प्र.6 निर्धनता के बाद मिलने वाली संपन्नता का चित्रण कविता की अंतिम पंक्तियों में वर्णित है। उसे अपने शब्दों में लिखिए।

उत्तर कविता की अंतिम चार पंक्तियों में श्रीकृष्ण की कृपा से उनके बाल-सखा सुदामा को निर्धनता के बाद मिलने वाली संपन्नता का बड़ा ही सजीव चित्रण किया गया है। पंक्तियों में बताया गया है कि गरीबी में जीवन गुज़ारने वाले जिस सुदामा के पास कल तक घास-फूँस की टूटी झोंपड़ी थी, श्रीकृष्ण की कृपा से आज उनके पास स्वर्ण-महल है। कल तक जिनके पैरों में जूतियाँ न थीं, आज उनके द्वार पर हाथी लिए महावत खड़ा रहता है। कठोर भूमि पर सोकर रात काटने वाले सुदामा को आज कोमल गद्देदार बिस्तर पर नींद नहीं आ रही है। कल तक अपना और अपने परिवारवालों का पेट भरने के लिए मुश्किल से सस्ते और मोटे अनाजों की व्यवस्था कर पाने वाले सुदामा के पास प्रभु की कृपा से आज सूखे मेवों की कमी नहीं है और आज ये मेवे भी उन्हें अच्छे नहीं लग रहे हैं।

कविता से आगे (पृष्ठ संख्या 44)

प्र.1 द्रुपद और द्रोणाचार्य भी सहपाठी थे। इनकी मित्रता और शत्रुता की कथा महाभारत से खोजकर सुदामा के कथानक से तुलना कीजिए।

उत्तर द्रुपद राजा के पुत्र थे और महर्षि भारद्वाज के आश्रम में रहकर शिक्षा ग्रहण करते थे। उसी आश्रम में द्रोणाचार्य भी शिक्षा ग्रहण कर रहे थे, जो महर्षि भारद्वाज के ही पुत्र थे। द्रुपद ने आगे चलकर राज-पाट सँभाला, जबकि द्रोणाचार्य गरीबी में रहकर जीवन गुज़ारते रहे। एक दिन द्रोणाचार्य अपने सहपाठी राजा द्रुपद के पास सहायता माँगने पहुँचते हैं, पर राजा द्रुपद उनका अपमान कर, उन्हें वहाँ से भगा देते हैं।

दूसरी ओर श्रीकृष्ण और सुदामा ने भी एक ही आश्रम में रहकर शिक्षा ग्रहण की थी। आगे चलकर श्रीकृष्ण द्वारका के राजा बन गए और उनके सहपाठी सुदामा गरीबी में जीवन बिताने लगे, लेकिन सुदामा के द्वारका पहुँचने पर श्रीकृष्ण ने उनके अतिथि-सत्कार में कोई कमी न छोड़ी और उन्हें विदा करने के पश्चात् अपनी कृपा से उनकी झोंपड़ी को महल और उनके गाँव को द्वारका नगरी जैसा बना दिया।

श्रीकृष्ण ने अपने बाल-सखा को मुसीबतों से उबारकर मित्र धर्म का निर्वाह किया। श्रीकृष्ण और सुदामा की मित्रता संसार के लिए आदर्श बन गई, जबकि द्रुपद से द्रोणाचार्य की मित्रता निभाई न जा सकी और उन्होंने मित्र का अपमान भी कर दिया।

प्र.2 उच्च पद पर पहुँचकर या अधिक समृद्ध होकर व्यक्ति अपने निर्धन माता-पिता, भाई-बंधुओं से नज़र फेरने लग जाता है, ऐसे लोगों के लिए 'सुदामा चरित' कैसी चुनौती खड़ी करता है? लिखिए।

उत्तर आजकल ऐसा देखा जाता है कि कई लोग उच्च पद पर पहुँचकर या अधिक समृद्ध होकर अपने निर्धन माता-पिता और भाई-बंधुओं से नज़र फेरने लगते हैं, किंतु ऐसा करना बिल्कुल भी अच्छा नहीं होता। 'सुदामा चरित' के अनुसार, उन्हें ऐसा नहीं करना चाहिए। इस कविता में द्वारकाधीश श्रीकृष्ण जो द्वारका के राजा हैं, लंबे समय के बाद अपने बाल सखा सुदामा को देखकर प्रसन्न हो जाते हैं।

वे अपने अश्रु-जल से ही उनके पैर धो देते हैं। श्रीकृष्ण अपनी कृपा से सुदामा की झोंपड़ी को महल तथा गाँव को भी द्वारका जैसा बना देते हैं। अत: 'सुदामा चरित' ऐसे व्यक्तियों के लिए चुनौती खड़ी करता है, जो उच्च पदों पर पहुँचकर या अधिक समृद्ध होकर अपने निर्धन मित्र-बंधुओं से मुँह मोड़ लेते हैं। ऐसे लोगों को 'सुदामा चरित' सीख देता है कि हमें प्रत्येक स्थिति में अपने मित्र, माता-पिता व बंधु-बांधवों की सहायता करनी चाहिए।

अनुमान और कल्पना (पृष्ठ संख्या 44)

प्र.1 अनुमान कीजिए यदि आपका कोई अभिन्न मित्र आपसे बहुत वर्षों बाद मिलने आए, तो आपको कैसा अनुभव होगा?

उत्तर यदि मेरा कोई अभिन्न मित्र मुझसे बहुत वर्षों बाद मिलने आए, तो निश्चय ही मुझे अत्यंत प्रसन्नता होगी। मैं अपने पुराने मित्र की अतिथि-सेवा में कोई कमी न रहने दूँगा। उसे ज़रा भी महसूस नहीं होने दूँगा कि वह किसी दूसरे के घर में है। उसके साथ ज़्यादा-से-ज़्यादा समय बिताऊँगा। यदि वह समस्याग्रस्त होगा, तो उसकी समस्या को दूर करने का हर संभव प्रयास करूँगा और अंतत: आदर सहित विदा करते हुए उसे पुन: आने का आमंत्रण भी दूँगा।

प्र.2 कहि रहीम संपति सगे, बनत बहुत बहु रीत।
विपति कसौटी जे कसे तेई साँचे मीत।।

इस दोहे में रहीम ने सच्चे मित्र की पहचान बताई है। इस दोहे से 'सुदामा चरित' की समानता किस प्रकार दिखती है? लिखिए।

उत्तर उपर्युक्त दोहे में रहीम ने सच्चे मित्र की पहचान बताई है। रहीम कहते हैं कि संपत्ति से पूर्ण होने पर तो सभी लोगों का साथ मिल जाता है, परंतु जो विपत्ति में साथ देते हैं वही सच्चे मित्र होते हैं और मित्रता की कसौटी पर खरे उतरते हैं।

'सुदामा चरित' इस दोहे पर बिल्कुल सटीक है। 'सुदामा चरित' में श्रीकृष्ण अपने बाल सखा सुदामा की विपत्ति में सहायता करके सच्चे मित्र की कसौटी पर खरे उतरते हैं, जैसा कि उपर्युक्त दोहे में वर्णन किया गया है।

भाषा की बात (पृष्ठ संख्या 44, 45)

प्र.1 "पानी परात को हाथ छुयो नहिं, नैनन के जल सो पग धोए"

ऊपर लिखी पंक्ति को ध्यान से पढ़िए। इसमें बात को बहुत अधिक बढ़ा-चढ़ाकर चित्रित किया गया है, जब किसी बात को इतना बढ़ा-चढ़ाकर प्रस्तुत किया जाता है, तो वहाँ पर अतिशयोक्ति अलंकार होता है। आप भी कविता में से एक अतिशयोक्ति अलंकार का उदाहरण छाँटिए।

उत्तर 'कै वह टूटी-सी छानी हुती, कहँ कंचन के अब धाम सुहावत', कविता की इस पंक्ति में अतिशयोक्ति अलंकार की अभिव्यक्ति हुई है, क्योंकि सुदामा की टूटी-फूटी झोंपड़ी की जगह स्वर्ण-महल तैयार किए जाने में बात को बढ़ा-चढ़ाकर कहा गया है।

कुछ करने को (पृष्ठ संख्या 45)

प्र.1 इस कविता को एकांकी में बदलिए और उसका अभिनय कीजिए।

उत्तर सुदामा, उनकी पत्नी, श्रीकृष्ण और द्वारपाल बनकर कविता को गद्य शैली में बदलकर विद्यार्थीगण इस कविता की कथा को नाटक रूप में मंच पर प्रस्तुत करने का प्रयास करें।

प्र.2 कविता के उचित सस्वर वाचन का अभ्यास कीजिए।

उत्तर छात्र स्वयं अभ्यास करें।

प्र.3 मित्रता संबंधी दोहों का संकलन कीजिए।

उत्तर कबीर, सूर, तुलसी एवं बिहारी के उन दोहों को एकत्र करें, जो मित्रता से संबंधित हैं; जैसे—

1. जो चाहत चटक ना घटे, मैलो होए न मीत।
   रज राजसु न छुआइए नेह चिकनो चीत।।
2. कबीर तासूँ प्रीति करि, जो निरबाहै ओड़ि।
   बनिता बिबिध न राचिये, देषत लागै षोड़ि।।
3. भूरिष संग न कीजिए, लोहा जलि न तिराइ।
   कदली सीप भवंग मुषी, एक बूँद तिहुँ भाई।।

अभ्यास प्रश्न

बहुविकल्पीय व वर्णनात्मक प्रश्नों सहित

बहुविकल्पीय प्रश्न

1. 'सुदामा चरित' के रचयिता हैं

(क) मनोहर (ख) महादेवी
(ग) सूरदास (घ) नरोत्तमदास

उत्तर (घ) नरोत्तमदास

2. सुदामा किससे मिलने द्वारका गए थे?

(क) अपने साथी से (ख) लोगों से
(ग) श्रीकृष्ण से (घ) अपने पिता जी से

उत्तर (ग) श्रीकृष्ण से

3. 'वसुधा' शब्द का क्या अर्थ है? CBSE Diksha

(क) धरती (ख) सड़क
(ग) शहद (घ) पृथ्वी

उत्तर (क) धरती

4. श्रीकृष्ण ने सुदामा को किस अवस्था में देखा? CBSE Diksha

(क) हीन अवस्था में (ख) ठीक-ठाक अवस्था में
(ग) दयनीय अवस्था में (घ) अच्छी अवस्था में

उत्तर (ग) दयनीय अवस्था में

5. निम्नलिखित में से किसके कारण सुदामा बेहाल हो रहे थे?

(क) आर्थिक हालात के कारण
(ख) बिवाइयों से भरे पैर के कारण
(ग) भूख के कारण
(घ) थकान के कारण

उत्तर (ख) बिवाइयों से भरे पैर के कारण

6. 'पाछिलि बानि' शब्द का क्या अर्थ है?

(क) नई आदत (ख) पुरानी आदत
(ग) नई-पुरानी आदत (घ) इनमें से कोई नहीं

उत्तर (ख) पुरानी आदत

7. बचपन में गुरु माँ द्वारा दिए चने किसे न देकर सुदामा खुद खा गए थे?

(क) श्रीकृष्ण को (ख) अन्य मित्र को
(ग) बलराम को (घ) ये सभी

उत्तर (क) श्रीकृष्ण को

8. चोरी की बान में हौ जू .... ।

निम्नलिखित में से उचित शब्द चुनकर पंक्ति को पूरा कीजिए

(क) प्रवीने (ख) नवीन (ग) नगीने (घ) लगावे

उत्तर (क) प्रवीने

9. तैसई भाभी के .... कीन्हें। CBSE Diksha

निम्नलिखित में से उचित शब्द चुनकर पंक्ति को पूरा कीजिए

(क) पंगा (ख) मंगल
(ग) चंगुल (घ) तंदुल

उत्तर (घ) तंदुल

10. सुदामा की पत्नी ने उपहारस्वरूप पोटली में श्रीकृष्ण के लिए क्या दिया था?

(क) चने (ख) मुनक्के
(ग) चावल (घ) इनमें से कोई नहीं

उत्तर (ग) चावल

11. 'घर-घर कर ओड़त फिरे' पंक्ति के अनुसार कृष्ण निम्नलिखित में से किसके लिए कर ओड़ते फिरते थे?

(क) मक्खन के लिए
(ख) चावल के लिए
(ग) दूध के लिए
(घ) दही के लिए

उत्तर (घ) दही के लिए

12. सुदामा के मन में कृष्ण के प्रति खीझ के भाव थे, क्योंकि

(क) कृष्ण ने उन्हें कुछ दिन और रहने को नहीं कहा
(ख) कृष्ण ने उन्हें खाली हाथ लौटा दिया
(ग) अब कृष्ण उनका मान-सम्मान करके थक गए थे
(घ) कृष्ण ने उन्हें आदर सहित विदाई नहीं दी

उत्तर (ख) कृष्ण ने उन्हें खाली हाथ लौटा दिया

13. सुदामा की झोंपड़ी में क्या बदलाव आ गया था?

(क) झोंपड़ी बड़ी बनवा दी गई थी
(ख) झोंपड़ी के स्थान पर भव्य महल बनवाया गया था
(ग) नई झोंपड़ी बनवाई गई थी
(घ) झोंपड़ी तुड़वा दी गई थी

उत्तर (ख) झोंपड़ी के स्थान पर भव्य महल बनवाया गया था

14. सुदामा के जीवन में क्या परिवर्तन आया?

(क) उनके सभी मित्र बन गए
(ख) उनका साधारण जीवन वैभवपूर्ण हो गया
(ग) वे अपने गाँव के मुखिया बन गए
(घ) उन्हें अब कोई नहीं जानता था

उत्तर (ख) उनका साधारण जीवन वैभवपूर्ण हो गया

15. श्रीकृष्ण ने सुदामा को सब कुछ बिना बताए क्यों दिया?

(क) सुदामा पर अपना प्रभुत्व जमाना चाहते थे

(ख) किसी के सामने अपने महल में नहीं देना चाहते थे

(ग) अपनी पत्नी से छिपाकर देने में ही भलाई समझते थे

(घ) वे स्पष्ट रूप में सुदामा को देकर अपनी मित्रता को छोटा नहीं करना चाहते थे

उत्तर (घ) वे स्पष्ट रूप में सुदामा को देकर अपनी मित्रता को छोटा नहीं करना चाहते थे

काव्यांश पर आधारित प्रश्न

निम्नलिखित काव्यांशों को ध्यानपूर्वक पढ़कर उन पर आधारित प्रश्नों के उत्तर दें

काव्यांश 1

सीस पगा न झँगा तन में, प्रभु! जाने को आहि बसे केहि ग्रामा।
धोती फटी-सी लटी दुपटी, अरु पाँय उपानह को नहिं सामा।
द्वार खड़ो द्विज दुर्बल एक, रह्यो चकिसों बसुधा अभिरामा।
पूछत दीनदयाल को धाम, बतावत आपनो नाम सुदामा।।

1. सुदामा की धोती और अँगोछा किस तरह के हैं?

(क) धुले हुए और सुंदर

(ख) सुंदर और एकदम नए

(ग) धोती फटी हुई है और अँगोछा लटका हुआ है

(घ) नए और बढ़िया

उत्तर (ग) धोती फटी हुई है और अँगोछा लटका हुआ है

2. सुदामा की वेशभूषा क्या बताती है?

(क) उसकी दीन-दशा (ख) उसका राजसी जीवन

(ग) उसकी बुद्धिमत्ता (घ) उसकी विद्वता

उत्तर (क) उसकी दीन-दशा

3. सुदामा के विषय में कौन-सी बात सही नहीं है?

(क) सुदामा की स्थिति दयनीय है

(ख) सुदामा के तन पर वस्त्र नहीं है

(ग) सुदामा अति धनवान ब्राह्मण है

(घ) सुदामा नगरी की सुंदरता को देखकर चकित है

उत्तर (ग) सुदामा अति धनवान ब्राह्मण है

4. उपर्युक्त कथन कौन किससे कह रहा है?

उत्तर उपर्युक्त कथन द्वारपाल अपने राजा श्रीकृष्ण से कह रहा है।

5. 'द्वार खड़ो द्विज दुर्बल एक' पंक्ति का आशय स्पष्ट कीजिए।

उत्तर प्रस्तुत पंक्ति में द्वारपाल द्वारा श्रीकृष्ण को सुदामा की दीन-हीन स्थिति बताने का वर्णन किया गया है। वह बताता है कि द्वार पर एक कमज़ोर ब्राह्मण खड़ा हुआ है।

6. द्वारपाल के अनुसार, सुदामा के सिर और शरीर पर कौन-कौन से कपड़े नहीं थे?

उत्तर द्वारपाल के अनुसार, सुदामा के सिर पर पगड़ी नहीं थी और शरीर पर कुर्ता तक नहीं था।

काव्यांश 2

ऐसे बेहाल बिवाइन सों, पग कंटक जाल लगे पुनि जोए।
हाय! महादुख पायो सखा, तुम आए इतै न कितै दिन खोए।।
देखि सुदामा की दीन दसा, करुना करिकै करुनानिधि रोए।
पानी परात को हाथ छुयो नहिं, नैनन के जल सों पग धोए।।

1. 'हाय! महादुख पायो सखा' यह कथन किसका है?

(क) सुदामा का (ख) श्रीकृष्ण का

(ग) द्वारपाल का (घ) गुरुमाता का

उत्तर (ख) श्रीकृष्ण का

2. श्रीकृष्ण के व्यथित होने का क्या कारण था?

(क) सेना का हार जाना (ख) नींद न आना

(ग) मित्र की दीन-हीन दशा (घ) जनता की पीड़ा

उत्तर (ग) मित्र की दीन-हीन दशा

3. 'पानी परात को हाथ छुयो नहिं, नैनन के जल सों पग धोए!' पंक्ति में कौन-सा अलंकार है?

(क) रूपक अलंकार (ख) मानवीकरण अलंकार

(ग) अतिशयोक्ति अलंकार (घ) उत्प्रेक्षा अलंकार

उत्तर (ग) अतिशयोक्ति अलंकार

4. सुदामा के पाँव की हालत कैसी थी?

उत्तर सुदामा के पाँव नंगे तथा मैले थे। उनकी एड़ियाँ फटी हुई थीं और रास्ते के काँटे उनके पाँव में चुभे हुए थे।

2. सुदामा की दीन-दशा देखकर श्रीकृष्ण की हालत कैसी हो गई थी?

उत्तर सुदामा की दीन-दशा देखकर कृष्ण बहुत दु:खी हो गए और उनकी आँखें आँसुओं से भर आई।

6. श्रीकृष्ण ने सुदामा के पाँव कैसे धोए थे?

उत्तर श्रीकृष्ण ने सुदामा के पाँव धोने के लिए पानी से भरी परात मँगवाई, परंतु सुदामा की हालत से दुखी होकर उन्होंने अपने आँसुओं से ही उनके पाँव धो दिए।

काव्यांश 3

कछु भाभी हमको दियो, सो तुम काहे न देत।
चाँपि पोटरी काँख में, रहे कहो केहि हेतु।।
आगे चना गुरुमातु दए ते, लए तुम चाबि हमें नहिं दीने।
स्याम कह्यो मुस्काय सुदामा सों, "चोरी की बान में हौ जू प्रवीने।।
पोटरि काँख में चाँपि रहे तुम, खोलत नाहिं सुधा रस भीने।
पाछिलि बानि अजौ न तजो तुम, तैसई भाभी के तंदुल कीन्हे।।"

1. श्रीकृष्ण ने सुदामा की पत्नी को क्या कहकर संबोधित किया है?

(क) दीदी (ख) माता (ग) मौसी (घ) भाभी

उत्तर (घ) भाभी

2. 'तुम काहे न देत' में तुम किसके लिए प्रयोग किया गया है?

(क) सुदामा के लिए (ख) श्रीकृष्ण के लिए

(ग) द्वारपाल के लिए (घ) नौकर के लिए

उत्तर (क) सुदामा के लिए

3. **'रहे कहो केहि हेतु' में कौन-सा अलंकार है?**

(क) अनुप्रास अलंकार (ख) उपमा अलंकार

(ग) रूपक अलंकार (घ) उत्प्रेक्षा अलंकार

उत्तर (क) अनुप्रास अलंकार

4. **सुदामा श्रीकृष्ण से किसकी दी हुई चीज़ छिपा रहे थे?**

उत्तर सुदामा श्रीकृष्ण से अपनी पत्नी की दी हुई चीज़ छिपा रहे थे।

5. **गुरुमाता ने चने किसे दिए थे?**

उत्तर गुरुमाता ने चने सुदामा को दिए थे।

6. **श्रीकृष्ण ने चावल की क्या कहकर प्रशंसा की थी?**

उत्तर श्रीकृष्ण ने चावल की प्रशंसा करते हुए उसे अमृत रस से परिपूर्ण बताया है।

काव्यांश 4

वह पुलकनि, वह उठि मिलनि, वह आदर की बात।
वह पठवनि गोपाल की, कछू न जानी जात।
घर-घर कर ओड़त फिरे, तनक दही के काज।
कहा भयो जो अब भयो, हरि को राज-समाज।
हौं आवत नाहीं हुतौ, वाही पठयो ठेलि।।
अब कहिहौं समुझाय कै, बहु धन धरौ सकेलि।।

1. **प्रस्तुत काव्यांश में किसके आनंदित होने की बात की गई है?**

(क) सुदामा के (ख) श्रीकृष्ण के

(ग) द्वारपाल के (घ) इनमें से कोई नहीं

उत्तर (ख) श्रीकृष्ण के

2. **सुदामा स्वयं कहाँ नहीं जाना चाहते थे?**

(क) अयोध्या (ख) अपने गाँव

(ग) द्वारका (घ) वृंदावन

उत्तर (ग) द्वारका

3. **'कर ओड़त फिरना' का अर्थ है**

(क) मुट्ठी बंद करना

(ख) हाथ फैलाए फिरना

(ग) हाथ से पँखा हिलाना

(घ) इनमें से कोई नहीं

उत्तर (ख) हाथ फैलाए फिरना

4. **'हरि को राज-समाज' में हरि शब्द किसके लिए आया है?**

उत्तर 'हरि को राज-समाज' में 'हरि' शब्द श्रीकृष्ण के लिए आया है।

5. **सुदामा को किसने जबरदस्ती द्वारका भेजा था?**

उत्तर सुदामा को उनकी पत्नी ने जबरदस्ती द्वारका भेजा था।

6. **काव्यांश में श्रीकृष्ण की कहाँ के राज-सिंहासन पर विराजमान होने की बात कही गई है?**

उत्तर काव्यांश में श्रीकृष्ण की द्वारका के राज-सिंहासन पर विराजमान होने की बात कही गई है।

काव्यांश 5

कै वह टूटी-सी छानी हती, कहँ कंचन के अब धाम सुहावत।
कै पग में पनही न हती, कहँ लै गजराजहु ठाढ़े महावत।।
भूमि कठोर पै रात कटै, कहँ कोमल सेज पै नींद न आवत।
कै जुरतो नहिं कोदो सवाँ, प्रभु के परताप तें दाख न भावत।।

1. **सुदामा के पहले और अब के भोजन में क्या अंतर है?**

(क) पहले सूखे मेवे मिलते थे पर अब केवल सस्ता मोटा अनाज मिलता है

(ख) पहले सड़ा हुआ अनाज मिलता था पर अब अच्छा चावल मिल जाता है

(ग) पहले सस्ता मोटा अनाज मुश्किल से मिल पाता था पर अब सूखे मेवे भी अच्छे नहीं लगते

(घ) पहले सस्ता मोटा अनाज मिलता था पर अब वह भी नहीं मिल पाता है

उत्तर (ग) पहले सस्ता मोटा अनाज मुश्किल से मिल पाता था पर अब सूखे मेवे भी अच्छे नहीं लगते

2. **सुदामा के दिन कैसे बदल गए?**

(क) श्रीकृष्ण की कृपा से (ख) भक्ति के बल पर

(ग) स्वयं के परिश्रम से (घ) व्यापार करने के कारण

उत्तर (क) श्रीकृष्ण की कृपा से

3. **कवि ने इस सवैये में किस भाषा का प्रयोग किया है?**

(क) अवधी भाषा का (ख) ब्रज भाषा का

(ग) भोजपुरी भाषा का (घ) मैथिली भाषा का

उत्तर (ख) ब्रज भाषा का

4. **जहाँ सुदामा की टूटी-फूटी झोंपड़ी थी वहाँ अब क्या बन गया था?**

उत्तर जहाँ सुदामा की टूटी-फूटी झोंपड़ी थी वहाँ अब सोने का सुंदर महल बन गया था।

5. **सुदामा के महल के बाहर क्या खड़ा था?**

उत्तर सुदामा के महल के बाहर महावत हाथी लेकर तैयार खड़ा था।

6. **सुदामा को अब कहाँ नींद नहीं आती थी?**

उत्तर सुदामा को अब कोमल बिस्तर पर नींद नहीं आती थी।

अतिलघु उत्तरीय प्रश्न

1. **सुदामा द्वारका पहुँचकर किसके भवन का पता पूछते हैं?**

उत्तर सुदामा द्वारका पहुँचकर दीनदयाल अर्थात् श्रीकृष्ण के भवन का पता पूछते हैं।

2. **श्रीकृष्ण किस कारण रो पड़ते हैं?**

उत्तर श्रीकृष्ण अपने बाल सखा सुदामा की दीन दशा को देखकर रो पड़ते हैं।

3. **श्रीकृष्ण ने सुदामा के पैर किससे धोए?**

उत्तर श्रीकृष्ण ने सुदामा के पैर अपने आँसुओं से धोए।

4. श्रीकृष्ण ने सुदामा को सब कुछ बिना बताए क्यों दिया?

उत्तर श्रीकृष्ण ने सुदामा को सब कुछ बिना बताए इसलिए दिया, क्योंकि वे स्पष्ट रूप में सुदामा को देकर अपनी मित्रता को छोटा नहीं करना चाहते थे।

5. द्वारका जाने से पहले सुदामा कैसे घर में रहते थे?

उत्तर द्वारका जाने से पहले सुदामा घास-फूँस वाली टूटी झोंपड़ी में रहते थे।

6. द्वारका से लौटने के बाद सुदामा के महल के द्वार पर कौन खड़ा रहता था?

उत्तर द्वारका से लौटने के बाद सुदामा के महल के द्वार पर हाथी लिए महावत खड़ा रहता था।

7. गरीबी की दशा में सुदामा कैसे अनाज खाया करते थे?

उत्तर गरीबी की दशा में सुदामा सस्ते और मोटे अनाज खाया करते थे।

लघु उत्तरीय प्रश्न

1. सुदामा को द्वारका किसने भेजा था और क्यों? सुदामा किसके कहने पर और क्यों द्वारकापुरी गए? **CBSE Diksha**

उत्तर सुदामा को द्वारका उनकी पत्नी ने भेजा था, क्योंकि उन्हें विश्वास था कि द्वारकाधीश श्रीकृष्ण अपने बाल-सखा अर्थात् सुदामा की गरीबी अवश्य दूर करेंगे।

2. द्वारका से खाली हाथ लौटते समय सुदामा स्वयं से किसको और क्या समझाने की बात करते हैं?

उत्तर द्वारका से खाली हाथ लौटते समय सुदामा स्वयं से अपनी पत्नी को व्यंग्यवश यह समझाने की बात करते हैं कि अब वह कृष्ण के द्वारा दिए गए अपार धन को सँभाल कर रखे।

3. द्वारका जाने के दौरान सुदामा ने कैसे वस्त्र पहने थे?

उत्तर द्वारका जाने के दौरान गरीब सुदामा के तन पर वस्त्र के नाम पर सिर्फ एक फटी-सी धोती और एक अंगोछा पहना हुआ था तथा उनके पैरों में जूते भी नहीं थे।

4. श्रीकृष्ण सुदामा से क्या माँगते हैं और क्यों?

उत्तर श्रीकृष्ण सुदामा से चावल की उस पोटली की माँग करते हैं, जिसे भेंट स्वरूप उनकी भाभी अर्थात् सुदामा की पत्नी ने उनके लिए भेजा था, किंतु सुदामा उसे छिपा रहे थे।

5. द्वारका से लौटने के बाद सुदामा को नींद क्यों नहीं आती थी? **CBSE Diksha**

उत्तर सुदामा जब द्वारका से लौटे, तो श्रीकृष्ण की महिमा से उनकी झोंपड़ी महल बन गई, किंतु उस महल में कोमल-गद्देदार बिस्तर पर सुदामा को नींद नहीं आती थी, क्योंकि उन्हें कठोर भूमि पर सोने की आदत पड़ी हुई थी।

दीर्घ उत्तरीय प्रश्न

1. द्वारपाल ने श्रीकृष्ण को सुदामा के बारे में क्या बताया?

उत्तर द्वारपाल ने महल के अंदर जाकर श्रीकृष्ण को सुदामा के बारे में बताया कि हे प्रभु! बाहर महल के द्वार पर एक गरीब व्यक्ति खड़ा हुआ है। वह बहुत ही दयनीय अवस्था में है और आपके बारे में पूछ रहा है। उसके सिर पर न पगड़ी है और न ही शरीर पर कोई कुर्ता है। उन्होंने फटी हुई धोती और अँगोछा पहना हुआ था। उसके पैरों में जूते भी नहीं हैं। द्वारका नगरी के सुंदर महलों और धरती को बहुत ही हैरानी से देख रहा है। वह आपसे मिलना चाहता है और अपना नाम सुदामा बता रहा है।

2. सुदामा अपने साथ लाए उपहार को श्रीकृष्ण को देने में संकोच क्यों कर रहे थे?

उत्तर सुदामा जब श्रीकृष्ण से मिलने द्वारका जा रहे थे, तब उनकी पत्नी ने श्रीकृष्ण के लिए उपहार स्वरूप थोड़े-से चावल एक पोटली में बाँधकर दिए थे। द्वारका पहुँचकर जब सुदामा ने श्रीकृष्ण का शाही वैभव तथा विपुल धन संपत्ति देखी तो उन्होंने श्रीकृष्ण जैसे बड़े राजा के लिए चावल जैसा तुच्छ उपहार देना उचित न समझा। इसलिए वे अपने साथ लाए उपहार (चावल) को श्रीकृष्ण को देने में संकोच कर रहे थे।

3. श्रीकृष्ण ने सुदामा से अपनी पिछली आदत न छोड़ पाने की बात क्यों कही?

उत्तर श्रीकृष्ण ने जब देखा कि सुदामा अपने साथ लाए उपहारस्वरूप चावल की पोटली उनसे छिपा रहे हैं, तब श्रीकृष्ण सुदामा को ताना मारते हुए कहते हैं कि जैसे बचपन में गुरुमाता द्वारा दिए गए चने मुझे न देकर आपने खुद ही खा लिए थे, वैसे ही आप अब भी भाभी द्वारा दिए गए उपहार को क्यों नहीं दे रहे हैं। क्या आपकी पिछली आदत नहीं छूटी है, जो भाभी द्वारा भेजा तोहफा छिपा रहे हैं।

4. श्रीकृष्ण ने सुदामा के साथ सच्चे मित्र का कर्त्तव्य किस तरह निभाया? **CBSE Diksha**

उत्तर जब दीन-हीन दशा में सुदामा श्रीकृष्ण के पास गए तो उन्होंने (श्रीकृष्ण) उन्हें बिना किसी भेदभाव के गले लगाया तथा उनका बहुत आदर-सत्कार किया, साथ ही उनके दु:ख से बहुत दुखी हुए। श्रीकृष्ण को सुदामा की दयनीय हालत देखकर उनकी गरीबी का पता चल गया था। उन्होंने सुदामा की मदद अप्रत्यक्ष रूप से की, क्योंकि वे सुदामा को कुछ देकर अपनी ही नजरों में नीचा नहीं करना चाहते थे। प्रत्यक्ष रूप से सहायता करने पर मित्रता के भाव को ठेस भी पहुँचती है। श्रीकृष्ण ने सुदामा की गरीबी दूर कर दी थी, लेकिन सुदामा इससे बिल्कुल अनजान थे। इस प्रकार, श्रीकृष्ण ने ऐसा करके सच्चा मित्र होने का कर्त्तव्य निभाया।

5. क्या यह काव्य-रचना आज भी प्रासंगिक है? उचित तर्क देते हुए उत्तर लिखिए।

उत्तर यह काव्य-रचना आज भी प्रासंगिक है। मनुष्य के जीवन में स्वार्थ इस प्रकार हावी होता जा रहा है कि लोग अपने सगे- संबंधियों और मित्रों को भी समय आने पर धोखा देने और ठगने में संकोच नहीं करते। आज छोटी-छोटी बातों में भी लोग झूठ का सहारा लेते हैं। अत: ऐसे में कृष्ण और सुदामा की मित्रता पर आधारित इस काव्य रचना का महत्त्व और भी बढ़ जाता है।

इस काव्य में श्रीकृष्ण ने अपने गरीब मित्र सुदामा की विपदा को अपनी विपदा माना है और उन्हें महादु:ख से छुटकारा भी दिलाया है। यदि आज हमारे देश के युवा श्रीकृष्ण द्वारा सुदामा के साथ निभाई गई मित्रता से सीख लें और इसे आदर्श रूप में अपने जीवन में उतारें तो निश्चय ही बहुत हद तक हमारे देशवासियों की समस्याएँ दूर हो जाएँगी और मित्रता को एक नई ऊँचाई मिल जाएगी।

स्व-मूल्यांकन

बहुविकल्पीय प्रश्न

1. श्रीकृष्ण ने सुदामा का राजसी स्वागत कैसे किया?
   (क) आसन पर बैठाकर
   (ख) चरण धोने के लिए जल मँगवाकर
   (ग) आँसुओं से चरण को धोकर
   (घ) उपरोक्त सभी
2. सुदामा ने चावलों की पोटली कहाँ छुपा रखी थी?
   (क) अपनी गठरी में (ख) अपने झोले में
   (ग) अपने हाथ में (घ) अपनी बगल में
3. सुदामा ने अपने गाँव में जाकर क्या देखा?
   (क) द्वारका जैसे ही ठाठ-बाट
   (ख) अनाज का ढेर
   (ग) बहुत सारे कपड़े
   (घ) अपनी झोंपड़ी
4. श्रीकृष्ण ने सुदामा को क्या उलाहना दिया?
   (क) तुम मुझे भाभी द्वारा दिया गया उपहार क्यों नहीं देते?
   (ख) अभी भी तुम्हारी चोरी की आदत नहीं गई?
   (ग) बचपन में गुरुमाता द्वारा दिए गए चने तुमने खा लिए थे।
   (घ) उपरोक्त सभी
5. सुदामा को नींद क्यों नहीं आ रही थी?
   (क) काँटों की शैया होने के कारण
   (ख) कोमल सेज पर सोने की आदत के कारण
   (ग) कठोर धरती पर सोने की आदत के कारण
   (घ) जमीन पर लोटने के कारण

काव्यांश पर आधारित प्रश्न

निम्नलिखित काव्यांश को ध्यानपूर्वक पढ़कर उस पर आधारित प्रश्नों के उत्तर दें

वैसोई राज-समाज बने, गज, बाजि घने मन संभ्रम छायो।
कैधों पर्यो कहुँ भूलि, कि फैरि कै मैं अब द्वारका आयो।।
भौन बिलोकिबे को मन लोचत, सोचत ही सब गाँव मझायो।
पूँछत पाँडे फिरे सब सों, पर झोंपरी को कहुँ खोज न पायो।

1. 'वैसोई राज-समाज बने' में 'वैसोई' से तात्पर्य है
   (क) अयोध्या जैसा (ख) मथुरा जैसा
   (ग) वृंदावन जैसा (घ) द्वारका जैसा
2. अपने गाँव लौटकर सुदामा के मन में क्या समा गया?
   (क) भ्रम (ख) हर्ष
   (ग) राग (घ) वैराग
3. अपने गाँव लौटकर सुदामा क्या नहीं खोज पाए?
   (क) अपनी झोंपड़ी (ख) महल
   (ग) द्वार (घ) द्वारका
4. उपर्युक्त काव्यांश में किन-किन पशुओं का वर्णन आया है?
5. सुदामा को फिर से कहाँ लौट आने का भ्रम हो गया है?
6. 'पूँछत पाँडे फिरे सब सों' में 'पाँडे' शब्द किसके लिए प्रयुक्त किया गया है?

अतिलघु उत्तरीय प्रश्न

1. द्वारपाल ने श्रीकृष्ण को किसके आने की खबर दी थी?
2. श्रीकृष्ण के द्वार पर खड़े ब्राह्मण ने द्वारपाल को अपना क्या नाम बताया?
3. कृष्ण बचपन में घर-घर किस कारण हाथ फैलाए फिरते थे?
4. द्वारका से लौटते समय सुदामा श्रीकृष्ण से नाराज थे। क्यों?
5. सुदामा की टूटी-फूटी झोंपड़ी कहाँ गायब हो गई थी?

लघु उत्तरीय प्रश्न

1. सुदामा के पैरों की किस तरह से दुर्दशा हो गई थी और क्यों?
2. श्रीकृष्ण मुस्कुराते हुए सुदामा से क्या कहते हैं?
3. सुदामा अपने गाँव लौटकर सबसे क्या पूछते-फिरते थे और क्यों?

दीर्घ उत्तरीय प्रश्न

1. 'सुदामा चरित' शीर्षक कविता का उद्देश्य स्पष्ट कीजिए।
2. द्वारका से लौटते समय सुदामा दुखी क्यों थे? विस्तारपूर्वक बताइए।
3. 'विपत्ति के समय ही सच्चे मित्र की परख होती है।' श्रीकृष्ण मित्रता की इस कसौटी पर कहाँ तक खरे उतरते हैं?

जहाँ पहिया है

पी. साईनाथ

पाठ का सार

एक गरीब जिला पुडुकोट्टई तथा साइकिल आंदोलन

पुडुकोट्टई भारत के तमिलनाडु राज्य के सर्वाधिक पिछड़े जिलों में से एक है। यहाँ की ग्रामीण महिलाओं ने अपनी आजादी और गतिशीलता को अभिव्यक्त करने के लिए साइकिल आंदोलन को चुना है।

इन ग्रामीण महिलाओं में से कुछ ऐसी थीं, जिन्होंने साइकिल चलाना अभी-अभी सीखा था। यहाँ ग्रामीण महिलाओं के एक चौथाई हिस्से ने साइकिल चलाना सीख लिया है। सत्तर हजार से भी अधिक महिलाओं ने प्रदर्शन एवं प्रतियोगिता जैसे सार्वजनिक कार्यक्रम में साइकिल चलाने की इच्छा व्यक्त करते हुए उसमें भाग लिया।

साइकिल चलाने के प्रति महिलाओं के विचार

ग्रामीण पुडुकोट्टई के अनेक मुख्य क्षेत्र अत्यंत रूढ़िवादी हैं, परंतु इन क्षेत्रों की अनेक मुस्लिम लड़कियाँ सड़कों पर अपनी साइकिलों से निकलती हैं। जमीला बीबी नामक एक युवती ने लेखक को बताया कि साइकिल चलाना उसका अधिकार है और वह इससे कहीं भी आ-जा सकती है।

जमीला बताती है कि जब उसने साइकिल चलाना शुरू किया था, तब लोग उस पर फब्तियाँ कसते थे अर्थात् उसका मजाक उड़ाते थे, परंतु जमीला पर इन सबका कोई प्रभाव नहीं पड़ा। अन्य एक लड़की फातिमा जो स्कूल में पढ़ाती है, वह शाम को आधा घंटे के लिए साइकिल किराए पर लेकर चलाती है। जमीला और उसकी सहेलियों ने अपने समुदाय की बहुत-सी युवतियों को साइकिल चलाना सिखा दिया है।

महिलाओं में साइकिल चलाने के प्रति होड़ तथा उनका आत्मविश्वास

पुडुकोट्टई जिले में साइकिल चलाने के प्रति महिलाओं में एक होड़-सी मची हुई है। खेतिहर महिला मजदूर, पत्थर की खदानों में काम करने वाली महिलाएँ, ग्रामीण नर्सें, आँगनबाड़ी कार्यकताएँ, बेशकीमती पत्थरों को तराशने वाली महिलाएँ, स्कूल की अध्यापिकाएँ आदि सभी साइकिल का खूब उपयोग कर रही हैं। साइकिल आंदोलन की एक नेतृत्वकर्ता के अनुसार, साइकिल ने उन्हें बहुत आत्मविश्वास प्रदान किया है। साथ ही उनकी पुरुषों पर निर्भरता कम होने से अब वे आत्मनिर्भर हो गई हैं।

दूर-दूर से पानी लाने, सामान ढोने आदि का कार्य अब उनके लिए सरल हो गया है। शुरुआत में, लोगों ने उन पर साइकिल चलाने के कारण गंदी-गंदी टिप्पणियाँ भी कीं, परंतु धीरे-धीरे उन्हें इसकी सामाजिक स्वीकृति मिल गई।

साइकिल प्रशिक्षण शिविर

लेखक के अनुसार, जब किसी गाँव में साइकिल प्रशिक्षण शिविर लगता है, उसे देखना अद्भुत होता है। साइकिल सीखने तथा सिखाने में महिलाएँ बढ़-चढ़कर हिस्सा लेती हैं। वस्तुत: साइकिल के कारण वे पुरुषों द्वारा थोपी गई रायों से बाहर निकल गई हैं। वे महिलाएँ, जो साइकिल चलाना सीख रही हैं, वे एक गीत भी गाती हैं।

यह गीत साइकिल चलाने के प्रति महिलाओं को प्रोत्साहित करता है। जिन महिलाओं को साइकिल का प्रशिक्षण मिल चुका है, वे नई-नई साइकिल सीखने वाली महिलाओं का सहयोग करती हैं। उनका मानना है कि सभी महिलाओं को साइकिल चलाना सीखना चाहिए। वर्ष 1992 के अंतर्राष्ट्रीय महिला दिवस में 1500 महिलाओं ने साइकिल चलाकर सभी को हैरान कर दिया था।

साइकिल के कारण आय में वृद्धि

एक साइकिल डीलर 'आर. साइकिल्स' के मालिक के अनुसार, उसके व्यापार में साल भर में लेडीज़ साइकिल की बिक्री में काफी वृद्धि हुई है। बहुत-सी महिलाओं ने लेडीज़ साइकिल न मिलने पर जेंट्स साइकिल भी खरीदी है।

एब बाईस वर्षीय महिला मनोरमनी, जो कड़ी धूप में साइकिल सीखा रही थी, ने लेखक को बताया कि उसका इलाका मुख्य शहर से कटा हुआ है अर्थात् उसके क्षेत्र का दूसरे गाँवों से अधिक मेल-जोल न था, लेकिन साइकिल ने आपसी मेलजोल को बढ़ावा दिया है। साइकिल के कारण महिलाएँ कृषि संबंधी उत्पाद अन्य गाँवों तक बेच आती हैं। वे अधिक से अधिक इलाकों में जा पाती हैं और साइकिल के कारण उन्हें आराम भी मिल जाता है।

साइकिल–महिलाओं के लिए आजादी का प्रतीक

साइकिल प्रशिक्षण ने महिलाओं में आत्मसम्मान की भावना पैदा की है। फातिमा नामक एक महिला ने लेखक को बताया कि उसके पास साइकिल खरीदने के पैसे नहीं है, लेकिन वह रोज़ शाम को किराए पर लेकर साइकिल चलाती है, जिससे वह आजादी और खुशहाली का अनुभव कर सके।

लेखक का कहना है कि पुडुकोट्टई आने से पहले उसने भी नहीं सोचा था कि साइकिल किसी के लिए आजादी का प्रतीक भी हो सकती है। एक अन्य महिला ने लेखक को बताया कि लोग सोच भी नहीं सकते कि साइकिल ग्रामीण महिलाओं के लिए कितनी महत्त्वपूर्ण है। पुरुष महिलाओं द्वारा साइकिल चलाने में उनका विरोध तो कर सकते हैं, लेकिन उनकी बराबरी नहीं कर सकते।

शब्दार्थ

शब्द	हिंदी अर्थ
NCERT पृष्ठ संख्या 46	
नवसाक्षर	नए सीखने वाले
लात मारने	त्यागने
जंजीर	बंधन
सार्वजनिक	जो सभी के लिए हो
NCERT पृष्ठ संख्या 47	
कौशल	निपुणता, विशेष गुण
प्रशिक्षण-शिविर	वह स्थान, जहाँ कुछ सिखाया जाता है
रूढ़िवादी	प्राचीन परंपरा को मानने वाला या दकियानूसी विचार दकियानूसी विचार रखने वाला
पृष्ठभूमि	आधार
फब्ती	ताना, चुभती बात
प्रशंसक	प्रशंसा करने वाला
तराशने	सुंदर रूप देने
अगुआ	आगे चलने वाला
NCERT पृष्ठ संख्या 48	
प्रहार	आघात
आवेग	उत्तेजना
NCERT पृष्ठ संख्या 49	
सतर्कता	सावधानी
निहितार्थ	छिपा हुआ अर्थ
हक्का-बक्का	हैरान
केंद्रित	एकाग्र

NCERT फोल्डर

पाठ्यपुस्तक वसंत भाग–3 के प्रश्नोत्तर

जंजीरें (पृष्ठ संख्या 51, 52)

प्र.1 **"......... उन जंजीरों को तोड़ने का जिनमें वे जकड़े हुए हैं, कोई–न–कोई तरीका लोग निकाल ही लेते हैं"...। आपके विचार से लेखक 'जंजीरों' द्वारा किन समस्याओं की ओर इशारा कर रहा है?**

उत्तर मेरे विचार से लेखक 'जंजीरों' द्वारा तमिलनाडु राज्य के पुडुकोट्टई जिले की महिलाओं की विभिन्न समस्याओं तथा समाज में व्याप्त अनेक रूढ़ियों की ओर इशारा कर रहा है।

यहाँ की महिलाएँ समाज में व्याप्त रूढ़ियों, बंधनों एवं संकीर्ण परंपराओं को सहते हुए अपना जीवन व्यतीत कर रही थीं। उन्हें व्यक्तिगत स्वतंत्रता एवं स्वयं निर्णय लेने के अधिकार से वंचित होना पड़ता था तथा वे अपने प्रत्येक कार्य के लिए पुरुषों पर निर्भर थीं। इस तरह, समाज में व्याप्त रूढ़ियों, संकीर्ण मान्यताओं तथा पुरुषों पर महिलाओं की निर्भर रहने की बाध्यता को लेखक ने जंजीरें कहा है।

प्र.2 **क्या आप लेखक की इस बात से सहमत हैं? अपने उत्तर का कारण भी बताइए।**

उत्तर "उन जंजीरों को तोड़ने का जिनमें वे जकड़े हुए हैं, कोई–न–कोई तरीका लोग निकाल ही लेते हैं"......लेखक की इस बात से मैं पूर्णतया सहमत हूँ, क्योंकि मनुष्य स्वभाव के अनुसार अधिक समय तक बंधनों में नहीं रह सकता। कोई–न–कोई तरीका निकालकर वे बंधन रूपी जंजीरें अवश्य टूटती हैं और इस प्रकार मनुष्य स्वतंत्रता को प्राप्त करता है।

कुछ ऐसा ही इस पाठ में पुडुकोट्टई जिले की महिलाओं के साथ हुआ। वे भी रूढ़िवादिता व पुरुष प्रधान समाज की जंजीरों में जकड़ी थी, लेकिन साइकिल चलाने से उनके जीवन में इतना बदलाव आया कि उनमें भी आत्मसम्मान की भावना पैदा हो गई। इससे वे आत्मनिर्भर हो गईं तथा सभी कार्य आसानी से करने लगी। पुरुष वर्ग क्या कहता है, अब वे इसकी परवाह नहीं करती हैं। अतः साइकिल चलाना उनकी आज़ादी का प्रतीक बन गया।

पहिया (पृष्ठ संख्या 52)

प्र.1 'साइकिल आंदोलन' से पुडुकोट्टई की महिलाओं के जीवन में कौन-कौन से बदलाव आए हैं?

उत्तर 'साइकिल आंदोलन' से पुडुकोट्टई की महिलाओं के जीवन में निम्नलिखित बदलाव आए हैं

(i) साइकिल आंदोलन के कारण ही महिलाओं को वास्तविक आजादी का अहसास हुआ और उन्होंने स्वयं को स्वतंत्र समझा।

(ii) साइकिल आंदोलन ने उन्हें पुरुषों पर निर्भर रहने से मुक्ति दिलाई। अब वे अपना काम स्वयं ही करने लगी और इस प्रकार आत्मनिर्भर बन गईं।

(iii) साइकिल का प्रयोग करने से उनके श्रम एवं समय की बचत हुई, जिसका उपयोग उन्होंने आर्थिक रूप से और मजबूत होने के लिए करना शुरू कर दिया।

(iv) वे आस-पास के स्थानों में अपना उत्पाद या सामान बेचकर आर्थिक रूप से सुदृढ़ हो गईं।

(v) साइकिल चलाना उनके लिए आजादी का प्रतीक बन गया।

(vi) साइकिल सीखने से उनके आत्मसमान में वृद्धि हुई, जिससे उनके व्यक्तित्व का विकास हुआ।

प्र. 2 शुरुआत में पुरुषों ने इस आंदोलन का विरोध किया, परंतु आर. साइकिल्स के मालिक ने इसका समर्थन किया, क्यों?

उत्तर शुरुआत में पुरुषों ने साइकिल आंदोलन का विरोध किया, क्योंकि उन्हें लगता था कि इससे समाज की सदियों से चली आ रही परंपरा बाधित होगी। इससे स्त्रियाँ अधिक स्वतंत्र हो जाएँगी।

स्त्री-समुदाय को पहले की तरह रहने के लिए बाध्य करने के विचार से उन्होंने साइकिल आंदोलन का विरोध किया। इसके लिए उन्होंने तरह-तरह के ताने मारे और गंदी-गंदी टिप्पणियाँ कीं, लेकिन महिलाओं ने साइकिल चलाना जारी रखा। धीरे-धीरे महिलाओं को साइकिल चलाने की सामाजिक स्वीकृति मिल गई।

पुरुषों द्वारा साइकिल चलाने का विरोध करने के बाद आर. साइकिल्स के मालिक ने इसका समर्थन किया, क्योंकि इस आंदोलन से उनके यहाँ लेडीज़ साइकिल की बिक्री में सालभर के अन्दर काफी वृद्धि हुई। बाजार में आस-पास के क्षेत्रों में साइकिल की बिक्री पर उसी का एकाधिकार था। अत: साइकिल खरीदने की इच्छा रखने वाले लोग उसी की दुकान से साइकिलें खरीदते थे।

प्र.3 प्रारंभ में इस आंदोलन को चलाने में कौन-कौन सी बाधाएँ आईं?

उत्तर प्रारंभ में 'साइकिल आंदोलन' को चलाने में महिलाओं को अनेक समस्याओं का सामना करना पड़ा। पुरुष वर्ग के सदस्य साइकिल चलाने वाली महिलाओं एवं युवतियों को ताने मारते थे तथा गंदी-गंदी टिप्पणियाँ करते थे।

इन सबके बाद भी वहाँ की महिलाओं ने किसी भी बात की परवाह नहीं की और अपने साइकिल सीखने के अभियान में लगी रहीं। अंतत: कुछ समय बाद पुरुष समाज ने भी स्त्रियों को साइकिल चलाने के मामले में अपनी स्वीकृति प्रदान कर दी। इससे महिलाओं और युवतियों में आत्मसम्मान तथा स्वतंत्रता की भावना में वृद्धि हुई।

शीर्षक की बात (पृष्ठ संख्या 52)

प्र.1 आपके विचार से लेखक ने इस पाठ का नाम 'जहाँ पहिया है' क्यों रखा होगा?

उत्तर मेरे विचार से लेखक ने इस पाठ का नाम 'जहाँ पहिया है' इसलिए रखा होगा, क्योंकि पहिए को गतिशीलता का प्रतीक माना जाता है और जब पुडुकोट्टई में महिलाओं द्वारा साइकिल आंदोलन चलाया गया तो उनका जीवन भी गतिशील हो गया। जिस तरह पहिया हमेशा घूमता रहता है और चीजों को गति प्रदान करता है, उसी तरह इस जिले की महिलाओं की जिंदगी ने भी साइकिल के कारण एक गति पकड़ ली। साइकिल का निर्माता वास्तव में इस जिले की महिलाओं की नई आजादी का भी निर्माता है। साइकिल के पहिए ने इन महिलाओं के जीवन में गति प्रदान कर उन्हें आर्थिक एवं सामाजिक रूप से उन्नत बनाया। इन्हीं कारणों से लेखक ने पहिए को केंद्रीय भूमिका में रखा है और इसी के आधार पर पाठ का शीर्षक भी निर्धारित किया गया है।

प्र.2 अपने मन से इस पाठ का कोई दूसरा शीर्षक सुझाइए। अपने दिए हुए शीर्षक के पक्ष में तर्क दीजिए।

उत्तर इस पाठ का यदि दूसरा शीर्षक रखा जाए, तो मेरे विचार से 'पहिए ने बदला जीवन' रखा जा सकता है, क्योंकि पाठ के अनुसार, साइकिल के पहिए ने ही पुडुकोट्टई जिले की महिलाओं का जीवन बदल दिया। उसी के कारण वे रूढ़िवादी परंपराओं से आजाद हुई और आत्मनिर्भर बनी। उनकी सामाजिक स्थिति के साथ-साथ आर्थिक स्थिति में भी परिवर्तन आया। जहाँ वे अब तक पुरुष-प्रधान मानसिकता के कारण घर में ही कैद थी, वहीं साइकिल के कारण उन्होंने स्वयं को आजाद कर लिया। इससे उनमें आत्मसम्मान की भावना जागृत हुई और वे आत्मनिर्भर बन गई।

समझने की बात (पृष्ठ संख्या 52)

प्र.1 "लोगों के लिए यह समझना बड़ा कठिन है कि ग्रामीण औरतों के लिए यह कितनी बड़ी चीज है। उनके लिए तो यह हवाई जहाज उड़ाने जैसी बड़ी उपलब्धि है।"

साइकिल चलाना ग्रामीण महिलाओं के लिए इतना महत्त्वपूर्ण क्यों है? समूह बनाकर चर्चा कीजिए।

उत्तर साइकिल चलाना ग्रामीण महिलाओं के लिए इतना महत्त्वपूर्ण इसलिए है, क्योंकि ग्रामीण समाज रूढ़ियों में बँधा होता है। महिलाओं को किसी भी कार्य की अधिक छूट नहीं दी जाती। यह समझा जाता है कि उनका काम सिर्फ घर-गृहस्थी चलाने तक ही सीमित है। ऐसे पुरुष प्रधान वातावरण में यदि अचानक औरतों को साइकिल चलाने का मौका मिल जाए, तो यह उनके लिए हवाई जहाज उड़ाने से कम न होगा।

तमिलनाडु राज्य के पुडुकोट्टई जिले की ग्रामीण महिलाओं का जीवन पुरानी रूढ़िवादी परंपरा पर ही चल रहा था। वे अपने अधिकांश कार्यों के लिए पुरुषों पर निर्भर रहती थीं। समाज में साइकिल चलाना सीखकर अब वे अपनी इच्छा से जहाँ चाहे, वहाँ जा सकती थीं। उन्हें अब किसी पुरुष पर निर्भर नहीं रहना पड़ता था और न ही सार्वजनिक वाहनों के इंतजार में अपना समय नष्ट करना पड़ता था। वे घर से बाहर निकलकर अपनी आर्थिक एवं सामाजिक स्थिति को सुदृढ़ कर सकती थीं। यही कारण है कि उन्हें साइकिल सीखना हवाई जहाज उड़ाने जैसी उपलब्धि लगी।

प्र.2 **"पुडुकोट्टई पहुँचने से पहले मैंने इस विनम्र सवारी के बारे में इस तरह सोचा ही नहीं था।"**
साइकिल को विनम्र सवारी क्यों कहा गया है?

उत्तर साइकिल को विनम्र सवारी इसलिए कहा गया है, क्योंकि इसमें कम-से-कम यंत्रों का प्रयोग होता है। कम यंत्रों या पुर्जों का प्रयोग होने के कारण समय-समय पर इसके खराब होने या बिगड़ने की संभावना कम रहती है, साथ ही यह किसी महँगी ईंधन पेट्रोल या डीज़ल की माँग भी नहीं करती।

इस उपयोग में लाना न केवल अत्यधिक सस्ता होता है, बल्कि अत्यंत सरल भी होता है। थोड़े दिन के प्रशिक्षण के बाद ही साइकिल चलाना आसानी से सभी को आ जाता है, चाहे वह स्त्री हो या पुरुष। कम खर्चीली एवं सरलता से चलने के कारण ही इसे विन्रम सवारी कहा गया है।

साइकिल (पृष्ठ संख्या 52, 53)

प्र.1 **फातिमा ने कहा, "...मैं किराए पर साइकिल लेती हूँ, ताकि मैं आजादी और खुशहाली का अनुभव कर सकूँ।"**
साइकिल चलाने से फातिमा और पुडुकोट्टई की महिलाओं को आजादी का अनुभव क्यों होता होगा?

उत्तर फातिमा और पुडुकोट्टई की अनेक महिलाओं को साइकिल चलाने से आजादी का अनुभव इसलिए होता होगा, क्योंकि साइकिल पर सवार होकर उसे चलाते समय वे अपनी इच्छा की स्वयं मालिक होती थीं। उन्हें कोई रोक-टोक नहीं रहती थी। वे अब अपनी मर्जी से जहाँ चाहतीं, वहाँ जाती होंगी। पहले उनके पारिवारिक जीवन में ऐसी किसी प्रकार की स्वतंत्रता नहीं थी। अब हवा के तेज झोंके का अनुभव भी उन्हें आजादी का अहसास कराता होगा।

कल्पना से (पृष्ठ संख्या 53)

प्र.1 **पुडुकोट्टई में कोई महिला यदि चुनाव लड़ती, तो अपना पार्टी-चिह्न क्या बनाती और क्यों?**

उत्तर पुडुकोट्टई में कोई महिला यदि चुनाव लड़ती, तो वह निश्चित रूप से अपना पार्टी-चिह्न 'साइकिल' को ही बनाती। इसका कारण यही था कि उनकी जिंदगी को बदलने वाली साइकिल यदि चुनाव जीत जाती, तो वह पूरे समाज को बदलने की क्षमता रखती।

पुडुकोट्टई जिले की महिलाओं की जिंदगी को साइकिल ने पूरी तरह बदल दिया था। वहाँ पर प्रारंभ हुए साइकिल आंदोलन ने वहाँ की महिलाओं की सोच को रूढ़िवादी वातावरण से मुक्त कराया था। उनकी सोच के अनुरूप ही उनका व्यक्तित्व भी विकसित होने लगा था, इसलिए उनमें आत्मविश्वास एवं आत्मसम्मान की भावना विकसित हो रही थी। उनके लिए साइकिल चलाना आजादी का प्रतीक बन गया था।

प्र.2 **यदि दुनिया के सभी पहिए हड़ताल कर दें, तो क्या होगा?**

उत्तर यदि दुनिया के सभी पहिए हड़ताल कर दें, तो पूरा जीवन-जगत ही ठहर जाएगा, संपूर्ण समाज की गति ही रुक जाएगी। आज के समय में पहिया केवल किसी वाहन को गति नहीं देता, बल्कि यह संपूर्ण समाज को भी गति प्रदान करता है, इसलिए आधुनिक युग के पाँच संबसे महत्त्वपूर्ण आविष्कारों में पहिया भी शामिल है। इसी के कारण आज के उद्योग-धंधे, कृषि, व्यापार, यातायात आदि पूरी तरह से उन्नति कर रहे हैं। पहिया केवल एक वस्तु नहीं, बल्कि आधुनिक समाज की गतिशीलता को बनाए रखने वाला अपरिहार्य अंग है, उसे आज के समाज की 'आत्मा' कहा जा सकता है, जिसके अभाव में समाजरूपी शरीर निश्चल, स्थिर एवं मृतक समान हो जाएगा।

प्र.3 **"1992 में अंतर्राष्ट्रीय महिला दिवस के बाद अब यह जिला कभी भी पहले जैसा नहीं हो सकता।" इस कथन का अभिप्राय स्पष्ट कीजिए।**

उत्तर "1992 में अंतर्राष्ट्रीय महिला दिवस के बाद अब यह जिला कभी भी पहले जैसा नहीं हो सकता" इस कथन का अभिप्राय यह है कि इसके बाद पुडुकोट्टई की महिलाओं की जिंदगी कभी भी पहले की तरह रूढ़िग्रस्त एवं संकीर्ण दायरे में बँधी हुई नहीं हो सकती।

वर्ष 1992 से पहले पुडुकोट्टई जिले की महिलाएँ संकीर्ण रीति-रिवाजों एवं अनेक बंधनों में जकड़ी हुई थीं। उन्हें अपनी प्रत्येक इच्छा के लिए पुरुषों पर निर्भर रहना पड़ता था, प्रत्येक काम में उन्हें पुरुषों की सहायता की आवश्यकता होती थी।

उन पर निर्भरता इतनी अधिक थी कि वे हमेशा उन्हीं के इशारों पर चलती थीं। उनका अपना कोई स्वतंत्र अस्तित्व ही नहीं था। उनका अस्तित्व पूरी तरह समाज के पुरुष सदस्यों के ऊपर निर्भर करता था।

वर्ष 1992 के बाद, साइकिल आंदोलन ने उनकी सम्पूर्ण जिंदगी को बदलकर रख दिया। अपनी गतिशीलता के कारण उनमें आर्थिक समृद्धि आई और इस आर्थिक समृद्धि ने उन्हें आत्मविश्वास एवं आत्मसम्मान प्रदान किया। एक बार आत्मविश्वास, आत्मसम्मान एवं आजादी प्राप्त कर लेने के बाद उसे किसी भी कीमत पर छोड़ना संभव नहीं है।

प्र.4 **मान लीजिए आप एक संवाददाता हैं। आपको 8 मार्च, 1992 के दिन पुडुकोट्टई में हुई घटना का समाचार तैयार करना है। पाठ में दी गई सूचनाओं और अपनी कल्पना के आधार पर एक समाचार तैयार कीजिए।**

उत्तर **अंतर्राष्ट्रीय महिला दिवस पर साइकिल आंदोलन**

पुडुकोट्टई, 9 मार्च, 1992

कल पुडुकोट्टई जिला मुख्यालय के पास मुख्य सड़क पर महिला सशक्तीकरण का एक अद्भुत दृश्य देखने को मिला, जिसमें लगभग 1500 महिलाएँ अपनी-अपनी साइकिलों पर सवार हैंडल पर झंडियाँ लगाए और घंटियाँ बजाते हुए महिला सशक्तिकरण का प्रदर्शन कर रही थीं।

ये महिलाएँ समाज की संकीर्ण रूढ़ियों को तोड़ने का संकल्प लेते हुए अपनी साइकिल की घंटियाँ बजाती हुई जिधर से गुजरीं, उधर ही एक अलग माहौल बन गया। इन साइकिल सवार महिलाओं का उत्साह देखने योग्य था। इन महिलाओं को देखकर ऐसा प्रतीत हो रहा था कि अब ये महिलाएँ समाज पर पुरुषों द्वारा थोपी गई परंपराओं को एक दिन भी सहन नहीं कर पाएँगी। उनकी पोशाकों में लगे बैनर तथा साइकिलों की तख्तियों पर लिखे नारे, उनकी भावनाओं को बड़े ही स्पष्ट रूप से व्यक्त कर रहे थे। संभवत: अब महिलाएँ किसी भी कुरीति एवं पिछड़ेपन की प्रथा को स्वीकार करने के लिए तैयार नहीं हैं। इस दौरान उनके द्वारा गाए जाने वाले गीत भी अत्यंत प्रेरणादायक थे। अ. ब. स. (विशेष संवाददाता)

प्र.5 अगले पृष्ठ पर दी गई 'पिता के बाद' कविता पढ़िए। क्या कविता में और फातिमा की बात में कोई संबंध हो सकता है? अपने विचार लिखिए।

उत्तर 'पिता के बाद' कविता में और फातिमा के बीच सबसे बड़ा संबंध यही है कि फातिमा स्वयं में खुश रहना जानती है। वह स्वयं में खुश रहने के लिए ही प्रतिदिन किराए पर साइकिल लेकर चलाती है तथा मानसिक रूप से स्वतंत्रता का अनुभव करती है। इसी तरह कविता में भी कहा गया है कि 'हर मौसम में खिलखिलाती हैं लड़कियाँ' तथा 'उदास गीतों में वे ढूँढ़ लेती हैं जीवन-राग'।

इसका भाव यह है कि लड़कियाँ सुख हो या दु:ख हर हाल में खुश रहती हैं। वे उदास गीतों में भी खुशियाँ ढूँढ़ने की क्षमता रखती हैं। यही बात फातिमा पर भी लागू होती है।

वह साइकिल खरीदने में समर्थ नहीं होने पर भी उदास नहीं होती, बल्कि उसी से खुशी का रास्ता निकाल लेती है और साइकिल चलाने के लिए किराए पर साइकिल ले लेती है तथा उसकी सवारी करके आज़ादी का अहसास करती है। जिस तरह लड़कियाँ हर मौसम में हँसती हैं, उसी तरह फातिमा भी हर परिस्थिति में खुश रहने के तरीके जानती है।

भाषा की बात (पृष्ठ संख्या 53)

प्र.1 उपसर्गों और प्रत्ययों के बारे में आप जान चुके हैं। इस पाठ में आए उपसर्ग युक्त शब्दों को छाँटिए। उनके मूल शब्द भी लिखिए। आपकी सहायता के लिए इस पाठ में प्रयुक्त कुछ 'उपसर्ग' और 'प्रत्यय' इस प्रकार हैं–

अभि, प्र, अनु, परि, वि (उपसर्ग)

इक, वाला, ता, ना (प्रत्यय)

उत्तर **उपसर्ग युक्त शब्द**

शब्द	उपसर्ग	मूल शब्द
अभिव्यक्त	अभि	व्यक्त
प्रशिक्षण	प्र	शिक्षण
प्रदर्शन	प्र	दर्शन
अनुभव	अनु	भव
परिवहन	परि	वहन
विनम्र	वि	नम्र
बेशक	बे	शक
असाधारण	अ	साधारण

प्रत्यय युक्त शब्द

शब्द	मूल शब्द	प्रत्यय
सामाजिक	समाज	इक
गतिशीलता	गतिशील	ता
समझना	समझ	ना
सीखनेवाली	सीखने	वाली
मूर्खता	मूर्ख	ता
सतर्कता	सतर्क	ता
आर्थिक	अर्थ	इक
चलाना	चल	आना

अभ्यास प्रश्न

बहुविकल्पीय व वर्णनात्मक प्रश्नों सहित

बहुविकल्पीय प्रश्न

1. पुडुकोट्टई जिले में साइकिल चलाने के लिए कैसा आंदोलन चला?

(क) सामाजिक (ख) राष्ट्रीय
(ग) धार्मिक (घ) प्रादेशिक

उत्तर (क) सामाजिक

2. पुडुकोट्टई की गणना भारत के सर्वाधिक .... जिलों में की जाती है।

(क) संपन्न
(ख) पिछड़े
(ग) संपदा वाले
(घ) विकसित

उत्तर (ख) पिछड़े

3. आपके विचार से लेखक जंजीरों द्वारा किन समस्याओं की ओर इशारा कर रहा है?

(क) सामाजिक मान्यताओं की ओर
(ख) गलत सामाजिक मान्यताओं की ओर
(ग) बाँधने वाली जंजीरों की ओर
(घ) प्रतिबंध की ओर

उत्तर (ख) गलत सामाजिक मान्यताओं की ओर

4. पुडुकोट्टई की महिलाओं ने अपने पिछड़ेपन को दूर करने के लिए क्या करना शुरू किया?

(क) घर से निकलना
(ख) व्यवसाय करना
(ग) साइकिल चलाना
(घ) गाँव से निकलकर शहरों में बसना

उत्तर (ग) साइकिल चलाना

5. 'जहाँ पहिया है' पाठ में पुडुकोट्टई नामक स्थान का वर्णन है, क्योंकि

(क) यहाँ की सभी महिलाएँ किसी-न-किसी रोजगार में लगी हुई हैं।

(ख) यहाँ की महिलाओं ने दस्तकारी एवं अन्य कलाओं में प्रशिक्षण लिया है।

(ग) यहाँ महिलाओं ने अपनी साक्षरता दर अचानक बढ़ा ली है।

(घ) यहाँ की महिलाओं ने अपना पिछड़ापन दूर करने के लिए साइकिल को माध्यम के रूप में चुना है।

उत्तर (घ) यहाँ की महिलाओं ने अपना पिछड़ापन दूर करने के लिए साइकिल को माध्यम के रूप में चुना है।

6. यह मेरा अधिकार है, अब हम कहीं भी जा सकते हैं– यह किसने कहा?

(क) फातिमा ने (ख) जमीला बीवी ने

(ग) अवकन्नी ने (घ) आर. साइकिल्स के मालिक ने

उत्तर (ख) जमीला बीवी ने

7. जमीला को साइकिल चलाते देखकर लोगों की क्या प्रतिक्रिया होती थी?

(क) वे उसे प्रोत्साहित करते थे।

(ख) वे उसकी प्रशंसा करते थे।

(ग) वे उसे ताने मारते थे।

(घ) वे उससे जलते थे।

उत्तर (ग) वे उसे ताने मारते थे।

8. प्रारंभ में इस आंदोलन को चलाने में बाधाएँ क्यों आईं?

(क) पुडुकोट्टई इलाके में रूढ़िवादी मुस्लिम महिलाओं की संख्या अधिक हुई।

(ख) पुरुषों ने विरोध किया और महिलाओं के साइकिल सीखने और चलाने पर ताने मारे।

(ग) प्रशिक्षण देने वालों की भी कमी थी।

(घ) उपरोक्त सभी

उत्तर (घ) उपरोक्त सभी

9. साइकिल चलाने का लाभ निम्नलिखित में से कौन नहीं उठा रही हैं?

(क) आँगनवाड़ी एवं बालवाड़ी कार्यकर्ता

(ख) अध्यापिकाएँ

(ग) शहरों में काम करने वाली नर्सें

(घ) पत्थर खदानों में मजदूरी करने वाली औरतें

उत्तर (ग) शहरों में काम करने वाली नर्सें

10. साइकिल आंदोलन से पुडुकोट्टई की महिलाओं के जीवन में कौन-कौन से बदलाव आए हैं?

(क) उनका आर्थिक स्तर बेहतर हुआ है।

(ख) उनके मन में आत्मविश्वास पैदा हुआ है।

(ग) वे कम समय में अपना पहले से अधिक काम कर लेती हैं।

(घ) उपर्युक्त सभी

उत्तर (घ) उपर्युक्त सभी

11. लेखक ने असाधारण अनुभव किसे कहा है?

(क) साइकिल चलाने को

(ख) साइकिल चलाने का प्रशिक्षण देने को

(ग) साइकिल चलाने का प्रशिक्षण लेने को

(घ) साइकिल प्रशिक्षण शिविर देखने को

उत्तर (घ) साइकिल प्रशिक्षण शिविर देखने को

12. किलाकुरुचि गाँव की महिलाओं ने क्या विचार बना रखा था?

(क) आंदोलन करने का

(ख) महिलाओं का समर्थन करने का

(ग) आवेग में आने का

(घ) साइकिल चलाना सीखने का

उत्तर (घ) साइकिल चलाना सीखने का

13. अंतर्राष्ट्रीय महिला दिवस पर वर्ष 1992 में कितनी साइकिल सवार महिलाएँ एकत्र हुईं?

(क) 1500 (ख) 1200 (ग) 1800 (घ) 1000

उत्तर (क) 1500

14. कुदिमि अन्नामलाई की चिलचिलाती धूप में किसने साइकिल सिखाने का काम किया?

(क) फातिमा (ख) मनोरमनी

(ग) जमीला बीवी (घ) अवकन्नी

उत्तर (ख) मनोरमनी

15. ग्रामीण महिलाओं के लिए साइकिल चलाना किसे उड़ाने के समान है?

(क) हवाई जहाज़ (ख) मोटर साइकिल

(ग) कार (घ) चिड़िया

उत्तर (क) हवाई जहाज़

गद्यांश पर आधारित प्रश्न

निम्नलिखित गद्यांशों को ध्यानपूर्वक पढ़कर उन पर आधारित प्रश्नों के उत्तर दें

गद्यांश 1

पुडुकोट्टई (तमिलनाडु): साइकिल चलाना एक सामाजिक आंदोलन है? कुछ अजीब-सी बात है-है न! लेकिन चौंकने की बात नहीं है। पुडुकोट्टई जिले की हजारों नवसाक्षर ग्रामीण महिलाओं के लिए यह अब आम बात है। अपने पिछड़ेपन पर लात मारने, अपना विरोध व्यक्त करने और उन जंजीरों को तोड़ने का जिनमें वे जकड़े हुए हैं, कोई-न-कोई तरीका लोग निकाल ही लेते हैं। कभी-कभी ये तरीके अजीबो-गरीब होते हैं।

1. पुडुकोट्टई महिलाओं के लिए साइकिल आंदोलन चलाना आम बात है, क्योंकि

(क) वहाँ का समाज पुरुष प्रधान नहीं है

(ख) वहाँ की सभी महिलाएँ वैचारिक रूप से स्वतंत्र हैं

(ग) 'क' और 'ख' दोनों

(घ) वहाँ की अधिकतर महिलाएँ अब साक्षर हैं

उत्तर (घ) वहाँ की अधिकतर महिलाएँ अब साक्षर हैं

2. निम्न में से कौन-सा कथन असत्य है?

(क) ग्रामीण महिलाओं ने पुरानी ज़ंजीरों को तोड़ा।

(ख) पुडुकोट्टई तमिलनाडु जिले में स्थित है।

(ग) पुडुकोट्टई में हज़ारों नवसाक्षर महिलाएँ हैं।

(घ) साइकिल चलाना सामाजिक आंदोलन नहीं है।

उत्तर (घ) साइकिल चलाना सामाजिक आंदोलन नहीं है।

3. प्रस्तुत गद्यांश में प्रयुक्त 'सामाजिक' शब्द का विपरीतार्थक क्या है?

(क) गैर-समाज (ख) असामाजिक

(ग) सामाजिकोत्तर (घ) गैर-सामाजिक

उत्तर (ख) असामाजिक

4. साइकिल चलाना एक सामाजिक आंदोलन कैसे है?

उत्तर साइकिल चलाना एक सामाजिक आंदोलन है, क्योंकि इससे पिछड़ेपन को समाप्त करने तथा संकीर्ण मान्यताओं एवं रूढ़ियों को तोड़ने में मदद मिली।

5. साइकिल चलाने के आंदोलन से कौन लाभन्वित हुआ है?

उत्तर साइकिल चलाने के आंदोलन से पुडुकोट्टई जिले की ग्रामीण महिलाएँ लाभन्वित हुईं।

6. 'जंजीरों को तोड़ने' से लेखक का क्या अभिप्राय है?

उत्तर 'जंजीरों को तोड़ने' से लेखक का अभिप्राय समाज की संकीर्ण रूढ़ियों एवं अप्रासंगिक परंपराओं को समाप्त करने से है।

गद्यांश 2

भारत के सर्वाधिक गरीब जिलों में से एक है—पुडुकोट्टई। पिछले दिनों यहाँ की ग्रामीण महिलाओं ने अपनी स्वाधीनता, आजादी और गतिशीलता को अभिव्यक्त करने के लिए प्रतीक के रूप में साइकिल को चुना है। उनमें से अधिकांश नवसाक्षर थीं।

अगर हम दस वर्ष से कम उम्र की लड़कियों को अलग कर दें तो इसका अर्थ यह होगा कि यहाँ ग्रामीण महिलाओं के एक-चौथाई हिस्से ने साइकिल चलाना सीख लिया है और इन महिलाओं में से सत्तर हज़ार से भी अधिक महिलाओं ने 'प्रदर्शन' एवं प्रतियोगिता' जैसे सार्वजनिक कार्यक्रमों में बड़े गर्व के साथ अपने नए कौशल का प्रदर्शन किया और आज भी उनमें साइकिल चलाने की इच्छा जारी है। वहाँ इसके लिए कई 'प्रशिक्षण' शिविर चल रहे हैं।

1. 'अधिकांश महिलाएँ नवसाक्षर थीं' का अर्थ है?

(क) अधिकांश महिलाओं ने साइकिल चलाना अभी सीखा था।

(ख) अधिकाश महिलाओं ने साइकिल चलाना अभी नहीं सीखा था।

(ग) अधिकांश महिलाएँ अशिक्षित थीं।

(घ) अधिकांश महिलाएँ निरक्षर नहीं थी।

उत्तर (क) अधिकांश महिलाओं ने साइकिल चलाना अभी सीखा था।

2. ग्रामीण महिलाओं ने अपने कौशल का प्रदर्शन कहाँ किया?

(क) समाज में (ख) सार्वजनिक कार्यक्रमों में

(ग) घर में (घ) स्कूल में

उत्तर (ख) सार्वजनिक कार्यक्रमों में

3. साइकिल चलाना सीखने वाली महिलाओं ने किसमें भाग लिया?

(क) प्रदर्शन एवं प्रतियोगिता जैसे सार्वजनिक कार्यक्रमों में

(ख) साक्षरता मिशन कार्यक्रम में

(ग) गाँव में प्रतिवर्ष होने वाले सांस्कृतिक कार्यक्रमों में

(घ) दशहरे के मेले में

उत्तर (क) प्रदर्शन एवं प्रतियोगिता जैसे सार्वजनिक कार्यक्रमों में

4. साइकिल किस चीज का प्रतीक बनी?

उत्तर साइकिल ग्रामीण महिलाओं की स्वाधीनता, आजादी एवं गतिशीलता को अभिव्यक्त करने का प्रतीक बनी।

5. महिलाओं का आँकड़ा बताने में किनको शामिल किया गया है?

उत्तर महिलाओं का आँकड़ा बताने में दस वर्ष से कम उम्र की लड़कियों को छोड़कर सभी स्त्रियों को शामिल किया गया है।

6. महिलाओं ने किस चीज का प्रदर्शन किया?

उत्तर अनेक महिलाओं ने 'प्रदर्शन एवं प्रतियोगिता' जैसे सार्वजनिक कार्यक्रमों में बड़े गर्व के साथ अपनी साइकिल चलाने के नए कौशल का प्रदर्शन किया।

गद्यांश 3

ग्रामीण पुडुकोट्टई के मुख्य इलाकों में अत्यंत रूढ़िवादी पृष्ठभूमि से आई युवा मुस्लिम लड़कियाँ सड़कों से अपनी साइकिलों पर जाती हुई दिखाई देती हैं। जमीला बीवी नामक एक युवती ने जिसने साइकिल चलाना शुरू किया हैं, मुझसे कहा—''यह मेरा अधिकार है, अब हम कहीं भी जा सकते हैं। अब हमें बस का इंतज़ार नहीं करना पड़ता। मुझे पता है कि जब मैंने साइकिल चलाना शुरू किया, तो लोग फ़ब्तियाँ कसते थे, लेकिन मैंने उस पर कोई ध्यान नहीं दिया।''

फातिमा एक माध्यमिक स्कूल में पढ़ाती है और उन्हें साइकिल चलाने का ऐसा चाव लगा है कि हर शाम आधा घंटे के लिए किराए पर साइकिल लेती हैं। एक नई साइकिल खरीदने की उनकी हैसियत नहीं है। फातिमा ने बताया कि—''साइकिल चलाने में एक खास तरह की आज़ादी है। हमें किसी पर निर्भर नहीं रहना पड़ता। मैं कभी इसे नहीं छोड़ूँगी।'' जमीला, फातिमा और उनकी मित्र अवकन्नी—इन सबकी उम्र 20 वर्ष के आसपास है और इन्होंने अपने समुदाय की अनेक युवतियों को साइकिल चलाना सिखाया है।

1. लेखक ने पुडुकोट्टई के मुख्य क्षेत्रों से आई मुस्लिम लड़कियों को रूढ़िवादी पृष्ठभूमि से आया बताया है। यहाँ 'रूढ़िवादी पृष्ठभूमि' से क्या तात्पर्य है?

(क) प्रशंसा करने वाला

(ख) आधुनिक विचारधारा

(ग) पारंपरिक विचारधारा

(घ) परिवार को जोड़ने वाली विचारधारा

उत्तर (ग) पारंपरिक विचारधारा

2. नई साइकिल खरीदने की हैसियत किसकी नहीं थी?

(क) लेखक की (ख) फातिमा की

(ग) जमीला बीवी की (घ) ये सभी

उत्तर (ख) फातिमा की

3. प्रस्तुत गद्यांश के अनुसार लोग फ़ब्तियाँ क्यों कसते थे?

(क) लड़कियों की पोशाक देखकर

(ख) लड़कियों को साइकिल चलाते देखकर

(ग) लड़कियों के खेलों को देखकर

(घ) लड़कियों की पढ़ाई पर

उत्तर (ख) लड़कियों को साइकिल चलाते देखकर

4. ग्रामीण पुडुकोट्टई के मुख्य इलाकों में किस समुदाय की लड़कियाँ साइकिल चलाती हैं और उनकी पृष्ठभूमि क्या है?

उत्तर ग्रामीण पुडुकोट्टई के मुख्य इलाकों में युवा मुस्लिम लड़कियाँ साइकिल चलाती हैं और ये लड़कियाँ अत्यंत रूढ़िवादी पृष्ठभूमि अर्थात् विचारधारा से जुड़ी हुई हैं।

5. जमीला बीवी ने लेखक से क्या कहा?

उत्तर जमीला बीवी ने लेखक से कहा कि साइकिल चलाना सीखने के बाद अब वे सब कहीं भी जा सकती हैं। अब उन्हें बस की प्रतीक्षा नहीं करनी पड़ेगी। शुरू में तो लोगों ने बहुत फ़ब्तियाँ कसीं, लेकिन उसने उन पर ध्यान नहीं दिया।

6. आजादी का अनुभव करने के लिए फातिमा क्या करती है?

उत्तर आज़ादी का अनुभव करने के लिए फातिमा हर शाम किराए पर साइकिल लेकर चलाती है।

गद्यांश 4

इस जिले में साइकिल की धूम मची हुई है। इसकी प्रशंसकों में हैं- महिला खेतिहर मजदूर, पत्थर खदानों में मजदूरी करने वाली औरतें और गाँवों में काम करने वाली नर्सें, बालवाड़ी और आँगनवाड़ी कार्यकर्ता, बेशकीमती पत्थरों को तराशने में लगी औरतें और स्कूल की अध्यापिकाएँ भी साइकिल का जमकर इस्तेमाल कर रही हैं। ग्राम सेविकाएँ और दोपहर का भोजन पहुँचाने वाली औरतें भी पीछे नहीं हैं। सबसे बड़ी संख्या उन लोगों की है जो अभी नवसाक्षर हुई हैं, जिस किसी नवसाक्षर अथवा नई-नई साइकिल चलाने वाली महिला से मैंने बातचीत की, उसने साइकिल चलाने और अपनी व्यक्तिगत आज़ादी के बीच एक सीधा संबंध बताया।

1. लेखक ने किससे बात की?

(क) जमीला से (ख) फातिमा से

(ग) ग्राम-सेविका से (घ) नवसाक्षर महिलाओं से

उत्तर (घ) नवसाक्षर महिलाओं से

2. साइकिल चलाना किस बात का प्रतीक बन गया है?

(क) दासता का (ख) गरीबी का

(ग) स्वाधीनता का (घ) मूर्खता का

उत्तर (ग) स्वाधनीता का

3. निम्न में से किस प्रकार की महिलाएँ साइकिल का प्रयोग करने में पीछे नहीं हैं?

(क) घर में रहने वाली

(ख) विश्वविद्यालय में पढ़ाने वाली

(ग) ग्राम सेविकाएँ, दोपहर में भोजन पहुँचाने वाली

(घ) जिले में काम करने वाली अधिकारी

उत्तर (ग) ग्राम सेविकाएँ, दोपहर में भोजन पहुँचाने वाली

4. साइकिल चलाने वाली महिलाओं में कौन-कौन शामिल हैं?

उत्तर साइकिल चलाने वाली महिलाओं में खेतिहर महिला मजदूर, पत्थर खदानों में मजदूरी करने वाली औरतें, गाँवों में काम करने वाली नर्सें, बालवाड़ी एवं आँगनवाड़ी कार्यकर्ता, बेशकीमती पत्थरों को तराशने वाली औरतें, स्कूल की अध्यापिकाएँ, ग्राम सेविकाएँ, दोपहर का भोजन पहुँचाने वाली औरतें आदि शामिल हैं।

5. यहाँ 'नवसाक्षर' से क्या अभिप्राय है?

उत्तर यहाँ नवसाक्षर से अभिप्राय नई-नई साइकिल चलाना सीखने वाली महिलाओं से है।

6. लगभग सभी नवसाक्षर महिलाओं ने क्या बताया?

उत्तर लगभग सभी नवसाक्षर महिलाओं ने साइकिल चलाने और व्यक्तिगत आजादी के बीच सीधा संबंध बताया।

गद्यांश 5

साइकिल प्रशिक्षण शिविर देखना एक असाधारण अनुभव है। किलाकुरुचि गाँव में सभी साइकिल सीखने वाली महिलाएँ रविवार को इकट्ठी हुई थीं। साइकिल चलाने के आंदोलन के समर्थन में ऐसे आवेग देखकर कोई भी हैरान हुए बिना नहीं रह सकता। उन्हें इसे सीखना ही है। साइकिल ने उन्हें पुरुषों द्वारा थोपे गए दायरे के अंदर रोज़मर्रा की घिसी-पिटी चर्चा से बाहर निकलने का रास्ता दिखाया। ये नव-साइकिल चालक गाने भी गाती हैं। उन गानों में साइकिल चलाने को प्रोत्साहन दिया गया है। इनमें से एक गाने की पंक्ति का भाव है–'ओ बहिना, आ सीखे साइकिल, घूमें समय के पहिए संग...'।

जिन्हें साइकिल चलाने का प्रशिक्षण मिल चुका है, उनमें से बहुत बड़ी संख्या में साइकिल सीख चुकी महिलाएँ अभी नई-नई साइकिल सीखने वाली महिलाओं को भरपूर सहयोग देती हैं।

1. लेखक ने किलाकुरुचि गाँव में क्या देखा?

(क) रोज़मर्रा की घिसी-पिटी चर्चाएँ

(ख) महिलाओं में साइकिल चलाने का उत्साह

(ग) पुरुषों की संकीर्ण मानसिकता

(घ) समाज के कुछ लोगों की गलत हरकतें

उत्तर (ख) महिलाओं में साइकिल चलाने का उत्साह

2. गद्यांश में प्रयुक्त शब्द 'प्रोत्साहन' का विपरीतार्थक बताइए

(क) हतोत्साहन (ख) निराशा (ग) अंधकार (घ) सफलता

उत्तर (क) हतोत्साहन

3. नई-नई साइकिल सीखने वाली महिलाओं को कौन भरपूर सहयोग देता है?

(क) वे महिलाएँ, जिन्हें साइकिल चलाने का प्रशिक्षण मिल चुका है।

(ख) वे महिलाएँ, जो साक्षरता मिशन कार्यक्रम को सफल बनाने में लगी हुई हैं।

(ग) वे पुरुष, जो साइकिल चलाना सीखने वाली महिलाओं पर फ़ब्तियाँ कसते हैं।

(घ) वे पुरुष, जिन्हें साइकिल चलाने का प्रशिक्षण प्राप्त है।

उत्तर (क) वे महिलाएँ, जिन्हें साइकिल चलाने का प्रशिक्षण मिल चुका है।

4. साइकिल सीखने वाली महिलाएँ कहाँ इकट्ठी हुई थीं?

उत्तर साइकिल सीखने वाली महिलाएँ पुडुकोट्टई जिले के किलाकुरुचि गाँव में इकट्ठी हुई थीं।

5. साइकिल ने महिलाओं को कौन-सा रास्ता दिखाया?

उत्तर साइकिल ने महिलाओं को पुरुषों द्वारा थोपे गए दायरे के अंदर रोज़मर्रा की घिसी-पिटी चर्चा से बाहर निकलने का रास्ता दिखाया।

6. नव-साइकिल चालकों द्वारा गाए जाने वाले गीत का भाव क्या है?

उत्तर नव-साइकिल चालकों द्वारा गाए जाने वाले गीत का भाव यह है कि बहनों आओ, हम साइकिल चलाना सीखकर समय के पहिए के संग घूमना शुरू करें।

गद्यांश 6

साइकिल चलाने के बहुत निश्चित आर्थिक निहितार्थ थे। इससे आय में वृद्धि हुई हैं। यहाँ की कुछ महिलाएँ अगल बगल के गाँवों में कषि संबंधी अथवा अन्य उत्पाद बेच आती हैं। साइकिल की वजह से बसों के इंतज़ार में व्यय होने वाला उनका समय बच जाता है। खराब परिवहन व्यवस्था वाले स्थानों के लिए तो यह बहुत महत्त्वपूर्ण है। दूसरे, इससे उन्हें इतना समय मिल जाता है कि ये अपने सामान बेचने पर ज्यादा ध्यान केन्द्रित कर पाती हैं। तीसरे, इससे ये और अधिक इलाकों में जा पाती हैं। अंतिम बात यह है कि साइकिल प्रशिक्षण से महिलाओं के अंदर आत्मसम्मान की भावना पैदा हुई है।

1. साइकिल चलाने से क्या परिवर्तन हुआ है?

(क) महिलाओं की आय में वृद्धि हो गई
(ख) गाँव में गरीबों की वृद्धि हो गई
(ग) बेरोजगारी में वृद्धि हो गई
(घ) गाँव में जनसंख्या में वृद्धि हो गई

उत्तर (क) महिलाओं की आय में वृद्धि हो गई

2. साइकिल प्रशिक्षण से महिलाओं में कौन-सी भावना पैदा हुई?

(क) अविश्वास की (ख) आर्थिक लाभ की
(ग) आत्मसम्मान की (घ) निराशा की

उत्तर (ग) आत्मसम्मान की

3. प्रशिक्षण में उपसर्ग है

(क) प्रशि (ख) प्र
(ग) पर (घ) र्प

उत्तर (ख) प्र

4. साइकिल चलाने से ग्रामीण महिलाओं को पहला लाभ क्या है?

उत्तर साइकिल चलाने से ग्रामीण महिलाओं को पहला लाभ यह है कि आस-पास के गाँवों में जाकर वे कृषि संबंधी उत्पाद बेच आती हैं।

5. साइकिल चलाने और आराम करने में क्या संबंध है?

उत्तर साइकिल से अपने कार्य-स्थल पर आने-जाने से महिलाओं का समय बचता है। इस बचे हुए समय में वे आराम कर सकती हैं।

6. ग्रामीण महिलाएँ अब अपना ध्यान किस पर केंद्रित कर पाती हैं?

उत्तर ग्रामीण महिलाएँ अब अपना ध्यान अपने सामान बेचने पर केंद्रित कर पाती हैं।

गद्यांश 7

साइकिल प्रशिक्षण से महिलाओं के अंदर आत्मसम्मान की भावना पैदा हुई है यह बहुत महत्त्वपूर्ण है। फातिमा का कहना है— "बेशक, यह मामला केवल आर्थिक नहीं है? फातिमा ने यह बात इस तरह कही, जिससे मुझे लगा कि मैं कितनी मूर्खतापूर्ण ढंग से सोच रहा था। उसने आगे कहा-साइकिल चलाने से मेरी कौन सी कमाई होती है। मैं तो पैसे ही गँवाती हूँ।

मेरे पास इतने पैसे नहीं है कि मैं साइकिल खरीद सकूँ, लेकिन हर शाम मैं किराए पर साइकिल लेती हूँ, ताकि मैं आजादी और खुशहाली का अनुभव कर सकूँ। पुडुकोट्टई पहुँचने से पहले मैने इस विनम्र सवारी के बारे में कभी इस तरह सोचा ही नहीं था।

1. "बेशक यह मामला केवल आर्थिक नहीं है" प्रस्तुत कथन से फातिमा का क्या आशय है?

(क) साइकिल प्रशिक्षण रूढ़िवाद का समर्थन करता है।
(ख) यह धन के लिए किया गया प्रशिक्षण है।
(ग) साइकिल प्रशिक्षण का संबंध धन कमाने से नहीं है।
(घ) यह मामला साइकिल चलाने को महत्त्व देता है।

उत्तर (ग) साइकिल प्रशिक्षण का संबंध धन कमाने से नहीं है।

2. साइकिल को विनम्र सवारी क्यों कहा गया है?

(क) जब चाहे जरा-से प्रयास से साइकिल चलाना सीखा जा सकता है।
(ख) सस्ती होने के कारण
(ग) महँगी होने के कारण
(घ) सड़को पर भीड़ होने के कारण

उत्तर (क) जब चाहे जरा-से प्रयास से साइकिल चलाना सीखा जा सकता है।

3. 'मूर्खतापूर्ण' व्याकरण की दृष्टि से कौन-सा शब्द है?

(क) संज्ञा (ख) संर्वनाम
(ग) अव्यय (घ) विशेषण

उत्तर (घ) विशेषण

4. साइकिल प्रशिक्षण से महिलाओं की मानसिकता में क्या परिवर्तन आया?

उत्तर साइकिल प्रशिक्षण से पुडुकोट्टई की महिलाओं की मानसिकता में यह परिवर्तन आया कि अब उनमें आत्मसम्मान की भावना उत्पन्न हुई तथा उनके आर्थिक स्तर में भी सुधार आया।

5. फातिमा साइकिल चलाकर क्या अनुभव करती थी?

उत्तर फातिमा किराए पर साइकिल लेकर चलाती थी, उससे वह आज़ादी और खुशहाली का अनुभव करती थी।

6. लेखक ने कभी भी क्या नहीं सोचा था?

उत्तर लेखक ने कभी भी यह नहीं सोचा था कि साइकिल जैसी साधारण सवारी भी ग्रामीण महिलाओं के जीवन में इतना बड़ा बदलाव ला सकती है तथा उनके लिए आज़ादी का प्रतीक बन सकती है।

अतिलघु उत्तरीय प्रश्न

1. 'जहाँ पहिया है' कहानी में लेखक ने कौन-से अनुभव को असाधारण बताया है?

उत्तर पुडुकोट्टई भारत के सर्वाधिक पिछड़े ज़िलों में से एक है। ऐसे पिछड़े जिले के ग्रामीण इलाके में साइकिल प्रशिक्षण शिविर देखना एक असाधारण अनुभव है।

2. फातिमा साइकिल चलाना क्यों नहीं छोड़ना चाहती थी?

उत्तर फातिमा प्रतिदिन किराये पर साइकिल लेकर चलाती थी। वह साइकिल चलाना इसलिए नहीं छोड़ना चाहती थी, क्योंकि इससे उसे आज़ादी का अनुभव होता था।

3. साइकिल चलाने वालों में सबसे अधिक संख्या किन महिलाओं की है?

उत्तर साइकिल चलाने वालों में सबसे अधिक संख्या नवसाक्षर अर्थात् नई-नई साइकिल चलाना सीखने वाली महिलाओं की है।

4. किलाकुरुचि गाँव में रविवार को महिलाएँ क्यों इकट्ठी हुई थीं?

उत्तर किलाकुरुचि गाँव में रविवार को महिलाएँ साइकिल का प्रशिक्षण लेने के लिए और साइकिल चलाना सीखने के लिए इकट्ठी हुई थीं।

5. वर्ष 1992 में अंतर्राष्ट्रीय महिला दिवस के दिन क्या हुआ?

उत्तर वर्ष 1992 में अंतर्राष्ट्रीय महिला दिवस को लगभग 1500 महिलाओं ने अपनी साइकिल की हैंडल पर झंडियाँ लगाई और घंटी बजाते हुए साइकिल पर सवार होकर पुडुकोट्टई में तूफान ला दिया।

6. कुदिमि अन्नामलाई की चिलचिलाती धूप में अद्भुत दृश्य क्या था?

उत्तर कुदिमि अन्नामलाई की चिलचिलाती धूप में पत्थर के खदानों में दौड़ती भागती बाइस वर्षीय मनोरमनी को लोगों द्वारा साइकिल सिखाते देखना एक अद्भुत दृश्य था।

7. पुडुकोट्टई की महिलाओं के लिए हवाई जहाज उड़ाने जैसी उपलब्धि क्या है?

उत्तर पुडुकोट्टई की महिलाओं के लिए साइकिल चलाना ही हवाई जहाज उड़ाने जैसी उपलब्धि है।

लघु उत्तरीय प्रश्न

1. साइकिल चलाना एक सामाजिक आंदोलन क्यों है? अपने शब्दों में स्पष्ट कीजिए।

उत्तर लेखक के अनुसार साइकिल चलाना एक सामाजिक आंदोलन है, क्योंकि साइकिल चलाना केवल वाहन चलाना मात्र नहीं है, बल्कि यह पुडुकोट्टई जिले की महिलाओं के लिए अपने पिछड़ेपन को छोड़कर, संकीर्ण रूढ़ियों का विरोध करने तथा उन सामाजिक कुरीतियों की जंजीरों को तोड़ने का एक तरीका है, जिनमें वे अभी तक जकड़ी हुई थीं। इस अर्थ में साइकिल चलाना एक सामाजिक आंदोलन है।

2. पुडुकोट्टई जिले की लगभग कितनी ग्रामीण महिलाओं ने साइकिल चलाना सीख लिया है?

उत्तर पुडुकोट्टई जिले की लगभग एक चौथाई ग्रामीण महिलाओं ने साइकिल चलाना सीख लिया है। इस संख्या में दस वर्ष से कम उम्र की लड़कियों को अलग कर दिया गया है।

3. फातिमा कौन है? वह साइकिल किराए पर क्यों लेती है?

उत्तर फातिमा एक माध्यमिक स्कूल में पढ़ाने वाली अध्यापिका है, जिसे साइकिल चलाने का अत्यधिक शौक है। उसकी आर्थिक हैसियत ऐसी नहीं है कि वह नई साइकिल खरीद सके, लेकिन वह अपने शौक को पूरा करना चाहती है, क्योंकि साइकिल चलाने से उसे अपनी आज़ादी का अनुभव होता है, इसलिए वह किराए पर साइकिल लेकर चलाती है।

4. महिलाएँ, जेंट्स साइकिलें क्यों खरीदने लगीं?

उत्तर महिलाओं में साइकिल चलाने का जुनून इतना अधिक था कि वे लेडीज साइकिलें नहीं मिलने पर जेंट्स साइकिलें ही खरीदने लगीं। पुडुकोट्टई क्षेत्र में लेडीज़ साइकिल बेचने वाला एक ही डीलर था, जिसके पास लेडीज साइकिलों की कमी हो गई।

5. साइकिल के कारण महिलाओं की आर्थिक स्थिति में सुधार कैसे हुआ है?

उत्तर साइकिल चलाने से महिलाओं की आर्थिक गतिविधियों में तेजी से वृद्धि हुई है। अब कई महिलाएँ आस-पास के गाँवों में कृषि संबंधी तथा अन्य उत्पाद बेच आती हैं। साइकिल के कारण अब महिलाओं का बसों के इंतजार में समय व्यर्थ नहीं होता है। अब उनके पास इतना समय बच जाता है कि वे अपने सामान को बेचने पर अपना ध्यान अधिक केंद्रित करती हैं। वे और अधिक एवं नए-नए इलाकों में जाकर भी अपना सामान बेच देती हैं। इन सबसे उनकी बिक्री बढ़ी है और उनकी आमदनी में भी वृद्धि हुई है।

6. साइकिल ने महिलाओं को घरेलू कामों को करने तथा बच्चों को पालने में किस तरह मदद की?

उत्तर साइकिल सीखने से पहले महिलाओं को पहले बच्चों की देखभाल के लिए या पीने का पानी लाने जैसे घरेलू कामों के लिए जल्दी ही भागकर घर पहुँचना पड़ता था, लेकिन साइकिल सीखने के बाद अब वे अपनी साइकिल पर अपने बच्चों को बैठाकर और पीछे कैरियर पर सामान लादकर सभी जगह अपनी गतिविधियाँ संपन्न करती हैं। वे अपने साथ पानी से भरे दो या तीन बर्तन लिए अपने घर या काम पर जाती देखी जा सकती हैं। इस तरह साइकिल होने तथा सीखने से अब वे अपने घरेलू कार्यों को कुशलतापूर्वक संपादित करती हैं।

7. यह कैसे पता चलता है कि साइकिल प्रशिक्षण से महिलाओं के अंदर आत्मसम्मान की भावना पैदा हुई है?

उत्तर साइकिल प्रशिक्षण से महिलाओं के अंदर आत्मसम्मान की भावना पैदा हुई है। इसका पता फातिमा से बात करने के बाद चलता है। फातिमा कहती है कि यह मामला केवल आर्थिक नहीं है। उसे साइकिल चलाने से कोई आर्थिक लाभ नहीं होता, लेकिन उसे साइकिल चलाने से आज़ादी एवं खुशहाली का अनुभव अवश्य होता है।

दीर्घ उत्तरीय प्रश्न

1. साइकिल चलाने को बढ़ावा देने के लिए कैसे कार्यक्रमों का आयोजन किया गया?

उत्तर भारत के तमिलनाडु राज्य के पुडुकोट्टई जिले में महिलाओं के साइकिल चलाने को बढ़ावा देने के लिए बहुत-से सार्वजनिक कार्यक्रमों का आयोजन किया गया। उनमें प्रदर्शन और प्रतियोगिता जैसे सार्वजनिक कार्यक्रम प्रमुख थे। प्रदर्शन में महिलाएँ समूह में बड़े गर्व के साथ साइकिल चलाने के विभिन्न प्रकार के कौशल दिखाती थीं। उनमें अभी भी साइकिल चलाने की इच्छा जारी है, इसलिए वहाँ कई प्रशिक्षण शिविर भी लगाए जाते हैं। प्रतियोगिता में प्रत्येक महिला साइकिल चलाने में एक-दूसरे से आगे निकलना चाहती हैं। इस तरह के कार्यक्रमों से महिलाओं में साइकिल चलाने के प्रति रुचि एवं उत्साह पैदा होता है। ऐसे आयोजनों से पुडुकोट्टई जिले की महिलाएँ साइकिल चलाना सीखने में सफल हो गई।

2. साइकिल चलाना एक सामाजिक आंदोलन है, जिसने महिलाओं को आत्मनिर्भर बनाया। कैसे? स्पष्ट करें।

उत्तर साइकिल चलाना एक सामाजिक आंदोलन है, जिसने महिलाओं को आत्मनिर्भर बनाया। इसने महिलाओं को आर्थिक एवं सामाजिक स्वतंत्रता प्रदान की। महिलाओं की गतिविधियों में उल्लेखनीय वृद्धि होने से वे एक-साथ कई कार्यों को कुशलतापूर्वक संपादित करने में सक्षम हुईं। अब उन्हें अपने कार्यों के लिए पुरुषों पर निर्भर नहीं रहना पड़ता था। उनकी गतिविधियों के विस्तार ने उन्हें आर्थिक रूप से भी मजबूत किया तथा अब उनकी आमदनी भी बढ़ गई थी।

आर्थिक सुदृढ़ता ने उनके अंदर एक आत्मविश्वास पैदा किया, जिससे उनके अंदर आत्मसम्मान की भावना का विकास हुआ। अब ये महिलाएँ सामाजिक रूढ़ियों एवं संकीर्ण परंपराओं को मानने के लिए बाध्य नहीं रह गईं। इन्होंने पुरुषों द्वारा थोपी गई संकीर्ण नैतिकताओं को चुनौती दी और आज़ादी का अनुभव किया। इस तरह साइकिल चलाने के इस सामाजिक आंदोलन ने महिलाओं को आत्मनिर्भर बनाया।

3. साइकिल चलाने वाली महिलाओं को प्रारंभ में किस प्रकार की समस्याओं का सामना करना पड़ा और उसका उन्होंने प्रत्युत्तर कैसे दिया?

उत्तर साइकिल चलाने वाली महिलाओं को प्रारंभ में पुरुषों के तानों और गंदी टिप्पणियों आदि का सामना करना पड़ा। पुरुष प्रधान मानसिकता वाला समाज स्त्रियों को गुलामी के परिवेश में ही रखना एवं देखना चाहता था। स्त्रियों की नई आज़ादी उसे अच्छी नहीं लग रही थी। यही कारण था कि साइकिल चलाना प्रारंभ करने पर महिलाओं को अनेक समस्याओं का सामना करना पड़ा। महिलाओं ने अपने सामने आई इन समस्याओं से निपटने के लिए मौन रहकर साइकिल सीखने के अपने काम को जारी रखा। परिणामस्वरूप साइकिल चलाने से मिलने वाले लाभ ने पुरुष प्रधान समाज को भी हैरान कर दिया और अंततः समाज ने भी इस परिवर्तन को स्वीकार कर लिया।

4. 'जहाँ पहिया है' पाठ का मूल विषय साइकिल चलाने से होने वाले सामाजिक एवं आर्थिक परिवर्तन से संबंधित है। इसके बावजूद इसका शीर्षक ऐसा क्यों रखा गया है? अपना विचार प्रकट करें।

उत्तर 'जहाँ पहिया है' पाठ का मूल विषय साइकिल चलाने से महिलाओं की सामाजिक एवं आर्थिक स्थिति में होने वाले परिवर्तनों को स्पष्ट करना है। लेखक इस पाठ का शीर्षक प्रत्यक्ष रूप से साइकिल से संबंधित भी रख सकता था, लेकिन यह विषय अधिक विस्तारित अर्थ को प्रकट नहीं कर पाता। इसलिए तथ्यों को अधिक विस्तारित रूप देने के लिए लेखक ने इसका शीर्षक पहिए से संबंधित रखा। वास्तव में, साइकिल का सर्वाधिक मुख्य भाग पहिया ही होता है।

पहिया गतिशीलता तथा प्रगति का प्रतीक होता है और प्रस्तुत पाठ का मूल उद्देश्य गतिशीलता एवं प्रगतिशीलता से ही संबंधित है। लेखक यह दर्शाना चाहता है कि पहिए की गतिशीलता जैसी गतिविधियाँ मनुष्य के जीवन को विस्तार दे सकती हैं। ग्रामीण गरीब लोगों के पास पहिए का सर्वाधिक सरस एवं सहज स्वरूप साइकिल के रूप में ही मौजूद हो सकता है, इसलिए यह एक वास्तविकता भी है।

5. महिलाओं द्वारा साइकिल चलाने को आज़ादी के प्रतीक के रूप में क्यों देखा गया है, क्या आप इससे सहमत हैं? तर्क सहित उत्तर दीजिए।

उत्तर महिलाओं द्वारा साइकिल चलाने को आज़ादी के प्रतीक के रूप में उचित ही देखा गया है और मैं इससे पूर्णतया सहमत हूँ। साइकिल चलाना व्यक्ति को आत्मनिर्भर बनाता है और यह आत्मनिर्भरता व्यक्ति में स्वतंत्रता की भावना भरती है। स्वतंत्रता या आज़ादी और कुछ नहीं, बल्कि व्यक्ति की आत्मनिर्भरता ही होती है। महिलाओं ने साइकिल चलाना सीखकर आत्मनिर्भर बनने की दिशा में स्वयं को आगे बढ़ा दिया। अब वे अपने कार्यों एवं इच्छा की पूर्ति के लिए किसी अन्य पर निर्भर नहीं रह गईं। अब वे अपना काम स्वयं कर सकती थीं और अपने बचे हुए समय का सदुपयोग कर सकती थीं। समय एवं श्रम की बचत होने से उन्हें अन्य गतिविधियों के लिए भी समय मिलने लगा। परिणामस्वरूप उनकी कुशलता में वृद्धि हुई और उनका आत्मसम्मान उन्हें वापस मिला। इन सब सकारात्मक परिवर्तनों का कारण साइकिल चलाना ही था।

स्व-मूल्यांकन

बहुविकल्पीय प्रश्न

1. पुडुकोट्टई जिले की कितनी महिलाओं ने प्रदर्शन और प्रतियोगिता में भाग लिया था?
   (क) चालीस हजार (ख) पचास हजार
   (ग) सत्तर हजार से अधिक (घ) एक लाख
2. साइकिल डीलर की दुकान का क्या नाम है?
   (क) आर. साइकिल्स (ख) जी. साइकिल्स
   (ग) एस. साइकिल्स (घ) पी. साइकिल्स
3. साइकिल सीखने वाली लड़कियाँ साइकिल चलाते समय क्या करती हैं?
   (क) बातें करती हैं (ख) गीत गाती हैं
   (ग) नारें लगाती हैं (घ) भाषण देती हैं
4. गाँव की महिलाओं ने अपने द्वारा साइकिल चलाने की तुलना किससे की?
   (क) कार चलाने से (ख) हवाई जहाज चलाने से
   (ग) मोटर साइकिल चलाने से (घ) बस चलाने से
5. 'जहाँ पहिया है' पाठ का केंद्रीय बिंदु क्या है?
   (क) रूढ़िवादी परंपराओं को तोड़ना
   (ख) महिलाओं को आत्मनिर्भर बनाना
   (ग) महिलाओं में आत्मसम्मान की भावना जगाना
   (घ) उपरोक्त सभी

गद्यांश पर आधारित प्रश्न

निम्नलिखित गद्यांश को ध्यानपूर्वक पढ़कर उस पर आधारित प्रश्नों के उत्तर दें

जिन छोटे उत्पादकों को बसों का इंतज़ार करना पड़ता था, बस स्टॉप तक पहुँचने के लिए भी पिता, भाई, पति या बेटों पर निर्भर रहना पड़ता था। वे अपना सामान बेचने के लिए कुछ गिने-चुने गाँवों तक ही जा पाती थीं। कुछ को पैदल ही चलना पड़ता था। जिनके पास साइकिल नहीं है, वे अब भी पैदल ही जाती हैं। फिर उन्हें बच्चों की देखभाल के लिए या पीने का पानी लाने जैसे घरेलू कामों के लिए भी जल्दी ही भागकर घर पहुँचना पड़ता था। अब जिनके पास साइकिलें हैं, वे सारा काम बिना किसी परेशानी के कर लेती हैं। इसका अर्थ यह हुआ कि अब आप किसी सुनसान रास्ते पर भी देख सकते हैं कि कोई युवा-माँ साइकिल पर आगे अपने बच्चे को बैठाए, पीछे कैरियर पर सामान लादे चली जा रही है। वह अपने साथ पानी से भरे दो या तीन बर्तन लिए अपने घर या काम पर जाती देखी जा सकती है।

1. बस स्टॉप तक पहुँचने के लिए पुरुष सदस्यों पर कौन निर्भर रहता था?
   (क) सभी महिलाएँ
   (ख) साइकिल चलाने वाली महिलाएँ
   (ग) साइकिल नहीं चलाने वाली महिलाएँ
   (घ) कहा नहीं जा सकता
2. साइकिल नहीं रहने पर कुछ गिने-चुने गाँवों तक ही महिलाएँ क्यों जाती थीं?
   (क) अपना सामान बेचने के लिए
   (ख) सामाजिक मेल-मिलाप के लिए
   (ग) संबंधों को मधुर बनाए रखने के लिए
   (घ) मन बहलाने के लिए
3. निम्नलिखित में से कौन-सा कथन असत्य है?
   (क) जिनके पास साइकिल नहीं है, वे अब भी पैदल जाती हैं
   (ख) जिनके पास साइकिलें हैं, वे अपना काम बिना परेशानी के करती हैं
   (ग) कुछ महिलाएँ पैदल चलती थीं
   (घ) उपरोक्त में से कोई नहीं
4. बस का इंतजार किन्हें और किस कारण करना पड़ता था?
5. साइकिल चलाने वाली युवा-माँ साइकिल का उपयोग किस तरह करती है?
6. सारा काम बिना दिक्कत के कौन कर लेती है?

अतिलघु उत्तरीय प्रश्न

1. भारत के सर्वाधिक गरीब जिलों में तमिलनाडु राज्य का कौन-सा जिला शामिल है?
2. अंतर्राष्ट्रीय महिला दिवस के अवसर पर किस वर्ष पुडुकोट्टई में महिलाओं ने सबको हक्का-बक्का कर दिया था?
3. मनोरमनी ने लेखक को क्या बताया?
4. साइकिल चलाना स्वाधीनता का प्रतीक कैसे बना?
5. साइकिल आंदोलन से महिलाओं में क्या परिवर्तन हुआ?

लघु उत्तरीय प्रश्न

1. महिलाओं में साइकिल चलाना सीखने का जुनून क्यों था?
2. साइकिल आंदोलन का स्त्रियों पर क्या प्रभाव पड़ा?
3. पुडुकोट्टई की महिलाओं के लिए 'हवाई जहाज' क्या था और क्यों?

दीर्घ उत्तरीय प्रश्न

1. साइकिल चलाना महिलाओं के लिए आर्थिक दृष्टि से अधिक लाभप्रद था या मनोवैज्ञानिक दृष्टि से? अपने विचार व्यक्त करें।
2. क्या महिलाओं द्वारा साइकिल चलाना सीखना उचित है? यदि हाँ, तो क्यों?
3. मनोरमनी ने साइकिल चलाने के विषय में अपने कौन-से विचार प्रकट किए?

अकबरी लोटा
अन्नपूर्णानंद वर्मा

अध्याय 10

पाठ का सार

लाला झाऊलाल की आर्थिक स्थिति तथा उनका स्वाभिमान

लाला झाऊलाल की आर्थिक स्थिति अच्छी थी और वे अच्छा खाते व पहनते थे। काशी के ठठेरी बाजार में उनका अपना मकान था, जिसके नीचे की दुकानों से ही लगभग ₹ 100 मासिक किराया आता था, जिससे वे और उनकी पत्नी आराम से अपना जीवन व्यतीत कर रहे थे।

एक दिन लाला झाऊलाल की पत्नी ने उनसे ₹ 250 माँगे तो वे सोच में पड़ गए कि इतने रुपये अचानक कहाँ से लाएँगे। उनकी ऐसी स्थिति देखकर उनकी पत्नी ने उनसे कहा कि यदि वे रुपये नहीं दे सकते, तो वह अपने भाई से माँग लेगी। लाला झाऊलाल ने अपनी पत्नी को मना कर दिया कि वह अपने भाई से भीख नहीं माँगेगी। वह इसी सप्ताह उसके लिए ₹ 250 का प्रबंध कर देंगे।

झाऊलाल की चिंता

चार दिन बीत जाने के बाद भी पैसों का प्रबंध न होने के कारण उन्हें अपनी पत्नी की नजरों में गिरने का डर सताने लगा। अत: उन्होंने पाँचवें दिन अपनी परेशानी अपने मित्र पंडित बिलवासी मिश्र को बताई, जिन्होंने अगले दिन तक रुपयों का प्रबंध करने का वादा किया।

सप्ताह का अंतिम दिन आ गया, लेकिन अभी तक लाला झाऊलाल और उनके मित्र पंडित बिलवासी मिश्र रुपयों का प्रबंध नहीं कर सके थे। लाला झाऊलाल अब पूरी तरह पंडित बिलवासी मिश्र पर आश्रित थे, लेकिन अभी तक पंडित बिलवासी मिश्र पैसों का प्रबंध करके उनके घर नहीं पहुँचे थे, जिसके कारण लाला झाऊलाल अत्यंत चिंतित थे।

लोटे का गिरना

लाला झाऊलाल चिंता के कारण छत पर टहल रहे थे। प्यास लगने पर उन्होंने पानी के लिए अपने नौकर को आवाज़ दी। घर में नौकर न होने के कारण उनकी पत्नी स्वयं उस लोटे में पानी लेकर आई, जो टेढ़ा-मेढ़ा होने के कारण लाला जी को बिल्कुल पसंद नहीं था। पानी पीते समय लोटा उनके हाथ से छूटकर छत से गली में जा गिरा। कुछ ही देर में झाऊलाल के आँगन में भीड़ इकट्ठी हो गई। उसी भीड़ में एक अंग्रेज था, जिसके हाथ में लाला झाऊलाल का लोटा था। वास्तव में वह लोटा उसी के पैर पर जाकर गिरा था। अंग्रेज क्रोधित होकर जोर-जोर से गालियाँ दे रहा था।

पंडित बिलवासी मिश्र का आगमन

आँगन में खड़ी भीड़ को चीरते हुए पंडित बिलवासी मिश्र का आगमन हुआ। उन्होंने आते ही आँगन में से लोगों को बाहर निकाला और उस अंग्रेज व्यक्ति को कुर्सी पर बिठाया। उन्होंने अंग्रेज की सहानुभूति पाने के लिए लाला झाऊलाल के साथ अपना किसी भी प्रकार का संबंध होने से इंकार कर दिया।

पंडित बिलवासी मिश्र ने अंग्रेज को इस मामले की रिपोर्ट पुलिस स्टेशन में करने की सलाह दी। उन्होंने अपनी चालाकी दिखाते हुए अंग्रेज से कहा कि मैं आपको पुलिस स्टेशन लेकर चलता हूँ, लेकिन इससे पहले इस लोटे को खरीदना चाहता हूँ।

उन्होंने लाला झाऊलाल से लोटे को पचास रुपये में बेचने को कहा। इस साधारण लोटे की कीमत पचास रुपये लगाने पर अंग्रेज व्यक्ति ने आश्चर्य प्रकट किया, तब पंडित जी ने उसे बताया कि यह लोटा साधारण न होकर ऐतिहासिक लोटा है। यह प्रसिद्ध 'अकबरी लोटा' है, जिसकी तलाश दुनियाभर में की जा रही है।

अकबरी लोटे की मनगढ़ंत कहानी

पंडित बिलवासी मिश्र ने अंग्रेज़ व्यक्ति को लोटे की मनगढ़ंत कहानी सुनाते हुए कहा कि यह वह लोटा है, जिसमें हुमायूँ बादशाह ने तब पानी पिया था, जब वह शेरशाह से हारकर सिंध के रेगिस्तान में प्यासा फिर रहा था।

उसी समय एक ब्राह्मण ने इसी लोटे से पानी पिलाकर हुमायूँ की जान बचाई थी, इसी कारण बादशाह अकबर को यह लोटा अत्यंत प्यारा था। सम्राट अकबर ने सोने के दस लोटे देकर उस ब्राह्मण से यह लोटा प्राप्त किया था। वह इसी लोटे से वज़ू (नमाज पढ़ने से पूर्व हाथ-पैर धोना) करता था।

सन् सत्तावन तक यह लोटा मुगलों के शाही घराने में ही था, लेकिन उसके बाद लापता हो गया। पता नहीं यह लोटा इनके पास कैसे आया? म्यूजियम वाले इसके लिए बहुत अच्छा पैसा दे सकते हैं।

पंडित बिलवासी मिश्र द्वारा अंग्रेज व्यक्ति को मूर्ख बनाना

पंडित बिलवासी मिश्र ने अंग्रेज से कहा कि उन्हें ऐतिहासिक चीजों का संग्रह करने का शौक है और यह लोटा खरीदकर वे इसे अपने संग्रहालय में रखेंगे। पुरानी चीजों को इकट्ठा करने का शौक वास्तव में अंग्रेज व्यक्ति को भी था।

अब उसने सोचा कि इस लोटे को प्राप्त करना उसके लिए एक बड़ी उपलब्धि होगी। अंग्रेज लोटे पर अपना अधिकार जमाने लगा, क्योंकि इस लोटे से उसी का पैर चोटिल हुआ था और वह ऊपर से नीचे तक पूरी तरह भीगा था। लोटे को खरीदने के लिए उसने पंडित बिलवासी मिश्र से ऊँची बोली लगानी प्रारंभ की, जो ₹ 50 से शुरू होकर ₹ 250 पर रुकी।

पंडित बिलवासी ने जैसे ही लाला झाऊलाल को लोटे के बदले ₹ 250 दिए, वैसे ही अंग्रेज व्यक्ति ने ₹ 500 देकर उस लोटे को खरीद लिया। लोटा खरीदकर अंग्रेज व्यक्ति अत्यधिक प्रसन्न था, क्योंकि उसने सोचा कि अब उसके पड़ोसी मित्र मेजर डगलस को इस लोटे को देखकर उससे ईर्ष्या होगी, क्योंकि उसे भी पुरानी चीजों का संग्रह करने का शौक है।

मेजर डगलस पिछले वर्ष हिंदुस्तान से 'जहाँगीरी अंडा' लेकर इंग्लैंड गए थे, लेकिन अब वह उनसे एक पीढ़ी पुराना 'अकबरी लोटा' लेकर अपने देश लौटेगा।

जहाँगीरी अंडे की कहानी

अंग्रेज व्यक्ति ने मेजर डगलस के जहाँगारी अंडे के विषय में बताया, तो सभी ने उससे यह पूछा कि यह जहाँगीरी अंडा क्या है? तब उसने बताया कि जब नूरजहाँ ने जहाँगीर का एक कबूतर उड़ा दिया तो जहाँगीर ने पूछा कि कबूतर कैसे उड़ा, तो नूरजहाँ ने दूसरे कबूतर को भी उड़ा दिया और कहा 'ऐसे'। नूरजहाँ के इस जवाब पर जहाँगीर बहुत प्रसन्न हुए और तभी से उनसे प्रेम करने लगे। उसी कबूतर के एक अंडे को उन्होंने बिल्लौर (काँच) की हाँडी में सँभालकर रख दिया, जो बाद में 'जहाँगीरी अंडे' के नाम से प्रसिद्ध हुआ। इस कहानी के आधार पर ही मेजर डगलस ने इसे दिल्ली के एक मुसलमान से ₹ 300 में खरीदा था।

लाला झाऊलाल की प्रसन्नता तथा बिलवासी मिश्र जी की निश्चिंतता

लाला झाऊलाल रुपये पाकर बहुत प्रसन्न थे। पंडित बिलवासी मिश्र की चालाकी के कारण उन्हें एक बेकार लोटे के बदले में ₹ 500 मिल गए थे, जबकि उन्हें सिर्फ ₹ 250 की ही आवश्यकता थी। पंडित बिलवासी जी उन्हें पैसे ध्यान से रखने की हिदायत देकर वहाँ से चले गए।

जब पंडित बिलवासी मिश्र लाला झाऊलाल के लिए रुपयों का प्रबंध न कर सके थे, तो उन्होंने अपनी पत्नी के संदूक से चुपके से पैसे निकाल लिए थे। लाला जी के पैसों का प्रबंध हो जाने पर उन्होंने रात में एक बजे उठकर अपनी सोई हुई पत्नी के गले की ज़ंजीर नें लगी चाबी निकालकर संदूक से निकाले गए पैसों को फिर से उसा म रख दिया और संदूक बंद करके चाबी अपनी पत्नी के गले की ज़ंज़ीर में डाल दी। इसके बाद वे निश्चिंत होकर सो गए।

शब्दार्थ

शब्द	हिंदी अर्थ
NCERT पृष्ठ संख्या 55	
आँख सेंकना	देखने को मिलना
सनसनाया	घबराया
असमर्थ	पूरा करने में सक्षम न होना
NCERT पृष्ठ संख्या 56	
साख	विश्वास, भरोसा
विपदा	मुसीबत
संयोग	भाग्य से
खुक्ख	खाली हाथ
NCERT पृष्ठ संख्या 57	
बेढंगी	बिना ढंग का या कुरूप बनावट, टेढ़ा-मेढ़ा
गढ़न	बनावट
अदब	इज़्ज़त, सम्मान देना
गनीमत	शुक है
चूँ करना	कुछ कहना
मुँडेर	छज्जा या छत पर किनारे बनी दीवार

शब्द	हिंदी अर्थ
उल्का	टूटा हुआ आकाशीय पिंड
खुराफाती	तेज व शरारती बुद्धि वाला
आकर्षण	लगाव, खिंचाव
ईजाद	खोज, आविष्कार
NCERT पृष्ठ संख्या 58	
तिमंजले	तीन मंजिल के
अनाधिकारी	जिसका अधिकार न हो
नख-शिख	सिर से पैर तक
सायबान	छज्जा
सांगोपांग	संपूर्ण
प्रकांड	अत्यधिक, बहुत अधिक
कोष	खजाना
निरीह	कमज़ोर, बेचारा
NCERT पृष्ठ संख्या 60	
हिरासत	कैद
विज्ञ	बुद्धिमान
म्यूजियम	संग्रहालय

शब्द	हिंदी अर्थ
वजू	नमाज पढ़ने से पहले हाथ-पैर धोना
NCERT पृष्ठ संख्या 61	
भुरता करना	बुरी तरह से कुचलना या चोटिल कर देना
ताव आना	जोश आना
NCERT पृष्ठ संख्या 62	
होड़	स्पर्द्धा
जतन	प्रयत्न
बिल्लौर	काँच
पारसाल	गत वर्ष

शब्द	हिंदी अर्थ
पुश्त	पीढ़ी
राह लेना	चला जाना
NCERT पृष्ठ संख्या 62	
भेद	रहस्य
मनमोहक	मन को अच्छा लगने वाला, आकर्षक
तन्मयता	ध्यानमग्नता
अंतर्धान	अदृश्य
सिकड़ी	जंजीर
ताली	चाबी
पूर्ववत्	पहले की तरह

NCERT फोल्डर

पाठ्यपुस्तक वसंत भाग-3 के प्रश्नोत्तर

कहानी की बात (पृष्ठ संख्या 64)

प्र.1 "लाला ने लोटा ले लिया, बोले कुछ नहीं, अपनी पत्नी का अदब मानते थे।" लाला झाऊलाल को बेढंगा लोटा बिल्कुल पंसद नहीं था। फिर भी उन्होंने चुपचाप लोटा ले लिया। आपके विचार से वे चुप क्यों रहे? अपने विचार लिखिए।

उत्तर लाला झाऊलाल को वह बेढंगा लोटा बिल्कुल पसंद नहीं था फिर भी पानी पीने के लिए पत्नी द्वारा लाए जाने पर उन्होंने उसे चुपचाप ले लिया, क्योंकि वे अपनी पत्नी की इज़्ज़त करते थे और उसको किसी भी बात पर उस समय टोकना नहीं चाहते थे।

पत्नी से वादा करने के बावजूद उस समय तक पैसों का प्रबंध न होने के कारण वे स्वयं में ग्लानि महसूस कर रहे थे। उन्हें लग रहा था कि यदि आज अंतिम दिन भी पैसों का प्रबंध न हुआ, तो वे अपनी पत्नी की नजरों में गिर जाएँगे।

इसी आत्मग्लानि के कारण वे अपनी पत्नी को किसी बात पर टोकना नहीं चाहते थे। इसके अतिरिक्त, वे अपनी पत्नी के तेज़-तर्रार स्वभाव से भी अच्छी तरह परिचित थे। अत: किसी बात पर उसे नाराज़ करके वे कोई नई परेशानी मोल नहीं लेना चाहते थे, क्योंकि रुपये का प्रबंध न होने के कारण वे पहले से ही काफी परेशानी में थे।

प्र.2 "लाला झाऊलाल जी ने फौरन दो और दो जोड़कर स्थिति को समझ लिया।" आपके विचार से लाला झाऊलाल ने कौन-कौन-सी बातें समझ ली होंगी?

उत्तर पानी पीते हुए लाला झाऊलाल के हाथों से लोटा छूटकर तिमंजिले मकान से गली में गिर गया। इससे वे अत्यधिक आशंकित हो गए थे। उनके आँगन में भीड़ जमा हो गई और एक अंग्रेज व्यक्ति सिर से पाँव तक भीगा हुआ अपना अँगूठा पकड़े क्रोधित होकर गालियाँ दे रहा था लाला ने तुरंत परिस्थिति को भाँप लिया और समझ गए कि छत से गिरा लोटा इसी अंग्रेज व्यक्ति को लगा है।

लोटे के पानी से भीगकर यह अंग्रेज व्यक्ति लोटे से चोटिल भी हुआ है और लोटे ने इस व्यक्ति के अँगूठे को अत्यधिक चोट पहुँचाई है। इसीलिए यह गालियाँ दे रहा है तथा लोटा गिराने वाले व्यक्ति से लड़ने के लिए तैयार है। अत: लाला झाऊलाल ने यह सब सोचते हुए ही स्थिति को समझ लिया।

प्र.3 अंग्रेज के सामने बिलवासी जी ने झाऊलाल को पहचानने तक से क्यों इंकार कर दिया था? आपके विचार से बिलवासी जी ऐसा अजीब व्यवहार क्यों कर रहे थे? स्पष्ट कीजिए।

उत्तर लोटे से चोटिल हुए अंग्रेज व्यक्ति के सामने पंडित बिलवासी मिश्र ने लाला झाऊलाल को पहचानने से इसलिए इंकार कर दिया, क्योंकि यदि बिलवासी जी स्वयं को लाला झाऊलाल का मित्र बताते तो अंग्रेज बिलवासी जी की बातों पर कभी विश्वास नहीं करता।

वह उन्हें लाला जी की तरफदारी करने वाला मित्र मानता, जिससे पंडित बिलवासी मिश्र की चालाकी काम न कर पाती, जिसकी वजह से उन्होंने उस बेढंगे लोटे के बदले लाला जी को उस अंग्रेज से ₹ 500 दिलवा दिए।

बिलवासी मिश्र ऐसा अजीब व्यवहार अंग्रेज व्यक्ति का क्रोध शांत करने तथा उसका विश्वास जीतने के लिए कर रहे थे। उनका अजीब व्यवहार अंग्रेज व्यक्ति का विश्वास जीतने में सहायक बना।

अंग्रेज को यह लगने लगा कि बिलवासी मिश्र का लाला झाऊलाल से कोई लेना-देना नहीं है। इसी कारण वह बिलवासी मिश्र की सभी बातों पर यकीन करने लगा। यह बिलवासी जी की चाल थी, जो सफल रही।

प्र.4 बिलवासी जी ने रुपयों का प्रबंध कहाँ से किया था? लिखिए।

उत्तर बिलवासी जी ने रुपयों का प्रबंध अपनी पत्नी के संदूक से चोरी करके किया था, क्योंकि उन्हें पता था कि उनकी पत्नी माँगने पर रुपये नहीं देगी, जबकि लाला झाऊलाल को रुपयों की बहुत ज्यादा ज़रूरत थी।

उन्होंने रात में सोती हुई अपनी पत्नी के गले में लगी संदूक की चाबी को चोरी करके निकाला और संदूक खोलकर उसमें से रुपये निकाल लिए, हालाँकि बाद में पंडित बिलवासी मिश्र ने अपनी बुद्धिमानी से रुपयों का प्रबंध करके अपनी पत्नी के संदूक से निकाले गए रुपयों को पुन: उसमें रख भी दिया।

प्र.5 आपके विचार से अंग्रेज ने यह पुराना लोटा क्यों खरीद लिया? आपस में चर्चा करके वास्तविक कारण की खोज कीजिए और लिखिए।

उत्तर पंडित बिलवासी मिश्र ने अंग्रेज के सामने लोटे को ऐतिहासिक लोटा बताया, जिससे अंग्रेज को अपने पड़ोसी मेजर डगलस की डींगें हाँकने की प्रवृत्ति को रोकने का एक मार्ग सूझा।

मेजर डगलस अपनी ऐतिहासिक वस्तुओं का संग्रह करने की हमेशा डींगें हाँकता था और उस अंग्रेज को नीचा दिखाता था। अत: अंग्रेज ने 'अकबरी लोटे' की ऐतिहासिकता पर विश्वास करके उसे खरीद लिया, क्योंकि अब वह मेजर डगलस को नीचा दिखाकर उसकी बातों का उचित जवाब दे सकता था। इसी कारण अब वह स्वयं को उससे श्रेष्ठ भी सिद्ध कर सकता है।

अनुमान और कल्पना (पृष्ठ संख्या 64, 65)

प्र.1 "इस भेद को मेरे सिवाए मेरा ईश्वर ही जानता है। आप उसी से पूछ लीजिए। मैं नहीं बताऊँगा।" बिलवासी जी ने यह बात किससे और क्यों कही? लिखिए।

उत्तर प्रस्तुत वाक्यांश पंडित बिलवासी मिश्र ने अपने मित्र लाला झाऊलाल से कही। जब अंग्रेज व्यक्ति के साथ लोटे की बोली लगाते समय बिलवासी जी ने लोटे की कीमत लगाकर झाऊलाल को ₹250 दे दिए, तब झाऊलाल जी को आश्चर्य हुआ कि ये इतने रुपये कहाँ से लाए?

वास्तव में, बिलवासी जी ये रुपये अपनी पत्नी के संदूक से चुराकर लाए थे, जिससे लाला झाऊलाल की अपने घर में इज्जत रह जाए, लेकिन वे यह बात किसी को बताना नहीं चाहते थे।

प्र.2 "उस दिन रात्रि में बिलवासी जी को देर तक नींद नहीं आई।" समस्या झाऊलाल की थी और नींद बिलवासी की उड़ी, क्यों? लिखिए।

उत्तर पंडित बिलवासी मिश्र ने एक सच्चे मित्र का कर्तव्य निभाते हुए अपने मित्र लाला झाऊलाल की समस्या का समाधान करने के लिए अपनी पत्नी के संदूक से चुपके से रुपये निकाले थे, लेकिन रुपयों का प्रबंध हो जाने पर उन्हें इनकी ज़रूरत ही नहीं पड़ी।

अब बिलवासी मिश्र जी के सामने यह समस्या थी कि अपनी पत्नी के संदूक से निकाले गए रुपयों को वापस संदूक में कैसे रखा जाए? इसी समस्या के कारण बिलवासी जी की नींद उड़ गई थी। वे स्वयं जागकर अपनी पत्नी के सो जाने का इंतजार करते रहे, जिससे उसके सो जाने पर उसके गले में पहनी चेन से चाबी निकालकर संदूक खोलकर उसमें रुपयों को वापस रख सकें।

प्र.3 "लेकिन मुझे इसी जिंदगी में चाहिए।" "अजी इसी सप्ताह में ले लेना।" "सप्ताह से आपका तात्पर्य सात दिन से है या सात वर्ष से?" झाऊलाल और उनकी पत्नी के बीच की इस बातचीत से क्या पता चलता है? लिखिए।

उत्तर लाला झाऊलाल और उनकी पत्नी के बीच हुई इस बातचीत से यह पता चलता है कि उनकी पत्नी को उनकी बातों पर विश्वास नहीं था।

उनकी पत्नी को यह लगता था कि अपनी कंजूस प्रवृत्ति के कारण लाला जी उसे पैसे नहीं देंगे या फिर बहुत समय बीत जाने पर देंगे। उनकी पत्नी को यह भी लगता होगा कि एक साथ इतने रुपयों का प्रबंध लाला जी नहीं कर पाएँगे।

ऐसा करने में उन्हें बहुत अधिक लंबा समय लगेगा। लाला झाऊलाल ने पहले भी कई वादे किए होंगे, जिन्हें वे पूरा नहीं कर पाए होंगे। इसी कारण लाला जी की पत्नी कहती है कि पैसे मुझे इसी जिंदगी में चाहिए।

क्या होता यदि (पृष्ठ संख्या 65)

प्र.1 अंग्रेज लोटा न खरीदता?

उत्तर यदि अंग्रेज लोटा न खरीदता, तो लाला झाऊलाल के लिए ₹250 का प्रबंध पंडित बिलवासी मिश्र ने कर लिया था। उन्होंने अपनी पत्नी के संदूक से चुपके से ₹250 निकाल लिए थे, जिसे वे लाला झाऊलाल को दे देते और लाला जी उसे अपनी पत्नी को दे देते। बाद में रुपयों का प्रबंध करके लाला झाऊलाल अपने मित्र बिलवासी जी को वापस लौटा देते।

प्र.2 यदि अंग्रेज पुलिस को बुला लेता?

उत्तर यदि अंग्रेज पुलिस को बुला लेता, तो पुलिस अंग्रेज और लाला झाऊलाल को थाने ले जाती तथा पूछताछ करके लाला झाऊलाल से अंग्रेज को हर्जाना दिलवाती। दोनों के बीच ऐसा करने के लिए समझौता कराने का प्रयास करती, लेकिन समझौता न करने की स्थिति में वह लाला झाऊलाल को कुछ समय के लिए जेल में भी रख सकती थी।

प्र.3 जब बिलवासी जी अपनी पत्नी के गले से चाबी निकाल रहे थे, तभी उनकी पत्नी जाग जाती तो क्या होता?

उत्तर जब बिलवासी जी अपनी पत्नी के गले से चाबी निकाल रहे थे, तभी उनकी पत्नी जाग जाती तो दोनों के बीच काफी कहासुनी होती तथा दोनों में झगड़ा भी हो सकता था। उनकी पत्नी को अनेक बातों का संदेह भी हो सकता था।

अत: वह अपनी आशंका का समाधान करने के लिए तब तक पीछे पड़ी रहती, जब तक बिलवासी जी इसके पीछे के सही कारण को न बताते। दोनों के बीच अविश्वास की दीवार खड़ी हो जाती और घर का शांतिमय वातावरण कलह से भर जाता।

पता कीजिए (पृष्ठ संख्या 65)

प्र.1 "अपने वेग में उल्का को लजाता हुआ वह आँखों से ओझल हो गया।" उल्का क्या होता है? उल्का और ग्रहों में कौन-कौन-सी समानताएँ और अंतर होते हैं?

उत्तर "अपने वेग में उल्का को लजाता हुआ वह आँखों से ओझल हो गया" शब्द लोटे के लिए कहे गए हैं। यहाँ वास्तव में कहने का अर्थ यह है कि वह बड़ी तेजी से आँखों के सामने से गायब हो गया।

उल्का किसी तारे का टुकड़ा होता है, जो चट्टानों से बना होता है। तारों से टूटकर या अलग होकर वह पृथ्वी पर तेजी से गिरने लगता है। गिरते समय वायु में संघर्ष के कारण वह तेजी से जलकर प्रकाश उत्पन्न करता है। इसे 'टूटा तारा' भी कहते हैं।

ग्रह एवं उल्का में समानताएँ

(i) दोनों का निर्माण चट्टान के कणों से होता है।

(ii) दोनों ही किसी तारे के इर्द-गिर्द चक्कर लगाते हैं।

ग्रह एवं उल्का में असमानताएँ

(i) ग्रहों का आकार काफी बड़ा होता है, जबकि उल्का पिंडों का आकार अपेक्षाकृत छोटा होता है।

(ii) ग्रह अपनी निश्चित धुरी पर चक्कर लगाते हैं, जबकि उल्का पिंडों की अपनी कोई निश्चित धुरी नहीं होती है।

प्र.2 इस कहानी में आपने दो चीज़ों के बारे में मजेदार कहानियाँ पढ़ीं–अकबरी लोटे की कहानी और जहाँगीरी अंडे की कहानी। आपके विचार से ये कहानियाँ सच्ची हैं या काल्पनिक?

उत्तर ये दोनों ही कहानियाँ काल्पनिक लगती हैं। कोई भी व्यक्ति, जिसे ऐतिहासिक पुरानी चीजों का संग्रह करने का शौक होता है, उसे उनकी पहचान भी रहती है।

प्र.3 अपने घर या कक्षा की किसी पुरानी चीज के बारे में ऐसी ही कोई मजेदार कहानी बनाइए।

उत्तर छात्र स्वयं करें।

प्र.4 बिलवासी जी ने जिस तरीके से रुपयों का प्रबंध किया, वह सही था या गलत?

उत्तर बिलवासी जी ने रुपयों का प्रबंध दो तरीकों से किया था

(i) उन्होंने अपनी पत्नी के संदूक से चोरी करके रुपये निकाले थे। उनका यह तरीका गलत एवं अनैतिक था। वे अपनी पत्नी को विश्वास में लेकर लाला जी की मदद कर सकते थे।

(ii) उन्होंने एक अपरिचित अंग्रेज को बेवकूफ बनाया। उनका यह तरीका भी उचित नहीं कहा जा सकता, क्योंकि यह एक प्रकार से ऐतिहासिक वस्तु के नाम पर ठगी थी। यह भी अनैतिक तरीका ही था।

इस तरह बिलवासी जी द्वारा रुपयों के प्रबंध के लिए अपनाए गए दोनों ही तरीके उचित नहीं थे।

भाषा की बात (पृष्ठ संख्या 65)

प्र.1 इस कहानी में लेखक ने जगह-जगह पर सीधी-सी बात कहने के बदले रोचक मुहावरों, उदाहरणों आदि के द्वारा कहकर अपनी बात को अधिक मजेदार और रोचक बना दिया है। कहानी से वे वाक्य चुनकर लिखिए, जो आपको सबसे अधिक मजेदार लगे।

उत्तर कहानी के जो वाक्य, मुझे सबसे अधिक मजेदार लगे, इस प्रकार हैं

1. ढाई सौ रुपये तो एक साथ आँख सेंकने के लिए भी न मिलते हैं।
2. इस समय अगर दुम दबाकर निकल भागते हैं, तो फिर उसे क्या मुँह दिखलाएँगे।
3. कुछ ऐसी गढ़न उस लोटे की थी कि उसका बाप डमरू, माँ चिलम रही हो।
4. सिंध के रेगिस्तान में मारा-मारा फिर रहा था।
5. अब तक बिलवासी जी को वे अपनी आँखों से खा चुके होते।
6. साहब की आँखों पर लोभ और आश्चर्य का ऐसा प्रभाव पड़ा कि वे कौड़ी के आकार से बढ़कर पकौड़ी के आकार की हो गईं।
7. बिलवासी जी अफसोस के साथ अपने रुपये उठाने लगे, मानो अपनी आशाओं की लाश उठा रहे हों।
8. मेजर डगलस की डींग सुनते-सुनते मेरे कान पक गए थे।

प्र.2 इस कहानी में लेखक ने अनेक मुहावरों का प्रयोग किया है। कहानी में से पाँच मुहावरे चुनकर उनका प्रयोग करते हुए वाक्य लिखिए।

उत्तर (i) तिलमिला उठना—क्रोधित होना

वाक्य-प्रयोग सच्चाई सामने आने पर वह तिलमिला उठा।

(ii) आँखों से ओझल होना—गायब हो जाना

वाक्य-प्रयोग रोहन की माँ ने उसे रुकने के लिए कहा, परन्तु वह अपनी जिद पर अड़ा रहा और माँ की आँखों से ओझल हो गया।

(iii) कान पकना—तंग आ जाना

वाक्य-प्रयोग तुम्हारी शिकायतें सुनते-सुनते मेरे कान पक गए हैं।

(iv) मारा-मारा फिरना—भटकना

वाक्य-प्रयोग आजकल की युवा पीढ़ी जल्दबाजी में कदम उठाती है, बाद में वह मारा-मारा फिरता है।

(v) दुम दबाकर भागना—डरकर भाग जाना

वाक्य-प्रयोग पुलिस के आते ही चोर वहाँ से दुम दबाकर भाग गए।

अभ्यास प्रश्न

बहुविकल्पीय व वर्णनात्मक प्रश्नों सहित

बहुविकल्पीय प्रश्न

1. 'अकबरी लोटा' पाठ के लेखक हैं

(क) प्रेमचंद

(ख) कबीर दास

(ग) पालगम्मी साईनाथ

(घ) अन्नपूर्णानंद वर्मा

उत्तर (घ) अन्नपूर्णानंद वर्मा

2. काशी के ठठेरी बाज़ार में किसका मकान था?

(क) लाला झाऊलाल का

(ख) बिलवासी का

(ग) झाऊलाल के भाई का

(घ) इनमें से कोई नहीं

उत्तर (क) लाला झाऊलाल का

3. झाऊलाल के पानी माँगने पर जल्दबाजी में गिलास लाना कौन भूल गया?

(क) बिलवासी (ख) नौकर

(ग) लाला झाऊलाल की पत्नी (घ) अंग्रेज

उत्तर (ग) लाला झाऊलाल की पत्नी

4. लाला झाऊलाल के क्रोधित होने का कारण था

1. पत्नी के बिलवासी से पैसे माँगने की बात पर।
2. पत्नी के अपने भतीजे से पैसे माँगने की बात पर।
3. पत्नी के अपने चाचा से पैसे माँगने की बात पर।
4. पत्नी के अपने भाई से पैसे माँगने की बात पर।

कूट

(क) केवल 1 (ख) 1 और 2

(ग) केवल 4 (घ) 1, 2 और 3

उत्तर (ग) केवल 4

5. झाऊलाल से एक दिन एकाएक ढाई सौ रुपये की माँग की पेशकश किसने की?

(क) बिलवासी ने (ख) उनकी पत्नी ने

(ग) भतीजे ने (घ) पड़ोसियों ने

उत्तर (ख) उनकी पत्नी ने

6. लाला झाऊलाल के हाथ से जब लोटा गिरा था तब वह कौन-सी मंजिल पर खड़े थे?

(क) दूसरी मंजिल पर (ख) चौथी मंजिल पर

(ग) तीसरी मंजिल पर (घ) पाँचवीं मंजिल पर

उत्तर (ग) तीसरी मंजिल पर

7. 'हेकड़ी' शब्द का क्या अर्थ है?

(क) पकड़ (ख) नकड़ (ग) अकड़ (घ) सकड़

उत्तर (ग) अकड़

8. झाऊलाल मुश्किल से दो-एक घूँट पी पाए होंगे कि न जाने कैसे उनका हाथ हिल उठा और ....। रिक्त स्थान की पूर्ति उचित शब्दों से करें

(क) गिलास छूट गया (ख) लोटा छूट गया

(ग) हाथ से पानी गिर गया (घ) इनमें से कोई नहीं

उत्तर (ख) लोटा छूट गया

9. बिलवासी जी ने भीड़ को आँगन से बाहर क्यों निकाल दिया?

(क) ताकि अंग्रेज की बातें कोई न सुन सके

(ख) ताकि वे लोटे को खरीद सकें

(ग) ताकि वे अंग्रेज से शांतिपूर्वक बात कर सकें

(घ) ताकि झाऊलाल भीड़ में शामिल होकर भाग सकें

उत्तर (ग) ताकि वे अंग्रेज से शांतिपूर्वक बात कर सकें

10. बिलवासी जी ने अंग्रेज को कुर्सी पर बैठने को क्यों कहा?

(क) गुस्सा शांत करने के लिए (ख) चोट लगने के कारण

(ग) बड़े साहब होने के कारण (घ) सम्मान देने के लिए

उत्तर (क) गुस्सा शांत करने के लिए

गद्यांश पर आधारित प्रश्न

निम्नलिखित गद्यांशों को ध्यानपूर्वक पढ़कर उन पर आधारित प्रश्नों के उत्तर दें

गद्यांश 1

लाला झाऊलाल को खाने-पीने की कमी नहीं थी। काशी के ठठेरी बाजार में मकान था। नीचे की दुकानों से ₹ 100 मासिक के करीब किराया आता था। अच्छा खाते थे, अच्छा पहनते थे, पर ₹ 250 तो एक साथ आँख सेंकने के लिए भी न मिलते थे।

इसलिए जब उनकी पत्नी ने एक दिन एकाएक ₹ 250 की माँग पेश की, तब उनका जी एक बार जोर से सनसनाया और फिर बैठ गया। उनकी यह दशा देखकर पत्नी ने कहा—"डरिए मत, आप देने में असमर्थ हों तो मैं अपने भाई से माँग लूँ?"

लाला झाऊलाल तिलमिला उठे। उन्होंने रोब के साथ कहा—"अजी हटो, ₹ 250 के लिए भाई से भीख माँगोगी, मुझसे ले लेना।"

1. गद्यांश में प्रयुक्त 'सनसनाया' शब्द का क्या अर्थ है?

(क) हवा की ध्वनि (ख) लालच करना

(ग) सर दर्द होना (घ) घबरा जाना

उत्तर (घ) घबरा जाना

2. 'खाने पीने की कमी न होने' का आशय है

(क) खाने की परेशानी नहीं थी

(ख) संपन्न होना

(ग) किसी तरह भोजन प्राप्त होना

(घ) हमेशा कुछ-न-कुछ खाते रहना

उत्तर (ख) संपन्न होना

3. **लाला झाऊलाल और उनकी पत्नी के बीच हुई इस बातचीत से क्या पता चलता है?**

(क) लाला झाऊलाल बहुत अमीर आदमी न थे

(ख) पत्नी को उन पर विश्वास नहीं था

(ग) पत्नी लाला जी की तुलना में ज्यादा तेज-तर्रार थी

(घ) उपरोक्त सभी

उत्तर (घ) उपरोक्त सभी

4. **झाऊलाल के मकान के नीचे बनी दुकानों से कितना किराया आता था?**

उत्तर झाऊलाल के मकान के नीचे बनी दुकानों से करीब सौ रुपये महीना किराया आता था।

5. **लाला झाऊलाल की पत्नी ने उनसे क्या माँगा?**

उत्तर लाला झाऊलाल की पत्नी ने उनसे ₹ 250 माँगें।

6. **लाला झाऊलाल क्यों तिलमिला उठे?**

उत्तर जब उनकी पत्नी ने लाला जी को रुपये देने में असमर्थता की आशंका व्यक्त की और अपने भाई से रुपये माँगने की बात कही, तो लाला झाऊलाल तिलमिला उठे।

गद्यांश 2

लेकिन जब चार दिन ज्यों के त्यों ही बीत गए और रुपयों का कोई प्रबंध न हो सका तब उन्हें चिंता होने लगी। प्रश्न अपनी प्रतिष्ठा का था, अपने ही घर में अपनी साख का था। देने का पक्का वादा करके अगर अब दे न सके तो अपने मन में वह क्या सोचेगी? उसकी नजरों में उनका क्या मूल्य रह जाएगा? अपनी वाहवाही की सैकड़ों गाथाएँ सुना चुके थे। अब जो एक काम पड़ा तो चारों खाने चित हो रहे। यह पहली बार उसने मुँह खोलकर कुछ रुपयों का सवाल किया था। इस समय अगर दुम दबाकर निकल भागते हैं तो फिर उसे क्या मुँह दिखलाएँगे?

1. **लाला जी के समक्ष सबसे विकट समस्या क्या थी?**

(क) अपने मित्र से पैसा उधार पाने की

(ख) पत्नी के समक्ष न झुकने की

(ग) अपनी आमदनी को साबित करने की

(घ) घर में अपनी साख बचाने की

उत्तर (घ) घर में अपनी साख बचाने की

2. **गद्यांश के अनुसार किसकी प्रतिष्ठा का प्रश्न बन गया था?**

(क) लाला झाऊलाल की

(ख) पंडित बिलवासी मिश्र की

(ग) मेजर डगलस की

(घ) भारत घूमने आए अंग्रेज व्यक्ति की

उत्तर (क) लाला झाऊलाल की

3. **'प्रबंध' शब्द में उपसर्ग कौन-सा है?**

(क) बंध (ख) प्र

(ग) पर् (घ) पर

उत्तर (ख) प्र

4. **लाला झाऊलाल क्यों चिंतित थे?**

उत्तर चार दिन बीत जाने के बावजूद रुपयों का प्रबंध न हो पाने के कारण लाला झाऊलाल चिंतित थे।

5. **गद्यांश में प्रयुक्त 'साख' शब्द के अर्थ को स्पष्ट कीजिए।**

उत्तर गद्यांश में प्रयुक्त 'साख' शब्द का अर्थ है— इज़्ज़त अर्थात् घर में लाला जी को अपनी इज़्ज़त बचाने का सवाल था।

6. **पत्नी से किए गए वादे को पूरा न करने का परिणाम क्या हो सकता था?**

उत्तर पत्नी से किए गए वादे को पूरा न कर पाने के कारण उसकी पत्नी गुस्सा होकर उन्हें छोड़कर जा सकती थी और अपने भाई से पैसे ले लेती, जिससे लाला के सम्मान को ठेस (हानि) पहुँच सकती थी।

गद्यांश 3

वह पानी तो जरूर लाई पर गिलास लाना भूल गई थीं। केवल लोटे में पानी लिए वह प्रकट हुईं। फिर लोटा भी संयोग से वह जो अपनी बेढंगी सूरत के कारण लाला झाऊलाल को सदा से नापसंद था, जो नया, साल दो साल का ही बना। पर कुछ ऐसी गढ़न उस लोटे की थी कि उसका बाप डमरू, माँ चिलम रही हो।

लाला ने लोटा ले लिया, बोले कुछ नहीं, अपनी पत्नी का अदब मानते थे। मानना ही चाहिए। इसी को सभ्यता कहते हैं, जो पति अपनी पत्नी का न हुआ, वह पति कैसा? फिर उन्होंने यह भी सोचा कि लोटे में पानी दे, तब भी गनीमत है, अभी अगर चूँ कर देता हूँ तो बाल्टी में भोजन मिलेगा। तब क्या करना बाकी रह जाएगा?

1. **गद्यांश में प्रयुक्त वाक्यांश 'उसका बाप डमरू, माँ चिलम रही हो', किसके संदर्भ में प्रयुक्त किया गया है?**

(क) लाला झाऊलाल के संदर्भ में

(ख) लाला जी की पत्नी के संदर्भ में

(ग) लोटे के संदर्भ में

(घ) उपरोक्त में से कोई नहीं

उत्तर (ग) लोटे के संदर्भ में

2. **निम्न में से कौन-सा कथन असत्य है?**

(क) लाला को लोटा सदा से नापसंद था।

(ख) लाला की पत्नी गिलास लाना भूल गई।

(ग) लोटे की गढ़न आकर्षक थी।

(घ) लाला पत्नी का अदब मानते थे।

उत्तर (ग) लोटे की गढ़न आकर्षक थी।

3. **गद्यांश में प्रयुक्त 'चूँ' शब्द का क्या अर्थ है?**

(क) विरोध करना (ख) समर्थन करना

(ग) आवाज करना (घ) कोई भी टिप्पणी करना

उत्तर (घ) कोई भी टिप्पणी करना

4. लाला झाऊलाल को लोटा पसंद क्यों नहीं था?

उत्तर लाला झाऊलाल को लोटा इसलिए पसंद नहीं था, क्योंकि वह पुराना व टेढ़ा-मेढ़ा था।

5. लाला जी के अनुसार, सभ्यता किसे कहते हैं?

उत्तर लाला जी के अनुसार, अपनी पत्नी का अदब मानना इज़्ज़त करना सभ्यता का परिचायक है।

6. लाला जी की पत्नी पानी लाने के क्रम में क्या भूल गई?

उत्तर लाला जी की पत्नी पानी लाने के क्रम में पीने के लिए गिलास लाना भूल गई।

गद्यांश 4

लाला झाऊलाल मुश्किल से दो-एक घूँट पी पाए होंगे कि न जाने कैसे उनका हाथ हिल उठा और लोटा छूट गया। लोटे ने दाएँ न बाएँ, वह नीचे गली की ओर चल पड़ा। अपने वेग में उल्का को लजाता हुआ वह आँखों से ओझल हो गया। किसी जमाने में न्यूटन नाम के किसी खुराफाती ने पृथ्वी की आकर्षण शक्ति नाम की एक चीज़ ईजाद की थी। कहना न होगा कि यह सारी शक्ति इस समय लोटे के पक्ष में थी। लाला को काटो तो बदन में खून नहीं। ऐसी चलती हुई गली में ऊँचे तिमंजले से भरे हुए लोटे का गिरना हँसी-खेल नहीं। यह लोटा न जाने किस अनाधिकरी के झोंपड़े पर काशीवास का संदेश लेकर पहुँचेगा।

1. 'पृथ्वी की आकर्षण शक्ति' की खोज किसने की?

(क) लाला झाऊलाल ने (ख) लेखक ने

(ग) न्यूटन ने (घ) इनमें से कोई नहीं

उत्तर (ग) न्यूटन ने

2. गद्यांश में 'खुराफाती' शब्द किसके लिए प्रयुक्त हुआ है?

(क) लोटे के लिए

(ख) लाला झाऊलाल के लिए

(ग) लाला जी की पत्नी के लिए

(घ) न्यूटन के लिए

उत्तर (घ) न्यूटन के लिए

3. 'ईजाद' शब्द का क्या अर्थ है?

(क) पहचानना (ख) आविष्कार

(ग) परिष्कार (घ) पुनर्निर्माण

उत्तर (ख) आविष्कार

4. लोटा किसके हाथों से गिरा?

उत्तर लोटा लाला झाऊलाल के हाथों से छूटकर नीचे गिरा।

5. 'अपने वेग में उल्का को लजाता हुआ वह आँखों से ओझल हो गया।' प्रस्तुत वाक्य का क्या अर्थ है?

उत्तर प्रस्तुत वाक्य का अर्थ यह है कि हाथ से छूटने के बाद लोटा बड़ी ही तेज़ी से तुरंत लाला जी की आँखों से ओझल हो गया अर्थात् नीचे गिर गया।

6. 'काशीवास का संदेश' का आशय स्पष्ट कीजिए।

उत्तर 'काशीवास का संदेश' एक मुहावरेदार प्रयोग है, जिसका आशय मृत्यु होने से है।

गद्यांश 5

लाला झाऊलाल ने देखा कि इस भीड़ में प्रधान पात्र एक अंग्रेज है, जो नखशिख से भीगा हुआ है और जो अपने एक पैर को हाथ से सहलाता हुआ दूसरे पैर पर नाच रहा है। उसी के पास अपराधी लोटे को भी देखकर लाला झाऊलाल जी ने फौरन दो और दो जोड़कर स्थिति को समझ लिया।

गिरने के पूर्व लोटा एक दुकान के सायबान से टकराया। वहाँ टकराकर उस दुकान पर खड़े उस अंग्रेज को उसने सांगोपांग स्नान कराया और फिर उसी के बूट पर आ गिरा। उस अंग्रेज को जब मालूम हुआ कि लाला झाऊलाल ही उस लोटे के मालिक हैं, तब उसने केवल एक काम किया। अपने मुँह को खोलकर खुला छोड़ दिया। लाला झाऊलाल को आज ही यह मालूम हुआ कि अंग्रेजी भाषा में गालियों का ऐसा प्रकांड कोष है।

1. अंग्रेज अपने पैरों को क्यों सहला रहा था?

(क) उसके पैर में फोड़ा हो गया था

(ख) उसके पैर में मोच आ गई थी

(ग) लोटा गिरने से उसके पैर में चोट लगी थी

(घ) लाला झाऊलाल के पैर से उसका पैर दब गया था

उत्तर (ग) लोटा गिरने से उसके पैर में चोट लगी थी

2. 'सांगोपांग' शब्द का अर्थ क्या है?

(क) सभी अंग (ख) अंग एवं उपांग

(ग) संपूर्ण शरीर (घ) इनमें से कोई नहीं

उत्तर (ग) संपूर्ण शरीर

3. जब अंग्रेज को यह मालूम हुआ कि लोटे के मालिक लाला झाऊलाल हैं, तो उसने क्या किया?

1. उसने अपने पैर का प्राथमिक उपचार किया।
2. उसने अपनी पत्नी को फोन लगाकर घटना की सूचना दी।
3. उसने लाला झाऊलाल को गालियाँ देनी शुरू कर दीं।
4. उसने लाला झाऊलाल की शिकायत पुलिस में कर दी।

कूट

(क) केवल 1 (ख) 2 और 4

(ग) केवल 3 (घ) ये सभी

उत्तर (ग) केवल 3

4. 'अंग्रेज नखशिख से भीगा हुआ है' से क्या आशय है?

उत्तर 'अंग्रेज नखशिख से भीगा हुआ है' से आशय है कि अंग्रेज का ऊपर से लेकर नीचे तक का पूरा शरीर भीगा हुआ था।

5. 'दो और दो जोड़ना' मुहावरे का क्या अर्थ है?

उत्तर 'दो और दो जोड़ना' मुहावरे का अर्थ है—यथास्थिति को भाँप लेना या समझ लेना।

6. लाला झाऊलाल को पहली बार क्या पता चला?

उत्तर लाला झाऊलाल को पहली बार यह पता चला कि अंग्रेजी भाषा में भी अनेक प्रकार की तरह-तरह की गालियाँ भरी पड़ी हैं।

गद्यांश 6

सोलहवीं शताब्दी की बात है। बादशाह हुमायूँ शेरशाह से हारकर भागा था और सिंध के रेगिस्तान में मारा-मारा फिर रहा था। एक अवसर पर प्यास से उसकी जान निकल रही थी। उस समय एक ब्राह्मण ने इसी लोटे से पानी पिलाकर उसकी जान बचाई थी। हुमायूँ के बाद अकबर ने उस ब्राह्मण का पता लगाकर उससे इस लोटे को ले लिया और इसके बदले में उसे इसी प्रकार के दस सोने के लोटे प्रदान किए।

यह लोटा सम्राट अकबर को बहुत प्यारा था। इसी से इसका नाम अकबरी लोटा पड़ा। वह इसी लोटे से वजू करता था। सन् 57 तक इसके शाही घराने में रहने का पता है, पर इसके बाद लापता हो गया। कलकत्ता के म्यूजियम में इसका प्लास्टर का मॉडल रखा हुआ है।

1. रेगिस्तान में हुमायूँ के भटकने का क्या कारण था?

(क) शेरशाह को पराजित करना (ख) शिकार की तलाश

(ग) शेरशाह को खोजना (घ) शेरशाह से पराजित होना

उत्तर (घ) शेरशाह से पराजित होना

2. अकबर के पास यह लोटा कैसे आया?

(क) हुमायूँ के पास से

(ख) शेरशाह के पास से

(ग) कुएँ पर जाने वाले एक अनजान व्यक्ति से

(घ) एक ब्राह्मण के पास से

उत्तर (घ) एक ब्राह्मण के पास से

3. हुमायूँ की जान कैसे बची?

(क) शेरशाह द्वारा माफ किए जाने से

(ख) उचित इलाज होने से

(ग) ब्राह्मण द्वारा शरण दिए जाने से

(घ) ब्राह्मण द्वारा पानी पिलाने से

उत्तर (घ) ब्राह्मण द्वारा पानी पिलाने से

4. 'वजू' शब्द का अर्थ स्पष्ट करें।

उत्तर नमाज पढ़ने से पूर्व हाथ-पैर धोने को 'वजू' करना कहा जाता है।

5. लोटे का संबंध म्यूजियम के साथ क्यों जोड़ा गया है?

उत्तर लोटे की महत्ता को बढ़ाने के लिए उसका संबंध म्यूजियम के साथ जोड़ा गया है, जिससे अंग्रेज को प्रभावित कर इसके बदले अच्छी कीमत वसूल की जा सके।

6. 'अकबरी लोटा' नाम कैसे पड़ा?

उत्तर कहानी के अनुसार, यह लोटा सम्राट अकबर को बहुत प्यारा था और वह इसी लोटे से वजू किया करता था, इसलिए इस लोटे का नाम 'अकबरी लोटा' पड़ा।

गद्यांश 7

उस दिन रात्रि में बिलवासी को देर तक नींद नहीं आई। वे चादर लपेटे चारपाई पर पड़े रहे। एक बजे वे उठे। बहुत धीरे से अपनी सोई हुई पत्नी के गले से उन्होने सोने की वह सिकड़ी निकाली जिसमें एक ताली बँधी हुई थी। फिर उसके कमरे में जाकर उन्होंने उस ताली से संदूक खोला। उसमें ढाई सौ के नोट ज्यों के-त्यों रखकर उन्होने उसे वंद कर दिया। फिर दबे पाँव लौटकर ताली को उन्होने पूर्ववत् अपनी पत्नी के गले में डाल दिया। इसके बाद उन्होंने हँसकर अंगड़ाई ली। दूसरे दिन सुबह आठ बजे तक चैन की नींद सोए।

1. 'चारपाई' में कौन-सा समास है?

(क) द्वन्द्व समास (ख) द्विगु समास

(ग) तत्पुरुष समास (घ) कर्मधारय समास

उत्तर (ख) द्विगु समास

2. 'दबे पाँव लौटना' मुहावरे का अर्थ है

(क) हारकर लौटना (ख) चुपचाप लौटना

(ग) निराश होकर लौटना (घ) चोर की तरह लौटना

उत्तर (ख) चुपचाप लौटना

3. अपनी ही पत्नी की संदूक से रुपये किसने चुराए थे?

(क) लाला झाऊलाल ने (ख) बिलवासी जी ने

(ग) अंग्रेज व्यक्ति ने (घ) इनमें से किसी ने नही

उत्तर (ख) बिलवासी जी ने

4. एक बजे बिलवासी जी ने उठकर क्या किया?

उत्तर एक बजे उठकर बिलवासी जी ने सोई हुई पत्नी के गले से सोने की वह जंजीर निकाली जिसमें एक ताली बँधी हुई थी और उस ताली से संदूक खोलकर उसमें रखे ढाई सौ रुपये निकाल लिए।

5. बिलवासी जी ने हँसकर अंगड़ाई क्यों ली? अपने अनुमान से बताइए।

उत्तर बिलवासी जी ने हँसकर अंगड़ाई इसलिए ली, क्योंकि उन्होंने बिना कुछ किए झाऊलाल की मदद कर दी और पत्नी के संदूक से चोरी किए ढाई सौ रुपये भी संदूक में वापस रख दिए।

6. बिलवासी जी को चैन की नींद कब आई?

उत्तर बिलवासी जी ने जब संदूक से निकाले हुए ढाई सौ रुपये वापस संदूक में रख दिए, तब उन्हें चैन की नींद आई।

अतिलघु उत्तरीय प्रश्न

1. लाला झाऊलाल कहाँ रहते थे और उनकी आमदनी का मुख्य साधन क्या था?

उत्तर लाला झाऊलाल काशी के ठठेरी बाजार में रहते थे, जहाँ उनका अपना मकान था। उनकी आमदनी का मुख्य साधन नीचे की दुकानों से प्रतिमाह ₹ 100 आने वाला किराया था।

2. लाला झाऊलाल की पत्नी ने कौन-सी माँग रखी, जिससे वे विचलित हो उठे?

उत्तर लाला झाऊलाल की पत्नी ने एक साथ ₹ 250 की माँग रखी, जिससे लाला विचलित हो उठे।

3. लाला झाऊलाल ने अपनी पत्नी से कितने दिनों में रुपये देने का वादा किया था?

उत्तर लाला झाऊलाल ने अपनी पत्नी से एक सप्ताह में अर्थात् सातवें दिन तक रुपये देने का वादा किया था।

4. लाला झाऊलाल ने पानी पीने के कौन-कौन से नियम बताए, जो हमारे पूर्वजों ने बनाए थे?

उत्तर लाला झाऊलाल ने हमारे पूर्वजों के बनाए कुछ नियम बताए, जिनमें खड़े-खड़े पानी नहीं पीना, सोते समय पानी नहीं पीना, दौड़ने के बाद पानी नहीं पीना आदि शामिल थे।

5. लोटा किसने और कितने में खरीदा?

उत्तर लोटा उस अंग्रेज ने ₹ 500 में खरीदा, जिसे उसी लोटे से चोट लगी थी।

6. मेजर डगलस ने दिल्ली से क्या और कितने में खरीदा था?

उत्तर मेजर डगलस ने दिल्ली में एक मुसलमान सज्जन से कबूतर का एक अंडा ₹ 300 में खरीदा था, जिसे 'जहाँगीरी अंडा' कहा गया है।

7. पंडित बिलवासी मिश्र जी के अनुसार, 'अकबरी लोटा' का प्लास्टर मॉडल कहाँ रखा हुआ है?

उत्तर पंडित बिलवासी मिश्र जी के अनुसार, 'अकबरी लोटा' का प्लास्टर मॉडल कलकत्ता के म्यूज़ियम में रखा हुआ है।

8. पंडित बिलवासी मिश्र को चैन की नींद कब आई?

उत्तर जब पंडित बिलवासी मिश्र अपनी पत्नी के संदूक से निकाले गए ₹ 250 वापस संदूक में रख आए, तब उन्हें चैन की नींद आई।

लघु उत्तरीय प्रश्न

1. लाला झाऊलाल के सामने कौन-सी समस्या खड़ी हुई और इसे उन्होंने अपने मित्र पंडित बिलवासी मिश्र जी को कब बताया?

उत्तर लाला झाऊलाल के सामने एक बड़ी समस्या यह खड़ी हो गई कि उनकी पत्नी ने एक दिन उनसे अचानक एक साथ ₹ 250 माँग लिए। पहले लाला जी घबरा गए, लेकिन पत्नी द्वारा भाई से पैसे माँगे जाने की बात सुनकर वे क्रोधित हो गए और उन्होंने सात दिन के अंदर अपनी पत्नी को ₹ 250 देने का वादा कर दिया। इन रुपयों का प्रबंध नहीं हो पा रहा था। इसी से चिंतित होकर उन्होंने पाँचवें दिन अपनी यह समस्या अपने मित्र पंडित बिलवासी मिश्र जी को बताई।

2. सप्ताह के आखिरी दिन अर्थात् सातवें दिन लाला झाऊलाल के मन में क्या-क्या विचार आ रहे थे?

उत्तर सप्ताह के आखिरी दिन अर्थात् सातवें दिन लाला झाऊलाल के मन में यह विचार आ रहा था कि यदि वे रुपयों का प्रबंध नहीं कर पाए, तो अपनी पत्नी की नजरों में गिर जाएँगे।

रुपये न मिलने पर पत्नी भले ही कुछ कहे नहीं, लेकिन उसकी व्यंग्य भरी मुस्कान बहुत कुछ कह देगी। उस व्यंग्य भरी मुस्कान की कल्पना करके ही लाला जी बेचैन हो रहे थे। उन्हें अभी भी अपने मित्र पंडित बिलवासी मिश्र जी पर विश्वास था, लेकिन उनके मन में बार-बार यह प्रश्न उठ रहा था कि यदि वे नहीं आए या उनसे रुपयों का प्रबंध नहीं हो पाया, तो वे क्या करेंगे?

3. लाला जी को अंग्रेज से किसने बचाया और कैसे?

उत्तर लाला जी को अंग्रेज से उनके मित्र पंडित बिलवासी मिश्र जी ने बचाया। उन्होंने लाला जी के घर में लगी भीड़ को बाहर निकाल दिया और लोटे से लगी चोट वाले अंग्रेज व्यक्ति को विनम्रता से बैठने के लिए कहा। उन्होंने अंग्रेज व्यक्ति का क्रोध शांत किया और उसके सामने उस लोटे को अकबर के समय का ऐतिहासिक लोटा सिद्ध कर दिया, जिसके कारण ऐतिहासिक वस्तुओं का संग्रह करने का शौकीन वह अंग्रेज बिना कोई शिकायत किए उस लोटे को ₹ 500 में प्रसन्नता से खरीदकर चला गया।

4. लाला जी को बिलवासी जी पर गुस्सा क्यों आ रहा था?

उत्तर बिलवासी जी ने अंग्रेज को प्रभावित करने तथा उसका विश्वास जीतने के लिए लाला झाऊलाल के साथ अपना कोई भी संबंध होने से इंकार कर दिया। उन्होंने लाला जी को खतरनाक मुजरिम तक कह दिया। इसलिए लाला झाऊलाल को बिलवासी जी पर अत्यधिक गुस्सा आ रहा था। ऐसा लग रहा था कि जैसे वे बिलवासी जी को आँखों से ही खा जाएँगे।

5. बिलवासी जी ने रुपयों का प्रबंध किस प्रकार किया था?

उत्तर बिलवासी जी ने अपने मित्र लाला झाऊलाल की समस्या का समाधान करने के लिए अपनी पत्नी के संदूक में से रुपये चोरी करके रुपयों का प्रबंध किया तथा लाला जी के घर उन्हें देने पहुँच गए परंतु 'अकबरी लोटा' वाली घटना हो जाने के कारण उन रुपयों की ज़रूरत नहीं पड़ी। उन्होंने रुपयों को वापस अपनी पत्नी के संदूक में रख दिया।

दीर्घ उत्तरीय प्रश्न

1. बिलवासी मिश्र जी ने अंग्रेज की सहानुभूति एवं विश्वास कैसे प्राप्त किया? अपने शब्दों में उत्तर दीजिए।

उत्तर पंडित बिलवासी मिश्र ने अंग्रेज की सहानुभूति एवं विश्वास प्राप्त करने के लिए लाला पर खूब क्रोधित हुआ और जब अंग्रेज व्यक्ति ने उनसे पूछा कि क्या वे लाला झाऊलाल को जानते हैं, तो उन्होंने उनसे अपने किसी भी तरह के संबंध के बारे में मना कर दिया।

उन्होंने लाला जी को खतरनाक अपराधी तक कहा तथा उनकी शिकायत पुलिस में करने की भी सलाह दी। इससे अंग्रेज को लगा कि बिलवासी जी का लाला के साथ कोई संबंध नहीं है और बिलवासी जी उस अंग्रेज का भला ही चाहते हैं।

2. 'अकबरी लोटा' कहानी के आधार पर 'जहाँगीरी अंडे' की कहानी को अपने शब्दों में स्पष्ट कीजिए।

उत्तर 'अकबरी लोटा' कहानी में 'जहाँगीरी अंडे' की कहानी बताई गई है। कहानी कुछ इस प्रकार है कि एक बार नूरजहाँ से जहाँगीर ने पूछा कि एक कबूतर कैसे उड़ा, तो नूरजहाँ ने दूसरे कबूतर को भी उड़ा दिया और कहा 'ऐसे'। जहाँगीर नूरजहाँ के इस भोलेपन पर मुग्ध हो गए और तभी से उनसे प्रेम करने लगे।

इस तरह एक कबूतर जहाँगीर को नूरजहाँ के करीब लाया और उनमें प्रेम कराया। बादशाह जहाँगीर ने उस कबूतर के अंडे को अपने प्रेम की निशानी के रूप में बिल्लौर काँच की हाँडी में सुरक्षित रखा था।

बाद में यही अंडा 'जहाँगीरी अंडा' के नाम से प्रसिद्ध हुआ, जिसे ऐतिहासिक वस्तुओं का संग्रह करने के शौकीन मेजर डगलस ने खरीदा था।

3. 'अकबरी लोटा' शीर्षक की सार्थकता पर अपने विचार व्यक्त कीजिए।

उत्तर 'अकबरी लोटा' शीर्षक कहानी के मूल में लोटा ही है। इसी लोटे के कारण लाला झाऊलाल के सामने एक समस्या खड़ी हो जाती है, लेकिन यही लोटा वस्तुतः लाला झाऊलाल की एक अन्य बड़ी समस्या का समाधान भी करता है। लाला झाऊलाल जी को अपनी पत्नी से किए गए वादे को पूरा करने के लिए रुपयों की सख्त आवश्यकता थी और वे इसी चिंता में डूबे जा रहे थे।

इसी बीच उनके हाथ से लोटा गिरकर इस कहानी को एक नया मोड़ दे देता है, जिससे लाला जी के रुपयों की समस्या का समाधान हो जाता है। यह संपूर्ण कहानी इस लोटे के इर्द-गिर्द ही घूमती है। यही लोटा बिलवासी जी को लाला जी का सच्चा मित्र सिद्ध करने में भी सहायता करता है। अतः इस कहानी का यह शीर्षक सर्वथा उपयुक्त एवं तार्किक है।

4. यदि आपके सामने पंडित बिलवासी मिश्र की भूमिका निभाने का अवसर आता है, तो क्या आप वहीं करेंगे, जो बिलवासी जी ने किया या नहीं? तर्क के साथ उत्तर दीजिए।

उत्तर पंडित बिलवासी जी ने दो ऐसी भूमिकाएँ निभाई हैं, जो सच्ची मित्रता की दृष्टि से उचित कही जा सकती हैं, लेकिन नैतिकता की दृष्टि से अनुचित। बिलवासी जी ने अपने मित्र लाला जी की सहायता करने के लिए अपनी पत्नी के संदूक से रुपये चुराए तथा एक साधारण लोटे को ऐतिहासिक 'अकबरी लोटा' बताकर अंग्रेज को बेवकूफ बनाया। यदि मैं बिलवासी जी की भूमिका में होता, तो अपनी पत्नी के संदूक में रखे रुपयों की कभी भी चोरी नहीं करता, बल्कि पत्नी को विश्वास में लेकर उससे सहायता करने का आग्रह करता।

इसी प्रकार ऐतिहासिकता के नाम पर साधारण लोटे को अकबरी लोटा बनाकर बेचना नैतिकता के दृष्टिकोण से उचित नहीं है। अतः मैं इस प्रकार के अनैतिक कार्य का समर्थन नहीं करूँगा।

5. 'अकबरी लोटा' कहानी के माध्यम से सच्ची मित्रता का उदाहरण प्रस्तुत किया गया है। क्या आप इस कथन से सहमत हैं?

उत्तर 'अकबरी लोटा' कहानी के माध्यम से सच्ची मित्रता का उदाहरण प्रस्तुत किया गया है, मैं इस कथन से पूर्णतया सहमत हूँ। लाला झाऊलाल और पंडित बिलवासी मिश्र दो अच्छे मित्र हैं। बिलवासी जी ने अपने मित्र की समस्या एवं उसकी इज़्ज़त को अपनी इज़्ज़त माना।

यही कारण है कि उन्होंने अपने ही घर में अपनी ही पत्नी के संदूक से रुपये चुराए और अपने मित्र की समस्या को सुलझाने के लिए अंग्रेज को भी बेवकूफ बनाया। इन सबसे बिलवासी जी को कोई लाभ तो नहीं हुआ, लेकिन उनके दोस्त लाला जी की समस्या सुलझ गई।

दूसरी तरफ, लाला जी ने भी अपने मित्र पर विश्वास कर उन्हें अपनी निजी समस्या बताई और उनसे मदद माँगी। लाला जी को अपने मित्र पर विश्वास था कि वे उनकी मदद अवश्य करेंगे। इस प्रकार कहा जा सकता है कि अकबरी लोटा, हास्य-व्यंग्य की पृष्ठभूमि में सच्ची मित्रता का प्रदर्शन करने वाली कहानी है।

स्व-मूल्यांकन

बहुविकल्पीय प्रश्न

1. लाला झाऊलाल को किसकी कमी नहीं थी?
(क) नौकरों की
(ख) खाने-पीने की
(ग) पैसों की
(घ) इनमें से कोई नहीं

2. बिलवासी जी के अनुसार लोटा किसे बहुत ज्यादा प्यारा था?
(क) जहाँगीर को
(ख) सम्राट अकबर को
(ग) हुमायूँ को
(घ) बिलवासी को

3. अंग्रेज ने लोटे को कितने रुपये में खरीदा?
(क) ढाई सौ रुपये (ख) साढ़े तीन सौ रुपये
(ग) साढ़े चार सौ रुपये (घ) पाँच सौ रुपये

4. जहाँगीर ने कबूतर के अंडे को कहाँ रख दिया था?
(क) बिल्लौर की हाँडी में (ख) दीवार पर
(ग) पेड़ पर (घ) अलमारी में

5. लाला झाऊलाल के मित्र का क्या नाम था?
(क) पंडित दिलवासी मिश्र
(ख) पंडित बिलवासी मिश्र
(ग) पंडित दिलासा मिश्र
(घ) पंडित देवीलाल मिश्र

गद्यांश पर आधारित प्रश्न

निम्निलिखित गद्यांश को ध्यानपूर्वक पढ़कर उस पर आधारित प्रश्नों के उत्तर दें

पाँचवें दिन घबराकर उन्होंने पंडित बिलवासी मिश्र को अपनी विपदा सुनाई। संयोग कुछ ऐसा बिगड़ा था कि बिलवासी जी भी उस समय बिल्कुल खुक्ख थे। उन्होंने कहा-"मेरे पास हैं तो नहीं पर मैं कहीं से माँग-जाँचकर लाने की कोशिश करूँगा और अगर मिल गया तो कल शाम को तुमसे मकान पर मिलूँगा।"

वही शाम आज थी। हफ्ते का अंतिम दिन। कल ₹ 250 या तो गिन देना है या सारी हेकड़ी से हाथ धोना है। यह सच है कि कल रुपया न आने पर उनकी स्त्री उन्हें डामलफाँसी न कर देगी-केवल ज़रा-सा हँस देगी। पर वह कैसी हँसी होगी, कल्पना मात्र से झाऊलाल में मरोड़ पैदा हो जाती थी।

1. पाँचवें दिन घबराकर झाऊलाल ने अपनी विपदा किससे सुनाई?
(क) बिलवासी की पत्नी से (ख) बिलवासी के मित्र से
(ग) बिलवासी से (घ) अपनी पत्नी से

2. गद्यांश में प्रयुक्त 'खुक्ख' शब्द का अर्थ क्या है?
(क) खूब खुश (ख) भरे हुए
(ग) खाली हाथ (घ) निराश

3. कल शाम को तुमसे <u>मकान</u> पर मिलूँगा-वाक्य में रेखांकित अंश है
(क) संज्ञा (ख) सर्वनाम
(ग) क्रिया (घ) विशेषण

4. बिलवासी जी ने लाला जी को क्या सांत्वना दी?

5. गद्यांश में प्रयुक्त 'डामलफाँसी' शब्द का अर्थ स्पष्ट कीजिए।

6. झाऊलाल कौन-सी कल्पना करने से घबरा रहे थे?

अतिलघु उत्तरीय प्रश्न

1. लाला ने अपनी परेशानी किसे बताई?

2. लोटा कब और कहाँ गिर पड़ा?

3. पंडित बिलवासी मिश्र पैसे कहाँ से लाए?

4. मेजर डगलस भारत से क्या खरीदकर अपने देश गया था?

5. 'अकबरी लोटा' पाठ में किसकी प्रतिष्ठा का प्रश्न बन गया था?

लघु उत्तरीय प्रश्न

1. लाला झाऊलाल कहाँ रहते थे? उनकी आय का साधन क्या था?

2. लाला जी क्या सुनकर तिलमिला उठे?

3. गिरने से पूर्व लोटा कहाँ टकराया और टकराने के बाद कहाँ गिरा?

दीर्घ उत्तरीय प्रश्न

1. "... वह कैसी हँसी होगी, कल्पना मात्र से झाऊलाल में मरोड़ पैदा हो जाती थी।" झाऊलाल अपनी पत्नी की हँसी की कल्पना से भी बेचैन हो रहे थे। आपके विचार से इसका क्या कारण हो सकता है?

2. लाला झाऊलाल का लोटा कैसे गिरा और इसने कौन-सी मुसीबत खड़ी कर दी? लोटे का गिरना लाला के लिए क्यों फायदेमंद रहा?

3. "रुपया अगर अपना हो तो उसे सहेजना एक ऐसा सुखद मनमोहक कार्य है कि मनुष्य उस समय सहज में ही तन्मयता प्राप्त कर लेता है।" बिलवासी जी ने यह बात किसे और क्यों कही?

अध्याय 11

सूरदास के पद

सूरदास

कविता का सार

सूरदास ने प्रथम पद में श्रीकृष्ण के बाल रूप का वर्णन करते हुए कृष्ण का अपनी छोटी चोटी को लेकर चिंतित होना, माँ यशोदा से अपनी चोटी न बढ़ने की शिकायत करना तथा अपनी चोटी बलराम की तरह लंबी न होने का कारण जानने का चित्रण किया है। दूसरे पद में बालक कृष्ण की बाल लीलाओं का वर्णन करते हुए कवि ने कृष्ण की शरारतों से तंग होकर एक गोपी का माता यशोदा से कृष्ण की शिकायत करना, कृष्ण का घर में छिपकर छींके पर रखा दूध-दही, माखन स्वयं खाना व अन्य साथियों को भी खिलाने का चित्रण किया है।

काव्यांशों की विस्तृत व्याख्या

काव्यांश 1

मैया, कबहिं बढ़ैगी चोटी?
किती बार मोहिं दूध पियत भई, यह अजहूँ है छोटी।
तू जो कहति बल की बेनी ज्यौं, ह्वै है लाँबी-मोटी।
काढ़त-गुहत न्हवावत जैहै, नागिनी-सी भुइँ लोटी।
काँचौ दूध पियावत पचि-पचि, देति न माखन-रोटी।
सूर चिरजीवौ दोउ भैया, हरि-हलधर की जोटी।

शब्दार्थ **कबहिं**-कब, **मैया**-माँ, **किती**-कितनी, **मोहिं**-मुझे, **पियत**- पीते हुए, **अजहूँ**-आज भी या आज तक, **भई**-हुआ **बेनी**-चोटी **ज्यौं**-जैसे **है**-हो जाएगी, **लाँबी**-लंबी, **काढ़त**-कंघी करना, **न्हवावत**-नहलाना, **नागिनी**-नागिन, **भुइँ**-भूमि, जमीन, **लोटी**-लोटना, **काँचो**-कच्चा, **पियावत**-पिलाना **पचि-पचि**- बार-बार **चिरंजीवों**-दीर्घायु हो, लंबे समय तक जीवित रहो, **दोउ**-दोनों, **हलधर**-बलराम, श्रीकृष्ण के भाई, **जोटी**-जोड़ी ।

संदर्भ प्रस्तुत पद हमारी पाठ्य-पुस्तक 'वसंत' भाग-3' में संकलित महाकवि सूरदास की कविता 'सूरदास के पद' से लिया गया है।

प्रसंग प्रस्तुत पद में सूरदास जी ने कृष्ण की बाल सुलभ क्रियाओं का वर्णन किया है, जिसमें वे यशोदा माता से अपनी चोटी छोटे रह जाने की शिकायत करते हैं।

व्याख्या प्रस्तुत पद में श्रीकृष्ण अपनी माँ यशोदा से पूछते हैं कि माँ! मेरी यह चोटी कब बढ़ेगी? तुम तो कहती थीं कि दूध पीने से यह जल्दी-जल्दी बड़ी हो जाएगी, किंतु मैंने तो कितनी बार दूध पीया है, फिर भी यह छोटी ही है। माँ, तुम कहती थीं कि मेरी चोटी भी बलराम भैया की तरह इतनी लंबी और मोटी हो जाएगी कि कंघी करते समय, बाल गूँथते समय या नहाते समय यह नागिन के समान जमीन पर लोटने लगेगी। तुम इसी कारण मुझे बार-बार कच्चा दूध पिलाती रहती हो और मुझे मेरी पसंद का मक्खन एवं रोटी भी खाने को नहीं देती हो। सूरदास जी कहते हैं कि माता यशोदा कृष्ण की ऐसी बातें सुनकर कामना करती हैं कि कृष्ण व बलराम की यह जोड़ी हमेशा बनी रहे।

विशेष

1. कृष्ण की बाल सुलभ जिज्ञासा का वर्णन है।
2. सूरदास जी ने ब्रजभाषा का प्रयोग किया है।
3. भाषा सरल, सहज एवं भावों को अभिव्यक्त करने में पूर्णतः समर्थ है।
4. प्रस्तुत पद में 'बल की बेनी ज्यौं' तथा 'नागिन-सी भुइँ लोटी' में उपमा अलंकार; 'पचि-पचि' में पुनरुक्ति प्रकाश अलंकार तथा 'हरि-हलधर' में अनुप्रास अलंकार है।

काव्यांश 2

तेरैं लाल मेरौ माखन खायौ।
दुपहर दिवस जानि घर सूनो ढूँढ़ि-ढँढ़ोरि आपही आयौ।
खोलि किवारि, पैठि मंदिर मैं, दूध-दही सब सखनि खवायौ।
ऊखल चढ़ि, सींके कौ लीन्हौ, अनभावत भुइँ मैं ढरकायौ।
दिन प्रति हानि होति गौरस की, यह ढोटा कौनैं ढँग लायौ।
सूर स्याम कौं हटिक न राखै तैं ही पूत अनोखौ जायौ।

शब्दार्थ **तेरैं**-तुम्हारे, **दुपहर**-दोपहर, **जानि**-जानकर, **सूनो**-सुनसान, **ढूँढ़ि-ढँढ़ोरि**-खोज-खोजकर, **आपहि**-अपने आप, **किवारि**-दरवाजा, **पैठि**-घुसकर, **सखनि**-मित्रों, **खवायौ**-खिलाया, **ऊखल**-ओखली, **चढ़ि**-चढ़कर, **सींके**-छींका (जिसमें दूध-दही रखा जाता है।) **अनभावत**-नापसंद, **भुहँ**-जमीन, **ढरकायौ**-लुढ़का दिया, गिरा दिया, **गोरस**-दूध एवं दूध से निर्मित पदार्थ, **कौनैं**-किस तरह, **कौं**-कोई, **हटिक**-मना करना, **पूत**-बेटा, **अनोखौ**-सबसे अलग, **जायौ**-पैदा किया।

संदर्भ पूर्ववत्।

प्रसंग प्रस्तुत पद में सूरदास जी ने एक गोपी द्वारा माता यशोदा से बालक श्रीकृष्ण की शरारतों की शिकायत करने का वर्णन किया है।

व्याख्या प्रस्तुत पद में बालक श्रीकृष्ण की शरारतों से परेशान होकर एक गोपी उनकी माँ यशोदा से श्रीकृष्ण की शिकायत करते हुए कहती है कि तुम्हारे बेटे कृष्ण ने मेरा मक्खन खा लिया है। दोपहर के समय जब घर में कोई नहीं होता, तब वह घर के अंदर घुस आता है और मक्खन एवं दही खा लेता है।

ऐसे ही सुनसान घर को ढूँढ़ते-ढूँढ़ते वह मेरे घर भी घुस आया और घर के अंदर रखा जितना भी दूध व दही था वह सारा स्वयं भी खा लिया और साथ ही अपने साथियों को भी खिला दिया।

गोपी यशोदा से कहती है कि घर में दूध-दही तो मैंने हाँडी में रखकर छींके पर टाँग दिया था, लेकिन उसने ओखली पर चढ़कर उसे उतार लिया और जब मन भर गया, तो उसने बचे हुए दूध-दही को जमीन पर लुढ़का दिया। इस तरह, रोज़-रोज़ हमारे दूध एवं दूध से निर्मित पदार्थों (दही, माखन आदि) की हानि हो रही है। गोपी श्रीकृष्ण की माँ यशोदा से उलाहने भरे स्वर में कहती है कि तुमने ये कैसा पुत्र पैदा किया है? उसे तुम रोककर क्यों नहीं रखती हो? क्या तुम्हारा पुत्र ही दुनिया में सबसे अनोखा है?

विशेष

1. कृष्ण द्वारा माखन, दूध, दही चुराने का वर्णन है।
2. ब्रजभाषा का प्रयोग किया गया है।
3. 'दुपहर-दिवस', 'दूध-दही', 'सब सखनि', 'हानि होति' आदि में अनुप्रास अलंकार मौजूद है।

NCERT फोल्डर

पाठ्यपुस्तक वसंत भाग-3 के प्रश्नोत्तर

पदों से (पृष्ठ संख्या 64)

प्र.1 बालक श्रीकृष्ण किस लोभ के कारण दूध पीने के लिए तैयार हुए?

उत्तर बालक श्रीकृष्ण अपनी चोटी बलराम की तरह लंबी एवं मोटी हो जाने के लोभ के कारण दूध पीने के लिए तैयार हुए। माता यशोदा इसी का प्रलोभन देकर उन्हें बार-बार दूध पिलाती थीं कि अगर वो दूध पिएँगे तो ही उनकी चोटी बलराम की तरह लंबी और मोटी होगी।

प्र.2 श्रीकृष्ण अपनी चोटी के विषय में क्या-क्या सोच रहे थे?

उत्तर श्रीकृष्ण अपनी चोटी के विषय में सोच रहे थे कि यह बलराम की तरह लंबी एवं मोटी होकर नागिन की तरह ज़मीन पर क्यों नहीं लोट रही है? मैं तो इतना दूध पीता हूँ, इसके बावजूद यह बढ़ नहीं रही है और आज भी यह छोटी ही है। बालों को कंघी करते एवं गूँथते समय यह ज़मीन तक क्यों नहीं चली जाती है? अत: श्रीकृष्ण अपनी चोटी के विषय में यही सोच विचार कर रहे थे।

प्र.3 दूध की तुलना में श्रीकृष्ण कौन-से खाद्य पदार्थ को अधिक पसंद करते थे?

उत्तर सूरदास ने अपने पद में स्पष्ट किया है कि श्रीकृष्ण दूध की तुलना में मक्खन-रोटी अधिक पसंद करते थे। वे हमेशा मक्खन-रोटी ही खाना चाहते थे, लेकिन माता यशोदा उन्हें चोटी बढ़ने का लालच देकर कच्चा दूध पिला देती थीं।

प्र.4 'तैं ही पूत अनोखौ जायौ'—पंक्तियों में ग्वालन के मन के कौन-से भाव मुखरित हो रहे हैं?

उत्तर 'तैं ही पूत अनोखौ जायौ' अर्थात् 'तुम्हारा पुत्र ही अनोखा जन्मा है', यह कहकर ग्वालन माता यशोदा से श्रीकृष्ण की शिकायत करते हुए उलाहने का भाव प्रकट कर रही है। इस पंक्ति में ग्वालन के मन में व्याप्त खीझ एवं व्यंग्य का भाव प्रकट हुआ है।

प्र.5 मक्खन चुराते और खाते समय श्रीकृष्ण थोड़ा-सा मक्खन बिखरा क्यों देते हैं?

उत्तर मक्खन चुराते और खाते समय श्रीकृष्ण थोड़ा-सा मक्खन इसलिए बिखरा देते थे, क्योंकि श्रीकृष्ण छोटे बालक थे, जबकि मक्खन हाँडी में ऊँचे छींकों पर रखा होता था अत: उन्हें उतारने में प्राय: मक्खन नीचे गिरकर बिखर जाता था। इसके अलावा, चोरी-छिपे मक्खन खाने में जल्दबाजी करने तथा मित्रों को बाँटने के दौरान भी मक्खन ज़मीन पर गिर जाया करता था।

प्र.6 दोनों पदों में से आपको कौन-सा पद अधिक अच्छा लगा और क्यों?

उत्तर दोनों पदों में से मुझे पहला पद अधिक अच्छा लगा, क्योंकि पहले पद में बालक श्रीकृष्ण की स्वाभाविक मनोवृत्ति का परिचय मिलता है। बाल-मनोविज्ञान की दृष्टि से यह पद अत्यंत स्वाभाविक एवं सहज है, जिसमें बालक श्रीकृष्ण अपनी चोटी नहीं बढ़ने की शिकायत अपनी माँ यशोदा से करते हैं।

साथ ही एक बालक के मन में छिपी ईर्ष्या भाव का दर्शन भी इस पद में होता है। वे अपने बालों को बलराम की तरह बड़ा देखना चाहते हैं। वे माता यशोदा द्वारा बहलाने के कारण मक्खन-रोटी खाने की अपेक्षा कच्चा दूध ही पी लेते हैं। इस तरह, इस पद में बाल-मनोविज्ञान का अत्यंत सटीक एवं स्वाभाविक चित्रण हुआ है।

अनुमान और कल्पना (पृष्ठ संख्या 68)

प्र.1 दूसरे पद को पढ़कर बताइए कि आपके अनुसार उस समय श्रीकृष्ण की उम्र क्या रही होगी?

उत्तर दूसरे पद को पढ़ने से ज्ञात होता है कि बालक श्रीकृष्ण दूसरों के घरों से सफलतापूर्वक अपने मित्रों के साथ मक्खन तो चुराकर खा लेते थे, लेकिन इतने बड़े नहीं थे कि वे अपनी चोरी का निशान न छोड़ पाएँ अर्थात् वे मक्खन को गिरने से नहीं बचा पाते थे और चोरी की निशानी को मिटाते भी नहीं थे। अत: उस समय उनकी उम्र लगभग 7-8 वर्ष की रही होगी।

प्र.2 ऐसा हुआ हो कभी कि माँ के मना करने पर भी घर में उपलब्ध किसी स्वादिष्ट वस्तु को आपने चुपके-चुपके थोड़ा-बहुत खा लिया हो और चोरी पकड़े जाने पर कोई बहाना भी बनाया हो। अपनी आपबीती की तुलना श्रीकृष्ण की बाल-लीला से कीजिए।

उत्तर मुझे मिठाई बहुत पसंद है और घर में एक बार एक छोटा-सा कार्यक्रम था। मेहमानों के लिए मिठाइयाँ आई थीं, लेकिन माँ ने कहा था कि घर में पूजा होने के बाद ही कोई मिठाई खा सकता है। मैंने बहुत देर तक स्वयं को नियंत्रित किए रखा, लेकिन जब लाख समझाने के बाद भी मन नहीं माना, तो मैंने चुपके से एक मिठाई निकाल कर खा ली।

यह बात किसी को पता नहीं चली, लेकिन दो दिन बाद माँ ने मुझे बताया कि उन्हें पता चल गया था कि मैंने मिठाई खाई थी, लेकिन घर में सभी लोग गुस्सा करते, इसलिए किसी के सामने यह बात नहीं बताई।

मैं ग्लानि के कारण माँ से लिपट गया। माँ ने केवल इतना ही कहा कि कोई बात नहीं, लेकिन अपने पर नियंत्रण रखना सीखो।

बालक श्रीकृष्ण की बाल-लीला में की गई चोरी से यह सर्वथा भिन्न थी। वे अक्सर दूसरों के घरों में अपने मित्रों के साथ जाते थे, लेकिन मैंने तो अकेले ही अपने ही घर में चोरी की थी। वे अपनी निशानी छोड़ जाते थे, जबकि मैंने अपनी निशानी पूरी तरह मिटा दी थी।

प्र.3 किसी ऐसी घटना के विषय में लिखिए जब किसी ने आपकी शिकायत की हो और फिर आपके किसी अभिभावक (माता-पिता, बड़ा भाई-बहन इत्यादि) ने आपसे उत्तर माँगा हो।

उत्तर मुझे बचपन से ही मोटरसाइकिल चलाने का बहुत शौक है। मेरे तेज़ गति से मोटरसाइकिल चलाने और मेरे पास लाइसेंस न होने के कारण मेरे माता-पिता अभी मोटरसाइकिल को हाथ लगाने से मना करते हैं। एक रविवार को मैं अपने मित्र की मोटरसाइकिल पर उसे बिठाकर जा रहा था।

एक मोटरसाइकिल मेरी मोटरसाइकिल के आगे चल रही थी। मैंने अपने मित्र से कहा कि अभी उस मोटरसाइकिल को ओवरटेक करता हूँ और मैंने अपनी मोटरसाइकिल की गति बढ़ा दी। मैंने वह मोटरसाइकिल ओवरटेक कर दी परंतु थोड़ी ही दूर जाने पर उसके चालक ने मुझे ओवरटेक करके रोका।

उन्हें देखकर मुझे पसीना आ गया, क्योंकि वे मेरे पिता जी के मित्र ही थे। उन्होंने सारी बात शाम को घर आकर पिता जी को बताई और उस दिन पिता जी ने मुझे बहुत डाँट लगाई। मैंने अपनी गलती के लिए क्षमा माँगी और भविष्य में ऐसी गलती दोबारा न करने का वायदा किया।

भाषा की बात (पृष्ठ संख्या 68)

प्र.1 श्रीकृष्ण गोपियों का माखन चुरा-चुराकर खाते थे, इसलिए उन्हें माखन चुराने वाला भी कहा गया है। इसके लिए एक शब्द लिखिए।

उत्तर माखनचोर।

प्र.2 श्रीकृष्ण के लिए पाँच पर्यायवाची शब्द लिखिए।

उत्तर श्याम, कन्हैया, मुरलीधर, वंशीधर, कान्हा।

प्र.3 कुछ शब्द परस्पर मिलते-जुलते अर्थ वाले होते हैं, उन्हें पर्यायवाची कहते हैं और कुछ विपरीत अर्थ वाले भी।

समानार्थी शब्द पर्यायवाची कहे जाते हैं और विपरीतार्थक शब्द विलोम; जैसे-

पर्यायवाची शब्द

शब्द		पर्यायवाची
चंद्रमा	—	शशि, इंदु, राका
मधुकर	—	भ्रमर, भौंरा, मधुप
सूर्य	—	रवि, भानु, दिनकर

विपरीतार्थक शब्द

शब्द		विलोम
दिन	—	रात
श्वेत	—	श्याम
शीत	—	उष्ण

पाठ से दोनों प्रकार के शब्दों को खोजकर लिखिए।

उत्तर पर्यायवाची शब्द

शब्द		पर्यायवाची
मैया	—	माँ, जननी, माता
दूध	—	दुग्ध, गोरस, पय
पूत	—	पुत्र, सुत, तनय
मंदिर (घर)	—	आलय, निकेतन, गृह
हरि	—	प्रभु, ईश्वर, नारायण
भुइँ	—	जमीन, भूमि, पृथ्वी
सखा	—	मित्र, दोस्त, सहचर
हलधर	—	किसान, कृषक, काश्तकार
दिवस	—	दिन, वार, दिवा
अनोखा	—	अद्भुत, विचित्र, निराला, अनूठा
सूना	—	निर्जन, सुनसान, विजन

विपरीतार्थक शब्द

शब्द		विलोम	शब्द		विलोम
बढ़ेगी	—	घटेगी	मोहिं	—	तोहिं
लाँबी	—	छोटी	भुइँ	—	आसमाँ (आसमान)
कच्चा	—	पक्का	दिवस	—	रात्रि
मोटी	—	पतली	हानि	—	लाभ
अनोखा	—	साधारण	अनभावत	—	अतिभावत

अभ्यास प्रश्न

बहुविकल्पीय व वर्णनात्मक प्रश्नों सहित

बहुविकल्पीय प्रश्न

1. निम्नलिखित में से किसकी सहायता से कृष्ण छींके तक पहुँच सके थे?

(क) मेज (ख) कुर्सी (ग) ओखल (घ) बेंच

उत्तर (ग) ओखल

2. श्रीकृष्ण जी यशोदा से क्या पूछते हैं?

(क) हे माँ! मै गाएँ चराने कब जाऊँगा?

(ख) हे माँ! मुझे माखन कब दोगी?

(ग) हे माँ! मुझे पीने के लिए दूध कब दोगी?

(घ) हे माँ! मेरी चोटी कब बड़ी होगी?

उत्तर (घ) हे माँ! मेरी चोटी कब बड़ी होगी?

3. निम्नलिखित में से उचित शब्द चुनकर पंक्ति को पूरा कीजिए 'काँचौ दूध पियावत पचि-पचि, देति न -----।'

(क) माखन (ख) भूमि

(ग) दूध-रोटी (घ) माखन-रोटी

उत्तर (घ) माखन-रोटी

4. 'मैया कबहिं बढ़ैगी चोटी' में मैया किसे कहा गया है?

(क) ब्रज की किसी गोपी को

(ख) यशोदा को

(ग) देवकी को

(घ) इनमें से कोई नहीं

उत्तर (ख) यशोदा को

5. 'तू जो कहति बल की बेनी' काव्यांश में 'बल' शब्द का प्रयोग निम्नलिखित में से किसके लिए किया गया है?

(क) निर्बल (ख) बलराम

(ग) बलवान (घ) कमज़ोर

उत्तर: (ख) बलराम

6. चोटी बढ़ाने के लिए माता यशोदा ने क्या उपाय बताया था?

(क) दूध पीने का उपाय बताया था

(ख) माखन खाने का उपाय बताया था

(ग) रोटी खाने का उपाय बताया था

(घ) फल खाने का उपाय बताया था

उत्तर (क) दूध पीने का उपाय बताया था

7. पद में गोपी किसे उलाहना दे रही है? **CBSE Diksha**

(क) यशोदा को (ख) कृष्ण को

(ग) बलराम को (घ) दूसरी गोपी को

उत्तर (क) यशोदा को

8. काढ़ते समय, गूँथते समय और नहाते समय चोटी कैसी लगने लगेगी?

(क) गिलहरी की तरह

(ख) नागिन की तरह धरती पर लोटने लगेगी

(ग) रस्सी की तरह

(घ) लाठी की तरह

उत्तर (ख) नागिन की तरह धरती पर लोटने लगेगी

9. तरै लाल मेरौ माखन खायौ-यह शिकायत किसने किससे की और किसके बारे में की?

(क) यह शिकायत कृष्ण जी ने गोपियों के बारे में यशोदा जी से की

(ख) यह शिकायत यशोदा ने गोपियों के बारे में कृष्ण जी से की

(ग) यह शिकायत गोपियों ने कृष्ण जी के बारे में यशोदा जी से की

(घ) यह शिकायत पड़ोसियों ने गोपियों के बारे में की

उत्तर (ग) यह शिकायत गोपियों ने कृष्ण जी के बारे में यशोदा जी से की

10. गोपियाँ यशोदा माता को कृष्ण के बारे में क्या उलाहना देती हैं?

(क) माखन तुमने खिलाया होगा

(ख) तुम्हारा कन्हैया माखन नहीं खाता

(ग) तुम कन्हैया को माखन खाने को नहीं देतीं

(घ) कृष्ण को तुम रोककर नही रखतीं, लगता है तुमने ही अनोखे पुत्र को जन्म दिया है

उत्तर (घ) कृष्ण को तुम रोककर नही रखतीं, लगता है तुमने ही अनोखे पुत्र को जन्म दिया है

11. पद में प्रयुक्त 'गोरस' शब्द का अर्थ क्या है? **CBSE Diksha**

(क) दूध (ख) दही

(ग) मक्खन (घ) ये सभी

उत्तर (घ) ये सभी

12. 'होति गोरस' शब्द का सही अर्थ क्या है?

(क) गाय के दूध से बना पनीर

(ख) गाय के दूध से बना पदार्थ

(ग) गाय के दूध से बनी मिठाई

(घ) गाय के दूध से बनी मलाई

उत्तर (ख) गाय के दूध से बना पदार्थ

13. कृष्ण गोपियों के घर से कहाँ से माखन चुराते थे?

(क) रसोई घर में से (ख) छींके के कटोरे से

(ग) बड़े-बड़े मटकों से (घ) छींके की हाँडी से

उत्तर (घ) छींके की हाँडी से

14. गोपी ने यशोदा को उलाहना देते हुए किस प्रकार के पुत्र की बात कही?

(क) समझदार (ख) अनोखा

(ग) शैतान (घ) आज्ञाकारी

उत्तर (ख) अनोखा

काव्यांश पर आधारित प्रश्न

निम्नलिखित काव्यांशों को ध्यानपूर्वक पढ़कर उन पर आधारित प्रश्नों के उत्तर दीजिए।

काव्यांश 1

मैया, कबहिं बढ़ैगी चोटी?
किती बार मोहिं दूध पियत भई, यह अजहूँ है छोटी।
तू जो कहति बल की बेनी ज्यौं, है है लाँबी-मोटी।
काढ़त-गुहत न्हवावत जैहै, नागिनी-सी भुइँ लोटी।
काँचौ दूध पियावत पचि-पचि, देति न मक्खन-रोटी।
सूर चिरजीवौ दोउ भैया, हरि-हलधर की जोटी।

1. निम्नलिखित में से किसकी चोटी लंबी और मोटी थी?

(क) श्रीकृष्ण की (ख) बलराम की

(ग) गोपी की (घ) माँ यशोदा की

उत्तर (ख) बलराम की

2. 'हरि-हलधर की जोटी' पंक्ति का भाव है

(क) कृष्ण और बलराम की चोटी लंबी हो जाए।

(ख) कृष्ण और बलराम की चोटी कब बढ़ेगी।

(ग) कृष्ण व बलराम की जोड़ी हमेशा बनी रहे।

(घ) कृष्ण व बलराम एकसाथ न रहें।

उत्तर (ग) कृष्ण व बलराम की जोड़ी हमेशा बनी हो।

3. 'पचि-पचि' में कौन-सा अलंकार निहित है?

(क) उपमा अलंकार

(ख) यमक अलंकार

(ग) पुनरुक्ति प्रकाश अलंकार

(घ) उत्प्रेक्षा अलंकार

उत्तर (ग) पुनरुक्ति प्रकाश अलंकार

4. श्रीकृष्ण माता यशोदा से कौन-सा प्रश्न कर रहे हैं?

उत्तर बालक श्रीकृष्ण अपनी माता यशोदा से प्रश्न कर रहे हैं कि मेरी यह चोटी जल्दी बड़ी क्यों नहीं होती है? इतना अधिक दूध पीने के बाद भी यह छोटी क्यों है?

5. श्रीकृष्ण का मनपसंद खाद्य पदार्थ क्या है?

उत्तर श्रीकृष्ण का मनपसंद खाद्य पदार्थ माखन एवं रोटी है, इसीलिए वे माँ यशोदा से शिकायत करते हुए कहते हैं कि तुम मुझे माखन-रोटी क्यों नहीं देती हो।

6. श्रीकृष्ण की चोटी न बढ़ने से उनके मन में कौन-सा भाव उत्पन्न होता है?

उत्तर कृष्ण की चोटी न बढ़ने से उनके मन में बलराम की चोटी को देखकर ईर्ष्या भाव उत्पन्न होता है।

काव्यांश 2

तेरैं लाल मेरौ मक्खन खायौ।
दुपहर दिवस जानि घर सूनो ढूँढ़ि-ढँढ़ोरि आपही आयौ।
खोलि किवारि, पैठि मंदिर मैं, दूध-दही सब सखनि खवायौ।
ऊखल चढ़ि, सींके कौ लीन्हौ, अनभावत भुइँ मैं ढरकायौ।
दिन प्रति हानि होति गोरस की, यह ढोटा कौनैं ढँग लायौ।
सूर स्याम कौं हटकि न राखै तैं ही पूत अनोखै जायौ।

1. प्रस्तुत पद में गोपी यशोदा से क्या शिकायत करती है?

(क) तुम्हारे पुत्र ने मेरे पुत्र के साथ मारपीट की

(ख) तुम्हारे पुत्र ने सारा आँगन गंदा कर दिया

(ग) कृष्ण ने मेरे घर में घुसकर दूध-दही स्वयं खाया और अपने मित्रों को भी खिलाया

(घ) कृष्ण ने मेरे घर का दरवाजा तोड़ दिया

उत्तर (ग) कृष्ण ने मेरे घर में घुसकर दूध-दही स्वयं खाया और अपने मित्रों को भी खिलाया

2. श्रीकृष्ण ने ऊँचे छींके पर रखे दूध-दही को कैसे नीचे उतारा?

(क) अपने सबसे लंबे मित्र की सहायता से

(ख) नीचे से लंबी लकड़ी का इस्तेमाल करके

(ग) ओखली का प्रयोग करके

(घ) अपने मित्रों का पिरामिड बनाकर

उत्तर (ग) ओखली का प्रयोग करके

3. 'ढोटा' का क्या अर्थ होता है?

(क) पड़ोसी (ख) मित्र (ग) प्यारा (घ) बेटा

उत्तर (घ) बेटा

4. प्रस्तुत काव्यांश में 'लाल' शब्द किसके लिए प्रयुक्त हुआ है?

उत्तर प्रस्तुत काव्यांश में 'लाल' शब्द श्रीकृष्ण के लिए प्रयुक्त हुआ है।

5. यहाँ गोरस से कवि का क्या अभिप्राय है?

उत्तर 'गोरस' का शाब्दिक अर्थ होता है— गाय का दूध, लेकिन यहाँ दूध के साथ-साथ दूध से निर्मित सामग्रियों के लिए भी इस शब्द का प्रयोग हुआ है। 'गोरस' से कवि का अभिप्राय दूध, दही, माखन आदि से है।

6. 'कौनैं ढँग लायौ' का आशय स्पष्ट कीजिए।

उत्तर 'कौनैं ढँग लायौ' से आशय यह है कि श्रीकृष्ण को तुमने किस ढंग से पैदा किया है? उसे तुमने किस तरह का बनाया है? तुमने इसे अब तक क्या सिखाया है?

अतिलघु उत्तरीय प्रश्न

1. बालक श्रीकृष्ण अपनी चोटी नहीं बढ़ने की शिकायत किससे करते हैं?

उत्तर बालक श्रीकृष्ण अपनी चोटी नहीं बढ़ने की शिकायत अपनी माता यशोदा से करते हैं।

2. श्रीकृष्ण अपने बाल या चोटी की तुलना किससे करते हैं?

उत्तर श्रीकृष्ण अपने बाल या चोटी की तुलना बलराम की चोटी से करते हैं।

3. बालक श्रीकृष्ण की माता उन्हें क्या नहीं देती हैं?

उत्तर बालक श्रीकृष्ण की माता उन्हें माखन-रोटी नहीं देती हैं।

4. माता यशोदा किसके चिरंजीवी अर्थात् दीर्घायु होने की कामना करती हैं?

उत्तर माता यशोदा हरि अर्थात् भगवान श्रीकृष्ण तथा बलराम की जोड़ी के दीर्घायु होने की कामना करती हैं।

5. गोपी किसकी शिकायत लेकर माता यशोदा के पास आती है?

उत्तर गोपी श्रीकृष्ण की शिकायत लेकर माता यशोदा के पास आती है।

6. कृष्ण गोपी के घर में किसके साथ प्रवेश करते थे?

उत्तर कृष्ण गोपी के घर में अपने साथियों के साथ प्रवेश करते थे।

7. गोपी को दिन-प्रतिदिन किसकी हानि होती है?

उत्तर गोपी को दिन-प्रतिदिन गोरस अर्थात् दूध एवं दूध से निर्मित पदार्थों की हानि होती है।

8. गोपी किसे अनोखा कहती है?

उत्तर गोपी माता यशोदा के पुत्र श्रीकृष्ण को अनोखा कहती है।

लघु उत्तरीय प्रश्न

1. बालक श्रीकृष्ण चोटी न बढ़ने पर माता यशोदा से क्या कहते हैं?

उत्तर बालक श्रीकृष्ण चोटी न बढ़ने पर माता यशोदा से कहते हैं कि मेरी यह चोटी कब बढ़ेगी? मैं तो तुम्हारे कहने के अनुसार हमेशा कच्चा दूध पीता हूँ और माखन-रोटी भी नहीं खाता इसके बाद भी यह अभी छोटी ही है। यह बलराम की चोटी की तरह लंबी एवं मोटी कब होगी?

2. श्रीकृष्ण को उनकी माँ यशोदा ने चोटी शीघ्र बढ़ने का प्रलोभन किस लिए दिया था?

उत्तर श्रीकृष्ण को माता यशोदा ने चोटी शीघ्र बढ़ने का प्रलोभन कच्चा दूध पीने के लिए दिया था। वे कहती थीं कि जितना दूध पीओगे, उतनी ही तेज़ी से तुम्हारी चोटी बढ़कर बलराम की चोटी की तरह लंबी एवं मोटी हो जाएगी।

3. श्रीकृष्ण की भोली बातें सुनकर माता यशोदा पर क्या प्रभाव पड़ता है?

उत्तर बालक श्रीकृष्ण की भोली बातें सुनकर माता यशोदा प्रफुल्लित और खुश हो जाती हैं और उनकी तथा बलराम की जोड़ी के चिरंजीवी अर्थात् दीर्घायु होने की कामना करती हैं। वे श्रीकृष्ण की बाल सुलभ उत्सुकता एवं शिकायत पर ममता से भर जाती हैं।

4. गोपी माता यशोदा को क्या उलाहना देती है?

उत्तर गोपी माता यशोदा को बालक श्रीकृष्ण के द्वारा उसके घर से दूध-दही चोरी करने तथा उसका नुकसान करने का उलाहना देती है। वह उलाहना देती हुई कहती है कि तुमने कैसा अनोखा पुत्र जन्मा है, जो रोज मुझे दूध-दही की हानि पहुँचाता है।

5. 'अनभावत भुइँ मैं ढरकायौ' पंक्ति के माध्यम से गोपी क्या कहती है?

उत्तर 'अनभावत भुइं मैं ढरकायौ' पंक्ति के माध्यम से गोपी कहती है कि श्रीकृष्ण अपने मित्रों के साथ दूध-दही तो खाते ही हैं, लेकिन उसे ज़मीन पर भी गिराया देते हैं। इस तरह वे मेरा बहुत नुकसान कर रहे हैं।

दीर्घ उत्तरीय प्रश्न

1. 'बालपन की शरारतें मन को भाती हैं'–'सूरदास के पद' के आधार पर इस कथन को स्पष्ट करें।

उत्तर बालपन की शरारतें सभी के मन को भाती हैं। बच्चा यदि बड़ों जैसा सोच-समझकर व्यवहार करे, तो बाल-मनोविज्ञान उस बच्चे में कोई-न-कोई कमी देखता है। कहने का आशय यह है कि प्रत्येक व्यक्ति के जीवन में बालपन एक ऐसी अवस्था होती है, जहाँ वह अपने दिमाग की नहीं, बल्कि मन की अर्थात् दिल की बात को अधिक महत्त्व देता है। बालक श्रीकृष्ण का बचपन भी ऐसा ही था। वे चाहते तो कोई भी उन्हें दूध-दही खिला सकता था, जिससे माँगते, उससे उन्हें वह मिल जाता। परंतु उन्हें शरारत करना व शैतानी करना पसंद था। यही कारण है कि वे अपने घर एवं दूसरों के घरों में भी माँगने के बदले माखन चुराकर ही खाते थे। यह बाल सुलभ चंचलता एवं शरारत का जीवंत चित्रण है, जिसमें सूरदास जैसे महाकवि ही समर्थ हो सकते थे।

2. चोटी को लंबा करने का क्या तरीका मैया ने कृष्ण को सुझाया है?

उत्तर माँ यशोदा बालक कृष्ण को अपनी चोटी को लंबा करने का तरीका बताते हुए कहती हैं कि यदि वह अधिक दूध पिएगा तो उसकी चोटी शीघ्र बड़ी हो जाएगी। बड़ी होने के साथ-साथ घनी भी हो जाएगी। घनी होने के कारण तुम्हारे बालों की लंबाई इतनी अधिक बढ़ जाएगी कि गूँथते व नहाते समय तुम्हारे बालों की यह चोटी धरती पर नागिन की तरह लोटेगी। माँ यशोदा कृष्ण से अत्यंत प्रेम करती हैं वे कृष्ण के भोलेपन का लाभ उठाते हुए उन्हें यह प्रलोभन देती हैं।

3. दूसरे पद में गोपी द्वारा की गई माता यशोदा से कृष्ण की शिकायत को अपने शब्दों में लिखिए।

उत्तर बालक कृष्ण की शरारतें तथा प्रतिदिन माखन चुराने की आदत से तंग होकर गोपी यशोदा के पास शिकायत करने आती है कि कृष्ण दोपहर के समय मेरे सुनसान घर में आते हैं और दरवाज़ा खोलकर घुस जाते हैं। वह ओखली पर चढ़कर छींके पर रखा दूध-दही-मक्खन उतार लेते हैं, फिर स्वयं भी खाते हैं तथा अपने मित्रों को भी खिला देते हैं और बहुत सारा मक्खन भूमि पर गिरा देते हैं। दूसरी ओर, श्रीकृष्ण यशोदा को बहुत प्रिय हैं इसलिए वह चाहकर भी कृष्ण को उनके दोषों के लिए सजा नहीं देतीं। इस कारण गोपी यशोदा से शिकायत करते हुए कहती है कि क्या तुमने ही अनोखा पुत्र पैदा किया है।

स्व-मूल्यांकन

बहुविकल्पीय प्रश्न

1. 'हरि-हलधर' का सही अर्थ है

(क) कृष्ण-हलधर (ख) कृष्ण-बलराम

(ग) हरि-बलराम (घ) इनमें से कोई नहीं

2. कृष्ण किस समय गोपियों के घर से मक्खन चुराते थे?

(क) रात के समय (ख) दिन के समय

(ग) दोपहर के समय (घ) सुबह के समय

3. गोपियाँ सदा श्रीकृष्ण की शिकायत किससे करती रहती थीं?

(क) नंद बाबा से (ख) देवकी से

(ग) यशोदा माँ से (घ) ये सभी

4. माता यशोदा के अनुसार, कृष्ण की चोटी कैसी हो जाएगी?

(क) रस्सी की तरह (ख) नागिन की तरह

(ग) नदी की तरह (घ) काली घटा की तरह

5. सूरदास के पदों की भाषा क्या है?

(क) अवधी (ख) ब्रजभाषा

(ग) कन्नौजी (घ) बुंदेली

काव्यांश पर आधारित प्रश्न

निम्नलिखित काव्यांश को ध्यानपूर्वक पढ़कर उस पर आधारित प्रश्नों के उत्तर दें

मैया, कबहिं बढ़ैगी चोटी?
किती बार मोहिं दूध पियत भई, यह अजहूँ है छोटी।
तू जो कहति बल की बेनी ज्यौं, ह्वै है लाँबी-मोटी।
काढ़त-गुहत न्हवावत जैहै, नागिनी-सी भुइँ लोटी।
काँचौ दूध पियावत पचि-पचि, देति न मक्खन-रोटी।
सूर चिरजीवौ दोउ भैया, हरि-हलधर की जोटी।

1. बलराम की चोटी किसके जैसी है?

(क) नागिन (ख) नदी

(ग) लता (घ) पूँछ

2. 'देति न मक्खन-रोटी' पंक्ति में क्या भाव है?

(क) प्रसन्नता का भाव (ख) उदासी का भाव

(ग) प्रेम का भाव (घ) शिकायत करने का भाव

3. प्रस्तुत पद में कौन-सा रस मौजूद है?

(क) वीर रस (ख) वात्सल्य रस

(ग) रौद्र रस (घ) भयानक रस

4. प्रस्तुत काव्यांश में श्रीकृष्ण अपनी माँ यशोदा से किस चीज की शिकायत करते हैं?

5. माँ यशोदा श्रीकृष्ण को मक्खन-रोटी क्यों नहीं देती हैं?

6. काव्यांश में प्रयुक्त 'दोउ-भैया' से क्या तात्पर्य है?

अतिलघु उत्तरीय प्रश्न

1. 'सूरदास के पद' पाठ के पहले पद में किसका वर्णन किया गया है?

2. 'नागिनी-सी' किसके लिए प्रयुक्त हुआ है?

3. श्रीकृष्ण अपनी चोटी की तुलना किससे करते हैं?

4. गोपी ने गोरस कहाँ रखा था?

5. गोपी यशोदा माँ को क्या उलाहना देती है?

लघु उत्तरीय प्रश्न

1. बालक श्रीकृष्ण कच्चा दूध पीने के लिए क्यों मान जाते थे?

2. 'अनभावत भुइँ में ढरकायौ' का आशय स्पष्ट कीजिए।

3. गोपी श्रीकृष्ण की क्या शिकायत लेकर आई थी?

दीर्घ उत्तरीय प्रश्न

1. बालक कृष्ण माता यशोदा से किस विषय पर शिकायत करते हैं? पठित पद के आधार पर उत्तर दीजिए।

2. "तैं ही पूत अनोखौ जायौ' इस उलाहने का क्या अभिप्राय है? वर्णन करें।

3. पठित पदों के आधार पर सूरदास की भाषा पर प्रकाश डालिए।

पानी की कहानी

रामचंद्र तिवारी

अध्याय 12

पाठ का सार

ओस की बूँद का लेखक से मिलना और अपना दुःख बताना

लेखक सवेरे कहीं जा रहा था कि उसके हाथ पर ओस की एक बूँद आ गिरी, जो उसकी कलाई से फिसलकर हथेली पर आ गई। थोड़ी देर में वह दो कणों में बँट गई और वे दोनों कण हिल-हिलकर बोलने जैसा स्वर उत्पन्न कर रहे थे। बूँद ने लेखक को अपना परिचय देते हुए कहा कि वह ओस है, जिसे लोग पानी या जल कहते हैं। वह बेर के पेड़ से आई है। बेर के पेड़ से पानी निकलने की बात सुनकर लेखक का उसकी बात पर विश्वास नहीं कर पाता। इससे दुखी होकर बूँद ने अपनी कहानी सुनानी शुरू की।

ओस की बूँद ने लेखक को बताया कि पेड़ की जड़ें और उनके रोएँ पृथ्वी से असंख्य जलकणों को खींच लेते हैं। कुछ जलकणों को वे पूरी तरह खा जाते हैं और अधिकांश का सब कुछ छीनकर उन्हें बाहर निकाल देते हैं। इन पेड़ों को बड़ा करते हैं। पेड़ों को बड़ा करने में असंख्य जल बिंदुओं ने अपने प्राण नष्ट किए हैं।

बूँद ने लेखक को बताया कि वह भूमि के खनिजों को अपने शरीर में घुलाकर आनंद से घूम रही थी कि एक दिन दुर्भाग्य से उसका शरीर एक पेड़ के रोएँ से छू गया। रोएँ ने उसे अपनी ओर खींच लिया और फिर वह रोएँ के वृक्ष के बीच में फँसी रही। वह बहुत-ही सँकरी जगह थी, जहाँ असंख्य बूँदें एक-दूसरे को धक्का दे रही थीं।

ओस की बूँद का पेड़ से छुटकारा और रक्षा की माँग करना

ओस की बूँद ने आगे बताया कि एक अन्य बूँद ने उसका हाथ पकड़कर उसे ऊपर खींच लिया। वह लगभग तीन दिन तक वह उस पेड़ में ही फँसी रही, फिर बड़ी मुश्किल से पत्ते तक आई, लेकिन बाहर आने पर उसे पता चला कि रात होने वाली है।

बूँद ने बताया कि सूर्य के प्रकाश से ही उसके अंदर उड़ने की शक्ति आती है इसलिए उसने लेखक से प्रार्थना भाव से कहा कि जब तक सूर्य नहीं निकलता, तब तक वह उसकी रक्षा करे। लेखक द्वारा इस आग्रह को स्वीकार करने के बाद बूँद ने कहा कि यदि वह अपनी हथेली पर उसे रोके रखकर उसकी रक्षा करे, तो वह उसे अपनी रोचक कहानी सुनाएगी।

बूँद के पुरखों की कहानी

बूँद ने बताया कि उसके पूर्वज हद्रजन (हाइड्रोजन) और ओषजन (ऑक्सीजन) नामक दो गैसें सूर्यमंडल में लपटों के रूप में थीं। उसके पूर्वज बड़ी प्रसन्नता से सूर्य के धरातल पर नाचते रहते थे। एक बार एक तेज चमकता पिंड सूर्य की ओर बढ़ रहा था। उसकी तीव्र आकर्षण-शक्ति के कारण सूर्य का एक भाग टूटकर अलग हो गया। सूर्य से टूटा हुआ भाग अत्यधिक खिंचाव सहन न करने के कारण कई टुकड़े में बँट गया उसी के एक टुकड़ा से पृथ्वी का निर्माण हुआ।

पृथ्वी का ठंडा होना

शुरुआत में पृथ्वी के रूप में निर्मित भाग अत्यधिक गर्म था और आग के गोले के रूप में था, जो धीरे-धीरे ठंडा होता गया। अरबों वर्ष पहले इसी हाइड्रोजन एवं ऑक्सीजन की रासायनिक क्रिया के परिणामस्वरूप जल का निर्माण हुआ।

बूँद ने लेखक को आगे बताया कि वह प्रारंभिक अवस्था में भाप के रूप में थी, जो धीरे-धीरे ठंडी होते हुए ठोस बर्फ के रूप में बदल गई। चारों ओर फैले बर्फ पर जब सूर्य की किरणें पड़ती तो सौंदर्य खिल उठता था। ऐसा कई लाख वर्षों तक चलता रहा। ओस की बूँद की बात सुनकर लेखक हैरान था कि इस नन्हीं-सी बूँद का जीवन इतने लाख वर्ष का है। वह अपने आपको इतने लंबे समय तक जीवित रहने वाले प्राणी से बात करके धन्य समझने लगा।

बूँद ने आगे बताया कि समय के साथ-साथ नीचे दबे बर्फ पर ऊपर का इतना अधिक दवाब पड़ा कि नीचे का बर्फ पिघलने लगा, जिससे वे सब उनके तरल शरीर पर फिसलने लगीं तथा फिसलती हुई वे सागर में मिल गईं। वहाँ गर्म जलधारा से भेंट होने पर उनका ठोस शरीर भी पूरी तरह तरल होकर समुद्र में मिल गया।

समुद्र का दृश्य तथा बूँद की समुद्र से बाहर आने की इच्छा

समुद्र के जल में मिलकर बूँद ने देखा कि समुद्र के खारे जल में बड़े ही विशाल जानवर थे। गहरे समुद्र में घनघोर अँधेरा था तथा वहाँ भिन्न-भिन्न प्रकार की मछलियाँ, घोंघे, कछुवे आदि के साथ-साथ अनेक पेड़, पहाड़ियाँ एवं घाटियाँ भी थीं।

अनेक सुस्त एवं आलसी जीव वहाँ अपना डेरा डाले बैठे हुए थे। काफी वर्षों तक समुद्र की गहराइयों में रहने के बाद उसकी इच्छा समुद्र से बाहर निकलने की हुई। वहाँ से ऊपर आना संभव नहीं था, इसलिए वह एक चट्टान में घुस गई। वहाँ से वह पृथ्वी के एक खोखले भाग में अन्य बूँदों के साथ एकत्रित हो गई। कुछ बूँदों ने वहीं रहना ठीक समझा, लेकिन कुछ उत्साही व युवा बूँदें पृथ्वी का भीतरी हिस्सा देखने के लिए उत्सुक थीं, इसलिए वे वहाँ नहीं रुकीं।

पृथ्वी के आंतरिक भागों का अवलोकन

पृथ्वी के आंतरिक भाग को जानने की उत्सुकता के कारण बूँद आगे बढ़ी, तो उसने देखा कि एक जगह विभिन्न प्रकार की धातुएँ इधर-उधर बह रही हैं। तेज़ गर्मी के कारण कई बूँदें ऑक्सीजन एवं हाइड्रोजन में विभाजित हो गईं, लेकिन इस बुद्धिमान बूँद ने अपना रास्ता बदल लिया। वह एक ऐसे भाग में पहुँच गई, जहाँ ज़ोर का धमाका हुआ और वह अन्य बूँदों के साथ आकाश में उड़ गई। यह ज्वालामुखी था, जिससे धरती के अंदर की रेत, धुआँ, पिघली धातुएँ एवं आग की तेज लपटें निकल रही थीं।

बूँद का बाहर आना और नदी में मिलना

ज्वालामुखी फटने के साथ बूँद जब बाहर निकली, तो उसे भाप का दल मिला और इन्हें आँधी ने खूब इधर-उधर घुमाया। बहुत से जलकण भाप बनकर भारी बादल के रूप में परिवर्तित हो गए और बूँदों के रूप में फिर धरती पर आ गए। वह (बूँद) जलकण के रूप में पहाड़ पर गिरी और मैली-कुचैली होकर इधर-उधर पत्थरों पर कूदने लगी। समतल धरती को देखने की चाहत में बूँद नदी की एक छोटी धारा में मिल गई।

एक दिन बूँद ने एक ऊँची मीनार में से काली-काली हवा निकलते देखी। उसे देखने की इच्छा से जैसे ही वह आगे बढ़ी, एक नल द्वारा उसे अपनी ओर खींच लिया गया। कई दिनों तक वहाँ फँसने के बाद वह एक दिन टूटे हुए नल से बाहर निकल गई।

बाहर निकलते ही बूँद धरती में समा गई और घूमते-घूमते बेर के पेड़ के पास पहुँची, जहाँ से वह बेर के पत्ते पर आ टिकी। जैसे ही बूँद की कहानी खत्म हुई, उसने देखा कि सूर्य निकल आया था। सूर्य के प्रकाश में ओस की वह बूँद धीरे-धीरे घटते हुए पूरी तरह आँखों से ओझल हो गई।

शब्दार्थ

शब्द	हिंदी अर्थ
NCERT पृष्ठ संख्या 70	
सरककर	फिसलकर
दृष्टि	नजर
झंकार	धुन
कण	बहुत छोटा टुकड़ा
NCERT पृष्ठ संख्या 71	
निर्दयी	जिसमें दया न हो
दुर्भाग्यवश	बुरे भाग्य के कारण
उत्सुकता	जानने की इच्छा
साँसत	कठिनाई में पड़ना, बड़ा कष्ट
NCERT पृष्ठ संख्या 72	
परिपूर्ण	भरा हुआ
तनिक	थोड़ा-सा
पुरखे	पूर्वज
उज्ज्वल	चमकती हुई
प्रचंड	तेज
चूर्ण	चूरा
NCERT पृष्ठ संख्या 73	
दीर्घजीवी	लंबे समय तक जीवित रहने वाला
वार्तालाप	संवाद

शब्द	हिंदी अर्थ
ठोसपन	कठोरता
NCERT पृष्ठ संख्या 74	
वर्णनातीत	जिसका वर्णन न किया जा सके
विचित्र	अजीब
NCERT पृष्ठ संख्या 75	
बहुतायत	अधिक मात्रा में
चेष्टा	कोशिश
सम्मति	इच्छा
उत्साही	जोशीला
NCERT पृष्ठ संख्या 76	
अंधा-धुंध	बिना सोचे-समझे
असहय	जो सहा न जा सके
विभाजित होना	बँट जाना
NCERT पृष्ठ संख्या 77	
किलोलें	प्रसन्नता से किलकारियाँ भरना
शिखर	चोटी
प्रहार	चोट पहुँचाना
उन्मत्त	मद में
सरिता	नदी

NCERT फोल्डर

पाठ्यपुस्तक वसंत भाग-3 के प्रश्नोत्तर

पाठ से (पृष्ठ संख्या 78)

प्र.1 लेखक को ओस की बूँद कहाँ मिली?

उत्तर लेखक को ओस की बूँद बेर की एक झाड़ी के पास मिली थी, जो अचानक ही झाड़ी से गिरकर और लेखक की कलाई से फिसलकर हथेली पर आ गई थी।

प्र.2 ओस की बूँद क्रोध और घृणा से क्यों काँप उठी?

उत्तर पेड़ों की निर्दयी प्रवृत्ति को याद कर ओस की बूँद क्रोध और घृणा से काँप उठी, क्योंकि ये पेड़ असंख्य जलकणों को बलपूर्वक पृथ्वी से खींच लेते हैं। कुछ को तो ये पूरी तरह खा जाते हैं और अधिकांश का सब कुछ छीनकर उन्हें बाहर निकाल देते हैं।

प्र.3 हाइड्रोजन और ऑक्सीजन को पानी ने अपना पूर्वज/पुरखा क्यों कहा?

उत्तर हाइड्रोजन और ऑक्सीजन को पानी ने अपना पूर्वज/पुरखा इसलिए कहा है, क्योंकि इनके बीच होने वाली रासायनिक क्रिया के परिणामस्वरूप पानी का जन्म हुआ है। इन्होंने अपने अस्तित्व को मिटाकर पानी को जन्म दिया है।

प्र.4 'पानी की कहानी' के आधार पर पानी के जन्म और जीवन-यात्रा का वर्णन अपने शब्दों में कीजिए।

उत्तर 'पानी की कहानी' पाठ में स्पष्ट किया गया है कि पानी का जन्म हद्रजन (हाइड्रोजन) और ओषजन (ऑक्सीजन) के बीच होने वाली रासायनिक क्रिया से हुआ है।

पहले पानी की बूँद सूर्य के धरातल पर गैसों के रूप में ही थी। एक बार एक शक्तिशाली प्रकाश पिंड जो सूर्य से लाखों गुना बड़ा था, सूर्य के सामने आ गया। उसकी आकर्षण शक्ति के कारण सूर्य का एक बड़ा भाग टूटकर कई टुकड़ों में विभाजित हो गया। सूर्य के टुकड़े से निर्मित पृथ्वी पर बूँद लाखों वर्षों तक भाप के रूप में घूमती रही। फिर बर्फ बनकर अनेक वर्षों तक अपने ही आनंद में डूबी रही। इसके बाद समुद्र के जल में वह घुल गई तथा फिर समुद्र की निचली सतह से यह धरती पर आ गई। उसके बाद बादल बनकर बरसी और नदी में विलीन होकर यह पुनः ओस की बूँद के रूप में सूर्योदय होने से पहले तक पेड़ों पर रही। सूर्योदय होने के साथ ही यह विलीन हो गई और फिर अगले क्रम के लिए तैयार हो गई। इस क्रम को 'जलचक्र' भी कहते हैं।

प्र.5 कहानी के अंत और आरंभ के हिस्से को स्वयं पढ़कर देखिए और बताइए कि ओस की बूँद लेखक को आपबीती सुनाते हुए किसकी प्रतीक्षा कर रही थी?

उत्तर प्रस्तुत कहानी के अंत एवं आरंभ के हिस्से को पढ़कर इस निष्कर्ष पर पहुँचते हैं कि ओस की बूँद लेखक को आपबीती सुनाते हुए सूर्य के उदय होने की प्रतीक्षा कर रही थी, क्योंकि सूर्य के प्रकाश से ही उसमें उड़ने की शक्ति आती है। सूर्य का ताप पाते ही वह भाप बनकर उड़ जाना चाहती है।

पाठ से आगे (पृष्ठ संख्या 78, 79)

प्र.1 जलचक्र के विषय में जानकारी प्राप्त कीजिए और 'पानी की कहानी' से तुलना करके देखिए कि लेखक ने पानी की कहानी में कौन-कौन-सी बातें विस्तार से बताई हैं?

उत्तर

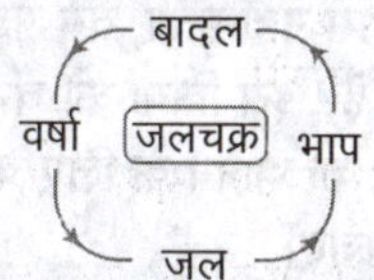

उपर्युक्त चित्र जलचक्र को स्पष्ट करता है। बादल से वर्षा होती है। यही वर्षा जल के रूप में सागर, नदी आदि में एकत्रित होती है। सूर्य की ऊष्मा से जल भाप बन जाता है और फिर इसी से पुनः बादल का निर्माण होता है। इस तरह, यह चक्र सदैव चलता रहता है।

प्रस्तुत पाठ में लेखक ने हाइड्रोजन और ऑक्सीजन से पानी बनने की प्रक्रिया, पानी का पहाड़ों पर बर्फ के रूप में जमा होना, हिमखंड का टूटना तथा ऊष्मा पाकर पिघलकर पानी बनना, पानी की बूँद का सागर की गहराई में जाना तथा विभिन्न समुद्री जीवों को देखना, ज्वालामुखी के विस्फोट के रूप में बाहर आना, पानी की बूँद का नदी में गिरना, सूर्योदय होने तक पेड़ पर रहना, सूर्योदय होते ही विलीन हो जाना आदि बातें विस्तार से बताई हैं।

प्र.2 'पानी की कहानी' पाठ में ओस की बूँद अपनी कहानी स्वयं सुना रही है और लेखक केवल श्रोता है। इस आत्मकथात्मक शैली में आप भी किसी वस्तु का चुनाव करके कहानी लिखें।

उत्तर आत्मकथात्मक शैली में मैं आपको आलू के पापड़ बनने की कहानी सुनाता हूँ। मैं आलू का पापड़ हूँ।

मैं छोटे-छोटे आलू (बीज) के रूप में था और किसान ने खेत की जुताई-करके मुझे जमीन में दबा दिया। मेरा दम घुटने लगा तथा मुझे लगा कि मेरे प्राण निकल जाएँगे। किसान द्वारा सिंचाई करने के बाद मुझसे अंकुर निकलने लगे और इस तरह ऊपर की कोमल जमीन को चीरकर मुझे खुली हवा में साँस लेने का मौका मिला। ठंड पड़ने लगी मुझे लगा कि मेरे पत्ते सूख जाएँगे, परंतु किसान ने सिंचाई करके मुझे सूखने से बचाया। कुछ कीट-पतंगों ने मेरे स्वास्थ्य को खराब करने का प्रयास किया, पर मेरा मालिक बहुत होशियार था, उसने कीटनाशक छिड़ककर मुझे होने वाली बीमारियों से छुटकारा दिला दिया। मैं धीरे-धीरे बड़ा होने लगा और ज़मीन के अंदर मेरा आकार बढ़ने लगा।

किसान ने खुदाई करके मुझे बाहर निकाल लिया। बाहर का संसार बहुत सुंदर था। एक दिन एक हलवाई मुझे खरीदकर ले गया और उसने पहले मुझे बड़े-बड़े भगोनों में उबाला, फिर मेरा छिलका बड़ी बेरहमी से उतारा। मेरी आँखों में इस हलवाई ने नमक-मिर्च झोंककर मसाला मिला दिया। मुझे बुरी तरह कुचलकर बेलन से रोटी की तरह

बेला और मेरे पापड़ बनाए। उसने मुझे तेज़ धूप में डाल दिया, जिससे मैं रो भी नहीं सकता था। इसके बाद उसने मुझे खौलते तेल में डालकर तला। आलू से पापड़ बनने की यही मेरी कष्टकारी यात्रा थी।

प्र.3 समुद्र के तट पर बसे नगरों में अधिक ठंड और अधिक गर्मी क्यों नहीं पड़ती?

उत्तर समुद्र के तट पर बसे नगरों में अधिक ठंड और अधिक गर्मी इसलिए नहीं पड़ती, क्योंकि समुद्र तट के आस-पास के इलाकों के तापमान को समुद्र का पानी न तो अधिक बढ़ने देता है और न ही अधिक घटने देता है। इसलिए वहाँ का मौसम हमेशा सुहावना बना रहता है।

प्र.4 पेड़ के भीतर फव्वारा नहीं होता, तब पेड़ की जड़ों से पत्ते तक पानी कैसे पहुँचता है? इस क्रिया को वनस्पतिशास्त्र में क्या कहते हैं? क्या इस क्रिया को जानने के लिए कोई आसान प्रयोग है? जानकारी प्राप्त कीजिए।

उत्तर पेड़ के भीतर फव्वारा नहीं होता, तब भी पेड़ की जड़ों से पत्ते तक पानी पहुँच जाता है, क्योंकि पेड़ के तने में जाइलम और फ्लोएम नामक विशेष कोशिकाएँ होती हैं। इन विशेष कोशिकाओं का समूह जड़ों द्वारा अवशोषित किए गए पानी को पत्तों तक पहुँचाता है। पेड़ की जड़ों से पत्ते तक पानी पहुँचने की इस क्रिया को केशिका क्रिया (Capillary action) कहते हैं। यह क्रिया ठीक उसी तरह काम करती है, जैसे दीपक की बाती में तेल ऊपर चढ़ता रहता है और दीपक जलता रहता है।

प्रयोग इस क्रिया को जानने के लिए एक सरल प्रयोग यह है कि सफेद रंग का खिला हुआ पुष्प लेकर उसे घर में किसी काँच के गिलास में रख लें। काँच के गिलास में लाल या नीला या कोई भी रंग मिला हुआ पानी भर दें।

थोड़ी देर के बाद हम देखेंगे कि पौधों के सफेद रंग के पुष्प की पंखुड़ियों पर नीली, लाल या रंगीन धारियाँ दिखाई देने लगी हैं।

ऐसा गिलास में रखे रंगीन पानी के कारण होता है, जिन्हें जड़ों ने अवशोषित कर तने के माध्यम से पत्तियों एवं पुष्पों तक पहुँचा दिया।

अनुमान और कल्पना (पृष्ठ संख्या 78)

प्र.1 पानी की कहानी में लेखक ने कल्पना और वैज्ञानिक तथ्य का आधार लेकर ओस की बूँद की यात्रा का वर्णन किया है। ओस की बूँद अनेक अवस्थाओं में सूर्यमंडल, पृथ्वी, वायु, समुद्र, ज्वालामुखी, बादल, नदी और जल से होते हुए पेड़ के पत्ते तक की यात्रा करती है। इस कहानी की भाँति आप भी लोहे अथवा प्लास्टिक की कहानी लिखने का प्रयास कीजिए।

उत्तर **प्लास्टिक की कहानी** आधुनिक युग में मेरा बहुत अधिक उपयोग किया जाता है। घर से लेकर बाजारों तक, यहाँ तक कि अनेक उपकरणों के निर्माण में भी मेरा उपयोग किया जाता है। विभिन्न रासायनिक पदार्थों से मुझे एक निश्चित तापमान के द्वारा मशीनों से तैयार किया जाता है फिर मेरा मनचाहा उपयोग किया जाता है। सामान्य रूप में थैले और थैलियों के रूप में मेरा प्रचलन बहुत अधिक होता है, जिसे देखो वही अपना सामान रखे अपने हाथ में लटकाए जाता हुआ दिखाई देता है। घर और ऑफिस के महत्त्वपूर्ण सामान, कागज़ आदि भी मेरे अंदर ही रखे जाते हैं। चलते-चलते जब मैं पुरानी हो जाती हूँ, तो उपभोक्ता द्वारा फेंक दी जाती हूँ, लेकिन फेंकने पर भी मैं नष्ट नहीं होती हूँ। मैं नालियों में गिरने पर बहते पानी को रोक देती हूँ तथा ज़मीन में दबकर भी सड़ती नहीं हूँ।

पानी, हवा और सूरज की तपन से मुझे डर नहीं लगता है। अत: मैं निडर रहती हूँ। थैलियाँ बीनने वाले मुझे उठाकर ले जाते हैं और कारखानों में बेच देते हैं। मैं मशीनों के द्वारा फिर से अपना नया रूप धारण कर लेती हूँ और बाज़ार में बिककर जन-सेवा में लग जाती हूँ।

प्र.2 अन्य पदार्थों के समान जल की भी तीन अवस्थाएँ होती हैं। अन्य पदार्थों से जल की इन अवस्थाओं में एक विशेष अंतर यह होता है कि जल की तरल अवस्था की तुलना में ठोस अवस्था (बर्फ) हल्की होती है। इसका कारण ज्ञात कीजिए।

उत्तर अन्य पदार्थों के समान जल की भी तीन अवस्थाएँ होती हैं— ठोस, द्रव एवं गैस। जल की द्रव अवस्था की तुलना में उसकी ठोस अवस्था अर्थात् बर्फ के हल्के होने का कारण यह है कि पानी के घनत्व की अपेक्षा बर्फ का घनत्व कम होता है। कम घनत्व होने के कारण ही बर्फ हल्की होती है।

प्र.3 पाठ के साथ केवल पढ़ने के लिए दी गई पठन-सामग्री 'हम पृथ्वी की संतान!' का सहयोग लेकर पर्यावरण संकट पर एक लेख लिखें।

उत्तर **पर्यावरण संकट** पर्यावरण शब्द 'परि' तथा 'आवरण' शब्दों से मिलकर बना है, जिसका सामान्य अर्थ होता है—वह आवरण, जो हमें चारों ओर से ढके हुए है।

संपूर्ण धरती पर प्राकृतिक पारिस्थितियों से निर्मित तंत्र व्याप्त हैं। मानव जीवन में भूमि, जल, पेड़-पौधे, हवा, खनिज पदार्थ आदि सभी का अपना-अपना महत्त्व है। मनुष्य अपने स्वार्थ से प्रेरित होकर इनका दुरुपयोग करता है। वह इनकी सुरक्षा की ओर ध्यान नहीं देता, जिसके कारण पर्यावरण आज घोर संकट में है।

आज संसार की सभी नदियों का जल प्रदूषित हो चुका है, जिससे इस पर आश्रित जीव-जंतु कई बीमारियों के शिकार हो रहे हैं। जल प्रदूषण के अतिरिक्त वायु प्रदूषण की समस्या भी बहुत अधिक बढ़ गई है। ओज़ोन परत खतरे के दायरे में आ चुकी है, इसलिए सूर्य के ताप की अधिकता का खतरा पृथ्वी पर मँडरा रहा है।

ग्लोबल वार्मिंग के कारण समुद्री तट के नगरों के डूब जाने का खतरा भी बढ़ता जा रहा है। आज प्रदूषण के कारण ही मौसम-चक्र में भी गड़बड़ी आ गई है सर्दी में अधिक सर्दी और कारखानों के अत्यधिक निर्माण के कारण ध्वनि प्रदूषण बढ़ रहा है। प्रदूषण की समस्या अब संपूर्ण पृथ्वी की समस्या बन चुकी है।

मानव यदि समय रहते नहीं सँभला तो मानव जीवन का अस्तित्व ही खतरे में पड़ जाएगा। इसलिए हम सभी का कर्त्तव्य है कि हम पर्यावरण की सुरक्षा करें। अधिक-से-अधिक पेड़ लगाएँ तथा कोई भी ऐसा कार्य न करें, जिससे पर्यावरण को हानि पहुँचे। हमें अपने जीवन की रक्षा हेतु पृथ्वी की सुरक्षा करनी पड़ेगी, क्योंकि हम पृथ्वी की संतान हैं।

भाषा की बात (पृष्ठ संख्या 79, 80)

प्र.1 किसी भी क्रिया को पूरी करने में जो भी संज्ञा आदि शब्द संलग्न होते हैं, वे अपनी अलग-अलग भूमिकाओं के अनुसार अलग-अलग कारकों में वाक्य में दिखाई पड़ते हैं; जैसे-"वह हाथों से शिकार को जकड़ लेती थी।" 'जकड़ना' क्रिया तभी संपन्न हो पाएगी, जब कोई व्यक्ति (वह) जकड़ने वाला हो, कोई वस्तु (शिकार) हो, जिसे जकड़ा जाए। इन भूमिकाओं की प्रकृति अलग-अलग है। व्याकरण में ये भूमिकाएँ कारकों के अलग-अलग भेदों; जैसे-कर्ता, कर्म, करण आदि से स्पष्ट होती हैं।

अपनी पाठ्य-पुस्तक से इस प्रकार के पाँच और उदाहरण खोजकर लिखिए और उन्हें भली-भाँति परिभाषित कीजिए।

उत्तर (i) यदि संसार में बदलू को किसी बात से चिढ़ थी, तो वह थी काँच की चूड़ियों से।

संसार में — अधिकरण कारक
बदलू को — कर्म कारक
किसी बात से — करण कारक
काँच की चूड़ियों — संबंध कारक

(ii) मैं बड़े ध्यान से उसकी बात सुन रहा था।

मैं — कर्ता कारक
बड़े ध्यान से — करण कारक
उसकी बात — संबंध कारक

(iii) बच्चों की देखभाल के लिए घर पहुँचना पड़ता था।

बच्चों की — संबंध कारक
देखभाल के लिए — संप्रदान कारक

(iv) कुछ नौजवानों ने ड्राइवर को मारने-पीटने का मन बनाया।

नौजवानों ने — कर्ता कारक
ड्राइवर को — कर्म कारक

(v) मैं आगे बढ़ा ही था कि बेर की झाड़ी पर से बूँद मेरे हाथ पर गिरी।

मैं — कर्ता कारक
बेर की — संबंध कारक
झाड़ी पर से — अपादान कारक
मेरे हाथ पर — अधिकरण कारक

अभ्यास प्रश्न

बहुविकल्पीय व वर्णनात्मक प्रश्नों सहित

बहुविकल्पीय प्रश्न

1. बूँद लेखक के हाथ पर क्यों गिरी?
(क) उसे लेखक का हाथ अच्छा लगा।
(ख) वह सुबह तक सहारा पाना चाहती थी।
(ग) वह पेड़ से गिर गई थी।
(घ) पत्तों पर टिकने का सहारा नहीं था।
उत्तर (ख) वह सुबह तक सहारा पाना चाहती थी।

2. बूँद हथेली पर पड़ते ही लेखक को किस तरह की ध्वनि सुनाई पड़ी?
(क) वीणा के तारों-सी (ख) गिटार के तारों-सी
(ग) सितार के तारों-सी (घ) वायलिन के तारों-सी
उत्तर (ग) सितार के तारों-सी

3. लेखक की कलाई पर बूँद कहाँ से आ गिरी?
(क) नीम के पेड़ से (ख) बेर के पेड़ से
(ग) फूल के पेड़ से (घ) जामुन के पेड़ से
उत्तर (ख) बेर के पेड़ से

4. पेड़ से गिरने वाली बूँद लेखक को निम्नलिखित में से कैसी लगी? CBSE Diksha
(क) सोने-सी (ख) हीरे-सी
(ग) चाँदी-सी (घ) मोती-सी
उत्तर (घ) मोती-सी

5. 'असह्य' शब्द का क्या अर्थ है?
(क) जो सहा न जा सके (ख) जो सहा जा सके
(ग) जो कहने योग्य हो (घ) इनमें से कोई नहीं
उत्तर (क) जो सहा न जा सके

6. 'उन्मत्त' शब्द का क्या अर्थ है? CBSE Diksha
(क) उमंग (ख) अनंत
(ग) मतवाला (घ) इनमें से कोई नहीं
उत्तर (ग) मतवाला

7. प्राकृतिक सौंदर्य कब निखर उठता था?
(क) सूर्य की किरणें पड़ने पर (ख) अँधेरा होने पर
(ग) शाम हो जाने पर (घ) चाँदनी रात हो जाने पर
उत्तर (क) सूर्य की किरणें पड़ने पर

8. 'स्वच्छंद' शब्द का क्या अर्थ है?
(क) दूसरों की इच्छा (ख) अपनी इच्छा
(ग) स्वतंत्र इच्छा (घ) इनमें से कोई नहीं
उत्तर (ख) अपनी इच्छा

9. हद्रजन-ओषजन शब्द का सही अर्थ है
(क) हाइड्रोजन-ऑक्सीजन (ख) हरिजन-अरजन
(ग) द्रव-ओष (घ) हाइड्रोजन-ओजोन
उत्तर (क) हाइड्रोजन-ऑक्सीजन

10. कौन-सी दो गैसें सूर्य के घेरे में लपटों के रूप में मौजूद रहीं?

(क) नाइट्रोजन और ऑक्सीजन

(ख) मीथेन और एथेन

(ग) कार्बन डाई और सल्फर डाइऑक्साइड

(घ) हाइड्रोजन और ऑक्सीजन

उत्तर (घ) हाइड्रोजन और ऑक्सीजन

11. उत्साही युवा बूँदों ने क्या निर्णय लिया?

(क) आगे की ओर बढ़ेंगे।

(ख) समुद्र में जीवों की खोज करेंगे।

(ग) पृथ्वी में घूमकर देखेंगे कि उसमें क्या है?

(घ) पृथ्वी से बाहर निकलने का विचार किया।

उत्तर (ग) पृथ्वी में घूमकर देखेंगे कि उसमें क्या है?

12. बूँद ने निम्नलिखित में से कौन-सा जीव नहीं देखा था?

(क) भारी कछुवे (ख) जालीदार मछलियाँ

(ग) मगरमच्छ (घ) घोंघे

उत्तर (ग) मगरमच्छ

13. निम्न में से कौन-सा कथन बूँद को समुद्र से निकलने में होने वाली कठिनाई के विषय में सही है?

1. उस पर तीन मील मोटी पानी की परत थी।
2. वह पहाड़ियों की गुफा में भस्म हो गई थी।
3. वह मछली के पेट में चली गई थी।
4. वह चट्टानों के नीचे दब गई थी।

कूट

(क) केवल 1 (ख) 1 और 3 (ग) 2 और 4 (घ) ये सभी

उत्तर (क) केवल 1

गद्यांश पर आधारित प्रश्न

निम्नलिखित गद्यांशों को ध्यानपूर्वक पढ़कर उन पर आधारित प्रश्नों के उत्तर दें

गद्यांश 1

मैं आगे बढ़ा ही था कि बेर की झाड़ी पर से मोती-सी एक बूँद मेरे हाथ पर आ पड़ी। मेरे आश्चर्य का ठिकाना न रहा, मैंने देखा की ओस की बूँद मेरी कलाई पर से सरक कर हथेली पर आ गई। मेरी दृष्टि पड़ते ही वह ठहर गई। थोड़ी देर में मुझे सितार के तारों की-सी झंकार सुनाई देने लगी। मैंने सोचा कि कोई बजा रहा होगा, चारों ओर देखा। कोई नहीं। फिर अनुभव हुआ कि यह स्वर मेरी हथेली से निकल रहा है। ध्यान से देखने पर मालूम हुआ कि बूँद के दो कण हो गए हैं और वे दोनों हिल-हिलकर यह स्वर उत्पन्न कर रहे हैं मानो बोल रहे हों।

1. प्रस्तुत गद्यांश में बूँद की तुलना किससे की गई है?

(क) बादल से (ख) जीवन से (ग) मोती से (घ) अमृत से

उत्तर (ग) मोती से

2. 'बूँद मेरी कलाई पर से सरककर हथेली पर आ गई।' इस वाक्य रेखांकित भाग में कौन-सी क्रिया है?

(क) प्रेरणार्थक क्रिया (ख) संयुक्त क्रिया

(ग) सहायक क्रिया (घ) पूर्वकालिक क्रिया

उत्तर (घ) पूर्वकालिक क्रिया

3. निम्न में से गलत कथन का चुनाव कीजिए

(क) बूँद बेर की झाड़ी से आई थी।

(ख) लेखक की दृष्टि पड़ते ही बूँद ठहर गई थी।

(ग) लेखक आश्चर्यचकित हो गया।

(घ) बूँद के तीन स्वर हिलकर स्वर उत्पन्न कर रहे थे।

उत्तर (घ) बूँद के तीन स्वर हिलकर स्वर उत्पन्न कर रहे थे।

4. लेखक का आश्चर्यचकित होने का क्या कारण था?

उत्तर बूँद जब सरककर लेखक की हथेली पर आ गई इसलिए लेखक आश्चर्यचकित हो गया।

5. बेर की झाड़ी से क्या और कहाँ गिरा?

उत्तर बेर की झाड़ी से मोती जैसी एक बूँद लेखक के हाथ पर गिरी।

6. लेखक को किस तरह की आवाज़े सुनाई देने लगीं?

उत्तर लेखक को थोड़ी देर में सितार के तारों जैसी झंकार की आवाजें सुनाई देनी लगीं।

गद्यांश 2

''सुनो! मैं इस पेड़ के पास की भूमि में बहुत दिनों से इधर-उधर घूम रही थी। मैं कणों का हृदय टटोलती फिरती थी कि एकाएक पकड़ी गई।'' 'कैसे,' मैंने पूछा? ''वह जो पेड़ तुम देखते हो न! वह ऊपर ही इतना बड़ा नहीं है, पृथ्वी में भी लगभग इतना भी बड़ा है। उसकी बड़ी जड़ें, छोटी जड़ें और जड़ों के रोएँ हैं। वे रोएँ बड़े निर्दयी होते हैं। मुझ जैसे असंख्य जल-कणों को वे बलपूर्वक पृथ्वी में खींच लेते हैं। कुछ को तो पेड़ एकदम खा जाते हैं और अधिकांश का सब कुछ छीनकर उन्हें बाहर निकाल देते हैं। क्रोध और घृणा से उसका शरीर काँप उठा।

1. पेड़ तक पहुँचने पर बूँदों का क्या होता है?

(क) पेड़ बूँदों को अपने अंदर समाहित कर लेते हैं

(ख) पेड़ बूँदों को सहारा देते हैं

(ग) पेड़ बूँदों को अपना अस्तित्व बचाने में सहायता करते हैं

(घ) उपरोक्त में से कोई नहीं

उत्तर (क) पेड़ बूँदों को अपने अंदर समाहित कर लेते हैं

2. पेड़ बूँदों का क्या करते हैं?

(क) कुछ बूँदों को खा जाते हैं

(ख) अधिकांश बूँदों का सब कुछ छीनकर उन्हें बाहर निकाल देते हैं

(ग) बूँदों का पालन-पोषण करते हैं

(घ) 'क' और 'ख' दोनों

उत्तर (घ) 'क' और 'ख' दोनों

3. ओस की बूँद क्रोध और घृणा से क्यों काँप उठी?

(क) क्योंकि नदियाँ बहुत बेरहम होती हैं, वे जलकणों को भीतर खींच लेती हैं

(ख) क्योंकि पेड़ बहुत बेरहम होते हैं, वे जलकणों को भीतर खींच लेते हैं

(ग) क्योंकि कुएँ बहुत बेरहम होते हैं, वे जलकणों को भीतर खींच लेते हैं

(घ) क्योंकि खेत बहुत बेरहम होते हैं, वे जलकणों को भीतर खींच लेते हैं।

उत्तर (ख) क्योंकि पेड़ बहुत बेरहम होते हैं, वे जलकणों को भीतर खींच लेते हैं

4. ओस की बूँद बहुत दिनों से कहाँ घूम रही थी?

उत्तर ओस की बूँद बहुत दिनों से पेड़ के पास की भूमि में इधर-उधर घूम रही थी।

5. बूँद ने पेड़ के बारे में क्या कहा?

उत्तर पेड़ के बारे में बूँद ने कहा कि ये जितने बड़े धरती के ऊपर हैं, उतने ही बड़े धरती में भी हैं। इनकी जड़ों के रोएँ बड़े निर्दयी हैं और असंख्य जल-कणों को बलपूर्वक धरती में से खींच लेते हैं।

6. 'क्रोध' और 'घृणा' संज्ञा का कौन-सा रूप हैं?

उत्तर 'क्रोध' और 'घृणा' भाववाचक संज्ञाएँ हैं।

गद्यांश 3

"हाँ, तो मैं भूमि के खनिजो को अपने शरीर में घुलाकर आनंद से फिर रही थी कि दुर्भाग्यवश एक रोएँ से मेरा शरीर छू गया। मैं काँपी। दूर भागने का प्रयत्न किया, परंतु वे पकड़कर छोड़ना नहीं जानते। मैं रोएँ में खींच ली गई।'' "फिर क्या हुआ?'' मैंने पूछा। मेरी उत्सुकता बढ़ चली थी। "मैं एक कोठरी में बंद कर दी गई। थोड़ी देर बाद ऐसा जान पड़ा कि कोई मुझे पीछे से धक्का दे रहा है और कोई मानो हाथ पकड़कर आगे को खींच रहा हो। मेरा एक भाई भी वहाँ लाया गया। उसके लिए स्थान बनाने के कारण मुझे दबाया जा रहा था। आगे एक और बूँद मेरा हाथ पकड़कर ऊपर खींच रही थी। मैं उन दोनों के बीच पिस चली।''

1. बूँद को किसने पकड़ लिया था?

(क) पेड़ फूल और फलों ने (ख) पेड़ के पत्तों ने

(ग) पेड़ की जड़ों के रोओं ने (घ) पेड़ की शाखाओं ने

उत्तर (ग) पेड़ की जड़ों के रोओं ने

2. बूँद की बातें सुनकर कौन उत्सुक हो उठा?

(क) लेखक (ख) पेड़ (ग) बादल (घ) नदी

उत्तर (क) लेखक

3. बूँद किन दो लोगों के बीच पिस गई?

(क) अपने भाई और बहन के बीच

(ख) अपने भाई और एक अन्य बूँद के बीच

(ग) अपनी दोनों बहनों के बीच

(घ) अपने दोनों भाईयों के बीच

उत्तर (ख) अपने भाई और एक अन्य बूँद के बीच

4. बूँद किस प्रकार आनंदपूर्वक घूम रही थी?

उत्तर बूँद अपने शरीर में भूमि के खनिजो को घुलाकर आनंदपूर्वक घूम रही थी।

5. बूँद का शरीर किससे छू गया? इससे क्या हुआ?

उत्तर बूँद का शरीर पेड़ की जड़ के एक रोएँ से छू गया, जिससे रोएँ ने बूँद को पकड़कर अपने में खींच लिया।

6. रोएँ द्वारा खींच लिए जाने के बाद बूँद को क्या महसूस हो रहा था?

उत्तर रोएँ द्वारा खींच लिए जाने के बाद बूँद को लग रहा था कि कोई उसे पीछे से धक्का दे रहा है, तो कोई उसका हाथ पकड़कर आगे खींच रहा है।

गद्यांश 4

"मैं लगभग तीन दिन तक यह साँसत भोगती रही। मैं पत्तों के नन्हें-नन्हें छेदों से होकर जैसे-तैसे जान बचाकर भागी। मैंने सोचा था कि पत्ते पर पहुँचते ही उड़ जाऊँगी, परंतु बाहर निकलने पर ज्ञात हुआ कि रात होने वाली थी और सूर्य जो हमें उड़ने की शक्ति देते हैं, जा चुके हैं और वायुमंडल में इतने जल-कण उड़ रहें हैं कि मेरे लिए वहाँ स्थान नहीं है, तो मैं अपने भाग्य पर भरोसा कर पत्तों पर ही सिकुड़ी पड़ी रही। अभी जब तुम्हें देखा तो जान में जान आई और रक्षा पाने के लिए तुम्हारे हाथ पर कूद पड़ी।''

1. बूँद अपने भाग्य पर भरोसा करके कहाँ सिकुड़ी पड़ी रही?

(क) लेखक की हथेली पर

(ख) पत्तों पर

(ग) फूल पर

(घ) जड़ों पर

उत्तर (ख) पत्तों पर

2. बूँदों को उड़ने की शक्ति किससे प्राप्त होती है?

(क) चंद्रमा से (ख) सूर्य से

(ग) बादल से (घ) पेड़ से

उत्तर (ख) सूर्य से

3. 'साँसत' शब्द का क्या अर्थ है?

(क) दु:ख या कष्ट (ख) सुख

(ग) दबाव (घ) कठोर

उत्तर (क) दु:ख या कष्ट

4. पत्ते से निकलकर बूँद क्या करना चाहती थी?

उत्तर पत्ते से निकलकर बूँद उड़ना चाहती थी और स्वतंत्र होना चाहती थी।

5. बूँद क्यों नहीं उड़ पाई?

उत्तर बूँद इसलिए नहीं उड़ पाई, क्योंकि उसे उड़ने की शक्ति देने वाला सूर्य अस्त हो चुका था। अत: उसके पास उड़ने की शक्ति ही नहीं थी।

6. बूँद ने अपनी रक्षा करने के लिए क्या किया?

उत्तर बूँद अपनी रक्षा करने के लिए लेखक के हाथ पर कूद पड़ी।

गद्यांश 5

"बहुत दिन हुए, मेरे पुरखे हद्रजन (हाइड्रोजन) और ओषजन (ऑक्सीजन) नामक दो गैसें सूर्यमंडल में लपटों के रूप में विद्यमान थीं।'' "सूर्यमंडल अपने निश्चित मार्ग पर चक्कर काट रहा था। वे दिन थे जब हमारे ब्रह्मांड में उथल-पुथल हो रही थी। अनेक ग्रह और उपग्रह बन रहे थे।'' "ठहरो, क्या तुम्हारे पुरखे अब सूर्यमंडल में नहीं हैं?''

''हैं, उनके वंशज अपनी भयावह लपटों से अब भी उनका मुख उज्ज्वल किए हुए हैं। हाँ, तो मेरे पुरखे बड़ी प्रसन्नता से सूर्य के धरातल पर नाचते रहते थे। एक दिन की बात है कि दूर एक प्रचंड प्रकाश-पिंड दिखाई पड़ा। उनकी आँखें चौंधियाने लगी। यह पिंड बड़ी तेजी से सूर्य की ओर बढ़ रहा था। ज्यों-ज्यों पास आता जाता था, उसका आकार बढ़ता जाता था। यह सूर्य से लाखों गुना बड़ा था।

उसकी महान् आकर्षण-शक्ति से हमारा सूर्य काँप उठा। ऐसा ज्ञात हुआ कि उस ग्रहराज से टकराकर हमारा सूर्य चूर्ण हो जाएगा। वैसा न हुआ। वह सूर्य से सहस्रों मील दूर से ही घूम चला, परंतु उसकी भीषण आकर्षण-शक्ति के कारण सूर्य का एक भाग टूटकर उसके पीछे चला। सूर्य से टूटा हुआ भाग इतना भारी खिंचाव सँभाल न सका और कई टुकड़ों में टूट गया। उन्हीं में से एक टुकड़ा हमारी पृथ्वी है। यह प्रारंभ में एक बड़ा आग का गोला थी।''

1. सूर्य के पास आने पर प्रकाश-पिंड कैसा लग रहा था?

(क) बर्फ के गोले के समान

(ख) सूर्य की तुलना में बहुत ही छोटा

(ग) प्रकाश-पिंड का आकार बड़ा होता जा रहा था

(घ) प्रकाश-पिंड का आकार छोटा होता जा रहा था

उत्तर (ग) प्रकाश-पिंड का आकार बड़ा होता जा रहा था

2. 'पुरखे' शब्द का क्या अर्थ है?

(क) पुराने (ख) संबंधी (ग) माता-पिता (घ) पूर्वज

उत्तर (घ) पूर्वज

3. बहुत दिन पहले पृथ्वी क्या थी?

(क) निर्जन एवं वीरान स्थल (ख) आग का गोला

(ग) गैसों का गुब्बार (घ) एक स्वतंत्र आकाशीय पिंड

उत्तर (ख) आग का गोला

4. सूर्य का एक भाग कैसे टूटा?

उत्तर सूर्य का एक भाग प्रचंड प्रकाश-पिंड की भीषण आकर्षण-शक्ति के कारण टूटा।

5. ब्रह्मांड में क्या घटित हो रहा था?

उत्तर ब्रह्मांड में उथल-पुथल हो रही थी। अनेक ग्रहों और उपग्रहों के बनने की प्रक्रिया चल रही थी।

6. पृथ्वी किस प्रकार निर्मित हुई?

उत्तर प्रचंड प्रकाश-पिंड की भीषण आकर्षण-शक्ति के कारण सूर्य से टूटकर अलग हुआ, एक भाग भारी खिंचाव सहन न कर सका और वह भी कई टुकड़ों में विभाजित हो गया। उसी में से एक टुकड़ा पृथ्वी के रूप में विकसित हुआ।

गद्यांश 6

''मुझे ठीक पता नहीं। हाँ, यह सही है कि हमारा ग्रह ठंडा होता चला गया और मुझे याद है कि अरबों वर्ष पहले मैं हद्रजन और ओषजन के रासायनिक क्रिया के कारण उत्पन्न हुई हूँ। उन्होंने आपस में मिलकर अपना प्रत्यक्ष अस्तित्व गँवा दिया है और मुझे उत्पन्न किया है। मैं उन दिनों भाप के रूप में पृथ्वी के चारों ओर घूमती-फिरती थी। उसके बाद न जाने क्या हुआ? जब मुझे होश आया तो मैंने अपने को ठोस बर्फ के रूप में पाया। मेरा शरीर पहले भाप-रूप में था वह अब अत्यंत छोटा हो गया था। वह पहले से कोई सतरहवाँ भाग रह गया था। मैंने देखा मेरे चारों ओर मेरे असंख्य साथी बर्फ बने पड़े थे। जहाँ तक दृष्टि जाती थी बर्फ के अतिरिक्त कुछ दिखाई न पड़ता था, जिस समय हमारे ऊपर सूर्य की किरणें पड़ती थीं, तो सौंदर्य बिखर पड़ता था। हमारे कितने साथी ऐसे भी थे, जो बड़ी उत्सुकता से आँधी में ऊँचा उड़ने, उछलने-कूदने के लिए कमर कसे तैयार बैठे रहते थे।''

1. भाप से ठोस बनने पर बूँद के शरीर में क्या परिवर्तन आया?

(क) वह पहले से बड़ी हो गई

(ख) वह पहले जैसी ही बनी रही

(ग) वह पहले से छोटी हो गई

(घ) वह अब विशालकाय हो गई

उत्तर (ग) वह पहले से छोटी हो गई

2. बूँद किस रूप में धरती पर घूमती थी?

(क) ओस के रूप में (ख) बादल के रूप में

(ग) भाप के रूप में (घ) कणों के रूप में

उत्तर (ग) भाप के रूप में

3. निम्न में से कौन-सा कथन बूँद के सौंदर्य का बिखरने का कारण था?

1. जब बादल घने हो जाते थे।
2. जब बिजली चमकने लगती थी।
3. जब हरियाली छा जाती थी।
4. जब सूर्य की किरणें उस पर पड़ती थीं।

कूट

(क) केवल 1 (ख) 1 और 2

(ग) केवल 4 (घ) 2, 3 और 4

उत्तर (ग) केवल 4

4. बूँद कैसे उत्पन्न हुई?

उत्तर अरबों वर्ष पहले हद्रजन और ओषजन अर्थात् हाइड्रोजन एवं ऑक्सीजन के रासायनिक क्रिया के कारण बूँद उत्पन्न हुई।

5. होश आने पर बूँद ने स्वयं को किस रूप में पाया?

उत्तर होश आने पर बूँद ने स्वयं को ठोस बर्फ के रूप में पाया।

6. बूँद के अनेक साथी किसलिए तैयार बैठ रहते थे?

उत्तर बूँद के अनेक साथी बड़ी उत्सुकता से आँधी में ऊँचा उड़ने, उछलने-कूदने के लिए तैयार बैठे रहते थे।

गद्यांश 7

मैं कई मास समुद्र में इधर-उधर घूमती रही। फिर एक दिन गर्म-धारा से भेंट हो गई। धारा के जलते अस्तित्व को ठंडक पहुँचाने के लिए हमने उसकी गर्मी सोखनी प्रारंभ कर दी और इसके फलस्वरूप मैं पिघल पड़ी और पानी बनकर समुद्र में मिल गई। समुद्र का भाग बनकर मैंने जो दृश्य देखा वह वर्णनातीत है। मैं अभी तक समझती थी कि समुद्र में केवल मेरे बंधु-बांधवों का ही राज्य है, परंतु अब ज्ञात हुआ कि समुद्र में चहल-पहल वास्तव में दूसरे ही जीवों की है और उसमें निरा नमक भरा है। पहले-पहले समुद्र का खारापन मुझे बिल्कुल नहीं भाया, जी मचलाने लगा, पर धीरे-धीरे सब सहन हो चला।

1. बूँद की मुलाकात एक दिन किससे हो गई?

(क) नदी से (ख) समुद्र से
(ग) गर्म जलधारा से (घ) बादल से

उत्तर (ग) गर्म जलधारा से

2. कई महीनों तक बूँद कहाँ घूमती रही?

(क) नदी में (ख) नल में (ग) समुद्र में (घ) तालाब में

उत्तर (ग) समुद्र में

3. समुद्र में चहल-पहल किसकी है?

(क) बूँद के बंधु-बाँधवों की (ख) दूसरे जीव-जंतुओं की
(ग) नमक की (घ) खारे पानी की

उत्तर (ख) दूसरे जीव-जंतुओं की

4. बूँद ने गर्म धारा को किस प्रकार ठंडक प्रदान की?

उत्तर गर्म धारा के जलते अस्तित्व को ठंडक प्रदान करने के लिए बूँद ने उसकी गर्मी सोखनी प्रारंभ कर दी।

5. बूँद ने धीरे-धीरे क्या सहन कर लिया?

उत्तर बूँद ने धीरे-धीरे समुद्र का खारापन सहन कर लिया। यह खारापन पहले उसे बिल्कुल अच्छा नहीं लगता था।

6. 'वर्णनातीत' का संधि-विच्छेद क्या होगा?

उत्तर 'वर्णनातीत' का संधि-विच्छेद होगा— वर्णन + अतीत।

गद्यांश 8

एक दिन मेरे जी में आया कि मैं समुद्र के ऊपर तो बहुत घूम चुकी हूँ, भीतर चलकर भी देखना चाहिए कि क्या है? इस कार्य के लिए मैंने गहरे में जाना प्रारंभ कर दिया। मार्ग में मैंने विचित्र प्रकार के जीव देखे। मैंने अत्यंत धीरे-धीरे रेंगने वाले घोंघे, जालीदार मछलियाँ, कई-कई मन भारी कछुवे और हाथों वाली मछलियाँ देखीं। एक मछली ऐसी देखी जो मनुष्य से कई गुना लंबी थी। उसके आठ हाथ थे। वह इन हाथों से अपने शिकार को जकड़ लेती थी।

1. बूँद पहले कहाँ बहुत अधिक घूम चुकी थी?

(क) पृथ्वी पर (ख) आकाश में
(ग) गहरे समुद्र में (घ) समुद्र की ऊपरी सतह पर

उत्तर (घ) समुद्र की ऊपरी सतह पर

2. 'उसके आठ हाथ थे' रेखांकित भाग व्याकरण की दृष्टि से क्या है?

(क) गुणवाचक विशेषण (ख) परिमाणवाचक विशेषण
(ग) संख्यावाचक विशेषण (घ) सार्वनामिक विशेषण

उत्तर (ग) संख्यावाचक विशेषण

3. मछली अपने शिकार को कैसे पकड़ती थी?

(क) मुँह में दबोचकर (ख) पंखों में दबोचकर
(ग) हाथों में जकड़कर (घ) अन्य मछलियों की मदद से

उत्तर (ग) हाथों में जकड़कर

4. एक दिन बूँद के मन में क्या विचार आया?

उत्तर एक दिन बूँद के मन में यह विचार आया कि वह समुद्र के ऊपर तो बहुत घूम चुकी है, अब समुद्र के भीतर चलकर देखना चाहिए कि वहाँ क्या है?

5. बूँद ने कहाँ जाने के लिए अपनी यात्रा प्रारंभ की?

उत्तर बूँद ने गहरे समुद्र में जाने के लिए अपनी यात्रा प्रारंभ की।

6. हाथों वाली मछली संभवत: कौन थी?

उत्तर हाथों वाली मछली संभवत: ऑक्टोपस थी। उसके आठ हाथ थे, जिससे वह अपने शिकार को पकड़ती थी।

अतिलघु उत्तरीय प्रश्न

1. 'पानी की कहानी' पाठ किस शैली में लिखा गया है?

उत्तर 'पानी की कहानी' पाठ आत्मकथात्मक शैली में लिखा गया है।

2. 'पानी की कहानी' में लेखक ने किसके माध्यम से कहानी को आगे बढ़ाया है? CBSE Diksha

उत्तर 'पानी की कहानी' में लेखक ने ओस की बूँद के माध्यम से कहानी को आगे बढ़ाया है।

3. लेखक को क्यों लगा कि बूँद के कण बोल रहे हैं?

उत्तर लेखक को ऐसा लगा कि बूँद के कण बोल रहे हैं, क्योंकि उसकी हथेली पर गिरी बूँद दो कणों में विभाजित हो गई और वे कण हिल-हिलकर सितार के तारों जैसी झंकार उत्पन्न कर रहे थे।

4. बूँद के पूर्वज कौन थे और वे कहाँ थे?

उत्तर बूँद ने बताया कि उसके पूर्वज अर्थात् पुरखे हद्रजन (हाइड्रोजन) और ओषजन (ऑक्सीजन) नामक दो गैसें थीं, जो सूर्यमंडल में लपटों के रूप में विद्यमान थीं।

5. सूर्य के काँपने का कारण क्या था?

उत्तर एक दिन एक प्रचंड प्रकाश-पिंड बड़ी तेजी से सूर्य की ओर बढ़ा चला आ रहा था। वह सूर्य से लाखों गुना बड़ा था तथा उसकी तीव्र आकर्षण शक्ति ही सूर्य के काँपने का कारण थी।

6. सरिता में बूँद क्या करती थी?

उत्तर सरिता में बूँद दूसरी बूँदों के साथ मिलकर कभी भूमि को काटती और कभी पेड़ों को खोखला करती थी।

7. ठोस बर्फ से बूँद कैसे पानी बन गई?

उत्तर समुद्र में घूमते समय एक दिन बूँद की गर्म धारा से भेंट हो गई। धारा के जलते अस्तित्व को ठंडक पहुँचाने के लिए उसने उसकी गर्मी सोखनी शुरू की, जिससे वह पिघलकर पानी बन गई।

8. बूँद को समुद्र का खारापन अच्छा क्यों नहीं लगता?

उत्तर बूँद को समुद्र का खारापन बिल्कुल अच्छा नहीं लगता, क्योंकि समुद्र के खारेपन से उसका जी मचलाने लगता है।

9. समुद्र में अपनी जान बचाने के लिए बूँद कहाँ चली गई?

उत्तर समुद्र में अपनी जान बचाने के लिए बूँद अपने दूसरे भाइयों के पीछे-पीछे चट्टान में घुस गई। वह भूमि में घुसकर अपनी जान बचाने की चेष्टा कर रही थी।

10. बूँद कई दिनों तक नल में घूमने के बाद वहाँ से किस तरह भागी?

उत्तर बूँद कई दिनों तक नल में घूमने के बाद वहाँ से भागने की चेष्टा करते हुए एक दिन ऐसे स्थान पर पहुँची, जहाँ नल टूटा हुआ था। वह तुरंत उससे निकल कर भागी और पृथ्वी में समा गई।

लघु उत्तरीय प्रश्न

1. बूँद के शरीर के काँपने के पीछे क्या कारण था?

उत्तर पेड़ की जड़ों की निर्दयता के कारण बूँद का शरीर क्रोध एवं घृणा से काँप उठा और बूँद पेड़ की जड़ों के रोओं से अत्यंत भयभीत थी। उसे उन रोओं की निर्दयता याद आई कि वे कितनी कठोरता से जल की असंख्य बूँदों को बलपूर्वक पृथ्वी में से खींच लेती हैं। उन बूँदों में से कुछ को तो पेड़ खा जाते हैं और अधिकांश का सब कुछ छीनकर उन्हें बाहर निकाल देते हैं। यह ध्यान में आते ही पेड़ के प्रति बूँद में घृणा एवं क्रोध की भावना भर गई।

2. बूँद कोठरी में कैसे पिस गई?

उत्तर जब बूँद को पेड़ की जड़ों के रोओं ने अपने पास खींच लिया, तो पेड़ ने उसे एक कोठरी में बंद कर दिया। वहाँ उसे कोई पीछे से धक्का दे रहा था, तो कोई हाथ पकड़कर आगे खींच रहा था। बूँद के एक और भाई के आ जाने पर उसके लिए जगह बनाने हेतु बूँद को और दबाया गया। आगे एक और बूँद उसका हाथ पकड़कर ऊपर खींच रही थी। इस प्रकार, उन दोनों के बीच बूँद पिस गई।

3. बूँद पानी बनकर समुद्र में कैसे मिल गई?

उत्तर ठोस बर्फ बनने के काफी समय बाद वह फिसलते हुए समुद्र में चली गई, लेकिन वहाँ भी उसका स्वरूप ठोस ही था। अचानक एक दिन उसकी मुलाकात गर्म धारा से हो गई, जिसके जलते अस्तित्व को ठंडक पहुँचाने के लिए बूँद ने उसकी गर्मी सोखनी शुरू कर दी। इसी के परिणामस्वरूप वह पिघल गई और पानी बनकर समुद्र में मिल गई।

4. समुद्र की गहराई में जाने के दौरान मार्ग में बूँद ने क्या-क्या देखा?

उत्तर समुद्र की गहराई में जाने के दौरान मार्ग में बूँद ने अनेक विचित्र जीव-जंतु देखे। उसने वहाँ धीरे-धीरे रेंगने वाले घोंघे, जालीदार मछलियाँ, कई-कई मन भारी कछुवे, हाथोंवाली मछलियाँ, लालटेन वाली मछली आदि के साथ-साथ जंगल, पहाड़ियाँ, घाटियाँ, अँधे एवं आलसी जीव आदि देखे।

5. करोड़ों जल-कण समुद्र में अपनी जान कैसे बचाते हैं?

उत्तर करोड़ों जल-कण समुद्र की निचली सतह में चले जाने के बाद भूमि में घुसकर अपनी जान बचाते हैं इससे समुद्र का जल नीचे धँसता चला जाता है। कई जलकण समुद्र में मौजूद चट्टानों में घुसकर भी अपनी जान बचाते हैं। बूँदों ने भी इसी तरह अपनी जान बचाई।

6. पृथ्वी के हृदय में घूम-घूम कर देखने पर बूँद को क्या दिखाई पड़ा? CBSE Diksha

उत्तर पृथ्वी के हृदय में घूम-घूम कर देखने पर बूँद ने देखा कि वहाँ एक भी जगह ठोस वस्तु का नाम नहीं था। वहाँ बड़ी-बड़ी लाल-पीली चट्टानें तरल अवस्था में पड़ी थीं।

नाना प्रकार की धातुएँ इधर-उधर बहने को उतावली हो रही थीं। वहाँ का तापमान अत्यधिक ऊँचा था और कई बूँदों का शरीर देखते-देखते ओषजन एवं हद्रजन में विभाजित हो गया। बूँद अपने बुद्धिमान साथियों के साथ वहाँ से निकल भागी।

7. बूँद पृथ्वी के हृदय से बाहर कैसे निकली?

उत्तर बूँद पृथ्वी के हृदय में जाकर घूम-घूमकर चारों तरफ देख रही थी, तभी वह एक ऐसे स्थान पर पहुँची, जहाँ पृथ्वी का गर्भ रह-रहकर हिल रहा था। वहाँ तेजी से एक धमाका हुआ और अपने साथियों के साथ बूँद भी तेजी से बाहर फेंक दी गई इस प्रकार वह ऊँचे आकाश में उड़ चली। वस्तुत: वह ज्वालामुखी के माध्यम से पृथ्वी के हृदय से बाहर निकली।

8. बूँद के लिए कौन-से दिन बड़े मजे के थे और कैसे? CBSE Diksha

उत्तर बूँद के लिए वे दिन बड़े मजे के थे, जब वह नदी में मिलकर बहती थी। वो दिन उसके लिए बहुत ही खुशी के दिन थे। वह अपनी अन्य साथी बूँदों के साथ मिलकर कभी भूमि को काटती, कभी पेड़ों को खोखला कर उन्हें गिरा देती। वह बहते-बहते उत्सुक होकर सब कुछ देखती थी।

9. बूँद नल में कैसे फँस गई?

उत्तर सरिता की छोटी धारा में मिली बूँद बहते-बहते एक दिन नगर के पास पहुँची। उसने देखा कि नदी के तट पर एक ऊँची मीनार से काली-काली हवा निकल रही है। उत्सुकता में उसे देखने के लिए आगे बढ़ने पर दुर्भाग्यवश वह अपने साथियों के साथ एक मोटे नल में खींच ली गई और उसमें फँस गई।

दीर्घ उत्तरीय प्रश्न

1. लेखक के हाथों पर गिरने से पहले बूँद कहाँ थी और किस तरह वह लेखक के हाथों पर आई?

उत्तर लेखक के हाथों पर गिरने से पहले बूँद बेर के पेड़ में फँसी हुई थी और वह जैसे-तैसे जान बचाकर पत्तों तक पहुँची थी। उसने सोचा था कि पत्तों तक पहुँचते ही वह उड़ कर स्वतंत्र हो जाएगी, लेकिन तब तक उसे उड़ने की शक्ति प्रदान करने वाला सूर्य अस्त हो चुका था। इस कारण वह उड़ नहीं पाई और अपने भाग्य पर भरोसा करके पत्तों पर ही सिकुड़ी पड़ी रही। वह पेड़ों की जड़ों के रोओं से अत्यंत भयभीत थी। पेड़ जल की बूँदों को खा जाते हैं या फिर उनका सब कुछ छीनकर उन्हें बाहर निकाल देते हैं अत: उनकी इस निर्दयता से ओस की बूँद सहमी हुई थी। इसी कारण वह लेखक को देखते ही पत्तों से कूदकर लेखक के हाथों पर गिरी और फिसलते हुए उसकी हथेली पर आ गई।

2. बूँद ने पृथ्वी के निर्माण के बारे में लेखक को क्या बताया? अपने शब्दों में लिखिए।

उत्तर बूँद ने लेखक को पृथ्वी के निर्माण की कहानी सुनाते हुए बताया कि एक बार बहुत दूर एक प्रचंड प्रकाश-पिंड दिखाई पड़ा। सूर्य के धरातल पर रहने वाली सभी लपटों की आँखें चौंधियाने लगी।

वह पिंड बड़ी तेज़ी से सूर्य की ओर ही बढ़ रहा था। पास आते जाने पर उसका बड़ा विशाल आकार भी स्पष्ट होता जा रहा था। उसकी विशालता से सूर्य भी काँप उठा। सभी को ऐसा लगा कि उस ग्रह से टकराकर सूर्य चूर्ण-चूर्ण हो जाएगा, लेकिन वह पिंड सूर्य से हजारों मील पहले ही घूम गया। इसके बावजूद, उस पिंड की भीषण आकर्षण-शक्ति के कारण सूर्य का एक भाग टूटकर उसके पीछे चला गया। सूर्य से टूटे हुए भाग पर अत्यधिक खिंचाव पड़ रहा था, जिसे वह सँभाल न सका और कई टुकड़ों में विभाजित हो गया। उन्हीं में से एक टुकड़ा पृथ्वी है, जो शुरू में आग का एक बड़ा गोला थी, लेकिन समय के साथ-साथ ठंडी होने पर वह अपना वर्तमान ठोस स्वरूप ग्रहण कर सकी।

3. गहरे समुद्र में जाने पर बूँद के अनुभव को आप अपने शब्दों में व्यक्त कीजिए।

उत्तर बूँद जब गर्म धारा से मिलकर अपने ठोस बर्फ के स्वरूप को छोड़, पानी बन गई तो वह समुद्र से मिल गई। वह समुद्र का अंग बनकर अत्यंत नए-नए अनुभवों से परिचित हुई। वहाँ उसने अपनी सोच के विपरीत समुद्र में अनेक प्रकार के जीवों की हलचल को देखा।

समुद्र का खारा जल हालाँकि उसे बिल्कुल पसंद नहीं आया, लेकिन समुद्र के अंदर जाने पर उसने अनेक विचित्र जीवों को देखा। गहरे समुद्र में उसने अत्यंत धीरे-धीरे रेंगने वाले घोंघे, जालीदार मछलियाँ, अत्यंत भारी कछुवे, आठ हाथों वाली मछली, शरीर से चमक निकालने वाली मछली आदि देखी। यह सब उसे अत्यंत विचित्र लगा और समुद्र तल में पहुँचने पर उसने वहाँ जंगल देखे, जिसमें ठिगने, मोटे पत्ते वाले बहुतायत पेड़ उगे हुए थे। वहाँ पहाड़ियाँ एवं घाटियाँ भी थीं, जिनमें अनेक अँधे एवं महा आलसी जीव मौजूद थे। इन सबको देखने में बूँद को कई वर्ष लग गए। गहरे समुद्र में बूँद का अनुभव बिल्कुल नया एवं रोमांचकारी था।

4. 'पानी की कहानी' पाठ आपकी जिज्ञासा को किस स्तर तक शांत कर पाया, इस आलेख में बताएँ कि यह पाठ आपको कैसा लगा?

उत्तर 'पानी की कहानी' पाठ वस्तुतः विज्ञानपरक निबंध है, जिसमें बूँद के माध्यम से पानी बनने के विभिन्न पक्षों के बारे में बताया गया है। इस निबंध के माध्यम से पानी की उत्पत्ति एवं विभिन्न क्षेत्रों तक उसकी पहुँच से पाठकों को परिचित कराया गया है।

इसमें यह बताया गया है कि सृष्टि के प्रारंभ होने पर किस तरह पानी बना तथा निर्मित होने के बाद यह विभिन्न क्षेत्रों तक कैसे पहुँचा। यह निबंध न केवल ज्ञानवर्द्धक एवं जिज्ञासा को शांत करने वाला है, बल्कि यह रोचक एवं सरस भी है। इसे पढ़ते हुए हमेशा एक उत्सुकता बनी रहती है कि आगे क्या हुआ होगा। इस पाठ को पढ़ते हुए मुझे कुछ अत्यंत महत्त्वपूर्ण सवालों के उत्तर प्राप्त हुए, जो अभी तक सिर्फ प्रश्न के रूप में मेरे मन में हमेशा उत्सुकता पैदा करते थे। अतः मुझे यह पाठ अत्यंत रुचिकर, ज्ञानवर्द्धक एवं प्रासंगिक लगा।

स्व-मूल्यांकन

बहुविकल्पीय प्रश्न

1. बूँद प्रारंभिक अवस्था में किस रूप में थी?

(क) बर्फ के रूप में (ख) सागर के रूप में

(ग) भाप के रूप में (घ) पानी रूप में

2. निरा नमक कहाँ भरा हुआ है?

(क) पानी में (ख) कुएँ में

(ग) तालाब में (घ) समुद्र में

3. सरिता के दिन किसके लिए मजे के थे?

(क) पेड़-पौधों के लिए (ख) अन्य जल-जीवों के लिए

(ग) पानी की बूँद के लिए (घ) मछलियों के लिए

4. पेड़ के किस भाग से बूँद निकलकर भागी?

(क) जड़ (ख) फूल (ग) शाखा (घ) पत्ते

5. बड़ी ज़ोर से हुए धड़ाके को क्या कहा जाता है?

(क) पृथ्वी का हिलना (ख) धरती का कंपन

(ग) ज्वालामुखी का फटना (घ) बम-विस्फोटक

गद्यांश पर आधारित प्रश्न

निम्नलिखित गद्यांश को ध्यानपूर्वक पढ़कर उस पर आधारित प्रश्नों के उत्तर दें

मैं और गहराई की खोज में किनारों से दूर गई, तो मैंने एक ऐसी वस्तु देखी कि मैं चौंक पड़ी। अब तक समुद्र में अँधेरा था, सूर्य का प्रकाश कुछ ही भीतर तक पहुँच पाता था और बल लगाकर देखने के कारण मेरे नेत्र दुखने लगे थे। मैं सोच रही थी कि यहाँ पर जीवों को कैसे दिखाई पड़ता होगा कि सामने ऐसा जीव दिखाई पड़ा मानो कोई लालटेन लिए घूम रहा हो। यह एक अत्यंत सुंदर मछली थी। इसके शरीर से एक प्रकार की चमक निकलती थी, जो इसे मार्ग दिखलाती थी। इसका प्रकाश देखकर कितनी छोटी-छोटी अनजान मछलियाँ इसके पास आ जाती थीं और यह जब भूखी होती थी तो पेट भर उनका भोजन करती थीं।"

1. समुद्र के अंदर मछली के देखने के नेत्र क्यों दुखने लगे थे?

(क) वहाँ अँधेरा अधिक था (ख) वहाँ प्रकाश ज्यादा था

(ग) वहाँ तेज रोशनी हो रही थी (घ) वहाँ कम प्रकाश था

2. 'अनजान' में कौन-सा उपसर्ग है?

(क) जान (ख) अ (ग) अन् (घ) अन

3. चमकने वाली मछली के पास छोटी-छोटी मछलियाँ क्यों आ जाती थीं?

(क) अपनापन दर्शाने के लिए (ख) अपना भोजन प्राप्त करने हेतु

(ग) प्रकाश से आकर्षित होकर (घ) मार्ग का पता लगाने के लिए

4. बूँद समुद्र में क्या देखकर चौंक पड़ी?

5. मछली के शरीर से निकलने वाली चमक का क्या प्रभाव पड़ता था?

6. चमकने वाली मछली का भोजन क्या था?

अतिलघु उत्तरीय प्रश्न

1. बूँद को उड़ने की शक्ति कैसे प्राप्त होती थी?

2. पाठ में हद्रजन एवं ओषजन का प्रयोग किसके लिए हुआ है?

3. प्रारंभ में पृथ्वी कैसी थी?

4. जल की बूँद शुरुआत में किस रूप में पृथ्वी पर उपस्थित थी?

5. समुद्र में मिलने से पहले बूँद क्या सोचती थी?

लघु उत्तरीय प्रश्न

1. बूँद की भावपूर्ण कहानी सुनकर लेखक पर क्या प्रभाव पड़ा?

2. बूँद ने बादल का स्वरूप कैसे ग्रहण किया?

3. बूँद को अपनी पुरानी सहेली कहाँ मिली? वह उसके साथ क्या-क्या करती थी?

दीर्घ उत्तरीय प्रश्न

1. बूँद बेर के पेड़ के पास कैसे पहुँची? अपने शब्दों में विस्तार से बताइए।

2. 'पानी की कहानी' पाठ कौन-कौन-सी उत्सुकता को शांत करने में सहायक सिद्ध हो सकता है? स्पष्ट कीजिए।

बाज और साँप

निर्मल वर्मा

अध्याय 13

पाठ का सार

साँप का निवास स्थान और उसके आस-पास का वातावरण

समुद्र के किनारे ऊँचे पर्वत की अँधेरी गुफा में एक साँप रहता था। धूप में चमकती, झिलमिलाती समुद्र की तूफानी लहरें दिन भर उस पर्वत की चट्टानों से टकराती रहती थीं। पर्वत की अँधेरी घाटियों में एक नदी भी बहती थी, जो अंततः समुद्र में आकर मिल जाती थी। नदी और समुद्र के मिलने के स्थान पर लहरें दूध के झाग-सी सफेद दिखाई देती थीं।

साँप की संतुष्टि तथा घायल बाज का गुफा में गिरना

गुफा के सीमित दायरे में रहकर साँप संतुष्ट था। वह गुफा में शांत बैठकर समुद्र की लहरों की आवाज़ और नदी के शोरगुल को सुनता रहता था। साँप अकसर यह सोचता था कि वह उस गुफा का मालिक है और इस गुफा में वह सुरक्षित और सुखी है। एक दिन अचानक एक घायल बाज साँप की गुफा में आ गिरा। पहले तो साँप उसे देखते ही डर गया और एक कोने में सिकुड़ गया, लेकिन बाज की कमज़ोर एवं दयनीय स्थिति देखकर साँप में उसके निकट जाने का साहस आया। उसने बाज से पूछा कि तुमने इतनी जल्दी मरने की तैयारी क्यों कर ली।

बाज की साहसिक बातें और साँप की दुर्गंध से भरी गुफा का निरीक्षण

बाज ने साँप से कहा कि मैंने अपने जीवन को भरपूर जिया है और मेरी ऐसी कोई भी इच्छा नहीं बची है, जिसे मैंने पूरा न किया हो। मैंने आकाश की असीम ऊँचाइयों को नापते हुए दूर-दूर तक उड़ानें भरी हैं पर आकाश में उड़ने का आनंद तुम कभी भी नहीं उठा पाओगे।

बाज की साहसिक बातें सुनकर साँप उससे कहता है कि आकाश की ऊँचाइयों में आखिर क्या है? आकाश से अधिक सुरक्षित एवं आरामदायक यह गुफा है और वह इसी में खुश है। साँप बाज को मूर्ख समझते हुए मन-ही-मन हँस रहा था। वह सोच रहा था कि अंत में तो सभी को मरना ही है, तो फिर उड़ने एवं रेंगने में क्या अंतर है? किसी तरह सुरक्षित रहते हुए जीवन को अच्छे से व्यतीत करना चाहिए।

बाज ने अपना सिर उठाकर गुफा के चारों ओर देखा, चट्टानों में पड़ी दरारों से पानी टपक रहा था। सीलन एवं अँधेरे में डूबी गुफा में एक भयानक दुर्गंध फैली हुई थी, जैसे कोई चीज़ वर्षों से पड़ी-पड़ी सड़ गई हो। बाज इस दम घोंटने वाले वातावरण से शीघ्र ही दूर हो जाना चाहता था, इसलिए उसने घायल होने के बावजूद भी आकाश में उड़ने की इच्छा व्यक्त की।

साँप का बाज को उत्साहित करना और बाज में नई आशा जागना

साँप ने बाज की उड़ने की प्रबल इच्छा देखकर उसे उड़ने के लिए उत्साहित किया कि वह चट्टान के किनारे तक जाए। शायद उसके पैरों की शक्ति उसे आकाश में उड़ा सके, इसलिए उसे एक कोशिश जरूर करनी चाहिए।

साँप द्वारा मिले प्रोत्साहन से बाज में एक नई आशा जाग उठी। वह अपने घायल शरीर को घसीटता हुआ चट्टान के किनारे तक पहुँचा और खुला आकाश देखकर उसकी आँखें चमक उठी। उसने एक गहरी, लंबी साँस ली और पंख फैलाकर हवा में कूद पड़ा।

बाज के टूटे पंखों में इतनी शक्ति नहीं थी कि वे उसके शरीर का बोझ सँभाल पाते। बाज ने जैसे ही उड़ान भरी तभी वह गिर पड़ा और उसका शरीर लुढ़कता हुआ नदी में गिर गया। नदी उसे अपनी गोद में लेकर सागर की ओर चल पड़ी। बाज की मृत्यु पर लहरें बाज को अपने-आप में समेटते हुए सागर की ओर ले गईं।

साँप की आकाश में उड़ने की इच्छा

बाज की इस प्रकार आकाश में उड़ने की इच्छा देखकर साँप आकाश के रहस्य को जानने के लिए बेचैन हो उठता है। वह आकाश में उड़ने का प्रयास करता है, परंतु जैसे ही वह उड़ने के लिए अपने शरीर को हवा में उछालता है, तो नीचे छोटी-छोटी चट्टानों पर गिर जाता है। ईश्वर की कृपा से वह बच जाता है और हँसते हुए कहता है कि उड़ने में कोई आनंद नहीं है। धरती का सुख ही सबसे उत्तम है। सभी पक्षी मूर्ख होते हैं, असली सुख तो धरती पर ही है। पक्षी व्यर्थ में ही आकाश की ऊँचाइयाँ नापते हैं, लेकिन अब मैं कभी भी उड़ने की कोशिश नहीं करूँगा। आराम से अपनी गुफा में ही रहूँगा।

लहरों का गीत द्वारा बाज का गुणगान करना

थोड़ी देर बाद साँप यह सुनकर आश्चर्यचकित रह गया कि समुद्र की लहरों से मधुर रहस्यमयी गीत की आवाज़ आ रही थी, जो दूर-दूर तक गूँज रही थी। लहरें मधुर स्वर में गाते हुए उन साहसी लोगों की प्रशंसा कर रही थीं, जो अपने प्राणों को हथेली पर रखे घूमते हैं।

समुद्र की लहरें अपने गीतों के माध्यम से कह रही थीं कि ओ निडर बाज! शत्रुओं से लड़ते हुए तुमने अपना कीमती रक्त बहाया है। तुम्हारे खून की एक-एक बूँद जिंदगी के अँधेरे में प्रकाश फैलाएगी। लहरें बाज को श्रद्धांजलि देते हुए कहती हैं कि तुमने अपना जीवन बलिदान कर दिया, इसलिए तुम अमर हो। हमारा गीत तुम्हारे जैसे दीवानों के लिए ही है, जो कभी भी मृत्यु से नहीं डरते।

शब्दार्थ

शब्द	हिंदी अर्थ
NCERT पृष्ठ संख्या 84	
बलखाना	टेढ़ा होना, लचकना
गर्जन	गरजना, तेज आवाज करना
लथपथ	लिपटा हुआ, सना हुआ
NCERT पृष्ठ संख्या 85	
असीम	जिसकी कोई सीमा न हो
दरार	फटने से पैदा हुई जगह
सीलन	नमी
NCERT पृष्ठ संख्या 86	
करुण	दुःख से भरा हुआ
सिटपिटा-सा	हैरान होना

शब्द	हिंदी अर्थ
वियोग	विरह, अलगाव
व्याकुल	बैचेन
हर्ज़	हानि, नुकसान
सिर धुनना	पछताना
आँखों से ओझल होना	नजरों से दूर हो जाना
खोखल	खोखली जगह, बड़ा छेद
शून्यता	खालीपन
NCERT पृष्ठ संख्या 87	
डींगें हाँकना	शेखियाँ बघारना
स्वच्छंदता	स्वतंत्रता
सुनहरी	सोने के रंग जैसी

NCERT फोल्डर

पाठ्यपुस्तक वसंत भाग-3 के प्रश्नोत्तर

शीर्षक और नायक (पृष्ठ संख्या 88)

प्र.1 लेखक ने इस कहानी का शीर्षक कहानी के दो पात्रों के आधार पर रखा है। लेखक ने बाज और साँप को ही क्यों चुना? आपस में चर्चा कीजिए।

उत्तर लेखक ने इस कहानी का शीर्षक दो भिन्न-भिन्न प्रवृत्तियों के प्रतीक पात्रों के आधार पर रखा है। लेखक द्वारा 'बाज और साँप' नामक कहानी में बाज और साँप का चयन निम्नलिखित कारणों से किया गया है

(i) बाज साहस एवं वीरता का प्रतीक है, जबकि साँप इसके विपरीत कायरता का प्रतीक है।

(ii) बाज को स्वतंत्रता अत्यंत प्रिय है और वह अपने जीवन के अंतिम समय में भी स्वतंत्रता चाहता है, जबकि साँप को परतंत्रता (गुलामी) अच्छी लगती है, क्योंकि परतंत्र होकर वह अपना जीवन सुरक्षित मानता है।

(iii) बाज असीम ऊँचाइयों को छूना पसंद करता है, जबकि साँप को ऊँचाइयों से डर लगता है, क्योंकि उसे सिर्फ अपने जीवन से प्यार है।

(iv) बाज ताज़गी को पसंद करता है, जबकि साँप गंदगी-सीलन से भरे वातावरण में रहता है।

इस प्रकार, लेखक ने इन दोनों पात्रों के आधार पर स्वतंत्रता-परतंत्रता व वीरता-कायरता के भावों को प्रकट करने का प्रयास किया है।

इस बारे में छात्र स्वयं चर्चा करें।

कहानी से (पृष्ठ संख्या 89)

प्र.1 घायल होने के बाद भी बाज ने यह क्यों कहा, "मुझे कोई शिकायत नहीं है।" विचार प्रकट कीजिए।

उत्तर घायल होने के बाद भी बाज कहता है कि मुझे कोई शिकायत नहीं है, क्योंकि वह एक साहसी एवं वीर प्रवृत्ति का प्राणी है। वह अपने जीवन में अपनी जान बचाने के लिए किसी भी प्रकार का समझौता नहीं करता है। उसने अपनी बहादुरी एवं साहस के बल पर असीम ऊँचाइयों को छुआ है तथा अपने मन की प्रत्येक इच्छा पूरी की है तथा बाज ने अपना जीवन डर में रहकर नहीं जिया, बल्कि अपनी इच्छा से किसी भी प्रकार का समझौता किए बिना, जीवन जीने वाला बहादुर बाज अपने दुश्मनों का जमकर मुकाबला करता रहा है। इन्हीं सब कारणों से उसे अपने जीवन से कोई शिकायत नहीं है।

प्र.2 बाज ज़िंदगी भर आकाश में ही उड़ता रहा, फिर घायल होने के बाद भी वह उड़ना क्यों चाहता था?

उत्तर बाज ज़िंदगी भर आकाश में उड़ते रहने के बावजूद घायल होने के बाद भी इसलिए उड़ना चाहता था, क्योंकि

(i) साहसी एवं वीर होने के कारण उसे कभी भी थकना पसंद नहीं था।

(ii) अपने जीवन में असीम ऊँचाइयों को अपने मजबूत पंखों से नापने वाले बाज के मन में निराशा एवं पराजय की भावना बिल्कुल नहीं थी।

(iii) वह अपने जीवन के अंत समय में भी ऊँची उड़ान के सुख महसूस करना चाहता था।

(iv) आकाश के विस्तार एवं स्वतंत्रता से उसे इतना अधिक लगाव था कि वह अपने जीवन का अंत भी इसी मनोवृत्ति के साथ करना चाहता था।

प्र.3 साँप उड़ने की इच्छा को मूर्खतापूर्ण मानता था, फिर उसने उड़ने की कोशिश क्यों की?

उत्तर साँप उड़ने की इच्छा को मूर्खतापूर्ण मानता था। इसके बावजूद उसने उड़ने की कोशिश इसलिए की, क्योंकि वह आकाश के असीम विस्तार का एक बार स्वयं अनुभव करना चाहता था। वास्तव में, उसकी इस इच्छा के पीछे बाज की गतिविधियाँ थीं।

बाज के अंदर मरते हुए भी उड़ने की प्रबल इच्छा देखकर साँप के अंदर भी उड़ने की इच्छा हुई। रेंगने वाला प्राणी साँप उड़ने के आनंद को प्राप्त करना चाहता था, हालाँकि उसमें इसके लिए आवश्यक वीरता एवं साहस की कमी थी।

वह किसी तरह अपने जीवन को सुरक्षित रखना ही सबसे महत्त्वपूर्ण समझता था। उसमें जोखिम लेने की क्षमता नहीं थी, लेकिन एक स्वाभाविक उत्सुकता अवश्य थी। इसी उत्सुकता के कारण वह आकाश की असीम ऊँचाइयों एवं स्वतंत्रता का आनंद लेना चाहता था।

प्र.4 बाज के लिए लहरों ने गीत क्यों गाया था?

उत्तर बाज की बहादुरी एवं वीरता का सम्मान करने के लिए उसकी प्रशंसा में लहरों ने गीत गाया था। बाज अपने शत्रुओं से लड़ते हुए घायल हुआ था तथा उसने अपना कीमती रक्त अपनी स्वतंत्रता को बनाए रखने तथा असीम ऊँचाइयों को छूने के लिए बहाया था।

वह अपने जीवन के अंतिम समय में भी अपनी इस मनोवृत्ति को बनाए रखना चाहता था, इसलिए अत्यधिक घायल होने के बावजूद भी बाज ने अपने जीवन की अंतिम उड़ान भरी और मृत्यु को प्राप्त हो गया। उसे अपने जीवन से किसी प्रकार की कोई शिकायत नहीं थी। उसकी इसी वीरता एवं साहस से प्रभावित होकर ही लहरों ने उसके लिए गीत गाया।

प्र.5 घायल बाज को देखकर साँप खुश क्यों हुआ होगा?

उत्तर जीवन भर साँप का शिकार करने वाला बाज आज असहाय अवस्था में घायल पड़ा हुआ था। साँप अपने स्वाभाविक शत्रु को मरणासन्न अवस्था में देखकर इसलिए खुश हुआ होगा, क्योंकि अब यह बाज उसका किसी भी प्रकार से अहित नहीं कर सकता था। मृत्यु के निकट पहुँचे इस बाज से साँप को डरने की अब आवश्यकता नहीं थी। स्वयं को सुरक्षित समझकर ही साँप खुश हुआ होगा।

कहानी से आगे (पृष्ठ संख्या 89)

प्र.1 कहानी में से वे पंक्तियाँ चुनकर लिखिए, जिनसे स्वतंत्रता की प्रेरणा मिलती हो।

उत्तर कहानी में स्वतंत्रता की प्रेरणा देने वाली निम्नलिखित पंक्तियाँ महत्त्वपूर्ण हैं

(i) दूर-दूर तक उड़ानें भरी हैं, आकाश की असीम ऊँचाइयों को अपने पंखों से नाप आया हूँ।

(ii) तुम्हारा बड़ा दुर्भाग्य है कि तुम ज़िंदगी भर आकाश में उड़ने का आनंद नहीं उठा पाओगे।

(iii) आह! काश, मैं सिर्फ एक बार आकाश में उड़ पाता।

(iv) यदि तुम्हें स्वतंत्रता इतनी प्यारी है, तो इस चट्टान के किनारे से ऊपर क्यों नहीं उड़ जाने की कोशिश करते।

(v) हो सकता है कि तुम्हारे पैरों में अभी इतनी ताकत बाकी हो कि तुम आकाश में उड़ सको। कोशिश करने में क्या हर्ज है?

(vi) खुले आकाश को देखकर उसकी आँखें चमक उठीं। उसने एक गहरी, लंबी साँस ली और अपने पंख फैलाकर हवा में कूद पड़ा।

(vii) आकाश की असीम शून्यता में ऐसा क्या आकर्षण छिपा है, जिसके लिए बाज ने अपने प्राण गँवा दिए?

(viii) कम-से-कम उस आकाश का स्वाद तो चख लूँगा।

(ix) पर वह समय दूर नहीं है, जब तुम्हारे खून की एक-एक बूँद ज़िंदगी के अँधेरे में प्रकाश फैलाएगी और साहसी, बहादुर दिलों में स्वतंत्रता और प्रकाश के लिए प्रेम पैदा करेगी।

(x) हमारा गीत ज़िंदगी के उन दीवानों के लिए है, जो मर कर भी मृत्यु से नहीं डरते।

प्र.2 लहरों का गीत सुनने के बाद साँप ने क्या सोचा होगा? क्या उसने फिर से उड़ने की कोशिश की होगी? अपनी कल्पना से आगे की कहानी पूरी कीजिए।

उत्तर लहरों द्वारा बाज की बहादुरी की प्रशंसा में गाया जाने वाला गीत सुनने के बाद साँप के मन में बाज की तरह उड़ान नहीं भर पाने का दु:ख उत्पन्न हुआ होगा। उसे स्वयं के नहीं उड़ पाने पर ग्लानि महसूस हुई होगी। उसे यह अवश्य लगा होगा कि यदि वह भी बाज की तरह उड़ता और आकाश की असीम ऊँचाइयों को नाप सकता, तो लहरें उसकी प्रशंसा में भी गीत गातीं। स्वयं को उस स्तर पर लाने के लिए और बाज की तरह उड़ान भरने के लिए उसने उड़ने का निश्चय किया होगा।

इसके लिए वह स्वयं को फिर किसी ऊँचे स्थान पर ले गया होगा, जहाँ से उड़ान भरी जा सके, लेकिन इस बार उसने एक सावधानी अवश्य बरती होगी कि यदि वह गिरे तो ऐसी जगह गिरे, जहाँ उसे अधिक चोट या नुकसान न पहुँचे।

नोट छात्र अपनी कल्पना से आगे की कहानी स्वयं पूर्ण करें।

प्र.3 क्या पक्षियों को उड़ते समय सचमुच आनंद का अनुभव होता होगा या स्वाभाविक कार्य में आनंद का अनुभव होता ही नहीं? विचार प्रकट कीजिए।

उत्तर पक्षियों को उड़ते समय सचमुच आनंद का अनुभव होता होगा, क्योंकि वे अपनी उड़ान के दौरान आकाश के विस्तार से परिचित होने के साथ-साथ अपनी क्षमता एवं शक्ति का आकलन भी करते होंगे। अपना स्वाभाविक कार्य करते हुए भी आनंद का अनुभव होता है।

उसी प्रकार पक्षियों का उड़ान भरना उनका एक स्वाभाविक कार्य है, लेकिन इसमें उन्हें आनंद अवश्य प्राप्त होता होगा, क्योंकि उड़ान कैसी भी हो, उसमें आनंद तो प्राप्त होता ही है।

साथ ही, उड़ान भरकर ही पूरी दुनिया को देखने एवं समझने में पक्षी सक्षम होते हैं। वस्तुत: दुनिया या जीवन की जितनी अधिक समझ आती जाती है, जीवन उतना ही सरस एवं आकर्षक लगने लगता है।

प्र.4 मानव ने भी हमेशा पक्षियों की तरह उड़ने की इच्छा की है। आज मनुष्य उड़ने की इच्छा किन साधनों से पूरी करता है?

उत्तर सर्वप्रथम मनुष्य ने पक्षियों को उड़ता देखकर, स्वयं के उड़ने की ही इच्छा व्यक्त की थी। उसे यह महसूस होने लगा कि यदि पक्षी आकाश में उड़ सकते हैं, तो मनुष्य भी उड़ान भरने का प्रयास कर सकता है।

मनुष्य ने अपने उड़ने की इस इच्छा को पूरा करने के लिए कई साधनों का आविष्कार किया; जैसे— हवाई जहाज, हेलीकॉप्टर, ग्लाइडर, गैस-बैलून आदि। आज मनुष्य अपनी उड़ने की इच्छा इन्हीं साधनों से पूरी करता है।

अनुमान और कल्पना (पृष्ठ संख्या 89)

प्र.1 यदि इस कहानी के पात्र बाज और साँप न होकर कोई और होते तब कहानी कैसी होती? अपनी कल्पना से लिखिए।

उत्तर यदि इस कहानी के पात्र बाज और साँप न होकर कोई और होते तब भी कहानी ऐसी ही होती। कहानी के पात्र बदलने से कोई अंतर नहीं पडता, क्योकि कहानी का मूल उद्देश्य विचारों के अंतर को दर्शाना है। पात्र केवल इस अंतर को दर्शाने का माध्यम है। स्वतंत्रता की भावना तो सभी जगह सभी वीर और साहसी पात्रों में देखी जा सकती है।

भाषा की बात (पृष्ठ संख्या 90)

प्र.1 कहानी में से अपनी पसंद के पाँच मुहावरे चुनकर वाक्यों में प्रयोग कीजिए।

उत्तर कहानी में से चुने गए पाँच मुहावरे और उनका वाक्य-प्रयोग निम्नलिखित है

(i) **आँखें चमक उठना**—अत्यंत प्रसन्न या खुश हो जाना।
रागिनी ने अचानक अपनी माँ को देखा, तो उसकी आँखें चमक उठीं।

(ii) **अंतिम साँसें गिनना**—मृत्यु के अत्यंत निकट पहुँच जाना।
भीषण गर्मी के कारण पानी के अभाव में नदी की कई मछलियाँ अंतिम साँसे गिन रही हैं।

(iii) **डींगें हाँकना**—अपनी झूठी प्रशंसा करना।
राकेश को डींगें हाँकने की पुरानी आदत है।

(iv) **आँखों से ओझल हो जाना**—गायब हो जाना।
सूर्य की किरणों के निकलते ही हरी घास पर बिखरी ओस की बूँदें आँखों से ओझल होने लगती हैं।

(v) **कसर बाकी न रखना**—कोई कमी नहीं रहने देना।
घनश्याम इस बार की परीक्षा में प्रथम आने के लिए कोई कसर बाकी नहीं रख रहा है।

प्र.2 'आरामदेह' शब्द में 'देह' प्रत्यय है। यहाँ 'देह' 'देने वाला' के अर्थ में प्रयुक्त है। देने वाला के अर्थ में 'द', 'प्रद', 'दाता', 'दाई' आदि का प्रयोग भी होता है; जैसे-सुखद, सुखदाता, सुखदाई, सुखप्रद। उपर्युक्त समानार्थी प्रत्ययों को लेकर दो-दो शब्द बनाइए

उत्तर

प्रत्यय	निर्मित शब्द
(i) द	दुखद, मानद
(ii) प्रद	लाभप्रद, शिक्षाप्रद
(iii) दाता	मुक्तिदाता, अन्नदाता
(iv) दाई	फलदाई, दुखदाई

अभ्यास प्रश्न

बहुविकल्पीय व वर्णनात्मक प्रश्नों सहित

बहुविकल्पीय प्रश्न

1. 'बाज और साँप' पाठ के लेखक का क्या नाम है?
(क) सूरदास (ख) निर्मल वर्मा
(ग) रामचंद्र तिवारी (घ) सूर्यकांत त्रिपाठी

उत्तर (ख) निर्मल वर्मा

2. बाज गुफा में क्यों गिर पड़ा?
(क) गुफा से टकराने के कारण
(ख) शत्रु से बचने के लिए
(ग) घायल होने के कारण
(घ) गुफा में साँप को देखकर

उत्तर (ग) घायल होने के कारण

3. 'डींग हाँकते' शब्द का सही अर्थ .... है।
(क) बढ़ा-चढ़ाकर बात करना
(ख) घटा-बढ़ाकर बात करना
(ग) बढ़ा-घटाकर बात करना
(घ) और चढ़ाकर बात करना

उत्तर (क) बढ़ा-चढ़ाकर बात करना

4. साँप के मन में साहस कैसे उत्पन्न हुआ?
(क) नदी का शोर सुनकर (ख) बाज को घायल देखकर
(ग) चट्टानों को देखकर (घ) लहरों को देखकर

उत्तर (ख) बाज को घायल देखकर

5. दूध के समान झाग क्यों उत्पन्न हो रहा था?
(क) नदी और सागर के मिलन के कारण
(ख) समुद्र में तूफान आने के कारण
(ग) सागर की लहरों के टकराने के कारण
(घ) चट्टान और लहरों के टकराने के कारण
उत्तर (क) नदी और सागर के मिलन के कारण

6. जमीन पर गिरने पर बाज पर क्या असर हुआ?
(क) बाज बिल्कुल ठीक था (ख) बाज ने चीख मारी
(ग) हालत और खराब हो गई (घ) बाज बड़बड़ाया
उत्तर (ख) बाज ने चीख मारी

7. बाज अपने जीवन के अंतिम समय में भी खुश क्यों दिखाई दे रहा था?
(क) दूर-दूर तक उड़ान भरने के कारण
(ख) स्वर्ग में जाने की कामना के कारण
(ग) पक्षियों में राजा होने के कारण
(घ) अत्यधिक धन प्राप्ति के कारण
उत्तर (क) दूर-दूर तक उड़ान भरने के कारण

8. बाज ने साँप को दुर्भाग्यशाली क्यों कहा?
(क) अँधेरे में रहने के कारण
(ख) आकाश में उड़ने का आनंद न लेने के कारण
(ग) गुफा में सोया रहने के कारण
(घ) प्राकृतिक दृश्य न देख पाने के कारण
उत्तर (ख) आकाश में उड़ने का आनंद न लेने के कारण

9. 'बलखाती' शब्द का क्या अर्थ है?
(क) लहराना (ख) गुजरना
(ग) सरकना (घ) ये सभी
उत्तर (क) लहराना

10. बाज के किस हिस्से पर कई जख्मों के निशान थे?
(क) आँखों पर (ख) पंजों पर
(ग) छाती पर (घ) सिर पर
उत्तर (ग) छाती पर

11. मरते समय बाज व्याकुल क्यों था?
(क) पीड़ा के कारण
(ख) पश्चाताप के कारण
(ग) उड़ने की इच्छा के कारण
(घ) शत्रु से बदला न ले पाने के कारण
उत्तर (ग) उड़ने की इच्छा के कारण

12. बाज लुढ़कता हुआ कहाँ जा गिरा?
(क) पेड़ के नीचे
(ख) समुद्र में जा गिरा
(ग) नदी में जा गिरा
(घ) घाटी में जा गिरा
उत्तर (ग) नदी में जा गिरा

13. बाज के मुँह से एक बड़ी जोर की करुण चीख फूट पड़ी, वह थी
(क) काश! मैं सिर्फ एक बार आकाश में उड़ पाता।
(ख) नहीं! काश, मैं सिर्फ एक बार आकाश में उड़ पाता।
(ग) आह! काश, मैं सिर्फ एक बार आकाश में उड़ पाता।
(घ) हाँ! काश, मैं सिर्फ एक बार आकाश में उड़ पाता।
उत्तर (ग) आह! काश, मैं सिर्फ एक बार आकाश में उड़ पाता।

14. 'वह खुद तो मर गया, लेकिन मेरे दिल का चैन अपने साथ ले गया।' यह कौन सोच रहा था?
(क) साँप (ख) बाज
(ग) अन्य जीव (घ) उपरोक्त में से कोई नहीं
उत्तर (क) साँप

15. साँप क्या सुनकर हैरान रह गया था?
(क) हवा से उत्पन्न ध्वनि सुनकर
(ख) आकाश में गरजती हुई बिजली की आवाज सुनकर
(ग) लहरों का मधुर गीत सुनकर
(घ) समुद्र की गर्जन सुनकर
उत्तर (ग) लहरों का मधुर गीत सुनकर

गद्यांश पर आधारित प्रश्न

निम्नलिखित गद्यांशों को ध्यानपूर्वक पढ़कर उन पर आधारित प्रश्नों के उत्तर दीजिए।

गद्यांश 1

समुद्र के किनारे ऊँचे पर्वत की अँधेरी गुफा में एक साँप रहता था। समुद्र की तूफानी लहरें धूप में चमकतीं, झिलमिलातीं और दिन भर पर्वत की चट्टानों से टकराती रहती थीं।

पर्वत की अँधेरी घाटियों में एक नदी भी बहती थी। अपने रास्ते पर बिखरे पत्थरों को तोड़ती, शोर मचाती हुई यह नदी बड़े जोर से समुद्र की ओर लपकती जाती थी, जिस जगह पर नदी और समुद्र का मिलाप होता था, वहाँ लहरें दूध के झाग-सी सफेद दिखाई देती थीं।

अपनी गुफा में बैठा हुआ साँप सब कुछ देखा करता-लहरों का गर्जन, आकाश में छिपती हुई पहाड़ियाँ, टेढ़ी-मेढ़ी बल खाती हुई नदी की गुस्से से भरी आवाजें। वह मन-ही-मन खुश होता था कि इस गर्जन-तर्जन के होते हुए भी वह सुखी और सुरक्षित है।

कोई उसे दुख नहीं दे सकता। सबसे अलग, सबसे दूर, वह अपनी गुफा का स्वामी है। न किसी से लेना, न किसी को देना। दुनिया की भाग-दौड़, छीना-झपटी से वह दूर है। साँप के लिए यही सबसे बड़ा सुख था।

1. निम्नलिखित में से सही कथन का चयन करें
(क) समुद्र के किनारे एक नदी बहती थी।
(ख) साँप खुश था कि वह पूरी पृथ्वी का स्वामी है।
(ग) दुनिया की भाग-दौड़ के बीच साँप सुखी था।
(घ) सबसे अलग, सबसे दूर साँप अपनी गुफा का स्वामी है।
उत्तर (घ) सबसे अलग, सबसे दूर साँप अपनी गुफा का स्वामी है।

2. साँप गुफा में बैठकर क्या देखा करता था?

(क) लहरों का गर्जन

(ख) आकाश में छिपती पहाड़ियाँ

(ग) टेढ़ी-मेढ़ी चाल से चलती नदी

(घ) उपरोक्त सभी

उत्तर (घ) उपरोक्त सभी

3. सही विकल्प का चयन करें

1. साँप अपना जीवन कायर की भाँति व आलस में व्यतीत कर रहा था।
2. साँप का जीवन दुनिया की छीना-झपटी से दूर था।
3. साँप का सभी से मेल-मिलाप था।

कूट

(क) केवल 1 (ख) 1 और 2

(ग) 2 और 3 (घ) 1, 2 और 3

उत्तर (ख) 1 और 2

4. समुद्र की लहरें कैसी थीं?

उत्तर समुद्र की लहरें तूफानी थीं, जो धूप में चमकती एवं झिलमिलाती रहती थीं। ये लहरें दिनभर पर्वत की चट्टानों से टकराती रहती थीं।

5. नदी कहाँ बहती थी?

उत्तर पर्वत की अँधेरी घाटियों में नदी बहती थी और वह अपने रास्ते में बिखरे पत्थरों को तोड़ती, शोर मचाती बड़े जोर से समुद्र की ओर जाती थी।

6. साँप के लिए सबसे बड़ा सुख क्या था?

उत्तर दुनिया की भाग-दौड़, छीना-झपटी से दूर रहकर अपनी अँधेरी गुफा का स्वामी होने में ही साँप के लिए सबसे बड़ा सुख था।

गद्यांश 2

एक दिन एकाएक आकाश में उड़ता हुआ खून से लथपथ एक बाज साँप की उस गुफा में आ गिरा। उसके शरीर पर कितने ही जख्मों के निशान थे, पंख खून से सने थे और वह अधमरा-सा जोर-शोर से हाँफ रहा था।

जमीन पर गिरते ही उसने एक दर्द भरी चीख मारी और पंखों को फड़फड़ाता हुआ धरती पर लोटने लगा। डर से साँप अपने कोने में सिकुड़ गया, किंतु दूसरे ही क्षण उसने भाँप लिया कि बाज जीवन की अंतिम साँसें गिन रहा है और उससे डरना बेकार है। यह सोचकर उसकी हिम्मत बँधी और वह रेंगता हुआ उस घायल पक्षी के पास जा पहुँचा। उसकी तरफ कुछ देर तक देखता रहा, फिर मन-ही-मन खुश होता हुआ बोला—''क्यों भाई, इतनी जल्दी मरने की तैयारी कर ली?''

1. 'बाज जीवन की अंतिम साँसें गिन रहा था।' इसमें निहित अर्थ क्या है?

(क) वह बेहोश होने वाला था

(ख) साँप उसे मारने वाला था

(ग) वह मृत्यु के निकट पहुँच गया था

(घ) इसके बाद उसे साँस लेने के लिए जगह नहीं मिलती

उत्तर (ग) वह मृत्यु के निकट पहुँच गया था

2. 'घायल पक्षी' में 'घायल' क्या है?

(क) विशेषण (ख) संज्ञा

(ग) क्रिया (घ) सर्वनाम

उत्तर (क) विशेषण

3. मन-ही-मन कौन खुश हो गया?

(क) बाज

(ख) साँप

(ग) गुफा में बैठा एक अन्य जीव

(घ) उपरोक्त में से कोई नहीं

उत्तर (ख) साँप

4. एक दिन अचानक बाज कहाँ गिरा?

उत्तर एक दिन अचानक बाज आकाश में उड़ता हुआ खून से लथपथ होकर साँप की गुफा में गिरा।

5. बाज के गिरने से साँप की स्थिति कैसी हो गई?

उत्तर बाज के गिरने से साँप बुरी तरह डर गया और वह एक कोने में सिकुड़ गया।

6. साँप कुछ देर बाद निडर क्यों हो गया?

उत्तर जब साँप को यह विश्वास हो गया कि उसके सामने आकाश से गिरने वाला बाज स्वयं इतना अधिक घायल है कि वह उसका कुछ बिगाड़ नहीं सकता, तब वह निडर हो गया।

गद्यांश 3

साँप बोला—''आकाश! आकाश को लेकर क्या मैं चाटूँगा। आकाश में आखिर रखा क्या है? क्या मैं तुम्हारे आकाश में रेंग सकता हूँ। ना भाई, तुम्हारा आकाश तुम्हें ही मुबारक, मेरे लिए तो यह गुफा भली। इतनी आरामदेह और सुरक्षित जगह और कहाँ होगी?''

साँप मन-ही-मन बाज की मूर्खता पर हँस रहा था। वह सोचने लगा कि आखिर उड़ने और रेंगने के बीच कौन-सा भारी अंतर है। अंत में तो सबके भाग्य में मरना ही लिखा है—शरीर मिट्टी का है, मिट्टी में ही मिल जाएगा।

अचानक बाज ने अपना झुका हुआ सिर ऊपर उठाया और उसकी दृष्टि साँप की गुफा के चारों ओर घूमने लगी। चट्टानों में पड़ी दरारों से पानी गुफा में टपक रहा था। सीलन और अँधेरे में डूबी गुफा में एक भयानक दुर्गंध फैली हुई थी, मानो कोई चीज वर्षों से पड़ी-पड़ी सड़ गई हो।

1. मरने के बाद शरीर किसमें मिल जाता है?

(क) हवा में (ख) मिट्टी में

(ग) पानी में (घ) आकाश में

उत्तर (ख) मिट्टी में

2. साँप ने बाज को मूर्ख क्यों समझा?

(क) बाज को खून से लथपथ देखकर

(ख) बाज का आकाश को सुरक्षित स्थान मानकर

(ग) बाज के उड़ने के उत्साह व उड़ने को जीवन मानने के कारण

(घ) बाज का रेंगने में रुचि न होने के कारण

उत्तर (ग) बाज के उड़ने के उत्साह व उड़ने को जीवन मानने के कारण

3. साँप की गुफा के बारे में कौन-सा कथन असत्य है?

(क) गुफा में पानी टपक रहा था

(ख) गुफा में सीलन भरी थी

(ग) गुफा में दुर्गंध फैली थी

(घ) गुफा में रोशनी फैली हुई थी

उत्तर (घ) गुफा में रोशनी फैली हुई थी

4. साँप को अपनी गुफा सुरक्षित एवं आरामदेह क्यों लगती थी?

उत्तर साँप को अपनी गुफा सबसे सुरक्षित एवं आरामदेह जगह लगती थी, क्योंकि वहाँ उसे किसी भी प्रकार की असुविधा नहीं होती थी।

5. गुफा की स्थिति कैसी थी?

उत्तर गुफा सीलन भरी तथा अँधेरे में डूबी थी। चट्टानों में पड़ी दरारों से पानी गुफा में टपक रहा था तथा पूरी गुफा में एक भयानक दुर्गंध फैली हुई थी।

6. साँप क्या सोचने लगा?

उत्तर साँप यह सोचने लगा कि आखिर उड़ने एवं रेंगने में कौन-सा बड़ा अंतर है। कोई उड़े या रेंग कर चले, एक दिन मरना तो सभी को है।

गद्यांश 4

बाज के मुँह से एक बड़ी जोर की करुण चीख फूट पड़ी—"आह! काश, मैं सिर्फ एक बार आकाश में उड़ पाता।"

बाज की ऐसी करुण चीख सुनकर साँप कुछ सिटपिटा-सा गया। एक क्षण के लिए उसके मन में उस आकाश के प्रति इच्छा पैदा हो गई, जिसके वियोग में बाज इतना व्याकुल होकर छटपटा रहा था। उसने बाज से कहा—"यदि तुम्हें स्वतंत्रता इतनी प्यारी है' तो इस चट्टान के किनारे से ऊपर क्यों नहीं उड़ जाने की कोशिश करते। हो सकता है कि तुम्हारे पैरों में अभी इतनी ताकत बाकी हो कि तुम आकाश में उड़ सको। कोशिश करने में क्या हज है?"

1. साँप के मन में आकाश के प्रति इच्छा कैसे पैदा हुई?

(क) बाज की बहादुरी को देखकर

(ख) आकाश में उड़ने की बाज की इच्छा देखकर

(ग) आकाश के विस्तार को देखकर

(घ) समुद्र की लहरों को देखकर

उत्तर (ख) आकाश में उड़ने की बाज की इच्छा देखकर

2. साँप बाज का उत्साह क्यों बढ़ा रहा था?

(क) बाज को घायल देखकर

(ख) बाज की आकाश के प्रति छटपटाहट देखकर

(ग) बाज के घाव देखकर

(घ) बाज की दयनीय दशा देखकर

उत्तर (ख) बाज की आकाश के प्रति छटपटाहट देखकर

3. 'कोशिश करने में हर्ज़ क्या है?'–यह किसने और किससे कहा?

(क) साँप ने बाज से (ख) बाज ने साँप से

(ग) नदी ने साँप से (घ) चट्टान ने बाज से

उत्तर (क) साँप ने बाज से

4. प्रस्तुत गद्यांश में साँप ने बाज को क्या कहकर प्रेरित किया?

उत्तर प्रस्तुत गद्यांश में साँप ने बाज को यह कहकर प्रेरित किया कि यदि उसे स्वतंत्रता इतनी प्रिय है, तो वह इस चट्टान के किनारे से फिर से ऊपर उड़ने की कोशिश क्यों नहीं करता है?

5. बाज की व्याकुलता का क्या कारण था?

उत्तर बाज की व्याकुलता का कारण उसकी आकाश में उड़ने की प्रबल इच्छा थी, क्योंकि घायल होने के कारण वह उड़ने में समर्थ नहीं था।

6. साँप के घबराने का कारण क्या था?

उत्तर बाज घायल होने के बावजूद भी आकाश में उड़ने के लिए व्याकुल था। उसके मुख से जोर की करुण चीख निकली कि काश! वह सिर्फ एक बार आकाश में उड़ पाता। इस चीख को सुनकर ही साँप घबरा-सा गया।

गद्यांश 5

बाज में एक नई आशा जाग उठी। वह दोगुने उत्साह से अपने घायल शरीर को घसीटता हुआ चट्टान के किनारे तक खींच लाया। खुले आकाश को देखकर उसकी आँखें चमक उठीं। उसने एक गहरी, लम्बी साँस ली और अपने पंख फैलाकर हवा में कूद पड़ा।

किंतु उसके टूटे पंखों में इतनी शक्ति नहीं थी कि उसके शरीर का बोझ सँभाल सकें। पत्थर-सा उसका शरीर लुढ़कता हुआ नदी में जा गिरा। एक लहर ने उठकर उसके पंखों पर जमे खून को धो दिया, उसके थके-माँदे शरीर को सफेद फेन से ढक दिया, फिर अपनी गोद में समेटकर उसे अपने साथ सागर की ओर ले चली।

लहरें चट्टानों पर सिर धुनने लगीं मानो बाज की मृत्यु पर आँसू बहा रही हों। धीरे-धीरे समुद्र के असीम विस्तार में बाज आँखों से ओझल हो गया। चट्टान की खोखल में बैठा हुआ साँप बड़ी देर तक बाज की मृत्यु और आकाश के लिए उसके प्रेम के विषय में सोचता रहा।

1. बाज हवा में क्यों कूद पड़ा?

(क) कोई सहारा न मिल पाने के कारण

(ख) साँप को अपनी शक्ति दिखाने के लिए

(ग) अपने टूटे पंखों को सही करने के लिए

(घ) फिर से आकाश में उड़ने के लिए

उत्तर (घ) फिर से आकाश में उड़ने के लिए

2. बाज में उड़ने की शक्ति क्यों नहीं थी?

(क) क्योंकि उसके पैर जख्मी हो गए थे

(ख) उसके पंख टूट गए थे

(ग) उसकी आँखें अत्यधिक चोटिल हो गई थीं

(घ) उसे साँप ने डस लिया था

उत्तर (ख) उसके पंख टूट गए थे

3. साँप बड़ी देर तक किस विषय में सोचता रहा?

(क) बाज की मृत्यु और आकाश के लिए उसके प्रेम के विषय में

(ख) बाज की मृत्यु और आकाश के लिए उसकी घृणा के विषय में

(ग) अपनी गुफा की दयनीय स्थिति के विषय में

(घ) बाज द्वारा उस पर होने वाले संभावित हमले के विषय में

उत्तर (क) बाज की मृत्यु और आकाश के लिए उसके प्रेम के विषय में

4. एक नई आशा जगने पर बाज ने क्या किया?

उत्तर एक नई आशा जगने पर बाज दुगने उत्साह से अपने घायल शरीर को एक चट्टान के किनारे तक खींच लाया, जहाँ से वह आकाश में उड़ना चाहता था।

5. लहरें बाज को कहाँ लेकर चली गईं?

उत्तर लहरें बाज को अपने साथ लेकर सागर में मिलने के लिए चली गईं तथा उन्होंने बाज को अपनी गोद में समेट लिया था।

6. बाज की मृत्यु पर लहरों को देखकर क्या लग रहा था?

उत्तर बाज की मृत्यु हो जाने पर लहरें चट्टानों से बाज को अपने आप में समेटते हुए सागर की ओर ले गईं, मानो वे उसकी मृत्यु का शोक मनाते हुए आँसू बहा रही हों।

गद्यांश 6

पक्षी भी कितने मूर्ख हैं! धरती के सुख से अनजान रहकर आकाश की ऊँचाइयों को नापना चाहते थें, किंतु अब मैने जान लिया कि आकाश में कुछ नहीं रखा केवल ढेर-सी रोशनी के सिवा वहाँ कुछ भी नही, शरीर को सँभालने के लिए कोई स्थान नहीं, कोई सहारा नहीं। फिर वे पक्षी किस बूते पर इतनी डींगे हॉकते हैं किसलिए धरती के प्राणियों को इतना छोटा समझते हैं। अब मैं कभी धोखा नहीं खाऊँगा, मैंने आकाश देख लिया और खूब देख लिया।

बाज तो बड़ी-बड़ी बातें बनाता था, आकाश के गुण गाते थकता नहीं था। उसी की बातों मे आकर मैं आकाश में कूदा था। ईश्वर भला करे, मरते-मरते बच गया। अब तो मेरी यह बात और भी पक्की हो गई है कि अपनी खोखल से बड़ा सुख और कहीं नहीं है। धरती पर रेंग लेता हूँ, मेरे लिए यह बहुत कुछ है। मुझे आकाश की स्वच्छंदता से क्या लेना-देना? न वहाँ छत है न दीवारें हैं, न रेंगने के लिए जमीन है। मेरा तो सिर चकराने लगता है। दिल काँप-काँप जाता है। अपने प्राणों को खतरे में डालना कहाँ की चतुराई है?

1. साँप ने क्या जान लिया था?

(क) आकाश में ढेर सारी रोशनी नहीं है।
(ख) आकाश में शरीर को सँभालने के लिए स्थान है।
(ग) आकाश में शरीर को सँभालने के लिए सहारा है।
(घ) आकाश में ढेर सारी रोशनी है, पर शरीर को सँभालने के लिए स्थान या सहारा नहीं है।

उत्तर (घ) आकाश में ढेर सारी रोशनी है, पर शरीर को सँभालने के लिए स्थान या सहारा नहीं है।

2. साँप किसकी बातों में आकर कूदा था?

(क) साँप कबूतर की बातों में आकर कूदा था।
(ख) साँप मोर की बातों में आकर कूदा था।
(ग) साँप बाज की बातों में आकर कूदा था।
(घ) साँप जान बूझकर कूदा था।

उत्तर (ग) साँप बाज की बातों में आकर कूदा था।

3. साँप किस बात को उचित नहीं मानता था?

(क) चट्टान पर बैठे रहना
(ख) अपने जीवन को खतरे में डालना
(ग) किसी की भलाई करना
(घ) पेड़ की कोटर में रहना

उत्तर (ख) अपने जीवन को खतरे में डालना

4. साँप के अनुसार, पक्षी मूर्ख क्यों होते हैं?

उत्तर साँप के अनुसार, पक्षी मूर्ख इसलिए होते हैं, क्योंकि वे धरती के सुख से अनजान रहकर आकाश की ऊँचाइयों को नापना चाहते हैं।

5. साँप मरते-मरते कैसे बचा?

उत्तर साँप ने बाज की तरह आकाश में उड़ने का प्रयास किया, परंतु वह धम्म से धरती पर आकर गिर पड़ा और मरते-मरते बचा।

6. साँप को आकाश की स्वच्छंदता क्यों पसंद नहीं थी?

उत्तर साँप को आकाश की स्वच्छंदता इसलिए पसंद नहीं थी, क्योंकि वहाँ न छत है, न दीवारें और न ही रेंगने के लिए जमीन। वहाँ उसका सिर चकराने लगता है और दिल काँप जाता है।

गद्यांश 7

हमारा यह गीत उन साहसी लोगों के लिए है, जो अपने प्राणों को हथेली पर रखे हुए घूमते हैं। चतुर वही है, जो प्राणों की बाजी लगाकर जिंदगी के हर खतरे का बहादुरी से सामना करे। ओ निडर बाज! शत्रुओं से लड़ते हुए तुमने अपना कीमती रक्त बहाया है। पर वह समय दूर नहीं है, जब तुम्हारे खून की एक-एक बूँद जिंदगी के अँधेरे में प्रकाश फैलाएगी और साहसी, बहादुर दिलों में स्वतंत्रता और प्रकाश के लिए प्रेम पैदा करेगी।

तुमने अपना जीवन बलिदान कर दिया, किंतु फिर भी तुम अमर हो। जब कभी साहस और वीरता के गीत गाए जाएँगे, तुम्हारा नाम बड़े गर्व और श्रद्धा से लिया जाएगा।

1. चतुर प्राणी किसे बताया गया है?

(क) साँप को (ख) बाज को
(ग) मगरमच्छ को (घ) मछली को

उत्तर (ख) बाज को

2. 'प्राणों को हथेली पर रखकर घूमना' मुहावरे का अर्थ है

(क) आनंदपूर्वक रहना
(ख) मन में जरा-सा भी डर न होना
(ग) प्राण हथेली पर रख लेना
(घ) प्राणों की चिंता करना

उत्तर (ख) मन में जरा-सा भी डर न होना

3. जीवन बलिदान करने पर भी बाज को अमर क्यों कहा गया है?

(क) उसने साहस और वीरता का काम किया
(ख) वह मर नहीं पाया
(ग) उसने कुछ नहीं किया
(घ) लड़ाकू होने के कारण

उत्तर (क) उसने साहस और वीरता का काम किया

4. बाज को निडर क्यों कहा गया है?

उत्तर बाज को निडर इसलिए कहा गया है, क्योंकि उसने शत्रुओं से लड़ते हुए अपना कीमती रक्त बहाया था।

5. बाज के रक्त की एक-एक बूँद क्या कार्य करेगी?

उत्तर बाज के रक्त की एक-एक बूँद जिंदगी के अँधेरे में प्रकाश फैलाएगी और साहसी, बहादुर दिलों में स्वतंत्रता और प्रकाश के लिए प्रेम पैदा करेगी।

6. बलिदानी का नाम किस प्रकार लिया जाता है?

उत्तर बलिदानी का नाम बड़े गर्व और श्रद्धा से लिया जाता है।

अतिलघु उत्तरीय प्रश्न

1. साँप का निवास स्थान कहाँ और कैसा था?

उत्तर साँप का निवास स्थान समुद्र के किनारे ऊँचे पर्वत की अँधेरी गुफा में था, जहाँ चारों ओर सीलन एवं अँधेरा व्याप्त था। वहाँ सब ओर एक भयानक दुर्गंध फैली हुई थी।

2. साँप की गुफा में अचानक क्या आकर गिरा?

उत्तर साँप की गुफा में अचानक एक घायल बाज आकर गिरा, जिसके शरीर पर अनेक जख्मों के निशान थे और उसके पंख खून से लथपथ थे।

3. साँप कोने में क्यों सिकुड़ गया?

उत्तर साँप अपने सामने बाज को देखते ही डर गया। बाज की साँप से स्वाभाविक शत्रुता है। अत: इसी कारण साँप डरकर एक कोने में सिकुड़ गया।

4. बाज के सामने होते हुए भी साँप निर्भीक क्यों था?

उत्तर बाज की साँप से स्वाभाविक शत्रुता होने के बावजूद साँप जान गया था कि बाज अत्यधिक घायल है और वह उसे किसी भी प्रकार की क्षति पहुँचाने की स्थिति में नहीं है, इसीलिए साँप निर्भीक था।

5. साँप मन-ही-मन क्यों हँस रहा था?

उत्तर साँप मन-ही-मन बाज को मूर्ख समझते हुए उसकी मूर्खता पर हँस रहा था। वह सोच रहा था कि आखिर उड़ने और रेंगने में कौन-सा बड़ा अंतर है। उसे आकाश में उड़कर क्या करना है? वह तो अपनी सुरक्षित गुफा में ही संतुष्ट है।

6. बाज की करुण चीख सुनकर साँप को क्या हुआ?

उत्तर बाज की करुण चीख सुनकर साँप कुछ घबरा-सा गया। एक क्षण के लिए उसके मन में उस आकाश के प्रति इच्छा पैदा हो गई, जिसके वियोग में बाज व्याकुल होकर छटपटा रहा था।

7. बाज के मरने के बाद साँप बेचैन क्यों हो गया?

उत्तर बाज के मरने के बाद साँप यह सोचकर बेचैन हो गया कि आखिर आकाश की असीम शून्यता में ऐसा कौन-सा आकर्षण छिपा है, वहाँ कौन-सा खजाना रखा है? जिसके लिए बाज ने अपने प्राण गँवा दिए।

8. लहरों द्वारा गाया जाने वाला गीत किसके लिए था?

उत्तर लहरों द्वारा गाया जाने वाला गीत बाज़ जैसे उन दीवानों के लिए था, जो मरकर भी अपनी निर्भीकता एवं बहादुरी के कारण अमर हो जाते हैं, जो अपने प्राणों की बाजी लगाकर जिंदगी के हर खतरे का बहादुरी से सामना करते हैं। बाज ने ऐसा ही किया था अत: लहरों ने उसकी प्रशंसा में गीत गाया।

लघु उत्तरीय प्रश्न

1. साँप के लिए सबसे बड़ा सुख क्या था?

उत्तर साँप अपनी अँधेरी सीलन भरी गुफा में दुनिया की सभी गतिविधियों से दूर रहता था। वह सबसे दूर, सबसे अलग अपनी गुफा का स्वामी था तथा उसे दुनिया में किसी से कोई मतलब नहीं था। दुनिया की भाग-दौड़, छीना-झपटी से दूर रहने में ही उसे आनंद आता था। वह एकांत प्रिय, कायर, संघर्ष से दूर रहने वाला तथा अपने जीवन में समझौता करने वाला प्राणी था। साँप को इसी में संतुष्टि मिलती थी, क्योंकि वह सुरक्षित एवं शांति से अपना जीवन व्यतीत कर रहा था। अत: साँप के लिए यही सबसे बड़ा सुख था।

2. बाज ने साँप को अपनी जिंदगी के बारे में क्या बताया?

उत्तर बाज ने साँप को अपनी जिंदगी के बारे में बताया कि उसे अपनी जिंदगी से कोई शिकायत नहीं है तथा उसने अपनी जिंदगी को भरपूर जिया है। दुनिया का कोई भी ऐसा सुख नहीं था, जो उसने प्राप्त न किया हो। वह दूर-दूर तक उड़ानें भरकर आकाश की असीम ऊँचाइयों को अपने पंखों से नाप आया है। वह अपनी व्यतीत की हुई जिंदगी से पूरी तरह संतुष्ट है।

3. बाज के हवा में कूदने पर क्या हुआ? अपने शब्दों में लिखिए।

उत्तर बाज ने एक गहरी, लंबी साँस ली और पंख फैलाकर हवा में कूद गया, किंतु उसके घायल शरीर एवं टूटे हुए पंखों में इतनी शक्ति नहीं थी कि वे उसके शरीर का बोझ सँभाल सकते। अत: वह लुढ़कता हुआ नदी में जा गिरा और उसकी मृत्यु हो गई। एक लहर ने उसके पंखों पर जमे खून को धो दिया और उसके थके-हुए शरीर को अपनी गोद में समेटकर उसे अपने साथ सागर की ओर चल पड़ी।

4. 'बाज अभागा था।' साँप ने ऐसा क्यों सोचा?

उत्तर बाज अत्यंत बहादुर एवं स्वतंत्रताप्रिय प्राणी था। वह स्वतंत्र रहते हुए ही मरना चाहता था। यही कारण था कि अत्यधिक घायल होने के बावजूद उसने अपने जीवन की अंतिम उड़ान भरी और मृत्यु को प्राप्त हो गया। उसकी बहादुरी एवं स्वतंत्रता के प्रति लगाव की भावना को साँप जैसा कायर प्राणी नहीं समझ सकता था। साँप को लगता था कि स्वतंत्रता का अनुभव करने के लिए अपने प्राणों को खतरे में डालना मूर्खता है, इसीलिए वह सोचता है कि बाज अभागा था, जिसने आकाश की आजादी प्राप्त करने के लिए अपने प्राणों की बाजी लगा दी।

5. बाज के मरने के बाद साँप आश्चर्यचकित क्यों हुआ?

उत्तर बाज की मृत्यु हो जाने के बाद साँप के आश्चर्य का ठिकाना नहीं रहा, जब उसने चट्टानों के नीचे से एक मधुर रहस्यमय गीत की आवाज सुनी। चट्टानों को भिगोती समुद्र की लहरों से गीत के स्वर निकल रहे थे। यह गीत उन साहसी लोगों के लिए था, जो अपने प्राणों की बाजी लगाते हैं। अपने प्राणों की बाजी लगाकर जिंदगी के हर खतरे का बहादुरी से सामना करने वाले निडर बाज की प्रशंसा में गाए जाने वाले इस गीत को सुनकर साँप आश्चर्यचकित रह गया।

6. लहरों ने अपने गीत में क्या गाया? अपने शब्दों में उत्तर दीजिए।

उत्तर लहरों ने अपने गीत में बहादुर बाज की प्रशंसा करते हुए गाया– हे निडर बाज! तुमने जिस बहादुरी से अपने शत्रुओं से संघर्ष किया और अपना कीमती रक्त बहाया है, वह सभी के द्वारा हमेशा याद रखा

जाएगा। तुम्हारे रक्त की एक-एक बूँद लोगों की जिंदगी में व्याप्त अँधेरे में प्रकाश फैलाएगी तथा साहसी, बहादुर दिलों में स्वतंत्रता एवं प्रकाश के लिए प्रेम पैदा करेगी। तुम्हारे द्वारा किए जाने वाले बलिदान को लोग हमेशा याद रखेंगे और तुम अमर हो गए हो। हे निडर बाज! तुम्हारा नाम सदैव गर्व एवं श्रद्धा से लिया जाएगा तथा तुम्हारी वीरता के गीत सदा गाए जाएँगे।

7. आकाश में उड़ान भरने के प्रति साँप की सोच कैसी थी?

उत्तर आकाश के असीम विस्तार में उड़ान भरने के प्रति साँप की सोच नकारात्मक थी। वह उड़ने की इच्छा को मूर्खतापूर्ण मानता था। उसके लिए रेंगने और उड़ने में कोई अंतर नहीं था। जब उसने बाज से प्रभावित होकर उड़ने की असफल कोशिश की और चट्टान पर जा गिरा तो उसने सोचा कि ईश्वर की कृपा से वह बच गया है। अत: अब वह ऐसी मूर्खता नहीं करेगा। उसने सोचा कि आकाश में ढेर सारी रोशनी के अतिरिक्त कुछ भी नहीं है। उड़ने वाले पक्षी व्यर्थ ही आकाश के लिए इतनी दीवानगी दिखाते हैं। उड़ने में तो कोई आनंद नहीं है।

दीर्घ उत्तरीय प्रश्न

1. 'बाज और साँप' कहानी में बाज एवं साँप किसके प्रतीक हैं तथा उनके माध्यम से लेखक क्या कहना चाहता है? स्पष्ट कीजिए।

उत्तर 'बाज और साँप' कहानी में बाज वीरता एवं स्वतंत्रता का प्रतीक है, जबकि साँप कायर एवं सुविधा पसंद प्राणियों का प्रतीक है।

बाज अपने शत्रुओं का साहसपूर्वक सामना करता है। इस प्रक्रिया में वह घायल होकर मर जाता है, लेकिन इसके बावजूद उसे अपने जीवन से कोई शिकायत नहीं है।

वह उन्मुक्त उड़ानों का प्रेमी है, वह साहसी एवं निडर है। उसे बँधकर रहना पसंद नहीं, बल्कि वह स्वतंत्रता का अभिलाषी है। इसके विपरीत साँप एक कायर एवं सुविधाभोगी प्राणी है। वह अपने जीवन को हमेशा सुरक्षित रखने की चिंता में लगा रहता है। जीवन को सुरक्षित बचाए रखने के लिए ही वह अँधेरी एवं सीलन भरी गुफा में दुनिया से दूर छिपकर रहता है।

इन दोनों के माध्यम से लेखक यह कहना चाहता है कि बहादुर एवं साहसी लोगों की जिंदगी भले ही कम दिनों की होती है, लेकिन दुनिया में अमर वही होते हैं। असली जिंदगी साहसी लोगों की ही होती है, जबकि कायर लोगों की आयु भले ही लंबी हो, लेकिन उनके जीवन से किसी को कोई मतलब नहीं होता है। हमें साहसी व्यक्ति की तरह ही जीवन जीना चाहिए।

2. "साँप जिंदा रहकर भी वह काम न कर सका, जो बाज मरकर कर गया"–प्रस्तुत पंक्ति से आप कहाँ तक सहमत हैं? स्पष्ट कीजिए।

उत्तर 'साँप जिंदा रहकर भी वह काम न कर सका, जो बाज मरकर कर गया प्रस्तुत पंक्ति से मैं पूर्णतया सहमत हूँ। साँप का जीवन केवल अपने आप तक ही सीमित था और उसकी प्रवृत्ति कायर प्राणी की थी। इसी कारण वह दुनिया से दूर, डरकर नितांत अँधेरे एवं सीलन भरी दुर्गंधयुक्त गुफा में निवास करता था। वह किसी भी तरह हमेशा सुरक्षित रहना तथा चुपचाप अपना जीवन व्यतीत करना ही अपने जीवन का उद्देश्य समझता था, इसीलिए उसमें सामाजिकता एवं परोपकार की भावना का घोर अभाव था।

इसके विपरीत बाज एक साहसी एवं बहादुर प्राणी था। उसे स्वतंत्रता अपनी जान से भी अधिक प्यारी थी। वह अपने दुश्मनों का सामना करते हुए एक बहादुर की तरह मरा। अपने जीवन के अंतिम समय में भी वह अपनी स्वतंत्रता की प्रवृत्ति को नहीं त्याग सका और आकाश के असीम विस्तार एवं स्वतंत्रता के बीच ही उसने अपने प्राण त्यागे। उसका चरित्र दूसरों के लिए अनुकरणीय है, इसीलिए उसका प्रभाव दूसरों पर अधिक पड़ता है। लहरें उसकी बहादुरी के गीत गाती हैं। वह मरकर भी अमर हो गया, जबकि साँप जिंदा रहकर भी मृत प्राणी के समान है।

3. 'बाज और साँप' कहानी के माध्यम से लेखक क्या संदेश देना चाहता है? अपने विचार व्यक्त कीजिए।

उत्तर 'बाज और साँप' कहानी के माध्यम से लेखक यह संदेश देना चाहता है कि वास्तविक जीवन उन्हीं का होता है, जो साहसी एवं बहादुर होते हैं। साहसी व्यक्ति ही असली जिंदगी जीता है, जिसे समस्त समाज मरने के बाद भी याद रखता है। साहसपूर्ण जीवन की अवधि भले ही छोटी होती है, लेकिन उसका प्रभाव बहुत ही लंबे समय तक के लिए होता है।

बाज का जीवन एक साहसी प्राणी का जीवन है, जिसे मृत्यु से कभी डर नहीं लगता है। वह हमेशा अपने जीवन में स्वतंत्र एवं स्वच्छंद रहता है। उसने अपनी बहादुरी का हर समय परिचय दिया और मरने के समय तक वह अपने जीवन से संतुष्ट रहता है। इसके विपरीत साँप का जीवन एक कायर प्राणी का जीवन है, जो अपने जीवन को सुरक्षित बचाकर रखने में ही अपनी सारी ऊर्जा लगाता है। वह सुविधाभोगी प्राणी है, जो किसी भी प्रकार का जोखिम लेना नहीं चाहता है।

उसका जीवन भले ही लंबे समय तक हो, लेकिन उसका प्रभाव अत्यंत नगण्य होता है। हमें अपना जीवन बाज की तरह बहादुर एवं साहसपूर्ण बनाना चाहिए, जिसे स्वतंत्रता हमेशा प्रिय हो। साहसपूर्ण जिंदगी ही सार्थक जिंदगी होती है।

4. 'अंत में तो सबके भाग्य में मरना ही लिखा है–शरीर मिट्टी का है, मिट्टी में ही मिल जाएगा।'–साँप के इस विचार को अपने शब्दों में स्पष्ट कीजिए, साँप ने ऐसा क्यों कहा?

उत्तर 'बाज और साँप' कहानी में साँप द्वारा कहे गए प्रस्तुत कथन में दार्शनिकता की झलक मिलती है, हालाँकि दार्शनिकता की यह झलक अपने जीवन को सुरक्षित बचाए रखने की सोच से ही पैदा हुई है। साँप इसके माध्यम से यह कहना चाहता है कि एक-न-एक दिन तो सभी को मरना ही है, लेकिन इसका अर्थ यह नहीं है कि उचित समय पर मरने से पहले ही मूर्खतावश स्वयं को नष्ट कर दिया जाए। आकाश में उड़ने के बारे में सोचना मेरे लिए अपनी मौत को समय से पहले ही निमंत्रण देना है। यह तो मूर्खता है, जब जिसे मरना होगा, वह मरेगा, लेकिन समय से पहले ऐसी हरकतें तो आत्महत्या करने के समान है। साँप ने ऐसा इसलिए कहा, क्योंकि वह उड़ नहीं सकता था और उसमें उड़ने की चाहत भी नहीं थी।

वह अपने शांत एवं स्थिर जीवन से संतुष्ट था। वह जीवन में किसी भी तरह का जोखिम लेना नहीं चाहता था। वह अपने को सुरक्षित रखने के लिए ही दुनिया से अलग अपनी अँधेरी एवं सीलन भरी गुफा में अकेले निवास करता था। उसकी प्रवृत्ति कायर एवं सुविधाभोगी थी।

स्व-मूल्यांकन

बहुविकल्पीय प्रश्न

1. ऊँचे पर्वत की अँधेरी गुफा में कौन रहता था?
(क) साँप (ख) लेखक
(ग) बाज (घ) इनमें से कोई नहीं

2. जोर-शोर से कौन हाँफ रहा था?
(क) साँप (ख) समुद्र
(ग) लेखक (घ) बाज

3. लहरों ने किसकी प्रशंसा में गीत गाए थे?
(क) साँप (ख) बाज (ग) समुद्र (घ) लेखक

4. बाज ने साँप से किस आनंद की बात की थी?
(क) आराम से गुफा में रहने की
(ख) आकाश में उड़ने की
(ग) समुद्र से मछलियाँ पकड़ने की
(घ) उपरोक्त में से कोई नहीं

5. आकाश में उड़ने के बाद साँप का क्या हुआ?
(क) उसके प्राण निकल गए
(ख) वह उड़ने लगा
(ग) वह चट्टनों पर गिर गया
(घ) वह समुद्र पार चला गया

गद्यांश पर आधारित प्रश्न

निम्नलिखित गद्यांश को ध्यानपूर्वक पढ़कर उस पर आधारित प्रश्नों के उत्तर दें

आकाश की असीम शून्यता में क्या ऐसा आकर्षण छिपा है, जिसके लिए बाज ने अपने प्राण गँवा दिए? वह खुद तो मर गया, लेकिन मेरे दिल का चैन अपने साथ ले गया। न जाने आकाश में क्या खजाना रखा है? एक बार तो मैं भी वहाँ जाकर उसके रहस्य का पता लगाऊँगा चाहे कुछ देर के लिए ही हो। कम से कम उस आकाश का स्वाद तो चख लूँगा। यह कहकर साँप ने अपने शरीर को सिकोड़ा और आगे रेंगकर अपने को आकाश की शून्यता में छोड़ दिया। धूप में क्षण भर के लिए साँप का शरीर बिजली की लकीर-सा चमक गया, किंतु जिसने जीवन भर रेंगना सीखा था, वह भला क्या उड़ पाता? नीचे छोटी-छोटी चट्टानों पर धप्प से साँप जा गिरा। ईश्वर की कृपा से बेचारा बच गया, नहीं तो मरने में क्या कसर बाकी रही थी।

1. साँप किसके रहस्य का पता लगाना चाहता था?
(क) पर्वत का (ख) सागर का
(ग) नदी का (घ) आकाश का

2. छोटी-छोटी चट्टानों पर धप्प से कौन जा गिरा?
(क) बाज
(ख) साँप
(ग) काला नाग
(घ) उपरोक्त में से कोई नहीं

3. साँप के अनुसार, वह कैसे बच गया?
(क) अपनी बुद्धिमानी से
(ख) ईश्वर की कृपा से
(ग) आकाश की दया से
(घ) चट्टान की नरमी से

4. साँप की बेचैनी का कारण क्या है?

5. साँप ने उड़ने के लिए क्या किया?

6. साँप के उड़ने का परिणाम क्या हुआ?

अतिलघु उत्तरीय प्रश्न

1. समुद्र की लहरें कैसी लगती थीं?

2. साँप किसकी प्रशंसा के गीत सुनकर आश्चर्यचकित था?

3. साँप ने उड़ने का निश्चय क्यों किया?

4. बाज ने आकाश के लिए अपने प्राण क्यों गवाँ दिए?

5. लहरों का गीत किसके लिए समर्पित था?

लघु उत्तरीय प्रश्न

1. साँप ने बाज के बारे में क्या कहा है?

2. साँप को अपनी गुफा इतनी प्रिय क्यों थी?

3. बाज के चरित्र की सर्वाधिक महत्त्वपूर्ण विशेषता क्या है? अपने शब्दों में लिखिए।

दीर्घ उत्तरीय प्रश्न

1. साँप के मन में आकाश के प्रति उठे नकारात्मक विचारों को अपने शब्दों में लिखिए।

2. आपको साँप और मनुष्य के स्वभाव में कौन-सी समानताएँ या असमानताएँ दिखाई देती हैं? बाज और साँप कहानी के आधार पर लिखिए।

3. 'जीवन को बाज की तरह व्यतीत करना चाहिए, न कि साँप की तरह।' आप इससे कहाँ तक सहमत हैं? स्पष्ट कीजिए।

अहमदनगर का किला

पाठ का सार

प्रस्तुत लेख में बंदी जीवन व्यतीत करते हुए 13 अप्रैल, 1944 को जवाहरलाल नेहरू जी ने अहमदनगर किले में देश के प्रति अपने विचारों की अभिव्यक्ति प्रस्तुत की है। इस किले में बंदी बनाकर लाए गए नेहरू जी ने अपनी नौवीं जेल-यात्रा का वर्णन किया है।

इस जेल में नेहरू जी को बीस महीने से भी अधिक समय हो चुका था। जेल में रहते हुए उन्हें चाँद ही अपना साथी इसलिए लगा, क्योंकि वह प्रतिदिन निश्चित समय पर आकर उन्हें एक-एक दिन का अहसास कराता था। साथ ही यह सीख भी देता था कि अंधकार के बाद प्रकाश अर्थात् दु:ख के बाद सुख के दिन अवश्य आते हैं।

अतीत का भार

अहमदनगर का किला और बागवानी

अहमदनगर के किले का वर्णन नेहरू जी ने अपनी नौवीं जेल यात्रा में किया था। अहमदनगर के किले में बंदी जीवन जीते हुए नेहरू जी ने बागवानी का कार्य आरंभ कर दिया था, क्योंकि वे खाली बैठकर समय व्यर्थ नहीं करना चाहते थे।

अहमदनगर की मिट्टी पथरीली थी तथा उसमें पुराने मलबे और अवशेष भी पाए जाते थे। नेहरू जी ने अपनी मेहनत व कठिन परिश्रम से उस पथरीली व कँकरीली जमीन को भी उपजाऊ बना दिया। नेहरू जी का मानना था कि व्यक्ति को कभी भी अपना समय व्यर्थ नहीं करना चाहिए।

अहमदनगर की ऐतिहासिकता

नेहरू जी के अनुसार, ऐतिहासिक दृष्टि से देखा जाए, तो अहमदनगर के किले की कोई खास विशेषता नहीं है और इसका इतिहास भी पुराना नहीं है। अहमदनगर के किले से जुड़ी चाँद बीबी के साहस की कहानी नेहरू जी को याद आती है। चाँद बीबी ने अपने किले की रक्षा के लिए अकबर की मुगल सेना के विरुद्ध युद्ध लड़ा था।

साहस से युद्ध लड़ने के बाद अंत में चाँद बीबी की हत्या उसके अपने ही एक आदमी के हाथों हुई।

कुदाल छोड़कर हाथ में कलम उठाना

नेहरू जी को खुदाई के दौरान प्राचीन दीवारों के हिस्से और कुछ गुंबदों व इमारतों के ऊपरी हिस्से मिले थे। अधिक जानकारी प्राप्त करने के लिए नेहरू जी को जेल अधिकारियों द्वारा इस सीमित स्थान से आगे बढ़ने की अनुमति नहीं मिली।

इसके बाद उन्होंने कुदाल छोड़कर कलम हाथ में लेकर यह प्रण लिया कि जब तक देश आजाद नहीं हो जाता, वे देश की आजादी के लिए लिखते रहेंगे।

नेहरू जी पैगंबर अर्थात् ईश्वर के दूत बनकर भविष्य के बारे में नहीं लिख सकते थे और न ही वे विद्वान या इतिहासकार की तरह अतीत के विषय में लिख सकते थे। वे केवल वर्तमान के विचारों और क्रियाकलापों के विषय में ही लिखते थे। गेटे के अनुसार, 'इस तरह का इतिहास लेखन अतीत के भारी बोझ से एक सीमा तक राहत दिलाता है।'

अतीत का दबाव

प्राचीन सभ्यता व संस्कृति का प्रभाव

नेहरू जी का मानना है कि मानव के मस्तिष्क पर सभ्यता के अतीत की अमिट छाप होती है। सभ्यता का दबाव अच्छा हो या बुरा दोनों तरह से ही प्रभावित करता है।

जो लोग अपने अतीत की सभ्यता से जुड़े होते हैं, यदि उनकी सभ्यता में कोई विकार उत्पन्न होता है, तो वह उनके लिए असहनीय होता है। वे जल्दी ही विचलित हो उठते हैं, वह वातावरण (दबाव) उन्हें पसंद नहीं आता; जैसे—भारत और चीन की सभ्यताएँ।

अपनी विरासत पर विचार करना

नेहरू जी विरासत के विषय में सोचा करते थे कि आखिर विरासत क्या है? विरासत में उन्हें क्या मिला है? वे किन-किन बातों के उत्तराधिकारी हैं? मानवता ने हज़ारों वर्षों के बाद जिन मूल्यों को प्राप्त किया, पराजय का दु:ख, विजय का हर्ष और मानव के साहसी कार्य, ये सभी उनके साथ जुड़े हैं। वे इन्हीं सबके वारिस हैं।

भारतवासियों की विशेषताएँ

हम भारतवासियों की विरासत की खास विशेषता यह है कि कोई व्यक्ति अन्य व्यक्ति से पूर्णतः अलग नहीं होता। यह खास बात हम लोगों पर मुख्य रूप से लागू होती है, जो हमारे रक्त, मांस और अस्थियों में समाई है।

विश्व बंधुत्व की भावना में सभी विश्वास करते हैं। विरासत की इस विशेषता का विचार जो लंबे समय से उनके मन में था, वे इसी के बारे में लिखना चाहते थे, लेकिन विषय की जटिलता और कठिनता से उन्हें भय लगता था कि इस विषय को वे स्पर्श ही कर सकते हैं।

शब्दार्थ

शब्द	हिंदी अर्थ
NCERT पृष्ठ संख्या 1	
झिलमिलाते	जगमगाते
दूज	शुक्ल पक्ष के दूसरे दिन का चाँद
शुक्ल पक्ष	अमावस्या से पूर्णिमा तक का समय
कारावास	जेल
सहचर	साथी
बागवानी	बाग-बगीचे लगाना
अवशेषों	बचे हुए पदार्थ
NCERT पृष्ठ संख्या 2	
अतीत	बीता हुआ समय (पुराना)
दुरभिसंधियाँ	शत्रु द्वारा किए गए षड्यंत्र
नेतृत्व	मार्गदर्शन, संचालन
कुदाल	फावड़ा/हल
NCERT पृष्ठ संख्या 3	
पैगंबर	ईश्वर का दूत
अख्तियार	अधिकार
विद्वत्तापूर्ण	पांडित्य
अभिभूत	मुग्ध, प्रसन्न
दमघोंटू	साँस रोकने वाली
मसलन	उदाहरणार्थ
उत्तराधिकारी	वारिस
यंत्रणा	प्रताड़ना
भावी	आने वाला
अरसे	काफी समय से

अभ्यास प्रश्न

बहुविकल्पीय व वर्णनात्मक प्रश्नों सहित

बहुविकल्पीय प्रश्न

1. 'अहमदनगर का किला' का वर्णन जवाहरलाल नेहरू जी ने अपनी कौन-सी जेल यात्रा में किया?

(क) सातवीं (ख) दसवीं
(ग) नौवीं (घ) आठवीं

उत्तर (ग) नौवीं

2. नेहरू जी ने जेल के अंदर क्या कार्य प्रारंभ किया?

(क) बागवानी (ख) खेती-बाड़ी
(ग) चक्की चलाना (घ) पत्थर तोड़ना

उत्तर (क) बागवानी

3. नेहरू जी को जेल में आए कितना समय हो गया था?

(क) पंद्रह महीने
(ख) दस महीने से अधिक
(ग) बारह महीने
(घ) बीस महीने से अधिक

उत्तर (घ) बीस महीने से अधिक

4. अहमदनगर किले से जुड़ी किसकी कहानी प्रसिद्ध है?

(क) झाँसी की रानी की (ख) चाँद बीबी की
(ग) कर्मवती की (घ) मीराबाई की

उत्तर (ख) चाँद बीबी की

5. दिए गए विकल्पों में से सही विकल्प का चयन कीजिए

(क) नेहरू जी को पेड़-पौधों से विशेष लगाव नहीं था।
(ख) नेहरू जी ने अपना समय व्यर्थ कर दिया।
(ग) नेहरू जी ने जेल में रहकर मनोरंजन से भरी कविताएँ लिखी।
(घ) नेहरू जी कभी भी खाली नहीं बैठते थे।

उत्तर (घ) नेहरू जी कभी भी खाली नहीं बैठते थे।

6. बागवानी करते समय खुदाई के समय नेहरू जी को जमीन की सतह के नीचे क्या मिला?

(क) सोने के सिक्के
(ख) ऊँची दीवारों के हिस्से और इमारतों के ऊपरी हिस्से
(ग) हीरे-जवाहरात
(घ) उपरोक्त में से कोई नहीं

उत्तर (ख) ऊँची दीवारों के हिस्से और इमारतों के ऊपरी हिस्से

7. **नेहरू जी ने क्या प्रण लिया?**

(क) अहमदनगर के किले की मरम्मत करेंगे।

(ख) मिट्टी को उपजाऊ बनाएँगे।

(ग) जब तक देश आज़ाद नहीं हो जाता, वे लिखते रहेंगे।

(घ) वे समय के पाबंद बनेंगे।

उत्तर (ग) जब तक देश आज़ाद नहीं हो जाता, वे लिखते रहेंगे।

8. **मानव के मस्तिष्क पर किसकी अमिट छाप होती है?**

(क) परिवार की (ख) सभ्यता और संस्कृति की

(ग) अपने देश की (घ) माता-पिता की

उत्तर (ख) सभ्यता और संस्कृति की

9. **किस विषय की कठिनाई और जटिलता लेखक को भयभीत करती है?** CBSE Diksha

(क) विशिष्ट विरासत का विचार

(ख) हैरतअंगेज साहसिक कार्य

(ग) पराजयों की दुखद यंत्रणा

(घ) विशिष्ट विरासत का विचार और वर्तमान पर इसे लागू करने की बात

उत्तर (घ) विशिष्ट विरासत का विचार और वर्तमान पर इसे लागू करने की बात

10. **किस तरह का इतिहास अतीत के भारी बोझ से एक सीमा तक राहत दिलाता है?** CBSE Diksha

(क) विद्वतापूर्ण लेखन

(ख) मनोरंजन लेखन

(ग) सिलसिलेवार लेखन

(घ) आज के विचारों और क्रियाकलापों के साथ संबंध स्थापित करके लिखना।

उत्तर (घ) आज के विचारों और क्रियाकलापों के साथ संबंध स्थापित करके लिखना।

गद्यांशों पर आधारित प्रश्न

निम्नलिखित गद्यांशों को ध्यानपूर्वक पढ़कर उन पर आधारित प्रश्नों के उत्तर दें।

गद्यांश 1

दूसरी जेलों की तरह, यहाँ अहमदनगर के किले में भी मैंने बागवानी करना शुरू कर दिया। मैं रोज कई घंटे, तपती धूप में भी फूलों के लिए क्यारियाँ बनाने में बिताने लगा। मिट्टी बहुत खराब थी- पथरीली और पुराने मलबे और अवशेषों से भरी हुई। चूँकि यह इतिहास-स्थल है इसलिए अतीत में इसने कई युद्ध और राजमहलों की दुरभिसंधियाँ देखी हैं। यहाँ का इतिहास बहुत पुराना नहीं है।

घटनाओं की दृष्टि से इसकी कोई विशेष अहमियत भी नहीं है। पर इससे जुड़ी एक घटना, आज भी याद की जाती है। यह घटना है चाँद बीबी नाम की एक सुंदर महिला के साहस की कहानी, जिसने इस किले की रक्षा के लिए अकबर की शाही सेना के विरुद्ध, हाथ में तलवार उठाकर अपनी सेना का नेतृत्व किया। पर अंत में उसकी हत्या उसके अपने ही एक आदमी के हाथों हुई।

1. **अहमदनगर के किले में बागवानी का कार्य किसने प्रारंभ कर दिया?**

(क) चाँद बीबी ने (ख) अकबर ने

(ग) नेहरू जी ने (घ) इनमें से कोई नहीं

उत्तर (ग) नेहरू जी ने

2. **अकबर की शाही सेना के विरुद्ध हाथ में तलवार उठाकर अपनी सेना का नेतृत्व किसने किया?**

(क) नेहरू जी ने (ख) चाँद बीबी ने

(ग) गेटे ने (घ) ये सभी

उत्तर (ख) चाँद बीबी ने

3. **अंत में किसकी हत्या उसके अपने ही एक आदमी के हाथों हुई?**

(क) चाँद बीबी की (ख) अकबर की

(ग) गेटे की (घ) नेहरू जी की

उत्तर (क) चाँद बीबी की

4. **चाँद बीबी ने किसके विरुद्ध अपनी सेना का नेतृत्व किया?**

उत्तर चाँद बीबी ने अहमदनगर किले की रक्षा के लिए अकबर की शाही सेना के विरुद्ध, हाथ में तलवार उठाकर अपनी सेना का नेतृत्व किया।

5. **अहमदनगर के किले की मिट्टी कैसी थी?**

उत्तर अहमदनगर के किले की मिट्टी बहुत खराब, पथरीली, पुराने मलबे और अवशेषों से भरी हुई थी।

6. **क्या अहमदनगर का किला एक ऐतिहासिक स्थल है?**

उत्तर हाँ, अहमदनगर का किला एक ऐतिहासिक स्थल है। अतीत में इस क्षेत्र ने कई युद्ध और राजमहलों की दुरभिसंधियाँ (शत्रु द्वारा किए गए षड्यंत्र) देखी हैं।

गद्यांश 2

खुदाई के दौरान हमें जमीन की सतह के बहुत नीचे दबे हुए प्राचीन दीवारों के हिस्से और कुछ गुंबदों और इमारतों के ऊपरी हिस्से मिले। हम बहुत दूर नहीं जा सके, क्योंकि न तो अधिकारियों से इसकी मंजूरी मिली और न ही हमारे पास इस काम को जारी रखने के साधन थे। अब मैंने कुदाल छोड़कर हाथ में कलम उठा ली है। पर मैं जब तक आजाद नहीं हो जाता और कर्म के माध्यम से वर्तमान को अपने अनुभव का हिस्सा नहीं बना लेता, मैं उसके बारे में नहीं लिख सकता। न ही पैगंबर की भूमिका अख्तियार कर मैं फ़िलहाल भविष्य के बारे में लिख सकता हूँ। बचा रहता है अतीत, पर मैं उसके बारे में भी किसी इतिहासकार या विद्वान की तरह विद्वतापूर्ण शैली में नहीं लिख सकता। मैं पहले की ही तरह, अपने आज के विचारों और क्रियाकलापों के साथ संबंध स्थापित करके ही उसके बारे में कुछ लिख सकता हूँ। गेटे ने एक बार कहा था कि इस तरह का इतिहास लेखन अतीत के भारी बोझ से सीमा तक राहत दिलाता है।

1. **नेहरू जी अधिक आगे तक खुदाई करने में क्यों असमर्थ थे?**

(क) विद्वतापूर्ण शैली का न होना

(ख) अधिकारियों से मंजूरी न मिलना

(ग) पर्याप्त साधन न होना

(घ) 'ख' व 'ग' दोनों

उत्तर (घ) 'ख' व 'ग' दोनों

2. **गद्यांश के अनुसार, किसने कुदाल छोड़कर हाथ में कलम उठा ली?**

(क) नेहरू जी ने (ख) चाँद बीबी ने
(ग) गेटे ने (घ) अकबर ने

उत्तर (क) नेहरू जी ने

3. **लेखन अतीत के भारी बोझ से एक सीमा तक राहत दिलाता है, यह कथन किसका है?**

(क) जवाहरलाल नेहरू (ख) लास्की
(ग) गेटे (घ) वुड्सवर्थ

उत्तर (ग) गेटे

4. **लेखक के अनुसार, नेहरू जी के पास किस कार्य को जारी रखने के साधन नहीं थे?**

उत्तर लेखक के अनुसार, नेहरू जी के पास खुदाई कार्य को जारी रखने के साधन नहीं थे।

5. **नेहरू जी ने जेल में कैदी के रूप में कलम क्यों उठाई?**

उत्तर भारतीय जनमानस में राष्ट्रप्रेम भरने के लिए नेहरू जी ने जेल में कैदी के रूप में कलम उठाई।

6. **"मैं पैगंबर की भूमिका अख्तियार कर भविष्य के बारे में नहीं लिख सकता।" यह कथन किसने कहा?**

उत्तर "मैं पैगंबर की भूमिका अख्तियारकर भविष्य के बारे में नहीं लिख सकता।" यह कथन जवाहरलाल नेहरू जी ने कहा है।

गद्यांश 3

दबाव, भला हो या बुरा, दोनों तरह अभिभूत करता है। कभी-कभी यह दबाव दमघोंटू होता है - खास तौर पर उन लोगों के लिए जिनकी जड़ें बहुत पुरानी सभ्यताओं में होती हैं- मसलन भारत और चीन की सभ्यताएँ।

आखिर मेरी विरासत क्या है? मैं किन बातों का उत्तराधिकारी हूँ? क्या उन सबका जिसे मानवता ने दसियों हजारों साल के दौरान हासिल किया। उसकी विजयों के उल्लास का, उसकी पराजयों की दुखद यंत्रणा का, मानव के उन हैरतअंगेज साहसिक कार्यों का जिनकी शुरुआत युगों पहले हुई और जो अब भी जारी है और हमें आकर्षित करती हैं। मैं इस सबका वारिस हूँ, साथ ही उस सबका भी जिसमें पूरी मानव जाति की साझेदारी है।

हम भारतवासियों की विरासत में एक खास बात है, जो अनोखी नहीं हैं, क्योंकि कोई व्यक्ति औरो से एकदम अलग नहीं होता। अलबत्ता एक बात हम लोगों पर विशेष रूप से लागू होती है, जो हमारे रक्त, मांस और अस्थियों में समाई है। इसी विशेषता से हमारा वर्तमान रूप बना है और हमारा भावी रूप बनेगा।

इसी विशिष्ट विरासत का विचार और वर्तमान पर इसे लागू करने की बात एक लंबे अरसे से मेरे मन में घर किए है। मैं इसी के बारे में लिखना चाहता हूँ। विषय की कठिनाई और जटिलता मुझे भयभीत करती है। मुझे लगता है कि मैं सतही तौर पर इसका स्पर्श ही कर सकता हूँ।

1. **भारतीय विरासत की क्या विशेषता थी?**

(क) आर्थिक संपन्नता को बढ़ाना
(ख) विश्व - बंधुत्व का संदेश
(ग) 'क' व 'ख' दोनों
(घ) उपरोक्त में से कोई नहीं

उत्तर (ख) विश्व - बंधुत्व का संदेश

2. **मनुष्य का अतीत मनुष्य को किस प्रकार से प्रभावित करता है?**

(क) अच्छे रूप में
(ख) बुरे रूप में
(ग) अच्छे और बुरे दोनों रूप में
(घ) प्रभावित नहीं किया जाता

उत्तर (ग) अच्छे और बुरे दोनों रूप में

3. **निम्न में से साहसिक में कौन-सा प्रत्यय है?**

(क) इक (ख) क (ग) ईक (घ) सा

उत्तर (क) इक

4. **किनकी जड़ें बहुत पुरानी सभ्यताओं में होती हैं?**

उत्तर दबाव से अभिभूत व्यक्तियों की जड़ें बहुत पुरानी सभ्यताओं में होती हैं।

5. **नेहरू जी अपनी विरासत किसे मानते हैं?**

उत्तर नेहरू जी उन सभी को अपनी विरासत मानते हैं, जिसे हजारों सालों पूर्व मानवता द्वारा हासिल किया गया तथा विजय का उल्लास, पराजय की दुखद यंत्रणा आदि को भी आकर्षित करते हैं।

6. **'किस विशेषता के आधार पर हमारा वर्तमान बना है और भविष्य बनेगा?**

उत्तर विश्व बंधुत्व की भावना व अपने-पराए में भेदभाव न करने की भावना भारत की विशेषता है, जिससे हमारा वर्तमान बना है और भविष्य भी बनेगा।

अतिलघु उत्तरीय प्रश्न

1. **इस पाठ में किसकी यात्रा का वर्णन किया गया है?**

उत्तर इस पाठ में पंडित जवाहरलाल नेहरू की अहमदनगर जेल की यात्रा का वर्णन किया गया है।

2. **लेखक को चाँद क्या संदेश देता था?**

उत्तर लेखक को चाँद संदेश देता था कि दुःखों के बाद सुख भी आते हैं।

3. **चाँद के निकलने से नेहरू जी क्या अनुभव करते थे?**

उत्तर नेहरू जी को चाँद निकलने पर यह प्रतीत होता था कि अब एक महीना पूरा हो गया है।

4. **नेहरू जी अपनी कलम से किसके इतिहास पर प्रकाश डालना चाहते थे?**

उत्तर नेहरू जी अपनी कलम से भारत के इतिहास पर प्रकाश डालना चाहते थे।

5. **नेहरू जी भविष्य के बारे में क्यों नहीं लिख सकते थे?**

उत्तर नेहरू जी भविष्य के बारे में इसलिए नहीं लिख सकते थे, क्योंकि वे ऐसा करके किसी पैगंबर की भूमिका नहीं अपना सकते थे।

6. नेहरू जी ने बागवानी का कार्य कहाँ से शुरू किया था?

उत्तर नेहरू जी ने अहमदनगर के किले की जेल में बागवानी का कार्य शुरू किया था।

7. अहमदनगर के किले की मिट्टी कैसी थी?

उत्तर अहमदनगर के किले की मिट्टी बहुत खराब थी। यहाँ की मिट्टी पथरीली, पुराने मलबे और अवशेषों से भरी हुई थी।

8. खुदाई करते समय लेखक को जमीन के नीचे क्या-क्या मिला?

उत्तर खुदाई करते समय लेखक को जमीन के नीचे, प्राचीन दीवारों के कुछ हिस्से, कुछ गुंबद और इमारतों के ऊपरी हिस्से मिले।

9. विद्वान गेटे के अनुसार, किस तरह का इतिहास लेखन श्रेष्ठ है? **CBSE Diksha**

उत्तर विद्वान गेटे के अनुसार, इतिहास के विचारों और क्रियाकलापों के साथ संबंध स्थापित करके लिखना ही श्रेष्ठ इतिहास लेखन होता है।

10. दमघोंटू दबाव किन लोगों को अधिक प्रभावित करता है?

उत्तर दमघोंटू दबाव उन लोगों को अधिक प्रभावित करता है, जिनकी जड़ें बहुत पुरानी सभ्यताओं में होती हैं।

11. 'लेखक किस-किस का वारिस है?

उत्तर लेखक उन सभी का उत्तराधिकारी है, जिसे मानवता ने हजारों सालों में हासिल किया है अर्थात् लेखक मानवता की विजयों, पराजयों, साहसिक कार्यों आदि का वारिस है।

12. लेखक इतिहास लेखन में स्वयं को असमर्थ क्यों पाता है? **CBSE Diksha**

उत्तर लेखक इतिहास लेखन में स्वयं को असमर्थ इसलिए पाता है, क्योंकि लेखक के अनुसार, जब तक वह (लेखक) आजाद नहीं हो जाता और कर्म के माध्यम से वर्तमान को अनुभव का हिस्सा नहीं बना लेता, तब तक वह उसके बारे में नहीं लिख सकता है।

लघु उत्तरीय प्रश्न

1. नेहरू जी ने कुदाल छोड़कर कलम क्यों उठाई?

उत्तर खुदाई का काम जारी रखने के लिए नेहरू जी के पास साधनों की कमी थी तथा सीमित स्थान होने के कारण आगे खुदाई करने की अनुमति अधिकारियों द्वारा नहीं दी गई, इसलिए उन्होंने कुदाल को छोड़कर कलम उठाई। कलम के माध्यम से वे देशवासियों के हृदय में राष्ट्र प्रेम की भावना को जगाने का प्रयास करते रहें हैं।

2. लेखक का स्थायी सहचर कौन था और उसे वह क्या-क्या याद दिलाता था?

उत्तर अहमदनगर के किले में लेखक का स्थायी सहचर चाँद था— जो उसे याद दिलाता था कि कारावास का एक महीना और बीत गया। वही लेखक को यह भी याद दिलाता था कि अँधेरे के बाद उजाले का भी आगमन होता है। अत: कठिनाइयों को देखकर घबराना नहीं चाहिए।

3. 'अतीत के दबाव' के बारे में नेहरू जी के क्या विचार थे?

उत्तर 'अतीत के दबाव' के बारे में नेहरू जी के विचार थे कि मनुष्य को अतीत अच्छे और बुरे दोनों ही रूपों में प्रभावित करता है। यदि अतीत अच्छा हो तो खुशी महसूस होती है और यदि असंतोषजनक हो तो असहनीय हो जाता है।

4. नेहरू जी ने 'अहमदनगर का किला' की अभिव्यक्ति कब की?

उत्तर नेहरू जी ने 'अहमदनगर का किला' की अभिव्यक्ति अपनी नौवीं जेल-यात्रा के समय 13 अप्रैल, 1944 को की। उस समय उन्हें अहमदनगर किले में बीस महीने से भी अधिक समय के लिए बंदी बनाकर रखा गया था।

दीर्घ उत्तरीय प्रश्न

1. ऐतिहासिक दृष्टि से अहमदनगर के किले की कोई अहमियत क्यों नहीं है?

उत्तर ऐतिहासिक दृष्टि से अहमदनगर के किले की कोई अहमियत इसलिए नहीं है क्योंकि इस किले का इतिहास बहुत पुराना नहीं है। इससे जुड़ी एक घटना है, जो लोगों द्वारा आज भी याद की जाती है। चाँद बीबी नाम की एक साहसी महिला ने इस किले की रक्षा के लिए अकबर की शाही सेना के विरुद्ध हाथ में तलवार लेकर अपनी सेना का नेतृत्व किया, परंतु अंत में चाँद बीबी की हत्या उसके अपने ही एक वफादार आदमी ने कर दी। इसके अतिरिक्त इस किले की कोई विशेषता नहीं है।

2. अहमदनगर के किले की मिट्टी कैसी थी? लेखक ने उसे कैसे उपजाऊ बनाया?

उत्तर अहमदनगर के किले की मिट्टी पथरीली, पुराने मलबे और अवशेषों से भरी हुई थी। लेखक का यह मानना था कि व्यक्ति को खाली बैठकर समय को व्यर्थ नहीं करना चाहिए। वे उस पथरीली भूमि में कड़ी धूप में भी कई घंटे काम करते थे और पौधे रोपने के लिए क्यारियाँ बनाया करते थे। इस प्रकार उन्होंने लगन और परिश्रम से वहाँ की भूमि को उपजाऊ बना दिया।

3. अतीत का दबाव से क्या तात्पर्य है? अतीत मनुष्य को किस प्रकार प्रभावित करता है?

उत्तर लेखक के अनुसार, अतीत का दबाव से तात्पर्य मनुष्य के मानस पटल पर प्राचीन सभ्यता व संस्कृति के प्रभाव से है। मनुष्य एक चिंतनशील प्राणी है, उसके मन में विचार उत्पन्न होते रहते हैं और साथ ही विलीन भी होते रहते हैं। उसके मन पर अतीत का प्रभाव पड़ता है। मनुष्य का प्रभाव अच्छा हो या बुरा वह उससे प्रभावित अवश्य होता है।

अतीत यदि श्रेष्ठ हो तो खुशी महसूस होती है और यदि अतीत असंतोषजनक हो तो सहन करना बहुत कठिन होता है तथा वातावरण दमघोंटू हो जाता है।

4. सपने देखना मानव का स्वभाव है। हमने भी पराधीनता में आजाद होने के सपने देखे थे। आपने अपने सपनों में भारत की क्या कल्पना की है? लिखिए।

उत्तर सपने देखना मानव का जन्मसिद्ध अधिकार है। अंग्रेजों ने भारत पर अधिकार जमाया, परंतु वे भारतवासियों की आजादी का सपना नहीं छीन पाए।

मेरे सपनों के भारत में देश के लोगों का चरित्र ऊँचा होगा, कोई भी देशवासी अपने स्वार्थ के लिए देश से विश्वासघात नहीं करेगा। किसी को विदेशी बैंकों में भारत की पूँजी चोरी से जमा नहीं करवानी पड़ेगी। कार्यों को कराने के लिए रिश्वत नहीं देनी पड़ेगी व हिंसा का सहारा नहीं लेना पड़ेगा।

अध्याय 2

तलाश

पाठ का सार

भारत के अतीत की झाँकी

प्रस्तुत पाठ में नेहरू जी ने भारत के अतीत व उसकी विशेषताओं को उजागर किया है।

नेहरू जी के विचार

नेहरू जी भारत के अतीत के बारे में बताते हैं कि वह हमेशा ही भारत को जानने, समझने और उसके प्रति अपनी प्रतिक्रियाओं का विश्लेषण करने की कोशिश करते रहे हैं। भारत के अतीत की यह प्रमुख विशेषता रही है कि विदेशियों के संपर्क में आने पर भी इसके अस्तित्व की पहचान खोई नहीं है।

यदि हम पिछले पाँच हजार वर्षों पर नजर डालें, तो हम देखते हैं कि जो भारत में है, उसका मुकाबला पूरे विश्व में कोई नहीं कर सकता। नेहरू जी के मन में भारत के विषय में एक प्रश्न उत्पन्न हुआ कि आखिर यह भारत क्या है? इसमें ऐसी कौन-सी विशेषता थी, जिसके कारण यह दुनिया का सिरमौर कहा जाता था?

आलोचक की दृष्टि से भारत दर्शन

अनेक विचार मन में होने के बावजूद भी नेहरू जी एक आलोचक की तरह भारत के अतीत का विश्लेषण करना चाहते थे तथा भारत की मजबूती का कारण जानना चाहते थे।

वस्तुत: नेहरू जी यह जानना चाहते थे कि एक विशाल जनसंख्या का देश होने के बावजूद भारत ने अपनी प्राचीन शक्ति को कैसे खो दिया? क्या भारत अपनी उस शक्ति को पूर्ण रूप से खो चुका था? वे जानना चाहते थे कि क्या भारत के पास आज भी कुछ ऐसा है, जिसे मजबूत कहा जा सके और आधुनिक विश्व से उसका तालमेल हो सके। इस प्रकार, नेहरू जी के मन में बहुत-सी शंकाएँ थीं, जिनका वे समाधान चाहते थे।

उन्होंने भारत को एक विदेशी व्यक्ति की तरह जानने का प्रयास किया। वास्तव में, वे यह जानना चाहते थे कि वह विशेष तत्त्व क्या था, जिसके कारण भारत ने अपने सभ्य अस्तित्व की पहचान हजारों वर्षों तक बनाए रखी।

भारत के उत्तर-पश्चिम भाग का निरीक्षण

नेहरू जी ने संपूर्ण भारत की विशेषता को जानने के लिए भारत के उत्तर-पश्चिम भाग में स्थित मोहनजोदड़ो के प्राचीन नगर, घर और गलियों का निरीक्षण किया, जिनका समय पाँच हजार वर्ष से भी पुराना बताया गया है।

यह सभ्यता आधुनिक भारतीय सभ्यता का आधार भी थी तथा प्राचीन और पूर्ण रूप से विकसित होने के कारण स्थायी भी थी। मोहनजोदड़ो की संस्कृति के प्रभाव में फारस, मिस्र, अरब, चीन, ग्रीस, मध्य एशिया और भू-मध्य सागर के लोग भी रहे। इनसे प्रभावित होने और इनके संपर्क में आने के बाद भी इस संस्कृति ने अपनी दृढ़ता को बनाए रखा।

नेहरू जी ने चीन, पश्चिमी एवं मध्य एशिया से आने वाले विद्वान यात्रियों द्वारा लिखे हुए साहित्य का भी अध्ययन किया। उन्होंने पूर्वी एशिया, अंगकोर, बोरोबुदुर और अन्य बहुत-सी जगहों में भारत की उपलब्धियों के बारे में जानकारी प्राप्त की। उन्होंने हिमालय पर्वत व उनसे जुड़ी प्राचीन कथाओं के बारे में भी जानकारी प्राप्त की।

हिमालय पर्वत से निकलने वाली गंगा, यमुना, सिंधु, ब्रह्मपुत्र जैसी विशाल नदियों ने भी नेहरू जी को प्रभावित किया। भारत को जानने के लिए उन्होंने बाहरी यात्रियों के साथ भारत के विभिन्न भागों की यात्राएँ भी कीं। भारत के अतीत की कहानी को स्वरूप देने वाली अजंता, एलोरा व ऐलिफेंटा की गुफाएँ तथा दिल्ली व आगरा की विशेष इमारतों व भवनों ने भी नेहरू जी को भारत के अस्तित्व के बारे में जानकारी प्राप्त करवाई।

गंगा नदी का विशेष महत्त्व

नेहरू जी गंगा नदी से विशेष रूप से प्रभावित हैं। वे जब भी अपने शहर इलाहाबाद या हरिद्वार में प्रसिद्ध महान स्नान-पर्व कुंभ के मेले में जाते और वहाँ हजारों लोगों को आते देखते तो उन्हें इस बात का अहसास होता था कि इसी तरह उनके पूर्वज भी हजारों वर्षों से गंगा के स्नान के लिए आते रहते थे।

इन पर्वों के बारे में विदेशियों ने भी बहुत-कुछ लिखा है। नेहरू जी को आश्चर्य होता है कि ऐसी कौन-सी वह प्रबल आस्था थी, जो हमारे पूर्वजों को अनगिनत पीढ़ियों से भारत की इस प्रसिद्ध नदी (गंगा) की ओर खींचती रही है।

वर्तमान को शिक्षित करता अतीत

नेहरू जी को भारत के अतीत में हर उस बात के विद्यमान होने का अहसास होता था, जो वर्तमान में शिक्षित करता हुआ प्रतीत होता है। ढाई हजार वर्ष पहले महात्मा बुद्ध द्वारा बनारस के सारनाथ में दिया गया उपदेश उन्हें ऐसा प्रतीत होता है, जैसे बुद्ध अपना पहला उपदेश अभी दे रहे हों, अशोक के पाषाण स्तंभ अपने शिलालेखों के माध्यम से अशोक की महानता प्रकट करते हैं, फतेहपुर सीकरी में अकबर सभी धर्मों को समान मानते हुए मनुष्य की शाश्वत समस्याओं का हल खोजता हुआ प्रतीत होता है। इस तरह नेहरू जी को इतिहास की झाँकी वर्तमान में सजीव प्रतीत होती है।

भारत की शक्ति और सीमा

नेहरू जी विचार करते हैं कि प्रत्येक क्षेत्र में आगे रहने वाला भारत पिछड़ता जा रहा था और यूरोप, जो तकनीकी दृष्टि से पिछड़ा हुआ था, वह विकास की ओर आगे बढ़ता गया। भारत में तकनीकी की कमी नहीं थी लेकिन भारतीयों में क्षमता होने के बाद भी परिश्रम की कमी होना, दूसरे देशों की नकल करना जैसे कारणों से भारत अपने कार्य क्षेत्र में कमजोर पड़ता गया।

इस समय भारत में अंधविश्वास, मूर्तिपूजा व संकीर्ण रूढ़ियों का भी उदय हुआ, जिससे महासागरों को पार करने पर रोक लगा दी गई। इसके कारण भारत गतिहीनता और मूर्खता की ओर बढ़ता रहा, जबकि अन्य देश निरंतर प्रगति करते रहे। अतीत को सँभालने में पुनर्जागरण काल ने महत्त्वपूर्ण भूमिका निभाई। भारत का प्राचीन ढाँचा बचा रहा, लेकिन आंतरिक क्रियाकलाप परिवर्तित होते रहे।

इससे नए लक्ष्यों का निर्धारण भले ही न हो सका हो, पर प्राचीन और नवीन के बीच सामंजस्य स्थापित करने का प्रयास चलता रहा। इसी लालसा से देश को गति मिली तथा पुराने विचारों को सहेजकर रखने तथा नए विचारों को अपनाने की शक्ति मिली।

भारत की तलाश

नेहरू जी बताते हैं कि प्राचीन पुस्तकों, स्मारकों और अतीत की सांस्कृतिक उपलब्धियों ने उनमें एक सीमा तक भारत की समझ तो पैदा की, परंतु जिसकी उन्हें तलाश थी वह उनके अध्ययन से पूरी नहीं हो पाई।

भारत की वर्तमान स्थिति

इस समय भारत की स्थिति ऐसी थी कि चारों और भयंकर गरीबी थी तथा मध्य वर्ग आधुनिकता की ओर कदम बढ़ा रहा था। यह स्थिति बेचैन करने वाली थी। नेहरू जी का झुकाव उच्च वर्ग की ओर नहीं था। अंग्रेजों के खिलाफ संघर्ष के लिए भी वे मध्यम वर्ग की ओर ही देखते थे। वह अंग्रेजों के खिलाफ जाकर स्वयं तरक्की व विकास करना चाहता था, परंतु वे अंग्रेजों की नीतियों के खिलाफ नहीं थे, बल्कि वे इन नीतियों को अंग्रेजों के हाथों से छीनकर स्वयं उनका संचालन करना चाहते थे।

युवा बुद्धिजीवियों का प्रयास

नई ताकतों के उदय ने युवा बुद्धिजीवियों को गाँव की याद दिलाई, जिसका अस्तित्व वे भूल चुके थे। भारत और गाँव की ऐसी दशा देखकर नेहरू जी बेचैन हो गए तथा उन्होंने उसके वास्तविक रूप को तलाशना शुरू किया। यह उनके लिए सही अर्थों में नई यात्रा थी, क्योंकि उन्हें लगातार अपने लोगों की असफलताओं और कमजोरियों के दर्द का अहसास था। ग्रामीण जनता नेहरू जी को अपनी ओर आकर्षित करती थी। मध्य वर्ग केवल उत्तेजना (आक्रोश) से भरा था।

भारत का बदलता स्वरूप

नेहरू जी यह बात भली-भाँति जानते थे कि भारत के लोगों का अपनी सारी विविधता के साथ वास्तविक अस्तित्व भी है। भारत की प्राचीन सांस्कृतिक परंपरा में मजबूती और अंत:शक्ति है, जिसने उन्हें बचाए रखा है। पिछले लगभग 200 वर्षों से आम जनता पर अंग्रेजों के अत्याचार के कारण बहुत कुछ तो समाप्त हो गया है, लेकिन जो मूल्य या धरोहर बची है वह सार्थक है। साथ ही बहुत कुछ ऐसा भी है, जो निरर्थक एवं हानिकारक है।

भारत माता

नेहरू जी बताते हैं कि मैं जब भी सभाओं में जाता था, तो वहाँ भारत के प्राचीन स्वरूप की चर्चा अवश्य करता था। लोगों को उनके नाम के बारे में अवगत कराता था कि इस देश का नाम सम्राट 'भरत' के नाम पर भारत पड़ा। नेहरू जी शहरी श्रोताओं के सामने ऐसा काम करते थे, क्योंकि शहरी श्रोता उनसे प्रभावशाली भाषण की अपेक्षा करते थे। वे ग्रामीण अंचल में जाकर किसानों के बीच इस महान देश की चर्चा करते, जिसके लिए वे संघर्ष कर रहे हैं। नेहरू जी अपनी सभाओं में लोगों को समझाते कि हम भिन्न-भिन्न होते हुए भी किस प्रकार एक हैं। सभी इस महान भारत के हिस्से हैं।

किसानों की समान समस्याएँ

नेहरू जी ने किसानों को बताया कि उत्तर से दक्षिण तक, पूरब से पश्चिम तक इसका स्वरूप एक है। उन्होंने देश के सभी किसानों की समस्याएँ एक जैसी बताईं। देश के सभी स्थानों के किसान गरीबी, कर्ज, निहित स्वार्थ, जमींदार, महाजन, भारी लगान, कर, पुलिस के अत्याचार आदि समस्याओं से जूझ रहे थे। अंग्रेजी शासन से सभी पीड़ित थे। सभी देशवासियों को मिलकर अंग्रेजों के चंगुल से इस देश को आजाद कराना था।

सभी किसानों को विश्वबंधुत्व का संदेश देना

नेहरू जी अपनी सभा में भारतीय किसानों को कहना चाहते थे कि हमें भारत को अखंड मानकर उसके बारे में सोचना चाहिए। इसके अतिरिक्त वे इस विशाल विश्व के बारे में भी सोचें, जिसके हम सभी हिस्से हैं। नेहरू द्वारा जनता को इस विचार से सहमत कराना उनके लिए कठिन न था, क्योंकि सभी लोगों ने प्राचीन महाकाव्यों, पुरागाथाओं और दंतकथाओं का गहन अध्ययन कर रखा था। सभा में नेहरू जी के पहुँचने पर जब सभा में उपस्थित लोग 'भारत माता की जय' बोलते, तो वे उनसे प्रश्न करते कि इस 'जय' से उनका क्या अभिप्राय है? यह प्रश्न उन्हें मनोरंजक लगता और चकित करता। उनकी समझ में नहीं आता कि वे नेहरू जी को क्या जवाब दें। अंत में नेहरू जी श्रोताओं को बताते कि भारत वह सब कुछ है, जो उन्होंने सोच रखा है। भारत के पहाड़ और नदियाँ, जंगल और फैले हुए खेत सब उन्हें प्रिय हैं, परंतु भारत की जनता उन्हें सर्वाधिक प्रिय है। इस विशाल धरती पर फैले लोग ही मूल रूप से भारत माता हैं। अत: भारत माता की जय का अर्थ है—भारत की समस्त जनता की जय।

भारत की विविधता और एकता

नेहरू जी ने बताया कि विविधता में एकता देखने के लिए भारत से अच्छा स्थान शायद ही कोई है। यदि कोई विदेशी भारत का भ्रमण करे, तो यहाँ के निवासियों के रहन-सहन, खान-पान, वेशभूषा, भाषा एवं भारत की भौगोलिक दशा के आधार पर यही कहने के लिए विवश होगा कि यह एक देश नहीं, बल्कि कई देश एक साथ मिले हुए हैं। उत्तर-पश्चिमी क्षेत्र में रहने वाला पठान दक्षिणी क्षेत्र पर रहने वाले तमिल से बहुत कम समानता रखता है। अनेक विविधताओं के बावजूद कश्मीर में रहने वाले पठान पर भारत की छाप तमिल जैसी ही दिखाई देती है। यही भारतीय संस्कृति की विशेषता भी है, वह अपने अंदर सभी को समाहित किए हुए है।

भारतीय होने की विशेषता

भारतवासी, भारत के किसी भी भाग में जाकर वहाँ अपने घर जैसे अपनेपन की भावना का अनुभव करता है, जबकि अन्य देश में जाकर वह अजनबी तथा परदेसी महसूस करता है। जिन लोगों ने दूसरे देशों में जाकर वहाँ की संस्कृति या धर्म को अपना लिया था उन्हें अजनबीपन का बोध कम होता था। गैर-भारतीय धर्म मानने वाले जो भारत में आकर बस गए, वे कई पीढ़ियों के बाद भारतीय होकर रह गए। यहूदी, पारसी, मुसलमानों को देखकर इसे समझा जा सकता है। जिन भारतीयों ने इन धर्मों को स्वीकार कर लिया, वे भी धर्म परिवर्तन के बाद भारतीय बने रहे।

भारत की एक खास विशेषता यह है कि यहाँ का निवासी ईसाई हो या मुसलमान यदि वह किसी दूसरे देश में जाता है, तो वह भारतीय (हिंदुस्तानी) ही कहलाएगा, उसे धर्म के आधार पर नहीं, बल्कि देश के नाम से जाना जाएगा।

नेहरू जी के हृदय में भारत की छवि

नेहरू जी सोचते थे कि प्रत्येक व्यक्ति अपनी मातृभूमि के बारे में अपने-अपने ढंग से सोचता है। वे जब भी भारत के बारे में सोचते हैं तो उनके मन में असंख्य छोटे-छोटे गाँवों, शहरों, कस्बों, दूर-दूर तक फैले खेतों, वर्षा ऋतु की जादुई बरसात, विशाल नदियों में बहता जल, बर्फ से ढके खैबर पास (भारत और अफगानिस्तान के बीच की एक घाटी), नवजात फूलों से भरी पहाड़ी, घाटी या हिमालय और उनके बीच से बहता झरना, इन सभी सुंदर दृश्यों की तस्वीर बन जाती थी, जिसे नेहरू जी अपने हृदय में सँजोए रखते थे।

जन संस्कृति

नेहरू जी जहाँ भी गए उन्हें हर जगह एक सांस्कृतिक पृष्ठभूमि के दर्शन हुए, जिसका जनता के जीवन पर गहरा प्रभाव था। भारत के प्राचीन महाकाव्य-रामायण और महाभारत जनता के बीच प्रसिद्ध थे। इनकी हर घटना, कथा आदि का नैतिक अर्थ प्रत्येक मानव के मस्तिष्क में अंकित था। अनपढ़ ग्रामीणों को सैंकड़ों पद और उपदेशों से भरी कहानियाँ याद थीं। उनका साहित्यिक ज्ञान नेहरू जी को चकित कर देता था।

नेहरू जी जब किसी गाँव से गुजरते हुए किसी मनोहर पुरुष या सुंदर स्त्री को देखते, तब वे आश्चर्यचकित हो जाते थे। वे नेहरू जी को यह सोचने पर विवश कर देते थे कि इतने भयानक कष्टों के बावजूद, जिनसे भारत युगों तक गुजरता रहा, आखिर यह सौंदर्य कैसे टिका और बना रहा? इन लोगों को साथ लेकर हम अपनी सोच के भारत का निर्माण कर सकते हैं, लेकिन इस शर्त के साथ कि इनकी हालत अच्छी हो और इनके पास कुछ करने के अवसर अधिक हों।

नेहरू जी बताते हैं कि उस समय भारतीय अपना जीवन जीने के लिए विवश थे तथा चारों ओर गरीबी का साम्राज्य था। गरीबी के साथ-साथ अन्य विपत्तियाँ भी लोगों को घेरे हुए थीं। सभी की जिंदगी का सुंदर रूप समाप्त हो चुका था तथा निराशा का भाव उनके चेहरे पर स्पष्ट देखा जा सकता था। समाज में भ्रष्टाचार व असुरक्षा की भावना थी। यह सब बहुत दुखद था पर उस समय के भारत की वास्तविकता यही थी, लेकिन फिर भी भारत में नम्रता और सहनशीलता थी, जो हजारों वर्षों की सांस्कृतिक विरासत की देन थी। इसे बड़े-से-बड़ा दुर्भाग्य भी नहीं मिटा पाया था।

शब्दार्थ

शब्द	हिंदी अर्थ
NCERT पृष्ठ संख्या 4	
विश्लेषण	वास्तविकता जानने का प्रयास करना
अवधारणा	विचार
अतीत	प्राचीन
खारिज	समाप्त
NCERT पृष्ठ संख्या 5	
तेजस्विता	प्रकाशमय
सुदूर	बहुत दूर
मिथकों	अविश्वसनीय घटना
दास्तान	आपबीती
NCERT पृष्ठ संख्या 6	
पौराणिक	प्राचीन/पुरानी
तादाद	बड़ी संख्या

शब्द	हिंदी अर्थ
पुरखे	पूर्वज
दंतकथा	जनश्रुति, लोकसभा
रमणीय धारा	सुंदर धारा
भग्नावशेषों	पुरानी चीजों के टूटे-फूटे टुकड़े या भाग
NCERT पृष्ठ संख्या 7	
स्रोत	संस्थान
जिज्ञासु	जानने की इच्छा रखने वाला
अंतर्दृष्टि	अंदर तक पहचान पाने की शक्ति
अभिलिखित	लिखित प्रमाण
पाषाण स्तंभ	पत्थर के खंभे
शिलालेख	पत्थरों पर लिखे गए लेख
शाश्वत	लगातार, सदा रहने वाला

शब्द	हिंदी अर्थ
NCERT पृष्ठ संख्या 8	
चेतना	बुद्धि
गुत्थी	उलझा हुआ प्रश्न
नक्काशी	हाथ से की गई मीनाकारी
उद्यम	परिश्रम
क्षीण	कमजोर
अनुकरण	नकल, दूसरे के पीछे चलना
भाष्यकार	भाषा पर अधिकार रखने वाला
संकीर्ण	तुच्छ, छोटी
रूढ़िवादिता	पुराने विचारों की मान्यता
मूर्च्छा	बेहोश होने की अवस्था
जड़ता	मूर्खता
ध्वंसावशेषों	टूटी-फूटी बची हुई वस्तुएँ
NCERT पृष्ठ संख्या 9	
सामंजस्य	तालमेल
अंतर्वस्तु	आंतरिक आधार
आत्मसात करना	अपना लेना
स्मारक	महत्त्वपूर्ण लोगों की याद में बनाए गए भवन
विगत	जो बीत चुका हो
बुद्धिजीवियों	नई विचारधाराओं को मानने वाले लोग
NCERT पृष्ठ संख्या 10	
उत्तेजक	उत्तेजना से भर देने वाला
दृढ़ता	मजबूती
अंतःशक्ति	अंदर की ताकत
निरर्थक	जिसका कोई अर्थ न हो
संस्थापक	स्थापना करने वाला
NCERT पृष्ठ संख्या 11 व 12	
सुदूर	बहुत दूर
अखंड	समूचा, पूरा
जनता जनार्दन	लोगों का समूह
ताल्लुक	संबंध

शब्द	हिंदी अर्थ
NCERT पृष्ठ संख्या 13	
अवशेष	बचे हुए
कमोबेश	कम अधिक
जज्ब	समा
तत्काल	उसी समय
सहिष्णुता	सहृदयता
सीमांत	सीमा के किनारे पर
ध्वस्त	नष्ट हुए
विघटनकारी	अलग-अलग करने वाले
मानकीकरण	शुद्ध रूप
NCERT पृष्ठ संख्या 14 व 15	
मूल	वास्तविक
अनुभूति	महसूस
सहेजकर	सँभालकर
जीवन-नाटक	जीवन के क्रियाकलाप
पृष्ठभूमि	आधार
लोक प्रचलित	लोगों के बीच फैली हुई
मिथक	जिसका साहित्य में उल्लेख न हो
लोकमानस	लोगों के मस्तिष्क में
अंकित	छपा हुआ
पद	साहित्यिक काव्य रचनाएँ
NCERT पृष्ठ संख्या 16	
संवेदनशील	संवेदना से युक्त
विस्मय-विमुग्ध	आश्चर्ययुक्त
भित्ति-चित्र	दीवारों पर बने चित्र
भलमनसाहत	दूसरों की भलाई करने का गुण
देह	शरीर
लावण्य	सुंदरता
अवसाद	दुःख
मनोहर	सुंदर
विकृत	बिगड़ा स्वरूप
प्रवृत्ति	विचारधारा
प्रबल	पक्की, उग्र, बलवान

अभ्यास प्रश्न

बहुविकल्पीय व वर्णनात्मक प्रश्नों सहित

बहुविकल्पीय प्रश्न

1. लेखक के अनुसार, भारत का अतीत कैसा था?

(क) विशेष (ख) सभ्य
(ग) निर्मल (घ) उत्तम

उत्तर (ख) सभ्य

2. मोहनजोदड़ो की सभ्यता कैसी थी?

(क) नवीन
(ख) प्राचीन और पूर्णतः विकसित
(ग) अविकसित
(घ) विकासशील

उत्तर (ख) प्राचीन और पूर्णतः विकसित

3. गंगा की गाथा में भारत की कौन-सी कहानी छिपी है?

(क) धर्म की कहानी
(ख) सभ्यता और संस्कृति की कहानी
(ग) अतीत की कहानी
(घ) पतन की कहानी

उत्तर (ख) सभ्यता और संस्कृति की कहानी

4. हिंदुस्तान का नाम किसके आधार पर पड़ा?

(क) हिमालय पर्वत (ख) सिंधु नदी
(ग) गंगा नदी (घ) सिंधु घाटी सभ्यता

उत्तर (घ) सिंधु घाटी सभ्यता

5. भारतीयों की जीवन शैली कैसी थी?

(क) खुशहाल
(ख) अभावों व असुरक्षा से ग्रस्त
(ग) सामान्य
(घ) उच्च कोटि की

उत्तर (ख) अभावों व असुरक्षा से ग्रस्त

6. महात्मा बुद्ध ने अपना प्रथम उपदेश कहाँ दिया था?

(क) तक्षशिला (ख) सारनाथ (ग) उन्नाव (घ) कन्नौज

उत्तर (ख) सारनाथ

7. पंडित जवाहरलाल नेहरू पर प्राचीन साहित्य की किस चीज ने गहरा प्रभाव डाला?

(क) विचारों की तेजस्विता
(ख) भाषा की स्पष्टता
(ग) सक्रिय मस्तिष्क की समृद्धि
(घ) उपरोक्त सभी

उत्तर (घ) उपरोक्त सभी

8. नेहरू के अनुसार, भारत की शक्ति क्या है?

(क) प्राचीन और नवीन के मध्य सामंजस्य
(ख) लोगों का आपसी सामंजस्य के प्रति रुचि का दृष्टिकोण
(ग) धर्म
(घ) सैनिक

उत्तर (क) प्राचीन और नवीन के मध्य सामंजस्य

9. पंडित नेहरू के स्वागत में उनकी सभा में कौन-सा नारा गूँजता था?

(क) वंदे मातरम (ख) भारत-माता की जय
(ग) जय जवान, जय किसान (घ) दिल्ली चलो

उत्तर (ख) भारत-माता की जय

10. दूरदर्शन पर प्रसारित होने वाला धारावाहिक 'भारत एक खोज' के निर्देशक निम्नलिखित में से कौन है? CBSE Diksha

(क) श्याम बेनेगल (ख) दादा साहेब फालके
(ग) बासु चटर्जी (घ) सत्यजितराय

उत्तर (क) श्याम बेनेगल

गद्यांशों पर आधारित प्रश्न

निम्नलिखित गद्यांशों को ध्यानपूर्वक पढ़कर उन पर आधारित प्रश्नों के उत्तर दें।

गद्यांश 1

मैं भारत के उत्तर-पश्चिम में स्थित सिंधु घाटी में मोहनजोदड़ों के एक टीले पर खड़ा था। मेरे चारों तरफ उस प्राचीन नगर के घर और गलियाँ बिखरी थी, जिसका समय पाँच हजार वर्ष पहले बताया जाता है। साथ ही यह भी कहा जाता है कि वहाँ एक प्राचीन और पूर्णतः विकसित सभ्यता थी। इनके स्थायी रूप से टिके रहने का कारण है इसका ठेठ भारतीयपन और यही आधुनिक भारतीय सभ्यता का आधार है।

यह विचार आश्चर्यचकित कर देता है कि कोई संस्कृति या सभ्यता इस प्रकार पाँच-छह हजार वर्ष या उससे भी कुछ अधिक समय तक निरंतर बनी रहे, वह भी बराबर परिवर्तनशील और विकासमान रहकर। फ़ारस, मिस्र, ग्रीस, चीन, अरब, मध्य-एशिया और भू-मध्य सागर के लोगों से उसका बराबर निकट संपर्क रहा। यद्यपि भारत ने उन्हें प्रभावित किया और स्वयं भी उनसे प्रभावित हुआ, फिर भी उसका सांस्कृतिक आधार इतना मजबूत था कि वह हिला नहीं। इस मजबूती का रहस्य क्या है?

1. सिंधु घाटी में मोहनजोदड़ो के टीले पर कौन खड़ा था?

(क) आलोचक (ख) लेखक
(ग) प्रशंसक (घ) फारसी

उत्तर (ख) लेखक

2. एक प्राचीन और पूर्णत: विकसित सभ्यता कौन-सी थी?

(क) सिंधु घाटी (ख) कालीबंगा

(ग) पर्शिया की सभ्यता (घ) उपरोक्त में से कोई नहीं

उत्तर (क) सिंधु घाटी

3. 'संस्कृति' शब्द का संधि विच्छेद होगा

(क) सं + स्कृति (ख) सम् + कृति

(ग) समझ + ति (घ) संस्कृति + ई

उत्तर (ख) सम् + कृति

4. किसका समय पाँच हजार वर्ष पहले बताया जाता है?

उत्तर सिंधु घाटी सभ्यता का समय पाँच हजार वर्ष पहले बताया जाता है।

5. लेखक ने सिंधु घाटी सभ्यता मोहनजोदड़ो के विषय में क्या बताया था?

उत्तर लेखक ने बताया की यहाँ की संस्कृति एवं सभ्यता सदैव परिवर्तनशील एवं विकासशील रही है।

6. भारतीय सभ्यता का आधार क्या है?

उत्तर भारत की सभ्यता और संस्कृति भले ही कितनी पुरानी हो जाए, लेकिन उसका महत्त्व सदा बना रहेगा।

गद्यांश 2

ऐसा क्यों हुआ, इस गुत्थी को सुलझाना ज्यादा मुश्किल है क्योंकि पुराने समय में तो भारत में मानसिक सजगता और तकनीकी कौशल की कमी थी नहीं, किंतु बाद की सदियों में उत्तरोत्तर गिरावट का आभास होने लगता है। जीवन की लालसा और उद्यम में कमी आ जाती है।

क्षीण होती रचनात्मक प्रवृत्ति की जगह अनुकरण की प्रवृत्ति ले लेती है। जहाँ कामयाबी के साथ विद्रोही विचार-पद्धति ने प्रकृति और ब्रह्मांड के रहस्यों को भेदने का प्रयास किया था, वहाँ शब्दाडंबर से लैस भाष्यकार उसकी जगह लेता दिखाई देने लगता है। भव्य कला और मूर्ति निर्माण का स्थान जटिल पच्चीकारी वाली सावधानी से की गई नक्काशी लेने लगी। प्रभावी किंतु सरल, सजीव और समृद्ध भाषा की जगह, अत्यंत अलंकृत और जटिल साहित्य शैली ने ले ली। साहसिक कार्यों की लालसा और छलकती हुई जिंदगी, जिसके कारण सुदूर देशों में भारतीय संस्कृति का प्रसार संभव हो सका था, क्षीण हो चली और उसके स्थान पर महासागरों को पार करने पर रोक लगाने वाली संकीर्ण रूढ़िवादिता ने जन्म ले लिया।

1. भारत में किस कौशल की कमी आने लगी थी?

(क) मानसिक कौशल (ख) शारीरिक कौशल

(ग) तकनीकी कौशल (घ) साहसिक कौशल

उत्तर (ग) तकनीकी कौशल

2. क्षीण होती रचनात्मक प्रवृत्ति की जगह किस प्रवृत्ति ने ले ली है?

(क) अनुकरण (ख) मानसिक

(ग) सजगता (घ) आभास

उत्तर (क) अनुकरण

3. 'नक्काशी' का अर्थ है

(क) भाषा पर अधिकार रखने वाला

(ख) हाथ से की गई मीनाकारी

(ग) सिलसिले का टूटना

(घ) नवीन विचारों की जागृति आना

उत्तर (ख) हाथ से की गई मीनाकारी

4. भारतीयों ने किन संकीर्ण धारणाओं को अपनाया?

उत्तर भारतीयों ने 'महासागरों को पार न करना और मूर्तिपूजा की ओर कदम बढ़ाने' की संकीर्ण धारणाओं को अपनाया।

5. सरल, सजीव और समृद्ध भाषा की जगह किसने ले ली?

उत्तर सरल, सजीव और समृद्ध भाषा की जगह, अत्यंत अलंकृत और जटिल साहित्य ने ले ली।

6. भारत की शक्ति के स्रोतों का प्रमुख पतन क्या था?

उत्तर भारतीयों में मानसिक सजगता और तकनीकी कौशल की कमी हो रही थी, कार्य करने की जगह साहित्य को बढ़ावा मिलने लगा तथा संकीर्ण रूढ़िवादी मानसिकता ने जन्म ले लिया जो भारत की शक्ति के स्रोतों का प्रमुख पतन था।

गद्यांश 3

भारत की विविधता अद्भुत है, प्रकट है, वह सतह पर दिखाई पड़ती है और कोई भी उसे देख सकता है। इसका ताल्लुक शारीरिक रूप से भी है और मानसिक आदतों और विशेषताओं से भी। बाहर से देखने पर उत्तर-पश्चिम इलाके के पठान और सुदूर दक्षिण के वासी तमिल में बहुत कम समानता है। उनकी नस्लें भिन्न हैं। हालाँकि उनके भीतर कुछ समान सूत्र हो सकते हैं। वे चेहरे और शरीर-गठन में, खाने और पहनावे में और भाषा में एक दूसरे से भिन्न होते हैं।

उत्तर-पश्चिमी सीमांत प्रदेश में मध्य-एशिया की गमक तो है ही, वहाँ के बहुत-से रीति-रिवाज, जैसे कश्मीर के भी, हिमालय के उस पार के देशों की याद दिलाते हैं। पठानों के लोक प्रचलित नृत्य रूसी कोजक नृत्य शैली से मिलते हैं। इन तमाम भिन्नताओं के बावजूद पठान पर भारत की छाप वैसी ही स्पष्ट है, जैसी तमिल पर।

1. भारत की कौन-सी विशेषता सतह पर दिखाई पड़ती है?

(क) प्रचलित मान्यताएँ (ख) गठबंधन

(ग) विविधता (घ) कोजक नृत्य

उत्तर (ग) विविधता

2. निम्न में से 'गमक' शब्द का अर्थ है

(क) महकना (ख) सुगंध (ग) विकास (घ) सौंदर्य

उत्तर (ख) सुगंध

3. गद्यांश के अनुसार, किसका संबंध शारीरिक रूप से भी है और मानसिक आदतों से भी है?

(क) मध्य-एशिया (ख) कश्मीर (ग) भारत (घ) सीमांत प्रदेश

उत्तर (ग) भारत

4. उत्तर-पश्चिम के पठान और दक्षिण के वासी में भिन्नता का आधार क्या है?

उत्तर उत्तर-पश्चिम के पठान और दक्षिण के वासी में चेहरे, शरीर गठन, खाने, पहनावे और भाषा के स्तर पर एक-दूसरे से भिन्न (अलग) हैं।

5. पठानों के लोक प्रचलित नृत्य कौन-सी नृत्य शैली में मिलते हैं?

उत्तर पठानों के लोक प्रचलित नृत्य रूसी कोजक नृत्य शैली में मिलते हैं।

6. 'भारत की विविधता और एकता' से आप क्या समझते हैं?

उत्तर भारत विविध अर्थात् भिन्न-भिन्न प्रांतों का देश है। सभी प्रांतों की सभ्यता व संस्कृति में भिन्नता दिखाई पड़ती है लेकिन आंतरिक विचारधारा सभी की समान है अर्थात् विविधता में भी एकता का भाव है।

गद्यांश 4

इस पृष्ठभूमि में लोक प्रचलित दर्शन, परंपरा, इतिहास, मिथक और पुराकथाओं का मेल था और इनमें से किसी को दूसरे से अलग करके देख पाना संभव नहीं था। पूरी तरह अशिक्षित और निरक्षर लोग भी इस पृष्ठभूमि में हिस्सेदार थे।

लोक-प्रचलित अनुवादों और टीकाओं के माध्यम से भारत के प्राचीन महाकाव्य—रामायण और महाभारत और अन्य ग्रंथ भी जनता के बीच दूर-दूर तक प्रसिद्ध थे। हर घटना, कथा और उनका नैतिक अर्थ, लोकमानस पर अंकित था और उसने उन्हें समृद्ध और संतुष्ट बनाया था।

अनपढ़ ग्रामीणों को सैकड़ों पद याद थे और अपनी बातचीत के दौरान वे बराबर या तो उन्हें उद्धृत करते थे या फिर किसी प्राचीन रचना में सुरक्षित किसी ऐसी कहानी का उल्लेख करते थे जिससे कोई नैतिक उपदेश निकलता हो। रोजमर्रा की जिंदगी के मसलों के बारे में सीधी-सादी बातचीत को ये देहाती लोग जब इस तरह का साहित्यिक मोड़ देते थे तो मुझे अक्सर बहुत आश्चर्य होता था।

1. नेहरू जी ने भारतीय जन संस्कृति के दर्शन में क्या पाया?

(क) प्राकृतिक भिन्नता से परिपूर्ण भारत

(ख) सभी प्रांत अलग-अलग हैं।

(ग) ऊपर से प्रांतीय अभिन्नता का आवरण ओढ़ने वाला भीतरी सतह से एक भारत

(घ) धार्मिक भिन्नता से परिपूर्ण भारत

उत्तर (ग) ऊपर से प्रांतीय अभिन्नता का आवरण ओढ़ने वाला भीतरी सतह से एक भारत

2. जवाहरलाल नेहरू भारत को किस नजर से देखते थे?

(क) आलोचक (ख) उत्कर्षक

(ग) प्रशंसक (घ) समालोचक

उत्तर (क) आलोचक

3. भारतीयों की जीवन शैली कैसी थी?

(क) उच्च कोटि की (ख) सामान्य

(ग) खुशहाल (घ) अभावों व असुरक्षा से ग्रस्त

उत्तर (घ) अभावों व असुरक्षा से ग्रस्त

4. भारतीय जनसंस्कृति के दर्शन में नेहरू जी को क्या समानता दिखाई दी?

उत्तर भारतीय जनसंस्कृति के दर्शन में नेहरू जी को यह समानता दिखाई दी कि पूरे भारत की पृष्ठभूमि में लोक प्रचलित दर्शन, परंपरा, इतिहास, मिथक व पुराकथाएँ सब एक रूप लिए हुए हैं।

5. देहाती लोगों को देखकर नेहरू जी को क्या हैरानी हुई?

उत्तर देहाती लोगों को देखकर नेहरू जी को हैरानी होती थी कि वह लोग प्राचीन महाकाव्य—रामायण और महाभारत व अन्य ग्रंथों के सैकड़ों पद कैसे याद कर लेते थे।

6. अनपढ़ ग्रामीणों की स्थिति दिमागी रूप से कैसी थी?

उत्तर अनपढ़ ग्रामीणों को सैकड़ों पद याद थे और अपनी बातचीत के दौरान वे बराबर या तो उन्हें उद्धृत करते थे या फिर किसी प्राचीन रचना में सुरक्षित किसी ऐसी कहानी का उल्लेख करते थे, जिससे कोई नैतिक उपदेश निकलता हो।

अतिलघु उत्तरीय प्रश्न

1. नेहरू जी किसको किस दृष्टि से देखते थे?

उत्तर नेहरू जी भारत को आलोचक की दृष्टि से देखते थे।

2. लेखक भारत को आलोचक की दृष्टि से क्यों देखते थे?

उत्तर लेखक भारत को आलोचक की दृष्टि से इसलिए देखते थे, जिससे कि वे अतीत के पसंद एवं नापसंद (अच्छे व बुरे) दोनों पक्षों का अवलोकन कर सकें।

3. भारत के अतीत के बारे में जानने के लिए नेहरू जी ने किन-किन माध्यमों का सहारा लिया?

उत्तर भारत के अतीत के बारे में जानने के लिए नेहरू जी ने देश के विभिन्न भागों में यात्राएँ शुरू की, महत्त्वपूर्ण स्मारकों तथा भवनों को देखा आदि।

4. नेहरू जी ने विदेशियों द्वारा रचित भारतीय साहित्य का अध्ययन क्यों करना चाहा?

उत्तर नेहरू जी ने विदेशियों द्वारा रचित भारतीय साहित्य का अध्ययन इसलिए करना चाहा, जिससे वे भारत की विशेषताओं का बारीकियों से अध्ययन कर सकें।

5. नेहरू जी का कश्मीर की ओर अधिक आकर्षित होने का क्या कारण था?

उत्तर नेहरू जी के पूर्वज कश्मीर के थे तथा स्वयं उनका भी अधिक समय वहीं बीता। यही कारण था कि वे कश्मीर की ओर अधिक आकर्षित होते थे।

6. हिमालय से कौन-कौन सी मुख्य नदियाँ निकलती हैं?

उत्तर हिमालय से सिंधु, ब्रह्मपुत्र, यमुना और गंगा आदि प्रमुख नदियाँ निकलती हैं।

7. सिंधु नदी की क्या विशेषता है?

उत्तर सिंधु नदी की सबसे बड़ी विशेषता यह है कि इसी नदी के नाम पर भारत का नाम 'इंडिया' पड़ा है। सिंधु नदी को 'इंडस' भी कहा जाता है।

8. जब रचनात्मक प्रवृत्ति क्षीण होती है, तब कौन-सी प्रवृत्ति उसकी जगह ले लेती है?

उत्तर जब रचनात्मक प्रवृति क्षीण होती है, तब रचनात्मक प्रवृत्ति की जगह अनुकरण करने की प्रवृत्ति ले लेती है।

9. सरल, सजीव और समृद्ध भाषा की जगह किसने ले ली?

उत्तर सरल, सजीव और समृद्ध भाषा की जगह अत्यंत अलंकृत और जटिल साहित्य शैली ने ले ली।

10. संकीर्ण रूढ़िवादिता ने किसको जन्म दिया?

उत्तर संकीर्ण रूढ़िवादिता ने अतीत की अंधविश्वासी मूर्तिपूजा को जन्म दिया।

11. भारत की जन संस्कृति लेखक को कहाँ दिखाई पड़ी थी?

उत्तर लेखक को भारत की जन संस्कृति के दर्शन रामायण, महाभारत एवं अन्य महान ग्रंथों में दिखाई पड़ी थी।

12. नेहरू जी ने विश्व बंधुत्व का संदेश किसे दिया?

उत्तर नेहरू जी ने विश्व बंधुत्व का संदेश भारत के किसानों को दिया, क्योंकि वे भारत को विशाल विश्व का अहम हिस्सा मानते थे।

13. लेखक कुंभ-स्नान पर्व पर कहाँ जाते थे?

उत्तर लेखक कुंभ-स्नान पर्व पर इलाहाबाद और हरिद्वार दोनों जगह जाते थे।

14. नेहरू जी भारत के लोगों को क्या बात समझाना चाहते थे?

उत्तर नेहरू जी भारत के लोगों को अखंड भारत का अर्थ समझाना चाहते थे, जिसमें भारत के पहाड़, नदियाँ, जंगल, खेत और सबसे प्रमुख भारत की जनता है, जो भारत का अहम हिस्सा है।

15. नेहरू जी को कैसी सांस्कृतिक पृष्ठभूमि मिली?

उत्तर नेहरू जी को एक ऐसी सांस्कृतिक पृष्ठभूमि मिली, जिसमें लोक प्रचलित दर्शन, परंपरा, इतिहास, मिथक और पुराकथाओं का मेल था।

16. एशिया की शक्ति कम होने पर कौन-सा द्वीप आगे निकला और क्यों?

उत्तर एशिया की शक्ति कम होने पर यूरोप आगे निकला, क्योंकि उसने तकनीकी विकास की ओर कदम बढ़ाया।

17. शक्ति प्राप्त कर यूरोप ने क्या किया?

उत्तर शक्ति प्राप्त कर यूरोप ने पूर्व के देशों पर अधिकार करना चाहा।

लघु उत्तरीय प्रश्न

1. भारत के विषय में नेहरू जी की दृष्टि क्या थी और क्यों?

उत्तर भारत के विषय में नेहरू जी की दृष्टि यही रही कि भारत के अतीत में अवश्य ही ऐसी दृढ़ता रही होगी, जिसके कारण उसका अस्तित्व कभी डगमगाया नहीं। कितनी ही कठिनाइयों व रुकावटों के पश्चात् भी उसने अपने आपको स्थिर बनाए रखा। पिछले पाँच हजार वर्षों का विश्लेषण करने पर हमें यह पता चलता है कि उसका मुकाबला पूरे विश्व में कोई नहीं कर सकता है।

2. विशाल पर्व कुंभ-स्नान के विषय में नेहरू जी के क्या विचार थे?

उत्तर विशाल पर्व कुंभ-स्नान को देखकर नेहरू जी को हैरानी होती थी कि इतने वर्षों से लगातार इस गंगा स्नान की महत्ता बनी हुई है। भारत की असंख्य पीढ़ियों का इस नदी के साथ गहरा संबंध रहा है। हजारों वर्षों से उनके पूर्वज गंगा स्नान के लिए भारत के कोने-कोने से आते हैं। आज वर्तमान में भी यह आस्था वैसी ही बनी हुई है।

3. भारत के अतीत की झाँकी के अवलोकन से नेहरू जी ने क्या निष्कर्ष निकाला?

उत्तर भारत के अतीत की झाँकी से नेहरू जी ने यह निष्कर्ष निकाला कि भारतीय सभ्यता और संस्कृति भले ही कितनी प्राचीन हो जाए, लेकिन उसकी महत्ता सदा बनी रहेगी। वर्तमान भारत की नींव का आधार ही प्राचीन संस्कृति और सभ्यता है।

4. वर्तमान में कौन-सी अवधारणा और अधिक विकसित हो गई थी?

उत्तर वर्तमान में राष्ट्रीयता की अवधारणा और अधिक विकसित हो गई थी। विदेशों में भारतीय अनिवार्य रूप से एक राष्ट्रीय समुदाय बनाकर विभिन्न कारणों से एकजुट रहते हैं, भले ही उनमें सभ्यता व संस्कृति में भिन्नता दिखाई पड़ती है, लेकिन आंतरिक विचारधारा सभी की समान है अर्थात् विविधता होते हुए भी एकता का भाव है।

5. नेहरू जी ने सीमित नजरिए वाले किसानों को क्या बताया?

उत्तर नेहरू जी ने सीमित नजरिए वाले किसानों को देश के बारे में बताया कि देश की मुक्ति के लिए हम संघर्ष कर रहे हैं और उसका प्रत्येक हिस्सा एक-दूसरे से अलग होते हुए भी भारत है। उन्होंने किसानों को उनकी साधारण समस्याओं से भी अवगत कराया।

6. भारत की विविधता अद्भुत है, कैसे?

उत्तर भारत में चारों तरफ विविधता के दर्शन होते हैं तथा इसे कोई भी देख सकता है। इस विविधता का संबंध शारीरिक और मानसिक दोनों से है। उत्तर-पश्चिमी क्षेत्र के पठान और सुदूर दक्षिण के निवासी तमिल में बहुत कम समानता देखने को मिलती है, पर उनके भीतर के सूत्र एक समान हो सकते हैं।

7. भारत के सीमांत क्षेत्रों की क्या विशेषता थी?

उत्तर भारत के सीमांत क्षेत्र अपने-अपने पड़ोसी देशों से भी गहरा संबंध रखते थे; जैसे— अफगानिस्तान, भारत से हजारों वर्ष तक जुड़ा रहा। अफगानिस्तान और मध्य एशिया में रहने वाली तुर्क व अन्य जातियाँ इस्लाम धर्म को अपनाने से पहले हिंदू थीं। बाद में उन्होंने बौद्ध धर्म भी अपनाया। अत: इनका रहन-सहन व रीति-रिवाज भी परस्पर मिलते-जुलते थे।

8. बाहरी जातियों के लोग भारत में आकर किस तरह भारतीय होकर रह गए?

उत्तर बाहरी जातियों के जो लोग भारत में आकर बस गए, उनकी कई पीढ़ियाँ बीतने के बाद यहूदी, पारसी और मुसलमान जैसे बनकर रह गए। जिन भारतीयों ने इन जातियों के धर्म को अपनाया, वे धर्म परिवर्तन करने के बाद भी भारतीय ही बने रहे। एक हिंदुस्तानी ईसाई कहीं भी जाए, उसे हिंदुस्तानी ही कहा जाता है।

9. नेहरू जी और किसानों के मन में भारतीय संस्कृति की तस्वीर में क्या भिन्नता थी?

उत्तर नेहरू जी के मन में भारतीय संस्कृति की जो तस्वीर बनी थी, उसमें लिखित इतिहास, सुनिश्चित तथ्य तथा प्राकृतिक सौंदर्य विद्यमान था। इसके अतिरिक्त किसानों के मन में जो तस्वीर थी, उसमें इतिहास कम तथा उसके स्रोत—पुराकथाएँ, परंपराएँ और महाकाव्य के नायक-नायिकाएँ थीं।

10. 'गंगा, भारत की सभ्यता और संस्कृति की पहचान है।' स्पष्ट कीजिए। **CBSE Diksha**

उत्तर गौमुख से निकलकर गंगा सागर तक 2525 किमी की दूरी तय करने वाली गंगा नदी भारत की सबसे महत्त्वपूर्ण नदी है। यह देश की प्राकृतिक संपदा के साथ-साथ लोगों की आस्था का भी आधार है। यह कई सहायक नदियों के साथ उपजाऊ भूमि बनाती है। यह घनी आबादी वाले लोगों की जीविका का साधन है, साथ ही कभी न खराब होने वाला इसका जल बहुत पवित्र माना जाता है। लोग इस जल से पूजा-पाठ करते हैं। यही कारण है कि सभी लोग गंगा को माता का दर्जा देते हैं। अत: यह एक नदी ही नहीं, बल्कि हमारी प्राचीन संस्कृति भी है।

दीर्घ उत्तरीय प्रश्न

1. भारतीयों की क्या दशा थी तथा वे अभावग्रस्त जीवन जीते हुए भी क्या विशेषता रखते थे? पाठ के आधार पर लिखिए।

उत्तर प्राचीन समय में भारत में चारों ओर अत्यंत गरीबी व्याप्त थी। ग्रामीण तथा निम्न-मध्यमवर्गीय लोगों की दशा बहुत खराब थी। समाज में भ्रष्टाचार बढ़ रहा था और निरंतर अभाव और असुरक्षा की स्थिति बनी हुई थी। अंग्रेजों के भय एवं दबाव में लोगों को जीना पड़ रहा था। मध्यमवर्ग आधुनिकता को अपनाने की ओर कदम बढ़ा चुका था। इस प्रकार अभावग्रस्त व विपत्तियों से भरा जीवन जीते हुए भी भारतीय लोग स्वभाव से बहुत ही नम्र थे, जो उन्हें उनके पूर्वजों से सांस्कृतिक विरासत के रूप में प्राप्त हुई। जिसे भारतीयों का बड़े-से-बड़ा दु:ख या दुर्भाग्य भी नहीं मिटा सका, जो आज के युग में भी व्याप्त है।

2. नेहरू जी ने अनपढ़ और ग्रामीण लोगों में ऐसा क्या देखा कि वे हैरान रह गए और नेहरू जी को उन लोगों में क्या संभावनाएँ नजर आईं? लिखिए।

उत्तर नेहरू जी उन देहाती और अनपढ़ लोगों को देखकर इसलिए हैरान रह गए, क्योंकि अनपढ़ होते हुए भी ग्रामीण लोगों को लोक प्रचलित अनुवादों और टीकाओं के माध्यम से 'रामायण' तथा 'महाभारत' जैसे ग्रंथों का ज्ञान था।

इन ग्रंथों की कथाओं तथा घटनाओं का नैतिक अर्थ भी इन ग्रामीणों को भली-भाँति ज्ञात था। उन्हें नैतिक उपदेश देने वाली अनेक कहानियाँ याद थीं। नेहरू जी को ग्रामीणों में यह संभावना नजर आई कि इन ग्रामीणों में उत्साह और साहस की कमी नहीं है। इनको साथ लेकर कुछ भी किया जा सकता है। यदि इन लोगों को अवसर मिलें, तो इनकी स्थिति भी अच्छी हो सकती है।

3. नेहरू जी ने कैसे जाना कि सभा में आए किसानों को भारत का ज्ञान था तथा उन्होंने 'भारत माता की जय' का क्या अर्थ बताया?

उत्तर नेहरू जी ने देखा कि सभा में आए किसानों को भारत का ज्ञान था, क्योंकि उन ग्रामीणों को प्राचीन महाकाव्यों, पुराकथाओं और दंतकथाओं की समस्त जानकारी थी।

वे ग्रामीण साहित्य के माध्यम से भारत की अवधारणा से परिचित हो चुके थे तथा इन ग्रामीणों में कुछ लोग ऐसे भी थे, जो भारत के चारों कोनों में बने चारों धामों (अर्थात् धार्मिक स्थलों) की यात्रा कर चुके थे। नेहरू जी ने सभा में आए ग्रामीण किसानों को 'भारत माता की जय' का अर्थ बताया कि भारत माता किसी स्थान, क्षेत्र या प्रांत विशेष की मिट्टी न होकर, संपूर्ण भारत की मिट्टी, इसके पहाड़, नदियाँ, जंगल, चारों ओर फैले हरे-भरे खेत, भारत की जनता तथा सभा में उपस्थित सभी व्यक्ति हैं तथा वे सभी अखंड भारत के अंग हैं।

4. नेहरू जी ने एकता का संदेश किस प्रकार दिया तथा भारत की एकरूपता व्यक्त करने के लिए किसानों को किस प्रकार समझाया?

उत्तर नेहरू जी ने एकता का संदेश 'भारत माता की जय' के माध्यम से दिया। उन्होंने बताया कि सभी भारतीय अखंड भारत का अंग हैं, वे स्वयं ही भारत माता हैं। इस प्रकार उन्होंने एकता का संदेश दिया।

भारत की एकरूपता व्यक्त करने के लिए नेहरू जी ने किसानों को समझाते हुए कहा कि संपूर्ण भारत के किसानों की स्थिति एक समान है। सभी किसान एक-जैसी समस्याओं से जूझ रहे हैं। सभी अंग्रेजों शासन द्वारा सताए गए व पीड़ित हैं। उन्होंने किसानों से कहा कि हम सभी को मिलकर अपने देश को आजाद कराना है।

5. 'भारत की तलाश' में नेहरू जी ने किसे भारत की वह शक्ति बताया है, जो विदेशी शासक को चुनौती दे सकती है?

उत्तर 'भारत की तलाश' में नेहरू जी भारतवासियों के बारे में जानकारी प्राप्त कर रहे थे, जिससे समय आने पर वह भारत की स्वतंत्रता के संघर्ष का नेतृत्व कर सके। सबसे पहले लेखक ने मध्यवर्ग के लोगों की ओर देखा, उन्हें ऐसा प्रतीत हुआ कि यही वह वर्ग है, जो अंग्रेजी सरकार द्वारा बनाए गए ढाँचे की उपज है। उनमें वह शक्ति और दृढ़ निश्चय नहीं है, जो विदेशी सरकार को उखाड़ फेंके। उसके बाद लेखक की दृष्टि ग्रामीण लोगों पर पड़ी तथा उनसे ऐसा अनुभव हुआ जो मध्यवर्ग में नहीं था। इनसे लेखक को उम्मीद से अधिक मिला, उनमें वह दृढ़ता और आंतरिक शक्ति थी, जो अंग्रेजी साम्राज्य को चुनौती दे सकती थी। अत: नेहरू जी ने भारत की साधारण ग्रामीण जनता को वह शक्ति कहा जो भारत के राष्ट्रीय संघर्ष का आधार बन सकती थी।

6. युवक देश के निर्माण में महत्त्वपूर्ण भूमिका निभाते हैं। उनमें विशेष गुणों का विकास होना चाहिए। आपके विचार से क्या आज का युवक इन अपेक्षाओं पर खरा उतरता है। पाठ के आधार पर अपने विचार लिखिए।

उत्तर "आज का बालक कल का नेता होता है"—यह उक्ति सत्य है। प्रत्येक देश की उन्नति का प्रमुख भार उसके नवयुवकों पर होता है। यदि यह कहा जाए कि देश का भार युवकों के सबल कंधे ही उठा सकते हैं, तो अतिशयोक्ति न होगी। प्रस्तुत पाठ में युवा बुद्धिजीवी वर्ग के प्रयास से ही देश पुन: अस्तित्व में आया।

देशभक्त नवयुवक ही देश की नाव के कर्णधार होते हैं। उनमें शारीरिक, मानसिक और आत्मिक शक्ति अधिक होती है। वे प्रत्येक उत्तरदायित्व को सँभालने के योग्य होते हैं। युवकों में साहस होता है, शारीरिक बल होता है, कार्यक्षमता होती है। इन्हीं शक्तियों से देश की व्यवस्था तथा शासन अच्छी प्रकार से संचालित होते हैं।

अत: देश की उन्नति के लिए प्रत्येक युवक का कर्त्तव्य है कि वह स्वयं कलाकार या दस्तकार बने और दूसरों को भी इस ओर प्रेरित करें। खेत, फैक्ट्री, कारखाने, मिल आदि हर क्षेत्र में उत्पादन वृद्धि के लिए युवकों को निष्ठापूर्वक आगे आना चाहिए।

7. 'तलाश' पाठ में किसकी तलाश की गई है और क्यों की गई है? **CBSE Diskha**

उत्तर 'तालाश' पाठ में नेहरू जी ने सिंधु घाटी सभ्यता से लेकर भारत की आजादी तक विकसित हुई भारत की बहुविध समृद्ध संस्कृति, धर्म व जटिल अतीत को दर्शाया है। लेखक वास्तविक भारत की तलाश करते हैं।

उनके अनुसार भारत के लोगों में दृढ़ता और अंत: शक्ति है, जिसका कारण भारत की प्राचीन सांस्कृतिक परंपरा है, परंतु नेहरू जी ने जो कुछ भी भारत में देखा इसमें उन्हें भारत के वास्तविक मूल्यों की झलक नहीं दिखाई दी, इसलिए वह भारत की तलाश करके फिर से भारत के गौरव और मूल्यों को जनता के सामने लाना चाहते थे।

सिंधु घाटी की सभ्यता

पाठ का सार

सिंधु घाटी सभ्यता का विकसित रूप

भारत के अतीत की पहली झलक सिंधु घाटी सभ्यता में मिलती है। इस सभ्यता के अवशेष सिंधु में मोहनजोदड़ो और पश्चिम पंजाब में हड़प्पा में मिले हैं। इन खुदाइयों ने प्राचीन इतिहास की समझ को आसान बना दिया। मोहनजोदड़ो व हड़प्पा एक-दूसरे से काफी दूरी पर स्थित हैं। इन दोनों के बीच में अवश्य ही अन्य बहुत से नगर होंगे जिनकी खोज नहीं की जा सकी है। सिंधु घाटी सभ्यता के अवशेषों से यह ज्ञात होता है कि यह पूरी तरह से विकसित धर्मनिरपेक्ष सभ्यता थी जो प्रगति के पथ पर रही। यह सभ्यता गंगा नदी तक फैली थी।

सात हजार वर्ष पूर्व का प्राचीन भारत

सिंधु घाटी सभ्यता लगभग छ-सात हजार वर्ष प्राचीन है। सिंधु घाटी सभ्यता को विकसित होने में हजारों वर्ष लगे। यह सभ्यता बाद में सांस्कृतिक युगों की अग्रदूत बनी थी। इस सभ्यता ने फारस, मेसोपोटामिया और मिस्र से संबंध स्थापित करके व्यापार किया। सिंधु घाटी सभ्यता को यदि वर्तमान से जोड़ा जाए तो प्रतीत होता है कि इतने वर्षों में इसमें कितने ही बदलाव आए हों लेकिन भारत की निरंतरता बनी रही।

अतीत का वर्तमान से सम्बन्ध स्थापित किया जाए तो ऐसा लगता है कि भारत आज पौधे की तरह नहीं, बल्कि वृक्ष के रूप में विकसित है। वह जीवन जीने के तरीकों से अपरिचित नहीं है वरन् धीरे-धीरे उसने सभी कलाओं और तकनीकों का विकास किया। जो वर्तमान में विकसित हैं, उसकी जड़ें सिंधु घाटी सभ्यता में दिखाई देती हैं।

आर्यों का आना

आर्य कौन थे?

सिंधु घाटी सभ्यता के लोगों की कोई निश्चित जानकारी नहीं है कि वे कौन थे, कहाँ से आए थे। इनकी जड़ें दक्षिण भारत में मिल सकती हैं, क्योंकि आर्यों और दक्षिण भारत की द्रविड़ जातियों के बीच कुछ समानता दिखाई देती है। ऐसा माना जाता है कि आर्य मोहनजोदड़ो के समय से कई हजार वर्ष पूर्व भारत आए होंगे। व्यावहारिक दृष्टि से हम उन्हें भारत का निवासी मान सकते हैं।

सिंधु घाटी सभ्यता का अंत

सिंधु घाटी सभ्यता का अंत होने के बारे में कुछ लोगों का मानना है कि इसका अंत बाढ़ या मौसम परिवर्तन से हुआ होगा अथवा जमीन के सूख कर रेत बन जाने से हुआ होगा, किंतु इस बात का कोई साक्ष्य नहीं मिलता है।

मोहनजोदड़ो के खण्डहर इस बात का प्रमाण हैं कि बालू की परत पर परत जमने के कारण शहर की जमीन की सतह ऊँची उठती गई और पुरानी नींवों पर मकान बनाए गए, इसलिए खुदाई में यहाँ दो-तीन मंजिले मकान मिले हैं। अत: यह संभव है कि किसी बड़े प्राकृतिक प्रकोप ने इस शहर को पूर्ण रूप से प्रभावित किया।

कृषि को बढ़ावा देना

सिंधु घाटी की सभ्यता के बाद की सभ्यता ने शुरू-शुरू में खेती पर ध्यान दिया। खेती के कार्य पर जोर देने वाले आर्य ही थे। विद्वानों का ऐसा मानना है कि सिंधु घाटी युग के एक हजार वर्ष बाद आर्यों का आगमन हुआ।

द्रविड़ जाति के लोगों तथा आर्यों का आपस में मेल-जोल हुआ। भारतीय संस्कृति व भारतीय जातियों का विकास यहीं से हुआ। बाद में धीरे-धीरे और भी जातियाँ यहाँ आईं और इसी में समाहित हो गईं।

प्राचीनतम अभिलेख, धर्म-ग्रंथ और पुराण

सिंधु घाटी सभ्यता की खोज से पूर्व 'वेद' को भारतीय संस्कृति का सबसे प्राचीन ऐतिहासिक ग्रंथ माना जाता था। मोहनजोदड़ो की खुदाई के उपरांत इसे और भी प्राचीन बताया जाने लगा है। अब ऋग्वेद की रचनाओं का समय ईसा पूर्व 1500 मानते हैं। इन्हें 'आर्यों द्वारा कहा गया पहला शब्द' भी कहा जाता है।

भारतीय वेदों पर ईरान के ग्रंथ 'अवेस्ता' की स्पष्ट छाप दिखाई देती है। वेदों और अवेस्ता की भाषा में समानता है।

वेद

वेद शब्द की उत्पत्ति 'विद्' धातु से हुई, जिसका अर्थ है—जानना। इनमें देव-पूजा और मंदिरों के लिए कोई स्थान नहीं है। आर्यों ने अपने उमंगपूर्ण जीवन में 'आत्मा' पर बहुत कम ध्यान दिया।

'ऋग्वेद' को पहला वेद माना जाता है। इसमें मानव-मन की भावनाओं व विचार, काव्य प्रवाह, प्रकृति के प्रति सौंदर्य और रहस्य व मनुष्य के साहसिक कार्यों का भी उल्लेख मिलता है। यहीं से भारत ने एक ऐसी तलाश शुरू की। सभ्यता के विकास के साथ लोगों ने प्रकृति के रहस्य को जाना और जीवन व प्रकृति के प्रति आस्था का भाव रखा।

नेहरू जी के अनुसार दो विकसित धाराएँ

पश्चिमी देशों के अनुसार भारत के लोगों का पीछे रहने का कारण परलोक-परायण अर्थात् परलोक में विश्वास करने वाले है। नेहरू जी मानते हैं कि प्रत्येक देश के निर्धन लोग परलोक में विश्वास करने लगते हैं, यही बात गुलाम देशों पर भी लागू होती है। नेहरू जी भारत में दो विकसित धाराओं को देखते हैं—एक धारा जो ईश्वर में विश्वास रखती है तथा दूसरी धारा ईश्वर में विश्वास नहीं रखती।

भारत के लोग ईश्वर को व्यर्थ नहीं मानते थे। नेहरू जी का कहना था कि ईश्वर में विश्वास रहने पर विश्व को कभी व्यर्थ नहीं माना जा सकता। भारत का प्राचीन इतिहास व संस्कृति जीवंत, सशक्त व उन्नत हैं, वह पारलौकिकतावादी (ईश्वरीय लोक में विश्वास करना) नहीं हैं। जो संस्कृति परलोक-परायण में विश्वास रखती है वह लंबे समय तक बनी नहीं रह सकती। वेद के आधार पर कहा जा सकता है कि वैदिक संस्कृति की मूल पृष्ठभूमि परलोकवादी या विश्व को निरर्थक मानने वाली नहीं थी।

भारतीय संस्कृति की निरंतरता

भारतीय संस्कृति की प्रमुख विशेषता इसकी अपरिवर्तनशीलता है। इसकी निरंतरता, सभ्यता और संस्कृति अनेक परिवर्तनों के बाद भी बनी हुई है। यहाँ साहित्य दर्शन, कला, नाटक, जीवन के अनेक क्रियाकलाप विश्व दृष्टि के अनुसार चलते रहे। इसी समय छुआछूत जैसी प्रथा पाई गई, जिसने आगे चलकर जाति-प्रथा का रूप ले लिया।

इससे समाज ऊँच-नीच के वर्ग में विभाजित हो गया। इस प्रथा ने समाज को प्रभावित तो किया, परंतु भारत प्रत्येक क्षेत्र में विकास की ओर बढ़ता जा रहा था। इसी समय भारत का ईरानियों, यूनानियों, चीनी, मध्य एशियाई लोगों के साथ संबंध बना और भारतीय संस्कृति का क्रम निरंतर प्रवाहमान रहा।

उपनिषद्

उपनिषदों का समय ईसा पूर्व 800 के आसपास माना जाता है। उपनिषद् हमें भारतीय आर्यों के चिंतन में एक कदम और आगे ले जाते हैं। 'उपनिषदों' की प्रमुख विशेषता 'सच्चाई पर बल देना' है। इनमें आत्म-ज्ञान, आत्मा और परमात्मा पर बल दिया गया है तथा इनमें हठवाद का स्थान नहीं है। इनमें बाह्य वस्तु जगत को मिथ्या नहीं बताया है। उपनिषदों में लोगों को जादू-टोने के विचारों से हटकर कर्म करने की प्रवृत्ति की ओर बढ़ने को कहा गया है। पूजा-पाठ को व्यर्थ बताकर प्रार्थना के माध्यम से प्रकाश और ज्ञान की कामना की गई। 'असत् से सत् की ओर', 'अंधकार से प्रकाश की ओर', 'मृत्यु से अमरत्व की ओर' चलने की बात कही गई है।

व्यक्तिवादी दर्शन के लाभ और हानियाँ

उपनिषदों में इस बात पर विशेष बल दिया गया है कि प्रगति करने के लिए शरीर स्वस्थ और मन स्वच्छ हो तथा ये दोनों अनुशासन में रहें। किसी प्रकार की उपलब्धि तथा ज्ञान प्राप्त करने के लिए संयम, आत्मपीड़न और त्याग जरूरी है। गाँधी जी ने देश की स्वतंत्रता के लिए माना कि लोगों में ऊँच-नीच की भावना के स्थान पर त्याग, आत्मसम्मान, सहयोग की भावना होनी चाहिए।

भारतीय आर्य व्यक्तिवाद में आस्था रखते थे, जो भविष्य में समाज के लिए हानिकारक रहा क्योंकि लोगों की रुचि सामाजिक कार्यों में कम होती गई। यह इतिहास की एक बड़ी कमजोरी थी इसी कारण जनता की बौद्धिक जड़ता बढ़ती गई और रचनात्मक क्षमता भी कम होती गई।

भौतिकवाद

भौतिकवाद एक ऐसी विचारधारा थी, जो कर्म में विश्वास रखती थी। इसके अनुसार वास्तविक अस्तित्व केवल भिन्न-भिन्न रूपों में वर्तमान पदार्थों का और इस संसार का ही है। इसके अतिरिक्त न कोई संसार है, न स्वर्ग और नरक और न ही शरीर से अलग आत्मा। भौतिकवाद पर लिखे गए साहित्य की रचना उपनिषदों के बाद हुई। दुर्भाग्यवश यूनान, भारत और दूसरे विश्व के प्राचीन भौतिक साहित्य का एक बड़ा भाग खो गया, क्योंकि आरंभ में प्राचीन साहित्य को कागज पर न लिखकर ताड़-पत्रों या भोज-पत्रों पर लिखा गया था।

बहुत-सी आलोचनात्मक पुस्तकें उपलब्ध तो हैं, किंतु उनकी मूल पुस्तकें नहीं मिलीं। भारत में भौतिकवाद का प्रचलन चलता रहा और जनता उससे प्रभावित रही। ईसा पूर्व चौथी शताब्दी में कौटिल्य द्वारा रचित 'अर्थशास्त्र' में इसका उल्लेख भारत के प्रमुख दार्शनिक सिद्धांत के रूप में किया गया है।

भौतिकतावादियों ने धर्म, ब्राह्मणवादिता, जादू-टोने और अंधविश्वासों का अत्यधिक विरोध किया। उन्होंने विश्वास की विचारधारा पर बल दिया। वे स्वयं को अतीत की बेड़ियों से मुक्त करना चाहते थे। वे संसार के अतिरिक्त स्वर्ग, नर्क और शरीर से अलग आत्मा को नहीं मानते थे।

महाकाव्य, इतिहास, परंपरा और मिथक

रामायण और महाभारत प्राचीन भारत के दो महाकाव्य हैं। इनमें भारतीय आर्यों के आरंभिक समय का वर्णन है। इन ग्रंथों का भारतीय जीवन पर गहरा प्रभाव दिखाई देता है। ये दोनों ग्रंथ ही भारतीयों के जीवन का अंग बन गए। इन ग्रंथों में शिक्षित व अशिक्षित सभी वर्गों के लिए सामग्री उपलब्ध है। ऐतिहासिक बोध के अभाव के बाद भी जनता ने अतीत के विषय में अपनी दृष्टि का निर्माण पीढ़ियों से मिली विरासत से कर लिया, जिससे जनता को मजबूत व टिकाऊ सांस्कृतिक पृष्ठभूमि मिल गई।

महाभारत

महाकाव्य के रूप में 'रामायण' एक महान रचना है, परंतु महाभारत को विश्व की श्रेष्ठतम रचनाओं में गिना जाता है। इसे परंपराओं, दंतकथाओं तथा प्राचीन भारत की राजनीतिक और सामाजिक संस्थाओं का विश्वकोश कहा जाता है।

भारत में इस समय आर्य जाति की विशेषता थी और इसी समय विदेशियों का आगमन होने लगा। उनकी परंपरा तथा रीति-रिवाज आर्यों की परंपरा से मेल नहीं खा रहे थे। इस बीच एक उदार धर्म का उदय हुआ जिसे 'हिंदू धर्म' कहते हैं। इसका प्रमुख आधार सत्य था, जिस तक पहुँचने के अनेक रास्ते हैं। भारतियों ने महाभारत को विशेष ग्रंथ माना है। इसमें स्पष्ट रूप से वर्णित है कि भारत का नाम पहले 'आर्यावर्त' था, जिसका अर्थ है—आर्यों का देश। महाभारत में विराट गृहयुद्ध का वर्णन है, जिसमें अखंड भारत की अवधारणा की शुरुआत हुई। महाभारत में कृष्ण से संबंधित वर्णन है तथा इसी में 'भगवद्गीता' भी है। इसमें धर्म को महत्त्वपूर्ण माना गया है। इसमें तत्कालीन भारत के सामाजिक, राजनीतिक और धार्मिक जीवन की जानकारी है। साथ ही इसमें लोकमंगल की भावना का और कौरवों-पांडवों के मध्य युद्ध का भी वर्णन है।

भगवद्गीता

भगवद्गीता महाभारत का ही अंश है, परंतु उसका अपना अलग स्थान है। यह 700 श्लोकों का एक छोटा-सा काव्य है। इसकी रचना बौद्ध काल से पहले हुई थी। भगवद्गीता की कथा का आरंभ महाभारत के युद्ध के प्रारंभ होने से पहले अर्जुन व श्रीकृष्ण के बीच होने वाले संवाद से होता है, जिसमें श्रीकृष्ण ने अर्जुन को कर्म करने के लिए प्रेरित किया और कर्त्तव्य व नैतिकता के आधार पर कार्य करने का उपदेश दिया।

भगवद्गीता में मनुष्य विकास के तीन मार्ग—ज्ञान, कर्म और भक्ति का वर्णन मिलता है। इसमें भक्ति पर बल देकर कर्म करने के लिए प्रेरित किया गया है। गीता द्वारा दिए गए संदेश किसी व्यक्ति विशेष तक सीमित न रहकर सार्वभौमिक हैं।

प्राचीन भारत में जीवन और कार्य गाँवों की स्थिति

जातक-कथाओं में हमें भारत के बारे में बुद्ध से पूर्व का वृत्तांत मिलता है। उस समय भारत की दो प्रधान जातियों—द्रविड़ों और आर्यों का मेल हो रहा था। ऐसा कहा जाता है कि जातक पुरोहित या ब्राह्मण परंपरा तथा क्षत्रिय परंपरा के विरोध में लोक परंपरा का प्रतिनिधित्व करते हैं। इस समय तक भारत उन्नति की ओर अग्रसर हो चुका था तथा देहात क्षेत्र में ग्राम सभाएँ स्वतंत्र थीं।

दस्तकारी का विकास

गाँव दस-दस और सौ-सौ के समूहों में बँटे थे। दस्तकारों, लोहारों, कुम्हारों या अन्य पेशा करने वालों का गाँव अलग होता था। इनके गाँव शहरों के पास होते थे, क्योंकि वहाँ उनके सामान की खपत हो जाती थी तथा उनकी अपनी जरूरतें भी पूरी हो जाती थीं।

विदेशों से व्यापार

जातकों में समुद्री यात्रा का वर्णन भी मिलता है। इससे पता चलता है कि उस समय भारत का विदेशों से भी व्यापारिक संबंध था। बड़े-बड़े व्यापारी सूखे रास्तों से रेगिस्तान को पार करके भड़ौच (भारत का पश्चिमी बंदरगाह) से गांधार और मध्य एशिया तक जाते थे। व्यापारियों के बेड़े बनारस, चंपा, पटना तथा दूसरे स्थानों से समुद्र की ओर जाते थे और वहाँ से श्रीलंका और मलय टापू तक जाते थे। मुद्रा के प्रचलन के बारे में स्पष्ट नहीं कहा जा सकता है।

लिखने की प्रथा का आरंभ और व्याकरण का निर्माण

भारत की प्राचीन लिपि ब्राह्मी लिपि के विकास के संकेत इस समय पूर्ण रूप में मिलते हैं। पाषाण युग के मिट्टी के पुराने बर्तनों पर ब्राह्मी लिपि के अक्षर मिलते हैं। मोहनजोदड़ो में मिले शिलालेखों को नहीं पढ़ा जा सकता। यह भी माना जाता है कि भारत में देवनागरी लिपि का विकास इसी लिपि से हुआ। भाषा को शुद्ध एवं मानक रूप देने के लिए व्याकरण की आवश्यकता होती है। ईसा पूर्व छठी व सातवीं शताब्दी में पाणिनी ने संस्कृत भाषा में अपने प्रसिद्ध व्याकरण की रचना की। इसमें उन्होंने अपने से पूर्व रचित व्याकरणों का भी उल्लेख किया है अर्थात् व्याकरण की रचना पाणिनी से पूर्व भी हो चुकी थी।

चिकित्सा विज्ञान के क्षेत्र में भारत

चिकित्सा विज्ञान के क्षेत्र में भी भारत विकास कर रहा था। औषध विज्ञान के जनक धन्वंतरि थे, जो भारत के ही थे। इसके अतिरिक्त औषध-विज्ञान पर लिखी चरक की पुस्तकें और शल्य-चिकित्सा पर लिखी सुश्रुत की पुस्तकें भी अपना महत्त्व रखती हैं। चरक की पुस्तकों में शल्य-चिकित्सा, प्रसूति-विज्ञान, स्नान, पथ्य, सफाई, बच्चों को खिलाने और चिकित्सा के बारे में शिक्षा को विषय बनाया गया है। सुश्रुत ने शल्य-प्रशिक्षण के समय मुर्दों की चीर-फाड़, अंगों को काटना, विभिन्न ऑपरेशन, पेट काटना, ऑपरेशन से बच्चे को जन्म दिलाना, मोतियाबिंद आदि का प्रशिक्षण लिया।

भारत के विश्वविद्यालय

इनमें विद्वान् शिक्षकों के द्वारा शिक्षा दी जाती थी। ये विद्यालय या विश्वविद्यालय शहरों या कस्बों से ज्यादा दूर नहीं होते थे। इनमें सैनिक प्रशिक्षण भी दिया जाता था। उस समय बनारस शिक्षा का मुख्य केंद्र था। इसके साथ ही उत्तर-पश्चिम में आधुनिक पेशावर के पास एक प्राचीन विश्वविद्यालय 'तक्षशिला' था, जो विज्ञान, चिकित्सा शास्त्र और कलाओं के लिए प्रसिद्ध था। बौद्ध-काल में तक्षशिला बौद्ध-ज्ञान का केन्द्र बन गया।

महावीर और बुद्ध-वर्ण-व्यवस्था

जैन धर्म और बौद्ध धर्म दोनों वैदिक धर्म से अलग हुए थे और दोनों उसी की शाखाएँ थीं। दोनों धर्मों ने ही अहिंसा पर बल दिया, ब्रह्मचारी भिक्षुओं और पुरोहितों के संघ बनाए। जैन धर्म के संस्थापक महावीर स्वामी और बौद्ध धर्म के महात्मा बुद्ध थे, ये दोनों ही क्षत्रिय थे तथा समकालीन थे। बुद्ध की मृत्यु ईसा पूर्व 544 में हुई, तभी से बौद्ध संवत् शुरू हुआ।

बुद्ध ने आग्रह, तर्क, विवेक, नैतिकता पर बल दिया। वे मनोवैज्ञानिक विचारधारा के थे। आत्मा के बारे में कोई विचार न था। उन्होंने लोक-प्रचलित धर्मों, अंधविश्वासों, कर्मकांडों, पुरोहित-प्रपंचों का विरोध किया तथा सभी जातियों को एकजुट रहते हुए करुणा और प्रेम का संदेश दिया।

जैन धर्म जाति के प्रति सहिष्णु था और उसने स्वयं को भी उसी रूप में ढाल लिया। इसलिए यह आज भी हिंदू धर्म की शाखा के रूप में जीवित है। दूसरी ओर बौद्ध धर्म ने जाति-व्यवस्था को स्वीकार नहीं किया। यह विचारों और दृष्टिकोणों में स्वतंत्र था, इसलिए इस धर्म ने भारत के बाहर अधिक स्थान प्राप्त किया, परंतु इसने हिंदूवाद पर अपनी गहरी छाप छोड़ी।

बुद्ध की शिक्षा

बुद्ध ने बौद्ध धर्म का प्रचार करने के लिए सरल और स्पष्ट भाषा का प्रयोग किया और इसी भाषा में अपने विचार लोगों तक पहुँचाए। उन्होंने जीवन की वास्तविकता पर बल दिया। उन्होंने विश्व के सभी देशों में बौद्ध धर्म का प्रचार करवाया।

बुद्ध की निम्नलिखित शिक्षाएँ (उपदेश) थीं

1. इस संसार में घृणा का अंत घृणा से नहीं, बल्कि प्रेम से होता है।
2. मनुष्य को क्रोध पर दया से और बुराई पर भलाई से काबू पाना चाहिए।
3. मनुष्य को सदाचारी व आत्मानुशासित होना चाहिए।
4. अपने पर विजय पाने वाला ही सच्चा विजेता होता है।
5. मनुष्य की जाति उसके जन्म से नहीं, बल्कि उसके कर्म से निर्धारित की जाती है।
6. अपने मन के भीतर सत्य की खोज करनी चाहिए।

बुद्ध-कथा

वर्तमान में बुद्ध के स्वरूप को पत्थर, संगमरमर या काँसे में डालकर नया आकार दे दिया जाता है, जो उनके तेजस्वी पक्ष का प्रतीक है।

बुद्ध की आकृति हमें संदेश देती है कि हमें संघर्ष से भागना नहीं चाहिए। शांत दृष्टि से उसका मुकाबला करना चाहिए तथा जीवन में विकास और प्रगति के और बड़े अवसरों को देखना चाहिए।

चंद्रगुप्त और चाणक्य– मौर्य साम्राज्य की स्थापना

भारत के पश्चिमोत्तर भाग पर जब सिकंदर ने आक्रमण किया तो दो विलक्षण व्यक्ति परस्पर सामने आए, जिन्होंने परिवर्तित परिस्थितियों का लाभ उठाते हुए उन्हें अपनी इच्छा के अनुसार ढाल लिया। ये थे 'चंद्रगुप्त मौर्य' और उनके मित्र, मंत्री और सलाहकार 'चाणक्य'। इन दोनों को ही मगध साम्राज्य से निकाल दिया गया था। ये दोनों तक्षशिला चले गए, जहाँ वे यूनानियों के संपर्क में आए।

सिकंदर की मृत्यु के दो वर्ष पश्चात् ही चंद्रगुप्त ने पाटलिपुत्र पर अधिकार कर मौर्य साम्राज्य की स्थापना की। लिखित इतिहास में पहली बार एक केंद्रीय शासन बना, जिसकी राजधानी पाटलिपुत्र थी। इस नए राज्य के बारे में सिल्यूकस के राजदूत 'मेगस्थनीज' के विवरणों 'कौटिल्य (चाणक्य)' के द्वारा लिखित अर्थशास्त्र से जाना जा सकता है। चाणक्य के अर्थशास्त्र में चंद्रगुप्त की विराट सेना की विस्तार से चर्चा की गई है। इसके अतिरिक्त इसमें व्यापार और वाणिज्य, कानून और न्यायालय, नगर व्यवस्था, सामाजिक रीति-रिवाज, विवाह और तलाक, स्त्रियों के अधिकार, कर और लगान जैसे अनेक विषयों पर विस्तार से लिखा गया है। प्राचीन भारतीय नाटक 'मुद्राराक्षस' में चाणक्य का वर्णन साहसी, अभिमानी, प्रतिशोधी व अपने लक्ष्य को ओझल न होने देने वाले के रूप में किया गया है।

अशोक

चंद्रगुप्त मौर्य के पश्चात् मौर्य साम्राज्य का उत्तराधिकारी अशोक बना। अशोक ने 273 ईसा पूर्व में महान साम्राज्य भारत की बागडोर सँभाली, इसके पहले वह पश्चिमोत्तर प्रदेश का शासक था, जिसकी राजधानी तक्षशिला थी। पूर्वी तट पर स्थित कलिंग को अपने राज्य में मिला लेने के बाद अशोक ने बौद्ध धर्म की शिक्षाओं का पालन करना शुरू कर दिया। उसने किसी प्रकार की हत्या या बंदी बनाए जाने की प्रक्रिया पर रोक लगा दी। अशोक बौद्ध धर्म का कट्टर अनुयायी था। उसने बुद्ध की शिक्षा के प्रचार तथा जनता की भलाई के कार्यों के लिए अपने आप को अर्पित कर दिया।

अशोक ने बड़ी-बड़ी इमारतें बनाने के लिए विदेशी कारीगरों को नियुक्त किया था। उसके द्वारा बनवाई गई मूर्ति और दूसरे अवशेषों पर भारतीय कला परंपरा की छाप स्पष्ट रूप से दिखाई पड़ती है, लेकिन स्तंभों पर विदेशी रूप की छाप भी मिलती है। अशोक की मृत्यु 232 ई.पू. में हुई। उसने अनेक महान कार्य किए, जिसके कारण उसका नाम वोल्गा से जापान तक आज भी आदर से लिया जाता है।

शब्दार्थ

शब्द	हिंदी अर्थ
NCERT पृष्ठ संख्या 18 व 19	
अग्रदूत	सबसे आगे रहकर प्रेरित करने वाला
अचरज	हैरानी
धनाढ्य	अत्यंत धनी
दस्तकारी	हाथ से बने सामान
भोर-बेला	प्रातः काल का समय
सयाने	बड़े
सृजन	निर्माण
हमाम	स्नानागार, तालाब
अकस्मात्	अचानक
NCERT पृष्ठ संख्या 20 व 21	
जज़्ब	समोजाना
समन्वय	मेल
बहुतायत	अधिकता
नवागंतुक	नया आने वाला
अभिलेख	प्राचीन लिखित कृतियाँ

शब्द	हिंदी अर्थ
अवेस्ता	फारसी भाषा में इसका अर्थ प्रार्थना है
पल्लवन	बढ़ावा देना
निर्धारण	तय करना
उद्‌गार	मन के भाव
NCERT पृष्ठ संख्या 22	
अनंत	जिसका अंत न हो
समानांतर	समान अंतर
पारलौकिकता	ईश्वरीय लोक में विश्वास करना
हर्षोन्माद	हर्ष का उन्माद
उषाकाल	आरंभिक समय
निरर्थक	अर्थहीन
बुनियादी	आधारभूत
NCERT पृष्ठ संख्या 23	
कारागृह	बंदीघर
मिथ्या	झूठ
लोकोत्तर	लोगों को ज्ञात

शब्द	हिंदी अर्थ
अद्वैतवाद	किसी भी धर्म को विशेषता दिए बिना ईश्वर की वास्तविक सत्ता को मानना
असत्	अज्ञात
अमरत्व	कभी न मरने का गुण
ऐतरेय ब्राह्मण	उपनिषद् का एक भाग
असह्य	जो सहा न जा सके
प्राणवान	सजीव, जीवन से युक्त
हठवाद	अपने मत पर अड़े रहने की प्रवृत्ति
आत्म-बोध	स्वयं का ज्ञान
असमंजस	अड़चन
निरुत्साहित	उत्साह न होना
NCERT पृष्ठ संख्या 24	
आत्मत्याग	किसी कार्य व उपलब्धि के लिए जान की परवाह न करना
कारगर	सही
ज्ञानार्जन	ज्ञान प्राप्त करना
आत्मपीड़न	स्वयं को दु:ख पहुँचाना
निहित	समाया हुआ
NCERT पृष्ठ संख्या 25 से 28	
मनोवृत्ति	इच्छा
समग्र	सारा, पूरा
एकात्मता	एकरूपता
गैर-मुनासिब	संभव न होना
ताड़-पत्रों/भोज-पत्रों	पेड़ों की छाल व पत्ते
विशद	अत्यधिक
पुरोहित	पंडित आदि
पुराणपंथी	पुराणों की शिक्षा देने वाले
रूढ़ियाँ	दकियानूसी प्राचीन विचारधाराएँ
वृत्तांत	वर्णन
गृहयुद्ध	जातीय एवं प्रांतीय युद्ध
व्यापक	चारों ओर फैला हुआ
गड्ड-मड्ड	मिल जाना
सफ़रनामे	यात्रा का वृत्तांत
जीवंत	सजीव रूप में
लोकहित	लोगों की भलाई
प्रमाणिक	जिसका सबूत उपलब्ध हो
NCERT पृष्ठ संख्या 30 से 32	
अखंड	जिसके टुकड़े नहीं किए जा सकते
आख्यान	व्याख्यान
मकसद	उद्देश्य
अवधारणा	सोच
समृद्ध	भरा-पूरा
खदबदाती	सभी बातों का समावेश
मुकम्मल	पूरा, सम्पूर्ण
दुविधाग्रस्त	मुश्किल में होना
सराबोर	भरा हुआ
औचित्य	उचित, सही
तकाज़ा	सही-गलत का अनुमान लगाना
निरूपण	वर्णन

शब्द	हिंदी अर्थ
अकर्मण्यता	कर्म न करना
नरसंहार	मनुष्यों की हत्या
संहार	युद्ध
निर्वाह	पालन करना
NCERT पृष्ठ संख्या 33 से 35	
ह्रास	गिरावट
गल्ले	आर्थिक दशा को देखते हुए
गल्ला	अनाज
पेशेवर	रोजगार को अपनाने वाले
सौदागर	व्यापारी
कारवाँ	दल, जत्थे
अलहदा	अलग
अनुभूति	अनुभव, संवेदना
ब्रह्मचर्य	विवाह से पूर्व सादगीपूर्ण जीवन व्यतीत करना
जनक	पिता
अपेक्षा	आशा
NCERT पृष्ठ संख्या 39 से 41	
अनुयायी	मानने वाले
सहिष्णु	नम्रता दिखाना
अधुनातन	नए
वेदना	पीड़ा
अधुनातन	नवीन
अतिशय	बहुत अधिक
संकल्पना	कल्पित स्वरूप
लालसाओं	इच्छाओं
संचित	जोड़कर
धीर	धैर्यवान
निधि	खजाना
NCERT पृष्ठ संख्या 42 व 43	
चिर नवीन	प्राचीन होने पर भी नवीन लगना
उत्तेजित	प्रोत्साहित
कर्मठता	काम करने की उत्कृष्ट भावना
प्रतिशोधी	बदला लेने वाला
व्यापक	विस्तृत
मत्स्य	मछली
कसाई खाना	जहाँ पर जानवरों को काटा जाता है
मोहताज	निर्भर
अनीति	गलत कार्य
NCERT पृष्ठ संख्या 44 व 45	
कत्लेआम	मारकाट
विरक्ति	मन हट जाना
आत्म-संयम	स्वयं को संयमित करना
मातहत	अधीन
कट्टर	पक्का
नामीगिरामी	माने हुए
जीव-मात्र	प्रत्येक प्राणी
अनवरत	लगातार

अभ्यास प्रश्न

बहुविकल्पीय व वर्णनात्मक प्रश्नों सहित

बहुविकल्पीय प्रश्न

1. भारतीय अतीत का आधार क्या है?
(क) मोहनजोदड़ो (ख) गंगा नदी
(ग) सिंधु घाटी की सभ्यता (घ) तक्षशिला
उत्तर (ग) सिंधु घाटी की सभ्यता

2. सिंधु घाटी सभ्यता के कौन-सी सभ्यता से व्यापारिक संबंध थे?
(क) फारस (ख) मिस्र
(ग) मेसोपोटामिया (घ) ये सभी
उत्तर (घ) ये सभी

3. सिंधु घाटी से पूर्व का इतिहास किसे माना जाता है?
(क) प्राचीन ग्रंथ (ख) अभिलेख
(ग) वेद (घ) पुराण
उत्तर (ग) वेद

4. आर्यों ने अपने उमंगपूर्ण जीवन में किस पर बहुत कम ध्यान दिया?
(क) अहंकार (ख) संस्कृति
(ग) समाज (घ) आत्मा
उत्तर (घ) आत्मा

5. 'वेद' शब्द की उत्पत्ति 'विद्' शब्द से हुई, जिसका अर्थ है
(क) जानना (ख) विश्वास
(ग) प्रवृत्ति (घ) मोक्ष
उत्तर (क) जानना

6. निम्नलिखित में से कौन सिंधु घाटी सभ्यता की विशेषता नहीं थी? **CBSE Diksha**
(क) धर्मनिरपेक्षता (ख) विकसित
(ग) धर्म सापेक्षता (घ) नागर
उत्तर (क) धर्मनिरपेक्षता

7. भौतिक साहित्य की जानकारी का स्रोत क्या है?
(क) शिलालेख (ख) प्राचीन ग्रंथ
(ग) भोजपत्र व ताड़पत्र (घ) अभिलेख
उत्तर (ग) भोजपत्र व ताड़पत्र

8. नागर का अर्थ है **CBSE Diksha**
(क) गाँव जैसी (ख) नगर जैसी
(ग) बस्ती जैसी (घ) नीग्रो जैसी
उत्तर (ख) नगर जैसी

9. प्राचीन भारत के दो प्रमुख महाकाव्यों का नाम बताइए।
(क) रामायण व गीता (ख) गीता व महाभारत
(ग) रामायण व पुराण (घ) रामायण व महाभारत
उत्तर (घ) रामायण व महाभारत

10. निम्नलिखित में से महाभारत का मुख्य भाग कौन-सा है?
(क) पुराण (ख) गीता
(ग) भगवद्‌गीता (घ) रामायण
उत्तर (ग) भगवद्‌गीता

11. सबसे पहले प्राचीन काल में किस लिपि का निर्माण हुआ?
(क) देवनागरी (ख) ब्राह्मी लिपि
(ग) रोमन लिपि (घ) गुरुमुखी
उत्तर (ख) ब्राह्मी लिपि

12. निम्नलिखित में से किसके साथ सिंधु घाटी सभ्यता के व्यापारिक संबंध नहीं थे? **CBSE Diksha**
(क) मेसोपोटामिया (ख) फारस
(ग) काशी (घ) मिस्र
उत्तर (ग) काशी

13. बौद्ध और जैन धर्म किस धर्म से अलग होकर बने? **CBSE Diksha**
(क) हिंदू धर्म (ख) वैदिक धर्म
(ग) इसाई धर्म (घ) पारसी धर्म
उत्तर (ख) वैदिक धर्म

14. मिलान कीजिए

	सूची I	सूची II
A.	बाढ़ों के लिए प्रसिद्ध नदी	1. ऋग्वेद
B.	भारत के प्रथम वेद का नाम	2. फारस, मिस्र, मेसोपोटामिया
C.	भारत की प्राचीन लिपि	3. सिंधु नदी
D.	सिंधु घाटी सभ्यता का व्यापारिक संबंध	4. ब्राह्मी लिपि

कूट

	A	B	C	D		A	B	C	D
(क)	1	2	3	4	(ख)	4	3	2	1
(ग)	3	1	4	2	(घ)	2	1	3	4

उत्तर (ग) 3 1 4 2

गद्यांशों पर आधारित प्रश्न

निम्नलिखित गद्यांशों को ध्यानपूर्वक पढ़कर उन पर आधारित प्रश्नों के उत्तर दीजिए।

गद्यांश 1

भारत के अतीत की सबसे पहली तस्वीर उस सिंधु घाटी सभ्यता में मिलती है, जिसके अवशेष सिंध में मोहनजोदड़ो और पश्चिमी पंजाब मे हड़प्पा में मिले हैं। इन खुदाइयों ने प्राचीन इतिहास की समझ में क्रांति ला दी है।

मोहनजोदड़ों और हड़प्पा एक-दूसरे से काफी दूरी पर है। दोनों स्थानों पर इन खंडहरों की खोज मात्र एक संयोग थी। इस बात में संदेह नहीं कि इन दोनों के बीच भी ऐसे ही बहुत से और नगर एवं अवशेष दबे पड़े होंगे जिन्हें प्राचीन मनुष्य ने बसाया होगा। यह सभ्यता विशेष रूप से उत्तर भारत में दूर-दूर तक फैली थी।

संभव है कि भविष्य में भी इस सुदूर अतीत को उद्घाटित करने का काम हाथ में लिया जाए और महत्वपूर्ण नयी खोजें की जाएँ। इस सभ्यता के अवशेष इतनी दूर-दूर जगहों पर मिले हैं—जैसे पश्चिम में काठियावाड़ में और पंजाब के अंबाला जिले में। यह विश्वास किया जाता है कि यह सभ्यता गंगा की घाटी तक फैली थी। इसलिए यह केवल सिंधु घाटी सभ्यता भर नहीं उससे बहुत अधिक है।

1. निम्न में से भारत के अतीत में सबसे पहली तस्वीर कहाँ मिलती है?

(क) ग्रीक साहित्य में (ख) रोमन संस्कृति में

(ग) मिस्र सभ्यता में (घ) सिंधु घाटी सभ्यता में

उत्तर (घ) सिंधु घाटी सभ्यता में

2. निम्नलिखित विकल्पों में से कौन-से दो स्थानों पर की गई खुदाई का संयोग हुआ?

(क) राजगढ़ और फतेहगढ़

(ख) हड़प्पा और ग्राम

(ग) मोहनजोदड़ो और मेहरगढ़

(घ) मोहनजोदड़ो और हड़प्पा

उत्तर (घ) मोहनजोदड़ो और हड़प्पा

3. सिन्धु घाटी सभ्यता कितने वर्ष पुरानी है?

(क) पाँच हजार (ख) दो हजार

(ग) दस हजार (घ) छः सात हजार

उत्तर (घ) छः सात हजार

4. सिंधु घाटी सभ्यता मुख्य रूप से कहाँ फैली हुई थी?

उत्तर सिंधु घाटी सभ्यता विशेष रूप से उत्तर भारत में दूर-दूर तक गंगा नदी तक फैली थी।

5. गद्यांश के अनुसार, सिंधु घाटी सभ्यता के अवशेष कहाँ-कहाँ मिले हैं?

उत्तर सिंधु घाटी सभ्यता के अवशेष दूर-दूर जगहों पर मिले हैं—जैसे पश्चिम में काठियावाड़ में और पंजाब के अंबाला जिले में।

6. दिए गए गद्यांश के अनुसार, सिंधु घाटी सभ्यता कैसी सभ्यता थी?

उत्तर गद्यांश के अनुसार, सिंधु घाटी सभ्यता धर्म निरपेक्ष सभ्यता थी।

गद्यांश 2

महाकाव्य के रूप में रामायण एक महान रचना है और लोग उससे बहुत प्रेम करते हैं, परंतु महाभारत का दर्जा विश्व की श्रेष्ठतम रचनाओं में है। यह कृति परंपरा और दंतकथाओं का तथा प्राचीन भारत की राजनीतिक और सामाजिक संस्थाओं का विश्वकोश है। लगभग दस वर्ष बल्कि उससे भी कुछ अधिक समय से इस विषय के अधिकारी भारतीय विद्वान इसका प्रामाणिक संस्करण प्रकाशित करने की दृष्टि से विभिन्न उपलब्ध पाठों की जाँच और मिलान करने में व्यस्त हैं। उन्होंने कुछ अंश प्रकाशित करके जारी भी कर दिए हैं लेकिन यह कार्य अब भी अधूरा है।

शायद यही समय था, जब भारत में विदेशी लोग आ रहे थे और वे अपने रीति-रिवाज अपने साथ ला रहे थे। इनमें बहुत-से रिवाज आर्यों से मेल नहीं खाते थे। इसलिए विरोधी विचारों और रिवाजों का विचित्र घालमेल दिखाई पड़ता है। आर्यों में स्त्रियों के अनेक विवाह का चलन नहीं था, किंतु महाभारत की कथा की एक विशेष नायिका एक साथ पाँच भाइयों की पत्नी है।

धीरे-धीरे यहाँ पहले से मौजूद आदिवासियों के साथ नए आने वाले लोग भी आर्यों के साथ घुलमिल कर एक हो रहे थे और इस नयी स्थिति के अनुरूप वैदिक धर्म में संशोधन किया जा रहा था। इसने सबको समेटकर चलने वाला वह उदार व्यापक रूप ग्रहण कर लिया था जिससे आधुनिक हिंदू धर्म निकला।

1. किस महाकाव्य को विश्व का श्रेष्ठतम दर्जा दिया गया है?

(क) रामायण (ख) महाभारत

(ग) रामचरितमानस (घ) दंतकथाएँ

उत्तर (ख) महाभारत

2. आर्यों और महाभारत की भिन्नता का आधार क्या है?

(क) स्त्रियों के पर्दा प्रथा का चलन

(ख) मूर्तिपूजा का विरोध

(ग) स्त्रियों के अनेक विवाह का चलन

(घ) अंधविश्वासमयी श्रद्धा

उत्तर (ग) स्त्रियों के अनेक विवाह का चलन

3. निम्नलिखित विकल्पों में से आधुनिक हिंदू धर्म कैसा है?

(क) कठोर और संकीर्ण (ख) उदार व व्यापक

(ग) कट्टरपंथी (घ) रूढ़िवादी

उत्तर (ख) उदार व व्यापक

4. भारत के दो प्रमुख महाकाव्य कौन-से हैं?

उत्तर भारत के दो प्रमुख महाकाव्य रामायण और महाभारत हैं।

5. गद्यांश के अनुसार, महाभारत से हमें क्या ज्ञात होता है?

उत्तर महाभारत से प्राचीन भारत की राजनीतिक, सामाजिक संस्थाओं, देवकथाओं और परंपरा का बोध होता है।

6. वैदिक धर्म का संशोधन क्यों किया जा रहा था?

उत्तर भारत में पहले से मौजूद आदिवासियों के साथ नए आने वाले लोग आर्यों के साथ घुल-मिलकर एक हो रहे थे इसी नयी स्थिति के अनुरूप वैदिक धर्म में संशोधन किया जा रहा था।

गद्यांश 3

भगवद्गीता महाभारत का अंश है, परंतु उसकी अपनी अलग जगह है और वह अपने आप में मुकम्मल है। यह 700 श्लोकों का एक छोटा-सा काव्य है। इसकी रचना बौद्धकाल से पहले हुई थी। तब से अब तक इसकी लोकप्रियता और प्रभाव कम नहीं हुआ। आज भी भारत में इसके प्रति पहले जैसा आकर्षण बना हुआ है।

विचार और दर्शन का हर संप्रदाय इसे श्रद्धा से देखता है और अपने ढंग से इसकी व्याख्या करता है। संकट के समय, जब मनुष्य के मन को संदेह सताता है और वह कर्तव्य के बारे में दुविधाग्रस्त होता है तो वह प्रकाश और मार्गदर्शन के लिए गीता की ओर देखता है क्योंकि यह संकट-काल के लिए लिखी गई कविता है– राजनीतिक और सामाजिक संकट के लिए और उससे भी अधिक मनुष्य की आत्मा के संकट के लिए।

गीता की असंख्य व्याख्याएँ की गईं और अब भी लगातार की जा रही हैं। आधुनिक युग के विचार और कर्म क्षेत्र के नेताओं तिलक, अरविंद घोष, गांधी सभी ने इसकी अपने ढंग से व्याख्या की है। गांधी जी ने इसे अहिंसा में अपने दृढ़ विश्वास का आधार बनाया है, औरों ने धर्म-कार्य के लिए हिंसा और युद्ध का औचित्य इसी के आधार पर सिद्ध किया है।

1. निम्नलिखित में से भगवद्गीता किसे प्रमुखता से शामिल करती है?

(क) भीष्म पितामह (ख) अर्जुन
(ग) भगवान श्रीकृष्ण (घ) कौरवों का सेनापति

उत्तर (ग) भगवान श्रीकृष्ण

2. भगवद्गीता में कितने श्लोक थे?

(क) 500 (ख) 800
(ग) 600 (घ) 700

उत्तर (घ) 700

3. निम्न में से किस युग में भगवद्गीता की रचना हुई थी?

(क) मौर्यकाल
(ख) महाजन पद काल
(ग) मुगल साम्राज्य
(घ) बौद्ध काल से पहले

उत्तर (घ) बौद्ध काल से पहले

4. भगवद्गीता किस प्रमुख ग्रंथ का अंश है? यह किस शैली में रचित है?

उत्तर भगवद्गीता 'महाभारत' ग्रंथ का अंश है। यह काव्य-शैली में रचित है।

5. गाँधीजी ने भगवद्गीता से क्या विचार अपने जीवन में अपनाया?

उत्तर गाँधीजी ने अहिंसा का मार्ग अपनाया और उसे अपने जीवन का आधार बनाया।

6. क्या भगवद्गीता किसी एक विचारधारा को मानता है? स्पष्ट कीजिए।

उत्तर नहीं, भगवद्गीता किसी एक विचारधारा पर नहीं है, इसे सभी अपना आधार बना सकते हैं तथा ये आधुनिक समय में भी पूर्ण रूप से लागू हो सकता है।

गद्यांश 4

जैन धर्म के संस्थापक महावीर और बुद्ध समकालीन थे और दोनों क्षत्रिय थे। बुद्ध की मृत्यु ई. पू. 544 में अस्सी वर्ष की आयु में हुई और तभी बौद्ध संवत् शुरू हुआ। इतिहासकारों ने बाद की तारीख यानी ई. पू. 487 दी। यह अजीब संयोग है कि मैं ये पंक्तियाँ बौद्ध संवत् 2488 की पहली तारीख को वैशाखी पूर्णिमा के दिन लिख रहा हूँ। बौद्ध साहित्य में लिखा है कि बुद्ध का जन्म वैशाख (मई-जून) के महीने में इसी पूर्णिमा के दिन हुआ था, इसी तिथि को उन्हें बोध प्राप्त हुआ था और अंत में उनका निर्वाण भी इसी तिथि को हुआ था।

बुद्ध में लोक-प्रचलित धर्म, अंधविश्वास, कर्म-कांड एवं पुरोहित-प्रपंच और उनके साथ जुड़े हुए निहित स्वार्थों पर हमला करने का साहस था। उन्होंने आध्यात्मिक, धर्म वैज्ञानिक नजरिए की तथा चमत्कारों, अलौकिक व्यापारों आदि की भी निंदा की। उनका आग्रह तर्क, विवेक और अनुभव पर था। उनका बल नैतिकता पर था, उनकी पद्धति मनोवैज्ञानिक विश्लेषण की थी, ऐसा मनोविज्ञान जिसमें आत्मा के लिए जगह नहीं थी।

1. निम्न में से जैन धर्म में किसे संस्थापक माना जाता है?

(क) धर्मगुरु जबली
(ख) बिंबिसार
(ग) भगवान महावीर
(घ) महापद्मनंद

उत्तर (ग) भगवान महावीर

2. निम्नलिखित विकल्पों में से महात्मा बुद्ध का जन्म किस महीने में हुआ?

(क) आषाढ़ (ख) वैशाख
(ग) फाल्गुन (घ) कार्तिक

उत्तर (ख) वैशाख

3. निम्न में से बुद्ध का निर्वाण किस वर्ष में हुआ था?

(क) ईसा के 4 साल बाद (ख) ईसा के समकालीन
(ग) ई. पू. 487 (घ) ई. पू. 544

उत्तर (घ) ई. पू. 544

4. गद्यांश के अनुसार, जैन धर्म में कौन-से कर्म करने पर मुक्ति प्राप्त होती है?

उत्तर गद्यांश के अनुसार, जैन धर्म में निर्वाण कर्म करने पर मुक्ति प्राप्त होती है।

5. महात्मा बुद्ध अपने शिष्यों के प्रति किस तरह के दर्शन की प्रोत्साहना करते थे?

उत्तर महात्मा बुद्ध अपने शिष्यों के प्रति धर्म वैज्ञानिक दर्शन की प्रोत्साहना करते थे। उनका आग्रह विवेक, तर्क और अनुभव पर था।

6. गद्यांश के अनुसार महात्मा बुद्ध ने किन-किन की निंदा की है?

उत्तर बुद्ध ने लोक प्रचलित धर्म, अंधविश्वास, कर्म-कांड एवं पुरोहित प्रपंच की निंदा की।

अतिलघु उत्तरीय प्रश्न

1. सिंधु घाटी से पहले का इतिहास किसे माना जाता था?

उत्तर सिंधु घाटी से पहले का इतिहास वेदों को माना जाता था।

2. सिंधु घाटी सभ्यता का व्यापारिक स्तर क्या था?

उत्तर सिंधु घाटी सभ्यता ने फारस, मेसोपोटामिया और मिस्र की सभ्यताओं के साथ संबंध स्थापित करके व्यापार किया। यह नगर सभ्यता थी यहाँ के व्यापारी वर्ग धनवान थे।

3. भारतीय सभ्यता ने किन-किन क्षेत्रों में विकास किया?

उत्तर भारतीय सभ्यता ने कला, संगीत, साहित्य, नाचने गाने की कला, चित्रकला व नाटक रंगमंच के क्षेत्र में काफी विकास किया।

4. सिंधु घाटी की सभ्यता में मिले मकान किस प्रकार के थे?

उत्तर सिंधु घाटी की सभ्यता में मिले मकान दो या तीन मंजिले थे।

5. आर्य भारत कब आए थे?

उत्तर आर्य सिंधु घाटी युग के लगभग एक हजार वर्ष पश्चात् भारत आए थे।

6. 'वेद' शब्द की उत्पत्ति किस धातु से हुई तथा इसका क्या अर्थ है?

उत्तर 'वेद' शब्द की उत्पत्ति 'विद्' धातु से हुई है। इसका अर्थ है—जानना। अर्थात् वेद का सीधा अर्थ है—अपने समय के ज्ञान का संग्रह।

7. भारतीय संस्कृति की निरंतरता से क्या तात्पर्य है?

उत्तर भारतीय संस्कृति अपने शुरुआती समय से ही निरंतर विकास की ओर बढ़ती रही है। समय के साथ अनेक बदलाव हुए, परंतु यह आज भी बनी हुई है।

8. उपनिषदों की क्या विशेषता है?

उत्तर सच्चाई पर बल देना तथा आत्मा व परमात्मा को एक मानना ही उपनिषदों की विशेषता है।

9. भारतीय संस्कृति में कौन-सी प्रवृत्ति का आरंभ दिखाई देता है?

उत्तर भारतीय संस्कृति में विशिष्टतावाद व छुआछूत की प्रवृत्ति का आरंभ दिखाई देता है।

10. भारत में औषध विज्ञान का जनक किसे माना जाता है?

उत्तर भारत में औषध विज्ञान का जनक धनवंतरि को माना जाता है।

11. मैक्समूलर ने ऋग्वेद के विषय में क्या कहा था?

उत्तर मैक्समूलर ने ऋग्वेद को 'आर्य मानव के द्वारा बोला (कहा) गया पहला शब्द' कहा था।

12. 'राजतरंगिणी' के विषय में क्या कहा जाता है?

उत्तर कल्हण द्वारा रचित ग्रंथ 'राजतरंगिणी' अकेला (एकमात्र) ऐसा प्राचीन ग्रंथ है, जिसे इतिहास माना जा सकता है।

13. कैसे लोग परलोक में विश्वास रखते हैं?

उत्तर सभी देशों के निर्धन और स्वयं को अभागा समझने वाले लोग ही एक सीमा तक परलोक में विश्वास रखते हैं।

14. प्राचीन भारत में ग्राम सभाओं की जीविका क्या थी?

उत्तर प्राचीन भारत में ग्राम सभाओं की जीविका लगान थी।

15. भगवान बुद्ध किन पर हमला बोलने का साहस रखते थे?

उत्तर भगवान बुद्ध लोक प्रचलित धर्म, अंधविश्वास, कर्मकांड तथा पुरोहित प्रपंच पर हमला बोलने का साहस रखते थे।

16. भारतीय प्राचीन कथाओं का इतिहास कहाँ तक है?

उत्तर भारतीय प्राचीन कथाओं का इतिहास महाकाव्यों तक सीमित न रहकर वैदिक काल तक है।

17. कौन-सी ऐसी संस्कृति है, जो हजारों वर्षों तक नहीं बनी रह सकती?

उत्तर ऐसी कोई भी संस्कृति जो बुनियादी तौर पर पारलौकिकतावादी होगी, वह हजारों वर्षों तक बनी नहीं रह सकती।

18. विश्व के प्राचीन साहित्य के एक बड़े भाग के खोने का क्या कारण था?

उत्तर प्राचीन साहित्य के एक बड़े भाग के खोने का कारण यह था कि प्रारंभ में ताड़-पत्रों या भोज-पत्रों पर लिखा जाता था, कागज पर लिखने का चलन बाद में हुआ।

लघु उत्तरीय प्रश्न

1. सिंधु घाटी की सभ्यता के विषय में क्या-क्या ज्ञात हुआ है?

उत्तर सिंधु घाटी की सभ्यता के विषय में ज्ञात हुआ है कि यह सभ्यता प्रधान रूप से धर्म निरपेक्ष थी तथा सांस्कृतिक युगों की अग्रदूत थी। सिंधु सभ्यता की खुदाई के समय मिले मकानों आदि से ज्ञात होता है कि यहाँ दो या तीन मंजिला मकान थे। सिंधु घाटी की सिंधु नामक नदी भी अपनी भयंकर बाढ़ों के लिए अत्यंत विख्यात है। यह 'एक नगर' सभ्यता थी तथा अत्यंत विकसित थी।

2. भारत में जिस सभ्यता का निर्माण हुआ, उसका आधार क्या था तथा अशोक द्वारा निर्मित इमारतों की विशेषता क्या थी?

उत्तर भारत में जिस सभ्यता का निर्माण किया गया उसका मूल आधार स्थिरता तथा सुरक्षा की भावना थी।

अशोक ने अपने समय में इमारतों का निर्माण करवाने हेतु विदेशी कारीगरों को बुलवाया था, यही वह कारण है कि उन इमारतों में भारतीय कला परंपरा होते हुए भी विदेशी वास्तुकला की झलक दिखती है।

3. भगवद्गीता मनुष्य के लिए प्रेरणादायी ग्रंथ किस प्रकार है?

उत्तर भगवद्गीता महाभारत का ही एक अंश है, परंतु वह अपने आप में एक पूर्ण रचना है। यह 700 श्लोकों का एक काव्य है जिसकी रचना बौद्ध-काल से पहले हुई थी तथा इसका महत्त्व आज तक बना हुआ है। भगवद्गीता के माध्यम से मनुष्यों को कर्म करने की प्रेरणा दी गई है।

4. चाणक्य कौन था तथा उसका व्यक्तित्व कैसा था?

उत्तर चाणक्य चंद्रगुप्त मौर्य का सलाहकार था जो अत्यंत तीव्र बुद्धि वाला व्यक्ति था। चाणक्य को कौटिल्य के नाम से भी जाना जाता है।

वह सम्राट चंद्रगुप्त को अपने स्वामी की भाँति न देखकर अपने प्रिय शिष्य की भाँति देखता था। चंद्रगुप्त मौर्य की सफलता उसके सलाहकार चाणक्य की बुद्धि-चातुर्य का ही परिणाम थी।

5. जातक कथाओं से ग्राम्य सभाओं के विषय में क्या ज्ञात होता है?

उत्तर जातक कथाओं से ज्ञात होता है कि ग्राम्य सभाएँ एक सीमा तक ही स्वतंत्र थीं। ग्राम्य सभाओं की जीविका का एकमात्र साधन लगान था। जमीन पर लगाया गया कर उत्पादन की वस्तु में राजा का हिस्सा माना जाता था। प्राय: इसका भुगतान गल्ले के रूप में किया जाता था। यह उत्पादित वस्तु के छठे हिस्से के रूप में होता था।

6. सिन्धु घाटी सभ्यता के लोगों के बारे में क्या कल्पना की जाती है?

उत्तर सिन्धु घाटी सभ्यता के लोगों के बारे में कुछ लोगों को मानना है कि यहाँ के लोग भारत के ही थे इनकी संस्कृति की जड़ें और शाखाएँ दक्षिण भारत में भी मिल सकती है। इन लोगों और दक्षिण भारत के द्रविड़ जातियों के बीच कई समानताएँ दिखाई देती हैं।

7. भारत में 'लिखने की कला' के विषय में क्या ज्ञात होता है?

उत्तर भारत में लिखने की कला अत्यंत प्राचीन है। पाषाण युग के पुराने मिट्टी के बर्तनों पर ब्राह्मी लिपि के अक्षर मिले हैं। माना जाता है कि इसी लिपि से भारत की देवनागरी लिपि तथा अन्य लिपियों का विकास हुआ है। अशोक के कुछ लेख ब्राह्मी लिपि तथा उत्तर-पश्चिम के कुछ लेख खरोष्ठी लिपि में भी हैं।

8. औषधि विज्ञान की पुस्तकों में क्या बताया गया है?

उत्तर औषधि पर चरक की पुस्तकें हैं तथा शल्य चिकित्सा पर लिखी सुश्रुत द्वारा रचित पुस्तकें हैं। इनमें अनेक रोगों को पहचानने तथा रोगों के इलाज के तरीके बताए गए हैं। इन तरीकों के माध्यम से आज भी कई रोगों का इलाज किया जाता है तथा सुश्रुत ने शल्यक्रिया के औजारों व विधियों का विस्तारपूर्वक उल्लेख किया है।

9. जातक कथाओं में गाँवों की स्थापना के विषय में क्या लिखा गया है?

उत्तर जातक कथाओं में लिखा गया है कि उस समय विशेष दस्तकारियों से जुड़े लोगों के लिए गाँवों की विशेष स्थापना तथा अलग बस्तियों की स्थापना की जाती थी; जैसे—एक गाँव में केवल बढ़ई थे, एक गाँव में लोहार, इसी प्रकार हर तरह के पेशे के लोगों के अलग-अलग गाँव थे। प्राय: ये गाँव शहरों के नजदीक होते थे, क्योंकि शहर में उनके द्वारा उत्पादित वस्तु की 'खपत' हो जाती थी।

10. तक्षशिला विश्वविद्यालय के विषय में लिखिए।

उत्तर पेशावर के समीप एक प्राचीन तथा विश्वविख्यात विश्वविद्यालय था, जिसका नाम तक्षशिला था। विज्ञान, कला तथा चिकित्साशास्त्र के लिए यह विश्वविद्यालय अत्यंत विख्यात था। भारत के दूर-दूर के प्रांतों व हिस्सों के लोग इस विद्यालय में शिक्षा प्राप्त करने हेतु आते थे। तक्षशिला विद्यालय से स्नातक होना विशेष योग्यता, सम्मान तथा गर्व की बात थी। यह विद्यालय बौद्ध काल में बौद्ध ज्ञान का केंद्र बन गया था।

11. प्राचीनकाल में जाति-व्यवस्था के कारण भारतीय समाज पर क्या प्रभाव हुआ?

उत्तर प्राचीनकाल में भारतीय समाज में जाति-व्यवस्था पर अधिक बल दिया जाता था। कुछ समय पश्चात् यह जाति व्यवस्था लोगों के मन पर हावी हो गई, जो उस समय भारतीय इतिहास की बहुत बड़ी कमजोरी थी। जैसे-जैसे जाति व्यवस्था मजबूत होती गई वैसे-वैसे लोगों की बौद्धिक जड़ता और बढ़ गई तथा उनकी रचनात्मक कुशलता में कमी होने के साथ-साथ उनकी गतिविधियाँ भी कम होने लगीं।

12. महाभारत से हमें कैसी नैतिक शिक्षा मिलती है?

उत्तर महाभारत से हमें यह नैतिक शिक्षा मिलती है कि हमें लोगों के साथ ऐसा व्यवहार नहीं करना चाहिए, जो स्वयं हमें पसंद न हो। धन के पीछे नहीं भागना चाहिए, कभी भी असंतुष्ट का भाव अपने मन में नहीं लाना चाहिए तथा जो कार्य संसार के हित में न हो वह कार्य कदापि नहीं करना चाहिए। जाति और कुल को सफलता के साधन नहीं समझना चाहिए।

13. प्राचीन भारतीय इतिहास की जानकारी प्राप्त करने के कौन-कौन से माध्यम है?

उत्तर प्राचीन भारतीय इतिहास की जानकारी निम्नलिखित माध्यमों से प्राप्त की जा सकती है

1. महाकाव्य और अन्य ग्रंथ
2. शिलालेख, अभिलेख, कलाकृतियाँ व इमारतें
3. प्राचीन सिक्के
4. विदेशी यात्रियों के यात्रा-वृत्तांत
5. कल्हण की राजतरंगिणी द्वारा।

14. बुद्ध की वाणी हमें क्या प्रेरणा देती है? CBSE Diksha

उत्तर बुद्ध की वाणी हमें प्रेरणा देती है कि हमें संघर्ष से भागना नहीं चाहिए, बल्कि शांत दृष्टि से उसका सामना करना चाहिए। जीवन में विकास और प्रगति के बड़े-बड़े अवसरों को देखना चाहिए।

दीर्घ उत्तरीय प्रश्न

1. व्यक्तिवाद का क्या परिणाम हुआ तथा अर्थशास्त्र में किन विषयों पर प्रकाश डाला गया है?

उत्तर व्यक्तिवाद का परिणाम यह हुआ कि मनुष्य ने सामाजिक पक्ष पर, समाज के प्रति उसके कर्त्तव्य पर कम ध्यान दिया। अब उसके मन में समाज की कोई कल्पना नहीं थी और न ही समाज के प्रति उसे अपने दायित्वों का बोध था।

अर्थशास्त्र के अंतर्गत व्यापार, वाणिज्य, कानून, न्यायालय, नगर व्यवस्था, सामाजिक रीति-रिवाज, विवाह, तलाक, स्त्रियों के अधिकार, कृषि, लगान, खानों, कारखानों, दस्तकारियों, उद्योग-धंधे, मतस्य उद्योग, जनगणना तथा जेल आदि विषयों पर प्रकाश डाला गया है।

2. अशोक को आज के युग में भी आदर के साथ क्यों याद किया जाता है?

उत्तर अशोक, मौर्य साम्राज्य का उत्तराधिकारी था। अशोक एक ऐसा शासक था, जिसका नाम केवल भारत में ही नहीं अपितु एशिया के अनेक भागों में आज भी आदरपूर्वक लिया जाता है, क्योंकि उसने प्रजा की भलाई हेतु अनेक कार्य किए। स्वयं बौद्ध धर्म का अनुयायी होते हुए भी वह सभी धर्मों का एक समान आदर करता था। उसने महात्मा बुद्ध के उपदेशों के प्रचार व प्रसार हेतु स्वयं को प्रजा के हित के लिए समर्पित कर दिया था। उसने युद्ध नीति को न अपनाकर अहिंसा को अपनाया, इसी कारण से वोल्गा से लेकर जापान तक के लोग उसका नाम आदरपूर्वक लेते हैं।

3. चंद्रगुप्त कौन थे तथा उन्होंने चाणक्य के साथ मिलकर क्या किया?

उत्तर चंद्रगुप्त मौर्य, 'मौर्य साम्राज्य' के सम्राट थे। चंद्रगुप्त व चाणक्य ने एकसाथ मिलकर राष्ट्रीयता का नारा दिया। उन्होंने यूनानी सेना को भगाकर तक्षशिला पर अपना अधिकार कर लिया। सिकंदर की मृत्यु

के दो वर्ष पश्चात् चंद्रगुप्त ने पाटलिपुत्र पर भी अपना अधिकार कर लिया तथा मौर्य साम्राज्य की स्थापना की। चाणक्य ने 'अर्थशास्त्र' की रचना की है। चाणक्य को 'कौटिल्य' भी कहा जाता है।

4. जैन धर्म तथा बौद्ध धर्म में पाई जाने वाली समानताओं का वर्णन कीजिए। CBSE Diksha

उत्तर जैन धर्म तथा बौद्ध धर्म दोनों ही वैदिक धर्म से अलग हुए थे, दोनों धर्मों ने ही वेदों को प्रमाण नहीं माना है। दोनों ही धर्म सदैव अहिंसा पर बल देते रहे हैं तथा दोनों ने ही भिक्षुओं के संघ बनाए हैं। दोनों ही धर्मों के लोग किसी भी धर्म की निंदा नहीं करते थे। इनके रचयिता अर्थात् बौद्ध धर्म के 'महात्मा बुद्ध' तथा जैन धर्म के संस्थापक महावीर स्वामी दोनों ही समकालीन तथा क्षत्रिय थे।

5. पाणिनी कौन थे? 'वेद' अवेस्ता के अधिक निकट क्यों हैं? लिखिए।

उत्तर पाणिनी संस्कृत भाषा के विख्यात वैयाकरण थे। उन्होंने छठी या सातवीं शताब्दी ईसा पूर्व में व्याकरण की विख्यात पुस्तक 'अष्टाध्यायी' की रचना की थी, जिसे संस्कृत व्याकरण का आधिकारिक प्रमाण माना जाता है। वेदों को भारतीय संस्कृति का प्राचीन इतिहास कहा जाता है। भारत आते समय आर्य उन विचारों को साथ लाए थे, जिनसे 'अवेस्ता' की रचना हुई। वेदों और अवेस्ता की भाषा में भी विचित्र समानता है। इनकी निकटता भारत के महाकाव्यों की भाषा संस्कृत से कम है, इसलिए वेद अवेस्ता के अधिक निकट हैं।

6. कलिंग विजय का अशोक के मन पर क्या प्रभाव पड़ा CBSE Diksha

उत्तर कलिंग के लोगों के बहादुरी से युद्ध करने के बाद भी अशोक की सेना विजयी हुई। इस युद्ध में भयानक कत्लेआम हुआ। इस बात की खबर जब अशोक को मिली तो उसको बहुत पछतावा हुआ और युद्ध से उसको विमुख होना पड़ा। बुद्ध की शिक्षा के प्रभाव से उसका मन दूसरे क्षेत्रों में विजय हासिल करने की बजाय साहसिक कार्यों की ओर उन्मुख हुआ। इसके बाद उसने धर्म संबंधी नियमों का उत्साहपूर्वक पालन किया। अशोक ने कहा कि सच्ची विजय कर्तव्य और धर्म पालन करके लोगों के हृदय को जितने में है। वह अब केवल लोक-हित की कामना करते थे इसलिए स्वंय को प्रजा हित के लिए व सार्वजनिक कार्यों के लिए समर्पित कर दिया।

7. भारत के प्राचीन इतिहास को देखा जाए तो वह उन्नत और विकसित है, लेकिन दासता की जंजीरों में जकड़ने के बाद भारतीयों की सोच में परिवर्तन आया। आपकी इस बारे में सोच क्या है? लिखिए।

उत्तर जब मैं भारत को समझने और विश्लेषण करने की कोशिश करता हूँ तो पाता हूँ कि आखिर यह भारत है क्या? यह सोने की चिड़िया कहलाने वाला देश, जो दुनिया का सिरमौर था, उसने अपनी शक्ति को कैसे खो दिया? यहाँ जीवन की लालसा और उद्यम में कमी आई, रचनात्मक प्रवृत्ति में कमी आई।

गुलामी की दल-दल में फँसे लोग पूजा-पाठ में विश्वास करने लगे, क्योंकि जब व्यक्ति चारों ओर से निराश हो जाता है, तब उसे ईश्वर की तरफ से ही कुछ आशा की उम्मीद रहती है। भारत के लोग इस ओर उन्मुख हुए, क्योंकि यहाँ गरीबी अपने पैर पसार चुकी थी। यही बात गुलाम देश पर भी लागू होती है।

वास्तव में, यदि भारत के इतिहास की ओर दृष्टिपात किया जाए तो वह उन्नत और विकसित है, लेकिन गुलामी की जंजीरों में जकड़ने के उपरांत ही भारतीयों की सोच में भी परिवर्तन आया।

8. क्या आप एक शिक्षित युवा होने के नाते स्वीकार करते हैं कि भारत की गुलामी के लिए यहाँ के निवासियों की निरक्षरता उत्तरदायी है? अपने विचार लिखिए।

उत्तर देश की पराधीनता के लंबे समय तक बने रहने में अधिकांश भारतीय समाज की निरक्षरता बहुत उत्तरदायी रही है। वास्तव में एक अशिक्षित व्यक्ति से ऐसी आशा नहीं की जा सकती कि वह अपने उत्तरदायित्व के प्रति जागरूक हो, राजनैतिक चिंतन और ज्ञान के प्रति रुचि रखता हो, लेकिन ग्रामीण सीधे-साधे और भोले होते हैं।

यही कारण था कि नेहरू जी ने उनकी इस वास्तविकता को समझा और उनकी शक्ति का सदुपयोग कर देश को आजाद कराने में कोई कसर नहीं छोड़ी। भारत के गाँव उसकी आत्मा है और भारत शरीर है। यदि आत्मा की स्थिति ठीक हो, तो शरीर की उन्नति संभव है। भारत को आजाद कराने के लिए ग्रामीणों का साक्षर होना आवश्यक था। अतः मैं कह सकता हूँ कि भारत की गुलामी के लिए यहाँ के निवासियों की निरक्षरता उत्तरदायी है।

अध्याय 4

युगों का दौर

पाठ का सार

गुप्त शासन में राष्ट्रीयता और साम्राज्यवाद

मौर्य साम्राज्य की समाप्ति के पश्चात् शुंग वंश का उदय हुआ। इनके शासन का क्षेत्र छोटा था। उत्तर में काबुल से पंजाब तक भारतीय यूनानियों ने अपना विस्तार कर लिया था। मेनांडर के नेतृत्व में उन्होंने पाटलिपुत्र पर आक्रमण कर दिया, परंतु उनकी हार हुई। मेनांडर ने बौद्ध धर्म स्वीकार कर लिया और आगे चलकर वह मिलिंद नाम से प्रसिद्ध हुआ। बौद्ध आख्यानों में उसे संत कहा गया। इस प्रकार भारतीय और यूनानी संस्कृतियों के मेल से यूनानी-बौद्ध कला का जन्म हुआ। मध्य एशिया में शक लोग ऑक्सस (अक्षु) नदी की घाटी में बस गए। यूइ-ची सुदूर पूर्व से आए और इन्होंने शकों को उत्तर भारत की ओर धकेल दिया। ये शक लोग बौद्ध और हिंदू धर्म के समर्थक बन गए। यूइ-चियों में एक दल कुषाणों का भी था, जिसने उत्तर भारत तक अपना विस्तार किया। इन्होंने शकों को पराजित कर दक्षिण की ओर भेज दिया। उत्तर भारत और मध्य एशिया पर कुषाणों का शासन हो गया। कनिष्क कुषाणों का सबसे प्रसिद्ध शासक था। कुषाण काल में बौद्ध धर्म महायान और हीनयान दो संप्रदायों में बँट गया।

विदेशियों सहित आर्यों का आगमन

ईसा की चौथी शताब्दी में जब विदेशियों का आगमन भारत में हुआ तब राष्ट्रीय आंदोलन अपना निश्चित रूप ग्रहण कर चुका था। चंद्रगुप्त ने 320 ई. में गुप्त साम्राज्य की नींव रखी।

जब आर्य भारत आए तब उन्होंने भारत को आर्यावर्त कहा, तब भारत के सामने मूल समस्या यह थी कि इस नई जाति और संस्कृति के बीच समन्वय कैसे किया जाए। दूसरे विदेशी लोग यहाँ आकर बसते गए। विदेशी आक्रमणों ने उसके सांस्कृतिक आदर्शों और सामाजिक ढाँचे के लिए खतरा पैदा कर दिया। इनके विरुद्ध हुई प्रतिक्रिया का स्वर राष्ट्रीयवादी था, जिसके कारण हिंदूवाद इस राष्ट्रीयता का प्रतीक बन गया। बौद्ध धर्म का जन्म भारतीय विचारधारा से हुआ था, परंतु यह धर्म मूल रूप में विश्व धर्म था। ऐसे में हिंदू धर्म के लिए स्वाभाविक था कि वह बार-बार राष्ट्रीय पुनर्जागरण का प्रतीक बने।

गुप्त शासकों का समृद्ध व शक्तिशाली होना

भारत में गुप्त शासकों का समय बहुत प्रबुद्ध, शक्तिशाली और अत्यंत सुसंस्कृत था। उनके प्रसिद्ध शासक 'समुद्रगुप्त' को भारत का 'नेपोलियन' कहा गया है।

साहित्य और कला की दृष्टि से यह काल बहुत अच्छा काल था। गुप्त वंश के शासकों ने लगभग डेढ़ सौ वर्षों तक शासन किया। मध्य एशिया से गुप्त साम्राज्य के शासकों पर हूणों ने आक्रमण किया, जो 'गोरे हूण' कहलाते थे। हूणों का शासन लगभग 50 वर्ष तक रहा। कन्नौज के राजा हर्षवर्द्धन ने हूणों का दमन कर उत्तर में मध्य भारत तक एक शक्तिशाली राज्य की स्थापना की। हर्षवर्द्धन एक प्रमुख कवि और नाटककार भी था। हर्षवर्द्धन ने हिंदू और बौद्ध दोनों धर्मों को बढ़ावा दिया। हर्षवर्द्धन के काल में चीनी यात्री हुआन त्सांग (ह्वेनसांग) 629 ई. में भारत आया था। हर्षवर्द्धन की मृत्यु 648 ई. में हुई। इस समय इस्लाम अरब के रेगिस्तानों से अफ्रीका और एशिया में अपना विस्तार करने का प्रयास कर रहा था।

दक्षिण भारत

दक्षिण भारत में मौर्य साम्राज्य का अंत होने पर भी बड़े राजा हजारों साल तक संपन्न रहे। दक्षिण भारत दस्तकारी और समुद्री व्यापार का केंद्र बना रहा। यहाँ यूनानियों ने अपनी बस्तियाँ बनाईं और यहाँ रोमन के सिक्के भी पाए गए हैं।

शांतिपूर्ण विकास और युद्ध के तरीके

भारत पर बार-बार विदेशी हमले तथा एक के बाद एक नए साम्राज्य की स्थापना होती रही, परंतु इसके बाद यहाँ शांतिपूर्ण और व्यवस्थित शासन का दौर रहा। मौर्य, कुषाण, गुप्त और दक्षिण में आंध्र, चालुक्य, राष्ट्रकूट आदि राज्यों ने 300 वर्षों तक शासन किया। बाहर से आने वाली जातियों ने अपने आपको इस देश की परंपरा के अनुसार ढाल लिया।

यहाँ यूरोपीय देशों की तुलना में अधिक शांतिपूर्ण और व्यवस्थित जीवन के दौर रहे हैं। अंग्रेजी शासन के समय देश पतन की चरम सीमा तथा सबसे कमजोर अर्थव्यवस्था के दौर से गुजर रहा था, यही कारण था कि यहाँ अंग्रेजी शासन स्थापित हो सका।

प्रगति बनाम सुरक्षा

भारत में जिस सभ्यता का विकास लगातार होता रहा उसके मूल में सुरक्षा और स्थिरता की भावना थी। इस दृष्टि से वह पाश्चात्य सभ्यताओं से अधिक सफल रही। वर्ण व्यवस्था और संयुक्त परिवार पर आधारित सामाजिक जीवन के ढाँचे ने इसको पूरा करने में मदद की। इसमें व्यक्तिवाद के लिए कोई स्थान नहीं रहता है।

इसके विपरीत भारतीय दर्शन व्यक्तिवादी था, लेकिन सामाजिक ढाँचा सामुदायिक था। समाज में रहकर सामाजिक व समुदाय में रहकर सामुदायिक परंपराओं का कठोरता से पालन करना पड़ता था। एक विशेषता यह भी थी कि परंपराओं या तौर-तरीकों को बदलने का कानून या सामाजिक नियम नहीं था। इसी कारण भारतीयों ने विदेशी तत्त्व को अपनाया।

भारतीयों ने समन्वय अर्थात् 'मेल-मिलाप' को हमेशा महत्त्व दिया है। यहाँ अनेक राजा आते-जाते रहे, पर यह व्यवस्था नींव की तरह बनी रही, जिसने अलग रहने का प्रयास किया, अंततः वह पूरी तरह हो गया और उसने स्वयं को या भारत को हानि ही पहुँचाई है।

भारत का प्राचीन रंगमंच

भारतीय रंगमंच का उद्‌गम हमारे प्राचीन वेद ऋग्वेद की रचनाओं में खोजा जा सकता है। रामायण और महाभारत में भी नाटकों का उल्लेख मिलता है। ई. पूर्व छठी या सातवीं शताब्दी में महान व्याकरण रचयिता पाणिनी द्वारा कुछ नाटकों की रचना की गई। तीसरी शताब्दी में नाट्यकला अपने चरम पर थी।

महान कवि एवं नाटककार

नाटककार 'भास' ने 13 नाटकों का संग्रह लिखा था। संस्कृत के प्राचीन नाटक अश्वघोष के हैं, जो ताड़ पत्र पर लिखे हुए हैं। अश्वघोष ने बुद्धचरित नाम से बुद्ध की जीवनी लिखी। संस्कृत साहित्य में कालिदास को महान कवि एवं नाटककार माना गया है, वह चंद्रगुप्त द्वितीय के शासन काल में उज्जयिनी में थे।

कालिदास उनके नवरत्नों में से एक थे। मेघदूत उनका एक खंडकाव्य है, जिसमें यक्ष अपनी प्रियतमा यक्षिणी के पास मेघ को दूत बनाकर अपना संदेश भिजवाता है। इनके प्रसिद्ध नाटक 'अभिज्ञानशाकुंतलम्' की अनेक विद्वानों ने प्रशंसा की है। कालिदास से पूर्व शूद्रक की एक रचना 'मृच्छकटिकम्' प्राप्त हुई है, जो बनावटी नाटक प्रतीत होता है। लगभग 400 ई. में चंद्रगुप्त द्वितीय के शासनकाल में विशाखदत्त के द्वारा लिखा गया 'मुद्राराक्षस' नाटक विशुद्ध राजनीतिक था।

हर्ष द्वारा लिखे गए तीन नाटक सातवीं शताब्दी में मिले हैं। इसी समय के नाटककार भवभूति हैं, जो अपने नाटकों के लिए भारत में बहुत प्रसिद्ध रहे हैं। 19वीं शताब्दी में नाट्य शैली का ह्रास होने लगा था, क्योंकि उसका स्थान छोटी काव्य-रचनाओं ने ले लिया था।

रंगमंच के साथ लोकमंच

ऊँचे वर्ग के साहित्यिक रंगमंच के अतिरिक्त हमेशा एक लोकमंच भी रहा। इस लोकमंच का आधार भारतीय पुराकथाएँ और महाकाव्यों पर आधारित कथाएँ होती थीं। दर्शकों को इन विषयों की अच्छी तरह जानकारी रहती थी।

संस्कृत भाषा की जीवंतता और स्थायित्व

संस्कृत भाषा अपने आप में पूर्ण विकसित समृद्ध एवं अद्‌भुत भाषा है, जिसे आधुनिक भारतीय भाषाओं की जननी के रूप में जाना जाता है। यह भाषा 2600 वर्ष पूर्व पाणिनि द्वारा व्याकरण के नियमों में जकड़ी है, जिसका मूल रूप आज भी वही है। सर विलियम जोंस ने 1784 ई. में कहा था कि संस्कृत भाषा पुरानी होने के साथ अद्‌भुत बनावट वाली तथा यूनानी और लातीनी की अपेक्षा अधिक परिष्कृत है।

दक्षिण-पूर्व एशिया में भारतीय उपनिवेश और संस्कृति

उपनिवेश से लेखक का अभिप्राय है दूसरे देशों में अपने देश के व्यापार और संस्कृति को बढ़ावा देने के लिए बनाए गए केंद्रों से है। भारत भी अपनी सीमाओं तक सीमित नहीं रहा। इसने भी अपना विस्तार दक्षिण-पूर्वी एशिया तक किया। इसका नाम भी वृहत्तर भारत के रूप में मिलता है।

उपनिवेशों का नामकरण व उनकी स्थापना

उपनिवेशों का नाम पुराने भारतीय नामों के आधार पर रखा जाता था; जैसे— कंबोज, जिसे अब कंबोडिया कहते हैं। जावा स्पष्ट रूप से 'यवद्वीप' या जौ का टापू था। सभी उपनिवेशों का नाम प्रायः खनिज, धातु किसी उद्योग या खेती की पैदावार पर रखा जाता था। भारत ने अपने व्यापार और संस्कृति का प्रचार-प्रसार अपने भौतिक दायरे के बाहर भी किया। यह प्रचार-प्रसार दक्षिण-पूर्वी एशिया में दूर-दूर तक फैले क्षेत्रों में हुआ। ईसा की पहली शताब्दी तक उपनिवेशीकरण की चार प्रमुख लहरें दिखाई देती हैं।

उपनिवेश व्यापार एवं धर्म-विस्तार में सहायक

उपनिवेशों ने व्यापार को बढ़ावा देने में महत्त्वपूर्ण भूमिका निभाई। संस्कृत, अरबी एवं यूनानी भाषाओं में प्राप्त साहित्य से यह जानकारी मिलती है कि भारत और सुदूर पूर्व के देशों में अत्यधिक समुद्री व्यापार होता था। प्राचीन भारत में जहाज बनाने का उद्योग बहुत विकसित और उन्नति पर था।

भारतीय उपनिवेशों के साथ बंदरगाहों का भी वर्णन मिलता है। दक्षिण भारत में सिक्कों और अजंता की दीवारों पर भी जहाजों के चित्र पाए गए हैं। व्यापारी उपनिवेशों में व्यापार करने के उद्देश्य से जाते थे। साथ ही धर्म उपदेशक धर्म के प्रचार-प्रसार के लिए वहाँ जाते थे।

यह काल अशोक-काल के बाद का था। इस काल में इसी कारण से बौद्ध धर्म का प्रचार-प्रसार बहुत अधिक हुआ। एशिया महाद्वीप के देशों बर्मा, स्याम और हिंद-चीन पर चीन का प्रभाव तथा टापुओं और मलय प्रायद्वीप पर भारत का प्रभाव अधिक था। ईसा की पहली या दूसरी शताब्दी से लगभग पंद्रहवीं शताब्दी तक उपनिवेशों का इतिहास रहा।

विदेशों पर भारतीय कला का प्रभाव

भारतीय सभ्यता का प्रभाव विशेष रूप में दक्षिण-पूर्वी एशिया पर पड़ा। चंपा, अंगकोर, श्रीविजय, भज्जापहित और इनके आस-पास के स्थान पूर्ण रूप से भारतीय कला से प्रभावित हुए। इन स्थानों पर संस्कृत के बड़े-बड़े अध्ययन केंद्र थे। इंडोनेशिया, जावा, बाली आदि ने आज तक भारतीय संस्कृति को बनाए रखा है, यहाँ अभी तक हिंदू धर्म को माना जाता है। फिलिपीन द्वीप की लेखन-कला, कंबोडिया की वर्णमाला, दीवानी और फौजदारी कानून आदि में भारत का प्रभाव दिखाई देता है।

भारतीय वास्तुशिल्प एवं संगीत का प्रभाव

भारतीय इमारतों की भव्य कला और वास्तुकला में भी भारतीय प्रभाव दिखाई देता है। यहाँ के अद्भुत मंदिरों में पत्थरों पर उत्कीर्ण बुद्ध की जीवनगाथा व नक्काशी द्वारा विष्णु, राम व कृष्ण की कथाएँ अंकित हैं। भारतीय कला में कहीं-न-कहीं धार्मिक भावना छिपी रहती है। भारत की इस कला को यूनानियों ने ग्रहण किया। भारतीय स्थापत्य और मूर्तिकला में प्रकृति के साथ भी संबंध दर्शाया गया, जबकि चीन और जापान इस भाव को चित्रकला द्वारा उजागर करते थे।

संगीत की दृष्टि से भारत का विशेष स्थान है। भारत ने अपने संगीत से चीन और सुदूर पूर्व के अतिरिक्त एशियाई संगीत को भी बहुत प्रभावित किया। भारतीय कला के प्रारंभिक समय में प्रकृति चित्रण की प्रमुखता रही, जिस पर काफी हद तक चीन का प्रभाव था।

गुप्तकाल भारत का स्वर्ण युग

गुप्तकाल को इतिहास में भारत का स्वर्ण युग कहा जाता है। इस काल में स्थापत्य कला ने अत्यधिक विस्तार किया। अजंता, एलोरा, एलिफेंटा एवं बाग और बादामी की गुफाएँ इसी काल की देन हैं। अजंता की गुफाओं को बौद्ध-भिक्षुओं ने बनाया था। सुंदर स्त्रियाँ, राजकुमारियाँ, गायिकाएँ, नर्तकियाँ, बैठी, खड़ी, शृंगार करती स्त्रियों के चित्रों को उभारा, दूसरी ओर उन्होंने बोधिसत्व (महात्मा बुद्ध) को उनकी शांत, लोकोत्तर गरिमा में चित्रित किया। एलोरा की गुफाओं में कैलाश का विशाल मंदिर मशहूर है।

भारत का विदेशी व्यापार

कपड़ा उद्योग का विकास

ईसवी सन् के पहले एक हजार वर्षों के दौरान, भारत का व्यापार पूर्वी समुद्र से लेकर भूमध्य सागर तक दूर-दूर तक फैला हुआ था। भारत में प्राचीन काल से कपड़े का उद्योग विकसित हो चुका था।

भारतीय कपड़ा दूर-दूर के देशों में जाता था। रेशमी कपड़ा भी यहाँ काफी समय से बनता रहा है, लेकिन वह शायद उतना अच्छा नहीं होता था, जितना कि चीनी रेशम, जिसका आयात यहाँ ई. पू. चौथी शताब्दी से ही किया जाता था।

भारत में कपड़े को रंगने की कला में भी उल्लेखनीय प्रगति हुई और पक्के रंग तैयार करने के खास तरीके खोज निकाले गए। इनमें से एक नील का रंग था, जिसे अंग्रेजी में 'इंडिगो' कहते हैं। यह शब्द इंडिया से बना है और अंग्रेजी में यूनान के माध्यम से आया है।

रसायनशास्त्र एवं खगोलशास्त्र का विकास

ईसवी सन् की शुरुआती शताब्दियों में भारत में रसायनशास्त्र का विकास अन्य देशों क. अपेक्षा अधिक हुआ था। प्राचीन समय से ही भारतीय लोहे की विदेशों में माँग थी। इसका उपयोग मुख्य रूप से युद्ध के सामान बनाने में किया जाता था।

विश्वविद्यालयों में खगोलशास्त्र विषय के रूप में पढ़ाया जाता था। ज्योतिष की मदद से पंचांग तैयार किए जाते थे। समुद्री यात्रा पर जाने वालों के लिए खगोलशास्त्र का ज्ञान सहायक होता था। उस समय तक जहाज बनाने का उद्योग अधिक विकसित था। युद्ध में काम आने वाली मशीनों का भी वर्णन मिलता है। यह भारत की विश्व को अनोखी देन है।

प्राचीन भारत में गणितशास्त्र

भारत में गणितशास्त्र की शुरुआत

आधुनिक अंकगणित और बीजगणित की शुरुआत भारत में ही मानी जाती है। वैदिक वेदियों पर आकृति बनाने के लिए ज्यामितीय बीजगणित प्रयोग में लाई जाती थी। ज्यामिति के क्षेत्र में यूनान और सिकंदरिया आगे बढ़ गए। अंकगणित और बीजगणित में भारत अग्रणी रहा।

शून्य आरंभ में एक बिंदी के रूप में था, परंतु बाद में यह वृत्ताकार हो गया। बीजगणित पर सबसे प्राचीन ग्रंथ लिखने वाले विद्वान् 'ज्योतिर्विद आर्यभट्ट' भारत के ही थे। इनका जन्म 427 ई. में हुआ था। इनके बाद 'भास्कर' (522 ई.) तथा 'ब्रह्मपुत्र' (628 ई.) का नाम प्रसिद्ध है।

भास्कर द्वितीय ने तीन ग्रंथों—खगोलशास्त्र, बीजगणित और अंकगणित की रचना की। इन्होंने गणित की एक पुस्तक का नाम अपनी पुत्री 'लीलावती' के नाम पर रखा था।

गणित की विदेशों में प्रसिद्धि

आठवीं शताब्दी में भारतीय विद्वान गणित और खगोलशास्त्र की पुस्तकें लेकर बगदाद गए। वहाँ भारतीय अंकों का प्रचलन हुआ। बगदाद उस समय विद्याध्ययन का केंद्र था। यूनानी और यहूदी विद्वान् वहाँ एकत्रित होकर अपने साथ यूनानी दर्शन, ज्यामिति और विज्ञान अपने साथ ले गए।

अरबी अनुवादों के माध्यम से भारतीय गणित का ज्ञान व्यापक क्षेत्र में फैल गया। यह नवीन गणित स्पेन के पूरे विश्वविद्यालय के माध्यम से यूरोपीय देशों में पहुँचा। इसका सबसे पहले प्रयोग 1134 ई. में सिसली के एक सिक्के में हुआ था। ब्रिटेन में इसका पहला प्रयोग 1490 ई. में हुआ था।

विकास और ह्रास

ईसवी सन् के पहले हजार वर्ष आक्रमणों तथा झगड़ों का समय होने के बावजूद भारत ने सभी दिशाओं में प्रगति की। इसका संबंध ईरान, चीन, यूनानी जगत तथा मध्य एशिया से बढ़ता रहा। यह काल भारत का स्वर्ण युग था, जिसे गुप्तकाल के नाम से भी जाना जाता है।

ह्रास का प्रारंभ

सातवीं शताब्दी में हर्ष के शासन काल में उज्जयिनी फिर से कला और संस्कृति का केंद्र बनी, परंतु नौवीं शताब्दी तक कमजोर होकर नष्ट हो गई। उत्तर-पश्चिम से गोरे हूणों के आक्रमण होते रहे।

उन्होंने लगभग अर्द्ध शताब्दी तक भारत पर शासन किया। अंतिम गुप्त शासक यशोवर्मन ने अपनी वीरता, साहस और सैन्य-बल के बहुत प्रयत्न से हूणों को खदेड़ा। लगभग 50 वर्षों तक भारत पर हूणों का शासन रहा।

हूणों के शासन रहने से भारत राजनीतिक और सैनिक दोनों दृष्टियों से कमजोर हो गया। सातवीं शताब्दी में हर्ष ने अपने शासनकाल में हर क्षेत्र में भारत को ऊँचा उठाने का प्रयास किया, लेकिन धीरे-धीरे वह भी कमजोर होता गया। राजा भोज ने भी भारत को मजबूत तो किया, लेकिन आंतरिक कमजोरी के कारण भारत उभरने में असमर्थ रहा।

दक्षिण की ओर विदेशियों का गमन कम होने के कारण उत्तर भारत आक्रमणकारियों से अधिक प्रभावित रहा, जबकि दक्षिण अप्रभावित रहा। उस पर कोई खास प्रभाव नहीं पड़ा।

इसी कारण लेखक, कलाकार और वास्तुशिल्पी दक्षिण में जाकर बस गए। दक्षिण में इन्हें अपने विकास करने का अधिक अवसर मिला और इसी कारण दक्षिण काफी हद तक समृद्ध रहा।

भारतीय संस्कृति का स्थायित्व

उत्तर भारत भले ही आंतरिक रूप से ह्रास की ओर अग्रसर रहा हो, लेकिन फिर भी यहाँ दार्शनिक और सांस्कृतिक दृष्टि से बहुत केंद्र थे। बनारस धार्मिक और दार्शनिक विचारों का गढ़ था तथा कश्मीर बौद्धों और ब्राह्मणों का केंद्र था। भारत की दशा भले ही दयनीय हो गई, लेकिन उसकी जड़ें अंदर से मजबूत थीं। उसका अस्तित्व हमेशा कायम रहा।

आठवीं शताब्दी में शंकर के पश्चात् कोई दार्शनिक नहीं हुआ। ब्राह्मण और बौद्ध दोनों धर्म अवनति की ओर अग्रसर होने लगे और मूर्ति पूजा के विकृत रूप शुरू हो गए। साहित्य में 'भवभूति' अंतिम व्यक्ति था। गणितशास्त्र में 'भास्कर' द्वितीय का नाम अंतिम रूप से रहा। कला के क्षेत्र में भी ह्रास होता चला गया।

उत्तर के साथ दक्षिण का ह्रास

धीरे-धीरे उत्तर के साथ दक्षिण भी जब देशों की छोटी-छोटी शक्तियाँ ह्रास की ओर अग्रसर होती हैं तभी राजनीतिक ह्रास होता है। भारत के साथ भी ऐसा ही हुआ है।

सभ्यता के जीवन में ह्रास और विकास

हर सभ्यता में ह्रास और विकास के दौर बारंबार आते हैं, परंतु भारत ने उनसे बचकर नए सिरे से अपना कायाकल्प कर लिया। उसमें एक सक्रिय अंत:स्थल रहा, जो सदैव नए संपर्कों से ताजा रूप ग्रहण कर सके। भारत का उत्तरोत्तर पतन साफ दिखाई देता था, क्योंकि भारतीय समाज को जाति व्यवस्था के बंधनों ने जकड़ लिया था।

सभ्यताओं के ध्वस्तीकरण के कई उदाहरण हैं जैसे यूरोप की प्राचीन सभ्यता, जिसका अंत रोम के पतन के साथ हुआ वैसे ही भारतीय सभ्यता का पतन अचानक नहीं हुआ, बल्कि धीरे-धीरे हुआ।

यह भारतीय समाज व्यवस्था बढ़ते कट्टरपन और गैर-मिलनसारी का परिणाम थी। जिसे जाति व्यवस्था में देखा जा सकता है। इस गैर-मिलनसारी की भावना ने रचनात्मकता को नष्ट कर दिया। उपरोक्त इन सब कारणों के आधार पर हम कह सकते हैं कि विचारों में, दर्शन में, राजनीति में, युद्ध की पद्धति में अर्थात् हर ओर भारत का ह्रास देखने को मिला।

क्षेत्रीयता, सामंतवाद और गिरोहबंदी बढ़ने लगी थी, परंतु इसके बाद भी भारत में जीवनी शक्ति और अद्भुत दृढ़ता, लचीलापन और स्वयं को ढालने की क्षमता शेष थी।

शब्दार्थ

शब्द	हिंदी अर्थ
NCERT पृष्ठ संख्या 46	
अवसान	समाप्ति
जज़्ब	ग्रहण
सरहदी	सीमा
चेतना	विचारधारा
NCERT पृष्ठ संख्या 47	
ज़िक्र	बताना, चर्चा
ज़रथुष्ट्र	इसे पारसी धर्म के नाम से जाना जाता है
सशक्त	मजबूत
कारनामों	कार्यों
NCERT पृष्ठ संख्या 48	
समन्वय	मेलजोल
प्रबल	सशक्त, बलवती
सजातीय	जातियों के अनुसार
NCERT पृष्ठ संख्या 49	
समृद्ध	संपन्न
उग्रता	क्रोधपूर्ण विचारधारा
निर्वाण	मोक्ष
अख्तियार	अपनाना
NCERT पृष्ठ संख्या 50	
कपटपूर्ण	चालाकी से
मुल्क	देश
दस्तकारी	हाथ से काम करना

शब्द	हिंदी अर्थ
NCERT पृष्ठ संख्या 51	
परोक्ष	अप्रत्यक्ष रूप में
राजगीर	मिस्त्री
शिल्पी	मूर्तियों व दीवारों पर डिजाइन बनाने वाला
पराकाष्ठा	अंतिम सीमा
NCERT पृष्ठ संख्या 52	
व्यक्तिवाद	व्यक्ति को प्रमुखता
कड़ाई	सख्ती
आत्मसात	ग्रहण करना
स्वशासी	अपनी शासन व्यवस्था
NCERT पृष्ठ संख्या 53	
वैधानिक	कानूनी
उद्‌गम	उत्पत्ति
ऋचाओं	रचनाओं
प्रतिष्ठित	प्रसिद्धि पाना
NCERT पृष्ठ संख्या 54	
ताड़-पत्र	पेड़ की छाल/पत्ते
पांडुलिपि	हाथ से लिखे गए लेख
प्रेयसी	प्रियतमा
NCERT पृष्ठ संख्या 55	
विशुद्ध	पूरी तरह से, खालिस
अभिजात	अमीर वर्ग, उच्च वर्ग
भवभूति	सुप्रसिद्ध संस्कृत साहित्यकार

शब्द	हिंदी अर्थ
NCERT पृष्ठ संख्या 56 से 58	
परिष्कृत	निखरी हुई
आकस्मिक	अचानक
भौतिक	मनुष्य द्वारा निर्मित
वृहत्तर	बड़ा, फैला हुआ
अंतर्विरोध	अप्रत्यक्ष रूप से विरोध
भावानुवाद	भावना प्रदान अनुवाद
ब्यौरेवार	पूर्णरूप से
भित्ति	दीवारों पर खुदे
तकरीबन	लगभग
पदवियाँ	उपाधियाँ
NCERT पृष्ठ संख्या 59	
मनु	हिंदू धर्म के अनुसार आदिपुरुष
स्मृतिकार	याद किए जाने वाले

शब्द	हिंदी अर्थ
संहिताबद्ध	सही क्रमबद्ध
उत्कीर्ण	स्पष्ट रूप से दर्शाना
देवतुल्य	ईश्वर के समान
NCERT पृष्ठ संख्या 60	
पारदृष्टि	लौकिकता
पूर्वाग्रह	पिछले आग्रह
पाषाण	पत्थरों की
नि:स्वार्थ	बिना स्वार्थ भावना
NCERT पृष्ठ संख्या 62	
क्षत-विक्षत	खंडित स्वरूप में
आह्वान	प्रेरित करना
प्रशांति	पूर्णशांति
निरभ्र	साफ-स्पष्ट

अभ्यास प्रश्न

बहुविकल्पीय व वर्णनात्मक प्रश्नों सहित

बहुविकल्पीय प्रश्न

1. मौर्य साम्राज्य के बाद किस वंश का शासन स्थापित हुआ? **CBSE Diksha**

(क) शुंग वंश (ख) हूण वंश (ग) कुषाण वंश (घ) शक वंश

उत्तर (क) शुंग वंश

2. बौद्ध धर्म किस काल में किन दो भागों में विभाजित हुआ? **CBSE Diksha**

(क) कुषाण काल में बौद्ध धर्म महायान और हीनयान में विभाजित हुआ।

(ख) शकों के काल में लघुयान और गुरुयान में विभाजित हुआ।

(ग) नागार्जुन के काल में लघुयान और महायान में विभाजित हुआ।

(घ) कनिष्क के काल में महायान और हीनयान में विभाजित हुआ।

उत्तर (क) कुषाण काल में बौद्ध धर्म महायान और हीनयान में विभाजित हुआ।

3. कुषाणों का सबसे ख्याति प्राप्त शासक कौन था?

(क) अशोक (ख) श्रुष्ट (ग) नागार्जुन (घ) कनिष्क

उत्तर (घ) कनिष्क

4. गुप्तकाल में सबसे अधिक विकास किस दिशा में हुआ?

(क) शासनसत्ता (ख) वास्तुकला (ग) राजनीति (घ) धर्म

उत्तर (ख) वास्तुकला

5. हर्षवर्धन के काल में कौन-सा यात्री भारत आया था?

(क) चीनी यात्री ह्वेनसांग (ख) इत्सिंग

(ग) आर्यभट्ट (घ) भास

उत्तर (क) चीनी यात्री ह्वेनसांग

6. हर्षवर्धन की मृत्यु कब हुई थी?

(क) 649 ई. (ख) 648 ई.

(ग) 679 ई. (घ) 669 ई.

उत्तर (ख) 648 ई.

7. संस्कृत भाषा को नियमों में किसने बाँधा?

(क) भास (ख) कालिदास (ग) पाणिनी (घ) आर्यभट्ट

उत्तर (ग) पाणिनी

8. निम्न में से शूद्रक की रचना कौन-सी थी?

(क) मेघदूत (ख) मुद्राराक्षस

(ग) शकुंतला (घ) मृच्छकटिकम्

उत्तर (घ) मृच्छकटिकम्

9. भारतीय रंगमंच का उद्गम कहाँ हुआ?

(क) सामवेद में (ख) यजुर्वेद में

(ग) ऋग्वेद में (घ) अर्थववेद में

उत्तर (ग) ऋग्वेद में

10. भारत का व्यापार व धर्म का प्रचार-प्रसार विदेशों में कैसे हुआ?

(क) अपना उपनिवेश कायम करके (ख) शासन सत्ता बढ़ाकर

(ग) विदेशी भाषा अपनाकर (घ) युद्ध करके

उत्तर (क) अपना उपनिवेश कायम करके

11. दक्षिणी भारत की लोकप्रियता का कारण क्या था?

(क) अपनी सुदृढ़ शासन सत्ता (ख) अपनी अच्छी जलवायु

(ग) दस्तकारी व समुद्री व्यापार (घ) आपसी एकता

उत्तर (ग) दस्तकारी व समुद्री व्यापार

12. भारतीय सभ्यता के विकास का क्या कारण था?

(क) कठोर शासक (ख) सुरक्षा

(ग) संपन्नता (घ) स्थिरता

उत्तर (घ) स्थिरता

गद्यांशों पर आधारित प्रश्न

निम्नलिखित गद्यांशों को ध्यानपूर्वक पढ़कर उन पर आधारित प्रश्नों के उत्तर दीजिए।

गद्यांश 1

भारत के मध्य प्रदेश में साँची के निकट बेसनगर में ग्रेनाइट पत्थर की एक लाट है, जो हेलिओदो स्तंभ के नाम से प्रसिद्ध है। इसका समय ई. पू. पहली शताब्दी है और इस पर संस्कृत का एक लेख खुदा है। इससे हमें उन यूनानियों के भारतीयकरण की झलक मिलती है, जो सरहद पर आए थे और भारतीय संस्कृति को जज्ब कर रहे थे।

मध्य-एशिया में शक (सीदियन) लोग ऑक्सस (अक्षु) नदी की घाटी में बस गए थें। यूइ-ची सुदूर पूरब से आए और उन्होंने इन लोगों को उत्तर-भारत की ओर धकेल दिया। ये शक बौद्ध और हिंदू हो गए। यूइ-चियों में से एक दल कुषाणों का था।

1. निम्न में से अधिकार शब्द में कौन-सी संज्ञा है?

(क) जातिवाचक संज्ञा (ख) भाववाचक संज्ञा

(ग) व्यक्तिवाचक संज्ञा (घ) समूहवाचक संज्ञा

उत्तर (घ) समूहवाचक संज्ञा

2. मध्य एशिया के लोग कौन-सी नदी की घाटी में बैठ गए थे?

(क) गंगा (ख) सिंधु (ग) ऑक्सस (घ) कावेरी

उत्तर (ग) ऑक्सस

3. बौद्ध कथाओं में कौन-से प्रसिद्ध शासक के बारे में लिखा जाता है?

(क) कनिष्क (ख) तनिष्क

(ग) चंद्रगुप्त (घ) बौद्ध राजा

उत्तर (क) कनिष्क

4. हलिओदों स्तंभ क्या है?

उत्तर मध्य प्रदेश राज्य में साँची के निकट स्थित बेसनगर में ग्रेनाइट से निर्मित एक लाट है, जिसे हेलिओद स्तंभ के नाम से जाना जाता है।

5. यूनानियों के भारतीयकरण की झलक कहाँ मिलती है?

उत्तर हेलिओदों स्तंभ पर संस्कृत का एक लेख खुदा है। इससे यूनानियों के भारतीयकरण की झलक मिलती है।

6. शक (सीदियन) लोग कौन-से धर्म में परिवर्तित हो गए?

उत्तर अक्षु नदी की घाटी में बसने वाले शक (सीदियन) लोगों ने बौद्ध व हिंदु इन दोनों ही धर्म को अपना लिया था।

गद्यांश 2

कुषाण काल में बौद्ध धर्म दो संप्रदायों में बँट गया-महायान और हीनयान। उन दोनों के बीच मतभेद उठ खड़े हुए। भारतीय परंपरा के अनुसार, बड़ी-बड़ी सभाओं में इन समस्याओं पर विवाद आयोजित किए जाने लगे। इन बहसों में सारे देश के प्रतिनिधि भाग लेते थे। इन विवादों में एक नाम सबसे अलग और विशिष्ट दिखाई पड़ता है। यह नाम नागार्जुन का है, जो ईसा की पहली शताब्दी में हुए। उनका व्यक्तित्व महान था। वे बौद्ध शास्त्रों और भारतीय दर्शन दोनों के बहुत बड़े विद्वान थे। उन्हीं के कारण भारत में महायान की विजय हुई। महायान के ही सिद्धांतो का प्रचार चीन में हुआ। लंका और बर्मा (वर्तमान श्रीलंका और म्यांमार) हीनयान को मानते रहें।

1. निम्न में से नागार्जुन विद्वान थे

(क) बौद्ध शास्त्र (ख) भारतीय दर्शन

(ग) 'क' व 'ख' दोनों (घ) इनमें से कोई नहीं

उत्तर (ग) 'क' व 'ख' दोनों

2. निम्न में से कौन बौद्ध धर्म के संप्रदाय थे?

(क) महायान - हीनयान (ख) श्रेतांबर - दिगंबर

(ग) वैष्णव - शैव (घ) द्वैतवाद - अद्धैतवाद

उत्तर (क) महायान - हीनयान

3. हीनयान को मानने वाले देश कौन-से हैं?

(क) लंका और चीन (ख) लंका और इंडोनेशिया

(ग) लंका और बर्मा (घ) बर्मा और नेपाल

उत्तर (ग) लंका और बर्मा

4. कुषाण काल में किस संप्रदाय के लोग रहते थे?

उत्तर कुषाण काल में बौद्ध संप्रदाय के लोग रहते थे।

5. नागार्जुन कौन थे? उन्होंने कौन-सा विशेष कार्य किया?

उत्तर नागार्जुन ईसा की पहली शताब्दी में हुए। वे बौद्ध शास्त्रों और भारतीय दर्शन के बहुत बड़े विद्वान थे। उन्हीं के कारण भारत में बौद्ध शाखा महायान की विजय हुई।

6. किन सभाओं में सारे देश के प्रतिनिधि भाग लेते थे?

उत्तर भारतीय परंपरा के अनुसार, बड़ी - बड़ी सभाओं में समस्याओं पर विवाद आयोजित किए जाते थे। उन बहसों में सारे देश के प्रतिनिधि भाग लेते थे।

गद्यांश 3

यह धर्म और दर्शन भारत के भीतरी धर्मों और जातीय तत्त्वों के प्रति तो सहनशीलता और उदार था, पर विदेशियों के प्रति उसकी उग्रता बराबर बढ़ती जाती थी और वह अपने आपको उनके प्रभाव से बचाने की कोशिश करता था। ऐसा करने से उनमें जो राष्ट्रवादी चेतना पैदा हुई थी वह अकसर साम्राज्यवाद की शक्ल अख्तियार करने लगती थी। गुप्त शासकों का समय बहुत प्रबुद्ध, शक्तिशाली, अत्यंत सुसंस्कृत और तेजस्विता से भरपूर था। फिर भी उसमें साम्राज्यवादी प्रवृत्तियाँ विकसित हो

गई। इनके बहुत बड़े शासक समुद्रगुप्त को भारत का नेपोलियन कहा गया है। साहित्य और कला की दृष्टि से यह बहुत शानदार समय था। चौथी शताब्दी के आरंभ से लेकर डेढ़ सौ वर्ष तक गुप्त वंश ने उत्तर में एक बड़े शक्तिशाली और समृद्ध राज्य पर शासन किया।

1. भारत का नेपोलियन किसे कहा जाता है?

(क) समुद्रगुप्त (ख) चंद्रगुप्त
(ग) नेपोलियन बोनापार्ट (घ) राजमुद्रा

उत्तर (क) समुद्रगुप्त

2. निम्नलिखित में से गुप्त शासकों की शासन व्यवस्था कैसी थी?

(क) शक्तिशाली (ख) प्रबुद्ध
(ग) सुसंस्कृत (घ) ये सभी

उत्तर (घ) ये सभी

3. निम्न में से गुप्त साम्राज्य के युग का आरंभ हुआ

(क) 320 ई. (ख) 540 ई.
(ग) 520 ई. (घ) 340 ई.

उत्तर (क) 320 ई.

4. बौद्ध धर्म भारत के प्रति कैसा था ?

उत्तर बौद्ध धर्म व दर्शन भारत के भीतरी धर्मों और जातीय तत्त्वों के प्रति सहनशील और उदार था।

5. गुप्त वंश ने उत्तर में किस पर शासन किया था?

उत्तर गुप्त वंश ने उत्तर में एक बड़े शक्तिशाली और समृद्ध राज्य पर शासन किया।

6. गुप्त वंश में किस प्रकार प्रवृत्तियाँ विकसित हो गई है?

उत्तर गुप्त वंश के शासकों के समय में साम्राज्यवादी प्रवृत्तियाँ विकसित हो गई।

गद्यांश 4

यूरोप को प्राचीन भारतीय नाटक के बारे में पहली जानकारी 1789 ई. में तब हुई जब कालिदास के शकुंतला का सर विलियम जोंस कृत अनुवाद प्रकाशित हुआ। सर विलियम जोंस के अनुवाद के आधार पर जर्मन, फ्रेंच, डेनिश और इटालियन में भी इसके अनुवाद हुए। गेटे पर इसका गहरा प्रभाव पड़ा और उसने शकुंतला की अत्यधिक प्रशंसा की।

कालिदास को संस्कृत साहित्य का सबसे बड़ा कवि और नाटककार माना गया है। उसका समय अनिश्चित है, पर संभावना यही है कि वह चौथी शताब्दी के अंत में गुप्त वंश के चंद्रगुप्त (द्वितीय) विक्रमादित्य के शासन-काल में उज्जयिनी में था। माना जाता है कि वह दरबार के नौ रत्नों में से एक था। उसकी रचनाओं में जीवन के प्रति प्रेम और प्राकृतिक सौंदर्य के प्रति आवेग का भाव मिलता है।

कालिदास की एक लंबी कविता है मेघदूत। एक प्रेमी, जिसे बंदी बनाकर उसकी प्रेयसी से अलग कर दिया गया है, वर्षा ऋतु में, एक बादल से अपनी तीव्र चाहत का संदेश उस तक पहुँचाने के लिए कहता है।

कालिदास से संभवतः काफी पहले एक बहुत प्रसिद्ध नाटक की रचना हुई थी- शूद्रक का मृच्छकटिकम् यानी मिट्टी की गाड़ी। यह एक कोमल और एक हद तक बनावटी नाटक है, लेकिन इसमें ऐसा सत्य है जो हमें प्रभावित करता है और हमारे सामने उस समय की मानसिकता और सभ्यता की झाँकी प्रस्तुत करता है।

1. कालिदास की प्रमुख रचना कौन-सी थी?

(क) मेघदूत (ख) शकुंतला
(ग) मृच्छकटिकम् (घ) मुद्राराक्षस

उत्तर (ख) शकुंतला

2. कालिदास किस राजा के नौ रत्नों में से एक थे?

(क) अकबर के (ख) हर्षवर्धन के
(ग) विक्रमादित्य के (घ) समुद्रगुप्त के

उत्तर (ग) विक्रमादित्य के

3. निम्न में से प्राचीन नाटकों की भाषा कैसी थी?

(क) हिंदी (ख) संस्कृत (ग) खड़ी बोली (घ) उर्दू

उत्तर (ख) संस्कृत

4. दिए गए गद्यांश के आधार पर 'मृच्छकटिकम्' क्या है? स्पष्ट कीजिए।

उत्तर 'मृच्छकटिकम्' एक संस्कृत नाटक है। यह नाटक शूद्रक द्वारा रचा गया है। जिसका अर्थ है—मिट्टी से निर्मित गाड़ी।

5. कालिदास की लंबी कविता कौन-सी है?

उत्तर कालिदास की लंबी कविता मेघदूत है, जिसमें एक प्रेमी, जिसे बंदी बनाकर उसकी प्रेयसी से अलग कर दिया जाता है।

6. कालिदास की रचनाओं में किस प्रकार का भाव देखने को मिलता है?

उत्तर कालिदास की रचनाओं में जीवन के प्रति प्रेम और प्राकृतिक सौंदर्य के प्रति आवेग का भाव देखने को मिलता है।

अतिलघु उत्तरीय प्रश्न

1. मौर्य साम्राज्य के पश्चात् कौन-सा वंश प्रभुत्व में आया?

उत्तर मौर्य साम्राज्य के पश्चात् शुंग वंश प्रभुत्व में आया। इसका शासन छोटे क्षेत्रों पर था।

2. नाट्यशास्त्र को कौन-से काल की रचना कहा जाता है?

उत्तर नाट्यशास्त्र को ईसा की तीसरी शताब्दी की रचना कहा जाता है।

3. संस्कृत का सबसे बड़ा कवि तथा नाटककार कौन है?

उत्तर संस्कृत का सबसे बड़ा कवि तथा नाटककार कालिदास है।

4. कुषाणों ने अपना मजबूत साम्राज्य कैसे कायम किया?

उत्तर कुषाणों ने शकों को पराजित कर उन्हें दक्षिण की ओर भगा दिया तथा संपूर्ण उत्तर भारत व एशिया के एक बड़े भाग पर अपना मजबूत साम्राज्य कायम किया।

5. आर्यों ने अपने रहने के स्थान को किस नाम से पुकारा?

उत्तर आर्यों ने अपने रहने के स्थान को आर्यावर्त के नाम से पुकारा था।

6. सर विलियम ने संस्कृत के विषय में क्या कहा?

उत्तर सर विलियम ने 1784 ई. में कहा कि संस्कृत भाषा कितनी ही प्राचीन हो इसकी बनावट आश्चर्यजनक है। यह यूनानी भाषा से अधिक पूर्ण तथा लातीनी से उत्कृष्ट है।

7. गुप्त काल भारत का स्वर्ण युग क्यों कहलाया?

उत्तर गुप्त काल में भारत ने चहुँमुखी विकास किया, इसलिए गुप्त काल भारत का स्वर्ण युग कहलाया।

8. एलिफेंटा की गुफा में किसकी मूर्ति है?

उत्तर एलिफेंटा की गुफा में नटराज शिव की मूर्ति है। यह मूर्ति खंडित तथा अत्यंत विशाल है। इसमें शिव नृत्य मुद्रा में विराजमान हैं।

9. रवींद्रनाथ ठाकुर ने देश के विषय में क्या कहा था?

उत्तर रवींद्रनाथ ठाकुर ने देश के विषय में कहा था कि मेरे देश को जानने हेतु उस समय की यात्रा करनी होगी।

10. हुणों को किसने पराजित किया?

उत्तर हुणों को कन्नौज के राजा हर्षवर्धन ने पराजित किया। हर्षवर्धन ने उत्तर से मध्य भारत तक एक शक्तिशाली राज्य की स्थापना की

11. प्राचीनकाल में दक्षिण भारत किस लिए प्रसिद्ध था?

उत्तर प्राचीनकाल में दक्षिण भारत अपनी बारीक दस्तकारी तथा समुद्री व्यापार के लिए विशेष रूप से प्रसिद्ध था।

12. भारत की शांतिपूर्ण तथा व्यवस्थित व्यवस्था का क्या कारण था?

उत्तर भारत की शांतिपूर्ण तथा व्यवस्थित व्यवस्था का कारण भारत के शासकों का निरंतर दो-दो या तीन-तीन सौ वर्षों तक शासन करना था।

13. 'इंडिगो' क्या था तथा इसकी उत्पत्ति किस प्रकार हुई?

उत्तर 'इंडिगो' नीला रंग था, जो भारत में निर्मित हुआ तथा इस शब्द की उत्पत्ति 'इंडिया' शब्द से हुई।

14. भारत ने विश्व को गणित की क्या प्रमुख चीज दी?

उत्तर भारत ने विश्व को गणितशास्त्र की शून्य तथा दशमलव दो प्रमुख चीजें दी।

15. भारत के विख्यात गणितज्ञों के नाम क्या थे?

उत्तर ब्रह्मपुत्र, भास्कर, भास्कर द्वितीय तथा आर्यभट्ट भारत के प्रमुख गणितज्ञ थे।

16. भारत को ह्रास की ओर बढ़ने के पीछे क्या कारण था?

उत्तर एक के बाद एक शासक का भारत पर शासन करना तथा राजनीति का विघटन भारतीय अखंडता के स्थान पर समाज, सामंतवाद की भावना बढ़ती गई, जिससे भारत ह्रास की ओर बढ़ता गया।

17. भारतीय उपनिवेशों का समय कब-से-कब तक माना जाता है?

उत्तर भारतीय उपनिवेशों का समय लगभग 13 सौ वर्षों तक अर्थात् ईसा की प्रथम या द्वितीय शताब्दी से पंद्रहवीं शताब्दी तक माना जाता है।

18. भारत को वृहत्तर भारत का नाम क्यों दिया गया?

उत्तर भारत ने अपने उपनिवेश को दक्षिण-पूर्वी एशिया तक कायम किया, इसलिए भारत को वृहत्तर भारत का नाम दिया गया।

लघु उत्तरीय प्रश्न

1. भारत का विदेशी व्यापार कैसा था?

उत्तर प्राचीनकाल में भारत का व्यापार दूर-दूर तक फैला हुआ था। अपने सामानों की गुणवत्ता के कारण बहुत-से विदेशी बाजारों पर इसका नियंत्रण था। यह व्यापार पूर्वी-समुद्री देशों से भूमध्य सागर तक फैला था भारत का कपड़ा उद्योग विकसित था। यहाँ रेशमी कपड़े का भी निर्माण किया जाता था।

प्रारंभ में भारत में रसायनशास्त्र का विकास अन्य देशों की अपेक्षा अधिक हुआ। दूसरे देशों द्वारा भारत के फौलाद तथा लोहे की कदर की जाती थी।

2. विदेशी शासक भारत में शासन करने में सफल क्यों रहे?

उत्तर विदेशी शासकों ने जब भारतवर्ष पर आक्रमण किया, तो वे यहाँ आकर अपनी संस्कृति तथा परंपराओं तक ही सीमित नहीं थे, बल्कि उन लोगों ने शीघ्र ही स्वयं को इस देश की सांस्कृतिक परंपरा में ढाल लिया। इसी वजह से विदेशी लोगों ने यहाँ कई वर्ष तक शासन किया।

3. 'मृच्छकटिकम्' क्या है?

उत्तर 'मृच्छकटिकम्' एक संस्कृत नाटक है। यह नाटक शूद्रक द्वारा रचा गया है। 'मृच्छकटिकम्' का अर्थ है—मिट्टी द्वारा निर्मित गाड़ी, यह बहुत ही कोमल तथा कल्पनीय नाटक है। यह प्राचीनकाल की मानसिकता तथा सभ्यता की झाँकी प्रस्तुत या प्रकट करता है।

4. 'मेघदूत' में क्या बताया गया है?

उत्तर 'मेघदूत' कालिदास द्वारा रचित एक लंबी कविता है। इसमें बताया गया है कि एक प्रेमी जिसे बंदी बनाकर उसकी प्रेयसी से अलग कर दिया जाता है। वह प्रेमी वर्षा ऋतु में एक मेघ अर्थात् बादल को अपना दूत बनाकर अपनी प्रेयसी के पास भेजता है ताकि वह उसका संदेश उसकी प्रेयसी तक पहुँचा दे।

5. अजंता तथा एलोरा की गुफाओं के विषय में आप क्या जानते हैं?

उत्तर अजंता की गुफाएँ गुप्तकाल के दौरान खोदी गई। इनमें भित्ति-चित्र थे, जो बौद्ध भिक्षुओं द्वारा बनाए गए थे। इनमें स्त्रियों के विभिन्न रूप चित्रित किए गए हैं। 7वीं से 8वीं शताब्दी में चट्टानों को काटकर एलोरा की गुफाएँ तैयार की गईं। एलिफेंटा की गुफाओं में नटराज शिव की एक विशाल खंडित मूर्ति है।

6. अंगकोरवाट के मंदिर की क्या विशेषताएँ हैं?

उत्तर अंगकोरवाट के मंदिर के चारों ओर खंडहर हैं। उसमें मानव निर्मित झील, नहरें तथा पोखर हैं। इनके ऊपर एक पुल है तथा एक बड़े फाटक पर पत्थर में एक वृत्ताकार सिर खुदा है। यह एक आकर्षक तथा मुसकराता हुआ देवतुल्य चेहरा है। इसकी मुस्कान अद्भुत व विचलित करने वाली है।

7. अजंता के भित्ती चित्रों में कैसे चित्र हैं तथा एलिफेंटा की गुफा में किसकी मूर्ति हैं?

उत्तर अजंता के भित्ती चित्रों में सुंदर स्त्रियाँ, राजकुमारियाँ, गायिकाएँ, नर्तकियाँ तथा शृंगार करती हुईं स्त्रियों के चित्र हैं। एलिफेंटा की गुफा में नटराज शिव की एक खंडित मूर्ति है। इसमें शिव नृत्य की मुद्रा में हैं। क्षत-विक्षत अवस्था में भी यह मूर्ति भीमाकार शक्ति का जीवित रूप है। इसकी कल्पना अत्यंत विशाल है।

8. खगोलशास्त्र के विषय में क्या कहा गया है?

उत्तर खगोलशास्त्र विज्ञानों में प्राचीन विज्ञान है। यह प्राचीन समय में अनेक विश्वविद्यालयों के पाठ्यक्रम का नियमित विषय था। प्राचीन समय में कलित ज्योतिष को इससे मिला दिया जाता था।

एक निश्चित पंचांग भी बनाया गया था, जो आज भी प्रचलित है। प्राचीनकाल में जब लोग समुद्री यात्रा के लिए निकलते थे, तो खगोलशास्त्र का ज्ञान उनके काम आता था।

9. भारतवर्ष में गणित की शाखाओं का प्रयोग कैसे किया जाता था?

उत्तर भारत में अंकगणित, बीजगणित तथा ज्यामितीय बीजगणित का आरंभ प्राचीनकाल में हुआ था। प्राचीनकाल में वैदिक वेदियों पर आकृतियाँ बनाने के लिए ज्यामितीय बीजगणित का प्रयोग किया जाता था।

अंकगणित तथा बीजगणित में भारत सदैव आगे बढ़ा रहा। शून्यांक और स्थान मूल्य वाली दशमलव विधि को भी स्वीकार किया गया।

10. विदेशों में भारतीय कला का प्रभाव किस रूप में प्रकट होता है?

उत्तर जावा और बाली के मशहूर नृत्य भारत से लिए गए हैं। कंबोडिया में वर्णमाला दक्षिण भारत से ली गई है। भारतीय वास्तुकला का प्रभाव अंगकोरवाट और बोरोबुदुर की इमारतों पर दिखाई देता है। भारतीय संगीत ने चीन के अलावा एशियाई संगीत को भी प्रभावित किया।

दीर्घ उत्तरीय प्रश्न

1. लोकमंच का क्या आधार था तथा सर विलियम ने संस्कृत के विषय में क्या कहा?

उत्तर लोकमंच का आधार प्रायः भारतीय पुराकथाएँ तथा महाकाव्य थे। इनका अर्थ नाटकीय तत्त्व से अधिक प्रस्तुतीकरण पर होता था। ये अलग-अलग क्षेत्रों की बोलियों में निर्मित होते थे तथा उसी क्षेत्र तक सीमित रहते थे, जिस क्षेत्र की बोली में वे होते थे। सर विलियम ने कहा था कि संस्कृत भाषा चाहे कितनी ही प्राचीन क्यों न हो, परंतु उसकी रचना आश्चर्यजनक है। यूनानी भाषा के मुकाबले यह अधिक उत्कृष्ट तथा दोनों के आगे अधिक परिष्कृत भी है। दोनों भाषाओं के साथ यह इतनी मिलती है कि यह केवल संयोगमात्र नहीं हो सकता।

2. हर्षवर्धन कौन था तथा उसकी क्या विशेषताएँ थी व कुषाण काल में बौद्ध धर्म की क्या स्थिति थी?

उत्तर हर्षवर्धन कन्नौज के राजा थे। वह एक शासक होने के साथ-साथ कवि व नाटककार भी थे। कुषाण काल में बौद्ध धर्म दो संप्रदायों में बाँटा गया था—महायान व हीनयान। दोनों संप्रदायों में बहुत मतभेद थे।

बड़ी-बड़ी सभाओं में समस्याओं पर विवाद हो जाते थे। महायान के सिद्धांतों का प्रचार चीन में हुआ तथा श्रीलंका और वर्मा के लोग हीनयान संप्रदाय को मानते थे। कुषाणों ने अपना भारतीयकरण कर लिया था।

3. ब्राह्मणवाद और हिंदूवाद से आप क्या समझते हैं? **CBSE Diksha**

उत्तर विदेशी आक्रमणकारियों द्वारा लगातार आक्रमण से भारतीय ब्राह्मण वर्ग काफी चिंतित हो उठे। इन विदेशी आक्रमणकारियों के रस्म-रिवाज और संस्कृति बिल्कुल भिन्न थी। उनकी संस्कृति से भारतीय संस्कृति और सामाजिक ढाँचा के लिए खतरा उत्पन्न हो रहा था। अतः लोगों में राष्ट्रीय भावना को जगाना ही राष्ट्रीय धर्म था। इनके विरुद्ध लोगों की जो प्रतिक्रिया थी, उसे ब्राह्मणवाद या हिंदूवाद कहा गया।।

4. कंबोडिया में वर्णमाला कहाँ से प्राप्त हुई तथा भारत की मूर्तिकला के विषय में लिखिए।

उत्तर कंबोडिया में वर्णमाला को दक्षिण भारत से प्राप्त किया गया तथा कुछ संस्कृत शब्दों को थोड़े बदलाव के साथ प्रयोग किया गया।

भारत में निर्मित की गई मूर्तियों के विरुद्ध धार्मिक पूर्वग्रह का महत्त्वपूर्ण प्रभाव पड़ा। वेद मूर्तिकला के विरुद्ध थे। बौद्ध धर्म के अंतर्गत भी बाद के समय में ही बुद्ध की मूर्तियाँ और चित्र बनाए गए थे। आज भी मथुरा के संग्रहालय में बोधिसत्व की एक विशाल पाषाण प्रतिमा है। इसका निर्माण पाषाण युग में हुआ था।

5. कालिदास कौन थे? यूरोप को भारतीय नाटकों के विषय में कब ज्ञात हुआ?

उत्तर कालिदास संस्कृत साहित्य के सबसे बड़े कवि व नाटककार थे। उनके विषय में कहा जाता है कि वे चंद्रगुप्त (द्वितीय) विक्रमादित्य के नौ रत्नों में से एक थे।

कालिदास की रचनाओं में जीवन के प्रति प्रेम व प्राकृतिक सौंदर्य के प्रति आवेग होता है। 'मेघदूत', 'अभिज्ञानशाकुंतलम्' तथा 'विक्रमोर्वशीयम' इत्यादि उनकी विख्यात रचनाएँ हैं।

यूरोप को प्राचीन भारतीय नाटकों के विषय में 1789 ई. में ज्ञात हुआ, जब कालिदास द्वारा कृत नाटक 'शकुंतला' का विलियम द्वारा कृत अनुवाद प्रकाशित हुआ। इस अनुवाद के आधार पर जर्मन, फ्रेंच तथा इटेलियन आदि में भी इसका अनुवाद किया गया।

6. अश्वघोष कौन थे? उज्जयिनी का विकास दोबारा कैसे तथा किसके द्वारा हुआ?

उत्तर अश्वघोष संस्कृत भाषा के प्राचीन नाटककार थे। इनका समय ईसा की प्रथम शताब्दी के आस-पास जाना जाता है। अश्वघोष बौद्ध को मानने वाले थे। उनके द्वारा कृत 'बुद्धचरित' बहुत प्रसिद्ध हुआ।

बुद्धचरित केवल भारत में ही नहीं अपितु चीन तथा तिब्बत में भी लोकप्रिय रहा। सातवीं शताब्दी में हर्षवर्द्धन के शासन के वक्त उज्जयिनी का दोबारा विकास हुआ।

उज्जयिनी एक बार फिर संस्कृति, कला तथा शक्तिशाली साम्राज्य का केंद्र बनी, परंतु आने वाले कुछ वर्षों में वह भी कमजोर पड़कर धीरे-धीरे खत्म होती गई

7. भारतीय रंगमंच की क्या विशेषता थी तथा दो राज्यों के युद्ध के दौरान आम जनता की क्या अवस्था होती थी?

उत्तर भारतीय रंगमंच अपने विचारों में तथा विकास में पूर्ण रूप से स्वतंत्र था। ऋग्वेद की रचनाओं तथा संवादों में रंगमंच का उद्गम खोजा जा सकता है। उस समय में जब कभी भी दो राज्यों के मध्य युद्ध अथवा कोई आंतरिक या राजनीतिक आंदोलन होता था, तो आम जनता की जीवनचर्या में बहुत कम हस्तक्षेप किया जाता था।

8. खगोलशास्त्र क्या था? यह भारत में किनके लिए अधिक सहायक रहा? **CBSE Diksha**

उत्तर खगोलिय पिंडों अर्थात् ब्रह्मांड के ग्रहों की स्थिति की जानकारी प्राप्त करना खगोलशास्त्र कहलाता है। प्राचीन भारत में हमारे पूर्वजों ने आकाश का सुव्यवस्थित रूप में अध्ययन किया। सूर्य, तारों, चंद्रमा और ग्रहों की गति के संबंध में उनका ज्ञान ही सही कैलेंडर और पंचांग सृजित करने में सहायक रहा हो। ये पंचांग समुद्री यात्रा करने वाले व्यापारियों हेतु उपयोगी सिद्ध होते थे।

9. दक्षिण भारत क्यों प्रसिद्ध था? यह पुरानी कलात्मक-परंपरा का केंद्र कैसे बना? **CBSE Diksha**

उत्तर दक्षिण भारत अपनी बारीक दस्तकारी और समुद्री व्यापार के लिए विशेष रूप से प्रसिद्ध था। दक्षिण भारत में संगीत, नृत्य, संस्कृति, मूर्तियों, कपड़ों का समृद्ध इतिहास है, जो पूरे दक्षिण पूर्व एशिया में भी फैला हुआ था, वहाँ यूनानियों की बस्तियाँ थी और रोमन सिक्के भी वहाँ पाए गए। इनमें राजगीर शिल्पी और कारीगर भी थें। इस तरह दक्षिण भारत पुरानी कलात्मक परंपरा का केंद्र बन गया।

नई समस्याएँ

अध्याय 5

पाठ का सार

अरब और मंगोल

उत्तर भारत में जब हर्ष (नरेश) शक्तिशाली साम्राज्य का शासक था, तब इस्लाम अरब में अपनी जड़ें फैला रहा था। उसे भारत आने में लगभग 600 वर्ष लग गए। अरबों ने अनेक क्षेत्र जीते, परंतु वे भारत में सिंध से आगे न बढ़ सके। सिंध बगदाद की केंद्रीय सत्ता से अलग होकर छोटा-सा स्वतंत्र राज्य बन गया। समय व्यतीत होते-होते भारत और अरब के मध्य संबंध बढ़ते गए तथा यात्रियों का आवागमन, राजदूतवासों की अदला-बदली हुई।

भारतीय पुस्तकें; जैसे—गणित और खगोलशास्त्र बगदाद पहुँची और उनका अरबी में अनुवाद हुआ। साथ ही अनेक भारतीय चिकित्सक भी बगदाद गए थे। भारत के पश्चिमी तट से व्यापार करने वाले राष्ट्रकूटों ने भी इसमें हिस्सा लिया। भारत में इस्लाम धर्म के प्रचारकों का स्वागत किया गया तथा मस्जिदें बनाई गईं। इस प्रकार, राजनीतिक रूप से शक्तिशाली बनने के काफी पूर्व इस्लाम का भारत में प्रवेश हो चुका था।

महमूद गजनवी और अफगान

लगभग 300 वर्षों तक भारत विदेशियों के आक्रमणों से बचा रहा। 1000 ई. के आस-पास महमूद गजनवी ने भारत पर आक्रमण किया। महमूद गजनवी तुर्क था, जिसने मध्य एशिया में अपनी शक्ति का विस्तार कर लिया था। उसने विनाशकारी आक्रमण करके अत्यधिक रक्त बहाया और खजाना लूटकर अपने साथ ले गया।

पंजाब, सिंध और गजनी पर अधिकार

गजनवी ने पंजाब और सिंध को अपने राज्य में मिला लिया, परंतु वह कश्मीर को नहीं जीत सका। काठियावाड़ में सोमनाथ से लौटते समय राजस्थान के रेगिस्तानी क्षेत्र में वह पराजित हुआ और फिर वह भारत वापस नहीं आया।

गजनवी की मृत्यु 1030 ई. में हुई व उसकी मृत्यु के पश्चात् 160 वर्षों से अधिक समय तक भारत पर कोई आक्रमण नहीं हुआ। शाहबुद्दीन गौरी नामक अफगान शासक ने गजनी पर अधिकार कर लिया और गजनवी साम्राज्य का अंत हो गया।

पृथ्वीराज द्वारा शाहबुद्दीन को परास्त करना

शाहबुद्दीन ने गजनी पर अधिकार करने के बाद लाहौर और दिल्ली पर आक्रमण किया, लेकिन दिल्ली के राजा पृथ्वीराज चौहान से पराजित होकर वह अफगानिस्तान लौट गया। एक वर्ष बाद उसने 1192 ई. में पुन: दिल्ली पर आक्रमण किया और वहाँ का शासक बना।

अफगानों को दक्षिण भारत के बड़े हिस्से पर कब्जा करने में 150 वर्षों का समय लग गया, फिर दिल्ली महत्त्वपूर्ण भी बनी रही। बारहवीं शताब्दी में दिल्ली आने वाले अफगान हिंदू आर्य जाति के लोग थे तथा भारत की जनता से उनका घनिष्ठ संबंध था।

तैमूर द्वारा भारत पर आक्रमण

चौदहवीं शताब्दी के अंत में तुर्क-मंगोल तैमूर ने उत्तर की ओर से आक्रमण किया और दिल्ली की सत्ता को ध्वस्त कर दिया, जिससे दिल्ली और पंजाब के कुछ भागों को भयानक विपत्ति का सामना करना पड़ा।

दक्षिण भारत में चौदहवीं शताब्दी में बहमनी और विजयनगर दो बड़े राज्यों की स्थापना हुई थी। दिल्ली के नष्ट होने के बाद उत्तरी भारत टुकड़ों में विभाजित हो गया। इस समय दक्षिण भारत की शक्तिशाली रियासत विजयनगर ने बहुत-से हिंदू शरणार्थियों को अपनी ओर आकर्षित किया। 1526 ई. में बाबर ने दिल्ली पर विजय प्राप्त करके मुगल साम्राज्य की नींव रखी।

समन्वय और मिली-जुली संस्कृति का विकास (कबीर, गुरु नानक और अमीर खुसरो)

भारत पर आक्रमण मुस्लिमों ने नहीं, बल्कि तुर्कों, अफगानों उसके बाद तुर्क-मंगोल या मुगलों ने किया था। अफगानों को हम भारत का सीमावर्ती समुदाय कह सकते हैं, जो भारत के लिए पूर्ण रूप से अजनबी भी नहीं माने जा सकते।

उनके राजनीतिक शासन को हिंद-अफगान युग कहना चाहिए। मुगल, भारत के लिए बाहर के और अजनबी लोग थे, फिर भी वे भारतीय ढाँचे में बड़ी तेजी से घुल-मिल गए और उन्होंने हिंद-मुगल युग की स्थापना की।

समन्वय और मिली-जुली संस्कृति

अफगानी, तुर्की और हिंदू सामंतों के बीच विवाह होते तो थे, पर आमतौर पर नहीं। गयासुद्दीन तुगलक व दिल्ली के प्रसिद्ध सुल्तान फिरोजशाह की माँ हिंदू थीं। दक्षिण में गुलबर्ग के मुस्लिम शासक ने विजयनगर की हिंदू राजकुमारी से विवाह किया था। अकबर के प्रसिद्ध राजस्व मंत्री टोडरमल की नियुक्ति शेरशाह ने ही की थी। यह समन्वय एक नया रूप धारण करने लगा। इसके अलावा वास्तुकला, खान-पान, गीत-संगीत में भी समन्वय दिखाई देने लगा।

फारसी भाषा दरबार की भाषा बन गई जब तैमूर के आक्रमण से दिल्ली की सल्तनत कमजोर हो गई तो जौनपुर से एक छोटी-सी मुस्लिम रियासत बनी, जो कला संस्कृति और धार्मिक सहिष्णुता का केंद्र रही।

कबीर पंद्रहवीं शताब्दी में दक्षिण में रामानंद और उनसे भी अधिक प्रसिद्ध उनके शिष्य कबीर हुए, जिन्होंने सर्वधर्म समभाव की भावना की स्थापना समाज में करने का प्रयास किया। कबीर की साखियाँ और पद आज भी लोकप्रिय हैं।

गुरुनानक उत्तर में गुरुनानक, जो सिख धर्म के संस्थापक माने जाते हैं। पूरे हिंदू धर्म पर इन सुधारकों के विचारों का प्रभाव पड़ा।

अमीर खुसरो अमीर खुसरो तुर्क थे। वे फारसी के उच्च कोटि के कवि थे और उन्हें संस्कृत का भी ज्ञान था। अमीर खुसरो अपने गीतों और पहेलियों के लिए बहुत प्रसिद्ध हो गए थे। उनकी लोकप्रियता आज तक बनी हुई है।

बाबर और अकबर-भारतीयकरण की प्रक्रिया

बाबर ने दिल्ली के सिंहासन पर 1526 ई. में विजय प्राप्त कर ली थी। चार वर्षों के शासन में उसका अधिकतर समय युद्ध में और आगरा में एक भव्य राजधानी बनाने में बीता। बाबर का व्यक्तित्व आकर्षक था तथा वह नई जागृति का शहजादा था।

अकबर, बाबर का पौत्र था। वह बहादुर, योग्य सेनानायक, विनम्र और दयालु होने के कारण लोगों का दिल जीतना एवं अखंड भारत की स्थापना करना चाहता था। अकबर ने अपने पुत्र जहाँगीर और पौत्र शाहजहाँ का विवाह हिंदू परिवार में किया था।

अकबर को राजपूताना में मेवाड़ के राजा प्रताप की अभिमानी और अदम्य आत्मा का दमन करने में सफलता नहीं मिली। अकबर ने प्रतिभाशाली लोगों का समुदाय एकत्र किया। इनमें फैजी, अबुल फजल, बीरबल, राजा मानसिंह, अब्दुल रहीम खानखाना प्रमुख थे। उसने 'दीन-ए-इलाही' नामक नए धर्म की स्थापना कर मुगल वंश को भारत के वंश जैसा ही बना दिया।

यांत्रिक उन्नति और रचनात्मक शक्ति में एशिया और यूरोप के बीच अंतर

अकबर वीर योद्धा के साथ ही जिज्ञासु प्रवृत्ति का भी था। उसे राजनीतिक, यांत्रिक कलाओं और सैनिक मामलों का ज्ञान था। उसके सामने समस्या राष्ट्रीय एकता को कायम करने की थी।

अकबर एक कुशल प्रशासक

अकबर ने मुगल साम्राज्य की भारत में मजबूत नींव रखी, जो सौ वर्षों तक कायम रही। भारत में रहने वाले कई हिंदुओं ने धर्म परिवर्तन किया इसी कारण भारत में हिंदुओं और मुसलमानों की बहुत-सी समान विशेषताएँ; जैसे— आदतें, रहने-सहने के ढंग और कलात्मक रुचियाँ विकसित हुईं। हिंदू-मुस्लिम दोनों धर्मों के लोग परस्पर एक-दूसरे के त्योहारों, जलसों में सम्मिलित होते थे, एक ही भाषा बोलते थे, रहन-सहन में भी विशेष अंतर नहीं था। एक साथ मिलकर ही जीवन की परेशानियों व आर्थिक समस्याओं का सामना करते थे।

कुछ उदाहरणों को छोड़कर आपसी वैवाहिक संबंध नहीं थे। स्त्रियाँ पर्दे में ही रहती थीं। दोनों धर्मों के लोकगीत भी समान थे। गाँवों में रहने वाले अधिकांश हिंदू, मुसलमान, किसान, दस्तकार एवं शिल्पी थे।

साहित्य की दृष्टि से मुगल काल

मुगल शासनकाल में हिंदुओं ने दरबारी भाषा फारसी में अनेक पुस्तकें लिखीं। मुसलमान विद्वानों ने फारसी में संस्कृत की पुस्तकों का अनुवाद किया और हिंदी में भी लिखा। हिंदी के प्रसिद्ध कवि मलिक मोहम्मद जायसी तथा अब्दुल रहीम खानखाना की कविताओं का स्तर बहुत ऊँचा होता था। रहीम ने राणा प्रताप की प्रशंसा में भी बहुत कुछ लिखा, उन्होंने मुगलों से युद्ध करते हुए कभी पराजय स्वीकार नहीं की। मुगल काल में साहित्यकारों को शासन सत्ता की ओर से विशेष प्रोत्साहन मिलता था।

औरंगजेब ने उल्टी गंगा बहाई-हिंदू राष्ट्रवाद का उभार-शिवाजी

औरंगजेब मुगल शासनकाल का एक ऐसा शासक था, जो अपनी योग्यता और उत्साह के बावजूद भी अपने पूर्वजों के द्वारा किए गए कार्यों को निरंतर नहीं रख सका। वह एक धर्मांध और कठोर नैतिकतावादी था तथा उसकी कला व साहित्य में कोई रुचि न थी।

औरंगजेब हिंदू धर्म का विरोधी शासक

औरंगजेब ने हिंदू-मुसलमान दोनों धर्मों में वैमनस्य की भावना को, एक-दूसरे के प्रति बढ़ावा दिया। उसने हिंदुओं पर 'जजिया-कर' लगाकर और उनके बहुत-से मंदिरों को तुड़वाकर अपनी प्रजा के बहुत बड़े हिस्से को नाराज कर दिया। उसने उन अभिमानी राजपूतों को भी नाराज कर दिया, जो मुगल साम्राज्य के अवलंब और स्तंभ थे।

उसने भारतीय जनता के विरुद्ध कार्य करके उनके हृदयों में अपने प्रति घृणा पैदा की। औरंगजेब की नीतियों से तंग आकर जनता के दिलों में मुगल साम्राज्य के विरुद्ध उत्तेजना फैल गई और पुनर्जागरण के विचार उत्पन्न होने लगे।

मराठा शक्ति का उदय

संपूर्ण भारत में मराठा थे, जिनके हृदय में राष्ट्रभावना थी और जो अंग्रेजों के कट्टर विरोधी थे। मराठे अपनी राजनीतिक और सैनिक व्यवस्था तथा आदतों से उदार थे। उनके भीतर लोकतांत्रिक भावना थी, जबकि दूसरे भारतीय राष्ट्रीयता के साथ-साथ अपने-अपने धर्म से भी बँधे थे। मराठों का सरदार शिवाजी अंग्रेजों से लड़ा, लेकिन उसने मुसलमानों को नौकरियाँ भी दीं, क्योंकि उसकी लड़ाई औरंगजेब से थी न कि मुसलमानों से।

मुगल साम्राज्य की अर्थव्यवस्था

अकबर जैसा शक्तिशाली सम्राट के न होने से मुगलों की आर्थिक व्यवस्था चरमरा गई। किसान बार-बार संगठित होकर आक्रमण कर रहे थे, जिससे प्रशासन बार-बार इन हमलों से प्रभावित होता था। अंग्रेजों का भारत में आगमन हो चुका था। वे भी मुगलों पर हावी होने का प्रयास कर रहे थे। साम्राज्य का शक्तिशाली सम्राट न होने के कारण चारों ओर फूट और बगावत फैली हुई थी।

पश्चिमी भारत में मराठा शक्ति विकास कर रही थी। शिवाजी 'छापामार' पद्धति से बार-बार अंग्रेजों पर प्रहार करते। उन्होंने अंग्रेजों की कोठियों को लूटा और मुगल साम्राज्य के क्षेत्रों पर चौथ-कर लगाया। 1680 ई. में शिवाजी की मृत्यु के बाद भी मराठा शक्ति दिन-प्रतिदिन बढ़ती गई।

प्रभुत्व के लिए मराठों और अंग्रेजों के बीच संघर्ष : अंग्रेजों की विजय

1707 ई. में औरंगजेब की मृत्यु के बाद लगभग सौ वर्षों तक भारत पर प्रभुत्व स्थापित करने के लिए विभिन्न जातियों के युद्ध चलते रहे। अट्ठारहवीं शताब्दी में भारत पर अधिकार करने के चार दावेदार थे—भारतीयों में मराठे, हैदर अली और उनका बेटा टीपू सुल्तान और विदेशियों में फ्रांसीसी और अंग्रेज। इस समय मराठा अधिक शक्ति संपन्न थे।

नादिरशाह का आक्रमण

1739 ई. में ईरान के नादिरशाह ने दिल्ली पर आक्रमण करके लूटपाट की और अत्यधिक धन-दौलत के साथ प्रसिद्ध 'तख्तेताऊस' को भी अपने साथ ले गया। उसके आक्रमण से मुगल शासन लगभग समाप्त हो गया। अफगानिस्तान भारत से अलग होकर नादिरशाह के राज्य का हिस्सा बन गया। नादिरशाह का युद्ध मराठों से नहीं हुआ। नादिरशाह ने दिल्ली में इतनी लूटपाट मचाई, कि मुगल सत्ता पूर्ण रूप से समाप्त हो गई थी और अफगानिस्तान नादिरशाह के राज्य का हिस्सा बन गया।

अंग्रेजों का सत्ता में आना

भारत की कमजोरी का लाभ उठाकर क्लाइव ने बंगाल में जालसाजी और बगावत को बढ़ावा दिया। उसने 1757 ई. में प्लासी का युद्ध जीत लिया। इससे पूरे बंगाल और बिहार पर अंग्रेजों का अधिकार हो गया। भारत से फ्रांसीसियों का शासन समाप्त हो गया। अब भारत पर अधिकार के लिए तीन दावेदार मराठे, अंग्रेज और हैदरअली प्रमुख थे। मराठे अभी भी शक्तिशाली थे तथा वे ही भारत पर अधिकार कर सकते थे। हैदर अली और टीपू सुल्तान ने भी अंग्रेजों को बुरी तरह पराजित किया, लेकिन वे केवल दक्षिण तक ही सीमित रह गए थे। पूरे भारत पर उनका कोई प्रभाव नहीं था।

टीपू सुल्तान की हार एवं मराठा शक्ति का पतन

1799 ई. में अंतत: अंग्रेजो ने टीपू सुल्तान को हरा दिया। आपसी फूट के कारण आपस में लड़ने वाले मराठों से अंग्रेजो ने अलग-अलग युद्ध किया तथा उन्हें युद्ध में पराजित किया। 1804 ई. में आगरा में मराठाओं से अंग्रेज बुरी तरह हारे, लेकिन 1818 ई. में मराठा पराजित हो गए और उन्होंने ईस्ट इंडिया की अधीनता स्वीकार कर ली। भारत अब अंग्रेजों के अधीन था। मराठे जिसे 'आतंक का युग' कहते थे, उसकी समाप्ति हो गई थी अर्थात् अंग्रेजों की मारकाट अब बंद हो चुकी थी। वे अब सुव्यवस्थित शासन व्यवस्था लागू कर रहे थे।

रणजीत सिंह और जयसिंह

महाराजा रणजीत सिंह जिज्ञासु स्वभाव वाले जाट सिख थे। उन्होंने अपनी नीतियों एवं कार्यों से इतिहास में अपना अलग स्थान बनाया तथा उन्होंने मानवीय विचारों को आधार बनाया तथा खून-खराबे से घृणा की और प्रेम से रहकर जीवन व्यतीत करने पर बल दिया।

जयपुर का शासक जयसिंह चतुर एवं अवसरवादी शासक था, जो अनेक परिवर्तनों और उथल-पुथल के बाद भी बचा रहा। वह राजनेता के साथ-साथ गणितज्ञ, खगोल विज्ञानी व नगर-निर्माण करने वाला था।

उसने जयपुर, दिल्ली, उज्जैन, बनारस और मथुरा में वेधशालाओं का निर्माण भी करवाया। आतंक के जिस दौर में जनता परेशान और दु:खी थी, युद्ध तथा उपद्रव का माहौल था, तब जयसिंह ने एक वैज्ञानिक की तरह कार्य किया, जिसकी प्रशंसा आज भी की जाती है।

भारत की आर्थिक पृष्ठभूमि : इंग्लैंड के दो रूप

ईस्ट इंडिया कंपनी ने जब भारत पर शासन करना शुरू किया उस समय उसका मुख्य—भारत में बने माल को यूरोपीय देशों में बेचना था। भारतीय कारीगरों द्वारा बनाया माल मशीनी युग का सफलता से मुकाबला करता था और अंग्रेजों का उद्देश्य केवल धन कमाना था।

औद्योगीकरण वाले देशों का मुकाबला करने के लिए इन्होंने भारतीय अर्थतंत्र, जो पूर्ण रूप से विकसित था, उसे नष्ट कर दिया और इसके स्थान पर कल-कारखाने लगवाए गए।

हमारे सामने इंग्लैंड के भी दो रूप आए— एक इंग्लैंड शेक्सपीयर और मिल्टन वाला, शालीन बातों वाला लेखन और बहादुरी के कारनामों वाला, राजनीतिक क्रांति व स्वाधीनता के लिए संघर्ष करने वाला तथा विज्ञान तकनीक में उन्नति करने वाला तथा दूसरा इंग्लैंड बर्बर दंड संहिता वाला, नृशंस व्यवहार वाला, सामंतवाद और प्रक्रियावाद से घिरा हुआ था। इंग्लैंड में ये क्रियाएँ साथ-साथ चल रही थीं।

नेहरू जी इस बात पर विचार करते हैं कि जिस समय भारत ने अपनी आजादी खोई उसी समय संयुक्त राज्य अमेरिका स्वतंत्र हुआ।

अमेरिका नवीन विचारधाराओं को अपनाने में संकोची नहीं था, जबकि भारत प्राचीन स्मृतियों और परंपराओं से जकड़ा हुआ था। इसके उपरांत यह भी सत्य है कि यदि ब्रिटेन मुगलों की शक्ति खोने पर भारत का बोझ न उठाता, तो भारत अधिक स्वतंत्र और समृद्ध होता।

शब्दार्थ

शब्द	हिंदी अर्थ
NCERT पृष्ठ संख्या 75 व 76	
शरणार्थियों	शरण पाने वाले
वृत्तांतों	वर्णनों से
भ्रामक	गलत या सही का अंदाजा लगाना
अधिराज	सम्राट
मालगुजारी व्यवस्था	एक प्रकार की कर नीति
अनुसरण	अपनाना
NCERT पृष्ठ संख्या 77 व 78	
सरहदी	सीमा पर
उमराव	जिसे कोई पदवी मिली हो
रूढ़िवादिता	व्यर्थ हो चुके प्राचीन रीति-रिवाज

आत्मसात	अपनाना
उपेक्षा	उस ओर ध्यान न देना
एकेश्वरवाद	एक ईश्वर की सत्ता को मानना
गरचे	यद्यपि, हालाँकि
मौलिक उद्भावनाएँ	वास्तविक कल्पना या सूझबूझ

NCERT पृष्ठ संख्या 80 से 84

अखंड	जिसके टुकड़े न हों
अदम्य	बलशाली, जिसका दमन न किया जा सके
सड़ाँध	कट्टरता की भावना
बेढब	अजीब
शरीक	हिस्सा लेना
सिपहसालार	सेनापति
धर्मांध	धर्म में अंधी श्रद्धा रखने वाला
जजिया कर	धार्मिक कार्यों पर लगाया गया कर

NCERT पृष्ठ संख्या 85 से 88

उत्तेजना	रोष
आंशिक	बहुत कम
दुर्जेय	जिसे बहुत कठिनाई से जीता जा सके
पूर्वार्द्ध	पहले का आधा भाग
नपुंसक	पौरुष बल समाप्त होना
विकट	अत्यधिक कठिन
वैर	शत्रुता
त्रस्त	दुःखी
पस्त	शक्ति समाप्त हो जाना

NCERT पृष्ठ संख्या 91

ढरकी	कपड़ा बुनने का देशी उपकरण
करघे	चरखे
बर्बर	जालिम
नृशंस	क्रूर

अभ्यास प्रश्न

बहुविकल्पीय व वर्णनात्मक प्रश्नों सहित

बहुविकल्पीय प्रश्न

1. चीनी यात्री हुआन त्यांग कहाँ अध्ययन कर रहे थे? **CBSE Diksha**

(क) नालंदा (ख) पाटलिपुत्र
(ग) गया (घ) बनारस

उत्तर (ख) पाटलिपुत्र

2. हर्षवर्धन का साम्राज्य भारत के किस क्षेत्र में अवस्थित था? **CBSE Diksha**

(क) दक्षिण भारत (ख) उत्तर भारत
(ग) पूर्वी भारत (घ) पश्चिमी भारत

उत्तर (ख) उत्तर भारत

3. मुगल साम्राज्य से पहले उत्तर भारत में किस राजा का विशाल साम्राज्य था?

(क) हर्षवर्धन का (ख) जय सिंह का
(ग) महाराणा प्रताप का (घ) शिवाजी का

उत्तर (क) हर्षवर्धन का

4. भारत के मध्य भाग तक पहुँचने में इस्लाम को कितने वर्ष लग गए?

(क) लगभग 800 वर्ष (ख) लगभग 1000 वर्ष
(ग) लगभग 600 वर्ष (घ) लगभग 700 वर्ष

उत्तर (ग) लगभग 600 वर्ष

5. निम्न में से शहाबुद्दीन गौरी को किसने हराया था?

(क) चंद्रगुप्त मौर्य ने (ख) पृथ्वीराज चौहान ने
(ग) अकबर ने (घ) अशोक ने

उत्तर (ख) पृथ्वीराज चौहान ने

6. दिए गए विकल्पों में से अनगिनत पहेलियाँ किसने लिखी?

(क) विद्यापति (ख) अमीर खुसरो (ग) रसखान (घ) कबीर ने

उत्तर (ख) अमीर खुसरो

7. किस शासक ने 1526 ई. में भारत पर विजय प्राप्त कर मुगल शासन की नींव रखी थी?

(क) बाबर (ख) अशोक (ग) अकबर (घ) शिवाजी

उत्तर (क) बाबर

8. निम्न में से मुगल काल की वास्तुकला का सुंदर नमूना कौन-सा है?

(क) फतेहपुर सीकरी (ख) कुतुबमीनार
(ग) ताजमहल (घ) लालकिला

उत्तर (ग) ताजमहल

9. दिए गए विकल्पों में से मालगुजारी व्यवस्था की नींव किसने डाली थी?

(क) बाबर ने (ख) अकबर ने
(ग) शेरशाह ने (घ) गयासुद्दीन तुगलक ने

उत्तर (ग) शेरशाह ने

10. हिंदू रूढ़िवादिता का गढ़ भारत का कौन-सा क्षेत्र बना था?

(क) उत्तर भारत (ख) दक्षिण भारत

(ग) उत्तर पश्चिम (घ) पूर्वी भारत

उत्तर (ख) दक्षिण भारत

11. निम्न में से भारत में ईस्ट इंडिया कंपनी की स्थापना कब हुई?

(क) 1700 ई. (ख) 1800 ई. (ग) 1600 ई. (घ) 1500 ई.

उत्तर (ग) 1600 ई.

12. भारत और अफगानों के समन्वय का प्रभाव सबसे अधिक किस कला पर पड़ा?

(क) मूर्तिकला (ख) संगीत कला

(ग) भवन निर्माण कला (घ) साहित्य कला पर

उत्तर (ख) संगीत कला

गद्यांशों पर आधारित प्रश्न

निम्नलिखित गद्यांशों को ध्यानपूर्वक पढ़कर उन पर आधारित प्रश्नों के उत्तर दीजिए।

गद्यांश 1

महमूद की मृत्यु 1030 ई. में हुई। उसकी मृत्यु के बाद 160 वर्षों से अधिक समय तक न तो भारत पर कोई आक्रमण हुआ और न ही पंजाब के आगे तुर्की शासन का विस्तार हुआ। इसके बाद शाहबुद्दीन गौरी नाम के एक अफ़गान ने ग़ज़नी पर कब्जा कर लिया और ग़ज़नवी साम्राज्य का अंत हो गया। उसने पहले लाहौर पर धावा किया और फिर दिल्ली पर। दिल्ली के राजा पृथ्वीराज चौहान ने उसे पूरी तरह पराजित कर दिया। शाहबुद्दीन अफ़ग़ानिस्तान लौट गया और अगले साल एक और फौज लेकर लौटा। इस बार उसकी जीत हुई और 1192 ई. में वह दिल्ली के तख्त पर बैठा।

1. दिए गए विकल्पों में से महमूद गजनवी किस देश का रहने वाला था?

(क) पाकिस्तान का (ख) कजाकिस्तान का

(ग) अफगानिस्तान का (घ) यूनान का

उत्तर (ग) अफगानिस्तान का

2. गद्यांश के अनुसार, महमूद गजनवी के बाद दिल्ली पर कब्जा किसने किया था?

(क) पृथ्वीराज चौहान (ख) हर्षवर्धन ने

(ग) शाहबुद्दीन गौरी ने (घ) बाबर ने

उत्तर (ग) शाहबुद्दीन गौरी ने

3. निम्न में से शाहबुद्दीन गौरी ने दिल्ली पर कब्जा किस वर्ष किया था?

(क) 1192 ई. (ख) 1198 ई. (ग) 1196 ई. (घ) 1200 ई.

उत्तर (क) 1192 ई.

4. महमूद की मृत्यु कब हुई थी? उसकी मृत्यु के पश्चात् भारत की क्या स्थिति रही?

उत्तर महमूद गजनवी की मृत्यु 1030 ई. में हुई और उसकी मृत्यु के बाद लगभग 160 वर्षों से भी अधिक समय तक न तो भारत पर आक्रमण हुआ और न ही पंजाब के आगे तुर्की शासन का विस्तार हुआ।

5. गद्यांश के अनुसार, महमूद गजनवी के साम्राज्य का अंत किसने किया?

उत्तर महमूद गजनवी के साम्राज्य का अंत शाहबुद्दीन गौरी ने किया, जो कि एक अफगानी था।

6. शाहबुद्दीन ने दिल्ली की तख्त पर कैसे कब्जा किया और कब?

उत्तर दिल्ली के राजा पृथ्वीराज चौहान ने उसे पूरी तरह से पराजित कर दिया और इस तरह वह अफगानिस्तान लौट गया और अगली साल एक और फौज लेकर लौटा और इस बार उसकी जीत हुई। 1192 ई. में वह दिल्ली के तख्त पर बैठ गया।

गद्यांश 2

भारत में जिन दुर्भाग्यपूर्ण बातों में वृद्धि हुई, उनमें एक परदा प्रथा थी। ऐसा क्यों हुआ, यह स्पष्ट नहीं है। पर भारत में परदा प्रथा का विकास मुगल-काल में तब हुआ जब यह हिंदूओं और मुसलमानों दोनों में पद और आदर की निशानी समझा जाने लगा। औरतों को अलग परदे में रखने की यह प्रथा उन इलाकों में ऊँचे वर्गों में विशेष रूप से फैली, जहाँ मुसलमानों का प्रभाव सबसे अधिक था- यानी उस मध्य और विशाल पूर्वी प्रदेश में, जिसमें दिल्ली, संयुक्त प्रांत, राजपूताना, बिहार और बंगाल आते हैं, लेकिन अजीब बात है कि पंजाब और सरहदी सूबे में जो मुख्यत: मुस्लिम इलाके थे, परदे की प्रथा उतनी कड़ी नहीं थी। दिल्ली में अफगानों के प्रतिष्ठित होने के साथ, पुराने और नए के बीच एक समन्वय रूप ले रहा था। इनमें से अधिकतर परिवर्तन उच्च वर्गों में, अमीर उमरावों में हुए।

1. गद्यांश के अनुसार, मुगल काल में हिंदू समाज में कौन-सी बुरी प्रथा का आरंभ हुआ था?

(क) रिश्वतखोरी (ख) सती प्रथा

(ग) भ्रष्टाचार (घ) पर्दा प्रथा

उत्तर (घ) पर्दा प्रथा

2. निम्न में से पर्दा प्रथा का प्रभाव किन इलाकों में कम था?

(क) मध्य और पूर्वी प्रदेश (ख) बिहार और बंगाल

(ग) दिल्ली और राजस्थान (घ) पंजाब और सरहदी सूबे

उत्तर (घ) पंजाब और सरहदी सूबे

3. दिए गए विकल्पों में से 'प्रतिष्ठित' में प्रत्यय है

(क) प्र (ख) प्रति (ग) इत (घ) त

उत्तर (ग) इत

4. भारत में परदा प्रथा कब आरंभ हुई और यह प्रथा किस प्रतिष्ठा की निशानी थी?

उत्तर भारत में परदा प्रथा का विकास मुगल काल में हुआ, शुरू में इस प्रथा को केवल पद और आदर की निशानी समझा जाता था।

5. गद्यांश के अनुसार, परदा प्रथा की यह प्रथा किन इलाकों में अधिक फैली?

उत्तर औरतों को अलग परदे में रखने की यह प्रथा उन इलाकों में ऊँचे वर्गों में विशेष रूप से फैली, जहाँ मुसलमानों का प्रभाव सबसे अधिक था।

6. अफगानों के दिल्ली में प्रतिष्ठित होने पर क्या हुआ?

उत्तर दिल्ली में अफगानों के प्रतिष्ठित होने के साथ, पुराने और नए के बीच समन्वय हुआ, जिनमें अधिकतर परिवर्तन उच्च वर्ग में हुए।

गद्यांश 3

अकबर भारत में मुगल खानदान का तीसरा शासक था, फिर भी साम्राज्य की बुनियाद उसी ने पक्की की। उसके बाबा ने दिल्ली के सिंहासन पर 1526 ई. में विजय प्राप्त की ली थी। भारत में आने के चार वर्ष के भीतर ही बाबर की मृत्यु हो गई। उसका अधिकतर समय युद्ध में और आगरा में एक भव्य राजधानी बनाने में बीता। यह काम उसने कुस्तुतुनिया के एक प्रसिद्ध वास्तुशिल्पी को बुलाकर कराया।

बाबर का व्यक्तित्व आकर्षक है, वह नई जागृति का शहजादा है, बहादुर और साहसी, जो कला और साहित्य तथा अच्छे रहन-सहन का शौकीन है। उसका पौत्र अकबर उससे भी अधिक आकर्षक और गुणवान है। वह बहादुर और दुस्साहसी है, योग्य सेनानायक है और इस सबके अलावा विनम्र और दयालु है, आदर्शवादी और स्वप्नदर्शी है। साथ ही वह लोगों का ऐसा नेता है, जो अपने अनुयायियों में तीव्र स्वामिभक्ति उत्पन्न कर सके।

1. दिए गए विकल्पों में से बाबर ने दिल्ली पर कब आक्रमण किया था?

(क) 1526 ई. (ख) 1535 ई.
(ग) 1530 ई. (घ) 1595 ई.

उत्तर (क) 1526 ई.

2. निम्न में से बाबर किस जाति से संबंधित था?

(क) हिंदू (ख) मुगल (मंगोल)
(ग) हूण (घ) शक

उत्तर (ख) मुगल (मंगोल)

3. निम्न में से अकबर भारत में मुगल वंश का कौन-सा शासक था?

(क) दूसरा (ख) चौथा (ग) तीसरा (घ) पाँचवाँ

उत्तर (ग) तीसरा

4. गद्यांश के अनुसार, बाबर के व्यक्तित्व के बारे में लिखिए।

उत्तर बाबर का व्यक्तित्व आकर्षक था। वह बहादुर और साहसी शासक था, जो कला और साहित्य तथा अच्छे रहन-सहन का शौकीन था।

5. गद्यांश के अनुसार, अकबर का शासक के रूप में कैसा व्यक्तित्व था?

उत्तर अकबर बहादुर और दुस्साहसी योग्य सेनानायक था। इसके अतिरिक्त वह विनम्र और दयालु भी था।

6. दिए गए गद्यांश के अनुसार, बाबर ने अपनी राजधानी किस नगर को बनाया था?

उत्तर बाबर ने आगरा को अपनी भव्य राजधानी बनाया और उसने यह काम कुस्तुतुनिया के एक प्रसिद्ध वास्तुशिल्पी को बुलाकर कराया।

गद्यांश 4

सन् 1707 में औरंगजेब की मृत्यु के बाद 100 वर्ष तक भारत पर अधिकार करने के लिए विविध रूपों में संघर्ष चलता रहा। अट्ठारहवीं शताब्दी में भारत पर अधिकार के चार दावेदार थे – इनमें से भारतीय थे मराठे और दक्षिण में हैदरअली और उसका बेटा टीपू सुल्तान, विदेशी थे फ्रांसीसी और अंग्रेज। सदी के पूर्वार्द्ध में यह लगभग निश्चित जान पड़ता था कि मराठे पूरे भारतवर्ष पर अपनी हुकूमत कायम कर लेंगे और मुगल शासन के उत्तराधिकारी होंगे। कोई शक्ति इतनी मजबूत नहीं रह गई थी कि उनका सामना कर सके।

ठीक उसी समय (1739) उत्तर-पश्चिम में एक नया बवंडर उठ खड़ा हुआ और ईरान का नादिरशाह दिल्ली पर टूट पड़ा। उसने बड़ी मार-काट और लूटपाट मचाई और अपने साथ बेशुमार दौलत ले गया, जिसमें प्रसिद्ध तख्तेताऊस भी था। दिल्ली के शासक कमजोर और नपुंसक हो चुके थे और मराठों से नादिरशाह की टकराहट नहीं हुई। उसके हमले से मराठों का काम आसान हो गया। वे बाद के वर्षों में पंजाब में भी फैल गए। एक बार फिर ऐसा लगा कि भारत मराठों के अधीन हो जाएगा।

1. निम्न में से औरंगजेब की मृत्यु कब हुई थी?

(क) 1526 ई. (ख) 1701 ई.
(ग) 1703 ई. (घ) 1707 ई.

उत्तर (घ) 1707 ई.

2. दिए गए विकल्प में से नादिरशाह कहाँ का शासक था?

(क) इराक (ख) चीन
(ग) ईरान (घ) अफगानिस्तान

उत्तर (ग) ईरान

3. निम्न में से मुगल काल के पतन के बाद शक्तिशाली शासक के रूप मे कौन उभरे?

(क) टीपू सुल्तान (ख) हैदर अली (ग) मराठे (घ) अंग्रेज

उत्तर (ग) मराठे

4. अठारहवीं शताब्दी में भारत पर अधिकार के दावेदार कौन थे?

उत्तर अठारहवीं शताब्दी में भारत पर अधिकार के चार दावेदार थे— मराठे, हैदर अली और उसका बेटा टीपू सुल्तान, फ्रांसीसी और अंग्रेज।

5. दिए गए गद्यांश के अनुसार, नादिरशाह कौन था?

उत्तर नादिरशाह ईरान का शासक था, जिसने दिल्ली पर हमला किया और सब धन दौलत अपने साथ ईरान ले गया, जिस कारण दिल्ली की स्थिति बेहद कमजोर पड़ती गई।

6. गद्यांश के अनुसार, "इस समय पूरे भारत में" कौन शक्ति पा रहे थे?

उत्तर गद्यांश के अनुसार, इस समय पूरे भारत में मराठे शक्ति पा रहे थे और ऐसा अनुमान लगाया जाता था कि ये ही पूरे भारत पर राज करेंगे।

अतिलघु उत्तरीय प्रश्न

1. इस्लाम धर्म भारत में किस कारण फैला?

उत्तर भारत में इस्लाम धर्म भारत की प्राचीन परंपरा के कारण फैला, क्योंकि इस्लाम धर्म के विषय में भारतीय अनभिज्ञ नहीं रहे थे।

2. महमूद गजनवी किस राज्य पर फतह नहीं पा सका?

उत्तर महमूद गजनवी कश्मीर पर फतह नहीं पा सका, क्योंकि यह पहाड़ी देश उसे रोकने व मार भगाने में सफल रहा।

3. महाराणा प्रताप कौन थे?

उत्तर महाराणा प्रताप मेवाड़ के एक राजपूत थे। वे अत्यधिक साहसी तथा स्वाभिमानी थे।

4. भारत और अरब के बीच व्यापार संबंध कहाँ तक सीमित थे?

उत्तर भारत और अरब के बीच व्यापार संबंध उत्तर भारत तक सीमित थे।

5. महाराजा जयसिंह ने किन वैधशालाओं का निर्माण करवाया?

उत्तर महाराजा जयसिंह ने जयपुर नगर को बसाया तथा दिल्ली, उज्जैन, बनारस व मथुरा में बड़ी-बड़ी वैधशालाओं का निर्माण करवाया।

6. मुगल शासन में कौन-सी पुस्तकें लिखी गईं?

उत्तर मुगल शासन के दौरान मलिक मोहम्मद जायसी ने 'पद्मावत' लिखी तथा हिंदुओं ने फारसी में अनेक कालजयी रचनाएँ लिखीं।

7. चौथ-कर क्यों और किनके द्वारा लगाया गया?

उत्तर चौथ-कर शिवाजी द्वारा अमीरों पर लगाया गया, जिसमें उन्हें अपनी आमदनी का चौथा भाग कर के रूप में जमा करवाना पड़ता था, ताकि सैनिक कार्यों हेतु धन एकत्रित हो सके।

8. भारत में आकर तुर्क-मंगोल तैमूर ने क्या किया?

उत्तर उत्तर की ओर से भारत में आकर तुर्क-मंगोल तैमूर ने दिल्ली की सल्तनत को नष्ट कर दिया।

9. फ्रांसीसियों के भारत से प्रस्थान करने के पश्चात् कौन-सी शक्तियाँ शेष बची थीं?

उत्तर फ्रांसीसियों के भारत से प्रस्थान करने के पश्चात् मराठा, हैदर अली तथा अंग्रेजी शक्तियाँ ही शेष रह गई थी।

10. अमीर खुसरो कौन थे तथा उन्होंने किसकी रचना की?

उत्तर अमीर खुसरो तुर्क जाति से थे। अमीर खुसरो ने अनगिनत पहेलियों की रचना की तथा उनके लिखे गीत वर्तमान में प्रसिद्ध व प्रचलित हैं।

11. ईस्ट इंडिया कंपनी किसकी थी?

उत्तर ईस्ट इंडिया कंपनी व्यापारियों की कंपनी थी तथा इसका उद्देश्य अधिक-से-अधिक लाभ कमाना था।

12. अंग्रेजों ने हैदर अली के बेटे टीपू सुल्तान को कब पराजित किया?

उत्तर अंग्रेजों ने हैदर अली के बेटे टीपू सुल्तान को 1799 ई. में पराजित किया।

13. शिवाजी कौन थे तथा उनका जन्म कब हुआ था?

उत्तर शिवाजी मराठों के नायक तथा पहाड़ी इलाकों के सशक्त लोगों के आदर्श छापामार नेता थे। शिवाजी का जन्म 1627 ई. में हुआ था।

14. नादिरशाह के भारत पर आक्रमण करने का क्या परिणाम हुआ?

उत्तर नादिरशाह के आक्रमण के परिणामस्वरूप अफगानिस्तान भारत से अलग हो गया।

15. भारत की प्राचीन परंपरा क्या है? **CBSE Diksha**

उत्तर सभी धर्मों के प्रति आदर, सहनशीलता और समानता की दृष्टि रखना भारत की प्राचीन काल से परंपरा है।

लघु उत्तरीय प्रश्न

1. दिल्ली सल्तनत के ध्वस्त होने का क्या कारण था? **CBSE Diksha**

उत्तर दिल्ली सल्तनत के ध्वस्त होने का कारण तुर्क-मंगोल आक्रमणकारी तैमूर था। चौदहवीं शताब्दी के अंत में भारत में वह कम समय के लिए आया, लेकिन उसकी बर्बरता ने दिल्ली को वीरान कर दिया। उत्तर की ओर से आकर उसने दिल्ली पर आक्रमण किया और उसे मुर्दों का शहर बना डाला।

2. भारत तथा अरब यात्रियों के आपसी संबंध कैसे मजबूत हुए?

उत्तर भारत तथा अरब के मध्य यात्रियों का आना-जाना प्रारंभ हुआ। भारत से खगोलशास्त्र तथा गणित की पुस्तकें बगदाद पहुँची तथा उनका अरबी भाषा में अनुवाद हुआ। राजदूतावासों की अदला-बदली हुई। अनेक भारतीय चिकित्सक भी बगदाद पहुँचे। यह संबंध केवल भारत तक ही सीमित नहीं थे अपितु भारत के दक्षिणी राज्यों ने भी इसमें हिस्सा लिया, इस प्रकार यह आपसी संबंध मजबूत होते गए।

3. महमूद गजनवी ने भारत पर कब आक्रमण किया?

उत्तर अफगानिस्तान के सुल्तान महमूद गजनवी ने 1000 ई. के आस-पास भारत पर आक्रमण करना आरंभ कर दिया। गजनवी भारत से बहुत बड़ा खजाना भी लूटकर ले गया तथा उसने पंजाब और सिंध को अपने राज्य में मिला लिया था, 1030 ई. में उसकी मृत्यु हो गई।

4. भारत की एकता तथा अखंडता बनाए रखने हेतु अकबर ने क्या किया?

उत्तर भारत की एकता तथा अखंडता बनाए रखने हेतु अकबर ने स्वाभिमानी राजपूतों को अपनी ओर मिला लिया, अपने बेटे का विवाह राजपूत घराने में किया, विद्वान् हिंदुओं को अपने दरबार में विशेष स्थान दिया तथा दीन-ए-इलाही नामक नया एवं सबके द्वारा माना जाने वाला धर्म चलाने का प्रयास किया।

5. चौदहवीं शताब्दी के अंत में किसने दिल्ली की सल्तनत को ध्वस्त कर दिया?

उत्तर चौदहवीं शताब्दी के अंत में तुर्क मंगोल तैमूर ने उत्तर भारत की ओर से आकर दिल्ली की सल्तनत को ध्वस्त कर दिया। वह जिस रास्ते से आया उसको वीरान करता गया, उसने दिल्ली पर आक्रमण किया और उसे मुर्दों का शहर बना डाला।

6. शाहबुद्दीन ने दिल्ली पर किस प्रकार कब्जा किया?

उत्तर शाहबुद्दीन अफगानिस्तान से था, जिसने गजनी पर कब्जा करके लाहौर तथा दिल्ली पर हमला कर दिया। दिल्ली के राजा पृथ्वीराज चौहान ने उसे पराजित कर दिया।

शाहबुद्दीन वापस अफगानिस्तान लौट गया तथा एक वर्ष पश्चात् फिर आया। इस बार उसकी विजय हुई तथा उसने दिल्ली पर कब्जा कर लिया।

7. जिस समय दक्षिण में विजयनगर तरक्की कर रहा था, उस समय कौन हमलावर दिल्ली के समीप आया?

उत्तर जिस समय दक्षिण में विजयनगर तरक्की कर रहा था, उस समय उत्तरी पहाड़ियों से होकर एक आक्रमणकारी (बाबर) पानीपत के प्रसिद्ध मैदान में आया तथा उसने दिल्ली के सिंहासन को जीत लिया। वह तुर्क मंगोल बाबर था। इसने ही भारत में मुगलवंश की स्थापना की।

8. अमीर खुसरो के विषय में आप क्या जानते हैं? लिखिए।

उत्तर अमीर खुसरो तुर्क थे तथा वह फारसी भाषा के प्रसिद्ध कवि थे। उन्होंने भारतीय संगीत में कई मौलिक उद्भावनाएँ कीं तथा भारत के लोकप्रिय तंत्री वाद्य सितार का आविष्कार किया। इन्होंने धर्म, दर्शन, तर्कशास्त्र, भाषा तथा व्याकरण विषय पर रचना की, जिसमें संगीत भी शामिल है।

9. **अकबर ने अपने शासनकाल के दौरान कौन-से कार्य किए?**

उत्तर अकबर अपने शासनकाल के दौरान अखंड भारत का सपना साकार करने में लगा रहा। उसने राजपूत राजकुमारी जोधा से शादी की तथा स्वाभिमानी राजपूतों को अपनी ओर मिला लिया।

अकबर का बेटा जहाँगीर आधा मुगल तथा आधा राजपूत था तथा जहाँगीर का पुत्र शाहजहाँ भी राजपूत माँ का बेटा था। अकबर तुर्क या मंगोल होने की अपेक्षा भारतीय था।

10. **अमीर खुसरो का वर्तमान में प्रसिद्ध होने के क्या कारण थे?**

उत्तर अमीर खुसरो की लोकप्रियता का कारण उनके लोकगीत हैं तथा उन्होंने सामान्य बोलचाल की भाषा को अपने लोकगीतों में अपनाया। अमीर खुसरो ने अनगिनत पहेलियाँ लिखीं तथा वे अपनी पहेलियों व गीतों के लिए भी प्रसिद्ध हो गए थे।

11. **प्रारंभ में ईस्ट इंडिया कंपनी का मुख्य कार्य क्या था?**

उत्तर प्रारंभ में ईस्ट इंडिया कंपनी का मुख्य कार्य भारतीय माल लेकर यूरोप में व्यापार करना था। इससे कंपनी को लाभ हुआ। इंग्लैंड में मशीनों का दौर आरंभ हुआ, उस वक्त भारतीय वस्तुएँ इतनी बहुतायत से भरी थीं कि भारी चुंगी लगाकर कुछ वस्तुओं का आना बंद करके इन वस्तुओं को रोकना पड़ा।

12. **भारत में मुगल साम्राज्य के खंडित होने का क्या कारण थे?**

उत्तर भारत में मुगल साम्राज्य के खंडित होने का विशेष कारण उसकी आर्थिक स्थिति का खराब होना तथा कमज़ोर पड़ना था। किसान विद्रोह कर रहे थे तथा बड़े पैमाने पर किसानों द्वारा आंदोलन हो रहे थे। 1669 ई. के पश्चात् जाट किसान दिल्ली सरकार के विरुद्ध खड़े होते रहे। इन सभी कारणों का परिणाम यह हुआ कि भारत में मुगल साम्राज्य पतन की ओर उन्मुख होने लगा।

13. **औरंगजेब किस प्रकार का शासक था?**

उत्तर औरंगजेब समय के विपरीत चलने वाला शासक था। वह अपने पूर्वजों द्वारा किए गए समस्त कार्यों को आगे न बढ़ा सका। औरंगजेब दूसरे धर्मों का अनादर करने वाला तथा कठोर नैतिकतावादी था। उसे साहित्य तथा कला से कोई प्रेम नहीं था। उसके इन कार्यों ने राजपूतों को नाराज कर दिया था।

14. **तैमूर के आक्रमण से दिल्ली की सल्तनत पर क्या प्रभाव पड़ा?**

उत्तर तैमूर ने उत्तर की ओर से आकर दिल्ली की सल्तनत को ध्वस्त कर दिया। तैमूर के आक्रमण के कारण दिल्ली की सल्तनत कमज़ोर पड़ गई। जौनपुर नामक संयुक्त प्रांत में एक छोटी मुस्लिम रियासत का उदय हुआ था पंद्रहवीं शताब्दी के समय यह रियासत कला, संस्कृति तथा धार्मिक सहिष्णुता का केंद्र बनी।

दीर्घ उत्तरीय प्रश्न

1. **बाबर की क्या विशेषता थी तथा भारत में पर्दा प्रथा के विषय में आप क्या जानते हैं? लिखिए।**

उत्तर बाबर आकर्षक व्यक्तित्व का बहादुर एवं साहसी शासक था। बाबर कला तथा साहित्य का प्रेमी था। बाबर भारत में मुगलवंश का संस्थापक था। उस समय भारत में पर्दा प्रथा एक दुर्भाग्यपूर्ण बात थी। पर्दा प्रथा का आरंभ मुगलकाल में उस समय हुआ, जब यह हिंदू तथा मुसलमान द्वारा पद व आदर की निशानी समझा जाता था। स्त्रियों को अलग पर्दे में रखने की प्रथा ऊँचे वर्ग के मुसलमानों में अधिक थी। उस समय दरबार हो या महल सभी स्त्रियों को पर्दे में रखा जाता था, यदि कोई पर्दे में न हो तो वे लोग उसे अपनी शान के विरुद्ध समझते थे।

2. **नादिरशाह कौन था तथा उसके आक्रमण का भारत पर क्या प्रभाव पड़ा?**

उत्तर नादिरशाह ईरान का निवासी था, जिसने दिल्ली पर आक्रमण किया। उसने भयावह मार-काट की तथा तख्तेताऊस सहित अत्यधिक धन-दौलत को लूटकर ले गया। उसके आक्रमण के पश्चात् मुगल शासक अत्यंत कमज़ोर हो गया। मराठों ने अपनी शक्ति को बढ़ाया तथा लगभग पंजाब में फैल गए। ऐसा लगा मानों मराठों ने भारत पर अपना अधिकार कर लिया। अफ़गानिस्तान भारत से अलग हो गया तथा नादिरशाह के राज्य का अंग बन गया।

3. **पंद्रहवीं शताब्दी के समाज-सुधारकों का सार रूप में उल्लेख कीजिए।**

उत्तर पंद्रहवीं शताब्दी में दक्षिण में रामानंद एवं उनके शिष्य कबीर हुए, जिन्होंने अपने पदों एवं साखियों के द्वारा लोगों को धार्मिक बंधनों एवं रूढ़िवादिता से दूर करने का प्रयत्न किया। उनके काव्य की भाषा आम बोल-चाल की थी, जिसे आम आदमी भी आसानी से समझ सके। उत्तर में गुरु नानक ने अपने विचारों से लोगों को सही मार्ग पर लाने का प्रयास किया। आज भी कबीर एवं नानक के उपदेश मनुष्य के जीवन में सार्थक सिद्ध होते हैं।

4. **शाहबुद्दीन गौरी कौन था?**

उत्तर शाहबुद्दीन गौरी एक अफगानी था, जिसने महमूद गजनवी के गजनी पर आक्रमण करके उस पर अपना शासन कायम किया और महमूद गजनवी के साम्राज्य का अंत कर दिया। प्रारंभ में शाहबुद्दीन गौरी ने लाहौर पर अपना शासन कायम किया। उसके पश्चात् दिल्ली की सल्तनत पर भी अपना कब्जा कर लिया। 1192 ई. में उसने पृथ्वीराज चौहान को पराजित किया तथा स्वयं दिल्ली के सिंहासन पर बैठ गया।

5. **भारत की सामाजिक स्थिति में अकबर कोई बदलाव क्यों नहीं कर पाया?**

उत्तर भारत की सामाजिक स्थिति में अकबर कोई परिवर्तन इसलिए नहीं कर पाया, क्योकि संसार के विभिन्न हिस्सों में क्या हो रहा है, उस पर अकबर ने ध्यान ही नहीं दिया। अकबर के सामने मुख्य समस्या के रूप में इस्लाम तथा अन्य धर्म के लोगों के रीति-रिवाजों के मेल से राष्ट्रीय एकता कायम करने की समस्या थी। इसी कारण अकबर सामाजिक स्थिति में किसी भी प्रकार का कोई बदलाव नहीं ला सका।

6. **शिवाजी कौन थे तथा उनका नाम भारत में विख्यात क्यों हुआ?**

उत्तर शिवाजी एक मराठा थे। उन्हें मराठों का नायक कहा जाता है। उनका जन्म 1627 ई. में हुआ था। शिवाजी एक कुशल छापामार नेता थे। उनकी सेना के घुड़सवार दूर-दूर तक छापा मारकर दुश्मनों का मुकाबला किया करते थे। शिवाजी ने अंग्रेजों की कोठियों को लूटा तथा मुगल क्षेत्रों में 'चौथ' नामक कर लगाया। शिवाजी ने मराठों का संगठन बनाकर उसे 'दुर्जेय शक्ति' का नाम दिया।

अध्याय

6

अंतिम दौर–एक

पाठ का सार

भारत राजनीतिक और आर्थिक दृष्टि से पहली बार एक अन्य देश का पुछल्ला बनता है

भारत में अंग्रेजी राज्य की स्थापना की तुलना किसी भी परिवर्तन से नहीं की जा सकती थी। युगों से अपना अस्तित्व न खोने वाला भारत अपने ही देश में गुलाम हो गया। भारत पर विदेशियों के अनेक आक्रमण हुए, लेकिन उसने अपनी स्वाधीनता कभी नहीं खोई थी। इतिहास में पहली बार ऐसा हुआ कि भारत पर राजनीतिक संचालन उसकी सीमा से बाहर का हुआ। अंग्रेजों ने भारत में रहकर हुकूमत चलाई, जबकि शासन सत्ता इंग्लैंड की थी।

भारत ब्रिटिश सरकार के लिए एक औपनिवेशिक केंद्र व खेतिहर बनकर रह गया, जिसका अंग्रेजी सरकार ने पूरी तरह से लाभ उठाया। भारत में उन्हीं व्यापार-धंधों को बढ़ावा मिला, जिनसे अंग्रेजी सरकार को लाभ था। अपनी स्वार्थ पूर्ति के लिए अंग्रेजों ने बड़े जमींदार नियुक्त किए, जिससे वे अधिक लगान वसूल करके लाभ उठा सकें। मालगुजारी तथा पुलिस दो विशेष विभाग थे जिनके ऊपर कलेक्टर होता था। भारत की गरीब जनता को ब्रिटेन के अनेक खर्च उठाने पड़ते थे। उनमें सेना पर किए जाने वाले खर्च का कुछ भाग, जिसे 'कैपिटेंशन चार्ज' कहा जाता था, देना होता था।

भारत में ब्रिटिश शासन का अंतर्विरोध राममोहन राय-बंगाल में अंग्रेजी शिक्षा और समाचार-पत्र

भारतीयों को शिक्षा की ओर ले जाने का श्रेय अंग्रेजों को ही दिया जाता है, यद्यपि अंग्रेज भारत में शिक्षा का प्रचार-प्रसार नापसंद करते थे, परंतु अपनी जरूरतों को पूरा करने के लिए उन्होंने शिक्षण-प्रशिक्षण माध्यम से क्लर्क तैयार किए, जिससे कम वेतन पर काम कराया जा सके। शिक्षा से समाज के शिक्षित वर्ग में नई चेतना आई और वे गुलामी से छुटकारा पाने के लिए चिंतित हो उठे।

अंग्रेजी शासन ने अपने लाभ के लिए ही भारत में नई तकनीक, रेलगाड़ी, छापाखाना, दूसरी मशीनों व युद्ध के कारगर तरीकों का प्रसार किया, लेकिन उनमें भारतीय भी पूरी तरह से शामिल थे। इससे उनके विचारों में परिवर्तन हुआ। अंग्रेजों ने नई अर्थव्यवस्था की नींव भारत में रखी तथा खेतिहर व्यवस्था टूट गई, जमींदारी व्यवस्था मजबूत हुई और जमीन बिकाऊ हो गई, साथ ही मुद्रा का अधिक प्रचार-प्रसार हुआ।

राजा राममोहन राय का प्रभाव

अठारहवीं शताब्दी में बंगाल में एक अत्यंत प्रभावशाली समाज-सुधारक राजा राममोहन राय का उदय हुआ। इनमें प्राचीन और नवीन संस्कृति का मेल था। वे अरबी, फारसी व संस्कृत के विद्वान थे। उन्हें पश्चिमी सभ्यता के विज्ञान और तकनीकी के पक्ष ने आकर्षित किया।

उन्होंने शिक्षा को पुरानी पडिताऊ शिक्षा पद्धति से मुक्त कराकर आधुनिक ढाँचे में ढालने की उत्सुकता दिखाई। उन्होंने गणित, भौतिक विज्ञान, रसायनशास्त्र, जीव विज्ञान की शिक्षा के लिए गवर्नर जनरल को पत्र लिखा। उन पर इस्लाम धर्म का कोई प्रभाव नहीं पड़ा। उन्होंने समाज में फैली धर्म की कुरीतियों को दूर करने का प्रयास किया। उनके इसी प्रयास के कारण अंग्रेजी सरकार ने सती प्रथा पर रोक लगाई।

धार्मिक एवं साहित्यिक विकास

राजा राममोहन राय भारतीय पत्रकारिता के प्रवर्तक थे। उनका विचार था कि समाचार-पत्र और पत्रिकाएँ मनुष्य के विचारों को जागरूक करने का उत्तम तरीका है। इनकी देख-रेख में ही 1818 ई. में पहली बार अंग्रेजी का समाचार-पत्र निकला, जिसका संपादन भारतीयों ने किया था। तत्पश्चात् बंगाली में एक साप्ताहिक और एक मासिक समाचार-पत्र प्रकाशित हुआ। धीरे-धीरे कलकत्ता, मद्रास और मुंबई से भी तेजी से समाचार-पत्र निकलने लगे।

राजा राममोहन राय ने भारतीयों में पुनर्जागरण की भावना जागृत की, लेकिन अंग्रेजी सरकार का विरोध न कर उनकी नीतियों में परिवर्तन करने का प्रयास किया। दिल्ली सम्राट की ओर से वे एक बार इंग्लैंड भी गए। दुर्भाग्यवश उन्नीसवीं शताब्दी के आरंभिक वर्षों में 'ब्रिस्टल' में उनकी मृत्यु हो गई।

1857 की महान क्रांति–जातीयतावाद

भारत की जनता अब गरीबी एवं प्राकृतिक आपदाओं से मुक्ति के लिए पूरी तरह से ब्रिटिश सरकार की सहानुभूति चाहती थी। बंगाल ने ब्रिटिश सरकार से समझौता कर लिया। दक्षिण-पश्चिमी भारत और मुंबई की स्थिति भी यही थी, लेकिन उत्तर भारत में विद्रोह की भावना निरंतर बढ़ती जा रही थी।

1857 में मेरठ की भारतीय सेना ने बगावत कर दी। अंग्रेजों से युद्ध करने के लिए यह दिनांक पहले से ही निश्चित थी, लेकिन निश्चित समय से पहले हुए विस्फोट के कारण विद्रोही भड़क उठे और यह सैनिक विद्रोह के अतिरिक्त जन आंदोलन के रूप में फैल गया। यह आंदोलन दिल्ली, संयुक्त प्रांत, मध्य भारत के कुछ भागों व बिहार तक ही फैल सकी।

इस विद्रोह में हिंदू और मुसलमानों ने पूरी तरह अंग्रेजों के विरुद्ध प्रदर्शन किया। इस विद्रोह में ताँत्या टोपे और झाँसी की रानी लक्ष्मीबाई ने बढ़-चढ़ कर हिस्सा लिया। यह भारतीयों द्वारा ब्रिटिश सरकार के विरुद्ध ऐसा विद्रोह था, जिसने अंग्रेजो को बेचैन कर दिया और यह सोचने पर मजबूर कर दिया कि अब भारतीय चुप नहीं रहेंगे।

हिंदुओं और मुसलमानों में सुधारवादी और दूसरे आंदोलन

शिक्षा का प्रसार और तकनीकी परिवर्तन के कारण लोगों की विचारधारा में परिवर्तन हो गया। इनमें से कुछ पश्चिम की चीजों की ओर झुक गए और कुछ ने विदेशी चीजों का बहिष्कार कर स्वदेशी अपनाने पर बल दिया। वे अपने देश के प्रति सचेत हो गए। इस समय हिंदू धर्म अत्यधिक रूढ़िवादिता की ओर अग्रसर हो रहा था। सामाजिक रीति-रिवाजों से खिन्न होकर बहुत-से हिंदू ईसाई धर्म की ओर आकर्षित हुए। बंगाल में कुछ प्रसिद्ध व्यक्तियों ने भी धर्म परिवर्तन किया।

ब्रह्म समाज एवं आर्य समाज की स्थापना

राजा राममोहन राय ने समाज सुधार के लिए 'ब्रह्म समाज' की स्थापना की। केशवचंद्र ने उसे ईसाई रूप दे दिया। बंगाल के उभरते मध्यम वर्ग पर ब्रह्म समाज का आंशिक प्रभाव पड़ा। भारत के अन्य भागों में भी यही स्थिति पैदा हो रही थी।

हिंदू धर्म के कठोर सामाजिक ढाँचे के विरुद्ध स्वर उठने लगा। उन्नीसवीं शताब्दी के उत्तरार्द्ध में स्वामी दयानंद सरस्वती ऐसे समाज सुधारक हुए, जिन्होंने भारतीय धार्मिक ढाँचे में वेदों को मुख्य बताया। उनका मुख्य नारा 'वेदों की ओर लौटो' था। इनके धार्मिक मत को आर्य समाज के नाम से जाना गया। इसका प्रसार मुख्य रूप से पंजाब और संयुक्त प्रदेश के हिंदू मध्य वर्ग में हुआ। इस धर्म ने लड़के-लड़कियों में समान रूप से शिक्षा के प्रसार में, स्त्रियों की स्थिति का सुधार करने में और दलित जातियों के स्तर को ऊँचा उठाने में विशेष कार्य किए।

श्री रामकृष्ण परमहंस एवं स्वामी विवेकानंद

स्वामी दयानंद के ही समय में बंगाल में श्री रामकृष्ण परमहंस नाम के एक व्यक्तित्व का उदय हुआ। श्री रामकृष्ण परमहंस मुख्यत: धार्मिक व उदार व्यक्ति थे। इन्होंने हिंदू और दर्शन के विविध पक्षों को आपस में जोड़कर जनता के सामने प्रस्तुत किया। ये सांप्रदायिकता के विरोधी थे तथा इन्होंने इस बात पर जोर दिया कि सभी मार्ग सत्य की ओर जाते हैं।

स्वामी विवेकानंद ने अपने गुरु भाइयों के सहयोग से 'रामकृष्ण मिशन' की स्थापना की, जिसमें सांप्रदायिकता नहीं थी। विवेकानंद को भारत की विरासत पर गर्व था फिर भी जीवन की समस्याओं के प्रति उनका दृष्टिकोण आधुनिक था और वे प्राचीन भारत और वर्तमान के बीच सेतु का कार्य कर रहे थे। वे अंग्रेजी और बांग्ला के वक्ता तथा गद्य व पद्य के लेखक भी थे।

स्वामी विवेकानंद शालीन और गरिमावान व्यक्ति थे। उन्होंने उदास तथा पतित हिंदू समाज के लिए संजीवनी का काम किया। उन्होंने शिकागो में होने वाले अंतर्राष्ट्रीय धर्म सम्मेलन में भारत की ओर से भाग लिया। स्वामी विवेकानंद जी ने लोगों को धार्मिक कर्म-कांड छोड़कर एक ही ईश्वर में विश्वास रखने का पाठ पढ़ाया।

वे छुआछूत के सख्त विरोधी थे तथा उन्होंने अपने लेखन और भाषणों द्वारा जनता को यह संदेश दिया कि 'यदि दुनिया में कोई पाप है तो वह है दुर्बलता' व्यक्ति को 'अभय' अर्थात् निडर होना चाहिए। उनका मानना था कि यदि कोई चीज जो तुम्हें शारीरिक, बौद्धिक और आध्यात्मिक दृष्टि से कमजोर बनाती है, उसे छोड़ देना चाहिए। अंधविश्वासों में विश्वास नहीं करना चाहिए। अपने इन्हीं विचारों के कारण स्वामी विवेकानंद हिमालय से कन्याकुमारी तक प्रसिद्ध हुए।

रवींद्रनाथ टैगोर एवं महात्मा गाँधी

रवींद्रनाथ टैगोर विवेकानंद के समकालीन थे। वे राजनीतिज्ञ न होकर देश के लिए समर्पित व्यक्ति होने के अतिरिक्त सुप्रसिद्ध कवि एवं लेखक भी थे। उन्होंने बंगाल के स्वदेशी आंदोलन में भाग लिया और अमृतसर हत्याकांड के विरोध में अपनी 'सर' की उपाधि वापस कर दी। शांति के क्षेत्र में उन्होंने शांति निकेतन की स्थापना की, जो भारतीय संस्कृति का प्रधान केंद्र था।

वे भारत के सर्वोत्तम अंतर्राष्ट्रीयतावादी थे। वे अपने देश का संदेश विदेशों में लेकर जाते तथा विदेशों का संदेश भारत में लाते थे। टैगोर ने भारत की उसी भाँति सेवा की जैसे दूसरे स्तर पर गाँधीजी ने की थी। टैगोर और गाँधी दो अलग-अलग व्यक्तित्व थे, परंतु दोनों ही मानवतावादी विचारक थे। इन्होंने लोगों को संकीर्ण विचारधाराओं से बाहर निकालना चाहा।

बीसवीं शताब्दी के पूर्वार्द्ध में टैगोर और गाँधी भारत के विशिष्ट व प्रभावशाली व्यक्तित्व थे। टैगोर संभ्रांत कलाकार थे, लेकिन लोगों की सहानुभूति के कारण लोकतंत्रवादी हो गए और गाँधी विशेष रूप से जनता के आदमी थे। इन दोनों ने ही अपने-अपने तरीके से जनता में नई विचारधारा का संचार किया।

श्रीमती ऐनी बेसेंट

राष्ट्रीय विरासत में हिंदू मध्य वर्ग की आस्था बढ़ाने वाली श्रीमती ऐनी बेसेंट आयरलैंड की रहने वाली थी। इन्होंने भारत में होमरूल आंदोलन चलाया। उनका मानना था कि यदि अंग्रेज पूरी तरह से स्वतंत्रता नहीं देते, तो कम-से-कम आंतरिक स्वतंत्रता तो दें। इसके लिए संघर्ष करने में उन्होंने भारतीयों का साथ दिया।

सर सैयद अहमद खाँ

1857 के विद्रोह के बाद मुसलमान यह तय नहीं कर पा रहे थे कि वे किधर जाएँ। अंग्रेजों ने उनके प्रति अधिक दमनपूर्ण रवैया अपनाया था।

ऐसी स्थिति में एक नए 'बुर्जुआ वर्ग' का उदय हुआ। 1870 ई. के बाद अंग्रेजी सरकार ने हिंदू और मुसलमानों में संतुलन की नीति अपनाई। इसमें सर सैयद अहमद खाँ ने महत्त्वपूर्ण भूमिका निभाई। उनका विश्वास था कि ब्रिटिश सत्ता के सहयोग से वे मुसलमानों की स्थिति को सुधार सकते हैं। उत्साही नेता सर सैयद चाहते थे कि मुसलमान अंग्रेजी अपना लें। उन्होंने मुसलमानों में ब्रिटिश विरोधी भावना कम करने की कोशिश की।

वे अंग्रेजों को यह दिखाने का प्रयास कर रहे थे कि मुसलमानों ने गदर (1857 की क्रांति) में हिस्सा नहीं लिया। वे ब्रिटिश सत्ता के विरोधी नहीं हैं। उन्होंने अलीगढ़ में मुस्लिम कॉलेज की स्थापना की, जिसका उद्देश्य था—भारत के मुसलमानों को ब्रिटिश ताज के योग्य और उपयोगी बनाना। इनका प्रभाव उच्चवर्ग में अधिक तथा ग्रामीण क्षेत्रों में कम था।

अब्दुल कलाम आज़ाद

वर्ष 1912 के बाद मुस्लिमों की जागरूकता में विशेष प्रगति हुई। इसका श्रेय अबुल कलाम आज़ाद को जाता है। उन्होंने 'अल हिलाले' नामक साप्ताहिक पत्र उर्दू में निकाला और अंग्रेज़ी में 'द कामरेड'। 'अल-हिलाले' का आरंभ अबुल कलाम ने किया, उस समय वे कांग्रेस के वर्तमान सभापति के पद पर थे। वे पुराने नेताओं के विचारों से बिल्कुल अलग विचार रखते थे।

उन्होंने अपने विचारों की प्रस्तुति के लिए बोलचाल की उर्दू भाषा का प्रयोग किया, जिससे कि आम जनता भी उनके विचारों से प्रभावित हो सके। अलीगढ़ कॉलेज की परंपरा राजनीतिक और सामाजिक दृष्टि से रूढ़िवादी थी। उसका लक्ष्य मुस्लिमों को निचले दर्जे की नौकरियों में प्रवेश दिलाना मात्र था। अबुल कलाम ने पुरातनपंथी और राष्ट्र विरोधी भावना के गढ़ पर आक्रमण किया, जिससे बुर्जुग नाराज़ हुए, पर युवा पीढ़ी में उत्तेजना भर चुकी थी।

तिलक और गोखले

ए.ओ. ह्यूम ने 1885 ई. में जिस कांग्रेस की स्थापना की थी वह अपनी प्रौढ़ावस्था में आई तो इसके नेतृत्व का ढंग बदल गया। इसका नेतृत्व करने वाले अधिक आक्रामक, अवज्ञाकारी थे। इनमें निम्न मध्यवर्ग, विद्यार्थी तथा युवा वर्ग के प्रतिनिधि थे। बंगाल विभाजन के बाद जो नेता उभरकर सामने आए उनमें बालगंगाधर तिलक और गोखले प्रमुख थे।

वर्ष 1907 में हुए संघर्ष में उदारवादी विचारधारा वाले दल की जीत हुई, पर बहुसंख्यक जनता तिलक के पक्ष में थी। इस समय बंगाल में हिंसक घटनाएँ हो रही थीं।

शब्दार्थ

शब्द	हिंदी अर्थ
NCERT पृष्ठ संख्या 92	
अनुसरण	किसी अन्य के कहने में काम करना
औपनिवेशिक	किसी को अधीन कर उपनिवेश बनाना
अभिन्न	अलग न हो
NCERT पृष्ठ संख्या 93	
पटवारी	ज़मीन की पैमाइश करनेव वाले
शिक्षाविद्	शिक्षा का ज्ञाता
पाश्चात्य	पश्चिमी
चेतना	जागृति, जागरूकता
NCERT पृष्ठ संख्या 94	
उपेक्षा	ध्यान न देना
व्यापक	बड़ा
कुरीतियों	पुराने गलत रीतिं-रिवाज
कुप्रथाओं	पुरानी गलत विचारधाराएँ
NCERT पृष्ठ संख्या 95	
प्रवर्तक	संस्थापक
विश्वजनीन	विश्व में मशहूर
पुनर्जागरण	नई चेतना का प्रसार करना
NCERT पृष्ठ संख्या 96	
अनुयायी	मानने वाले
अवशेष	बचे हुए

शब्द	हिंदी अर्थ
NCERT पृष्ठ संख्या 97	
धर्मप्राण	धर्म में गहरा विश्वास रखने वाले
तत्काल	उसी समय
झकझोर	हिला देना
खिन्न	दुखी
NCERT पृष्ठ संख्या 98	
निषेध	मनाही
तत्वज्ञानियों	विचारकों
बहुरंगी साँचे	विभिन्न रूप
NCERT पृष्ठ संख्या 99	
निरर्थक	बेमतलब
अभय	बिना डर के
ओजस्वी	तेज बुद्धि वाले
संजीवनी	जीवनदायिनी बूटी
एकेश्वरवाद	एक ईश्वर को मानना
कसौटी	परखना
NCERT पृष्ठ संख्या 100	
सर्वज्ञान	सभी ज्ञानों से परिपूर्ण
नास्तिक	ईश्वर में विश्वास न रखने वाला
सजीव	जीवित
क्षीण	कमजोर
ओत-प्रोत	भरा हुआ

शब्द	हिंदी अर्थ
NCERT पृष्ठ संख्या 101	
अनवरत	लगातार
उदीयमान	उभरता हुआ
नैराश्य	निराशा
पूर्वार्द्ध	शुरू में
निस्संदेह	बिना किसी शक के
NCERT पृष्ठ संख्या 102	
सांत्वना	धैर्य बँधाना
रसपान	आनंद लेना
मुनासिब	सही

शब्द	हिंदी अर्थ
कौमी	कौम की
NCERT पृष्ठ संख्या 104	
तेजस्विता	ओजपूर्ण
तर्कसंगत	सही
उत्तेजना	उग्रता
NCERT पृष्ठ संख्या 105	
पुरातनपंथी	पुरानी विचारधाराएँ रखने वाला
प्रौढ़	अधेड़ उम्र का युवावस्था के बाद का समय
अवज्ञाकारी	सरकारी नीतियों का उल्लंघन करने वाला

अभ्यास प्रश्न

बहुविकल्पीय व वर्णनात्मक प्रश्नों सहित

बहुविकल्पीय प्रश्न

1. निम्न में से अंग्रेजों के समय में भारत में कौन-से दो मुख्य विभाग थे?

(क) धर्म व राजनीति
(ख) मालगुजारी व पुलिस
(ग) भारतीय व अंग्रेजों के शासकीय विभाग
(घ) गाँव व शहरों के सत्ता के अलग-अलग विभाग

उत्तर (ख) मालगुजारी व पुलिस

2. दिए गए विकल्प में से प्रत्येक जिले में प्रमुख पद क्या होता था?

(क) सरपंच (ख) कलेक्टर
(ग) राजस्व पदाधिकारी (घ) पुलिस अधिकारी

उत्तर (ख) कलेक्टर

3. निम्न में से प्रथम स्वतंत्रता संग्राम की शुरुआत कब हुई थी?

(क) 1805 ई. (ख) 1826 ई.
(ग) 1857 ई. (घ) 1850 ई.

उत्तर (ग) 1857 ई.

4. सुमेलित कीजिए

	सूची I		सूची II
A.	ब्रह्म समाज के संस्थापक	1.	स्वामी विवेकानंद
B.	आर्य समाज के संस्थापक	2.	राजा राममोहन राय
C.	रामकृष्ण मिशन के संस्थापक	3.	दयानंद सरस्वती

कूट

	A	B	C		A	B	C
(क)	1	2	3	(ख)	1	3	2
(ग)	2	3	1	(घ)	3	2	1

उत्तर (ग) 2, 3, 1

5. निम्न में से बहादुरशाह जफर कहाँ का राजा था?

(क) कलकत्ता (ख) दिल्ली
(ग) लाहौर (घ) अफगानिस्तान

उत्तर (ख) दिल्ली

6. सन् 1857 के स्वतंत्रता संग्राम में भाग लेने वाले किस स्वतंत्रता सेनानी को अंग्रेज जनरल ने सर्वोत्तम और सबसे बहादुर कहा है?

(क) ताँत्या टोपे को (ख) रानी लक्ष्मीबाई को
(ग) नाना साहब को (घ) मंगल पांडे को

उत्तर (ख) रानी लक्ष्मीबाई को

7. निम्न में से रवींद्र नाथ टैगोर ने किस शिक्षा संस्थान की स्थापना की थी?

(क) शांति निकेतन (ख) गुरुकुल
(ग) हिंदू शिक्षा समिति (घ) दयानंद विश्वविद्यालय

उत्तर (क) शांति निकेतन

8. राजा राम मोहन राय ने शिक्षा को किस पद्धति चंगुल से बाहर निकाला था?

(क) रूढ़िवादिता पद्धति से (ख) रटने वाली पद्धति से
(ग) वैज्ञानिक पद्धति से (घ) पंडिताऊ पद्धति से

उत्तर (घ) पंडिताऊ पद्धति से

9. निम्न में से अंग्रेजी शासन की स्थापना के पश्चात् भारत में प्रचलित कौन-सी व्यवस्था टूट गई थी?

(क) जमींदार व्यवस्था (ख) बैंकिंग व्यवस्था
(ग) खेतिहर व्यवस्था (घ) सामाजिक व्यवस्था

उत्तर (ग) खेतिहर व्यवस्था

10. 1893 ई. में किसने अंतर्राष्ट्रीय सम्मेलन में भाग लेकर भारत का नाम रोशन किया था? **CBSE Diksha**

(क) बाल गंगाधर तिलक (ख) स्वामी विवेकानंद
(ग) स्वामी दयानंद (घ) गोपाल कृष्ण गोखले

उत्तर (ख) स्वामी विवेकानंद

11. सती प्रथा रोकने के लिए किसने आंदोलन किया था? **CBSE Diksha**

(क) स्वामी विवेकानंद (ख) राजा राममोहन राय
(ग) स्वामी दयानंद सरस्वती (घ) गोपाल कृष्ण गोखले

उत्तर (ख) राजा राममोहन राय

गद्यांशों पर आधारित प्रश्न

निम्नलिखित गद्यांशों को ध्यानपूर्वक पढ़कर उन पर आधारित प्रश्नों के उत्तर दीजिए।

गद्यांश 1

राममोहन राय भारतीय पत्रकारिता के प्रवर्तकों में से थे। सन् 1780 के बाद भारत में अंग्रेजों ने कई अखबार निकाले। इन अखबारों में आमतौर पर सरकार की कड़ी आलोचना रहती थी। परिणामत: उन पर कड़ा सेंसर लगता था। पहला अखबार जिस पर भारतीयों का स्वामित्व था और जिसका संपादन भी भारतीयों ने किया था 1818 में अंग्रेजी में निकला था। उसी वर्ष श्रीरामपुर के बैपटिस्ट पादरियों ने बंगाली में एक मासिक और एक साप्ताहिक पत्र निकाला।

किसी भारतीय भाषा में प्रकाशित होने वाले ये पहले पत्र थे। इसके बाद एक के बाद एक अंग्रेजी और भारतीय भाषाओं में कलकत्ता (कोलकाता), मद्रास (चेन्नई) और बंबई (मुंबई) से अखबार और पत्रिकाएँ बड़ी तेजी से निकलने लगी। राममोहन राय की पत्रकारिता का गहरा संबंध उनके सुधारवादी आंदोलनों से था। उनका समन्वयवादी और विश्वजनीन दृष्टिकोण कट्टर वर्ग के लोगों को नापसंद था और वे उनके बहुत से सुधारों का भी विरोध करते थे।

1. निम्न में से राजा राम मोहन राय किस प्रदेश के रहने वाले थे?

(क) बंगाल (ख) गुजरात (ग) महाराष्ट्र (घ) उत्तर प्रदेश

उत्तर (क) बंगाल

2. दिए गए विकल्पों में से राजा राम मोहन राय की पत्रकारिता का संबंध किन आंदोलन से था?

(क) समन्वयवादी से (ख) विश्वजनीन दृष्टिकोण से
(ग) सुधारवादी आंदोलन से (घ) ये सभी

उत्तर (ग) सुधारवादी आंदोलन से

3. निम्न में से साप्ताहिक शब्द में समास है

(क) अव्यीय भाव (ख) द्वंद्व
(ग) तत्पुरुष (घ) द्विगु

उत्तर (घ) द्विगु

4. गद्यांश के अनुसार, 1818 ई. में श्री रामपुर के बैपटिस्ट पादरियों ने किस भाषा में एक मासिक और साप्ताहिक पत्र निकाले?

उत्तर 1818 ई. में श्री रामपुर के बैपटिस्ट पादरियों ने बंगाली भाषा में मासिक और साप्ताहिक पत्र निकाले थे।

5. समाज सुधारक राजा राममोहन राय की मृत्यु कहाँ हुई?

उत्तर राजा राममोहन राय जब दिल्ली सम्राट की ओर से इंग्लैंड गए, तो वहाँ 19वीं शताब्दी में ब्रिस्टल में उनकी मृत्यु हो गई।

6. दिए गए गद्यांश के अनुसार, अखबार और पत्रिकाएँ कहाँ-कहाँ से निकाली गईं?

उत्तर अंग्रेजी और भारतीय भाषाओं में कलकत्ता, मद्रास और बंबई (मुंबई) से अखबार और पत्रिकाएँ निकाली गईं।

गद्यांश 2

वे सुंदर व्यक्तित्व के धनी थे— रोबीले, शालीन और गरिमावान। उन्हें अपने और अपने मिशन पर भरोसा था। उनमें भारत को आगे बढ़ाने की गहरी लगन थी। उदास और पतित हिंदू मानस के लिए वे संजीवनी की तरह आए। 1893 ई. में उन्होंने शिकागो में अंतर्राष्ट्रीय धर्म-सम्मेलन में भाग लिया। अमरीका में एक वर्ष से अधिक बिताया, यूरोप की यात्रा एथेंस और कुस्तुतुनिया तक की और मिस्र, चीन और जापान भी गए। जो एक बार इस हिंदू संन्यासी को देख लेता था, उसके लिए उसे और उसके संदेश को भूलना कठिन हो जाता था। खुद उन पर भी पश्चिमी देशों की यात्रा का बहुत अधिक प्रभाव पड़ा, वे अंग्रेजों की लगन और अमरीकी लोगों की जीवंतता और समभाव के प्रशंसक थे, लेकिन वे पश्चिम के धर्म व्यवहार से प्रभावित नहीं हुए और भारतीय दर्शन और अध्यात्मिक पृष्ठभूमि में उनकी आस्था और बलवती हो गई। उन्होंने वेदांत के अद्वैत-दर्शन के एकेश्वरवाद का उपदेश दिया। उन्हें विश्वास था कि विचारशील मानवता के भविष्य के लिए यही एकमात्र धर्म हो सकता है।

1. निम्न में से स्वामी विवेकानंद ने शिकागो में धर्म सम्मेलन में किस वर्ष भाग लिया?

(क) 1857 ई. (ख) 1839 ई.
(ग) 1893 ई. (घ) 1995 ई.

उत्तर (ग) 1893 ई.

2. स्वामी विवेकानंद के अनुसार, कौन-सी व्यवस्था एक तरह की सामाजिक व्यवस्था है?

(क) ग्रामीण व्यवस्था (ख) वर्ण व्यवस्था
(ग) राजनैतिक व्यवस्था (घ) ये सभी

उत्तर (ख) वर्ण व्यवस्था

3. दिए गए विकल्पों में से स्वामी विवेकानंद के गुरु कौन थे?

(क) चैतन्य स्वामी (ख) महावीर
(ग) स्वामी दयानंद (घ) रामकृष्ण परमहंस

उत्तर (घ) रामकृष्ण परमहंस

4. दिए गए गद्यांश के अनुसार, विवेकानंद जी ने क्या उपदेश दिया?

उत्तर उन्होंने बेदांत के अद्वैत-दर्शन के एकेश्वरवाद का उपदेश दिया। उन्हें विश्वास था कि मानवता के भविष्य का यही एकमात्र धर्म हो सकता है।

5. गद्यांश के अनुसार, स्वामी विवेकानंद के व्यक्तित्व के बारे में बताइए।

उत्तर स्वामी विवेकानंद बंगाल और अंग्रेज़ी के ओजस्वी वक्ता थे। वे रोबीले, शालीन और गरिमावान सुंदर व्यक्तित्व के धनी थे।

6. दिए गए गद्यांश के अनुसार, विवेकानंद के द्वारा किन कर्म कांडों की निंदा की गई है?

उत्तर सामाजिक संगठनों को समय के परिवर्तन के साथ बदलना चाहिए। विवेकानंद ने कर्म-कांड के निरर्थक तात्विक- विवेचनों और तर्कों, विशेषकर ऊँची जाति की, छुआछूत की घोर निंदा की।

गद्यांश 3

नेशनल कांग्रेस, जिसकी स्थापना सन् 1885 में हुई थी, जब प्रौढ़ हुई तो एक नए ढंग का नेतृत्व सामने आया। ये लोग अधिक आक्रामक और अवज्ञाकारी थे और बड़ी संख्या में निम्न मध्यवर्ग, विद्यार्थी और युवा लोगों के प्रतिनिधि थे। बंगाल-विभाजन के विरोध में जो शक्तिशाली आंदोलन हुआ था, उसमें इस प्रकार के कई योग्य और ओजस्वी नेता उभरकर आए, लेकिन इसके सच्चे प्रतीक, महाराष्ट्र के बाल गंगाधर तिलक थे। पुराने नेतृत्व के प्रतिनिधि भी कम उम्र के मराठा सज्जन गोपाल कृष्ण गोखले थे। क्रांतिकारी नारे हवा में गूँज रहे थे और संघर्ष अनिवार्य था।

इस संघर्ष को बचाने के लिए कांग्रेस के बुजुर्ग नेता दादा भाई नौरोजी, जिन्हें राष्ट्रपिता समझा जाता था, अपने अवकाश प्राप्त जीवन से वापस लाए गए। बचाव थोड़े ही दिन के लिए हुआ और वर्ष 1907 में संघर्ष फिर हुआ, जिसमें पुराने उदार दल की जीत हुई । पर इसमें संदेह नहीं कि राजनीतिक दृष्टि से सजग भारत की बहुसंख्यक जनता तिलक और उनके समुदाय के पक्ष में थीं कांग्रेस का महत्त्व काफी कुछ घट गया था और बंगाल में हिंसक गतिविधियाँ सामने आ रही थी।

1. निम्न में से बाल गंगाधर तिलक किस राज्य के निवासी थे?

(क) पंजाब (ख) महाराष्ट्र
(ग) बंगाल (घ) उड़ीसा

उत्तर (ख) महाराष्ट्र

2. निम्न में से 'प्रतिनिधि' शब्द में उपसर्ग है

(क) प्र (ख) प (ग) प्रति (घ) परि

उत्तर (ग) प्रति

3. राजनीतिक दृष्टि से भारत की बहुसंख्यक जनता किसके पक्ष में थी?

(क) युवा वर्ग व विद्यार्थी
(ख) दादाभाई नौरोजी और गोखले
(ग) तिलक और उसके समुदाय
(घ) तिलक और मध्यवर्ग

उत्तर (ग) तिलक और उसके समुदाय

4. नेशनल कांग्रेस की स्थापना कब हुई थी?

उत्तर नेशनल कांग्रेस की स्थापना 1885 ई. में हुई थी।

5. दिए गए गद्यांश के अनुसार, राष्ट्रपिता किसे कहा गया है?

उत्तर गद्यांश के अनुसार, राष्ट्रपिता दादा भाई नौरोजी को कहा गया है।

6. गद्यांश के अनुसार, आक्रामक नेता कौन-कौन से थे?

उत्तर गद्यांश के अनुसार, आक्रामक नेता गोपाल कृष्ण गोखले और बाल गंगाधर तिलक थे।

गद्यांश 4

इसके साथ उन्होंने बाहर की इस्लामी दुनिया के बारे में जानकारी हासिल की और उन सुधारवादी आंदोलनों के बारे में भी जो वहाँ चल रहे थे। उन्होंने धर्म-ग्रंथों की व्याख्या बुद्धिवादी दृष्टिकोण से की। वे इस्लामी देशों में किसी भी अन्य भारतीय मुसलमान की अपेक्षा अधिक प्रसिद्ध हुए।

उनका दृष्टिकोण अधिक उदार और तर्कसंगत था। इस कारण वे पुराने नेताओं के सामती, संकीर्ण धार्मिकता और अलगाववादी दृष्टिकोण से दूर थे। अपने इसी दृष्टिकोण के कारण वे अनिवार्य रूप से भारतीय राष्ट्रवादी थे।

आजाद की शैली में उत्तेजना और तेजस्विता थी, ताकि कभी-कभी वह फारसी पृष्ठभूमि के कारण कुछ कठिन प्रतीत होती थीं। नए विचारों के लिए उन्होंने नई शब्दावली का प्रयोग किया और उर्दू भाषा जैसी आज है, उसे यह रूप देने में उनका निश्चित योगदान था। उनमें मध्ययुगीन पंडिताऊपन, अट्ठारहवीं शताब्दी की तार्किकता और आधुनिक दृष्टिकोण का विचित्र मेल था।

अलीगढ़ कॉलेज में सर सैयद अहमद खाँ से उनका संबंध रहा था, लेकिन अलीगढ़ कॉलेज की परंपरा अलग थी और राजनीतिक और सामाजिक दोनों दृष्टियों से वे रूढ़िवादी थी अपने विद्यार्थियों के सामने वे जो मुख्य लक्ष्य रखते थे, वह था निचले दर्जे की सरकारी नौकरी में प्रवेश करना। इसके लिए सरकार- समर्थक रवैया अनिवार्य था और राष्ट्रवाद और विद्रोह के लिए कोई गुंजाइश नहीं थी।

1. निम्न में से अलीगढ़ कॉलेज की स्थापना किसने की?

(क) अबुल कलाम आजाद (ख) स्वामी विवेकानंद
(ग) सर सैयद अहमद खाँ (घ) राम कृष्ण परमहंस

उत्तर (ग) सर सैयद अहमद खाँ

2. आजाद की शैली में क्या थी?

(क) उत्तेजना और तेजस्विता (ख) विचारों का सामंजस्य
(ग) उदारता और तर्कसंगतता (घ) ये सभी

उत्तर (क) उत्तेजना और तेजस्विता

3. दिए गए विकल्प में से ये चौबीस वर्ष के प्रतिभाशाली नवयुवक थे। रेखांकित पद में समास बताइए।

(क) तत्पुरुष (ख) बहुब्रीहि
(ग) कर्मधारय (घ) द्विगु

उत्तर (ग) कर्मधारय

4. दिए गए गद्यांश में मुस्लिम लीग की स्थापना किसने की थी?

उत्तर मुस्लिम लीग की स्थापना अलीगढ़ कॉलेज के मुसलमान बुद्धिजीवी ने की थी।

5. दिए गए गद्यांश के अनुसार, सर सैयद अहमद खाँ कौन थे?

उत्तर सर सैयद अहमद खाँ उत्साही समाज सुधारक थे। उन्होंने मुस्लिमों की ब्रिटिश विरोधी भावना को कम करने का प्रयास किया।

6. अबुल कलाम आजाद का दृष्टिकोण कैसा था?

उत्तर अबुल कलाम आजाद अरबी, फारसी भाषा के ज्ञाता थे उनका दृष्टिकोण उदार व तर्कसंगत था। ये भारतीय राष्ट्रवादी थे।

अतिलघु उत्तरीय प्रश्न

1. 1857 ई. के विद्रोह के पश्चात् किस नए वर्ग का उदय हुआ?

उत्तर 1857 ई. के विद्रोह के पश्चात् मुसलमानों के 'बुर्जुआ वर्ग' का उदय हुआ।

2. 'मालगुजारी' से क्या अभिप्राय है?

उत्तर 'मालगुजारी' से आशय गाँवों से शहरों तक लाए या ले जाने वाली वस्तुओं पर लगाए जाने वाले 'चुंगी कर' से है।

3. अंग्रेजों ने भारत का प्रयोग किस रूप में किया?

उत्तर अंग्रेजों ने भारत का प्रयोग एक उपनिवेश के रूप में किया।

4. 'कैपिटेशन चार्ज' किसे कहते हैं?

उत्तर भारतीयों द्वारा अंग्रेजी सेना के सैनिकों के प्रशिक्षण हेतु उठाया गया खर्च 'कैपिटेशन चार्ज' कहलाता था।

5. बंगाल के महान समाज सुधारक के रूप में किसे जाना जाता है?

उत्तर बंगाल के महान समाज सुधारक के रूप में राजा राममोहन राय को जाना जाता है। उन्होंने समाज में नई जागृति लाने की कोशिश की।

6. अंग्रेजों ने 'कृषि प्रधान भारत' को किसमें परिवर्तित कर दिया?

उत्तर अंग्रेजों ने कृषि प्रधान भारत को मशीनीकरण में परिवर्तित कर दिया था।

7. समय से पूर्व विद्रोह होने के क्या परिणाम हुए?

उत्तर समय से पूर्व विद्रोह होने के कारण यह क्रांति केवल एक जन-आंदोलन बनकर रह गई थी।

8. अंग्रेजों का क्या उद्देश्य था?

उत्तर अंग्रेजों का उद्देश्य लगान के रूप में कम समय में अधिक रुपया इकट्ठा करने का था।

9. भारत में क्या व्यापक परिवर्तन हुए?

उत्तर भारत में व्यापक परिवर्तन यह हुए कि खेतिहर व्यवस्था टूट गई तथा उसका स्थान जमींदारी व वैयक्तिक संपत्ति ने ले लिया।

10. विवेकानंद ने किस मिशन की स्थापना की थी?

उत्तर विवेकानंद जी ने अपने समस्त गुरु-भाइयों के साथ मिलकर रामकृष्ण मिशन की स्थापना की थी।

11. सर सैयद अहमद खाँ कौन थे?

उत्तर सर सैयद अहमद खाँ एक समाज सुधारक थे और ये आधुनिक वैज्ञानिक विचारों के साथ इस्लाम का सामंजस्य बैठाना चाहते थे।

12. जन आंदोलन में भाग लेने वाले दो नेता कौन-कौन थे?

उत्तर जन आंदोलन में भाग लेने वाले रानी लक्ष्मीबाई (झाँसी की रानी) तथा तांत्या टोपे जैसे दो प्रमुख नेता थे।

13. स्वतंत्रता सेनानी वीर सावरकर की कौन-सी पुस्तक जब्त कर ली गई?

उत्तर स्वतंत्रता सेनानी वीर सावरकर की 'द हिस्ट्री ऑफ द वॉर ऑफ इंडिपेंडेंस' नामक पुस्तक जब्त कर ली गई।

14. 'मुस्लिम लीग' की स्थापना किसके प्रयत्न से हुई?

उत्तर 'मुस्लिम लीग' की स्थापना अलीगढ़ कॉलेज के उस समुदाय की वजह से हुई, जो नए मुस्लिम बुद्धिजीवियों का नेतृत्व कर रहा था

15. विचारधारात्मक आंदोलन चलाने वाले कौन-कौन थे?

उत्तर दयानंद सरस्वती, राजा राममोहन राय तथा स्वामी विवेकानंद विचारधारात्मक आंदोलन चलाने वालों में प्रमुख थे।

16. तिलक और गोखले ने किन-किन वर्गों का प्रतिनिधित्व किया?

उत्तर तिलक और गोखले ने निम्न वर्ग, मध्यम वर्ग, विद्यार्थी व युवा वर्ग का प्रतिनिधित्व किया।

17. तकनीकी परिवर्तन और शिक्षा के प्रचार से समाज पर क्या असर हुआ? CBSE Diksha

उत्तर तकनीकी परिवर्तन और शिक्षा के प्रचार-प्रसार से समाज की सोई हुई चेतना जाग उठी।

लघु उत्तरीय प्रश्न

1. ब्रिटिश शासन ने किस तरह भारत में अपनी स्थिति को सुदृढ़ किया? CBSE Diksha

उत्तर ब्रिटिश शासन ने भारत में अपनी स्थिति को सुदृढ़ करने के लिए भारत से जल्दी से जल्दी अधिक धन कमाने का अपना लक्ष्य बना लिया। इसके लिए उन्होंने बड़े-बड़े जमींदार बनाए। इस व्यवस्था में जमींदार की तरह बहुत से कर्मचारी थे; जैसे—सरकार के विभिन्न महकमों से पटवारी, गाँव के मुखिया और अन्य ऊपर तक के कर्मचारी। ब्रिटिश सरकार ने दो खास महकमे बनाए थे—मालगुजारी और पुलिस। साथ ही इनके ऊपर हर जिले में एक कलेक्टर या जिला मजिस्ट्रेट होता था। इन सबके जरिए अंग्रेजों ने भारत से बहुत धन कमाया।

2. रवींद्रनाथ ठाकुर के विषय में आप क्या जानते हैं? लिखिए।

उत्तर रवींद्रनाथ ठाकुर, स्वामी विवेकानंद के समकालीन थे। वे एक कलाकार तथा श्रेष्ठ लेखक थे। उन्होंने स्वदेशी आंदोलन में भी भाग लिया तथा जलियाँवाला बाग कांड का विरोध करते हुए उन्होंने 'सर' की उपाधि लौटा दी थी। अत्यंत व्यक्तिवादी होने के बावजूद भी वे रूसी क्रांतियों की उपलब्धियों के प्रशंसक थे। वे सर्वोत्तम अंतर्राष्ट्रीयतावादी थे। टैगोर भारत के सबसे बड़े मानवतावादी थे।

3. स्वामी विवेकानंद का व्यक्तित्व कैसा था?

उत्तर स्वामी विवेकानंद भारत के महान समाज-सुधारकों में से एक थे तथा धर्म-ज्ञान में विशेष ध्यान रखते थे। विवेकानंद ने भारत के अतीत तथा वर्तमान के मध्य एक सेतु का कार्य किया। जीवन के प्रति उनका दृष्टिकोण आधुनिक था तथा वे भारत की विरासत पर गर्व करते थे। धार्मिक कर्मकांड तथा मूर्तिपूजा का उन्होंने घोर विरोध किया। अपने विचारों के कारण ही वे पूरे भारतवर्ष में प्रसिद्ध हो गए।

4. सर सैयद अहमद खाँ के विषय में आप क्या जानते हैं? लिखिए।

उत्तर सर सैयद अहमद खाँ एक समाज सुधारक थे। उन्होंने अलीगढ़ कॉलेज की स्थापना की, जिसका उद्देश्य भारत के मुसलमानों को ब्रिटिश ताज के योग्य तथा उपयोगी प्रजा बनाना था। उन्होंने मुस्लिमों में ब्रिटिश विरोधी भावना को कम करने का प्रयत्न किया। सर सैयद अहमद खाँ का प्रभाव मुस्लिमों के उच्च वर्ग में कुछ लोगों तक ही सीमित था।

5. **भारतीयों को शिक्षित करने हेतु राजा राममोहन राय ने क्या किया?**

उत्तर राजा राममोहन राय ने भारतीयों में शिक्षित होने की भावना को जागृत किया, क्योंकि वे जानते थे कि इससे लोगों में देशप्रेम की भावना जागृत होगी तथा वे अपने अधिकारों को पाने की कोशिश करेंगे। इसलिए उन्होंने गवर्नर-जनरल को भौतिक विज्ञान, रसायनशास्त्र, जीव विज्ञान, गणित तथा अन्य उपयोगी विज्ञानों की शिक्षा हेतु लिखित रूप में आग्रह किया।

6. **भारत में अंग्रेजों ने अपने लाभ हेतु किस वर्ग को जन्म दिया?**

उत्तर अंग्रेजों ने अपने लाभ हेतु भारतीय आम जनता तथा अपने मध्य एक ऐसे वर्ग को जन्म दिया जो अंग्रेजों के अनुसार कार्य करें। इस वर्ग में राजा, पटवारी, जमींदार, गाँव के मुखिया तथा कर्मचारियों की बहुत बड़ी संख्या थी। ये लोग आम जनता से धन लेकर अपनी व अंग्रेजी सरकार की जेबें भरते थे।

7. **ब्रिटिश आगमन से भारत में कौन-सी नई घटना घटी?**

उत्तर ब्रिटिश आगमन के कारण घटने वाली नई घटना यह थी कि पहली बार ऐसा शासन सत्ता में आया, जिसका मूल भारतीय नहीं था। अब तक जिस भी शासन ने भारत में सत्ता सँभाली उसने अपना भारतीयकरण किया था तथा जिसने भारतीय सभ्यता को नहीं अपनाया वह भारत में टिक नहीं सका।

8. **यूरोप के विचारों से भारत एक सीमित वर्ग के रूप में क्यों प्रभावित हुआ?**

उत्तर यूरोप के विचारों से भारत एक सीमित वर्ग के रूप में इसलिए प्रभावित हुआ, क्योंकि भारतीय अपनी दार्शनिक पृष्ठभूमि को पाश्चात्य से बेहतर समझते थे। इसके साथ-साथ मुस्लिमों तथा हिंदुओं में अंग्रेजों से मुकाबला करने की भावना तेजी से बढ़ी।

9. **अंग्रेजों के शासनकाल में भारत की क्या स्थिति थी?**

उत्तर अंग्रेजों के शासनकाल के समय भारतीय अर्थव्यवस्था अत्यंत कमजोर हो गई थी। भारत ब्रिटिश राज का औपनिवेशिक तथा खेतिहर किसान बनकर रह गया था था। अंग्रेज भारतीय किसानों से ऐसी फसलें उगवाते थे, जिनसे अंग्रेज स्वयं लाभ कमा सकें।

10. **कुछ लोगों ने ईसाई धर्म क्यों अपनाया तथा हिंदुओं व मुस्लिमों में आंदोलन का उद्देश्य क्या था?**

उत्तर कुछ लोगों ने हिंदू धर्म के गलत रीति-रिवाजों से खिन्न होकर ईसाई धर्म अपनाया। हिंदुओं व मुस्लिमों में सुधारवादी तथा अन्य आंदोलनों का उद्देश्य लोगों की सोई हुई चेतना को जागृत करके उनमें राष्ट्रवाद की भावना का संचार करना था।

11. **19वीं शताब्दी के प्रमुख समाज सुधारकों के नाम तथा भारत को सुदृढ़ बनाने के लिए उन्होंने क्या प्रयत्न किए?**

उत्तर 19वीं शताब्दी के प्रमुख समाज सुधारक केशव चंद्र, स्वामी दयानंद, स्वामी विवेकानंद, रामकृष्ण परमहंस, गोखले, बालगंगाधर तिलक, महात्मा गाँधी, अबुल कलाम आजाद, टैगोर आदि थे। इन्होंने जनता में राष्ट्रीय भावना को मजबूत किया, नई विचारधारा का संचार किया तथा बुराइयों व सामाजिक कुरीतियों को दूर करने का प्रयत्न भी किया।

दीर्घ उत्तरीय प्रश्न

1. **अंग्रेजों को भारतीयों की चेतना जागृत करने का श्रेय क्यों दिया जाता है? अंग्रेजों ने भारत का किस उद्देश्य की पूर्ति के लिए प्रयोग किया?**

उत्तर अंग्रेजों को भारतीयों की चेतना जागृत करने का श्रेय इसलिए दिया जाता है, क्योंकि अंग्रेजों ने भारत में पाश्चात्य संस्कृति लाने के लिए भारतीयों को शिक्षित करना ही सही माध्यम समझा। यही कारण था कि भारतीयों ने शिक्षित होने के पश्चात् ही गुलामी की जंजीरों को तोड़ने के विषय में सोचा।

अंग्रेजों ने भारत में बड़े जमींदार पैदा किए तथा लगान के रूप में अधिक रुपया इकट्ठा किया। अंग्रेजों ने भारत को साम्राज्यवादी उद्देश्यों के लिए बगैर कुछ भुगतान किए, अड्डे की तरह प्रयोग किया। इसके अतिरिक्त भारत को इंग्लैंड के सैनिक प्रशिक्षण का भी खर्च उठाना पड़ता था, जिसे 'कैपिटेशन चार्ज' कहा जाता था। ब्रिटिशों ने ये सब कार्य करके अपनी स्थिति को सुदृढ़ बनाया।

2. **राजा राममोहन राय के बारे में आप क्या जानते हैं? इन्होंने भारत में समाचार-पत्रों को बढ़ावा क्यों दिया?**

उत्तर राजा राममोहन राय को भारतीय दर्शन तथा विचारधारा की गहरी जानकारी थी। वे अरबी, फारसी तथा संस्कृत के विद्वान तथा समाज सुधारक थे। उन्हीं के आंदोलन के कारण सती प्रथा पर रोक लगी तथा पत्रकारिता के साथ भी उनका गहरा संबंध था। राजा राममोहन राय तथा अन्य भारतीय नेताओं ने समाचार-पत्रों को इसलिए बढ़ावा दिया, जिससे लोगों में राष्ट्रीय भावना जागृत हो, लोग अंग्रेजी सरकार की नीतियों से परिचित हों तथा भारत के सभी प्रांतों के मनुष्यों के जनजीवन में संबंध कायम कर सकें। वे इंग्लैंड, दिल्ली सम्राट की ओर से गए तथा उन्नीसवीं शताब्दी के आरंभ में 'ब्रिस्टल' में उनकी मृत्यु हो गई।

3. **भारत पर प्राचीन काल से ही अनेक विदेशी आक्रमण होते रहे। उनकी समय क्रम में सूची बनाइए तथा आपके विचार से भारत में अंग्रेजी राज्य की स्थापना इससे पहले के आक्रमणों से किस तरह अलग है?**

उत्तर भारत पर हूण, शक, मंगोल, कुषाण, तुर्क, यूनानी, मुगल, पुर्तगाल, फ्रांसीसी, डेनमार्क, डच एवं अंग्रेज जातियों के आक्रमण हुए। भारत में अंग्रेजी शासन की स्थापना से पूर्व जितनी भी जातियों ने आक्रमण किए, वे आक्रमणकारी के रूप में आए और भारतीय धन-संपत्ति को लूटकर चले गए अथवा इसी मिट्टी की संस्कृति और सभ्यता में उन्होंने अपने आप को मिला लिया। उन्होंने भारत पर शासन भी किया तो भारतीयों को अपनेपन से देखा, लेकिन अंग्रेजों की शासन सत्ता इसके बिल्कुल विपरीत थी। इन्होंने भारत को लूटा ही नहीं, बल्कि यहाँ की बागडोर अपने हाथ में इस प्रकार ली कि अपने ही देश में भारतीय गुलाम बन गए। भारत का प्रशासनिक ढाँचा इंग्लैंड में तैयार होने लगा।

अंतिम दौर-दो

अध्याय 7

पाठ का सार

राष्ट्रीयता बनाम साम्राज्यवाद–मध्यवर्ग की बेबसी–गाँधीजी का आगमन

प्रथम विश्व युद्ध का भारत पर गहरा प्रभाव पड़ा था। इस युद्ध में अंग्रेजों ने भारतीयों का पूरी तरह से प्रयोग किया। नए-नए नियम और कानून बनाए गए, जो भारतीयों के अनुकूल नहीं थे। इसी समय कांग्रेस, जो ब्रिटिश सरकार के विरुद्ध स्वाधीनता के लिए कार्यरत थी, आंतरिक वैचारिक भिन्नता के कारण दो भागों—नरम दल और गरम दल में परिवर्तित हो गई।

प्रथम विश्व युद्ध की समाप्ति और भारत की स्थिति

प्रथम विश्व युद्ध की समाप्ति के बाद भारतीयों को इस बात की आशा लग रही थी कि अब सरकार सही नीतियों का निर्माण करेगी और भारत की प्रगति होगी, लेकिन सरकार ने दमनकारी कानून व पंजाब में 'मार्शल लॉ' लागू कर दिया।

इस कानून के अंतर्गत बिना कारण बताए, पुलिस या न्यायालय के बिना किसी आदेश के भी सरकार को किसी की भी गोली मारकर हत्या करने का अधिकार था। लगातार गरीबी बढ़ने से जीवन-शक्ति क्षीण होती जा रही थी और किसान वर्ग भयभीत था। मजदूरों की भी स्थिति बेहतर नहीं थी, मध्यवर्ग और बुद्धिजीवी वर्ग भी असहाय-सा जीवन व्यतीत कर रहा था।

गाँधीजी का आगमन

जिस समय भारत की आशाएँ टूट चुकीं थीं, तब गाँधीजी का आगमन हुआ। उन्होंने लोगों को निडरता और सत्यता से जुड़ने और इससे संबंधित कार्य करने के लिए प्रेरित किया। उन्होंने लोगों से कहा कि अपने अंदर के भय को निकाल दो, क्योंकि उस समय लोगों को व्यापक दमनकारी नीति तथा सेना, पुलिस, खुफिया विभाग, अफसरों, जमींदारों, साहूकारों, बेकारी और भुखमरी का भय रहता था। इस प्रकार, लोगों ने अपना डर निकालकर काम करना शुरू किया।

गाँधीजी के नेतृत्व में कांग्रेस सक्रिय

गाँधीजी ने पहली बार कांग्रेस में प्रवेश करते ही उसके संविधान में बदलाव ला दिया। उन्होंने कांग्रेस को लोकतांत्रिक बनाया तथा अपने आंदोलनों में मजदूरों व किसानों की भागीदारी को आवश्यक समझा। गाँधीजी का मानना था कि स्वतंत्रता प्राप्त करने के लिए आम जनता की भागीदारी आवश्यक है।

गाँधीजी ने अपने संगठन का लक्ष्य सक्रियता से बनाया, जिसका आधार शांतिपूर्ण पद्धति थी। इसमें हिंसा की निंदा की गई है। गाँधीजी ऊर्जावान व शांतिवादी थे तथा उनकी शांति के दो आह्वान थे

1. विदेशी शासन को चुनौती देना।
2. अल्पसंख्यकों तथा दलितों की समस्या को हल करना।

वे सामाजिक बुराइयों के विरुद्ध थे, क्योंकि कांग्रेस का मुख्य आधार राष्ट्रीय एकता था, जिसमें अल्पसंख्यकों की समस्या को हल करना और दलित जातियों को ऊपर उठाने के साथ छुआछूत के अभिशाप को खत्म करना भी था।

गाँधीजी की कार्य पद्धति

गाँधीजी अंग्रेजी सत्ता पर शांतिपूर्ण ढंग से प्रहार करना चाहते थे। उन्होंने सरकार की बुनियादों पर प्रहार करके लोगों से अपनी पदवी को छोड़ देने को कहा। वायसराय के दरबार और रजवाड़ों की शान-शौकत, जो सभी को प्रभावित करती थी, बेहद उपहासास्पद, अभद्र और शर्मनाक लगने लगी, क्योंकि उसका आधार आम जनता की गरीबी और कष्टों से घिरा था।

कांग्रेस के पुराने नेताओं में रोष

कांग्रेस की निष्क्रिय परंपरा पर चलने वाले नेताओं को गाँधीजी के तौर तरीकों से परेशानी होने लगी और आम जनता का सरकार का विरोधी होना भी उन्हें अच्छा नहीं लगा, परंतु वे इसे रोक नहीं पाए। गाँधीजी ने भारतीय जनता की निष्क्रियता के विरुद्ध संघर्ष करने और उनके विचारों को बदलने के लिए बहुत प्रयत्न किए। उन्होंने कर्म करने का संदेश गाँवों तक पहुँचाकर किसानों को जागरूक किया। गाँधीजी जनता को साथ लेकर चलना चाहते थे।

गाँधीजी का सत्य व अहिंसा के मार्ग पर विश्वास

गाँधीजी अंतरमन से हिंदू व धार्मिक विचारों वाले व्यक्ति थे, परंतु धार्मिक, कर्मकांड व सिद्धांत से उनका कोई संबंध नहीं था। उनका नैतिक नियमों में विश्वास था तथा सत्य और प्रेम ही उनका नियम था। उन्होंने अपने कार्य करने के तरीके भी सत्य और अहिंसा के आधार पर ही बनाए थे। किसी भी कार्य को पहले वे स्वयं करते थे तथा बाद में किसी और से करवाते थे।

गाँधीजी का स्वप्निल भारत

गाँधीजी ऐसे भारत के लिए काम करना चाहते थे, जिसमें गरीब से गरीब व्यक्ति भी अपनी भागीदारी महसूस करे तथा सभी जातियाँ समानता से रहें। स्त्रियों को पुरुषों के समान अधिकार प्राप्त हों तथा छुआछूत व नशीले पदार्थ की कोई जगह न हो।

मिली-जुली संस्कृति संबंधी विचारधारा

गाँधीजी का मानना था कि भारतीय संस्कृति न तो हिंदू है न इस्लाम तथा न ही कुछ और बल्कि यह पूर्णत: मिली-जुली संस्कृति है। आधुनिक विचारधाराओं से प्रभावित होते हुए भी उन्होंने अपनी जड़ों को नहीं छोड़ा। वे प्रत्येक गरीब भारतीय के आँसू पोंछकर उसके दुखों को दूर करना चाहते थे। वे अपने अनुयायियों व विरोधियों दोनों को साथ लेकर चलना चाहते थे। इससे लोगों में मनोवैज्ञानिक क्रांति पैदा हुई।

सरकार के विरुद्ध बार-बार संघर्ष

कांग्रेस एक सक्रिय व विद्रोही संगठन था, जिसके अनेक पक्ष थे। फिर भी उस पर गाँधी जी का विशेष प्रभाव था। इसमें बहुत से मत रखे जाते थे, जो आसानी से नहीं बदलते जा सकते थे, भले ही वे गाँधी जी के विरुद्ध ही क्यों न हों। वर्ष 1920 तक नेशनल कांग्रेस और देश की जनता दोनों ने काफी हद तक गाँधीजी की नीतियों को अपनाकर ब्रिटिश सरकार के विरुद्ध संघर्ष किया। एक के बाद दूसरा सविनय अवज्ञा आंदोलन हुआ और असहयोग नीति अपनाई गई। इस दौरान लोगों ने मुश्किलों का सामना किया, लेकिन इससे लोगों को शक्ति भी मिली।

अल्पसंख्यकों की समस्या-मुस्लिम लीग-मोहम्मद अली जिन्ना

भारत में कभी भी किसी भी धर्म का विरोध नहीं किया गया और सभी धर्मों को समान समझा गया। जातीय दृष्टि से भारत में कभी कोई सवाल नहीं उठे थे, परंतु धीरे-धीरे भारत में राजनीतिक मामलों में धर्म का स्थान सांप्रदायिकता ने ले लिया। इसका प्रमुख उद्देश्य राजनैतिक शक्ति और अपने समुदाय को बढ़ावा देना था। आज तक हिन्दू व मुसलमान साथ-साथ स्वाधीनता की लड़ाई अंग्रेजों के खिलाफ लड़ते रहे थे, लेकिन धर्म क आधार पर अब दोनों अलग-अलग धार्मिक समुदायों में बँट गए थे।

कांग्रेस का उद्देश्य

भारतीय कांग्रेस में हिंदू, मुस्लिम, सिख और ईसाई सभी धर्मों के लोग शामिल थे, परंतु मुख्यत: हिंदू और मुसलमान ही थे। इन सभी का उद्देश्य स्वराज्य पाना था। कांग्रेस सभी में एकता बनाए रखना चाहती थी तथा कांग्रेस का उद्देश्य राष्ट्रीय एकता और लोकतंत्र था।

ब्रिटिश सरकार की फूट डालो की नीति

समय बीतता गया, ब्रिटिश सरकार ने भी भारतीय एकता और लोकतंत्र का समर्थन किया, लेकिन उनकी नीतियाँ इन दोनों के विरुद्ध थीं। उन्हीं से प्रेरित होकर वर्ष 1940 में कांग्रेस ने घोषणा की कि भारत में ब्रिटिश सरकार की नीतियाँ "जनजीवन में संघर्ष और फूट को प्रत्यक्ष रूप से उकसाती और भड़काती हैं" अर्थात् उन्होंने लोकतंत्र को मानने के साथ-साथ हिंदुओं और मुसलमानों के मध्य फूट डालनी शुरू कर दी।

ब्रिटिश सरकार के जिम्मेदार लोगों ने स्पष्ट रूप से यह भी कहा कि किसी नई व्यवस्था के पक्ष में भारत की एकता को भंग करना होगा। उन्होंने यह भी स्पष्ट किया कि भारत के लिए लोकतंत्र सही नहीं है। अंग्रेज हिंदू और मुसलमानों को आपस में लड़ाकर अपना हित साधना चाहते थे। उन्होंने मुस्लिम लीग और हिंदू महासभा के मतभेदों को प्रोत्साहन दिया और सांप्रदायिक संगठनों को कांग्रेस के विरुद्ध महत्त्व दिया।

मुस्लिम लीग के नेता-जिन्ना

मुस्लिम लीग के नेता जिन्ना ने यह घोषणा की कि भारत के दो राष्ट्र हैं—हिंदू और मुसलमान। उनकी इसी विचारधारा के आधार पर पाकिस्तान और भारत के विभाजन की अवधारणा विकसित हुई, लेकिन दो राष्ट्रों की समस्या का हल (समाधान) नहीं हुआ, क्योंकि हिंदू और मुसलमान तो पूरे भारत में ही थे।

शब्दार्थ

शब्द	हिंदी अर्थ
NCERT पृष्ठ संख्या 106	
दमनकारी	नष्ट करने वाले
आवेश	क्रोधयुक्त, उत्तेजना
निर्मम	निर्दय
दब्बू	डरा हुआ
NCERT पृष्ठ संख्या 107	
सर्वग्रासी	सबको निगल लेने वाला
प्रबल	मजबूत
लबादा	ढीली-ढाली ऊपरी पोशाक
आंशिक	अधूरा
शोचनीय	खराब
गौण	जो दिखाई न दे, सूक्ष्म
NCERT पृष्ठ संख्या 108	
लोकतांत्रिक	लोगों की भागीदारी वाला
छितरे	इधर-उधर फैले
शिष्ट	सभ्य

शब्द	हिंदी अर्थ
आह्वान	बुलाना
NCERT पृष्ठ संख्या 109	
उपहासास्पद	मजाक उड़ाने वाली
निष्क्रिय	काम-काज से दूर
निवृत्तिमार्गी	मुक्ति के मार्ग को अपनाने वाले
पैठाने	स्थान देने
अभद्र	अशिष्ट
विद्वत्तापूर्ण	पांडित्यपूर्ण
NCERT पृष्ठ संख्या 110	
धर्मप्राण	धार्मिक विचारों वाले
अंतरतम	मन, हृदय
समभाव	समानता या बराबरी का भाव
अवधारणा	विचार
NCERT पृष्ठ संख्या 111	
तटस्थ	किसी विशेष का साथ न देने वाला

शब्द	हिंदी अर्थ
विरासत	पूर्वजों से
संकीर्ण	संकुचित विचारधारा
आकांक्षा	इच्छा
तेजस्वी	ओजस्वी
NCERT पृष्ठ संख्या 112	
स्वाधीनता	अपने अधीन रहने की भावना
अवज्ञा	न मानना
संकीर्ण	संकुचित, तंग
NCERT पृष्ठ संख्या 113	
एका	एकता
अडिग	पक्की
गुज़रे	बीते
NCERT पृष्ठ संख्या 114	
सामंती	जमींदारी
अतीत	बीता समय

अभ्यास प्रश्न

बहुविकल्पीय व वर्णनात्मक प्रश्नों सहित

बहुविकल्पीय प्रश्न

1. भारत के विभाजन में किस नेता का योगदान रहा?

(क) मिस्टर जिन्ना (ख) अबुल कलाम आजाद
(ग) गाँधीजी (घ) जवाहर लाल नेहरू

उत्तर (क) मिस्टर जिन्ना

2. निम्न में से गाँधीजी सबसे ऊपर किसकी सत्ता मानते हैं?

(क) कानून की (ख) धर्म की
(ग) नैतिक नियमों की (घ) ब्रिटिश महारानी की

उत्तर (ग) नैतिक नियमों की

3. दिए गए विकल्प में से महात्मा गाँधी की क्या आकांक्षा थी?

(क) अंग्रेजों के साथ मैत्रीपूर्ण संबंध बनाया
(ख) भारत को हिंदू राष्ट्र बनाया
(ग) हर आँख से हर आँसू पोंछना
(घ) सनातन धर्म का प्रचार करना

उत्तर (ग) हर आँख से हर आँसू पोंछना

4. निम्न में से भारत के अल्पसंख्यक किस तरह के हैं?

(क) जातीय (ख) राष्ट्रीय
(ग) धार्मिक (घ) ये सभी

उत्तर (ग) धार्मिक

5. दिए गए विकल्प में से महात्मा गाँधी ने हिंदू धर्म को कौन-सा बाना पहनाने का प्रयास किया?

(क) संकीर्ण (ख) पुराना
(ग) सार्वभौमिक (घ) ये सभी

उत्तर (ग) सार्वभौमिक

6. प्रथम विश्व युद्ध के पश्चात् बुद्धिजीवी एवं मध्य वर्ग के लोगों की दशा कैसी हो गई थी?

(क) देश गरीब हो रहा था (ख) लोग निडर हो रहे थे
(ग) लोग शिक्षित हो रहे थे (घ) लोग समझौता बन रहे थे

उत्तर (ख) लोग निडर हो रहे थे

7. निम्न में से गाँधी जी छुआछूत को क्या समझते थे?

(क) वरदान (ख) अभिशाप (ग) पाप (घ) कोढ़

उत्तर (ख) अभिशाप

8. दिए गए विकल्प में से गाँधीजी ने कैसे नियमों को नामंजूर किया था?

(क) जो उन्हे पसंद नहीं थे
(ख) जो अंग्रेजों के पक्ष में थे
(ग) जो उनके आदर्शों से मेल नहीं खाते थे
(घ) जो उनके विरोधियों के पक्ष में थे

उत्तर (ग) जो उनके आदर्शों से मेल नहीं खाते थे

9. गाँधीजी ने लोगों को कैसा कर्म करने का संदेश दिया था?

(क) डर कर कर्म करने का

(ख) निडर होकर कर्म करने का

(ग) व्यक्तिगत स्वार्थ के लिए

(घ) दंगों से दूर रहने का

उत्तर (ख) निडर होकर कर्म करने का

10. निम्न में से गाँधीजी के अनुसार, कैसे राष्ट्र का कोई धर्म नहीं होता?

(क) लघु राष्ट्र का (ख) विशाल राष्ट्र का

(ग) अमीर राष्ट्र का (घ) ये सभी

उत्तर (ग) अमीर राष्ट्र का

11. कांग्रेस को लोकतांत्रिक संगठन किसने बनाया? **CBSE Diksha**

(क) गाँधीजी (ख) सरदार पटेल

(ग) तिलक (घ) मिस्टर जिन्ना

उत्तर (क) गाँधीजी

12. 'मार्शल लॉ' कहाँ लागू हुआ था? **CBSE Diksha**

(क) हरियाणा में (ख) बिहार में

(ग) पंजाब में (घ) राजस्थान में

उत्तर (ग) पंजाब में

गद्यांशों पर आधारित प्रश्न

निम्नलिखित गद्यांशों को ध्यानपूर्वक पढ़कर उन पर आधारित प्रश्नों के उत्तर दीजिए।

गद्यांश 1

पहला विश्व युद्ध आरंभ हुआ। राजनीति उतार पर थी। इसका कारण था कांग्रेस का तथाकथित गरम दल और नरम दल में विभाजन और युद्ध-काल में लागू किए गए नियम और प्रतिबंध। अंतत विश्व युद्ध समाप्त हुआ और शांति के परिणामस्वरूप देश में राहत और प्रगति की बजाय दमनकारी कानून और पंजाब में मार्शल लॉ लागू हुआ।

जनता में अपमान की कड़वाहट और क्रोध का आवेश भर गया। ऐसे समय में जब हमारे देश के पौरुष को लगातार कुचला जा रहा था, शोषण की लगातार निर्मम प्रक्रिया से हमारी गरीबी बढ़ रही थी और हमारी जीवन शक्ति क्षीण हो रही थी। किसान वर्ग दब्बू और भयभीत था, कारखाने के मजदूरों की स्थिति भी बेहतर नहीं थी। मध्य वर्ग और बुद्धिजीवी लोग, जो इस सर्वग्रासी अंधकार में आकाशदीप हो सकते थे, खुद इस सर्वव्यापी उदासी में डूबे हुए थे।

और तब गाँधी का आगमन हुआ। वे ताजा हवा के ऐसे झोंके की तरह आए, जिसने फैलकर हमें गहरी साँस लेने के योग्य बनाया। वे ऊपर से अवतरित नहीं हुए थे, वे भारत की करोड़ों की आबादी के बीच से ही निकलकर आए थें। वे उन्ही की भाषा बोलते थें और लगातार उनकी शोचनीय स्थिति की ओर ध्यान आकर्षित करते थे। उन्होंने हमसे कहा कि इन मजदूरों और किसानो की पीठ से उतर जाओ, तुम सब जो उनके शोषण के सहारे जिंदा हो उस व्यवस्था को समाप्त कर दो, जो इस गरीबी और दुर्गति की जड़ है

1. निम्न में से गाँधीजी की शिक्षा का सार था

(क) हिंसा (ख) भय

(ग) झूठ (घ) सत्य और निर्भयता

उत्तर (घ) सत्य और निर्भयता

2. दिए गए विकल्प में से निर्भयता में कौन-सा उपसर्ग है?

(क) न (ख) नि (ग) निर (घ) ये सभी

उत्तर (ग) निर

3. प्रथम विश्व युद्ध के समय किसानों की स्थिति कैसी थी?

(क) निर्भयता (ख) शोषण रहित

(ग) दब्बू और भयभीत (घ) ये सभी

उत्तर (ग) दब्बू और भयभीत

4. गद्यांश के अनुसार, गाँधीजी ने किस व्यवस्था को समाप्त करने की बात की है?

उत्तर गद्यांश के अनुसार, गाँधी जी ने शोषण के सहारे जिंदा रहने की व्यवस्था को समाप्त करने की बात कही है, जो गरीबी और दुर्गति की जड़ है।

5. प्रथम विश्व युद्ध के बाद कांग्रेस किन दो दलों में विभाजित हो गया?

उत्तर प्रथम विश्व युद्ध के बाद कांग्रेस में दो दलों—गरम दल व नरम दल में विभाजित हो गया था।

6. गद्यांश के अनुसार, गाँधीजी ने किसके खिलाफ दृढ़ आवाज उठाई।

उत्तर गाँधीजी ने व्यापक दमनकारी नीति, सेना, पुलिस, खुफ़िया विभाग, अफसरों, जमींदारों, साहूकारों, बेकारी और भुखमरी के खिलाफ दृढ़ आवाज उठाई।

गद्यांश 2

गाँधीजी ने पहली बार कांग्रेस के संगठन में प्रवेश किया और तत्काल उसके संविधान में पूरी तरह परिवर्तन ला दिया। उन्होंने उसे लोकतांत्रिक और लोक संगठन बनाया। अब उसमें किसानों ने प्रवेश किया और अपने नए रूप में वह एक विशाल किसान-संगठन दिखाई देने लगा, जिसमें मध्य वर्ग के लोग संख्या में छितरे हुए थे, लेकिन उनका जोर काफी था। अब उसका खेतिहर चरित्र बढ़ने लगा। औद्योगिक मजदूर भी उसमें आए, लेकिन अपनी व्यक्तिगत हैसियत में, अलग से संगठित रूप में नहीं।

इस संगठन का लक्ष्य और आधार था सक्रियता। ऐसी सक्रियता जिसका आधार शांतिपूर्ण पद्धति थी। अब तक जो विकल्प थे उसमें या तो केवल बातचीत करना और प्रस्ताव पारित करना था अथवा हिंसक कार्यवाही करना। इन दोनों तरीकों को एक तरफ हटा दिया और हिंसा की विशेष रूप से निंदा की गई, क्योंकि वह कांग्रेस की मूल नीति के खिलाफ था। काम करने का एक नया तरीका निकाला गया, जो पूरी तरह शांतिपूर्ण था, लेकिन जिस बात को गलत समझा जाता था उसके आगे सिर झुकाना मंजूर नहीं किया गया।

1. निम्न में से कांग्रेस के संविधान में किस ने पूरी तरह परिवर्तन ला दिया?

(क) गाँधीजी (ख) इंदिरा गाँधी

(ग) जवाहर लाल नेहरू (घ) एनी बेसेंट

उत्तर (क) गाँधीजी

2. निम्न में से कौन-कौन से तरीके इन सभी कार्यवाही में शामिल थे?

(क) कांग्रेस की मूल नीति

(ख) प्रस्ताव पारित करना

(ग) भाग्य से हार मानना

(घ) हिंसक कार्यवाही और बातचीत

उत्तर (घ) हिंसक कार्यवाही और बातचीत

3. निम्न में से औद्योगिक शब्द का संधि विच्छेद है

(क) औध + इक

(ख) औद्यो + गिक

(ग) उद्योग + इक

(घ) उद्योगि + क

उत्तर (ग) उद्योग + इक

4. गाँधीजी के कांग्रेस में प्रवेश होने से कांग्रेस में किसका चरित्र बढ़ने लगा था?

उत्तर गाँधीजी ने कांग्रेस में प्रवेश करके कांग्रेस में परिवर्तन किया। उन्होंने लोकतांत्रिक और लोक संगठन बनाया, जिसमें किसानों व मज़दूरों को पूरा स्थान दिया। इससे आम जनता भी कांग्रेस का हिस्सा बनी।

5. गद्यांश के अनुसार, गाँधीजीकी सक्रियता का आधार क्या था?

उत्तर गद्यांश के अनुसार, गाँधीजी की सक्रियता का आधार शांतिपूर्ण पद्धति था।

6. दिए गए गद्यांश के अनुसार, कांग्रेस में कौन-कौन से वर्ग शामिल हुए?

उत्तर गद्यांश के अनुसार, कांग्रेस में किसानों के वर्ग ने प्रवेश लिया, मध्य वर्ग के लोगों ने और औद्योगिक मजदूरों ने भी बढ़-चढ़कर कांग्रेस में भाग लिया।

गद्यांश 3

गाँधीजी ने अंग्रेजी शासन की बुनियादों पर चोट की। उन्होंने कहा कि खिताब छोड़ देने चाहिए। गरचे कम लोगों ने खिताब छोड़े, लेकिन अंग्रेजों द्वारा दिए गए इन खिताबों के लिए आम जनता में इज्जत समाप्त हो गई और ये पतन के प्रतीक बन गए। नए मापदंड और मूल्य स्थापित हुए। वायसराय के दरबार और रजवाड़ों की शान - शौकत जो इतना अधिक प्रभावित करती थी। बेहद उपहासास्पद, अभद्र और शर्मनाक लगने लगी, क्योंकि वह आम जनता की गरीबी और कष्टों से घिरी हुई थीं। धनी लोगों ने भी कम-से-कम ऊपरी तौर पर, उनमें से बहुतों ने, सादा रहन-सहन अपना लिया। वेशभूषा में उनमें और मामूली लोगों में कोई अंतर नहीं रह गया।

कांग्रेस के पुराने नेता, जो एक अलग और ज्यादा निष्क्रिय परंपरा में पले थे, इन नए तौर-तरीकों को आसानी से नहीं अपना सके और आम जनता की इस उठान से उन्हें परेशानी हुई, लेकिन जो हवा पूरे देश में बही, इन लोगों में भी उसका नशा कुछ दूर तक भर गया। ऐसा कहा जाता है कि भारतीय मानस मूलत निवृत्तिमार्गी हैं पर गाँधीजी इस निवृत्तिमार्ग के एकदम विपरीत थे। भारतीय जनता की निष्क्रियता के विरुद्ध संघर्ष करने और उसे बदलने के लिए जितना काम उन्होंने किया किसी दूसरे ने नही किया।

1. अंग्रेजों द्वारा दिए खिताब छोड़ने का आह्वान किसने किया?

(क) गाँधीजी ने (ख) सुभाष चंद्र बोस ने

(ग) दादा भाई नौराजी ने (घ) एनी बेसेंट ने

उत्तर (क) गाँधीजी ने

2. गाँधीजी निवृत्तिमार्ग के एकदम .... थे।

(क) विपरीत (ख) सीधे

(ग) समर्थक (घ) विरोधी

उत्तर (क) विपरीत

3. दिए गए विकल्पों में भारतीय मानस मूलतः कैसा है?

(क) निवृत्तिमार्गी (ख) अपरिधार्य मार्ग

(ग) संचय मार्गी (घ) भोगवादी

उत्तर (क) निवृत्तिमार्गी

4. गाँधीजी ने अंग्रेजी शासन की बुनियाद पर चोट की और क्या छोड़ देने को कहा?

उत्तर गाँधीजी ने अंग्रेजी शासन की बुनियाद पर चोट की और अपना खिताब छोड़ देने के लिए कहा, परंतु बहुत कम लोगों ने खिताब छोड़े और अंग्रेजों द्वारा दिए गए इन खिताब के लिए आम जनता में इज्जत समाप्त हो गई और ये पतन के प्रतीक बन गए थे।

5. भारतीय जनता की निष्क्रियता के विरुद्ध सबसे ज्यादा काम किसने किया?

उत्तर भारतीय जनता की निष्क्रियता के विरुद्ध सबसे ज्यादा काम गाँधीजी ने किया था।

6. गाँधीजी के अनुसार, वायसराय के दरबारों की शान-शौकत कैसी लगने लगी?

उत्तर गाँधीजी के अनुसार, वायसराय के दरबार और रजवाड़ों की शान-शौकत जो इतना प्रभावित करती थी बेहद उपहासास्पद, भद्र और शर्मनाक लगने लगी।

गद्यांश 4

गुजरे जमाने में कम-से-कम सिद्धांत में, ब्रिटिश सरकार ने भी भारतीय एकता और लोकतंत्र का समर्थन किया था, लेकिन उसकी नीतियाँ हमें सीधे उस दिशा में ले गई, जहाँ इन दोनों का ही अस्वीकार था। अगस्त, 1940 में कांग्रेस ने मजबूर होकर घोषणा की कि भारत में ब्रिटिश सरकार की नीति जनजीवन में संघर्ष और फूट को प्रत्यक्ष रूप से उकसाती और भड़काती है। ब्रिटिश सरकार के जिम्मेदार लोग खुल्लमखुल्ला हमसे यह कहने लगे कि शायद किसी नई व्यवस्था के पक्ष में भारत की एकता की बलि चढ़ानी पड़े और यह भी कि भारत के लिए लोकतंत्र ठीक नहीं है। हम सांप्रदायिक समस्या का कोई ऐसा हल न ढूढ़ सके, जो सब पार्टियों को मंजूर हो।

यह साफ जाहिर है कि भारत में बहुत-से सामंती और प्रतिक्रियावादी समुदाय हैं। इनमे कुछ यहाँ की जमीन की उपज हैं और कुछ को जन्म देकर उनका पोषण अंग्रेजों ने किया है। संख्या की दृष्टि से वे भले ही कम हो, लेकिन उनके पास ब्रिटिश सत्ता की मदद है। बीते हुए दिनों में अंग्रेजों की नीति मुस्लिम लीग और हिंदू महासभा के मतभेदों को प्रोत्साहित करके उन पर बल देने की ओर सांप्रदायिक संगठनों को कांग्रेस के विरुद्ध महत्त्व देने की रही।

1. निम्न में से किस महीने कांग्रेस ने भारत में ब्रिटिश सरकार की नीति के खिलाफ घोषणा की थी?

(क) जुलाई, 1940 (ख) सितंबर, 1940
(ग) अगस्त, 1940 (घ) मार्च, 1940

उत्तर (ग) अगस्त, 1940

2. दिए गए विकल्प में से यह किसने कहा है कि यदि धर्म ही राष्ट्रीयता का आधार है, तो भारत में बहुत-से राष्ट्र हैं?

(क) हिंदू (ख) मुस्लिम (ग) सिख (घ) मिस्टर जिन्ना

उत्तर (घ) मिस्टर जिन्ना

3. भारत में कभी भी जातीय सवाल न उठने का कारण क्या था?

(क) लोगों की धार्मिक भावना
(ख) भारतीयों में वर्ग भेद न करना
(ग) भारत में हिंदू, मुस्लिम, सिख व ईसाई को समान दर्जा देना
(घ) उपरोक्त में से कोई नहीं

उत्तर (ग) भारत में हिंदू, मुस्लिम, सिख व ईसाई को समान दर्जा देना

4. दिए गए गद्यांश के अनुसार, भारतीय एकता और लोकतंत्र का समर्थन किसने किया?

उत्तर ब्रिटिश सरकार ने भारतीय एकता और लोकतंत्र का समर्थन किया, लेकिन उनकी नीतियाँ इन दोनों के विरुद्ध थीं।

5. कांग्रेस किस प्रयास में असफल रही?

उत्तर कांग्रेस सांप्रदायिक तत्त्वों को राजनीति में लाने के प्रयास में असफल रही, क्योंकि मुस्लिम लीग ने उसका साथ नहीं दिया।

6. अंग्रेज सरकार ने मुस्लिम लीग और हिंदू महासभा को क्यों प्रोत्साहित किया?

उत्तर अंग्रेजी सरकार ने मुस्लिम लीग और हिंदू महासभा के मतभेदों को प्रोत्साहित किया और सांप्रदायिक संगठनों को कांग्रेस के विरुद्ध महत्त्व देना चाहा।

अतिलघु उत्तरीय प्रश्न

1. क्या प्रथम विश्व युद्ध के बाद लोगों की गरीबी बढ़ती जा रही थी?

उत्तर हाँ, प्रथम विश्व युद्ध के बाद लोगों की गरीबी बढ़ती जा रही थी।

2. गाँधीजी द्वारा जनता को प्रोत्साहित करने का क्या निष्कर्ष निकला?

उत्तर गाँधीजी द्वारा जनता को प्रोत्साहित करने का यह निष्कर्ष निकला कि लोगों में से ब्रिटिश सरकार का भय समाप्त हो गया।

3. गाँधीजी के विचारों से लोगों में किस प्रकार का परिवर्तन हो रहा था?

उत्तर गाँधीजी के विचारों से लोगों में मनोवैज्ञानिक परिवर्तन हो रहा था।

4. गाँधीजी के अनुसार, स्वतंत्रता प्राप्ति के लिए किसकी भागीदारी आवश्यक है?

उत्तर गाँधीजी के अनुसार, स्वतंत्रता प्राप्त करने के लिए आम जनता की भागीदारी आवश्यक है।

5. कांग्रेस की सक्रियता के दो आह्वान कौन-से थे?

उत्तर कांग्रेस की सक्रियता के दो आह्वान थे

(i) विदेशी शासन को चुनौती देना।
(ii) अल्पसंख्यकों तथा दलितों की समस्या को हल करना।

6. गाँधीजी की कार्य पद्धति कैसी थी?

उत्तर गाँधीजी की कार्य पद्धति अहिंसात्मक थी।

7. गाँधीजी के संदेश 'डरो मत' का जनता पर क्या प्रभाव पड़ा?

उत्तर गाँधीजी के संदेश 'डरो मत' से लोगों का ब्रिटिश सरकार के प्रति भय कम हो गया।

8. अंग्रेजों ने किसके मतभेदों को प्रोत्साहित किया?

उत्तर अंग्रेजों ने मुस्लिम लीग और हिंदू महासभा के मतभेदों को प्रोत्साहित किया।

9. लेखक की दृष्टि से गाँधीजी किसके विपरीत थे?

उत्तर लेखक की दृष्टि से गाँधीजी निवृत्ति मार्ग के विपरीत थे।

10. सक्रियता का दोहरा आह्वान क्या था?

उत्तर सक्रियता का दोहरा आह्वान विदेशी शासन को चुनौती देकर मुकाबला करना तथा अंल्पसंख्यकों की समस्याओं को हल करना।

11. प्रथम विश्वयुद्ध की समाप्ति के बाद लोगों की निराशा किस में बदल गई थी?

उत्तर प्रथम विश्वयुद्ध की समाप्ति के बाद लोगों की निराशा, आशा में बदल गई थी।

12. गाँधीजी कैसे भारत का निर्माण करना चाहते थे?

उत्तर गाँधीजी ऐसे भारत का निर्माण करना चाहते थे, जिसमें गरीब-से-गरीब व्यक्ति भी महसूस करे कि यह देश मेरा है।

13. यूरोप में किस आधार पर अल्पसंख्यकों को मान्यता दी जाती थी?

उत्तर यूरोप में अल्पसंख्यकों को जातीय या राष्ट्रीय आधार पर मान्यता दी जाती थी।

14. भारत में कभी जातीय सवाल क्यों नहीं उठे थे?

उत्तर भारत में हिंदू, मुस्लिम, सिक्ख, ईसाई सभी जातियों के लोग समान रूप से रहते थे। इसी कारण भारत में कभी जातीय सवाल नहीं उठे थे।

15. भारत को दो टुकड़ों में विभाजित करने का किस नेता ने अत्यधिक प्रयास किया?

उत्तर मोहम्मद अली जिन्ना ने भारत को दो टुकड़ों में विभाजित करने का अत्यधिक प्रयास किया।

16. गाँधीजी किस प्रकार शांतिवादी थे? **CBSE Diksha**

उत्तर गाँधीजी विचित्र प्रकार से शांतिवादी थे।

17. हवा के झोंके के समान किसका आगमन हुआ? **CBSE Diksha**

उत्तर हवा के झोंके के समान गाँधीजी का आगमन हुआ।

लघु उत्तरीय प्रश्न

1. प्रथम विश्वयुद्ध के आरंभ में भारतीय राजनीति उतार पर क्यों थी?

उत्तर प्रथम विश्वयुद्ध के आरंभ में भारतीय राजनीति उतार पर इसलिए थी, क्योंकि कांग्रेस के विचारों में भिन्नता होने के कारण कांग्रेस दो टुकड़ों—नरम दल और गरम दल में विभाजित हो गई थी। दूसरी तरफ युद्ध काल में सरकार द्वारा लोगों पर कई कानून भी थोपे गए थे, जो आगे बढ़ने में बाधक थे।

2. विश्वयुद्ध की समाप्ति के बाद भारत में क्या हुआ?

उत्तर विश्वयुद्ध की समाप्ति के बाद भारत में अंग्रेजों ने भारतीयों का प्रयोग करने के लिए उनसे बहुत-से वायदे किए थे और लोगों को इस बात की आशा थी कि अब जीवन में राहत और प्रगति के क्षण आएँगे, लेकिन युद्ध समाप्त होते ही सरकार ने तो दमन कानूनों का निर्माण कर पंजाब में 'मार्शल लॉ' घोषित कर दिया, जिससे लोगों की आशा निराशा में परिवर्तित हो गई।

3. 'मार्शल लॉ' से क्या आशय है? समझाइए।

उत्तर 'मार्शल लॉ' ब्रिटिश सरकार द्वारा बनाया गया एक ऐसा कानून था, जिसमें किसी भी व्यक्ति को किसी भी समय बिना पुलिस और न्यायालय की इजाजत के गोली का निशाना बनाया जा सकता था।

4. गाँधीजी का व्यक्तित्व कैसा था?

उत्तर गाँधीजी मूलत: धर्मपरायण व्यक्ति थे। कर्म संबंधी उनकी अवधारणा का किसी सिद्धांत, परंपरा या कर्मकांड से संबंध नहीं था। वे सत्य और अहिंसा के सिद्धांतों में विश्वास करते थे। उनकी कथनी और करनी में मेल होता था अर्थात् जो वह कहते थे वही करके दिखाते थे। वे गरीब स्त्रियों के लिए काम करना चाहते थे।

5. लोगों पर गाँधीजी का क्या प्रभाव पड़ा?

उत्तर गाँधीजी ने भारत में बसने वाले करोड़ों लोगों को अलग-अलग तरीकों से प्रभावित किया। कुछ लोगों ने तो अपने जीवन में पूरी तरह से परिवर्तन कर लिया। कुछ को आंशिक रूप से प्रभावित किया या फिर प्रभाव समाप्त हो गया, परंतु पूरी तरह से नहीं। अलग-अलग लोगों की प्रतिक्रियाएँ अलग-अलग हुईं।

6. कांग्रेस की सक्रियता का आह्वान कैसा था?

उत्तर कांग्रेस की सक्रियता का आह्वान दुहरा था—विदेशी शासन को चुनौती देना तथा उसका सामना करने की सक्रियता। अपनी स्वयं की सामाजिक बुराइयों के विरुद्ध लड़ने की सक्रियता भी थी। कांग्रेस अल्पसंख्यकों की समस्याओं का समाधान करने और दलित जातियों को ऊपर उठाने के साथ छूआछूत के अभिशाप को समाप्त करना चाहती थी।

7. डूबे हुए (पतित) लोगों को उठाने के विषय में गाँधीजी के क्या विचार थे?

उत्तर डूबे हुए लोगों को उठाने के सन्दर्भ में गाँधीजी का विचार था—एक अर्द्धभूखे राष्ट्र का न कोई धर्म हो सकता है, न कला, न संगठन। करोड़ों भूखे मरते लोगों के लिए जो कुछ भी उपयोगी हो सकता है, वही मेरे लिए सुंदर है। आज हम सबसे पहले जिंदगी की आवश्यक चीजें दें, तो अन्य शोभा की वस्तुएँ अपने आप आ जाएँगी।

8. प्रथम विश्व युद्ध के समय लोगों की स्थिति कैसी थी?

उत्तर प्रथम विश्व युद्ध के समय किसान, मजदूर और मध्यम वर्ग सभी कठिनाइयों से भरा जीवन जीने के लिए विवश थे। कांग्रेस के विचारों में टकराव होने के कारण कांग्रेस दो टुकड़ों—नरम दल व गरम दल में विभाजित हो गई। युद्ध काल में सरकार द्वारा लोगों पर कई कानून भी थोपे गए थे, जो आगे बढ़ने में बाधक थे।

9. कांग्रेस के पुराने नेताओं में गाँधीजी के प्रति रोष क्यों था?

उत्तर कांग्रेस के पुराने नेता गाँधीजी से आंतरिक रूप से घृणा करते थे, क्योंकि कांग्रेस के पुराने नेता निष्क्रिय परंपरा में पले थे। वे गाँधीजी के विचारों को महत्त्व न देकर अपने विचारों को महत्त्व देते थे।

उन्हें गाँधीजी के तौर-तरीकों से परेशानी होने लगी। आम जनता का सरकार का विरोधी होना भी उन्हें अधिक अच्छा नहीं लगा, लेकिन वे इसे रोक भी न सके।

10. ब्रिटिश राज्य में जनता भयभीत होकर जी रही थी, इसके क्या कारण थे?

उत्तर ब्रिटिश राज्य में भारत की जनता अनेक प्रकार के भय में जी रही थी। सरकार ने चारों ओर दमघोंटू वातावरण बना रखा था। इसके अतिरिक्त जनता में पुलिस का भय, सेना का भय, खुफिया का, अफसरों और जमींदारों का, साहूकारों का, बेकारी तथा भुखमरी का भय व्याप्त था।

11. गाँधीजी ने कांग्रेस संगठन में प्रवेश करते ही क्या-क्या परिवर्तन किए?

उत्तर गाँधीजी ने कांग्रेस संगठन में प्रवेश करते ही उसके संविधान में परिवर्तन किया। उसे लोकतांत्रिक और लोक संगठन बनाया तथा किसानों और मजदूरों को कांग्रेस में आने के लिए उत्साहित किया। इससे संगठन मजबूत हुआ, जिससे आम जनता भी कांग्रेस का हिस्सा बनी। ऐसा करने का उद्देश्य सरकार को एहसास दिलवाना था कि केवल नेता ही नहीं, भारत की आम जनता भी उनके विरुद्ध है और स्वतंत्रता के लिए सतर्क है।

12. मुस्लिमों व हिंदुओं को धार्मिक रूप से अलग करने में किसका पूर्ण सहयोग था?

उत्तर मुस्लिमों व हिंदुओं को दो धार्मिक गुटों के रूप में अलग करने में मिस्टर जिन्ना का पूर्ण सहयोग था। मिस्टर जिन्ना, जो मुस्लिम लीग के कर्णधार थे, ने यह घोषणा की कि भारत के दो राष्ट्र हैं— हिंदू और मुसलमान। उनकी इसी विचारधारा के आधार पर पाकिस्तान व भारत के विभाजन की अवधारणा का विकास हुआ लेकिन दो राष्ट्रों की समस्या का हल न हो सका, क्योंकि हिंदू व मुसलमान तो पूरे देश में ही थे।

13. लेखक के अनुसार, क्या जिन्ना के विचार सही थे?

उत्तर लेखक के अनुसार मिस्टर जिन्ना के विचार सही नहीं थे, क्योंकि उनके विचारों से केवल भारत व पाकिस्तान नामक अवधारणा का विकास हुआ, परंतु 'दो राष्ट्रों' की समस्या का हल नहीं हुआ, क्योंकि हिंदू व मुस्लिम तो संपूर्ण देश में थे।

दीर्घ उत्तरीय प्रश्न

1. मुस्लिम लीग के नेता मिस्टर जिन्ना की माँग का नया सिद्धांत क्या था?

उत्तर मुस्लिम लीग के नेता मोहम्मद अली जिन्ना थे। मिस्टर जिन्ना की माँग के आधार का नया सिद्धांत था—हिंदू और मुसलमान। यदि राष्ट्रीयता का आधार धर्म है, तब तो भारत में बहुत-से राष्ट्र हैं।

मिस्टर जिन्ना ने धर्म के आधार पर हिंदू और मुसलमान के लिए दो अलग राष्ट्रों की घोषणा की। इससे देश में भारत और पाकिस्तान के रूप में विभाजन की अवधारणा विकसित हुई, लेकिन ऐसा करने से दो राष्ट्रों की समस्या का समाधान नहीं हुआ, क्योंकि ये दोनों धर्म पूरे देश में थे।

2. गाँधीजी कैसे व्यक्ति थे और उनकी धर्म संबंधी अवधारणा कैसी थी?

उत्तर गाँधीजी धर्मपरायण व्यक्ति थे व उनकी धर्म संबंधी अवधारणा का किसी सिद्धांत, परंपरा या कर्मकांड से कोई संबंध नहीं था। वे नैतिक नियमों में विश्वास रखने वाले थे। इसे वे सत्य या प्रेम का नियम कहते थे। उनकी कथनी और करनी में मेल था, वे जो कहते थे वही करते थे। वे ऐसे भारत के लिए मिलजुल कर काम करना चाहते थे, जिससे गरीब-से-गरीब व्यक्ति भी अपनी भागीदारी महसूस करे तथा सभी जातियाँ समानता की भावना से रहें।

3. गाँधीजी का कार्य करने का तरीका कैसा था?

उत्तर गाँधीजी का कार्य करने का तरीका अहिंसात्मक था, उसमें हिंसा का कोई स्थान नहीं था। उनके काम करने का तरीका पूर्ण रूप से शांतिपूर्वक था, लेकिन वे जिस बात को गलत मानते थे उसे कदापि स्वीकार नहीं करते थे। उन्होंने लोगों को पदवियाँ छोड़ने के लिए प्रेरित किया। गाँव-गाँव में कर्म का संदेश पहुँचाना चाहा। उनके दो हथियार थे—सत्य और अहिंसा, जिनकी शक्ति से उन्होंने देश को स्वतंत्र कराया। सविनय अवज्ञा आंदोलन और असहयोग आंदोलन उन्हीं की देख-रेख में भारत में चलाए गए, जिन्होंने अंग्रेजी सरकार की जड़ें उखाड़ दीं।

4. गाँधीजी ने मनोवैज्ञानिक क्रांति कैसे आरंभ की?

उत्तर गाँधीजी तेजस्वी व्यक्तित्व के धनी थे। उन्होंने अपने व्यक्तित्व व सुदृढ़ विचारों से भारत की साधारण जनता को अपनी ओर आकर्षित किया। वे उनके लिए अतीत के साथ भविष्य को जोड़ने वाली कड़ी बन गए। उन्होंने अपने समर्थकों को ही नहीं, बल्कि विरोधियों और तटस्थ रहने वाले लोगों को भी अपनी विचारधारा से प्रभावित किया और देश के लिए सोचने पर मजबूर कर दिया। यही उनकी मनोवैज्ञानिक क्रांति थी।

5. स्वतंत्रता प्राप्ति के लिए मिस्टर जिन्ना के क्या विचार थे? क्या उनके विचार सही थे?

उत्तर मिस्टर जिन्ना ने अपने विचारों से स्वतंत्रता की माँग को नया स्वरूप दे दिया। उनके विचारों के अनुसार भारत में हिंदू और मुस्लिम धर्म के आधार पर दो राष्ट्र हैं। इसी विचारधारा से पाकिस्तान व भारत के विभाजन की अवधारणा का विकास हुआ, जिसका परिणाम यह निकला कि स्वतंत्रता मिलते ही भारत दो टुकड़ों में विभाजित हो गया।

मिस्टर जिन्ना के विचार सही नहीं थे। उनके विचारों से केवल पाकिस्तान व भारत की अवधारणा का विकास हुआ, लेकिन उससे 'दो राष्ट्रों' की समस्या का समाधान नहीं हुआ, क्योंकि हिंदू और मुसलमान तो पूरे देश में थे।

6. राजनीतिक मामलों का स्थान सांप्रदायिकता ने कैसे ले लिया?

उत्तर अब भारत में राजनीतिक मामलों में धर्म का स्थान सांप्रदायिकता ने ले लिया था। संकीर्ण विचारधारा रखने वाले समुदाय ने इसका प्रयोग अपनी राजनीतिक शक्ति और समुदाय को बढ़ावा देने में किया। आज तक हिंदू और मुसलमान साथ-साथ स्वाधीनता की लड़ाई अंग्रेजों के विरुद्ध लड़ते रहे, लेकिन उन्होंने धर्म के आधार पर धार्मिक समुदाय अलग बना लिया था। कांग्रेस सांप्रदायिक हल निकालने के लिए चिंतित थी। कांग्रेस की सदस्य संख्या में मुख्य रूप से हिंदू थे, लेकिन उसमें बड़ी संख्या में दूसरे तमाम धर्मों के लोग; जैसे—सिख, ईसाई आदि भी शामिल थे। अत: मुस्लिमों में कांग्रेस के विचार के विरुद्ध विचार उत्पन्न होने लगे और उन्होंने धर्म को राजनीतिक शक्ति का आधार बनाना चाहा।

7. गाँधीजी के सपनों का भारत कैसा था?

उत्तर गाँधीजी ऐसे भारत का निर्माण करना चाहते थे, जिसमें गरीब से गरीब व्यक्ति भी यह महसूस करेगा कि यह उसका देश है, जिसके निर्माण में उसका भी योगदान रहा है। उनके अनुसार एक ऐसा भारत हो जिसमें लोगों के बीच ऊँच-नीच, अमीर-गरीब का भेद न हो। ऐसा भारत जिसमें सभी जातियाँ सद्भाव से रहें। ऐसा भारत जिसमें छुआछूत की जगह न हो, भेद-भाव से रहित हो, नशीली मदिरा और दवाइयों के अभिशाप के लिए जगह न हो, स्त्री-पुरुष के लिए समान अधिकार हो। यही गाँधीजी के सपनों का भारत है।

8. गाँधीजी के नेतृत्व पर प्रकाश डालिए।

उत्तर जब गाँधीजी ने प्रथम बार कांग्रेस संगठन में प्रवेश किया तब उस समय उसके संविधान में परिवर्तन कर दिया। उनके कार्य करने का तरीका पूर्णतया शांतिपूर्वक था, लेकिन जिस बात को गलत समझा जाता था उसके आगे भी वह सिर झुकाना जरूरी नहीं समझते थे। गाँधीजी ने लोगों को सत्य का साथ देते हुए, निर्भय होने व कर्म करने का संदेश दिया।

इसमें अल्पसंख्यकों की समस्याओं को हल करना और दलित जातियों को ऊपर उठाने के साथ छुआछूत का अभिशाप, जो समाज में व्याप्त था, उसे खत्म करना था। गाँधीजी ने अंग्रेजी शासन की बुनियादों पर चोट की। गाँधीजी निवृत्ति मार्ग के विरोधी थे। आर्थिक, सामाजिक और दूसरे मामलों में गाँधीजी के विचार बहुत कठोर थे।

अध्याय

8

तनाव

पाठ का सार

भारत में वर्ष 1942 के आरंभ से ही तनाव बढ़ने लगा। युद्ध का समय लगातार पास आता जा रहा था। भारत के शहरों पर हवाई हमलों की संभावना बढ़ गई थी। इसका परिणाम क्या होगा? क्या भारत और इंग्लैंड के संबंधों में दूरी बढ़ जाएगी? आदि प्रश्नों ने वातावरण में तनाव की स्थिति उत्पन्न कर दी थी।

चुनौती–'भारत छोड़ो' प्रस्ताव

7 और 8 अगस्त, 1942 में 'अखिल भारतीय कांग्रेस' कमेटी ने खुली सभा में 'भारत छोड़ो' प्रस्ताव पर विचार एवं बहस की। इस लंबे प्रस्ताव में ऐसी अंतरिम सरकार बनाने का सुझाव दिया गया, जिसमें सभी वर्गों के महत्त्वपूर्ण लोगों का प्रतिनिधित्व हो, इसमें यह भी कहा गया कि मित्र शक्तियों के सहयोग से भारत की सुरक्षा हो व हथियारबंद एवं अहिंसक शक्तियों की सहायता से बाहरी हमले को रोका जाए।

कांग्रेस कमेटी ने भारत एवं संसार के सभी गुलाम देशों की आजादी के लिए ब्रिटेन व संयुक्त राष्ट्र से अपील की तथा गाँधीजी के नेतृत्व में एक अहिंसक आंदोलन शुरू करने की माँग की। यह भी कहा गया कि कमेटी कांग्रेस के लिए शक्ति प्राप्त करना नहीं चाहती। वस्तुत: अब कांग्रेस की शक्ति जनता की शक्ति होगी अर्थात् कांग्रेस द्वारा किया गया कोई भी निर्णय केवल कमेटी का नहीं, बल्कि समस्त जनता द्वारा स्वीकृत होगा।

समझौते की अपील व प्रस्ताव का पास होना

कांग्रेस के सभापति मौलाना अबुल कलाम आजाद तथा गाँधीजी ने अपने समापन भाषणों में स्पष्ट रूप से कहा था कि वे अब ब्रिटिश सरकार के प्रतिनिधि और वायसराय से मुलाकात करेंगे। वे मुख्यत: संयुक्त राष्ट्र के मुख्याधिकारियों से एक सम्मानपूर्ण समझौते की अपील करेंगे। अनेक प्रयासों के बाद 8 अगस्त, 1942 को यह प्रस्ताव पारित हो गया। 9 अगस्त की सुबह बंबई (मुंबई) में और पूरे देश में गिरफ्तारियाँ हुईं। 9 अगस्त को ही नेहरू जी अन्य लोगों के साथ अहमदनगर के किले में कैद कर दिए गए।

शब्दार्थ

शब्द	हिंदी अर्थ
NCERT पृष्ठ संख्या 115	
अखिल	पूरा
प्रस्ताव	आवेदन
NCERT पृष्ठ संख्या 116	
विशद	बड़ा, विस्तृत
प्रतिनिधित्व	नेतृत्व, अगुआई
अंतरिम	आंतरिक
अहिंसक	बिना किसी मारकाट के

अभ्यास प्रश्न

बहुविकल्पीय व वर्णनात्मक प्रश्नों सहित

बहुविकल्पीय प्रश्न

1. भारत छोड़ो आंदोलन की शुरुआत कब हुई थी?

(क) वर्ष 1942 (ख) वर्ष 1940
(ग) वर्ष 1950 (घ) वर्ष 1945

उत्तर (क) वर्ष 1942

2. कांग्रेस कमेटी कैसी सरकार बनाना चहती थी?

(क) स्थायी सरकार
(ख) अंतरिम सरकार
(ग) अंग्रेजों व भारतीयों की मिली-जुली सरकार
(घ) लोकतांत्रिक सरकार

उत्तर (ख) अंतरिम सरकार

3. अंतरिम सरकार को क्या काम करने की प्राथमिकता होती थी? **CBSE Diksha**

(क) मित्र शक्तियों के सहयोग से भारत की सुरक्षा
(ख) बाहरी हमले को रोकना
(ग) 'क' और 'ख' दोनों
(घ) उपरोक्त में से कोई नहीं

उत्तर (ग) 'क' और 'ख' दोनों

4. निम्न में से अहमद नगर के किले में किसे बंदी बनाया गया था?

(क) लक्ष्मीबाई
(ख) सुभाषचंद्र बोस
(ग) जवाहरलाल नेहरू
(घ) उपरोक्त सभी

उत्तर (ग) जवाहरलाल नेहरू

5. 9 अगस्त, 1942 को कहाँ गिरफ्तारी हो गई थी? **CBSE Diksha**

(क) कानपुर और सारे देश में
(ख) दिल्ली और सारे देश में
(ग) मुंबई और सारे देश में
(घ) कलकत्ता और सारे देश में

उत्तर (ग) मुंबई और सारे देश में

6. कांग्रेस ने मुंबई में खुली सभा कब की?

(क) 7 और 8 अगस्त, 1942
(ख) 7 और 8 अगस्त, 1944
(ग) 7 और 8 अगस्त, 1943
(घ) 7 और 8 अगस्त, 1941

उत्तर (क) 7 और 8 अगस्त, 1942

7. निम्न में से 'भारत छोड़ो' प्रस्ताव ने कौन-से कार्यों को पहले महत्त्व दिया?

(क) संघर्ष की ज्योति बनाना
(ख) बाहरी हमले को रोकना
(ग) मित्र शक्तियों से सहायता माँगना
(घ) अंतरिम सरकार बनाना

उत्तर (घ) अंतरिम सरकार बनाना

8. दिए गए विकल्पों में से भारत छोड़ो प्रस्ताव में क्या समर्थन किया गया था?

(क) सुरक्षा पर सुझाव देना।
(ख) कांग्रेस कमेटी का गठन
(ग) एक अहिंसात्मक जन-आंदोलन
(घ) ब्रिटेन के प्रतिनिधि से मुलाकात

उत्तर (ग) एक अहिंसात्मक जन-आंदोलन

9. 'भारत छोड़ो' प्रस्ताव रखने का मुख्य कारण इनमें से क्या था?

(क) गाँधीजी की प्रबल इच्छा
(ख) देश के स्त्री-पुरुषों की माँग
(ग) अंग्रेजों के अत्याचार से भारतीयों का पीड़ित होना
(घ) अंग्रेजों के सामने भारतीयों द्वारा अपनी शक्ति का प्रदर्शन करना।

उत्तर (ग) अंग्रेजों के अत्याचार से भारतीयों का पीड़ित होना

10. निम्न में से 'भारत छोड़ो आंदोलन' में प्रतिनिधित्व करने का सुझाव किसे दिया गया था?

(क) गाँधीजी (ख) ब्रिटिश सरकार
(ग) कांग्रेस कमेटी के सदस्य (घ) सभी महत्त्वपूर्ण वर्गों के लोग

उत्तर (घ) सभी महत्त्वपूर्ण वर्गों के लोग

गद्यांशों पर आधारित प्रश्न

निम्नलिखित गद्यांशों को ध्यानपूर्वक पढ़कर उन पर आधारित प्रश्नों के उत्तर दें।

गद्यांश 1

भारत में तनाव वर्ष 1942 के शुरू के महीनों में बढ़ा। युद्ध का मंच लगातार निकट आता जा रहा था और भारत के शहरों पर हवाई हमलों की संभावना पैदा हो गई थी, जिन पूर्वी देशों में युद्ध जोरों पर था, वहाँ क्या होगा? भारत और इंग्लैंड के संबंधों में क्या नया अंतर आएगा?

बंबई में 7 और 8 अगस्त को अखिल भारतीय कांग्रेस कमेटी ने खुली सभा में उस प्रस्ताव पर विचार किया और बहस की जो अब 'भारत छोड़ो' प्रस्ताव नाम से जाना जाता है।

1. भारत में राजनैतिक तनाव कब सबसे अधिक था?
(क) वर्ष 1950 में
(ख) वर्ष 1947 में
(ग) वर्ष 1942 में
(घ) इनमें से कोई नहीं
उत्तर (ग) वर्ष 1942 में

2. निम्न में से वर्ष 1942 का समय किस दौर का था?
(क) प्रथम विश्व युद्ध का
(ख) द्वितीय विश्व युद्ध का
(ग) राष्ट्रीयकरण का
(घ) भारत-पाकिस्तान के विभाजन का
उत्तर (ख) द्वितीय विश्व युद्ध का

3. निम्न में से 'संभावना' शब्द में उपसर्ग है
(क) स
(ख) सन्
(ग) सम्
(घ) ये सभी
उत्तर (ग) सम्

4. **तनाव की स्थिति उत्पन्न होने के दौरान भारत पर क्या प्रभाव पड़ा?**
उत्तर तनाव की स्थिति उत्पन्न होने के दौरान भारत के शहरों पर हवाई हमलों की संभावना पैदा हो गई थी।

5. **गद्यांश के अनुसार, तनाव बढ़ने का कारण क्या था?**
उत्तर गद्यांश के अनुसार तनाव बढ़ने का कारण द्वितीय विश्व युद्ध था, क्योंकि भारत को इस बात का डर था कि इस युद्ध के कारण भारत और इंग्लैण्ड के संबंध कैसे होंगे।

6. **'भारत छोड़ो' प्रस्ताव किसके विरुद्ध था?**
उत्तर भारत छोड़ो प्रस्ताव ब्रिटिश सरकार के विरुद्ध था, जिसमें जनता ने भी यह अपील की थी कि अब अंग्रेजों को भारत छोड़ देना चाहिए।

गद्यांश 2

कांग्रेस कमेटी ने संसार की आजादी के लिए ब्रिटेन और संयुक्त राष्ट्र से फिर अपील की और इस बात की स्वीकृति देना तय किया कि गाँधीजी के अपरिहार्य नेतृत्व में अहिंसात्मक ढंग से एक जन-आंदोलन शुरू किया जाए। यह स्वीकृति उसी समय लागू होती जब गाँधी जी ऐसा निर्णय लेतें अंत में कहा गया कि कमेटी कांग्रेस के लिए शक्ति हासिल करना नहीं चाहती। ताकत जब भी आएगी तो वह भारत की सारी जनता की होगी।

1. **कांग्रेस कमेटी ने संसार की आजादी के लिए किससे अपील की?**
(क) अमेरिका से
(ख) ब्रिटेन और संयुक्त राष्ट्र से
(ग) जापान से
(घ) इटली से
उत्तर (ख) ब्रिटेन और संयुक्त राष्ट्र से

2. **निम्न में से जन-आंदोलन किसके नेतृत्व में शुरू करने का निर्णय लिया गया?**
(क) सुभाषचंद्र बोस (ख) जवाहरलाल नेहरू
(ग) गाँधीजी (घ) सरदार पटेल
उत्तर (ग) गाँधीजी

3. **निम्न में से संयुक्त शब्द का संधि विच्छेद है**
(क) सं + युक्त (ख) संयु + क्त
(ग) सन् + युक्त (घ) सम् + युक्त
उत्तर (घ) सम् + युक्त

4. **दिए गए गद्यांश के अनुसार, कांग्रेस कमेटी ने क्या कहा?**
उत्तर कांग्रेस कमेटी ने संसार की आजादी के लिए ब्रिटेन और संयुक्त राष्ट्र से फिर अपील की और गाँधीजी के नेतृत्व में अहिंसात्मक ढंग से एक जन-आंदोलन शुरू किया जाए। कमेटी कांग्रेस के लिए शक्ति हासिल करना चाहती है।

5. **गद्यांश के अनुसार जन-आंदोलन का क्या अर्थ है?**
उत्तर गद्यांश के अनुसार जन-आंदोलन का अर्थ है—जनता द्वारा किया गया आंदोलन।

6. **गद्यांश के अंत में कमेटी के बारे में क्या कहा गया?**
उत्तर गद्यांश के अंत में कमेटी के बारे में कहा गया कि कमेटी कांग्रेस के लिए शक्ति हासिल करना नहीं चाहती। ताकत जब भी आएगी तो वह भारत की सारी जनता की होगी।

अतिलघु उत्तरीय प्रश्न

1. **'भारत छोड़ो' प्रस्ताव किसके द्वारा तथा कब रखा गया?**
उत्तर 'भारत छोड़ो' प्रस्ताव 'अखिल भारतीय कांग्रेस कमेटी' द्वारा 7 और 8 अगस्त, 1942 को रखा गया।

2. **कांग्रेस कमेटी ने संसार की आजादी के लिए किससे अपील की?**
उत्तर कांग्रेस कमेटी ने संसार की आजादी के लिए ब्रिटेन और संयुक्त राष्ट्र से अपील की।

3. **'भारत छोड़ो' आंदोलन में किसने मुख्य भूमिका निभाई?**
उत्तर 'भारत छोड़ो' आंदोलन में स्त्रियों व आम जनता ने मुख्य भूमिका निभाई।

4. **'भारत छोड़ो' आंदोलन का मुख्य उद्देश्य क्या था?**
उत्तर 'भारत छोड़ो' आंदोलन का मुख्य उद्देश्य भारतीयों के हित में अंतरिम सरकार बनाने का था।

5. **कांग्रेस के प्रस्ताव के क्या परिणाम हुए?**
उत्तर कांग्रेस के प्रस्ताव का यह परिणाम हुआ कि सरकार ने लोगों को गिरफ्तार करना आरंभ कर दिया।

6. **प्रस्ताव पास होने के पश्चात् नेहरू जी को कहाँ ले जाया गया?**
उत्तर प्रस्ताव पास होने के पश्चात् नेहरू जी को अहमदनगर के किले में बंद कर दिया गया।

लघु उत्तरीय प्रश्न

1. कांग्रेस का 'भारत छोड़ो' प्रस्ताव क्या था? CBSE Diksha

उत्तर कांग्रेस का 'भारत छोड़ो' प्रस्ताव के तहत स्पष्ट रूप से सरकार को चुनौती दी गई थी और अंतरिम सरकार निर्मित करने का प्रस्ताव रखा गया। वे ऐसी सरकार बनाना चाहते थे, जिसमें सभी महत्त्वपूर्ण वर्गों के विशिष्ट लोगों द्वारा प्रतिनिधित्व हो। इसके अंतर्गत यह भी कहा गया कि मित्र शक्तियों के सहयोग से भारत की सुरक्षा हो और हथियार बंद व अहिंसक शक्तियों के साथ बाहरी हमले को रोका जाए।

2. वर्ष 1942 के कांग्रेस अधिवेशन में अपने समापन भाषण में सभापति ने क्या स्पष्ट कर दिया था? CBSE Diksha

उत्तर वर्ष 1942 के कांग्रेस अधिवेशन में अपने समापन भाषण में कांग्रेस सभापति ने स्पष्ट कर दिया था कि उनका अगला कदम ब्रिटिश शासन के प्रतिनिधि वायसराय से मिलना है। उसके बाद वे संयुक्त राष्ट्र के मुख्य अधिकारियों से भी मिलेंगे और उनसे भारत के लिए एक सम्मानजनक समझौते की अपील करेंगे।

3. 'भारत छोड़ो' प्रस्ताव रखने का क्या कारण था?

उत्तर 'भारत छोड़ो' प्रस्ताव रखने का यह कारण था कि भारतीय अंग्रेजों के अत्याचारों से पीड़ित थे। भारतीय जनता में अंग्रेजों के विरुद्ध आक्रोश था। इस प्रस्ताव में जनता ने यह अपील की थी कि अब अंग्रेजों को भारत छोड़ देना चाहिए। इसमें पुरुषों ने ही नहीं, बल्कि स्त्रियों ने भी बढ़-चढ़कर भाग लिया था।

4. कांग्रेस कमेटी ने ब्रिटेन और संयुक्त राष्ट्र से क्या अपील की?

उत्तर कांग्रेस कमेटी ने ब्रिटेन और संयुक्त राष्ट्र से संसार के सभी गुलाम देशों की आजादी के लिए अपील की और गाँधीजी के नेतृत्व में अहिंसात्मक ढंग से एक जन-आंदोलन शुरू करने की स्वीकृति की माँग की। इसमें यह भी कहा गया कि कमेटी कांग्रेस के लिए शक्ति नहीं प्राप्त करना चाहती, लेकिन अब जो ताकत आएगी वह भारत की सारी जनता की होगी।

दीर्घ उत्तरीय प्रश्न

1. 'भारत छोड़ो' प्रस्ताव पर कब विचार किया गया?

उत्तर 7 और 8 अगस्त, 1942 को बंबई (मुंबई) में 'भारत छोड़ो' प्रस्ताव पर विचार किया गया। यह प्रस्ताव पूर्ण रूप से ब्रिटिश सरकार के विरुद्ध था। इस प्रस्ताव का उद्देश्य अंतरिम सरकार बनाने का निवेदन करना था। ऐसी सरकार जिसमें भारत के सभी वर्गों का प्रतिनिधित्व हो। इसमें मित्र शक्तियों के सहयोग से भारत की सुरक्षा और अहिंसक शक्तियों के साथ बाहरी हमले को रोकने का भी प्रस्ताव सम्मिलित था, जिससे भारत की सुरक्षा हो सके।

2. भारत पर अत्यधिक तनाव का समय कौन-सा था? यह तनाव क्यों था? आप तनाव से ग्रसित कब होते हैं और क्यों? अपने विचार लिखिए।

उत्तर भारत पर अत्यधिक तनाव का समय वर्ष 1942 की शुरुआत का समय था। यह तनाव इसलिए था, क्योंकि वास्तव में यह समय द्वितीय विश्वयुद्ध का था और भारत को भी डर था कि कहीं यहाँ भी हवाई हमले न हो जाएँ और दूसरा तनाव इस बात को लेकर था कि अब भारत और इंग्लैंड के आपसी संबंध कैसे होंगे?

मैं जीवन में उस समय तनावग्रस्त रहता हूँ, जब मेरी परीक्षाएँ समीप होती हैं। हालाँकि मैं निरंतर पढ़ाई करता हूँ, लेकिन फिर भी परीक्षा परिणाम के विषय में चिंता रहती है कि परीक्षा परिणाम कैसा होगा या कैसा रहेगा? परीक्षा समाप्त होने के उपरांत परीक्षा परिणाम घोषित होने के पश्चात् ही इस तनाव से पूर्ण रूप से मुक्ति मिलती है।

3. कांग्रेस कमेटी ने ब्रिटेन तथा संयुक्त राष्ट्र से अपील क्यों की? क्या आप भी अपनी किसी माँग को मनवाने के लिए अपील का माध्यम उचित समझते हैं अथवा नहीं?

उत्तर कांग्रेस कमेटी ने संसार के सभी गुलाम देशों की स्वतंत्रता के लिए ब्रिटेन व संयुक्त राष्ट्र से अपील की और गाँधी जी के नेतृत्व में अहिंसात्मक ढंग से एक जन-आंदोलन शुरू करने की स्वीकृति की माँग की।

अंत में यह भी कहा गया कि कमेटी कांग्रेस के लिए शक्ति नहीं प्राप्त करना चाहती, लेकिन अब जो ताकत आएगी, वह भारत की सारी जनता की होगी।

हाँ, मैं अपनी माँग को मनवाने के लिए अपील का माध्यम उचित समझता हूँ, क्योंकि अपील करके ही हम अधिकारियों या शासनाध्यक्षों को अपनी इच्छा से अवगत करा सकते हैं। जब तक उन्हें हमारी इच्छा की जानकारी नहीं होगी, तब तक वे उस पर कोई प्रतिक्रिया कैसे कर सकते हैं। हमारे द्वारा अपील करने पर उन्हें हमारी उचित या अनुचित इच्छा का पता चलता है।

दो पृष्ठभूमियाँ– भारतीय और अंग्रेजी

पाठ का सार वर्ष 1942 के विद्रोह में भारत में जो कुछ हुआ वह अचानक नहीं हुआ था। भारत की जनता अंग्रेजों के विरुद्ध थी और विदेशियों के अत्याचार से आक्रोशित थी। उन्होंने अब ठान लिया था कि चाहे कुछ भी हो जाए, अंग्रेजी राज को अब सहन नहीं किया जाएगा।

व्यापक उथल-पुथल और उसका दमन

'भारत छोड़ो' प्रस्ताव पारित होते ही जगह-जगह भारतीय नेताओं की गिरफ्तारियाँ शुरू हो गईं। ऐसे में भारतीय जनता भड़क उठी तथा उन्होंने हिंसक रुख अपना लिया। गिरफ्तारियाँ तथा गोली-बारी की घटनाओं ने जनता को चुप न बैठने पर विवश कर दिया। जब भारत में भारतीय जनता को अंग्रेजों द्वारा अनैतिक तरीके से कुचला जा रहा था, उस समय जनता को किसी मार्गदर्शक की आवश्यकता महसूस हुई, क्योंकि अंग्रेजों द्वारा भारतीय नेताओं को गिरफ्तार कर जेल में डाला जा रहा था।

ऐसे में जनता को रास्ता दिखाने के लिए स्थानीय नेता उभरकर आए तथा जनता ने उनका अनुसरण किया, परंतु यह आंदोलन सहज था। वर्ष 1942 में युवा पीढ़ी ने विशेष रूप से विद्यार्थियों ने हिंसक और शांतिपूर्ण कार्यवाहियों में बहुत महत्त्वपूर्ण भूमिका निभाई।

विद्रोह का परिणाम एवं उसका प्रभाव

1857 ई. के विद्रोह के बाद यह एक ऐसा विद्रोह था, जिसमें जनता खुलकर आंदोलनों में भाग ले रही थी तथा ब्रिटिश सरकार के विरुद्ध अपनी आवाज को बुलंद कर रही थी।

भारतीय जनता के पास अंग्रेजों का विरोध करने के लिए हथियारों का अभाव था, जिसमें वे उनको भरपूर जवाब देने में असमर्थ थे। दूसरी ओर अंग्रेजों के सुसंगठित और हथियारबंद सैनिकों के सामने यह प्रदर्शन पर्याप्त नहीं था। जनता देश के प्रति प्रेम तथा ब्रिटिश सरकार के विरुद्ध अपनी नफरत प्रकट कर रही थी। वर्ष 1942 में सेना और पुलिस की गोलाबारी से असंख्य लोग मारे गए।

सरकारी आँकड़ों के अनुसार बताया गया कि 1028 लोग मरे और 3,200 लोग घायल हो गए। लोगों का कहना यह था कि 25000 लोग मरे, परंतु इस संख्या को भी सही नहीं माना गया। इसके पश्चात् मरने वालों की संख्या अनुमानत: 10,000 मानी गई। भारत में वर्ष 1942 के आंदोलन के फलस्वरूप बहुत-से शहरी और ग्रामीण क्षेत्रों में ब्रिटिश शासन समाप्त हो गया, जिसे पुन: स्थापित करने में उसे हफ्तों लग गए। संयुक्त प्रांत के बलिया जिले को अंग्रेजों को दोबारा जीतना पड़ा, परंतु यहाँ किसी को शारीरिक रूप से कोई क्षति नहीं हुई।

भारत की बीमारी-अकाल

अंग्रेजी शासन में भारतीय बहुत ही दीन-हीन अवस्था से गुजर रहे थे। इसी समय भीषण अकाल पड़ा, जिससे उनकी स्थिति और भी बदतर हो गई। इस अकाल का प्रभाव बंगाल और पूर्वी दक्षिणी भारत पर पड़ा। ब्रिटिश शासन के 170 वर्षों में यह सबसे बड़ा अकाल था। इसकी तुलना 1766 से 1770 ई. की अवधि में पड़े बंगाल और बिहार के भंयकर अकाल से की जा सकती थी। इसके बाद हैजा और मलेरिया जैसी भीषण महामारियाँ फैल गईं। इससे ब्रिटिश शासन की अव्यवस्था के प्रति जनता का आक्रोश और बढ़ गया।

अकाल के पश्चात् भारत में अंतर्विरोध उभरकर सामने आया। इस आंदोलन के दमन के लिए अंग्रेजों ने कोई कसर नहीं छोड़ी। कलकत्ता में एक ओर तो सड़कों पर लाशें बिछी थीं, तो दूसरी ओर अभिजात्य (अमीर लोग) वर्ग अपनी विलासिता में डूबा था। इस अकाल का भारत की जनता पर यह प्रभाव पड़ा कि जनता और अधिक गरीबी में डूबती चली गई।

भारत की इस दयनीय हालत को देखकर विद्वान भारत के भविष्य को लेकर चिंतित थे। मृत्यु शय्या पर पड़े टैगोर यह सोच रहे थे कि अंग्रेजों के जाने के बाद भारत की तस्वीर कैसी होगी, क्योंकि भारत की दुर्गति का कोई अंत उन्हें दिखाई नहीं दे रहा था।

भारत की सजीव सामर्थ्य

नेहरू जी बताते हैं कि भारत ने अनेक मुसीबतों को झेलते हुए भी अपना अस्तित्व बनाए रखा। अकाल और युद्ध के बावजूद प्रकृति अपना कायाकल्प कर लेती है अर्थात् समय-समय पर परिवर्तनशील होती रहती है। लड़ाई के मैदान हरे-भरे खेतों में बदल जाते हैं।

व्यक्ति के पास यादें सहेजकर रखने व अपने कठिन समय को भुलाकर आगे बढ़ने का अद्भुत गुण होता है। वह इसी गुण के आधार पर अपना कठिन समय भूलकर आगे बढ़ता है तथा अपने अनुभव और अपनी यादें

को अपनी संतान को दे जाता है। जो व्यक्ति कठिन परिस्थितियों के आगे हार मान जाते हैं, उन्हें संसार भुला देता है और जो साहसी व हिम्मत वाले होते हैं वे कठिन परिस्थितियों का सामना करते हुए आगे बढ़ते हैं और अपनी आने वाली पीढ़ियों के लिए मार्गदर्शक बनते हैं।

उपसंहार

भारत की खोज

नेहरू जी अंत में निष्कर्ष रूप में भारत की खोज के बारे में बताते हुए कहते हैं कि उन्होंने भारत की खोज करते हुए क्या पा लिया और क्या खोजा, यह कहना अभी स्पष्ट नहीं होगा। वे कहते हैं भारत के अतीत की संपूर्ण जानकारी दे देना और उसके वर्तमान स्वरूप को उजागर करना उनके अधिकार से बाहर की बात है। कहने का आशय यही है कि भारत जैसे विशाल देश के प्राचीन और आधुनिक पक्षों को पूर्णत: स्पष्ट करना किसी के वश की बात नहीं है।

अजेय-अपराजेय

वास्तव में भारत एक भौगोलिक और आर्थिक सत्ता है, जिसकी विभिन्नता में सांस्कृतिक एकता है, यह विरोधाभासों का समूह है, जो मजबूत और अदृश्य सूत्रों से बँधा है। बार-बार जीते या जीने के बाद भी वह अजेय है, अपराजेय है।

समय-समय पर यहाँ अनेक महापुरुषों ने जन्म लिया है, जिन्होंने उसे समय के साँचे में ढाला है। रवींद्रनाथ टैगोर आधुनिक प्रवृत्तियों से सराबोर थे, किंतु उनकी नींव भारत में थी।

शब्दार्थ

शब्द	हिंदी अर्थ
NCERT पृष्ठ संख्या 117 व 118	
आक्षेप	जिससे उम्मीद हो
हिंसात्मक	हिंसक रूप
हथियारबंद	हथियारों से लैस
क्रुद्ध	गुस्से में
अनुसरण	पालन करना, मानना
सहज	साधारण
द्वंद्व	लड़ाई-झगड़ा
अतिरंजित	अत्यधिक रंगा हुआ, बहुत बढ़ा-चढ़ाकर कहा जाए
निहत्था	बिना हथियारों के
तात्कालिक	उसी समय
स्मृति	याद
NCERT पृष्ठ संख्या 119	
चरम	सर्वोच्च

शब्द	हिंदी अर्थ
झीना	पतला, अर्द्धपारदर्शी
बदहाली	बुरी स्थिति
विलासिता	ऐशोआराम, आरामपरस्ती
आवरण	ढकना
NCERT पृष्ठ संख्या 120 से 122	
अंतर्विरोध	असमानता
कायाकल्प होना	शरीर का रूप बदल जाना
विलक्षण	अद्‌भुत
चेष्टा	कोशिश
पुंज	गुच्छा
अपराजेय	जिसे जीता न जा सके
सराबोर	भरा हुआ
कुंठित	कम/कमजोर
लंगरगाह	जहाँ समुद्री जहाज़ खड़े होते हैं

अभ्यास प्रश्न

बहुविकल्पीय व वर्णनात्मक प्रश्नों सहित

बहुविकल्पीय प्रश्न

1. निम्न में से भारत के संबंध में क्या बात अकसर कही जाती है?

(क) भारत सामंजस्य का देश है

(ख) भारत वीरों का देश है

(ग) भारत अंतर्विरोधी का देश है

(घ) भारत संतों की जन्मभूमि है

उत्तर (ग) भारत अंतर्विरोधी का देश है

2. दिए गए विकल्पों में से भारत में भयंकर अकाल कब पड़ा था?

(क) 1944 में (ख) 1943 में (ग) 1948 में (घ) 1942 में

उत्तर (ख) 1943 में

3. आंदोलन का स्वरूप कैसा था?

(क) हिंसक (ख) शांतिपूर्ण

(ग) 'क' और 'ख' दोनों (घ) अहिंसक

उत्तर (ग) 'क' और 'ख' दोनों

4. दिए गए विकल्प में से अकाल का मूल कारण क्या था?
(क) वर्षा की कमी
(ख) फसल न होना
(ग) ब्रिटिश सरकार की दमनकारी नीतियाँ
(घ) उपरोक्त सभी
उत्तर (ग) ब्रिटिश सरकार की दमनकारी नीतियाँ

5. निम्न में से ब्रिटिश शासन का अंत किस घटना ने तय किया?
(क) बंगाल की भयंकर बर्बादी
(ख) उड़ीसा, मालाबार व अन्य स्थानों पर पड़ने वाला अकाल
(ग) (क) और (ख) दोनों
(घ) उपरोक्त में से कोई नहीं
उत्तर (ग) (क) और (ख) दोनों

6. निम्न में से यह किसने कहा कि लेकिन वे कैसा भारत छोड़ेंगे?
(क) जवाहरलाल नेहरू (ख) रवींद्रनाथ टैगोर
(ग) महात्मा गाँधी (घ) विवेकानंद
उत्तर (ख) रवींद्रनाथ टैगोर

7. निम्न में से वर्ष 1942 का आंदोलन कैसा था?
(क) राजनैतिक (ख) धार्मिक
(ग) जन-आंदोलन (घ) सामाजिक
उत्तर (ग) जन-आंदोलन

8. निम्न में से मनुष्य के पास कौन-सा विलक्षण गुण होता है?
(क) ईमानदारी (ख) स्मृति
(ग) विस्मृति (घ) परिश्रम
उत्तर (ख) स्मृति

9. दिए गए विकल्पों में से कैसे लोग समर्पण कर देते थे?
(क) सशक्त (ख) समझदार
(ग) कमजोर आत्मा वाले (घ) समझौतावादी
उत्तर (ग) कमजोर आत्मा वाले

10. निम्न में से भारत की विभिन्नता में कैसी एकता है?
(क) राजनैतिक (ख) सांस्कृतिक
(ग) धार्मिक (घ) आर्थिक
उत्तर (ख) सांस्कृतिक

11. वर्ष 1942 के दंगों में घायलों की संख्या कितनी थी? CBSE Diksha
(क) 3,200 (ख) 1000
(ग) 10,000 (घ) 3,300
उत्तर (क) 3,200

12. वर्ष 1942 के आंदोलन में किसने महत्त्वपूर्ण काम किया? CBSE Diksha
(क) स्थानीय नेताओं ने
(ख) अंग्रेज शासकों ने
(ग) विश्वविद्यालय के विद्यार्थियों ने
(घ) अंग्रेज सेना ने
उत्तर (ग) विश्वविद्यालय के विद्यार्थियों ने

गद्यांशों पर आधारित प्रश्न

निम्नलिखित गद्यांशों को ध्यानपूर्वक पढ़कर उन पर आधारित प्रश्नों के उत्तर दीजिए।

गद्यांश 1

जनता की ओर से अकस्मात् असंगठित प्रदर्शन और विस्फोट, जिनका अंत हिंसात्मक संघर्ष और तोड़-फोड़ में होता था, जबरदस्त और शक्तिशाली हथियारबंद सेनाओं के विरुद्ध भी लगातार चलते रहे। इनसे जनता की भावनाओं की तीव्रता का पता लगता है। यह भावना उनके नेताओं की गिरफ्तारी से पहले भी थी, लेकिन इन गिरफ्तारियों और उसके बाद अकसर होने वाले गोलीकांड ने जनता के क्रोध को भड़का दिया। वे इतने क्रुद्ध और उत्तेजित थे कि चुप नहीं बैठ सकते थे। ऐसी परिस्थितियों में स्थानीय नेता सामने आए और कुछ समय के लिए उनका अनुसरण किया गया। लेकिन उन्होंने जो भी निर्देश दिए, वे काफी नहीं थे। अपने मूल रूप में यह एक सहज जनांदोलन था। पूरे भारत में वर्ष 1942 में युवा पीढ़ी ने, विशेष रूप से विश्वविद्यालय के विद्यार्थियों ने हिंसक और शांतिपूर्ण दोनों तरह की कार्यवाहियों में बहुत महत्त्वपूर्ण काम किया।

1. निम्न में से जनता की भावनाओं की तीव्रता किससे पता चलती है?
(क) नेताओं की गिरफ्तारी से
(ख) हथियार बंद सेनाओं से
(ग) हिंसात्मक संघर्ष से
(घ) असंगठित प्रदर्शन और विस्फोट से
उत्तर (ख) हथियार बंद सेनाओं से

2. निम्न में से असंगठित प्रदर्शन में क्या होता है?
(क) अहिंसात्मक आंदोलन
(ख) हिंसात्मक संघर्ष और तोड़-फोड़
(ग) राजनैतिक आंदोलन
(घ) सभ्य वार्तालाप
उत्तर (ख) हिंसात्मक संघर्ष और तोड़-फोड़

3. जनता के क्रोध को भड़काने का काम किसने किया?
(क) नेताओं की गिरफ्तारी ने
(ख) अंग्रेजों द्वारा की गई गोलाबारी ने
(ग) 'क' और 'ख' दोनों
(घ) अमीर वर्ग के लोगों ने
उत्तर (ग) 'क' और 'ग' दोनों

4. गद्यांश के अनुसार, जनता की भावनाएँ कब तीव्र हुईं?
उत्तर गद्यांश के अनुसार, जनता की भावनाएँ तब तीव्र हुई, जब सैनिकों और पुलिस ने सुसंगठित होकर लोगों पर गोलीबारी की।

5. युवा पीढ़ी ने किन तरीकों का जनांदोलन में प्रयोग किया?
उत्तर युवा पीढ़ी ने हिंसक और शांतिपूर्ण दोनों तरीकों की कार्यवाही का जनांदोलन में प्रयोग किया।

6. गद्यांश के अनुसार, कौन-से हालात जनता के क्रोध को भड़का देते हैं?
उत्तर गद्यांश के अनुसार, गिरफ्तारी और उसके बाद अकसर होने वाले गोलीकांड जनता के क्रोध को भड़का देते हैं।

गद्यांश 2

भारत बहुत बीमार था, तन और मन दोनों से। जबकि लड़ाई में कुछ लोग बहुत फूले-फले थे, दूसरे पर बोझ चरम सीमा तक पहुँच गया था और इसकी भयानक स्मृति दिलाने के लिए अकाल पड़ा, दूर-दूर तक विस्तृत अकाल जिसका प्रभाव बंगाल और पूर्वी तथा दक्षिणी भारत पर पड़ा। ब्रिटिश शासन के पिछले 170 वर्षों में यह सबसे बड़ा और विनाशकारी था। इसकी तुलना 1766 ई. से 1770 ई. के दौरान बंगाल और बिहार के उन भयंकर अकालों से की जा सकती है, जो ब्रिटिश शासन की स्थापना के आरंभिक परिणाम थे। इसके बाद महामारी फैली, विशेषकर हैजा और मलेरिया वह दूसरे सूबों में भी फैल गई और आज भी हजारों की संख्या में लोग उसके शिकार हो रहे हैं।

1. अकाल का कारण क्या था?

(क) भारत की बंजर भूमि (ख) जल की अव्यवस्था
(ग) भारत की दीनहीन अवस्था (घ) इनमें से कोई नहीं

उत्तर (ग) भारत की दीनहीन अवस्था

2. दिए गए विकल्प में से दूसरे सूबों में फैले संक्रमण के लिए कौन जिम्मेदार था?

(क) स्वास्थ्य विभाग (ख) मुख्यमंत्री
(ग) ब्रिटिश शासन (घ) भारत सरकार

उत्तर (ग) ब्रिटिश शासन

3. ब्रिटिश शासन की स्थापना के आरंभिक परिणामों की तुलना किससे की गई है?

(क) हैजा और मलेरिया से
(ख) महामारी के प्रकोप से
(ग) 1766 ई. से 1770 ई के दौरान बंगाल और बिहार में पड़ने वाले भयंकर अकालों से
(घ) उपरोक्त सभी

उत्तर (ग) 1766 ई. से 1770 ई के दौरान बंगाल और बिहार में पड़ने वाले भयंकर अकालों से

4. अकाल ने भारत की किस तस्वीर को स्पष्ट किया?

उत्तर अकाल ने भारत की बदहाली और बदसूरती की तस्वीर को स्पष्ट किया।

5. अकाल के बाद फैलने वाली महामारियाँ कौन-कौन सी थी?

उत्तर अकाल के बाद फैलने वाली महामारियाँ हैजा और मलेरिया थीं।

6. अकाल के कारण सबसे अधिक प्रभावित होने वाले क्षेत्र कौन-से थे?

उत्तर अकाल के कारण सबसे अधिक प्रभावित होने वाले क्षेत्र बंगाल और पूर्वी तथा दक्षिण भारत थे।

गद्यांश 3

अकसर कहा जाता है कि भारत अंतर्विरोधों का देश है। कुछ लोग बहुत धनवान हैं और बहुत-से लोग बहुत निर्धन हैं, यहाँ आधुनिकता भी है और मध्ययुगीनता भी। यहाँ शासक है और शासित है ब्रिटिश है और भारतीय है। ये अंतर्विरोध वर्ष 1943 के उत्तरार्द्ध में अकाल के उन भयंकर दिनों में जैसे कलकत्ता शहर में दिखाई पड़े, वैसे पहले कभी नजर नहीं आए थे। अकाल की गहरी वजह उस बुनियादी नीति में थी, जो भारत को दिनोंदिन गरीब बनाती जा रही थी और जिसके कारण लाखों लोग भुखमरी का जीवन जी रहे थे।

भारत में ब्रिटिश शासन पर बंगाल की भयंकर बर्बादी ने और उड़ीसा, मालाबार एवं दूसरे स्थानों पर पड़ने वाले अकाल ने आखिरी फैसला दे दिया। पर जब वे जाएँगे, तो वे क्या छोडेंगे-तीन वर्ष पहले मृत्यु-शय्या पर पड़े टैगोर के सामने यह चित्र उभरा था- लेकिन वे कैसा भारत छोड़ेंगे? कितनी नग्न दुर्गति? अंत में उनके सदियों पुराने प्रशासन की धारा सूख जाएगी तो वे अपने पीछे कितनी कीचड़ और कचरा छोड़ेंगे?

1. निम्न में से कौन-से समुदाय क्रमशः शासक और शासित हैं?

(क) मजदूर और कार्यकर्ता
(ख) परंपरागत और नए
(ग) अंतर्विरोधियाँ और मध्ययुगीनता
(घ) ब्रिटिश और भारतीय

उत्तर (घ) ब्रिटिश और भारतीय

2. दिए गए विकल्प में से ब्रिटिश शासन के दौरान भारत किस अवस्था में था?

(क) उत्तम (ख) आत्मनिर्भर
(ग) स्वतंत्र (घ) भयंकर बर्बादी

उत्तर (घ) भयंकर बर्बादी

3. 'लेकिन वे कैसा भारत छोड़ेंगे' टैगोर के इस कथन का आशय क्या था?

(क) वे भारत में अंग्रेजी राज्य के समर्थक थे
(ख) वे भारत छोड़कर अन्यत्र जाना चाहते थे
(ग) उन्हें भारत की दुर्दशा के कारण उसके भविष्य की चिंता थी।
(घ) वे चाहते थे कि अभी कुछ वर्ष तक उनकी मृत्यु न हो

उत्तर (ग) उन्हें भारत की दुर्दशा के कारण उसके भविष्य की चिंता थी।

4. भारत एक अंतर्विरोधी देश क्यों है?

उत्तर भारत एक अंतर्विरोधी देश इसलिए है, क्योंकि इसमें कुछ ऐसे लोग हैं, जो बहुत निर्धन हैं। इस देश में कहीं न कहीं आधुनिकता भी है और कहीं मध्ययुगीनता भी।

5. अंतर्विरोध कब और किस जगह सबसे पहली बार देखने को मिला?

उत्तर अंतर्विरोध वर्ष 1943 के उत्तरार्द्ध में अकाल के भयंकर दिनों में कलकत्ता शहर में देखने को मिला।

6. दिए गए गद्यांश के अनुसार, अकाल की वजह से क्या हो रहा था?

उत्तर अकाल की वजह से गरीबी बहुत बुरी तरह पूरे देश में फैल रही थी और लोग भुखमरी का शिकार हो रहे थे।

गद्यांश 4

इस तरह 1857 के गदर के बाद, पहली बार, भारत में ब्रिटिश राज के ढाँचे को बलपूर्वक चुनौती देने के लिए (लेकिन यह बल निहत्था था) बहुत बड़ी जनसंख्या उठ खड़ी हुई। यह चुनौती मूर्खतापूर्ण और बेमौके थी, क्योंकि दूसरी ओर सुसंगठित हथियारबंद सैनिक शक्ति थी। यह सैनिक शक्ति इतिहास में पहले किसी अवसर की तुलना में कहीं अधिक थीं।

उस भीड़ ने न तो इस द्वंद्व की तैयारी ही की थी और न ही इसके लिए समय का चुनाव खुद किया था। यह स्थिति उनके सामने अनजाने ही आ गई थी। तात्कालिक प्रतिक्रिया के रूप में, भले ही वह प्रतिक्रिया नासमझी से भरी या गलत रहीं हो, लेकिन उससे भारत की स्वतंत्रता के लिए उन्होंने अपने प्रेम और विदेशी शासन के विरुद्ध अपनी घृणा को प्रकट किया।

वर्ष 1942 के दंगों में पुलिस और सेना की गोलीबारी से मारे गए और घायल हुए लोगों की संख्या के अनुमानित सरकारी आँकड़े के अनुसार 1,028 मरे और 3,200 घायल हुए। जनता के अंदाज के अनुसार मृतकों की संख्या 25,000 कही जाती है, पर यह संख्या भी संभवत: अतिरंजित है। शायद 10,000 की संख्या ज्यादा सही होगी।

1. वर्ष 1942 के दंगों में कितने लोगों की मृत्यु हुई?

(क) 1028 (ख) 1129 (ग) 1239 (घ) 1120

उत्तर (क) 1028

2. जन-आंदोलन में किसने बढ़-चढ़कर भाग लिया?

(क) सरकार ने (ख) अंग्रेजों ने

(ग) युवा-पीढ़ी ने (घ) नागरिकों ने

उत्तर (ग) युवा-पीढ़ी ने

3. वर्ष 1942 में कौन-सा आंदोलन हुआ?

(क) जन-आंदोलन (ख) असहयोग आंदोलन

(ग) सत्याग्रह आंदोलन (घ) हिंसात्मक आंदोलन

उत्तर (घ) हिंसात्मक आंदोलन

4. गद्यांश के अनुसार, शासनाधिकार के साथ-साथ किस शक्ति का होना महत्त्वपूर्ण था?

उत्तर गद्यांश के अनुसार, शासन अधिकार के साथ-साथ शक्तिशाली सैनिक शक्ति का होना महत्त्वपूर्ण था।

5. कौन-सी घटना पहली बार भारत में ब्रिटिश राज के खिलाफ चुनौती थी, लेकिन चुनौती मूर्खतापूर्ण और असमय थी?

उत्तर 1857 के गदर के बाद पहली बार भारत में ब्रिटिश राज के ढाँचे को बलपूर्वक चुनौती देने के लिए काफी लोग उसके विरोध में खड़े थे। यह घटना पहली बार भारत में ब्रिटिश राज के खिलाफ चुनौती होने के बावजूद मूर्खतापूर्ण एवं असमय थी।

6. गद्यांश के अनुसार, कौन-से दक्षिण पूर्वी जिलों में विजय की वापसी हुई?

उत्तर गद्यांश के अनुसार, संयुक्त प्रांत के दक्षिण-पूर्वी जिलों में विजय की वापसी हुई।

अतिलघु उत्तरीय प्रश्न

1. लेखक के अनुसार, जनता का प्रदर्शन कैसा था?

उत्तर लेखक के अनुसार, जनता का प्रदर्शन असंगठित था।

2. वर्ष 1942 में किसने महत्त्वपूर्ण कार्य किया?

उत्तर वर्ष 1942 में युवा वर्ग तथा विशेषकर विद्यार्थियों ने महत्त्वपूर्ण कार्य किया।

3. भारत को कैसा देश कहा जाता है?

उत्तर भारत को अंतर्विरोधों का देश कहा जाता है।

4. वर्ष 1942 के दंगों में पुलिस और सेना की गोलीबारी से कितने लोग घायल हुए थे?

उत्तर वर्ष 1942 के दंगों में पुलिस और सेना की गोलीबारी में 3200 लोग घायल हो गए थे।

5. किस वर्ग पर अकाल का प्रभाव नहीं पड़ा?

उत्तर अभिजात्य वर्ग पर अकाल का प्रभाव नहीं पड़ा।

6. वर्ष 1943 में भारत को किस भीषण आपदा का सामना करना पड़ा?

उत्तर वर्ष 1943 में भारत को भीषण अकाल का सामना करना पड़ा।

7. कौन-सी पीढ़ी ने भारत के अस्तित्व को डूबने नहीं दिया?

उत्तर भारत की आने वाली सशक्त पीढ़ियों ने भारत के अस्तित्व को डूबने नहीं दिया।

8. वर्ष 1942 का विद्रोह असफल क्यों रहा?

उत्तर वर्ष 1942 का विद्रोह योजनाबद्ध तरीके से अंजाम नहीं दिए जाने के कारण असफल रहा।

9. भारत ने अपने स्वरूप को किस प्रकार बचाए रखा?

उत्तर भारत ने अपने स्वरूप को उसी प्रकार बचाए रखा जैसे प्रकृति कल की युद्ध भूमि को आज फूलों व घास से ढक देती है।

10. हम कैसी दुनिया की ओर बढ़ रहे हैं?

उत्तर हम एक ऐसी दुनिया की ओर बढ रहे हैं, जहाँ राष्ट्रीय संस्कृतियाँ मानव-जाति की अंतर्राष्ट्रीय संस्कृति में घुल-मिल जाएगी।

11. हम भारतीयों को क्या नहीं भूलना चाहिए?

उत्तर हम भारतीयों को अपनी कमजोरियों तथा असफलताओं को कभी नहीं भूलना चाहिए।

लघु उत्तरीय प्रश्न

1. अकाल के समय कलकत्ता की कैसी स्थिति थी?

उत्तर अकाल के समय कलकत्ता की आम जनता अधिक प्रभावित हुई, सड़कों पर चारों ओर लोगों की लाशें बिछ गईं तथा दूसरी तरफ अभिजात्य वर्ग था, जिस पर न तो अकाल का कोई प्रभाव हुआ और न ही लोगों के दु:ख-दर्द का कोई असर था। यह वर्ग अपनी ही विलासिता में मग्न था।

2. वर्ष 1942 के विद्रोह को मूर्खतापूर्ण क्यों कहा गया?

उत्तर वर्ष 1942 के विद्रोह को मूर्खतापूर्ण इसलिए कहा गया, क्योंकि यह योजनाबद्ध नहीं था। वर्ष 1942 का यह प्रथम विद्रोह था। एक ओर असंख्य जनता का विरोध तथा दूसरी ओर हथियारबंद सैनिक थे। यदि यह विद्रोह उचित रणनीति के साथ किया जाता, तो इस विद्रोह का परिणाम उचित तथा श्रेष्ठ होता।

3. जब रवींद्रनाथ टैगोर मृत्युशय्या पर थे, तो उन्होंने क्या कहा?

उत्तर जब रवींद्रनाथ टैगोर मृत्युशय्या पर थे, तो उन्होंने कहा कि—"अंग्रेज शासक अपने पीछे कैसा भारत छोड़कर जाएँगे? कितनी दुर्गति करेंगे? अंत में अंग्रेजों के सदियों पुराने प्रशासन की धारा सूख जाएगी, तो अंग्रेज अपने पीछे कितना कचरा व कीचड़ छोड़ेंगे।

4. **वर्ष 1942 में नेताओं की गिरफ्तारी का आम जनता पर क्या प्रभाव पड़ा?**

उत्तर वर्ष 1942 में नेताओं की गिरफ्तारी तथा गोली-बारी की बात सुनकर आम जनता भड़क उठी। जनता ने सहज तथा हिंसक प्रदर्शन किए। जनता इतनी उत्तेजित हो गई कि चुप नहीं बैठ सकी तथा तोड़-फोड़ करने से भी नहीं चूकी।

5. **वर्ष 1942 के दंगों का अंग्रेजी शासन पर क्या प्रभाव पड़ा?**

उत्तर वर्ष 1942 के दंगों के पश्चात् आम जनता ने देश के प्रति प्रेम तथा अंग्रेजी सरकार के प्रति नफरत को प्रकट किया। इसके परिणामस्वरूप अनेक ग्रामीण तथा शहरी क्षेत्रों पर अंग्रेजों का अधिकार समाप्त हो गया तथा पुन: कब्जा करने में अंग्रेजों को हफ्ते लग गए।

6. **वर्ष 1942 के आंदोलन में किन लोगों ने अहम भूमिका निभाई थी?**

उत्तर भारतीय जनता के मन में तीव्र भावना थी कि अब अंग्रेजी शासन को बर्दाशत नहीं करेंगे। अंग्रेजी राज के विरोध में जनता के असंगठित प्रदर्शन विस्फोट और हिंसात्मक गतिविधियाँ चलती रहती थी। इस आंदोलन में युवा पीढ़ी ने भी हिंसक और शांतिपूर्ण दोनों तरह के विरोध प्रदर्शन में अहम भूमिका निभाई थी।

दीर्घ उत्तरीय प्रश्न

1. **अकाल के दौरान क्या अंतर्विरोध दिखाई दिया तथा भारत को अंतर्विरोधों का देश कैसे कहा गया?**

उत्तर अकाल के दौरान कलकत्ता (कोलकाता) की सड़कों पर लोगों की लाशें बिछी थीं तथा दूसरी ओर ऊँचे वर्ग के लोग नाच-गाने तथा दावतों में व्यस्त थे व विलासिता का प्रदर्शन कर रहे थे। उनके जीवन में उल्लास था तथा गरीब जनता भुखमरी का शिकार हो रही थी।

भारत को अंतर्विरोधों का देश इसलिए कहा गया है, क्योंकि यहाँ बहुत लोग धनवान हैं, तो कुछ लोग निर्धन भी हैं। यहाँ आधुनिकता है, तो मध्ययुगीनता भी है। भारत में शासक है तथा शासित भी हैं, तो इसके अतिरिक्त यहाँ यदि ब्रिटिश है, तो भारतीय भी हैं। अकाल के पश्चात् कलकत्ता (कोलकाता) में भारत का अंतर्विरोध खुलकर देखने को मिला।

2. **नेहरू जी ने अपने विचारों को बहुत सुंदर शब्द देते हुए कहा है कि अकाल तथा युद्ध के बावजूद प्रकृति अपना कायाकल्प करती है। आपके अनुसार क्या समय परिवर्तनशील होता है? अपने विचारों से स्पष्ट कीजिए।**

उत्तर हाँ, यह कथन सत्य है कि समय परिवर्तनशील होता है। लड़ाई से रक्तरंजित मैदान को वह फूलों और हरी घास से ढक देता है, कहने का अभिप्राय यह है कि दु:ख के बाद ही सुख का आगमन होता है। मनुष्य की स्मृतियाँ सदा उसके साथ रहती हैं। हमारा वर्तमान धीरे-धीरे भूत में परिवर्तित होता रहता है। वर्तमान भूत बनता है और अपना अस्तित्व भविष्य को सौंपता चला जाता है, जो लोग कमजोर होते हैं, वे अपना अस्तित्व खो देते हैं और हिम्मत वाले मशाल लेकर आगे बढ़कर चलते रहते हैं। वे अपने अनुभव, अपनी यादें संतान को दे जाते हैं। कमजोर आत्मा वाले भुला दिए जाते हैं, सशक्त आत्मा वाले जीवन पथ पर आगे बढ़ते जाते हैं।

3. **नेहरू जी ने अपनी किस चेष्टा को अनाधिकार बताया है और क्यों? स्पष्ट कीजिए।**

उत्तर नेहरू जी कहते हैं कि भारत जैसे विशाल राष्ट्र के संपूर्ण अतीत को उजागर करना और उसके वर्तमान स्वरूप को स्पष्ट करना एक साधारण कार्य नहीं है और न ही यह संभव है। ऐसा करना वास्तव में कल्पना करने के समान है। वे कहते हैं कि भारत की खोज करते हुए उन्होंने क्या खोजा और क्या पाया यह एक कठिन प्रश्न है, इसके उत्तर को तलाश करना उनके लिए एक अनाधिकार चेष्टा अर्थात् प्रयास करना है। यह सब उनके अधिकार से बाहर की बात है। अत: स्पष्ट है कि भारत के संपूर्ण अतीत पर प्रकाश डालने तथा उसके वर्तमान स्वरूप को पूर्ण रूप से उजागर करने की चेष्टा को नेहरू जी ने अनधिकार बताया है।

परीक्षा अभ्यास (संपूर्ण पुस्तक पर आधारित)

1. 'आखिर यह भारत है क्या? अतीत में यह किस विशेषता का प्रतिनिधित्व करता था? उसने अपनी प्राचीन शक्ति को कैसे खो दिया? क्या उसने इस शक्ति को पूरी तरह खो दिया है? विशाल जनसंख्या का बसेरा होने के अतिरिक्त क्या आज उसके पास ऐसा कुछ बचा है, जिसे जानदार कहा जा सके?'
ये प्रश्न अध्याय दो के शुरुआती हिस्से से लिए गए हैं। अब तक आप पूरी पुस्तक पढ़ चुके होंगे। आपके विचार से इन प्रश्नों के क्या उत्तर हो सकते हैं? जो कुछ आपने पढ़ा है उसके आधार पर और अपने अनुभवों के आधार पर बताइए।

उत्तर यह तो भारत के बारे में कहना सार्थक ही है कि भारत के अतीत में वास्तव में ही ऐसी दृढ़ता रही है कि उसका अस्तित्व कभी डगमगाया नहीं, वह दृढ़ता है—संस्कृति की। हमारी संस्कृति इतनी दृढ़ एवं पवित्र है कि कोई भी व्यक्ति उसे कमजोर नहीं कर सकता। अंग्रेजो ने काफी समय तक भारत पर शासन किया, लेकिन वे भारत को कुछ हानि नहीं पहुँचा सके और अंत में उन्हें भारत से जाने के लिए विवश होना पड़ा। भारतीय संस्कृति में वह शक्ति है जो सबको आश्रय देती है, लेकिन कभी किसी से आश्रय लेने की इच्छा नहीं रखती।

जब मैं भारत के अतीत के बारे में सोचता हूँ तो मुझे यह बात सोचने पर मजबूर करती है कि भारत अतीत में किस विशेषता का प्रतिनिधित्व करता है? इतना शक्तिशाली होते हुए भी इसने अपनी शक्ति को कैसे खो दिया? क्या वास्तव मैं इसने अपनी सारी शक्ति को खो दिया है यह सब सोचते हुए मैं भी यह जानने का प्रयास करता रहता हूँ कि आखिर भारत की मजबूती का कारण क्या है?

2. आपके अनुसार, भारत यूरोप की तुलना में तकनीकी विकास की दौड़ में क्यों पिछड़ गया था?

उत्तर हमारे विचार में भारत में यूरोप की तुलना में शिक्षा का अभाव था, शिक्षा का अभाव होने के कारण तकनीकी विकास में भारत पिछड़ गया। हमारे यहाँ यूरोप के समान वैज्ञानिक चेतना नहीं थी, उस समय भारत पर निरंतर हमले हो रहे थे। हमलों के कारण भारत का ध्यान अपना अस्तित्व बचाने तथा यहाँ के लोगों की सुरक्षा में लगा था। संसाधन होने के बाद भी उसका ध्यान खोजों तथा आविष्कारों से दूर रहा। यूरोप में तकनीकी विकास के पीछे हौसलामंद, जीवनी, शक्ति और मानसिकता थी, जबकि भारत में इसका अभाव था।

3. नेहरू जी ने कहा कि "मेरे ख्याल से, हम सब के मन में अपनी मातृभूमि की अलग-अलग तस्वीरें हैं और कोई दो आदमी बिल्कुल एक जैसा नहीं सोच सकते।" अब आप बताइए कि

(क) आपके मन में अपनी मातृभूमि की कैसी तस्वीर है?

(ख) अपने साथियों से चर्चा करके पता करो कि उनकी मातृभूमि की तस्वीर कैसी है और आपकी और उनकी तस्वीर (मातृभूमि की छवि) में क्या समानताएँ और भिन्नताएँ हैं?

उत्तर (क) हमारे मन में अपनी पवित्र मातृभूमि की सम्मानजनक पालन-पोषण करने वाली, विपत्ति में धैर्य का सबक सिखाने वाली, भारत के विशाल मैदान, नदियाँ, खेत, पर्वत, यहाँ बसने वाले लोग और ममतामयी माँ जैसी तस्वीर है।

(ख) मैंने अपने साथियों से इस विषय पर चर्चा की तो मैंने पाया कि उनके मन में भी अपनी मातृभूमि के प्रति बहुत ही गहरा लगाव है, क्योंकि उन्होंने भी इसका अन्न, जल, वायु ग्रहण किया है तथा इसकी धूल में खेल-कूद कर अपने शरीर को मजबूत किया है, इसी कारण वे इसकी सेवा में अपना तन-मन अर्पित कर इसके ऋण से मुक्त होना चाहते हैं। कुछ साथी ऐसे भी हैं, जो अवसर मिलने पर विदेशों में जाकर बसना चाहते हैं, क्योंकि उन्हें पाश्चात्य संस्कृति के रहन-सहन और तौर-तरीके पसंद हैं।

4. जवाहरलाल नेहरू ने कहा, " यह बात दिलचस्प है कि भारत अपनी कहानी की इस भोर-बेला में ही हमें एक नन्हें बच्चे की तरह नहीं, बल्कि अनेक रूपों में विकसित सयाने रूप में दिखाई पड़ता है।" उन्होंने भारत के विषय में ऐसा क्यों और किस संदर्भ में कहा है?

उत्तर नेहरू जी ने भारत के विषय में ऐसा इसलिए कहा है, क्योंकि भारतीय सभ्यता एवं संस्कृति पिछले पाँच-दस वर्षों की नहीं है। यह अत्यधिक प्राचीन तथा विश्वप्रसिद्ध है। प्राचीन काल में यह शिक्षा का केंद्र था। भारत पहले से ही गणित, खगोलशास्त्र, औषधिविज्ञान, ज्योतिष, मूर्तिकला तथा अनेक शिल्पकलाओं में विकसित हो चुका था।

5. सिंधु घाटी सभ्यता के अंत के बारे में अनेक विद्वानों के कई मत हैं। आपके अनुसार, इस सभ्यता का अंत कैसे हुआ होगा? तर्क सहित लिखिए।

उत्तर सिंधु घाटी सभ्यता के अंत हो जाने के बारे में मेरे विचार हैं कि सिंधु नदी में बाढ़ आई होगी और बाढ़ में गाँव-के-गाँव बहने के साथ-साथ सिंधु घाटी की सभ्यता भी बह गई होगी। इस सभ्यता में हथियार न मिलने से इस विचार को बल मिलता है कि सिंधु सभ्यता शांतिप्रिय थी। शायद इस सभ्यता का अंत बाह्य आक्रमण या प्राकृतिक प्रकोप से हुआ हो। मौसम परिवर्तन से जमीन सूखती गई तथा खेतों पर रेत छा गई हो।

6. उपनिषदों में बार-बार कहा गया है कि "शरीर स्वस्थ हो, मन स्वच्छ हो और तन-मन दोनों अनुशासन में रहें।" आप अपने दैनिक क्रिया-कलापों में इसे कितना लागू कर पाते हैं? लिखिए।

उत्तर मैं अपने दैनिक क्रिया-कलापों में इस नियम का पूर्णत: पालन करने की कोशिश करता हूँ। इसके अतिरिक्त तन तथा मन का स्वच्छ व स्वस्थ रखने के लिए प्रात: जल्दी उठता हूँ, सैर पर जाता हूँ, व्यायाम करता हूँ, योग कक्षाओं में जाता हूँ। महापुरुषों की जीवनी की किताबें पढ़ता हूँ। मैं अपना सभी कार्य समय पर करने का प्रयास करता हूँ।

7. नेहरू जी ने कहा कि "इतिहास की उपेक्षा के परिणाम अच्छे नहीं हुए।" आपके अनुसार इतिहास लेखन में क्या-क्या शामिल किया जाना चाहिए? एक सूची बनाइए और उस पर कक्षा में अपने साथियों और अध्यापकों से चर्चा कीजिए।

उत्तर अतीत वह दर्पण होता है, जिसके द्वारा हम उसके अच्छे या बुरे का ज्ञान प्राप्त करते हैं, जिससे कि हम गलतियों से बच सकें और अपने भविष्य को सुंदर बना सकें। मेरे विचार से इतिहास लेखन में तत्कालीन साहित्य, अभिलेख, शिलालेख, खंडहर के अवशेष, विदेशी यात्रियों के यात्रा विवरण, सिक्के, उस समय की सामाजिक, धार्मिक और आर्थिक स्थितियों को भी शामिल किया जाना चाहिए।

8. "हमें आरंभ में ही एक ऐसी सभ्यता और संस्कृति की शुरुआत दिखाई पड़ती है, जो तमाम परिवर्तनों के बावजूद आज भी बनी हुई है।" आज की भारतीय संस्कृति की ऐसी कौन-सी बातें/चीजें हैं, जो हजारों साल पहले से चली आ रही हैं? आपस में चर्चा करके पता लगाइए।

उत्तर हमें शुरू में ही एक ऐसी सभ्यता और संस्कृति का आरंभ दिखाई देता है, जो तमाम बदलावों के बाद भी आज तक बनी हुई है। इसकी सबसे बड़ी विशेषता है कि यह सभी को अपने में मिला लेती है। अन्य संस्कृतियाँ और सभ्यताएँ समय के साथ-साथ समाप्त हो गईं, लेकिन भारतीय सभ्यता और संस्कृति आज भी विद्यमान है।

भारतीय संस्कृति में अनेक ऐसी बाते हैं, जो हजारों वर्षों से चली आ रही हैं। भारतीय संस्कृति में समन्वयवाद की प्रवृत्ति है। यह अन्य संस्कृतियों की अच्छी बातों को स्वीकार कर अपने में मिला लेती है। इस संस्कृति में टकराहट की भावना नहीं है। यह परिस्थितियों के अनुसार अपने आप में परिवर्तन कर लेती है। यही इसकी सबसे बड़ी विशेषता है, जो सभी संस्कृतियों से अलग है।

9. आपने पिछली साल (सातवीं कक्षा में) बाल महाभारत कथा पढ़ी। भारत की खोज में भी महाभारत के सार को सूत्रबद्ध करने का प्रयास किया गया है-"दूसरों के साथ ऐसा आचरण नहीं करो, जो तुम्हें खुद अपने लिए स्वीकार्य न हो।" आप अपने साथियों से कैसे व्यवहार की अपेक्षा रखते हैं और स्वयं उनके प्रति कैसा व्यवहार करते हैं? चर्चा कीजिए।

उत्तर मनुष्य और पशु में अंतर केवल विवेक का होता है। विवेक से ही हमें जानकारी मिलती है कि क्या हितकारी है और क्या अहितकारी? यदि मैं अपने विवेक का प्रयोग इस बात को आधार मानकर करूँ कि मुझसे किसी को किसी प्रकार का कोई कष्ट पीड़ा न हो, तो मुझे सबके साथ सद् व्यवहार करना चाहिए तथा जिन शब्दों को एवं कार्यों को दूसरों के द्वारा मेरे लिए करने पर मुझे अच्छा नहीं लगता तो ऐसे शब्दों या कार्यों को मुझे दूसरों के लिए प्रयोग नहीं करना चाहिए। इससे वातावरण स्वत: ही आनंदित हो जाएगा, चारों ओर प्रेम-ही-प्रेम दिखाई देगा और आपसी भेदभाव आदि समाप्त हो जाएगा। अत: अंत में मैं कह सकता हूँ कि महाभारत और भारत की खोज दोनों पुस्तकें ही इस बात के धरातल पर सत्य हैं कि "दूसरों के साथ ऐसा आचरण न करो, जो तुम्हें खुद अपने लिए स्वीकार्य न हो।

10. प्राचीन काल से लेकर आज तक राजा या सरकार द्वारा ज़मीन और उत्पादन पर 'कर' लगाया जाता रहा है। आजकल हम किन-किन वस्तुओं और सेवाओं पर कर देते हैं, सूची बनाइए।

उत्तर आजकल हम निम्नलिखित वस्तुओं और सेवाओं पर कर देते हैं—आय पर आयकर, उत्पादन पर उत्पादन शुल्क, वस्तुओं की बिक्री पर बिक्री कर, आयात-निर्यात पर कर, सीमा शुल्क, वैट आदि।

11. (क) प्राचीन समय में विदेशों में भारतीय संस्कृति के प्रभाव के दो उदाहरण बताइए।

(ख) वर्तमान समय में विदेशों में भारतीय संस्कृति के कौन-कौन से प्रभाव देखे जा सकते हैं? अपने साथियों के साथ मिलकर एक सूची बनाइए।

(संकेत खान-पान, पहनावा, फिल्में, हिंदी, कंप्यूटर, टेली मार्केटिंग आदि।)

उत्तर (क) प्राचीन समय में विदेशों में भारतीय संस्कृति का प्रभाव पड़ा। विदेशी यात्रियों तथा यहाँ से वापस गए आक्रमणकारियों द्वारा हिंदू धर्म, बौद्ध धर्म का प्रचार, ज्ञान-विज्ञान, यहाँ की खाने-पीने की अनेक वस्तुओं का वहाँ पर मिलना, वहाँ पर भारतीय वस्त्रों का चलन आदि से भारतीय संस्कृति का प्रभाव विदेशों पर पड़ा।

(ख) वर्तमान समय में योग, वेदांत, धर्म, दर्शन, धार्मिक सहनशीलता, ललित कलाएँ, भारतीय परिधान, कंप्यूटर, खानपान आदि क्षेत्रों में भारत ने विदेशों पर अपना प्रभाव छोड़ा है।

12. पृष्ठ संख्या 34 पर कहा गया है कि जातकों में सौदागरों की समुद्री यात्राओं/यातायात के हवाले भरे हुए हैं। विश्व/भारत के मानचित्र में उन स्थानों/रास्तों को खोजिए जिनकी चर्चा इस पृष्ठ पर की गई है।

उत्तर भारत का व्यापार दक्षिणी पूर्वी एशिया अर्थात् इंडोनेशिया, जावा, बाली, सुमात्रा, चीन, पश्चिम में मिश्र से रोम तक फैला था। उत्तर में अफगानिस्तान तथा ईरान जैसे देशों से भी भारतीयों के संबंध थे। (निर्देश-स्वयं छात्र विश्व के मानचित्र पर इन स्थानों को खोजें या चिह्नित करें)

13. कौटिल्य के 'अर्थशास्त्र' में अनेक विषयों की चर्चा है, जैसे "व्यापार और वाणिज्य, कानून और न्यायालय, नगर व्यवस्था, सामाजिक रीति-रिवाज, विवाह और तलाक, स्त्रियों के अधिकार, कर और लगान, कृषि खानों और कारखानों को चलाना, दस्तकारी, मंडियाँ, बागवानी, उद्योग-धंधे, सिंचाई और जलमार्ग, जहाज, जहाजरानी, निगमें, जन-गणना, मत्स्य-उद्योग, कसाईखाने, पासपोर्ट और जेल सब शामिल हैं। इसमें विधवा विवाह को मान्यता दी गई है और विशेष परिस्थितियों में तलाक को भी।" वर्तमान में इन विषयों की क्या स्थिति है? अपनी पसंद के किन्हीं दो-तीन विषयों पर लिखिए।

उत्तर **कृषि** भारत एक कृषि प्रधान देश है। यहाँ की 80% आबादी कृषि से जुड़ी हुई है। कृषि की दशा में काफी सुधार हो रहा है। हमारी सरकार कृषि को बढ़ावा देने के लिए लगातार प्रयत्नशील है। उन्नत किस्म के बीज, खाद, कृषि यंत्र, सिंचाई के साधनों के विकास से कृषि की प्रति हेक्टेयर पैदावार बढ़ी है। फिर भी आज ग्रामीण क्षेत्रों में किसानों की स्थिति अत्यंत दयनीय है। कृषि पर आधारित रहकर जीवन यापन करना मुश्किल हो रहा है। गत वर्षों में ऋण के बोझ से दबे हजारों कृषकों को आत्महत्या करने के लिए विवश होना पड़ा है।

नारी स्वतंत्रता आजादी के बाद से भारत में स्त्रियों की दशा में लगातार सुधार हो रहा ह। शिक्षा के क्षेत्र में महिलाएँ पुरुषों से आगे हैं। वे आत्मनिर्भर हो रही हैं तथा उन्हें अब पुरुषों की भाँति स्वतंत्रता मिल रही है। रोजगार और सरकारी नौकरियों में वे पुरुषों के साथ कंधे से कंधा मिलाकर चल रही हैं।

व्यापार और वाणिज्य वर्तमान में भारत का व्यापार और वाणिज्य अत्यंत उन्नत अवस्था में है। हम काफी वस्तुओं का निर्यात करते हैं; जैसे—भारतीय वस्त्र, कंप्यूटर तथा अन्य मशीनें भारत से विदेशों को निर्यात की जाती हैं। यह क्षेत्र निरंतर प्रगति की ओर अग्रसर हैं।

14. आजादी से पहले किसानों की समस्याएँ निम्नलिखित "गरीबी, कर्ज़, निहित स्वार्थ, जमींदार, महाजन, भारी लगान और कर, पुलिस के अत्याचार....." आदि। आपके विचार से आजकल किसानों की समस्याएँ कौन-कौन-सी हैं?

उत्तर भारतीय किसानों की जोत दिन-प्रतिदिन छोटी होती जा रही है, खाद्य और उन्नत बीज समय पर नहीं मिल पाते हैं। कृषि में उपयोग किए जाने वाले यंत्र अधिक महँगे हो गए हैं, किसान को उसकी उपज का उचित दाम नहीं मिल रहा है, जिसके कारण उसकी स्थिति खराब होती जा रही है। प्राकृतिक आपदाएँ—बाढ़, सूखा आदि के कारण फसल का नष्ट होना आदि प्रमुख समस्याएँ हैं। कृषि से पर्याप्त आय न होने के कारण उनमें गरीबी, ऋणग्रस्तता आदि समस्याएँ भी हैं। सरकारी सहायता का समय पर उन तक न पहुँच पाना या उनकी पूरी मात्रा में न मिल पाना उनकी गरीबी को बढ़ाता है।

15. "सार्वजनिक काम राजा की मर्ज़ी के मोहताज नहीं होते, उसे खुद हमेशा इनके लिए तैयार रहना चाहिए।" ऐसे कौन-कौन-से सार्वजनिक कार्य हैं, जिन्हें आप बिना किसी हिचकिचाहट के करने को तैयार हो जाते हैं?

उत्तर ऐसे बहुत से सार्वजनिक कार्य हैं, जो हम बिना किसी हिचकिचाहट से करने को तैयार हो जाते हैं, जो निम्नलिखित हैं

(i) अपने गरीब साथी की पढ़ाई में मदद करना।
(ii) अपने आस-पड़ोस के अपनी कक्षा से नीचे की कक्षा के छात्रों को पढ़ाना।
(iii) अपनी कॉलोनी और क्षेत्र को प्रदूषण मुक्त करने का प्रयास करना।
(iv) वृद्धों की सेवा करना।
(v) लोगों को सड़क के नियमों के बारे में बताना।
(vi) सबके साथ प्रेमपूर्ण व्यवहार करना।
(vii) समाज में नारी की हरसंभव मदद करना।
(viii) रोगी को चिकित्सा उपलब्ध कराने में मदद करना।
(ix) क्षेत्रवासियों को जागरूक करना।
(x) पर्यावरण को शुद्ध रखना।

इन सबके अतिरिक्त भी समाज में बड़े (बुजुर्ग) लोगों को मृत्युपरांत नेत्रदान के लिए प्रेरित करना, जन-जागरूकता अभियान चलाना, शिक्षा व्यवस्था, बाल आश्रम, अनाथालय आश्रम आदि हेतु किए जाने वाले जो भी कार्य हैं, वे सभी सार्वजनिक कार्य के अंदर आते हैं, जिनके करने से हिचकिचाहट पैदा नहीं होती, क्योंकि ये सभी सामाजिक विकास के कार्य हैं।

16. महान सम्राट अशोक ने घोषणा की कि वह प्रजा के कार्य और हित के लिए 'हर स्थान पर और हर समय' हमेशा उपलब्ध है। हमारे समय के शासक/लोक सेवक इस कसौटी पर कितना खरा उतरते हैं? तर्क सहित लिखिए।

उत्तर हमारे समय में शासक वर्ग अर्थात् नेता प्रजा के कार्य के लिए उपलब्ध ही नहीं होते/ हाँ इतना अवश्य है कि उन्हें किसी पुल, सड़क अथवा भवन का उद्घाटन करते हुए देखा जा सकता है। वे जनता से वाह-वाही लूटने के चक्कर में रहते हैं। जनता की समस्याओं को सुनने, समझने और उनका समाधान करने में उनकी कोई रुचि नहीं होती। उन्हें तो जनता केवल चुनाव के समय याद आती है। वायदे करके कुर्सी कब्जा लेते हैं और फिर वायदों को भूल जाते हैं।

17. 'औरतों के परदे में अलग-थलग रहने से सामाजिक जीवन के विकास में रुकावट आई।' कैसे?

उत्तर औरतों के पर्दे में अलग-थलग रहने से सामाजिक जीवन के विकास में बाधा उत्पन्न हुई। उन्हें शिक्षा से वंचित रहना पड़ा। वे जीवन में कोई भी निर्णय लेने के लिए स्वतंत्र न थीं, इसलिए वे घर की चहारदीवारी में सिमट कर रह गई थीं। वे समस्त कार्यों के लिए पुरुषों पर निर्भर थीं। पर्दा प्रथा के कारण उनका स्वास्थ्य प्रभावित हुआ। इससे उनकी सामाजिक सहभागिता में कमी आई। पुरुषों के अधिकार तथा वर्चस्व बढ़ गए थे, जिससे समाज के विकास में रुकावट आई।

18. मध्यकाल के इन संत रचनाकारों की अनेक रचनाएँ अब तक आप पढ़ चुके होंगे। इन रचनाकारों की एक-एक रचना अपनी पसंद से लिखिए।

(क) अमीर खुसरो (ख) कबीर (ग) गुरु नानक (घ) रहीम

उत्तर मध्यकाल के इन संत रचनाकारों ने अपनी रचनाओं द्वारा सामाजिक चेतना फैलाने तथा कुरीतियाँ दूर करने का प्रयत्न किया। इनकी रचनाओं से समाज में नई ऊर्जा का संचार हुआ। इन रचनाकारों की एक-एक रचना है

(क) अमीर खुसरो—ये अपनी पहेलियों और मुकरियों के लिए प्रसिद्ध हैं।

रचना वह आवै तो शादी होय
उस बिन दूजा और न कोय,
मीठे लागे उसके बोल,
क्यों सखी साजन?
न सखी ढोल।

(ख) **कबीर** यह उच्चकोटि के समाज सुधारक थे, जिन्होंने समाज में व्याप्त तत्कालीन कुरीतियों पर जमकर प्रहार किया।

रचना मोको कहाँ ढूँढ़े बंदे, मैं तो तेरे पास में
ना मैं देवल ना मैं मस्जिद, ना कैलास में।।
ना तो कौने क्रियाक्रम में, नाहीं योग बैराग में।
खोजी होय तो तुरंत मिलिहौं, पल भर की तलास में।
कहें कबीर सुनों भई साधो, सब स्वाँसों की स्वाँस में।

(ग) **गुरुनानक** इन्होंने गुरुग्रंथ साहिब में लिखा था

रचना चारि नदी अगनी असराला
कोई गुरुमुखि बुझै सबदि निराला।।
साकत दुरमति डूबहिं दाझहिं।
गुरि राखे हरि लिव राता है।।

(घ) **रहीम** इन्होंने दोहों की रचना की

रचना रहिमन यहि संसार में, सबसे मिलियो धाइ।
ना जाने केहि भेस में, नारायण मिलि जाइ।।

19. **बात को कहने के तीन प्रमुख तरीके अब तक आप जान चुके होंगे**

(क) अभिधा
(ख) लक्षणा
(ग) व्यंजना

बताइए, नेहरू जी का निम्नलिखित वाक्य इन तीनों में से किसका उदाहरण है? यह भी बताइए कि आपको ऐसा क्यों लगता है?

"यदि ब्रिटेन ने भारत में यह बहुत भारी बोझ नहीं उठाया होता (जैसा कि उन्होंने हमें बताया है) और लंबे समय तक हमें स्वराज्य करने की वह कठिन कला नहीं सिखाई होती, जिससे हम इतने अनजान थे, तो भारत न केवल अधिक स्वतंत्र और अधिक समद्ध होता....., बल्कि उसने कहीं अधिक प्रगति की होती।"

उत्तर नेहरू जी द्वारा कहे गए उपयुक्त वाक्य में, व्यंजना शक्ति का प्रयोग किया गया। अंग्रेजों ने हमारा बोझ उठाया नहीं अपितु और बढ़ा दिया था, जिससे मुक्त होने के लिए हमें बहुत लंबा समय लग गया।

20. **"नई ताकतों ने सिर उठाया और वे हमें ग्रामीण जनता की ओर ले गईं। पहली बार एक नया और दूसरे ढंग का भारत उन युवा बुद्धिजीवियों के सामने आया" आपके विचार से आजादी की लड़ाई के बारे में कही गई ये बातें किस 'नई ताकत' की ओर इशारा कर रही हैं? वह कौन व्यक्ति था और उसने ऐसा क्या किया, जिसने ग्रामीण जनता को भी आजादी की लड़ाई का सिपाही बना दिया?**

उत्तर 'नई ताकत' मध्यम वर्ग में आई राजनीतिक चेतना की ओर संकेत कर रही है। यह नई ताकत बुद्धिजीवी वर्ग की ओर इशारा कर रही है। पंडित जवाहरलाल नेहरू ही वह व्यक्ति थे, जिन्होंने मध्यम वर्ग में नई ऊर्जा का संचार किया और उन्हें उनके कर्त्तव्यों तथा अधिकारों के प्रति सजग किया। इससे मध्यम वर्ग में राजनीतिक चेतना जाग उठी और यह वर्ग भारत की आजादी के लिए सजग हो उठा, जिससे यह वर्ग एक होकर आजादी की लड़ाई का सिपाही बन गया।

21. **"भारत माता की जय"–आपके विचार से इस नारे में किस की जय की बात कही जाती है? अपने उत्तर का कारण भी बताइए।**

उत्तर 'भारत माता की जय' नारे में भारत की पवित्र भूमि, नदियाँ, वन, पहाड़, झरने, पशु-पक्षी तथा यहाँ रहने वाले सभी मनुष्यों की जय की बात कही गई है। इसका कारण यह है कि इन सबको मिलाकर ही भारत की तस्वीर संपूर्ण होती है। यह 'भारत माता' किसी स्थान विशेष की भूमि का नाम नहीं है।

22. **(क) भारत पर प्राचीन काल से ही अनेक विदेशी आक्रमण होते रहे। उनकी सूची बनाइए। समय क्रम में बनाएँ तो और भी अच्छा रहेगा।**

(ख) आपके विचार से भारत में अंग्रेजी राज्य की स्थापना इससे पहले के आक्रमणों से किस तरह अलग है?

उत्तर (क) भारत पर विदेशी आक्रमण

- आर्यों का आक्रमण
- तुर्की शासकों का आक्रमण
- अफगानिस्तानियों का आक्रमण
- मंगोलों का आक्रमण
- मुगलों का आक्रमण
- अंग्रेजों का आक्रमण (आगमन)

(ख) हम कह सकते हैं कि अंग्रेजी राज्य की स्थापना पहले के आक्रमणों से अलग इसलिए है कि इसमें वह लूटपाट और खून-खराबा नहीं था, जो पहले के आक्रमणों में था। अंग्रेजों ने अव्यवस्था में व्यवस्था कायम की थी, भले ही उसमें भी दमन होता था। अंग्रेज लुटेरे किस्म के नहीं थे।
अंग्रेजों ने भारत पर शासन किया। अंग्रेज भारत में व्यापारी बनकर आए। भारतीयों को व्यापार के बहाने लूटकर यहाँ की सत्ता पर कब्जा किया और भारतवासी अपने ही देश में गुलाम बनकर रह गए अर्थात् मालिक, नौकर बनकर रह गया।

23. **(क) अंग्रेजी सरकार शिक्षा के प्रसार को नापसंद करती थी, क्यों?**

(ख) शिक्षा के प्रसार को नापसंद करने के बावजूद अंग्रेजी सरकार को शिक्षा के बारे में थोड़ा बहुत काम करना पड़ा, क्यों?

उत्तर (क) अंग्रेजी सरकार शिक्षा के प्रसार को इसलिए नापसंद करती थी, क्योंकि वह नहीं चाहती थी कि भारतीय शिक्षित हों। वह चाहती थी कि भारतीयों में यदि शिक्षा प्रसार न किया जाए, तो उनका शासन भारत पर बिना बाधा के चलता रहेगा। यदि भारतीय शिक्षित होंगे तो वे नौकरियों में भी रखे जाएँगे। ऐसा करने से उनकी गुप्त बातों से रहस्य का पर्दा उठ जाएगा।
अत: अंग्रेजी सरकार शिक्षा के प्रसार को उचित नहीं समझती थी।

(ख) शिक्षा को नापसंद करने के बावजूद भी अंग्रेजी सरकार ने थोड़ा कार्य इस क्षेत्र में किया, जिसके कारण निम्नलिखित थे

(i) अंग्रेज भारतीयों को पश्चिमी सभ्यता के रंग में रंगना चाहते थे।

(ii) सस्ते क्लर्क पाने की चाह में भी उन्होंने शिक्षा का प्रसार भारत में किया, क्योंकि इंग्लैंड से क्लर्क लाने पर उन्हें अधिक खर्च करना पड़ता था।

(iii) अंग्रेजों के शिक्षा प्रसार से भारत के सोए हुए लोग जाग गए।

(iv) शिक्षा के प्रसार के कारण ही भारतीय, स्वाधीनता के लिए प्रयास करने लगे।

24. ब्रिटिश शासन के दौर के लिए कहा गया कि "नया पूँजीवाद सारे विश्व में जो बाजार तैयार कर रहा था, उससे हर सूरत में भारत के आर्थिक ढाँचे पर प्रभाव पड़ना ही था।" क्या आपको लगता है कि अब भी नया पूँजीवाद पूरे विश्व में जो बाज़ार तैयार कर रहा है, उससे भारत के आर्थिक ढाँचे पर प्रभाव पड़ रहा है? कैसे?

उत्तर यह कहना उचित ही है कि निश्चय ही वर्तमान पूँजीवादी व्यवस्था भारत की वर्तमान पीढ़ी को प्रभावित कर रही है, क्योंकि लोग जैसे-तैसे धन कमाना चाहते हैं, जिससे सामाजिक ढाँचा चरमरा रहा है। इस पूँजीवाद के गुण कम तथा दोष अधिक हैं। इस व्यवस्था के कारण धनवान और अधिक धनवान तथा निर्धन और अधिक निर्धन होते जा रहे हैं। दूसरी ओर विदेशी वस्तुओं के आकर्षण में अपने देश की वस्तुओं का महत्त्व कम होता जा रहा है, जिस कारण आर्थिक-व्यवस्था प्रभावित हो रही है।

25. गाँधीजी के दक्षिण अफ्रीका से लौटने पर निम्नलिखित में किस तरह का बदलाव आया? पता कीजिए।

(क) कांग्रेस संगठन में

(ख) लोगों में-विद्यार्थियों, स्त्रियों, उद्योगपतियों आदि में।

(ग) आज़ादी की लड़ाई के तरीकों में।

(घ) साहित्य, संस्कृति, अखबार आदि में।

उत्तर गाँधीजी के दक्षिण अफ्रीका से लौटने पर निम्नलिखित रूप में बदलाव आए

(क) कांग्रेस संगठन में गाँधीजी के कांग्रेस में आने के बाद कांग्रेस की मजबूती बढ़ी। इसमें किसान एवं मजदूर वर्ग भी शामिल हो गए तथा नए जोश के साथ कार्य करने लगे।

(ख) लोगों में-विद्यार्थियों, स्त्रियों, उद्योगपतियों आदि में गाँधीजी के कांग्रेस में आते ही विश्वविद्यालय के विद्यार्थी इसमें शामिल हो गए। अनेक स्त्रियों तथा उद्योगपतियों ने उत्साहित होकर ब्रिटिश सरकार के विरुद्ध आवाज उठाई।

(ग) आजादी की लड़ाई के तरीकों में ब्रिटिशों के विरुद्ध लड़ाई में गाँधीजी ने सत्य व अहिंसा को अपना प्रमुख हथियार बनाया। उन्होंने सविनय अवज्ञा आंदोलन' तथा बातचीत के माध्यम से समस्याएँ सुलझाने को प्राथमिकता दी।

(घ) साहित्य, संस्कृति, अखबार आदि में गाँधीजी के जुड़ने के पश्चात् साहित्य, संस्कृति और अखबारों में छपी ब्रिटिश सरकार विरोधी खबरों से जनमानस सजग हो उठा। अंग्रेजों की दमन नीति की खबरें अखबारों में प्रमुखता से छपने लगीं। इस सरकार की सच्चाई का पता लगते ही लोगों में अपनी मातृभूमि की स्वतंत्रता के प्रति ललक जाग उठी।

26. "अकसर कहा जाता है कि भारत अंतर्विरोधों का देश है।" आपके विचार से भारत में किस-किस तरह के अंतर्विरोध हैं? कक्षा में समूह बनाकर चर्चा कीजिए।

संकेत-अमीरी-गरीबी, आधुनिकता-मध्ययुगीनता, सुविधा-संपन्न-सुविधा विहीन आदि।

उत्तर वास्तव में भारत अंतर्विरोधों का देश है, यह बात बिल्कुल सत्य है। यहाँ सकारात्मक तथा नकारात्मक विचार साथ-साथ चलते रहते हैं।

उदाहरणार्थ—स्वाधीनता आंदोलन में भी एक ओर सत्य, अहिंसा का सहारा लिया गया जबकि दूसरी ओर क्रांतिकारियों ने व सशक्त होकर अंग्रेजों का दमन करना चाहा। भारत में कुछ लोग बहुत धनवान हैं, जो ऐशोआराम और विलासिता का जीवन जी रहे हैं, दूसरी ओर कुछ इतने निर्धन हैं कि उन्हें पेट भर भोजन भी नहीं मिलता है।

यहाँ कुछ लोग आधुनिकता में जी रहे हैं, तो कुछ अब भी मध्ययुगीनता में जी रहे हैं। कुछ लोग अपने जीवन में अनेक प्रकार की सुविधाओं के माध्यम से उत्तम जीवन जी रहे हैं, तो दूसरी ओर कुछ ऐसे भी लोग हैं, जो सुविधाविहीन हैं तथा वे निम्न स्तरीय जीवन जीने को विवश हैं।

27. पृष्ठ संख्या 122 पर नेहरू जी ने कहा है कि-"हम भविष्य की उस 'एक दुनिया' की तरफ बढ़ रहे हैं, जहाँ राष्ट्रीय संस्कृतियाँ मानव जाति की अंतर्राष्ट्रीय संस्कृति में घुल-मिल जाएँगी।" आपके अनुसार उस 'एक दुनिया' में क्या-क्या अच्छा है और कैसे-कैसे खतरे हो सकते हैं?

उत्तर नेहरू जी अत्यंत दूरदृष्टा तथा कुशल भविष्यवक्ता थे। नेहरू जी ने 'एक दुनिया' कहकर उस दुनिया की ओर इशारा किया है, जहाँ प्रगति की ओर बढ़ते हुए हमें समझदारी, ज्ञान, भिन्नता और सहयोग मिलेगा। उनके अनुसार भारत विश्व का महत्त्वपूर्ण अंग बनाए जाने के योग्य है। वर्तमान परिस्थितियाँ इस बात की गवाह हैं कि विश्व बड़ी तेजी से सिकुड़ता जा रहा है।

संचार व परिवहन के साधनों के कारण व्यक्ति की पहुँच सब जगह है। इसका परिणाम यह है कि कोई देश अलग-अलग नहीं रह सकता। सभी देशों के एक-दूसरे के संपर्क में आने से उनकी संस्कृतियाँ एक-दूसरे से घुल मिल जाएँगी। सभी देश मिलकर उन्नति करेंगे व आगे बढ़ेंगे। इससे हम भारतीय अच्छे विश्व नागरिक बन सकेंगे। इस मेल-जोल और संस्कृतियों के परस्पर मिलन के परिणामस्वरूप पश्चिमी सभ्यता का अंधानुकरण, खुलापन, धन लोलुपता आदि बढ़ेगी, जिससे भारतीय संस्कृति एवं सभ्यता प्रभावित होगी।

अध्याय 1

पत्र-लेखन

पत्र का अर्थ पत्र-लेखन एक महत्त्वपूर्ण कला है। अपने विचारों एवं भावों की अभिव्यक्ति के लिए पत्र-लेखन का प्रयोग किया जाता है। पत्र लेखन की अपनी विशेष शैली होती है।

पत्र के अंग

पत्रों को एक विशेष प्रारूप में लिखा जाता है। इसके लिए पत्र को छोटे-छोटे भागों में बाँट लेते हैं। यह भाग पत्र के अंग कहे जाते हैं। पत्र के अंग निम्नलिखित हैं

1. **शीर्षक या प्रारंभ** पत्र में सर्वप्रथम शीर्षक के रूप में पत्र लिखने वाले का नाम व पता लिखा जाता है, उसके नीचे पत्र लिखने की तिथि का उल्लेख किया जाता है।

   परीक्षा में पूछे गए औपचारिक व अनौपचारिक पत्र के प्रेषक के पते का उल्लेख न होने पर परीक्षा भवन लिखा जाता है। यह सब पत्र में बाएँ और सबसे ऊपर लिखा जाता है। तत्पश्चात् जिसे पत्र भेजना है, उसका नाम व पता लिखा जाता है।
2. **विषय** औपचारिक पत्रों के अंतर्गत विषय का उल्लेख सीमित शब्दों में स्पष्ट रूप से किया जाता है, जबकि अनौपचारिक पत्रों में इसका उल्लेख नहीं होता।
3. **संबोधन** पत्र में संबोधन का महत्त्वपूर्ण स्थान होता है। औपचारिक पत्र के अंतर्गत मान्यवर, महोदय आदि सूचक शब्दों का प्रयोग किया जाता है तथा अनौपचारिक पत्र के अंतर्गत पूजनीय, स्नेहमयी, प्रिय आदि संबोधन सूचक शब्दों का प्रयोग किया जाता है।
4. **अभिवादन** पत्र में संबोधन के अनुरूप ही अभिवादन हेतु शब्दों का प्रयोग किया जाता है। इसका प्रयोग अनौपचारिक पत्रों में बड़ों के लिए प्रणाम, नमस्कार, सादर चरण-स्पर्श तथा छोटों के लिए आशीर्वाद, शुभाशीष, चिरंजीव रहो आदि अभिवादन-सूचक का प्रयोग किया जाता है। यह ध्यान रहे कि औपचारिक पत्रों में इसका प्रयोग नहीं होता।
5. **विषय-वस्तु** विषय-वस्तु पत्र लेखन का महत्त्वपूर्ण अंग है। इसे पत्र का मुख्य भाग भी कहते हैं। इस भाग में पत्र से संबंधित भावों व विचारों को अन्य अंगों की अपेक्षा विस्तार से प्रकट किया जाता है।
6. **समाप्ति अथवा अंत** पत्र के अंत में समाप्ति हेतु औपचारिक पत्र में धन्यवाद लिखते हुए भवदीय, प्रार्थी, आज्ञाकारी किसी शब्द का प्रयोग किया जाता है जबकि अनौपचारिक पत्र में प्यारा, स्नेहाकांक्षी, हितैषी, शुभाकांक्षी आदि शब्दों का प्रयोग किया जाता है।

पत्र लिखते समय ध्यान देने योग्य बातें

- पत्र का विषय स्पष्ट होना चाहिए तथा पत्र में क्रमबद्धता का विशेष ध्यान दिया जाना चाहिए।
- पत्र इतना संक्षिप्त नहीं होना चाहिए कि मुख्य बातें ही छूटी हुई-सी लगें।
- पत्र-लेखन में पुनरुक्ति तथा अनावश्यक वर्णन से बचना चाहिए।
- पत्र में प्रयुक्त वाक्यों की परस्पर संबद्धता होनी चाहिए, जिससे भावों को स्पष्ट रूप से समझा जा सके।
- पत्र की समाप्ति इस प्रकार होनी चाहिए कि पत्र का संदेश स्पष्ट हो सके।
- पत्र की भाषा सरल, स्पष्ट, आदर सूचक व शुद्ध होनी चाहिए।
- परीक्षा में पूछे गए पत्र में यदि नाम व पता न दिया गया हो, तो वहाँ अंत में क. ख. ग. लिखें।

पत्र के प्रकार

सामान्यतया पत्रों को दो वर्गों में बाँटा जा सकता है

1. औपचारिक पत्र
2. अनौपचारिक पत्र

1. औपचारिक पत्र

अधिकारियों, कर्मचारियों, संस्था प्रमुख, पुस्तक विक्रेता, संपादक आदि को लिखे जाने वाले पत्र औपचारिक पत्र कहलाते हैं। इनसे हमारा व्यक्तिगत परिचय नहीं होता है। इन पत्रों में सूचना देने का भाव छिपा होता है। औपचारिक पत्रों के अंतर्गत निम्नलिखित पत्र आते हैं

(क) प्रार्थना-पत्र/आवेदन पत्र
(ख) शिकायती-पत्र
(ग) व्यावसायिक-पत्र
(घ) कार्यालयी-पत्र
(ङ) संपादक के नाम पत्र

औपचारिक पत्र का प्रारूप

प्रश्न गणित एवं विज्ञान की अतिरिक्त कक्षाएँ आयोजित कराने के संबंध में प्रधानाचार्य को प्रार्थना-पत्र लिखिए।

पत्र लिखने वाले (प्रेषक) का पता	परीक्षा भवन दिल्ली।
दिनांक	2 फरवरी, 20XX
पत्र प्राप्तकर्ता का नाम व पता	सेवा में प्रधानाचार्य महोदय निर्मल हैप्पी सी सै. स्कूल लाजपत नगर, दिल्ली।
विषय का संक्षिप्त उल्लेख	अतिरिक्त कक्षाएँ आयोजित कराने के संबंध में।
संबोधन	महोदय,
विषय-वस्तु	सविनय निवेदन यह है कि मैं आपके विद्यालय की आठवीं कक्षा का छात्र हूँ। हमारी वार्षिक परीक्षा संभवतः फरवरी के अंतिम सप्ताह में शुरू हो जाएगी, किंतु गणित और विज्ञान विषयों का पाठ्यक्रम अभी पूरा नहीं हो सका है। हमारी कक्षा को इन विषयों को पढ़ाने वाले अध्यापकों की ड्यूटी चुनाव कार्य में लगाई जा चुकी है और अब वे चुनाव कार्य पूर्ण होने पर ही वे विद्यालय आएँगे। ऐसी स्थिति में हम छात्रों का पाठ्यक्रम पूरा न होने के कारण प्रश्न-पत्र आधे-अधूरे ही हल हो सकेंगे। आपसे हमारी प्रार्थना है कि गणित और विज्ञान का पाठ्यक्रम पूरा करवाने के लिए अतिरिक्त कक्षाएँ आयोजित करवाने की व्यवस्था करें। हम छात्र आपके आभारी रहेंगे।
धन्यवाद ज्ञापन	सधन्यवाद।
समापन (प्रेषक का नाम)	आपका आज्ञाकारी शिष्य क. ख. ग. कक्षा-आठवीं 'अ'

अभ्यास प्रश्न

प्रार्थना-पत्र

1. आपके पिता जी के तबादले के कारण आपको स्कूल छोड़ना पड़ा था, परंतु अब आपके पिता जी का पुन: तबादला उसी शहर में हो गया और आप उसी स्कूल में पुन: प्रवेश पाना चाहते हैं। प्रधानाचार्य को पुन: प्रवेश पाने हेतु पत्र लिखिए।

उत्तर परीक्षा भवन
दिल्ली।
दिनांक 12 नवंबर, 20XX
सेवा में
प्रधानाचार्य जी
राजकीय प्रतिमा विकास विद्यालय
सिविल लाइंस
दिल्ली।

विषय विद्यालय में पुन: प्रवेश पाने हेतु।
महोदय,
सविनय निवेदन यह है कि वर्ष 2022 तक मैं आपके विद्यालय की छात्रा रही हूँ। उस समय मैं आठवीं कक्षा में थी तो मेरे पिता जी का तबादला मुंबई में हो गया था, जिसके कारण परिवार के साथ मुझे भी वहाँ जाना पड़ा था। इसी सप्ताह मेरे पिता जी का पुन: तबादला दिल्ली में हो गया है। मैं फिर से इस लेकर विद्यालय में दाखिला शिक्षा अर्जित करना चाहती हूँ, क्योंकि आज भी मेरे मन में मेरे विद्यालय व अध्यापक-अध्यापिकाओं की छवि अंकित है।
अत: आपसे प्रार्थना है कि आप मुझे पुन: विद्यालय में प्रवेश दे दें, जिससे मैं अपनी आगे की शिक्षा पूर्ण कर पाऊँ। मैं सदा आपकी आभारी रहूँगी।
सधन्यवाद।
आपकी आज्ञाकारिणी शिष्या
क. ख. ग.

2. परिवार की आर्थिक स्थिति ठीक न होने के कारण आर्थिक सहायता प्राप्त करने हेतु प्रधानाचार्य को पत्र लिखिए।

उत्तर परीक्षा भवन
दिल्ली।
दिनांक 15 अप्रैल, 20XX
सेवा में
प्रधानाचार्य महोदय
महावीर बाल विद्यालय
जलवायु विहार
नई दिल्ली।

विषय विद्यालय से आर्थिक सहायता प्राप्त करने के संबंध में।
महोदय,
विनम्र प्रार्थना यह है कि मैं आपके विद्यालय की आठवीं कक्षा का छात्र हूँ। मेरे पिता जी घर पर ही किराने की एक छोटी-सी दुकान चलाते हैं। इस दुकान में थोड़ी ही आमदनी हो पाती है। मेरे दो अन्य भाई भी बड़ी कक्षाओं में पढ़ते हैं, जिससे घर का निर्वाह (खर्च) मुश्किल से चल पाता है। इस कारण मैं अपनी पढ़ाई से संबंधित छोटी-छोटी ज़रूरतों के लिए परेशान रहता हूँ।
आपसे मेरी विनम्र प्रार्थना है कि मुझे विद्यालय से आर्थिक सहायता प्रदान करने की कृपा करें, जिससे मेरी पढ़ाई बिना किसी रुकावट के चलती रहे।
सधन्यवाद।
आपका आज्ञाकारी शिष्य
क. ख. ग.
कक्षा-आठवीं 'अ'

3. आपके पिता जी का स्थानांतरण होने के कारण आपको विद्यालय छोड़ना पड़ रहा है। विद्यालय छोड़ने का प्रमाण-पत्र (S.L.C.) प्राप्त करने के लिए प्रधानाचार्य को प्रार्थना-पत्र लिखिए।

उत्तर परीक्षा भवन
दिल्ली।
दिनांक 7 अप्रैल, 20XX
सेवा में
प्रधानाचार्य जी
राजकीय प्रतिभा विकास विद्यालय
मानसरोवर गार्डन
नई दिल्ली।
विषय विद्यालय छोड़ने का प्रमाण-पत्र प्राप्त करने के संबंध में।
महोदय,
सविनय निवेदन यह है कि मैं आपके विद्यालय की आठवीं कक्षा का विद्यार्थी हूँ। मेरे पिता जी स्टेट बैंक ऑफ इंडिया की राजौरी गार्डन शाखा में क्लर्क थे। अब उनका स्थानांतरण मोहन नगर, गाजियाबाद हो गया है। अगले सप्ताह हम सब वहीं चले जाएँगे। दूरी अधिक होने के कारण वहाँ से इस विद्यालय में पढ़ पाना संभव नहीं है।
गाजियाबाद के किसी विद्यालय में नाम लिखवाने के लिए मुझे विद्यालय छोड़ने के प्रमाण-पत्र की आवश्यकता है। अत: आपसे प्रार्थना है कि मुझे विद्यालय छोड़ने का प्रमाण-पत्र प्रदान करने की कृपा करें, ताकि मैं नए विद्यालय में प्रवेश लेकर अपनी आगे की शिक्षा जारी रख सकूँ। इसके लिए मैं आपका सदैव आभारी रहूँगा।
सधन्यवाद।
आपका आज्ञाकारी शिष्य
क. ख. ग.
कक्षा-आठवीं 'स'

शिकायती पत्र

4. अपने क्षेत्र के जिलाध्यक्ष को पत्र लिखकर सूचित कीजिए कि आपको क्षेत्र की किन-किन समस्याओं का सामना करना पड़ता है।

उत्तर परीक्षा भवन

दिल्ली।

दिनांक 12 नवंबर, 20XX

सेवा में

जिलाध्यक्ष महोदय

जिला कार्यालय

जयपुर।

विषय क्षेत्रीय समस्याओं से अवगत कराने हेतु।

महोदय,

निवेदन यह है कि हम शास्त्री नगर निवासी आपसे अनुरोध करना चाहते हैं कि हमारे इलाके में सड़कें टूटी-फूटी हैं, जिसमें वर्षा के दिनों में पानी भर जाता है। सड़कों पर जगह-जगह स्पीड ब्रेकर हैं, जिससे वाहन चालकों को असुविधा होती है। इसके अलावा घरों में कभी भी समय पर पानी नहीं आता।

आम जनता को सरकारी अस्पतालों में अत्यधिक असुविधा का सामना करना पड़ता है। यहाँ स्कूल का प्रबंध भी सही नहीं है। मैंने पहले भी अपने क्षेत्र की इन सभी समस्याओं से अवगत करवाने हेतु पत्र लिखा था, परंतु इस संबंध में कोई कार्यवाही नहीं की गई। अतः आपसे निवेदन है कि इस समस्या का शीघ्रातिशीघ्र समाधान किया जाए, जिससे इलाके में रह रहे निवासियों की असुविधा दूर की जा सके।

सधन्यवाद।

प्रार्थी

क. ख. ग.

5. आपके मोहल्ले में सफाई की कोई व्यवस्था नहीं है। जगह-जगह पर कूड़े का ढेर है। मोहल्ले की इस बदहाल स्थिति की ओर ध्यान आकर्षित कराते हुए सफाई निरीक्षक को पत्र लिखिए।

उत्तर परीक्षा भवन

दिल्ली।

दिनांक 21 अक्टूबर, 20XX

सेवा में

सफाई निरीक्षक महोदय

सिविल लाइन्स क्षेत्र

16 राजपुर रोड

दिल्ली।

विषय सफाई की बदहाल स्थिति के संबंध में।

महोदय,

मैं आपका ध्यान अपने मोहल्ले में सफाई व्यवस्था की ओर आकर्षित कराना चाहता हूँ। इस मोहल्ले में नियुक्त सफाईकर्मी प्रतिदिन नहीं आते हैं। वे सप्ताह में एक या दो दिन आकर यहाँ-वहाँ कूड़ा एकत्र करके चले जाते हैं। उस कूड़े को कुत्ते और गाय इधर-उधर बिखरा देते हैं। गली के दोनों ओर बनी नालियों में पानी भरा रहता है, जिससे वातावरण दुर्गंधमय हो गया है। गंदे पानी व कूड़े के ढेर से मक्खी-मच्छरों की अधिकता हो गई है, जिससे बीमारी फैलने का खतरा बढ़ गया है।

अतः आपसे प्रार्थना है कि ऐसी बदहाल स्थिति का आप स्वयं निरीक्षण करें और सफाईकर्मियों को सफाई करने के लिए तुरंत आदेश दें।

सधन्यवाद।

प्रार्थी

क. ख. ग.

संपादकीय पत्र

6. किसी प्रतिष्ठित समाचार-पत्र के संपादक को पत्र लिखकर प्रशासन व्यवस्था का ध्यान सड़कों पर हो रही दुर्घटनाओं की ओर दिलवाने हेतु पत्र लिखिए।

उत्तर परीक्षा भवन

दिल्ली।

दिनांक 7 जून, 20XX

सेवा में

संपादक महोदय

नवभारत टाइम्स

दिल्ली।

विषय सड़कों पर हो रही दुर्घटनाओं हेतु।

मान्यवर,

मैं इस पत्र के माध्यम से प्रशासन व्यवस्था का ध्यान दिन-प्रतिदिन बढ़ती हुई सड़क दुर्घटनाओं की ओर आकर्षित कराना चाहती हूँ। हमारे क्षेत्र में लोग ट्रैफिक बत्तियों के नियमों का पालन नहीं करते, जिसके कारण सड़क पर आए दिन दुर्घटनाएँ होती रहती हैं। ट्रैफिक पुलिसकर्मी भी अपनी जिम्मेदारी उचित प्रकार से नहीं निभाते, वह मूकदर्शक बनकर दूर बैठे रहते हैं।

कई ट्रकों पर अत्यधिक सामान लदा रहता है तथा वे तेजी से वाहनों को चलाते हैं, जो दुर्घटनाओं का कारण बनते हैं।

आपसे निवेदन है कि इसे अपने समाचार-पत्र में छापें ताकि संबंधित विभाग के अधिकारी यातायात के कारण सड़क पर हो रही दुर्घटनाओं के संदर्भ में गंभीरतापूर्वक विचार करके उचित कदम उठाए जाएँ। और बढ़ती दुर्घटनाओं में कमी आ सके।

सधन्यवाद।

भवदीय

क. ख. ग.

7. **शहर में महिलाओं के प्रति बढ़ते अपराधों की ओर प्रशासन का ध्यान दिलवाने हेतु किसी प्रतिष्ठित समाचार-पत्र के संपादक को पत्र लिखिए।**

उत्तर परीक्षा भवन

दिल्ली।

दिनांक 6 दिसंबर, 20XX

सेवा में

संपादक महोदय

दैनिक जागरण

मेरठ।

विषय महिलाओं के प्रति बढ़ते अपराधों के संदर्भ में।

मान्यवर,

मैं आपके समाचार-पत्र के माध्यम से शहर के प्रशासन का ध्यान महिलाओं के प्रति बढ़ते अपराधों की ओर आकर्षित करना चाहता हूँ।

शहर के विभिन्न क्षेत्र, जो शिक्षा व जीविकाओं के केंद्र हैं, वे महिलाओं के प्रति हो रहे अपराधों के केंद्र बनते जा रहे हैं। लड़कियाँ या महिलाएँ अब शहर में स्वयं को सुरक्षित महसूस नहीं कर पा रही हैं। आए दिन कुछ असामाजिक तत्त्वों द्वारा उनके साथ छेड़खानी, चोरी, लूटपाट आदि घटनाएँ होती ही रहती है, जिसके कारण बहुत-से अभिभावकों ने अपनी लड़कियों या महिलाओं को घर वापस बुला लिया है, क्योंकि वे उनकी सुरक्षा को लेकर आश्वस्त नहीं हैं।

अत: आपसे निवेदन है कि इसे अपने समाचार-पत्र में स्थान दे ताकि संबंधित अधिकारी इस गंभीर समस्या के प्रति संज्ञान लें और उन असामाजिक तत्त्वों पर लगाम लगाकर महिलाओं और उनके अभिभावकों को भय-मुक्त करें, जिससे लड़कियाँ निर्भय होकर अपने शैक्षिक केंद्रों व कार्यस्थलों की ओर आ-जा सकें।

सधन्यवाद।

भवदीय

क. ख. ग.

कार्यालयी पत्र

8. **डाकिए द्वारा डाक बाँटने के प्रति की जाने वाली अनियमितता की शिकायत करते हुए क्षेत्र के मुख्य पोस्टमास्टर को पत्र लिखिए।**

उत्तर परीक्षा भवन

दिल्ली।

दिनांक 8 नवंबर, 20XX

सेवा में

मुख्य पोस्टमास्टर

प्रधान डाकघर

सीमापुरी

दिल्ली।

विषय डाकिए द्वारा डाक बाँटने की अनियमितता की शिकायत हेतु।

महोदय,

मैं इस पत्र के माध्यम से आपका ध्यान अपने क्षेत्र सीमापुरी में नियुक्त डाकिए की कार्य शैली की ओर आकर्षित कराना चाहता हूँ। इस क्षेत्र में नियुक्त डाकिया चिट्ठियाँ बाँटने महीने में एक-दो दिन ही आता है और गली के बाहर खेल रहे बच्चों को डाक पकड़ाकर चला जाता है। बच्चे इसे खेलने की वस्तु समझकर इधर-उधर फेंक देते हैं। कई बार वह पत्र गलत पते पर भी डाल देता है तथा कभी वह पत्रों को घर के बाहर ही फेंककर चला जाता है, जिससे हमारे पत्र हमें नहीं मिल पाते हैं। इससे हमें परेशानी का सामना करना पड़ता है।

अत: आपसे प्रार्थना है कि इस मामले में व्यक्तिगत रुचि लेकर डाक वितरण व्यवस्था सुचारु करने की कृपा करें।

धन्यवाद।

भवदीय

क. ख. ग.

व्यावसायिक पत्र

9. **आपको कुछ पुस्तकों की आवश्यकता है, जो बाजार में उपलब्ध नहीं हैं। इस संदर्भ में प्रकाशक को पत्र लिखकर वीपीपी द्वारा पुस्तकें भेजने के लिए निवेदन कीजिए।**

उत्तर परीक्षा भवन

दिल्ली।

दिनांक 25 अप्रैल, 20XX

सेवा में

प्रबंधक महोदय

अ.ब.स. प्रकाशन

दिल्ली।

विषय वी.पी.पी. द्वारा पुस्तकें भेजने के संबंध में।

महोदय,

मैं राजकीय प्रतिभा विकास विद्यालय, दिल्ली का 'आठवीं' कक्षा का विद्यार्थी हूँ। मुझे निम्नलिखित पुस्तकों की शीघ्र आवश्यकता है। अत: आपसे अनुरोध है कि ये पुस्तकें यथाशीघ्र वीपीपी द्वारा भेजने की कृपा करें। कृपया उचित शुल्क लगाकर बिल भी संलग्न कर दें।

	पुस्तकें	प्रतियाँ
1.	हिंदी व्याकरण	2 प्रति
2.	हिंदी साहित्य	2 प्रति
3.	अतीत की खोज	1 प्रति

आपसे अनुरोध है कि बिना विलंब किए उपर्युक्त पुस्तकें वीपीपी द्वारा पहुँचाने की कृपा करें।

सधन्यवाद।

भवदीय।

क. ख. ग.

2. अनौपचारिक पत्र

सगे-संबंधियों, मित्रों, पारिवारिक संबंधियों तथा परिचित व्यक्तियों को लिखे गए पत्र अनौपचारिक पत्र कहलाते हैं। इन पत्रों में व्यक्ति से संबंधित सुख-दु:ख, हर्ष, उत्साह, आत्मीयता आदि भाव छिपा होता है, जिसकी अनुभूति पढ़ने और लिखने वाले दोनों को होती है।

अनौपचारिक पत्र का प्रारूप

प्रश्न स्वच्छता अभियान का महत्त्व बताते हुए अपने छोटे भाई को एक पत्र लिखिए।

प्रेषक का पता	परीक्षा भवन दिल्ली।
दिनांक	23 अक्टूबर, 20XX
संबोधन/रिश्ते का उल्लेख	प्रिय अनुज,
अभिवादन	सप्रेम नमस्कार।
पत्र की विषय-वस्तु	मैं स्वयं सकुशल रहकर आशा करता हूँ कि तुम भी स्वस्थ एवं सकुशल होंगे। तुमने पिछले पत्र में स्वच्छता अभियान के बारे में जानना चाहा था, उसी से संबंधित कुछ महत्त्वपूर्ण बातें बताने के लिए यह पत्र लिख रहा हूँ। व्यक्ति के स्वस्थ एवं प्रसन्न रहे इसके लिए स्वच्छता बहुत आवश्यक है। साफ-सुथरी जगह पर ही ईश्वर का वास होता है। देश के लोगों को सफाई के प्रति जागरूक बनाने के लिए प्रधानमंत्री श्री नरेंद्र मोदी जी ने 2 अक्टूबर, 2014 को गाँधी जयंती के शुभ अवसर पर स्वयं स्वच्छता अभियान चलाया। इस अभियान में देश की बड़ी हस्तियाँ भी जुड़ती गईं। लाखों सरकारी कर्मचारियों ने इस अभियान में शामिल होकर अपने आस-पास को स्वच्छ रखने की शपथ ली। तुम भी अपने शरीर के अतिरिक्त अपने आस-पास का परिवेश सदैव साफ रखना और लोगों को भी इसके लिए प्रेरित करना। अपनी पढ़ाई और स्वास्थ्य पर पूरा ध्यान देना। माता-पिता की तरफ से तुम्हें स्नेह।
समापन (प्रेषक का नाम)	तुम्हारा बड़ा भाई क. ख. ग.

अभ्यास प्रश्न

1. आपका मित्र किसी खेल प्रतियोगिता में भाग लेने के लिए विदेश जा रहा है। मित्र की मंगलकामना हेतु पत्र लिखिए।

उत्तर परीक्षा भवन
दिल्ली।
दिनांक 25 अक्टूबर, 20XX
प्रिय सखी,
सप्रेम नमस्ते!

आशा है कि तुम स्वस्थ एवं प्रसन्न होंगी। मुझे आज ही तुम्हारा पत्र प्राप्त हुआ और यह जानकर अति प्रसन्नता हुई कि तुम्हारा चयन राष्ट्रीय क्रिकेट टीम में हो गया है, इसलिए तुम प्रतियोगिता हेतु लंदन जा रही हो। तुम कॉलेज के समय भी दिन-रात परिश्रम एवं अभ्यास करती थी, जिसका तुम्हें फल मिला है। मैं तुम्हारे चयन से अति प्रसन्न हूँ और ईश्वर से कामना करती हूँ कि तुम इस खेल प्रतियोगिता में सफलता प्राप्त करो और देश का नाम रोशन करो। मेरी शुभकामनाएँ सदैव तुम्हारे साथ हैं। अपने माता-पिता को मेरी ओर से प्रणाम कहना।

तुम्हारी सखी
क. ख. ग.

2. अपने नए विद्यालय के पुस्तकालय की विशेषताओं के बारे में बताते हुए अपनी माता जी को पत्र लिखिए।

उत्तर परीक्षा भवन
दिल्ली।
दिनांक 27 अक्टूबर, 20XX
पूज्या माता जी,
सादर चरण स्पर्श!

मैं यहाँ सकुशल हूँ। आशा करता हूँ कि आप सब भी वहाँ सकुशल होंगे। माँ! तुम मेरे नए विद्यालय के पुस्तकालय के बारे में जानना चाहती थीं, उसी के बारे में इस पत्र में लिख रहा हूँ।

हमारे विद्यालय में एक विशाल पुस्तकालय है, जिसमें कई हजार पुस्तकें हैं। ये पुस्तकें विविध विषयों से संबंधित हैं। इनमें अनेक दुर्लभ पुस्तकें भी हैं। हमें पढ़ने के लिए चंदा मामा, चंपक, लोट-पोट, पराग, चंदन, नन्हें सम्राट, सुमन सौरभ जैसी पत्रिकाएँ मिलती हैं। इसके अतिरिक्त हमें कहानी, गीत, कविता, नाटक की पुस्तकें भी मिलती हैं। हमारे विद्यालय का पुस्तकालय साफ-सुथरा और हवादार है, जहाँ हम खाली पीरियड में पुस्तकें पढ़ने आते हैं।

आपको और पिता जी को चरण स्पर्श तथा मनोज को स्नेह।

तुम्हारा प्रिय पुत्र
क. ख. ग.

3. परिश्रम को सफलता की कुंजी कहा गया है। अपने छोटे भाई को परिश्रम का महत्त्व व उससे होने वाले लाभ के बारे में बताते हुए पत्र लिखिए।

उत्तर परीक्षा भवन
दिल्ली।
दिनांक 05 नवंबर, 20XX
प्रिय अनुज,
चिरंजीव रहो!

हम सभी यहाँ सकुशल रहकर आशा करते हैं कि तुम भी छात्रावास में स्वस्थ एवं सकुशल होंगे। तुम्हारे कक्षाध्यापक द्वारा लिखे गए पत्र से ज्ञात हुआ कि जुलाई महीने में हुई मासिक परीक्षा में तुम्हें बहुत कम अंक मिले हैं। दो विषयों में तुम फेल होते-होते बचे हो। यह कक्षाएँ छोड़कर बाहर घूमने और परिश्रम से जी चुराने का फल है। शायद तुम्हें पता नहीं कि महापुरुषों की सफलता का राज परिश्रम ही है। परिश्रम से मनचाही सफलता अर्जित की जा सकती है।

राजा भगीरथ अपने परिश्रम से पहाड़ काटकर गंगा को बंगाल की खाड़ी तक ले गए थे। तुम भी परिश्रम से मनोवांछित सफलता प्राप्त कर सकते हो। बीती बातें भूलकर अब परिश्रम करते हुए पढ़ाई में जुट जाओ और अच्छे अंक लाकर अपने जीवन में आगे बढ़ो। आशा करता हूँ कि तुम इन बातों का ध्यान रखोगे।

हम सभी की तरफ से तुम्हें स्नेह।

तुम्हारा बड़ा भाई
क. ख. ग.

4. आपके विद्यालय में क्रिकेट कोचिंग कैंप शुरू किया जा रहा है। क्रिकेट कोचिंग कैंप में भाग लेने की अनुमति एवं रुपये मँगवाने के लिए पिता जी को पत्र लिखिए।

उत्तर परीक्षा भवन
दिल्ली।
दिनांक 20 सितंबर, 20XX
पूज्य पिताजी,
सादर चरण स्पर्श!

मैं यहाँ स्वस्थ एवं प्रसन्न हूँ और आप लोगों की कुशलता की कामना करता हूँ।

पिताजी! हमारे विद्यालय में एक प्रसिद्ध रणजी खिलाड़ी द्वारा क्रिकेट कोचिंग कैंप शुरू किया जा रहा है। इस कैंप का समय साढ़े चार से साढे छः बजे सायंकाल तक होगा। इसका उद्घाटन गाँधी जयंती के दिन किया जाएगा। इसमें भाग लेने के लिए आवश्यक सामान विद्यालय द्वारा उपलब्ध कराया जाएगा।

दो महीने तक चलने वाले इस कैंप की फीस ₹ 2000 है। इसके लिए आपकी लिखित अनुमति और रुपयों की आवश्यकता है। ये रुपये आप 30 सितंबर, 20XX तक भिजवा दीजिए।

माता जी एवं आपको चरण स्पर्श तथा सोनी को स्नेह। पत्रोत्तर की प्रतीक्षा में।

आपका आज्ञाकारी पुत्र

क. ख. ग.

5. अपने मित्र को संचार के आधुनिकतम साधनों की उपयोगिता एवं लाभ बताते हुए पत्र लिखिए।

उत्तर परीक्षा भवन

दिल्ली।

दिनांक 30 जून, 20XX

प्रिय मित्र वैभव

सप्रेम नमस्ते!

मैं यहाँ सकुशल हूँ। आशा करता हूँ कि तुम भी वहाँ सकुशल होगे। मित्र! इस पत्र के माध्यम से मैं तुम्हें संचार के आधुनिक साधनों के बारे में बताना चाह रहा हूँ।

प्राचीन काल में कबूतरों और हरकारों द्वारा पत्रों के लेने-देने का काम किया जाता था। परंतु पहियों और छापाखाने के आविष्कार से संचार के साधनों का विकास हुआ। अखबार और दूरदर्शन के बाद मनुष्य संचार के साधन के रूप में टेलीग्राम का प्रयोग करने लगा। आज मनुष्य इंटरनेट, मोबाइल फोन और ई-मेल का प्रयोग कर रहा है, जिससे संचार सुगम, सस्ता और लोकप्रिय बन गया है। संचार के आधुनिकतम साधनों के कारण दूर-दूर बैठे लोग बातें करते हुए एक-दूसरे के पास बैठे दिखाई पड़ते हैं।

संचार के साधनों के और भी बहुत से लाभ हैं। इस विषय पर विस्तार से बात मिलने के बाद करेंगे। अपने माता-पिता को मेरा प्रणाम और मानसी को स्नेह कहना।

तुम्हारा अभिन्न मित्र

क. ख. ग.

6. राष्ट्रीय स्तर पर आयोजित की जाने वाले राष्ट्रीय प्रतिभा खोज परीक्षा में सफल हुए अपने मित्र को बधाई देते हुए पत्र लिखिए।

उत्तर परीक्षा भवन

दिल्ली।

दिनांक 22 अगस्त, 20XX

प्रिय मित्र

नमस्ते!

कल तुम्हारा भेजा हुआ पत्र मिला। पत्र पढ़कर खुशी हुई कि तुम सकुशल हो। उससे भी अधिक खुशी परीक्षा में तुम्हारी सफलता के बारे में जानकर हुई। मित्र! राष्ट्रीय स्तर पर आयोजित की जाने वाली राष्ट्रीय प्रतिभा खोज परीक्षा में सफल होना आसान बात नहीं है।

यह तुम्हारी मेहनत और लगन का फल है। ऐसी शानदार सफलता के लिए मैं तुम्हें बधाई एवं शुभकामनाएँ देता हूँ। तुम जिस धैर्य एवं लगन के साथ प्रात: चार बजे से पढ़ाई किया करते थे, माता-पिता एवं गुरुजनों के मार्गदर्शन का लाभ उठाते थे और अपनी समस्याओं के लिए अध्यापकों से मदद लिया करते थे, उसी तरह भविष्य में भी करना, जिससे तुम्हें इससे भी बड़ी सफलता प्राप्त हो।

इस सफलता के लिए तुम्हें पुन: बधाई।

तुम्हारा अभिन्न मित्र

क. ख. ग.

स्व-मूल्यांकन

औपचारिक पत्र

1. आपके मित्र ने विद्यालय के सामने सड़क पार कर रहे एक बच्चे की जान बचाई। अपने मित्र को प्रशंसनीय कार्य के लिए सम्मानित करने हेतु प्रधानाचार्य को पत्र लिखिए।
2. अपने विद्यालय में आपदा प्रबंधन की जानकारी देने व भूकंप से बचाव के लिए मॉक ड्रिल का आयोजन करवाने हेतु प्रधानाचार्य को पत्र लिखिए।
3. आपके विद्यालय के पुस्तकालय में हिंदी की पुस्तकों व पत्र-पत्रिकाओं की कमी है। पुस्तकालय में पुस्तकों की इस कमी की ओर ध्यान आकर्षित करते हुए प्रधानाचार्य को पत्र लिखिए।
4. दिन-रात बढ़ती महँगाई के विषय में चिंता व्यक्त करते हुए किसी प्रतिष्ठित समाचार-पत्र के संपादक को एक पत्र लिखिए।
5. अपने विद्यालय में संपन्न हुए वृक्षारोपण समारोह का विवरण देते हुए किसी दैनिक समाचार-पत्र के संपादक को पत्र लिखिए।
6. आपके क्षेत्र में अनधिकृत मकान बनाए जा रहे हैं, जिससे आपको व आपके पड़ोसियों को असुविधा हो रही है। इस समस्या की रोकथाम के लिए जिला अधिकारी को पत्र लिखिए।

अनौपचारिक पत्र

1. छात्रावास में आपका एक नया मित्र बना है, जो हर सुख-दुःख में आपके साथ होता है और कठिन समय में आपकी सहायता करता है। अपने मित्र की विशेषताओं को बताते हुए अपनी माता जी को पत्र लिखिए।
2. सड़क पर चलते समय ट्रैफिक के नियमों का पालन करना अति आवश्यक है। सड़क पर सुरक्षित चलने के नियम को बताते हुए अपने छोटे भाई को पत्र लिखिए।
3. आपके विद्यालय के वार्षिकोत्सव में अनेक कार्यक्रम आयोजित किए गए हैं। अपने विद्यालय में मनाए गए वार्षिकोत्सव का वर्णन करते हुए बड़े भाई को पत्र लिखिए।
4. अपनी भूल के लिए क्षमा माँगते हुए अपने पिता जी को पत्र लिखिए।
5. 'सत्संग की महत्ता' बताते हुए अपने छोटे भाई को पत्र लिखिए।
6. दीपावली का त्योहार पटाखों के बिना सादगीपूर्वक मनाने की सीख देते हुए अपने छोटे भाई को पत्र लिखिए।

अध्याय 2

अनुच्छेद-लेखन

अनुच्छेद का अर्थ किसी विषय पर संक्षेप में अपने भावों-विचारों को उदाहरणों के साथ स्पष्ट करते हुए एक ही अनुबंध में व्यक्त करना अनुच्छेद-लेखन कहलाता है। अनुच्छेद-लेखन के अंतर्गत विचारों को विस्तार दिए बिना एक अनुच्छेद में सीमित कर लिया जाता है। इसका विषय मानव जीवन के अनुभव, समसामयिक घटनाएँ, आस-पास का वातावरण या कोई घटना हो सकती है।

अनुच्छेद-लेखन करते समय ध्यान रखने योग्य बातें

- अनुच्छेद-लेखन के लिए दिए गए **शीर्षक** व **संकेत बिंदुओं** पर विचार करना चाहिए।
- संक्षेप में आवश्यक बातों को बताया जाना चाहिए।
- अनुच्छेद में उदाहरणों, लंबी सूक्तियों और दोहों आदि को छोड़ने का प्रयास करना चाहिए।
- अनुच्छेद की **भाषा प्रभावपूर्ण** व **सरल** होनी चाहिए।
- अनुच्छेद-लेखन में पुनरुक्ति से बचने का प्रयास करना चाहिए।
- विषय-वस्तु से संबंधित **विचारों में क्रमबद्धता** का होना अति आवश्यक है।
- अनुच्छेद में छोटे और सरल वाक्यों का प्रयोग करना चाहिए।
- यदि परीक्षा में शब्द सीमा दी गई है तो उसका ध्यान रखना आवश्यक है।

अभ्यास प्रश्न

भारत का तीसरा मून मिशन : चंद्रयान-3

संकेत बिंदु

• इसरो द्वारा लॉन्च • मुख्य उद्देश्य • चंद्रयान-3 का आधार

चंद्रयान-3 इसरो (भारतीय अंतरिक्ष अनुसंधान केंद्र) द्वारा चलाया गया तीसरा मून मिशन है, जिसे 14 जुलाई, 2023 को आंध्र प्रदेश के श्रीहरिकोटा अंतरिक्ष केंद्र से लॉन्च किया गया। इसने 23 अगस्त, 2023 को दक्षिणी ध्रुव पर सॉफ्ट लैंडिंग करके इतिहास रच दिया है। दक्षिणी ध्रुव एक ऐसा क्षेत्र है, जिसकी पहले कभी खोज नहीं की गई थी। इसका मुख्य उद्देश्य चंद्रमा की सतह की जाँच, तापमान और उच्चतम और बेहतरीन रचनाओं का पता लगाकर चंद्रमा के रहस्यों को उजागर करना है। चंद्रयान-3 मिशन ने युवा पीढ़ी को विज्ञान के क्षेत्र में आगे बढ़ने के लिए प्रोत्साहित किया है। भारत अब संयुक्त राज्य अमेरिका, रूस और चीन के साथ चंद्रमा पर सफलतापूर्वक लैंडिंग करने वाले कुछ देशों में शामिल हो गया है। चंद्रयान-3 के उपकरणों को चंद्रमा की विशेषताओं के विभिन्न पहलुओं की व्यापक जाँच के लिए डिजाइन किया गया है, जिसमें उस क्षेत्र का विश्लेषण, खनिज संरचना, सतह रसायन विज्ञान, वायुमंडलीय गुण और महत्त्वपूर्ण रूप से पानी एवं संभावित संसाधन जलाशयों की खोज शामिल है।

भारत का नया संसद भवन

संकेत बिंदु

- भारत की लोकतांत्रिक भावना का प्रतीक
- नए संसद भवन का आकार
- संगोल की कहानी

भारतीय लोकतांत्रिक प्रणाली की शक्ति संसद में प्रकट होती है, जिसने औपनिवेशक शासन से भारतीय स्वतंत्रता संग्राम का सामना किया। भारत की लोकतांत्रिक भावना का प्रतीक, संसद भवन सेंट्रल विस्टा के केंद्र में है।

प्रधानमंत्री मोदी ने सेंट्रल विस्टा प्रोजेक्ट के अंतर्गत 10 दिसंबर, 2020 को नए संसद भवन की आधारशिला रखी थी। इस इमारत को आर्किटेक विमल पटेल ने डिजाइन किया था। विमल पटेल ने नए संसद भवन का आकार त्रिकोणीय रूप में दिया है, जिसमें चार मंज़िल हैं। 64 हजार 500 वर्ग मी में बने नए संसद भवन में 3 दरवाजे हैं, जिन्हें ज्ञान द्वार, शक्ति द्वार और कर्म द्वार नाम दिया गया है। नए संसद भवन में लोकसभा की 888 सीटें, जबकि राज्यसभा की 384 सीटें हैं। यदि दोनों सदनों की सयुंक्त बैठक बुलाई जाती है, तो इस भवन में सभी सदस्य आ सकते हैं। दोनों सदनों की सयुंक्त बैठक के दौरान लोकसभा में ही 1272 से अधिक सांसद एकसाथ बैठ सकेंगे।

नए संसद भवन में रखा जाने वाले संगोल की कहानी वास्तव में भारत की आज़ादी और देश के पहले प्रधानमंत्री जवाहरलाल नेहरू से जुड़ी हुई है। इस प्रकार नए संसद भवन को आत्मनिर्भर भारत की भावना के प्रतीक रूप में जाना जाएगा।

विराट कोहली : महान क्रिकेटर

संकेत बिंदु

- भूमिका
- जीवन परिचय
- अंतर्राष्ट्रीय क्रिकेट में पदार्पण
- अन्य उपलब्धियाँ

क्रिकेट जगत में महान् खिलाड़ी विराट कोहली भारतीय क्रिकेट टीम के प्रसिद्ध खिलाड़ी हैं। विराट कोहली उर्फ 'चीकू' के नाम से प्रसिद्ध इस महान् खिलाड़ी का जन्म 5 नवम्बर, 1988 को दिल्ली में हुआ था। इनके पिता का नाम प्रेम कोहली था, जो एक प्रसिद्ध वकील थे और माता का नाम सरोज कोहली है, जो कुशल गृहिणी हैं। कोहली ने अपने अंतर्राष्ट्रीय वनडे मैच की शुरुआत वर्ष 2008 से की, जिसमें पहला मैच श्रीलंका के विरुद्ध खेला। वनडे मैच में कोहली का पदार्पण दाएँ हाथ के मध्यम क्रम के बल्लेबाज के रूप में हुआ। 2023 के वनडे विश्व कप में कोहली का प्रदर्शन शानदार रहा। विराट कोहली ने इस टूर्नामेंट में 95.63 की औसत से 765 रन बनाए। इस दौरान विराट ने 6 अर्द्धशतक तथा 3 शतक लगाते हुए वनडे में सचिन तेंदुलकर के 49 शतकों का रिकॉर्ड तोड़ा।

सचिन तेंदुलकर ने 452 वनडे पारियों में 49 शतक लगाए थे, वहीं कोहली ने 279 वनडे पारियों में अब तक 50 शतक (दिसंबर, 2023 के अनुसार) लगा दिए हैं। विराट कोहली एक खिलाड़ी के रूप में ही नहीं, बल्कि कल्याण संबंधी सामाजिक कार्यों को करने के लिए भी प्रसिद्ध हैं।

ई-कचरा : पर्यावरण के लिए खतरा

संकेत बिंदु

- भूमिका
- ई-कचरे की उत्पत्ति के कारण
- ई-कचरे का प्रभाव
- भारत में ई-कचरा प्रबन्धन के उपाय

जब हम इलेक्ट्रॉनिक उपकरणों को लंबे समय तक प्रयोग करने के पश्चात् उसको बदलने/खराब होने पर दूसरा नया उपकरण प्रयोग में लाते हैं, तो इस निष्प्रयोज्य खराब उपकरण को ई-कचरा कहा जाता है। उदाहरण के लिए, कंप्यूटर, मोबाइल फोन, प्रिंटर्स, फोटोकॉपी मशीन, इन्वर्टर, यूपीएस, एलसीडी/टेलीविजन, रेडियो, डिजिटल कैमरा आदि। वर्तमान युग तकनीकी का युग है, जिसके कारण नई-नई एवं उन्नत तकनीकी के चलते इलेक्ट्रॉनिक वस्तुओं का प्रचलन बढ़ता जा रहा है, जो ई-कचरे की समस्या को बढ़ा रहे हैं। यह बायोडिग्रेडेबल नहीं होने के कारण मानव स्वास्थ्य पर घातक प्रभाव डालता है। ई-कचरा वायु प्रदूषण का प्रमुख कारण होता है।

इलेक्ट्रॉनिक्स वस्तुओं में उपस्थित भारी धातुएँ; जैसे—लेड, बेरियम, मरकरी, लिथियम आदि भू-जल को प्रतिकूल रूप से प्रभावित करती हैं, जिसके कारण प्रदूषित जल का उपयोग करने से लोग कई प्रकार की जलजनित बीमारियों का शिकार हो जाते हैं। ई-कचरों के केमिकल्स के कारण मनुष्य व अन्य प्राणियों के ब्रेन, हार्ट, लिवर, किडनी आदि खराब हो जाते हैं। इस प्रकार ई-कचरे की समस्या को कम करने एवं इसके दुष्प्रभाव से बचने हेतु ग्रीन पीसी की अवधारणा पर बल दिया जाना चाहिए, जिससे ऐसे उत्पादित कंप्यूटरों में बिजली खपत कम होगी, साथ ही ये पर्यावरण को उतना नुकसान भी नहीं करेंगे।

मेले : खुशियों के अवसर

संकेत बिंदु

- मेले का आयोजन करने का उद्‌देश्य
- सूरजकुंड मेला
- आकर्षण का केंद्र

हमारे देश में विभिन्न त्योहारों और खुशियों के अवसर पर मेलों का आयोजन किया जाता है। ये मेले लोगों को जीवन की नीरसता से मुक्ति दिलाते हैं तथा लोगों को उत्साह एवं उमंग से भर देते हैं। ऐसा ही एक मेला मुझे हरियाणा राज्य के सूरजकुंड नामक स्थान पर देखने को मिला। इसे सूरजकुंड का हस्त शिल्प मेला भी कहा जाता है। इस मेले का आकर्षण हस्त शिल्प से बनी वस्तुएँ होती हैं।

यहाँ हरियाणा, राजस्थान, मध्य प्रदेश, उत्तर प्रदेश, पंजाब, हिमाचल प्रदेश आदि राज्यों से आए शिल्पकार अपनी-अपनी वस्तुओं की प्रदर्शनी करते हैं। इस मेले में अनेक व्यावसायिक और औद्योगिक कंपनियों ने भी मंडप लगाए थे, जिनमें मशीनों से बनी अनेक सुंदर वस्तुएँ थीं। छोटे-छोटे शिल्पियों द्वारा बनाई गई टोकरियाँ, मिट्टी के आकर्षक बर्तन, घर की सजावट वाली वस्तुएँ देखकर मन करता था कि अधिकाधिक खरीदारी की जाए। यहाँ अनेक स्वादिष्ट व्यंजन भी थे, जिनका स्वाद मुझे अब तक याद है। मौका मिलने पर मैं ऐसे मेले को पुनः देखना चाहूँगा।

इंटरनेट का महत्त्व

संकेत बिंदु

- कंप्यूटर का प्रयोग
- जानकारी एकत्र करने का माध्यम
- ज्ञान की दुनिया से जुड़े रहना

वर्तमान को यदि कंप्यूटर का युग कहा जाए, तो कोई अतिश्योक्ति नहीं होगी। कंप्यूटर का प्रयोग प्रत्येक कार्यालय और महत्त्वपूर्ण कार्यों में

किया जाने लगा है। इसके द्वारा हमारे जीवन में क्रांतिकारी बदलाव आ गया है। इंटरनेट एक महत्त्वपूर्ण तकनीक है। इस तकनीक के माध्यम से एक कंप्यूटर को दूसरे कंप्यूटर से जोड़ दिया जाता है, जिससे ज्ञान का विशाल भंडार हमारी पहुँच में संभव हो जाता है। इससे हम विविध प्रकार की जानकारियाँ आसानी से प्राप्त कर लेते हैं। विभिन्न वेबसाइटों के निर्माण से दुनिया भर का ज्ञान बटन दबाते ही कंप्यूटर स्क्रीन पर उपलब्ध हो जाता है। छोटी-से-छोटी और कल्पनातीत लगने वाली बातों की जानकारी इंटरनेट के माध्यम से प्राप्त की जा सकती है। इंटरनेट ने विद्यार्थियों, शोधार्थियों आदि की बड़ी मदद की है।

ऐसे लोगों को अब न पुस्तकालयों के चक्कर लगाने की जरूरत है और न मोटी-मोटी पुस्तकें खरीदने की। यह ज्ञान की दुनिया से जुड़े रहने का सर्वोत्तम साधन है। हमें इंटरनेट का अनावश्यक प्रयोग नहीं करना चाहिए और न दुरुपयोग, जिससे इसकी महत्ता में कमी न आने पाए।

वन-मनुष्य के जीवन का आधार

संकेत बिंदु

- मनुष्य के कल्याण हेतु
- लाभ व उपयोग
- सच्चे हितकारी

वन प्रकृति द्वारा मनुष्य को दिए गए उपहारों में सर्वोत्तम एवं अमूल्य निधि हैं। वन मनुष्यता का बहुविधि कल्याण करते हैं। पेड़-पौधे उन संतों की भाँति हैं, जो दूसरों के लिए जीते और मरते हैं। वनों से मनुष्य को प्रत्यक्ष और अप्रत्यक्ष दोनों ही रूपों में लाभ मिलता है। वन से जलावनी लकड़ी और चारा मिलता है। फर्नीचर बनाने के लिए लकड़ी, फल-फूल, शहद, लाख, गोंद, औषधियाँ भी वनों से ही मिलती हैं। वन पक्षियों और जंगली जानवरों के अतिरिक्त मनुष्यों को भी आश्रय देते हैं। कुछ राज्यों में आदिवासी इन्हीं वनों से अपनी रोजी-रोटी चलाते हैं। वनों से अप्रत्यक्ष लाभ भी कम नहीं है।

वन प्राणियों को साँस लेने के लिए शुद्ध वायु देते हैं। वे हमारे द्वारा छोड़ी गई कार्बन डाइ-ऑक्साइड और फैक्ट्रियों द्वारा छोड़ी गई विषैली वायु को शुद्ध करते हैं, जिससे यह पृथ्वी रहने योग्य बनी हुई है। वन वर्षा लाने में सहायक हैं तथा बाढ़ रोकते हैं। इस तरह वन हमारे सच्चे हितकारी हैं। ये मनुष्य के लिए हरा सोना है। हमें अधिकाधिक पेड़ लगाकर इस हरे सोने को कम नहीं होने देना चाहिए।

विज्ञापन की दुनिया

संकेत बिंदु

- विज्ञापन का प्रचार-प्रसार
- विज्ञापन की भाषा
- आकर्षण का केंद्र

वस्तुओं के गुणों को बढ़ा-चढ़ाकर प्रस्तुत करना विज्ञापन कहलाता है। आजकल विज्ञापन का प्रचार-प्रसार इतना बढ़ गया है कि इनके बिना किसी अच्छी गुणवत्ता वाली वस्तु को बेचना संभव नहीं दिखता। आज लोगों की ऐसी मानसिकता बन गई है कि वे उन्हीं वस्तुओं को खरीदना पसंद करते हैं, जिन्हें वे विज्ञापनों में देखते हैं। बच्चों और युवाओं में यह दीवानगी कुछ अधिक ही है। विज्ञापनों की भाषा और उनमें प्रयुक्त चित्र मन-मस्तिष्क पर अत्यंत गहराई से प्रभाव डालते हैं।

वे उन वस्तुओं को भी खरीदने के लिए बाध्य कर देते हैं, जिनकी हमें आवश्यकता नहीं होती। इन वस्तुओं की गुणवत्ता वास्तविकता से कम होती है, पर शब्द और रूप जाल के आकर्षण हमें काल्पनिक दुनिया में खो जाने के लिए विवश कर देते हैं। विज्ञापनों के सम्मोहन से हम बच नहीं पाते हैं। यह स्थिति उत्पादकर्ताओं के लिए लाभदायी सिद्ध होती है, क्योंकि वे लाभ कमाते हैं। विज्ञापन उपभोक्ताओं के लिए चुनाव का विकल्प उपलब्ध कराते हैं। हमें विज्ञापन देखकर नहीं, बल्कि गुणवत्ता और आवश्यकतानुसार वस्तुएँ खरीदनी चाहिए।

परिश्रम का मानव जीवन में महत्त्व

संकेत बिंदु

- परिश्रम की महिमा
- असंभव कार्य को संभव करना
- परिश्रम के लाभ

मनुष्य स्वभाव से परिश्रमी होता है। परिश्रम से उसका संबंध बहुत पुराना है। आदिकाल में भी वह भोजन पाने, जंगली जानवरों से बचने और आश्रय पाने के लिए परिश्रम करता था। यह परिश्रम की ही महिमा है कि जंगलों में पैदल भटकने वाला मनुष्य आज चाँद और मंगल पर बसने की चाह रखने लगा है। मनुष्य ने अपने परिश्रम से ही ऊँचे-ऊँचे पहाड़ों को काटकर सड़कें बनाईं, उनके बीच के पत्थरों को काटकर सुरंगें बनाईं। इतना ही नहीं उसने दुर्गम स्थानों पर रेल की पटरियाँ बनाकर असंभव को भी संभव कर दिया। उसने बाढ़ के रूप में तबाही लाने वाली नदियों का पानी रोककर बाँध बनाया और तबाही मचाने वाले पानी का उपयोग सिंचाई करने, बिजली पैदा करने जैसे कार्यों में लगाया।

तेज गति से दौड़ती मोटर गाड़ियाँ, रेल और विमान उसके परिश्रम के प्रत्यक्ष प्रमाण हैं। परिश्रम करके वह जहाँ अपने लिए सुख-सुविधाएँ जुटाता है, तो वहीं अपने स्वस्थ रहने का मार्ग भी खोज लेता है। परिश्रम के बिना जीवन ठहर-सा जाएगा। जीवन में गतिशीलता बनाए रखने के लिए परिश्रम बहुत जरूरी है। हमें कभी भी परिश्रम करने से पीछे नहीं हटना चाहिए।

अतुल्य भारत

संकेत बिंदु

- महापुरुषों की भूमि
- हिमालय से हिंद महासागर
- विविधता का संगम

जिस स्वर्ग-सी सुंदर और पावन भूमि पर मुझे जन्म लेने का सौभाग्य मिला है, दुनिया उसे भारत के नाम से जानती है। इसी भूमि पर भगवान राम, श्रीकृष्ण, गुरुनानक, संत कबीर, तुलसी, मीराबाई जैसे महापुरुषों और शिवाजी, महाराणा प्रताप जैसे वीरों ने जन्म लिया है। भगवान राम

का यह कहना—'अवधपुरी सम कोउ प्रिय नाहीं' तथा श्रीकृष्ण का उद्धव को बताना—'ऊधौ मोहि ब्रज बिसरत नाहीं', इसकी सुंदरता का वर्णन करना यही बताता है कि सचमुच हमारा देश भारत बहुत प्यारा है।

इस देश के उत्तर में पर्वतराज हिमालय है। बर्फ से ढकी उसकी चोटियाँ इसके माथे पर ताज जैसी सुशोभित होती हैं। निरंतर बहती गंगा और यमुना की धवल धारा हमारे देश के सीने पर उज्ज्वल हार जैसी प्रतीत होती है। दक्षिण दिशा में स्थित हिंद महासागर इसके चरण पखारता प्रतीत होता है। हमारा देश विविधताओं का संगम है। विभिन्न जाति-धर्म के लोग एक गुलदस्ते में सजे फूलों की भाँति मिल-जुलकर रहते हैं और अपनी महक बिखेरते हैं। यहाँ अनेक भाषाओं को बोलने वाले, अनेक रंग-ढंग के वस्त्र पहनने वाले लोग एकसाथ रहकर एकता का अद्‌भुत उदाहरण प्रस्तुत करते हैं। हमें अपने देश पर गर्व है।

प्राकृतिक आपदाएँ

संकेत बिंदु

- असंतुलन की स्थिति
- विभिन्न आपदाएँ
- संपूर्ण परिवेश को हानि

प्रकृति मनुष्य की आवश्यकता की पूर्ति करने के लिए विविध प्रकार की वस्तुएँ देती है, परंतु मनुष्य प्रकृति को सोने का अंडा देने वाली मुर्गी समझकर प्रकृति से छेड़छाड़ और अंधाधुंध दोहन करना शुरू कर देता है। इससे प्राकृतिक असंतुलन पैदा होता है। इसी असंतुलन का परिणाम है—प्राकृतिक आपदाएँ। मनुष्य अपने स्वार्थ के लिए वृक्षों को अंधाधुंध काटता है, इससे भूमि का प्राकृतिक कवच नष्ट हो जाता है और भूमि की ऊपरी परत का कटाव शुरू हो जाता है।

यह मिट्टी पानी के साथ बहकर जब नदियों में जाती है, तब उनकी जलधारण क्षमता घटती है और बाढ़ आकर तबाही मचाती है। पेड़ों के कम होने से वाष्पीकरण कम होता है, जिससे बादल नहीं बनते। इससे वर्षा नहीं होती है और सूखा पड़ जाता है।

जनसंख्या का बढ़ता दबाव, उनकी आवश्यकताएँ पूरी करने के लिए नदियों पर बने बाँध और पर्वतीय अंचलों में किए गए विस्फोट के कारण चट्टानों का टूटकर गिरना, भूस्खलन होना जैसी प्राकृतिक आपदाओं से मनुष्य को ही नहीं अपितु संपूर्ण परिवेश को हानि होती है। इनसे बचने के लिए मनुष्य को प्रकृति के साथ छेड़छाड़ करना बंद कर देना चाहिए।

समय किसी के लिए नहीं रुकता

संकेत बिंदु

- समय अमूल्य धन है
- समय का महत्त्व
- निश्चित समय पर कार्य करने से सफलता
- समय सफलता की कुंजी

'समय' निरंतर बीतता रहता है, कभी किसी के लिए नहीं ठहरता। जो व्यक्ति समय के मोल को पहचानता है, वह अपने जीवन में उन्नति करता है। समय बीत जाने पर कार्य करने से भी फल की प्राप्ति नहीं होती और पश्चाताप के अतिरिक्त कुछ नहीं होता। जो विद्यार्थी सुबह समय पर उठता है, अपने दैनिक कार्य समय पर करता है तथा समय पर सोता है, वही आगे चलकर सफलता व उन्नति प्राप्त करता है। जो व्यक्ति आलस में आकर समय गँवा देता है, उसका भविष्य अंधकारमय हो जाता है। समय का एक-एक पल बहुत मूल्यवान है और बीता हुआ पल वापस लौटकर नहीं आता, इसलिए समय का महत्त्व पहचानकर प्रत्येक विद्यार्थी को नियमित रूप से अध्ययन करना चाहिए और अपने लक्ष्य की प्राप्ति करनी चाहिए। जो समय बीत गया उस पर वर्तमान समय बर्बाद न करके आगे की सुध लेना ही बुद्धिमानी है।

विद्यार्थी और अनुशासन

संकेत बिंदु

- जीवन का सर्वोत्तम काल
- समाज और राष्ट्र में योगदान
- सहभागिता, शालीनता आदि गुणों का विकास

मानव जीवन का सर्वोत्तम काल है—विद्यार्थी जीवन। इसी काल में बालक विद्यार्जन करता है, जिससे उसका जीवन सँवरता है। इस काल में अर्जित ज्ञान, आदतों का प्रभाव आजीवन रहता है। अतः इस काल में अनुशासन में रहकर जीवन बिताना बहुत आवश्यक होता है। जिस प्रकार नदी अपनी सीमाओं के अनुशासन में रहकर बहती है, तो जन कल्याण करती है, किंतु जब इसकी सीमाओं का अनुशासन भंग होता है, तब यह भयानक विनाश करती है। उसी तरह विद्यार्थी यदि अनुशासन की राह छोड़ दे, तो व्यक्ति, समाज और राष्ट्र पर उसका कुप्रभाव पड़े बिना नहीं रह सकता है। इसी काल में उसमें ज्ञानार्जन के अतिरिक्त सहभागिता, नियमितता, शालीनता, समय के सदुपयोग जैसे मानवीय मूल्यों का विकास होता है। बिना अनुशासन इन वांछित गुणों का विकास होना संभव नहीं, इसलिए विद्यार्थी के लिए अनुशासन की महत्ता और भी बढ़ जाती है।

स्व-मूल्यांकन

नीचे दिए गए वाक्यों पर संकेत बिंदुओं की सहायता से अनुच्छेद लिखिए

1. शिक्षक-शिक्षार्थी संबंध

संकेत बिंदु
- संबंधों की परंपरा
- वर्तमान समय में आया अंतर
- हमारा कर्त्तव्य

2. भूमंडलीय तापन (ग्लोबल वार्मिंग) : कारण और निवारण

संकेत बिंदु
- भूमंडलीय तापन का अर्थ
- इससे होने वाले खतरे
- कारण
- जलवायु पर प्रभाव
- रोकथाम के उपाय

3. नदियों की सफाई कितनी जरूरी

संकेत बिंदु
- नदियों की सफाई की आवश्यकता
- जनता का हित
- लाभ

4. ईमानदारी सर्वोत्तम नीति

संकेत बिंदु
- ईमानदारी की अनिवार्यता
- ईमानदार व्यक्ति का सम्मान
- ईमानदारी के प्रति जागरूकता

5. व्यायाम और स्वास्थ्य

संकेत बिंदु
- जीवन में महत्त्व
- व्यायाम के प्रकार व लाभ
- व्यायाम का मानव जीवन पर प्रभाव

6. जीवन में शिक्षा का महत्त्व

संकेत बिंदु
- शिक्षा के लाभ
- जीवन में महत्त्व
- शिक्षा की आवश्यकता

7. मोबाइल फोन का बढ़ता दुरुपयोग

संकेत बिंदु
- प्रभाव
- मोबाइल फोन के प्रकार
- मोबाइल के नकारात्मक परिणाम

8. साक्षरता

संकेत बिंदु
- साक्षरता का अर्थ
- साक्षरता के लाभ
- साक्षरता के लिए किए जाने वाले प्रयास

9. बढ़ती जनसंख्या-एक गंभीर समस्या

संकेत बिंदु
- विकराल समस्या
- दुष्परिणाम
- कारण
- उपाय

10. पराधीन को सुख कहाँ

संकेत बिंदु
- पराधीनता एक अभिशाप
- व्यक्तित्व के विकास में बाधक
- हीनता की भावना
- सुख का अभाव

अध्याय 3

निबंध-लेखन

निबंध का अर्थ

निबंध गद्य साहित्य की वह विधा है, जिसमें लेखक अपने भावों-विचारों को विस्तृत, क्रमबद्ध, सुसंगठित रूप में इस प्रकार प्रकट करता है, जिससे उस विषय से संबंधित सारगर्भित जानकारी प्राप्त हो।

निबंध के अंग

निबंध लेखन के तीन भाग या अंग होते हैं, जो निम्नलिखित हैं

1. **भूमिका अथवा प्रस्तावना** यह निबंध का प्रवेश द्वार एवं महत्त्वपूर्ण भाग है। इसके अंतर्गत विषय-वस्तु का परिचय दिया जाता है, जिससे पाठक को निबंध के अगले भागों को समझने में आसानी होती है।
2. **मध्य भाग अथवा विषय का विस्तार** इस भाग के अंतर्गत विषय से संबंधित सामग्री क्रमबद्ध रूप में आती है। इसे ही निबंध का शरीर अथवा मूल भाग कहते हैं।
3. **उपसंहार अथवा निष्कर्ष** निबंध का अंतिम भाग 'उपसंहार', 'निष्कर्ष' अथवा 'समापन' कहलाता है। इस भाग के अंतर्गत निबंध का सार दिया जाता है।

निबंध लिखते समय ध्यान रखने योग्य बातें

- निबंध को विषय-वस्तु के अनुसार अनुच्छेदों में बाँटकर छोटे-छोटे व सरल वाक्यों में लिखना चाहिए।
- वर्तनी की दृष्टि से शुद्ध शब्दावली व उचित स्थानों पर विराम चिह्नों का प्रयोग करना चाहिए।
- निबंध में सजीवता, सहजता का गुण होना चाहिए।
- यदि परीक्षा में शब्द सीमा दी गई है तो उसका ध्यान रखना अति आवश्यक है।
- निबंध में अधिक लंबे वाक्यों का प्रयोग नहीं किया जाना चाहिए।
- निबंध के अंत में उसके उद्देश्य का उल्लेख अवश्य किया जाना चाहिए।

अभ्यास प्रश्न

5G तकनीक

भूमिका वर्तमान समय प्रौद्योगिकी का युग है। समय के साथ-साथ प्रौद्योगिकी भी बढ़ती जा रही है। 5G तकनीक मोबाइल नेटवर्क तकनीक की पाँचवीं पीढ़ी की सेल्युलर तकनीक है, जो मोबाइल नेटवर्क पर डाउनलोडिंग और अपलोडिंग की गति को बढ़ाएगी।

5G तकनीक में अल्ट्रा-फास्ट इंटरनेट और मल्टीमीडिया अनुभव प्रदान करने के लिए उन्नत तकनीकों का उपयोग किया गया है। वस्तुतः 5G संचार क्रांति की पाँचवीं पीढ़ी को संबोधित करते हुए एलटीई (लॉन्ग टर्म इवोल्यूशन) मोबाइल, ब्रॉडबैंड नेटवर्क में नवीनतम अपग्रेड है।

5G तकनीक की विशेषताएँ प्रधानमंत्री नरेंद्र मोदी ने 1 अक्टूबर, 2022 को भारत में 5G सेवाओं के वाणिज्यिक रोलआउट का उद्घाटन किया, जिसके बाद दूरसंचार कंपनियों ने महीनों के परीक्षण के बाद उपयोगकर्ताओं के लिए 5G की शुरुआत की।

5G तकनीक के द्वारा हमें एक सेकेंड के अंदर लगभग 10 GB या इससे ऊपर की डाउनलोडिंग क्षमता वाली गति प्राप्त होगी, इससे देश में डिजिटल इंडिया को भी गति प्राप्त होगी तथा देश के विकास में भी तीव्रता आएगी। इस तकनीक के द्वारा देश की जीडीपी एवं अर्थव्यवस्था में भी काफी सकारात्मक प्रभाव दिखाई दे सकते हैं। इन सभी विशेषताओं के आधार पर कहा जा सकता है कि 5G दूरसंचार के क्षेत्र में एक नई क्रांतिकारी तकनीक है।

यह तकनीक भविष्य में 4G के स्थान पर संचार के क्षेत्र में अभूतपूर्व भूमिका निभाने के लिए तैयार है।

5G तकनीक के लाभ 5G नेटवर्किंग तकनीक के आ जाने से टेक्नोलॉजी से जुड़े सभी कार्यों में तेजी से विकास होगा और सभी कार्य आसानी से शीघ्र ही हो जाते हैं। इस तकनीक ड्राइवरलेस कार, हेल्थ केयर, वर्चुअल रियलिटी, क्लाउड गेमिंग के क्षेत्र में नए-नए विकासशील रास्ते खुलते चले जाएँगे। 5G का उपयोग स्मार्ट शहरों और अन्य जुड़े हुए वातावरणों के विकास के साथ-साथ नई स्वास्थ्य देखभाल और शिक्षा प्रौद्योगिकी के विकास के लिए भी किया जाएगा। 5G तकनीक से भारत के सामाजिक, आर्थिक, रक्षा, अंतरिक्ष आदि महत्त्वपूर्ण कार्यक्रमों को काफी गति मिलेगी और राष्ट्र का विकास तीव्र गति से होगा।

5G तकनीक से हानि भारत के बहुत-से क्षेत्र ऐसे हैं, जहाँ अभी दूरसंचार क्रांति तक नहीं पहुँच पाई है। ऐसी स्थिति में 5G तकनीकी क्षेत्रों तथा अल्पविकसित तकनीकी क्षेत्रों में असमानता बढ़ेगी, जिससे यह असमानता डिजिटल डिवाइड को बढ़ावा देगी। 5G में टेक्नोलॉजिकल अपग्रेडेशन कहीं-न-कहीं पर्यावरण तथा मानवीय स्वास्थ्य को क्षति पहुँचाएगा। कुछ विशेषज्ञों के अनुसार, 5G के आने से हृदय संबंधी रोगों में वृद्धि हो सकती है।

5G तकनीक से हैकिंग की संभावना बढ़ जाएगी, चूँकि 5G अधिक उपकरणों से जुड़ता है, इसलिए साइबर हमलों की भी संभावना अधिक है। इसलिए कंपनियों और व्यवसायों को एक सुरक्षा संचालन केंद्र के साथ अपने बुनियादी ढाँचे की रक्षा करनी होगी, जिससे अतिरिक्त खर्च भी होगा।

उपसंहार 5G तकनीक मोबाइल नेटवर्क प्रौद्योगिकी में एक महत्त्वपूर्ण प्रगति है, जिससे आर्थिक, सामाजिक, रणनीतिक आदि सभी क्षेत्रों में गतिशीलता आएगी तथा देश के विकास को और अधिक मजबूती मिलेगी। सूचना एवं संचार प्रौद्योगिकी के विशेषज्ञों के अनुसार, भारत में 5G के लिए उपयुक्त आधारभूत संरचना की कमी है और इसे विकसित करना स्वयं में एक चुनौती है।

G-20 सम्मेलन, 2023

भूमिका G-20 दुनिया की सबसे बड़ी अर्थव्यवस्थाओं का समूह है। इस सम्मेलन के दौरान वैश्विक अर्थव्यवस्था के एजेंडे तय किए जाते हैं। G-20 (Group of Twenty) शिखर सम्मेलन की स्थापना वर्ष 1999 में हुई थी। यह सम्मेलन वर्ष में एक बार आयोजित किया जाता है। इसमें दुनिया के शीर्ष 19 अर्थव्यवस्था वाले देश और यूरोपीय संघ शामिल हैं। G-20 ने शुरुआत में आर्थिक मुद्दों पर ध्यान केंद्रित किया था, परंतु बाद में इसके एजेंडे में विस्तार करने पर इसमें व्यापार, जलवायु परिवर्तन, सतत विकास, स्वास्थ्य, कृषि, ऊर्जा, पर्यावरण और भ्रष्टाचार जैसी वैश्विक समस्याओं को भी शामिल किया गया।

G-20 में सम्मिलित देश G-20 शिखर सम्मेलन में कनाडा, चीन, अर्जेंटीना, ऑस्ट्रेलिया, ब्राजील, भारत, इंडोनेशिया, यूरोपीय यूनियन, फ्रांस, जर्मनी, इटली, मैक्सिको, रूस, सऊदी अरब, दक्षिण अफ्रीका, दक्षिण कोरिया, तुर्की, यूनाइटेड किंगडम और संयुक्त राज्य अमेरिका शामिल हैं।

भारत की अध्यक्षता में G-20 भारत की अध्यक्षता में G-20 सम्मेलन 9-10 सितंबर, 2023 तक नई दिल्ली में आयोजित किया गया। G-20 शिखर सम्मेलन, 2023 का विषय था—**हम एक पृथ्वी एक परिवार हैं और हमारा साझा भविष्य है** (We are one earth, one family and we share one future)। यह विषय भारत की वसुधैव कुटुंबकम की विचारधारा को दर्शाता है। यह भारत सरकार की लोक कल्याणकारी और दूरगामी सोच का प्रत्यक्ष प्रमाण है। भारत में आयोजित यह 18वाँ G-20 शिखर सम्मेलन था, जिसमें वैश्विक स्थिरता के साथ सतत विकास से संबंधित नीतियों, जलवायु संकट व महामारी से कई देशों को उभरने और नौकरियों पर महामारी के प्रभाव की चिंता पर चर्चा की गई थी। इस सम्मेलन में भारत के प्रधानमंत्री नरेंद्र मोदी ने अफ्रीकीय संघ को G-20 के सदस्य के रूप में शामिल करने की घोषणा की थी, जिससे यह 21वाँ सदस्य बन गया है।

भारत में आयोजित G-20 सम्मेलन 2023 का महत्त्व यह अंतर्राष्ट्रीय आर्थिक सहयोग का प्रमुख मंच है, जो वैश्विक सकल घरेलू उत्पाद का लगभग 85% वैश्विक व्यापार का 75% से अधिक और विश्व की लगभग दो-तिहाई आबादी का प्रतिनिधित्व करता है। यह सम्मेलन भारत के लिए महिला सशक्तिकरण, लोकतंत्र और डिजिटल प्रौद्योगिकियों के क्षेत्र में दुनिया के साथ अपनी विशेषज्ञता साझा करने के अवसर प्रदान कर सकेगा। भारत की विदेश-नीति, जो 'वैश्विक आम भलाई' पर केंद्रित है, इस नेतृत्व के माध्यम से भारत द्वारा इस सिद्धांत को दुनिया के अंतर्संबंध से उभरने वाली प्रमुख चुनौतियों; जैसे—जलवायु परिवर्तन, नई व उभरती प्रौद्योगिकी, खाद्य और ऊर्जा सुरक्षा आदि के स्थायी समाधान खोजने की दिशा में विस्तारित करने की उम्मीद करता है। G-20 की अध्यक्षता भारत के लिए लंबे समय से चली आ रही विसंगतियों को दूर करने का बड़ा अवसर प्रदान करती है, जो कृषि और खाद्य सब्सिडी के क्षेत्र में विकासशील देशों के विरुद्ध है।

उपसंहार G-20 सम्मेलन एक प्रासंगिक व महत्त्वपूर्ण सम्मेलन है। यह सम्मेलन विश्व की समस्याओं का समाधान खोजने के लिए सभी राष्ट्रों को एक साथ एक ही मंच पर लेकर आता है। भारत भी इसमें शामिल है और हमें भारतीय होने पर गर्व है। इस वर्ष भारत ने विश्व में G-20 के माध्यम से अपना परचम लहराया।

आर्टिफिशियल इंटेलिजेंस

भूमिका आर्टिफिशियल इंटेलिजेंस मशीनों द्वारा मानव बुद्धि का अनुकरण है। यह वर्तमान समय में प्रौद्योगिकी और नवाचार की दुनिया में सबसे तीव्र विकास कर रहा है। इसीलिए आज के युग को आर्टिफिशियल इंटेलिजेंस का युग कहा जाता है।

इसका शाब्दिक अर्थ कृत्रिम तरीके से विकसित की गई बौद्धिक क्षमता है, यह एक ऐसी तकनीक है, जिसमें एक कंप्यूटर अपने प्रोग्राम में दिए जा रहे निर्देशों को समझने के बाद उन्हें संरक्षित करता है और उसके आधार पर भविष्य की जरूरतों को समझते हुए निर्णय लेता है तथा उसके अनुसार कार्य करता है। इसके माध्यम से अब मशीनों के बीच

संवाद करना सम्भव हो गया है। इस तकनीक के अंतर्गत स्पीच रिकग्निशन, विजुअल परसेप्शन, लैंगवेज आइडेंटिफिकेशन और डिसिजन मेकिंग आदि का वर्णन किया जा सकता है। इस तकनीक ने रोबोटिक्स क्षेत्र में क्रांति ला दी।

आर्टिफिशियल इंटेलिजेंस का वि[illegible]र[illegible] य[illegible]प [illegible]र्टिफिशियल इंटेलिजेंस का जनक जॉन मैकार्थी को कहा जाता [illegible], लेकिन इनके दोस्तों मार्विन मिंस्की, हर्बर्ट साइमन, ऐलेन नेवेल आदि ने भी इस शोध कार्य में महत्त्वपूर्ण योगदान दिया। इस तकनीक का विकास 1950 के दशक में ही प्रारम्भ हो गया था, लेकिन इसकी महत्ता को 1970 के दशक में पहचान मिली, जब जापान ने सर्वप्रथम इसकी पहल की और वर्ष 1981 में फिफ्थ जनरेशन नामक योजना की शुरुआत की थी। इसमें सुपर-कंप्यूटर के विकास के लिए 10 वर्षीय कार्यक्रम की रूपरेखा प्रस्तुत की गई थी।

ब्रिटेन ने इसके लिए 'एल्वी' नाम का एक प्रोजेक्ट बनाया। यूरोपीय संघ ने भी इस संदर्भ में 'एस्प्रिट' नाम से एक कार्यक्रम की शुरुआत की। वर्ष 1983 में कुछ निजी संस्थाओं ने मिलकर आर्टिफिशियल इंटेलिजेंस पर लागू होने वाली उन्नत तकनीकों, जैसे वेरी लार्ज स्केल इंटीग्रेटेड सर्किट का विकास करने के लिए एक माइक्रो इलेक्ट्रॉनिक्स एंड कंप्यूटर टेक्नोलॉजी की स्थापना की।

आर्टिफिशियल इंटेलिजेंस के लाभ/अनुप्रयोग इस तकनीक का सर्वाधिक महत्त्वपूर्ण उपयोग स्वास्थ्य क्षेत्र में हो सकता है। इस तकनीक से सर्जरी, पर्यवेक्षण आदि में मदद मिल सकती है, साथ ही ग्रामीण क्षेत्रों में भी इसकी मदद से इलाज किया जा सकता है। इसके द्वारा कीटनाशकों तथा उर्वरकों के दुरुपयोग को रोका जा सकता है। इसके माध्यम से विनिर्माण उद्योग में क्रांति आने की संभावना है।

रक्षा की दृष्टि से भी इस तकनीक का काफी महत्त्व है। उदाहरण के लिए, युद्ध में या सीमा पर सेना के जवानों की जगह रोबोट का प्रयोग किया जा सकता है। साथ ही साइबर सुरक्षा के क्षेत्र में धोखाधड़ी का पता लगाना, ऑनलाइन फ्रॉड आदि पर नियंत्रण किया जा सकता है।

शिक्षा के क्षेत्र में यह महत्त्वपूर्ण हो सकता है, क्योंकि यह शिक्षण प्रबंधन जैसे कार्यों को सुलभ बना सकता है, यह ग्रेडिंग प्रणाली के संचालन में सहायक होकर समय की बचत करा सकती है।

भारत में आर्टिफिशियल इंटेलिजेंस की स्थिति भारत में बेंगलुरु शहर आर्टिफिशियल इंटेलिजेंस का प्रमुख केंद्र बन गया है। भारत में लगभग एक हजार कंपनियाँ आर्टिफिशियल इंटेलिजेंस का प्रयोग अपने प्रतिदिन के कार्यों में कर रही हैं। नैकसकॉम तथा फिक्की की एक रिपोर्ट के अनुसार आर्टिफिशियल इंटेलिजेंस के कारण भारत के कुछ प्रमुख औद्योगिक और सेवा क्षेत्रों में तकनीकी विस्तार होगा तथा इससे रोजगार सृजन में बढ़ोतरी होगी। भारत की कई ई-कॉमर्स कंपनियाँ उपभोक्ताओं को आकर्षित करने के लिए आर्टिफिशियल इंटेलिजेंस का प्रयोग कर रही हैं।

उपसंहार वर्तमान युग में आर्टिफिशियल इंटेलिजेंस एक महत्त्वपूर्ण विषय है, जिसके सकारात्मक और नकारात्मक दोनों पहलू हैं। विकास के लिए आज इसकी आवश्यकता है, परंतु इसको लेकर हमें सावधान भी रहना होगा, क्योंकि यह मानव समाज के लिए खतरा भी हो सकता है। अत: इस प्रौद्योगिकी को अपनाने से पहले इस पर पर्याप्त शोध किया जाना चाहिए, साथ ही प्रशिक्षण कार्यक्रम पर भी बल दिया जाना चाहिए, जिससे इससे शत-प्रतिशत लाभ उठाया जा सके और राष्ट्र के विकास को गति प्रदान की जा सके।

राष्ट्रीय शिक्षा नीति, 2020

भूमिका शिक्षा मानव की पूर्ण क्षमता को प्राप्त करने के लिए, एक न्यायसंगत और न्यायपूर्ण समाज के विकास एवं राष्ट्रीय विकास को बढ़ावा देने के लिए मूलभूत आवश्यकता है। ज्ञान के परिदृश्य में पूरा विश्व तेजी से परिवर्तन के दौर से गुजर रहा है। इसी संदर्भ में भारत सरकार द्वारा 29 जुलाई, 2020 को राष्ट्रीय शिक्षा नीति, 2020 को मंजूरी प्रदान की गई तथा मानव संसाधन विकास मंत्रालय का नाम बदलकर शिक्षा मंत्रालय कर दिया गया।

राष्ट्रीय शिक्षा नीति, 2020 के विषय में इस नीति का विजन छात्रों में भारतीय होने का गर्व न केवल विचारों में बल्कि व्यवहार, बुद्धि और कार्यों में भी और साथ ही ज्ञान, कौशल, मूल्यों और सोच में भी होना चाहिए, जो मानवाधिकारों, स्थायी विकास और जीवनयापन तथा वैश्विक कल्याण के लिए प्रतिबद्ध हो, जिससे वे सही मायने में वैश्विक नागरिक बन सकें। सबके लिए आसान पहुँच, समानता, गुणवत्ता, वहनीयता और जवाबदेही के आधारभूत सिद्धांत पर निर्मित यह नई शिक्षा नीति सतत विकास के लिए एजेंडा 2030 के अनुकूल है।

स्कूली शिक्षा यह नीति वर्तमान की 10+2 वाली स्कूली व्यवस्था को 3 से 18 वर्ष के सभी बच्चों के पाठ्यचर्या और शिक्षण-शास्त्रीय आधार 5+3+3+4 की एक नई व्यवस्था में पुनर्गठित करने की बात करती है। वर्तमान में 3 से 6 वर्ष की आयु के बच्चे 10+2 वाले ढाँचे में शामिल नहीं हैं, क्योंकि 6 वर्ष के बच्चों को कक्षा 1 में प्रवेश दिया जाता है।

पुनर्गठित ढाँचे के अंतर्गत 3-8, 8-11, 11-14 और 14-18 की उम्र के विभिन्न पड़ावों पर विद्यार्थियों के विकास की अलग-अलग अवस्थाओं के अनुसार उनकी रुचियों और विकास की आवश्यकताओं पर ध्यान दिया जाएगा। यह पाठ्यक्रम रूपरेखा 5+3+3+4 डिजाइन से मार्गदर्शित होगी।

नई नीति के अंतर्गत 2030 तक स्कूली शिक्षा में 100% सकल नामांकन अनुपात (Gross Enrolment Ratio, GER) के साथ पूर्व विद्यालय से माध्यमिक स्तर की शिक्षा के सार्वभौमीकरण का लक्ष्य रखा गया है। स्कूल से दूर रह रहे 2 करोड़ बच्चों को पुन: मुख्य धारा में लाने के लिए प्रतिबद्धता व्यक्त की गई है। इसमें पढ़ने-लिखने और गणना करने की बुनियादी योग्यता पर बल देने, स्कूलों में शैक्षणिक धाराओं, पाठ्येत्तर गतिविधियों और व्यावसायिक शिक्षा के बीच समानता लाने; इंटर्नशिप के साथ कक्षा 6 से व्यावसायिक शिक्षा शुरू करने के प्रावधान किए गए हैं।

उच्चतर शिक्षा उच्च शिक्षा में सकल नामांकन अनुपात को वर्ष 2035 तक 50% तक बढ़ाने तथा उच्च शिक्षा में 3.5 करोड़ नई सीटें जोड़ने की बात कही गई है।

नीति के अन्तर्गत स्नातक पाठ्यक्रम में मल्टीपल एंट्री एंड एक्जिट व्यवस्था को अपनाया गया है। इसके लिए 3 या 4 वर्ष के स्नातक कार्यक्रम में छात्र कई स्तरों पर पाठ्यक्रम छोड़ सकेंगे और इसी के अनुरूप उन्हें डिग्री या प्रमाण-पत्र दिया जाएगा।

विभिन्न उच्च शिक्षण संस्थानों से प्राप्त अंकों या क्रेडिट को डिजिटल रूप से सुरक्षित रखने के लिए एक एकेडमिक बैंक ऑफ क्रेडिट (Academic Bank of Credit, ABC) दिया जाएगा, जिससे अलग-अलग संस्थानों के छात्रों को प्रदर्शन के आधार पर डिग्री दी जा सके।

नई शिक्षा नीति के अंतर्गत एम. फिल (M.Phil) कार्यक्रम को समाप्त कर दिया गया है।

उपसंहार किसी भी समाज व देश के सर्वांगीण विकास के लिए शिक्षा एक आवश्यक व अनिवार्य तत्त्व है तथा इस आवश्यकता की पूर्ति के लिए एक राष्ट्र के द्वारा व्यापक राष्ट्रीय शिक्षा नीति का निर्माण किया जाता है। भारत सरकार द्वारा स्वीकृत राष्ट्रीय शिक्षा नीति, 2020 इसी दिशा में एक महत्त्वपूर्ण पहल है।

नई नीति को पुरानी शिक्षा नीतियों की कमियों को दूर करने एवं वर्तमान में 21वीं सदी की आवश्यकताओं के अनुरूप बनाने का प्रयास किया गया है जिसमें स्कूली व उच्च शिक्षा में पाठ्यक्रम, परीक्षा पद्धति, मूल्यांकन, नए पहलुओं का समावेश, संरचनागत विस्तार, भाषा विकास व संरक्षण, विषय एकरूपता, अनुसंधान, प्रौद्योगिकी आदि तथ्यों पर विशेष बल दिया गया है, जिससे कि देश की समृद्ध प्रतिभा और संसाधनों का सर्वोत्तम विकास व संवर्द्धन तथा व्यक्ति, समाज, राष्ट्र और विश्व की भलाई की जा सके।

श्री नरेंद्र मोदी : भारतीय लोकतंत्र का उम्मीदभरा भविष्य

भूमिका भारतीय लोकतंत्र के इतिहास में वर्ष 2014 तथा 2019 के आम चुनाव बहुत विशेष रहे। इन चुनावों में जनता द्वारा किसी एक व्यक्ति के प्रति इतना अधिक आकर्षण पहले कभी नहीं देखा गया और वह व्यक्ति हैं—भारत के वर्तमान प्रधानमंत्री श्री नरेंद्र मोदी।

नरेंद्र मोदी का जीवन परिचय नरेंद्र मोदी का जन्म 17 सितंबर, 1950 को गुजरात के मेहसाणा जिले के एक छोटे-से गाँव वडनगर में आर्थिक रूप से पिछड़े हुए परिवार में हुआ।

गरीबी में जीवन-यापन करने वाले मोदी के पिता दामोदरदास और माता हीराबेन ने कभी इसकी कल्पना भी नहीं की होगी कि एक दिन उनका यह बेटा देश का प्रधानमंत्री बनेगा। सामान्य बुद्धि के छात्र नरेंद्र मोदी की वाद-विवाद, नाटक प्रतियोगिता व अभिनय में बेहद रुचि थी। पढ़ाई के साथ-साथ मोदी ने आठ वर्ष की आयु से ही रेलवे स्टेशन पर अपने पिता जी की चाय की दुकान पर हाथ बँटाना आरंभ कर दिया था। उसी समय राष्ट्रीय स्वयंसेवक संघ गुजरात में अपने पाँव पसार रहा था, तभी मोदी ने संघ की शाखा में जाना शुरू किया। इस प्रकार से यहाँ मोदी के भावी राजनीतिक जीवन की नींव तैयार होने लगी।

17 वर्ष की आयु में मोदी ने संन्यासी बनने की इच्छा से घर और पढ़ाई दोनों छोड़ दीं। करीब दो साल तक हिमालय के अलग-अलग मठों में घूमने के बाद मोदी घर लौट आए और पुनः संघ से जुड़ गए। संघ के नेता लक्ष्मणराव ईमानदार ने उनका राजनीतिक मार्गदर्शन किया और उन्हें आगे पढ़ने के लिए प्रेरित किया।

राजनीतिक सफर वर्ष 1973 में राष्ट्रीय स्वयंसेवक संघ में प्रचारक के रूप में अपना करियर शुरू करने वाले मोदी ने अपनी प्रतिभा और मेहनत के बल पर वर्ष 1987 में भारतीय जनता पार्टी (बीजेपी) में जगह बना ली। इसके बाद मोदी ने पार्टी में अनेक उत्तरदायित्वों को सफलतापूर्वक निभाते हुए निरंतर अपना कद बढ़ाया। इसी का परिणाम है कि मोदी वर्ष 2001 में गुजरात के मुख्यमंत्री बनने के बाद मई, 2014 तक इस पद पर बने रहे। लोकतंत्र में इतने समय तक सत्ता में बने रहना लोगों का उन पर विश्वास प्रकट करता है। नरेंद्र मोदी के राजनीतिक करियर में वर्ष 2002 बहुत महत्त्वपूर्ण है। इस वर्ष गुजरात में सांप्रदायिक दंगे भड़क उठे, जिनमें 2,000 से अधिक लोग मारे गए और कई हजार व्यक्ति घायल हुए। इन दंगों ने मोदी की छवि को दागदार बना दिया।

लेकिन मोदी गुजरात के मुख्यमंत्री पद पर बने रहे। वर्ष 2002 के दंगों ने मोदी के व्यक्तित्व को बदलकर रख दिया। मोदी ने गुजरात दंगों के बाद अपना सारा ध्यान आर्थिक विकास पर केंद्रित कर दिया, जिसका परिणाम यह हुआ कि उनके नेतृत्व में वर्ष 2012-13 तक आते-आते गुजरात राज्य एक 'ब्रांड' बन गया और मोदी के 'गुजरात विकास मॉडल' की गूँज हर कहीं सुनाई देने लगी। मोदी को इसी विकास पुरुष की छवि ने वर्ष 2014 के आम चुनावों में विजय दिलाकर प्रधानमंत्री पद तक पहुँचा दिया। फलतः वर्ष 2019 के लोकसभा चुनाव में एक बार फिर आम जनता ने उनमें अपना विश्वास व्यक्त किया और वे लगातार दूसरी बार पूर्ण बहुमत के साथ भारत के प्रधानमंत्री बने।

प्रधानमन्त्री के रूप में मोदी प्रधानमंत्री नरेंद्र मोदी ने वर्ष 2014 में स्वच्छ भारत अभियान की शुरुआत की थी तथा वर्ष 2019 में वह पूरा हो गया। आज स्वच्छता जनआंदोलन का रूप ले चुकी है। वर्ष 2019 के लोकसभा चुनाव में एक बार फिर से नरेंद्र मोदी ने ऐतिहासिक जीत दर्ज की। इसका कारण उनकी दूरदर्शिता और कल्याणकारी परियोजनाओं, राष्ट्र की सुरक्षा के लिए कड़े निर्णय तुरंत लेना, जनता के बीच विश्वास, गरीब व कमजोर वर्ग के प्रति उनकी सहिष्णुता इत्यादि रहा।

उपसंहार इस प्रकार नरेंद्र मोदी एक ऐसे राजनेता के रूप में उभरे, जो सदैव देश तथा देशवासियों के लिए समर्पित रहते हैं। उन्होंने थोड़े समय में यह सिद्ध कर दिया है कि भारत की विदेश नीति पहले की सरकार से बिलकुल भिन्न है तथा प्रधानमंत्री मोदी इस विदेश नीति को

नई दिशा दे रहे हैं, जो स्वागत योग्य है। वे एक साहसी, संवेदनशील और दृढ़ निश्चयी व्यक्ति हैं और जिन्हें देश ने इस उम्मीद के साथ जनादेश दिया है कि वे भारत में नई ऊर्जा का संचार करेंगे और उसे विश्व का पथप्रदर्शक बनाएँगे।

प्रदूषण–समस्या एवं निवारण

भूमिका प्रकृति और मनुष्य का संबंध आदिकाल से रहा है। मनुष्य प्रकृति की गोद में पल-बढ़कर बड़ा हुआ है। प्रकृति ने उसका पालन-पोषण किया तथा उसके जीवन को सुखी बनाने के लिए विभिन्न प्रकार की सुविधाएँ प्रदान की हैं। मनुष्य प्रकृति से अधिकाधिक सुख-सुविधाएँ चाहते हुए, उसे सोने का अंडा देने वाली मुर्गी समझ बैठा और प्रकृति का अंधाधुंध दोहन शुरू कर दिया। इस स्वार्थपूर्ण व्यवहार के कारण प्राकृतिक संतुलन बिगड़ता गया और प्रदूषण की समस्या ने जन्म लिया। पर्यावरण में हानिकारक और दूषित तत्त्वों की मात्रा बढ़ जाना ही प्रदूषण कहलाता है।

प्रदूषण के कारण बढ़ती आवश्यकताओं की पूर्ति के लिए मनुष्य ने प्रकृति से छेड़छाड़ की। उसने विकास के नाम पर औद्योगिक इकाइयाँ स्थापित कीं, शहरीकरण को बढ़ावा दिया, कृषि का उत्पादन बढ़ाया और आवासीय समस्याएँ सुलझाने के लिए वनों की अंधाधुंध कटाई की, जिससे प्राकृतिक संतुलन बुरी तरह प्रभावित हुआ और प्रदूषण में वृद्धि होती गई।

एक ओर वनों की कटाई से ऑक्सीजन की मात्रा कम और कार्बन डाइ-ऑक्साइड की मात्रा बढ़ रही है, तो यातायात के साधनों ने प्रदूषण को और भी बढ़ाया है। लाउडस्पीकरों की आवाज़, मोटर गाड़ियों और कल-कारखानों के शोर से ध्वनि प्रदूषण बढ़ा है। कूड़ा-करकट तथा अपशिष्ट वस्तुएँ इधर-उधर फेंकने से तथा कृषि उत्पादन बढ़ाने के लिए उर्वरकों और कीटनाशक रसायनों के प्रयोग से भूमि प्रदूषण बढ़ा है।

इसके अतिरिक्त जल स्रोतों, नदियों, झीलों, तालाबों, कुओं आदि का जल प्रदूषित करने के लिए भी मनुष्य ही जिम्मेदार है। एक ओर नदियों में घरों और फैक्ट्रियों का निकला दूषित जल मिलकर उसे प्रदूषित कर रहा है, तो जानवरों को नहलाने, अपशिष्ट अवशेष बहाने आदि से इनका पानी पीने के योग्य होना तो दूर की बात है, स्नान करने के लायक भी नहीं बचा है। ऐसा करके मनुष्य अपनी जान खतरे में डाल रहा है।

प्रदूषण दूर करने के उपाय प्रदूषण की समस्या मनुष्य के कार्य-व्यवहार और स्वार्थी आचरण की देन है। इससे निपटने का उपाय भी उसे ही सोचना पड़ेगा। इसके लिए आस-पास की खाली जमीन पर अधिकाधिक वृक्षारोपण करना होगा। कल-कारखानों की चिमनियों को ऊँचा करना होगा, ताकि दूषित वायु अधिक ऊपर चली जाए।

इसके अतिरिक्त जल स्रोतों को दूषित करने से बचाना होगा तथा गंदे पानी को उपचारित नदियों तक पहुँचने देना चाहिए। हमें जैविक कृषि को बढ़ावा देकर प्रदूषण रोकने के पुनीत कार्य में अपना अधिकाधिक योगदान देना चाहिए, ताकि मानव जीवन सुखमय रहे और यह धरती अपनी शुद्धता व पवित्रता बनाए रखे।

उपसंहार औद्योगिक उन्नति व प्रगति की सार्थकता के लिए आवश्यक है कि मानव प्रकृति से अपना मैत्री संबंध स्थापित करे, ताकि प्रकृति भी मित्रवत व्यवहार करती रहे, क्योंकि मानव के अत्याचार के विरोध में यदि प्रकृति स्वयं को संतुलित करने के लिए उग्र रूप धारण कर बैठती है, तो मानव का अस्तित्व घोर संकट में पड़ सकता है।

गणतंत्र दिवस/राष्ट्रीय पर्व : गणतंत्र दिवस

भूमिका हमारे देश में अनेक पर्व मनाए जाते हैं। इन पर्वों में कुछ राष्ट्रीय पर्व भी हैं। स्वतंत्रता दिवस, गणतंत्र दिवस, महात्मा गाँधी जयंती हमारे राष्ट्रीय पर्व हैं। इनमें गणतंत्र दिवस अपना विशेष महत्त्व रखता है। भारत 15 अगस्त, 1947 को भले ही स्वतंत्र हो गया, परंतु उस समय देश का अपना संविधान लागू नहीं किया जा सका था। 26 जनवरी, 1950 को भारत का संविधान लागू हुआ था, तब से प्रतिवर्ष 26 जनवरी को गणतंत्र दिवस के रूप में संपूर्ण देश हर्षोल्लास के साथ मनाता है।

राष्ट्रीय पर्व की तैयारियाँ गणतंत्र दिवस मनाने के लिए देशभर में धूमधाम से तैयारियाँ की जाती हैं। देश के सभी राज्यों की राजधानियों और केंद्रशासित प्रदेशों के अतिरिक्त गाँवों, नगरों, बाजारों में इसे अत्यंत धूमधाम से मनाया जाता है। इतना ही नहीं अप्रवासी भारतीयों द्वारा यह राष्ट्रीय पर्व उन देशों में भी मनाया जाता है, जहाँ-जहाँ वे रह रहे हैं। इस अवसर पर प्रात: काल सरकारी भवनों पर राष्ट्रीय ध्वज फहराया जाता है। देश को आजादी दिलाने वाले वीरों और स्वतंत्रता सेनानियों को याद करते हुए नमन करके उनके पदचिह्नों पर चलने का वचन लिया जाता है। इस अवसर पर देशभक्ति को बढ़ावा देने वाले गीत गाए-बजाए जाते हैं। इसे प्रत्येक जाति-धर्म के लोग मिल-जुलकर अत्यंत सौहार्द्रपूर्वक मनाते हैं।

गणतंत्र दिवस पर दिल्ली की शोभा गणतंत्र दिवस का मुख्य आयोजन भारत की राजधानी दिल्ली में किया जाता है। इसकी तैयारियाँ पहले से शुरू कर दी जाती हैं। सरकारी भवनों को साफ-सुथरा कर चमका दिया जाता है।

इस समय दिल्ली विशेषकर विजय चौक और इंडिया गेट की शोभा देखते ही बनती है। इस समय सुरक्षा व्यवस्था विशेष रूप से कड़ी कर दी जाती है। इसे हजारों पुलिस के जवान सँभालते हैं। प्रात: भारत के राष्ट्रपति शाही बग्घी में बैठकर विजय चौक आते हैं। सेना के तीनों अंगों के सेनाध्यक्ष उनका स्वागत करते हैं। राष्ट्रपति ध्वजारोहण करते हैं। उन्हें सेना के तीनों अध्यक्षों द्वारा सलामी दी जाती है।

एकता व अखंडता की अद्भुत मिसाल इस समारोह को देखने के लिए देश के कोने-कोने से लोग आते हैं। रंग-बिरंगी वेशभूषा और उनके पहनने का ढंग देखकर लगता है कि संपूर्ण भारत यहीं उमड़ आया है। यहाँ एकता एवं अखंडता की अद्भुत मिसाल दिखाई देती है।

राष्ट्रपति को सलामी देने के उपरांत तीनों सेनाओं द्वारा अत्याधुनिक सामरिक अस्त्रों का प्रदर्शन होता है। राज्यों द्वारा निकाली जाने वाली झाकियाँ और लोक नर्तकों की कला से ऐसा दृश्य उपस्थित हो जाता है कि लोग मंत्र मुग्ध होकर देखते रह जाते हैं। वायु सेना के विमानों का अद्भुत करतब इस समारोह का विशेष आकर्षण होता है।

उपसंहार गणतंत्र दिवस हमें याद दिलाता है कि इस स्वतंत्रता को पाने के लिए हजारों वीरों ने अपनी कुर्बानी दी और लाखों ने इसके लिए अपना समस्त सुख छोड़ दिया और स्वतंत्रता पाने पर ही चैन की साँस ली। इस आज़ादी को बनाए रखने की नैतिक जिम्मेदारी हम भारतीयों पर है। यह पर्व हमें प्रेरणा देता है कि अपनी मातृभूमि की रक्षा करते हुए, हमें अपना सर्वस्व अर्पित करने से पीछे नहीं हटना चाहिए।

जीवन में खेलों का महत्त्व अथवा खेल-कूद का जीवन में लाभ

भूमिका मनुष्य की इच्छाएँ असीम होती हैं। इनको पूरा करने के लिए वह रात-दिन एक किए रहता है। इससे उसका जीवन अति व्यस्त हो गया है, फिर भी उसके काम पूरे नहीं हो पाते हैं। ऐसी स्थिति में वह चिंताग्रस्त होता है। यही काम की अधिकता, थकान और चिंताएँ तनाव को जन्म देती हैं। थकान और तनाव दूर करने का सर्वोत्तम साधन है—खेल, जो मनुष्य के लिए बहुविधि लाभदायी है। खेल एक स्वाभाविक और स्वतंत्र क्रिया है, जिससे व्यक्ति को आनंदानुभूति होती है।

खेलों के प्रकार खेलों से हमारा शारीरिक और मानसिक दोनों तरह का व्यायाम होता है। इस आधार पर हम खेलों को मुख्यता दो भागों में बाँट सकते हैं— पहला वे जिनमें भाग-दौड़ और उछल-कूद की अधिक जरूरत होती है। ये खेल बाहर खुले मैदानों में खेले जाते हैं। क्रिकेट, वॉलीबॉल, फुटबॉल, बैडमिंटन, तैराकी, हॉकी, कबड्डी, गिल्ली-डंडा तथा अन्य भाग-दौड़ से जुड़े खेल इसी श्रेणी में आते हैं।

दूसरे वे खेल हैं, जिनमें हम अपने मस्तिष्क का अधिक प्रयोग करते हैं। ये खेल प्राय: घरों के अंदर बैठकर खेले जाते हैं। कैरम, लूडो, शतरंज, वीडियो गेम, मोबाइल फोन पर खेले जाने वाले खेल इसी श्रेणी में रखे जा सकते हैं। इसके अतिरिक्त कुश्ती, मुक्केबाजी जैसे खेल शारीरिक और मानसिक व्यायाम के अच्छे साधन हैं।

शारीरिक व मानसिक विकास में सहायक खेलों से बच्चों और वयस्कों का शारीरिक एवं मानसिक विकास होता है। खेलों से शरीर के अंग हृष्ट-पुष्ट बनते हैं। इसका प्रमाण यह है कि जो बच्चा खेलों से दूर रहता है उसका शारीरिक विकास, नियमित खेलने वाले बच्चे की तुलना में कम होता है।

खेल में भाग-दौड़, उछल-कूद से रक्त संचार बढ़ता है, मांसपेशियाँ मजबूत बनती हैं, जिससे शरीर स्वस्थ, फुर्तीला और शक्तिशाली बनता है। इससे बच्चे का शारीरिक विकास समुचित रूप से होता है। कहा गया है कि 'स्वस्थ' शरीर में ही स्वस्थ मस्तिष्क का निवास होता है। इस तरह स्वस्थ, प्रसन्नचित्त बालक का मन पुस्तकीय शिक्षा ग्रहण करने में भी अधिक सक्षम होगा।

चारित्रिक व नैतिक विकास खेल-कूद व्यक्ति के चारित्रिक एवं नैतिक विकास में महत्त्वपूर्ण भूमिका निभाते हैं। वर्तमान में चारित्रिक एवं नैतिक विकास की प्रासंगिकता और भी बढ़ गई है। खेलों से हमारे अंदर नेतृत्व क्षमता, सहिष्णुता, उदारता, विनम्रता, दु:ख-सुख को समान भाव से ग्रहण करने की दक्षता, त्वरित निर्णय लेने की क्षमता, सहभागिता जैसे गुणों और मानवीय मूल्यों का विकास होता है, जो व्यक्ति को समाजोपयोगी नागरिक बनने में मदद करते हैं। खेल-कूद बहूपयोगी हैं, परंतु शिक्षा के साथ समन्वय बिठाकर इन्हें समय देना चाहिए अन्यथा बच्चे का विकास एकपक्षीय होगा।

उपसंहार खेल-कूद हमारे जीवन के लिए अत्यंत महत्त्वपूर्ण है, इसमें कोई संदेह नहीं है। खेल उत्तम स्वास्थ्य प्राप्त करने का साधन है, तो स्वस्थ रहने के लिए मुफ्त की औषधि। खेलों से हमारे भी मानवीय मूल्यों का उदय होता है। खेलों में उत्तम प्रदर्शन आय और यश प्राप्ति का साधन बन जाता है। हमें खेल और शिक्षा में तालमेल बिठाते हुए दोनों पर ध्यान देना चाहिए।

समय का महत्त्व अथवा समय का सदुपयोग

भूमिका एक कहावत है-'समय और ज्वार-भाटा किसी की प्रतीक्षा नहीं करते हैं' यह कहावत पूर्णतया सत्य है, क्योंकि समय निरंतर गतिमान है वह कभी रुकता नहीं है। मनुष्य समय पर काम करे या न करे, यह मनुष्य के बुद्धि-विवेक पर निर्भर करता है। समय उस रेलगाड़ी की भाँति है, जो निश्चित समय पर स्टेशन पर आती है। यात्री स्टेशन पर आए या न आए, वह इंतजार किए बिना अपने गंतव्य की ओर बढ़ जाती है। विलंब से स्टेशन पहुँचने वाले यात्री के हाथ पछताने के अतिरिक्त कुछ नहीं आता है।

समय की महत्ता महापुरुषों का मानना है कि जिसने समय का महत्त्व नहीं समझा, वह व्यक्ति सफलता से दूर होता गया। समय पर कार्य करने से कार्य की सिद्धि और उसकी महत्ता रहती है। एक किसान यदि समय बीतने के बाद फसल बोए, तो उसे वांछित उपज नहीं मिलती है।

परीक्षा भवन में विलंब से पहुँचने वाला परीक्षार्थी अपना प्रश्न-पत्र पूरा नहीं कर पाता है। शत्रु के हमले के समय यदि तत्काल मुकाबला न किया जाए, तो राष्ट्र गुलाम हो जाता है। जीवन में जितने भी लोगों ने सफलता की ऊँचाइयों को छुआ है, उसके मूल में समय पर कार्य करना ही था। महात्मा गाँधी अपना समस्त कार्य समय पर करते थे। पत्रों का जवाब देने के लिए समय न मिलने पर वे रात में यह कार्य करते थे, पर उसे अगले दिन के लिए न छोड़ते थे। समय पर प्रत्येक कार्य करने का संदेश देते हुए संत कबीर ने कहा था—

काल्ह करै सो आज कर, आज करै सो अब।
पल में परलय होयगी, बहुरि करोगे कब।।

अनमोल समय समय अनमोल है। बीता समय कभी लौटकर नहीं आता है। यदि हमारा समय निरर्थक बीत गया, तो उससे बढ़कर कोई दूसरी हानि नहीं होती है, जो लोग ऐसा करते हैं, वे समय बीतने पर पछताते हैं और दु:ख भोगते हैं। समय का सदुपयोग न करने वालों को समझाते हुए कवि कहता है—

रात बिताई सोई के, दिवस बितायौ खाय।
हीरा जनम अमोल है, ऐसोई बीतो जाय।।

उपसंहार समय का सदुपयोग करने के लिए समय का नियोजन करना चाहिए। जिसने समय का नियोजन करना सीख लिया, उसके सभी कार्य समय पर पूरे होते हैं। समय नियोजन सफलता का मूलमंत्र है। समय नियोजन न करने वालों की दशा कमल-पुष्प में बंद उस भौंरे की भाँति होती है, जो प्रात:काल का इंतजार करता है, परंतु उससे पहले ही हाथी आकर कमल के पुष्प को नाल समेत अपने मुख में रख लेता है। अत: जीवन में सफलता पाने के लिए हमें अपने कार्य नियोजन बद्ध ढंग से समय पर करने चाहिए।

कंप्यूटर का महत्त्व
अथवा कंप्यूटर आधुनिक युग की आवश्यकता

भूमिका विज्ञान ने मनुष्य को अपने अद्भुत और उपयोगी उपकरण प्रदान किए हैं। इनकी मदद से मनुष्य का समय और श्रम दोनों बचने लगा है। ऐसे ही उपकरणों में से एक है—कंप्यूटर। आज कंप्यूटर का प्रयोग इतना बढ़ गया है कि वर्तमान युग को कंप्यूटर का युग कहा जाने लगा है। कंप्यूटर की बढ़ती उपयोगिता और लोकप्रियता देखकर मनुष्य चकित हो रहा है।

कंप्यूटर की आवश्यकता आज लगभग प्रत्येक कार्यालय में इसका प्रयोग होने लगा है और शिक्षित वर्ग इसकी आवश्यकता महसूस कर रहा है। कंप्यूटर एक ऐसी मशीन है, जो बहुत-से कार्य सुगमता और शीघ्रता से करती है। इसमें एक मशीनी मस्तिष्क होता है, जिसमें निर्देशों का पालन करने, आँकड़ों का विश्लेषण करने और परिणामों को प्रस्तुत करने की क्षमता होती है।

यह मशीन एक विशिष्ट तकनीकी शब्दावली की मदद से कार्य करती है और निर्देशों का पालन करके वांछित कार्य संपन्न करती है। जैसे मानव मस्तिष्क कार्य करता है कुछ वैसा ही कार्य यह कंप्यूटर करता है। आज कंप्यूटर का क्षेत्र इतना व्यापक हो गया है कि इसके बिना कार्यालयी कार्यों को करना कठिन हो गया है।

कंप्यूटर की व्यापकता इसकी व्यापकता का अनुमान इसी बात से लगाया जा सकता है कि प्राथमिक कक्षा से ही इसकी शिक्षा शुरू कर दी जाती है। आज गली-गली में कंप्यूटर शिक्षा देने वाले संस्थान देखे जा सकते हैं। आज जीवन के शैक्षणिक, आर्थिक, वैज्ञानिक, चिकित्सा, मौसम, इंजीनियरिंग आदि क्षेत्रों में इसका प्रयोग किया जा रहा है। कार्यालयों में रजिस्ट्रार और फाइलें सँभालना गुजरे समय की बातें हो चुकी हैं। अब न फाइलें खोने का डर है और न चोरी या गुम होने का, बस एक बटन दबाते ही सब काम सामने आ जाता है।

कंप्यूटर के लाभ रेल का आरक्षण कराना हो या टेलीफोन, बिजली-पानी का बिल जमा कराना हो, कंप्यूटर द्वारा सुगमता से किया जा सकता है। अब लाइनों में धक्के खाने के दिन जा चुके हैं। चिकित्सा क्षेत्र में कंप्यूटर के प्रयोग से पंजीयन, विभिन्न रोगों और रक्त की जाँच के अतिरिक्त ऑपरेशन जैसे कार्य सरलता से निपटाए जा रहे हैं।

पुस्तकों के प्रकाशन का कार्य कंप्यूटर ने जहाँ आसान बनाया है, वहीं सुंदरता में भी वृद्धि की है। अब तो चित्रकला और फिल्म जगत में भी इस अद्भुत उपकरण की मदद से कार्य किया जा रहा है।

उपसंहार कंप्यूटर एक बहुपयोगी यंत्र एवं विज्ञान का अद्भुत वरदान है। इसके प्रयोग से व्यक्ति, समाज और राष्ट्र प्रगति के सोपान पर आगे बढ़ रहे हैं। इससे समय और श्रम दोनों की बचत हो रही है। इसने गणनाओं को सरल बनाया है, बस्ते का बोझ घटाया है और लोगों की आय में वृद्धि की है। हमें इस वफादार सेवक का प्रयोग आवश्यकतानुसार ही करना चाहिए, अनावश्यक नहीं।

जीवन में विज्ञान का महत्त्व
अथवा विज्ञान से घिरा आधुनिक युग

भूमिका मानव जीवन को सुख-सुविधामय बनाने में विज्ञान का बहुत योगदान है। विज्ञान ने मनुष्य को जीने का नया ढंग दिया है, साथ ही ऐसी शक्ति भी दी है, जिससे वह नित नए कल्पनातीत कार्य करता जा रहा है। विज्ञान ने जल, थल और आकाश तक मनुष्य की पहुँच को संभव कर दिया है। सच तो यह है कि विज्ञान ने मनुष्य का जीवन पूरी तरह से बदलकर रख दिया है।

विज्ञान वरदान रूप में मनुष्य को जब तक विज्ञान का साथ नहीं मिला था, उसका जीवन इतना सुखी और समृद्ध न था । विज्ञान ने उसे असीम शक्ति दी है। यह विज्ञान का करिश्मा है कि नंगे पाँव जंगलों में भटकने वाला मनुष्य आज मंगल और चाँद पर जाने की तैयारी कर रहा है। जो मनुष्य कभी बैलगाड़ी से चला करता था, आज उसके पास तीव्रगामी और वातानुकूलित गाड़ियाँ हैं। इनमें उसे सर्दी, गर्मी और बरसात की चिंता नहीं रहती है। इससे भी बढ़कर रेलगाड़ियाँ और वायुयान हैं, जिनसे वह दिनों का सफर घंटों में तय कर रहा है। संचार के साधनों में आए बदलाव के कारण मनुष्य की दुनिया पूरी तरह बदल गई है। अब तो पत्रों की दुनिया भी बदल चुकी है। पत्रों का स्थान मोबाइल फोन पर लिखे संदेश और ई-मेल ले रहे हैं।

मनोरंजन की दुनिया में विज्ञान मनोरंजन की दुनिया की ओर, जहाँ विज्ञान के कारण सब कुछ बदला और नया-सा है। भेड़ों, तीतर और मुर्गों को लड़ाकर अपना मनोरंजन करने वाला मनुष्य रेडियो, चलचित्र, दूरदर्शन और वीडियो गेम्स तक पहुँच गया है। छापेखाने के आविष्कार के कारण वह अपना मनपसंद साहित्य जब चाहे जहाँ चाहे पढ़ सकता है।

इससे भी दो कदम आगे चलने पर खिलौनों का भरा-पूरा बाजार मिलता है, जहाँ बैट्री और रिमोट कंट्रोल संचालित खिलौनों की

अधिकता है। मोबाइल फोन पर मन चाहे गाने सुनना और फिल्में देखना, विज्ञान के कारण ही संभव हो पाया है। बिजली के आविष्कार ने गृहणियों की थकाऊ-उबाऊ दिनचर्या को पूरी तरह बदल दिया है।

अब चूल्हे में सिर डालकर फूँक मारने की जरूरत नहीं रही। बटन दबाते ही चूल्हा जलना शुरू हो जाता है। मसाले पीसने के लिए मिक्सर ग्राइंडर, रोटियाँ बनाने की मशीन, कपड़े धोने की मशीन, रेफ्रीजरेटर आदि ने रसोइघर का रूप और आकार बदल दिया है। अब ठंडे पानी से काँपते हुए नहाने की जरूरत नहीं रही। वातानुकूलित कमरे में रहते हुए बाहर की सर्दी-गर्मी से डरने की बात गुजरे जमाने की बात हो चुकी है।

उपसंहार विज्ञान ने मानव जीवन में इतनी गहरी पैठ बना ली है कि उसे अलग करने पर जीवन फिर वहीं पहुँच जाएगा, जहाँ इसे एक सौ साल पहले छोड़ा था। इस प्रकार, विज्ञान की महत्ता प्रत्येक क्षेत्र में अधिक है।

स्वच्छ भारत अभियान (एक कदम स्वच्छता की ओर)

भूमिका स्वच्छ भारत अभियान एक ऐसी योजना है, जिसके अंतर्गत भारत को गंदगी रहित बनाने का प्रयास किया जा रहा है। राष्ट्रपिता महात्मा गाँधी की 145वीं जयंती पर श्रद्धांजलि देते हुए भारत सरकार ने नई दिल्ली के राजघाट पर 2 अक्टूबर, 2014 को 'स्वच्छ भारत' अभियान की शुरुआत की थी। इस अवसर पर प्रधानमंत्री नरेंद्र मोदी ने देशवासियों को स्वच्छता की शपथ दिलवाई और जिस भारत का महात्मा गाँधी ने सपना देखा था उस सपने को साकार करने की संकल्पना भी की।

स्वच्छता अभियान में नागरिकों की भूमिका भारत के प्रत्येक नागरिक का कर्त्तव्य है कि वह स्वच्छता संबंधी इस अभियान में अपना सहयोग दे। 'स्वच्छ भारत अभियान' योजना में भारत के प्रत्येक नागरिक को जोड़ना है, चाहे वह किसी भी वर्ग, किसी भी व्यवसाय, किसी भी क्षेत्र से क्यों न हो।

स्वच्छ भारत अभियान का उद्देश्य केवल आसपास की सफाई करना ही नहीं, बल्कि नागरिकों की सहभागिता से अधिक-से-अधिक पेड़ लगाना, कचरा मुक्त वातावरण बनाना, शौचालय की सुविधा उपलब्ध कराकर एक स्वच्छ भारत का निर्माण करना है। देश में पर्यटन को बढ़ावा देने के लिए स्वच्छ भारत का निर्माण करना अत्यंत महत्त्वपूर्ण है।

अस्वच्छ भारत की तस्वीरें भारतीयों के लिए अक्सर शर्मिंदगी की वजह बन जाती है, इसलिए स्वच्छ भारत के निर्माण तथा देश की छवि सुधारने का यह सही समय तथा अवसर है। यह अभियान न केवल नागरिकों को स्वच्छता संबंधी आदतें अपनाने, बल्कि हमारे देश की छवि स्वच्छता के लिए तत्परता से काम कर रहे देश के रूप में बनाने में भी मदद करेगा।

स्वच्छता का महत्त्व हमारी प्राचीन भारतीय संस्कृति और सभ्यता ने आंतरिक व बाह्य स्वच्छता को अत्यधिक महत्त्व दिया है, क्योंकि स्वच्छ व्यक्तित्व का विकास स्वच्छ वातावरण एवं परिवेश के द्वारा ही होता है। प्रधानमंत्री ने 2 अक्टूबर, 2014 को यह स्पष्टत: कहा था कि देश को स्वच्छ रखने की जिम्मेदारी केवल सफाई कर्मचारियों की ही नहीं है, अपितु भारत के प्रत्येक नागरिक की यह जिम्मेदारी एवं कर्त्तव्य है कि वह भारत को स्वच्छ रखने में अपना योगदान दे।

उपसंहार स्वच्छता समान रूप से हम सभी की नैतिक ज़िम्मेदारी है और वर्तमान समय में यह हमारी सबसे बड़ी आवश्यकता भी है। हमें अपने दैनिक जीवन में तो सफ़ाई को एक मुहिम की तरह शामिल करने की ज़रूरत है ही, साथ ही इसे बड़े स्तर पर भी देखने की जरूरत है।

योग : स्वस्थ शरीर के लिए आवश्यक

भूमिका योग शारीरिक गतिविधियों द्वारा शरीर को स्वस्थ रखने के लिए महत्त्वपूर्ण है। योग शब्द का अर्थ है—जोड़ना, मिलाना आदि। योग मन को एकाग्रचित रखने में सहायता करता है। योग का हमारे जीवन में महत्त्वपूर्ण स्थान है, जो मन को शुद्ध रखने में सहायक है। योग से शरीर में शक्ति व स्फूर्ति आती है।

योग भारतीय संस्कृति का महत्त्वपूर्ण हिस्सा है और यह स्वास्थ्य, मानसिक शांति और आध्यात्मिकता के क्षेत्र में महत्त्वपूर्ण योगदान करता है। योग शरीर, मन और आत्मा की एकता का प्रतीक है। यह शारीरिक, मानसिक और आध्यात्मिक स्वास्थ्य की समृद्धि का एक अद्वितीय माध्यम है।

योग का महत्त्व शोधों से यह प्रमाणित हो चुका है कि योग संपूर्ण जीवन की चिकित्सा पद्धति है। पश्चिम देशों में भी योग के प्रति लोगों का आकर्षण बढ़ रहा है। संयुक्त राष्ट्र संघ के समर्थन से 21 जून, 2015 को योग दिवस के रूप में घोषित कर दिया गया एवं योग दिवस उत्साह से मनाया गया। आजकल की भागदौड़ और तनावपूर्ण जीवनशैली में योग का महत्त्व और भी बढ़ गया है। योग के अंतर्गत किए गए व्यायाम को 'आसन' कहते हैं। ये आसन शरीर और मन में स्थिरता लाते हैं। योगासन के द्वारा शरीर के अधिक वजन को कम किया जा सकता है। नियमित रूप से योगाभ्यास करने से मनुष्य में आत्मानुशासन और आत्म-जागरूकता का विकास होता है।

21 जून को अंतर्राष्ट्रीय योग दिवस के रूप में मनाया जाता है। योग मानव जाति के लिए वह महान उपहार है, जो हमें बेहतर और स्वस्थ रहने में पूर्ण रूप से सहायता करता है। निरंतर योगाभ्यास मन में सकारात्मकता लाता है और नकारात्मक विचारों को नष्ट करता है।

विद्यार्थी जीवन में योग का बड़ा महत्त्व है। योग के द्वारा विद्यार्थी ऊर्जावान बनता है और शारीरिक और मानसिक रूप से मजबूत बनता है। योग के द्वारा विद्यार्थी का मनोबल बढ़ता है।

योग के लाभ योग शारीरिक विकास के लिए लाभदायक है। यह हमारी श्वसन क्रिया, पाचन क्रिया को सही रखने में सहयोग देता है। योग मानसिक विघ्नता को दूर करने में भी सहायक है। योग क्रोध को नियंत्रित करता है, इससे नैतिक सद्विचार एवं अच्छी आदतें विकसित

होती हैं। योगाभ्यास से मांसपेशियों को मजबूती मिलती है, जिससे शरीर का लचीलापन बढ़ता है और बीमारियों से लड़ने की क्षमता में वृद्धि होती है। जैसे-जैसे मानव आधुनिकता के करीब जा रहा है, वह कई प्रकार के अवसादों और चिंताओं में घिरता जा रहा है। इससे बचने के लिए मानव को योग का ही सहारा है, क्योंकि योग चिंता या अवसाद का जड़ से इलाज करता है। योग शरीर को निरोगी, स्वस्थ व तनावमुक्त बनाता है।

उपसंहार योग सभी समस्याओं के निवारण में सहायक है। योग हमारे शारीरिक, मानसिक और आध्यात्मिक विकास में महत्त्वपूर्ण भूमिका निभाता है और हमें स्वस्थ, समृद्ध तथा सकारात्मक जीवन की दिशा में अग्रसर करने में मदद करता है। कहा भी गया है, जिसने आसन को जीत लिया उसने तीनों लोकों को जीत लिया, इसलिए नियम का पालन करते हुए योग का अभ्यास करना चाहिए।

साँच बराबर तप नहीं, झूठ बराबर पाप

भूमिका आज के संदर्भ में यह उक्ति जितनी अर्थपूर्ण एवं प्रासंगिक है, उतनी संभवत: पहले कभी नहीं रही। आधुनिक युग के यांत्रिक समाज में मनुष्य न केवल यंत्रवत् बन गया है, बल्कि विद्यमान उपभोक्तावादी संस्कृति ने उसे भौतिक सुख-सुविधाओं की प्राप्ति के लिए इतना अधीर बना दिया है कि उसने अपने सभी मूल्यों को ताक पर रख दिया है। इन्हीं में से एक नैतिकता भी है। भौतिकता प्रधान संस्कृति का प्रचार-प्रसार होने के साथ ही आज मानवीय संबंधों के परीक्षण की घड़ी सामने आ गई है।

मानवीय स्वभाव आज मनुष्य नैतिकता एवं अनैतिकता की सोच से काफ़ी दूर हो गया है और अपने भौतिक विकास के लिए किसी भी मार्ग को अपनाने से नहीं चूकता। मानव-स्वभाव को ध्यान में रखते हुए कहा जा सकता है कि अपनी सुविधाओं के अनुसार मनुष्य झूठ बोलने से बाज़ नहीं आता, जिससे उसे तो राहत मिल जाती है, लेकिन व्यापक स्तर पर अन्य सदस्यों को इसकी कीमत चुकानी पड़ती है, इसलिए लोगों के बीच यह सूक्ति प्रचलित एवं प्रचारित है कि "सच बोलने से बड़ा दूसरा कोई तप (तपस्या) नहीं और झूठ बोलने से बड़ा कोई पाप नहीं।"

तपस्या और सत्य में समानता तपस्या अपने आप में एक अत्यंत कठिन मानवीय क्रियाकलाप है, जिसमें शारीरिक सुविधाओं का पूरी तरह त्याग करना पड़ता है। शारीरिक सुख-सुविधाओं को पूरी तरह तिलांजलि देना एक प्रकार से 'तप' है और ऐसी प्रवृत्ति के तप में सत्य बोलना शीर्ष पर स्थित है, क्योंकि सत्य बोलने का अर्थ है—अपनी सुविधाओं की चिंता किए बिना तथ्यों को उसी रूप में सामने रखना, जिस रूप में वे विद्यमान हैं।

सत्य बोलना–एक महत्त्वपूर्ण विशेषता दैनिक जीवन में मानवीय व्यवहार के अंतर्गत एक अत्यधिक महत्त्वपूर्ण विशेषता सत्य बोलने से संबंधित है, जिससे सामाजिक व्यवस्था एवं मानवीय संबंध निर्बाध रूप से निरंतर प्रगतिशील रह सके, लेकिन एक समय अपनी सत्यवादिता को निभाने वाले राजा हरिश्चंद्र के अतुलनीय त्याग की कल्पना करना अब दुर्लभ है, वैसा वास्तविक व्यवहार तो अब असंभव है।

हमारे समाज के निर्माताओं ने सामाजिक मूल्यों में सत्य बोलने को इतना अधिक महत्त्व इसलिए प्रदान किया, जिससे मनुष्य अन्त:क्रिया करने वाले दूसरे मनुष्यों के साथ छल-कपट न कर सके।

झूठ बोलना–एक दुर्गुण झूठ बोलना सबसे बड़ा व्यक्तिगत एवं सामाजिक दुर्गुण है। झूठ बोलना एक प्रकार की चोरी है, जिसमें किसी की दृष्टि से तथ्यों को छिपाया जाता है। यह लोगों को न केवल वास्तविकता से दूर रखता है, बल्कि भावी परिणाम के प्रति भी सतर्क होने से वंचित करता है, जिसके परिणामस्वरूप व्यापक स्तर पर समाज एवं दूसरे सदस्यों को क्षति होती है। यह व्यक्ति एवं सामाजिक दोनों स्तरों पर नुकसानदायक एवं कष्टदायी होता है। यह सामाजिक स्तर पर किया जाने वाला सर्वाधिक महत्त्वपूर्ण नकारात्मक व्यवहार है, क्योंकि इसका प्रभाव वर्तमान के साथ-साथ भविष्य पर भी अत्यंत गंभीर रूप से पड़ता है। अत: कहा जा सकता है कि झूठ बोलना सभी पापों का मूल है।

उपसंहार राष्ट्रपिता महात्मा गाँधी के दर्शन के दो ही मूल आधार हैं—सत्य एवं अहिंसा। गाँधीजी ने इस तथ्य को पहचाना कि यदि लोगों में सत्य के प्रति आस्था जगा दी जाए, तो समाज की नैतिकता का स्तर स्वत: ही अत्यधिक ऊँचा उठ जाएगा। सभी नैतिकताओं की जड़ यही है, इसलिए उन्होंने सत्य बोलने पर इतना अधिक बल दिया। वस्तुत: सत्य के मार्ग पर चलने वाले साहसी एवं वीर, जबकि सत्य से दूर भागने वाले भीरु एवं कायर कहलाते हैं। सत्य आत्मसम्मान का प्रतीक है और यह मनुष्य को स्वाभिमानी बनाता है, जबकि असत्य आत्मग्लानि को विकसित करता है। 'सत्य' को 'ईश्वर' का पर्याय मानते हुए 'कबीरदास' ने कहा है

"साँच बराबर तप नहीं, झूठ बराबर पाप।
जाके हिरदै साँच है, ताके हिरदै आप।।"

परहित सरिस धरम नहिं भाई

भूमिका परोपकार से बढ़कर कोई उत्तम कर्म नहीं और दूसरों को कष्ट देने से बढ़कर कोई नीच कर्म नहीं। परोपकार की भावना ही वास्तव में मनुष्य को 'मनुष्य' बनाती है। कभी किसी भूखे व्यक्ति को खाना खिलाते समय चेहरे पर व्याप्त संतुष्टि के भाव से जिस असीम आनंद की प्राप्ति होती है, वह अवर्णनीय है। किसी वास्तविक अभावग्रस्त व्यक्ति की नि:स्वार्थ भाव से उसके अभाव की पूर्ति करने के बाद जो संतुष्टि प्राप्त होती है, वह अकथनीय है।

परोपकार से मानव के व्यक्तित्व का विकास होता है। व्यक्ति 'स्व' की सीमित संकीर्ण भावनाओं की सीमा से निकलकर 'पर' के उदात्त धरातल पर खड़ा होता है, इससे उसकी आत्मा का विस्तार होता है और वह जन-जन के कल्याण की ओर अग्रसर होता है।

सर्वश्रेष्ठ प्रजाति-मनुष्य प्रकृति सृष्टि की नियामक है, जिसने अनेक प्रकार की प्रजातियों की रचना की है और उन सभी प्रजातियों में

सर्वश्रेष्ठ प्रजाति मनुष्य है, क्योंकि विवेकशील मनुष्य जाति केवल अपनी आवश्यकताओं की पूर्ति तक सीमित नहीं रहता, बल्कि वह स्वयं से परे अन्य लोगों की आवश्यकताओं की भी उतनी ही चिंता करता है, जितनी स्वयं की। इसका परिणाम मनुष्य की सतत विचारशील, मननशील एवं अग्रगामी दृष्टिकोण संबंधी मानसिकता के रूप में देखा जा सकता है। प्रकृति के अधिकांश जीव केवल अपनी आवश्यकताओं की पूर्ति तक ही स्वयं को सीमित रखते हैं, लेकिन मनुष्य स्वयं के साथ-साथ न केवल अपने परिवार, बल्कि पूरे समाज को साथ लेकर चलता है एवं उनके हितों के प्रति चिंतित रहता है।

मनुष्य की विश्वबंधुत्व की भावना मनुष्य की विश्वबंधुत्व की भावना उसे भ्रातृत्व की भावना से जोड़ती है। विश्वबंधुत्व की भावना का विकास ही अंतत: विश्व शांति एवं प्रेम की स्थापना को संभव कर सकता है। किसी भी समाज के सभी प्रबुद्ध व्यक्तियों का सपना एक ऐसे आदर्श समाज की स्थापना से होता है, जहाँ मानव-मानव के बीच किसी प्रकार का कोई भेदभाव न हो। मनुष्य की केवल एक ही जाति हो मनुष्यता की, उसका केवल एक ही धर्म हो इंसानियत का, उसका केवल एक ही नारा हो 'मानवीयता' का।

मनुष्य का प्रथम कर्त्तव्य-परहित (परोपकार) के कार्य करना प्रत्येक मनुष्य का कर्त्तव्य है कि वह संपूर्ण समाज की प्रगति के लिए यथासंभव प्रयत्न करे, क्योंकि सभी व्यक्तियों के कल्याण में ही प्रत्येक व्यक्ति का कल्याण छिपा है। किसी समाज का वृहत स्तर पर कल्याण होने से तात्पर्य उस समाज के प्रत्येक व्यक्ति का कल्याण होने से है। किसी भी समाज का अस्तित्व समाज के सदस्यों पर ही टिका होता है। सदस्यों के सामाजिक संबंधों के जाल को ही समाज कहते हैं अर्थात् समाज का निर्माण ही सदस्यों के बीच की अंत:क्रिया से होता है, इसलिए समाज एवं व्यक्ति दोनों एक ही सिक्के के दो पहलू हैं।

प्रकृति में परोपकार के उदाहरण परोपकार की भावना का सन्देश तो हमें जड़ एवं चेतन प्रकृति भी देती है। जड़ प्रकृति के अंग सूर्य, चंद्रमा, नदी, वायु आदि और चेतन प्रकृति के अंग पेड़-पौधे अपने लिए नहीं, बल्कि दूसरों के लिए अपना जीवन जीते हैं।

मनुष्य जीवन की सार्थकता इसी में है कि वह दूसरों के कल्याण पर भी ध्यान दे। जो व्यक्ति दु:खी व्यक्तियों की करुण पुकार से असक्त एवं असहाय व्यक्तियों की याचनापूर्ण करुण दृष्टि से विचलित या प्रभावित न हो, वह मनुष्य कहलाने के योग्य नहीं है। उसमें एवं पशु में अधिक अंतर नहीं होता। वह मानव जाति में उत्पन्न होकर भी पशु के समान ही होता है।

उपसंहार मनुष्य एक सामाजिक प्राणी है, इसलिए कदम-कदम पर उसे एक-दूसरे के सहयोग एवं समर्थन की आवश्यकता पड़ती है। पारस्परिक सहयोग एवं समर्थन देना ही एक-दूसरे की सहायता करना, परोपकार करना एवं आपसी सुख-दु:ख की भावनाओं में सम्मिलित होना है। ऐसा करने वाला मनुष्य ही सही अर्थों में मनुष्य है। मानव प्रजाति उस पर गर्व कर सकती है, क्योंकि इससे वह स्वयं एवं समाज दोनों को अर्थपूर्ण बनाता है।

स्व-मूल्यांकन

निम्नलिखित विषयों पर दिए गए संकेत बिंदुओं की सहायता से निबंध लिखिए

1. हिंदी दिवस
- भूमिका
- हिंदी भाषा का विकास
- हिंदी दिवस मनाने की अवधारणा
- उपसंहार

2. मधुर वाणी
- भूमिका
- शब्दों में शक्ति
- लोगों में चर्चित
- उपसंहार

3. साइबर युग, साइबर ठगी : सावधानियाँ एवं सुरक्षा
- भूमिका
- बढ़ते ऑनलाइन कार्य
- साइबर ठगी की बढ़ती घटनाएँ
- सावधानियाँ
- इससे बचने के उपाय
- उपसंहार

4. मन के हारे हार है, मन के जीते जीत

5. विद्यार्थी जीवन और चरित्र निर्माण
- भूमिका
- संपूर्ण जीवन की आधारशिला
- चरित्र निर्माण की आवश्यकता
- देश व समाज के लिए उपयोगी
- उपसंहार

6. मानव जीवन में शिक्षा का महत्त्व
- भूमिका
- शिक्षा
- मानव जीवन में महत्त्व
- प्रभाव
- उपसंहार

7. पशु-पक्षी हमारे मित्र
- भूमिका
- पशु-पक्षी का महत्त्व
- मानव जीवन में पशु-पक्षी का स्थान
- उपसंहार

8. महिलाओं की घटती जनसंख्या/बेटी बचाओ-बेटी पढ़ाओ
- भूमिका
- बेटी का मानव जीवन में स्थान
- आवश्यकता
- उपसंहार

9. देश के प्रति हमारा कर्त्तव्य
- भूमिका
- नागरिक की भूमिका
- देश में योगदान
- उपसंहार

10. साहित्य और समाज
- भूमिका
- साहित्य का निर्माण
- मानव व साहित्य का संबध
- उपसंहार

अध्याय 4

सूचना-लेखन

सूचना-लेखन का अर्थ

सूचना लेना-देना संचार का एक माध्यम है। इसके द्वारा लोगों के विशेष समूह तक महत्त्वपूर्ण जानकारी अथवा संदेश पहुँचाया जाता है। किसी विशेष विषय पर किसी विशेष व्यक्ति, संस्था, समूह, कार्यालय, शिक्षा संस्थान आदि को कम शब्दों व औपचारिक शैली में लिखी गई संक्षिप्त जानकारी **सूचना-लेखन** कहलाता है।

सूचनाओं के प्रकार

- किसी वस्तु के खो जाने पर उसकी खोज हेतु सूचना।
- विद्यालय तथा संस्थानों में अवकाश (छुट्टी), सांस्कृतिक कार्यक्रमों, परीक्षा व प्रतियोगिता संबंधी, विशेष दिवस मनाने आदि विषयों पर सूचनाएँ।
- किसी विशेष कार्य हेतु नियुक्त किए गए व्यक्ति की सूचना।
- किसी कार्यक्रम के आमंत्रण की सूचना, किसी विशेष कार्य हेतु नियुक्त किए गए व्यक्ति की सूचना।
- किसी नवीन परिवर्तन की सूचना।

सूचना लिखते समय ध्यान देने योग्य बातें

- सूचना **विषय** के अनुरूप लिखी जानी चाहिए।
- सूचना किसे देनी है और क्या सूचना देनी है, यह स्पष्ट होना चाहिए।
- सूचना में **समय** व **दिनांक** स्पष्ट होना चाहिए।
- सूचना लिखते समय सर्वप्रथम **सूचना** शब्द अवश्य लिखें तथा सूचना पूर्ण होने पर उसे एक **बॉक्स** में बंद कर दें।
- सूचना की भाषा सुगम एवं स्पष्ट होनी चाहिए।
- सूचना सीमित शब्दों में लिखी जाती है तथा इसे लिखने के पश्चात् धन्यवाद नहीं लिखा जाता है।
- **सूचना जारी करने वाले का नाम व पद** अवश्य लिखा होना चाहिए।

सूचना-लेखन का प्रारूप

प्रश्न विद्यालय प्रांगण से विवेक रंजन, कक्षा-8, सेक्शन-बी, अनुक्रमांक-23, का स्कूल बैग खो गया है। सूचना-लेखन के माध्यम से इस बात की जानकारी दीजिए।

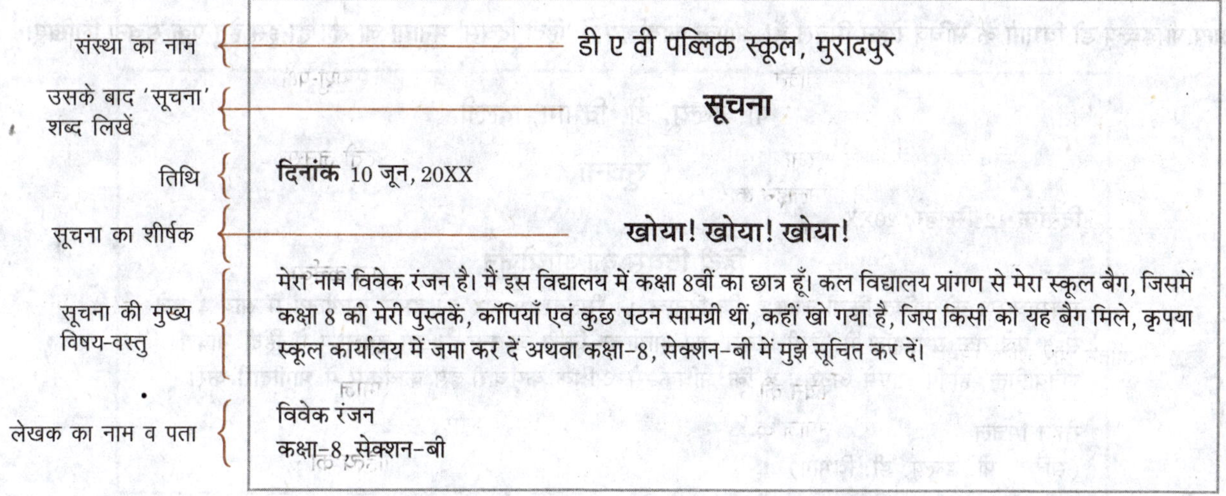

डी ए वी पब्लिक स्कूल, मुरादपुर

सूचना

दिनांक 10 जून, 20XX

खोया! खोया! खोया!

मेरा नाम विवेक रंजन है। मैं इस विद्यालय में कक्षा 8वीं का छात्र हूँ। कल विद्यालय प्रांगण से मेरा स्कूल बैग, जिसमें कक्षा 8 की मेरी पुस्तकें, कॉपियाँ एवं कुछ पठन सामग्री थीं, कहीं खो गया है, जिस किसी को यह बैग मिले, कृपया स्कूल कार्यालय में जमा कर दें अथवा कक्षा-8, सेक्शन-बी में मुझे सूचित कर दें।

विवेक रंजन
कक्षा-8, सेक्शन-बी

अभ्यास प्रश्न

1. अखिल भारतीय विद्यार्थी परिषद् दिल्ली शाखा की ओर से रामलीला मैदान, दिल्ली में शिक्षा व्यवस्था में सुधार लाने की माँग हेतु आम सभा का आयोजन किया गया है। इसके लिए सूचना-लेखन तैयार कीजिए।

अखिल भारतीय विद्यार्थी परिषद्

सूचना

दिनांक 25 अप्रैल, 20XX

शिक्षा में सुधार की माँग हेतु आम सभा का आयोजन

सर्वसाधारण को सूचित किया जाता है कि अखिल भारतीय विद्यार्थी परिषद् दिल्ली शाखा की ओर से रामलीला मैदान, दिल्ली में राज्य में शिक्षा व्यवस्था में सुधार लाने की माँग के लिए 01-05-20XX को एक आम सभा का आयोजन किया गया है। दिल्ली के विद्यार्थियों से अनुरोध है कि वे अधिक-से-अधिक संख्या में आकर इस सभा को सफल बनाएँ।

अमन कुमार
(अध्यक्ष)

2. आपके विद्यालय में एक सप्ताह के लिए 'ग्रीष्मकालीन शिविर' का आयोजन किया जा रहा है। इस हेतु एक सूचना लिखिए।

भवानी पब्लिक स्कूल, दिल्ली

सूचना

दिनांक 14 जून, 20XX

ग्रीष्मकालीन शिविर

सर्वसाधारण को सूचित किया जाता है कि दिनांक 14 जून, 20XX से एक सप्ताह के लिए 'ग्रीष्मकालीन शिविर' का आयोजन किया जा रहा है। इसमें विभिन्न कार्यक्रमों का आयोजन किया गया है। आपसे अनुरोध है कि अधिक-से-अधिक संख्या में आकर इस शिविर को सफल बनाएँ।

मयंक शर्मा
(अध्यक्ष)

3. आप पी.डब्ल्यू.डी विभाग के सचिव रोहन मित्तल हैं। आपके कार्यालय में 'हिंदी दिवस' मनाया जा रहा है। इस हेतु एक सूचना लिखिए।

पी. डब्ल्यू. डी. विभाग, दिल्ली

सूचना

दिनांक 12 सितंबर, 20XX

हिंदी दिवस का आयोजन

सर्वसाधारण को सूचित किया जाता है कि दिनांक 14 सितंबर, 20XX को हमारे कार्यालय में सायं 4 बजे से 5 बजे तक सभा हॉल में 'हिंदी दिवस' का आयोजन किया जा रहा है। इस उपलक्ष्य में हिंदी भाषण प्रतियोगिता' होगी। आपसे अनुरोध है कि अधिक-से-अधिक कर्मचारी इस कार्यक्रम में भागीदारी करें।

रोहन मित्तल
(सचिव, पी. डब्ल्यू. डी. विभाग)

4. आप विद्यालय की संस्था 'समन्वय' के अध्यक्ष प्रीतम राय हैं। आपके विद्यालय में एक गोष्ठी का आयोजन है। उसमें नगर के शिक्षाविद् भाग लेंगे। गोष्ठी का विषय होगा 'नई शिक्षा नीति, 2020' अभिभावकों से इस गोष्ठी के लिए सुझाव माँगे गए हैं। इस हेतु एक सूचना लिखिए।

भवानी स्कूल

सूचना

दिनांक 10 नवंबर, 20XX

नई शिक्षा नीति, 2020 पर गोष्ठी का आयोजन

सर्वसाधारण को सूचित किया जाता है कि दिनांक 17 नवंबर 20XX को शाम 4 बजे विद्यालय के सभागार में एक गोष्ठी का आयोजन रखा गया है। इस गोष्ठी का विषय 'नई शिक्षा नीति 2020' है। इसमें नगर के मुख्य शिक्षाविद् भाग लेंगे। अभिभावकों से इस गोष्ठी के विषय पर सुझाव आमंत्रित किए गए हैं। कृपया लिखित रूप से अपने सुझाव 16 नवंबर तक कार्यालय में दें।

प्रीतम राय
(अध्यक्ष)

5. 'नगर हॉकी एसोसिएशन', जिसमें आप सूचना प्रभारी हैं, एक डे-नाइट हॉकी टूर्नामेंट का आयोजन कर रही है। इस हेतु एक सूचना लिखिए।

नगर हॉकी एसोसिएशन

सूचना

दिनांक 15 फरवरी, 20XX

डे-नाइट हॉकी टूर्नामेंट

सर्वसाधारण को सूचित किया जाता है कि हॉकी एसोसिएशन आपके नगर में बुधवार दिनांक 21 फरवरी, 20XX से डे-नाइट हॉकी टूर्नामेंट का आयोजन कर रही है। मैच में भाग लेने की इच्छुक टीम 19 फरवरी, 20XX से पूर्व अपना पंजीकरण कराएँ। पंजीकरण करने का शुल्क ₹ 500 प्रति टीम निश्चित किया गया है।

रोहित सिंह
(सूचना प्रभारी, नगर हॉकी एसोसिएशन)

स्व-मूल्यांकन

1. आपके विद्यालय में एक सप्ताह के लिए 'नेत्र चिकित्सा शिविर' लगाया जा रहा है, जिसमें निःशुल्क नेत्र परीक्षण किया जाएगा। स्थानीय जनता हेतु एक सूचना लिखिए।

2. आप महिला अपार्टमेंट, सैक्टर 26 जयपुर के अध्यक्ष राजाराम पारीक हैं। आपके क्षेत्र में दीवाली मेले का आयोजन किया जा रहा है, इस हेतु एक सूचना लिखिए।

3. विद्यालय प्रांगण में विमल कुमार, कक्षा-8, सेक्शन-बी, रोल नं. 15 के गणित की पुस्तक गणित बोध कक्षा-8 खो जाने की लिखित सूचना तैयार कीजिए।

4. विद्यालय में वार्षिक सांस्कृति कार्यक्रम आयोजन करने की लिखित सूचना तैयार कीजिए।

5. कमलेश सिंह, म.सं. 32/ए, इंद्रलोक, दिल्ली (मो. नं. 92450034XX) का आधार कार्ड खो जाने की लिखित सूचना तैयार कीजिए।

6. भगवान महावीर की जयंती पर आर्य भट्ट, अशोक नगर, दिल्ली स्थित कोचिंग संस्था बंद रखे जाने की सूचना तैयार कीजिए।

अध्याय 5

संवाद-लेखन

संवाद का अर्थ संवाद शब्द का अर्थ है—वार्तालाप अथवा बातचीत। दो व्यक्तियों के मध्य होने वाली बातचीत को संवाद कहा जाता है और उसे लिपिबद्ध करके लिखना **संवाद-लेखन** कहलाता है। संवाद मौखिक भाषा का सबसे अच्छा उदाहरण है। चित्रपट, नाटक, एकांकी रंगमंच की दुनिया में संवाद का महत्त्व और भी बढ़ जाता है।

संवाद लिखते समय ध्यान रखने योग्य बातें

- संवाद समय, व्यक्ति व विषय के अनुरूप होने चाहिए।
- संवाद छोटे, सरल और स्वाभाविक होने चाहिए।
- संवाद में क्रमबद्धता का ध्यान रखना चाहिए अर्थात् एक पात्र का संवाद दूसरे पात्र के संवाद से जुड़ा हुआ होना चाहिए।
- संवाद लेखन में उचित विराम चिह्नों का प्रयोग करना चाहिए, जिससे भाव स्पष्ट हो सके।
- संवादों में प्रवाह होना चाहिए तथा वे आपस में संबंधित होने चाहिए।
- पात्रों के मनोभावों एवं मुद्राओं को यथासंभव कोष्ठक में लिखना चाहिए।
- संवाद लेखन के अंत में विषय से संबंधित वार्ता पूर्ण हो जानी चाहिए।

अभ्यास प्रश्न

1. 'चंद्रयान मिशन-3' विषय पर दो मित्रों के बीच संवाद लिखिए।

नेहा आज मुझे अपने देश पर बहुत गर्व का अनुभव हो रहा है।

सोनल क्यों, ऐसा क्या हुआ?

नेहा आज चंद्रमा पर चंद्रयान-3 ने सफलतापूर्वक लैंड कर लिया है, इससे हमारे भारत का नाम विश्व के उन देशों में शामिल हो गया है, जो अपना चंद्रयान चाँद पर सफलतापूर्वक लैंड करा चुके हैं।

सोनल हाँ, मैंने भी अभी समाचार में देखा है और यह हम सभी भारतवासियों के लिए गर्व का क्षण है।

नेहा चंद्रयान-3 के चंद्रमा पर सफतापूर्वक लैंड करने से देश के युवाओं मे विज्ञान के प्रति रुचि जागृत हो गई है। आज प्रत्येक व्यक्ति वैज्ञानिक अथवा अंतरिक्ष यात्री बनना चाहता है।

सोनल तुम सही कह रही हो। मैंने भी बड़ी होकर वैज्ञानिक बनने के ही बारे में विचार बना लिया है, जिससे मैं भी भारत को ऊँचाइयों तक ले जाने में अपना योगदान दे सकूँ।

नेहा मेरा भी अपने देश भारत के लिए यही सपना है।

2. परीक्षा कक्ष से बाहर निकल रहे दो छात्रों के मध्य संवाद।

अमर अरे रमन! कैसा हुआ तुम्हारा प्रश्न-पत्र?

रमन ठीक हो गया है। तुम अपना बताओ कैसा हुआ?

अमर मेरा प्रश्न-पत्र तो बहुत अच्छा हुआ। मैंने लगभग सभी प्रश्न हल कर लिए थे।

रमन क्या कहा? सभी प्रश्न, पर यह कैसे हुआ?

अमर मैंने कल ही सारा पाठ्यक्रम दोहरा लिया था और कठिन प्रश्नों का बार-बार अभ्यास किया था।

रमन समय की कमी के कारण मेरे तो तीन प्रश्न छूट गए। समझ में नहीं आ रहा कि मुझसे पूरा क्यों नहीं हुआ?

अमर जरूर तुमने अभ्यास नहीं किया होगा और कठिन प्रश्नों पर तुमने ध्यान नहीं दिया होगा।

रमन मुझे लगता है कि प्रश्न-पत्र ही बहुत लंबा था। पर अब तुम्हारी बात शायद सही लगती है।

अमर शायद नहीं, क्योंकि मेरे पास 15 मिनट का समय दोहराने के लिए भी बचा था।

रमन अब मैं भी पाठ्यक्रम को अच्छी तरह दोहराऊँगा, ताकि कोई प्रश्न न छूटे।

अमर चलो, अब घर चलकर अगले प्रश्न-पत्र की तैयारी करें।

रमन धन्यवाद अमर! चलो, चला जाए।

3. स्वच्छता अभियान के संबंध में दो महिलाओं के मध्य संवाद।

रमा कल तुम विद्यालय क्यों नहीं आई?

उमा मैं कल विद्यालय क्यों आती? कल तो गाँधी जयंती की छुट्टी थी।

रमा छुट्टी तो थी, पर कल विद्यालय आना था। शायद तुझे पता नहीं था।

उमा परसो विद्यालय न जाने से मुझे कल का कुछ पता नहीं चला।

रमा कल गाँधी जयंती के शुभ अवसर पर हमारे देश के प्रधानमंत्री श्री नरेंद्र मोदी ने भी स्वच्छता अभियान में बढ़-चढ़ कर हिस्सा लिया।

उमा अच्छा! पर हमारे विद्यालय में क्या हुआ था?

रमा हमारे विद्यालय में भी स्वयं प्रधानाचार्या और अन्य अध्यापिकाओं ने झाड़ू लगाकर सफाई की। हम छात्राओं ने भी इस अभियान में शामिल होने की शपथ ली।

उमा और क्या-क्या हुआ?

रमा दस अध्यापिकाओं के नेतृत्व में हम छात्राओं ने सफाई का संदेश फैलाते हुए, आस-पास की कॉलोनियों में रैली निकाली।

उमा मैं भले ही स्कूल न आ सकी, पर अब मैं भी अपने आस-पास साफ रखने का पूरा प्रयास करूँगी।

4. 'आदित्य एल-1' विषय पर दो विद्यार्थियों के बीच संवाद।

मोहन क्या तुम आदित्य एल-1 के बारे में जानते हो?

रेखा नहीं मैं नहीं जानती, यह क्या है मुझे भी बताओ।

मोहन यह सौर वायुमंडल का अध्ययन करने के लिए भारत द्वारा छोड़ा गया एक कोरोनाग्राफ यान है।

रेखा अच्छा! इसे कब लॉन्च किया गया?

मोहन इसे 2 सितंबर, 2023 को श्रीहरिकोटा से पीएसएलवी-सी 53 रॉकेट के द्वारा लॉन्च किया गया।

रेखा क्या यह सूर्य का अध्ययन करने वाला पहला भारतीय अंतरिक्ष मिशन है?

मोहन हाँ और यह पृथ्वी से लगभग 15 लाख किमी दूर लैग्रेंज प्वाइंट-1 (एल-1) पर स्थापित होने वाला पहला भारतीय मिशन भी है।

रेखा इस मिशन से क्या लाभ होगा?

मोहन यह वास्तविक समय में सौर गतिविधियों और अंतरिक्ष मौसम को लगातार देखने का लाभ प्रदान करेगा।

रेखा अच्छा! फिर तो यह हमारे वायुमंडलीय गतिविधियों को जानने का महत्त्वपूर्ण उपकरण है।

मोहन हाँ, यह हम सभी के लिए बहुत महत्त्वपूर्ण है।

रेखा सही कह रहे हो, अब मैं आदित्य एल-1 के विषय में समझ गई।

5. चैट जीपीटी के विषय पर पिता व पुत्री के बीच संवाद।

पिता बेटा सुनो, चैट जीपीटी की चर्चा इंटरनेट और टेक्नोलॉजी की दुनिया में अत्यधिक तेज़ी से हो रही है।

पुत्री हाँ, पिता जी! इसके बारे में कहा जा रहा है कि यह गूगल सर्च इंजन को भी टक्कर दे सकता है।

पिता हाँ, बेटा! यह एक ऐसा प्लेटफॉर्म है, जहाँ पर आप कुछ भी सवाल पूछते हैं, तो उसका जवाब आपको लिखकर दिया जाता है।

पुत्री हाँ पिता जी! सोशल मीडिया पर जिन लोगों ने चैट जीपीटी का उपयोग किया है, उन्हें बहुत अच्छे परिणाम मिले हैं।

पिता परिणाम तो मिलेगा ही और जल्द से जल्द इसे लोगों के बीच बड़े पैमाने में पहुँचाया जाएगा।

पुत्री अच्छा है पिता जी। लेकिन इसके कुछ नुकसान भी हैं।

पिता हाँ, क्योंकि यह एक लर्निंग मॉडल की तरह है।

पुत्री जी पिता जी, यह केवल उतना ही जवाब दे सकता है, जितना इसके अंदर डेटा फीड है।

पिता ठीक कह रही हो, पर यदि कंटेंट को जाँच लिया जाए, तो इससे लोगों को बहुत लाभ हो रहा है।

पुत्री सही कहा पिता जी।

6. दीपावली के त्योहार पर बढ़े प्रदूषण के संबंध में अमित और सुमित के बीच संवाद।

अमित अरे अमित! कहाँ से भागे चले आ रहे हो?

सुमित मैं अपने पिता जी के लिए दवाई लेकर आ रहा हूँ।

अमित क्यों! क्या हो गया, उन्हें?

सुमित कल रात से उन्हें अचानक खाँसी आने लगी और साँस फूलने लगी।

अमित कल दीपावली के त्योहार पर कुछ ठंडी चीजें खा ली थी क्या?

सुमित नहीं अमित, ऐसा कुछ नहीं। दीपावली की रात में पटाखों के धुएँ से उन्हें श्वास लेने में परेशानी होने लगी।

अमित अब आई बात समझ में। पटाखों के कारण वायु प्रदूषण बहुत बढ़ गया था, जिससे श्वास संबंधी समस्या पैदा हो गई होगी।

सुमित ठीक कहते हो, इसलिए सरकार बिना पटाखों के दीपावली मनाने की सलाह देती है।

अमित पटाखों से पैसों का अपव्यय होता है, साथ ही पर्यावरण भी प्रदूषित होता है।

सुमित यदि यही बात सारे बच्चे और युवा समझ जाएँ, तो कितना अच्छा हो जाए।

अमित हाँ, अब पहले अपने पिता जी को दवा दो, हम फिर बात करेंगे।

सुमित ठीक है अमित, चलता हूँ, नमस्कार।

7. 'बेटी बचाओ, बेटी पढ़ाओ' विषय पर दो मित्र अजय और विजय के बीच संवाद।

अजय नमस्ते विजय! कल कहाँ थे?

विजय नमस्ते अजय! मैं अपने मामा के घर चला गया था।

अजय कैसी रही यात्रा?

विजय यात्रा तो अच्छी रही, पर बस में कुछ यात्री 'बेटी बचाओ, बेटी पढ़ाओ' जैसी बातें कर रहे थे। क्या है यह मामला?

अजय विजय हमारे सामाजिक अध्ययन के शिक्षक ने देश में महिलाओं की दिनों दिन घटती संख्या के बारे में पढ़ाया था, कुछ याद आया?

विजय हाँ याद आया, पर यह 'बेटी बचाओ, बेटी पढ़ाओ' है क्या?

अजय हमारे देश के प्रधानमंत्री श्री नरेंद्र मोदी ने आग्रह किया है—'बेटी बचाओ, बेटी पढ़ाओ'। इससे महिलाओं की घटती संख्या पर रोक लगाई जा सकती है।

विजय अच्छा अजय, ऐसी स्थिति ही क्यों आई?

अजय विजय, लोग लड़कियों के पालन-पोषण, शिक्षा पर कम ध्यान देते थे तथा इनसे छुटकारा पाने के लिए भ्रूण हत्या करवा देते थे।

विजय यह तो बहुत गलत बात है। अब तो लोगों की आँख खुल जानी चाहिए और बेटी बचाने एवं उनको पढ़ाने के लिए बढ़-चढ़कर भाग लेना चाहिए।

स्व-मूल्यांकन

1. मोटरसाइकिल लेने के संबंध में दो मित्रों की बातचीत का संवाद-लेखन कीजिए।

2. सड़क सुरक्षा नियमों की जानकारी के संबंध में पिता-पुत्र के मध्य हुई बातचीत का संवाद-लेखन कीजिए।

3. भारत में कम होती जा रही बाघों की संख्या के संबंध में दो मित्रों के बीच हुई बातचीत का संवाद तैयार कीजिए।

4. पिता से मोबाइल फोन की माँग कर रहे पुत्र और पिता जी के मध्य हुई बातचीत का संवाद-लेखन कीजिए।

5. परीक्षा देने के लिए जाते हुए दो मित्रों के मध्य हुई बातचीत का संवाद-लेखन कीजिए।

6. 'पानी बचाना कितना आवश्यक' विषय पर मयंक और सामाजिक विज्ञान शिक्षक के मध्य हुई बातचीत का संवाद-लेखन कीजिए।

7. देर से सोकर उठने वाले पुत्र और माँ के बीच हुई बातचीत का संवाद-लेखन कीजिए।

8. बढ़ते नदी-जल प्रदूषण के संबंध में पिता-पुत्र के बीच हुई बातचीत का संवाद-लेखन कीजिए।

अध्याय

6

कहानी-लेखन

कहानी का अर्थ

जीवन की किसी घटना के रोचक वर्णन को लिखना ही कहानी लेखन कहलाता है। कहानियाँ सुनने और सुनाने की परंपरा प्राचीनकाल से चली आ रही है।

कहानी लेखन गद्य साहित्य की महत्त्वपूर्ण विधा है। कहानी पात्रों, घटनाओं, चित्रों व रूपरेखा के अनुसार लिखी जा सकती है। अत: कहानी लेखन भी एक कला होती है, जिसे हम निरंतर अभ्यास करके निखार सकते हैं। कहानी में घटनाओं और कल्पनाओं का मेल होता है।

कहानी लिखते समय ध्यान रखने योग्य बातें

- कहानी का **शीर्षक** छोटा और आकर्षक होना चाहिए।
- कहानी **भूतकाल** में होनी चाहिए।
- कहानी में **घटना का वर्णन क्रमबद्ध** होना चाहिए।
- कहानी सरल व स्पष्ट भाषा में लिखी होनी चाहिए।
- कहानी का उद्देश्य स्पष्ट होना चाहिए।
- कहानी को प्रभावी व रोचक बनाने के लिए मुहावरों व लोकोक्तियों का प्रयोग भी कर सकते हैं।
- अंत में **कहानी से मिलने वाली शिक्षा** भी स्पष्ट होनी चाहिए।

अभ्यास प्रश्न

निम्नलिखित शीर्षकों पर कहानी लिखिए

1. 'बिल्ली और कौआ'

उत्तर एक बिल्ली थी, उसे बहुत भूख लग रही थी। वह भोजन की खोज में इधर-उधर घूम रही थी। चलते-चलते वह एक बाग में पहुँच गई, वहाँ जाकर उसने देखा कि एक वृक्ष की डाल पर एक कौआ बैठा है और उसके मुँह में रोटी का टुकड़ा है। रोटी के टुकड़े को देखते ही बिल्ली के मुँह में पानी आ गया। अब वह उसे छीनने की तरकीब सोचने लगी। सोचते-सोचते वह कौए के पास गई और उससे कहने लगी कि कौए भैया मैंने सुना है कि तुम बहुत ही मधुर गाते हो। आज मैं तुम्हारा गाना सुनने के लिए ही इतनी दूर चलकर आई हूँ। बिल्ली से अपनी प्रशंसा सुनकर कौआ उसके बहकावे में आ गया। उसने गाने के लिए जैसे ही अपना मुँह खोला, तो उसके मुँह से रोटी का टुकड़ा नीचे गिर गया। बिल्ली ने उस रोटी के टुकड़े को झटपट उठाया और भागने लगी। वह कौए से कहने लगी—भैया, मैं फिर कभी आपका गाना सुनूँगी। अच्छा मैं जाती हूँ। कौआ बेचारा उसका मुँह देखता रह गया।

शिक्षा झूठी प्रशंसा करने वालों से दूर रहना चाहिए।

2. 'चिड़िया और मूर्ख बंदर'

उत्तर एक बार की बात है, बरसात का मौसम था व लगातार बारिश हो रही थी। सभी पक्षी व जानवर अपने-अपने घरों में बैठे थे, कोई बाहर नहीं था। उसी समय पेड़ की एक डाल पर एक बंदर बैठा था। वह बारिश से भीग चुका था और काँप रहा था। वह जाता भी तो कहाँ, क्योंकि उसके पास कोई घर नहीं था। बंदर जिस पेड़ पर बैठा था, उसी पेड़ पर एक चिड़िया का घोंसला था। वह अपने घोंसले में घुसकर बैठी थी और बाहर का दृश्य देख रही थी। उसने बंदर को काँपते हुए देखा, तो उसे बंदर पर दया आ गई और वह बोली, "अरे! बंदर भैया आप तो भीग गए हो, अगर आप भी वर्षा शुरू होने से पहले अपने लिए घर बना लेते, तो आपको यह परेशानी नहीं होती।" यह सुनकर बंदर को गुस्सा आ गया और वह बोला, "चुप हो जाओ, मुझे तुम्हारी सलाह की जरूरत नहीं है। चिड़िया बोली, अरे बंदर भैया आपके तो मनुष्य की तरह दो हाथ हैं" बंदर गुस्से से बोला, कहा ना "मुझे सलाह मत दो।" चिड़िया बोली, "अगर बंदर भैया मेरे भी तुम्हारी तरह दो हाथ होते तो ...।" बंदर को ज्यादा गुस्सा आ गया और वह बोला "ठीक है, मैं तुम्हें भी बिना घोंसले के कर देता हूँ।" फिर बंदर ने छलांग लगाई और चिड़िया के घोंसले को तोड़कर नीचे फेंक दिया।

बेचारी चिड़िया अपनी जान बचाने के लिए पेड़ों के झुरमुट में छिप गई। चिड़िया को समझ आ गया था कि मूर्ख को उपदेश देना बेकार है।

शिक्षा मूर्ख को उपदेश देने का परिणाम बुरा होता है।

3. 'चोर की दाढ़ी में तिनका'

उत्तर किसी नगर में एक बहुत धनवान व्यक्ति रहता था। एक दिन उस धनवान व्यक्ति के घर से कुछ गहने व नकदी चोरी हो गए। धनवान व्यक्ति ने गहने व नकदी ढूँढने के लिए दिन-रात एक कर दिए, लेकिन वह नहीं मिले। इस वजह से वह बहुत परेशान रहने लगा। धनवान व्यक्ति को यह बात जरूर पता थी कि चोर कोई बाहर का व्यक्ति नहीं है। वह हमारे घर का ही सदस्य है, जिसने चोरी की है। उस व्यक्ति के बहुत सारे नौकर-चाकर थे, इसलिए पहला शक उसका नौकरों पर ही था, क्योंकि नौकरों को पता था कि वह कितना धनी है। उस व्यक्ति को समझ नहीं आ रहा था कि वह चोर का पता कैसे लगाए। बहुत सोचने के बाद उसे एक तरकीब सूझी।

उसने सभी नौकरों को बुलाकर उन्हें एक-एक छड़ी दी और कहा कि कल तुम वापस इस छड़ी को लेकर आना, क्योंकि यह जादुई छड़ी है और जिसने चोरी की है, उसकी छड़ी एक इंच बढ़ जाएगी। उन नौकरों में से जो चोर था, उसको चिंता होने लगी, जिसके कारण वह रात को सो नहीं पा रहा था। वह सोच रहा था कि अगर मेरी छड़ी एक इंच बढ़ जाएगी, तो सेठ जी को पता लग जाएगा कि चोरी मैंने की है, फिर उसने दिमाग लगाया और छड़ी को एक इंच काट दिया और आराम से सो गया। दूसरे दिन सभी नौकर अपनी-अपनी छड़ी लेकर आए, उस व्यक्ति ने सभी की छड़ियों को देखा। सभी की छड़ी समान थीं, लेकिन जो चोर था उसकी छड़ी एक इंच छोटी थी। धनी व्यक्ति यह देखकर सब कुछ समझ गया। उसने चोर को पकड़ लिया।

शिक्षा अत: किसी ने सच ही कहा है कि 'चोर की दाढ़ी में तिनका' होता है अर्थात् अपराधी के मन में हमेशा भय व्याप्त होता है, जिसके कारण वह कोई-न-कोई गलती कर ही देता है।

4. 'मन के हारे हार है, मन के जीते जीत।'

उत्तर एक बार की बात है, दो राजाओं के बीच भयंकर युद्ध हुआ। जैसा कि होता है कि युद्ध में एक की ही विजय होती है और एक की हार निश्चित होती है।

इस युद्ध में भी ऐसा ही हुआ। एक राजा इस युद्ध में हार गया। उसे जन-धन की बहुत हानि हुई। उसके सैनिक पराजित राजा को ढूँढ रहे थे। पराजित राजा अपना जीवन बचाने के लिए भागा-भागा फिर रहा था। उसने छिपते-छिपाते एक खोह में शरण ली। वह मन से पूरी तरह पराजित हो चुका था। खोह में छिपा हुआ भी वह मानो अपनी मृत्यु की प्रतीक्षा कर रहा था। उसे इस बात का पूरा विश्वास था कि शत्रु की तलवार कभी भी उसका काम तमाम कर देगी। वह इन्हीं विचारों में खोया हुआ था कि उसकी नज़र एक मकड़ी पर पड़ी, जो खोह के दरवाजे पर जाला बनाने में व्यस्त थी, उसकी कोशिशें बार-बार नाकाम साबित हो रही थीं, लेकिन उसने प्रयास करना नहीं छोड़ा। राजा ने सोचा कि वह बेकार ही प्रयत्न कर रही है। भला आधार के बिना जाला कैसे बन सकता है, लेकिन थोड़ी देर बाद राजा ने देखा कि मकड़ी जाला बनाने में सफल हो गई। थोड़ी ही देर में पूरी खोह के मुँह पर जाला बनाया जा चुका था। तभी शत्रु सैनिक वहाँ आ पहुँचे, लेकिन खोह के मुँह पर मकड़ी का जाला बना देख लौट गए। करीब आई हुई मृत्यु तो टल गई, पर राजा एक गहरे विचार में पड़ गया। उसने सोचा कि मैं स्वयं तन-मन से पराजित था। अत: मैंने मकड़ी को भी हारा हुआ मान लिया था, लेकिन वह छोटी-सी मकड़ी हारी हुई नहीं थी। वह बार-बार गिरकर भी निराश और परास्त नहीं हुई। क्या मैं मनुष्य होकर भी इस मकड़ी से दुर्बल हूँ? उसने अपने मन को मजबूत किया और संकल्प लिया कि वह अपने शत्रुओं को अवश्य पराजित करेगा। वह तुरंत उस खोह से बाहर आया। अब वह एक हताश-निराश, पराजित राजा नहीं था, वरन् मजबूत इरादे वाला व्यक्ति था, जिसे हर हाल में विजय पानी थी। उसने अपने साथियों को एकत्र किया और अंत में अपने शत्रु को हरा कर अपना राज्य पुन: प्राप्त किया। अत: यह सच ही है कि

"मन के हारे हार है, मन के जीते जीत"

5. 'संगठन में शक्ति होती है'

उत्तर एक बार अँगुलियों का आपस में झगड़ा हो गया। पाँचों खुद को दूसरे से बड़ा सिद्ध करने में लगी थीं। अँगूठा बोला मैं सबसे बड़ा हूँ, उसके पास वाली अँगुली बोली मैं सबसे बड़ी हूँ। इसी प्रकार खुद को एक-दूसरे से बड़ा सिद्ध करने में जब निर्णय नहीं हो पाया, तो वह सब अदालत में गए। न्यायाधीश ने सारी बात सुनी और सबसे कहा कि आप लोग सिद्ध करो कि आप कैसे बड़े हैं। अँगूठे ने कहा, मैं सबसे ज्यादा पढ़ा-लिखा हूँ, क्योंकि लोग मुझे हस्ताक्षर के लिए प्रयोग करते हैं। पास वाली अँगुली बोली मुझे लोग किसी इंसान की पहचान के तौर पर इस्तेमाल करते हैं।

उसके पास वाली ने कहा कि आप लोगों ने मुझे नापा नहीं अन्यथा मैं ही सबसे बड़ी हूँ। उसके पास वाली अँगुली बोली मैं सबसे ज्यादा अमीर हूँ, क्योंकि लोग हीरे और जवाहरात की अँगूठी मुझमें ही पहनाते हैं। तभी न्यायाधीश ने एक रसगुल्ला मँगवाया और अँगूठे को उठाने के लिए कहा। अँगूठे ने भरपूर जोर लगाया, लेकिन रसगुल्ला नहीं उठा सका तब सारी अँगुलियों ने एक-एक करके कोशिश की, लेकिन सब विफल रहीं।

अंत में न्यायाधीश ने सबको मिलकर रसगुल्ला उठाने को कहा, तो झट से सबने मिलकर रसगुल्ला उठा दिया, तब न्यायाधीश ने कहा कि तुम सब एक-दूसरे के बिना अधूरे हो, अकेले रहकर तुम्हारी शक्ति का कोई अस्तित्व नहीं है, जबकि संगठित रहकर तुम कठिन-से-कठिन काम आसानी से कर सकते हो। इसी प्रकार यदि एक लकड़ी को तोड़ा जाए, तो वह आसानी से टूट सकती है, परंतु यदि लकड़ियों को एकत्रित कर उसे मजबूती से बाँध दें, तो उन लकड़ियों के गट्ठे को तोड़ पाना असंभव है।

शिक्षा एकजुट रहने से ताकत बढ़ जाती है।

6. 'लालच बुरी बला है'

उत्तर एक गाँव में एक सेठ रहता था। उसके बँगले के पास एक गरीब मोची की छोटी-सी दुकान थी। उस मोची की आदत थी कि वह, जब भी जूते सिलता, भगवान का भजन जरुर करता था। उसी गाँव में एक सेठ रहता था। वह भजन की तरफ कोई ध्यान नहीं देता। एक दिन

सेठ व्यापार के सिलसिले में विदेश गया। घर लौटते वक्त उसकी तबीयत बहुत खराब हो गई। पैसे की कमी न होने से देश-विदेश से डॉक्टरों को बुलाया गया, पर कोई भी सेठ की बीमारी का इलाज नहीं कर सका। अब सेठ की तबीयत इतनी अधिक खराब हो गई कि वह चल-फिर नहीं सकता था। एक दिन बिस्तर पर लेटे हुए उसे मोची के भजन गाने की आवाज सुनाई दी, उसे आज मोची के भजन अच्छे लग रहे थे।

सेठ भजन सुनकर ऐसा मंत्र मुग्ध हो गया कि उसे लगा जैसे उसे साक्षात् परमात्मा के दर्शन हो गए। मोची का भजन सेठ को उसकी बीमारी से दूर ले जा रहा था। भगवान के भजन में लीन होकर वह अपनी बीमारी भूल गया और उसे आनंद की प्राप्ति हुई तथा उसके स्वास्थ्य में भी सुधार आने लगा। एक दिन सेठ ने मोची को बुलाकर ₹ 1000 का इनाम देते हुए कहा कि मेरी बीमारी का इलाज बड़े-से-बड़े डॉक्टर नहीं कर पाए, पर तुम्हारे भजन ने यह काम कर दिया मैं तुम्हें रहने के लिए एक घर भी दूँगा। मोची इनाम पाकर बहुत खुश हुआ। वह रात-दिन पैसों के और घर के बारे में सोचता रहा। अगले दिन वह काम पर भी नहीं गया। लालच के कारण धीरे-धीरे उसकी दुकानदारी चौपट होने लगी, उधर सेठ की बीमारी फिर से बढ़ती जा रही थी। मोची को जब लालच का एहसास हुआ, तो वह सेठ को पैसे वापस करने के लिए सेठ के बंगले में आया। उसने सेठ से निवेदन किया कि आप यह पैसे वापस रख लीजिए, मुझे आपका घर भी नहीं चाहिए, क्योंकि इसके कारण मेरा धंधा चौपट हो गया है, मैं भजन भूल गया हूँ। इस धन ने मेरा परमात्मा से नाता तुड़वा दिया। मोची पैसे वापस करके पुनः अपने काम में जुट गया।

वस्तुतः पैसों और घर के लालच ने मोची को पथ-भ्रष्ट कर दिया था। वह अपने काम को यहाँ तक कि परमात्मा को भी भूलकर पैसों और घर के लालच में ही डूब गया था। अंत में मोची जान गया था कि 'लालच बुरी बला है।'

शिक्षा हमें ज्यादा लालच नहीं करना चाहिए।

स्व-मूल्यांकन

1. अपने जीवन के किसी मार्मिक अंश को आधार बनाते हुए, उसे कहानी के रूप में लिखिए।
2. अपनी कल्पनाशक्ति के आधार पर 'ग्रामीण जीवन' विषय पर एक कहानी लिखिए।
3. खरगोश और कछुए की दौड़ पर एक कहानी लिखिए।
4. 'हमारे जीवन में विद्यालय का महत्त्व' पंक्ति को आधार बनाते हुए एक कहानी लिखिए।
5. 'बुद्धिमान पक्षी' विषय पर एक कहानी लिखिए।
6. 'विचारों का प्रभाव' विषय पर एक कहानी लिखिए।

अध्याय 7

विज्ञापन-लेखन

विज्ञापन का अर्थ

सामान्य रूप से विज्ञापन शब्द का अर्थ है—'ज्ञापन कराना' या 'सूचना देना'। विज्ञापन, अंग्रेज़ी शब्द 'एडवरटाइज़िंग' का हिंदी पर्याय है। जब किसी वस्तु या सेवा के लिए इसका प्रयोग होता है, तो इसका अभिप्राय लोगों को उस ओर आकृष्ट करना होता है। इसे 'सार्वजनिक सूचना की घोषणा' भी कह सकते हैं, क्योंकि यह ऐसी सूचना होती है, जो जन-साधारण के हितों से जुड़ी होती है। विज्ञापन उन समस्त गतिविधियों का नाम है, जिनका उद्देश्य किसी विचार, वस्तु या सेवा के विषय में जानकारी प्रसारित करना है और इससे विज्ञापनकर्ता का उद्देश्य ग्राहक को अपनी इच्छा के अनुकूल बनाना है। विज्ञापन से ग्राहक के मन में जिज्ञासा उत्पन्न होती है। इससे ग्राहक या उपभोक्ता उस विचार, वस्तु अथवा सेवा से स्वयं को जोड़ने लगता है और बाद में उसे अपनाने लगता है।

विज्ञापन-लेखन में ध्यान रखने योग्य बातें

- विज्ञापन का आरंभ विषय से होना चाहिए।
- सरल भाषा का प्रयोग करना चाहिए।
- विज्ञापन में स्लोगन का प्रयोग करना चाहिए।
- वाक्य छोटे होने चाहिए तथा एक-दूसरे से संबद्ध होने चाहिए।

अभ्यास प्रश्न

1. हिंदी दिवस के अवसर पर मंडीहाउस, दिल्ली में आयोजित की जाने वाले 'हिंदी दिवस समारोह' और प्रतियोगिताओं की जानकारी देने वाला विज्ञापन तैयार कीजिए।

हिंदी दिवस समारोह

हिंदी का सम्मान, देश का सम्मान

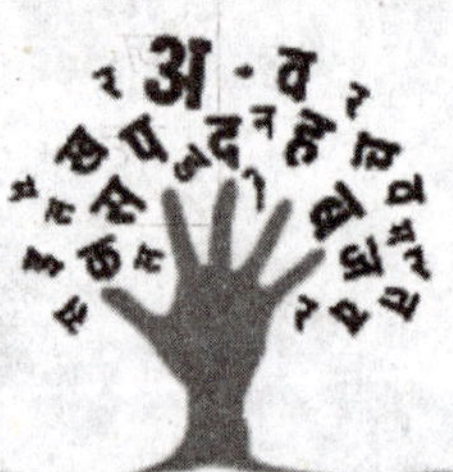

प्रतियोगिताएँ

◆ वाद-विवाद प्रतियोगिता ◆ भाषण ◆ आशु भाषण

प्रथम पुरस्कार	**5000/-**
द्वितीय पुरस्कार	**3000/-**
तृतीय पुरस्कार	**1500/-**

आयोजन स्थल:- मंडीहाउस, नई दिल्ली।
समय:- प्रात: 10 से 4 ; तिथि :- 14 सितंबर, 20XX

2. 'मंडीहाउस' नई दिल्ली में उभरते चित्रकारों की चित्र प्रदर्शनी के लिए दर्शकों का ध्यान आकर्षित करते हुए विज्ञापन तैयार कीजिए।

3. पर्यावरण के प्रति जागरूकता बढ़ाने के लिए विज्ञापन तैयार कीजिए।

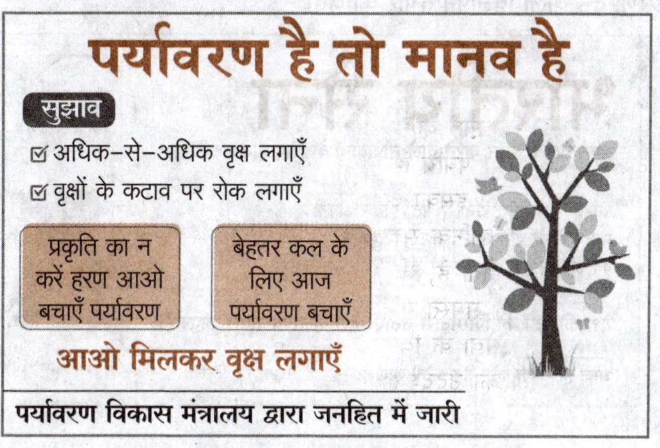

4. 'जल संरक्षण है जरूरी' विषय पर जनहित का एक विज्ञापन तैयार कीजिए।

5. किसी कोचिंग संस्थान द्वारा दिए जाने वाले विज्ञापन को तैयार कीजिए।

अपने करियर को एक नई ऊँचाई प्रदान करें

जीनियस कोचिंग सेंटर

शिक्षा उत्तम फीस कम

- शिक्षा की अत्याधुनिक पद्धति
- आई आई टी एवं मेडिकल की प्रवेश परीक्षाओं की समग्र तैयारी
- अध्यापक एवं विद्यार्थियों के बीच गहन अंतःक्रिया
- प्रत्येक टॉपिक पर अभ्यास प्रश्न-पत्र
- प्रत्येक सप्ताह वैयक्तिक स्तर पर मूल्यांकन

शीघ्र संपर्क करें

डी-263, एच ब्लॉक, उत्तम नगर, नई दिल्ली, फोन नंबर- 011-4666777XX

6. भारतीय सेना में भर्ती होने की प्रेरणा देने वाला विज्ञापन तैयार कीजिए।

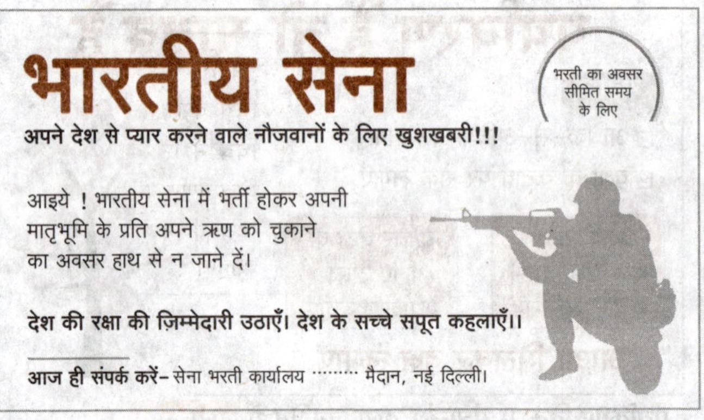

स्व-मूल्यांकन

1. विश्व योग दिवस पर विज्ञापन लेखन कीजिए।

2. किसी कंप्यूटर संस्थान की ओर से विज्ञापन तैयार कीजिए।

3. 'बेटी बचाओ, बेटी पढ़ाओ' विषय पर विज्ञापन तैयार कीजिए।

4. बिजली के उपकरण बनाने वाली कंपनी की ओर से विज्ञापन तैयार कीजिए।

5. किसी प्रतिष्ठित कंपनी की ओर से कर्मचारियों की भर्ती हेतु विज्ञापन तैयार कीजिए।

6. अनामिका ऑप्टीकल्स की ओर से कंप्यूटर द्वारा लोगों की मुफ़्त नेत्र जाँच करने से संबंधित एक विज्ञापन तैयार कीजिए।

7. एक 'वाटर पार्क' के प्रबंधक की ओर से लोगों को आकर्षित करने हेतु एक विज्ञापन लेखन कीजिए।

8. धार्मिक स्थलों की पवित्रता और शुचिता बनाए रखने की प्रेरणा देने वाला विज्ञापन तैयार कीजिए।

9. एक प्रकाशक द्वारा प्रकाशित की जाने वाली पुस्तकों का विज्ञापन लेखन कीजिए।

10. एक इनवर्टर कंपनी के डीलर की ओर से 'लाइटिंग इनवर्टर' का विज्ञापन लेखन कीजिए।

चित्र वर्णन

अध्याय **8**

चित्र का अर्थ किसी भी चित्र को देखकर उसका उपयुक्त संक्षिप्त वर्णन करना **चित्र वर्णन** कहलाता है। लेखन कला में 'चित्र वर्णन' एक महत्त्वपूर्ण कला है। चित्र देखकर उसे शब्दबद्ध करना इस बात को भी दर्शाता है कि विद्यार्थी की किसी भी विषय पर त्वरित लेखन कौशल की क्षमता कितनी सुदृढ़ है।

चित्र वर्णन में ध्यान रखने योग्य बातें

- चित्र वर्णन की भाषा सरल व स्पष्ट होनी चाहिए।
- चित्र में छिपे हुए भाव को अवश्य लिखना चाहिए।
- चित्र वर्णन करते समय शब्द सीमा (40-50) का ध्यान रखना चाहिए।
- चित्र वर्णन करने से पहले मन में उसकी रूपरेखा तैयार कर लेनी चाहिए।

अभ्यास प्रश्न

नीचे दिए गए चित्रों को ध्यान से देखकर अपने मन में उभरे विचारों को 40-50 शब्दों में अपनी भाषा में प्रस्तुत कीजिए। विचारों का वर्णन स्पष्ट रूप में चित्र से ही संबद्ध होना चाहिए।

1.

उत्तर प्रस्तुत चित्र रेलवे प्लेटफॉर्म के दृश्य को दर्शाता है। प्लेटफॉर्म पर भीड़ है। कुछ व्यक्ति अपनी ट्रेन की प्रतिक्षा कर रहे हैं, तो कुछ व्यक्ति अपने सामान को लेकर इधर-उधर जा रहे हैं। एक ट्रेन प्लेटफॉर्म पर यात्रियों को लेने के लिए रुकी है तथा दूसरी ट्रेन प्लेटफॉर्म पर आ रही है। कुछ व्यक्ति आपस में बातचीत करते हुए दिखाई दे रहे हैं। इस प्रकार प्लेटफॉर्म पर हर समय यात्रियों का आवागमन लगा रहता है। प्लेटफॉर्म पर किसी प्रकार का कोई भेदभाव नहीं रहता। सभी आपस में सहयोग करते हुए एक-दूसरे की सहायता करते हैं।

2.

उत्तर प्रस्तुत चित्र के पहले भाग में 'दीपावली' के पर्व के अवसर पर बच्चों द्वारा पटाखे जलाने का दृश्य दर्शाया गया है तथा दूसरे भाग में मुस्लिम पर्व 'ईद' का त्योहार मनाए जाने का दृश्य दर्शाया गया है। यह चित्र भारत की संस्कृति 'अनेकता में एकता' की भावना को प्रदर्शित करता है। भारतवासी प्रत्येक पर्व को आनंद व उल्लास के साथ मनाते हैं। उपरोक्त चित्र में ईद के अवसर पर गले मिलना आपसी भाईचारे, आनंद एवं उल्लास की भावना को दर्शाता है। होली, दीपावली, ईद, क्रिस्मस, लोहड़ी आदि सभी त्योहार मनुष्य को एक-दूसरे के निकट लेकर आते हैं, जहाँ किसी भी प्रकार का कोई भेदभाव नहीं होता।

3.

उत्तर प्रस्तुत चित्र में महिलाएँ, पुरुष व बच्चे टैंकर में से पानी भरते हुए दिखाई दे रहे हैं, जो जल की विकट समस्या को दर्शाता है। सभी महिलाएँ पानी भर रही हैं, कुछ महिलाओं ने पानी से भरा बर्तन उठाया हुआ है तथा कुछ पानी भरने के लिए अपनी बारी की प्रतीक्षा कर रही हैं। सभी महिलाओं के चेहरे पर गंभीरता दिख रही है और ये दृश्य गर्मी का प्रतीत होता है। एक बालक पीछे खड़ा है तथा पीछे बैठा एक पुरुष पानी भरने के दृश्य को देख रहा है। ज़मीन पर आस-पास पानी भरने हेतु विभिन्न बर्तन जैसे बाल्टी इत्यादि रखे हुए हैं।

4.

उत्तर प्रस्तुत चित्र में कारखानों व फैक्ट्रियों से निकलता हुआ धुआँ दिखाई दे रहा है। कारखानों की चिमनियों से निकलने वाला धुआँ वातावरण को प्रदूषित कर रहा है। आस-पास विभिन्न कारखानों, फैक्ट्रियों एवं उद्योगों की स्थापना की गई है। कारखाने एवं फैक्ट्रियों के आस-पास झाड़ियाँ व पौधे लगे हुए हैं तथा पास में नदी भी है। संपूर्ण चित्र वायु-प्रदूषण की विकराल समस्या को प्रदर्शित कर रहा है।

5.

उत्तर प्रस्तुत चित्र में एक डाकघर के अंदर का दृश्य प्रदर्शित किया गया है। डाकघर में आए हुए दो व्यक्ति अपने-अपने कार्यों को करवा रहे हैं, जबकि दो अन्य व्यक्ति बैठे हुए इंतज़ार कर रहे हैं। एक डाकिया विभिन्न प्रकार के पत्रों को छाँटकर अलग-अलग रख रहा है, जबकि डाकघर के कई अन्य कर्मचारी अपने-अपने कार्यों में संलग्न हैं। प्रस्तुत चित्र में रजिस्ट्री, वितरण एवं बचत खाता के तीन अलग-अलग काउंटर दिखाई दे रहे हैं। डाकघर में बहुत अधिक भीड़ नहीं है। यहाँ का वातावरण शांत लग रहा है।

6.

उत्तर प्रस्तुत चित्र में एक तरणताल (स्विमिंग पूल) का दृश्य प्रदर्शित किया गया है। स्विमिंग पूल में कई लोग तैरने का आनंद ले रहे हैं, जिनमें बच्चे भी शामिल हैं। एक बच्चा अपने पिता के कंधे पर बैठा हुआ है और उसके पिता हाथ से पानी उछाल रहे हैं। एक छोटी लड़की स्विमिंग पूल के किनारे पर हाथ का सहारा लेकर विश्राम कर रही है। स्विमिंग पूल के किनारे एक फुटबॉल तथा एक जोड़ी चप्पल पड़ी हैं।

स्व-मूल्यांकन

नीचे दिए गए चित्रों को ध्यान से देखकर अपने मन में उभरे विचारों को 40-50 शब्दों में अपनी भाषा में प्रस्तुत कीजिए।

1.

2.

3.

4.

5.

6.

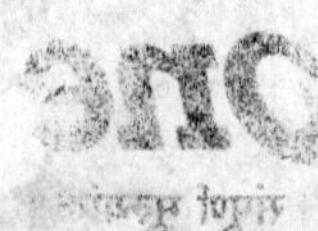

All in One®

संपूर्ण अध्ययन। संपूर्ण अभ्यास। संपूर्ण मूल्यांकन

प्रतिदर्श प्रश्न-पत्र

प्रतिदर्श प्रश्न-पत्र 1 (हल सहित)

हिंदी

समय : 3 घंटे	पूर्णांक : 80

सामान्य निर्देश

1. इस प्रश्न-पत्र में चार खंड हैं–क, ख, ग, घ।
   - खंड 'क' अपठित बोध 20 अंक , खंड 'ख' व्याकरण 10 अंक, खंड 'ग' पाठ्यपुस्तक व पूरक पाठ्यपुस्तक 35 अंक, खंड 'घ' लेखन 15 अंक।
2. चारों खंडों के प्रश्नों के उत्तर देना अनिवार्य है।
3. यथासंभव प्रत्येक खंड के उत्तर क्रमशः दीजिए।

खंड (क) : अपठित बोध

1. निम्नलिखित गद्यांश को पढ़कर नीचे दिए गए प्रश्नों के उत्तर दीजिए (10)

भारत की राजधानी नई दिल्ली में 9 सितंबर तथा 10 सितंबर, 2023 को G20 के 18वें शिखर सम्मेलन का आयोजन किया गया। भारत में आयोजित होने वाला यह पहला G20 शिखर सम्मेलन था। इस शिखर सम्मेलन का विषय 'वसुधैव कुटुंबकम्' था।

G20 की स्थापना वर्ष 1999 में एशियाई वित्तीय संकट के बाद वित्तीय मंत्रियों और केंद्रीय बैंक के नियंत्रकों के लिए वैश्विक, आर्थिक और वित्तीय मुद्दों पर चर्चा हेतु एक मंच के रूप में हुई थी। शुरुआत में G20 के समूह में केवल 9 सदस्य देश थे—भारत, अमेरिका, ब्राजील, अर्जेंटीना, बांग्लादेश, इटली, मॉरीशस, दक्षिण अफ्रीका और संयुक्त अरब अमीरात। 2023 के अनुसार, अब इसमें 21 सदस्य देश शामिल हैं। वस्तुतः G20 सम्मेलन में प्रतिनिधि के तौर पर 19 देशों के प्रतिनिधि और एक यूरोपीय संघ शामिल होता है।

नेताओं के शिखर सम्मेलन में 19 देशों के नेता और यूरोपीय संघ के नेता शामिल होते हैं और मंत्री स्तर की बैठकों में 19 देशों के वित्त मंत्री और केंद्रीय बैंक गवर्नर, यूरोपीय संघ के वित्त मंत्री और केंद्रीय बैंक के गवर्नर शामिल होते हैं। 18वें G20 शिखर सम्मेलन में विकासशील देशों का प्रतिनिधित्व बढ़ाने के महत्त्वपूर्ण कदम के रूप में G20 देशों ने अफ्रीकी संघ को स्थायी सदस्य के रूप में शामिल करने का निर्णय लिया गया।

(i) G20 का कौन-से क्रम का शिखर सम्मेलन भारत में हुआ?

(क) 16वाँ (ख) 17वाँ
(ग) 18वाँ (घ) 19वाँ

(ii) 'वसुधैव कुटुंबकम्' का अर्थ है

(क) पृथ्वी ही सब कुछ है
(ख) समस्त पृथ्वी हमारा परिवार है
(ग) पृथ्वी घड़े के समान है
(घ) हम सब पृथ्वी पर रहते हैं

(iii) आरंभ में G20 में कितने सदस्य देश थे?

(क) नौ (ख) दस
(ग) इक्कीस (घ) बाईस

(iv) निम्नलिखित कथनों में कौन-सा कथन सत्य है?

(क) G20 देशों के प्रतिनिधि और एक यूरोपीय संघ शामिल होता है।
(ख) भारत में आयोजित होने वाला यह दूसरा G20 शिखर सम्मेलन था।
(ग) G20 में अब 22 सदस्य देश शामिल हैं।
(घ) G20 शिखर सम्मेलन में कोई भी यूरोपीय संघ शामिल नहीं होता।

(v) **कथन (A)** 18वें G20 शिखर सम्मेलन के बाद G20 समूह में अब 21 सदस्य देश शामिल हो गए हैं।

कारण (R) विकासशील देशों के प्रतिनिधित्व को बढ़ाने के रूप में G20 देशों ने अफ्रीकी संघ को स्थायी सदस्य के रूप में शामिल करने का निर्णय लिया।

(क) कथन (A) सही है और कारण (R) कथन (A) की सही व्याख्या करता है।

(ख) कथन (A) और कारण (R) दोनों गलत हैं।

(ग) कथन (A) गलत है, किंतु कारण (R) सही है।

(घ) कथन (A) सही है, किंतु कारण (R) गलत है।

(vi) 'यूरोपीय' शब्द व्याकरण की दृष्टि से क्या है?

(क) विशेषण (ख) क्रिया-विशेषण

(ग) संज्ञा (घ) क्रिया

(vii) 18वें G20 शिखर सम्मेलन के दौरान किस देश को G20 का स्थायी सदस्य बनाया गया है?

(क) अमेरिका (ख) ब्राजील

(ग) अफ्रीकी संघ (घ) वेस्टइंडीज

(viii) G20 की स्थापना का क्या उद्देश्य था?

(ix) नेताओं के शिखर सम्मेलन में कौन-कौन शामिल होता है?

(x) मंत्री स्तर की बैठकों में कौन-कौन सम्मिलित होता है?

2. **निम्नलिखित पद्यांश को पढ़कर नीचे दिए गए प्रश्नों के उत्तर दीजिए** (10)

बादल, गरजो!
घेर घेर घोर गगन, धाराधर ओ!
ललित ललित, काले घुँघराले,
बाल कल्पना के-से पाले,
विद्युत छवि उर में, कवि नवजीवन वाले!
वज्र छिपा, नूतन कविता
फिर भर दो—

(i) कवि ने इस काव्यांश में किसे संबोधित किया है?

(क) बच्चे को (ख) स्वयं को

(ग) बादल को (घ) प्रकृति को

(ii) बादलों के हृदय में क्या है?

(क) गड़गड़ाहट (ख) क्रांति का स्वर

(ग) मधुर गीत (घ) कल्पना

(iii) बादलों के गर्जन से क्या होता है?

(क) मन निराश हो जाता है

(ख) तीव्र गड़ागड़ाहट होती है

(ग) बारिश आती है

(घ) मानव-मन में उत्साह आता है

(iv) 'बाल कल्पना के-से पाले' में कौन-सा अलंकार है?

(क) चमक (ख) उपमा

(ग) श्लेष (घ) अतिशयोक्ति

(v) प्रस्तुत कविता के आधार पर बताइए कि निम्नलिखित कथनों में कौन-सा कथन सत्य है?

(क) बादलों की इच्छा अब गरजने की नहीं है।

(ख) बादल कवि के लिए सिर्फ कल्पना के समान हैं।

(ग) बादलों के हृदय में बिजली किसी कवि के हृदय से निकली नई कविता के समान उपस्थित है।

(घ) हे बादल! तुम अब बरसना बंद कर दो।

(vi) प्रस्तुत गद्यांश का शीर्षक है

(क) बादल (ख) घुँघराले बादल

(ग) प्रकृति का सौंदर्य (घ) उत्साह

(vii) कवि बादलों को क्या घेरने के लिए कह रहे हैं?

(क) पूरा आकाश घेरने के लिए

(ख) पूरा संसार घेरने के लिए

(ग) पूरी पृथ्वी घेरने के लिए

(घ) उपरोक्त में से कोई नहीं

(viii) कवि बादल को गरजने के लिए क्यों कह रहा है?

(ix) 'धाराधर' का क्या अर्थ है? कविता में यह शब्द किसके लिए प्रयुक्त हुआ है?

(x) बादलों की तुलना बाल कल्पना से क्यों की गई है?

खंड (ख) : व्याकरण

3. **निर्देश प्र. सं. (i) से (vii) तक के प्रश्नों के उत्तर के लिए सही विकल्प का चयन कीजिए** (1 × 7 = 7)

(i) हिंदी की लिपि कौन-सी है?

(क) फारसी (ख) गुरुमुखी

(ग) रोमन (घ) देवनागरी

(ii) निम्न में से किस विकल्प में सही पर्यायवाची शब्द नहीं है?

(क) नदी, सरि, तटिनी, सलिला

(ख) अनिल, हवा, मारुत

(ग) कर, अंशु, किरण

(घ) सेना, कंचन, हेम

(iii) 'जो कुछ न जानता हो' वाक्यांश के लिए एक शब्द है

(क) अपार (ख) अक्षम

(ग) अल्पज्ञ (घ) अज्ञानी

(iv) 'अतुल' का सही विलोम है

(क) विषाद (ख) इति

(ग) तुल्य (घ) आदान

(v) 'शिकारी के तीर से चिड़िया <u>घायल हो गई</u>।' रेखांकित अंश में पदबंध है

(क) क्रिया पदबंध (ख) विशेषण पदबंध

(ग) क्रिया-विशेषण पदबंध (घ) संज्ञा पदबंध

(vi) 'आदर्श ने आज एक भ्रष्ट नेता की ...... कर दी।' वाक्य के रिक्त स्थान के लिए कौन-सा मुहावरा उपयुक्त होगा

(क) खटिया में पड़ना (ख) खाट खड़ी करना
(ग) कागजी घोड़े दौड़ाना (घ) कटी पतंग होना

(vii) 'सुबरन को खोजत फिरत कवि, व्यभिचारी, चोर।' पंक्ति में कौन-सा अलंकार है?

(क) उपमा अलंकार (ख) यमक अलंकार
(ग) श्लेष अलंकार (घ) अनुप्रास अलंकार

4. समूहवाचक संज्ञा की परिभाषा दीजिए। (1)

5. सदा एकवचन तथा सदा बहुवचन के दो-दो उदाहरण लिखिए। (1)

6. निजवाचक सर्वनाम की परिभाषा उसके एक उदाहरण के साथ दीजिए। (1)

खंड (ग) : पाठ्यपुस्तक व पूरक पाठ्यपुस्तक

7. निम्नलिखित गद्यांश को पढ़कर नीचे दिए गए प्रश्नों के उत्तर के लिए सही विकल्प का चयन कीजिए (5)

हुआ यह है कि इस देश के कोटि-कोटि दरिद्रजनों की हीन अवस्था को दूर करने के लिए ऐसे अनेक कायदे-कानून बनाए गए हैं, जो कृषि, उद्योग, वाणिज्य, शिक्षा और स्वास्थ्य की स्थिति को अधिक उन्नत और सुचारु बनाने के लक्ष्य से प्रेरित हैं, परंतु जिन लोगों को इन कार्यों में लगना है, उनका मन सब समय पवित्र नहीं होता। प्राय: वे ही लक्ष्य को भूल जाते हैं और अपनी ही सुख-सुविधा की ओर ज्यादा ध्यान देने लगते हैं।

भारतवर्ष सदा कानून को धर्म के रूप में देखता आ रहा है। आज एकाएक कानून और धर्म में अंतर कर दिया गया है। धर्म को धोखा नहीं दिया जा सकता, कानून को दिया जा सकता है। यही कारण है कि लोग धर्मभीरु हैं, वे कानून की त्रुटियों से लाभ उठाने में संकोच नहीं करते।

(i) आज देश में करोड़ों लोग किस हालात में जी रहे हैं?

(क) खुशहाली में
(ख) समृद्धि में
(ग) जरूरतें पूरी करने के लिए
(घ) दरिद्रता में

(ii) दरिद्रजनों की हीन अवस्था को सुधारने के लिए क्या किया गया है?

(क) सरकार ने धन की व्यवस्था की है।
(ख) रैन-बसेरे बने हैं।
(ग) उन्हें कर्ज दिया जाता है।
(घ) कायदे-कानून बने हैं।

(iii) कानून की गलतियों का लाभ कौन उठाते हैं?

(क) जो धर्म को मान नहीं देते।
(ख) जो धर्म से डरते हैं।
(ग) जो अपराधी होते हैं।
(घ) जो धार्मिक नहीं होते।

(iv) अपनी ही सुख-सुविधा में कौन लिप्त हैं?

(क) जो कानून के उत्तरदायी हैं
(ख) जिनका मन पवित्र नहीं होता
(ग) जो अपने लक्ष्य पर अडिग रहते हैं
(घ) जो लोग धर्म भीरु नहीं है

(v) गद्यांश के अनुसार, किसे धोखा दिया जा सकता है?

(क) कानून को (ख) धर्म को
(ग) सरकार को (घ) दरिद्रजनों को

8. निम्नलिखित पद्यांश को पढ़कर नीचे दिए गए प्रश्नों के उत्तर के लिए सही विकल्प का चयन कीजिए (5)

अभी भी भीड़ है स्टेशन पर
अभी भी एक रेलगाड़ी जाती है
गंतव्य तक
जहाँ कोई कर रहा होगा प्रतीक्षा
अभी भी कहता है कोई किसी को
जल्दी आ जाओ कि अब
सूरज डूबने का वक्त हो गया

(i) गंतव्य पर क्या हो रहा होगा?

(क) भीड़ होगी
(ख) लोग आ-जा रहे होंगे
(ग) कोई इंतजार नहीं कर रहा होगा
(घ) कोई इंतजार कर रहा होगा

(ii) प्रस्तुत पद्यांश का संदेश है

(क) रेलगाड़ी के आने का समय निश्चित है
(ख) समयानुसार लक्ष्य की ओर बढ़ जाना
(ग) रात को समय पर घर पहुँचना चाहिए
(घ) सूरज डूबने वाला है

(iii) व्याकरणिक दृष्टि से 'स्टेशन' शब्द है

(क) तद्भव शब्द (ख) तत्सम शब्द
(ग) विदेशज शब्द (घ) देशज शब्द

(iv) गंतव्य पर कोई किसकी प्रतीक्षा कर रहा होगा?

(क) आने वाले किसी अपने की
(ख) रेलगाड़ी की
(ग) जाने वाले किसी अपने की
(घ) सामान लेकर आने वाले की

(v) पद्यांश में 'अभी भी' शब्द का बार-बार प्रयोग क्यों किया गया है?

(क) सूरज के डूबने के कारण
(ख) समय को प्रमुखता देने के लिए
(ग) किसी की प्रतीक्षा करने के लिए
(घ) रेलगाड़ी के समय पर न आने के कारण

9. सभी प्रश्नों के उत्तर दीजिए (1 × 4 = 4)

(i) 'बस की यात्रा' के लेखक के अनुसार, बस पर सवार नहीं हुआ जा सकता था, क्यों?

(ii) मस्तमौला लोगों का एकमात्र लक्ष्य क्या होता है? 'दीवानों की हस्ती' कविता के आधार पर बताइए।

(iii) भगवान के संदेश के विषय में मनुष्य क्यों नहीं समझ पाते हैं? 'भगवान के डाकिए' कविता के आधार पर बताइए।

(iv) 'क्या निराश हो जाए' पाठ के अनुसार लेखक के बच्चों के लिए दूध और पानी कौन लेकर आया था?

10. निम्नलिखित प्रश्नों में से किन्हीं तीन प्रश्नों के उत्तर दीजिए (3 × 3 = 9)

(i) श्रीकृष्ण सुदामा से क्या माँगते हैं और क्यों? 'सुदामा चरित' के आधार पर बताइए।

(ii) लाला जी को बिलवासी जी पर गुस्सा क्यों आ रहा था? 'अकबरी लोटा' पाठ के आधार पर बताइए।

(iii) किस घटना ने लेखक को अचानक बदलू की याद दिला दी? 'लाख की चूड़ियाँ' पाठ के आधार पर बताइए।

(iv) 'दीवानों की हस्ती' कविता में कवि ने किस 'असफलता के भार' की ओर संकेत किया है?

(v) बाल गंगाधर तिलक तथा रामकृष्ण गोखले के विषय में 'भारत की खोज' पुस्तक के आधार पर लिखिए।

11. निम्नलिखित प्रश्नों में से किसी एक प्रश्न का उत्तर दीजिए (1 × 6 = 6)

(i) 'भगवान के डाकिए' कविता में प्रकृति के विभिन्न अंगों द्वारा क्या-क्या मानवीय क्रिया-कलाप करते हुए दिखाया गया है?

(ii) 'क्या निराश हुआ जाए' पाठ में लेखक अपने अंतिम कथन "मेरे मन! निराश होने की जरूरत नहीं है।" के माध्यम से क्या संदेश देना चाहता है? स्पष्ट कीजिए।

12. निम्नलिखित प्रश्नों में से किसी एक प्रश्न का उत्तर दीजिए (1 × 6 = 6)

(i) भारत पर अत्यधिक तनाव का समय कौन-सा था? यह तनाव क्यों था? 'भारत की खोज' पुस्तक के आधार पर उत्तर देते हुए यह भी स्पष्ट कीजिए कि आप तनाव से कब ग्रसित होते हैं और क्यों?

(ii) 'भारत की खोज' पुस्तक के आधार पर बताइए कि अकाल के दौरान क्या अंतर्विरोध दिखाई दिया तथा भारत को अंतर्विरोधों का देश कैसे कहा गया?

खंड (घ) : लेखन

13. नीचे दिए गए संकेत बिंदुओं के आधार पर निम्न में से किसी एक विषय पर अनुच्छेद लिखिए (5)

(i) **चंद्रयान-3**

संकेत बिंदु

- इसरो द्वारा चलाया गया तीसरा मून मिशन
- मुख्य उद्देश्य
- चंद्रयान-3 के उपकरण

(ii) **विराट कोहली : महान क्रिकेटर**

संकेत बिंदु

- जीवन परिचय
- अंतर्राष्ट्रीय क्रिकेट में पदार्पण
- अन्य उपलब्धियाँ

(iii) **विज्ञापन की दुनिया**

संकेत बिंदु

- विज्ञापन का प्रचार-प्रसार
- विज्ञापन की भाषा
- आकर्षण का केंद्र

14. अपने क्षेत्र के जिलाध्यक्ष को पत्र लिखकर सूचित कीजिए कि आपको क्षेत्र की किन-किन समस्याओं का सामना करना पड़ता है। (5)

अथवा अपने नए विद्यालय के पुस्तकालय की विशेषताओं के बारे में बताते हुए अपनी माता जी को पत्र लिखिए।

15. चैट जीपीटी के विषय पर पिता व पुत्री के बीच संवाद लिखिए। (5)

अथवा 'आदित्य एल-1' विषय पर दो विद्यार्थियों के बीच संवाद लिखिए।

उत्तरमाला

खंड (क) : अपठित बोध

1. (i) (ग) 18वाँ (ii) (ख) समस्त पृथ्वी हमारा परिवार है
(iii) (क) नौ
(iv) (क) G20 देशों के प्रतिनिधि और एक यूरोपीय संघ शामिल होता है।
(v) (क) कथन (A) सही है और कारण (R) कथन (A) की सही व्याख्या करता है।
(vi) (क) विशेषण
(vii) (ग) अफ्रीकी संघ
(viii) G20 की स्थापना का उद्देश्य उसके स्थापना वर्ष 1999 में एशियाई वित्तीय संकट के बाद वित्तीय मंत्रियों और केंद्रीय बैंक के नियंत्रकों के लिए वैश्विक, आर्थिक और वित्तीय मुद्दों पर चर्चा करना था।
(ix) नेताओं के शिखर सम्मेलन में 19 देशों के नेता और यूरोपीय संघ के नेता शामिल होते हैं।
(x) मंत्री स्तर की बैठकों में 19 देशों के वित्त मंत्री और केंद्रीय बैंक गवर्नर, यूरोपीय संघ के वित्त मंत्री और केंद्रीय बैंक के गवर्नर शामिल होते हैं।

2. (i) (ग) बादल को
(ii) (ख) क्रांति का स्वर
(iii) (घ) मानव-मन में उत्साह आता है
(iv) (ख) उपमा
(v) (ग) बादलों के ह्रदय में बिजली किसी कवि के ह्रदय से निकली नई कविता के समान उपस्थित है।
(vi) (घ) उत्साह
(vii) (क) पूरा आकाश घेरने के लिए
(viii) कवि बादल को गरजने के लिए इसलिए कह रहा है, क्योंकि वह समाज में क्रांति व उत्साह की भावना का संचार कर नवजीवन व परिवर्तन लाना चाहता है।
(ix) 'धाराधर' का अर्थ होता है—धारा अर्थात् जल को धारण करने वाला। यहाँ यह शब्द 'बादल' के लिए प्रयुक्त हुआ है।
(x) बादलों की तुलना बाल कल्पना से इसलिए की गई है, क्योंकि बच्चों की कल्पनाएँ मधुर होती हैं तथा बदलती रहती हैं। बादल भी अपना रूप बार-बार बदलते रहते हैं।

खंड (ख) : व्याकरण

3. (i) (घ) देवनागरी
(ii) (घ) सेना, कंचन, हेम
(iii) (घ) अज्ञानी
(iv) (ग) तुल्य
(v) (क) क्रिया पदबंध
(vi) (ख) खाट खड़ी करना
(vii) (ग) श्लेष अलंकार

4. जिस संज्ञा शब्द से किसी समूह का बोध होता है, उसे समूहवाचक या समुदायवाचक संज्ञा कहते हैं, जैसे—सेना, झुंड, समूह, कक्षा आदि।

5. सदा एकवचन – आसमान, जनता
सदा बहुवचन – प्राण, हस्ताक्षर

6. जिन सर्वनाम शब्दों का प्रयोग कर्ता स्वयं के लिए करता है, उन्हें निजवाचक सर्वनाम कहते हैं; जैसे—स्वयं, खुद आदि।
उदाहरण हमें अपना कार्य स्वयं करना चाहिए।

खंड (ग) : पाठ्यपुस्तक व पूरक पाठ्यपुस्तक

7. (i) (घ) दरिद्रता में
(ii) (घ) कायदे-कानून बने हैं
(iii) (ख) जो धर्म से डरते हैं
(iv) (क) जो कानून के उत्तरदायी हैं
(v) (क) कानून को

8. (i) (घ) कोई इंतजार कर रहा होगा
(ii) (ख) समयानुसार लक्ष्य की ओर बढ़ जाना
(iii) (ग) विदेशज शब्द
(iv) (क) आने वाले किसी अपने की
(v) (ख) समय को प्रमुखता देने के लिए

9. (i) लेखक के अनुसार बस पूजा के योग्य थी, इसलिए उस पर सवार नहीं हुआ जा सकता था।
(ii) मस्तमौला लोगों का एकमात्र लक्ष्य मस्त होकर जीवन जीना होता है।
(iii) मनुष्य अपने मन की संकीर्णता अर्थात् छोटी सोच और भेदभाव के कारण भगवान के संदेश के विषय में समझ नहीं पाते।
(iv) लेखक के बच्चों के लिए दूध और पानी बस का कंडक्टर लेकर आया था।

10. (i) श्रीकृष्ण सुदामा से चावल से भरी उस पोटली की माँग करते हैं, जिसे भेंट स्वरूप उनकी भाभी अर्थात् सुदामा की पत्नी ने उनके लिए भेजा था, किंतु सुदामा उसे छिपा रहे थे।
(ii) बिलवासी जी ने अंग्रेज को प्रभावित करने तथा उसका विश्वास जीतने के लिए लाला झाऊलाल के साथ अपना कोई भी संबंध होने से इंकार कर दिया। उन्होंने लाला जी को खतरनाक मुजरिम तक कह दिया। इसलिए लाला झाऊलाल को बिलवासी जी पर अत्यधिक गुस्सा आ रहा था।

(iii) एक दिन बरसात में लेखक के मामा की छोटी लड़की आँगन में फिसलकर गिर गई। उसके हाथ की काँच की चूड़ी टूटकर उसकी कलाई में चुभ गई और उससे खून बहने लगा। उस समय लेखक के मामा घर पर नहीं थे, तो लेखक ने ही उसकी मरहम-पट्टी की। इस घटना ने उसे अचानक बदलू की याद दिला दी।

(iv) कवि मस्तमौला है, परंतु लोग उसके मस्तमौलापन को नहीं समझते। दुनिया कवि जैसे लोगों को जीवन में असफल समझती है। कवि ने इसी असफलता के भार की ओर संकेत किया है।

(v) बाल गंगाधर तिलक महाराष्ट्र के एक योग्य तथा तेजस्वी नेता के रूप में उभरे। गोपाल कृष्ण गोखले प्रतिनिधि मराठा सज्जन थे। तिलक तथा गोखले आक्रामक व अवज्ञाकारी विचारधारा वाले थे। वे गरम दल के प्रभावकारी आंदोलनकारी थे। भारतीय जनता का एक बड़ा भाग उनके समर्थन में था तथा सरकार भी इन लोगों की हिंसक गतिविधियों व कार्यविधियों से घबराती थी।

11. (i) 'भगवान के डाकिए' कविता में पक्षी और बादल को भगवान के डाकिए बताया गया है और उनकी लाई चिट्ठियों को पेड़-पौधे, पानी और पहाड़ पढ़ते हैं जैसे एक देश का पानी दरिया बनकर बहता है तथा दूसरे देश तक भी पहुँचता है, इसी तरह प्रकृति के अंग पहाड़, हमें दूर से ही नजर आते हैं। ऐसा लगता है जैसे वे एक देश से दूसरे देश में झाँक रहे हैं। इसी तरह पेड़-पौधे जब फूलों से भर जाते हैं, तो उनमें एक नई महक उत्पन्न हो जाती है। वह महक बिना किसी बंधन के आजादी से बहती है और एक देश की धरती उस सुगंध को पक्षियों के पंखों तथा हवा के झोंकों के द्वारा दूसरे देश की धरती में भेजने का काम करती है।

(ii) "मेरे मन! निराश होने की जरूरत नहीं है।" लेखक अपने इस अंतिम कथन से आशावाद का संदेश देना चाहता है। मानव जीवन में भिन्न-भिन्न अवसरों पर निराशा का आना-जाना होता रहता है। यदि भारतीय समाज पर नजर डालें तो समाज में आई गिरावटों से निराशा का भाव पैदा होता है, परंतु विचार करने पर लेखक की बात सही लगती है कि निराश होने की जरूरत नहीं है। हमारे पुराने आदर्श गलत नहीं हैं। आज भी ईमानदारी, सत्य, सरलता आदि गुणों की कद्र की जाती है। धर्म के प्रति लोगों में आस्था है, इस कारण व्यक्ति कानून को धोखा दे सकता है, परन्तु धर्म को धोखा नहीं दे सकता। मनुष्यता एकदम समाप्त नहीं हुई है तथा सच्चाई और ईमानदारी अभी तक जिंदा है। लोग अभी भी भ्रष्टाचार और गलत आचरण का विरोध करते हैं। अतः अभी भी सेवा, ईमानदारी, धर्म, सत्य आदि मूल्य बने हुए हैं, वे नष्ट नहीं हुए हैं।

12. (i) भारत पर अत्यधिक तनाव का समय वर्ष 1942 की शुरुआत का समय था। यह तनाव इसलिए था, क्योंकि वास्तव में यह समय द्वितीय विश्वयुद्ध का था और भारत को भी डर था कि कहीं यहाँ भी हवाई हमले न हो जाएँ और दूसरा तनाव इस बात को लेकर था कि अब भारत और इंग्लैंड के आपसी संबंध कैसे होंगे?

मैं जीवन में उस समय तनावग्रस्त रहता हूँ, जब मेरी परीक्षाएँ समीप होती हैं। हालाँकि मैं निरंतर पढ़ाई करता हूँ, लेकिन फिर भी परीक्षा परिणाम के विषय में चिंता रहती है कि परीक्षा परिणाम कैसा होगा या कैसा रहेगा? परीक्षा समाप्त होने के उपरांत परीक्षा परिणाम घोषित होने के पश्चात् ही इस तनाव से पूर्ण रूप से मुक्ति मिलती है।

(ii) अकाल के दौरान कलकत्ता (कोलकाता) की सड़कों पर लोगों की लाशें बिछी थीं तथा दूसरी ओर ऊँचे वर्ग के लोग नाच-गाने तथा दावतों में व्यस्त थे व विलासिता का प्रदर्शन कर रहे थे। उनके जीवन में उल्लास था तथा गरीब जनता भुखमरी का शिकार हो रही थी।

भारत को अंतर्विरोधों का देश इसलिए कहा गया है, क्योंकि यहाँ बहुत लोग धनवान हैं, तो कुछ लोग निर्धन भी हैं। यहाँ आधुनिकता है, तो मध्ययुगीनता भी है। भारत में शासक है तथा शासित भी हैं, तो इसके अतिरिक्त यहाँ यदि ब्रिटिश है, तो भारतीय भी हैं। अकाल के पश्चात् कलकत्ता (कोलकाता) में भारत का अंतर्विरोध खुलकर देखने को मिला।

खंड (घ) : लेखन

13. (i) **चंद्रयान-3** यह इसरो (भारतीय अंतरिक्ष अनुसंधान केंद्र) द्वारा चलाया गया तीसरा मून मिशन है, जिसे 14 जुलाई, 2023 को आंध्र प्रदेश के श्रीहरिकोटा अंतरिक्ष केंद्र से लॉन्च किया गया। इसने 23 अगस्त, 2023 को दक्षिणी ध्रुव पर सॉफ्ट लैंडिंग करके इतिहास रच दिया है। दक्षिणी ध्रुव एक ऐसा क्षेत्र है, जिसकी पहले कभी खोज नहीं की गई थी। इसका मुख्य उद्देश्य चंद्रमा की सतह की जाँच, तापमान और अत्यंत रेखाओं के साथ उच्चतम और बेहतरीन रचनाओं का पता लगाकर चंद्रमा के रहस्यों को उजागर करना है। चंद्रयान-3 मिशन ने युवा पीढ़ी को विज्ञान के क्षेत्र में आगे बढ़ने के लिए प्रोत्साहित किया है। भारत अब संयुक्त राज्य अमेरिका, रूस और चीन के साथ चंद्रमा पर सफलतापूर्वक लैंडिंग करने वाले कुछ देशों में शामिल हो गया है।

चंद्रयान-3 के उपकरणों को चंद्रमा की विशेषताओं के विभिन्न पहलुओं की व्यापक जाँच के लिए डिजाइन किया गया है, जिसमें उस क्षेत्र का विश्लेषण, खनिज संरचना, सतह रसायन विज्ञान, वायुमंडलीय गुण और महत्त्वपूर्ण रूप से पानी एवं संभावित संसाधन जलाशयों की खोज शामिल है।

(ii) **विराट कोहली : महान क्रिकेटर** क्रिकेट जगत में महान् खिलाड़ी विराट कोहली भारतीय क्रिकेट टीम के प्रसिद्ध खिलाड़ी हैं। विराट कोहली उर्फ 'चीकू' के नाम से प्रसिद्ध इस महान् खिलाड़ी का जन्म 5 नवम्बर, 1988 को दिल्ली में हुआ था। इनके पिता का नाम प्रेम कोहली था, जो एक प्रसिद्ध वकील थे और माता का नाम सरोज कोहली है, जो कुशल गृहिणी हैं। कोहली ने अपने अंतर्राष्ट्रीय वनडे मैच की शुरुआत वर्ष 2008 से की, जिसमें पहला मैच श्रीलंका के विरुद्ध खेला। वनडे मैच में कोहली का पदार्पण दाएँ हाथ के मध्यम क्रम के बल्लेबाज के रूप में हुआ। 2023 के वनडे विश्व कप में कोहली का प्रदर्शन शानदार रहा। विराट कोहली ने इस टूर्नामेंट में 95.63 की औसत से 765 रन बनाए। इस दौरान विराट ने 6 अर्द्धशतक तथा 3 शतक लगाते हुए वनडे में सचिन तेंदुलकर के 49 शतकों का रिकॉर्ड तोड़ा।

सचिन तेंदुलकर ने 452 वनडे पारियों में 49 शतक लगाए थे, वहीं कोहली ने 279 वनडे पारियों में अब तक 50 शतक (दिसंबर, 2023 के अनुसार) लगा दिए हैं। विराट कोहली एक खिलाड़ी के रूप में ही नहीं, बल्कि कल्याण संबंधी सामाजिक कार्यों को करने के लिए भी प्रसिद्ध हैं।

(iii) **विज्ञापन की दुनिया** वस्तुओं के गुणों को बढ़ा-चढ़ाकर प्रस्तुत करना विज्ञापन कहलाता है। आजकल विज्ञापन का प्रचार-प्रसार इतना बढ़ गया है कि इनके बिना किसी अच्छी गुणवत्ता वाली वस्तु को बेचना संभव नहीं दिखता। आज लोगों की ऐसी मानसिकता बन गई है कि वे उन्हीं वस्तुओं को खरीदना पसंद करते हैं, जिन्हें वे विज्ञापनों में देखते हैं। बच्चों और युवाओं में यह दीवानगी कुछ अधिक ही है। विज्ञापनों की भाषा और उनमें प्रयुक्त चित्र मन-मस्तिष्क पर अत्यंत गहराई से प्रभाव डालते हैं। वे उन वस्तुओं को भी खरीदने के लिए बाध्य कर देते हैं, जिनकी हमें आवश्यकता नहीं होती। इन वस्तुओं की गुणवत्ता वास्तविकता से कम होती है, पर शब्द और रूप जाल के आकर्षण हमें काल्पनिक दुनिया में खो जाने के लिए विवश कर देते हैं। विज्ञापनों के सम्मोहन से हम बच नहीं पाते हैं। यह स्थिति उत्पादकर्ताओं के लिए लाभदायी सिद्ध होती है, क्योंकि वे लाभ कमाते हैं। विज्ञापन उपभोक्ताओं के लिए चुनाव का विकल्प उपलब्ध कराते हैं। हमें विज्ञापन देखकर नहीं, बल्कि गुणवत्ता और आवश्यकतानुसार वस्तुएँ खरीदनी चाहिए।

14. परीक्षा भवन
दिल्ली।
दिनांक 12 नवंबर, 20XX
सेवा में,
जिलाध्यक्ष महोदय,
जिला कार्यालय,
जयपुर।

विषय क्षेत्रीय समस्याओं से अवगत कराने हेतु।

महोदय,

निवेदन यह है कि हम शास्त्री नगर निवासी आपसे अनुरोध करना चाहते हैं कि हमारे इलाके में सड़कें टूटी-फूटी हैं, जिसमें वर्षा के दिनों में पानी भर जाता है। सड़कों पर जगह-जगह स्पीड ब्रेकर हैं, जिससे वाहन चालकों को असुविधा होती है। इसके अतिरिक्त घरों में कभी भी समय पर पानी नहीं आता।

आम जनता को सरकारी अस्पतालों में अत्यधिक असुविधा का सामना करना पड़ता है। यहाँ स्कूल का प्रबंध भी सही नहीं है। मैंने पहले भी अपने क्षेत्र की इन सभी समस्याओं से अवगत करवाने हेतु पत्र लिखा था, परंतु इस संबंध में कोई कार्यवाही नहीं की गई।

अत: आपसे निवेदन है कि इस समस्या का शीघ्रातिशीघ्र समाधान किया जाए, जिससे इलाके में रह रहे निवासियों की असुविधा दूर की जा सके।

सधन्यवाद।

प्रार्थी
क. ख. ग.

अथवा

परीक्षा भवन
दिल्ली।
दिनांक 27 अक्टूबर, 20XX
पूज्या माता जी,
सादर चरण स्पर्श!

मैं यहाँ सकुशल हूँ। आशा करता हूँ कि आप सब भी वहाँ सकुशल होंगे। माँ! तुम मेरे नए विद्यालय के पुस्तकालय के बारे में जानना चाहती थीं, उसी के बारे में इस पत्र में लिख रहा हूँ। हमारे विद्यालय में विशाल पुस्तकालय है, जिसमें कई हजार पुस्तकें हैं। ये पुस्तकें विविध विषयों से संबंधित हैं। इनमें अनेक दुर्लभ पुस्तकें भी हैं। हमें पढ़ने के लिए चंदा मामा, चंपक, लोट-पोट, पराग, चंदन, नन्हें सम्राट, सुमन सौरभ जैसी पत्रिकाएँ मिलती हैं। इसके अतिरिक्त हमें कहानी, गीत, कविता, नाटक की पुस्तकें भी मिलती हैं। हमारे विद्यालय का पुस्तकालय साफ-सुथरा और हवादार है, जहाँ हम खाली पीरियड में पुस्तकें पढ़ने आते हैं।

आपको और पिता जी को चरण स्पर्श तथा मनोज को स्नेह।

तुम्हारा प्रिय पुत्र
क. ख. ग.

15. **पिता** बेटी सुनो, चैट जीपीटी की चर्चा इंटरनेट और टेक्नोलॉजी की दुनिया में अत्यधिक तेज़ी से हो रही है।

पुत्री हाँ, पिता जी! इसके बारे में कहा जा रहा है कि यह गूगल सर्च इंजन को भी टक्कर दे सकता है।

पिता हाँ, बेटी! यह एक ऐसा प्लेटफॉर्म है, जहाँ पर आप कुछ भी सवाल पूछते हैं, तो उसका जवाब आपको लिखकर दिया जाता है।

पुत्री हाँ पिता जी! सोशल मीडिया पर जिन लोगों ने चैट जीपीटी का उपयोग किया है, उन्हें बहुत अच्छे परिणाम मिले हैं।

पिता परिणाम तो मिलेगा ही और जल्द से जल्द इसे लोगों के बीच बड़े पैमाने में पहुँचाया जाएगा।

पुत्री अच्छा है पिता जी। लेकिन इसके कुछ नुकसान भी हैं।

पिता हाँ, क्योंकि यह एक लर्निंग मॉडल की तरह है।

पुत्री जी पिता जी, यह केवल उतना ही जवाब दे सकता है, जितना इसके अंदर डेटा फीड है।

पिता ठीक कह रही हो, पर यदि कंटेंट को जाँच लिया जाए, तो इससे लोगों को बहुत लाभ हो रहा है।

पुत्री सही कहा पिता जी।

अथवा

मोहन क्या तुम आदित्य एल-1 के बारे में जानते हो?

रेखा नहीं मैं नहीं जानती, यह क्या है मुझे भी बताओ।

मोहन यह सौर वायुमंडल का अध्ययन करने के लिए भारत द्वारा छोड़ा गया एक कोरोनाग्राफ यान है।

रेखा अच्छा! इसे कब लॉन्च किया गया?

मोहन इसे 2 सितंबर, 2023 को श्रीहरिकोटा से पीएसएलवी-सी 53 रॉकेट के द्वारा लॉन्च किया गया।

रेखा क्या यह सूर्य का अध्ययन करने वाला पहला भारतीय अंतरिक्ष मिशन है?

मोहन हाँ और यह पृथ्वी से लगभग 15 लाख किमी दूर लैग्रेंज प्वॉइंट-1 (एल-1) पर स्थापित होने वाला पहला भारतीय मिशन भी है।

रेखा इस मिशन से क्या लाभ होगा?

मोहन यह वास्तविक समय में सौर गतिविधियों और अंतरिक्ष मौसम पर लगातार देखने का लाभ प्रदान करेगा।

रेखा अच्छा! फिर तो यह हमारे वायुमंडलीय गतिविधियों को जानने का महत्त्वपूर्ण उपकरण है।

मोहन हाँ, यह हम सभी के लिए बहुत महत्त्वपूर्ण है।

रेखा सही कह रहे हो, अब मैं आदित्य एल-1 के विषय में समझ गई।

प्रतिदर्श प्रश्न–पत्र 2 (हल रहित)

हिंदी

समय : 3 घंटे	पूर्णांक : 80

सामान्य निर्देश

1. इस प्रश्न–पत्र में चार खंड हैं–क, ख, ग, घ।
   - खंड 'क' अपठित बोध 20 अंक , खंड 'ख' व्याकरण 10 अंक, खंड 'ग' पाठ्यपुस्तक व पूरक पाठ्यपुस्तक 35 अंक, खंड 'घ' लेखन 15 अंक।
2. चारों खंडों के प्रश्नों के उत्तर देना अनिवार्य है।
3. यथासंभव प्रत्येक खंड के उत्तर क्रमशः दीजिए।

खंड (क) : अपठित बोध

1. निम्नलिखित गद्यांश को पढ़कर नीचे दिए गए प्रश्नों के उत्तर दीजिए (10)

बालक के विकास को माता-पिता के बाद विद्यालय का शिक्षक सबसे अधिक प्रभावित करता है। बालक घर का आँगन लाँघने के बाद विद्यालय पहुँचता है, जहाँ अभिभावक की भूमिका में उसका शिक्षक होता है। मांटेसरी कहती थीं कि "शिक्षक को बाल मनोविज्ञान का ज्ञान होना चाहिए, जिससे बालक को समझने में वह गलती न करें।" शिक्षक अभिभावकों की कमी को पूरा करते हैं, उन्हें स्नेह और प्रेम के माध्यम से ज्ञान देते हैं। शिक्षक का कार्य केवल पुस्तकीय ज्ञान देना नहीं है वरन् बालक का शारीरिक, मानसिक, संवेगात्मक, सामाजिक आदि क्षेत्रों में अधिकाधिक विकास करना है। शिक्षक प्रेरणा देने का, रुचियों के विकास का, अच्छे चरित्र और नैतिकता का, अच्छी आदतों का तथा समग्र व्यक्तित्व के विकास का कार्य करता है। वह बालक को नवीन एवं अद्भुत संसार से परिचित कराता है तथा उस संसार में रहने के लिए उसमें विभिन्न कौशलों का विकास करता है। शिक्षक शिष्यों को आशावादी दृष्टि से देखता है, उसमें सकारात्मक सोच उत्पन्न करता है व अनुशासन की भावना उत्पन्न करता है।

(i) बालक के विकास में किसका स्थान होता है?

(क) शिक्षक का (ख) माता-पिता का
(ग) मित्रों का (घ) शिक्षक व माता-पिता का

(ii) मांटेसरी शिक्षा का क्या मानना है?

(क) बालक की प्रगति
(ख) शिक्षक का पुस्तकीय ज्ञान तक सीमित होना
(ग) शिक्षक बालक को समझने में गलती न करें
(घ) बालक के केवल शारीरिक विकास होने पर ध्यान देना

(iii) निम्नलिखित कथनों पर विचार कीजिए

1. **विद्यालय में बालक का अभिभावक उसका शिक्षक होता है।**
2. **शिक्षक का कार्य केवल बालक को उसकी पाठ्यपुस्तकों का ज्ञान देना है।**
3. **बालक में सकारात्मकता जाग्रत करने का कार्य शिक्षक का होता है।**

उपरोक्त कथनों में कौन-सा/से कथन सत्य है/हैं?

(क) केवल 1 (ख) केवल 2
(ग) केवल 3 (घ) 1 और 3

(iv) निम्नलिखित कथनों में कौन-सा कथन सत्य है?

(क) शिक्षक बालक को नवीन व अद्भुत संसार से परिचित कराता है।
(ख) शिक्षक बालक में नैतिकता व अच्छी आदतों का विकास करता है।
(ग) शिक्षक बालक के समग्र व्यक्तित्व का विकास करता है।
(घ) उपरोक्त सभी

(v) 'अनुशासन' शब्द में 'अनु' है

(क) प्रत्यय (ख) उपसर्ग
(ग) समास (घ) यौगिक शब्द

(vi) शिक्षक बालक को किस दृष्टि से देखता है?

(क) निराशावादी (ख) आशावादी
(ग) संदेहयुक्त (घ) स्नेहयुक्त

(vii) उपर्युक्त गद्यांश का उचित शीर्षक होगा

(क) विद्यालयी शिक्षा
(ख) अभिभावक और शिक्षक
(ग) बालक के विकास में शिक्षक की भूमिका
(घ) अनुशासन की भावना

(viii) विद्यालय का शिक्षक बालक को किस तरह अधिक प्रभावित करता है?

(ix) मांटेसरी के अनुसार, शिक्षक को किसका ज्ञान होना चाहिए?

(x) शिक्षक का कार्य क्या है?

2. निम्नलिखित पद्यांश को पढ़कर नीचे दिए गए प्रश्नों के उत्तर दीजिए (10)

''हम देंगे-देंगे खून''
शब्द बस यही सुनाई देते थे।
रण में जाने को युवक खड़े
तैयार दिखाई देते थे।
बोले सुभाष, ''इस तरह नहीं,
बातों से मतलब सरता है।
लो यह कागज है कौन यहाँ
आकर हस्ताक्षर करता है?
इसको भरने वाले जन को
सर्वस्वसमर्पण करना है।
अपना तन-मन-धन-जन-जीवन
माता को अर्पण करना है।
पर यह साधारण पत्र नहीं,
आजादी का परवाना है।
इस पर तुमको अपने तन का
कुछ उज्ज्वल रक्त गिराना है।
वह आगे आए, जिसके तन में
भारतीय खून बहता हो।
वह आगे आए, जो अपने को
हिंदुस्तानी कहता हो।
वह आगे आए, जो इस पर
खूनी हस्ताक्षर देता हो
मैं कफन बढ़ाता हूँ आए
जो हँसकर इसको लेता हो।

(i) ''हम देंगे-देंगे खून'' जनसभा से यह आवाज क्यों आ रही थी?
(क) गाँधी जी ने जनता से खून माँगा था
(ख) नेहरू जी ने जनता से खून माँगा था
(ग) सुभाषचंद्र बोस ने जनता से खून माँगा था
(घ) भारतमाता ने जनता से खून माँगा था

(ii) सभा में उपस्थित लोगों की ओर कागज क्यों बढ़ाया गया?
(क) पढ़ने के लिए
(ख) हस्ताक्षर करने के लिए
(ग) एक-दूसरे में बाँटने के लिए
(घ) अपने-अपने घर ले जाने के लिए

(iii) 'माता को अर्पण करना है'–पंक्ति में 'माता' से तात्पर्य है
(क) जिसने जन्म दिया है
(ख) देवी दुर्गा जिसकी पूजा करते हैं
(ग) काली माता
(घ) हमारी जन्मभूमि भारत माता

(iv) काव्यांश के माध्यम से कवि क्या चाहता है?
(क) नेताजी से परिचय करना
(ख) देशप्रेम एवं देशभक्ति की भावना जगाना
(ग) मातृभूमि के लिए अपना सब कुछ अर्पित करना
(घ) 'ख' और 'ग' दोनों

(v) निम्नलिखित कथनों में कौन-सा कथन सत्य है?
(क) सभी लोग हस्ताक्षर करने से घबरा गए थे।
(ख) सुभाषचंद्र बोस ने कहा कि कागज पर हस्ताक्षर करने वाले को पुरस्कार मिलेगा।
(ग) सुभाषचंद्र बोस को ऐसे व्यक्ति चाहिए थे, जो अपना सब-कुछ मातृभूमि पर अर्पण कर सकें।
(घ) उपरोक्त में से कोई नहीं

(vi) सुभाष जी ने पत्र को क्या संज्ञा दी?
(क) आज़ादी का परवाना
(ख) स्वाधीनता की निशानी
(ग) रक्तिम पत्र
(घ) गुलामी की जंजीर

(vii) 'वह <u>आगे</u> आए' में रेखांकित अंश है।
(क) संज्ञा (ख) सर्वनाम
(ग) क्रिया (घ) क्रिया–विशेषण

(viii) युवक किस लिए तैयार खड़े थे?

(ix) सुभाष जी हस्ताक्षर क्यों कराना चाहते थे?

(x) 'खूनी हस्ताक्षर' देने से सुभाष जी का क्या आशय था?

खंड (ख) : व्याकरण

3. निर्देश प्र. सं. (i) से (vii) तक के प्रश्नों के उत्तर के लिए सही विकल्प का चयन कीजिए (1 × 7 = 7)

(i) निम्नलिखित में कौन-सा वर्ण-समूह महाप्राण ध्वनि है?
(क) ख, भ, छ, ह
(ख) ग, घ, ङ, य
(ग) प, त, द, न
(घ) न, ट, म, र

(ii) 'मछली' का तत्सम रूप होगा
(क) मच्छी (ख) मत्सर
(ग) मत्स्य (घ) मंडूक

(iii) 'परमादरणीय' शब्द में प्रत्यय है
(क) परम (ख) अनीय
(ग) य (घ) ईय

(iv) 'प्रतिकूल' में कौन-सा समास है?
(क) अव्ययीभाव समास
(ख) तत्पुरुष समास
(ग) कर्मधारय समास
(घ) बहुव्रीहि समास

(v) 'भाग्योदय' में कौन-सी संधि है?
(क) वृद्धि संधि (ख) गुण संधि
(ग) यण् संधि (घ) दीर्घ संधि

(vi) निम्नलिखित में शुद्ध वाक्य का चयन कीजिए
(क) मैंने इसके साथ पढ़ने दो।
(ख) उसने हस्ताक्षर किया।
(ग) मैं शहर से लौट आया।
(घ) वहाँ बहुत-सा लोग खड़ा था।

(vii) "वह यों रास्ते पर अड़ा था
मानो कोई अचल अडिग खड़ा था"
काव्य-पंक्ति में कौन-सा अलंकार है?
(क) रूपक अलंकार (ख) श्लेष अलंकार
(ग) उत्प्रेक्षा अलंकार (घ) मानवीकरण अलंकार

4. क्रिया-विशेषण के सभी भेदों के नाम लिखिए। (1)

5. 'तालाब' तथा 'पक्षी' के दो-दो पर्यायवाची लिखिए। (1)

6. विशेषण की परिभाषा उदाहरण सहित दीजिए। (1)

खंड (ग) : पाठ्यपुस्तक व पूरक पाठ्यपुस्तक

7. निम्नलिखित गद्यांश को पढ़कर नीचे दिए गए प्रश्नों के उत्तर के लिए सही विकल्प का चयन कीजिए (5)

हम आगा-पीछा करने लगे। डॉक्टर मित्र ने कहा—"डरो मत, चलो! बस अनुभवी है। नई-नवेली बसों से ज्यादा विश्वसनीय है। हमें बेटों की तरह प्यार से गोद में लेकर चलेगी।" हम बैठ गए, जो छोड़ने आए थे, वे इस तरह देख रहे थे, जैसे अंतिम विदाई दे रहे हैं।

उनकी आँखें कह रही थीं—"आना-जाना तो लगा ही रहता है। आया है, सो जाएगा—राजा, रंक, फकीर। आदमी को कूच करने के लिए एक निमित्त चाहिए।" इंजन सचमुच स्टार्ट हो गया। ऐसा, जैसे सारी बस ही इंजन है और हम इंजन के भीतर बैठे हैं। काँच बहुत कम बचे थे। जो बचे थे, उनसे हमें बचना था। हम फौरन खिड़की से दूर सरक गए। इंजन चल रहा था। हमें लग रहा था कि हमारी सीट के नीचे इंजन है।

(i) डॉक्टर मित्र ने बस को ज्यादा विश्वसनीय क्यों कहा?
(क) बस ज्यादा तेज नहीं चलती थी
(ख) बस प्यार करने वाली थी
(ग) नई-नवेली थी
(घ) बस पुरानी होने के कारण अनुभवी थी

(ii) लेखक बचे हुए काँच से क्यों बचना चाहता था?
(क) काँच नया था
(ख) काँच टूटा-फूटा हुआ था
(ग) काँच कमजोर था
(घ) काँच धारदार था

(iii) 'आगा-पीछा' शब्द में कौन-सा समास है?
(क) द्विगु समास (ख) कर्मधारय समास
(ग) द्वंद्व समास (घ) अव्ययीभाव समास

(iv) लेखक को छोड़ने आए लोग उसे कैसे देख रहे थे?
(क) क्रोध से (ख) बड़े प्रेम से
(ग) जैसे अंतिम विदाई दे रहे हो
(घ) जैसे पहली बार देख रहे हों

(v) लेखक को ऐसा क्यों लगा कि बस का इंजन उसकी सीट के नीचे हैं?
(क) क्योंकि बस जर्जर थी
(ख) क्योंकि लेखक इंजन के नज़दीक बैठा था
(ग) क्योंकि लेखक इंजन पर ही बैठा था
(घ) इनमें से कोई नहीं

8. निम्नलिखित पद्यांश को पढ़कर नीचे दिए गए प्रश्नों के उत्तर के लिए सही विकल्प का चयन कीजिए (5)

किस ओर चले! यह मत पूछो,
चलना है, बस इसलिए चले,
जग से उसका कुछ लिए चले,
जग को अपना कुछ दिए चले।
दो बात कही दो बात सुनी,
कुछ हँसे और फिर कुछ रोए।
छककर सुख-दुख के घूँटों को
हम एक भाव से पिए चले।

(i) मनमौजी व्यक्ति संसार को क्या देता है?
(क) धन (ख) सम्मान
(ग) दुख (घ) खुशी

(ii) मनमौजी व्यक्ति कब रोता है?
(क) जब दूसरों को दुखी देखता है
(ख) जब स्वयं दुखी होता है
(ग) जब कोई उसे गाली देता है
(घ) जब उसे अपनों से बिछुड़ना पड़ता है

(iii) 'कुछ हँसे और फिर कुछ रोए' पंक्ति में कौन-सा अलंकार है?
(क) उपमा अलंकार
(ख) रूपक अलंकार
(ग) विरोधाभास अलंकार
(घ) अनुप्रास अलंकार

(iv) मनमौजी व्यक्ति संसार से क्या लेता-देता है?
(क) लोगों के दु:ख लेकर उन्हें खुशियाँ देता है
(ख) लोगों के सुख लेकर उन्हें दु:ख देता है।
(ग) लोगों से धन-संपत्ति लेकर उन्हें हँसाता है
(घ) लोगों के दु:ख लेकर उन्हें अपने दु:ख देता है।

(v) 'छक्कर सुख-दु:ख को पीने' से क्या आशय है?
(क) सुख में दु:ख का तथा दु:ख में सुख का अनुभव करना
(ख) सुख-दु:ख दोनों की परिस्थितियों में आनंद महसूस करना
(ग) सुख-दु:ख दोनों ही परिस्थितियों में विषाद का अनुभव करना
(घ) सुख और दु:ख दोनों स्थितियों में असमान रहना।

9. सभी प्रश्नों के उत्तर दीजिए (1 × 4 = 4)

(i) 'बस की यात्रा' पाठ के आधार पर बताइए कि लोगों ने बस को किसकी संज्ञा दी?

(ii) 'दीवानों की हस्ती' कविता के आधार पर बताइए कि मस्तमौला लोगों से क्या नहीं पूछना चाहिए?

(iii) 'भगवान के डाकिए' कविता के आधार पर बताइए कि पक्षी और बादलों को डाकिए क्यों कहा जाता है?

(iv) 'जहाँ पहिया है' पाठ के अनुसार बताइए कि कुदिपि अन्नामलाई की चिलचिलाती धूप में अद्‌भुत दृश्य क्या था?

10. निम्नलिखित प्रश्नों में से किन्हीं तीन प्रश्नों के उत्तर दीजिए (3 × 3 = 9)

(i) लाला झाऊलाल के सामने कौन-सी समस्या उत्पन्न हुई और इसे उन्होंने अपने मित्र पं. बिलवासी मिश्र जी को कब बताया? 'अकबरी लोटा' कहानी के आधार पर बताइए।

(ii) बूँद के शरीर के काँपने का क्या कारण था? 'पानी की कहानी' पाठ के अनुसार उत्तर दीजिए।

(iii) अतीत का दबाव से क्या तात्पर्य है? अतीत मनुष्य को किस प्रकार प्रभावित करता है? 'भारत की खोज' के आधार पर उत्तर दीजिए।

(iv) तक्षशिला विश्वविद्यालय पर एक टिप्पणी लिखिए।

(v) सुदामा को द्वारिका किसने भेजा था और क्यों?

11. निम्नलिखित प्रश्नों में से किसी एक प्रश्न का उत्तर दीजिए (1 × 6 = 6)

(i) 'बाज और साँप' कहानी में बाज तथा साँप किसके प्रतीक हैं तथा उनके माध्यम से लेखक क्या कहना चाहता है? स्पष्ट कीजिए।

(ii) "यह सबसे कठिन समय नहीं है?" यह बताने के लिए कविता में कौन-कौन से तर्क प्रस्तुत किए गए हैं? स्पष्ट कीजिए।

12. निम्नलिखित प्रश्नों में से किसी एक प्रश्न का उत्तर दीजिए (1 × 6 = 6)

(i) चंद्रगुप्त कौन थे और उन्होंने चाणक्य के साथ मिलकर क्या किया? 'भारत की खोज' पुस्तक के आधार पर उत्तर दीजिए।

(ii) 'भारत की खोज' पुस्तक के आधार पर बताइए कि गाँधी जी के कार्य करने का तरीका कैसा था?

खंड (घ) : लेखन

13. नीचे दिए गए संकेत बिंदुओं के आधार पर निम्न में से किसी एक विषय पर अनुच्छेद लिखिए (5)

(i) **विज्ञापन**
- विज्ञापन का अर्थ
- कुछ विज्ञापनों के उदाहरण
- विज्ञापनों की आकर्षक दुनिया
- विज्ञापनों का सम्मोहन

(ii) **जनसंख्या वृद्धि-एक समस्या**
- क्या है जनसंख्या वृद्धि
- कारण
- प्रभाव
- रोकथाम के उपाय

(iii) **परोपकार**
- अर्थ
- परोपकार के उदाहरण
- नि:स्वार्थ परोपकार
- निष्कर्ष

14. चरित्र प्रमाणपत्र प्राप्त करने हेतु अपने विद्यालय के प्रधानाचार्य को प्रार्थना-पत्र लिखिए। (5)

***अथवा* 'समय का सदुपयोग करें' विषय के बारे में बताते हुए अपने अनुज को एक पत्र लिखिए।**

15. 'चिड़िया और मूर्ख बंदर' विषय पर एक कहानी लिखिए। (5)

***अथवा* 'विचारों का प्रभाव' विषय पर एक कहानी लिखिए।**

प्रतिदर्श प्रश्न-पत्र 3 (हल रहित)

हिंदी

समय : 3 घंटे | पूर्णांक : 80

सामान्य निर्देश

1. इस प्रश्न-पत्र में चार खंड हैं-क, ख, ग, घ।
   - खंड 'क' अपठित बोध 20 अंक , खंड 'ख' व्याकरण 10 अंक, खंड 'ग' पाठ्यपुस्तक व पूरक पाठ्यपुस्तक 35 अंक, खंड 'घ' लेखन 15 अंक।
2. चारों खंडों के प्रश्नों के उत्तर देना अनिवार्य है।
3. यथासंभव प्रत्येक खंड के उत्तर क्रमशः दीजिए।

खंड (क) : अपठित बोध

1. निम्नलिखित गद्यांश को पढ़कर नीचे दिए गए प्रश्नों के उत्तर दीजिए (10)

अक्टूबर, 2022 में प्रधानमंत्री नरेंद्र मोदी अब तक भारत का आखिरी गाँव कहे जाने वाले 'माणा' गाँव के दौरे पर निकले। उस समय उन्हें लगा कि माणा को देश का आखिरी नहीं बल्कि पहला गाँव कहा जाना चाहिए, यहाँ तक कि भारत की सीमा पर स्थित प्रत्येक गाँव को यही कहना चाहिए। उत्तराखंड के मुख्यमंत्री पुष्कर सिंह धामी ने प्रधानमंत्री की बातों को गंभीरता से लिया और 'आखिरी गाँव' वाले बोर्ड को हटाकर उन्होंने 'भारत का प्रथम गाँव माणा' वाला बोर्ड लगवा दिया। इसका अर्थ यह हुआ कि अब से सभी इस गाँव को आखिरी नहीं बल्कि भारत के पहले गाँव के रूप में संबोधित करेंगे।

वस्तुतः 'माणा' गाँव उत्तराखंड के प्रसिद्ध 'बद्रीनाथ' धाम से मात्र तीन किमी दूर आगे पड़ता है। यह गाँव उत्तराखंड के चमोली जिले के अंतर्गत आता है। इस गाँव से 24 किमी दूर जाने पर चीन की सीमा आरंभ हो जाती है। समुद्र तल से 3219 मीटर की ऊँचाई पर स्थित यह गाँव हिमालय की पहाड़ियों से घिरा हुआ है, जहाँ बहुत से दर्शनीय स्थल हैं; जैसे नीलकंठ चोटी, तप्त कुंड, व्यास गुफा आदि। माणा गाँव के लोगों के अनुसार इस गाँव का इतिहास कई हजार साल पुराना है। कहा जाता है कि स्वर्ग की ओर जाते समय पाँडव इसी स्थान से गुजरे थे। यहाँ एक भीम पुल भी है, जिसे भीम ने बनाया था। इस पुल के नीचे सरस्वती नदी बहती है, जो आश्चर्यजनक रूप से कुछ दूर आगे चलकर विलुप्त हो जाती है।

(i) प्रधानमंत्री नरेंद्र मोदी के अनुसार, भारत की सीमा पर स्थित प्रत्येक गाँव को क्या कहना चाहिए?

(क) भारत का आखिरी गाँव (ख) भारत का प्रथम गाँव
(ग) भारत का दूसरा गाँव (घ) इनमें से कोई नहीं

(ii) गद्यांश के अनुसार, भारत का प्रथम गाँव कौन-सा है?

(क) चमोली (ख) बद्रीनाथ
(ग) नीलकंठ (घ) माणा

(iii) निम्नलिखित कथनों में कौन-सा कथन सत्य है?

(क) माणा गाँव केदारनाथ धाम से मात्र तीन किमी दूर आगे पड़ता है।
(ख) माणा गाँव समुद्र तल से 3219 मीटर की ऊँचाई पर स्थित है।
(ग) स्वर्ग जाते समय कौरव और पाँडव माणा गाँव से गुजरे थे।
(घ) माणा गाँव हिमाचल प्रदेश के धर्मशाला जिले के अंतर्गत आता है।

(iv) निम्नलिखित कथनों पर विचार कीजिए

1. माणा गाँव के बाद नेपाल की सीमा आरंभ हो जाती है।
2. माणा गाँव के भीम पुल के नीचे सरस्वती नदी बहती है।
3. भारत के प्रधानमंत्री ने माणा के आखिरी गाँव वाले बोर्ड को हटवा दिया।

उपरोक्त कथनों में कौन-सा/से कथन सत्य है/हैं?

(क) केवल 1 (ख) 2 और 3
(ग) केवल 2 (घ) 1 और 3

(v) प्रस्तुत पद्यांश का उपयुक्त शीर्षक क्या हो सकता है?

(क) भारत का आखिरी गाँव-माणा
(ख) भारत का प्रथम गाँव-माणा
(ग) बद्रीनाथ धाम
(घ) उत्तराखंड की सैर

(vi) 'दर्शनीय' शब्द में कौन-सा प्रत्यय प्रयुक्त हुआ है?

(क) य (ख) नीय (ग) ईय (घ) इय

(vii) सरस्वती नदी के ऊपर बने पुल को किसने बनाया था?

(क) अर्जुन (ख) युधिष्ठिर

(ग) भीम (घ) नकुल

(viii) नरेंद्र मोदी ने माणा गाँव का दौरा कब किया?

(ix) माणा गाँव के पास के दर्शनीय स्थल कौन-कौन से हैं?

(x) सरस्वती नदी के बारे में आश्चर्यजनक बात क्या है?

2. निम्नलिखित पद्यांश को पढ़कर नीचे दिए गए प्रश्नों के उत्तर दीजिए (10)

है जन्म लेते जगह में एक ही,
एक ही पौधा उन्हें है पालता।
रात में उन पर चमकता चाँद भी,
एक ही-सी चाँदनी है डालता।
मेघ उन पर है बरसता एक-सा
एक सी उन पर हवाएँ हैं बहीं
पर सदा ही यह दिखाता है हमें
ढंग उनके एक से होते नहीं
छेदकर काँटा किसी की उँगलियाँ
फाड़ देता है किसी का वर-वसन।
प्यार में डूबी तितलियों के पर कतर
भौंर का है बींध देता श्याम-तन।
फूल लेकर तितलियों को गोद में
भौंर को अपना अनूठा रस पिला।
निज सुगंध और निराले रंग से
है सदा देता कली का जी खिला

(i) उपरोक्त काव्यांश का शीर्षक होगा

(क) सूरज और चाँद (ख) बादल और हवाएँ

(ग) फूल और काँटा (घ) फूल और कली

(ii) 'ढंग उनके एक से होते नहीं' में 'ढंग' का अर्थ है

(क) तरीका (ख) स्वभाव और व्यवहार

(ग) रूप-रंग (घ) आकार एवं रंग

(iii) 'काँटा' इनमें से कौन-सा काम करता है?

(क) किसी के वस्त्र फाड़ देना

(ख) तितलियों के पंख तोड़ देना

(ग) भँवरों के शरीर में चुभना

(घ) ये सभी

(iv) फूल, कलियों का मन कैसे खुश कर देते हैं?

(क) रस पिलाकर

(ख) गोद में उठाकर

(ग) सुगंध और रंग देकर

(घ) ये सभी

(v) निम्नलिखित कथनों पर विचार कीजिए

1. काँटें और फूल एक ही शाखा पर फलते-फूलते हैं।

2. एक ही पौधे के अंग होते हुए भी काँटे और फूल में बहुत अंतर होता है।

3. काँटा कली के खिलने में सहायक होता है।

उपरोक्त कथनों में कौन-सा/से कथन सत्य है/हैं?

(क) केवल 1 (ख) केवल 2

(ग) केवल 3 (घ) 1 और 2

(vi) 'श्याम' का विपरीतार्थक शब्द है

(क) साँवला (ख) श्वेत

(ग) स्वच्छ (घ) उज्ज्वल

(vii) 'मेघ उन पर है बरसता एक-सा' पंक्ति से क्या आशय है?

(क) फूल और काँटों पर समान वर्षा होती है।

(ख) बादल केवल फूल पर ही वर्षा करता है।

(ग) बादल केवल काँटों पर ही वर्षा करता है।

(घ) उपर्युक्त में से कोई नहीं

(viii) 'वर-वसन' से क्या तात्पर्य है?

(ix) प्रस्तुत कविता का केंद्रीय बिंदु क्या है?

(x) एक ही स्थान पर जन्म लेने के बावजूद फूल और काँटे में क्या अंतर है?

खंड (ख) : व्याकरण

3. निर्देश प्र. सं. (i) से (vii) तक के प्रश्नों के उत्तर के लिए सही विकल्प का चयन कीजिए (1 × 7 = 7)

(i) 'समसामयिक' शब्द से उपसर्ग, मूल शब्द व प्रत्यय अलग कीजिए

(क) स + सामय + क

(ख) सम + सामय + ईक

(ग) सम + समय + इक

(घ) सम + साम + यिक

(ii) 'पेड़ पर पक्षी बैठे हुए हैं' वाक्य के रेखांकित अंश में कौन-सा कारक है?

(क) संप्रदान (ख) अपादान (ग) करण (घ) अधिकरण

(iii) 'विद्वान' शब्द का स्त्रीलिंग होगा

(क) विदुषी (ख) विदुषा

(ग) विद्वत्ता (घ) विद्वानी

(iv) निम्नलिखित में परिमाणवाचक विशेषण का उदाहरण है

(क) थोड़े छात्र (ख) थोड़े केले

(ग) थोड़ा-सा अनाज (घ) थोड़े-से फूल

(v) पूर्वकालिक क्रिया का उदाहरण है

(क) मोहन ने आम खाए।

(ख) मधु को भेजकर पैसे निकलवाइए।

(ग) यह काम मैंने राजू से करवाया।

(घ) मक्खियाँ भिनभिना रही हैं।

(vi) निम्नलिखित में 'कामदेव' का पर्यायवाची है

(क) मदन (ख) रतिपति (ग) अनंग (घ) ये सभी

(vii) निम्नलिखित में अनेकार्थी शब्द है

(क) कोयल (ख) खर (ग) गंगा (घ) हरि

4. 'रंग में भंग होना' मुहावरे का अर्थ बताते हुए उसका वाक्य में प्रयोग कीजिए। (1)

5. मानवीकरण अलंकार का एक उदाहरण लिखिए। (1)

6. भाववाचक संज्ञा की परिभाषा उदाहरण सहित लिखिए। (1)

खंड (ग) : पाठ्यपुस्तक व पूरक पाठ्यपुस्तक

7. निम्नलिखित गद्यांश को पढ़कर नीचे दिए गए प्रश्नों के उत्तर के लिए सही विकल्प का चयन कीजिए। (5)

बदलू का मकान कुछ ऊँचे पर बना था। मकान के सामने बड़ा-सा सहन था, जिसमें एक पुराना नीम का वृक्ष लगा था। उसी के नीचे बैठकर बदलू अपना काम किया करता था। बगल में भट्ठी दहकती रहती, जिसमें वह लाख पिघलाया करता।

सामने एक लकड़ी की चौखट पड़ी रहती जिस पर लाख के मुलायम होने पर वह उसे सलाख के समान पतला करके चूड़ी का आकार देता। पास में चार-छः विभिन्न आकार की बेलननुमा मुँगेरियाँ रखी रहतीं, जो आगे से कुछ पतली और पीछे से मोटी होतीं। लाख की चूड़ी का आकार देकर वह उन्हें मुँगेरियों पर चढ़ाकर गोल और चिकना बनाता और तब एक-एक कर पूरे हाथ की चूड़ियाँ बनाने के पश्चात् वह उन पर रंग करता।

(i) बदलू के मकान के सामने क्या था?

(क) बड़ा-सा आँगन (ख) भट्ठी

(ग) लकड़ी की चौखट (घ) वृक्ष

(ii) 'चौखट' में कौन-सा समास है?

(क) तत्पुरुष समास (ख) द्वंद्व समास

(ग) अव्ययीभाव समास (घ) द्विगु समास

(iii) मुँगेरियों पर किन्हें चढ़ाया जाता था?

(क) लाख की चूड़ियों को

(ख) लाख को

(ग) सलाखों को

(घ) बेलन को

(iv) बेलननुमा मुँगेरियों का कार्य क्या था?

(क) चूड़ियों को किसी भी आकार में बदलना

(ख) पायल को किसी भी आकार में बदलना

(ग) आध्यात्मिक सुख की लालसा करना

(घ) भूख की उपेक्षा करना

(v) बदलू चूड़ियों पर रंग कब करता था?

(क) पूरे हाथ की चूड़ियाँ बनाने के बाद

(ख) एक चूड़ी बनाने के बाद

(ग) पाँच-छः चूड़ी बनाने के बाद

(घ) उपरोक्त में से कोई नहीं

8. निम्नलिखित पद्यांश को पढ़कर नीचे दिए गए प्रश्नों के उत्तर के लिए सही विकल्प का चयन कीजिए (5)

पक्षी और बादल,
ये भगवान के डाकिए हैं,
जो एक महादेश से
दूसरे महादेश को जाते हैं।
हम तो समझ नहीं पाते हैं
मगर उनकी लाई चिट्ठियाँ
पेड़-पौधे, पानी और पहाड़ बाँचते हैं।

(i) भगवान के डाकिए हैं

(क) पेड़-पौधे (ख) पक्षी और बादल

(ग) महादेश (घ) पानी और पहाड़

(ii) बादल और पक्षी क्या संदेश लेकर आते हैं?

(क) मिल-जुलकर रहने का

(ख) वर्षा होने वाली है

(ग) प्रकृति में होने वाले परिवर्तनों का

(घ) फसल पकने वाली है

(iii) भगवान की भेजी चिट्ठियों को कौन नहीं समझ पाता?

(क) मनुष्य जाति (ख) कवि

(ग) पक्षी जाति (घ) पेड़-पौधे

(iv) भगवान के डाकिए क्या करते हैं?

(क) एक विशाल देश से दूसरे विशाल देश तक संदेश भेजना

(ख) मनुष्यों तक दूसरे देशों का संदेश पहुँचाना

(ग) चिट्ठियों को पढ़कर सुनाना

(घ) उपर्युक्त में से कोई नहीं

(v) पक्षी और बादल में क्या समानता है?

(क) सुगंध का पीछा करना

(ख) उन्हें पानी की आवश्यकता नहीं पड़ती

(ग) डाक का वितरण करना

(घ) दोनों का आकाश में उड़कर एक देश से दूसरे देश तक जाना

9. सभी प्रश्नों के उत्तर दीजिए ($1 \times 4 = 4$)

(i) 'लाख की चूड़ियाँ' पाठ के अनुसार बताइए कि बदलू लाख को कैसे पिघलाया करता था?

(ii) 'क्या निराश हुआ जाए' पाठ के लेखक ने रेलवे स्टेशन पर क्या गलती की थी?

(iii) 'यह सबसे कठिन समय नहीं' कविता के आधार पर बताइए कि नानी की कहानी की क्या विशेषताएँ है?

(iv) 'कबीर की साखियाँ' पाठ के आधार पर बताइए कि तलवार और म्यान में से किसका मोल करना चाहिए?

10. निम्नलिखित प्रश्नों में से किन्हीं तीन प्रश्नों के उत्तर दीजिए (3 × 3 = 9)

(i) सुदामा की दीन दशा देखकर श्रीकृष्ण की क्या मनोदशा हुई? अपने शब्दों में लिखिए।

(ii) श्रीकृष्ण अपनी चोटी के विषय में क्या-क्या सोच रहे थे? 'सूरदास के पद' के आधार पर उत्तर दीजिए।

(iii) ड्राइवर द्वारा नली के सहारे इंजन में पेट्रोल भेजते हुए देखकर लेखक को कैसा लगा? 'बस की यात्रा' पाठ के आधार पर बताइए।

(iv) पुडुकोट्टई जिले की लगभग कितनी ग्रामीण महिलाओं ने साइकिल चलाना सीख लिया है? 'जहाँ पहिया है' पाठ के आधार पर उत्तर दीजिए।

(v) कृष्ण ने अर्जुन को किस बात के लिए प्रेरित किया और क्यों? 'भारत की खोज' के आधार पर उत्तर दीजिए।

11. निम्नलिखित प्रश्नों में से किसी एक प्रश्न का उत्तर दीजिए (1 × 6 = 6)

(i) मशीनीकरण ने परंपरागत कारीगरों को किस प्रकार प्रभावित किया है? 'लाख की चूड़ियाँ' पाठ के आधार पर उत्तर दीजिए।

(ii) 'दीवानों की हस्ती' कविता से हमें क्या संदेश मिलता है?

12. निम्नलिखित प्रश्नों में से किसी एक प्रश्न का उत्तर दीजिए (1 × 6 = 6)

(i) आर्य समाज कैसा आंदोलन था? सरकार इसे क्या समझती थी? 'भारत की खोज' पुस्तक के आधार पर बताइए।

(ii) 'भारत की खोज' पुस्तक के आधार पर बताइए कि मुस्लिम लीग के नेता मिस्टर जिन्ना की माँग का नया सिद्धांत क्या था?

खंड (घ) : लेखन

13. नीचे दिए गए संकेत बिंदुओं के आधार पर निम्न में से किसी एक विषय पर निबंध लिखिए (5)

(i) **गणतंत्र दिवस**

- भूमिका
- हर्ष का राष्ट्रीय पर्व
- दिल्ली में गणतंत्र दिवस
- विशेष आकर्षण
- उपसंहार

(ii) **समय का महत्त्व**

- भूमिका
- समय का सदुपयोग
- समय अनमोल है

(iii) **जीवन में विज्ञान की भूमिका**

- प्रस्तावना
- विज्ञान एक वरदान
- जीवन बनाया सुखमय
- विज्ञान एक अभिशाप
- उपसंहार

14. पर्यावरण के प्रति जागरुकता बढ़ाने के लिए विज्ञापन तैयार कीजिए। (5)

अथवा विश्व योग दिवस पर विज्ञापन लेखन कीजिए।

15. आपके विद्यालय में होने वाले संगीत गोष्ठी हेतु इच्छुक छात्रों को जानकारी देने के लिए एक सूचना तैयार कीजिए। (5)

अथवा

अपने विद्यालय में वाद-विवाद प्रतियोगिता के लिए विद्यार्थियों को आमंत्रित करते हुए सूचना लिखिए।